Die Enzyklopädie Logik

ヘーゲル

# 小論理学

牧野紀之訳

未知谷
Publisher Michitani

この訳書を

祖父・牧野英一の霊前に捧げます

紀之

# 凡例

一、本書はヘーゲルの『哲学の百科辞典の綱要』の第一巻を成す『論理学』（通称『小論理学』）の翻訳です。底本には Surkamp 版『全集』の第八巻を使いました。適宜 Glockner 版『全集』第八巻も参照しました。三つの「序文」の後に置きました「聴講生への挨拶」は Glockner 版『全集』第八巻と Surkamp 版『全集』の第十巻に載っています。前者は前半だけですが。

二、英訳は William Wallace の Hegel's Logic（Oxford University Press, 1873。英W又は英訳と略す）と T.F. Geraets, W.A.Suching, H.S.Harris 共訳の The Encyclopaedia Logic（Hackett Publishing Company, 1991。英Gと略す）を参照しました。仏訳は「付録」の訳が載っていませんが、Bernard Bourjeois 訳の Encyclopédie des sciences philosophiques en Abrégé（Librairie Philosophique J. Vrin, 2012。仏Bと略す）と J. Gibelin 訳の Précis de l'encyclopédie des sciences philosophiques（同社刊、1970。仏Gと略す）とを参照しました。邦訳では松村一人訳『小論理学』（岩波文庫、一九八八年第38刷。松村と略す）と真下信一・宮本十蔵訳『ヘーゲル全集』I（岩波書店、一九九六年。宮本と略す）を参照しました。

三、原典で隔字体などで強調されている所も特に傍点を振ることはしませんでした。必要と考えたところは引用符号でくくったりしましたが、原則として訳文で分かると判断して何もしませんでした。角括弧〔〕で入れたものは訳者の加筆です。

四、書名は『』で、論文名は「」で記しました。「文法」だけは拙著『関口ドイツ文法』（未知谷）の略です。特別な語句も「」で記しました。

五、「目次」は Surkamp 版『全集』第八巻の Inhalt をそのまま訳しました。全体像を頭に入れるのに便利かと思います。「内容目次」は訳者の判断に依るものです。内容の繋がりを考える参考にしてください。

# 訳者のまえがき

ヘーゲルの『小論理学』[1] は私にとって特別な本です。そもそも「ヘーゲルを研究しています」と称したとしても、実際にはほとんど「論理学」しか読んでいないと言って好いくらい他の物は読んでいません。ヘーゲル研究に当たって私には「ヘーゲル論理学の唯物論的改作」というレーニンの要請しか頭にありませんでした。レーニン自身はこの自分の提唱した方針をほとんど実行出来ませんでしたが、私は「ヘーゲルの論理学の現実的意味を考える」という風に言い換えて哲学してきました。私にとっては「生活に役立たない哲学」などというものは考えられなかったからです。この点は今でも変わりません。

1　ヘーゲルは「論理学」をいろいろな形で書きましたが、特に断らない限り、本書で扱うのは『小論理学』と『大論理学』だけです。前者は、Enzyklopädie der philosophischen Wissenschaften im Grundriss（私は『哲学の百科辞典の綱要』と訳します）の第一部を構成する Die Wissenschaft der Logik の俗称です。後者は、Wissenschaft der Logk という書名で出た単行本（と言っても形の上では二巻から成るものですが）の俗称です。「論理学」という言葉は、この両者をまとめていう場合と論理学という学問を指す場合とがあります。

実際にした事は、初めは松村一人の訳した岩波文庫版を読むことでした。本当にこの文庫本には世話になりました。こなれた訳ですし、それが岩波文庫という形で安く手に入るのですから、これ程ありがたい事はありません。多くの人がこういう経験と感想を持っていると思います。日本に於けるヘーゲル研究にこの文庫本の果たした役割は相当なものだったと思います。今ではなぜかこの松村訳が絶版になっているようです。残念です。

東大の哲学科に進んだ時、桂寿一のゼミのテキストがこれでした。グロックナー版で読んでいました。ゼミの内容はつまらないものでしたが、ともかく予習をして行かなければなりませんから、読みました。同時にドイツ文字に慣れた事は良き副産物でした。今振り返ってみても、ヘーゲル哲学で哲学するのにはやはり『小論理学』が最適だと思います。『小論理学』に始まって『小論理学』に終わるのが最も適当な方法だと思います[1]。

1　改めて見渡して見るに、大学の学部か大学院で、今ではズーアカンプ版全集の第八巻でしょうが、この『小論理学』をテキストにしてゼミをしている所がどのくらいあるでしょうか。ひょっとすると、ゼロではないでしょうか。最近、務台理作の『哲学十話』（講談社学術文庫）を読みましたが、その六二～三頁に「私は一九一五年から一九二五年まで西田の特殊講義と演習を聴講したが、この十年間に西田は演習として、カントの『純粋理性批判』、ヘーゲルの『精神現象学』『エンチクロペディー』、フィヒテの『全知識学の基礎』、スピノザの『エチカ』、ベルグソンの『創造的進化』、アリストテレスの『メタフィジカ』などを使った。」と書いてありました。そのゼミの進め方がどのようなものであったのか、書いてないのは残念でしたが、ともかく『小論理学』をテキストにしたゼミについての記事はこれしか読んだことがありません。話しに聞いた事では、確か、法政大学で山崎正一が取り上げていたというのを聞いた記憶があります。ともかく、学部でこれを経験した事と都立大学の大学院で理念論からではありますが『大論理学』の寺沢ゼミに出席できた事とは私にとって僥倖であったと思います。

都立大学の大学院を出た時、研究室に残れなかった私は自分で哲学私塾「鶏鳴学園」を始める事になりましたが、そこでも『小論理学』の原書講読をする事は全く自然な事でした。それは一九七六年の二月から始まり、一九八五年の一〇月に終わりました。約一〇年掛かった訳です。翻訳はそのゼミを踏まえて鶏鳴出版から五分冊にして出す事になりました。第一巻は一九七八年三月、第二巻は一九七九年五月、第三巻は一九八一年一月、第四巻は一九八三年一二月、第五巻は一九八五年一二月に出版しました。これを上下巻の二巻にまとめ、上製函入りで出し直したのが一九八九年五月でした。この際は内容の見直しはしませんでした。これを『小論理学（鶏鳴版）』、略して「鶏鳴版」と称しています。

今回、本書『小論理学（未知谷版）』を出そうと思ったのは、訳も注釈も、語学的説明も、全部見直して、自分としての決定版を作りたかったからです。それはこの二〇年余りの間に起きた変化があるからです。第一の変化は二〇〇〇年以来、未知谷が拙著を出版して下さるようになった事です。それまでは私自身がせいぜい仲間の協力を得て細々と作るしかありませんでした。やはりプロの仕事は違うものです。編集者の目で見た意見を聞けるのもありがたい事だと痛感しています。第二の変化は関口文法の研究がともかくまとまって『関口ドイツ文法』（二〇一三年。本文中では「文法」と略す）を出せたことです。この研究のお陰で関口文法を研究しない哲学教授が見落としたり避けたりしている事がずいぶん分かりました。それを一巻にまとめたために、今回は語学的注釈は該当個所を指摘するだけで済みました。

翻訳に当たっての方針は鶏鳴版の時と変わりません。関口存男《つぎお》がその『ファオスト抄』を出した時の言葉の通りです。曰く、「原文と対照させた意訳は、必ずしも原文に忠実ではない。原『文』に忠実ではないが、それだけに原『意』と、原『色』と、原『勢』には忠実だったつもりである。～私のは、ホンヤクではなくて通訳だと思っていただきたい」。もっともこの方針を十分に実行出来なかった点があるとするならば、それは私の非力のせいです。要するに、ただ横文字を縦の文字に直しただけの「ホンヤク」ではなく、私自身が考えた事を率直に書き、読者が哲学するのを刺激する事を目指しました。角括弧で読み方を補った上で、訳注を正直に書きました。誤解や曲解もあるでしょうが、何も書かないよりは哲学のためになるでしょう。特にヘーゲルの翻訳ではそうだと思います。見出しや題名の付いていない節や注釈や付録には題名を付けました。原著者がイタリックとか隔字体で強調している所には傍点を打つのが我が国の慣習ですが、これには従いませんでした。強調個所はそれと分かるように訳したつもりです。特に必要な場合は引用符号で囲みました。

鶏鳴版と今回の未知谷版との最大の違いは、鶏鳴版ではヘンニンクの編集を疑って、こちらの考えで編集し直しましたが、今回はそういう出過ぎた事は控えました。原文と照らしながら読むのに不都合だからです。又、注釈を「問いと答え」という風に分けることも止めて、その「答え」の方を書きました。原語の代わりにカタカナで表示するのも止めました。本訳書を読めるくらいの人にはドイツ語綴りの方が親しみやすいでしょう。

今回の「付録」としては三つの論文を入れました。最初の論文「『パンテオンの人人』の論理」は、ヘーゲルとマルクスが「最高の学問的認識方法」だとした「概念的理解（Begreifen）」を、祖父・牧野英一の講演「パンテオンの人人」の認識論的分析を通して説明したものです。この認識方法は『精神現象学』の中では「絶対知」とされているものですが、そこでは十分には展開されませんでした。それは「論理学」全編を通じてのテーマとなりました。許萬元（私たちは「キョ・マンゲン」と読みますが、最近は「ホ・マンウォン」

と読むようです。が、どちらでも自由に読んで下さい）が東京都立大学の哲学研究室の『哲学誌』第七号（一九六五年）に「ヘーゲルにおける概念的把握の論理」を発表して、意識的にこれを前面に出してから、特に注目されるようになりました。しかし、この処女論文を敷衍したものと言って好い『ヘーゲルにおける現実性と概念的把握の論理』（大月書店一九六八年）も合せて考えましても、彼の説明は、ヘーゲルの一般理論をヘーゲルやマルクスの使った例で説明するというもので、自分独自の個別研究で説明するものではありませんでした。そこで、弁証法についての知識を得たいという読者には歓迎されましたが、本当の哲学をしたいという人からは「あれでは、牧野さんの説明を聞かないと分からない」と言われました。

私は、彼の四つの大功績（概念的把握という言葉を意識的に打ち出し、それの基本的に正しい理解を広く知らせた事、プラトンの想起説を復活させた事、ヘーゲルの発展概念を正しく受け継いだ事、歴史的発展の限界を明確にし、否定の否定の法則の正しい理解を導き、「初め—進展—終わり」という「絶対的方法」を明らかにした事）を受け継ぎながら、あくまでもそれらの生活にとっての意味を明らかにするという態度でやってきました。

中世以来の普遍論争に決着を付けたヘーゲルの普遍・特殊・個別論の現実的な意味を解明したのが第二の付録「昭和元禄と哲学」です。残念ながらそれから四〇年以上経つのにこれはほとんど理解されていません。そのためにヘーゲルの「概念的個別」が理解されていません。そこでの躓きの石は「普遍として機能する個別」という事だと思います。一般化しますと、「或る物ないし事柄の規定とはそれが他者との関係の中で果たしている機能のことだ」という事です。これは、ヘーゲルと、従ってマルクスの論理展開の中で一貫している考えです。それなのにこれが理解されていないのです。多くの具体例で説明し直した拙稿「黒板の歴史」（『哲学夜話』に所収）を読めば分かるように、誰でもが事実上、この考えを実行しているのですが、どうしてその論理を自覚できないのでしょうか。不思議です。

私はかつてマルクスの『資本論』の価値の形式論の或る個所を降旗節雄が誤解した上で批判しているのを知って、論文「悟性的認識論と理性的認識論」（『ヘーゲルの修業』に所収）を書きました。その後、関口存《つぎ》男《お》の誤解を目にしましたので、それを検討する形でブログ論文「実体と機能」（『マキペディア』二〇〇九年一〇月一八日に掲載）を書きました。この「昭和元禄と哲学」と「黒板の歴史」でも分からない方はこれらを参照してください。

なお、ヘーゲルの論理学を理解するのに助けとなる論文としては、そのほかに「弁証法の弁証法的理解」と「子供は正直」（以上は『西洋哲学史要』に所収）、「恋人の会話」（『精神現象学』に所収）があります。

第三の付録として「ヘーゲル論理学における概念と本質と存在」を載せました。これは、ヘーゲルの言う「概念」は客観的世界に「も」あるのではないかという前からの私見を述べたものです。皆さんは、どうもヘーゲルの言う「概念」も普通に使われる「概念」と同様に主観内の形式ないし機能としか考えておらず、こういう「常識」を疑ったことがないようですし、ヘーゲル論理学の根本にかかわる問題ですので、問題提起としました。

ちょうど好い機会ですので松村一人の業績について私の総評を述べておきます。氏は翻訳家としては凄い才能を持っていたと思います。そして大きな業績を残しました。この『小論理学』をはじめとして、エンゲルスの『フォイエルバッハ論』、フォイエルバッハの『将来の哲学の根本命題』、さらにレーニンの

『哲学ノート』から毛沢東の『実践論・矛盾論』（いずれも岩波文庫）にいたるまで、言語としてもドイツ語ロシア語中国語とマスターし、どれも正確でこなれた訳になっていると思います。つまり、外国語が出来ただけでなく、日本語も標準以上であったということです。これによって我が国の哲学学徒を大いに助けてくれたと思います。この拙訳も松村訳がなかったら出来なかっただろうと思います。この点は無条件に評価し、感謝しています。

しかし、では哲学力も同様に優れていたかと言いますと、残念ながら疑問符が付きます。ほとんどの講壇哲学者がそうであるように、「翻訳はできるが哲学はできない」という通弊が松村の場合でも克服されていませんでした。

氏の代表的な著書である『ヘーゲルの論理学』（勁草書房）を見ますとその第二節の題が「カテゴリー批判としての論理学」となっています。こういう捉え方は他ではなかなか見られませんが真っ当なものですから期待して読んでみますと、こうあります。

「ヘーゲルによれば、普通カテゴリーは対象に適用されてのみ真偽の問題が生じると考えられているが、それにとどまらずカテゴリー、すなわちもっとも普遍的な規定そのものを対象としてその認識価値を問題としなければならないのである。対象を考察する場合欠くことのできないもっとも普遍的な見地の全体がカテゴリーの体系であるとすれば、個々のカテゴリーは全体的な見地のうちの一面であり一モメントであって、それは全体のうちにその特定の位置を占め、その制限をもっている」（一九頁）。

期待を大きくしてくれるに十分な書き出しです。普通は、真偽は判断から始まるのであって個々の概念についてその真偽を問うなどということは考えられなかったのに、ヘーゲルは概念の真偽を問題にし、個々の概念がどの程度真理であるか（個々の概念の真理性の程度）を問題にしたのです。「概念の価値」などという言葉を聞くと「語の価値」を問題にしたソシュールの先行者ではなかったかと考えたくなりますが、そういう先走りはこの際慎みましょう。

しかし、その「概念の価値」を松村は「概念の認識価値」として、例によって「現実的価値」と分けただけでなく、更にそれを「全体のうちで占めるその特定の位置」に矮小化するのです。その結果、この観点は応用の利かないものになりました。個々の科学は「応用論理学」だと言いながら、松村が「現実を哲学する」際にはヘーゲルの「論理学」は全然応用されませんでした。

その一例を松村の「自己批判」論に見てみましょう。それは『変革の論理のために』（こぶし文庫）に収められた論文「変革の論理について」の第五節にあります。主要な語句や文を引きますと以下の通りです。

「わたしは最後に、自己批判という問題を、これまで論じてきたような観点から考えてみたい。①自己批判とは、われわれの主体的諸条件、すなわち、理論、組織、行動の批判である。客観的状勢が変れば、主体的条件もそれに応じて変らなければならず、この転換もなんらの努力なくひとりでに行われるものではない。しかし、このような転換は、自己批判とは言えない。自己批判が問題になるのは、とくに、主体的条件そのもののうちに重大な欠陥があったときである。（略）

②一体に正しい批判というものは困難であるが、しかし、最も困難な批判は自己批判である。そして、

自己批判に欠くことのできない一つの方法は、他人の批判を受けいれることであるが、このことは、自分で自分の欠陥に気づくより一層困難なことである。しかも、自己批判し、この上にたって新しい出発をなすべき点が、根本的であればあるほど、自己批判は困難である。（略）

③ここからさらに言えることは、最も自己批判に誠実でなければならないものは、人民大衆のうちで指導的な役割をつとめる人々であるということであろう。自己の理論と行為を最も厳密に吟味し、誤りを認めた場合には、もっとも誠実に自己批判すること、かくして自己批判においてもまた大衆の先頭に立ち、その模範となること、これなしに偉大な指導者は存在しないのである」（一二三〜六頁。①②③で整理したのは牧野）。

この説教のどこに「概念の価値の吟味」があるのでしょうか。全然ありません。①では、普通は「自己反省」と言うことをなぜ「自己批判」というのか、「批判」という言葉は一般的にはどういう意味で使われているか、哲学史的にはどうだったか、カントの『純粋理性批判』とはどういう意味だったのか、などが全然考察されていません。

②に行きますと、「他者からの批判」が出てきますのに、「（他者）批判と自己批判」の関係が無視されています。弁証法を「対立物の統一」と説く人がどうして「批判と自己批判の統一」という考え方に想到しないのでしょうか。日本共産党の規約にはかつて「批判と自己批判の方法」という句がありましたが、これも同じです。弁証法ではありません。

③に進みますと、これは完全な道徳的説教です。「論理」ではありません。こういう説教がいかに無力

であったかは、その後のスターリン批判を初めとする歴史が証明しました。そして、松村自身毛沢東主義者となって生涯を終えました。

一番残念なのは、松村がこの部分を書くにあたってヘーゲルのいう「概念の価値の吟味」ということを思い出して、「それはこの場合ならどうなるのだろうか」と考えたとは到底考えられないことです。そういう反省なしに、青二才左翼の使っている「表象」を無批判に受け継いで独断的な議論をしています。

これはほとんどのヘーゲル研究者に見られます。例えば金子武蔵も自分の論文を書くとき、「ヘーゲルの絶対知（概念的理解）の方法で書くとどう書くことになるのだろうか」と反省したとは全然思えません。私がかつてまだ寺沢恒信に師事していたころ、或る時、許萬元に「寺沢さんの考え方って悟性的だよね」と言ったら、許萬元から「自分も前からそう思っていた」という言葉が返ってきました。金子も寺沢も個々の問題や論文執筆の場合に、「これを理性的に考えるとどういうことになるか、逆に悟性的に考えるとどうなるか」という問いを自分に発して、繰り返し自己鍛錬をしたことがあるとは到底思えません。

自己批判についての私見は『ヘーゲルからレーニンへ』に収めました「批判と自己批判」に書きました。本当に哲学する「能力」を身に着け高めたいと思う読者は、この松村の考え方と牧野の考え方とを比較して検討してみると好いでしょう。さらに進んでは拙著『哲学の演習』（未知谷）でそこにある問題を自分で考えてみると好いでしょう。流し読みでは学問はできません。学問に王道なし。

ついでに、今回初めて気づいた事を書きます。それは、本書の本文は第八四節の存在についての理論から始まるのですが、その前に全部で八三節にも成る長大な「序論」があるという事です。いや、このこと自体はみな、知っています。問題は、その長大な序論の内部構造が「論理的に」どうなっているかの問題に誰も気づかず、もちろん答えを提出した訳者も研究者も一人もいないという事です。実に驚くべき怠慢です。あるいは「哲学することの欠如」です。恥ずかしながら「鶏鳴版」を出した時の私もこの問題に気づいておらず、私案を出さないで出版したのです。負け惜しみを言いますと、「おかしい」と「感じて」はいたのですが、明確には意識化せず、従って答えを考えずに出版したという事です。

こういう問題を考えることは「哲学する」ことの基本に属することだと思います。それなのに現状はこうなのです。かつて私は「『フォイエルバッハ・テーゼ』の一研究」という題の論文（『労働と社会』に所収）を発表しました。この「テーゼ」は、「哲学者たちは世界をただいろいろと解釈してきただけだ。大切なことは世界を変革することだろうに」という、マルクス主義の陣営では好く引かれる句を含む一一個から成る「メモ」です。しかし、「文脈を読む」ことを重視しているはずの自称哲学教授たちの誰一人としてこの「テーゼ」の「全体の論理的構造」は問題にしてこなかったのと同じです。

さて、本書の第一節から八三節までの「序論」全体はどういう「論理構造」と成っているのでしょうか。今回は考えました。私案は第一八節注釈への訳注3（二五二頁）及び第二五節への訳注5（三三二頁）にある通りですが、それは細かすぎるものですし、その後新たに考えた点もありますので、ここに要旨だけ書きます。

全体が第一八節までの「哲学の百科辞典」全体に対する「序論」と、一九節以下のその第一部である「論理学」への「序論」とに分かれることは簡単に分かります。後者には Vorbegriff（予備知識）という語が使われていますが、それは前者の Einleitung（序論）と区別するために別の語を使っただけです。

問題は後者の内部構造です。特に、ヘーゲル自身によって題名の付けられている「客観に対する三種の態度」と七九節以下の「詳論」以外のところにどういう題を付ければ分かりやすくなるか、です。

私案は、最後の「構成」を除いて、全体を四つに分けるものです。即ち、第一篇・認識論としての論理学、第二篇・存在論としての論理学、第三篇・近世哲学の検討、第四篇・近世哲学を止揚した思弁哲学の三契機、としました。最後の「三契機」が「近世哲学」で検討された三種の哲学を「順に」止揚したものと考えるのは、大分考えましたが、無理があるようですので、止めました。

ともかく、こういう問題を考えて私案をドシドシ出し合うのが哲学界のあるべき姿だと思います。

本訳書の完成には多くの人の支えを戴きました。第一期鶏鳴学園に集まって下さった方々、鶏鳴版を上下の二巻にまとめて下さった中井浩一さん、そして未知谷の飯島徹さんと編集者の伊藤伸恵さんには特にお世話になりました。記して感謝の気持ちをお伝えします。

二〇一六年四月二〇日

牧野紀之

哲学の百科辞典の綱要

第一巻　論理学

# 目次

小論理学〔内容目次〕

〔第二編・存在論としての論理学〕 296

**第二項　定量** 672



**第三項　度** 680

## 第三章　現実性

**第一章　主観的概念**

**第一項　概念そのもの**

## 第二章　客観

付録

# 小論理学

# 編者の前書き[1]

本書〔ヘーゲルの『哲学の百科辞典の綱要』の新版〕は、著者〔ヘーゲル〕が自分の講義で使用するために書いた要綱に、その説明に役立つ付録を[2]〔編者である私ヘンニンクが〕付けたものです。その付録の付け方は彼の講義での指示に拠っています。ですから、本書の新版を刊行するに当たっての編者の仕事は、同じ著者の『法の哲学』の新版を出す時のそれと差し当っては同じものでした。今は亡きヘーゲルは、[3]ベルリン大学に奉職した一三年の間に、哲学の百科辞典の講義はわずか二回しかしませんでした（第一回はベルリン大学の教職に就いたばかりの一八一八年から一九年にまたがる冬学期で、第二回は一八二六年から二七年にまたがる冬学期です）。しかし、一八二七年に出版されたもの〔綱要の第二版〕の中では、この綱要の第一版のいくつかの節〔つまり本文〕に、講義の際に述べられた説明が注釈や付録という形で、その大部分が収録されています[4]〔そのためにその一八二七年版はかなり大部なものになっています〕。ですから、それよりも更に説明を深めるような付録にするための材料と言っても、ヘーゲル自身が残した草稿にも、〔学生たちがヘーゲルの〕講義を筆記したノートにも、ほとんど見つかりませんでした。それに反して、哲学の〔百科辞典に含まれている〕個々の学科[5]でヘーゲルが繰り返し講義したものの中には、この〔付録を充実させるという〕点でそれだけ一層豊かな材料がありました。

1　この標題はただVorredeとなっています。底本として使いましたズーアカンプ版全集の第八巻には入っていません。グロックナー版全集で訳しました。なお、この「前書き」は私の知る限り松村一人しか訳していません。

2　Zusatz は松村は「補遺」と訳し（これは速水敬二の訳を受け継いだもののようです）、その訳が通っていますが、ここでは松村も「補説」と訳しています。『法の哲学』を訳した藤野渉たちは「追加」と訳しています。私は、耳で聞いて分かりやすく意味が判明で原意に近いという条件を考えて、「付録」とします。

3　この文はかなりの長文です。Da indes der selige Hegel で始まりますが、全体が Da... so の順接の複文に成っています。Da のすぐ後に indes という接続詞がありますが、この従属文はこの Hegel を主語とし、括弧の部分を除いて考えますと、定形は括弧の前の vorgetragen の後に省略されている hat（後置定形の省略。「文法」の一三二頁を参照）でしょう。これは「対比」ないし「逆接」を表していると思います。その後の und derselbe は Hegel を受けているのでしょうが、これは文頭の接続詞 Da の従属文の主語でしょう。そしてこれの定形が so fand sich の前の（aufgenommen）hat でしょう。なお、derselbe の後の demnächst は danach（その後）という意味です。又、「§§」は Paragrafen と読みます。

4　つまり第一版は本文だけで編集され、一八二七年の第二版では本文に注釈と付録が付けられた、ということでしょう。そして、ヘンニンクが手を加えたのはこの付録の部分だけなのでしょう。だからこの付録は批判的検討を要するのです（もちろんヘーゲルが自分で不正確なことをすることも考えられますから、ヘーゲル自身による部分も批判的に読んでよいのですが）。

5　これは、論理学と自然哲学と精神哲学の三つの「学科」を指すのか、それともそれら三つのほかに更に細かい分類になる「法の哲学」とか「歴史哲学」なども入るのでしょうか。前者と取りました。

ここでまず[1]『（小）論理学』について述べますと、これは『哲学の百科辞典』全体への序論〔第一～一八節〕に続いてすぐ次に来るもので、ここに出版される第一巻の内容を成しているものですが、この学科はヘーゲルが最も頻繁に（通常毎夏学期に）講義したものです。ヘーゲルの講義方法の外面的な形式はと言いますと、それは、この百科辞典という名の綱要の当該部分[2]を講義の基礎とはしますが、通常、個々の節やそこに書かれている説明の編集順序を特に考慮することなく、当の学科をそれ自体として関連を持った講義で解説し、例を挙げて説明する[3]、というものでした。ですから、〔学生たちの〕講義ノートにあるものもその大部分は綱要にあるものと同じで、ただそれが特に身近なものにするために一層詳しく述べられているにすぎません。この際の編者の仕事は、綱要の中にある本文及び注釈の解明に特に適した説明や例解をこれらの入手されたノートから抜き出して整理することでした。ところで、この仕事の際にはつねにヘーゲル独特の言い回しや表現を再現するように考慮したのはもちろんですが、事柄の性質上、外面的な古文書学的正確さを期するということは主たる観点には成りえませんでした。特に気をつけた点は、何よりもまず、さまざまな年に書かれた複数のノートの中に散在している材料を内在的な関連を持った全体へとまとめ上げることでした。哲学的思考の予備的な訓練を特に受けずに初めて思弁的論理学〔ヘーゲル論理学〕の勉強に向かう人が、この勉強の途上で困難に出会った時に、それが然るべき助けとなるように願っています[4]。

1　「まず」とありますが自然哲学や精神哲学については特別何も述べられていません。なお、ここで改行したのは訳者の判断です。

2　この Abschnitt という語がヘンニンクのこの「説明」ではどういう意味なのか、これからも問題にします。論理学は「百科辞典の第一部」と呼ばれ、「部」すなわちTeilが使われています。

3　ヘーゲルでは叙述の順序が内在的になっているのに、「それを考慮することなく、それ自体として関連を持った講義」とはどういうことなのでしょうか。前の方の説明で、例えば「現実性」という言葉が出て来ると、先回りして「現実性」を説明するということでしょうか。

4　こういう編集方針には異存はないでしょうが、これが実現されているかどうかというと、はなはだ怪しいものです。と言っても、これはヘンニンクの能力に依ることではなくして、ヘーゲル論理学そのものの制約です。「予備的訓練」は無くても好いかもしれませんが、ヘーゲル山を登るには、途中で地滑りやなだれに遇って元に戻され傷ついても、何度も向かって行く根性が大切でしょう。七転び八起きの精神です。

編者は又この目的を遂行するに当たって、手許に直接与えられている材料では不十分な時には、躊躇なく自分の記憶に基づいて必要と思われる字句を補いました。これは[1]特に最初の二つの部分[2]への付録に入れた例や詳しい説明について言えることです。ところで、こういう編集方法について述べると、ヘーゲル哲学を知らない人々は、それではこの編集は当てにならないのではないかと危惧の念を持つかもしれません。そこで編者としては、ヘーゲルの考え方を直接聴講したりあるいはその著作を読んだりしてよく知っている人々が、本書がヘーゲルの真意に忠実であり、十分信頼に足るものであることを証言して下さるよう希望する次第です。[3]

1　ここがwie solchesとなっていてwie dasとなっていない点については、「文法」の四四八頁の②を参照。

2　この「最初の二つの部分（Abschnitt）」とは何を指すのか。論理学と自然哲学のことだと取る案（A案）と、論理学内部の存在論と本質論と取る案（B案）とが考えられます。多分B案でしょう。

3　「訳者のまえがき」にも書きましたように、私はヘンニンクの編集による「付録」については徹底的に疑ってかかりました。しかし編集自体は、納得できない部分は多々ありますが、本訳書では原書の編集をそのまま採用し、正しいと思う編集案は注の中に書きました。直弟子は、自分が偉い先生に直接習ったことで慢心する傾向が強いですが、偉い人から「直接」習うか否かは、その先生の偉大な精神を本当に受け継ぐか否かとは何の関係もないことです。カントの真の弟子はヘーゲルであり、ヘーゲルの真の弟子はマルクスであり、マルクスの真の弟子はレーニンでした。この師弟関係には直接の人間関係はありません。直弟子必ずしも真の弟子ならず。

なお、最後の **wird versagt werden** の **wird** の位置は「変則的定形後置」です。「文法」の一三五頁の細則3を参照。

更に、今述べました編集方針が決して極端に行なわれたわけではなく、許される限度が守られていることは、次のような外面的な事情も証明してくれるでしょう。と言いますのは、この綱要の後の方の部分（Abschintt）では、殊に終りに近づくにつれて、与えられている付録の数もその付録で説明されていることの範囲も、前の方の部分に比べるときわだって減少しているからです。なぜこうなったのかと言いますと、それは、ヘーゲルが論理学を講ずる場合、おそらく計画的に、後の方に行くにつれてますます短かく講義するからで[1]、そのため、講義ノートを見ましても、綱要に含まれていることをその表現を少し変えて繰り返す以外は、普通は短かくてバラバラの説明が見出されるだけなのです。その結果、本書の付録についてもこういうやり方をすることになりました。ですから、本書の付録や説明を読んでも意味が好く分からないという人は、ヘーゲルの『大論理学』を見なければならないでしょう。[2]

1　ここを見ても、すぐ前の注1の「最初の二つの部分」はB案と取るべきでしょう。

2　この文の und werden diejenigen は「昔はよく und の後を定形倒置にした」という事の例です。

この仕事のために使わせていただいた材料について述べますと、編者自身が一八一九年と一八二〇年とに筆記しました二種のノートのほかには、主として二人の畏友、ホト教授とミヘレット教授のノートを使わせていただきました。このほかこれより後のものとしましては、ギムナジウム教頭のガイエル氏の克明なノートを使わせていただきました。

この百科辞典の第一部（der erste Abschnitt）を成す論理学が付録を付けたためにかなり大部なものになってしまいましたので、全体を二分冊にする必要があると考えました。第二巻は自然哲学と精神哲学に当てられます。

この第一部の編者の個人的事情のために、この仕事を期待されたほど早くすることができなくなりましたが、ミヘレット教授が第二部の編集と出版を引き受けて下さいました。それは間もなく出版できるだろうと思います。[1]

1　この最後の文は、主語の derselbe が誰を指すかで意味が変わります。鶏鳴版ではミヘレット教授と取って訳しましたが、今回はやはり編者自身と考えました。

ベルリンにて　一八三九年一二月三一日

レオポルト・フォン・ヘンニンク

# 開講の挨拶[1]

小目次

〔今という時期〕
〔ドイツのベルリン大学という場所〕
〔哲学の大前提〕
〔現下の任務〕
〔不可知論の風潮〕
〔理性の復権と青年への挨拶〕
「哲学の百科辞典」についての説明
a〔哲学の基礎付け即ち全体像の把握〕
b〔哲学は現実を自由で能動的な理性的思考が捉えたもの〕
c〔哲学的思考の始まり〕
〔彼岸と此岸の矛盾。外界の必然性と内面の自由、外界自身の内部矛盾、内面の矛盾〕
〔人生の謎の第一の答えは宗教〕
〔第二の答えが哲学〕
〔哲学の効用〕

〔形式面での哲学の効用〕
〔哲学の難しさ〕
〔哲学する決意〕
〔哲学する者は忍耐強く思考の必然性を追究せよ〕

皆さん！[2]

私はこのたび哲学教師として初めてここベルリン大学に奉職することになりましたが、これはひとえに国王陛下[3]のお恵みによるものであります。開講に当たりまして若干のご挨拶をさせていただきたいと思いますが、私は今という時期にほかならぬこのベルリン大学において広範な学術活動に携われますことを心から喜んでおる者であります。

1　この「開講の挨拶」には元は「一八一八年一〇月二二日、ベルリン〔大学〕での開講に当たっての聴講生へのヘーゲルの挨拶」という長い題がヘンニンクによって付されています。ズーアカンプ版では『小論理学』の収められている第八巻ではなく、『精神哲学』のある第一〇巻の巻末に載っています。これにはグロックナー版に入っていない草稿も加えられています。編集としては私（牧野）は三つの序文の前に置きました。又、昔は一つの段落が長かったようですので、今回は少なくしましたが、訳者の判断で改行した所があります。なお、本書の英訳と仏訳をそれぞれ二種持っていますが、この「挨拶」はなぜか英訳にはありません。仏訳にはあります。小見出しは牧野のものです。

2　最初にあります「M. H.」は Meine Herren の略です。当時は女子学生はいませんでした。

3　Sr. は Seiner の略です。前の Gnade に掛かるので二格形に成っています。一格形ならば S. か Se. と略します。

〔今という時期〕時期について申しますと、哲学が注目され好まれる時代が再び巡ってきているようですし、[1]これまでほとんど沈黙してきた[2]哲学が再びその雄叫《おたけ》びを上げる時が来たようであります。と申しますのも、ついこの間までは、一方では、時代の要請とはいえ、日常生活の瑣事が生活の中で大きな比重を占めていましたし、[3]他方では、民族と国家の政治的全体性〔統一と独立〕を救い再興することが現実生活の中で高い関心を引く大きな問題でありましたために、[4]そういった事に精神の全能力、あらゆる階層[5]の全ての力、全ての物質的な手段が動員されまして、精神的内面生活が活動するための静けさは得られなかったからであります。〔この世を統《す》べています〕世界精神は現実の中にかくも深く入りこみ、外へ向かって引っぱられましたために、自分自身の内面に向かう余裕がなく自己本来の故郷で自分を楽しむことができなかったわけであります。[6]しかし、今やこの現実世界の嵐も収まり、ドイツ国民はすべての生き生きした生活の基礎であるところの民族の独立[7]を回復しました。その結果、我がドイツでは、現実世界のものである行政府と並んで思想世界の自由な国も自立して栄えることが可能となりました。[8]そして、精神の威力が非常に広く行きわたりました現代では、理念にあらず理念に合致せざるものは滅びざるをえず、自己主張せんとする者は〔理性的〕洞察と思考の前でその根拠を証明しなければならぬ、という所まで来ているのであります。[9]

1　ヘーゲルの scheinen は本文の中ではほとんどの場合「そう見えるが実際はそうではない」という意味で使われます。一八六頁の訳注5を参照。これを知らない長谷川宏の愚論については拙稿「長谷川宏のお粗末哲学」（ブログ「マキペディア」に所収）で論じておきました。しかし、ここはどうでしょうか。後の叙述を見ますと、不可知論が跋扈している現状を嘆いているようでもあれば、理性の復権の時が来た事を喜んでいるようでもあります。ここの scheinen の解釈は微妙です。

2　この diese beinahe verstummte Wissenschaft は換称代名詞の一種でしょう。「文法」の六〇一頁を参照。

3　「日常生活の瑣事が重要だった」とは何を指すのでしょうか。国の統一すら怪しかったので、自分の生活を守るのに必死だったということでしょうか。

4　ここの andererseits waren es .. 以下の原文は、全体としては es ... welche (alle Vermögen ..) の強調構文と取りました。die Kämpfe の後にコンマを補って、それ以下の zu-Inf. を das Interesse und die Kämpfe に掛かるものと取り、それを die hohen Interessen der Wirklichkeit の言い換えと取るのです。in Anspruch genommen の後の hatten は「後置定形の省略」で省略されています。「文法」の一三二頁を参照。

5　Stand は普通は「身分」です。松村は「階級」としています。

6　この文でも war abgehalten の後にコンマを補った方がいいでしょう。文の内容についてですが、哲学には現実の騒々しさは有害であるという考えは一面正しく、一面間違っていると思います。「実践！　実践！」と言って騒いでいるだけの輩《やから》には哲学は分かりませんが、現実の騒々しさを避ける講壇哲学者にも哲学は分からないでしょう。さて、それではどうしたらよいのか。読者も自分で考えてみて下さい。

7　この「国民性」を「民族の独立」と捉え直した松村訳は、当然のことながら、正確な理解だと思います。

8　この辺には、現実界と思想界を決定的に分ける二元論ないし平行論みたいなものが感じられます。『法の哲学』では、客観的精神に属する国家などより絶対的精神に属する哲学の方が高く、この観点からすれば哲学者が政治を指導する哲人政治こそ理想になるはずでしょう。なお、**emporblühe** は接続法第一式ですが、昔は要求的な意味内容の dass 文の中ではそれがよく使われたようです。

9　エンゲルスが『空想から科学へ』の冒頭で活写しているフランス革命当時の様子を想起させるに十分です。拙著『マルクスの空想的社会主義』（論創社）五一～二頁を参照。

〔ドイツのベルリン大学という場所〕〔時期に次いでこの場所の[1]好適性について述べますと〕とりわけこのたび私を任用して下さいました我がドイツは、その精神的な優秀さによって現実と政治の世界に重きを成し、かつては外面的な手段において自分を凌駕していたと言われます[2]国々〔イギリスとフランス〕と肩を並べるまでの力を獲得した国であります。我が国では学問の勃興と繁栄が国家生活そのものの本質的契機の一つとなっております。そして、本学〔ベルリン大学〕はその〔ようなドイツの〕中心に位置する大学でありますが、それはまた全ゆる精神生活と全ゆる学問と真理との中心である哲学にも然るべき地位を与え、特別な配慮をしなければなりません。——

1　このように訳しますと、時期と場所（時間と空間）が対比されている事がはっきりします。この程度の事ならば、誰でも分かりますが、こういう「形式を読む」という習慣を身につけておく事が大切だと思います。この点については「ヘーゲルとマルクスの登り方」（拙著『ヘーゲルの修業』に所収）を参照。

2　wären は間接話法と取りました。

しかし、我が国では精神生活一般が生活の一根本要素となっていると言うだけでは足りません。詳しく言うならば、ドイツ民族は、その君主[1]と団結して、〔民族の〕独立と外国の野蛮な専制の打倒と精神生活における自由とのための偉大な戦いを遂行してきましたが、今やそれを一層高い段階へ進めようとし始めたのであります。そこに掲げられた旗は「精神の倫理的な力」という旗でありますが、その力はいまや躍動する如く感ぜられ、その熱気が現実を支配する力となって人々を覆っています。我々現代に生きる者は、この感情の中で生き、行動し、働いているということを極めて貴重な事と考えなければなりません。この感情こそは、正義[2]と道徳と学問とが一点に集中した焦点のようなものであります。そして、精神は〔その倫理的な力の〕このような深く包括的な働らきの中にあるために然るべき品位に高まり、〔逆に〕日常生活上の皮相で軽薄な関心は地に落ち、表面的な洞察や考えはその正体をさらして逃げ去ったのです。

1 ここは jener große Kampf des Volkes im Verein mit seinem Fürsten と単数になっています。松村は「諸侯」としていますが、seinen と誤読したのでしょう。鶏鳴版の「諸侯国」という訳も同じ錯覚でした。宮本は「君主」と正しく訳しています。

2 これを松村訳は「法律」と、宮本訳は「法的なもの」と訳しています。

**〔哲学の大前提〕** ところで、この人々の心の中に到来しました深く真面目な態度こそ実に哲学の真の地盤でもあるのであります。哲学を妨げるものは一に日々の物質的利害への埋没であり、二に感覚的印象の絶対視であります。[1] 理性というものはエゴイスティックなものを求めるものではありませんから、[2] このような浅薄さに取りつかれた心には理性〔哲学〕のための余地が生まれないのです。しかし、こうした浅薄さは、人々が内容の充実〔した生活〕を求めざるをえなくなり、更にそういう充実[3]〔した生活〕だけしか通用しないようになると、たちまち消え失せることになるのです。しかるに、先に述べましたように、我々は現在そのような内容の充実した時代に生きているのでありまして、その核となるものは既に作られています。〔従って〕我々の時代に委ねられました任務は、その核をあらゆる方面に向かって、即ち政治や倫理や宗教や学問〔哲学〕といった方面に向かって更に展開させていくことであります。

1　サラリーマンとして保身を図ることが生活の大前提となっている人や、他者批判は鋭いが自分への批判を聞かない独り善がりの人々には、哲学は無理だということです。修身斉家治国平天下。「感覚的印象の絶対視」と訳した所の原語は die Eitelkeit der Meinungen です。Meinen は『精神現象学』の冒頭の「感性的確信」に出てくる言葉です。金子武蔵は「私念」と訳しています。私は「つもり」としました。ここでは「知覚」も含めての「感想」みたいなものを絶対視して、自己満足することではないでしょうか。

2　ここの als welche については、「文法」の四六五頁の③を参照。

3　ここで der Gehalt を受けるに er ではなく ein solcher を以てした点については、「文法」の四四八頁の③を参照。

〔現下の任務〕我々の任務と仕事は、[1]この新たに若返り力強くなりました実体的な基礎を哲学の方面で展開するように取り計らうことであります。[2]この若返りは先ず政治活動の分野で起こり現われたのですが、続いてそれは倫理と宗教への真面目な関心の増大として現われました。それは生活のあらゆる分野で根源的で確固としたものが求められるようになったことに現われています。しかし、最も確固とした真面目さと言えるものは、どうしても、やはり真理を認識しようという真面目さであります。そして、この真理を認識したいという気持こそは、精神〔人間〕の本性《ほんしょう》を単に感覚や享受する能力しか持たないもの〔動物〕の本性から区別するところのものでありますから、まさにそれ故に、その気持は精神の最探部を成し、今はまだ潜在的であるとはいえ本来はすべての人間の持つ気持と言ってよいのであります。[3]

1　この Unser Beruf und Geschäft が「二語一想」です。単数形 ist で受けています。「文法」の三八〇頁の①を参照。もっとも仏Gは Notre mission et notre tâche consistent à consacrer .. と定形を複数にしています。Notre を繰り返したからでしょうか。仏Bは Notre vocation et tâche est と独原文と同じに訳しています。

2　philosophische Entwicklung を松村は「哲学的発展」と訳しましたが、形容詞の使い方が西洋語と日本語で違いますから、内容を考えて訳したいものです。皆さんもよく研究してください。

3　この allgemeines Bedürfnis の allgemeines もそのまま「普遍的」と訳すのは無責任でしょう。「いつの時代にもあった」くらいの意味でしょう。

このような気持を深く呼び起こしましたのは現代の真面目な風潮でありますが、しかしそれは、同時に、ドイツ精神にとっては身近な財産でもあります。哲学研究においてドイツ人がどのように抜きん出ているかを知るには、諸外国で哲学研究がどういう状態に置かれ、哲学という名前がどういう意味合いを持っているかを知るのが好便であります。[1] 即ち、外国では、哲学はその名前こそまだ口にされてはいるものの、その意味は変わってしまっています。哲学の実質が衰退し消え失せて、その面影さえ止《とど》めていないほどです。哲学はそれらの外国から逃れてドイツ人のもとに来、ドイツ人の許でのみようやく生き長らえているのです。この聖なる光を守る仕事は我々の手に委ねられています。我々の使命はこの光を守り育てることであり、自分の本質[2]を自覚するという人間の持ちうる最高の宝が消滅しないように配慮することであります。

1　ここも der Zustand dieses Studiums と die Bedeutung dieses Namens が「二語一想」（「二句一想」

と言うべきでしょう）と同じく「一括的」と考えたので、定形を zeigt と単数形にしたのでしょう。仏にはそういう習慣がドイツ語における程強くないのか、仏Gも仏Bもここの定形を複数形にしています。七〇頁の訳注1とここと続けて出ましたが、こういう事があるから文法研究では比較文法的観点が必要なのです。

2　正しくは「人間の概念」又は「理念」。付録3を参照。

〔不可知論の風潮〕しかし、我がドイツにおいてさえ、最近のドイツ復興以前には、前代から続いた浅薄な精神が広く行き渡り、その結果「真理を認識することはできないことが証明された」などと言われ、主張されたことでした。その説によりますと、世界〔自然〕と精神〔人間〕の本質を成すところの神は理解できないものであり、捉えることのできないものであって、〔人間〕精神は宗教の許に止まらざるを得ず、その宗教は理性的認識を欠いた信仰や感情や予感でしかありえないというのです。認識のかかわる対象は絶対者や神の本性、あるいは自然界と精神界の真理性と絶対的性格を成しているものの本性ではなく、むしろ真理は認識されないということを知るという否定的な事柄でしかないというのです。[1] 言わば、[2] 真理でないもの、時間的で過ぎ去りゆくものだけが認識されるという光栄に浴するのであり、――同じ事ですが、彼らのいわゆる認識可能な対象とは、外面的なもの、つまり事実的なもの[3]とか認識とやらを産み出した偶然的な諸事情だけであり、従ってそのような認識は実証的なものでしかなく、その外面的な面だけを批判的かつ学問的に追求しなければならないのであって、その事実の内容については真面目に検討することはできない、というのであります。[4]

1　この辺ではまず、定形の位置（正置か後置か）は dass に導かれているか否かの問題で、初級文法です。接1と直接法との使い分けはもちろん、相手の主張の引用が接1ですが、その中の文でも話者（引用者、ここではヘーゲル）が正しいと思っている事柄は直接法を使っています。
2 gleichsam の説明は「文法」には書き落としましたので、三一五頁の注7を参照してください。
3 この historisches を松村も宮本も「歴史的」と訳していますが、拙いと思います。今の言葉を使うと、実証主義者の言う「実証可能なもの」「事実」に当たるものでしょう。
4 長ったらしくて分かりにくい悪文の典型でしょう。

彼らの考えはローマの代官ピラトと同じ所まで行き着いたのでありまして、ピラトは、[1] キリストが「真理」という言葉を口にするのを聞くと、「真理とは何かね?」と反問したのでした。その反問の意味は、「真理は認識できないということはとうの昔に片づいた周知のことではないのか」という意味だったのです。かくして、真理の認識を放棄するという昔から最も恥ずべきで最も下劣とされていたことが、[2] 現代では、精神の勝ち得た最高の勝利にまで持ち上げられることになったのであります。

1 Pilatus は「ピラートゥス」と読みます。「文法」の一五〇九頁を参照。
2 真理の認識を放棄し、ヘーゲル及びマルクスと命がけで格闘することを放棄して保身第一となった講壇哲学者たちの生き方は、ヘーゲルによっても、「最も恥ずべき最も下劣なこと」とされているわけです。

そういう説を為す人々は理性不信という所まで行ってしまったのですが、それでもまだ当時は、そういう理性不信を口にするには苦痛と悲哀とが伴ったのでした。しかるに、間もなく、宗教や道徳の面での軽佻浮薄な精神が現われ、それに続いて啓蒙主義と称する平板で皮相な学派が現われるに及んで、自分たちの無能力〔理性には真理を認識する能力はないということ〕を率直かつ大胆に告白し、その上傲慢にも〔真理を認識しようという〕高貴な関心を完全に忘れ去ることを主張したのでした。そして、ついに、いわゆる批判哲学が[1]、永遠なもの〔霊魂、世界〕と神については何も知ることはできないという説を「証明し尽した」と主張して、その説を良心に納得させたのであります。

1　これはカント哲学のことかと思われますが、速水敬二はフリースの哲学と取っています。ヘーゲルはフリースを軽蔑して「浅薄隊長フリース」などというあだ名を奉っていました（『法の哲学』）。

この自称認識とやらは哲学の名を僭称したのですが、こういう浅薄な知性や品性が最も歓迎し喜んで取り上げたものは、ほかでもなくこの〔いわゆる批判哲学の〕不可知論であります。なぜなら、この不可知論は、この皮相浅薄が最も優れたものであり、従って〔人間の〕全知的努力の目標であり結果であると公言したからであります。この説によりますと、自分は真理を知ろうとはしておらず、自分が認識しようと思うのは時間的で偶然的なものといった現象だけであり、〔つまり〕空虚なものだけだというのですが[1]、実際に空虚なのはこの説自身でありまして、こういう空虚な説が哲学の世界で拡がり、現在でもまだ広範に存在し、大きな顔をしているのであります。――

1　ここの原文は Das Wahre nicht zu wissen und nur Erscheinendes, Zeitliches und Zufälliges, nur das Eitle zu erkennen, diese Eitelkeit ist es, .... となっています。このように複数の単語、特に名詞が並べられている場合は、それらの単語（名詞）がどのような関係にあるかを考えることが大切です。これが内容の理解につながります。松村は「真理を認識しようとせず、ただ現象的なもの、時間的なもの、偶然的なもの、一口に言えば、空虚なもののみを認識しようとするこのような空虚が、……」と訳しています。宮本は「真なるものを知らず、そしてただ現象するもの、時間的なものおよび偶然的なもののみ——ただ空しいもののみを認識するといったこの空しさが……」と訳しています。鶏鳴版での拙訳は「真理を知ろうとせず、自分が認識しようと思うのは時間的で偶然的なものの現象だけであり、空虚なものだけだというのですが、……」となっています。この四語の関係を見抜く手掛かりは **nur** が二度使われている事と最後の **das Eitle** が次に **diese Eitelkeit** と受けられている事です。最初の三語は並列されているのではなく、「現象している事、即ち時間的な事（永遠ではない事）及び偶然的な事（生成の必然性のない事）」と噛み砕いたのでしょう。しかるにこれらの三語は論理的な語ですから、それを「空虚な事」という倫理的な語で言い換えたのでしょう。もちろんそれは次に **diese Eitelkeit** と持ってくるためですが、不可知論に対するヘーゲルの軽蔑がいかにひどかったかを知るべきです。なお、最初 **zu wissen** と言ったのを次には **zu erkennen** と言い換えたのは、「近いところで同じ語句を繰り返すのを避けた」だけです。他意はありません。「文法」の四四七頁（用例8の説明）及び六〇二頁の説明3を参照。

ドイツに哲学が興って以来、今日ほど哲学が落ちぶれたことはなく、このような見解、つまり理性的認識の放棄がかくも威張り散らし、かくも拡がったことはないと思われます。しかし、この見解は前代から引き続いて来ているとはいえ、今やそれは一層充実したものを求める感情や新たに興った実体的なものを求める精神から激しい攻撃を受けるようになりました。[1]

1　この文はこう取ってこそ次の文へつながると思われます。松村訳及び宮本訳と比べてみて下さい。

〔理性の復権と青年への挨拶〕この一層充実したものを求める精神のついに現われた朝焼けに、私は挨拶を送ります。私はそういう精神だけを相手にしたいと思います。あえて申し上げますが、哲学は充実した内容を持たなければならないのでありまして、私は皆さんの前にこの内容を展開してご覧に入れる決意[1]であります。しかし、この際、私は特に青年の精神に挨拶を送りたいと思います。と申しますのは、青年期は人生の美しい時期でありまして、それはいまだに日常生活の狭い目的によって設けられた体制〔枠組み〕に囚われておらず、利害に囚われないで学問的な研究のできる自由を持っているからであります。また、青年は未だ、先に述べました浅薄な説の否定的な精神や単なる批判とやらの持つ無内容の虜《とりこ》になっておりません。いまだに健全な青年の心には真理を追求する勇気があります。[2]そして、哲学の本来の住み家はその真理の国でありまして、我々はこれから哲学を勉強してその住み家を建て、そこに住もうとしているわけであります。

1　この werden は単なる未来ではなく、「誓って何々する」という話法の助動詞と取るとぴったりします。

2　青年期のこういう特徴は薄れてきているという反論もあるでしょうが、やはり大人の世界に比べればこう言えるでしょう。問題は、これは青年期の肯定的な一面にすぎず、逆に言うと、青年期には世間を知らないという否定的なもう一つの面もあるということです。ヘーゲルはこれを知っていたが、青年を前にして講義するという立場上、前者のみを言ったのでしょう。

人生において真実で偉大で神的なものはすべて理念によってそうなのでありますが、[1]哲学の目標とするところは、その理念をそれ本来の姿で捉え、普遍的な仕方で捉えるということです。しかるに、〔自然の中にも理念は宿っているのですが〕自然は〔やはり〕その理念を[2]〔自然〕必然性をもって成就するように定められています。しかし、精神の国は自由の国です。人生を統率し人生において価値を持ち通用しているものは、すべてみな、精神にその起源を持つものであり、この精神の国とは真理と正義を自覚し、理念[3]を把握することによってしか出現しえないものなのであります。[4]

1 ここは Was im Leben wahr, groß und göttlich ist, ist es durch die Idee と成っています。下線を引いた es が「属詞（述語）の es」です。「文法」の四一六頁を参照。仏Gは Ce qui dans la vie est vrai, grand, divin, ne l'est que par l'Idee と訳しています。フランス語は中性代名詞の le で受けるようです。特に「属詞の le」とは言わないようですが。それはともかく、この es や le は三つの属詞形容詞を受けています。こういう芸当も出来るようです。

2 原文は Vernunft ですが、内容を考えて「理念」と訳しました。

3 ここは正しく「理念」と言っています。七一頁の訳注2を参照。

4 だから、真の認識＝本当の認識＝真の理論に導びかれなければ人生における価値あるものは生まれない、ということになります。ヘーゲルの絶対的真理観の真意はここにあります。その唯物論的な意味については、拙著『理論と実践の統一』（論創社）に所収の同名の論文に一通り書きました。

〔我々は以上のような展望を持った上で、そのような意義を持った理念の認識、即ち哲学をこれから始めるわけですが〕このこれから歩もうとする道程において、私は、皆さんが私を信頼して下さることを希望すると同時に、私も皆さんの信頼を裏切らないよう努力する決意であります。さし当って私が皆さんに希望する事は、ただ一つ、学問を信頼し、理性を信じ、自信を持ち、信念をもって聴講していただきたいということです。

哲学研究の第一の条件は真理の勇気[1]を持つことであり、精神の力を信じることであります。人間は自分自身を尊ばなければなりません。人間は最高のものに価すると思わなければなりません。精神の偉大さと力とはどんなに高く評価しても過大評価するということはありません。宇宙の閉ざされた本質といえども、認識しようという勇気には抗しえないのでありまして、それは〔必ずや〕認識の前に姿を現わし、その豊かさと深さとを認識の目にさらし、享受させることでしょう。[2]

1　真理の勇気とはどういう事でしょうか。「どんな困難にも負けないで、真理を必ず認識するぞ」という勇気ではないでしょうか。

2　今、これだけの熱弁をふるう教授がいるのでしょうか。グロックナー版はここまでです。これから後はズーアカンプ版の第一〇巻から訳します。

前置きはこれだけにしましてこの講義の本題である「哲学の百科辞典」について説明します。

a　**〔哲学の基礎付け即ち全体像の把握〕**「哲学の百科辞典」とは哲学の「基礎付け」であり、それをその「全範囲にわたって体系的に展開したもの」の事です。——哲学の「基礎付け」とは哲学をその全範囲にわたって体系的に展開する事でしかありえないという事は、いずれ哲学を展開する中で明らかになるでしょう〔ですから、基礎付けと全範囲にわたる体系的展開とを二つの句として挙げる必要は本当はないのです〕。——悟性の立場に立っている通常の考えでは、基礎付けのようなものは本論の前にするべきであり、この「基礎」の後に、あるいはこの「基礎」とは別に本来の学問は展開するべきだ、と成っています。しかし、哲学は宇宙と同じで自己内で「円環的」なものなのです。最初のものも無ければ最後のものも在りません。そこには一切が含まれていて、「相互に関係し合い」、一切が「一者」の中に在るのです。[1]——この講義の目的は、皆さんに「宇宙を理性的に捉える」ようになっていただく事です。「全体像」から始めるのはそのためです。部分は全体からしか把握できないからです。これが済んだ後で個々の部分についての特殊講義をするつもりです。実際、本学期では自然法学を始めています。[2]

b〔哲学は現実を自由で能動的な理性的思考が捉えたもの〕この理性的宇宙像は哲学的な宇宙像ですから、もちろん「思考」で捉えたものです。つまり、「思考が〔他のいかなる権威にも頼ることなく〕自分自身から出発して、自由に」作り出したものです。――哲学とは「存在している」ものの認識です。[3]ですから哲学の内容は彼岸にあるものではありません。〔それは此岸にあるものであり〕感覚器官や内外の「感覚」に与えられ、知性〔悟性〕が把握し規定するものと同じです。しかし、存在している物は「潜在的に」理性的であるだけです。人間の意識はまだそれを理性的と「意識して」はいません。――〔その客観的な〕理性者、つまり真に存在する物は思考作用を通して初めて人間に意識されるのです。――〔しかし、それは〕受動的に受け取る事ではありません。受動的把握は「外面的」なものですから、「感覚的」なものです。〔ですから思考は能動的な働きなのですが、だからと言って〕恣意的に勝手にひねり出す行為でもありません。あれこれ理屈をこね回す事でもありません。そうではなく、それは「理性的な」思考なのです。――それは感覚的なものや勝手に考えた主観的な物を含まず、自己内に〔自己の本性と相容れない物は〕何物をも介入させず、自由に、徹頭徹尾自分で自己を展開するような思考なのです。――「存在している」理性と精神の「本質」を成している理性とは「単一」で同一のものなのです。[4]――精神が自己内から生み出した理性的なものこそが――客観的なものであり、逆にこの客観的なものが思考するに至った限りでこれは精神であり、その客観世界を理性的なものとして意識するのです。――世界は人間が見るように見返すだけです。人間が世界を感覚的に、あるいは理屈づけ的〔悟性的〕に見るならば、世界の方も又、感覚的に見えるし、あるいは無限に多様でバラバラな関連から成り立つものに見えるのです。ですから、人間が世界を理性的に見る場合にだけ、世界は理性的な秩序を持ったものに見えるのです。[5]

1　この「円環的」という事は本文の第一七節に出てきます。ヘーゲル哲学の根本です。

2　この全体と部分の関係の問題は本文の第一三五節で論ぜられます。ヘーゲルには未完成に終わった作品はほとんどないと思いますが、それは「結論が始まりを決める」というヘーゲルの哲学から来ているのです。最後まで見通していなければ書き始められなかったし、実際に書き始めなかったのです。これは「理屈」としては、生活経験からも多くの人に理解されている事だ、と言って好いでしょう。マルクスもその草稿『経済学批判序説』の第三章「経済学の方法」の中で論じています。文章を書く場合については、私も「美しい論理的な日本語のために」の第三節で「結論がすべてを支配する文章」を論じています。しかし、「知ってはいても必ずしも実行は出来ない」のが我々凡人の実際なのだと思います。

3　つまり、「他の哲学者の説を解釈するだけでは哲学には成らない」という事です。

4　「理性的なものは現実的であり、現実的なものは理性的である」という考えを形を変えて主張したものです。

5　ヘーゲルは「なるほど哲学は理念を持って〔前提して〕歴史に向かって行く限りで先天的であるが、理念はたしかにそこに在るのであり、これは理性の確信なのである」(『歴史における理性』ホフマイスター版三二頁)とも言っています。この確信はこれまでの努力の結果、繰り返し理念を発見した事で報いられ、作られたものです。ですから、「理性は理念を持って歴史に立ち向かう」というのは同語反復なのです。二八八頁の訳注4を参照。

**c〔哲学的思考の始まり〕**　哲学的に考えようとする場合に人はどういう立場に立っているかと言いますと、それは、一般的に言って、次のように特徴付けることが出来るでしょう。[1]　——〔つまり〕哲学を始めようとする者に対しては、まず「哲学するには何が必要か」を意識させ、哲学が必要と成る立場に立たせなければならない、という考えがあります。――まず〔お断りしておきますが〕[2]、哲学の勉強に時間を割こうとしている皆さんの場合はこの哲学するための必要条件は備わっていると前提して好いでしょう〔から、皆さんの場合には、それを「意識させる」必要はないと思いますが、この必要条件が一般にどのようにして生まれてくるかを考察しておくのは必要でしょう〕。さて、この必要条件は心の内なる深い根底から出てくる場合もあれば、外からきっかけを与えられる場合もあるでしょう。親とか先生とかいった権威ある他者に言われるという場合です。しかし、いずれにせよ、〔きっかけの種類は大した問題ではないのでして〕哲学の素質は「思考」の本性に根を持つことですから、誰の心の中にも在るものです。即ち人間は一般的に言って感覚的知[3]や感覚的衝動から始まります。外的世界が目の前に開かれ、それに対して欲求や好奇心で対応するのです。――内なる気持ちや心の動き、正不正の感情、自己保存感情や名誉心等に突き動かされます。しかし、この立場に人間は満足出来ません。「本能的に」在る「理性的要素」ないし理性を目指している反省[4]に促されて人間はこの現象世界にある「普遍的」で根源的なものへと向かいます。――つまりこの無常な世界の中に在る根拠や原因や法則といった「常住しているもの」の追究へと向かいます。更に、この反省によって人間は感覚的世界に別れを告げて時間的なものに対立する永遠な存在の観念とか、有限で制約あるものに対する無限で制約無きものという観念を持つか、あるいはそういう普遍的な世界秩序とか万物の最初の根拠ないし本質という観念を受け入れられるように成り、それを親しく感ずるように成ります。――この時、ここに、既に哲学が始まっているのです。自立した普遍的な法則という理念、常住する絶対的な存在者という理念の世界に踏み込んだのです。しかし、これはさしあたっては悟性的反省の立場でしかありません。――あるいは信仰と感情の国でしかありません。この段階では、まだ、無限と有限とは対立し、永遠者と時間的存在者とは対立しています。世界が分裂した二つの部分に裂かれているのです。現在の国と「彼岸」の国とにです。現在の国と繋がっているのは現実即ち我が意識であり、彼岸へと私を引っ張っているのは神です。[5] どちらの中でも私は「完全」ではありません。どちらの世界の中にも私は常住することは出来ません。どちらにも満足出来ません。それぞれが私に絶対的要求を突きつけますが、両者は「矛盾」していて、私にはどちらかを放棄して解決する事はできません。両者がそれぞれの正当性を主張しているからです。〔しかし〕この矛盾の中にこそ哲学の次の段階の要求が含まれているのです。それを解決する事が哲学の目標です。この二つに引き裂かれた精神は哲学の中に、即ち自分自身の中に精神の和解を求めることになるのです。

1　原書四〇七頁一七行目の $\gamma$ の項の冒頭の **damit** の **da-** を「此処までに述べた事」と取る（宮本訳）か、「以下の事」と取る（牧野訳）かの問題があります。内容から考えるしか手掛かりは無いと思います。読者も自分で考えてください。

2　原書の二二行目の **Erstens** を宮本は「第一に」と直訳していますが、これに対応する「第二に」がありません。ここは内容から考えて断り書きかせいぜい譲歩の構文で、聴講生に断った上で二五行目の **nun**（さて）で本文に戻るという流れに成っているのだと思います。

3　ここは **sinnliche Erkenntnis** となっていますが、ヘーゲルの本来の **Erkenntnis** は **sinnlich** ではありませんから、「知」と訳しておきました。

4　ここは **das Vernünftige** と **die Reflexion** が二語一想に成っているのだと思います。ここでは「反省」を理性と結びつけていますが、一六～七行目では **der Reflexion des Verstandes** と言って悟性と結びつけています。ヘーゲルの本来の立場は後者でしょう。

5　この「神」は **der Gott** と定冠詞が付いていますから、キリスト教の神ではなく、「絶対者」の別名なのでしょう。

〔この矛盾の三つの形〕この矛盾は次の三つの形で捉えることが出来ます。

①〔第一の形・主客の矛盾〕一般的に言うならば、自由と客観性との矛盾です。[1]――私〔自我〕と外界との矛盾、つまり私は自然に依存していますが〔必然性〕、同時に自分を自由だと感じています。この矛盾の両項はどちらかが他方より強いという事はありません。〔即ち〕私の理性の目的は善、正義、真理です。〔しかし〕外界はこれらに合致している場合もありますが、合致していない場合もあります。――〔後者の場合には〕我々はこれらの目的をこの世の中に実現しようとしますが、この世界は我々の目的とは別の法則に従っていて、自立しています〔従って、実現出来るとは限りません〕。

1　ここから③の段落まではメモみたいです。編者が補った語句をいちいち角括弧などで記す事無く訳します。角括弧は訳者の補った語句です。なお、この「第一の形」一行目に「自由と客観性との矛盾」という言葉があります。普通は「自由と必然性」と対置し、「主観性と客観性」と対置するのですが、変えています。八一頁の二行目の「現在の国と彼岸の国」の対置でもそうです。普通ならば「此岸と彼岸」でしょう。こういう「変化形」に惑わされないように。どこでも同じ言い方をするのを嫌うだけでしょうから。

②〔第二の形・客観内の矛盾〕第二の矛盾は客観的外界自身の中に在る矛盾です。つまり外界は偶然性と必然性の多様に入り交じった世界です。或る時はそれは目的〔生命〕ですが、又別の時には過渡的なもの〔他者のための手段〕です。法則自身が外界の中では多様なもので、諸法則を貫く普遍は多様なものの寄せ集めでしかなく、そこには調和はありません。理性が「諸法則の根拠」として求めている統一や一致は、悟性の抽象作用によってようやく出てきただけで、「この統一」即ち「本質」には内容が無く、かの多様

な現象世界を捉えきっていません。

③**〔第三の形・主観内の矛盾〕**第三の矛盾は自我の中の矛盾です。即ち、自我は自己自身の中で矛盾しています。それは多様性であり、矛盾したものです。それは一面では「いろいろな衝動」ですが、その衝動は自然〔外界〕によって自我の中に植え付けられたもので、「自我」の興味や享楽の満足を求めて行動します。しかし、それが満たされると自我が没落することに成ります。他面ではそれは「理性」ですが、自我の興味や享楽を犠牲にして自己意識〔自己確信〕を生み出します。

以上三種の矛盾はいずれも謎です。〔第一の内外の関係はもちろん、後二者、即ち〕外界も我が内面も矛盾として私の意識の前に現れています。哲学の目標はこの謎を解くことです。思考に目覚め、自己意識に覚醒した人は誰でも多かれ少なかれこの矛盾を意識します。そして、この世界全体に渡っている混乱[1]の中に「真理」を求めて行くことに成るのです。

1　この Gewirr は Widerspruch の言い換えだと思います。

**〔人生の謎の第一の答えは宗教〕**人は誰でもこの欲求を持っています。この謎の答えは誰にとっても〔先ずは〕「〔啓示〕宗教」の中に与えられています、信仰の中では感情の面で、教義の中では知性に対して無限者は親しみ深く与えられています。教義は全く抽象的な普遍の世界に属するものですが、信仰は感覚的表象の形を採っており、〔感情と知性との〕調和に訴えています。[1]

1　この段落は語句だけ並べた所が多く、訳者の解釈を大胆に入れました。それはともかく、原書では四〇九頁の八行目にａとあり、四一五頁の一一行目にｂとあります。この分け方の根拠が分かりません。「小目次」にあるように理解しました。そこで、この段落の頭に「人生の謎の第一の答えは宗教」という標題を入れました。「第二の答えは哲学」という標題は原書のbのところではなく、四一一頁の一三行目からの段落に置きました。なお、ヘーゲルがここで「宗教」と言っているのは啓示宗教のことで、ユダヤ教とキリスト教のことだと思います。イスラム教も入るかもしれません。

〔しかし〕宗教は〔確かに〕哲学と共通の目的、共通の内容を持っているのですが、「真理」を「真理の形態」で表現してはいません。宗教は真理を「感情」として「所与のもの」として表現しています。即ちそれを信仰として予感の対象として表現しているのです。つまり、直接的なものとして表象しているのであり、従って〔哲学は〕宗教の段階に留まっていることは出来ません。〔宗教は真理を〕「概念的に理解せず」、「こうなのだ〔これは事実なのだ〕」と理解して「直接的な形で」受け入れるような理解に留まっています。それは真理を「永遠の」真理として捉えず、実際にあった話として歴史上の真理として理解するだけです。〔哲学とは〕異質なもの、単なる断定よ、さらば！

イ・「宗教」[1]とは人間が自分の本質を最初に「意識」する仕方です。「自然」の本質も「人間精神」の本質も人間は宗教として初めて「対象化」します。宗教の中でそれらの真理が「啓示」されるのです。〔啓示〕宗教の中で人間は自分の「単なる主観性」と「個別性」と「不完全性」[2]とを乗り越えるのです。その時「本質的な精神」が「本質的な精神に」現れているのです。〔啓示〕宗教を持った時、人間は自分の制約ある時間的な諸目的や苦しみや現在的快楽から解脱するのです。人間の本質は自己の許にあって自由になっており、――「内なる神が外なる神と一体化しているのです」。ですから、宗教というものを「主観的なもの」と考えてはなりません。それは主観〔個人〕としての「主観」に属するものではなく、「自分の特殊性」を脱ぎ捨てた主観、純粋な「思考する」主観として、純粋で「普遍的な知」と考えなければなりません。

1 このReligionが無冠詞なのは強調したからではないでしょうか。
2 このbedürftigとは「〔絶対者を〕必要とすること」ではないでしょうか。

最近は、宗教を単なる「思い」だとか「主観的感情」だとかにしてしまって、それは「自分の中だけ」で起きる自分個人だけに関する事柄で、各自が勝手に自分「独特の」やり方で、自分だけの考え方で、自分の在り方だけで決めて好い事柄にしてしまっているようですが、この考え方では「真理」という契機が見逃されています。宗教は〔たしかに〕「私の」事柄であり、私は「この一個の」個人として宗教に関わっているのですが、「私」は宗教の中では「私の本質」の面で存在しているのであり、自分の特殊性を捨て、「特殊性を超えた自分」として、特殊性を捨象し、「客観的な」自分として振る舞わなければならないのです。これがまさに私の「客観的な」在り方です〔という風に〕。食べたり飲んだりといった自分の特殊性を目標として行動している時、私は確かに「存在し」、現出存在し、生活し、感じてはいます。私は自分を、「一個の特殊」としての自分だけを「意識」しています。〔それに比べると〕宗教的感情も生活もそれよりは高い生活です。宗教的儀式の中では神的なものが「自己意識」と成りますし、①この特殊な私が自分を超えて無限者に高まりますし、②逆に、自己意識を持たない単なる内なるもの、単なる無限者は自己意識を獲得して「自己意識化された神」になります。――〔確かに〕それの形式的な面である自己意識の面だけが私のものであるだけなのですが、その中で私は私の特殊性を無にし、それ故に、その中でこそ私の特殊性を内容にまで高め、――神的なものが自己意識を獲得するのです。

同時に主体性〔自己意識〕でもある「客観性」だけが宗教です。しかし、「神的な自己意識」もまだ「宗教」である以上、その「形態」はその内容である「真理」に「合致していません」。宗教では「感情」というものがその「主たる形式」だからです。進んだ宗教でも〔世界の〕本質存在を意識する仕方は表象です。[1] 認識の振る舞いは「信仰」です。――観念ないし思考はせいぜい下位の形式として入っているだけです。表象〔的であるとは〕――「事実として神は存在する」「神の存在の永遠性は表象される」といった具合に、外面的な形式で把握されるのです。捉えるものは「空想力」です、「神は世界を創造した」と。これが理性だと言うのです。[2]――行為は外に向かったものとして、「出来事〔たまたまどこそこで起きた事〕」として、有限者の関係ないし振る舞いとして理解されるのです。――自己自身を直視する、自己に対面するように成る、自覚的に成る、――これが「子の誕生」です。この神の対象化された姿は確かに〔第三の位格の〕精霊〔精神〕とされるのですが、これは〔第一の格である〕父及び〔第二の格である〕子から「出てくる第三のもの」とされていて、父と子とが「その実在的存在」を得ている所〔天国〕とは違うのです。外的表象の更なる例を挙げますと、善悪を知る木の実を取って食べることとか、[3]それで人間は善と悪を認識するように成ったという事を偶然の出来事、〔蛇の〕誘惑として何か不当な事とするなどです。精神の自己自身との和解も、神の本性と人間の本性との同一性も外面的な出来事でしかなく、時間的な事件でしかないとし――「他人」の中に、「特殊な個人」に即して直観するだけで、理性の中に絶対的な形で捉えるのではないのです。

1　このWennが「事実を指すwenn」です。「事実を一般化してそれに注釈を加えようとする時に使う」（関口『ドイツ語学講話』一五七頁以下）。

1　ここでは die Möglichkeit が先に出ていて、それと同格で die Art und Weise が出てきます。このMöglichkeit とは「真理を意識することを可能にするもの」という意味で、die Art und Weise と同じなのでしょう。訳しませんでした。

2　ここの dass die Vernunft dies ist の文は意味が分かりませんでした。この段落の最後の nicht als an und für sich selbst in der Vernunft と同じ事を言っているのかなとは思いましたが。

3　vom Baum der Erkenntnis .. の von の意味は「その一部を取って食べる」ということです。「部分化的目的語の von」です。部分化的目的語の表現には、このほかに an, in, 二格名詞などがあります。Man baut noch an der Brücke（あの橋はまだ建設中だ）、Er liest in der Zeitung（彼は新聞を読んでいる）。部分化の二格については「文法」の三四一頁を参照。なお、旧約聖書の「モーゼの神話」の現実的な意味については前掲「子供は正直」を参照。

表象という形で捉えられたものの中にはどれにも〔概念的理解とは〕異質なものが、外面性が入っています。それは時間と空間の中にあるものですが、その時間・空間は〔概念的に理解された時間・空間とは〕「別のもの」で、その「現実」は〔概念的に理解された現実とは〕別のものです。[1] そこ〔概念的理解〕での核心は das Meine〔自我性、Ich-heit〕です。これこそが理性的なものだからです。それなのにこの〔表象という〕形態は自我とは別のものであり、従って〔自我によっては〕「浸透され」ておらず、「概念的に理解され」ていないのです。[2] 従って精神は宗教という段階に留まっていることはできません。――〔宗教という形態でさえそれは〕元々純粋に主観的な感覚ではありませんし、この純粋に主観的な感覚というものがあるとすれば、それは理性的自己意識の「動物的な」形です。[3]――又、かの「表象」という〔意識の〕在り方に留まっていることはできません。在り方を取り除け！　理性を思考せよ！　そうすれば、自我はそこに「自我」を見、自我を認識し、「必然性」という理性に相応しい規定を理解することになるのだ。[4]

1　角括弧で補ったように取らないと意味が分からないと思います。原書でイタリックで強調されている所がanderであったり、Wirklichkeitenだったりと一貫していません。
2　ここも訳者の考えた事を率直に書きました。こういう意見を出し合いたいものです。
3　イヌでも好き嫌いに近い感情を表現する場合があると思います。それの事を言っているのではないでしょうか。
4　この文などを見ても、michは表象のものではなく、理性のものとされている事が分かるのではないでしょうか。

〔第二の答えが哲学〕以上のような訳で哲学の「目的と内実は宗教と同一」[1]です。しかし、それを捉える意識形態は「表象」ではなく「思考」です。宗教という形式は「教養ある意識」には満足出来ないものなのです。この意識は認識を求めざるをえないもので、宗教を止揚せざるをえません。——しかし、それは宗教の「内実を正しく根拠付ける」ためです。この根拠付けは思考によるものが本当の根拠付けであって、歴史を引き合いに出すやり方も教養によるのも、その他の外面的な根拠を持ち出すのも正しくありません。永遠者は時間的に事実として根拠付けることはできません。それは精神の「証《あかし》」なのです。[2]

1　こういうhöherといった比較級は日本語では訳さない方が適当だと思います。「文法」の一三五〇頁にまとめました「絶対比較級」の三つの用法を参照。
2　「精神の証」とは「精神だけが証明できるもの」という意味と、「精神を持っている事を証明するもの」という意味と、二義があるのではないでしょうか。

かくしてここに哲学の「立脚点」も与えられ、根拠付けられた訳です。[1] 即ち、「真理の認識が哲学の目的」なのですが、それを「絶対的に」認識することであって、「哲学の外に、何かの他者の中で」真理を認識することではありません。哲学の根本的使命は「役に立つ」ことではありません。哲学は〔真理認識という事〕それ自身の中に目的を持っているのであって、何かそれ以外の事の中に目的を持つのではありません。アリストテレスがその『形而上学』の第一巻の中で述べたのよりこういう風に言った方がベターでしょう。精神の活動と現存の最高の在り方は自由の中に生きることです。食べるとか飲むとか、寝るとか快適な生活とか、富とか享楽とかいったそれ以外の在り方にはどれにもこの自由がありません。法を正しく適用するとか祖国を守るとか国民としての義務を果たすこととかは、「現実」全体の中での生活ですから、たしかにこれよりはもう少し精神性の高い生活ではありますから、目的が制約されておらず、普遍的に精神的な目的を追求しているとは言えますが、行政の対象は所詮財産をどうこうするといった制約された目的であって、国民の義務を果たす事はやはり偶然的に与えられた個別的事情の中で行われる事です。宗教の対象でさえ哲学のそれと同じく、そういう制約された対象を超越した、無限者を目指しており、無限者と関わるものです。――

1　denn auch には熟語としての用法がありますが、ここは「果たせるかな」といった意味ではなく、denn は dann の代わりではないでしょうか。

宗教は「義務そのもの」と考えられていますが、[1]――例えば個人は神にひたすら奉仕するべきで、神の国はそれ自体で独立した国であり生活であって個人はそれを聖なるものとしてそこに加わるのであって、そこから自分のための何らかの利益を得ようとするものではなく、自分の目的は放棄すべきだとかいった事ですが、――哲学は一層そうでして、哲学をする人は自分の好悪や個人的目的を放棄しなければなりません。自分や自分の自我を追究するのではなく、自分に依存せず、自立しているものに関与することで〔結局は〕自分を尊重するのです。「哲学」をするのは「日常生活」での〔主の日である〕日曜日に当たると考えられます。日々の市民生活が仕事をする週日と日曜日に分けられているのは素晴らしい制度です。週日は物質的に必要な外面的生活の時であって、その時は有限な現実に埋没しています。日曜日にはこれらの仕事を投げ打って目を地上から天へと向け、自分の存在の永遠性と神性とを意識します。人が週日に働くのは日曜日のためであって、週日のために日曜日があるのではありません。[2] つまり、哲学は意識であり[3]、目的自体なのです。全ての目的は哲学のためにあるのです。現実生活では宗教上の地位（Stand。身分、職）に定められて他の人々の意識を神の方へ向け、保持し、援助しようと働いている人もいます。かつては他者に説教するのではなく、自分を永遠者への奉仕に捧げる人もいました。――それは、社会の他の部分から離れて、一生を神に捧げるという生活です。こうして日常的心配や仕事から解放された奉仕、〔有限な事柄には〕役に立たない生活ができたのです。こういう集団は多かれ少なかれ消滅しました。しかし、同じく〔有限な目的には〕無関心で自由な営みである学問〔哲学〕が部分的にではありますがそれに取って代わり始めました。そして、現実生活では国家が為さなければならないことを完成させるためには学問、特に哲学が必要で、そのためには又そのための独自の「人間集団」が必要だという事になったのです。しかし、〔哲学と現実生活との〕完全な分離は部分的なものです。理性の存在のためには多岐にわたる広い現実生活が前提されるのです。[4] しかし、同時に確認しておかなければならない事は、精神はその有限な事柄に埋没していてはならないという事であり、哲学という領域は精神の高度な領域であって、精神はそこを自分の故郷《ふるさと》と思って、大切にしなければならないという事です。――この〔精神の〕高度な自己意識〔たる哲学〕は有限世界に展開する哲学以外の世界の基礎であり実体なのです。哲学以外の生活[5]にとってはこの自己意識こそが自分の根と光明、確証と励まし、そして承認なのです。[6]

1　新渡戸稲造が外国で「我々日本人は宗教を持っていない」と言ったら、「では人を殺してはいけない」といった義務観念をどうやって学ぶのだ、と聞かれて、その回答としてかの『武士道』を書いたという話はかなり有名です。私などは、そういうおかしな質問をされたら、「あなた方は誰かに教えられなければ、人を殺してはいけないことが分からないのか」と反問したくなります。

2　日本人が有給休暇の沢山あるヨーロッパに行くと、彼らが「休暇のために働いていて、働くために休暇があるのではない」ように感じて、日本とは逆なのに驚くようです。ヨーロッパ人の休暇観はここにヘーゲルの述べたキリスト教的な考え（だと思います）に根を持っているのでしょうか。

3　ここの Bewußtsein が分かりません。人間の意識が目的意識性として発生したことを含意しているのでしょうか。

4　「理論と実践の統一」の本当の意味です。拙著『理論と実践の統一』（論創社）を参照。

5　四一三頁の一六行目のダッシュの直後の das seine Wurzel. の das は受ける名詞がありません。直前の Lebensbreite の中の Leben を受けると取って訳しました。

6　A in B finden は属詞文の代用形です。「文法」の一五六頁の②を参照。

〔哲学の効用〕「学問の効用」という事を云々する人が多いですから、「哲学の効用」について述べておきますと、その問題への回答も以上の中に含まれています。即ち、真理は真理のために在るのであって、真理以外の現実は全て、真理の具体化であり、真理が外面的な世界に現れ出たものです。――すると、外面的な世界には〔真理とは〕別の多くの目的があります。〔両者の関係はと言いますと〕真理はこれらの諸目的の担い手であり、実体なのです。どんなものでも、自己の概念に合致せず、真理と一致していない場合には、持続性を持つ事はできず、自己を貫徹する事はできません。これが〔哲学の目的と〕他の目的との関係であり、日常生活の目的ないし他の科学の目的に対する関係でも同じです。――普遍者は又最も深いものでもあります（から、それは全ての事柄に応用できますが、その応用とは外面的な応用に限りません）。更に、真なる認識は[1]――実体的なものなので――万物の根拠であり担い手です。他の目的は全て〔哲学の〕下位に位置づけるべきもので、それが自己の「実体〔たる哲学的真理〕に合致して」いなければ、完成せず実現されず、空《くう》に留まります。換言するならば、「神こそが最も有益なものであり、絶対的に有益なものである、という事です。なぜならば[2]、神から離れては何も存在しえないからです」。又、「諸個別科学」の勉強も同じで〔その基礎も哲学の中にあるので〕す[3]。諸個別科学での真理は「哲学の内容」を成します。――「日常生活や諸国家制度で真理と言えるものは理念に適っている」のです。――これらは外界の自然やその産物のように自己に盲目ではなく、認識する精神の産物なのです。ですから、それらの中の真正なるものは哲学的なものなのです。――個々人の現実生活でも同じで、その使命、つまり使命の「実体」、その「使命と普遍者との関係、普遍者の中での位置づけ」、更に又個々人が持つ世界観、世界に対してどう振る舞うかについても、その中にある真理は哲学なのです。

1　これは die Wahrheit（真理）の言い換えだと思います。

2　ヘーゲルは、前からの帰結として或る命題を引き出した後で、又それの理由を言うことが多い（根拠と理由の説明の重複）ですが、ここは理由も含めての全体が前からの帰結なのでしょう。

3　編者の補った語句とは別にしました。Bildungをどう取るかでしょう。

〔形式面での哲学の効用〕形式面での哲学の効用について言うならば、哲学を学ぶ事で得られる「形式面」での教養は、形式的なものつまり思考能力を身に付けることです。即ち、「普遍と本質をしっかり押さえて」、偶然的なものや余計なことを度外視することです。抽象と捨象を学ぶことです。生活上のどんな仕事でも具体的な事柄の中から普遍的な核心を認識し、肝心の問題点を取り出す事はまず第一にしなければならない仕事です。教養のない人というのは或る事に取りかかる場合、それを理解するにも語るにも、又行動するにも、それを取り巻く全ての事情を〔核心と偶然的な事情とを分けずに〕そのままにして、それらに巻き込まれてその事柄が何であったかを見失ってしまうのです。教養のある人とかしっかりした人[1]というのは、理解する場合、本質的な事をしっかりと押さえ、これだけを押さえて、その観点を最後まで貫きます。従って、哲学を勉強したり、哲学に関わったりするということは、徹頭徹尾本質的な事に親しみ、偶然的なものや無常な事柄を遠ざけるという事です。[2]又、哲学とは、内容から見るならば、絶対的な諸目的と真なる「存在」を知ることです。

1　ここはder gebildete Menschと定冠詞が付いています。前の「教養のない人」ではein ungebildeter Menschと不定冠詞だったのに。多分、後者ではungebildetを「紹介導入」したのでしょう。これが前提されていますから、今度は「他方」という事で、定冠詞がついたのだと思います。

2　この文については、「文法」の一六〇頁の③を参照。

〔哲学の難しさ〕さて、哲学は本質的なものを相手にするものなので、「難しい」と言われています。そして、その難しさとは、哲学を「理解する」のが難しいのだとされています。この点についてもう少し、しかし簡単に触れておこうと思います。①哲学はたしかに難しいです。それは思考を科学することなのですから。それに対して、「見ること」、聞くこと、臭いを嗅ぐことはきわめて易しいですし、その聞いた事や見た事の「表象的観念」を作るのもとても簡単です。ですから、例えば自然誌〔博物学〕は「易しい学問」なのです。自然誌の勉強では見るものは色であったり、空間的な形であったりしますから、人は感覚器官で触れることができます。現在のものを相手にしていない場合〔見た事、聞いた事を対象とする場合〕でも、見、聞き、触れるものが対象ですから。更に、観念、概念、反省とかがそれらの中に入ってくる場合でも、それはきわめて単純なものが出てくるだけですから、易しいのです。――〔例えば〕「大きさ」〔といった観念ですから〕[1]。しかるに、哲学ではこの「見る」という土台がなくなるのです。哲学の世界は思考の世界です。「見ると聞くとが無くなる」のです[2]。

1　ここはこうでも取るしかないでしょう。
2　これは非人称化文です。「文法」の四二五頁の①を参照。又、動作を状態で表現しています。ドイツ語と西洋語の特色です。同八七九頁の③を参照。

ロ・更に一言。以上のような「感覚的な形〔のもの〕」が無くなるだけではありません。総じて「意識」が慣れ親しんでいる「その他の支点」もみな、無くなるのです。我々の日常的表象ではどんな場合でもその「基礎」というものがあります。例えば、「神」が「主語ないし主体」となって、神について云々される「もの」はすべてこの「基礎」に関係づけられ、その属性として理解されるのです。外界の物体についての私の感覚も表象もそうですし、法〔と言ったような社会的な現象〕についての我々の感覚もそうです[2]。例えば因果の法則とか、力とか根拠とかいった一般的な表象を使う場合も同じです[3]。それらを妥当させる場合には、[4]表象の中にある一般的なものを根底に置いて、「個別的な規定〔特殊な事例〕をそれに当てはめたり、変えたり、否定したりする」のです。「常識」とか「良識」と言われているものは、〔具体的には〕一般的命題とか意識の内容や事実とかと言い、〔意識の〕[5]形式〔と言ったりしていますが〕、〔そういう〕表象的に親しんでいるものの全体をひっくるめて言ったものでしかありません。「人がその日常生活の中」で考え判断する基準となっているこれらの根本命題は一種の「定説」〔と言うべき〕です。[6]我々が良識を持ち、世の中で行われている事〔常識〕に従って、実行出来る事や行動して好い事〔日々の言動〕を律して行動しているのは人間の大特質です。しかし、この良識にも限界があります。[7]哲学ではそれでは不十分です。哲学するにはこういう〔表象的、常識的〕支点を全て投げ捨てなければなりません。人が生活と思考の中で慣れきっている世界観とか真理や法や神の概念とかを放棄しなければならないのです。——

1　ここにbという記号が付いていますが、不適切だと思います。
2　この辺の **Gefühl** は「感情」と訳すより「感覚」の方が近いのではなかろうか。
3　この文はこうとでも取るしかないと思います。なお、原書の四一五頁の二一行目の **allgemeinen** は最後の **-n** を取って **allgemeine** と考えました。誤植でしょう。これは非人称化文です。
4　同二二～二三行目の **läßt .. gelten** はすぐ前の **gebraucht werden** の言い換えでしょう。近い所で同一の言い回しを使うのを嫌ったのです。
5　同二八行目の **des Bewußtseins** は **der Inhalt** にも、次の **Formen** にも掛かっているのだと思います。「文法」の三二七頁の②を参照。
6　この **Vorurteil** を「先入見」とか「偏見」と訳せないことは容易に分かるでしょう。
7　世に行われている事の意義をしっかりと認めた上でその限界を指摘する。ヘーゲルの落ち着いた態度です。「老人」という綽名は根拠無しとしません。

〔哲学する決意〕「哲学しようと決心することは思考〔という大海〕の中へと身を投げるようなものです」（〔本当の意味で〕考えるということは自分だけの孤独な作業ですから）。――それは「果てしない大洋に」泳ぎ出るようなものです。色という色は全て消え去り、支えてくれるものは一切無くなり、慣れ親しんだ光はみな、無くなります。灯火として残る星は「ただ一つ」、自分の「内なる精神」という星だけです。これが〔自分の位置を知るための〕「北極星」です。[1] しかし〔その北極星があったとしても〕自分だけで一人きりになった精神が「恐怖に戦《おのの》く」のは当然です。[2]「どこへ行くのだろう、[3]どこへ連れて行かれるのだろうか」未だに分からない。消えて無くなったものの中には絶対に失いたくなかったものも少なくないのに、まだ「返ってきていない」。いや、返してもらえるのか、取り返せるのかも分からないのです。

1　ここを宮本は「それは北極星である」と訳しています。私は「これが～」としました。属詞（述語）が定冠詞付きである点も理由の一つです。どちらを取るか、皆さんも考えてください。

2　**Natürlich befällt den Geist .. ein Grauen** と言うのと「意味」は同じでしょうが、意味形態が違ってくるのでしょう。**Natürlich dass den Geist .. ein Grauen befällt** と **Es ist** を省いても同じでしょう。「文法」の一〇六一頁の②を参照。**gleichsam ein Grauen** を宮本訳は「いわば恐怖のようなもの」としていますが、私はこの不定冠詞は「ものすごい恐怖」だと思います。「戦く」でその「物凄さ」を訳出したつもりです。「文法」の六五四頁の説明4を参照。この **gleichsam** は訳しにくかったので省きました。**ein Grauen** という語を使うことの「適否」について断っているのだと思います。

3　この非人称主語の **es** とそれに対応する **wollen**（事柄の惰性あるいは意志）が好く利いていると思います。

〔哲学する者は忍耐強く思考の必然性を追究せよ〕「理解できない」という表現で言われている事〔の真相〕は多

くの場合、このような立場、このような不確実性、このような不安定性、つまり一切のもののぐらつき[1]の事なのです。〔換言するならば、普通〕理解するとは、哲学上の理念を「感覚」や「観念」や「表象」という形で日常的に持っているものから「出発して」、それと「結びつけ」たいという事なのです。良識と合致し、それに「適合する」事ならきわめて容易に理解できるからです。一般化して言うならば、「既に知っている事」とか「記憶」していてすぐに思い出せる事なら容易に理解できるという事です。ですから、聖書の中からよく知られた箴言を引いてくる牧師は分かりやすいと言われますし、公生活でも私生活でもとにかく有名な事を言う作家や詩人も同じです。一番分かりやすいのは我々の生活と話題に直結している事柄です。[2]

1 dieses Wanken aller Dinge はそれ以前の三つの語句のまとめと取りました。
2 同じことが拙著『生活のなかの哲学』の一六六頁の「分るとはどういうことか」と題する節に書いてあります。

内容について言いますと、かの事〔哲学の分かり易さ〕はその始まりの時点にはありません。感覚〔的知識〕や表象〔的知識〕ならしっかりした支点を〔出発の時から〕直ちに持ち合わせているでしょうし、直接的に〔証明無しで〕与えられるもので満足できるでしょう。しかし、「思考は自分から出発して自己展開する必然性の中にしか答え」を見出せないものですから、「始まりの時点で直ぐに問いに対する答えを欲しがったり、自分の家にいるような寛ぎを得たがるようなせっかちな態度は、事柄〔哲学〕には不向きだ」と言わざるを得ません。精神は自分にとって「本当に関心のある事が永遠に返ってこないのではないかと、心配する必要はありません」。忍耐して哲学していれば、「哲学」は精神に自分の姿を現します。

ですから、表象の中にあった真理も、理性が本能的に感じ取った真理も必ず返されるのです。[1]

1　最後の所は原稿に書いてないか読めない語句が在るようですが、私案で読み訳しました。内容的には松下幸之助の言葉を思い出しました。或る時、「事業で成功するコツは何ですか」と聞かれた松下が答えて曰く。「成功するまで続ける事です」と。けだし名言ですね。哲学でも、自分の哲学を作る「コツ」は「作るまで『概念の必然性』を追い続ける事」だと思います。事業ではめでたく成功する人も少なくありませんが、哲学では自分の哲学を作れる人はごく少数です。なぜでしょうか。過去の哲学書を読んで解釈するだけで哲学者に成ったつもりの哲学教授がたくさんいるので、そういう段階で自己満足できますし、そういう誘惑も強大だからだと思います。しかし、「開講の挨拶」としてはそういう事を言ってしまっては身も蓋もないので言わなかったのでしょう。草稿は実際には話されなかったのでしょうか。ともかくここで草稿は切れているようです。それにしても、草稿だからとは言え、ヘーゲルの文章力は哲学力に相応しいものではなかったと思います。哲学の効用にしてももう少し書き方があったのではないでしょうか。

# 第一版への序文

〔内容目次〕
〔第一段落、本書の公刊の哲学外的事情〕
〔第二段落、本書の方法の特徴と綱要という形式から来る制約〕
〔第三段落、哲学界での通例のやり方の二種〕
〔第四段落、これらの二種のやり方の批評〕
〔第五段落、偏向に抗するまっとうな態度〕

〔第一段落、本書の公刊の哲学外的事情〕哲学の全範囲を概観する書を公刊する事[1]〔は前から考えていた事です〕が、予定より早くなりました。それは、何よりもまず、聴講されている方々に私の哲学講義への手引書を差上げたいという気持になったからです。[2]

1　これは『小論理学』だけでなく『哲学の百科辞典の綱要』全体を指すのでしょう。従ってこの序文は『哲学の百科辞典の綱要』全体への序文です。

2　最後の wäre という接2（接続法第2式、以下同じ）は「否定的意局の接2」と考えました。日本語でも「考えていたより早く」という言い方をしますが、それは「考えていた通りだったらこうだったであろう時期より早く」という意味です。ですから反実仮想的発想があるわけです。ですから仮定話法と理解しても同じですが、「その考えによるとこうなったであろうこと」は実現しなかったわけですから「否定的意局の接2」とも言えます。昔はこういう時でも「否定的意局の接2」を使うことがあったのでしょう。

なお、この序文にはichとかmeinといった語が散見されます。多分、話し言葉で書かれたものなのでしょう。従ってそのような文体で訳出します。結果として正しかったか否かは歴史の審判を待つほかありませんが、これまでの訳や読み方にこういう点の注意が足りなかったので、あえて問題を提起する次第です。断っておきますが、日本の本でも、本文は書き言葉で書くが、「まえがき」や「あとがき」は話し言葉で書く人はいるし、そういった点に気付いている人ならそうしたくなるものだということは注意されてよいでしょう。

綱要という性質上、本書は内容から見ましても〔哲学の扱う〕諸概念[1]のすべてを尽すというわけにはいきません。が、特に〔その形式の面で[2]内容＝諸概念の〕体系的導出[3]が不十分です。つまり、普通「証明」という言葉で理解されているもの、即ち科学の中の科学である哲学[4]には不可欠の「諸概念の体系的導出」[5]が不十分にならざるをえませんでした。〔しかし〕[6]本書は、極めて大きな対象[7]を扱うと同時に、個々の細かい点は口頭の講義に譲るつもりで書いたもので、そのことは〔「哲学の百科辞典の綱要」という〕タイトル自体から〔前者は「百科辞典」という言葉から、後者は「綱要」から〕お分かりいただけると思います。

1　Ideenを松村も宮本も「理念」としていますが、ここは狭義のそれではなく、Begriffeまたは Vorstellungenの代わりでしょう。

2　先に「内容面では」と書いたら、次にはどこかで「形式面では」と書いてくれなくては困るのですが、そういう事に頓着しないのが「偉い人」の「偉い人」たる所以なのでしょう。先に書きました「形式を読む」習慣が付いていれば、難しくはないでしょう。一〇五頁の訳注5を参照。

3　「体系的導出」という言葉はよく覚えておくといいと思います。

4　**eine wissenschaftliche Philosophie**とはどういう事でしょうか。直接知のような、証明を必要としない無媒介の認識を主張するものを「非科学的な哲学」として前提した言葉なのでしょうか。松村は「学的な哲学」、宮本は「学問的な哲学」としていますが、「学的でない哲学」があるのでしょうか。私の解釈は訳に出しておきました。これが「内的形容の不定冠詞」だと思います。「文法」の六五一頁以下及び六五五頁以下を参照。

5　ここから推察できるように、ヘーゲルは科学の本質を証明（そうならざるをえなかった必然性の証明）に見ていますが、ヘーゲルの偉大さは、証明にもいろいろあることを見抜き、その諸種の証明法を人間の認識能力と結びつけて考え、更に真の科学的な証明法を研究したことです。そして、それが「生成の必然性」であり、「体系的導出」だったのです。「弁証法の弁証法的理解」及び「恋人の会話」を参照。

6　この段落は（私は四つの文にしましたが）原文では二つの文から成り立っています。両者の繋がり方を示す語句がありません。完全な「逆接」ではないと思いますが、最初の文が「欠陥」を認めた物であるのに対して、二つ目の文は**sollte**という語からして、読者への冷静で正当な要望だと思います。

7　鶏鳴版では「この**eines Ganzen**は『この話』『この件』といった意味の**das Ganze**に似て、『ある件』『ある事』といった意味ではあるまいか」と注しましたが、改めました。関口存男は「不定冠詞＋**ganz**＝大、多。定冠詞＋**ganz**＝全部の」（理髪師五九頁）及び「**eine ganze Weile**（長い間）**eine ganze Schar**（夥しい数の）**eine ganze Menge**（山と積んだ）」（趣味二三四頁）と書いています。

〔第二段落、本書の方法の特徴と綱要という形式から来る制約〕しかし、[1]綱要というもので問題になることは、既知の内容が前提されていてそれを簡潔に述べなければならないという場合には、〔その内容を〕どのように整理し秩序づけたら一番目的に適っているかというような「外面的な合目的性」[2]にすぎません。しかし、本書の叙述はそうしたものではなく、内容と同一な方法という唯一の真なる方法[3]（として必ずや認められるであろうと期待している方法）[4]に則って哲学を新しく改造しようというものです〔ですから本書では篇別構成の工夫以前に内容そのものの展開方法が大問題で、この点に力を入れて篇別構成の方にまで注意が回らなかったので、読者には分かりにくい点が多々あることと思います〕。ですから、本書の第一部の「論理学」について本書よりも詳しい著作〔いわゆる『大論理学』〕を公刊しましたように、他の部分[5]〔つまり第二部の自然哲学と第三部の精神哲学〕についても本書以上に詳しい著作を先に出していれば、読者にとっては好都合だったろうにと思われます。しかし、残念ながらそれはできませんでした。[6]

1　いったん「欠陥」を認めましたが、今度は弁明というか正当化を始めた訳です。こういう二枚腰的な所がヘーゲルの面白い所で、「思索の深さ」だと思います。

2　ここから分かる事とは、「例えば本の篇別構成などは本の内容から出てくるものではあるが、それ自体としては概念の秩序とは言えない」、とヘーゲルが考えていたことです。たしかにどの本でも篇別構成はそれなりにしてあるのですから、すべての篇別構成が概念的で内在的なものであるはずはありません。悟性的なものがほとんどです。それでは概念的篇別構成とはどういうものなのでしょうか。これが問題です。断っておきますが、ヘーゲルは篇別構成に意義を認めないのではありません。それはそれ自体としては悟性的なものだと言っているのです。

3　ここでヘーゲルが自分のいわゆる弁証法的方法というものを「内容と同一な方法」と表現していることは注意されてよい。これは先の「外面的な合目的性」に対立する語で、当然「内容から内在的に生れ出てくる形式を自覚的に取り上げてそれを方法とする」内在主義のことです。

4　ここの anerkannt werden wird の wird は、関口氏の言うように、「きっと……する」という意味の話法の助動詞で、noch も「その内きっと」という意味でしょう。

5　この長い文が分かりにくいのは、so hätte ich es derselben の derselben のためだと思います。これは四行上の gegenwärtige Darstellung を受けていて三格だと思います。「現下の叙述にとって」でしょう。es は次の wenn 以下の仮定文を先取りしたのでしょう。二七行目の dergleichen は無変化ですから四格です。「そのような事（詳しい本を先に出す事）を」です。

6　昔は一段落がとても長かったのですが、現在の日本ではそうではありません。訳者の判断で改行した所がいくつもありますが、いちいち断ることはしません。又、訳注も訳者の区切った段落の後にまとめました。但し、「段落」という言葉による区切りはヘーゲルの原文に従っていますし、各段落には「内容見出し」を付けていますので、判別を間違える事はないでしょう。

たしかに[1]本書ではその内容を〔読者の〕表象や経験的知識に親しみ易くするような配慮は不十分にならざるをえませんでしたが、概念に基づく媒介という〔著者が初めて明らかにした真の〕移行方法[2]については十分配慮しましたので、本書の進展方法が他の諸〔経験〕科学の取っている単なる「外面的な秩序づけ」とも、又哲学的な対象を扱う際に通例となっているような「やり方（Manier）」とも違うことは、分かっていただけるものと思います。その通例となっているやり方というのは、[4]「或る図式を前提して」[3]〔与えられた〕素材を諸〔経験〕科学のように外面的に、しかも諸〔経験〕科学よりも恣意的に並べるもので、全く驚いたことには、〔素材を〕偶然的で恣意的な仕方で結合させることで概念的必然性を示したなどとうそぶいているのです。誤解もはなはだしいと言わざるを得ません。[5]

1　übrigens とありますので、松村も宮本も「それはそうとして」と訳していますが、ここは前からまっすぐに繋がっていますので、そういう語句は使いませんでした。むしろ次の文が譲歩の構文に成っていますのでこう訳しました。

2　ヘーゲルの問題意識が「概念にもとづく媒介」であり、次にあるように、「概念的必然性」であったことが分かります。さて、それではその「概念にもとづく媒介」とか「概念的必然性」とはどういうものでしょうか。これが問題です。

3　「図式を前提する」と言うと悪く聞こえますが、「方法を使う」と言うとよく聞こえます。しかし、「方法を使う」ことと「図式を前提する」こととは、実際にはどこがどう違うのでしょうか。こういうことを考えることによって思索は深まるのです。言葉の違いに騙されているような人には哲学はいつまでも分からないでしょう。

4　一二頁七行目の **tut** は代動詞です。**parallelisiert** の代わりです。英語では助動詞の **do** が大活躍しますが、ドイツ語では代動詞としての **tun** はあまり使われません。

5　一二頁は、一行目の **sich** が五行目の **unterscheidet** と一緒で再帰動詞であることは分かるでしょう。五行目の関係代名詞 **welche** を主語とする定形が **voraussetzt** と七行目の **parallelisiert** と最後の **will**（主張の **wollen**）です。七〜九行目の **durch den sonderbarsten Mißverstand** は挿入句ですから括弧に入れて考えます。もっとも内容的には評辞ですから、ヘーゲルの主張ではありません。

**〔第三段落、哲学界での通例のやり方の二種〕**こういう恣意的なやり方〔を主張する人々〕が、また、哲学の内容にまで口出しして威張りちらし、[1]観念の冒険に乗り出して、[2]一時期誠実な人々の〔哲学上の〕努力を圧倒したこともありました。又逆に、そういうものは気が狂って錯乱状態になったものだと考えられたこともありました。〔しかし〕普通は、正当にも、[3]〔そういった人々の主張の〕内容は、驚くべきものでもなければ錯乱したというほどのものでもなく、周知の些末な事にすぎないということが見破られていましたし、又その形式も〔色々な観念を〕へんてこに結びつけて無理に混乱させるという、誰にでもできるサル知恵を故意に方法としたというにすぎず、要するに、その真面目を装った仮面の下には自己欺瞞と他者欺瞞とが隠されているのだということが見破られていました。[4] 他方では、[5] そういう浅薄〔な考えを持った人々〕は、大した考えもないが故に、独り善がり[6]の懐疑論や理性のことは分からない[7]という批判主義を標榜するに至り、思想[8]を持たなければ持たないほど一層自惚れ[9]が強くなっていくのでした。――

1　一二頁の一一行目のbemächtigtenは誤植でしょう。-tenの-t-を取って、bemächtigenと不定形にするのが正しいと思います。グロックナー版ではそうなっています。

2　「観念の冒険に乗り出す」とは自分の哲学を出すことでしょうか。

3　このeigentlicher und häufigerの比較級は前文と比較してのことでしょうが、日本語は原級で比較を表す言語ですから、こうしました。

4　この文は悪文の典型みたいな文ですが、GehaltとFormの対比に気付き、それらが一格で主語、erkennen ließを受身（認識された）と取れば、後は分かるでしょう。

5　「一方では」がなくて「他方では」が出て来るというのも、一〇〇頁の訳注2に書いたのと同じ事です。ここではここまでが「一方では」なのでしょう。ここまでの態度は「何でも分かっている」という思い上がりだとすると、この後は「分からない」と告白する事だから、そう書いたのでしょう。日本語には「卑下慢」という言葉がありますが、それがぴったり当てはまるように、実際は傲慢な態度なのですが。一九五頁の注1も参照。

6　sich selbst klugというのが分かりにくいが、「自分では賢いつもりの」といった意味で、「独り善がり」でよいのではなかろうか。松村は「利口ぶった」と訳しています。英Gは wise in its own eyesです。

7　vernunftbescheidenも分かりにくいが、Vernunftをsich bescheidenすること（控えること）で、理性の領分のことは分からないとすることではあるまいか。松村は「理性を過小評価する」としています。

8　この Ideen は前の Gedanke の言い換えです。

9　ihren Dünkel und Eitelkeit では冠置されている ihren に注意。これは「連語の冠詞」問題です。「文法」の三七〇頁を参照。原文で連語だからといって、訳文でもいちいち「自惚と虚栄心」（松村訳）とか「自負と虚栄」（宮本訳）のように忠実に訳す必要はないと思います。

精神〔世界〕のこれら二つの方向〔自説を押出すポジティヴな浅薄さと理性のことは分からないなどと一見謙虚を装いながら、実際にはそれを主義とすることで理性哲学を否定するネガティヴな浅薄さ〕によってかなりの期間ドイツ〔本来〕の真面目さが惑わされ、[1]ドイツ民族[2]の深い部分にある[3]哲学への欲求が毒されて、その結果、哲学[4]への無関心、いやそれどころか哲学を軽蔑する風潮さえ生まれたのでした。その ため今や〔理性については判断を〕控えると自称している人々が哲学の最深部〔理性的な事柄〕に口出しをし、否定的な意見を述べ[5]ても好いと言い、哲学の最深部については、「証明」という形式を使った理性的認識はあり得ないと断言してよい、[6]などとぬかしてもいるのです。[7]

1　äffen は『独和大辞典』（小学館）に jn. äffen で「からかう、欺く」とあります。

2　この dessen はその前の Ernst を受けているのですが、平明を期してこう意訳しました。

3　この tieferes は絶対比較級で、「表面にはない」というくらいの意味かと思います。

4　die Wissenschaft der Philosophie は die Philosophie と同じです。Die Wissenschaft der Logik が die Logik と同じであるのと同じです。二つに分けて言うのは修辞法の一種です。松村訳は「学問的な哲学」と訳しているが、拙いでしょう。これは「非学問的な哲学」を想定して、それに対置して言っているのではありません。

5　absprechen は『独和大辞典』によると、über etwas absprechen で「或る事について否定的な見解を述べる」とあります。

6　この最後の文は、ヘーゲルの悪文の極致だと思いますが、次のように成っているのでしょう。二九行目の dass はすぐ前の solche を受けています。solche .. dass で、so .. dass と同じでしょう。問題は dass の中です。この副文の主語は eine .. Bescheidenheit で、定形は最後の meint です。この meint が zu dürfen meint（〜して好いと思っている）となっているのまでは分かると思います。そして、この zu dürfen で規定されている本動詞がすぐ前の sich herausnehmen だけでなく、三一行目の mit- und absprechen もそうなのです。三二行目冒頭の anzuleugnen は sich herausnehmen の支配を受けているので zu-Inf. に成っています。

まとめると、… mit- und absprechen zu dürfen meint und … abzuleugnen herausnehmen zu dürfen meint です。更に最後の順序を変えて、… sich herausnehmen zu dürfen meint, demselben die vernünftige Erkenntnis abzuleugen として読めば分かるでしょう。

7　現在ではいわゆる実証主義がこれに当たります。実証主義は、実証的なことしか分からない、その背後のことについて云々するのはみな形而上学だと言いながら、自分自身「実証的なことしか分かりえない」という一般的な命題を普遍妥当的・決定的なものとして主張ないし実行しています。こう考えれば分かる通り、実証主義という考えは、それが「主義」として主張されると、自己矛盾を含むものになるのです。が、こういうことに気付かない低級さが実証主義の浅薄さをよく物語っています。拙稿「実証主義的社会学の意義と限界」（ブログ『マキペディア』二〇一四年九月二八日に掲載）を参照。

〔第四段落、これらの二種のやり方の批評〕上述の現象の内の第一のもの〔観念の冒険に乗り出した人々〕は、学問の世界や政治の世界に現われた新しい時代の生んだ青春の血気と見なすこともできます。このような血気には、若返った精神の朝焼けに陶酔して挨拶し、苦しい修業もせずにただちに理念を享受しようとし、理念の与える希望や展望に酔いしれるという一時期がありましたが、そういった脱線はかなり容易に正されるものです。なぜなら、そういう血気の根底にはしっかりした核があるのでして、その血気の故にその核の回りに立ちこめた表面的な霧は必ずや自ずから消え去るだろうからです。[1] これに反してもう一つの現象〔懐疑論や批判主義〕はずっと悪質です。なぜなら、それは倦怠と無力の現れで、しかもその倦怠と無力とを〔率直に認めて反省するのではなく、むしろ開き直って〕隠そうとするからです。そして、それを隠す時に使われるものが、あらゆる時代の哲学的精神を克服したという思い上りであり、その哲学的精神を誤解し、[2] いやそれ以上に自分自身を誤解するという自惚れなのです。

1 ここの原文は全体が一つの文で、Wenn … so の構文です。Wenn の中は過去で書かれ、so の中は現在です。典型的な「事実を指す wenn」の構文だと思います。事実を認めて、それについて批評する場合に使われます。関口『ドイツ語学講話』（三修社）一五七頁以下を参照。「老人」とあだ名されるヘーゲルがこう言うのは奇異と言うべきか、それともここが老人の老人たる所以でしょうか。面白い所です。

2 misskennen という動詞は辞書に載っていませんが、missverstehen の事でしょう。

〔第五段落、偏向に抗するまっとうな態度〕しかし、これら二つの傾向に対抗して、〔健全な〕哲学的関心と「高い〔理性的〕認識」への誠実な愛とが、何ものにも囚われることなく、又何の気負いもなく保たれているという事実に言及できるのは、それだけに一層大きな喜びであります。このような関心が時には「直接知」だとか「感情」といった形式〔方法〕に傾いたこともありましたが、その事は〔理性的認識への愛が失われたことを意味するのではなく〕反対に、人間に品位を与える唯一のものである理性的洞察への、内部に隠れてはいるが常に前へ進もうとする衝動を、明確に告げ知らせるものです。なぜなら、この関心はそういう立場〔直接知とか感情の立場〕自体が哲学的知の〔運動の〕「結果」として初めて現われるものだと考えており、従ってこの関心は一見軽んじているように見えるもの〔理性的認識〕をも少くとも「条件」として承認しているのだからです。[1]

1　この文も訳は二つの文にしましたが、原文では一文で、Wenn ... so の構文です。

このような「真理を認識したい」という関心と努力が報いられることに寄与したいと願って、本書を出版します。願わくはこの目的が理解され歓迎されますことを。

ハイデルベルクにて　　一八一七年五月[1]

1　つまりヘーゲル四七歳の時の作品だということです。一八〇七年、三七歳の時に『精神現象学』を出し、一八一二年、四二歳の時に『大論理学』（の第一巻たる「存在論」）を出していますから、五年おきに出してきたという事になります。なお、「ハイデルベルク」と「年月日」は同じ行にします。このように執筆場所と年月日をこの順序で一行に書くのがドイツ人の手紙（やはがき）の書き方だからです。ここは序文なので最後に書いていますが、手紙では頭に書きます。

# 第二版への序文

〔内容目次〕

〔第一段落、初めに〕読者は、[1]この新版〔第二版〕では多くの部分に手を加え、一層くわしく規定し展開した事に気づくでしょう。新版作成に当たっては特に留意して言い回しの堅苦しい点を柔らげ少なくし、身近な例での注解を詳しくして、抽象的な概念を[2]普通の理解力や具体的〔即物的〕[3]な考え方に近づきやすいようにしたからです。[4]しかし、〔そうは言っても、ここで扱っている〕材料がもともと難解なものである上に、要綱というものの性質上どうしても簡潔な叙述を旨としなければならないために、この第二版も第一版と同様、口頭の講義で必要な説明を補わなければならない教科書であること〔及びそこから必然的に結果する理解しにくさということ〕には変わりありません。〔また〕「百科辞典」という標題から考えますと、最初は、たしかに学問的〔哲学的〕な方法を厳格に守らないで〔いろいろな材料を〕外面的に並べたてても好いようにも思いましたが、事の性質上、やはり、論理的な関連を根底にして〔それに則って〕叙述しなければなりませんでした〔ですから、いくら手を加えて平易にすると言っても限度があり、論理的な関連を追求し理解する努力を読者に要求せざるをえません〕。

1　文頭の Der geneigte Leser の geneigte は修辞的形容詞（かぶせことば、枕詞）です。「文法」の五一九頁以下を参照。宮本は速水と共に「親愛なる読者」とし、松村は「好意ある読者」としています。英Gは The well-disposed reader とし、仏Bは Le lecteur bénévole、仏Gは Le lecteur bienveillant です。英仏には決まった言い方はないのでしょうか。と思って、二、三の英和、和英、仏和、和仏辞典を見てみました。『斎藤和英大辞典』にだけ My gentle reader というのが載っていました。なお、ここは意味から言うと「読者の皆さん」ですから複数形になって当然なのですが、単数形で定冠詞が付いていています。この定冠詞の意味についても、又「類型単数」（説明は「文法」

の六一三頁以下）との違いについても上記の箇所を参照してください。関口文法の凄さの一端が分かると思います。又、『クラウン独和』を見ますと Geneigter Leser! というのが載っていますが、ここで定冠詞を省くのは呼びかけだからです。

2　この「抽象的な」は一般の用語法と同じで、「純思考上の」という意味です。ヘーゲルにもこういう用法が少しはあります。

3　konkreteren と比較級になっていますが、日本語は原級で比較級を表す言語ですから、原語にまり囚われる必要はないと思います。

4　この文を「理由」の説明として訳したのは、前の文との間がセミコロンで区切られている点を考慮したからです。

〔第二段落、問題提起・現代哲学への私の態度〕現代のいろいろな営みに対して、それが精神的な営みであろうと非精神的な営みであろうと、それらに対して私の哲学はどういう態度を取るのかを明らかにする必要があると考えさせられることも多いですし、それを明らかにするようにと言って下さる方も多いのですが、もしそれをするならば、序文のようなものの中でざっくばらんに書くしかないでしょう。と言いますのは、これらの営みはたとえ哲学と関係しているとは言っても、哲学と学問的な関係があるわけでもありませんし、従って又およそ哲学に関係するものでもなく、ただ哲学の外から哲学の外で勝手なことを言っているにすぎないからです。〔ですから、私としましては〕そのような哲学とは無縁な領域に関わるのは気が進みませんし、嫌でさえあります。それは、そういうことを説明してみたところで真の認識の核心に連なるような〔本質的な〕理解を助けることにはならないからです。しかし、〔ここで〕現代の現象のいくつかに言及しておくことは〔真の認識にとっても〕有益でしょうし、必要でもありましょう。[1]

1　こういう認容の構文とか譲歩の構文を好むのはヘーゲルの特徴でしょう。物ごとを多面的に考察するので、全面肯定もしなければ、全面否定もしないのです。

〔第三段落、私の哲学人生〕私〔ヘーゲル〕が自分の哲学研究で全体として目指してき、今なお目指しているものは、真理を科学的に認識するということです。[1] たしかにこれは極めて困難な道です。しかし、ひとたび思索の道に乗り出し、その途上で〔浮世の〕虚栄に陥ることなく、真理の意志と真理の勇気とを保ち続ける〔偉大な〕精神にとっては、この道だけが関心事であり価値あるものなのです。[2]〔その途上で〕間もなく分かってくることは、思考を制御して事柄へと導き、事柄から外《はず》れないようにしうるものはただ方法[3]のみであるということです。〔しかし、その道を更に先に進む時に〕明らかになってくることは、この「先に進む」ということが、〔実際には〕思考が最初に乗り越えようとし現に乗り越えても来たところの絶対的な内実[4]を復活させることにほかならないということです。しかし、その復活とは〔先に否定されたものの単純な復活ではなく、論理的思考という〕精神に固有な最も自由な地盤での復活なのです。[5]

1　ここで大切なのは「科学的（wissenschaftlich）」ということでしょう。なぜなら、真理を捉えるのは感情や表象や反省もあるわけで、哲学の哲学たる所以はそれを科学的に、概念で捉える点にあるからです。従って、ヘーゲルの思索も「それでは一体科学的であるとはどういうことなのか」の追求になっていくわけで、このようなヘーゲル自身の問題意識とその必然的帰結を追ってヘーゲルを捉えようとしたのが、「弁証法の弁証法的理解」という方法であり、同名の拙稿です。なお、ここで「科学的」という点が重要だとすると、eine wissenschaftliche Erkenntnis と不定冠詞が付いてもいい所だと思うのですが、定冠詞が付いています。関口によりますと、「定冠詞は『どの？』という問いに答える」とされています。すると、これは、ヘーゲルの絶対精神（真理を認識する段階）三つの在り方である芸術と宗教と哲学の中の哲学という事なのでしょうか。第九段落の冒頭で哲学と宗教とを対比的に論じている事も一つの根拠です。なお、ヘーゲルのWissenschaftをどう理解しどう訳すかについての私見は、拙訳『精神現象学』（第二版）への付録5として収めました「ヘーゲルのWissenschaftをどう訳すか」を参照。

2　ここは関係文になっていますが、延長的ですし、der allein kann ..と考えて好いでしょう。

3　方法という日本語は、多分、英語のmethodの訳語として作られたのでしょう。いつ誰が作ったのかは知りません。では、どう考えてほかならぬ「方法」と訳したのでしょうか。漢和辞典によると、「方」にはいろいろな意味があるが、その中に「やり方」「てだて」という意味があります。「法」にも「やり方」という意味があります。ですから両方共「やり方」ということなのでしょう。もちろん「正しいやり方」という意味です。英語のmethodはギリシャ語の「メタ・ホドス」（道に従って）という句から作られているようです。つまり、方法とは「その道に従って進むならば正しい結論に到達できるようなそういう道」のことです。

　私はその方法の性格として三つの条件を確定しました。第一に、それまでの研究の成果であり、それ自身が一つの理論である。第二に、しかしそれが一般化されて捉えられているが故に、その後の研究にとっての「導きの糸」として役立つ。第三に、しかしそれはあくまでも「導きの糸」であって、「証明の手段」ではない。この点は拙著『マルクスの空想的社会主義』（論創社）の二七九頁の注3を参照。

　所与の方法が「導きの糸」として使われたか「証明手段」として使われたかは個々の場合で検討しなければなりません。これは教条主義と経験主義の区別の問題につながります。根本的には、方法は一種の先入観ですから、「方法をもって対象に臨む」ということは「先入観をもって研究する」ということです。先入観というと悪く思い、方法というと問題を感じないようでは困ります。言葉に騙されてはなりません。一〇四頁の注3を参照。

ヘーゲル自身の言葉としては、「論理学以外の諸科学では、考察される対象と科学的方法とは互いに区別される」（大論理学ラッソン版第一巻二三頁）と、「方法とはその内容の内的自己運動の形式についての意識である」（同三五頁）を挙げておきます。又、この「論理学」の最終章の理念論の最後の項（絶対理念）は方法を扱っています。

なお、現代の日本語では「方法」と言うべきところで「方法論」という言葉の使われる（誤用される）ことが多い、ということを指摘したい。方法論とは「方法についての議論」のことで方法そのもののことではありません。今述べた絶対理念の項は方法論です。『新明解』には「方法論」の項に方法の意で使う事への注意らしき事が書いてありますが、『明鏡』にはその種の指摘がありません。なお、三一四頁の注6も参照。

4　この「最初思考が乗り越えようとし、現に乗り越えてもきたところの絶対的内実」とは何でしょうか。私はこれを「大衆の生活」と取ります。たしかにそれは、ヘーゲルにとっては、直接的には、キリスト教の中に宗教的な考え方としてまとめられ蓄積されている真理であったかもしれません。しかし、キリスト教の中には、他の偉大な宗教におけると同様、大衆の生活がたくさん入り込んでいるのであり、キリスト教の中の真理を成す部分はこれなのです。そして、ヘーゲルが受け継いだものも大部分はこれなのです。

5　この部分はヘーゲルが自分の哲学研究生活をきわめて簡潔にまとめたものとして読むべきで、一般的な教訓という面もありますが、それもあくまでもヘーゲルの体験に基づくものとして理解するべきでしょう。ここから分かることは、①ヘーゲルも研究生活の苦しさに耐えかねて浮世の虚栄に走りそうになったことがあること、②ヘーゲルの思索と叙述を貫く強い自己統制力はヘーゲルが自覚的に「方法」に従って考え貫いた結果であること、③そして、ヘーゲル哲学は根本的には大衆の生活を論理的な次元まで純化して復活させたものに「すぎない」こと、以上三点です。なお、ここに早くも出てきました「進展即背進」という重要な考えを深く追求したのは許萬元です。さしあたっては彼の前掲論文「ヘーゲルにおける概念的把握の論理」を挙げておきましょう。

**〔第四段落、私の生きた時代〕**〔ところで、私が哲学を続けてきました一八世紀末から一九世紀初頭のドイツの精神的文化的状況を見ますと〕つい先頃までは、哲学が諸科学や〔上流階級の〕教養と手を携えて進むという、無邪気で表面上は幸福な状態が続いていました。その頃は悟性の立場に立つ啓蒙主義も度が過ぎるということもなく、知的洞察の必要や宗教〔の存在意義〕を認めてそれらと平和共存し、自然法〔と呼ばれた法観念〕[1]は国家や政治と仲良くし、経験的自然科学は自然哲学と称していました。しかしその平和はきわめて表面的なもので〔その底には矛盾がありま〕した。とりわけ、哲学的洞察は宗教と、自然法は国家と、実際には本質的に[2]矛盾していたのでした。そこで分裂が起き、矛盾が大きくなりました。〔従って、この点では哲学の環境は好ましいとは言えなかったのですが〕しかし〔幸いなことに〕、哲学〔の世界だけ〕では精神は自己自身と和解していましたので、そのような他の世界との矛盾に悩む必要もなく、それを糊塗する必要もありませんでした〔私が研究生活を続けてきた時の環境はこのようなものでした〕。〔ここで哲学と哲学以外のものとの関係について一言しておきますと〕哲学が聡明な経験的認識[3]や法の理性的現実〔である国家〕や純真な宗教や信仰心などと対立するものであるという考えは悪しき先入見と言うべきです。〔実際には〕哲学は〔それらと対立するどころか〕それらを承認し、それらの正当性を根拠づけさえするものです。知性は〔それらから離れては根なし草みたいなものですから〕むしろそれらの中に沈潜し、そこから学び、それによって自分を強化するのであって、それは知性が自然や歴史〔社会〕や芸術の偉大な形象《けいしょう》によって自己を強化するのと同じなのです。[4]それは、これらのものの堅固な内容を〔論理的〕思考によって捉え〔純化し〕たものがまさに思弁的理念にほかならないからです。哲学と他のそういったものとの間に葛藤が生じるのは、この〔哲学の〕地盤〔たる自然、歴史、芸術など〕[5]をその固有の性格〔自然、歴史、芸術であること〕に止めておかないで、その内容をカテゴリー〔悟性概念〕で捉え、カテゴリーのような〔悟性的な〕ものに[6]依存させはするが、〔ここまでなら正しいのですが、ここに留まって、悟性概念に過ぎない〕カテゴリーを〔理性的な〕概念にまで引き上げず、理念として完成させる必要はないと主張する[7]ことになった場合だけなのです。[8]〔ですから、逆に言うならば、哲学はこれらの他の分野の内容を概念で捉え、更にそれを理念に高めることによってそれらを権利づけるのであり、それらと和解するのです[9]〕。

1　ここは **ein Naturrecht** と不定冠詞が付いています。仏Bは **un droit naturel** としていますが、仏Gは **le droit naturel** としています。「自然法とでも言うべきもの」ではなく、「自然法と呼ばれたもの」と紹介導入したのではないでしょうか。

2　**inner** をあえてこう訳しました。

3　「大衆の生活の知恵」と読め。

4　哲学（唯物論）は自然科学と結びつくものだという一面的な理解にしがみついて自然科学をかじり、哲学研究者の間で自然科学の知識の切れ端を受け売りし振り回している自称マルクス主義の哲学教授とは、ヘーゲルはスケールが違うと言うべきでしょう。

5　この **dieser Boden** は四行上の **deren Gehalt** を受けているのではないでしょうか。

6　ここは **von ihnen abhängig** ではなく **von solchen abhängig** となっています。「文法」の四四八頁を参照。英仏にはこういう区別はないのでしょうか。英Gは **dependent upon them** とし、仏訳は二つとも **dépendant de celles-ci** としています。

7　原書の一五頁の三一行目の **soll** をこう訳しました。これは「悪しき先入見」の主張だということでしょう。

8　日本の自称マルクス主義の科学者には、主観的には自分の研究する科学の内容の弁証法的把握を目指しながら、それを「カテゴリーの概念への変革、更に理念への変革」という形で捉えようと努力しないために、従ってまたそのための修業をしないために、カテゴリーの段階に留まっていて、事実上哲学と対立している人が多いです。その一例を知りたい人は拙稿「伊藤嘉昭の『原典解説』を使ってみて」（『ヘーゲルの目的論』に所収）を参照。

9　存在する物にはすべて「それなりの」存在価値を認め、その高低に応じて全体系の中に位置づけようとするヘーゲルらしい考えでしょう。

**〔第五段落、概念の価値の吟味こそ核心的問題〕**即ち〔そのようなわけで哲学とそれ以外のものとは分裂し対立するようになったのですが〕そのような一般人が科学について持つ教養やそういう段階にある悟性は[1]〔その時〕、「有限な概念の道によっては真理に達することはできない」という重要な否定的結論に達しました。[2]〔ところが、それ自体としては正しいこの結論から〕そこにすぐにも読み取れるもの〔有限な概念を止揚した無限な概念を使わなければならないという正しい帰結〕とは正反対のことが引き出されているのです。つまり、その事から、カテゴリー〔の価値〕を吟味しようという興味を呼び起こし、カテゴリーの適用に当たって十分注意し用心して、〔真理の〕認識には有限な諸関係〔カテゴリー〕を使わないようにするのではなく、むしろそういう興味を殺《そ》ぎ、注意や用心をさせないという結果になっているのです。そのためにそれらのカテゴリーは、絶望している人が使う時のように、[3]ますます図々しく無意識で無批判的になっています。有限なカテゴリーは真理〔認識〕には不十分だということから、客観的な認識は不可能だという間違った帰結を引出しておいて、その上で、だから感情や主観的な感想に基づいて語ったり否定したりしてよいのだと言うのです。証明に代わって断定が幅を利かせ[4]、事実として意識されていること〔意識の事実〕を〔お話として〕物語るということが行われています。そして、その時、その意識の事実は、〔吟味〕が為されていなければいないだけ純粋だとされるのです。「直接性」といった不毛なカテゴリーを突っ込んで吟味することなく、その〔基礎の〕上に〔真理の認識という〕精神の最高の要求を据えて、その要求についてとやかく言おう[5]というのです。特に宗教的な問題が扱われる所では哲学があからさまに邪魔物とされ、哲学を取り除くことによって悪が追放され、誤謬や錯覚に対する保証が得られるのだ、などと言われています。そして、哲学を追放してから、次に、どこかから持って来た既成の前提から出発し、悟性的な屁理窟[6]で、つまり本質と現象、根拠と帰結、原因と結果といった通常の思考規定を使って、あれこれの有限な諸関係に則ったありきたりの推理をして、真理の探求が企てられるのです。「その悪者は処理したが、悪は残っている[7]」というわけですが、その時その悪は以前より九倍もひどくなっています[8]。なぜなら、何の疑念も何の批判もなくそれが信用されているからです[9]。しかし、真理の探求に とって邪魔になるとして取り除かれたと思い込まれている哲学とは、真理の探求にほかなりません。しかしそれは〔単なる真理の探求一般ではなく〕あらゆる内容を結びつけ規定している思考規定〔概念〕の本性と価値に関する〔明確な〕意識をもって真理を探求するものです〔そして、有限なカテゴリーの不十分性を知りはしたがそこでつまづいた人々すべてに理解できなかったことが、まさにこの「概念の価値の吟味」ということだったのです[10]〕。

1　ここは der Verstand der allgemeinen wissenschaftlichen Bildung ですが、松村は「広い学問的教養を持った悟性」と訳しています。他は英仏訳も直訳しています。

2　カント哲学の事を念頭に置いているのでしょう。

3　ここの der Gebrauch derselben は二行上の der Anwendung derselben の言い換えでしょう。

4　ヘーゲルが断定というものをいかに嫌っているか、この辺からも分かるでしょう。かつて「牧野道場」というものをしようとしていた時、「討論の五原則」を定めました。その第五原則は「断定は科学の敵」でした。許萬元著『ヘーゲル弁証法の本質』について或る大学教授がネット上で「あれは名著だ」と、根拠も示さず、拙稿「サラリーマン弁証法の本質」の分析と批評を検討することもなく、断定していました。こういう行為自身がヘーゲルを理解していない事を自ら暴露しているのだという事すら分からないのでしょうか。

5　ヤコービが考えられているのでしょうか。

6　Räsonnement はフランス語ですが、ヘーゲルでは大体、「悟性推理」「屁理屈」「理屈付け」といった意味です。松村は「一面的推理」と訳していますが、少し狭すぎる感じがします。宮本は「論究」と訳していますが、これは誤訳に近いです。

7　ゲーテの『ファウスト』第一部の「魔女の厨《くりや》」。ゲーテの元の文は Den Bösen sind sie los, die Bösen sind geblieben（その悪者は去ったが、大勢の悪者が残っている）で、森鴎外は「一人の悪魔はいなくとも、悪人はおお勢いるからな」と訳しています。

8　日本語でなら「何倍も悪くなった」と言う所を「九倍も悪くなった」と言うのがドイツ語の習慣なのでしょうか。辞書によると、neunmalklug で「知ったかぶりの」という意味があるようです。あまり好い事の強調には使われないのでしょう。日本語では「十二分に」つまり百二十パーセントと言う所を、ドイツ語では hundertfünfzigprozentig（百五十パーセント）と言うようですから（「文法」の五八五頁を参照）、数の理解のし方も民族によって異なるようです。英訳は ten times worse としています。

9　「『形式論理学が定式化している思考形式や思考法則が思弁的な哲学には役立たないことが分

かった、と言うよりは、感じられたので、それらを捨てて心情や空想に基づいて気ままに語るのだ』と言う人がいる。しかし、その時でもやはり言葉を使って語り思考する以上、反省が入ってこざるをえず、思考の関係が入ってこざるをえない。そこで人々は無意識の内に自分が軽蔑した形式論理学の推論方法に従うことになる」（『法の哲学』への序文、要旨）。

「自然科学者は哲学を無視したり罵《ののし》ったりすることで哲学から解放されると思っている。しかし、思考なしには先に進めないし、思考のためには思考規定が必要なので、結局、これらの〔自分の研究で使う〕カテゴリーを無考えに、既に死んでしまった哲学の俗流化された残り物から取ってくることになる。哲学を最も罵る人が最も悪い残り物の奴隷となっている」（ディーツ版『マルクス・エンゲルス全集』第二〇巻四八〇頁、要旨）。

なお、ここの ohne allen Verdacht und Kritik の連語に掛かる allen については、「文法」の三七二頁の③を参照。

10　読者に告ぐ。君がもしヘーゲル哲学という大山脈を征服したいと欲するなら、この「概念の価値の吟味」とは一体どういうことなのかを徹底的に考えぬけ。この問いに答を出さなければ自分は一生真理の門外漢に留まると覚悟せよ。換言するならば、普通には「真偽の問題になるのは判断以降だ」と思い込まれていますが、ヘーゲルは「概念の真偽（どの程度真か）」を問題にするのです。では「概念の真偽」とはどういう事か、これを納得行くまで考える事です。そのためには、それを考えた著作とそうでない著作とを比較してみるのも役立つでしょう。

**〔第六段落、自己反省無き悟性の越権行為〕**〔実際〕哲学が最もひどい運命を経験するのは、そういう人々が哲学を扱い、解釈したり評価したりする時です。そのような理解力のない人々の反省〔悟性的思考〕によっては、生き生きした自然や精神の「事実」も、とりわけ宗教の生きた「事実」は〔変形され〕不具にされるのです。もっとも、その〔事実の〕解釈ということは、それ自体としては、事実〔として与えられたもの〕を〔思考によって〕知られたものへと初めて高めるという意義を持っているのでして、〔その限りで、与えられたものを変形することには違いないのです。[1] ですから、かの悟性的思考が事実を変形すること自体が悪いのではなく、それを不具にするような形で変形するのが悪いのです。従って〕この事実から認識に移る所〔移り方〕に難しさがあるのですが、それをするのは「追考」の働きなのです。〔ついでに言っておきますと〕哲学自身にはこの種の困難はもはやありません。というのは、哲学にとっての事実〔哲学が出発点とする与えられた事実〕は既に〔下位の意識によって〕調整された認識であって、哲学の行う解釈を「追考」と言うならば、それは「後から振り返って考える（ein nachfolgendes Denken）」という意味での追考〔再考〕にすぎません。[2] 哲学について評価でもすることがあれば、その時初めて通常の意味での追考が必要になるでしょうが。しかし、[3]〔さて本論に戻って〕かの無批判的な悟性は〔与えられた事実を観念に変形する時のやり方が悪いだけでなく〕はっきり表明されている理念をただ〔事実として〕把握するということにおいても〔既に〕誠実さに欠けています。それは自分がこうと思い込んだ前提をいささかも疑わないので、哲学的理念をただ事実としてそのまま繰り返して語ることすらできないのです。この悟性は驚くべきことに〔相反する〕二つのことを同時にやっています。つまり、一方では、理念を扱う際には〔事柄の本性に強制されて〕自分の主張するカテゴリー使用法から完全に離れ、それと明白に矛盾したことをしながら、[4] 他方では、自分の考え方とは異なった考え方があり、そういう考え方が為されているのではないかとか、自分はこれまで考えてきたのとは違った風に考えなければならないのではないか、といった疑念は少しも抱かないのです。[5] 思弁哲学の理念を抽象的に〔一面的に〕定義してそれに固執するのはこういう次第によるのでして、[6]その時には、或る一つの定義はそれ自身で〔他の定義や規定から切り離されたままで〕明確でかつ出来上っていなければならず、その定義を決めたり試したりするのは前提された表象〔考え〕にほかならないと思い込んでいるのです。〔まあ、そこまでは言わないとするなら〕少くとも、定義の意味はその定義を展開することの内にしかないし、定義の必然的な証明はその定義がその定義の展開の結果として出てくるということの内にしかない、ということが分かっていないのです。[7]

ところで、更に詳しく考えてみますと、理念というのは一般に「精神的な統一ですから具体的な一者〔対立物の統一〕」なのですが、[8]かの〔無批判的な〕悟性というものは、概念規定を「抽象的な姿」で、つまり一面的で有限な姿で把握することしか知らないものなのです。そこで、そういう悟性に遇うと、かの理念の統一は抽象的で没精神的な同一性に変えられてしまうのです。従って、その同一性には区別は含まれていないとされ、そこでは「全てが一」であり、とりわけ善と悪は同じであるとされるのです。ですから、「同一性の体系」とか「同一哲学」という名が今では思弁哲学を表す通り名になっているのです〔思弁哲学をこのように捩《ね》じ曲げるのがどんなにひどいことか、譬えで説明してみましょう〕。或る人が信仰告白をして「私は父なる神、天と地の創造者である神を信じます」と言ったとします。その時、他の人が、この言葉の初めの部分だけを取って、この告白者は天の創造者としての神を信じているの「だから」地は創造されたものではなく、物質は永遠だと思っているのだ、[9]と言ったとしたら、皆さんは驚くでしょう。たしかに告白者が天の創造者としての神を信じていると言明したという事実はその通りですが、しかしそれを聞いた他の人が捉えたような事実[10]は完全に間違いです。こんなことはあまりにも明白なことで、こういう譬えは信じがたくまた下らないことだと思わなければならないくらいです。しかし、〔無批判的な悟性が〕哲学的理念を把握する時には、実際にこういう暴力的な両断が為されているのでして、そういう悟性は、自分が思弁哲学の原理だと決めてかかっている同一性がどういうものであるかを誤解してはいないと言わぬばかりに、主観と客観は「異なっている」とか、有限なものは無限なものとは異なっているといったようなことを、いちいちはっきりと教えて、思弁哲学を反駁しているのです。[11] その口振りは、あたかも精神的の具体的な統一の中には規定というものがなく、それ自身の中に区別は「含まれていない」かのようであり、主観は客観とは異なるとか、無限者は有限者とは異なるといったことを知らない人がどこかにいるかのようであり、哲学は教科書的知識という井の中に閉じ込もった蛙《かわず》だから、学校の外にはそれらの差異を知っている人がいるのだということを教えてあげなければならないかのようです。

1　これを「思考の変革的性格」と言います。この点はヘーゲルの思考論の中心的テーマの一つです。拙稿「認識論の認識論」（『哲学夜話』に所収）を参照。

2　ヘーゲルの思考論の骨子は表象→観念→概念ですが、表象→観念が「普通の意味での追考」の働きで、観念→概念が「ヘーゲル的な意味での追考」の働きだということでしょうか（一七七頁の訳注9を参照）。なお、これまでの所では、ヘーゲルの追考論を主題的に取り上げて徹底的に研究したのは許萬元です。

3　この **Allein** は文としては二つ前の文の **für sich** を受けているのでしょうが、内容的にはそれではきちんとした対応にならないでしょう。角括弧で補ったように解すべきでしょう。

4　ここは **dass ihm an der Idee die völlige Abweichung und selbst der ausdrückliche Widerspruch gegen seinen Gebrauch der Kategorien auffällt** となっています。主語が二つですから **auffallen** となってもおかしくない所です。これについては「文法」の同類項の省略（一四四一頁以下）を参照。関口の『冠詞』第三篇〔無冠詞〕の三四二頁以下の「省略収約法」を「文法」の中に入れませんでしたので、ここでそれを説明します。

この語法は Syllepsis 以外に Zeugma とも言われているようです。対応する日本語としては「兼用法」なら両者に当てはまると思いますが、語源を表現して Zeugma には「軛《くびき》語法」という訳語もあるようです。関口は訳語としては「省略収約法」を使っているようですが、Analytisch-distributives Denken（分配配分的思考）という説明的な句も作っています。次の例文を参照。

a. Ich werde mit dem Zug fahren und abgeholt.（私は列車で行って駅へ迎えに来て貰う）（『クラウン独和』）

b. Die Augen des Herrn sehen auf die Gerechten und seine Ohren auf ihr Schreien.〔主《しゅ》の目は義人を見、その耳はその叫びを聞く〕（詩篇34－16、『独和大辞典』）

c. Vieles ist zu zart, um gedacht, noch mehreres, um besprochen zu werden. (Novalis)（頭で考えるにしてはあまりに微妙すぎるという事柄も多いが、口にするにしてはあまりにも微妙すぎるという事柄にいたっては更にもっと多い）（無冠詞三四二頁）

【説明】cで言うと、um gedacht の後に zu werden を補い、noch mehreres の後には ist zu zart を補えば省略のない文に成る。

【感想】aは abgeholt の前に ich werde を補います。bは seine Ohren の後に hören を補います。bの sehen は merken としている訳もあります。関口は「日本人はこういう用語法に慣れていない」と言っています。西欧語は die japanische und amerikanische Regierung という言い方をするが、日本語にも「日米両政府」という言い方がある（同、三四五頁）、とも言っています。それにしてもbの用例に至ってはものすごい「省略」ですね。英の King James は The eyes of the LORD are upon the righteous, and his ears are open unto their cry です。仏は Les yeux de l'Eternel sont sur les justes, / Et ses oreilles sont attentives à leurs cris です。関口はこういう同類項の省略は西洋語に共通と言っていますが、独英仏の三言語を比較しただけでも、その「程度」には違いがあるように思います。独が一番多く、仏では少ないような印象を受けます。

5　人間は自分のしていることを完全に正確に理解しているわけではありません。思考の諸段階は人間が自分を一歩一歩正確に理解するようになっていく段階と見ることができます。完全に正確な理解が絶対理念の立場です（拙稿「恋人の会話」を参照）。ところで、ここにもありますように、それにも拘わらず、人間は事柄の本性に強制されて無意識的、半意識的に正しい考え方をし、正しい事をすることがあります。いや、たいていの場合そうしています。それなら正しい自己理解、正しい自己認識つまり哲学はなくてもよいのか。これを問題として出しておきます。

6　訳の順序をかなり変えましたので分かりにくいかもしれませんが、この文は Auf solche Weise で始まっています。という事は Auf diese Weise ではないという事です。関口は「定と不定の対立」という事を言い、両者の区別に注意するように指摘しています。例えば『関口ドイツ語論集』（三修社）の二七頁以下の不定代名詞論などです。もちろん solcher は「不定」に属し、dieser は「定」に属します。ですからここは「そのようなやり方では」であって、「このやり方では」ではありません。松村も宮本も正しく訳しています。しかし英訳は This is how ...とし、仏は De cette façon と訳しています。つまり「定」で訳しています。しかし、ここで考えるべき事とは、第一に、日本人は明確に言うのを避ける傾向を持っていて、「この」と言うべき所でも「このような」とぼかす言い方を好むということです。第二に、関口は定と不定の区別についても但し書きを付けていて、「強調せんとする性格が名詞そのものによって既に十分暗示されている場合には、関係文や二格句等の規定部は必ずしも必要としない」から、「不定を定で訳しても好い」（労働術二七頁）と言っているということです。

7　①〔認識は定義では終わらない〕この定義観は非常に重要です。定義を与えることで認識は終わりと思い込んでいる人が多いですが、それは悟性的な態度です。定義は普通、判断の形で与えられますが、この事はヘーゲルが判断の立場を低く見ることと結びついています。

②〔命名的定義と概念規定的定義〕定義の問題を考えるには、同時に、定義には命名的定義と概念規定的定義とがあることを確認しなければならないでしょう。ヘーゲルが「何らかの科学がそれをもって絶対的始原となす定義は、その科学の対象や目的として承認され知られたものとして表象されているものの規定された正式の表現でしかありえない」（ラッソン版『論理学』上巻三〇頁）と言う時のこの定義は、命名的定義です。それに反して、「哲学で扱う定義とは、その正しさが表象的意識に対して直接明らかな定義ではなく、その内容が〔内在的必然性に基づく〕自由な思考の中で根拠づけられ、従って自分自身の中で根拠づけられた内容であるような定義である」（本書第九九節への付録、六六五頁）と言われる時の定義は、概念規定的定義です。ただし、概念規定的定義の与え方にも根本的には悟性的と理性的の二つのやり方があります。

③〔その概念の出てくる歩みを示す定義〕ヘーゲルの『法の哲学』での説明は次の通りです。「語源を根拠にして定義を演繹することがあります。あるいは特によく行われるのは、多くの特殊な場合から定義を引き出すやり方〔帰納法〕です。このやり方では、人々の感情や表象が根底に置かれています。そして、その定義が現存する表象と一致すれば「正しい定義」だとされるのです。この方法では科学的に本質的な事が度外視されています。即ち、内容的には事柄（本書では「法」）の絶対的な必然性〔生成の必然性〕が、形式的には概念の本性が度外視されています。哲学的認識では所与の概念の必然性こそが主要な事柄なのです。そして、その概念の歩み、即ちそれが或る過程の結果として生成した歩みがその概念の証明であり、定義なのです。その内容がそれ自体として必然的だから、それは表象や言葉の中に出てくるのであり、これは派生的な事〔であって、第一の事ではないの〕です。（『法の哲学』第二節への付録）

④〔エンゲルスの定義観〕エンゲルスはこう言っています。「定義というものは科学にとっては無価値である。なぜならそれはいつも不十分なものだからである。唯一の本当の定義とは事柄自身を展開することだが、しかしこれはもはや定義ではない〔科学そのものである〕」（ディーツ版

『マルクス・エンゲルス全集』第二〇巻五七八頁)。

⑤〔松村訳〕松村は「定義の意味および必然的な証明というものは、ただ定義の発展のうちに、そして定義がその発展から結果として生じることのうちにある」と訳していますが、私は内容から見て、定義の意味＝定義の展開、定義の必然的証明＝結果としての現出、と対応させました。

⑥〔牧野説〕定義の必然的証明とは、その定義が表象と一致することを実例を挙げて示すこと(これは偶然的証明)ではなく、どうしてもそういう定義が出てこざるをえないことを示すもので、「定義の必然性の証明」と訳してもよいと思います。なお、命名的定義と概念規定的定義という言葉は私の発案ですが、拙稿「辞書の辞書」(『生活のなかの哲学』に所収)を参照。又、「生成の必然性」については拙稿「弁証法の弁証法的理解」を参照。

8　ここは konkrete, geistige Einheit となっています。二つの形容詞の間にコンマがあります。しかし、一八頁七行目の abstrakten geistlosen Identität にはコンマがありません。又、二九行目の konkrete geistige Einheitにもコンマがありません。グロックナー版でもそうです。直訳すると、コンマのある場合は「具体的で精神的でもある統一」となるでしょう。コンマ無しだとすると「具体的な精神的統一」でしょう(「文法」の五二一頁以下を参照)。内容を考えますと、この二つの形容詞は並んで次の名詞に掛かるのではなく、拙訳のような関係だと思います。ですからコンマを省く方が正しいと思います。

9　ここはまず Erde と言った言葉を替えて Materie を使っています。西洋語では近い所で同じ語句を使うのを避ける傾向があります(「文法」の六〇三頁の③を参照)。二度目の語句として選ばれるのは第一は換称代名詞ですが、第二には「一般化された語句」だと思います。ここもそうです。「文法」の六〇五頁を参照。

10　この辺の「事実」という語の使い方に注意。事実には、①意識されているか否かには関係なく客観的に存在している事態、事柄という意味(こういう時にはよく「客観的事実」と言われる)、

②客観的な事実はこうだとして意識が捉え言い表した事態（事実認識、事実の意識）、の両義があります。ここは②です。なお、「主観的事実」とは、②の意味ではなく、「主観が実際に感じ、意識していること」です。例えば、色盲の人にとっては赤が「緑に見えている」ということは「主観的事実」です。もちろん②と重なることもあります。なお、ヨーロッパ語では事実に当たる語がたいてい「行為の結果」という意味を持つ語であることは注目されてよいでしょう。そこには事実認識は行為と結びついているという実践的認識論があります。

11　この辺は松村の解釈と訳をそのまま受け入れました。

〔第七段落、思弁哲学への悟性的批判の検討〕そういう悟性的な人々は、思弁哲学は差異というものを知らないとし、だから又そこでは善と悪の区別も無くなってしまうのだと言いながら、他方では公平と寛容を示すことを好み、「哲学者たちはその著書の中でその〔根本〕命題と結びつけている有害な結論を必ずしも引き出してはいない（――とはいえ、それはおそらく哲学者たちがこういう〔必然的な〕結論を自覚していないがためでもある――）と認めもしています。[1]

1　〔原注・トルック氏の『東洋神秘主義詞華集』の検討〕これらの言葉はトルック氏がその著『東洋神秘主義詞華集』の一三頁に書いているものです。ここでは、深い感受性を持ったトルック氏も俗衆が哲学を論ずる時の安易な道に従うという誤りを犯しています。彼はこう言っています。「次の二つの推論しか考えられない。第一は、万物を条件づけている根本原因があるのであって、私自身もその根本原因によって究極的には根拠づけられており、私が〔自立して〕存在していたり自由に行為しているように見えるのは、錯覚にすぎないという考えである。第二は、私は実際にこの根本原因とは異なった存在であって、自分の行為はこの根本原因によっては規制されておらず、従ってその根本原因は万物を条件づける絶対的なものではなく、無限な神などというものは存在せず、在るのは多数の神々〔多数の原因〕である、という考えである」。トルック氏の言う所によると、深く鋭い哲学者は前者の立場に立つのだそうです（第一の一面的な考えがどうして第二の一面的な考えより深く鋭いのか私にはか分かりませんが）。そして、この第一の考えからは「社会生活を律する基準は絶対に真であるということはなく、「本来」（これを強調したのはトルック氏です）善と悪とは同じもので、外見上違って見えるにすぎない」という帰結が引き出されるのですが、本文に述べましたように、これらの哲学者はいつもこの帰結を引き出しているとは限らない、と言うのです。

感受性は鋭くても一面的で悟性的な考え方しかできず、個人の存在と個人の自由とを仮象にしてしまうような根本原因と個人の絶対的な自立性との「二者択一」しか知らず、このようなトルック氏の言う所の危険なジレンマは共に一面的なもので共に間違っているということを知らない人は、実際、哲学については何も語らない方がましでしょう。たしかにトルック氏は、一四頁で、「第二の考え方（これはしかし先の第一の考えと同じです）を受け入れ、そこではすべての対立が相互浸透するところの「無差別的な」存在と条件づけられた存在との対立を止揚しようとしている人がいる」と言い、「これらの人こそ本当の哲学者である」と言っています。しかしその時、氏は、そう言うことによって、その対立がそこでは相互浸透するとされている「無差別な根本存在」とは、かの止揚さるべき一面的で無条件的な存在と全く同一のものだということ、従って彼はその言葉で、かの一面性を止揚するにまさに同じ一面性をもってし、かくして一面性を止揚するのではなくそれを存続させようとしているのだということに気づいていないのです。精神の世界について語ろうと欲する人は精神をもって事実を捕える能力がなければなりません。そうでないと、その事実を取り上げる手の中でその事実は虚偽に成ってしまうのです。──

ここで蛇足を加えておきますが、ここでトルック氏の哲学観について述べたことは、彼だけを念頭においたものではありません。同じ事は多くの他の本にも書かれています。〔それなのに〕

私が〔ほかならぬ〕トルック氏の叙述を引用しましたのは、それがたまたま手許にあったからであり、又氏には深い感受性があって、それが悟性的な神学書と彼の著書を区別しているのですが、それによって氏は英知まであと一歩の所まで来ているからです。英知の根本規定を為すものは「和解」でして、和解というのはかの無条件的根本存在やそのような〔一面的悟性の生んだ〕抽象物ではなく、内実〔真理〕そのものです。この内実は思弁的理念であり、思弁的理念はこれを思考によって表現するのです。――トルック氏ほどの深い感覚の持主なら理念の中にこの内実を見損うことなどないと思ったのですが。

　ところで、トルック氏は、他所《よそ》でもそうですが、そこでも「汎神論」について俗論と同じ事を言っています。この点についてはこの『百科辞典』の終りの方の注釈〔第五七三節への注釈〕の中で詳しく書いておきましたので、ここでは氏の陥っている倒錯に触れるにとどめましょう。氏はその言うところの「哲学的ジレンマ」の一方に根本原因を置き、その後三三頁と三八頁とでこの考えを汎神論的としています。そして、他方の「無限の神は存在せず、『無数の』神々がいる、即ちいわゆる根本原因から区別され、かの根本原因と並んでそれ自身の存在と行為を持っている『すべての』物の数だけの神々がいる」という考えを、ソチニ派、ペラギウス派、通俗哲学派と呼んでいます。すると、実際には、この後者によると、単に無数の神々がいるのではなく〔ここでは有限者がみな自己固有の「存在」を持つとされているのですから〕、「すべての事物が神である」ということになります。従って、トルック氏は実際にはこの立場をこそ彼の言う所の万物神論、汎神論としたのであって、前者の立場は「一つの」根本原因しかないとされているのですから、それは「一神教」にすぎないということになるのです〔このように見ても分かるように、氏こそ自分の言っていることの必然的帰結を引き出しておらず、自覚していないのです。しかし、一般的に言って、自分の言葉と自分の行為の実際の意味を正確に知るということは難しいことでして、これは悟性にはできないことです。このためには理性的思考を身につけなければならず、絶対的理念の立場に立たなければなりません。それでは、その絶対的理念の立場に立つにはどうしたらよいのか。これは本書全巻のテーマです」。

訳注「人間の意思に自由はなく、実際には全てが必然的に規定されている」と考える決定論と意思の自由の存在を認める考えとの対立をどう処理するか。この点は前掲拙稿「実体と機能」を参照。

哲学は、こういうお情を下さると言われてもそれを拒絶せざるをえません。というのは、哲学はそういうお情にすがって、道徳的には哲学は正しいのだと認めてもらう必要もありませんし、自己の原理から実際に引き出される必然的帰結を洞察できないほど〔無能〕でもありませんし、また自己の帰結を堂々と公表する勇気に欠けてもいないからです。[1]ここで哲学を弁護するつもりはありませんが、善と悪の差異は単なる仮象になってしまうと言われているその帰結とやらを簡単に検討して、哲学をそう理解することがどんなに浅薄なことかを例証しようと思います。そのためにはスピノザ主義を取り上げ〔それを悟性的な人々がどのように曲解しているかを検討す〕れば十分でしょう。〔第一に〕スピノザ主義の哲学は神を「実体」と規定するだけで、主体及び精神とは規定していません。この〔実体とするか主体とするかの〕区別は〔神の〕統一〔一体性〕をどう「規定」するかということに関わってくるのでして、これだけが問題なのですが、それなのに、哲学を同一性の体系と呼びならわし、哲学によると「全ては一つ」で善と悪とは「同じ」になるとさえ言っている人々は、これが問題だということ自体は知っているのですが、[2]〔単に知っているだけで〕[3]全然分かっていないのです。――実際、彼らの言う同一性は統一の最悪の形式であって、思弁的な哲学ではそんなものは問題になりません。まだ思考の訓練を受けたことのない頭だけが、理念について考える際にそういうものを使っていられるにすぎません。ところで、「スピノザ哲学は潜在的には〔あるいは本来的には〕善と悪の区別を持たない」という点について述べますと、それを考える時には、その「本来的」とは一体どういうことなのかを問題にしなければなりません。もしこれを「神の本性」と取るなら、まさか神の本性の中に悪を入れようと要求する人はいないでしょう。神の実体としての統一は善そのものであり、悪は〔その統一の〕分裂にすぎず、神の統一の中にあるものはまさに善と悪の一体性である、と言うか、むしろそこでは悪は排除されているのだからです。ですから、神自身の中には善と悪の区別はありません。つまり、この区別は分裂の中にしかなく、悪のある所にしかないのです。第二に、[4]スピノザ主義には「人間は神とは異なる」という区別もあります。そして、スピノザの体系はこの点では理論的に不十分と言うべきかもしれません。というのは、人間あるいは有限者一般は、後には様態へと引き下げられているのですが、この「人間は神とは異なる」という命題ではひたすら実体〔＝神〕と「並んで」現われてくるだけだからです。[5]それはともかく、区別が本質的に善と悪の区別としても現われてくるのは、〔神から〕区別されたものである人間においてであり、ここそその区別の現われる「本来的な」場所なのです。つまり、本来的な姿での善悪の区別はここにしかないのです。[6]スピノザ主義を考える際、実体だけを念頭に置くならば、実体の中には善と悪の区別がないのはもちろんです。しかし、そのわけは、悪あるいは有限者及び世界一般がこの段階では〔まだ〕全く存在しないからにほかなりません。しかし、スピノザ主義においても人間が現われ、人間の実体〔神〕への関係が問題となってくる段階を念頭に置くならば、この段階は善悪の区別が問題となる唯一の段階ですから、〔そこでこそ〕この体系〔スピノザ主義〕からどういう道徳的帰結が引き出されるかを論ずることができるのですが、それを言うためには、その前に、『エチカ』の中で悪や感情や人間の隷属と自由を扱った部分をよく読んでおかなければなりません。そして、それを読めば必ずや神への愛を原理とするこの道徳の持つ高い純粋性を確信するでしょうし、この道徳的純粋さがその体系の必然的な帰結であることも分かるでしょう〔ですから、「スピノザ主義では全ては一であり、善と悪は同じで区別がなくなる」といったようなことを言っている人は、スピノザを曲解しているのであり、もっとはっきり言うならば、読んでいないのです〕。かつてレッシングは「スピノザは死んだ犬のように扱われている」と言いましたが、スピノザ主義、更に一般的に言って思弁的な哲学[7]についてとやかく批評する人が、事実を正しく捉え、告げ、語るだけの〔誠実な〕労苦すら惜しんでいる現状を見ますと、現在でも事情が改善されたとは言えません。事実を正しく捉えるくらいのことは最小限の公正でありまして、哲学はどんな場合でもそれくらいのことは要求できるのです。[8]

1　ここのドイツ語は三つの文の否定です。独原文は ebensowenig A, als B und sowenig C と成っています。英は no more A, than B, or than C としています。仏Bは aussi peu A, que B, et aussi peu que C としています。独英仏は同じと言って良いでしょう。さてCにあたる部分のドイツ語は sowenig sie es an den ausdrücklichen Folgerungen ermangeln läßt となっています。直訳しますと、「その点で明確な帰結を引き出さないままにしておくことはない」くらいでしょうか。文法的には es は「填詞の es」(「文法」の四三四頁を参照)です。又、この es は mangeln の支配を受けてますから二格形に成るべきなのですが、es を目的語とする場合だけは二格支配の動詞でも四格支配になるので es のままなのです(「文法」の五四二頁を参照)。この lassen は関口の分類では「許容的使役」でしょう(「文法」の九三六頁を参照)。

2　松村はここを「明白な事実であるにもかかわらず」としています。この「事実」を先の第六段落への注6の「第一に」の場合と取ると、松村訳のように、「明白な事実であるのに何も知らない」という意味になり、「第二に」で取ると拙訳のような意味になると思います。

3　ここは原文では in spekulativer Philosophie と無冠詞になっています。英訳は in speculative philosophy で、仏Bは dans une philosophie spéculative、仏Gは en philosophie spéculative です。ヘーゲルは定冠詞付きの die spekulative Philosophie（思弁哲学）という言葉を「私の哲学」という意味で使うことがありますが、ここは「思弁的な哲学」で、直接的にはスピノザ哲学も含めて考えているのでしょう。直ぐ後の訳注7も参照。

4　ここで松村訳が「知る」と訳し、拙訳が「分かっている」と訳したのは wissen であって kennen でないことにも注意。拙訳が「第二に」とした weiter を松村訳は「（スピノザ哲学において）もっと先に進めば」と訳しています。しかし、以下の叙述で、人間を神と並置する所と「もっと先」で人間を様態へ引き下げた所とを対置させる所からみて、どうでしょうか。

5　スピノザの体系は、神＝実体、神の必然的属性としての延長と思考、神の偶然的状態としての様態（有限物）の三段階に分かれますが、思考＝人間を神の属性としたことと、有限物としての人間は当然神の様態の一つになることとの不整合を突いているのでしょうか。こう取ると、「人間は神と異なる」というのは「思考は神の属性であって神＝実体そのものではない」という意味になり、一応つじつまが合います。なお、スピノザの実体・属性・様態については『西洋哲学史要』の一七六頁以下を参照。

6　矛盾＝対立物の統一を万物の根本法則と考えるのが弁証法ですが、善悪の区別つまり人間の自己意識を貫く矛盾こそ本当の矛盾であると考えるのがヘーゲルの立場であり、真の弁証法です。自称弁証法的唯物論の本ではこの点が全然考慮されておらず、万物の法則としての対立物の統一を一般的に説くことに終始していますが、対立物の統一が自己意識において「頂点＝純粋な姿＝完成した姿」に達するものである点を見逃し、従って又対立物の統一の発展を見ていない点で、それはきわめて低い理解です。レーニンが『哲学ノート』の中で言ったように、ヘーゲルは思考法則の研究を通して全存在界の法則を「推測」したのですが、それが可能だったのは人間及び思考が全存在界の精華であるからです。思考と人間の問題を中心に据えない「自然弁証法」とか「科学論」とかが不毛である理由がここにあります。断っておきますが、エンゲルスの自然弁証法ないし自然科学研究は、全体としてはこのヘーゲル的な正しい観点を受け継いだものであって、ヘーゲルの読めない自称唯物史観主義者たちが悪く言っているような低いものではありません。エンゲルスにしがみつく人もけなす人も、共に、ヘーゲルの読めない人であり、ヘーゲルの概念の立場を理解できない人です。

7　ここは mit dem Spinozismus und dann überhaupt mit spekulativer Philosophie となっています。訳注3も参照。

8　一般的に言えば、こういう道徳律はもっともですが、思想的なことが問題になる時には、この道徳律が守られるためには、①論争者相互間に階級対立がないこと、②論争者の双方が共に自分の認識能力を高める努力をしていること、の二条件が前提されるでしょう。この二条件を見ないでこういう道徳律だけを口にしても、争いにおいていつも相手が自分をよく理解していないと言い合う状態は改善されないでしょう。拙稿「議論の認識論」（ブログ「マキペディア」に所収）参照。

〔第八段落、反面教師としてのブルッカー氏の哲学史〕〔無批判的な悟性というものがいかに低いかを示すために、もう一つブルッカー氏の哲学史研究を取り上げてみましょう。〕そもそも哲学の歴史というものは、哲学の対象である絶対者に関する「観念」の発見の歴史です。ですから、例えばソクラテスは「目的」という規定を発見したが、プラトン、特にアリストテレスはその規定を仕上げ、はっきりと認識した、と言うことができます。〔しかるに〕ブルッカー氏の哲学史は外面的な史実についてだけでなく哲学者たちの考えの紹介でもきわめて無批判的で、これらの古代ギリシャの哲学者の言いもしない二十、三十、いやそれ以上もの命題を彼らの哲学説として紹介しています。これらの帰結〔とされている命題〕は、ブルッカー氏が当時の悪しき形而上学に基づいてでっち上げ、これらの哲学者たちの主張だとしてなすりつけているものにすぎません。〔実際〕帰結にも二種類あります。一つは或る原理をその細部まで仕上げることであり、もう一つは一層深い原理へと遡ることです。〔そして、後者だけが真の発展的帰結[2]ですから、発展を扱う〕歴史というものは、誰が前代の考えを一層深めたか、誰が一層深い考え方を発見したかを指摘することにあるのです。しかし、〔こういう事を知らない〕ブルッカー氏のやり方は不当なものです。それはかの哲学者たちの原理の中に含まれているとされる必然的帰結をその哲学者自身が引き出しておらず、明白には語っていない[3]からというよりも、むしろその推理〔その帰結を引き出す時の思考〕の際に〔ブルッカー氏が〕有限な思考関係を使っているからです。こういう有限な思考関係は思弁的な精神の持主であるこれらの哲学者たちの気持に反し、哲学的理念を不純にし、歪曲するだけです〔学問の発展にとっては何の意味もありません〕。古代の哲学なら知られている命題が少ないので、そういう歪曲でも正しい推理だと言い張って言い逃れることができるとしても、自己の理念を明確な観念で捉え、カテゴリーの価値を意識的に吟味し規定した[4]〔近世以降の〕哲学の場合には、それだけのものが与えられているのに、その理念を歪めて取り上げ、その叙述から〔例えば同一性といった〕一つの契機だけを引き出してそれを全体だと称したり、カテゴリーを手近な日常意識で使われているようなやり方で、全く無批判的に、一面的に扱っているのですから[5]、もはやそういう言い逃れはできません。概念の諸関係について教育を受け、それを認識しているということは、哲学的事実を正確に把握するための第一条件です。それなのに、〔現在の哲学界では〕

訓練を受けない思考が直接知の原理によってあからさまに正当化されているだけでなく、〔それこそが唯一の真なる態度として〕掟〔公理〕にさえされています〔本当に嘆かわしいことです〕。諸観念〔哲学者たちの色々な考え方〕を認識し、主観の中に〔正しい〕思考能力を形成するということは無媒介な知ではないのでして、それはちょうどいかなる科学も芸術も技術も〔修業という〕媒介なしに得られる知ではないのと同様です[7]〔この際読者はこの事をしっかりと頭に入れておいて下さい〕。[6]

1 〔編者の注〕Johann Jakob Brucker, Historia critica philosophiae, Leipzig, 1742-44, 5 Bde neue Aufl.1766, Appendix 1767。なお、「目的」概念はソクラテスが発見し、プラトン、アリストテレスで完成したとの事ですが、ソクラテスでは「事実上」未来的概念が出てきた程度だと思います。プラトンは善のイデアを最高のものとしましたし、それを人生の目的としましたが、特に「目的」という「概念」を強調したわけではないと思います。アリストテレスは生成変化の原因として質料因と形相因と動力因と目的因の四つを挙げました（『西洋哲学史要』七七頁）。ここに「目的」という観念がはっきりと入ってきます。目的と言っても「人生の目的」といった大きなものから、個々の行動の目的のような小さい目的まであります。ソクラテスとプラトンの中に目的を認めたヘーゲルは「人生の目的」を考えていたのでしょうが、アリストテレスの目的因では大小すべての目的が考えられていたと思います。いずれにせよ、強引に自分の問題意識を哲学史の中に読み込むのはヘーゲルの哲学者たる所以でしょう。哲学教授には出来ない事です。ソクラテスについてはズーアカンプ版全集第一八巻の四四二頁を、プラトンについては同書四六七頁を、アリストテレスについては『西洋哲学史要』の八〇、八一、八六～七頁を参照。

2 この発展観については拙稿「ダンス哲学」（『生活のなかの哲学』に所収）を参照。原理を細部まで仕上げるのはその原理の「帰結」とも言えますが、発展的な帰結と対比させるならば、原理の「適用」と言うこともできますし、そうも言われています。ということは、適用ということは本来発展的創造的なものではありえないということでもあります。現にヘーゲルは『法の哲学』の第三節で「適用はもはや思弁的思考でもなければ概念の展開でもなく、それは悟性の包摂である」と言っています。世の中には「マルクス・レーニン主義の創造的適用」などという言葉を口にして得意になっている人がいますが、こういう人は適用や創造の本性を知らず、論理的思考能力に欠けている上に、そのことを自覚していないから、そういうことを恥かしくもなく口にできるのです。「知らぬが仏」とはよく言ったものです。

3　二三頁八～九行目に ein Geltenlassen und ein Gebrauch という連語があります。ここではこの連語に不定冠詞が繰り返して冠置されています。前者が中性で後者は男性だという事も考えられますが、こういう場合でも最初の ein で済ます事は出来ます。「文法」の三七〇頁を参照。

4　この Philosophie は関係文の先行詞ですが不定冠詞が付いています。宮本は「～しているような哲学」と「ような」を入れて正しく訳しています。松村はただ「～している哲学」と訳していますが、この場合はこれで何の問題もないと思います。

5　二三頁一九行目の wenn は「事実を指す wenn」でしょう。

6　ここは不定冠詞がついていますから、ヤコービの「直接知」のことではなく、一般的に「そういう性質の知」ということでしょう。

7　しかし、現在の日本では、教授の前で黙っていれば、修士二年博士三年の「時間的媒介」さえあれば、哲学的修業などしなくても、哲学教授になれるし、哲学的思考を身につけていると思い込めます。又、政治権力にしがみつけば、「マルクス主義の哲学者」とされることも可能です。私の経験した哲学演習はどれも「哲学の修業」になっていなかったと思います。では本当の哲学演習はどうあるべきか。拙稿「哲学演習の構成要素」（ブログ「マキペディア」に所収）にまとめました。前代までの精神的財産を受け継ぐことが本当は「創造的継承」であるという点については、拙稿「先生を選べ」を参照。

〔第九段落、宗教と哲学の関係〕〔さて、無批判的な悟性が宗教的な問題を扱う時にこそこの悟性の低さが最もはっきりするということから、悟性的思考の粗雑さを詳しく例証してみましたが、元に戻って、宗教と哲学の関係が最近はどう考えられているかを二、三考察して、そこから本来の課題を検討してみましょう。〕そもそも宗教というのは真理を意識する万人向きの形式、あらゆる階層の人向きの形式ですが、真理の科学的な〔哲学的な〕認識というのは真理を意識する特別なやり方でして、その仕事のできる人はほんの少数であって、すべての人に出来るわけではないのです。[1]〔宗教と哲学の内実は共に真理ですから〕その内実は同一なのですが、「いくつかの事物〔星〕[2]は二つの名前を持っている。それは神の言葉で呼ばれる名前と人間の言葉で呼ばれる名前とである」とホメロスが言っているように、この同一の内実には二つの言葉があります。一つは感情と表象と有限なカテゴリー及び一面的な抽象の内に住む悟性的思考の言葉[3]です。もう一つは具体的思考の言葉です。〔ですから〕宗教の立場から哲学についてとやかく言い評価を下そうと思うなら、はかない人間の言葉に慣れているだけでは不十分で、それ以上のもの〔具体的思考の訓練〕が必要なのです。

1　この考え方を現在の歴史的時点でそうだと取るのではなく、一般化し絶対化してしまい、人類解放には哲学が必要不可欠という前提と合せて考えると、人類解放は不可能、又は少数の人が解放して「あげる」ものだという結論になります。哲学は原理的には万人に可能なのでしょうか。大問題です。

2　原文は Dinge ですが、ホメロスの実際は Sterne なのでしょう。松村訳に従いました。

3　ここは「感情」と「表象」と「有限なカテゴリー及び一面的な抽象の内に住む悟性的思考」

とは別物で、「感情の言葉」と「表象の言葉」と「悟性の言葉」なのでしょう（ですから、それぞれに定冠詞がついています）が、次の「具体的思考の言葉」との対比では皆同じレベルの言葉だという事なのだと思います。

〔しかし、哲学と宗教の深い関連について考えてみますと〕哲学的認識の根底〔を成すもの〕は、その中にある内実であり、そこに内在する理念であり、精神の中で働く生きた理念でありまして、それはちょうど宗教が訓練された心情、自意識に目覚めた精神、教養となった内実であるのと同じなのです。[1]〔しかるに〕最近の宗教はこれまでに築かれた広い外延をますます縮小し、敬虔さとか感情の濃密な内包とかに引き籠っています。しかも、その感情というのが大抵きわめて貧弱な内容しか持たないような代物なのです。〔ですから、哲学は宗教と関わりにくくなっているのですが、それにも拘わらず〕宗教が信仰個条を持ち、教説を立て、教義を保っている限りは、哲学が扱う対象もその中に含まれているのでして、哲学と宗教とが関係し合えるものがあるのです。もっともこの哲学と宗教との関係ということは、分離を事とする悪しき悟性がするように理解してはならないのでありまして、哲学と宗教とは互いに排斥し合うものであるから、あるいはそこまでは言わないにしても、両者は分離されうるものだから、両者を関係づけるといっても外から結合させうるにすぎない、という風に考えてはなりません。これまで述べたことからも分かるように、むしろ宗教は哲学なしにやっていけるとしても、哲学は宗教なしにはありえず、哲学は宗教を〔克服して〕自己内に含み持つものである、[2]と考えなければなりません。

1　この文は前につけて考えるか後につけて考えるか迷いました。結局、前までは宗教と哲学の違いに力点があり、後はその同一性、関係に力点があるので、後につけました。

2　哲学は宗教を必然的契機として持つというこの考えを弁証法的唯物論の立場からはどう考えたらよいでしょうか。宗教の根底は、ヘーゲルも言うように、「自意識に目覚めた精神」であり、それは大衆の生活のまっただ中から生まれてきたものですから、宗教的外被を捨ててその内実を取るべきでしょう。しかも、その外被についても、単に捨てるのではなく、その内実がなぜそういう外被を取らざるをえなかったかということから考えてみるべきです。こういう作業を伴わない自称弁証法的唯物論は永遠に悟性の段階に留まり、それが政治権力と結びつく時、必然的にそれ自身が宗教となるでしょう。なお、これを理解するには「宗教」についての正しい理解と定義（『先生を選べ』に所収の拙稿「宗教と信仰」を参照）を持っていなければならないでしょう。

〔しかも〕真の宗教というのは精神の宗教ですから、精神〔によって対象化され自覚された〕信仰個条と内容とを持たなければなりません。というのは、精神は本質的に意識であり、内容を対象化して意識することだからです。〔たしかに精神には感情という段階もあり〕感情としての精神は対象化されていない内容そのもの（ベーメの表現を使うなら qualiert〔湧き出る〕[1]）にすぎないもので、最低段階の意識にすぎず、まさに動物と共通のものである魂という形式〔あり方〕にすぎません。〔しかし〕思考〔としての精神〕は動物でも持っている魂を初めて〔本当の〕精神にするものでして、哲学とはまさにかの魂の内容〔人間以外の全自然〕も精神〔人間〕とその真の姿[2]をも意識することにほかならず、しかもそれを精神〔人間〕をして動物から区別し、宗教を可能にする精神の本質に相応しい仕方で〔論理的思考で〕意識するものにほかなりません〔ですから、真の宗教と哲学とは排斥し合ったり外から結合されたりするどころか、きわめて緊密な内的関係を持っているものなのです〕。

1　宮本は qualieren を「自然に湧き出る」と訳しています。意味から考えると、「苦しむ」などよりこの方が適切だと思いますので、これを借りました。しかし、どの辞書に載っているのでしょうか。語源的には Quelle（泉）と関係しているらしいことは推測できますが。この qualiert についてはブログの読者の筆名 yoko さんがコメントを下さいました。それは次のようなものです。「Rainer Thiel という人の Die Allmählichkeit der Revolution: Blick in sieben Wissenschaften という本の一二四頁終わりから五頁にかけて、ヘーゲルの qualiert の使い方について書かれているのを発見した。それによると、どうも qualieren というのは Quelle に由来して、herausarbeiten『素材から完成を作り出す』ぐらいの意味らしい。それをヤコブ・ベーメが、Quelle から作り上げるのは、Qual で Mühe だというような Wortspiel をしたということでしょうか。こうした Wortspiel がヘーゲルの念頭にあるらしい」という事です。

英Gは①ベーメの使っている語は qualirt ではなく、qualificirt であること、②ヘーゲルはベーメ思想の中の Qual 概念を重要視したこと、を指摘しています（三〇九頁）。

要するに、こういう語源的なことは西洋人の方が得手だと思いますが、この qualiert に関する限りはみなお手上げなようです。

2　松村はここを言い換えと取り、「上述の内容すなわち精神とその真理」と訳しています。

〔ですから、上に述べた最近の〕心情という一点に収縮して硬直してしまった宗教心が生き返るためには、その心情を押し砕いて悔い改めさせ、その鼻っ柱をへし折らなければなりません。しかし同時に忘れてならないことは、そういう宗教心の中心を成す心情は精神に属するものであり、心情を支配するものは精神ですから〔その心情自体を否定してはならないのですが〕、それが実際に精神に支配され〔て、哲学に反抗するのでなく、真の心情とな〕るのは、精神自身が再生した限りでしかないということです。〔ですから、大切な事は、心情を滅すためではなく、心情を救うために精神の再生を図るということです。しかるに〕精神が生まれた当時そのままの無知と誤謬とから再生するには、教育を受けなければならず、自分の眼で確かめることによって、客観的真理である〔自己の〕内容に対する信念を持つようにならなければなりません。〔が、それはともかく〕この精神の再生とは、取りも直さず、心情が鼻にかけている一面的な悟性の虚栄から抜け出て生まれ変わることでありまして、その一面的な悟性とは、有限は無限とは異なるとか、哲学は多神教であるか又は鋭い頭の持主において汎神論になるかのいずれかである、といったことを知って満足している考え方のことです。また、その再生とは、敬虔な心は哲学や神学的認識より高いと思い上っているような憫笑《びんしょう》すべき考え方から心情が再生することです。もし宗教心がそのように〔心情という一点に収縮して〕広がりを持たず、それ故精神を欠いた強度にしがみついているならば、それは宗教的な教えや哲学理論の精神的な広がりに対立した偏狭な形式に留まることになるでしょう。[1]

1 （原注〔トルック氏の『罪の教義』を評す〕）〔そのような偏狭な敬虔主義や心情派の実体はどんなものかを知るために〕敬虔主義的傾向の情熱的な代表者と見なしてよいトルック氏をもう一度引き合いに出しますと、氏の著書『罪の教義』（ハンブルク、一八二五年）（これを私はつい最近読んだばかりなのですが）における教義〔理論〕の欠陥はひどいものがあります。〔かつて〕氏の著書『後期東方教会の思弁的三位一体説』（ベルリン、一八二六年）を読んだ時にも、その精力的に発掘された歴史的注釈には心から感謝しましたが、三位一体説の扱いには驚いたものです。というのは、氏は三位一体説をスコラ的な説だと言っているからです。〔しかし〕それはどう見てもスコラ的と呼ばれているものよりはるかに古いものです。氏は三位一体説を外面的に考察するだけであり、それが歴史的にはプラトン哲学とアリストテレス哲学の影響下に聖書のいくつかの個所についての思索の結果として生まれたと思い込み、この点を考察する（四一頁）ばかりで〔単純に、それはスコラ哲学の産物だと主張しているので〕す。

しかるに、〔このように氏の三位一体説は前からおかしいのですが〕今回の罪についての著書では、無造作といっても好い仕方でこの教義を扱っています。氏によると、三位一体説は信仰の諸教義（どの教義？）を整理するための枠組みにすぎないという（二二〇頁）のです。いやそれどころか、それは岸辺（ひょっとして精神の砂地の岸辺でしょうか？）に立つ者にはそれは蜃気《しんき》楼《ろう》であるというような言葉すら見られます（二一九頁）。しかし〔いずれにせよ〕三位一体説は「決して信仰を基礎づける土台（トルック氏は三脚台が土台だと二二一頁で言っています）たりえない」〔と言うのです〕。

〔しかし〕この最も神聖な教義である三位一体説は昔から、あるいは少くともかなり前から、〔キリスト教〕信仰の主な内容であり、信仰個条ではなかったのでしょうか。そして、この信仰個条は主体的信仰の土台ではなかったのでしょうか。この教義なしに、どうして氏も上述の著書で大きな力を割いて訴えている贖罪論が道徳的以上の意味を、あえて言うなら異教的でないキリスト教的な意味を持ちうるのでしょうか。

〔氏はこのように三位一体説を軽んじていますが〕その他の一層特殊な教義についてもこの著書では語っていません。トルック氏が持ち出すのはいつでもキリストの受難と死だけであって、キリストが復活して父なる神の右座に高められることも聖霊の降臨も語っていません。

贖罪論の中の主要規定を成すものは罪に対する罰の思想です。〔しかるに〕トルック氏はこれを自責の念に煩《わずら》わされること及びそれと結びついた不幸だとしています（二一九頁以下）。そして、至福と神聖との唯一の源泉である神の外《そと》に生きる者はすべてこの不幸に陥ると言うのです。つまり〔氏の説によると〕罪と罪悪感と不幸とは切り離して「考える」ことはできない〔ということになるのです。〕（かくしてここに、思考を軽視してもっぱら心情に訴える敬虔派の氏においても思考が現われてくることになり、二二〇頁に見るように、思考の諸規定は神の本性から流れ出てくるものだとされるのです）。〔それはともかく〕罪に対する罰をこのように規定するのは

「罪に対する自然的な罰」と呼ばれている考えであり、それは〔三位一体説に対する無関心と同様〕トルック氏がいつもあれほど罵っている知性と啓蒙思想の結論であり、教説にほかなりません〔つまり、氏は自分で言っていることが本当には分かっていないのです〕。

少し前にイギリスの上院で〔三位一体を否定して父なる神しか認めない〕ユニテリアン派についての法案が否決されましたが、その折イギリスの或る新聞がヨーロッパとアメリカに於けるユニテリアンの大多数の者について論評し、「ヨーロッパ大陸ではプロテスタンティズムと〔それに抗議して起こったはずの〕ユニテリアニズムとは今日ではほとんど同義語になっている」と書き添えました。トルック氏の説が（それが反対していると称している）啓蒙思想の通常の理論と異なる点が一つか二つ以上あるのか、いやその相違点ですらよく見れば異なっていないのではないのか、神学者先生たちにははっきりさせてもらいたいものです。

しかし、思考する精神はそのような純粋で無邪気な宗教心で満足していることはできません。それは、更にその上、こういう下位の立場は反省と悟性推理の結果として出てきたものだということを理解してもいるのです[1]。つまり、こういう下位の立場があらゆる理論と手を切ったのは浅薄な悟性に基づくことであり、それが感情の抽象的な状態という痩せた無内容な尖塔の上に力づくで身を保っているのは、身に染まった〔悟性的〕思考をもって哲学に反抗したからなのです。そこで、私はこのような姿をとった敬虔さについて、フランツ・フォン・バーダー氏が与えている忠告を、その著『認識の酵母』〔一八二三年〕から抜き書きすることにします。

1　こう取らないと nicht nur ... sondern ... という構文の意味が分からないのではないでしょうか。ここで大切なことはもう一つ an ihm selbst を正しく取ることです。「その低い立場が……であることがその立場自身の表面に出ている」、つまり「思考する精神＝ヘーゲルには分かっている」ということと思われます。要するに、高い立場は低い立場に賛成しないだけでなく、それを理解してもいるのだということ。或る物を正しく理解するにはそれと同等ないしそれ以上高い立場に立たなければならない、という事です。

**〔第一〇段落、「理解なくして愛も信仰もない」とするバーダー氏の高い見識〕**バーダー氏の曰く。「宗教とその教義が科学によって、自由な研究に基づき、従って又真の確信に基づいて尊敬されるのでない限りは、信仰を持つ者も信仰を持たない者も、どんな命令や禁止をもってしても、又いかなる言動によっても、悪を除去することはできないであろう。又この尊敬できない宗教は愛することも[1]出来ないだろう。なぜなら、人間は、尊敬されていると確認し、又尊敬に値すると疑いなく認識しているものしか、心から愛することは出来ないからであり、宗教に対してもそのような気高い愛を感ずる時にしか仕えることはできないからである。換言すれば、もし宗教的実践が再び栄えることを望むなら、宗教についての理性的な理論を再建するように努めなければならない。そして、『理性的な宗教理論などというものはありえないものだから、そんなものは考えるべきではない』とか、『宗教というのは〔個人の〕単なる心の問題にすぎないのであって、頭を使う必要はないどころか頭を使ってはならない事柄だ』といったような、非理性的で冒瀆的な主張をして、敵である無神論者たちに陣地を明け渡すようなことをしてはならない[2]」。〔このように、宗教と哲学＝理性を対立させずに、むしろ両者を結びつけることによってこそ宗教は栄えることができる、と考えるのが正しいのです。〕

1　ここは geliebt となっています。関口存男は「geliebt は単に『愛された』だが、beliebt は『評判』『人気』『与論』の問題になってくる」（『独逸語大講座』第六巻一四九頁）と言っています。逆に言うと、beliebt では「浮ついた人気」でも好いわけですが、geliebt だと「冷静にしっかりと愛する」のでなければならない、という事でしょう。

2 （原注）トルック氏はアンセルムスの論文「神はいかにして人となりしか」から多くの個所を引用し、その著書『罪の教義』の一二七頁では「この偉大な思想家の深い謙虚さ」を称えています。しかし氏はなぜ同じ論文の（私が本書第七七節に引用しておいた）個所に触れることに思い及ばないのでしょうか。それは「信仰していることの内容を知で捉えようとしないのは怠慢だと思われる」という言葉です。――もっとも信仰個条が二、三項目に圧縮されてしまっているのでは、認識すべく残されている材料もほとんどないし、それを認識してみたところで大したものは出てこないでしょうが。

〔第一一段落、宗教と哲学とを関係づけるバーダー氏〕〔ところで、そのような哲学から離れて偏狭な心情に閉じこもる宗教の〕[1]内容の乏しさについてもう一言しておきますと、それは、宗教が或る特別な時代にその外部環境によって引き起こされた現象にすぎないということです。〔ですから、その責任は宗教自身の側にあるのではなく〕神を単純に信じることだけを求め（これは気高いヤコービ[2]が熱心にやったことです）、それ以上の事としてはせいぜいキリスト教的感情を強めることしか求めないような時代こそが嘆かわしいものなのです[3]。もっとも、このような考え方の中にも一層高い原理が含まれてもいるのでして、その点を見落してはなりません〔この点はこの「論理学」への序論の第六四節への注釈を見て下さい[4]〕。しかし〔それはともかく、そのような内容の貧弱な宗教とは違って〕哲学の前には、何千年もの〔人類の〕認識活動が産み出した豊かな内容が横たわっています。しかも、それは単に歴史的なもので、過去の他人が持っていただけで我々現代人にとっては過ぎ去ったものにすぎず、それを知るのは記憶の仕事にすぎないようなものではありません。それはお話として〔傍観的に〕批評されるためにあるのではなく、精神の認識のために、真理のために、〔我々がそれを学びながら現代の問題を考えて真理の一層の発展に寄与することができるように使うために〕あるのです[5]。高く深い[6]ものは、その形態の純粋さや透明度や抽象性にはいろいろあっても、宗教や哲学や芸術作品の中[7]に表されてきています。〔ですから〕バーダー氏がこれらのものに人々の注意を喚起しただけでなく、その中から哲学的理念を引き出し称揚することによって、深い思弁的精神をもってそれらの内実には哲学的な価値があることを明らかにしたのは、氏の特別な功績と言わなければなりません。これ〔この宗教の中に哲学的理念を見抜くという仕事〕に関してはかの深い思想家ヤーコブ・ベーメが特に先例を与えています（この力強い精神の持主[8]には「ドイツの哲人」という名が与えられていますが、けだし当然です）。即ち彼は、人間精神及びすべての事物は神（もちろん三位一体の神）の似姿として創造されたし、万物の生活過程はその原像の喪失から原像へ統合復帰することにすぎないということを根本思想とすることによって、一方では宗教の内実をそれだけで独立させて取り出して一般的な理念にまで広げ、宗教の内実の中に理性〔哲学〕の非常に高度な問題を読み取り、宗教の内実の中に精神〔人間〕や自然の具体化された姿を探し出そうとしているのです。他方では、逆に、（硫黄、硝酸、酸味、苦さ等々といった）自然物の諸形態の中に強引に精神の現われや思考形式を読み取ろうというような事さえしています〔が、これはいただけません〕。〔ともかく、このように、宗教的形態の中に哲学的理念を読み取るという考えはドイツには伝統的なもので、珍しいものではないのですが〕バーダー氏が哲学への関心に火を点け、それを高める氏独得のやり方は、宗教的形態に結びつく神秘的直覚（Gnosis）にあるのです。この直覚は不毛な無内容で自己満足する啓蒙思想とも、単に内容の濃密さに留まろうとする敬虔な宗教心にもきっぱりと対立するものです。〔しかも〕バーダー氏は、そのような主張をする際、氏の全ゆる著書の中で、このような直覚を真理認識の〔唯一の〕排他的な方法だと宣言するような〔独善的な〕態度は取らないと言っているのです〔ここに氏の高さがよく出ています〕。〔彼自身認めているように[9]〕そのような直覚にはそれとしてやはり不都合な点もあるし、その直覚に基づく形而上学ではカテゴリーの考察や〔その直覚の〕内容の方法的〔体系的原理的〕展開にまで進むことはできません。その直覚自身は、粗野ではあるが機知に溢れたものなのに、それに相応しい概念を立てることができないでいますし、又全体として〔根本的に〕はそれは、絶対的内容を前提としてそこから出発して他のあらゆるものを説明したり推理したり反論したりするという欠点を免れていません〔ですから、氏の特徴はその直覚の立場にあり、その高さは自己の限界をよく自覚している点にあるのです[10]〕。

1　この「内容」は何の内容なのか分かりにくいが、こう取りました。

2　この dem edlen Jacobi の edel は「枕詞」だと思います。英は the noble Jacobi、仏は le noble Jacobi としています。「文法」の五一九頁の②を参照。

3　「教義としての宗教」と「信ずる態度としての信仰」とを、一応は、分けて考える事が出来ないと、この議論は理解できないと思います。拙稿「宗教と信仰」を参照。

4　ここは Einleitung zur Logik としています。つまり本文では Vorbegriff（予備知識）としたものをここでは Einleitung（序論）と言っている訳です。本文では Einleitung を Einleitung zur Enzyklopädie として使ったので、その第一部である zur Logik には重複を避けて Vorbegriff を使っただけだという事が好く分かります。一三三九頁の注2も参照。

5　哲学史の遺産はサラリーマン教授の酒飲み話のためにあるのではなく、人民大衆がその真理の事業を一層押し進めるためにあるということです。しかし、「お話や記憶のための哲学史研究」と「現代哲学のための哲学史研究」とはどこがどう違うのでしょうか。憚りながら、許萬元の弁証法解釈と私の弁証法受容とを比較すると、参考になるのではないでしょうか。

6　ここの原文は Das Erhabenste, das Tiefste und Innerste となっていますが、「内的なもの」は「深く」の中に入れて考え、高と深を対置し、又同義に取る日本語の用法に従いました。又、絶対比較級ですが敢えて原級で訳しました。この方が日本語らしいと思います。

7　ここを見ても、ヘーゲルが「哲学とは何か」を考える時には常に、宗教および芸術と比較している事が分かります。

8　この diesem gewaltigen Geiste が関口存男の言う「換称代名詞」です（「文法」の六〇一頁を参照）。もちろんベーメの事を指しています。

9　以下の言葉はバーダー氏の直覚の立場をヘーゲルが評した言葉なのでしょうか。それともバーダー氏自身が自己の立場の欠点をこうと認め、だからそれを唯一の方法とはしないと言っているのでしょうか。後者と取ったのでこの角括弧の言葉を入れてみました。

10　（**原注・バーダー氏と私との違いについての寸評**）嬉しい事に、バーダー氏の見解は私見と一致するものです。それは氏のいくつかの近著の内容によっても、又私のいくつかの命題に名を挙げて言及していることからも伺われます。氏が異議を唱えている点についても、その大部分あるいは全部が話せば容易に理解してもらえるでしょう。つまり、それが実際には私見と異ならないことを示すのは難しいことではありません。

ここでは、氏の『現代における二、三の反宗教的哲学説への注』（一八二四年）に述べられている私への批判について一言したいと思います。氏の言う所によりますと、自然哲学の流れから出た或る哲学説が物質についての誤った概念を立てているというのです。つまり「それは、この世界は無常で破滅を内に含んでいると主張し、世界は神から『直接に』不断に出現してきたし、今でも出現しているとし、又神の不断の出発（外化）は神の（精神としての）不断の回帰を『条件づけている』と主張している」と言うのです。

この考えの前半部について言いますと、物質が神から出現する（この「出現（Hervorgehen）」というカテゴリーは表象的表現にすぎずカテゴリーではないから、私は使いませんが）ということで私が考えますことは、神は世界の創造者であるということの内に含まれていることにすぎません。しかし、後半部の、〔神の〕不断の出発が神の精神としての回帰を条件づけているという言葉について言いますと、バーダー氏はここに「条件づける（bedingen）」というカテゴリーを使っていますが、これはそれ自体として不適当なカテゴリーであるだけでなく、私はこのような関連ではこのカテゴリーを使ってはいないのです。この点については、思考規定を無批判的に〔扱うことで、無自覚的に〕混同している人々について先に〔第五段落で〕述べたことを想起してもらいましょう。

〔又バーダー氏が「直接的な」出現としてこの「直接的」にこだわった点について言いますと〕物質の出現を「直接的」とするか「間接的」とするかは全く形式的な規定にすぎません。氏自身が五四頁以下で物質の概念に言及していることは私の考えと異なっているどころか一致していると思われます。ですから、氏が五八頁で物質は「一者の直接の産物ではなく、一者がこの目的のために呼び起こした（全能者、神々の）[11]諸原理の産物である」と言っていることが、世界の創造を概念的に把握するという〔哲学の〕絶対的な課題にどれだけ役立つのか理解できません。〔文意が文法的関連から見て不明確なのですが、[12]その意味は物質は諸原理の産物だということなのでしょうか。それとも物質はこの神々を呼び起こし、これによって産み出されたというのでしょうか。後者だとすると、この神々あるいはこの全円環〔物質→神々→物質という円環〕が全体として神と関係づけられることになりますが、神々を間に挟んでもこの関係は明確にはなりません。

11 〔訳者の注〕この終りから七行目の「〔全能者、神々の〕」とした所ですが、グロックナー版は全能者だけをカッコに入れていて、「神々の」は前の「諸原理」に掛かるようになっています。

12 このヘーゲルの疑念については、松村が検討していますが、私は特に言う事はありません。大した問題ではありません。もっと重要な事に力を入れてほしいものです。

**〔第一二段落、宗教と哲学との親近性を悪用する態度〕**〔実際、少し考えてみればすぐ分かりますように〕真理の諸形態は、純度の差こそあれ、宗教や神話の中に、又古代および近代のグノーシス派の哲学や神秘派の哲学の中に、たくさん見られるのでして、それは「あり余るほどだ」と言っても好いくらいです。ですから、これらの思想的形態の中に理念を「発見」して喜び、哲学的真理は孤独ではなく、それらの中に少くとも萌芽の状態で含まれていたのだと満足することもできるのです。しかし、バーダー氏の一模倣者のように未熟で自惚れの強いだけの男が、哲学的思考[1]の能力もなければやる気もないので〔その度が過ぎてしまって〕、このような神秘的直覚（Gnosis）を認識の唯一の方法に祭り上げてしまうことがよくあるのです。それは、そのような感覚的な形像の中をぶらぶら歩いて、それらの形像に結びつけて断定的な哲学理論を主張することは、概念の〔内在的〕展開を追求し、自分の思考も感情も概念の論理的必然性に従属させる〔という哲学的理念の道を歩む〕ことよりも楽なことだからです。[2] 又、自惚れの強い人は他人《ひと》から聞いたことを自分の発見にしがちなもので、その聞いた相手が自分の論争相手であったり自分が見下している人であったりしたり、あるいは自分が他人から聞いたが故にその人に敵意を持っているというような場合には、ますますそうなのです〔そして、こうなるともうどうしようもありません〕[3]。

1 ここは wissenschaftliches Denken となっていますが、ヘーゲルが Wissenschaft とか wissen-

schaftlich と言う時には、その内容を好く考えて訳さなければなりません。「学」とか「学問」と機械的に訳すのは「ナントカの一つ覚え」です。一一三頁の訳注1を参照。

2　この言葉はバーダー氏の一模倣者だけに向けられているのではありません。「忙しくて勉強できない」とか「ヘーゲルは難しい」とか「実践による証明」とかの言い訳で自分をごまかしている全ての人について言われている言葉です。又、思考だけは概念の論理的必然性に従属させようとするが感情と生活はそうしないサラリーマン弁証法に対しても、この言葉は向けられています。

3　こういう所を見ても、ヘーゲルが凡人の心理にも鋭い観察をしていることがよく分かります。「自分より上だ」と認めざるをえない人に対して、それを認めた上で「あの人を追い越そう」と努力するのではなく、「あいつのミスを探して、足を引っ張ってやれ」と企《たく》らむ小人も少なくないと思います。

〔第一三段落、現代哲学の任務と哲学史研究〕〔大分悪い例を出しましたが、バーダー氏の仕事の意義と限界を確認した我々は、最後に、それでは何をしなければならないのかを考えてこの序文を終りましょう。〕幸い、今迄問題にしてきた時代〔現代〕の諸現象の中には、歪められた形ではあるにせよ、思考の抑えがたい衝動が見て取れます。ですから、〔概念的思考という〕精神の高みにまで上った思考とその時代とに要求されていることは、かつて神秘的には啓示されたがその啓示が純粋すぎたため、あるいは不純であったために、正式の思考には理解されなかった秘事を、まさに思考によって明らかにするということであり、この仕事こそがまさに現代の哲学の為すべき仕事なのです。〔しかし〕自由という自己の絶対的権利を自覚した思考は容易なことではごまかされない所まで成長しており、自己〔思考〕の内容が、概念という形式、即ち内容も形式も全てを結びつけかつ正にその事によって自由にするところの必然性の形式を身に付けるのでない限り、つまり自己自身に最も相応しい形式を身に付けるのでない限り、その内容を受け容れることはありません。[1]〔この仕事の途上で〕もし古い物、と言っても、内容はつねに新しいのですから、古い形態のことですが、その古い物を復活しなければならないとするならば、ぜひとも想起しなければならないのは理念の形態であり、それはまあ、プラトンが述べ、アリストテレスが一層深く明らかにした[2]ような理念像です。なぜ先人の理念像を想起しなければならないかと言いますと、我々自身の思想を作るということを媒介にしてこれらの先人の理念像をはっきりさせるということは、取りも直さず単に先人の理念像を理解することに留まるものではなく、哲学自身を前進させる所以でもあるからです。[3]しかし、このような〔先人の与えてくれた〕理念の諸形式を理解することは生易しい事ではなく、グノーシス派やカバラ派が幻像を捕らえるようには行きません。まして理念の余韻をほのめかしたり指し示したりするような楽な仕事ではないのです〔ですから、私の仕事も困難に満ちたもので、多くの欠陥を持つことになると思います〕。

1　残念ながら、実際には、これほど厳しい主張をするほどの思考能力を持っている人はほとんどおらず、実証主義の作文が哲学論文としてもてはやされています。
ここの原文は長いですが、全体は文頭の **Wie** の文（従属文）を受けて、三一頁二行目から始まる **so ist es** が主文です。そしてこの主文は **es .. dass** の構文です。そして、この **dass** の中の主文が **das .. geoffenbart werde**（接続法第一式）です。これの後の関係代名詞 **welches** はすぐ前の **das Denken** を受けています。この **welches** を主語とする定形は **behauptet** で、その「主張」の内容は以下の **zu-Inf.** ですが、それが **nur .. insofern**（以下の限りでしか〜しない）と限定されています。

insofern の中の主語は dieser ですが、これは Inhalt を受けています。定形は gewußt hat です。つまり「〜と分かった限りでしか和解しない」という時間的関係を表していますから、現在完了なのです。だから又 Hartnäckigkeit（頑固さ）と言っているのです。

2　ここの gegeben の後には hat（後置定形）が省略されています。「文法」の一三二頁の③を参照。

3　ここに哲学研究のための哲学史研究の方法が出ています。つまり、我々自身の問題意識から出発し、我々自身の哲学を作るという行為に媒介された哲学史研究です。

〔第一四段落、真の学問は理解されにくい〕「真理は真理自身の指標であると同時に誤謬の指標でもある」[1]と正しくも言われていますが、〔真理は誤謬を理解することはできますが〕誤滲が真理を知ることはできません。又、概念〔の立場に立つ〕ならば概念〔の立場〕自身も概念なき諸形態も理解することができますが、概念なき形態はその内的本性に基づいて概念〔の立場〕を理解することはできません。哲学は感情や信仰を理解することができます〔が、感情や信仰の立場から哲学を理解し評価することはできません〕[2]。哲学を〔理解し〕評価するには、概念が哲学の基礎なのですから、概念〔の立場〕からするしかありません。しかるに、哲学というのは概念が自己を展開したものですから、哲学を概念から出発して〔理解し〕評価するということは、哲学について判断を下すというよりもむしろ哲学と歩みを共にすることです[3]。私は、本書に対して読者がこのような評価の仕方をして下さるよう希望すると共に、そのような評価以外の〔非哲学的な〕評価に対しては聞く耳を持たないということを申し上げておきたいと思います[4]。

ベルリンにて　　　一八二七年五月二五日

1　スピノザの説らしいですが、どこに書いてあるのか知りません。

2　本当にそうだと思います。或る事柄でですが、上の人は下の人を正しく判断出来ますが、下の人は上の人を「正当な根拠を挙げて」正しく評価する事は出来ないと思います。これを知っておかないと、上の人は間違える事に成ると思います。逆に、これが分からないで、資格のない事柄に口出しする人は「出しゃばり」であり、ハッタリ屋であり、ひどいのに成ると「精神異常」と言わざるをえない人もいます。例を挙げますと、概念的に展開した論文や著書を一つも出しておらず、従って自分に概念的理解能力の有ることを証明していないのに、『資本論』は「商品」から始めるのが正しい」などとうそぶくのはハッタリでしかありません。関口文法をかじるとすぐに「意味形態」という語を口にする人もいますが、止めた方が好いと思います。私も気を付けます。

3　ここに、「或るものを真に評価するということはその対象の外から裁くように評価を下すことではなく、その対象と歩みを共にすることである」というヘーゲルの説が出ています。これの実例としては付録1のほかに、「サラリーマン弁証法の本質」「美しい論理的な日本語のために」を挙げておきましょう。

4　『資本論』の初版へのマルクスの序文の末尾を想起させるのに十分です。曰く、「汝の道を行け。そして人々の語るに任せよ」。

全体として、「初版への序文」よりこの「第二版への序文」の方が長くなっています。どちらが本書（エンチュクロペディ全体）への序文として相応しいか、単純には言えないでしょう。マルクスの『資本論』でも「初版への序文」より「第二版への後記」の方が長いです。それは、初版を出した後の反響を見て、必要な事を書いたからでしょう。

私自身いくつかの本を出しましたが、そして再版まで出したものもありますが、その経験で言える事は、特に大きな本では「初版はとにもかくにも最後までたどり着いたという事で、それを見直して出した再版こそが完成形態である」という事です。実際、本として対象化して初めて著者自身も自分を客観視出来るからです。

# 第三版への序文

〔内容目次〕

〔第一段落、初めに〕
〔第二段落、哲学と大衆的人気との関係〕
〔第三段落、敬虔派の非キリスト教的、非哲学的性格〕
〔第四段落、啓蒙派の空疎さ〕
〔第五段落、皮相な議論は哲学とは無縁〕
〔第六段落、真の哲学にとっての好機〕
〔第七段落、ご挨拶〕

〔第一段落、初めに〕この第三版では多くの点を改善しました。とりわけ叙述を分かりやすくはっきりさせることに留意しました。[1] しかし本書は教科書であり要綱ですので、文章が簡潔で形式的で抽象的になるという点は変えることができませんでした。〔ですから〕この第三版も〔先の二つの版と同様に〕やはり必要な説明は口頭の講義で与えなければならないものです。

1　文頭の Es は「個別事象の描写文」の es で、「箴言的非人称化文」という程ではないでしょう。コンマの後の ist の主語でもあります。七行目の worden は六行目の angebracht の後では省略されたwordenを兼ねています。同類項の省略です。「文法」の四二五頁、一三七頁、一四四一頁を参照。

〔第二段落、哲学と大衆的人気との関係〕第二版を出して以来私の哲学に対する批評がいろいろ現れましたが、その大部分はその資格のないものです。それは、長年にわたって考えぬき、まじめな対象について学問の要求する通りのまじめな態度で仕上げた仕事に対して軽々しく反駁したもので、そこに顔を出している自惚れ、慢心、ねたみ、侮蔑といった低劣な感情は見ただけでも不愉快なものです。まして教えられる所など少しもありません。キケロは「哲学はほんの少数の裁判官で満足しており、故意に大衆を避けているので、大衆からは疑われ嫌われている。だから哲学を丸ごと非難しようとする人は大衆に迎えられること請け合いである」と言っています[1]〔が、本当にそうです。しかも〕哲学に対する攻撃は、哲学を知らず、浅薄であればあるほど俗受けするのです。卑小な反感というものは容易に共感されるのですぐに分かりますし、それが無知に基づくものだという事もすぐに分かります。哲学以外の対象ならば、感覚に与えられますし、直観的に分かる全体像が表象に与えられていますから、それについてとやかく言うためには最小限のものであってもともかくそれについての知識を持っていなければならない、ということが自ずから分かっています。それはよく知られたしっかりした現在の中にあるので、良識も喚起されやすく〔勝手なことを知りもしないのに口にするのは自然に憚られることになるのです。〕しかし〔哲学については〕こういった条件が欠けていますので、恥らう様子もなく〔真理に〕反抗するわけです[4]。もっとも、それは〔実際には〕哲学に反抗するというよりもむしろ、哲学についての無知によって空想され思い込まれた幻像や虚像に反抗しているのであって、それは頼れる指針がないので、もやもやした空虚ないし無意味の中をさまよい歩いているだけです。このような感情と無知とから織りなされた現象の正体を暴露するという仕事は、実際、不愉快で実りのないものですが、よそでやっておきました。[5][6]

1　原文には出典が「Tusculanae disputaiones, I.II〔4〕」と書かれています。

2　原文には Wiederklange と書かれていますが、誤植でしょう。Widerklange が正しい。次の ihr を宮本は Philosophie を受けていると取っているようですが、Leidenschaft ではないでしょうか。つまり「他の人たちがその情熱（卑小な反感）に対して示す反響」です。

3　ここは um über sie mitsprechen zu können となっていますが、こういう können は日本語には必ずしも訳さなくてよいと思います。「文法」の九二二頁の②を参照。

4　ここは der Mangel an allem diesem legt sich ungescheut gegen die Philosophie .. los となっていますが、sich loslegen という再帰動詞は「勢いよく～しだす」という意味らしいのですが、主語と結びつかないと思います。まあ、文脈から考えて、こういう内容だろうとは思いますが。

5　ヘーゲルは『科学的批判の年報』（一八二九年）の中で自分の哲学を論じた五篇の論文に対して反批判を書くと予告しましたが、そのうちの二篇しか取り上げませんでした。ズーアカンプ版全集第二〇巻の巻末にある Inhalt der Werke 1-20 を見ますと、その Rezensionen の項の中に――Über die Hegelsche Lehre .. と――Über Philosophie überhaupt und Hegels Enzyklopädie ... と書いてあるのがあります（以上、全集の編集者の注による）。

6　この辺の文を読むと、ヘーゲルが当時の反響に相当腹を立てていたらしいことが分かります。しかし、それはともかく、大衆性と真理性の関係はもっと考えなければならない問題です。問題点を挙げておきますと、哲学の大衆性とは何かということですが、それは学問自体の大衆性と受け入れられ方とに分けられるでしょう。前者は、内容の大衆性、即ち大衆の生活を哲学したものと形式の大衆性、即ち文章表現の大衆性とに分けられます。後者は大衆に迎えられるという意味の大衆性ですが、ここでもそれが一時的に見ての事か長期的に見ての事かで分けられます。『資本論』は初版千部がなかなか売り切れませんでしたが、社会主義の人気のあった時代ではベストセラーに成りました。又どういう人に迎えられるかも考えてみなければならないでしょう。

〔第三段落、敬虔派の非キリスト教的、非哲学的性格〕つい最近、神学の立場から出発して、いや信仰心の立場からさえ出発して、神や神的な事物や理性についてかなり広い領域にわたって、学問的にかなりまじめに研究しようという動きが見られたようでもありました。[1]しかし、この運動が[2]始まるとすぐにもこういう希望は消え失せました。と言いますのは、この運動は個人攻撃から出発していて、敬虔の立場に立って攻撃する側も、攻撃される自由な理性の立場に立つ側も〔ともに人身攻撃に終始していて〕、本当の問題にまで突っ込もうとせず、まして核心に突っ込むためには哲学の地盤に踏みこまなければならないことには全然気付かなかったからです。〔しかも〕この個人攻撃は宗教上のきわめて些細な外面的な事柄に基づくもので、そこには、自分を絶対権力者として個人のキリスト教性を裁き、その人に現世《げんせ》及び来世における追放の極印を捺すという途方もない思い上りが見られました。〔かつて〕ダンテは、その神曲の霊気に酔ってペテロの鍵[3]をつかさどり、多くの同時代人（しかし故人）を、法王や皇帝さえを名を挙げて地獄へ落とすという僭越をあえてしました。最近、或る哲学は「個人を神としている〔だから思い上っている〕」という非難を投げつけられていますが、それは誤解に基づく非難であって、それよりもむしろ自ら世界の審判者として振る舞い、個人のキリスト教性を裁いて永遠の追放というような致命的な判決を下す[4]方こそ本当の思い上りです。このように自分を絶対権力者とする人々の合言葉は主《しゅ》キリストの御名《みな》であり、「自分たち裁判官の心には主が宿っている」という「断言」です。キリストは「人はその果《か》によって知るべし」と言っています（マタイ伝七章二〇節）が、他人を永遠に追放するといった途方もない横柄さは良い果[5]とは言えません。キリストは更に「私のことを『主よ、主よ』と呼ぶ人がみな天国に入れるわけではない。かの日〔最後の審判の日〕には、多くの人が『主よ、主よ。私たちはあなたの名において予言しなかったか。私たちはあなたの名において悪魔を追い出さなかったか。私たちはあなたの名において多くのことをしなかったか』と言うことでしょうが、私はその時『私はあなた方をまだ認めていない。不義者はみな私の許を去れ』とその人たちに言いましょう」と言っています。[6] 自分だけがキリスト教的であると断言し、この事を他人に信じさせようとしている人々は、悪魔を追い出しもしていないのです〔ですから彼らはその不義者にも劣るのです〕。それどころか、そういう人たちはたいてい、プレフォルスト村の女予言者[7]を信仰している人たちと同様、幽霊を畏敬し幽霊と仲良くやっていることを鼻にかけているのであって、反キリスト教的下女的迷信を追い出し追い払うことは全然していないのです。彼らには知恵を語る能力もなければ真理を認識して哲学にまで高めるという自分たちの為すべき使命と義務を遂行する能力に至っては、これっぽかりもありません。〔彼らはあれこれの下らない知識をひけらかしていますが〕博識はまだ学問ではありません。[8] 彼らは信仰に関するどうでもいいような些事は沢山知っていますが、信仰の内容そのもの[9]に関してはその冗舌に反比例して不毛であり、ただ主キリストの御名を繰り返すばかりで、キリスト教会の信仰の基礎を成す教義を[10]〔学問的・体系的に〕仕上げるという仕事は故意に軽蔑しています。[11] それもそのはずで、もしそれが精神的に展開され、つまり思考によって科学的に展開されたならば、精神のかけらもなく、善は少しも生まず、悪果ばかり多いかの断言、[12] つまり「自分たちはキリスト教的であり、自分たちだけがキリスト教的である」というような断言を繰り返しているような自惚れは、続けていられないでしょうし、禁止され根絶されることになるだろうからです。——

1　福音派協会の新聞とハレの神学部の数人の代表者との間で行われたいわゆる「ハレ論争」の事であろう。（編集者の注による）

2　この Bewegung は Untersuchung を言い換えたものでしょう。

3　ペテロの鍵についてはマタイ伝の一六章一九節に出ています。「お前に神の国への鍵を与えよう〔未来形です〕。お前がこの地上で禁止することは天国でも禁止される。許可する事は許可される」と言っている所から見ると、要するにイエスがペテロを自分の後継者と認めるという事ではないでしょうか。しかし、die Schlüssel となぜ複数なのでしょうか。

4　三四頁一〇行目の ist es の es は、この後の三つの zu 無し不定句 betragen, aburteilen, aussprechen を受けています。普通は zu 不定句にする所だと思いますが、これもあるのでしょう。

5　ここを見ると、ヘーゲルやフォイエルバッハの「働きをその結果から認識する」という方法はキリスト教から来ている事が分かります。フォイエルバッハは論文「エフ・ドルグートの観念論批判について」の中で「ある活動というものは、それが遂行するところのもの、その所産、それの対象からのみ認識されるだけである。活動の遂行するところのもの、それが活動なのである」と言っているそうです（許萬元「ヘーゲルにおける概念的把握の論理」から孫引き）。また、ヘーゲルは本書第二〇節で「思考の産物は観念であるが、その観念の規定ないし形式（論理的性格）は普遍性または抽象的なもの一般ということである。従って、働きとしての思考は活動している普遍者であり、しかもその活動の結果として産み出されるものが正に普遍者なのだから、それは自己を産み出す普遍者である」と言っています。同時にまた、「事実」を行為の結果を意味する単語（ドイツ語の Tat や英語の deed やフランス語の fait など）で表している民衆の知恵でもある事も確認する必要があるでしょう。第二〇節への訳注4（二七三頁）も参照。

6　いわゆる「山上の垂訓」、マタイ伝七章二一～二三節に書かれています。
7　フリードリヒ・ハウフェ（旧姓ヴァンナー。一八〇一～一八二九）は一八二五年頃、悪霊に取り憑かれる事を体験しました。その時悪霊の声が聞こえ、光の現れるのを見たという話です。後にはこれから起きる出来事を予言したと言われています。彼女を診察した医師・ユリウス・ケルナーの書いた小説形式の報告書『プレフォルストの女性見霊者』は一八二九年に出版され、当時のベスト・セラーになりました（ドイツ語版「ウィキペディア」の記事からの要約）
8　この「博識はまだ学問ではない」は「或る事を知っているというだけでは、それを認識している事にはならない（Das Bekannte überhaupt ist darum, weil es bekannt ist, nicht erkannt）」という言葉（拙訳『精神現象学』未知谷、八二頁、日本語らしく能動形の訳文に変えました）と同じです。両方共、ヘーゲルの名句です。
9　ここの原文は des Gehaltes und Inhalts des Glaubens selbst となっています。問題は selbst を Glaubens だけに掛ける（松村、宮本）か、句全体に掛ける（牧野）かです。Gehalts und Inhalts を一語で訳す（松村、牧野）か、二語で訳す（宮本）かの問題もあります。
10　この関係代名詞 welch の先行詞は Lehre か Ausbildung か。一応前者と取りました。Lehre が Fundament で、それを仕上げることは信仰の全体と考えましたので。
11　偉大な思想を受け継ぐ人々の間ではいつでもどこでもこれが問題になっていると思います。マルクス主義についてももちろん同じです。実例は読者の回りに沢山ありすぎるくらいですから、挙げる必要もないでしょう。
12　「断言」ではなく「展開」こそが学問だという事です。

聖書は、単なる信仰と聖霊によって展開することとをきわめて明確に意識的に区別して、「前者は後者によって初めて真理となる」と言っています。キリストは「私を『信じる』人の体からは生きた水が流れ出るだろう」と言っています（ヨハネ伝七章三八節）[1]が、すぐ次の三九節でヨハネはそれを説明して、しかし時間的・感覚的に現在するキリスト個人に対する信仰だけでこうなるというのではないとし、そういう信仰はまだ真理そのものではない、と規定しています。続いて、その信仰は更に規定され、キリストがそう言ったのは、キリストを信じる人が受け取るであろう霊〔＝聖霊〕についてである、としています。それは、聖霊はまだ現在していないからであり、それはキリストがまだ変貌していないからです。[2]——いまだ変貌していないキリストとは、当時、時間的・感覚的に現在し、後になって同じ内容をもって表象された生身の人物であって、それが信仰の直接的な対象です。〔たしかに〕キリストはこういう姿で弟子たちに自ら口で、神と自分を和解させ、人間と神を和解させるという自分の永遠の使命と本性、救いの順序と人倫の教えを啓示されましたし、弟子たちがキリストに対して抱いた信仰にはこれらすべてのことが含まれてはいました。〔しかし〕それにもかかわらず、その強さにおいては何の欠けるところもないこの信仰も、〔真理の道の〕始まりにすぎず、〔それの〕条件となる基礎にすぎず、いまだ完全なもの〔真理そのもの〕ではない、と言明されているのです。そのように信じている人でもまだ聖霊は持っておらず、それは〔後に〕受け取らなければならないのです。そして、この聖霊こそ真理そのものであり、かの信仰よりは後に現われるもので、あらゆる真理へと導くものなのです。それなのに先に触れた〔こういうことを知らない〕人たちは、条件にすぎないかの確信に立止まっているのです。確信はそれ自身が主観的なものにすぎませんから、それが生むものは主観的な成果にすぎず、その成果の現象形式は断言であり、内容は高慢、中傷、永遠の追放です。彼らは聖書に反してこういう確信にしがみつき、霊〔＝精神〕に反対していますが、霊〔聖霊〕とは認識を〔体系的に〕展開することであり、それにして初めて真理なのです。[3]

1　ヨハネ伝七章三七～三九節を参考までに引用しておきます。「三七、その祭りで一番重要な日である最後の日に、イエスは皆の前に立って言いました。『喉の渇いた人は私の所に来て、飲みなさい。三八、聖書にはこう書いてあります。「私を信ずる者の腹からは活きた水が川となりて流れ出るだろう」』。三九、これは、イエスを信ずる者の受けるであろう聖霊を指して言ったのです。イエスは未だ栄光を受けていませんでしたので、聖霊はいまだに降りていなかったのです。」

2　「イエスの変貌」というのはルカ伝の九章二八～三一節に出てきますが、キリスト教では「人として振る舞っているイエス」が「公然と神の子として振る舞うように成る」事を表しているようです。

3　この辺は内容的には『精神現象学』の序言にある事と同じですが、その考えがキリスト教の三位一体説の聖霊についてのヘーゲル流の解釈に基づくものであることを示しています。三位一体説によると、神には父と子と聖霊の三つの位格があり、それらが一つであるとされます。又、人間には体と心と精神＝霊との三つがあると捉えられます。ここで心とは思考能力のことです。そして、人間の霊と神の霊（聖霊）とが結びつくことで人間は神と結びつくと考えられます。そこで問題は、人間において霊と心とはどういう関係にあるかです。もし両者が別のものと考えるなら、霊＝愛の精神によるだけで、心＝思考能力を高めなくても、神と結びつける（人類は解放されうる）ということになります。ヘーゲルは、霊＝精神を認識の体系的展開と規定していることからも分かるように、心＝思考力の最高段階として霊を捉えたのでしょう（これは牧野がカトリックのある修道女から聞いた話に基づいて考えたことです）。

〔第四段落、啓蒙派の空疎さ〕学問的内容や一般に精神的内容を持たないという点では、〔信仰心だけを強調する〕敬虔派も、その非難と断罪の直接的な対象となっている啓蒙派も同じです。悟性的〔悟性の立場に立っている〕啓蒙派[1]はその形式的で抽象的で無内容な思考によって宗教の全内容を空《から》にしましたが、かの敬虔派も全信仰を「主よ、主よ」という合言葉に還元することによって同じ事をしています。どっちもどっちで、一方が他方より高いということはありません。しかも両者は相争っていますので、共通の地盤を見出し一緒になって真理を研究し認識する可能性はなかったのです。啓蒙神学の方はと言えば、それは良心の「自由」とか思想の「自由」とか教授の「自由」とかを主張し、理性と科学さえ引き合いに出すという形式主義に固執しています。たしかにそういった自由は理性の「無限の権利」のカテゴリーであって、真理の第一条件である信念に次ぐ「第二の条件」ではあります。しかし、自由で真なる良心が「どのような」理性的規定や掟を含んでいるのか、自由な信念ないし思想が「どういう内容」を持っているのか、といった実質に関わる点には、彼らは触れようとせず、ひたすら〔「……からの自由」という〕否定的なものしか主張しないという形式主義に留まり、自由はどう使っても好く、内容は無くても好いという自由を主張しているのです。又、この啓蒙神学が内容と言えるほどのものを持ちえなかったのは、キリスト教会はいつの時代でも一つの教義と一つの信仰告白によって統一されなければならないものであるのに、死んだ合理主義的悟性から流れ出る水〔啓蒙神学〕の一般論や抽象論では、自己内に規定〔内容〕を持ち〔長年の努力で〕形成されたキリスト教特有の内容と教義を受け入れることはできないからです。〔それに対して、他方の〕「主よ、主よ」という言葉を振り回している人々〔敬虔派〕は、信仰を精神〔霊〕と内実と真理にまで徹底させることを公然と軽蔑しています。

1　啓蒙思想に悟性的な派と理性的な派とがあって、その前者という意味ではなく、啓蒙思想はみな悟性的だという考えなのだと思います。要するに、ここで言っていることは「両極端は相通ずる」という事でしょう。薄っぺらな左翼が右翼に転向するのも同じでしょう。

2　原文は zur Erkenntnis und Wahrheit となっていますが、この und を der と読み変えました。もちろん松村や宮本のように und のままで訳しても好いと思います。

3　三六頁二〇行目と二一行目の was は was für ein の was で、それぞれ、少し後にある für と一体です。複数形なので ein は出ていません。

〔第五段落、皮相な議論は哲学とは無縁〕そのように、たしかに〔敬虔派の〕高慢と憎悪と人身攻撃及び〔啓蒙派の〕空虚な一般論は騒がしいですが、それらは何の成果も生んでいません。それは事柄を含みえず、内実と認識に導く力を持っていません。――哲学はそのような騒ぎに巻き込まれないことを喜びとするものです。[1] 哲学は人身攻撃や抽象的一般論といった思い上りには与《くみ》しません。[2] 哲学がもしそういう事に関わったとしたら、不愉快で無益な思いをするだけだったでしょう。

1　ここにも können（事実を確認する können）が使われていて、松村も宮本も「できる」という語を入れて訳していますが、これは訳さない方が日本語としては適当になると思います。

2　更に一般化しますと、「学問に好き嫌いを持ち込むな」ということを強調したいです。「当たり前の事ではないか」と思うかもしれませんが、実際には学問に好き嫌いが持ち込まれている例はいくらでもあります。日本でのヘーゲル研究を見ても、「概念的理解」を中心として受け継ごうとする流れ（許萬元と牧野など）に対して、加藤尚武の指導するグループは、ヘーゲルの文献批判的研究を中心としています。その際、彼らの作った『ヘーゲル事典』（弘文堂一九九二年、縮刷版二〇一四年）や『ヘーゲルを学ぶ人のために』（世界思想社二〇〇一年）は我々の研究をほとんど黙殺しています。こういう事は自分たち自身のためにならないと思うのですが。

〔第六段落、真の哲学にとっての好機〕人間の最大かつ無条件的な関心から深く豊かな内実が消え去り、信仰心は、敬虔派のそれも、〔啓蒙派の悟性的〕反省的信仰心も、内容を持たないのに完全に自己満足するという状態に陥っていますので、哲学は偶然的で主観的な〔有っても無くてもどうでもいい〕欲求となっています。人間本来の最大かつ無条件的な関心はどちらの信仰心においても、とりわけ〔啓蒙派の〕悟性的思考によって踏みにじられ、「その関心を満足させるには哲学なんか無くてもよいのだ」と言われています。いや、実際、〔啓蒙派の〕新たに生み出した井の中の蛙《かわず》的な自己満足には哲学は有害です。それはその通りです。それによって哲学は個々人の主観の自由な欲求に任されました。哲学を強制するもの[1]は何もないどころか、哲学への欲求を持つ人は、「哲学なんか止めておきなさい」という忠告や哲学に対する中傷に抗して立つ覚悟を持たなければならないようにさえなっています。〔ですから〕哲学への欲求は〔外的権威によるのではなく〕内からの必然としてしかありえません〔そして、これは哲学にとってかえって好ましいことなのです〕。内なる必然は個人的主観より強いものであり、それは個人の精神〔霊〕を休みなく駆りたてて、「〔主観的なものを〕克服して」理性の要求にしかるべき満足を与えるよう衝き動かすものだからです。このように、哲学に携わることは〔現代では〕宗教的権威を含めていかなる権威によっても奨励されるということがないどころか、それは余計なこととされ、危険な事ないし少くとも考え直すべき贅沢だと言われていますので、それはそれだけ一層自由に〔純粋に〕事柄と真理だけを念頭において出来るようになっています。アリストテレスが言うように[2]、理論〔観想〕は「至上のもの」であり、あらゆる良き事の中の「最良のもの」ですから、この最良のものを享受している我々は、自分がそこで何を得ているかをはっきりと理解しています。即ち、自己の精神的本性の必然的欲求の満足です。我々は他人に向かって哲学をしなさいと言う必要を感じませんし、他人がそれぞれ自分のしたいことをして満足しているなら、それについてとやかく言いもしません。先には、資格のない者が哲学の仕事に口出しすることについて述べましたが、〔実際〕その資格のない者に限ってますます声高にしゃべるものです。深く根底を究めた人は自己を友として孤独であり、外に向かって騒ぎはしないものです。自惚れと浅薄はすぐにも仕事を済ませてしゃべろうとしますが、真面目な人は長く苦しい努力によってしか完成しえない〔概念の内在的〕展開という大きな仕事[3]のために、長い間静かに仕事に没頭するものです。[4]

1　この辺はどの語が何を受けるのか、分かりにくいですが、三七頁三五行目の es ergeht の es は仮主語です。同三六行目の dasselbe は三四行目の Subjekt を受けているのでしょう。訳しませんでしたが。三六行目の hat の主語は dies Bedürfnis でしょう。そして、三八頁の最初の二行の zu 不定句とその hat が一体となって、「～しなければならない」という熟語になっているのでしょう。

2　「形而上学」第七巻 1072b24

3　この辺も複雑ですが、まず定形が versenkt である事を押さえます。主語は der Ernst ですが、それが um etwas で修飾されています（「～を追究する真面目さ」）。その um の目的が eine in sich große und ... sich genügende Sache です。durch die lange und schwere Arbeit で規定された vollendeter Entwicklung は三格です。genügend に支配されているためです。

4　今日、外へ向かう思想運動は、教勢拡大や党勢拡大とやらをその成員に強制していますが、その理由としては、「自分が正しいと思い良いと思ったら人に伝えたいと思うのは当然だ（そうしないのはエゴイズムだ、自分だけよければ他人はどうでもよいという考えだ）」と言っています。ヘーゲル及び我々の内へ向かう運動とこれらの外へ向かう運動とどっちが正しいでしょうか。読者はよくよく考えてみなければならないでしょう。

　又、最後のこの言葉は各人が自分を戒める言葉としては正しいし有効ですが、どの程度やれば発言してよいのか、どの程度だと声高になるのかという基準が示されていないので、社会的な論争を考える時には役立たないと思います。毛沢東の「調査なくして発言権なし」という有名な言葉にも同じ意義と限界があります。拙稿「毛沢東の名言」（『囲炉裏端』に所収）を参照。

更にまた、本書の第八〇節への付録の注番号5の所（五三七頁）にも「自分の力を多方面に分散させてはならない」という教訓が出てきますが、人生における活動の幅の広さと一つの事を深く掘る事との兼ね合いの問題は、こうした一般論では解決できない重要で微妙な問題だと思います。かつて私は『関口ドイツ語学の研究』の二一頁以下の「幅と深さ」と題する節で知ったかぶりをを書きましたが、今では深く恥じ入っています。

〔第七段落、ご挨拶〕哲学研究というものが上述のような性質のものであるために、この百科辞典という道案内があっても皆さんの哲学研究にどれだけ役立つか分かりませんが、それでも、この第二版が早くも売り切れた[1]ということは、自惚れや浅薄な喧騒のほかに、〔私の小さな仕事を〕静かに受けいれ、報いて下さる方々[2]がいることを証明するもので、ありがたいことと思っています。この新版に対してもそのような読者を期待したいものです。

1　der baldige Verschlussと定冠詞が付いているという事は「既成の事実」を意味します。

2　この stillere と belohnendere との二つの比較級は絶対比較級でしょう。意味は大岩のいう「第二の用法」だと思います。「文法」の一三五〇頁を参照。

ベルリンにて　　一八二〇年九月一九日

# 〔『哲学の百科辞典の綱要』への〕序論〔哲学とは何か〕

## 第一節〔哲学の定義の特異性〕

〔『哲学の百科辞典』への序論においては、やはり、哲学とは何かという問題から始めるのが妥当であろう。しかるに、およそ学問というものを定義するには、その学問の対象を示すのとその認識方法の特殊性を示すのとの二つの方法が考えられる。そこで、哲学とは何かに答えるのにこれら二つの方法は使えないかと考えてみると〕哲学以外の学問[1]は自己の「対象」を表象[2]によって直接承認されたものとして「前提」したり、〔その対象を〕認識する「方法」を〔その認識の始原についても〔その始原からの〕進展[3]についても〕既に容認されたものとして「前提」したりすることができるという長所を持っているが、哲学〔だけ〕はそういう長所を持っていない。たしかに[4]哲学は、まず第一に、その対象を宗教と共有してはいる。両者共にその対象は「真理」であり、しかも最も高い意味での真理である。即ち「神」が真理であり、そして神「だけ」が真理であるという意味での真理である。更に進んで〔第二に〕哲学も宗教も〔単に有限物から切り離された神だけを扱うのではなく〕有限物の領域も、即ち「自然」と「人間精神」[5]も扱っている。両者共に、自然と人間精神とは互いにどういう関係を持ち、またそれら[6]の真理である神に対してどういう関係を持っているかということを論じているのである。従って[7]〔哲学は宗教と同じ対象を持っているのだから〕、たしかに[8]哲学はその対象についての「知識」[9]を〔読者が持っていると〕前提することができる。いや、それどころか、哲学はそういう知識を前提「しなければならない」し、その上更に、また、読者がその対象に関心を持っていると前提しなければならない。というのは〔なぜ前提しうるのみならず前提しなければならないと言ったかと言うと〕、意識は、対象についての「概念」よりも「表象」を時間的には先に手に入れるものだからで、[10]「思考する」[12] 精神はただ表象作用を「通り」、表象作用に「立脚する」[11] ことによって初めて、思考による認識と概念による理解へと進みゆくものでさえあるからである。[13]

しかし、思考による考察というものを考えてみると直ちに分かることは、それは、自己の内容の「必然性」を示さなければならないという要求、即ち自己の〔考察〕対象の諸規定はもちろん、その対象の存在をも「証明」しなければならないという要求を含み持っているものだということである。[14] そうすると、思考の対象は〔表象に与えられているという形で〕知られているということ〔だけ〕では不十分だと分かるのであり、〔その対象についてのいろいろな知識を〕「前提」して物を言ったり、〔あるいはそれが前提できない場合には、対象についていろいろと〕「断定的に主張」したりするというようなことは許されないことだと分かるのである。しかし、〔逆に言うと、何を言うにもすべての事を一から証明してかからなければならないということになるが、そうだとすると〕今度は、何らかの「始原」を立てることの難しさもまた出てくるのである。なぜなら、始原は「直接的なもの」だから〔媒介されたもの証明されたものではありえず、従って〕それは〔何らかの始原を立てることは〕それを前提することであり、[15] あるいはむしろその始原自身が一つの前提だからである〔従って、哲学とは何かという問いに他の諸科学と同じような仕方で答えることはできないということが分かるのである。本当を言うと、この問いに断定的にではなく論証的に答えることはそれ自身が哲学なのであり、従ってそれは本書全巻を以てするしかないのであるが、そう言っては序論にならないから、ここでは、今述べた「哲学とは神すなわち真理の思考による把握である」という定義から考えてみようと思うのである。そして、この対象は宗教のそれと同じで哲学独特のものではないから、哲学の特色はこの「思考による把握」という点に求められることになる。そこでこの点の考察から入ることになるのである」。

1　ヘーゲルにおいて科学と哲学とはどう考えられていたかについては、ブログ「マキペディア」に所収の「弁証法の弁証法的理解（二〇一四年版）」を参照。ヘーゲルは科学と哲学を分けるよりはむしろ結びつける傾向が強く、ヘーゲルの用語法で言うと、「哲学は科学の真理である」という考えだったと思います。前掲論文「ヘーゲルの Wissenschaft をどう訳すか」を参照。ここでは「科学」でも好いのですが、少し重々しく「学問」としただけです。なお、philosophische Wissenschaft というドイツ語は Philosophie と同義です。

2　表象という言葉は多くの意味で使われますが、ここでは「経験的に得られた印象」と思っておけばよいでしょう。

3　ヘーゲルは方法を始原と進展と終局とで捉えますが（本書第二三八～二四一節）、ここでは始原と進展しか述べられていません。もちろん終局についても同じ事が言えます。

4　この「たしかに」に対応する「しかし」は次の段落の冒頭にあります。

5　先に「神だけが真理」と言われた時の真理を扱うのが論理学で、自然と人間精神を扱うのが、それぞれ、自然哲学と精神哲学ということになるのでしょう。とすると、この後のことは、論理学、自然哲学、精神哲学の三者の関係ということになるのでしょうか。

6　この ihre は、鶏鳴版では、「文法的には Wahrheit von derselben となるのではなかろうか。このままでは哲学と宗教を受けることになるのではなかろうか」と、疑問を出しておきましたが、内容的に誤解の余地がありませんし、すぐ前に deren もありますから、これで好いと思います。

7　この「従って」の内容は角括弧に入れて補ったことでしょうが、それは「前提することができる」だけに掛かり、「前提しなければならない」の説明は、注13をつけた言葉の原語である

darum weil になる、と取りました。ヘーゲルでは、先ずAの事を言って、「従ってBである」と持ってきたのに、その後で更に、「それはCだからである」と、再びBの理由を説明することがよくあります。「根拠と理由の説明の重複」です。しかし、ここはそうではなく、二つの事柄のそれぞれについて別の根拠を挙げているのだと思います。

8　この「たしかに」は、注4をつけた「たしかに」と一緒になって、次の段落の冒頭の「しかし」につながります。

9　この辺は、知識・表象・表象作用を一方とし、思考による認識・概念・概念による理解を他方として、対比的に述べています。一二四頁の訳注2を参照。なお、この eine Bekanntschaft を次に sie で受けないで eine solche で受けた事については、「文法」の四四八頁の②を参照。

10　「時間的には」とわざわざ断ったのは、「論理的には」そうではない、概念こそが一切のものの真の根拠である、ということを残しておくためです。

11　「思考する精神」と言ったのは、精神哲学にあるように、感覚する精神もあるからです。

12　この「思考による」は erkennen にのみ掛かり、begreifen には掛からない、と取りました。

13　注7を参照。

14　松村は三つを並列させているようですが、訳文に出したように、「内容の必然性を示すこと」を言い換えて「諸規定と存在との証明」と言ったのだと思います。そう取ると、存在の証明とは存在の必然性（存在しているものが存在すべくして存在していること）の証明だと分かります。ところで、早くもヘーゲル哲学の根本が出てきましたが、ここで特に大切な点は「存在の証明」ということであり、これについては先に挙げました「弁証法の弁証法的理解」と「恋人の会話」に説明してあります。更に一般的には「ヘーゲルとマルクスの登り方」を参照。

15　この「前提」に当たる原語に、グロックナー版では不定冠詞 eine が付いており、ズールカンプ版では所有形容詞 seine が付いています。前者を取りました。すぐ後で eine solche で「受けて」

いる事も理由の一つですが、根本的には意味からして不定冠詞の方がベターだと考えました。識者のご意見を請う。なお、eine solcheという受け方に付いては訳註9で既に指摘しました。

## 第二節〔哲学の定義〕

哲学とは、まず第一に、一般的には、「対象を思考によって考察すること」と規定することができる。[1] しかし、「人間」は〔ほかならぬ〕思考によって「動物」から区別されるという事が正しいとするならば〔そして、それは確かに正しいであろうが〕[2]、そうならば、人間的なものが人間的であるのは、ただひたすら、それが思考によって引き起こされたがためである、という事になる。〔しかるに、人間固有のものは哲学だけではなく、宗教や法や道徳や美術なども そうだから、これらも思考に根拠を持つはずである。従って、哲学は思考による考察であると言っただけでは宗教等との違いが示されず、不十分である。そこでそれを一層進んで規定すると〕哲学というのは「本来の姿での思考」であるということになるが、その本来の姿とは、それによって思考〔一般〕が認識になり、〔更には〕概念的な認識になるようなそういう姿である。[3] 従って、哲学的な思考は思考〔一般〕と同一であり、「潜在的本来的には」両者は単一の思考に過ぎないにしても、それは同時に、人間的なもの全ての中に働いている思考、人間的なものをまさに人間的たらしめている思考とは「異なった点」を持っていることになるであろう。〔哲学的な思考と思考一般との〕この区別[4]は次の事とも結びついている。即ち、意識の内実が思考に根拠を持つ内実、つまり人間的な内実であっても、それはまず最初には、「観念[5]という形を採っては現われ」ず、感情とか直観とか表象というような形、つまり「形として」も思考から区別できる「形」を採って現われるということである。[6]

1　これを哲学の第一定義（または広義の哲学）と呼ぶことにしましょう。なお、この文を松村や宮本は原文通り受け身で訳していますが、本訳では能動形で訳しました。ドイツ語は受動文を好む言語です。

2　こういう考え方がどの程度正しいかは、よく考えてみなければならないでしょう。これをたんに「観念論！」と決めつけて否定している「唯物論」ではどうしようもありません。マルクスとエンゲルスは人間を「労働する動物」と定義していますし、生物学では「道具を作る動物（Homo Faber。工作人）」というフランクリンの定義が定着しています。しかし、労働の三要素の一つは目的意識性＝思考であり、道具の製作もまた目的意識と結びついています（「労働と社会」の第一章）。それでは、人間はどう定義するのが正しいのでしょうか。

3　これを哲学の第二定義（または狭義の哲学）としましょう。ヘーゲルは、表象→観念→概念という考えですが、これら三者をみな含めた定義が第一定義でした。この第二定義は後二者を一緒に捉える観点です。従って、哲学の第三定義（最狭義の哲学）は概念だけに限る定義です。観念と概念との違いが、すぐ前の「認識」と「概念による認識」と言われていることに当たっています。

　語学的な注をしておきますと、この文では eine eigentümliche Weise des Denkens に同格で eine Weise, wodurch ... が並べられています。これは「説明のし直し」です。しかも後の eine Weise は関係文で修飾されています。これを考えて訳したつもりです。拙著『辞書で読むドイツ語』（未知谷）の一七五頁、又は「文法」の七〇三頁を参照。

4　先に Verschiedenheit（差異）と言ったものをここで Unterschied（区別）と言い換えました。『論理学』では両者は区別されていますが、ここでは同義に使われています。

5　Gedanke という語は「思想」と訳されてきましたが、拙いと思います。denken との繋がりを示せないのは困りますが、日本語としては「観念」でよいと思います。働きに力点がある時は「思考」でよいでしょう。

6　これによって、人間の感受能力が、まず、表象と思考（後に追考と言われる）とに分けられ（第一の区分）、その上でその思考が思考一般と概念的思考とに分けられる（第二の区分）のですが、第一の区分と第二の区分とは関係があるとされたことになります。

注釈〔思考の意義〕

人間は思考によって動物から区別されるという命題は古くからある定説[1]であり、月並みになった命題である。しかし、それが月並みであるだけに、そのような古くからの信念を〔わざわざ〕想起してもらう必要があるとするならば、それはまた異常なことと思わざるをえないだろう。[2]しかし昨今通用している考えを見るとその必要[3]があるように思われる。なぜなら、その最近の考えによると、感情と思考とは互いに切り離され対立させられているからであり、しかもその対立が敵対的なもので、そのため感情、特に宗教的な感情は思考によって不純にされ、曲げられ、ついには、まあ言ってみれば否定されてしまうという程に両者は敵対しているとされ、そして、宗教と宗教的敬虔さの根拠が本質的に思考の中にあるのではない事になってしまうくらい、両者は敵対しているとされているからである。〔しかし〕そのように〔感情と思考とを〕分離する考えでは、人間だけが宗教を持ちうるものであって、[4]動物は宗教を持たず法も道徳も持たないということが忘れられている[5]のである。

そのようなわけで、宗教と思考との分離を主張する時にいつも思い浮べられているのは「追考」とでも呼んでよい思考である。それは、観念そのものを内容[6]として持ち、その観念そのものを意識化する〔自覚する〕ところの反省による思考である。[7]〔このように同じ思考という言葉を使っても、その思考にもいろいろな区別がある。だから〕思考に関して哲学が明確に指摘している〔このような〕区別を知ろうともせず、考慮しようともしない人だけが[8]〔恥かしくもなく〕哲学に対してははなはだ粗野な考えや非難を持ち出せるというわけである。人間だけが宗教と法と道徳とを持っているのだし、しかもそれはただ人間が思考する存在であるが故にそうなのだから、宗教や法や道徳の中には、たとえそれらが感情や信仰や表象〔という形〕[9]ではあろうと、〔ともかくそれが宗教的なもの等々である以上は、その中に〕思考が働いていなかったということは、一般的に言ってなかったのである。思考の働きとその産物[10]はそれらの中に現在し含まれているのである。しかし、そのような思考によって規定され貫かれた感情や表象を持っているということと、それらについての観念を持っているということとは別の事である。[11]その観念はそれらの〔感情とか表象といった〕あり方をしている意識を追考することによって産み出されるのだが、〔その観念を産み出す〕思考がまさに反省とか悟性推理とかいったものであり、その時には〔こういう風に思考を二分する時には〕哲学もまた後者に含められるのである。

そういうこともあって、そのような追考というものが永遠かつ真なるものを表象し〔思い浮べ〕たり信じたり[12]するための条件であり、いやそれどころかそのための唯一の道であると主張する人も出、また今でもしばしばそういう誤解が〔世に〕広まっている。[13]かくして、例えば神の存在の形而上学的証明[14]と言われているいろいろな証明法（それも今では既に「かつて」そう言われていたものにすぎない）が、あたかもそういう証明法を知りそれを確信することが、神の存在を信じ確信するための本質的で唯一の条件であるかのように称されたのであった。そういう主張は、言ってみれば、人間は栄養の手段〔食料〕の化学的植物学的及び動物学的性質についての知識を持つまでは食べることができず、解剖学と生理学の勉強を終えるまでは消化を待たなければならないという主張と同じである。もしそうであるならば、[15]なるほどこれらの科学はそれぞれの分野で、また哲学も自己の分野で大きな有用性を持つだろうし、いやそれどころかそれらの科学の有用性は絶対的で一般的な不可欠性にまで高められるだろう〔なぜなら生理学等々を知らなければ消化等々ができないことになるのだから〕。しかしその時にはむしろ、それらの科学はどれも不可欠なものになるどころかまったく存在しないことになるだろう。[16]

1 「先入見」とか「偏見」と言うと、内容的には間違った事と考えられますが、ヘーゲルのこでの Vorurteil にはそういう意味合いはないと思います。巧い訳語が見つからないのですが、「人々が物事を考える際に当然の大前提として公理のように承認されている考え」といった意味でしょうから、「定説」と訳してみました。なお、ein altes Vorurteil, ein trivial gewordener Satz と、不定冠詞付きの名詞句が同格で並列されています。ここは「説明のし直し」と言うより、「判定ないし評価のし直し」と言った方が正確でしょう。本節本論への訳註3を参照。

2 ここは、Es kann trivial の Es は「人間は思考によって動物から区別されるという命題」と取り、aber es müsste の es は「そういう古くからの信念を想起させる必要があること」と取り、aber を継続に取るしかないでしょう。ここの接続法第二式は仮定話法ではなくて（実際、その必要があるとしているのですから）、否定的意局のそれでしょう。筆者（ヘーゲル）が「その事態に賛成できない」という気持ちの表現です。

3 先には wenn es Bedürfnis wäre と無冠詞で言っています（「要求がある」という意味の熟語としたのでしょう）が、ここでは不定冠詞を付けています。Bedürfnis という語に注意を喚起するためでしょう。

4 グロックナー版では四二頁の終わりの fähig ist の次のコンマが落ちています。

5 vergessen wird（動作受動）を「忘れられている」と状態受動で訳しました。動作受動と状態受動の使い方ないし考え方は日独で一致しない場合も多いと思います。宮本は「忘れられる」と動作受動で訳しています。松村は全体を能動形にして「分離する人々は～を忘れている」としています。好い訳だと思います。

6　追考＝反省的思考が「観念そのもの」を内容として持つということは、逆に言うと、表象的思考（表象に埋没した思考、例えば子供の思考）は「素材やその表象に埋没した観念」を内容としている、ということです。

7　こういう命題は、ヘーゲルが反省というものをどう考えているかを知るための定義として記憶しておくと好いでしょう。これは「第二版への序文」の第六段落で「追考」（一二二頁）とされたものに当たります。

8　これは文法的に成り立つのか分かりません。文全体としては、welche 以下を受ける es が主語で、その定形が es の前の ist で、属詞が Nachläßigkeit です。従って、beachten と ist の間にコンマが入ります（グロックナー版にはこのコンマがない）。しかし、die Nachläßigkeit には den … beachten という形容詞句がついており、意味は訳出したようなことでしょうが、こういう言い回しで正しいのでしょうか。直訳すると「～を知り、顧慮するような怠慢さ」となるが、これが「～を知り、顧慮することに関しての怠慢さ」という意味になるのでしょうか。

9　denkendes Wesen とここでは無冠詞になっています。不定冠詞を付けて強調するのは「その語句の意味内容」の強調ですから形容詞に注意が集まりますが、無冠詞によるそれは「その語句全体を合言葉として掲げる」のです。

10　Produktion は「生産」と訳されますが、ここは複数になっているので、「活動」の対と取り Produkte と取りました。

11　この違いが、一般に、子供の思考と大人の思考との違いです。ただし、ヘーゲル哲学を理解するには、この大人の思考が更に二段階になっていることを知る所まで進まなければなりません。そしてこれの方が重要なのです。拙稿「弁証法の弁証法的理解（二〇一四年版）」を参照。

12　Fürwahrhalten は、岩波書店の『独和辞典』には「意見」という訳が載っており、そういう意味もあるのでしょうが、ここは「真と思う」という句の名詞形ではなかろうか。

13　geschehen には getan werden の意味もあります。辞書にも載っている事ですが、念のため。

14　この「神の存在の形而上学的証明（複数）」とはどういうものが考えられているのでしょうか。ヘーゲルの『神の存在の証明に関する講義』を見ると、第六講義に「形而上学的であって史実的でない諸証明」とありますので、啓示信仰などでは軽視される理論的証明を指していると思われます。それには存在論的証明、宇宙論的証明、目的論的証明、道徳的証明などがあるとされています。

15　ここは Wenn dem so wäre（もしそうだとしたら）となっていますが、「そうである」というのを、ドイツ語では Dem ist so と言うようです。勝手な推測ですが、これは Dem ist es so の es を省いた形で、dem は「それについては」ではないでしょうか。「文法」の三五四頁の②を参照。

16　「むしろその時には科学は存在しない」というような考察をつけ加える所がヘーゲルらしい鋭い所です。それはなぜその時存在しないのかと言いますと、第一に、もしそうなら生理学が分かるまでは消化できず、従ってそもそも人間は生きていけないから、科学もできないという事になりますし、逆に、第二に、生きている限り誰でもが生理学を知っているということになり、ことさら生理学などという特別の名前をつける必要はなくなるからです。こういう所を読むと、シェリンクの同一哲学を「すべての牛が黒く見える闇」と評した言葉やカントの認識論を「水に入る前に泳ぎを習おうとするもの」と決めつけたことが想起されます。

なお、この注釈は、前の二つの段落で思考の意義を軽視する見方を批判し、第三段落ではそれを過大視する見方を批判しています。こういう事に気付けるように成ってください。

## 第三節〔意識の内容と形式と対象〕

〔そこで、哲学的思考の特殊性を考えるために、その前提として、人間の意識の内容と諸形式についてまとめておこう。〕我々〔人間〕の意識を満たしている「内容」は、それがどういう種類の内容であっても、〔ともかく〕感情、直観、心像、〔狭義の〕表象と目的、義務等々と観念及び概念[1]との「規定」を成している。その限りで〔内容に対比される限りで〕感情、直観、心像等々は、そういう内容の「形式」であり、その内容は感情、直観、表象あるいは意志で捉えようと、あるいは又単に感情「だけ」で捉えようと、〔その内容を捉える意識形態には関係なく〕観念を伴った感情[2]や直観等々で捉えようと、更に又「何のまじり気もない」思考で捉えようと、〔その内容を捉える意識形態には関係なく〕「同一」であり続けるのである。〔意識の〕内容は、これらの〔意識の〕諸形式の内のどれか一つまたはその幾つかのものの混合物の中にある時[3]〔つまり何らかの形で意識されている時〕、意識の「対象」なのである。しかし、〔意識の内容が〕こういう風にして〔意識の〕対象となっている時には、〔意識の〕「このような諸形式の規定〔自身〕」もまた〔意識の〕「内容」に加わるのである。[4]その結果、〔意識の〕諸形式のそれぞれに応じてそれ特有の対象が生まれて来るかのように見える[5]し、それ自体としては同一のものが、〔それを捉える形式が替わると〕異なった内容に見えるのである。

1　ここに意識の諸形式が列挙されていますが、その挙げ方を見ますと Zwecke の前に der（複数二格形）が付き、und の後の Gedanken の前にも同じ der が付き、その次の und は der を省いて Begriffe となっています。これに着目すると、意識の形式はここでは、感情・直観・像・表象（第一グループ）と目的と義務（第二グループ）と観念及び概念（第三グループ）との三つのグループに分けられているようです。

2　Gedanke と gefühlt の間にグロックナー版ではコンマがありますが、ない方がよいと思います。

3　ということは、意識を満たしていても、忘れていたり、今考えていないことは、意識の対象ではないということでしょうか。違うでしょう。広義の意識内容だと思います。

4　こういう所がヘーゲル独特の所なのですが、ここで zu ... sich schlagen は「……に加わる」と訳しましたが、これは「形式が内容に転化する」というのとは違って、「内容はそれとしてあり、その内容に形式も加わって色を添える」といったことではあるまいか。それに対して、形式が内容に転化するとは、意識の形式を思考の対象＝内容にすることで、例えば我々が意識をそれ自体として考察するようなことでしょう。

「哲学は形式に関する学問だが、それは『内容を生み出す形式』である」という言葉をヘーゲルのどこかで読んだ記憶があり、その「内容を生み出す形式」とは一体何かが私のテーマの一つでした。ここもその問題に関係はあると思いますが、回答そのものではないと思います。『精神哲学』の一九七節（百科辞典としての通し番号では第五七三節）では、哲学を「絶対的形式」としています。次の訳注も参照。又、二二四～五頁の訳注3も参照。

5　ここで「見える」と訳したのは scheinen ですが、ヘーゲルでは scheinen はたいてい「そう見えるが、実際はそうではない」という意味です。ここでも「実際には同一だ」という意味だと思います。次には aussehen を使っています。ここの kann は「事実の確認」だと思います。鶏鳴版では違った事を書きましたが、真っ直ぐな棒を半分水に入れた時、曲がって見えます。その場合、「曲がって見える」事（感覚）は事実でしょう。「棒が曲がっている」という判断（思考）は事実ではないでしょう。この場合、感覚と思考とではその「内容」が異なると言えるでしょうか。同一の内容の捉え方が異なると言うべきでしょうか。なお、これは『精神現象学』での「意識の形態が変われば（代われば）、意識の対象も変わる（代わる）」というのとは違うと思います。後者については拙訳『精神現象学』（未知谷）への付録4「金子武蔵氏と哲学」を参照。

注釈〔哲学の仕事、または表象と観念〕

「意識された（gewusst）」感情、直観、欲望、意志等々の規定〔つまり内容〕[1]は、一般に〔広義の〕「表象」と呼ばれているから、[2]〔その用語法によると〕哲学とは、一般に、表象を「観念やカテゴリー」で置き換える、いや一層正確には「概念」で置き換えるものである、と言うことができる。〔という事は〕表象は、一般的に言って、観念や概念の「譬喩」と見なしてよいと言うことである。つまり、或る人が〔或る事についての〕表象を持っている〔だけ〕ではいまだにその表象の思考にとっての意味を知っているわけではない、〔即ち〕その表象の観念や概念を知っているわけではない。[3]逆に言うならば、〔或る事についての〕観念や概念を持っているということと、その観念や概念のそれぞれにどのような表象、直観、感情[4]が対応しているかを知っているということとは別の事だ、[5]という事である。――

「哲学は分からない」と言われていることの一面はこれと関係がある。〔哲学の〕難しさとは、一部は、抽象的に思考する能力、即ち純粋な観念をしっかりと保持し、純粋な観念の中で運動する〔頭を働かせる〕能力に欠けていることにある。〔しかし、それは〕本当はそういう「習慣」[6]が欠けているにすぎない。我々の日常的意識の中では観念はなじみ深い感覚的素材や精神的素材を好む傾向があり、それらと合体していて、追考、[7]反省、悟性推理の中で〔も〕我々は感情や直観や〔狭義の〕表象を観念と「一緒にしてしまっている」（完全に感覚的な内容から成る「この葉は緑だ」という命題の中にも、既に「存在」とか「個別性」といったカテゴリーが入り込んでいる）。しかし、観念そのものを純粋に〔思考の〕対象にするということは、これとは異なったことである〔だからそのためには特別の練習をするしかないのである〕。――

〔哲学が〕分からないとされるもう一つの理由は、観念や概念という形で意識され〔認識され〕ているものを直ぐにも表象という形で目の前に持ちたがる〔思い浮べたがる〕性急さである。概念を理解はしたがその概念で何を「考え」なければ〔思い浮べなければ〕ならないのか分からない、といったことが言われる。〔しかし〕或る概念のもとではその概念自身以外の何物も考えてはならないのである。[8] それなのに、そのような言葉が出てくる本当の理由は、〔平凡な意識は〕「既に知っているありふれた表象」を求めたがるものだからである。意識にとっては、表象が無くなるということは、自分のいつものしっかりした故郷《ふるさと》のような立場である地盤が取り去られるような感じがするのである。〔平凡な〕意識は、自分が概念〔だけ〕の純粋な領域に移し置かれたと知ると、世界のどこにいるのか分からなくなるのである。[9] ――

だから、読者や聴衆のよく知っているありふれた事柄で、「自ずから」理解出来るような事〔だけ〕を話すような著述家や牧師や演説者等々が、「最も分かりやすい」とされることになるのである〔従って、哲学を求める人はそのような傾向を排し、概念だけで考えていけるようにならなければならないのである〕。[10]

1　鶏鳴版ではここの定形についておかしな疑念を呈しました。このままで何の不整合もありません。

2　「感情、直観～の規定〔内容〕が表象と呼ばれる」というのは不正確です。「感情、直観～の規定〔内容〕が知られている限りで、そういう感情、直観～〔つまり意識の形式〕は、〔ひとまとめに〕表象と呼ばれている」と言うべきでしょう。

それはともかく、ここで更に明らかになったことは、①意志は先には第二グループでしたが、表象と観念（及び概念）に二大別される時には前者に入れられること、②カントはカテゴリーと悟性概念を同一の意味で使い、〔理性の〕理念に対置しましたが、ヘーゲルは概念を理性的なものとすることによって、カテゴリーと概念を分けたことです。更に、ここで定義された表象を「広義の表象」とすると、第三節の本文で言われた表象（第一グループのそれ）は「狭義の表象」であり、更に、概念と区別された限りでの観念をも含む表象は「最広義の表象」（これは観念と訳すこともある）と呼ばれてよいことが分かります。

3　これは言うまでもなく、「或る事を知っているというだけでは、認識していることにはならない」という命題の別の表現です。「第三版への序文」の第三段落への訳注8（一六五頁）を参照。

4　こういう挙げ方をすると、表象は狭義の表象となります。この表象を広義の表象と取ると、「表象即ち直観や感情」と訳すことになります。

5　これは例えば、書物による知識として「バラとは～である」と知っていても、目の前にある花がバラであるかどうか判別できない、というようなことでしょう。

6　ここの mit sinnlichem und geistigem geläufigen Stoffe はコンマがありませんから、mit (sinnlichem und geistigem) geläufigen Stoffe となっていて、geläufigen Stoffe 全体に sinnlichem und geistigem が掛かります。こういう場合、前は強変化にし、後は弱変化にすることは結構あります。松村も宮本も「知りなれた感性的および精神的材料」と訳しています。この訳を受け入れました。鶏鳴版では理解が不足していました。

7　しかし、先に第二節への注釈の第二段落の冒頭で、追考とは観念そのものを内容とする反省的思考としたのですから、ここで「追考の中で観念と表象が一緒にされる」と言うのは、確かに主観の不慣れのためでしょうが、ともかくそういう追考は追考とは言えないはずです。すると、これは「普通一般に追考と言われているもの」ということで、ヘーゲルの追考概念はそれを純化したものなのでしょうか。

8　ヘーゲル哲学は難しいわけです。しかし、ヘーゲルの言葉にもかかわらず、我々は、ヘーゲルが概念で論理的に表現していることの「現実的な内容」を追求しようと思います。また、ヘーゲルが「或る概念のもとではその概念しか考えてはならない」と言っていることの現実的な意味も、「表象に惑わされて論理を追うことを忘れるな」という意味に取ろうと思います。

9　さすがにヘーゲル先生は我々凡人の気持をよく知っておられる。さて、この気持にどう答えて下さるのか。ここには何も書かれていませんが、一つのヒントは、表象を観念や概念の「譬喩」と見るのは、それ自体としては正しいということでしょう。

10　哲学の難しさの克服法としてヘーゲルは二点を挙げました。第一点は、観念それ自身を対象として持って、抽象的に思考することに慣れろという事です。第二点は、その抽象的思考においてすぐに表象に頼りたがる気持を持つようではいかんという事です。大同小異ですが、第一点より第二点の方が進んでいると言うか、第一点を徹底せよというのが第二点でしょうか。

## 第四節〔以上の三つの節から帰結される哲学の当面の課題〕

〔これまでに述べたことから次の事が帰結される。つまり〕まず第一に、〔第三節への注釈で述べた「哲学は分かりにくい」という印象を持っている〕通俗的な意識に対しては、哲学は、「哲学の認識方法は〔観念を純粋に扱うという〕独特のもの〔なのだから、それを身につけなければ哲学は分からない〕」ということを示さなければならないだろう。あるいは、それを〔身につけようという気持を〕喚び起こさなければならないだろう。しかし〔第二に〕、〔第一節で述べたように、哲学と宗教は対象を共有しており、哲学は宗教的意識を前提しなければならないということを考えると〕哲学は、宗教の対象に関しては、つまり一般的に言って「真理」に関しては、それ〔真理〕を〔宗教に頼ることなく〕自分から出発して〔自分の力で〕認識する「能力」を持っているということを証明しなければならないであろう。そして、その時には〔当然、その同一の対象＝真理について〕宗教の持つ考えと哲学の作り出す考えとは「違ったもの」になるから、哲学はその違っている点について「なぜそうなのかを説明」しなければならないであろう。[2]

1　このaberはもちろん本節の一行目のzunächstと対になっています。「第一に」で一般的な事を言って、「しかし」で特殊的な事を出す訳です。

2　この節はみな接続法第二式で書かれていますが、反実仮想ではないようですから、婉曲でしょうか。なお、この節は積極的に主張している内容はないので、標題は付けにくいです。一応、付けておきましたが。

## 第五節〔追考の意義〕

〔そこでまず、第四節で述べた第一点であるが〕既に〔第三節への注釈で〕述べた哲学の〔日常意識との〕違い[1]を予め理解してもらうためにも、又、それと関連しているのだが、我々〔人間〕の意識の真の「内容」は、それが観念とか概念という形式に移されても「保存される」[2]のであり、いや、それどころか、その時に初めてそれ固有の〔本来の〕光の中に置かれ〔本当の姿が分か〕るのであるということを洞察してもらうためにも、対象や出来事の中にある真理を知り、感情や直観や意見や表象等々の中にある真理を知るためには、それらを追考しなければならない[3]という、「古くからあるもう一つの[4]定説」を想起するのが好い。ともかく、どんな場合でもこの感情や表象等々を「観念」に変えることをするのが追考なのである〔そして、まさにこの追考と共に哲学的思考が始まるのであって、それ以前の思考はまだ哲学的思考ではないのである〕。

1　この節では、日常意識と哲学の関係を述べているので、この区別を日常意識との区別と取りました。

2 ここの erhalten を最初は「獲得される」と訳しました。erhalten には「獲得する」もありますが、その前に「保存する」という意味があります。ここは次の ja erst で「本当の意味が明らかになる」つまり「獲得する」に当たる事が出てきますから、それとの対比でここは「保存する」と取った方がいいでしょう。これまでの解釈を受け入れました。なお was an den Gegenständen und Begebenheiten ... Wahres sei ではこの Wahres が先頭の was を修飾しています。「文法」の五三四頁の第三項を参照。

3 グロックナー版では、この sei とすべき所が sein となっており、更に又、次の文の aber と tut がくっついて組まれています。いずれも誤植でしょう。

4 ここで「もう一つの」と言ったのは、もちろん第二節への注釈の冒頭で、「人間は思考によって動物と区別される」というのが古くからの定説である、と言ったのを受けているのでしょう。

### 注釈〔哲学的能力の普遍性と特殊性〕

哲学がその仕事〔哲学すること〕の固有の「形式」として要求するものはただ一つ「思考」だけである。〔しかるに〕人間は誰でも生まれつき思考能力を持っている。そこで、一部の人々がしているように〕第三節[1]〔への注釈〕の中で触れた〔感情等々と混合された思考と純粋な思考との〕区別を無視するという抽象[2]〔的一面的な考え方〕をすると、〔今度は〕哲学は「分かりにくい」という先に触れた苦情とは反対の事が出て来ることになる。〔即ち〕この科学〔哲学〕を侮どり、哲学と格闘したこともない人々が、自分は初めから哲学とはどんなものか[3]「分かっている」のだと言ったり、並みの教養しか持っていないくせに自分には哲学する能力があり哲学についてとやかく言う能力があるのだと言ったりすることがよくある。

これは特に宗教的感情を持っている人に多い。哲学以外の学問については、それを知るには勉強しなければならないという事、そして、勉強してそれを知って初めてその学問について判断を下す権利〔資格〕が生ずるのだという事が、広く認められている。〔また〕靴を作るためには靴作りを学ばなければならず、人はみな、靴を吟味する尺度として足を持ち、また〔靴を作るためには〕手を持ち、しかも手の中には靴作りのための生まれつきの技能を持っているにもかかわらず、やはりそれはそうなのだということが認められている。〔それなのに〕まさに哲学することについてだけは、そのような勉強や学習や修業が必要でないと言う人がいるのである。[4]——

近年、このような怠惰な精神にとって都合のよい意見の正しさを証明するという〔不埒な〕ことをしたのが直接知の教え〔ヤコービ〕であり、知的直観〔シェリンク〕であった。

1　この§3はParagraph dreiと凍結形で読めば好いでしょう。

2　松村はこれを訳していないので、氏がここをどう取ったか分かりません。

3　このwas es mit der Philosophie für eine Bewantnis habeは副文ですが、間接伏在属詞文です。事実上の主語はdie Philosophieです。事実上の属詞はwas für eine Bewantnisです。意味は「哲学とはどのようなものか」です。「文法」の一五五頁の下から五行目、又は一四二〇頁の②を参照。

4　ダンマリ戦術で哲学科の大学院を出ただけで哲学教授に成るのや、カネで医学部を出て医学部教授になったり医者になったりするのはどう言ったらよいのか。ともかく、ヘーゲルは同主旨のことを『精神現象学』の序言でも言っています（未知谷版の拙訳の二八頁）。哲学修業の実際の内容としては第三節注釈への訳注8、9、10（一八九～一九〇頁）を参照して下さい。ヘーゲル自身はどのような事をしたのでしょうか。大前提はやはり、生活の中で出会った事柄について「なぜそうなのだろうか」と考える傾向を強く持っていたのだと思います。これは多分に素質の問題だと思います。これが高じて「キリスト教に定式化されている真理を、他の人々のようにそのまま受け入れるだけでなく、学問的に解明してみよう」という問題意識を持ったのだろうと思います。その時、第二に、当然の事ながら当時の哲学を学んだのでしょう。しかし、その学び方はあくまでも「自分はどの考えを受け継ぐか」という主体性をもって学んだのだと思います。そして、結局フィヒテよりシェリンクの方が上だといったんは思ったのですが、その後シェリンクの同一哲学では「発展」の説明が出来ないと気づいて、フィヒテの自我と非我の対立を換骨奪胎して受け継ぎ、自分の立場を築いたのだと思います。第三に、それと同時か、あるいは自分の立場を築いた後かに、主として哲学史を、従としてはその他のものを、しかしいずれの場合でも主体的・批判的に勉強して自分の体系を充実させたのだと思います。

## 第六節〔経験と現実〕

他方[1]〔哲学と日常意識＝経験とは根源的には一致してもいることを知っておかなければならない。つまり〕それ〔両者の違い〕と同様に哲学は次の事を了解しておくことも大切である。即ち、哲学の内容とは、生きた精神〔人間精神〕という領域で初めから生み出されてきたし、又現に生み出されもしている内実であり、〔しかもそれは世界創造以前の神の国のようにこの世から離れたどこかの宙に浮いたものではなく〕世界にまで形づくられた内実、つまり意識の外なる世界〔客観界〕と意識の内なる世界〔主観界〕にまで形づくられた内実[2]にほかならない、〔要するに〕哲学の内容は「現実」である〔ということを了解しておくことも大切である〕。〔しかるに〕この内容を意識が捉える時の最も手近な形式が「経験」と呼ばれているものである。〔もちろん経験のレベルででも〕鋭い眼で世界を少し考察すれば、必ずや、〔意識の〕内外にある広い世界の中には無常・無意味で単なる「現象」にすぎないものと自己内で真に「現実」の名に値するものとの区別があることが分かる。〔しかるに〕哲学がこの同一の内実を意識する他の方法〔つまり経験〕と違うのはただその形式〔意識の形態〕の面だけにすぎないのだから、哲学が〔その内容を成すところの〕現実や〔その現実を意識する他の方法である〕経験と一致するのは必然的なのである。実際、この一致は、所与の哲学が真理であるか否か〔を判断する時〕の少くとも外に現われている試金石と見なすことさえできる。従ってまた、この一致を認識することによって、自己意識をもった理性〔個々の人間の理性＝個々の人間〕と存在している理性即ち現実との和解を成就することこそが、この学問〔哲学〕の最高の目的ないし究極目的だと言わなければならない。[3]

1　冒頭の Von der andern Seite に対応する von der einen Seite が「語句としては」前の節までにありませんが、内容的に第三節への注釈で「哲学的概念ではその概念自身以外のもの、つまり表象を求めてはならない」と言ったことを受けているのだと思います。このように、前に主張した事と反対の事を主張するのがまさに弁証法です。これは「表面的には」形式論理学の同一律に反する事だからです。なお、最近の日本語では「一方では」と「他方では」の対比が忘れられて、後半の「他方では」の代わりに「一方では」を使ったり、初めから「他方では」と言うべき所（ここのヘーゲルの言い方がそれです）を「一方では」と言うのが当たり前に成ってきています。つまり「他方では」が死語になってきているのです。由々しき事態です。

2　この「内実」にかかる冠飾句では、訳に出しましたように、その起源とそこから派生した現象的な姿とが対比されています。ですから、Welt は「俗世間」とか「現世」くらいに訳してもよいのですが、後との関係で「世界」としました。松村は Welt にも「意識の」を掛けていますが、我々はそうは取りませんでした。それはともかく、こういう形容句のついている内実を「現実」と言い換えていることは、ヘーゲルの現実概念を知る上で大切です。

3　①ここでヘーゲルが「現実」と「存在している理性」とを等置したことは次の注釈で詳しく述べられますから今は問いません。②個人と存在している理性との和解を成就することは、ヘーゲルの考えでは、哲学だけの目的ではなく、（啓示）宗教の目的もまたそうです。しかし哲学は、その和解を、哲学と現実や経験とが一致している事を「〔概念的に〕認識することで」成就しようとするのです。③この一致が哲学の真理性の試金石ですが、それは「外に現われた試金石」です。ということは、「それ自体としての試金石」は内在的体系性だということでしょう。④それはともかく、ヘーゲルのこういう考えは、ヘーゲルの鋭い現実感覚とそれに基づく深い現実認識によるものであって、ヘーゲル哲学を単なる講壇哲学から根本的に区別するものです。この点を大衆の生活の立場から自覚的に明らかにして受け継いだのが「生活の中の哲学」だと思っています。

## 注釈〔現実とは何か〕

拙著『法の哲学』への「序言」の中で「理性的なものは現実的であり、現実的なものは理性的である」という命題を書いた。この単純な命題は多くの人を驚かし、多くの人から非難された。しかも、自分は宗教はもちろん哲学も持っていると自認している人々からさえも非難されたのである。〔しかし〕こういう所に宗教を引き合いに出すのは〔本当は〕不適当であろう。[1] なぜなら、これらの命題は神の世界支配という宗教〔キリスト教〕の教説[2]の中にきわめて明確に言い表されていること〔を純論理的に言い換えたにすぎないの〕だからである。しかし、〔実際には〕この命題の哲学的意味を理解するには、〔そういうキリスト教の教えを表面的に取って〕単に神は現実的である、つまり神は最も現実的なものであり、神だけが真に現実的であると知っているだけでは不十分であって、同時に〔この現実的な神の現象〕形式[3]についても知っているくらいの教養がなければならない。つまり、一般に、存在するものの一部は「現象」であり、〔真に〕現実〔と言いうるもの〕は〔全存在の〕ほんの一部にすぎないということを知らなければならないのである。日常生活では、まあ、思いつきとか過ちとか悪事とかいったようなことも、またそれと同様に歪んだはかない現出存在も[4]、何気なしに「現実」と呼ばれている。しかし、また、日常的な意識にさえ、偶然的な現出存在は「現実」という強調された名前に相応しくないということは感じ取られてもいる。——

偶然的なものとは可能的なものという価値以上の価値を持たないような現出存在のことである。つまり、それは、存在はしているが同様に存在していないこともできるし、存在していなくてもいいような現出存在のことである〔つまり存在の必然性＝生成の必然性＝絶対的必然性の有無が問題なのである〕。それなのに、私が「現実」という言葉を使った時、〔その意味は軽い意味ではなかったのだから、又一般的に言っても私の言葉を問題にする以上〕私がこの言葉をどういう意味で使っているのか、誰も考えてくれなかった。[5]なぜなら、私は或る詳細な論理学書〔『〔大〕論理学』〕の中でその現実〔という概念〕を扱っており、そして〔そこでは〕現実を先ずは偶然的なもの〔これもやはり[6]現出存在は持っている〕から区別しただけでなく、更に定存在や現出存在及び他の諸規定からも厳格に区別しておいたからである。——

「理性的なものは現実的である」〔という考え〕[7]に反対する意見としてすぐにも出てくるのは、〔一方では〕理念とか理想とかは妄想以上の何物でもなく、哲学はそういう妄想の体系であるという考えであり、〔他方では〕逆に、理念や理想というのは現実的なものであるにはあまりにも優れすぎたものであり、あるいは自分でそのようなもの〔現実〕を生み出すにはあまりに無力すぎるものであるという考えである。[8]

そして、現実を理念から区別する〔この考え方〕は殊に悟性に愛好されているものである。悟性というのは、自分の作り出した抽象物〔抽象的一面的に理解された諸規定、例えば現実から切り離された理念や理念から切り離された現実〕という夢想を真理と思い込み、殊に政治の分野ではよく持ち出される「当為」というものを売り物にし、あたかも世界のある「べき」状態はこうだが実際にはそうなっていないということを知るために、世界が悟性を待っていたかのようにわめいている。〔しかし、もしそうだとするなら〕もし世界があるべき状態になっていたら、悟性の当為の思い上りはどこに残っているだろうか。悟性が、まあ、或る時代の或る範囲内では大きな相対的重要性を持ってはいるかもしれない些細で外面的ではかない対象や制度や状態等々に対して、当為をもって立ち向かう時には、[9]たしかにそれも正しいかもしれない。そして、その場合には、普遍的な正しい使命に合致しない多くのものが見出されるかもしれない。〔しかし、一般的に言って〕あるべき状態になっていないものを自分の周囲に沢山発見できないほど愚かな者がいるだろうか。〔これくらいのことは誰でもできるのである。[10]従って、眼前の事物に不十分さを見出す悟性の能力は低い能力なのであり、従ってまた〕こういう〔悟性的な〕賢さが〔思い上って〕、そういう〔有限な〕対象についてとやかく言い、それに対して当為を対置することで、自分が哲学的関心を持っているのだと空想するのは、正しくない。哲学は理念だけを扱うものであり、理念とは、単にそうあるべきだが実際にはそうなっていないというほど無力なものではない。〔理念は自分で自分を実現する力を自分の内に持っているものである。だから、理念を扱う〕哲学は現実を扱う〔ことになる〕のである。かの〔悟性が問題にしている〕対象や制度や状態等々とは、その現実の表面にくっついている外面でしかないのである。[11]

1　ここの原文の配語法は少し珍しいです。普通の順序に直しますと、Es wird unnötig sein, die Religion in dieser Beziehung anzuführen でしょう。

2　こういう風に日常的用法の不正確さを指摘するだけでなく、同時に、日常的感情にさえ～は分かっていると持ってくるのがヘーゲル得意の論法です。この前の方だけを取るのが講壇哲学であり、後の方を受け継ぐのが我々の「生活の中の哲学」です。なお、内容的には、現出存在と現実との違いはもちろん本質論の問題です。

3　in Ansehung des Formellen は表面的に直訳すれば松村のように「形式の点から言って」となるでしょう。宮本は「形式的な点で」としていますが、同じです。しかし、この日本語で何か理解できるでしょうか。Formと聞いたらアリストテレスの「形相」を連想し、「質料」との対を考えるのが西洋哲学の常識だと思います。マルクスが『資本論』で「価値の形式」を論じた時も同じだったと思います。なお、『資本論』の邦訳ではなぜか皆さん「価値形態」と訳すようですが、私は「価値形式」とか「価値の形式」で十分だと思います。

4　私はヘーゲルの Existenz を「現出存在」と訳します。その理由は、このカテゴリーを扱う本書の本質論に書いてあります。松村は「現存在」、宮本は「現存」としていますが、「出」という語を入れる必要があると思います。「実存」と訳すのは論外です。

5　この文は、先ず文頭の Wenn は「過去の一回限りの事を表す Als」とは違いますから、「繰り返された事」と取るか、「事実を指す wenn」と取るかですが、後者だと思います。次になぜ aber が使われているかです。wäre の接続法第二式は、表現としては「本来ならば～を考えるべきであった」ですが、真意は「実際は考えなかった」という事でしょう。こう訳して初めて aber に成ると思います。この文の後に da という理由文が続きますが、これが「根拠と理由の説明の重複」です。第一節への訳註7（二七六頁）を参照。

6　この doch というのは、現実とは区別されているがやはり、ということでしょう。従って次の auch は was に掛かると取りました。

7　ここを松村も宮本も「理性的なものの現実性」と直訳していますが、こういう訳では、この言葉が先の命題＝文を名詞句にしたものだということが分からないのではなかろうか。

8　正論に対して、「それは理想論だ」という言葉で反対する人は少なくないと思います。この考えを検討します。①もしそれが現実に合っていないという意味なら、それはもともと理想でも何でもない。それはただの間違いか空論です。②もし、それが現実には合っているが実行できないという意味なら、それは実行できないのではなく、当人にやる気がないのです。――このように、人々が日頃口にする言い方を注意深く考える習慣を身につけることが哲学への道だと思います。なお、この文の最後の所に um sich solche zu verschaffen とありますが、この solche については「文法」の四四八頁の②を参照。

9　歴史上の実例としては、フランス啓蒙思想家たちの封建制度批判を挙げておきましょうか。

10　日常生活ではこの問題はもう少し詳しく考える必要があると思います。人のする事は百点満点という事はありません。或る人が何かをしたとします。それが客観的には七〇点だったとします。それを見た他の人はどう評するべきでしょうか。一般的には、七〇点の部分を見て「ありがとう」と言うのが正しいでしょう。この場合、足りない三〇点の部分をあげつらうのは感心しませんが、そういう態度の人もいます。それが五〇点、つまり及第点（六〇点とします）に達しない場合は、何らかの方法で忠告するのが親切だとは思います。以上は私人間の場合です。職業的な行動の場合は、また少し違うと思います。まして、公的機関の場合はいっそう厳しい基準を適用しても好いと思います。本人が自分の行動の成果を反省する場合はどうでしょうか。凡人ほど自己反省が少ないと言えるでしょう。一流のスポーツ選手などは、ほとんどの場合、「今後への課題」を口にするようです。目標であった大きな試合の成果については「自分を褒めてやりたい」と言う場合もあります。

11　この付録の流れが分かるようにした「小見出し」を省きましたが、訳を三つの段落に分けましたので、「問題提起」「偶然的なものとは何か」「理性と現実との真の関係」と理解すれば好いと思います。つまり、この付録は本書の第二部「本質論」の第二章「現象」と第三章「現実性」の核心の説明に成っている訳です。

## 第七節〔追考と哲学〕

〔第五節で述べたように〕「追考」概念[1]には哲学の原理（ここで原理とは〔ギリシャ語のアルケーやラテン語のプリンキピアがそうであったように〕「始まり」という意味も含んでいる）が元々含まれていた[2]のだが、その追考は、近世において（ルッターの宗教改革以来）再び展開されるようになってから[3]は特に「自立性」が〔強調されたので〕[4]、〔古代〕ギリシャ哲学の始原（原物質。タレスの水など）のように抽象的に振る舞うことなく、[5]初めから直ちに、現象世界の何の尺度〔基準〕もないかのように見える素材に適用され〔て具体化され〕た。従って、経験的個別の大海の中にしっかりした尺度と「普遍的なもの」とを認識したり、無限に多くの一見無秩序と見える偶然の中に「必然的なもの」や「法則」を認識したりする知的活動や、また、自己の内容を外界及び内界についての自己自身の直観や知覚から取ってきたり、現存する自然及び精神と人間の心胸《むね》との中から取ってくる知的活動には、みな、「哲学」という名前が与えられることになったのである〔そして、これは、①哲学と経験との根源における一致、②哲学は追考から始まるという二点から見て、評価してよい一面を持っている〕[6]。

1　追考とは、第二節への注釈の第二段落にあったように、観念自体をその内容＝対象とする思考のことでした。

2　zunächst について、鶏鳴版では別の解釈を書きましたが、やはり無理だと判断しました。今回の解釈の方が自然でしょう。要するにこれはindemとnachdemとの対比を言っているだけだと思います。

3　それは先ず古代ギリシャに現われ（アリストテレスで一応頂点に達し）、中世で一度滅んでから、近世に「再び」現れた、というのがヘーゲルの考えなのでしょう。ここで面白いのは、その近世における自立した追考の再興の起源を一七世紀のデカルトにではなく、一六世紀初頭のルッターに求めていることです。この考えでいくと、ルッターの「新教」は宗教ではなく哲学だということになるのでしょう。

4　自立した追考＝自立した思考とは、神学の侍女としての思考ではなく、いかなる権威にも屈しないで始めから終りまで自分の頭で考えるということでしょう。なぜなら、信仰においても、神の存在証明とかその他諸々の「理論」があり、その限りで追考が働いているのですが、そこでは根本的な枠組が追考によらず信仰によって与えられており、従ってその思考は「その枠内での自主的思考」にすぎないからです。これはまた「従属した追考」と言ってもよい。スターリンの命題になんとかしてしがみつこうとして「自分の頭で考えて」その理由を見つけ出すのも、従属した思考の一例です。

5　古代ギリシャ哲学の始原（原物質）が抽象的であったとは、多分、それは「始原は～だ」と断言されるだけで、その始原がいかにして諸現象になるのかの説明が弱かった（無かった、ではない）ということでしょう。なお、最近或るきっかけでようやく気づいたのですが、四大（地水火風の四つの元素）という考えは仏教にもあるということです。そもそもこの言葉は仏教の用語を借りたのでしょう。仏教にはこれに「空」を加えた「五大」という句があり、密教と結びついているようです。これはちょうどアナクシメネスの考えに対応します。古代ギリシャの思想と仏教とがほとんど同じ考えを持っているというのは偶然でしょうか。古代インドにそういう考え方があって、それが言語に反映し、インド・ヨーロッパ語族であるギリシャ語を通して伝わったのではないでしょうか。それにしても、この東西の思想の共通性に言及した人がいない（らしい。私は知らなかった）のはどうした事でしょうか。波多野精一の『西洋哲学史要』は筆者がキリスト者であったためにキリスト教関係の指摘は他書に比べて充実していますが、逆に仏教への言及はほとんどありません。

先の「五大」（客観世界の根本要素）に更に「識大」（人間主観の根本）を加えて「六大」という考えがあるそうです（石田瑞麿《みずまろ》著『仏教語大辞典』小学館）。ですから、これをまとめて「理智」と言い、理智的という言葉も出てくるのです。philosophy の訳語は、最初の頃は「理学」だったと思います。私はかつてこの方が「哲学」より適切ではないかと考えていました。しかし、仏教用語としては「理」とは「客観世界の理《ことわり》」という事になるのだとするならば、それはやはり拙かったでしょう。

6　この節は一七行にもわたる一つの文で出来ています。主文の定形は本節五行目の so ist の ist です。それの主語は八行目の der Name Philosophie です。つまり so ist der Name Philosophie allem demjenigen Wissen gegeben worden が主文です。この demjenigen Wissen に掛かる関係文が welches 以下で、最後まで続いています。その中では der Erkenntnis を規定する目的二格が des festen Maßes und Allgemeinen .. und des Notwendigen と三つ（前二者を二語一想と取るならば二つ。これも可能）あります。der Gesetze はこの Notwendigen の言い換えです。最後の hat は beschäftigt にも掛かるのでしょうか。英仏の四つの訳を見ましたが、理解が分かれているようです。内容上大した違いはありませんが、一応 hat は beschäftigt にも掛かる、つまり beschäftigt は過去分詞と取って訳しました。

**注釈〔科学の出発点としての経験と到達点としての観念〕**

〔近世における一大潮流に経験論があるが、その〕「経験」という原理の中には無限に重要な規定が含まれている。即ち、人間は或る内容を容認し真と認めるには自分でそこに「居合せ」なければならないということである。もっと規定された形で表現し直すと、人間は「自分で確信できる」内容をしか承認出来ないという事である。[1]〔経験の原理によると〕単に外面的な感官を以てでにしろ、あるいは一層深い精神つまり本質的な自己意識を以てでにしろ、とにかく人間は自分でそこに居合せなければならないのである。[2]
——

この原理は、今日信仰とか直接知とか外界での啓示及び殊に「自分自身の」内界での啓示と呼ばれているものと同じである。我々はこれらの哲学と呼ばれている科学を、それが自己の出発点としているものから見て、「経験」科学と呼んでいる。しかし、それらの科学が〔その到達点として〕目指し[3]創り出している本質的なものというのは、「法則」であり、「普遍的な命題」であり、「理論」である。つまり現存するものの「観念」である。そのように、ニュートンの物理学は自然哲学と呼ばれているが、それに対して、例えば、ユーゴー・グロチウスが諸国民相互間の振舞いを事実に基づいて集め、通常の悟性推理の助けを借りて〔その事実から〕一般的な基礎命題つまり理論を作り上げた時、その理論は国際法の哲学と呼ばれてよいものであった。——

「哲学」という名前はイギリス人の間では一般に今もってこういう規定を持っており、〔従って〕ニュートンは〔今でも〕最大の哲学者という名誉を担っている。下の方に行くと製造業者たちの価格表の中を見てみると、磁気装置や電気器具といった〔既に名前の固定した〕特殊な標題の下にまとめられないような道具、例えば温度計とか気圧計といったものが、「哲学的道具」と呼ばれているのである。〔しかし、これは本当はおかしいのであって〕哲学の道具と呼ばれてよいものはもちろんただ「思考」だけであって、木や鉄などを組合せて作ったものは哲学の道具ではありえないのである。[4][5]――

同様に、とりわけ現代の生んだ科学である政治経済学[6]もまた〔イギリスでは〕哲学と呼ばれているが、我々〔ドイツ人〕は普通それを「合理的」国家家政学とか、まあ、「知性」の〔知性による〕国家家政学と呼んでいる。[7][8]

1　政治の世界などでもよく、自分〔自分の国とか党など〕が「事前に相談を受けなかったこと」あるいは「自分が出席しなかった会議で決められたこと」には従わない、といった主張がなされますが、これもそうです。この場合、その決定の内容が正しいかどうかは問題になっていないということが大切な点です。

2　ここで想起されるのは、第二四節への付録三の「経験において大切なことは、どのような感覚をもって現実に立向かうかということである。偉大な感覚は偉大な経験をし、現象の多彩な戯れの中にも重要なことを見抜く」という言葉でしょう。

3　**bezwecken** は「目的としている」「目指している」だが、ここではすぐ前の「出発点」に対比して使われているので、「到達点」という語を入れました。

4　なぜこんなことをヘーゲルは言ったのでしょうか。それは、イギリス人が **philosophisches Instrument**（哲学的道具）と名付けたものを、**Instrumente der Philosophie**（哲学の道具、哲学のための道具）という意味に取って、冗談半分に言ったのでしょう。もっとも、イギリス人が哲学的道具と言う時の「哲学的」とはどういう意味だったのでしょうか。

5　（原注）トムソンの発行している雑誌のタイトルも『哲学年報、あるいは化学、鉱物学、力学、博物学、及び技芸の年報』となっている。これを見れば、「哲学的」と称されるものがどんなものか、自ずから分かるだろう。――イギリスの新聞を見ていたら新刊広告の中に『哲学的原理に基づく養毛法』（八折り判、印刷鮮明、定価七シリング）というのがあった。この「哲学的」

とは、多分、化学や生理学などを応用したという事なのだろう。

（訳注）「八折り判」と訳した所は「neatly printed in post 8., price 7 sh.」となっています。松村も宮本も「八ポスト」としか訳していません。英訳は printed in post 8vo となっています。8vo は octavo の略のようです。昔は、出典を表す時、本の判型まで書くこともあったのでしょうか。

6　経済学を政治経済学と呼んだのは歴史的事情によるのであり、それが昔は広義の政治学（社会全体に関したことを研究する学問）としての法学の一部として生まれてきたことによるのだと思います。そして、政治的行動をも道徳的に捉えるのが常でしたから、それは倫理学と結びつけられました。既にアリストテレスにおいて、経済学が『ニコマコス倫理学』や『政治学』の中に入っています。アダム・スミスの『国富論』も倫理学を含む法学の体系の中に構想されたそうです。因みに、東大の経済学部は以前は法学部の一学科でした。

7　この節は、本文で、①経験的個別から追考によって一般理論を作るということと、②自分自身の直観（＝経験）から出発するという二大原理に触れています。注釈の中では、②の方の説明から入り、出発点は経験だが到達点はと持ってきて、①の説明に移っていきます。ところで、こうなった理由が本文の始めに書かれているのですが、①だけなら、追考一般の中に哲学の原理があるというだけで好かったのですが、②を言うためには「自立した思考」を言う必要があったのです。

　もう一つ。日常生活の中でどう使われているかに注目したヘーゲルの態度は学ぶ必要があると思います。日常用語と異なった語を使うことがエライ事だと思っている日本の哲学教授は特にこの点で反省すべきでしょう。同時に、語の「使い方」には関心が低く、語釈にばかり熱中している日本の辞書編集者も（外国でも同じでしょうが）困ったものです。辞書では語釈と並んで用語法（正しい用語法と間違ったそれ）を解説するべきだと思います。

8　（原注）イギリスの政治家は国政の一般的原則について語る場合、よく「哲学的原則」という表現を使う。公的な場面でもそうである。〔実例を二つ挙げると、第一に〕一八二五年（二月二日）の下院で、国王のお言葉に応える挨拶の中で、〔野党議員の〕ブルームはこう述べた。「自由貿易に関する政治家に相応しく、かつ哲学的な原則を、その原則は疑いもなく哲学的と言ってよいものですので、そう申したのですが、これを本院が採択しました事について本日、国王閣下からお祝いの言葉をいただきました」。――

〔「哲学的」という表現を使うのは〕この野党議員だけではない。〔第二に与党議員の例を挙げると〕（その同じ月に）船主協会が年次総会〔宴会〕を開いた。主賓は総理大臣のリバプール伯で、その両隣には国務大臣のカニングと陸軍主計長官、チャールズ・ロング卿が座っていた。「カニングの健康を祝しての乾杯」を受けて挨拶した同氏はこう述べた。「大臣が我が国の行政に深い哲学に基づいた正しい原則を適用する権限を握る時代がつい最近、始まりました」と。

イギリスの哲学とドイツの哲学とが大きく違っている時に、そしてまた、哲学という名前が嘲笑的な響きを持った異名として使われ、あるいは何か憎むべきもののように語られる時代に、イギリスの政治家が今でもこのようにそれを褒め言葉として使っているのを知る事は、何度聞いても喜ばしいものである。

（訳注）①五一頁下から六行目の hatten について。英訳は have となっていますし、松村も宮本も現在として訳しています。「事実を確認する過去形」でしょうか。②下から四行目から三行目にかけての anderwärts について。これは Wie ... möge までを「一方では」として、それを受けて「他方では」と言ったのだと思います。その「一方では」が言葉としては書かれていないのは、その文が Wie ... möge という認容文になったことも一因でしょう。訳文は共に wenn-Satz のようにしました。第六節本文への訳註1（一九五頁）も参照。

## 第八節〔対象面から見た経験的認識の不十分性〕

確かにこの〔経験から出発する〕認識は自己の分野ではさし当っては極めて満足すべきものなのだが、〔しかしそれにも欠陥があるのであって〕「第一に」明らかなことは、〔内容から見て〕そこには含まれない別の対象領域がまだ残っているということである。即ち――「自由、精神、神」といった対象である。[1] これらの対象がこの〔経験から出発する認識の〕中に出て来ないのは、それらが本来経験されえないものだからではない。[2] ――たしかにそれらは感覚器官によっては経験されえない。しかし、一般に、意識の中にあるものは経験されているのであって、これは同語反復的命題でさえある。[3] そうではなくて、〔自由、精神、神等々が経験的認識に属さないのは〕これらの対象がその「内容」から見て無限なものだと直ちに分かるからである。[4]

1　この三語の列挙では、独と英は無冠詞ですが、仏だけは **la liberté, l'esprit** とこの二語には定冠詞が付いています。関口存男は「通念には機械的に定冠詞を冠置するというのがドイツ語その他の西欧語においては原則を成している。いわば、これらの諸語の奇癖である」（「文法」六〇九頁参照）と言っていますが、同時に「フランス語は、一般的に言って冠詞用法が英独と著しく習慣を異にし、英独が冠詞を省略する場合に定冠詞を使用することが多い」（同六八一頁）とも言っています。しかし、本書原典の二三頁下から四行目の **Die Religion ist die Art** の文では独と仏が定冠詞で英は無冠詞です（同六一六頁）。つまり、ここ第八節の三語の列挙では独が「列挙では無冠詞」の原則に従ったのに、仏には「列挙では無冠詞」の原則がないのか、ここでも定冠詞を付けた所に注目するべきなのでしょう。なお、**Dieu** の無冠詞は西欧語では当たり前です（同二八五、六一六頁）。

2　この **sollten** の接続法第二式は否定的意局のそれだと思います。**nicht darum nicht** は前の **nicht** darumが「因由の副詞とnichtの結合」（『文法』の一一二四頁を参照）で意味は「〜だからではない」。後のnichtはzu findenを打ち消して「見い出され得ない」つまり「見い出せない」です。

3　同語反復とは、主語の概念の内に含まれていることを属詞（いわゆる述語）に出すことです。ですから、定義を改作して命題にすると同語反復になります。例えば、「人間は道具を作る」という命題を立ててみると、人間とは道具を作る動物と定義されているのですから、この命題は「道具を作る動物は道具を作る」ということになります。つまり何も新しい説明にはなっていないのです。これが普通の意味の同語反復です。たしかにこれは無意味ですが、ヘーゲルは、高い意味での同語反復ということを打ち出し、哲学的展開とは結局はその高い意味での同語反復であると考えています。この点は出てきた時に説明するつもりです。自分で考えたい人はラッソン版『大論理学』2の四六七頁を参照。

4　ここで大切な所は、「内容から見て直ちに」と言う時の「直ちに」ではあるまいか。経験的認識の探求する法則等も無限なものの一種ですが、それは初めは経験的個別の中に隠れているのです。それに反して、自由、精神、神は、「初めから」無限なものですから、個別の原理である感官には経験されない、とされるのでしょう。

## 注釈〔経験論と合理論の統一としての思弁哲学〕[1]

「感覚の中に無く経験の中に無かったものは知性の中に無い」という命題は古くからある命題である。これはいつも誤ってアリストテレスに帰せられており、あたかもこれをアリストテレスのものだとすることでアリストテレス哲学の立場を表現しうるかのように思い込まれている。[2]〔それはともかく〕もし思弁哲学〔ヘーゲル哲学〕はこの命題を承認しようとしないものだ、と思うとしたならば、それこそ正に〔思弁哲学に対する〕誤解と言わなければならない。[3] しかし、思弁哲学は〔それを認める〕と同時に、逆に、

「思考の中になかったものは感覚器官の中にない」という命題をも主張するであろう。[4]——この命題は〕全く一般的意味に取るならば、ヌース〔アナクサゴラスのヌース、知性〕と、それを一層深く規定したものである精神とが世界の原因であるということである。一層身近な意味に取ると、[5]法的感情や人倫的感情や宗教的感情の内容は、その根源と発生地をただ思考の中にだけ持っているのであり、従ってそれらの感情は、〔経験といっても、かの経験的認識の感性的経験と違って〕そういう〔思考的〕内容についての経験である、ということである。

1　普通、哲学史で「合理主義」とか「理性論」と言われている時の「理性」とはヘーゲルの言う「悟性」ですから、この題名は「経験主義と悟性主義の統一としての理性主義」と言い換えるとよく分かるでしょう。

2　これは中世に出たらしい。なお、経験論がこの命題を採用したのは当然ですが、ライプニッツが「感覚の中になかったものは知性の中にない。ただし知性そのものは除いて」と変更したのは有名です。

3　ここは直訳すると、松村訳のように、「もし思弁的な哲学がこの命題を承認しようとしなかったとすれば、それは誤解にもとづいていたにすぎない」となります。宮本も「もし思弁哲学がこの命題をみとめたがらないとすれば、それはただ誤解とのみ見なされるべきである」と訳しています。しかし、こう訳すと、①「この命題を承認しなかった思弁哲学（者）が自己の立場を誤解していてこうなった」という意味か、②「思弁哲学（者）がこの命題の意味を誤解したため承認しなかった」という意味か、どちらかになると思います。しかし、いずれの場合でもヘーゲルの真意ではありません。そうではなくして、この **wenn** は **als ob** と取り、**wollte** は接続法第二式と取り、その **als ob** の前に「～かのように思いこむ見解」の **eine Vorstellung** といった語が省略されていると取ると、そう思いこむ見解が誤解だとなります。ヘーゲルの真意はもちろんこれです。なぜなら、ヘーゲルでは思弁哲学 die spekulative Philosophie という定冠詞付きの語はヘーゲル自身の哲学の代名詞だからです。それに、こう取らないと、なぜ umgekehrt ... ebenso なのか分からないと思います。残る問題は語学的にこういう読み方が可能かということでしょう。なお、ここの nur を鶏鳴版では「疑惑または不平不満を強める nur」と取りましたが、普通に「ただ」で好いと思います。「～と見なすしかない」です。

4　ここも第六節への訳註1（一九五頁）を付けた所と同様、前と反対の事を言っています。つまり弁証法の見本です。

5　ここに「第二節を見よ」とありますが、第二節では、人間の本質が思考に求められていました。なお、この考えは、唯物史観で社会的存在と社会的意識を分ける時にも大切です。感覚器官に与えられるものが物質だとすると、芸術（例えば絵画とか音楽）のように感覚器官（目や耳）に与えられるものがどうして社会的「意識」なのだという質問に答えられないでしょう。人間的感覚と動物的感覚の違いもここから説明出来ます。

## 第九節〔方法面から見た経験的認識の不十分性〕

〔経験から出発する認識に欠けている〕「第二のもの」は「形式面」の欠陥である。即ち、主観的理性〔理性としての認識主観〕は〔経験的認識が与える〕以上の満足を求めるものである。この〔理性の求める〕形式は「必然性」一般である。〔それなのに〕かの〔経験的〕科学の方法では、一方では、類等々〔類、法則、尺度……〕といったそこに含まれている「普遍」は、それだけで独立しては無規定であり、〔従って〕「特殊」との関係を持たないとされており、普遍と特殊は互いに外面的で、〔それらが関係し合うとしてもそれは〕偶然的なこととされ、同様にまた、普遍に結びつけられたいくつかの特殊もそれだけとしては互いに外面的で、〔特殊相互の結びつきは〕偶然的であるとされている。他方では、それらの〔経験的認識の〕始原はどこでも「直接的なもの、見出されたもの、前提されたもの」から取って来られている。この両面において、〔理性の要求する〕必然性の形式は満足されていない〔与えられていない〕。この欲求を満たそうとする限りでの追考は本来の哲学的思考であり、「思弁的思考」である。従って、この思弁的思考はかの第一の追考〔追考一般〕と「共通した」ものを持つ〔必然性一般の追求とか観念を対象とすること〕と同時に、それとは「異なって」もいる追考であるから、それは第一の追考と共通した形式〔観念一般〕のほかに、「自己固有の形式」を持っている。この〔思弁的思考に〕固有の形式が、一般に言うならば、「概念」なのである。[3]

1　ここに「第一節を見よ」と注意があります。第一節では「思考による考察」の特徴は、宗教的なものと違って、「必然性を追求する事だ」とされています。

2　これは例えば次のような事です。或るものを概念に基づいて直接的と間接的に分けたら、それと並ぶ第三の観点はないことが分かります。しかし、経験的、実証的にクマの種類をヒグマ、アライグマ、ホッキョクグマ、……と挙げてみても、それでクマの種類をみな挙げつくしたという保証はありません。なぜなら、それらの種類がどれだけあるかが、クマの概念の中から取られたのではなく、むしろ逆に、クマという概念（類）の方が、ヒグマ、アライグマ、ホッキョクグマ、……から外的に反省されて作られたにすぎないからです。物事を考える時に、こういう経験的なものに留まるか、内的必然性に基づいて概念的に考えるかが、実証主義と弁証法の根本的な相違です（『概念論』第一分冊一八〇頁の注6から引用）。

3　この最後の文にきて、それ以前と少し変わったことに気づかれるでしょう。それまでは、経験的認識に対して、そこには追考は含まれず、必然性は全然ないかのように言ってきましたが、ここにきて追考を二種に分けることによって、必然性一般と概念的必然性〔生成の必然性〕とを分ける考えを出してきたからです。現にヘーゲル自身、その経験的認識を述べた第七節では、それが経験的個別の中に「必然的なもの」を認識しようとするものであり、それの生み出すものが現出存在するものの「観念」であると述べています。ですから、本節の前半での批判は、博物学などには当てはまるかもしれませんが、ニュートンやケプラーの物理学には当てはまらないのです。ヘーゲルの真意は、経験的認識の達する必然性は相対的、外的必然性であって、理性＝思弁哲学の要求は絶対的、内的必然性であるということです。こう取ると、これが内容上、第七節本文に続いていることも分かると思います。前掲「弁証法の弁証法的理解（二〇一四年版）」を参照。

なお、最後の deren allgemeine der Begriff ist の文の allgemeine の変化形ですが、これは「強変化の女性単数一格形」です。省略されている語を補いますと deren allgemeine Form der Begriff ist と成ります。deren は Formen を先行詞とする関係代名詞の複数二格形ですが、後ろの名詞句〔形容詞＋名詞〕の中の形容詞の変化には影響を及ぼしません。ザクセン二格と同じです。ですから、次の形容詞は前に何も無いことになり、強変化します。形の上からは複数形の可能性もありますが、もし複数形だとすると ist は sind に成らなければなりません〔属詞文では主語か属詞が複数形ならば定形は複数形になりますから〕。意味は「第二の追考に特有の諸形式に共通の形式が概念である」です。

## 注釈〔経験科学と思弁哲学〕

〔第一に〕思弁哲学〔ヘーゲル哲学〕の他の諸科学〔経験科学〕に対する関係は、その限りで〔第九節本文に述べたことから見て〕次の通りである。〔①〕前者〔思弁哲学〕は後者の持つ経験的内容を脇に放っておいて見向きもしないというようなことをせず、それを承認し〔自分で〕使いもする。〔②〕それ〔思弁哲学〕はまた、それらの〔経験的〕科学の〔作り出す〕普遍つまり法則とか類等々を承認し、思弁哲学自身の内容に転化させる。〔③〕しかし、それ〔思弁哲学〕は〔そこに留まらず〕更にこれらの〔経験科学から得られる〕カテゴリーの中に他のカテゴリー[1]を持ち込み、妥当させもする。その限りで、この〔両者の〕区別はただ〔前者が後者の〕カテゴリーを変形するという点にしかないのである。〔第二に〕思弁的論理学〔ヘーゲルの論理学〕にはこれまでの論理学と形而上学が含まれている。後者の持っていた思考形式〔諸カテゴリー、例えば現象とか本質とか〕、法則〔思考法則、例えば同一律など〕及び対象〔神とか自由とか〕は受け継がれる。その時、思弁的論理学は受け継いだものに一層進んだ〔思弁的論理学特有の〕カテゴリー[2]を加えて変形し完成させるのである[3]。

思弁的な意味で使われた「概念」〔という言葉〕は、普通に概念と呼ばれてきていることとは区別しなければならない。無限者は概念によっては捉ええないという主張が為され、何千回何万回となく繰り返され、定説にまで成っているが、そこでは概念という言葉は通常の意味で、つまり一面的な理解で使われているのである[4]。

1　例えば存在論や本質論で取り上げられていて経験科学では取り上げられていないカテゴリーのことでしょうか。

2　理念論のカテゴリーのことでしょうか。

3　この段落は、弁証法的思考ないし大衆の生活の立場に立った真の哲学を考える上でとても大切です。一口で言うと、ヘーゲルは、経験科学の成果を無視するのではなく、それを「止揚する」と言っているのですが、我々の立場から捉え直すと、最大の経験は人民大衆の生活ですから、それを「哲学的に純化する」ということになります。『生活のなかの哲学』や『先生を選べ』、『哲学夜話』で実践しているのがこれだと思っています。ここで内容上難しいことはカテゴリーの「変形」とはどういうことかという点でしょう。これは「辞書の辞書」（『生活のなかの哲学』に所収）で明らかにした「単語の二つの意味」の内の「内容上の意味」が分かれば一通りは分かると思います。頭で分かったつもりでも実行するのは難しいですが。

4　ここではヘーゲルの概念という単語の自己流の意味と日常用法との違いについて触れています。こういう所だけ取り上げて「ヘーゲルの用語法は日常用語法と違うからヘーゲルは分かりにくい」と持ってくるのが講壇哲学者たちのやり方です。本書第一六〇節への付録の中で、両者の同一性を述べている個所も見てほしいものです。しかし、ヘーゲルの説明はあまり巧くないので、我々の側から平易な文を発表したいものです。思うに、ヘーゲルが自分の立場をほかならぬ「概念」という言葉で表現したことには十分な根拠があったに違いないし、それを考えることがヘーゲル哲学を理解する上で大いに有効なはずなのですが、これまで誰もこれを試みていません。ヘーゲルはかくも理解されていないのです。付録3の「ヘーゲル論理学における概念と本質と存在」を参照。

## 第一〇節〔哲学的認識方法の暫定的説明とは何か〕

〔これまでは日常意識及び経験を原理とする思考と哲学的思考との異同に触れてきたが、続いて、第四節で立てた第二の問題に移ることにしよう。つまり〕哲学的な認識様式の持っているこういう思考〔追考、あるいは概念的思考〕はなぜそういう思考に成らざるをえないのかを説明しなければならないし、それは本当に絶対的な対象〔自由、精神、神など〕を認識する能力〔可能性〕を持っている事を証明しなければならない。[1]しかし、それを洞察することはそれ自身哲学的な認識であり、従ってそれは哲学の「内部で」

しかできないことである。従って、そういうことを〔哲学への序論の中で〕「暫定的に」説明しようとするならば[2]、それは非哲学的な説明にならざるをえないし、前提や断定や悟性推理の織り合わせ以上のものにはなりえないだろう。――即ち、そういう説明は、それと正反対の主張が同等の権利を持って断言されうるような偶然的な主張の織り合わせ以上のものにはなりえないだろう。[3]

1　ここは鶏鳴版の理解を変えました。こういう訳で十分でしょう。なお bedarf es selbst の es は、原典の二〇頁の五行目の es と同じです。既に「第二版への序文」の第七段落への訳註1（一三四頁）の中で説明しておきました。

2　ここの Eine solche Einsicht の ein が「仮構の不定冠詞」です。

3　こういう考え方がヘーゲルの根本的な考え方です。

**注釈〔批判哲学の欠点〕**

「批判」哲学〔カント哲学〕の主要論点は、神とか事物の本質等々の認識に取り掛かる前に、認識能力がそういう仕事をする能力を持っているかどうかと、その認識能力自身を吟味しておかなければならない、ということである。〔一般的に言うと〕或る「道具」を使って為すべき仕事に取り掛かる前に、その道具を前以て調べておかなければならない、もしその道具が不十分なものだったならば、その時には全ての努力は無駄骨折りとなるだろう、[1]ということである。――

こういう考えは極めて「もっとも」に聞こえたので、それはものすごい驚嘆と賛同を呼び起こし、認識をしてその「対象」への関心と対象への取り組みから引き離し、自己自身〔認識自身〕へと、形式的なもの[2]へと引き戻したのであった。しかしながら、もし言葉にごまかされたくないならば、容易に分かるように、たしかに他の〔認識能力以外の〕道具ならば、それが使命としている固有の仕事に使ってみること以外の方法で、その道具を調べるとか判断するといったことも出来ようが、認識〔能力〕の研究は「認識すること〔その認識能力を実際に働らかせてみること〕」によってしかできないのである。認識能力を道具だと言うならば、この「道具」では、それを検査するということは取りも直さずそれを認識することなのである。それなのに〔カントは〕、認識する「前に」認識しようとするの〔である。だから、これ〕は理不尽と言わざるを得ない。それは、「水に入る前に」「泳ぎ」を習おうというかのスコラ学者の「賢い」[3]企てと全く同じである。[4]

〔カント哲学の〕そういう出発点の中にある混乱を認識したラインホルトは、その救済策として次のような事を提案した。即ち、或る「仮定的で蓋然的な」哲学から暫定的に出発してみて〔まだ証明されていない不確かな哲学を仮りに立ててみて〕、その中で、どういう風にするのか知らないが、その道を通って「根源的な真理」に到達する所まで進んでいくというのである。もう少し詳しく考察してみると分かることは、この方法は結局通常行われていることに帰着する、という事である。即ち、定義として採用した暫定的な仮定とか或る経験的な基礎を分析するということに帰着するのである。〔たしかに〕そ〔ういうラインホルトのやり方〕の中には、前提や暫定的なものを立ててそこから先へ進んでいく通常のやり方は仮定的で蓋然的なやり方と見なさなければならないという正しい意識がある。[5]しかし、こういう正しい洞察があるからといって、このやり方〔全体〕の〔仮定的〕性質が変わるわけではなく、むしろこのやり方の不十分さがそこに言い表されているのである。

1　sonst の使い方がピンときませんが、それは元々は「そうでないなら」ということで、ここでは「不十分でないなら」ではなく「十分でないなら」ということでしょう。又ヨーロッパ語で「~ではないか?」という否定疑問文に対して、それを肯定する時に noとか nein と受けるのと同じではなかろうか。それとも、wenn sonst で「もし~ならば」というのがあって、それが離れただけなのでしょうか。また、vergebens verschwendet sein も「ムダに浪費される」で重複表現みたいです。

2　第四一節への付録一（の三九九頁）では「思考の諸形式（die Formen des Denkens）」と言っています。

3　こういうのが典型的な皮肉です。冷笑と皮肉の違いを知らない人のために。

4　これはあまりにも有名なカント批判です。このことは『哲学の百科辞典』第四一節への付録一の中でも繰り返されています。そこでは、こういうカント哲学の正しい面として、昔の形而上学が自己の思考規定を自分で吟味しないで使っていたのに対して、思考形式自身を認識の対象としなければならないことを説いたことだと指摘しています。しかしその吟味は、認識する前に認識能力を吟味するという方法ではできず、自分で自分を吟味し、自分に即して自分の限界を示して先へ進むという内在的な方法で為されなければならないと述べています。つまり、ヘーゲルの論理学自身がこの思考形式の自己吟味の展開にほかならないのです。だからこそ、それは認識論という性格も持つのです。しかし、その思考の吟味が、認識する前に思考を吟味するというカント的方法ではなく、現実を認識しつつその思考規定をも吟味するという方法なので、それはまた存在論という性格も持ち、現実を深く反映することに成功したのです。

5　こういう所をきちんと言う所がヘーゲルの偉い所だと思います。更に言うならば、批判哲学も認識という道具を吟味しなければならない事を主張した点自体は正しかったのです。その方法が間違っていただけです。

## 第一一節〔哲学は思考の思考であり、それには二段階ある〕

哲学の要求[1]を更に詳しく規定するならば、次のように言うこともできるだろう。即ち、感覚し直観するものとしての精神は感性的なものを対象とし、想像力としての精神は形像を対象とし、意志としての精神は目的を対象としているが、〔哲学的思考としての〕精神は、〔感覚や直観や意志といった〕在り方や〔感性的なもの、形像、目的といった〕対象と「対立して」、あるいは「それらと違って」、思考を自己の対象とし、精神の最高の内面性である「思考」を満足させる使命を持っている、[2]ということである。かくして〔哲学的精神が思考を対象とすることで〕精神は「自己自身に」到達する、それも言葉の最も深い意味で自己自身に到達するのである。[3]というのは、精神の原理を成し精神の純粋な自己を成すものは思考だからである。しかし、この仕事をしてみると思考が矛盾に陥るということが起きる。つまり、〔思考を対象とした思考が生み出した〕観念の頑固な非同一性[4]という事態にぶつかって思考は自分自身に到達できず、むしろ〔目指していた事とは〕反対のことに囚われてしまうということが起きるのである。[5]そこで〔哲学の〕一層深い要求が現われてきて、悟性的にすぎない思考のこういう結果に立ち向かっていくことになるのだが、こういう一層高い要求の出てくる根拠は〔やはり思考の本性の中にあるのであって〕、思考は自己を見捨てることなく、自己の疎外を自覚したこういう時でも自己に忠実で、「それを克服する事を目指し[6]」、自己自身の生んだ矛盾を〔直接知や感覚的直観や神秘主義に逃げ込んだりしないで〕思考自身の中で解決しようと努力するものだ、という点にあるのである。

1　ここの das Bedürfnis der Philosophie を鶏鳴版では誤解していました。問題は、文法的に言えば、der Philosophie の二格形を「主語二格」と取るか「目的二格」と取るかです。やはり前者と取るのが穏当でしょう。

2　この辺の接続法第一式は単なる間接話法ではなく、要求話法と取りました。原文では「思考を自分の対象として獲得する」が「思考を満足させる」よりも後に書かれています。これを忠実に訳すならば、「思考を満足させて、〔本当の〕思考を自分の対象として獲得する」と訳すことも出来るでしょう。しかし、この二つの事は同じ事の別の表現にすぎないと思います。かつて私も「その著書が売れ、版を重ねたのは」と書いた事がありますが、これと同じでしょう。ですから、逆に、「精神の最高の内面性である思考を満足させる」の方を訳さないで、「思考を対象として獲得し」だけにするという訳もあって好いと思います。これだけにすればその前との対比がきれいに出ますから。

3　ということは、精神のそれ以前の三つの段階でも、それぞれに応じて「精神は自己に到達していた」ということです。ですから、「というのは」以下で、思考における自己への到達が「最も深い意味」でのそれであるという主張の理由が説明されるのです。

4　「観念の頑固な非同一性」とは、「AはAである」という同一律が成り立たなくなること。例えば、原因だと思っていたことが結果になり、結果だと思っていたことが原因になることでしょう。

5　エンゲルスのいわゆる「形而上学的思考」が、自然・社会・思考の「弁証法」には役立たないという説明を思い出すとよいでしょう。

6　「それを克服する事を目指し」という言葉は強調されており、引用符で括くられていますが、それは多分、当時流行していた合言葉みたいなものだったのでしょう。

## 注釈〔思考の本性としての弁証法〕

思考の本性自身が弁証法なのだと洞察すること[1]、即ち悟性としての思考は自己自身の否定つまり矛盾に陥らざるをえないと洞察することは、〔ヘーゲル〕論理学の一主要側面を成している。〔たしかに〕思考は、自分で自分に作り出した矛盾を「自力で」解決することに絶望すると、〔感覚、直観、想像力、意志といった、思考以外の〕他の形式[2]を採った精神に分かち与えられている解決や[3]慰安〔自己満足〕へと戻ってしまう事もある。しかし、たとえそういうものへ戻ったとしても、プラトンが既に経験した〔戦った〕ような「理性嫌い」[4]に陥る必然性はないだろう。[5]語を替えるならば、いわゆる「直接知」が真理を意識する唯一の形式だとする主張では、自己自身〔思考自身〕に対して論駁的〔否定的〕に振る舞っているが、〔知性に絶望したからといって〕必ずしもそういう結果になるとは限らないだろう。[6]

1　第一点。ここの die Natur des Denkens selbst では selbst を des Denkens だけに掛けるか句全体に掛けるかの問題があります。松村は後者、宮本は前者です。どちらでも大差はありませんが。第二点。ここでの「弁証法」（最も厳密な意味での弁証法）を理解するには本書第七九～八二節にある「論理的なものの三つの側面」を理解しなければなりません。それは①悟性的側面、②弁証法的＝否定的理性の側面、③思弁的＝肯定的理性の側面ですが、①から②が、②から③が必然的に出てくるのです。ヘーゲルの論理が「弁証法」と言われる理由は、これら三つの側面を立体的に把握する上での②の決定的役割を見抜いた点がヘーゲルの論理の中心となっているからです。又、それが「思弁哲学」と呼ばれるのは、やはり最高の段階が③だからです。ここで注意しておくべきことは、思弁的＝観念論的という先入観です。たしかにヘーゲルにおいては、この厳密な意味での思弁的論理が存在と思考との「実体的同一」という観念論と結びついていたのですが、思弁的論理（分かりやすく言えば「上昇法」と言ってもよいのですが、前掲「恋人の会話」で述べた「絶対的理念」の立場に立つ認識）は、必ずしも観念論と結びつくものではありません。唯物論の上にこそ思弁的論理を打ち立て、完成させなければならないと思います。自称マルクス主義者にはこれが分からないのです。講壇哲学の内部でこれを追求したのが許萬元の『ヘーゲル弁証法の本質』です。これを批判したのが私の「サラリーマン弁証法の本質」（『哲学夜話』に所収）です。

2　ここは dem Geiste in anderen seiner Weisen und Formen となっていますが、anderen は三格で、seiner Weisen und Formen は二格（所有の二格）です。

なお、この注釈の四行目の auch は何でしょうか。松村と英訳は訳出していないようです。宮本は「自力でその矛盾の解消をもなし遂げうるにもかかわらず」としています。ここは全体の構文が auch ... jedoch で、前半は「〜という事『も』あるが」という意味ではないでしょうか。

3　この「解決」は、現代日本文なら、括弧に入れたい所です。ニセの「解決」、自称「解決」という意味で。

4　「理性嫌い」は Misologie を訳しました。ほかに「思惟の嫌悪」（松村）、「論理嫌い」（宮本）という訳もあります。Misanthrop（人間嫌い）という言葉がありますが、Miso- は「嫌い」で、-logie は「ロゴス」でしょう。問題は、「プラトンが経験した」という事は「プラトン自身が一時そういう状態になった」という事か、そういう思想と戦ったということか、です。後者だと思います。

5　この hätte は何でしょうか。松村は仮定話法の帰結と取り、条件を「絶望さえしなければ」と取っていますが、かなり無理だと思います。英訳は「しかし、不幸にして、思考のこの後退によって理性嫌いという招かれざる結果に陥った」としています。宮本は「しかしこうして戻っていく場合」としています。この hätte は①仮定話法の帰結か②婉曲かのどちらかでしょうが、①と取ると、条件をどこに求めるかが問題になります。もうひとつは bei dieser Rückkehr です。この句を「こういう後退をするならば」と順接に取るか（A案）、「こういう後退をしたとしても」と逆接に取るか（B案）の二説が考えられます。鶏鳴版では hätte は②と取り、この句はB案に取りましたが、今回は hätte は①と取り、この句はB案と取りました。
6　この注釈では verzweifelnd（絶望して）という語が出てきますので、『精神現象学』を連想せざるをえません。五五八頁の訳注2を参照。

## 第一二節〔思考の下降と上昇の際の経験科学の役割〕

上述の〔思考が満足を得たいという〕欲求に基いて「発生」した哲学の「出発点」[1]は、「経験」[2]、つまり直接的意識と悟性推理を事とする意識[3]である。〔しかし、それは出発点であって〕そういう刺激に揺り動かされた思考は、その本質に基いて、[4]その〔出発点としての〕自然的意識を「越えて高まり」、つまり感性的意識及び悟性推理を事とする意識[5]を越えて高まり、思考自身の純粋な境地へと入り込む。即ち[6]思考は差し当たってはかの出発点から遠ざかるように、出発点を「否定するように振舞う」のである。かくして思考は自己の中で、これらの〔経験界の〕諸現象の「普遍的」本質という理念の中に入った事で、まずは〔自己〕満足する。この理念（絶対者、神）は多かれ少なかれ抽象的であってよい。逆に、[7]経験科学は、自己の豊かな内容が直接的で与えられただけのものとされているような「形式」を克服して、あるいは多様なものとして「並置」されただけで、「偶然的なもの」一般[8]とされているような形式を克服して、その内容を必然性にまで高めようという衝動[9]を持っている。経験科学の持つこの衝動は思考を刺激し、思考をかの普遍性〔の中での自己満足〕と単に[10]〔本当の〕満足が「潜在的に」与えられているにすぎない状態とから引き裂き、思考が「自己からの展開」をするようにと追い立てる。[11]この思考の自己からの展開とは、一方では、〔経験科学が与えてくれる〕内容とその諸規定とを単に〔ありのままに〕取り上げるにすぎないが、他方、それは同時に、その内容に〔根源的思考の意味で〕自由に現われる形態を与えるものでもあり、その時その内容はひたすら事柄そのものの必然性に則って現われ出るようになるのである。

1　「出発点」としては「直接的意識」だけで、「悟性的推理を事とする意識」は狭義の「出発点」とは言いにくいから、この「出発点」は「前提」とか「通過する段階」くらいに広く取ってもいいと思います。

2　ヘーゲルの「経験」というとすぐにも連想されるのが、『精神現象学』を「意識の経験の科学」とした時の「経験」です。そこでの問題は、ヘーゲルが意識の行為をほかならぬ「経験」と呼んだ時、その経験という語の使い方は、我々が日頃「経験」という言葉を使っている時の使い方と違っているように見えるが、実際は違わないと言っているだけで、それではどう一致しているのかの説明がないことです。

ヘーゲルによると、意識は自分に「与えられた」対象＝内容について知るだけで、その対象が「なぜ」「どういう経過をたどって」自分に与えられることになったかを知りません。後者を知っているのは、そういう意識の成長過程を傍観している我々＝哲学者だけだ、ということでした。つまり、意識は「たまたま」どこかで或る対象に出会ってその対象について或る「経験」をすることになるのです。日常用法で「どこそこでたまたまこれこれの経験をした」と言う時も、なぜそのような経験をすることになったのか、その発生の必然性は分かっていません。ただ経験の内容だけが問題になるだけです。それと同じなのです。erfahren を見ると「遭遇する」という意味がありますが、それに当たると思います。もっともここでは、この「経験」は「純粋」思考の対概念ですから、かなり広い意味だということを押さえておけばよいでしょう。

3　das räsonierende Bewußtsein を松村は「帰納的意識」と訳し、宮本は「知性推論的意識」と訳し、英訳は「帰納」と訳しています。räsonieren はフランス語からヘーゲルが（?）作ったドイツ語で、その意味は「外的根拠に基づいた推理」ということで、能力としては悟性に属するものです。なお、ここで経験を具体的に「直接的意識と悟性推理を事とする意識」と言い換えていますが、後二者は「言葉としては」論理的に整理されておらず、経験がこの二つの意識で尽きることが表面に出ていません。これを「直接的（無媒介的）意識と媒介された意識」と言えば、それが表面に出るでしょう。こういう風に考えるのを「形式を考える」と言います。

4　この bestimmt sich ... so が形式文法上の主文ですが、事実上はこれは挿入句ではなかろうか。そして、dadurch .. erregt は、形式的にはその主文を規定しているのですが、事実上は dass 以下を規定しているのではあるまいか。松村はそう取っています。英訳は忠実に訳しています。「……によって刺激されて、思考は……という特徴を持つ」という風に。なお、als einen Reiz と四格形になっていますが、dadurch の da が durch の支配を受けて四格ですから、それと同格にしたのです。

5　ここの三つの形容詞の内容上の関係をこう取りました。松村も英Wもこう取っています。

6　この und は、松村訳も英Wも erhebt と gibt を並べるものと取っていますが、内容上は我々の解釈のようになると思います。これは二つの行為ではないのですから。

7　ここで「逆に」と言ったのは、思考の能動性が一時止まり、今度は「逆に」経験の能動性が働き出すからでしょう。

8　「直接的で与えられたもの」→「多様なものとして並置されただけのもの」→「偶然的なものの一般」と二回も言い換えたのは、次の「必然性」という言葉をスムーズに出すために、その対概念である「偶然」という言葉を出しておきたかったからでしょう。なお、ヘーゲルの言い換えにはほとんどの場合、こういう「魂胆」ないし「底意」があると思います。それを見抜くことがヘーゲルを読む技術の一つです。

9　これは Reiz ですから「刺激」と訳したいところですが、刺激というと何か「他者への刺激」ということが考えられますが、ここは「自己への刺激」ですから、あえて「衝動」としました。

次にあるように、これは思考への刺激になりますから、ヘーゲルは Reizと言ったのでしょう。

10 この「たんに」と訳した nur はズールカンプ版にはありません。

11 実際、ヘーゲルのような徹底的な観念論者からこういう言葉を聞くのは意外ですが、哲学の発展のためには、経験科学（自然科学も社会科学も）と接し、現実生活を広く深く知らなければならないことを、ヘーゲルは思考の自己満足性から理論的に展開しています。そして、ヘーゲルは実際にこれを実行しています。百科全書家・ヘーゲルです。

**注釈〔経験から媒介されたものである思考の自立性〕**

**〔直接性と媒介性の不可分性〕**「意識」における「直接性」と「媒介性」の関係について明確に詳しく述べるのは後の節の仕事である。[1] ここでは暫定的に、たとえその両契機が事実異なったものとして「現われている」にしても、「どちらも無くてはならないもの」であって、両者は「切り離しがたく」結びついている、ということだけを注意しておけばよい。――

**〔媒介された知の自立性〕**そのように、神についての知も、またどんな「超」感性的なものについての知も、一般に、元々、感覚や直観を「越えて高まる」ということを含んでいる。だからそれは、この最初の出発点〔である感覚や直観〕に対して「否定的に」振舞うということを、即ち[2]「媒介」を含んでいるのである。というのは、媒介とは或る点から始まって第二の点に進んで行ったということであり、[3] 従ってこの第二の点はそれにとっては他者であるもの〔出発点〕からそこへと到達した限りでしか存在しないということだからである。しかし、だからといって、神についての知はかの経験的側面に対して相変らず自立的で〔それに少しも依存するようにはならず〕、いやそれどころか、本質的には、この〔出発点への〕否定的振舞いと〔出発点を超えて行く〕高まりによって〔初めて〕それは〔真の〕自立性を獲得するのである。[4]——もし媒介されているということを条件づけられていることとし、その面だけを一面的に取り出すならば、哲学はその最初の発生を経験〔「後天的なもの」〕に負っていると言えるだろう〔実際、思考は本来、直接的に現存するものの否定なのだから〕。しかし、このような事を言ったからといって、それ程大したことを言っているわけではない。それなら〔もしそれが大した事だとするならば〕、同様に、食事が出来るのは食べ物のお陰だとも言える。食べ物が無かったら食べることができないからである。この関係から見れば、食べるということは忘恩的なことと考えられる。食べるということは、それのお陰で自分自身が存在できる当のもの〔食べ物〕を食い尽すことだからである。こう考えると〔同じ論法で〕考えるということもそれに劣らず忘恩的〔だという事になるの〕である。[5]

**〔自己内で媒介された直接性（＝普遍）の二種〕**しかるに、思考が自己の内に反省し、従って自己の内へ媒介された〔結果としての〕「直接性」〔これが〕「先天的なもの」〔なのだが、それ〕は「普遍」であり、自己の許《もと》にあること一般である。普遍の中では思考は自己満足しており、その限りで、「特殊化する事」に対して、従って又自己展開に対して本来無関心である。[6] その点ではちょうど宗教と同じであり、宗教というものは、かなり発展したものでも未発展のものでも、科学的な意識にまで形成されていようとあるいは無邪気な信仰と心情の内に留まっていようと、このような自己満足と至福という性質を強く持っているものである。[7] もし思考が観念[8]の持つ「普遍」〔という一契機に〕留まってい〔て、特殊及び個別の両契機を無視す〕るならば、——こういう事は最初期の哲学では避けられないことだったのだが〔例えばエレア派の「存在」とかヘラクレイトスの「生成」等々〕——そういう思考に対しては正当にも「形式主義」[9]という非難がなされることになる。発達した哲学でもこういうことは起こりうるのであって、〔例えばシェリンク哲学におけるように〕「絶対者の中では全ては同一である」といった抽象的な命題や、「主観的なものと客観的なものとの同一性」[10]といった抽象的な規定だけを取り上げ、〔この命題や規定を普遍として、それに対する〕特殊が問題になる時にも同じ抽象的な命題や規定を繰り返すことしかしない哲学[11]がある。こういう思考が最初に持つ抽象的普遍〔という性格〕を考えると、哲学はその発展を経験に負っているという[12]命題は、正しく根本的な意味を持っている〔事を思い出さざるを得ない〕。経験科学は、一方では、現象の「個別」を知覚するだけに留まらず、〔与えられた〕素材に思考を加えて哲学に提供する。[13]つまり〔現象の個別の中にある〕普遍的な規定や類や法則を見出すのである。かくしてそれは、特殊というかの内容を哲学にとって取り上げやすいように準備するのである。他方では、それによって経験科学は、思考自身〔哲学〕がこれらの具体的な諸規定へと突き進むようにと強要しもするのである。哲学がこの内容を取り上げる時、そこに思考作用が加わるために、その内容がそれまで持っていた直接性とか所与性は止揚するのだが、これが取りも直さず思考の自己自身からの「展開」にほかならない。[14]

このように、哲学は経験科学の〔刺激の〕お陰で〔抽象的普遍での自己満足から脱して〕自己を展開する〔特殊化する〕ようになるのだが、哲学の方でも経験科学の内容に[15]思考の持つ「自由」（「先天的なもの」）という本質的形態を与え、「必然性」を「保証する」ことで、それを単に眼前に見出されたことや経験された事実を確認する段階から高め、よってもってその事実が根源的で完全に自立的な思考活動の現われないし写しとなるようにするのである。[16]

1　「意識における」直接性と媒介性の関係を詳しく述べたのは第一二節でしょうか。存在における直接性と媒介性の関係についての適切な説明は第六六節への注釈でしょう。

2　aberを少し強く「即ち」と訳しました。「少し調子の高い文ではundの代わりにaberやdochを使う」と、関口存男は言っています（『趣味のドイツ語』一二三九頁）。aberはいつも逆接とは限らないのです。

3　媒介ということについてのこの基本的理解をしっかりと理解し覚えておいて下さい。

4　精神の本性においては、媒介によって生まれ出たもの（第二のもの）が媒介の出発点を止揚するのであり、それによって第二のものは第一のものに依存しながらかつ依存しないという関係を持つものである、というこの論理を発見したことは、ヘーゲルの最大の功績の一つです。この点は第五〇節への注釈でも出てきます。

　この論理を自然と人間の関係について考えます。人間は自然から生まれました。その限りで人間は自然に依存していますし、今でも現に食事を初め全ゆる活動で自然に依存しています。しかし、人間は思考と労働と社会とによって自然を支配する可能性を持っています。現在はまだその可能性は部分的にしか現実化されておらず、人間は人間に成りきっていませんが。拙著『労働と社会』参照。

5　思考と消化とを比較して考えるのは、ヘーゲルの思考観の根本と言ってよいくらい重要な発想です。そして、実際、この両者には単なる「譬え」以上の深い関係があります。この点については「認識論の認識論」（拙著『哲学夜話』に所収）に基本的な諸点をまとめました。二五三頁を参照。

6　これは我々の生活の中で捉え直すと、例えば、講壇哲学教授が、自称実存主義者か自称唯物論者かに関係なく、その実際の生き方においては、自分の哲学を生きるのではなく、札束と人事権の枠内で細々と生きながら、観念の世界ではやれ真理だとか主体性だとか概念的把握だとかを談論風発して自己満足していることではなかろうか。それの一因は「理論＝思考の本性の中に自己展開への無関心がある」という事でしょう。たしかにこの面はあるでしょうが、それはあくまでも「一因」であって、この問題を総合的に考える時には社会的視野も必要です。しかし、この面はヘーゲルに期待するのは無理で、マルクスの唯物史観を待たなければならないでしょう。かといって、この問題はマルクスの唯物史観だけで説明して「実践、実践！」というのが正しいのでもないと思います。ヘーゲル哲学を学ぶ必要がいつまでも消えない理由がここにあります。

7　これは「悟性的思考の自己満足的性格」とでも名付ける事が出来ますが、この点はこれまで誰も問題にしなかったようです。それはともかく、ヘーゲルもカントと同様、合理論（ないし宗教）と経験論（ないし科学や哲学）との対立の止揚を目指していることは、この辺からよく分かります。

8　このIdeenは、松村も宮本も「理念」と訳し、英Wも頭文字を大書していますが、これはGedankenと同義だと思います。もう少し強く訳してもせいぜい「概念」でしょう。ヘーゲルの勝義の「理念」については、「理念の持つ普遍に留まる」ということは言いえないと思います。

9　このFormalismusは無冠詞です。これは表面上は「語」ですが、事実上は語ではなく「形式主義！」と決めつけた「言《げん》」だからでしょう。これが無冠詞形の典型的な例ですから、よく理解しておいて下さい。なお、松村は「公式主義」と訳していますが、マルクス主義の運動での用語法が念頭にあるのでしょう。こういう訳もあるとは思います。

10　この二例は、訳文にかみ砕いたように、それぞれ、抽象的命題と抽象的規定の例となっています。ですから、英Wがこの言葉を「主観的なものと客観的なものとは同一である」と「命題」にしてしまったのは拙いと思います。

11　「～といった抽象的命題や～といった抽象的規定を取り上げ」からここまでの文章は同語反復です。これを同語反復でなくするには、「抽象的命題」と「抽象的規定」とから「抽象的」という形容詞を取ればよいでしょう。なぜなら、それらの命題や規定がそれ自体として抽象的なのではなく、それらの命題や規定に留まり、特殊が問題になる時にもそれらを繰り返すことしかしないから、それらが抽象的に成るのだからです。この点をしっかり掴むことがヘーゲルを理解する鍵です。有限なカテゴリーと無限なカテゴリーとの区別も、個々のカテゴリーがそれ自体として有限であったり無限であったりするのではありません。そのカテゴリーを使う人がどう使うかで、有限にもなれば無限にもなるのです。私の哲学随想や論文はこれまでのいわゆる哲学と異質だと誰もが気づいていますが、それはこれまでと異なった言葉を使ったからではありません。いや、それどころか、誰もが知り使っている「言葉」でそれは書いてあります。概念の吟味に基づいて異なった「使い方」をしただけです。しかし、ということは、どの概念も同じ価値を持っているということではありません。ですからヘーゲルはカテゴリーをその「価値に基づいて」体系化し、論理学を書いたのです。これらの二点を混同しないように。そして、これらの二点が本当にどういうことなのか、納得いくまで考えること。ここから、そしてここからだけ、ヘーゲルと哲学とへの道が開けるのです。

12　ここは **zu verdanken ist** となっていますが、**ist** ではなく **hat** とした方が日本人には分かりやすいと思います。しかし、ドイツ語の検討の細かいズーアカンプ版でも **ist** のままですし、こういう言い方も可能だとは思います。

13　**entgegengearbeitet** はグロックナー版では分離されており、ズーアカンプ版では一語になっています。その意味は、前綴の **entgegen** をどう取るかですが、「哲学に対抗して」か、それとも「哲学に向って」＝「哲学のために」か、いずれかでしょう。一応後者と取りました。

14　経験が個別から法則等を作る時に使う思考と哲学がそれらの法則等に加える思考とは、追考と再考として区別されています。なお、ここの文の属詞（いわゆる述語）を **ein** ***Entwickeln*** とイタリックで強調した上で不定冠詞を付けています。この不定冠詞は「評辞の不定冠詞」でしょうから、不定冠詞を付けるならばイタリックで強調する必要はなかったとも言えます（「文法」の六八九頁の⑧を参照）。松村はここを「思惟の自己展開を意味する」と訳していますが、名訳だと思います。

15　この deren Inhalte は三格形です。複数形ではありません。今では単数の三格の語尾 -e はほとんど使われなくなっていますが。六〇頁の三行目では seinem Inhalte nach となっていますから迷う余地がありません。

16　ここに述べられたことはとても大切です。一言にまとめると、「哲学は経験の消化である」となるでしょう。ですから、この経験の根本である大衆の生活経験から離れて孤高を保ったりする人にも、札束に屈服して経験の雑踏の中でひたすら死を待っている人にも、哲学は分からないのです。

## 第一三節〔本当の哲学史とは何か〕

本来の「外面的な歴史観」[1]では哲学の発生と発展は「哲学物語」[2]と考えられている。こういう歴史観では、理念の発展の諸段階〔である諸哲学〕に「偶然的な」連続という形式が付与される。つまり[3]、まあ、いろいろな哲学は〔互いに無関係に〕「異なった」原理を持ち、それをそれぞれが展開したにすぎないというのである。しかし[4]、この何千年にもわたる仕事を司《つかさど》っている職工は「単一の」生ける精神であって、その精神の本性は思考であり、その仕事は「精神の何たるか」を自覚することなのである[5]。しかるに、これを意識の対象とする〔自覚する〕ということは、その事が同時に既にその対象〔精神の現状〕より高まり、一層高い段階に登ることなのであるが[6]、そういう自覚によって高まることがまた精神の本性でもあるのである。「哲学史」の示すところは、第一に、さまざまな形で現われている諸哲学は「唯一の」哲学の形成の諸段階にすぎず、第二に、各哲学はそれぞれその全一体の一特殊部分を自己の根拠としているのであり、従ってそれらの特殊な「原理」はその全一体のいろいろな「分肢」にすぎないということである。[7] 時間的に見て最後の哲学はそれ以前の全哲学の結論であり、従って〔それ以前の〕全ての哲学の原理を含んでいなければならない。[8] だからそれは、いやしくもそれが哲学であるならば、[9] 最も発展した最も豊かで最も具体的な[10]哲学なのである。

1　この文は分かりにくかったが、この äußerlicher Geschichte は所有の二格に取って、「外面的歴史にもいろいろあるがその本来の形態においては」と取りました。

2　ここでは Geschichte の二義、つまり①出来事とその物語、②勝義の歴史、を使い分けたものと取ってこう訳しました。

3　この und は前と後とを並列させているのではなく、前の「偶然的」という言葉を und 以下で説明しているのだと思います。こういう und もあります。

4　aber を文頭ではなく文中に紛れ込ませるのはよくある事ですが（「文法」の一一五〇頁の③を参照）、Der Werkmeister aber dieser Arbeit von Jahrtausenden と、ひとまとまりである文頭の句の中に入れるとは、ドイツ語も面白い言語だと思います。

5　この精神を人間と言い換えるとするならば、「人間の本性は人間とは何かを自覚することであり、思考能力はただこの目的のためにのみある」となるでしょう。

6　これは普通には「欠点とはそれを自覚しない限りで欠点なのであり、自覚した人はすでにその欠点を半分は克服している」と言われている事に当たるでしょう。ここで考えるべき事は、ヘーゲルでは自覚即完全克服ですが、日常意識では自覚はまだ「半分だけの克服」にすぎないという点でしょう。唯物史観の立場に立って深化したい問題です。三四八頁の②参照。

7　これは哲学史についてヘーゲルが明らかにした有名な見方です。この見方を全事物に及ぼすと概念の立場になります。「弁証法の弁証法的理解（二〇一四年版）」及び「恋人の会話」を参照。

8　この muss は必ずしも訳さなくてもいいでしょう。事実を確認的に言っているだけですから。
9　wenn sie anders Philosophie ist の anders は『独和大辞典』に、「wenn に導かれる文で冗語的に」として、wenn anders er zu Hause sein will（もし彼が家に帰るつもりなら）が載っています。
10　konkretest などと、「具体的」という形容詞になぜ比較級や最上級があるのかと疑問に思うようであってください。ヘーゲルにおける「具体的」とは「対立物の統一」とか「規定を二つ以上含む」という意味です。

**注釈〔普遍と特殊の真の関係〕**

極めて「多様な」哲学があるのを見るにつけても、[1]「普遍と特殊」とをその本来の規定に基いて区別しなければならない。普遍というものを形式的に取って「特殊と並んだもの」とすると、普遍自身もまた一つの特殊な[2]ものになってしま〔って、真の普遍ではなくなってしま〕う。こういう風に並べて置くことが不適切だということは、日常的な対象について考えてみる時には自ずから明らかになる。例えば、果物が欲しいと要求した人が、サクランボとかナシとかブドウ等々が与えられた場合に、これらはサクランボまたはナシまたはブドウであって果物では「ない」という理由で、[3]それらは要らないと言うような場合である〔この場合には、不平の根拠の方が間違っていることは明らかだ〕。しかし、哲学では〔事情が異なるのであって、或る哲学が問題になった場合〕、「哲学にはいろいろあって、それらの各々はそれぞれ「一つの」哲学であって哲学そのものではない」という理由で、哲学を拒絶することが許されている――あたかもサクランボが果物ではないかのようだ。[4]また、普遍を原理とする哲学を特殊な原理を持つ哲学と「並置する」というようなことをする人もいる。いやそれどころか、そもそも哲学なんてものは存在しないのだと断定する説も普遍を原理とする哲学も、哲学についての〔同一平面上での〕「異なった見方」にすぎないという考えで、両者を並置することすら行われている。これはまあ、光と闇とを光の「異なった」在り方にすぎないと言うようなものである。[5]

1　松村は「一見したところ、非常に多くの異なった哲学があるようにみえるが」と訳しています。ヘーゲルの scheinen 概念から考えて、ここの Anschein を同じものと解釈するのは、多分、正しいでしょう。ヘーゲルはここでも「本当の哲学は一つ」という立場でしょうし。しかし、それは後になって分かる事ですし、出発点では、一応、哲学と称しているものが沢山あるという現象的事実確認から出発するので、こう訳しておきました。

2　この考えはヘーゲルの考えの根本であり、それ以前の普遍論、無限論に対する批判です。

3　マルクスが『神聖家族』のなかでヘーゲルの概念的思考の観念論的性格を指摘する際に、その例として果物を取り上げたのはここから来るのでしょう。松村もその『ヘーゲルの論理学』（勁草書房、一九五九年）の一一一頁や一一九頁で果物の例を使っています。

4　この auch は die Kirschen に掛かり、「サクランボも果物である」ということがないかのように、と考えました。これは auch Birnen usw. も含めていて、それを Kirschen で代表させたのだと思います。

5　普遍と特殊についてのここに（特にこの注釈の前半に）述べられているような見方なら誰でも知っているし、認めるでしょう。これは普遍と特殊についての悟性的な考え方です。普遍と特殊についてのヘーゲルの真の独創は、後半部の、同じ哲学といっても普遍的なものと特殊的なものとがあるという点です。両者を分ける基準の一つは、第一三節の本文にあるように、「過去の全哲学の結果となっているか否か」です。この点の真の展開は「概念の普遍・特殊・個別」についての議論なのですが、ヘーゲルの説明がきわめて下手なので、これまで全く理解されませんでした。付録2の「昭和元禄と哲学」で説明しておきました。

## 第一四節〔哲学の具体性と体系性〕

哲学史に現れている思考の発展は哲学そのものの中でも現われる。しかし、それはここではかの歴史的外面性から解放されて「純粋に」、「思考という本来の境地の中で」現われるのである。[1] 自由で真なる観念〔というもの〕は自己内で「具体的〔自己内に矛盾を持つものであり、その対立物を統一したもの〕」であり、従ってそれは「理念」であり、その全き普遍性の中で〔展開された時に〕は理念「そのもの」〔絶対的理念〕あるいは「絶対者」である。[2] 絶対者についての学問〔である哲学〕はその本質からして「体系」である。なぜなら、〔第一に〕真理は自己内で自己を展開しかつ〔その展開された矛盾を〕統一へともたらし保つものとしてしか、つまり「統体」としてしか具体的なものでありえないし、[3]〔第二に〕真理の持つ諸区別〔諸契機〕を分化し規定することによってしか、それらの区別の必然性と全体の自由とはありえないからである。[4][5]

1　哲学と哲学史とのこういう内面的関係を洞察したことはヘーゲル哲学の根本の一つであり、偉大な功績と言うべきでしょう。

2　観念というのは一つ一つ切り離しても考えることができますが、それが他の観念と立体的発展的に関連すると理念になり、それが完全に展開されると絶対的理念になります。観念が理念へとこのように内的に運動する力を自己内に持っているということを言い表した言葉が「観念は自己内で具体的」という句です。

3　体系という「言葉」を毛嫌いしている人はここをよく読むべきでしょう。体系と統体性と具体性と絶対性とは一体なのです。具体的普遍（という言葉）に賛成しながら体系に反対する自称マルクス主義者は、自分が何を言っているのか分かっていないのです。確かに個人の能力も知識も有限ですから、体系を建てようとすると分からないところが出てきますから、そこをどうするかという問題があります。ヘーゲルでも誤魔化している所、詭弁を弄しているところが少なからずあると思います。しかし、だからと言って、ヘーゲルがこういう学問のあり方を提唱し、常にそれを実行した事の意義は消えないと思います。体系を目指して努力してゆく事が大切なのだと思います。分からない所は「分からない」と断ればよいと思います。初めから体系を放棄しているようでは学者とは言えないでしょう。

4　「諸区別の必然性と全体の自由」という考えは「滅私奉公」と混同されやすいですが、ヘーゲルの考えはむしろ「私＝諸区別」を生かすことに力点があり、かつ、特に、すべての個人が「全体の自由」を享受できる方向を志向している点で、「私人を超えた公に奉ずる」という考えとは異なります。まして、後者が一部の特権層を守る煙幕であったのとは全然違います。

5　「真理の諸区別を分化し規定することによってしか～自由はありえない」とは、ヘーゲルの論理学に照らして考えますと、「各カテゴリー（これが真理の諸区別）を全論理学体系内に位置づけることによって、それぞれの意義と限界を明らかにすること、また、それによって全体系の真理性・自立性・完全性が証明される」という事です。

## 注釈〔哲学的思考の体系性〕

体系を成さない哲学などというもの[1]は学問とは言えない。そういう哲学的思考はそれ自体としては[2]むしろ主観的な考え方を表現しており、その内容の面から見れば偶然的である。[3]どんな内容でも[4]全体の契機として〔体系内に位置づけられることによって〕しか自己の正当性を獲得しえない〔自己の存在理由（発生の必然性〕と自己の限界を明らかにすることが出来ない〕のであり、全体の外では〔体系内に位置づけられない場合には〕それは根拠なき前提か主観的確信〔にすぎないの〕である。[5]〔実際〕多くの哲学書はこういうやり方で〔自分の〕「心情」とか〔個人的〕「意見」を発言する段階に留まっている。――〔ところで、体系に反対だと言われる場合には〕「体系」という言葉の下で他の原理から区別された有限な「原理」に基づく哲学が理解されているが、それは誤解である。〔実際には〕その反対で、自己内に特殊な諸原理をすべて〔止揚して〕含み持つということが、真の〔体系的な〕哲学の原理なのである。[6]

1　冒頭の句は Ein Philosophieren ohne System kann nichts Wissenschafliches sein（英・Unless it is a system, a philosophy is not a scientific produktion; 仏B・Une démarche philosophique sans système ne peut rien être de scientifique）となっていますが、文頭の不定冠詞は「仮構の不定冠詞」です。「仮にそういう物があると仮定するならば」という気持ちを表しています。英仏もやはり不定冠詞にしています。。

2　この「それ自体としては」は、次の「その内容の面から見れば」と対になっています。ですから、「形式面から見れば」ということで、或る思考方法を内容から切り離してその考え方（＝形式）だけから見ることを言っています。

3　そういう哲学的思考が内容上偶然的とは、対象（事実）を正しく反映していないということではなくして、事実を正しく反映していても、その事実を、なぜ、また他とのどういう関連で取り上げるかということが証明されていないということです。

4　この ein Inhalt の不定冠詞は任意性を表しています。

5　ここでは、体系的思考と体系なき思考とを対比的に論じていますが、全体としては体系という言葉は強い意味で使われています。通常の哲学書もそれなりの体系の下でそれなりの根拠に基づいて一定の主張をしています。それなのに、それも「主観的確信」や「根拠なき前提」としています。なぜかと言いますと、厳密には、根拠の立場は可能性の立場＝偶然性の立場で、通常の哲学はこの立場に立っていますから、それは「それなりに根拠のある主張であり結論」でしかないからです。「根拠なき前提」と言わないで、「絶対的必然性を持たない単なる〔主観的〕根拠に基づく有限な真理」とでも言ったら好かったでしょう。

6　このことは第一三節に既に書かれていました。

## 第一五節〔哲学の部分と全体〕

哲学の各部分は、どれもみな、その哲学の全体であり[1]、自己を自己自身の中でつなぐ円環である。しかし、〔各部分がその哲学の全体だと言っても、それは部分と全体が直接的に同一だというのではなく〕その哲学の理念[2]は各々の部分の中でその部分独特の仕方でそれ独特の境地の中で現われているのである。[3]個々の円環〔部分〕は自己内で統体で〔も〕あるから[4]、自己の境地の制限を破って一層進んだ領域を根拠づけもする。[5]従って、〔哲学の〕全体は、その一つ一つの円環がその全体の必然的な契機であるような複数の円環から成る一つの円環である。そして、それらの円環の固有の境地の体系が理念全体を成し、その理念全体は個々の境地の中に現象してもいる、という訳である。

1　ここは哲学の部分と全体との関係を論じている所なので、この ein philosophisches Ganzes を「哲学的全体」と訳しては真意が通じないと思います。文法的には、この形容詞を二格的形容詞と取ることです。

2　この「哲学の理念」は先の「哲学の全体」の言い換えです。こういうのを換称代名詞と言い、必ず定冠詞が付きます。これを「哲学的理念」と訳しては困ります。
3　全体が部分の単なる算術的集合や組合せではなく、部分がそれなりの仕方で全体を反映している関係は有機体の本質です。ですから、例えば、恐竜の骨格の一部の化石からその全体像を推察することができるのです。ヘーゲルがその理念論を生命論＝有機体論から始めた理由の一つはこれだと考えられます。
4　ここの「自己内で統体である」は、第一四節の本文にあった「自己内で具体的」という句と同義です。
5　この「根拠づけもする」の「も」とは、自己を自己につなぎ「も」すれば（自己完結性）、それを破り「も」する（他者との関連、全体の契機性）、という事です。

## 第一六節〔哲学を百科辞典としてまとめる事の限界〕

哲学を「百科辞典」[1]という形で叙述する時には、それを十分に展開して個々の点にまで詳しく叙述することはできない。〔言い換えるならば、法の哲学、精神現象学、宗教哲学、美学、歴史哲学などの〕特殊諸哲学については、その基本的諸概念[2]を述べるに止めざるをえない。

1　ヘーゲルの使ったEnzyklopädieはなぜか皆さん「百科辞典」と訳すのを嫌っています。理解出来ません。むしろそれをabc順ではなく概念的展開の順序で叙述することで百科辞典の在り方について根本的に再考する事を迫ったと考えるべきだと思います。皆さんの態度は、Wissenschaftを「学」とか「学問」と訳すだけで何か分かったつもりでいる態度と同じ非哲学的態度だと思います。
2　ここはdie Anfänge und die Grundbegriffeとなっています。一語一想だと思います。まずAnfangには「原理」という訳語はないようですが、この語自身がギリシャ語の「アルケー」の訳語なので、「原理」と訳す事自体には問題はないと思いますが、ここでは「始まり」とは文字通り「叙述の順序で最初」という事ではなくて、理解の上での最初でしょうから、次のGrund-と同じでしょう（六一頁の二一行目にもeinen rationellen Grund und Anfangという表現があります）。両語それぞれにdieを冠したのは「念を入れた」のでしょう。以上を踏まえた上でも「原語に表面的に従う」だけが真の翻訳ではない事を示すために、上のように訳しました。「文法」の三七六頁④を参照。

## 注釈〔哲学の百科辞典と普通の百科辞典〕

或る学問を構成するのに必要な特殊な部分がどれだけあるかは決めることができない。なぜなら、その部分というものは単に個別化された〔個々ばらばらに切り離された〕契機であるだけではなく、それが真理である以上、それ自身が統体的なもの[1]だからである。[2]従って、[3]哲学の全体は確かに「一個の」学問を成しているのだが、それはまた複数の特殊科学から成る一つの統体という面をも持つことにもなるのである。

---

〔ところで〕哲学の百科辞典が[4]他の通常の百科辞典と異なる所以は、後者は偶然的経験的に拾い上げられた諸科学〔諸知識〕の「集積」とでも言うべきもので、[5]その中には名前だけは科学と称しているが、その他の点では知識[6]の単なる寄せ集めにすぎないような科学も含まれているという事である。そういう〔知識の〕集積〔にすぎない科学〕ではいろいろな科学〔知識〕をまとめる単位を〔科学の〕外から取ってくるので、それも又〔その科学にとって〕「外的な」単位であり、――〔アイウエオ順とかＡＢＣ順のような〕「順序」である。〔しかも〕この順序というものも〔科学の外から取り上げられたという〕同じ理由に

よって、しかもその材料〔となる知識〕もまた偶然的なものなので、〔そういう百科辞典は〕一つの「試み〔必然性のない仮説〕」にすぎず、つねにどこかに不都合な点を持っている。――

〔哲学の百科辞典と無縁なもの〕さて、哲学の百科辞典の排除するものは、①知識の単なる寄せ集め〔例えばまずは文献学が思い浮ぶ〕、②単なる恣意をその根拠とするもの〔例えば紋章学〕である。この②に属する科学は「徹頭徹尾実証的」〔個別的事実を拾い上げただけのもの〕である。③このほかに、「実証的」とされてはいるがその実合理的な根拠と原理を持つ科学もあり、そういう科学は、その合理的な部分〔根拠と始原〕だけが哲学に属し、〔その他の〕「実証的な面」は〔哲学の内に入らず〕その科学だけのものである。

〔実証的な科学のいろいろ〕科学における実証的なもの〔実証的な科学〕と言ってもいろいろな種類がある。第一は、その科学の始原はそれ自体としては合理的なものなのだが、その科学がその普遍的なもの〔合理的な始原〕を「経験的な個別的現実」[7]の中へと引き下げたために、その合理的な始原が偶然的〔実証的〕なものとなってしまった場合である。こういう可変性と偶然性の分野で通用しうるものは「概念」ではなく「根拠」にすぎない。[8]例えば、法律学とか直接税や間接税の体系〔税体制〕においては、「最後の点まで正確に」決定しなければならないが、その決定は「概念によって絶対的に〔こうでなければならないという風に〕」決める事の出来ないものであり、従って決定に幅を許し、或る根拠に基けばこうも取れるが他の根拠に基けば他のようにも取れるという風に、最終的な確定のできないものなのである。[9]同様に、「自然」の理念も個別化される時には偶然性の領域に迷い込むし、博物誌や地理学や医学なども現出存在〔現象界〕の諸規定の中に陥り、理性によってではなく外面的な偶然や戯れによって規定される種や区別の中に陥るのである。「歴史」もまた本質は理念であるが、その理念の現われは偶然性と恣意の領域にあるので、その限りではやはり〔自然科学と〕同じである。第二に、これらの科学は自己の扱う諸規定が「有限なもの」であることを認識せず、〔従って〕またそれらの規定及びそれらの規定の属する領域全体が一層高い領域〔概念の立場〕へと移行することを示さず、それらが「端的に〔そのままで〕妥当するもの」と取っているが、この点でもこれらの科学は「実証的〔肯定的〕」である。[10] 第一の実証性が「素材〔内容〕」の有限性であったように、この第二の実証性は「形式」の有限性と言ってよいものだが、これと関連するものに〔前二者に対する〕第三のものとして「認識根拠」の有限性がある。この有限な認識根拠とは、一つは悟性推理〔理由づけ〕であり、もう一つは、感情、信念、自分の外にある権威、一般的に言って、内的権威あるいは外的権威[11]である。哲学と名乗っているものでも、人間学とか意識の事実とか内的直観とか外的経験に根拠を持っていると称している哲学は、〔本当の理性的哲学ではなく〕これの一種である。〔実証性の下に隠れた概念的なもの〕しかし、その「科学の叙述形式」こそ経験的〔実証的＝没概念的〕ではあるが、〔その著者の〕鋭い感覚に基く直観によって、単なる現象が概念に内在する順序通りに整理されているということはありうることである。[12] そういう経験の場合には、寄せ集められたさまざまな現象が〔比較〕対照されることによって、「外面的で偶然的な諸事情」が〔おのずから〕消え去り、「普遍的なもの〔内に隠れていた必然的なもの、概念〕」が眼の前に現われ出て来るのである。――このような訳で、実験科学や歴史学などでも気の利いたものは、自然や人間の行動を外面的ではあるが概念を反映してもいる映像の中で表現した理性的科学となるのである。[13]

1　eine Totalität sein とは total sein と同義です。こういう語法については「文法」の一四〇六頁以下の（2）を参照。なお、ここの muss は「事実を確認する müssen」と取りました。

2　この理由の文はまず nicht nur と sondern selbst の対を nicht nur .. sondern auch の構文として取るか、 nicht .. sondern の構文として取るかが問題でしょう。つまり ein vereinzeltes Moment は否定されているのかという事です。どの訳も「否定的」に取っています。しかし、Teil とは元々 vereinzelt なものではないでしょうか。ですから、拙訳のような解釈も可能だと思うのです。ともかく vereinzelt とは他の「部分」との関係なのに、total か否かはその内部での概念展開の問題で、両者は本来的には対に成らないものだということです。

3　この daher を含む文は wahrhaft .. aber という譲歩の構文で、その全体を前の文から引き出す語がこの daher なのでしょう。松村は「従って」の帰結を、鶏鳴版と同様、その譲歩の構文の内の譲歩の部分だけと取ったようですが（英訳も同じです。宮本はどう取ったか判然としません）。なぜここが分かりにくいかと言いますと、Wieviel 以下の文では、「個別的な契機」である（A）のみならず、それ自身が「統体」でもある（B）と言ったのに、次の daher を含む文では、先ず「単一の学問」であるのは確かだがと、「Bに対応する事」を先に出し、ついで aber と言って「特殊学問の集合」と、「Aに対応する事」を出すからだと思います。つまり、前の文と後の文とが平行的ではなく、逆順になっているからだと思います。

4　これは「哲学の百科辞典」と訳してもよいと思います。「哲学の百科辞典」とは「哲学ないし哲学用語『についての』百科辞典」ということで、「哲学的百科辞典」とは、対象は何であれ、その叙述方法が哲学的な百科辞典ということで、両者は違うのですが、ヘーゲルにあっては両者の区別は考えられなかったでしょう。因みに、ヘーゲルの『エンチクロペディ』以外の哲学辞典は、みな、「哲学についての非哲学的な百科辞典」だと思います。

5　この sein soll の soll はどういう気持でしょうか。sollen は wollen の関数で、この場合隠れているのは ich will だと思いますので、「挑みの認容」ではないでしょうか。そういう事態に対して話者が「それならそれでよい、勝手にしろ」という気持を表現する時に使われるのです。

6　ここではっきり「知識」という言葉が出ましたが、Wissenschaftが「科学（学問）」と「知識」の二義を持っていることを、ずっと伏線にしてきたようです。日本語でも「学」という言葉は、「あの人は学がある」という風に「知識」という意味で使われる場合もあると思います。

7　ここは「個別」と「現実」とは二語ですが同一の事なので、こう訳しました。

8　ここでヘーゲルが概念と根拠とを区別していることに注意。概念は（内的）必然性の立場で、根拠は偶然性の立場です。こういうヘーゲル哲学を知らないと、ソシュール派の丸山圭三郎のように、「どういう語がどういう対象を表すかは個別言語によって違う。つまり偶然的である。つまり客観的な根拠はなく、人間の恣意による」などという推論をするのです。「偶然的である」という事からは「（客観的な）根拠『は』ある」と推論するのがヘーゲル的で正しい推論です。なお、ヘーゲルが普通には本質と言われているものを本質と概念に分けたことの意味は繰り返し繰り返し考えなければなりません。付録3「ヘーゲル論理学における概念と本質と存在」を参照。

9　これは例えば、判決では、窃盗に対しては懲役何年と「最終的な決定」を下さなければなりませんし、税法では酒の間接税は定価の何％と決めなければなりませんが、それを何年とか何％と決めるのに、窃盗の「概念」や酒税の「概念」から演繹的に絶対的に決めることはできない、ということです。強盗が何年だからという「根拠」からみれば窃盗は〇〇年にしたいが、その動機から見れば〇〇年にしたいというように、根拠を何に置くかで決定も違ってくるのです。ヘーゲルの概念の立場というものがこのように現実をよく知っており、「理性は偶然性を許す」ものであることは、しっかりと知っておいて下さい。なお、『法の哲学』第二一四節への注釈にも同趣旨の文があります。

10　ヘーゲルではpositivをどう捉えるかが問題ですが、この場合は実証科学的と理論科学的の対立と取れば「実証的」と訳せるし、（内在的）否定を見る弁証法的に対置されたものととれば「肯定的」とも訳せます。

11　なぜ悟性推理だけを他と分けたのかを考えて、この有限な認識根拠の種類を表にすると、次のようになります。

直接的根拠 ┬ 自己内の権威＝感情、信念
　　　　　 └ 自己外の権威＝伝統、世論、専門家の意見
間接的根拠＝悟性推理（断定的でなく、一応理性的証明の外見を持っている）

12　こういう事実を認めるところがヘーゲルの現実感覚の鋭さであり、懐の深さです。ですから、大衆の生活の知恵や言い回しの中にも没概念的な形で述べられている深い真理を見出すことにもなるのです。『生活のなかの哲学』に所収の「ヘーゲル哲学と生活の知恵」を参照。

13　この注釈は「老人」と綽名されたヘーゲルらしい落ち着いた考察の好く出たものだと思います。

### 第一七節〔哲学の始原と終局の特殊性〕

〔第一六節で述べたように、哲学の百科辞典と普通の百科辞典とは違うのだが〕哲学〔の百科辞典〕も〔その叙述・展開に当たって〕その「始まり」を持たなければならない。〔しかるに、その始まりは始まりである以上、前のものから演繹され証明されたものではありえないから〕その始まりについては、一般に、他の諸科学と同様、主観的〔に定立された〕前提から始めなければならないかのように見える〔思われている〕。つまり、〔幾何学は〕空間、〔数学は〕数といった〔それぞれの科学に〕特殊な対象を思考〔自己〕の対象とするように、哲学は「思考」を思考〔哲学〕の対象としなければならないように見える。しかし、思考が自分自身と対立し〔自己内で二分され、自覚的になり〕、よってもって「自己の対象を自分で自分に産み出し与える」ようになるということは、思考の自由な行為なのであ〔り、従って、他の科学におけ

るように偶然或る対象について思考するというのではなく、必然的なことなのであ〕る。更に、[2]この〔出発点における〕立場は、そのように〔初めは〕「直接的なもの」として現われるが、[3]その「到達点」として、しかも最終的到達点として哲学の内部で媒介され[4]なければならない。そして、その時には、哲学はその結果〔到達点〕の中でその始原に再度到達する、つまり自己に帰るのである。[5]このような訳で、哲学は「自己へ還帰する円環」であり、[6]それは他の諸科学の意味での始まりを持たない。従って、始まりというものは、その人が哲学しようと決心したのだから、[7]その主体〔個人〕との関係で〔相対的に〕問題になるにすぎず、哲学自体には関係のないもの〔絶対的には問題にならないもの〕である。[8]——即ち、哲学についての最初の概念は、最初のものであるが故に、思考が哲学する主体（いわば〔対象の〕外にいる主体）の対象になるという分裂を含んでいるのだが、それも哲学自身によって必ず把握されることになる。[9]自己の概念の概念に到達し〔自己の概念を体系的に展開して最初の在り方＝概念を概念的に理解し〕、かくして自己に還帰して満足を得るということは、哲学の唯一の目的であり、唯一の行為、唯一の目標でさえあるのである。

1　「思考の自由な行為である」とは、思考の本性に基づく必然的な行為ということでしょう。それに反して数や空間を対象とすることは偶然的なことだ、と言うのでしょう。しかし、こう取りますと、人類が数学等の哲学以外の科学を持っていることは必然性のない偶然的なこと、持たなくてもよかったことだったのかという問いが起こります。答はもちろん「否」です。すると結局、人間にとっての哲学（思考についての反省）の必然性と他の諸科学の必然性とは、共に必然的ではあっても、質的な違いがあるということになるでしょう。この質的な違いは何でしょうか。これが大問題です。

なお、ここは Allein es ist dies der freie Akt des Denkens と成っています。まず Allein（しかし）の後なのに定形正置に成っています。接続詞としての Allein にそういう用法があると、辞書に書いてあります。間投詞と理解して、Allein の後にコンマがあるようなものだと取って、「しかし、である。思考が自分自身と対立し～」と訳す案はないのでしょうか。ドイツ語では定形の位置がうるさくて面倒だと思いますが、慣れると、こういう事が考えられるメリットもあるのだな、という考えに成ります。第二に、es ist dies .. は「箴言的非人称化文」（「文法」の四二七頁の③を参照）でしょう。dies を取れば普通の es .. zu 不定句の文に成ります（ここは es を取って dies ist ..と成るのではないと思います）。

2　この「更に」とは、思考を出発点とすることの正当性の証明として、「自由な行為だ」と言ったただけでは不十分なので、「更に」以下のことでも証明される、ということでしょう。

3　ここは erscheint となっていて、「見える」と訳した二つの scheint とは違っています。ヘーゲルの場合、原則として、scheint は「そう見えるが、実際はそうではない」と意味で、erscheint は「実際にもそうである」、あるいは「実際にもそうではある」という意味だと思います。ここもそれで好いのではないでしょうか。「初めは実際に『直接的な物』として現れているし、そうなのだが、到達点の中では～」という事です。それに対して scheint は「主観的前提から始めなければならないように見えるが、そのような事はない」という意味ですから、明らかに違うと思います。

4　この「媒介され」と訳したのは sich machen（作られ）ですが、これは内容上すぐ前の「直接的なものとして現われる」に対立していますので、その対立を出して訳しました。

5　このヘーゲルの自己還帰的体系＝円環的体系は有名ですが、その現実的意味は理解されていません。なお、「最終的到達点において」自己に帰るのであって、個々のものがみな始原に帰っているのではありません。ヘーゲルの言葉を解釈して「こういう事だ」と説明する許萬元のようなやり方では「それの現実的な意味」は分からないと思います。彼の前掲論文「ヘーゲルにおける概念的把握の論理」はこれの実践例と言えるでしょう。拙稿では付録1の『『パンテオンの人人』の論理」がそれに成っていると愚考しています。

6　「として」のalsの後は無冠詞が原則だと思います。なぜなら「として」が次の語句を「掲称」する働きを持っているからです。しかし、ここのように名詞に掛かる形容句を特に紹介的に導入する場合は不定冠詞が付くのだと思います。

7　ここのals welchesについては「文法」の四六五頁の③を参照。ここも一応、「理由」として訳しておきましたが、alsを除いて「哲学する事を決意した主体との関係で」としても好かったでしょう。als welcherを使うのはヘーゲルの癖なのではないでしょうか。

8　もしこうだとすると、A→B→C→D→E（＝A）という円環（円に書きませんでしたが、読者は頭の中で円にして下さい）があって、どこから叙述を始めるかは認識主観の自由であって、（Aから始めなければならないという）客観的基準はないということになるでしょうか。そうなら、『論理学』の冒頭を始めとして多くの所で始原を問題にすること自体がおかしいということになるでしょう。これを解くには、①この文での「始原」を「他の諸科学の意味での始原」と取り、②「そういう始原が問題になるのは主観との関係においてだけである」と取ったらどうかと思います。つまり、哲学はそれ自体としての始原を持ち、進展し、終局において始原に帰る円環構造を持っているのですが、哲学に向かう人はそれぞれの問題意識をもって向かうわけですから、上のAから始めるとは限らず、BやCやDなどの環から始めてもよいのであり、それ以外ではありえません。その場合、その人にとってのその始原は外的事情によって定立された主観的始原であり、それで好いのです。その研究の進展の結果、真の始原から始まるこの哲学の全円環を認識するところまで行ければ幸いだという事でしょう。

9　ここを松村のように「把捉されねばならない」というと当為になり、「哲学は把握しなければばいけないのだ」ということになります。これはそうではなく、「哲学は円環だから、終局において始原に帰ることになり、最初の概念は必ず全体系によって証明される」ということを言っているのです。こう取らないと文頭の was dasselbe ist（同じ事だが。簡明を期して「即ち」と訳しましたが）が分からなくなると思います。ついでに言っておきますと、ヘーゲルは、単に「～しなければならない」というだけで、それの完遂される必然性のない立場を「単なる当為（ein bloßes Sollen）にとどまっている」悟性的な立場として低く見ています。この根本が分かっていればこういう誤解は起こらないと思うのですが。いや、そもそもここは müssen が使われていますが、これは何度も出てきました「事実を確認する müssen」だと思います。関口存男の言うには、ドイツ人はやたらと müssen を使うのです。

## 第一八節〔哲学の区分〕

哲学について前以て一般的な観念を与えることは出来ない。[1] というのは、哲学の全体こそが理念の叙述であって〔その全体以外に一般的な観念を与えるものはないからである〕。それと同様に、哲学の「〔内部〕区分」も理念の叙述〔哲学の全体〕[2]からしか理解できないものである。従って、区分〔をここで与えるということ〕は、〔前以て与えられる〕一般的な観念[3]（この観念から区分が得られるのだが）と同様、結論の先取りである。しかるに、理念とは〔結論を先取りして断定的に言うと〕端的に自己同一な思考であり、この端的に自己同一であるということは自己を自己に対置させて自己と対面し、この他者〔となった自己〕の中でもひたすら自己自身の許にあるような働きということである。従って哲学は次の三つの部分に分かれる。

第一部　論理学（絶対的な姿での理念の科学）
第二部　自然哲学（他在の中にある理念の科学）
第三部　精神哲学（他在から自己の中に帰った理念の科学）

1　この文では **nicht eine vorläufige** と成っていて、**keine vorläufige** とは成っていません。名詞に二つの形容詞を付加して質の含みを持たせているからだと思います。「文法」の一一八四頁の第二点を参照。なお、ここは **wie** と **nicht** の関係（順序）がこの順に成っていて、**nicht wie** の順序ではありません。「文法」の一一九九頁の第四項を参照。ここは **denn** の文（肯定文）を入れたので **so** 以下が肯定文になってしまいましたが、**denn** の文を省くならば、**Wie ... so kann auch nicht von ihrer eigentlichen Einteilung** とでも成ったのではないでしょうか。

2　この **dieser** を松村も宮本も **Idee** を受けると取っています。が、ここは理念そのものではなく、理念の叙述＝哲学の全体系によってこそその区分の必然性も理解されるということだと思います。英訳が **except in connection with the system** としたのもそう取ったからではないでしょうか。内容的にはもちろん「真理は全体である」という『精神現象学』以来の主張です。

3　この **sie** も松村及び宮本は **Idee** と取っていますが、これは明らかにおかしい。英訳は「前もって与えられた一般的観念」を指すと思われる **limited conception** としています。

**注釈〔哲学の三つの部門の関係〕**

既に第一五節で述べたように、特殊な諸哲学〔自然哲学と精神哲学〕の中にある諸区別は理念自身〔論理学で扱われる理念〕の諸規定にすぎず、これらのさまざまな領域〔自然と精神〕の中で自己を展開しているものは理念自身にすぎない。[1]〔即ち〕自然の中に認識されるものは理念にほかならないが[2]、ただこの理念が自然の中では外化されたあり方をしているだけである。同様に、精神の中にあるものは、自己と対面し、絶対化しつつある理念である。又、理念の現象する個々のこういう規定は流動的な契機でもある。従って、個々の哲学〔自然哲学と精神哲学〕は自己の内容を存在する〔与えられ固定した〕対象として認識すると同様、それが一層高い領域に移行すること〔の必然性〕も認識しなければならない。従って、〔そういう移行を示さないで〕個々の部分ないし個々の哲学を並置するだけの考え〔先の表のような区分観〕は、あたかも〔博物学の分類における〕種《しゅ》のように、それらが静止していて他と切り離されたままで実体的であるかのような〔イメージを与える点で〕不適切なのである。[3]

1　ここの最後の文は diese es nur ist, die .. と成っています。これを定形正置文に変えると es ist nur diese, die あるいは nur es ist diese, die と成るのでしょうか。それともこのままで定形だけ動かして diese ist es nur, die と成るのでしょうか。次の文では In der Natur ist es nicht ein Anderes als die Idee, welches となっていて、構文が分かりやすいと思います。「文法」の四一九頁の第七項を参照。

2　原書の六四頁七行目の welches erkannt würde の第二式は「否定的意局のそれ」でしょう。先行詞が nicht ein Anderes と否定されていますから。

3　①この一八個の節全体のテーマは、要するに、「哲学とは何か」でしょう。②叙述の流れは、まず、この問題に対して「哲学とは対象（真理）の思考による把握である」と答え（第一～二節）、その上で、この問題を日常意識との関係及び宗教との関係の両面から考えていく理由を説明しています（第四節）。第五節から第九節までが第一点についてで、経験と思考の関係、経験科学と哲学の関係を説明しています。第一〇～一一節は第二点の「宗教との違い」になれば整合的でしたが、それはいろいろな所で論じているからここでは止めたのでしょうか。この第一〇節と第一一節は内容的にはカント哲学批判だと思います。第一〇節ではその根本を批判し、第一一節ではアンチノミーを否定的にしか理解できなかったカントを念頭において「思考はその本性からして弁証法的なのだ」と言っているのだと思います。第四〇節以下の先取りみたいです。ここで少し曲がってしまいましたので、第一二節以下はそれの続きのようになってしまい、哲学的思考の特質のいろいろな面を積極的に説明しています。第一三節がその歴史性、第一四節がその体系性、第一五〜一六節が部分と全体の円環性、第一七節が始原と終局の関係に当てられています（ここに述べられていない特質の中で重要なものは哲学的思考の内在的性格及び自我との関連でしょう）。読者も叙述が大きな段落を画した所では、そこまでの段落の流れを自分で確認するようにしてください。こういう努力が「哲学的読解力」を高めるのだと思います。また、私の理解も必ずしも正しいとは限りませんから、疑問を持ったら対案を出してください。

# 第一巻・論理学

## 予備知識〔論理学とは何か〕

## 〔第一編・認識論としての論理学〕

### 第一九節〔論理学の対象は何か〕

論理学は「純粋な理念」に関する科学である。即ち思考という抽象的な地盤の内にある理念に関する科学である。[1][2]

1　ここの原文には Vorbegriff という題が付いています。松村も宮本も「予備概念」と訳しています。悪い訳とは思いませんが、ここのために作った新語ではあると思います。内容から判断しますと、要するに、「論理学への序論」だと思います。Einleitung としなかったのは、もちろん、「哲学の百科辞典」全体への序論に Einleitung を使ったからだと思います。「〔論理学のための〕予備知識」くらいの訳なら新語を作らなくてもよかったでしょう。Begriff を「知識」とするのが適当な場合もあるという根拠として、次の文を引いておきます。「Begriff はいわば理屈であるが Vorstellerung は印象の点を主として考える多少官能的、感性的なものである。たとえば、ドイツ語文法の必須知識を授ける、といったような場合には jemandem die notwendigen Begriffe der deutschen Gramatik beibringen と言うのが普通で、Vorstellerungen と言うと少し漠然としすぎる嫌いがあるでしょう」（『関口ドイツ語論集』三修社四七六頁）。「第二版への序文」の第一一段落の訳註4（一五〇頁）を参照。

なお、この「予備知識」は八三節まで続くのですが、それが内容的にどういう構成になっているかは、第二五節への訳注5（三三二頁）で考えます。

2　と言うことは、自然哲学及び精神哲学は「純粋でない理念に関する科学」だという事です。従って、ここでの「抽象的な〔地盤〕」とは、自然や精神（人間）に具体化されていないという事で、普通の意味です。もっとも、それも「一面的」というヘーゲル的な意味と一致してはいますが。

**注釈〔論理学とは何か。その難しさと易しさ。その効用〕**

〔まず断っておきたいことは〕哲学について一般的に〔その哲学を実際に展開する〕前に与えられる諸概念についても同じ事が言えるのだが、この序論〔予備知識〕で述べるいろいろな規定は、この論理学全体を概観することによって、又それを概観した上で使っている〔のだが、その実際の展開に先立ってここで使う以上、それはしかるべき内容を持つことはできず、従って若干の誤解を生む可能性がある〕ということである。[1]

〔まず、論理学とは何ぞやという問題であるが、これについては〕論理学とは思考に関する科学である、思考の諸規定と諸法則に関する科学である、と言うことができる。しかし、〔私は上にこの定義を採用しなかった。なぜなら〕思考自体は論理的理念の住む地盤ないし一般的な規定にすぎず〔論理的理念そのものではないからである〕、理念は〔思考であると言っても悪くはないが、その場合の思考とは〕形式的な思考ではなく、自己固有の諸規定と諸法則を自己展開する統体的な[2]思考である。この時には、思考はそれらの諸規定や諸法則を前から持っているものでもなければ、自己の内に〔与えられ出来上ったものとして〕見出すのでもなく、〔自分で産み出し〕自分自身に与えていくのである[3]〔思考をこのように捉えるなら、それは理念と同じになるから、論理学は思考に関する科学であると言ってもよいと思う〕。

論理学は最も難しい学問である。なぜなら、それは直観を扱うのでもなければ、幾何学のように抽象的な感覚的表象[4]を扱うのですらなく、純粋な抽象物を扱うものであり、そのためには純粋な観念[5]の〔世界の〕中に引きこもり、純粋な観念を固持し、その中で考える[6]能力と習慣を身につけることが要求されるからである。[7]〔しかし〕他方では、論理学は最もやさしい学問だとも言えるだろう。なぜなら、その内容は我々自身の思考とその思考の周知の諸規定にほかならず、しかも〔論理学で扱う〕これらの規定は最も単純で最も要素的な規定だからである。それはまた最もよく知られたものでもある。つまり、存在、無、規定性、大きさ、自体存在、独立存在、一、多、などである。しかし〔更に考え直してみると〕、このよく知られているということは論理学の研究を〔易しくするより〕むしろ難しくするものである。というのは、第一に、そんなによく知っているものならこれ以上研究する必要はないと思われやすいからであり、第二に、〔論理学の〕仕事はそれらの規定を知ることだと言っても、これまで既に知っている知り方とは全く異なった仕方で、いやそれどころか正反対の仕方で知ることだからである。[8]

〔論理学などやって何の役に立つのかという質問を受けるので〕論理学の効用〔について一言しておくと、それ〕は〔それを学ぶ〕個人との関係に依ることである。つまり、個人が論理学以外の目的のためにどの程度の教養を積んでいるかに依ることである。論理学は思考を思考することだから、論理学の訓練〔自体〕は思考に習熟するということであり、観念を観念として頭の中に入れるということである〔だから、論理学だけで他の分野のことも分かるわけではないが、他の分野についても勉強すれば、その勉強の程度に応じて、論理学研究で鍛えられた思考能力も役立つであろう〕。——

しかし、論理的なものは真理の絶対的な形式であり、いやそれ以上のもの、つまり純粋な真理そのものなのだから、論理学は単に役に立つといったものとは根本的に異なるもので〔それ自体が目的でも〕ある。もちろん、〔真理がこの世を支配しているのだから〕最も卓越し最も自由で最も自立的なものは同時に最も有用でもある。だから、論理学も有用なものであると言うことはできる。しかし、その場合でも、その有用性〔効用〕とは、内容に関係なく思考の訓練をすることと取ってはならない。[9]

1　と言うことは、「この序論はヘーゲル哲学の核心を知るのにとても便利なものだが、それだけでヘーゲルを理解したつもりになることなく、論理学の本文を合わせ読むことと併用して、その真意を掴むようにしなければならない」ということです。

2　ここで「統体」と訳した原語は Totalität です。これまでヘーゲルの total 概念は「全体的」と訳されることが多かったと思います。ここも松村、宮本共に「全体」としています。速水だけは「総体性」としています。私もこれまで「全体的」としてきましたが、「統一的な全体」という意味を出すためには「統体」の方がよいのではないかと考えるようになりました。新語はなるべく造らないのが私の主義ですが、ここは仕方ないと思います。

3　思考を形式的に捉えると形式論理学が出来ます。すると、ヘーゲルの論理学は内容的論理学とでも言うべきでしょうか。それはともかく、一八六頁の訳注4の中でヘーゲル研究における私の中心テーマに触れました。その「内容を生み出す形式」に一番近い言葉がここだと思います（一二三頁の訳注番号6を振りましたあたりも近いと思います）。

では、その「内容を生み出す形式」とはどういう形式なのか。現時点での私の答えは、「同じ内容なり材料なりを書いても、まとめ方が違うと違った内容になる」ということであり、その「まとめ方」の事だと思っています。同じ料理でも盛り付け方によって味が変わることに譬えられると思います。

4　ここは abstrakten sinnlichen Vorstellungen となっていて、二つの形容詞の間にコンマが入っていません。つまり、前の形容詞 abstrakten が後の「形容詞＋名詞 sinnlichen Vorstellungen」全体に掛かります。ということは、抽象的でなく具体的な感覚的表象（直観）もあるということです。例えばイヌやウマの表象、机の表象、山の表象などです。幾何学の表象は直線とか点とかですから、「抽象的な感覚的表象」で、これらとは異なるのです。このすぐ後に「純粋な観念（即ち、概念）」という言葉が出てきます。ここで、この三つを比較しておきましょう。具体的な感覚的表象（直観）は「イヌ」、抽象的な感覚的表象は「点」、純粋な観念は「偶然性」を例として考えます。

この三者はまず「感覚的表象」と「（思考的）概念」に二分されます。前者は感覚器官（目や耳など）で捉えることが出来ます。そして、例えば絵に描けます。イヌの絵を紙の上に描いたとします。すると、そこには「イヌ一般」ではなく、柴犬とかいった特定のイヌの特定の大きさ等を持った「一匹のイヌ」（個物）が描かれます。しかし、それは「そのまま」実在しているイヌの像です。対象をそのまま映し出しています。これを「イヌの表象」として扱うという事は、この個物でイヌ一般という普遍を代表させて考えるということです。

「点」を紙の上に書いたとします。その「点」はしかし、イヌの絵と違って、「沢山ある同種のものの中の一つ」ではありません。「点」は一つしかありません。しかも、それは「本当の点」つまり「位置だけあって、広がりを持たないもの」ではなく、広がりを持っています。つまり、対象を「そのまま」には映し出していません。それで点を表象するには「これは広がりがあるが、ないものとする」という「思考による助け」が必要です。ですから、それは「抽象的」です。しかし、紙の上に書けますし、その「疑似的な点」を手がかりにして、本当の点をイメージ出来ますから「感覚的表象」ではあるのです。なお、幾何学上の点については前掲「実体と機能」を参照して下さい。

しかるに、哲学の概念である「偶然性」となると、どうやっても映像化できません。具体的な事例を譬喩として出すことは出来ますが、それを理解するのは徹頭徹尾頭です。ですから、これは「感覚的表象」ではなく、「思考的像」つまり「観念」ないし「概念」なのです。なお、この「概念」が具体的か抽象的かは、その概念を使う人が他の関連した概念とどう関連させて使うかに依ります。

5　この「純粋な観念」はすぐ前の「純粋な抽象物」の言い換えです。

6　「運動する」を敢えて「考える」と訳しました。

7　この言葉は全くその通りで、純粋に観念の世界の中で考えることのできない人には論理的思考はいつまでも分からないでしょう。

8　と言うことは、論理学の門（理性の門）をくぐるには、これまでの自分の考え方が悟性的なものであったし、悟性ではもうどうしようもないということを、骨身にしみるほど思い知らされてこなければならないということです。これを自覚する体験なり機会は誰にでもあります。問題は、各人にその体験をここまで深める自己反省力＝真理に対する謙虚さがあるか否かです。ヘーゲルはその『精神現象学』の中で「或る意識形態Aが次の意識形態Bに高まるためには自分に『絶望』しなければならない」と指摘しました。それは自分を疑う「懐疑（zweifeln）」などというような軽いものではなくて、「絶望（verzweifeln）」である、と強調したことでした。私は最近、この言葉の重要性を全然理解していなかった自分に気づいて大反省をしました。これを認めるならば、哲学教師の仕事は、生徒が本当に自分の現状に絶望しているかを確かめることであり、又生徒をして現状に絶望させる事だという事になります。もちろんその前には、自分のこれまでの絶望の歴史を反省し、確認しなければならないでしょう。

9　哲学の効用をどう考えるかは大切な問題です。①真理がこの世を支配しているから、哲学は人間の本当の生き方には必要不可欠であり、人類の解放にも必要不可欠である。②しかし、真理の支配は多くの媒介項をへてなされるから、悟性の支配する個々の場合には哲学はなくても生きていけるし、権力奪取すら可能である（なぜなら、権力の奪取のためには現在の権力者より相対的に強くなればよいのだから）。③また、哲学の効用は個人の能力を離れて宙に浮いているものではなく、それを身につけた人が身につけた程度に応じて受けとるものである。自分の努力不足や自分の能力の低いことを棚にあげて、「哲学なんか役に立たない」という言葉を口にするなかれ。

## 付録一〔真理の認識を放棄する諸傾向〕

まず問題になることは、哲学の対象は何かということです。これに対する最も単純で最も明快な答は、真理が哲学の対象であるという答です。〔しかるに〕真理という言葉は高貴な言葉ですが、その〔言葉で表されている〕事柄は一層高貴です。〔ですから〕健全な精神と心情を持った人ならこの言葉を聞くと胸の高鳴るのを覚えるでしょう。しかし、それと同時にここでただちに湧き起こってくる「しかし」〔疑念〕は、我々人間にも真理は認識できるのだろうかというものです。我々有限な人間と絶対的に存在する〔無限の〕真理との間には不一致があるように思えるので、有限者〔人間〕と無限者〔真理〕との間を橋渡しするものが必要になってくると考えられます。その真理とは〔換言すれば〕神のことなのですから、我々人間はどうやって神を認識したらよいのかというわけです。〔このように考えてくると、そこにまず第一に現われてくるのが謙譲の美徳です。そして、その〕謙譲の美徳はそのような〔神を認識しようというような大それた〕企てを許さないようにも思われるのです。——

真理の認識可能性を問題にする人にはもう一つの〔第二の〕タイプがあり、それは自分が俗悪な有限な諸目的の中に埋没して生きていることを正当化しようという魂胆を持っています。〔しかし〕こういう謙虚さはたいして強いものではなく、「私のような哀れな虫けらにどうして真理が認識できようか」[2]といった言葉[3]は今では消え失せ〔たので、論ずる必要はありません。今では〕それに代わって自惚れと妄想〔第三のタイプ〕が現われ、自分は今のままで既に真理の中にいるのだと思い込むに至りました〔ので、これを論じておきましょう〕。——

〔特に〕青年に対しては、青年は現在のままですでに〔宗教と人倫の中に〕真理を所有しているのだという、まことしやかな説教がなされています。この〔青年と大人という〕点では、特に、「大人はみな偽の中で落ちぶれ、石木《いわき》になり化石になっている」とか、「青年には朝焼けが輝やいているが、旧世代は白昼の泥沼の中をはい回っている」といったことが言われています。たしかに人は特殊な諸科学は勉強しなければならないと言ってはいますが、それは生活の外面的な諸目的のための単なる手段として役立つからだというのです〔つまり、真理のための勉強は度外視しているのです〕[4]。かくしてここでは真理の認識と勉強を妨げているものは〔第一、第二のタイプの場合におけるような〕控え目な態度ではなく、真理はすでに完全に分かっているのだという〔思い上った〕確信なのです。たしかに大人は青年に希望を托しますが、それというのも青年こそが世界と科学を受け継ぎ発展させる使命を持つものだからなのです。ですから、それは青年が現在の〔低い〕状態に留まることなく、精神の辛い修業をその双肩に担って立つ限りでのことでありまして〔青年をおだてている人々のように、青年の現状をそのまま絶対視するものではないのです〕[5]。

真理に対する控え目な態度としてはもう一つの〔第三の〕[6]ものがあります。これは真理に対する気取った態度で、キリストに対した時の〔ローマの代官〕ピラトに見ることができます。ピラトは「真理とは何かね?」と反問しましたが、その意味は、すべての事を知り尽してもはや何物にも意味を認めない人が言う意味であり、ソロモンが「すべては空しい」と言った時の意味〔つまり真理なんてあったとしても認識できるものではないという意味〕でした。ここにあるのはもはや主観的な虚栄心でしかありません。

更に〔第五の態度としては〕真理を認識しようとしない臆病な態度があります。怠惰な精神はとかく「自分は哲学なんかまじめに扱うつもりはない。論理学は聞くけれど、それによって自分の生活が変わるとも思わない」などとうそぶいています。そういう人々の考えによると、日常生活で得られる表象の範囲を超えて考えることは邪道であり、それはいわば思考の大海に身を投げるようなもので、観念の波にもまれて結局は何の収穫もなく出発点である時間的〔現象的〕現在の砂浜に打ち上げられるというのです。こういう考えから何が出てくるか、その実例は世間にいくらでも見られます。〔たしかに〕人間は〔哲学なんか知らなくても〕どんな技術でもどんな知識でも身につけることができますし、有能な官吏になることもできれば、そのほかそれぞれの個人的目的に応じて自己を形成することができます。[7] しかし、人間が自己の精神を〔そういった有限世界の事柄より〕一層高いもの〔真理〕のために形成し、そのために心を煩わすということは、そういった有限世界での努力とは別のことなのです。〔これは生活さえ安定していれば哲学なんかなくても平気だというような人々には無縁なもので、哲学がなければ生きていくことさえできないという人々だけが耐えることのできる努力であり、そういう人々だけが知る世界なのです。このような人々は少ないようにも見えますし、哲学教授の地位について生活の安定を計ることだけが目的の人々もいれば、青年に向かって現状のままでよいのだと説教している輩もいますが、時代の流れをよく見ると〕

昨今〔目先の生活の安定〕より良いものを求める傾向や外面的な認識の藁《わら》を掴むだけでは満足しないような気運が青年の間に見られるようになりました。これは喜ばしいことであります。[8]

1　ここは scheinen が使ってあることから分かるように、「そう思えるが実際はそうではない」ということです。それでは神を認識することを不遜とする考えに対して、ヘーゲルはどう答えるのでしょうか。多分、以下の通りでしょう。「神を認識しようとすることこそ謙虚な態度である。なぜなら、神を認識することこそ、人間の中に宿っている神性であり、従って神を認識しようとしないことは人間の神性を発現させないことだからである。これを現実的に言い換えるなら、自分の問題意識を出し、自分の見解を述べて先生の批評を仰ぎ、その批評の意味を徹底的に考えぬく生徒こそ謙虚である。おとなしく先生の話を聞く生徒は、現状に自己満足し、自己内の真理の発現に抵抗するニセの生徒である」。

2　**ich armer Erdenwurm** では同格の二つの語句の間にコンマが打ってありません。掲称的付置だからでしょう。詳しくは「文法」の該当箇所（六九九頁以下）を参照して下さい。

3　実際世の中にはこのような卑下（これを卑下慢という）で自分を正当化している俗物が多いと思います。こういう心理まで鋭く見抜いている所はさすがにヘーゲルです。

4　この辺の解釈を鶏鳴版とは変えました。原文通りとしました。鶏鳴版の解釈が「絶対にナイ」とは思いませんが、こう取っても繋がりますので。

5　「老人」とあだ名されるヘーゲルらしい深い洞察です。

6　真理に対する態度としては第四のものですが、控え目な態度としては第三の、ということです。

7　それどころか、哲学を知らなくても、人事権の前でダンマリ戦術をとれば哲学教授になることもできます。ちょうど医学ないし医術を知らなくても金さえあれば医者になれるように。

8　これは少し楽観的に過ぎると思いますが、大学での授業用の本ですから、こう言わないと拙いでしょう。私はいろいろな経験の結果、「学問は一代、思想も一代」という考えにたどり着きました。誰かが受け継いでくれるだろうと考えて、あるいは、「読者は自分の問題意識から自由に受け取ってください」という考えで、著書を残しておけば好いのだと思います。関口存男は、弟子の養成に莫大なエネルギーを使ったのに直弟子の中からは「本当の後継者」が現れず、自分の成果も十分には書き残せずに死んでしまいました。ヘーゲルの聴講生の中からもヘーゲル哲学の後継者は出てきませんでした。直弟子必ずしも真の弟子ならず。六一頁の訳注3を参照。

## 付録二〔思考の評価と論理学の評価〕

思考が論理学の対象であるということはあまねく承認されています。しかし、その思考というものをどう評価するかとなりますと、非常に低く評価する説と非常に高く評価する説とがあります。低く評価する説について言いますと、「それは観念にすぎない」という言い方をする人がいますが、そこで暗黙の前提となっていることは、観念というのは主観的で恣意的で偶然的なものにすぎず、事柄自体でも真理でも現実的なものでもないという考えです。他方、思考を高く評価する見解もあって、その説によると、思考によってこそ初めて最高のもの、つまり精神の本性《ほんしょう》を捉えることができるのであり、感覚器官をもってしては神については何も認識しえないとされています。神は精神（霊）であり、従ってそれは〔人間の〕精神によって、真理によって崇拝し〔捉え〕なければならない、というのです。では[1]〔私は[2]どちらの考えに立つかと言いますと〕感覚的なものは精神に属するものであって、精神[3]の核心は思考であり、〔従って〕それは〔人間の〕精神[4]によってしか認識しえない、と考えます。〔ここでついでに感覚的なものについて説明しておきますと〕精神〔人間〕はたしかに（例えば宗教においてそうであるように）感情として現れることもあります。しかし、〔この場合には〕感情そのもの、つまり感情という形式とその感情の内容とは別のものなのです。一般的に言うと、感情そのものは感性界に属する形式であって、これは人間と動物に共通です。そして、この感情という形式は具体的な内容を捉えることもたしかにできるのですが、その時にはこの内容はその形式と合わないのです。感情という形式は精神的な内容のための形式としては最低のものだからです。この内容というのは神のことにほかなりませんが、それは思考〔という形式〕の中で思考として〔思考という形式を取ることによって〕初めてその本来の姿になることができるのです。ですから、この意味では〔思考やその産物である〕観念は「単に観念にすぎない」などと言われる筋合いのものではないのでして、それはむしろ永遠の絶対的存在者を捉える最高の形式、いや正確には唯一の形式なのです。

思考について高低二様の評価があるように、思考の科学〔である論理学〕についても高い評価と低い評価とがあります。〔低い評価としては〕生理学を知らなくても消化できるように、論理学を知らなくても思考できるという説があります。この説によると、たとえ論理学を学んだところで考え方は前と変わるわけではなく、少しは系統立って考えられるようになるかもしれないが、それとて問題にするような変化ではない、というのです。なるほど論理学の仕事が単に形式的な思考の働きを知るということにすぎないなら、そういう論理学を知ったからといって何か新しいものがもたらされるわけではなく、そんなものなら知らなくても同じでしょう。しかも、実際、これまでの論理学はこういうものでしかなかったのです。もっとも、単に主観の働きにすぎないものとしての思考について知ることは、それだけでもすでに人間の名誉であり、人間にとっての関心事ではあります。というのは、人間は自分について知るという点で動物と区別されるのだからです〔しかし、そうは言っても、やはり、論理学が形式論理学にすぎないのでは高い評価は得られないでしょう〕。――

他方、思考によってしか最高のものつまり真理は捉えられないとして、思考の科学である論理学を高く評価する人もいます。従って、論理学が思考の働きとその産物〔である観念や概念〕を考察する（その時、思考は無内容な働きではありません。というのは、それは観念と概念を産出するからです）ものだとするならば[7]、その論理学の内容を成すものは一般に超感性的世界であり、それに携わるということは超感性的世界にとどまるということです。〔超感性的世界と言うとすぐにも思い出されるのが数学ですが、たしかに〕数学は数や空間といった抽象物を扱っています。しかしこれらは抽象的に感性的なものであり、そのものとしては現存しないものだとは言ってもやはりまだ感性界に属するものです。[8]〔しかるに〕思考はこの感性的なものの最後の名残りさえも捨て去って自由に自己の許にあり、感性的なものは外にあるもの〔感覚に与えられる人間外の世界〕も内にあるもの〔人間の体内の感覚的世界〕もみな放棄し、個人的な関心や傾向性をすべて遠ざけるのです。ですから、論理学がこの〔ような性質を持つものである思考という〕地盤を持つ限り、それは普通に考えられている以上に高く評価されなければならないでしょう。

1　この文の aber は逆接ではなく、順接ではないでしょうか。二二九頁の訳注2を参照。
2　geben wir zu の wir は「筆者の複数」だと思います。そう取らないと、ここまでの叙述と合わないでしょう。
3　この「精神」とは霊としての神、つまり真理のことでしょう。
4　この文の流れから見ると、ここは「精神」と言うより「思考」と言った方が適当でしょう。客観的精神と主観的（主観内の）精神とを対比的に言うためにこう言ったのでしょう。

5　具体的内容＝精神的内容＝神という言い換えを見て、ヘーゲルの用語法を覚えておくといいでしょう。「具体的」と聞くと現代の日本人の「具体的」という語のイメージしか浮ばないのではヘーゲルは理解出来ません。ヘーゲルでは、具体的とは対立物の統一ということですが、それが「精神的」と等置されていることから分かるように、ヘーゲルは対立物の統一を、自称マルクス主義者のように、単純に、万物の通則とは捉えていないのです。それを何よりもまず精神の特性として、精神においてその純粋な姿で現われるものと見ているのです。

6　ここは Gedanken und den Gedanken となっていて、松村は「思惟は思想を、しかも思想そのものを生産する」と訳しています。英訳は thought produces thoughts and the particular thought required としています。私は後者を「概念」と訳しておきました。

7　鶏鳴版ではここに変な注解を書きましたが、この文頭の Wenn は「事実を指す wenn」だと思います。ここの übersinnlich は数学の対象が sinnlich だと言うのに対して、「それを超えている」というだけの意味、つまり「思考的」「思考の世界に属する」という事でしょう。

8　数学的思考を最高のものとする考えは根強いですが、ヘーゲルは一貫してそういう考えに反対しています。数学の扱う数や空間が「抽象的な感覚物」であるという点については第一九節への注釈への訳注4（二六〇頁）で説明しました。

## 付録三〔思考の社会的作用から見た論理学の任務〕

論理学を単に形式的にすぎない思考の科学というよりもっと深く捉える必要があるという気運の生じたのは、宗教や国家や法や人倫を守るためでした。それ以前は思考というものに何の疑念も持たず、人々は自分の頭で自由に考えていました。人々は神や自然や国家について考えましたが、それらの真相を認識しうるのはひとえに思考によってであって、感覚器官や偶然的表象や思いつきによってではないと確信していました。しかし、そのように考え続けている内に、生活における最高の諸関係〔宗教、国家、法、人倫の諸関係〕[2]が思考によって被害を受けるということが起きたのです。思考によってそういった既成の諸関係の力が奪い去られたのです。国家体制は思考の生贄《いけにえ》とされ、宗教は思考によって攻撃され、啓示として端的に妥当していた確固たる宗教的諸観念はくつがえされ、古くからの信仰は人気[3]がなくなりました。実例を挙げるなら、〔古代〕ギリシャの哲学者たちは古くからの宗教に反対し、その諸観念を否定しました。そのため、哲学者たちは宗教と国家を転覆させようとしたという廉《かど》で追放され処刑されたのでした。それは、宗教と国家は本質的に結びついていました〔ので宗教に反対することは国家に反対することと見なされた〕からです。そのように思考は現実世界に進出し、その巨大な影響力を発揮したのでした。そのため思考のこのような威力が注目されるようになり、思考の権利なり要求なりをもっと詳しく研究しようということになり、その結果、思考は出過ぎているのであって、思考は自分で言っているような事をやりとげる能力を持っていないということが分かったと主張されたのでした。思考は神や自然や精神の本質を、つまり一般的に言うなら真理を認識すると言っているが、〔実際には思考にはそんな能力はなく〕それがやったことといえば国家と宗教を破壊しただけだと言うのです。そのため思考のこのような結果について思考を弁護することが試みられるようになり、キリスト教成立以来[4]、思考の本性を研究し思考の権利を明確にすることが哲学の関心の大きな部分を占めることになったのです。

1　現在形の状態受動文になっています。そういう状態が以下に述べるような事があって以来、現在も続いているという考えでしょうか。

2　こういう風に前に言った語句を繰り返さないで言い換えるのが西欧語の習慣です。ですからどう訳すかは別として、これを換言と理解しないと、意味が分からない事が多いのです。

3　Gemüt（気持ち）の複数形 Gemüter は必ず「人心」「人気」即ち allgemeine Stimmung の意味に用いる（関口存男『独逸語大講座』第六巻所収の「無言の議員」第八節）。

4　ヘーゲルの neuer はキリスト教成立以来の時期を指すものだと、金子武蔵訳『精神現象学』（岩波書店）上巻四六九頁にありますが、ここはいわゆる「近世」と取っても十分通ると思います。

## 第二〇節〔思考の特徴、①主観の働きとしての思考〕

思考と言うとすぐにも考えられるのは普通に言われている主観的な意味での思考である。それによると、①思考とは精神の働らきまたは能力の一つであって、感性とか直観とか空想力とか欲求とか意欲等々と「並列」されるものである〔たしかにこのような考えは思考の主観的理解であり、低いものだが、それにもかかわらず思考には人間主観の働きであるという一面があることはそれなりに事実なので、ここで思考の第一の性格として、この点を確認しよう〕[1]。思考の産物は観念であるが、その観念の規定ないし形式〔論理的性格〕は「普遍性」である、あるいはもっと一般的な言葉を使うならば「抽象的なもの」である[2]。従って、働きとしての思考は「活動している普遍者」であり、しかもその活動の結果として産み出されるものが正に普遍者なのだから、それは「自己を産み出す普遍者」である[3]。思考の主体というものを考えるならば、それが思考者であり、この思考者としての主体を表す単純な用語が自我である[4]。

1　この角括弧内の文までは一般の思考観の叙述であり、これ以降はヘーゲルの思考観です。それなのに、その一般の思考観の中に「①」という記号が入って、第二一～二三節の②③④と並べられています。この②③④は明らかにヘーゲルの主張です。しかも、①の中には思考を他の精神的能力と「並列」させて考えるというヘーゲルと反対な考え方が述べられています。これらのことを考えて、この「並列されるものである」とそれに続く文との間にこのような繋ぎの文を入れました。

2　この点は有名ですし、注釈の中にも述べています。存在するイヌは「個別的な」イヌだが、「イヌ」という観念は「イヌ一般」を表している、という事です。ところでここの原文は Das Produkt desselben, die Bestimmtheit oder Form des Gedankens, ist das Allgemeine, Abstrakte überhaupt です。überhauptをどう取るかが問題です。松村は「思惟の産物、すなわち思想という規定性あるいは形式は、一般に普遍的なものであり抽象的なものである」と訳しています。両方の名詞に掛けて取ったのでしょう。語学的な読みとしてはこれも可能です。宮本は「その思惟の産物であるところの思想の被規定性あるいは形式は普遍的、抽象的なもの一般である」としています。はっきりしませんが、多分、これも両方の名詞に掛けて取ったのでしょう。英訳は「The product of this activity, the form or character peculiar to thought, is the UNIVERSAL, or, in general, the abstract」としています。私は今回この英訳を受け入れました。

なお、ここでの「抽象的」とはヘーゲル的な「一面的」という意味ではなく、「個々の事物から共通な面を頭で取り出して出来た観念」という事です。従って、内容的には、「思考の産物である観念は思考の産物である」という無意味な同語反復になります。つまり Abstrakte überhaupt は不必要でした。その証拠に、注釈の中ではこの言い換えは使われず、das Allgemeine や die Allgemeinheit が単独で使われています。七三頁一三行目以下の abstrakten Allgemeinheit des Vorstellens は「表象の抽象的普遍性」であって、「思考の論理的性格としての普遍性」ではありません。又、七五頁の二行目に abstrakte Allgemeinheit（抽象的普遍）という句が出ていますが、この abstrakt こそ「一面的」という意味です。

3　では「自己を産み出さないものはあるのか」と考えてみますと、どんなものでも自己を産み出すという事が分かります。ですから、結果から活動やその主体を認識するという方法が可能なのです。次に、では精神ないし思考の自己産出の特殊性は何でしょうか。それは「自己内に自己を産み出すこと」です。これに対して物質は他者内に自己を産み出します。自由と外的必然性と言い換えてもよいでしょう。もっとも人間はまだ完全に人間になっていませんから、自己を産み出すことが完全には出来ておらず、目的としたことと反対の結果をもたらすことも多いです。

4　ここでは思考の主体と働らきと結果とが定義されていますが、ここの展開方法は結果から働らきを、働らきから主体を推論するという方法です。これは聖書の「人はその果によって知るべし」によるものでしょうか（「第三版への序文」の第三段落への訳注5（一六四頁）を参照）。これは、結果（＝現象）から働らき（＝本質）または主体（＝担い手）を知るという実践的唯物論的方法でもあります。

**注釈〔感覚と表象と観念の違い〕**

〔先ず最初に断っておきたい事は次の事である。〕本節及びこれに続く諸節で言及する諸規定は、思考についての私の〔断定的な〕主張でもなければ〔単なる主観的な〕意見でもない。しかし、〔予備知識の中で述べるというような〕この暫定的なやり方ではそれらの規定を〔内在的に〕導出することが出来ず、〔従って〕証明することも出来ないので、それらは事実として〔論証なしに〕述べられていると言われても仕方ないだろう。[1]〔しかし、それは論証はされていないと言っても事実であることには間違いないのであって〕読者が観念を持ち、観念を観察するならば、観念の中には普遍性という性格及び第二一節以降で述べる規定があることを、意識内の事実として見出してくれる事を希望したい。もっとも、自分の意識や観念の事実を観察するためには注意力と抽象力が予め形成されていなければならないのはもちろんである。

〔さて、本論に入るが〕この暫定的な解説の中でもすでに感覚と表象と観念の違いに言及しているし、この違い〔をはっきりさせること〕は認識の本性とそのいろいろな発現形態の理解を助けるから、この違いについてここで既にはっきりさせておくことは〔今後の様々な〕説明に役立つだろう。――

感覚とは何かというとすぐにも感覚の外的起源である感覚器官を持ち出して説明しようとする人がいるが、器官〔道具〕を挙げてもその道具で捉えられるものを規定したことにはならない。[2] 感覚と観念の違いは、感性的なものの規定〔論理的性格〕が個別性だということの内にある。そして、個別は（それは全く抽象的に取れば原子だが）互いに関連しあってもいるので、〔その面から見るならば〕感性的なものは相互外在的であり、それを一層規定した抽象的形式が並存性と継起性とである。[3] ――

表象は感覚と同じく感性的な素材を内容としているが、「私のもの」という規定〔形式〕の中へその規定を移し入れている〔点で感覚と異なっている〕。その結果、その感性的な内容は自我の中に、普遍性の中に、自己関係の中に、単純性[4]の中に定立されているのである。――

表象には、感性的な内容を持つもの以外に、法や人倫や宗教に関係したものの表象のように、自己意識を持った思考に由来する内容を持つものもある。[5] しかるに、そのような〔思考的〕内容を持つ表象とそういう内容の観念との違いをはっきりさせるのは難しい。後者では内容も観念〔＝普遍〕なら形式も普遍ではあるが、この点なら、所与の内容が自我の中にあることに、一般的に言って、それが表象であることの内にすでに現われているから〔この点は区別の基準にならないから〕である。しかし、この場合の表象の表象たる所以は、一般に、表象の中ではそのような〔普遍的な〕内容でさえ個別化されているということにある。[6] たしかに〔この表象では〕法や法的規定やその他の規定が空間内の感性的に相互外在的な関係にあるわけでもなければ、時間的に前後して現われるといっても、その内容自身に時間が関係しているわけでもなく、それが時間的に過ぎ去りゆき変化するものと考えられているわけでもない。[7] しかし、それらのそれ自体としては精神的な諸規定が、表象一般の内的で抽象的な普遍性という広い地盤の上ではやはり個別化されているのである。それらの規定は、例えば法、義務、神といったように、個別化されて単純なものになっているのである。[8] その際の表象には〔高低〕二つの場合があり、低いものは「法は法である」、「神は神である」という〔無意味な同語反復〕にとどまるが、高いものは、「神は世界の創造主である」とか「神は全知である」とか「神は全能である」といったように、いろいろな規定を〔属詞、いわゆる述語として〕挙示したりする。しかし、この場合でも、個別化された単純な規定がいくつか並べられているという点では低いものの場合と同じで、それらの規定は同一の主語の属詞〔述語〕[9] とされているのだから相互に結びつきがあるのだが、それにもかかわらず相互外在的に〔無関係に〕とどまっているのである。[10] この点〔挙示されている諸規定が結びつけられてはいるがやはり相互外在的である点〕で表象は悟性と一致する。悟性が表象と異なるのは、ただ、悟性は、表象がその無規定の空間内[11] で単なる「もまた」[12] によって結びつけるだけで並存させ孤立させている諸規定の内に、普遍と特殊とか原因と結果といった関係をつけ、それによって〔外在的に〕必然的な関連を与えるという点にすぎないのである。[13]——

表象と観念を区別することはもう一つの意味を持っている。なぜなら、一般に、哲学とは表象を観念に変えることだと言われているからである。もっとも、哲学とは、そこにとどまるものではなく、更に、単なる観念を概念に変えることであることは言うまでもない。

ところで、感性的なものの規定として「個別性」と「相互外在性」とを挙げたが、これに付記して、これらの規定自身もまた観念であり普遍であるということができる。論理学の中で示すつもりだが、観念とか普遍であるということは、自分自身であるとともに自己の他者でもあり、自己の他者をも覆い、何物をも逃さないことである。言語は思考の作ったものだから、普遍的でないものは言語の中で言い表すことができない。私が〔単に〕思っているにすぎないこと（Was ich nur meine）は「私のもの（mein）」であり、この特殊な個人としての私に属するにすぎない。しかるに言語は普遍的なものしか表現しないから、私が思っているにすぎないことを言い表すことはできない。[14] そして、言い表すことのできないもの、つまり感情とか感覚とかは、最も優れたもの最も真なるものではなく、最も無意味で最も真ならざるものである。私が「個別」とか「この個別」とか「ここ」とか「今」と言うとすると、その時、これらの言葉は、みな、〔実際には〕普遍なのである。[15] つまり、どんなものでも「個別」であり、「此のもの」であり、たとえその「此のもの」が感性的な此のもの、つまり「ここ」や「今」であっても、ともかくそれは「此のもの」である。同様に、私が「私（Ich）」と言う時、私はこの全ての他者を排除した「私」を言い表していると「思っている」が、誰でもが「私」である。つまり誰でもが私の言い表しているものと同じものであり、自己から全ての他者を排除する「私」である。

〔ところで、この私＝自我の普遍性を主張したカントについてここで触れておくと〕カントは、「自我」は私のすべての表象にも感覚、欲求、行為等々にも「付きまとっている」（begleiten）という言い方をしたが、これは拙い表現である。〔というのは〕自我というのは絶対的な普遍者であるのに、〔カントの「すべてに付きまとっている」というような言葉で捉えられ表現されているような〕共通性は、普遍性の一形式であるといっても、外面的な形式である〔からである〕。〔カントの言うように〕私の感覚、私の表象等々は、すべてみな、「私のもの」であるという点で共通だが、〔それなら〕それと同様、私も私以外の人もすべて自我であるという点で共通である[16]〔だから、「私のものである」ということ、つまり自我がすべての私の表象に「付きまとう」ということではなく、もっと端的に、人間はすべて「自我である」ということを取り上げてもよいはずであり、この点こそ核心である〕。しかるに、自我というものは、それだけを抽象して取り上げるならば、純粋な自己関係であり、その中では表象も感覚も、その人の性質、能力、経験といった〔個人的〕状態も、個人的特殊性も、みな捨象されている。その限りで自我は全く抽象的な普遍性の現れであり、抽象的な自由[17]〔という主体〕である。従って、自我は主体としての思考である。そして、自我は又私の感覚、表象、状態等すべての中にあるから、思考は至る所にあるのであり、カテゴリーとしてこれらの規定[18]すべてを貫いているのである。

1　A・Meinungと取られるのは断る。B・Beweisは出来ない。C・事実として確認してほしい。以上三点を述べていますから、この三者に対するヘーゲルの評価をしっかり押さえて理解してほしいです。「科学（学問）は事実を説明（証明）することから始まる」という考えは前提されています。拙稿「弁証法の弁証法的理解」を参照。

2　これは正しいでしょうか。ヘーゲルの以下の定義はそれではどうやって得られたのでしょうか。思うに、道具を知ることはその対象を知る有力な一手段でしょう。しかし、ヘーゲルの戒めているのは道具だけで全部分かったと思い込むことではなかろうか。例えば、思考の道具の一つは脳ですが、脳の生理学を知っただけでは思考の本質は分かりません。認識論を大脳生理学に解消するのが間違いである所以です。認識論を言語論に解消するのも同様に間違いです。

　フォイエルバッハの次の言葉の方が役立つでしょう。「或る存在が何であるかを認識するには、ただその対象から認識する以外にない。或る存在が必然的に関係する対象は、それの明示された本質にほかならない。たとえば、草食動物の対象は植物である。そしてこの対象によって、草食動物はそれと別な動物である肉食動物とは本質的に別な動物であることが分かる。別の例を出すならば、目の対象は光であって、音でもなく、臭いでもない。即ち目の本質は目の対象の中に明示されているのである。だから、或る人が見ないということと目がないということは同じである。だから実生活においても、多くの事物や存在をただそれらの対象によって呼んでいる。目は『光の器官』である。土地を耕す者は耕作者（Bauer）であり、猟を自分の活動の対象とする者は猟師（Jäger）であり、魚（Fisch）を捕える者は漁師（Fischer）である、等々。だからもし神が必然的および本質的に人間の対象であるならば、この対象の本質の中に表現されているものは人間自身の本質でしかありえない」（松村一人・和田楽訳『将来の哲学の根本命題』岩波文庫第七節、訳文は変えました）。諺に言う「友を見れば人が分かる」「類は友を呼ぶ」という事だと思います。古代ギリシャ人たちは「同類のものは同類のものと関係する」とか言ったようですが、これも同じでしょう。なお、感覚の本質もその対象が個別的なものだという事から説明できるのではないでしょうか。

3　この個別論はしっかり理解しておくと好いでしょう。さて、更に進んで理解するために、相互外在性の一層詳しい規定として並存性と継起性に続く第三の規定はないのか、またそれはなぜか、と考えてみます。すると、相互外在性を空間的に捉えたものが並存性であり、時間的に捉えたものが継起性（前後性）だと分かります。しかるに、空間と時間に並ぶ第三の観点はありませんから、これで尽きていると分かるのです。こういう考え方を「文の形式を読む」とか「形式を考える」と言います。

4　自我と普遍性と自己関係の言い換えは分かると思いますが、それを更に「単純性」と言い換えるのがピンときません。für sich sein と同義なのでしょうか。しかしこの後でこの einfach という語は重要な役割を果たします。二二五頁の訳注8を参照。

5　ヘーゲルの「二種の表象説」です。これについてはまだ誰も研究していないと思います。なお、この原文では die Vorstellung hat auch Stoff zum Inhalt, der aus dem selbstbewußten Denken entsprungen ist となっています。限定的関係代名詞 der の先行詞 Stoff が無冠詞です。私の文法書では（関口存男も）こういう場合を論じていません。ここは Materie と同義の Stoff だから無冠詞で使うのが普通で、そのままにしたのでしょう。内容的には不定冠詞が付いた場合と同じと取るならば、「自己意識に由来するような（そういう性質の）素材（質料）を内容とする」です。定冠詞が付いている場合と同じとするならば、感覚的起源の素材と思考（自己意識）に由来する素材とを比較して、後者を指すということです。どちらでも大差はないと思います。

6　七三頁六行目の Hier とは何を指しているかが問題です。松村は「こうした表象においては」と訳していますが（宮本も同じ）、文法的に言って hier は「近いもの」を受けるのが原則で「後者では」でしょうから、ここでは「観念では」となると思います。内容的に考えても、「両者の区別は困難」と言って、「観念では」こうだけれど、それなら表象にもある、と持ってきて前言の理由を挙げているのだと思いますから、原則通りでよいのではないでしょうか。この「困難性」を確認した後に、一〇行目の aber で「しかし」と来て、やはり両者はこの点で区別できる、となっているのだと思います。ここから見ると、やはり、表象では結局は内容が個別＝感性化されたもので、形式は普遍ということになるのだと思います。

7　「法的なものが空間的に相互外在的な関係として捉えられる」とは、例えば「憲法から北東へ二キロメートル行くと刑法がある」、というような捉え方の事でしょう。「時間が内容に関係しているわけでもない」とは、例えば、「明治憲法と新憲法の間には五八年という時間的へだたりがあるが、五八年という時間が新憲法の内容そのものを規定しているわけではない」といった事でしょう。ヘーゲルの一般的な言い方をこういう現実的な実例で読み直していくことが大切だと思います。

8　先には単純性は自我＝普遍性の言い換えでしたが、ここでは個別化と等置されています。この単純性は Für-sich-sein と同義でしょう。

9　「である文」の補語は普通「述語」と呼ばれていますが、私は『関口ドイツ文法』の中でこの用語法の不適切性を指摘して、フランス語文法にならって「属詞」とするべきだと主張しました。この翻訳ではこの考えを前提とはしますが、それが分かるように、訳者の書いた箇所では「属詞（述語）」とし、ヘーゲルが Prädikat と書いている箇所は「述語（属詞）」とします。

10　ここまでの表象論を表にすると次のようになります。

表象 ┬ 内容が感覚に由来するもの ─ 低・孤立的把握
　　 └ 内容が自己意識に由来するもの ─ 高・属詞（述語）を与えて並列させる

11　「表象の無規定の空間」とは、「並列」という言葉から分かるように、表象が例えば神について挙げる属詞（述語）は、一種の空間内に並べられていると考えることができる。しかし、その空間は物理的空間ではないから、創造主という属詞と全知という属詞の間の距離が何メートルと規定できるわけではない。だから、この「無規定の空間」とは「距離的規定を持たない空間」という意味である。

12　この「もまた」から分かるように、ヘーゲルがここで「表象」と言っているものは『精神現象学』の知覚に当たるのでしょう。

13　ヘーゲルはこの点での表象と悟性の違いを「～にすぎない」といって軽く見て、表象と悟性の同一性ないし近さの方を重く見ているようです。ヘーゲルがカントのカテゴリー論を批判した理由の一つはその悟性的な取扱い方についてでしたが、その悟性的取扱い方とは、諸カテゴリーが「列挙」されていて、一つのカテゴリーから次のカテゴリーが内在的に導出されていないということでした。しかるに、この列挙というのは表象の「もまた」と本質的に同じです。しかし、ここで言っているのは必然的関連を与えるか否かですが、このことと、表象と悟性は諸規定を相互外在的な関係においてしか捉えないという点で一致するということと、どう両立するのでしょうか。悟性の与える必然性は外的必然性だから、それによる関係は必然的といっても結局は外的関係にすぎないというのでしょうか。

14　これは、みそ汁の味といったように感覚で捉えるしかないものは言葉では表せないということでしょうか。

15　これは、言うまでもなく、『精神現象学』の「感性的確信」で示されたことです。

16　この文の達意眼目は、おそらく、次に角括弧で補ったようなことでしょう。読者は松村訳と比べて、達意眼目＝文脈を読むということの大切さを考えてみて下さい。

17　「抽象的な普遍性」とは「普遍性という規定しかない」ことであり、「抽象的な自由」とは「自由という規定しかない」ということです。これがヘーゲルの「抽象的」概念です。つまり「一面的」、あるいは「対立物の統一として理解するべき事、ないしそうあるべきものを一面でだけ捉える」ことです。

18　「これらの規定」とは、感覚、表象、状態等のことでしょうか。すると、それに対比して思考をカテゴリーと捉えていることから考えると、思考（＝カテゴリー）の具体的な現われとして感覚、表象等々を捉えていることになるのでしょうか。それとも、カテゴリー（＝思考）の諸規定が感覚、表象等々の中に入り込むという形で、思考がこれらを貫いているということなのでしょうか。

## 付録〔論理学とは何か、三つの注釈〕

〔注釈一・思考能力の主観的解釈〕思考についてとやかく言う時、その思考とは、さしあたっては、記憶とか表象とか意志力とかいったものと並んで〔認識〕主観が持っている一つの活動、一つの能力と考えられています。もし思考が主観の一活動にすぎず、論理学の対象としての思考がそういう思考にすぎないとしたなら、論理学も他の諸科学と同様〔表象にとって〕明確な対象を持つことになるでしょう。しかし、その場合には、ほかならぬ思考〔だけ〕は或る科学〔論理学〕の対象とするが意志や空想力等々は対象としないのは、恣意的な事と見なされることになるでしょう。〔しかしその場合でも理由は付けることができるのでして〕思考にこの〔論理学の対象になるという〕栄誉が与えられるのは、人々が思考に権威を認め、思考を人間の持つ最も真なるものと見なし、人間は思考によって動物から区別されると考えているからだ、ということになるのかもしれません〔第一節を参照〕。——

〔注釈二・形式論理学の意義と歴史〕たしかに単に主観の活動にすぎないものとしての思考を知ることも興味のないことではありません。この場合、そういう思考の一層詳しい規定は思考の諸規則や諸法則ということになるのでしょうが、その規則や法則についての知識は経験から獲得されるのです。通常〔形式〕論理学の規則とされているものは、こういう見地から考察した思考の諸法則です。この論理学の開祖は〔周知のように〕アリストテレスであります。彼は思考自身に属するもの〔と思考の外から来るものと〕を選別する能力を持っていました。つまり我々人間の思考はきわめて具体的なので、〔論理学を確立するためには〕その多様な内容から思考活動の持つ抽象的な形式に属するものを区別して引き出してこなければなりません〔が、アリストテレスはまさにそれをしたのです〕。このささやかな精神的な絆とでもいうべき思考活動が[2]〔思考の〕あらゆる内容を結びつけているのですが、この絆であるこの〔思考という〕形式そのものをアリストテレスは取り出し、はっきりさせたのです。このアリストテレスの論理学は今日まで続いており、その後に為されたことと言えば、特に中世のスコラ学者たちがそれを一層細かくしただけです。スコラ学者たちは素材を増やしたのではなく、〔アリストテレスの残した〕素材を一層展開しただけです。近世の仕事は、論理学に関しては、一方ではアリストテレスとスコラ学者によって作り上げられた多くの論理学上の規定を投げ捨てたことであり、他方では心理学から取ってきた多くの素材[3]を詰め込んだことです。この形式論理学の旨とすることは有限な思考の有限な振る舞いを知ることであり、その論理学は前提された対象と一致する時正しい[4]とされるのです。

**〔注釈三・論理学の効用、真理と実利〕**この形式論理学を知ることは疑いもなく有益なことです。それによって、よく言われるように、頭は研《みが》かれます。通常の意識は互いに矛盾したり混乱したりしている感覚的観念を使って平気でいますが、〔形式論理学を学ぶことによって〕人は精神を集中させたり〔事物の一面だけを〕抽象したりすることができるようになります。[5]抽象する時には精神は一点に集中しているのでして、それによって〔事物の〕内面的なものに関わる習慣が得られます。有限な思考形式を知ることはそれらを使っている経験的諸科学を学ぶための手段として役立ちますし、この意味では論理学は「道具としての論理学」と呼ばれています。[6]

　ところで、論理学をそれより広く考える見方もありまして、その説によると、「論理学は有用性のために学ぶべきではなく、それ自身のために学ぶべきである。というのは、優れたものは単なる効用のために追求してはならないからだ」とされています。たしかにこの考えは一面において正しいのですが、他面では〔間違っています。つまり〕優れたものは最も有用なものでもあるのであり、それは実体的なものであり、それ自身で独立して立ち、それ故特殊な諸目的の担い手でもあるのであって、特殊な諸目的はそれによって促進され達成されるのです。特殊な諸目的を最初にして最後のものとみなしてはなりませんが、優れたものは特殊な諸目的を促進しもするのです。だから例えば宗教はそれ自身の内に絶対的な価値を持っていますが、同時に、宗教によって他の諸目的も叶えられるのです。キリストは「まず神の国を求めよ。そうすれば他のものも又与えられるだろう」と言っています。[7]〔実際キリストの言う通りで〕絶対的なものを達成しなければ特殊な諸目的は達成できないのです。[8]

1 geschehen には getan werden の意味があります。一八四頁の訳注13を参照。

2 ここは Ein leises geistiges Band, die Tätigkeit des Denkens と同格になっています。『辞書で読むドイツ語』の一七四頁を参照。

3 ここは von vielem psychologischen Stoff と、二つ目の付加語が弱語尾になっています。よくあることです。格を示すのは一度で十分という考えでしょう。「文法」の五〇九頁以下を参照。

4 ヘーゲルはこういう「常識的な」真理観を「主観的真理」「真理の主観的解釈」とします。

5 これは形式論理学の過大評価です。形式論理学を学ぶことには我々は小さな意義しか認めません。

6 ヘーゲルは自分の論理学は「単なる道具」ではなく、「真理そのもの」と考えていたのでしょう。ヘーゲルの弁証法が「単なる方法」や「物の見方」ではなく、「世界観自体」でもあるように、です。

7 マタイ伝六章三三節。

8 絶対的なものを達成することによってしか特殊な目的は達成しえないというのは事実に反す

ると思います。ヘーゲル自身第一九節への付録一で認めているように、哲学を知らなくても現世で出世することはできます。しかし、優れているものは又役に立つものだという指摘も正しいと思います。真の哲学は生活に役立つものですし、そうでなければならないと思います。

## 第二一節〔思考の特徴、②客観的なものとしての思考〕

②思考は対象と関係して働らくものであり、何らかの対象についての追考であると見る時には、[1] 思考の活動の産物である普遍は、事柄〔そのもの〕であり、本質的なもの、内なるもの、真なるものであるということになる。[2]

1 「『意識とは常に何ものか〔意識の対象〕についての意識であって、決して意識内容についての意識ではない』というフッサールの指摘した事実」（フルキエ著、中村・福居訳『哲学講義1』ちくま学芸文庫三二〇頁。角括弧は牧野のもの）とあります。いわゆる「現象学」の第一前提のようです。しかし、この「事実」の指摘には何か新しい点があるのでしょうか。

2 原文では das Wesentliche 等々と並んでいるのは Wert ですが、強調されている点を比較しても、内容から見ても、こう訳せると思います。

### 注釈〔追考こそが真理を与える〕

任意の対象や性質や出来事の中にある本当のもの、内なるもの、本質、肝心の事柄というものは、それこそが問題になるものなのだが、それは意識の中に直接見出されるものでもなければ、最初に得られた見かけや思いつきで分かるものでもない。対象の真の性質を知るにはそれについて「追考」しなければならない、追考によってこそ対象の本質を知ることが出来る。以上のような考えは、第五節で述べたように、古くから人々の信念となっているものである。

付録〔追考の働きの具体例〕

子供でさえ既に追考を要求されることがあります。例えば、形容詞を名詞に結びつけるという課題を出された時などです。この時子供は注意力と判断力を働らかせなければなりません。或る規則を思い出し、それに特殊な場合を合わせなければなりません。規則というのは一種の普遍にほかなりませんから、この時子供に要求されていることは特殊を普遍に合致させることで〔これが追考能力で〕す。――

更に、私たちは生活の中で「目的」をもって行動します。その時私たちは、何を手段にしたらこの目的を達成できるかと追考します。この場合は目的が普遍であり司令官〔基準〕であって、手段や道具は目的に合わせて働らかせることになるわけです。――

「道徳的な振る舞い」の際にも追考は似たような働らきをします。この場合には、追考するということは正しいことや義務を思い出すことですが、私たちはその義務をしっかりした基準とし普遍として[1]、個々の場合における特殊な振る舞いをそれに合わせなければならないのです。特殊な振る舞いの中に普遍的な規定〔本分〕が含まれ認められなければならないのです。――

自然現象に対する時にも同じ事があります。例えば、稲光りを見、雷鳴を聞いた[2]としましょう。私たちはこの現象を知っていますし、よく経験してもいます。しかし、人間は単に知っているとか単なる感覚的現象では満足しないもので、その奥に入り込み、その現象について詳しく知り理解したいと思うものです。そこで人間は追考し、原因を知ろうとします。つまり、現象自体とは別のもの、単なる外面とは違った内面[3]を知りたいと思うのです。かくして人間は現象を二重化し、それを内なるものと外なるもの、力と外化、原因と結果とに二分するのです。内なるものとか力とかがここでは普遍であり、永続的なものであって、それはあれこれの稲光りやあれこれの植物ではなく、それら個々のものすべてにおいて同一なものなのです。感官で捉えうるものは個別的であり、無常なものですが、追考によって個別の中にある永続的なもの〔普遍〕を知るのです。自然を見ると無数の個々の形態や現象がありますが、人間はこの多様さの中に統一を見出したいと思うものです。そこで〔多くの個別を〕比較して、一つ一つのものの中に普遍を認識しようとするわけです。個体は生まれそして死んでいきますが、類はどの個体の内にも留まり、すべての個体の中で反復されます。しかるに、それは追考によってしか知り得ないのです。法則というのもこれと同じです。例えば天体の運動法則がそうです。空を見ると星は今日はここに明日はあそこにと、一定していません。精神〔人間〕は本来こういう不定性に満足できないもので、それをそのままにしておくことはできません。というのは、精神は安定した秩序、単純で恒常的で普遍的な規定というものがあると信じているからです。[4] こう信じている精神はこういった〔雑多な〕現象について追考することになり、そして法則を認識し、天体の運動を普遍的に捉え、この法則からどんな位置変化でも認識〔予見〕できるようになるのです。――

人間の行為も無限に多様ですが、それを支配している諸力についても同じ事が言えます。ここでも人間〔精神〕はそれらの多様〔な現象〕を支配している普遍的なものがあると信じています。[5] ――

以上すべての例から分かることは、人間はつねに追考によって確固たるもの、永続的なもの、自己内で規定されたもの、特殊を統制するもの〔普遍〕を求めているということです。この普遍は感覚器官で捉えることはできません。そして、〔この追考で捉えられた〕普遍は本質とか真理とされるのです。例えば、義務や権利は人間の行為の本質であり、人間の行為の真理性はそれが普遍的な規定〔使命〕に合致していることにあるのです。

普遍をこのように規定することによって、普遍には或る他者が対立していることが分かります。この他者とは、媒介されたものに対するところの単なる直接的なもの、内に隠れたものに対するところの外に現われているもの、普遍に対するところの個別です。この普遍は普遍として外に現われてはいません。[6] 類そのものは知覚されず、天体の運動法則は空に書かれているわけではありません。ですから、普遍は耳で聞くことも目で見ることもできないのであって、精神〔思考〕で捉える以外に方法はありません。[7] 宗教はすべてを含みもつ普遍者とか、万物を創造した絶対者といったものへと私たちを導いてくれますが、この絶対者は感覚器官で捉え得るものではなく、精神と思考でしか捉え得ないものなのです。[8]

1　ここの原文は nach welchem Allgemeinen となっていますが、関係代名詞 welcher のこういう付加語的な使い方が昔はありました。「文法」の四六四頁の第四項の①を参照。

2　原文は Wir bemerken z B. Blitz und Donner です。下線部はもちろん「連語」で無冠詞です（「文法」の三六九頁参照）が、日本語には対応する表現がないと思いますので、分けて訳しました。

3　ここの原文は、すぐ前の die Ursache に同格で als ein von der Erscheinung als solcher Unterschiedenes, das Innere in seinem Unterschied von dem bloß Äußeren という句が続いています。この句自体が二つの「冠飾句付きの名詞句」なのですが、その冠詞が不定冠詞・定冠詞となっています。この句訳し分けるのは難しいですが、die Ursache との関係を説明しますと、前の不定冠詞付きの名詞句は die Ursache とは「どういうものか」を説明し、後の定冠詞付きのものは「言い換え」です。あるいは、「外面ではなく内面」と指定しているのです。ですから、次の文で Inneres は Ursache と言い換え的同格として並べられているのです。

4　なぜ人間はこう信じているのでしょうか。生まれつきでしょうか。潜在的にはそうかもしれません。しかし、小さい頃から、何か法則があるだろうと「本能的に」思って、探した結果、たいていの場合はその法則が見つかったという経験を重ねた結果、こういう信念を持つようになったのだと思います。「法則があるはずだ」と思って探したが、見つからなかったという経験を多くしたら、そういう信念は出来なかったでしょう。七九頁の注5を参照。

5　歴史は一回限りのものだからそこに自然科学と同じような科学的認識はありえないというような愚論は、ヘーゲルには無縁です。

6　英訳はここを The universal does not exist externally to the outward eye as a universal としています。原文の als Allgemeines を不定冠詞付き名詞で訳しています。好い訳だと思います。「文法」の一六六頁以下の⑤（考察）を参照。

7　これはその通りですが、ここに留まることなく、「普遍として機能する個別」もある事も理解して初めて本当のヘーゲルが分かります。付録2「昭和元禄と哲学」参照。

8　ここで述べられている普遍と特殊及びそれを捉える追考と感覚器官という観点は決して最高の観点ではありません。これは本質論の立場であって、真の概念的認識の一契機にすぎません。このことは、第二四節への注釈（二九九頁）の中で「追考は事物の普遍へと導くが、この普遍は概念の諸契機の一つにすぎない」と言っていることからも分かります。

## 第二二節〔思考の特徴、③その実践的・変革的性格〕

③〔前節で述べたように〕まず最初に感覚され直観され表象された内容は、〔次に〕追考されるのだが、それによって最初の内容は或る種の変化を被《こうむ》ることになる。だから、対象の真の性質が意識〔認識〕されるのは或る種の変化を介して初めて可能になる〔と言える〕のである。[1]

1　この節はきわめて大切です。本節は第二〇節と第二一節との統一と言えるでしょう。即ち、

第二一節で述べた「思考の客観的性格」は第二〇節で述べた「思考の主観的性格」の「主観的」という部分を「変革的・実践的」と解することで初めて成り立つと言っているのです。この事は、付録の中で、思考の変革的性格を認めることが思考の客観的性格に反するとする説につながる場合に触れていることからも分かるでしょう。ですから逆に、思考の客観性を主張する立場は思考の変革的性格にまで進むことでそれを徹底させなければならない、ということにもなるのです。それなのに、自称マルクス主義者はほとんど思考の客観性を主張するだけで終わっています。これでは本当の弁証法的唯物論にはなりません。思考の実践的・変革的性格にまで進まなければならない所以です。

付録〔思考の変革的性格と客観的性格[1]〕

追考の結果として出てくるものは我々人間の思考の産物です。ですから、例えばソロンがアテナイ人に与えた法律は、彼の頭の中から考え出されたものです〔つまり主観の産物であり、主観的なものです〕。しかし、〔同時に〕我々が〔追考によって頭の中から考え出す〕普遍や法律は単に「主観的にすぎないもの」ではありません。その反対です。つまり、その中には事物の本質、真理、客観〔的性質〕が認識されているという逆のことも〔確認しておかなければならないでしょう[2]〕。事物の中にある真理を捉えるには単に注意力を集中して〔正しく見て〕みるだけでは不十分で、そのためには直接目の前に〔感覚によって〕与えられたもの〔事実〕を変形する我々人間の主観の働らきがなければなりません。ところで、一見したところでは、この事は〔真理とは〕さかさまであって、認識において問題となる〔対象をあるがままの姿で捉えるという〕目的に反するように見えます。〔しかし〕それはやはり正しいのでして、〔感覚に〕直接与えられたものを追考によって加工することで初めて、実体的なものが得られるのだという事は、あらゆる時代を通じて人々が〔無自覚的にではあるが〕確信していた事と言ってよいでしょう。[3] しかるに、殊に最近になって、この確信に対する疑念が提出され、我々の思考の結果と事物がそれ自体においてある姿とをきっぱり分けるようになりました。事物の自体存在〔本質、本当の姿〕は、我々がそれらの事物から作り上げるもの〔観念〕とは全然別のものだと言うのです。殊に批判哲学はこの〔事物と観念との〕分離の立場を主張して、事柄と思考との一致は決まりきったことだとするそれ以前の全世界の確信に反対したのでした。最近の哲学〔界〕の関心の中心はこの〔事柄と思考との〕対立にありますが、人々はこの対立は本当の意味での対立とは言えないと信じています。日常生活において我々が追考する時でも、我々は追考によって真理が出てくるということを特に反省〔自覚〕しません。我々は、取り立てて言うまでもなく、思考と事柄とは一致するものと固く信じて考えています。そして、この信念こそ何よりも大切なものなのです。〔しかるに〕[4] 現代の病弊は、我々人間の認識は主観的なものにすぎず、この主観的なものが最後のものであるとする絶望〔の理論〕にまで進んでいます。しかし、真理は客観的なものであって、真理は万人の確信の基準となるべきです。つまり、個人の確信といえどもそれがこの基準に合わない以上は間違いとしなければなりません。それなのに、最近の見解によると、確信そのもの、確信しているというあり方自体がすでに善であって、〔その確信の〕内容はどうでもよいというのです。つまり、その内容を判断する尺度がないのだというのです。――

さて、先に精神の使命は真理を認識することであるとするのは古くからの人々の信念だと言いましたが、この信念の中にはそれ以上のことが含まれています。それは、〔認識の〕対象は〔人間の〕外なる自然も内なる自然も、一般にすべての客観の本来の姿は、思考の捉えたところのものと同じである、つまり思考は対象の真理である、[5] ということです。〔そして〕哲学の仕事というのは、人間の思考に関して古くから言われていることを明確に自覚させることにほかなりません。ですから哲学は何ら新しいものを立てるわけではないのです。我々がここで反省によって持ち出し〔自覚させ、はっきりさせ〕た事柄も、とっくの昔からすべての人が直接的に〔無自覚的、半自覚的に〕予知していたことなのです。[6]

1　この付録は、思考の変革的性格は思考の客観性の否定にはつながらないということの説明に当てられています。思考の変革的性格の内容それ自体を詳しく説明した付録のないことは、その重要性に鑑《かんが》みてきわめて残念です。

2　この部分は第二三節への注釈への付録になります。もっともきわめて舌足らずですが。なお、他人の空論を批判するのに「頭の中から考え出した理論だ」という言葉を口にする人がいますが、頭の中から考え出されたのではない理論などというものは一つもありません。しかしそういう言葉が無意味なのではありません。ではどう考えたらよいのでしょうか。こういう風にして思索は発展するのです。このことは第二三節への注釈でも言われています。

3　そもそも人間の認識が「大筋において」客観世界と一致していなかったならば、人間はここまで生き延びてくることは出来なかったでしょう。

4　「この主観的なものが最後のものだ」とは、言い換えると、「真理は認識できない」と成ります。

5　思考は対象の真理を「捉える」というのは唯物論ですが、思考は対象の真理「である」とするのは、そのままでは、観念論です。この言葉は、「人間は自然の真理〔発展の結果生まれ、自然の本当の姿を具現したもの〕である」と取り、同時に、「思考＝自意識の持つ内的二分〔第二四節への付録三を参照〕は自然界の対立物の統一の最も発展した姿であり、その真理である」、とすると唯物論になります。

6　このヘーゲルの哲学観は我々の「生活の中の哲学」という考えと同じで哲学における民芸派と言うべきです。奇面人を驚かすようなことを主張したり、何のことか分からない難しい言葉を並べたてる講壇哲学と真向から対立するものです。

## 第二三節〔思考論の結論、④真理は自由で普遍的な思考の産物である〕

④〔第二一節で確認したように〕追考によって〔対象の〕真の性質が現われてくるのであるが、〔第二〇節で確認したように〕この思考は「私の」活動でもある。だから、〔対象の〕真の性質を産み出すものは私の精神である。しかも、その私の精神とは思考する主体、つまり普遍性[1]という面だけで捉えた自我であり、端的に自己の許にある自我であるから、〔結局〕それ〔対象の真の性質〕は私の「自由」[2]が産み出すものだという事になるのである。[3]

1　この言い換えは「思考の論理的性格は普遍性である」という点に基づいています。
2　この言い換えは「自己の許にあること」を「自由」とする定義に基づいています。
3　本節は何のために入れたのでしょうか。第二二節と同じく第二〇節と第二一節の統一を論じているのだとは思います。第二二節が認識主観の変革的性格を力説したのに対して、本節は対象に内在せよと言っているようです。次の注釈を含めるとそう解釈できるでしょう。ともかく、第二〇～二三節の①から④は、ヘーゲルの思考論のヘーゲル自身によるまとめ（個条書き）ですが、特に第二二節は重要ですが、それ以外には大した内容もなく、全面的でもなく、きわめて不十分なものです。

　拙稿「認識論の認識論」では唯物論的認識論の根本を、思考の①反映的性格、②実践的・変革的性格、③社会的性格、④歴史的性格、の四点にまとめました。①を深めたものが「存在と共に歩む認識」で、これは前掲「悟性的認識論と理性的認識論」に書きました。その③社会的性格が社会認識論（唯物史観）ですが、それ以外は主として「個人認識論」です。個人と社会の中間の「組織認識論」もあると思います。これは前掲「議論の認識論」や「哲学主義の政治」（『ヘーゲル的社会主義』に所収）などで論じています。

## 注釈〔思考は普遍者としての個人の対象内在的働きである〕

「自分の頭で考える」[1]という言葉で何か特別意味のあることを言っているかのように思い込んでいる人が多いが、実際、他人に代わって考えることができないのは、他人に代わって食べたり飲んだりしてあげられないのと同様である。だから、「自分の頭で考える」という言葉は重複語である。[2]――

思考している時には人間はそのままで自由である。なぜなら、考えるということは普遍者の働らきだからである。それ故その働きは純粋に[3]自己に関係することであり、〔形式的には〕個人的主観性なしに自己の許にあるが、内容的にはひたすら事柄とその諸規定の中に沈潜しているような〔そういう性質をもった〕活動[4]だからである。従って、哲学することとの関係で謙虚と高慢について一言するならば、そして謙虚さとは自己の主観に何らの特殊な〔個人的〕性質や行為を加えないことだとするならば、哲学することは少くとも高慢さとは縁がないであろう。なぜなら、考えるということは、内容面では、それが事柄の中へと沈潜している限りでしか真ではありえないし、形式面では、主観の特殊なあり方や行為ではなく、抽象的な自我、即ちその他の〔自我であるということ以外の〕性質や状態等の特殊性すべてから解放された自我としての意識の行為であり、すべての個人と同一な普遍者の働らきだからである。――

アリストテレスは品位ある態度を保つように要求しているが、意識が保つ品位とは、特殊な考えや思い込みを捨てて事柄に身を任せることにほかならない。[5]

1　原文では den Ausdruck *Selbstdenken* となっています。この Selbstdenken が典型的な「掲称的付置」です。イタリックになっていますが、それがなくてもいかにも「掲称」という言葉がぴったりするのが分かると思います。形の上での特徴はコンマで区切られていない事です。

2　何のためにこんなことを言ったのでしょうか。この文を文字通り肯定しているとは思えないのですが。なぜなら、以下にあるように、真に自分の頭で考える＝普遍的に考えることと、自分の特殊性において考える場合とがあるからです。

3　ここでの abstrakt（一面的）とは「その面だけが機能している」という事でしょうから、こう訳しました。

4　ここは原文では、weil es ist の文の属詞（述語）が die Tätigkeit des Allgemeinen と定冠詞が付いています。それと同格で ein hiermit abstraktes Sichaufsichbeziehen という不定冠詞付きの名詞句があります。これは先の属詞の「説明」です。しかし、それで終わらずに、又 ein nach der Subjektivität bestimmungsloses Beisichsein と不定冠詞付きの名詞句が同格で来るのですが、今度はそれに das nach dem Inhalte .. という関係文が付いているのです。これも先の属詞の「説明」ですが、更に詳しい「説明」になっています。

5　これがヘーゲルの内在主義であり、一般論ないし道徳的説教としてはこの注釈で述べられた通りでよいでしょうが、誰でもみな自分の意見を正しいとして主張する時は、普遍的に考えているつもりなのですから、実際にはこれだけではほとんど役立たないでしょう。人間は誰でも自分の問題意識をもって自分の頭で考えるしかありません（学問の主体的性格）。しかし、同時に、その思考が客観的＝普遍妥当的でなければならないのもたしかです（学問の客観的性格）。ではどうしたらよいのでしょうか。自分の問題と関係のある過去の最高の成果を学び、それと格闘しつつ自分の説を立てていくのです。これ以外にないでしょう（拙著『先生を選べ』鶏鳴出版）。

## 〔第二編・存在論としての論理学〕

### 第二四節〔形而上学ないし存在論としての論理学〕

思考をこのように〔第二〇～二三節のように〕規定すると、そのような〔思考の産物である〕観念は客観的観念〔客観を反映した観念〕と名づけることができる。この中には〔もちろん〕通常の〔形式〕論理学でまず考察され、普通は意識を伴った思考の形式にすぎないと思い込まれている諸形式〔概念・判断・推理〕も含まれる。従って、[1]〔このように捉えた思考を扱う〕論理学〔ヘーゲルの論理学〕は〔かつての〕形而上学[2]と一致する。というのは、形而上学とは観念の中で把握された事物についての学問であるが、その時その観念は事物の本質を表現するものと考えられていたからである。

1　この「従って」が「従って」になっているか、疑問です。なぜなら、形式論理学の概念・判断・推理論は「存在論」とか「形而上学」というものより、むしろその反対のものだからです。ヘーゲルの真意を正しく表現するには、「客観的観念」ということから、直ぐに「従来の形而上学と一致する」と持ってきて、注釈的に「そこには従来の形式論理学の概念・判断・推理論も含まれるが、それは単なる思考形式ではなく、存在の形式でもあるものとして考察する」とすれば好かったでしょう。

2　形而上学という日本語は英語の metaphysics の訳語として生まれたのでしょうが、これと同じ欧米語はみな、ギリシャ語の metaphysica に由来します。しかるにこのギリシャ語はアリストテレスの本に後の人が付けた名前です。

アリストテレス自身はその本を「第一哲学」と呼んだようですが、それを編集する際にphysica（自然学）の後に置かれたという理由で、「後」に当たるmetaを付けてその名としたのです。日本語の訳者も「形（を持った物）より上（の事柄を扱う）」という意味で「形而上」という言葉を作ったのでしょう。

しかるにこの本は内容的には「存在の一般的規定」を扱ったり、最高の実在として「純粋形相」を想定したりしていました。そのためこの語は第一に、超感覚的な存在を想定してそれを思弁（経験に頼らない純粋な思考）によって認識する学問という意味になりました。この意味での形而上の対概念は形而下です。

しかし、第二に、必ずしも超感覚的とは限らず、存在一般の規定を考えたり、従って世界観的な思考をする学問を形而上学と言う場合も多いです。この意味では観念論的なそれも唯物論的なそれも可能です。存在論に近い意味です。

第三に、しかるに不可知論や実証主義の立場に立つ人々はこういう一般的な事柄の認識は原理的に不可能だと考えますので、経験を越える事柄を認識する学問をすべて形而上学と呼びます。

ヘーゲルはたいてい第二の意味で使い、自分の論理学は本当の形而上学だと考えていました（『自然哲学』二四六節への付録）。その時、自分以前のドイツで通用していた形而上学、特にヴォルフのそれを「古い形而上学」と呼び、その考え方の特徴は悟性的であることだとしました。

エンゲルスはこの用語法を踏まえて「悟性的」という意味で「形而上学的」という言葉を使い、その意味での「形而上学的な考え方」を「弁証法的な考え方」に対置しました。しかし、弁証法的な考え方と対立する考え方を「形而上学的な考え方」と呼ぶのはエンゲルスだけの特徴です。

エンゲルスはこれを使った『反デューリンク論』の中で、従って又『空想から科学へ』の中で、この「形而上学的な考え方」という言葉を使う時、「いわゆる」という言葉を冠していますが、そういう呼び方は当時、流行っていたのでしょうか。多分、ヘーゲルの用語法を踏まえてという気持ちだったのでしょう。しかし、やはり「悟性的な考え方」と呼ぶ方が正確だったと思います。それを理解するためにも、又エンゲルス的な意味が極めて特殊であることを知っておくためにも、形而上学という言葉の諸義を正確に理解しておかなければならないでしょう。

ヘーゲルはこう言っています。「形而上学とは、思考の一般的な規定の全領域のことにほかなりません。それはいわばダイヤモンドの網のようなもので、我々は〔自分の直面した〕全ての素材をその中に投げ込んで理解するのです。教養ある人なら誰でも皆、自分の形而上学を持っています。それは本能的に働く考え方であって、我々はその力に絶対的に支配されています。それを統制するには、その自分の考え方を対象化して認識しなければなりません」（『自然哲学』二四六節への付録）。

「意味とは単語と単語との結びつきのことであった。したがって、或る個人が意味の世界を持っているということは、まず、いくつかの単語を知っていることを前提している。この個人の知っている単語のことをその人の『所有語』という。しかも、その人はそれらの所有語に何らかの結びつきをつけているということである。『人間は理性的な動物である』と理解している人は、人間と理性と動物とを結びつけている、といった具合である。その結びつきがどのようなものか、それが正しいかどうかは今は問題ではない。何らかの結びつきがあればよいのである。ヘーゲルはこれをダイヤモンドの網にたとえている。そして、個人の持つ意味の世界のことを『形而上学』と呼び、『人は誰でも自分の形而上学を持っている』とも言っている。これは我々が普通『或る人の思想』と呼んでいるもののことである」（『生活のなかの哲学』一六六頁）。

## 注釈〔概念・判断・推理といった形式は事物に内在している〕

概念、判断、推理といった〔思考〕形式は因果性等々といった思考形式とどういう関係があるのかということは、論理学そのものの内部でしか明らかにできないことである。しかし、予め分かることは、思考が事物について或る概念を作ろうとするのであるから、この概念（及びそれの最も直接的に展開された形式である判断と推理）は、事物に疎遠で事物の外にある規定や関係から成るものではありえないということである。〔現に〕追考は、先にも述べたように[1]、事物の普遍へと導くものであるが、この普遍という規定は〔特殊及び個別と並んで〕概念〔そのもの〕の一契機である。「客観的観念」〔という先の考えについて言うと、その言葉〕の表現するものは、知性ないし理性が世界の中にはあるというのと同じである。しかし、観念という語は通常、精神に属し意識に属すると考える考え方があまりにも強く、客観という語は非精神的なものについてしか使われないので、この客観的観念という表現はあまり巧い表現ではない。[2]

1　ここの原文は Das Nachdenken, ist oben gesagt worden, führt auf das Allgemeine der Dinge となっています。グロックナー版でも同じです。下線を引いた ist は wie にした方がよいのではないでしょうか。

2　ここでヘーゲルの言いたいことは「事物の本質を表現した思考形式である因果性等々から概念・判断・推理といった思考形式が出てくるのであって、形式論理学のように、概念・判断・推理をヘーゲルのいう客観的論理学と無関係に叙述するのは間違いである」という事ではあるまいか。客観的観念については付録3「ヘーゲル論理学における概念と本質と存在」を参照。

### 付録一〔客観的観念という言葉の意味〕

「客観的とされた観念が世界の内実である」と言うと、それでは自然物にも意識があると言うつもりかと思われるかもしれません。私たちは人間は思考によって自然物から区別されると言っていますので、事物の内なる活動を思考として捉えることには抵抗を感ずるのです。ですから、自然を語るのにどうしても観念という語を使うというなら、自然は「意識なき観念」の体系であるとか、シェリンクの言うように、化石化した知性であると言わざるをえないでしょう。ですから、誤解を避けるためには、観念という表現を使わないで思考規定と言った方が好いでしょう。――

従って、これまでのことから見て、論理学は思考規定一般の体系としなければならず、その際その思考規定という言葉は〔普通の意味での〕主観的なものにすぎないのではなく、客観的な意味にも使われうるとしなければなりません。古代人〔アナクサゴラス〕は「ヌース〔理性〕が世界を支配している」と言いましたし、私たちは「世界の中には理性がある」と言って、理性は世界の魂であり、世界の内に住み、世界に内在し、世界の最も固有で最も内的な本性であり、世界の〔実体を成す〕普遍者であるという意味を含ませていますが、こういう考えの中には、この思考や思考規定という言葉の意味を客観的に使う考え方が分かりやすく表現されています。もう一つ例を挙げるなら、或る動物について「それは動物である」と言う時がそうです。動物そのものは示すことができません。示せるのはつねに特定の動物にすぎません。「動物というもの」は現存せず、それは個々の動物の一般的性質です。現存する動物はどれも〔動物そのものより〕はるかに具体的に規定されており、特殊化されたものです。しかし、個々の動物はみな、動物であるということ、つまりその類、その普遍を自己内に持っており、これが個々の動物の本質を成しています。〔例えば〕イヌから動物であるという性質を取り去ったならば、イヌとは何であるかに答えられないでしょう。一般に、事物は、その永続的で内的な本性と外に現われた定存在という面とを持っています。事物〔生物〕は生まれ、そして死にます。事物は発生し、そして消滅します。しかし、〔それらの事物の〕類を成す本質とか普遍は〔永続します〕。もっとも、この類というものを単に〔多くの個別に〕共通するものという風に取ってはならないのですが。[2]

外的〔自然的〕事物の実体を成している思考は、また、精神的なもの全ての実体でもあります。人間の直観ではどういう直観の中にも思考があります。同様に、表象や想起の中にも、一般に精神活動の中にはどれにも思考があって、思考がそれらの精神活動の普遍となっています。これらの表象や想起や直観等は、みな、思考の一層進んだ〔規定された〕特殊化にすぎません。思考をこのように捉える考え方は、「我々人間には直観や表象や意欲等の能力があるが、それと並んでそれらの一つとして思考能力がある」とするような捉え方とは違います。〔このように〕思考を自然物と精神的な物とのすべての真の普遍〔実体〕とするならば、その時には、思考は自然と精神の全てを覆い、これら全てのものの基礎であるのです。これが思考をその客観的な意味において（ヌースとして）捉えるということですが、ここから第一に、主観的な意味での思考〔人間固有のものとしての思考〕とは何かを考えることができます。[3] まず、私たちは「人間は思考する」と言いますが、すぐにも又、「人間は直観する」、「人間は意欲する」などとも言います〔ですから、思考の根本的性格をはっきりさせなければ、ほかならぬ思考によって人間の特質を明らかにすることはできません〕[4]。人間は思考するものであり、〔思考の世界は普遍の世界ですから〕人間は普遍的なものです。しかし、人間が思考するというのは、普遍が〔普遍として〕人間〔の意識〕に対面していることによってにほかなりません。動物でも潜在的には普遍的なものです。しかし、動物は普遍を普遍として意識するということはなく、動物が意識するのはいつでも個別だけです。動物が個物、例えばその餌とか或る人間とかを見る時、これらの対象物は動物にとっては個物にすぎないのです。〔人間と動物が共有する〕感覚というものも個別的なもの（この痛み、この美味など）にしか関わりません。自然はヌース

〔理性＝普遍〕を自覚せず、人間にして初めて自己を二重化し、普遍が普遍に対面するようにするのです。このことは人間が自分を自我〔＝私〕として知る[5]時に行なわれます。[6]私が「私」と言う時、私が念頭においていることはこの個別的で徹底的に規定された人物としての私のことですが、私が実際にそれ〔「私」という語〕によって言い表しているものの中には、私だけの特殊性は一つも含まれていません。なぜなら、ほかの誰もが「私」だからです。ですから、私は「私」という言葉でこの個別的なものである私を言い表したつもりでいますが、実際に表現しているものは完全に普遍的なものなのです。[7]自我というのはあらゆる特殊を否定し止揚した純粋な独立存在〔自覚存在〕であり、意識の究極的で単純で純粋な部分です。ですから、私たちは自我と思考とは同じものだと言うことができます。あるいは、一層正確に、自我とは「思考者としての思考」のことであると言うことができます。私が意識の中に持つものは私に意識されています。自我というのは全てのものを受け入れる空虚な容器であり、どんなものでもそれに対面する〔＝意識される〕ことができ、その中で保存されるのです。人間は誰でもその人の持つ全表象の一大世界ですが、それらの表象は自我という闇夜[8]の中に埋められているのです。そのように、自我は、全ての特殊を度外視しながら同時に匿《かくま》ってもいるところの普遍です。ですからそれは単なる抽象的普遍ではなく、全てを自己の内に含み持っている普遍です。[9]私たちは全く無造作に「私」という言葉を使いますが、哲学的反省によって初めて「私〔＝自我〕」を考察の対象とするわけです。[10]「私」という言葉の中にあるものは全く純粋な観念です。〔ですから〕動物は「私」と言うことができないのでして、人間だけが、思考するが故に、「私」と言うことができるのです。たしかに「私」の中には多様な内面的外面的内容がありまして、その内容の性質に応じてその時のその人は感覚的に直観していたり、表象していたり、想起していたりします。

しかし、このどれの場合にも「私」〔＝自我〕があり、それらすべての中に思考があるのです。ですから、人間はたとえ直観しているにすぎない時でも思考しています。人間は或る物を見る時は、いつでも、それを普遍的なものとして見、〔それだけを〕個別として固定し、それだけを周囲のものから浮き上らせ、それによって注意を他のものから遠ざけ〔てその対象に集中し〕、それを抽象し、形式的な普遍にすぎないとはいえ、ともかく普遍として取り上げるのです。[11]

私たちの表象を観察してみますと二つの種類があります。[12] 一つは、内容は思考から来るが形式はそうでないというもので、もう一つは、逆に、形式は思考に属するが内容はそうではないというものです。例えば、怒りとかバラとか希望という言葉を口にする時、この言葉の内容はみな感覚によって知られているものなのですが、その内容を私は普遍的に、観念という形式で表しているわけです。その際には多くの特殊的なもの〔或るバラを例に取ると、そのバラの大きさや色や香りなど〕を度外視してその内容を単に普遍的なものとして言い表しているのですが、内容はやはり感覚的〔個別的〕なものです。逆に、神を表象する時には、たしかにその内容は純粋に思考に由来するものですが、形式はいまだに感覚的です。つまり、私は神という観念を直接私の中に見出す形式のままで取り上げているわけです。そのように、或る対象をただ観察するという場合にはその内容はつねに感性的でしょうが、表象においては必ずしもそうではなく、内容が感性的で形式は思考的という場合と、その逆の場合とがあります。前者の場合では素材は〔感覚から〕与えられており、〔その内容を捉える〕形式が思考に属しています。後者の場合にはその内容は思考から来るのですが、〔それを感覚という〕形式で捉えるために、その内容が与えられたもの、つまり外から精神にやってくるものになってしまうわけです。[13]

1　原書の八二頁の三行目に wohne ihr inne とありますが、この ihr は人称代名詞三人称単数形の sie の三格形です（三格支配の inne/wohnen の支配を受けています）。所有形容詞ではありません。次の ihr Immanentes の ihr はどっちに取っても同じですが、所有形容詞と取っておきましょう。

2　最後に申し訳程度に但し書がついていますが、この但し書をもっと展開することが必要でした。この但し書を除いて、ここに述べられている普遍・特殊・個別論は悟性的なもので、これくらいのことならヘーゲルに聞かなくてもよいことです。ただそれが、自然の中に思考を見るという考えの説明の中で出てくる点がほかの人と違うだけです。しかし、これの真の説明はヘーゲルの概念の立場そのものの説明になりますし、この説明にはヘーゲル自身も困っているのでしょう。ここまでのテーマは「自然を思考と捉えることについて。または世界の内面を成す思考」としておきます。付録3の「ヘーゲル論理学における概念と本質と存在」が訳者の考えです。

3　鶏鳴版ではここに疑念を呈しましたが、普遍と普遍とが純粋な形で対面するようになっているかが問題なのでしょう。

4　こういった文を入れなければここは繋がらないでしょう。それとも、この前の文は、先の、精神的能力を並列させる考えにつづくのでしょうか。

5　人間が自分を自我として知るのが「自我の目覚め」です（十五歳前後）。ただし、子供が「私」とか「僕」とか言い始めるのは三歳前後です。これらはそれぞれ第二反抗期と第一反抗期とに当たっています。反抗するということは自己を主張することであり、自我の成長・覚醒と同じ事だからです。

6　A・普遍が普遍として意識されること。B・人間が自己を二重化すること。C・普遍が普遍と対面すること。以上三つのことは同一の事だとされています。そして、D・それは自分を「私」と言う時に表されている事態だということ。このことの現実的意味を考える前に、まずこう整理しておきましょう。

7　この「つもり」と「実際」の対立、そしてこの「実際」が意識自身に自覚された時、その対立が意識内の二面になること、これを見抜き、これを方法とすることによって初めてヘーゲルの『精神現象学』の方法は生まれたのです。「ヘーゲルにおける意識の自己吟味の論理」（拙訳『精神現象学』に所収）

8　ここは in der Nacht となっていますが、次を読めば分かりますように、「全ての牛が黒く見える闇夜」というシェリンクを批評した言葉がありますように、ヘーゲルは「夜」というものをこういうものとして考える事があるのでしょう。

9　これは具体的普遍と言ってよいのでしょうが、正確には「潜在的な具体的普遍＝潜在的な概念の個別」でしょう。ですから、人間は誰でも概念の個別になる可能性を持っているのですが、その可能性を現実化した人だけが真の現実的な具体的普遍となるのです。

10　哲学は人々が無自覚的に従っている論理を自覚的に取り上げたものにすぎません。

11　これを「普遍化」というなら、動物でも普遍化すると言えます。これはパヴロフの条件反射理論を使えば、興奮と制止の相互誘導の法則で簡単に説明できます。我々はヘーゲルのこれらの言葉に執着することなく、思考と言葉をもった人間（つまり赤ん坊などは除く）が見る時の、その見るという働きが動物の見る働きと、本質的にどう違うのか考えていかなければならないと思います。

12　ここは、内容上は、第二〇節の注釈の二種の表象説と一致します。

13　宗教とか芸術は、唯物史観においては、社会的意識に属するとされますが、その存在地盤は多分に感性的なものです。ですから、それを「意識」の一種とすることは、「まず感覚に与えられるものを物質とする」という物質の命名的定義と矛盾するように考えられますが、これを解決するには、ヘーゲルのように、二種の表象ということを考えざるをえないでしょう。現に、ヘーゲルの言うように、表象に二種あることはその実例からみて事実です。

付録二〔論理学は純粋な観念の真理性を吟味する〕

論理学で扱うのは純粋な観念、あるいは純粋な思考規定です。観念という言葉を聞いて普通、思い浮べるものは純粋な観念ではありません。つまり、経験に由来する〔ような、そういう性質を持った〕内容を持った観念を考えます。〔しかし〕論理学で扱う観念というのは、思考そのものに属さず、思考そのものによって産み出された内容でないようなものは一切持たない観念です。ですから、それは「純粋な」観念なのです。そして、〔そういう観念を扱っている時〕精神〔人間〕は純粋に自己自身の許《もと》にいるわけであり、従って自由であるわけです。というのは、自由とは自己の他者の中にあって〔なお〕自分自身の許にあり、自己に〔のみ〕依存し、自己自身の規定者であることだからです。[1] 衝動においてはその行為は他者から始まります。つまり、主体の外にあるものから始まります。ですから、これは〔自由ではなく〕依存です。[2] 私自身でないもの、[3] つまり他者が私にとって存在しない所にしか自由はないのです。もっぱら衝動にのみ規定されている粗野な人間は自分自身の許にい〔るとは言え〕ません。彼はたしかに我が儘に振舞っていますが、[4] 彼の意志と考えの内容は彼自身のものではなく、彼の自由は形式的な自由にすぎません。[5] 思考が自由に振舞え人間は思考することによって自己の主観的な特殊性を放棄し、事柄の中へと沈潜し、思考が自由に振舞えるようにします。〔それに反して〕私見をまじえている時には間違った考え方をしているわけです。[6]

これまでの事からは「論理学は純粋な思考規定の体系である」となりますが、そうするとそれに対して、他の哲学、つまり自然哲学と精神哲学とはいわば[7]応用論理学と言うことになります。というのは、論理学が自然哲学と精神哲学の生ける魂だからです。すると、自然哲学と精神哲学の関心事は自然と精神の諸形態の中に論理学の諸形式を認識することにすぎないということになります。つまり、自然と精神の諸形式は純粋な思考の諸形式の特殊な表現様式にすぎないのです。例えば「推理」という形式を〔古くからの形式論理学の意味でではなく、〔ヘーゲルの論理学で扱われているような〕本当の意味で〕取り上げてみましょう。推理とは特殊が普遍及び個別という両端を連結する中項であるということです。〔しかるに〕推理の持つこういう形式〔論理〕はあらゆる事物の普遍的な形式〔あり方〕なのです。〔というのは〕あらゆる事物は普遍としての自己を個別と連結する特殊だ〔からです〕[8]。しかし、自然は論理学の形式を純粋には表現することができないのでして、これが「自然の無力」なのです。例えば、磁石がこのような推理の無力な表現です。磁石はその中項である無差別点〔北極と南極の中間点〕でその両極を連結していますが、これによってその両極は区別されたままで直接に一つとなっています[9]。〔ここで自然科学と自然哲学の異同に触れておきますと〕自然科学でも〔自然哲学と同様〕普遍や本質を知ることは知るのですが、自然哲学は自然の事物の中にある概念の真の形式を意識させるという点で自然科学と違うのです[10]。――

　そのようなわけで、論理学はあらゆる科学の生ける精神〔霊〕であり、その論理学の扱う思考規定は純粋な精神〔霊〕なのです。論理学の扱う規定は最も内奥《ないおう》のものですが、しかしそれは同時に私たちが日頃口にするものであるために、知り尽していると思い込まれているものでもあるのです。しかし、その知り尽された〔と思い込まれている〕ものは通常最も知られていないものなのです。例えば、「存在」というのは純粋な思考規定です。しかし「存在」を対象として自覚的に考えてみようとは決して思いつかないものです[11]。〔つまり〕人々は通常、絶対者ははるか彼方の世界にいると考えていますが、それはまさに目前の現在にいるのであり、私たちが思考する時、たしかにそれをはっきりとは意識しないのですが、実際に使っているものなのです。殊に言語の中にはそれらの思考規定が定着されていますので、文法を子供たちに教えることは無意識的に思考の諸相に目を向けさせるという効用があります〔もっともそのためには、文法教育がそれに役立つ程度のレベルに達していなければなりませんが〕。

〔一般には〕論理学はただ〔思考の〕形式を扱うに「すぎず」〔思考の〕内容はどこか別の所から来るのだと言われています。しかし、論理学で扱う観念というものは「形式に『すぎない』」などと言って他のすべての内容より低く見てよいものではありません。〔むしろ〕他の内容こそ、すべて、論理学で扱われる観念と比較すれば、「内容にすぎない」と言われなければなりません。論理学で扱われている観念こそは万物の絶対的な根拠なのです。——

そのような純粋な規定に関心を持つにはそれだけでも既にかなり高い教養が要求されます。〔しかし、単に関心を持つだけでなく、実際に〕純粋な思考規定を絶対的に〔それ自体としても、又他との関連においても〕考察するということは、一層進んだ意味を持っているのでありまして、それは、思考そのものからこれらの規定を導き出し、それらの規定が真であるか否か〔どの程度真であるか〕を、それらの規定自身から明らかにする[12]ということなのです。それは、思考規定を〔思考の〕外から取り上げ、しかる後にその思考規定は私たちの意識の中でどう捉えられているかを基準にしてそれを定義したり、その価値や妥当性〔妥当範囲〕を明らかにするということではないのです。〔もしそういう外的反省の態度を取るなら〕私たちは観察や経験から出発することになってしまうでしょう。例えば「我々は『力』という言葉をこういう場合にこういう意味で使う」と言って〔その使い方を無批判に受け入れることになって〕しまうでしょう。そういう定義がその定義の対象について私たちの日常意識が考えていることと一致した時には、その定義は「正しい」とされます。しかし、そういうやり方では概念というものを絶対的に規定することはできないのでありまして、それは概念を或る前提に基づいて、その前提を正誤の基準や尺度として規定するというやり方です。私たちはそのような〔思考の外にある〕基準を必要としません。自己自身の中で生きている規定を〔主観を加えずに〕自由に運動させ〔主観はそれをただ傍観してさえい〕ればよいのです[13]〔ところで〕思考規定の真理性を問うということは普通の人々にはめったに思い付かないことです。というのは、普通の人々にとっては、真偽というのは思考規定を何らかの対象に適用し〔て判断や推理をし〕た時に初めて問題になることであって、この適用をする前に〔思考規定＝概念についてそれだけで〕真偽を問うということは、無意味に思えるからです。しかし、この思考規定の真偽の問題こそが正に問題なのです。その場合にはもちろん真理という言葉の意味を正確に知っておかなければなりません。普通は、私たちの表象〔考え〕が対象と一致することを真理と言っています〔これを真理の主観的定義と言います〕。この場合には、或る対象を前提として、その対象についての私たちの表象をそれに合せようとするわけです。――

しかし哲学的な意味での真理とは、一般的に言うならば、或る内容が自己自身と一致することです〔これを真理の客観的定義と言います〕。これは真理についてこれまで語られてきたこと〔真理の主観的定義〕とは根本的に異なるものです[14]。もっともこの真理の深い意味は一部はすでに日常の言語用法の中にも見出されるものです。例えば「真の友」というようなことを言いますが、その言葉で考えられているのは、その行為が友情の概念に一致している人です。同じように「真の芸術」ということも言われます。この場合には「真でない〔芸術〕」とは「悪い」とか「自己自身の中に不一致がある」というのと同じです。〔ですから〕この意味では、悪い国家とは真ならざる国家のことです。要するに、悪も非真理も、一般に、或る対象の現実のあり方がその対象の規定〔＝使命〕ないし概念と矛盾しているということです。〔ひるがえって考えてみるに〕そのような悪しき対象についても正しい表象〔主観的定義による真理〕を持つことはできます。しかし、〔この場合には〕この表象〔は正しくても、そ〕の内容は自己の中で真理ならざるものなのです。このように「真理ではないが正しくはある」という表象や観念は沢山あります。――〔このような客観的真理観から見ると〕神だけが概念と実在との真の〔完全な〕一致で〔あり、従って完全な真理、最高の真理で〕す。それに反して有限な事物にはすべて、本来、非真理が含まれています。有限な事物には概念も現存在も共にありますが、その現存在が概念に〔完全には〕一致していないのです。ですからそれらは〔いずれ〕消滅するわけで、それによってこの概念と現存在との不一致が明らかにされるのです。個々の動物の概念はその類ですが、それが死ぬ時、類〔である概念〕は〔個別への制約から〕解放されます〔しかし、有限な事物は等しく非真理を含むと言ってもその程度には差があるわけですから、有限であり非真理であるからといって、すべてを同一視することはできません。大切なことは、一つ一つの事物と事柄について、それがどの程度真理であるのか、従ってそれらは互いにどういう関係を持つべきか、それらをどう扱ったらよいのかを正確に理解することであり、そういう概念の立場に立った理解力を持つことです〕。

〔実に〕ここで述べた意味での真理、つまり自分自身との一致という意味での真理の考察こそ論理学の本来の関心事です。普通の人々には思考規定の真理性を問うという考えは起こりませんが〔無意識的にはそういう事も感じてはいます。ですから〕論理学の仕事は、個々の思考規定についてそれぞれがどの程度の真理把握能力を持っているかを考察〔して、皆さんに意識してもらう〕ことだとも言えるわけです。この問題はかくして、どれが無限者の形式でどれが有限者の形式かを問うことに帰着します。[16] 普通の人々は有限な思考規定に何の疑いも懐かず、無考えに使っていますが、錯覚というもの〔悟性が理性的な事柄について思い違いをする事〕はすべて有限な思考規定によって〔無限者について〕考えたり行動した〔り、それが最高の絶対的な立場なり考え方だと思い込んだ〕りする所から来るのです。

1　自由の定義について基本的な事を纏めておきます。①ヘーゲルによる自由の定義としては、「自由とは他者の中にあってなお自己の許に留まること」（この付録二）と「真に内的な必然性は自由である」（『小論理学』第三五節への付録）とを知っておけば好いでしょう。しかし、これの真意を理解するためには、まず、これは自由の肯定的概念であることを知らなければなりません。②自由の否定的概念とは「形式的自由」とも言われるものです。それは形式的民主主義と結びついており、「他人を傷つけないなら何をしても好い」ということです（マルクス・エンゲルス全集、第一巻三六四頁。ヘーゲル『歴史における理性』ホフマイスター版一一一頁）。

この否定的自由は自我の立場であり、ヘーゲルでは概念論冒頭の「概念そのもの」の立場です。それに対して、肯定的自由は内容的自由であり、ヘーゲルの概念論の最後の理念の立場に立つものです。これ以上の事は前掲「恋人の会話」と「価値判断は主観的か」（『生活のなかの哲学』に所収）と「本質論と戦術論」（『ヘーゲルからレーニンへ』に所収）を参照。

③以上はいずれも「自由の命名的定義」ですが、その「概念規定的定義」を与えたのはエンゲルスです。エンゲルスが『反デューリング論』（前掲全集第二〇巻）の中でヘーゲルに基づいて与えた定義は「自由とは必然性の理解である」とされていますが、誤解です。なぜなら、もしそうだとすると、自由になることが人間の目的ですから、必然性を認識することが直ちに自由なら、認識の後に行為が続かなくても好い、実践しなくても好い、ということになるからです。

エンゲルスによる自由の本当の定義は「自由とは自然必然性の認識に立脚して我々人間自身

〈内部の自然〉及び外部の自然を支配することに存する」（同書一〇六頁）です。こう取ると直ちに分かることは、この自由概念が労働と結びついていることです。労働によって自然を人間の本性即ち自然の本性に合わせて作り替えていくためにも、社会のあり方を反省し、それも作り替えていかなければならないというのが唯物史観です。つまり、労働（人間の一般的本質）と社会（人間の現実的本質）との本質的結びつきということです。詳しくは拙著『労働と社会』を参照。但し、その「自由」の実現した社会がいわゆる社会主義社会であるとする考えは未熟でした。マルクスもエンゲルスも歴史的制約を免れなかったのです。（拙著『マルクスの空想的社会主義』（論創社）参照。

④日本語の「自由」という語について。――福沢諭吉は『西洋事情』を書くにあたってリバーティという言葉を、「自由」と訳した。はじめは「御免」と訳そうとした。「殺生《せっしょう》御免の場所」といえば、魚つりなどしてよろしき場所ということだからほぼあたらずとも遠からずだが、それではなんだか権力者から御慈悲でゆるされているようで語感がおもしろくない。福沢はこれを仏教語からとって自由とし、自由は万人にそなわった天性であると説明した。さらに政治の自由、開版（出版）の自由、宗旨の自由などを説いた。／権理（right）は、福沢は最初「通義」といっていたがどうもちがうと思い、この訳を用いるようになった。「人間の自由はその権理である。人間はうまれながら独立して束縛をうけるような理由はなく、自由自在なるべきものである」というように福沢はその幕末における著述で説明している。（司馬遼太郎『峠』新潮文庫中巻四一八～九頁）

**【牧野の感想】**多分、「自分に由る」という事でこの訳語を選んだのでしょう。前掲『仏教語大辞典』には「禅宗で、自らに由る」とあります。

2　ここの原文は **Hier sprechen wir dann von Abhängigkeit** です。宮本は「この場合われわれは依存性ということを言う」と直訳（ないし表面的に訳）しています。これは属詞文の代用形でしょう。

関口は「である文」は非常に沢山使われるので、代替表現が発達している。von etwas sprechen もその一つである、と言っています。「文法」一五七頁参照。

3　ここは kein Anderes ... das ich nicht selbst bin となっています。「私自身でないような他者はない」ですから、この das ich .. の関係文では、das が主語で ich は属詞（述語）です。しかし、ドイツ語では定形は人称代名詞に従います。das ich nicht selbst ist とはなりません。ここの英訳は no presence of something else which is not ourselves となっていますが、連語の冠置詞及び変化については「文法」一二二五頁にある用例14はもっとはっきりしています。

4　ここは seines Wollens und Meinens となっていますが、連語の冠置詞及び変化については「文法」の三七〇頁を参照。

5　すると、真の自由は内容的自由ということになります。それはともかく、ここだけ読むと、人間の自由の根拠は人間の行動が人間の外から引き起されるのではなく「中から始まる」という点にあるかのように思われますが、これはヘーゲルの真意ではありません。ホフマイスター版『歴史における理性』五七頁でヘーゲルは次のように言っています。「動物は自己の表象を観念的なものとしては持っておらず、従ってまた、現実的なものとして持ってもいない〔動物の表象は動物が自分でコントロールできない〕。従って、動物には内的自立性が欠けている。動物もまた生けるものであるから、自己の運動の源泉を自己自身の中に持っている。それは自己内に刺激があるのでない限り、外的なものによって動かされはしない〔例えば、満腹の時には食べ物を見ても食べはしない〕。つまり、動物の内なるものに対応しないものは動物にとっては存在しないのである。〔この点が物体と違う。物体ないし機械は外からの力がなければ作動しない。だから、内から運動が始まる動物は animal＝魂を持つもの、と言うのである。しかし〕それは自己自身を自己内で自分から二つに分けはしないのである。それは自分の〔内から起こる〕衝動とその満足との間に何物もさし挟まない。動物は意志を持たず、〔自己内からの〕制止を知らない。動物を衝き動かすものは、動物にあっては、内的なものから始まり、その内在的完遂を前提している〔つまり、外から制止されなければ止まらない〕。しかし、人間は、自己の運動が自己内から始まるが故に自立的なのではない。そうではなくして、人間は〔自分で〕運動を制止し、かくして自己の直接性と自然性とを断ち切るが故に自立的なのである」。

6　では私見をまじえないで考えることはできるのか、と考えてみると、出来ないことはすぐ分かります。では正しく思考するにはどうしたらよいのでしょうか。換言するならば、「方法をもって研究する」と言うと好く聞こえますが、「先入観を持って研究する」と悪く聞こえます。方法と先入観とどこが違うのでしょうか。

根本的には、方法は一種の先入観ですから、「方法をもって対象に臨む」ということは「先入観をもって研究する」ということです。先入観というと悪く思い、方法というと問題を感じないようでは困ります。言葉にだまされてはなりません。ヘーゲルはこう言っています。「概念をそれだけとして考察した時は概念は直接的な姿をしていた。概念を反省的に考察する事、または概念を考察する概念は我々の知に属していた。しかるに、方法とはこの知自身のことなのである。ここでは概念は単に対象であるのみならず対象自身の主体的行為であり、認識活動の道具及び手段であり、従って認識活動から区別はされるが、その活動の本質である事が知られているのである」(『大論理学』「サラリーマン弁証法の本質」ラッソン版第二巻四八七頁)。

又、前掲「サラリーマン弁証法の本質」の中では許萬元の書き換え案として次の案を出しておきました。

――許さんの立場に立ってこの第一章を書き直しますと、①あらゆる認識はありのままの反映を目指していること、そしてこれが内在的考察であり唯物論でもあること、②しかし「ありのままに」反映するためにこそ先入観＝方法をもって臨まなければならないこと、つまり客観的であるためにこそ主観的でなければならないこと、③この主観性に大きく分けて二段階あり、第一段階が客観から離れる悟性的段階で、これは①の出発点より見かけ上は後退しているが第二段階への契機を含んでおり、避けられない段階であること、④第二段階は理性的内在的超出の方法を駆使する段階で、これは第一段階の客観と主観の分裂の克服であり、①の出発点に一層高い形で戻るものであること、まあこんな風に書くとよかったと思います（『哲学夜話』一一八頁）。なお、一一四頁の注3も参照。

7　ここは ..erscheinen die anderen philosophischen Wissenschaften gleichsam als eine angewandte Logik となっています。この gleichsam は「評辞の適否」についての話者の判断を表しています。つまり「応用論理学」という語を使うことがどの程度適当かの問題です。「あまり適当な用語ではない」と思いつつ使う時の弁解には sozusagen（英語は so to speak）を使います。「こう言っても過言ではない」という気持をあらわすのが gleichsam です（英語は as it were）。「この言葉がぴったりだ」と思って使う時は geradezu, direkt などを入れます。日本語では前二者は「いわば」でしょう。最後のものは「まさに〜だ」くらいでしょうか。「文法」には書いてありません。「サポート」の「第三部第九章・強調」（二〇一三年八月一〇日）に詳しく書きました。

8　ヘーゲルの推理論の現実的な意味を解明した人は、多分、一人もいませんし、私にも分かりません。根本の問題は、形式論理学でも普通の考えでも、推理（三段論法）は三つ（以上の）の「命題（判断）」の関係として考えるのに、ヘーゲルは三つの「概念」の繋がり方として考えている事です。それを具体例で考えることが出来ないからです。

　ここでは「あらゆる事物は普遍としての自己（特殊）を個別と連結する特殊だ」と言っていますが、これだけなら、別に大した事ではありません。一匹のイヌを例に取ってみますと、そのイヌは感性的個別です。他のイヌと完全に同じという事はありません。ライプニッツの「不可識別者同一の原理」はこのことを言い表しています。しかし、同時に、このイヌはイヌとしての概念＝普遍＝規定＝使命を持っていて、その普遍を感性的個別の中に具現させています。これを「特殊」と言うなら分かりますが、常識的な事柄で大した意味はありません。イヌ＝自然はこの推論的論理を自覚せず、自分では統制できないと言うならその通りですが、その前に、これを「推論的論理」と言うのが分からないのです。

9　これのどこが無力なのでしょうか。多分、対立物が「対立」したまま「直接」統一されているからでしょう。真の推論では、対立物の運動＝媒介的過程によってその対立が止揚されて、一層高いものが生まれるからです。

10　哲学（＝論理的思考）の低い考えと論理的思考による研究との違いについては、憚りながら、パヴロフ研究や人間起源論や関口ドイツ文法の研究において牧野の態度と他の人々のやり方とはどこが決定的に違うか、それがどういう結果の違いとなっているかを考えると参考になるでしょう。

11　この「存在」という規定を取り上げたのがハイデガーでしょうか。それを認識する前に、認識者である人間の認識能力を認識（吟味）しようというカント主義を受け継いだので、失敗した（未完に終わった）ようですが。

12　普通には「概念では真偽は問題にならず、それは判断以降で初めて問題になる」と考えられているのに対して、ヘーゲルが「思考規定の真偽」という観点を打ち出したのは画期的でした。それが常人の考えと全く反するものであるのは、後でヘーゲル自身が述べます。しかし、ヘーゲルと取り組む人々は、みな、この「概念の真偽とは何ぞや」ということに答を出さなければなりません。それなのに、この問題に気付いている人さえほとんどいません。ここで規定の真偽を「真偽の程度」として捉え直す文を補っておきましたが、この真理性の程度に応じて低いものから高いものへというのが、ヘーゲルの論理学における概念の配置です。

13　この辺に述べられていることは、思考規定を考察する（＝一般に物事を考察する）内在的方法と外的反省の方法との違いであり、ヘーゲル哲学の方法の核心に触れる大問題です。これを言葉として「知る」のは易しいが、両者が実際にどう違うのかを「理解し」、自分の考え方を内在主義的にするのは大変です。その理解の難しさは、何と言っても、ヘーゲルのような観念論ならいざしらず、唯物論の立場では、一切の思考は「観察と経験から出発」することを認める所に由来します。ヘーゲルの言葉では、「観察と経験から出発する」とは即ち外的反省のように聞えますし、ヘーゲルは実際そう考えていたのかもしれませんが、ヘーゲル自身も人間である以上、やはり「観察と経験から出発」して考え、自分の哲学を作ったのです。①人間の認識はすべて観察と経験から出発するしかない。②方法というものはすべて、外的反省の方法も内在的方法も、人間が主観内に、認識に先立って持っている先入観である。以上二点を確認した上で、内在的方法と外的反省の方法とはどこがどう違うかを考えるしかありません。

14　この真理の客観的定義を打ち出したことはヘーゲルの画期的功績であり、これが大衆の生活の知恵を純化したものであることを明らかにしたのが拙稿「ヘーゲル哲学と生活の知恵」です。なお、ヘーゲルには真理の絶対的定義もありますが、これについてはまだ誰も研究していないと思います。『概念論』第一分冊、一〇七頁参照。なお、「内容の自己自身との一致」は、また、「或る事柄がその概念と一致すること」とも言われており、本文でも以下に出てきますが、この定義での「概念」を「本質」と理解するとどういうおかしなことになるかは、付録3の「ヘーゲル論理学における概念と本質と存在」の中にある「解答」を参照。

15　前注の中で、ヘーゲルの客観的真理においてこそ本質と概念を区別することが重要であることを注意しておきましたが、ここでヘーゲルが動物の類が動物の概念であると言ったのは（それが事実とするなら）不用意です。動物の類は動物の本質にすぎません。

16　一応は、「存在論と本質論（客観的論理学）で扱われているものが有限な規定で、概念論（主体的論理学）で扱われているものが無限な規定である」と言えるでしょうが、同時に、どの規定も扱い方によって有限にもなれば無限にもなるという面もあります。ですから、論理学で扱われている規定はすべて神の属詞（述語）になるという面もあるのです。我々にとっては、扱い方で同一の規定が悟性的にも理性的にもなるということを確認して、その使い方を反省して正しく使えるように努力するということです。断っておきますが、悟性的な使い方や考え方がいつでもどこでも「悪い」ないし「間違っている」わけではありません。悟性には悟性の場があるのです。日常生活は悟性でほとんど足ります。

### 付録三〔真理認識の諸形式。経験、反省的思考、理性的思考。原罪の神話の意味〕

真理を認識する方法にはいろいろあり、その各々は形式〔真理の形式〕にすぎないと言うことができます。つまり真理を認識する〔まず第一の形式としては〕経験がありますが、この経験というのは単に一つの形式にすぎません。経験において問題となることは、どういう感覚をもって現実に立向かうかということです。偉大な感覚は偉大な経験をし、さまざまな現象が入り乱れている所でも重要なものを見抜きます。理念は私たちの目の前で作用しているものであって、どこか上の方や後《うしろ》の方に隠れているのではありません。〔ですから、例えば〕ゲーテのような人が持っている偉大な感覚が自然や歴史を見る時には偉大な経験をし、そこに理性的なものを見つけてそれを言い表すのです。[1] 続いて〔第二の形式としては反省的思考がありますし〕、真理は反省〔的思考〕によっても認識することができますし、〔反省的〕思考の諸関係によって規定することもできます。しかし、〔経験と反省という〕これらの二つの方法では真理の本当の姿がそれ本来の形式の中にあるようにはなりません。〔それでは、その真理の本当の姿を本来の姿であらしめるのは何かと言いますと、それが第三の形式である理性的思考です。つまり、真理を〕認識する最も完全な方法は、思考の純粋な形式〔純粋な思考という形式〕による方法です。〔そして〕ここでは人間は完全に自由に振舞うのです。〔ところで〕思考という形式が絶対的形式〔絶対者＝真理を捉える最高の形式。絶対者の形式〕です。真理は思考の中でこそその本当の姿を現わすものだという考えは、すべての哲学が主張する所で[2]〔あって、私だけの主張ではありません〕。この事を証明するには、差し当っては先の二つの認識形式が有限な形式だということを示せばよいのです。〔そして〕これを実行したのが古代の懐疑論です。それは、経験にも反省にも矛盾が含まれていることを示して見せたのでした。〔それだけではなく〕それは理性〔的思考〕の諸形式にも批判の矛先を向けたのですが、そのやり方は、理性〔的思考〕の諸形式に予め有限な性質をなすりつけておいて、その上でそれの有限性を示すというやり方でした。〔ですから、この点はいただけないのですが、経験と反省の有限性を明らかにした点で、古代の懐疑論[3]は大きな功績を持っています。では、思考こそ真理の形式であることを本当に示すものはと言いますと、それが私の論理学なのです。即ち質と量とか、因果関係とか実体・属性関係といったような〕有限な思考の諸形式はすべて論理学の展開過程で出て来るでしょうし、しかもそれは〔順不同でもなければ箇条書きでもなく〕その〔展開の内在的〕必然性に従って現われることでしょう。〔たしかに〕ここ〔予備知識の中〕では、差し当っては、〔形式的には〕与えられたものとして取り上げる[4]という非科学的な叙述方法を採らざるをえませんし、内容上は、各思考形式の限界の指摘に力点を置くことになるでしょう。〔しかし〕論理学〔本論〕の叙述の中では、これらの形式の否定面〔限界〕を示すだけでなく、その肯定面〔意義〕も示します。

〔真理を〕認識する三つの方法を比較してみますと、第一の方法、つまり〔経験によって感覚的に〕直接知る方法が最も良く最も美しく最も高い方法と思われがちです。〔実際〕この方法には道徳的に見て無邪気と呼ばれるものがみな含まれていますし、そのほかにも宗教的感情、心からの信頼、愛、誠実、自然な信仰心といったものが含まれています。〔これに反して〕他の二つの方法、まず反省的認識の方法と次に哲学的認識の方法ですが、これらはかの〔第一の方法の中に見られる〕直接的な生まれつきの統一〔一体性〕から抜け出ています。この両者はこの点で一致していますので、思考によって真理を捉えようとするのは、自分の力で真理を認識しようとする「人間の驕り」と見ることも出来ます。たしかに、この立場は全てを分離させる立場ですので、それはあらゆる邪悪の根源とか根源的な不義と言うことができますし、従って又、〔先の統一に〕還帰して和解に達するには、思考による認識[5]を放棄しなければならないかのように見えます〔が、そうではありません。そこで、この問題を詳しく考えてみましょう〕。

〔そのためには〕ここで、生まれつきの統一〔一体性〕からの離脱を論ずることになりますが、精神が自己の中で分裂するというこの不思議に満ち満ちた事実は、古くから諸民族に意識されてきたものです。〔実際〕自然界にはそのような分裂は起きないのであり、自然の事物は悪を為しません。[6]この分裂の起源と帰結についての古くからの考えの一例として、原罪についてのモーゼの神話があり〔これは旧約聖書の創世紀に書かれてい〕ます。この神話の内容は、或る本質的な宗教的教説の基礎を、つまり人間は生まれながらにして罪を負っており、それに対する救いが必要であるという〔キリスト教の〕教説の基礎を成すものです。

ここ論理学の冒頭でこの原罪の神話を考察することは適切な事と思われます。なぜなら、この神話で扱われているのは〔思考的〕認識[7]であり、認識の起源と〔人間の存在全体に対する〕その意味だからです。〔ついでに、哲学と宗教の関係について一言しておきますと〕哲学は宗教を憚る必要はなく、宗教に黙認さえしてもらえば満足だというような地位に甘んずる必要もありません。もっとも、同時に、かの神話や宗教的な考えは〔昔人類が無知だった頃の産物にすぎないとして〕片付いた物だと見なすような考えも、退けなければなりません。というのは、それは多くの民族〔と民衆〕の間で何千年にもわたって尊敬されてきた考えだからです。[8]

さて、原罪の神話[9]を詳しく見てみますと、先にも指摘しましたように、そのテーマは認識〔思考〕が精神生活〔人間の生活全体〕に対してどういう関係を持っているか〔という問題〕です。精神生活は、その直接性〔子ども〕においては、まず無邪気と底意のない信頼として現われます。ところが、しかし、精神の本質にはこういう直接的な状態を止揚するということも含まれています。というのは、精神の生活〔人間の生活〕が自然物や（一層くわしく言うと）動物の生活と異なる所以は、その潜在的無自覚的状態〔直接的状態〕に留まることなく、顕在的自覚的にな〔り、自己分裂す〕るという点にあるからです。〔しかし〕この分裂の立場もそれに続いてやはり止揚されなければならないのでして、〔結局〕精神は自分〔の努力〕によって一体性へと帰らなければならないのです。ですから、この〔再興された〕一体性は精神的〔媒介的〕一体性であり、ここへ帰る運動の原理は思考自身の中にあるのです。〔つまり、人間を〕傷つけるのも思考なら、その傷を癒すのも思考なのです。[10]

さて、原罪の神話によると、最初の人間であり人間一般である[11]アダムとイヴが或る庭園〔エデンの園〕にいたというのです。そしてその庭園には生命の木と善悪を認識する木とがあったというのです。神は後者の木の実を取って食べてはいけないと人間に命じたとされています（生命の木については初めはそこにあったという以上には何とも言われていません）。つまり、ここに意味されていることは、人間は認識能力〔思考能力〕を持ってはならず、無邪気な状態に留まっていなければならないということです。他の民族でも深い自覚に達している民族においては、やはり、人間の最初の状態は無邪気と一体性〔連帯〕の状態であったという考えが見られます[12]〔が、これも同じ事です〕。〔この点について論評しますと〕ここにはたしかに、私たち人間がみな現在陥っているところの分裂状態〔戦争、貧富の差、階級の存在など。人間と自然との分裂としては天災や病気〕はそのままにしてよいとは言えないという正しい主張があるのですが、〔人間の〕直接的で自然的な統一〔の状態〕が〔そのままで〕正当なもの〔で、そこに留まっていなければならない〕としている点は正しくありません。精神〔人間〕は単に直接的なものではありません。それは本質的に媒介の契機を自己内に含みもっています。子供の無邪気さはたしかに人の心を動かすものですが、〔だからと言って、人間がいつまでも子供の無邪気さに留まっていて好いということにはなりません。そうではなく〕それは、精神〔の苦労〕によって生み出されなければならないもの〔目標〕を思い出させる限りで人の心を動かすものにすぎないのです。子供の中に自然的な〔生まれつきの直接的な〕ものとして見出されるかの〔他人及び自然との〕一体性は、精神の労働と形成の結果と〔して、精神的・後天的・間接的なものと〕ならなければならないのです。キリストは「もし汝ら子供の如くならずんば～」〔マタイ伝18－3〕と言っていますが、それはいつまでも子供であり続けよという意味ではないのです。——

——さて、先に進みますと、モーゼの神話では、この〔原初における〕統一から抜け出るようにという誘いは、外から〔蛇によって〕人間に要請されたものだとされています。しかし、実際には、対立に陥ること、つまり自我の目覚め〔の根拠〕は人間自身の内にあるのでして、この事はすべての人において繰り返されている出来事です[13]〔ですから、この点ではこの神話は間違っています〕。蛇は、善悪を知るようになる事によって神になるのだと言うのですが、実際、人間〔アダムとイヴ〕はその直接的なあり方における統一を打ち破り、禁じられた木の実を食べることで、この善悪を認識する能力〔＝神的能力〕を手に入れたのでした。〔ところで〕自意識に目覚めたことによって起きた最初の反省は、自分たちが裸だということに気づいたことでした。ここにはきわめて素朴ながら深い意味のある特徴が描かれています。つまり、恥〔を知るということ〕は人間がその自然的感性的なあり方から分かれたということなのです。ですから、この分離を知らない動物は恥を知りません。又、恥という人間だけが持つ感情の中にこそ、着物を着ることの精神的道徳的起源を求めなければならないのでして、〔寒さや暑さから身を守るといった〕単なる自然的な〔身体上の〕欲求は、それに比すれば第二次的な理由にすぎません。——

　さて、それに続いて、神は人間にいわゆる呪いを負わせたと言われています。ここで強調されていることは、特に人間と自然との対立に関係しています。つまり、男は額に汗して働らかなければならず、女は苦しんで子を産まなければならないとされているわけですが、ここで労働というものを少し詳しく考えてみますと、労働は〔人間と自然との〕分裂の結果であると同時にその分裂の克服でもある[14]からです。動物は自分の欲求充足手段を目の前に見出すのですが、人間の欲求充足手段[15]は人間が自分で作り出したものです。ですから、人間は〔自分の欲求充足手段である食べ物等々といった〕自分の外にあるものに関係する時でも、〔実際は〕自分自身に関係しているわけです。[16]——

　この神話は〔アダムとイヴを〕楽園から追放しただけではまだ終わりません。更に次のように言われています。つまり、「神は、『見よ、アダムは我々の一人と同じになった。というのは、彼は善と悪を知るようになったからだ』と言った」〔創世記3－22〕と、書かれています。ここでは認識〔思考能力〕は神的なものとされ〔肯定され〕ていて、最初のように、あってはならないものと〔して禁じられて〕はいません。ここには、更に、哲学は精神の有限性に属するものだという俗説に対する反論も含まれています。哲学は認識であり、認識によってこそ初めて神の似姿であるという人間の本源的な使命が成就されたのです。[17]

――

この神話では、更に、人間が生命《いのち》の木の実を取って食べないようにと、神は人間をエデンの園から追放したと述べられていますが、ここで意味されていることは、人間は自然存在であるという面からは確かに有限で死すべきものだが、認識において〔精神的存在であるという面で〕は無限だということです。[18]

教会の周知の教義によりますと、人間は生まれながら悪であるということですが、この性悪が原罪と言われているのです。しかし、この〔問題を考える〕際には、この原罪は、アダムとイヴが偶然犯したものに過ぎないのだ〔から、原罪を犯さないことも原理的には可能だったのだ〕といったような外面的な見方をしてはなりません。人間が性来悪であるという事は、実際、精神〔人間〕の概念の中に含まれていることでして、それ以外の可能性があったと考えてはなりません。人間は自然存在であり、自然存在として振る舞うこともありますが、それはあるべき振る舞いではありません。精神〔人間〕は自分自身〔の努力〕によって自由にならなければならず、自分の本質〔使命〕を実現しなければならないのです。生まれつきの状態〔ないし自然〕は、人間にとっては作り変えるべき出発点に過ぎません。[19]〔ついでに付言しておきますと〕この原罪という教会の深い教義に対立するものが、人間は生まれながらにして善であり、従ってその生まれながらの性質に留まらなければならないとする、近代啓蒙思想〔の説〕です[20]〔が、これは浅薄な人間観です〕。人間がその直接的な在り方から抜け出るという事は、〔内容上は〕人間が自意識を持つことによって外部世界から分かれるという事です。しかし、精神〔人間〕の概念の中に含まれているこの分離の立場も、やはり、そこに留まっていなければならないもの〔終着点〕ではありません。〔と言うのは〕この分裂の立場には、思考と行為〔理論的理性と実践的理性〕における有限性が全て含まれてい〔るからで〕す。この立場に立っている時、人間はその目的を立てるに自己から出発し、その行為の素材[21]を自己から取り出します。〔しかし〕人間がこの〔自分で立てた〕目的を〔最高のものとして〕極限にまで押し進め、自分の事しか考えず、普遍を排して自己の特殊性を欲する時、それによって人間は悪になるのであり、この悪は人間の主体性なのです。一見ここには二つの悪があるように見えますが、両者は実際には同一のものです。[22]〔というのは〕人間は精神である限り自然存在ではありません。〔ですから〕人間が自然存在として振る舞ったり、欲望の諸目的に従ったりする時でも、人間は〔自分で〕それを意志しているのです[23]。ですから、〔同じ自然存在といっても〕人間の自然的悪〔人間が自己の自然な欲求にそのまま従った場合の悪〕と動物の自然的な在り方とは同じではないのです〔つまり、人間の主体的な悪は客観的な悪を意志することなのです〕。

更にまた、人間が自然であるという事は、自然的人間は個別そのものだという事でもあります。というのは、自然は個別化の絆の下にあるからです。ですから、人間が自己の自然的性質〔や欲求〕を欲する時、人間は個別を欲している〔ことになる〕のです。しかし、人間が衝動や傾向性に基づいて自然的個別性に属する行為をすると、それに対して掟ないし普遍的規定というものが必ず現われてきます。この掟は〔社会の掟や法律といった〕外的暴力のこともあれば、神の権威という〔精神的な〕形を採ることもあるでしょう。〔いずれにせよ〕人間は自然的に振る舞い続ける限り掟の奴隷なのです〔つまり、悪は不自由でもあるのです〕。確かに、人間の傾向性や感情といっても、その中には〔子供の親切のように〕利己的な個別を乗り越える、公共的で社会的な傾向性、つまり同情とか愛等もあって〔こういう傾向性に基づく行為は自然的であっても善であり、その時には掟の奴隷にならないと思われるかもしれません〕。しかし、これらの傾向性が〔子供においてそうであるように〕直接的で〔思考ないし思想によって媒介されていない〕限り、それらの傾向性に含まれているそれ自体としては普遍的な内容も、やはり主観性という形式を免れておらず、ここではやはり利己心と偶然性が支配している〔と、言わなければなりません〕[24]。

1　ここに述べられている事は分かりやすい。「山高きが故に貴からず」というように、だてに沢山のことを経験したり、長生きしたりすることが偉いのではない。ヘーゲルの「博識はまだ学問ではない」というのも同じ事を言っているのだと思います。

2　ここは dies ist die Behauptung der Philosophie überhaupt となっています。A des B's に überhaupt が付く場合は、その überhaupt は A des B's 全体にかかるのか、それとも B だけに掛かるのか、しっかり考える必要があります。ここは易しいです。英訳は the general dogma of all philosophy としていますが、general と all はここでは同義ですから無くてもいいわけで、überhaupt を A des B's 全体に掛けて取ったわけではないと思います。

3　ヘーゲルが古代の懐疑論と近代の懐疑論とを対比させて理解していることについては、第三九節への注釈（三九四頁）を参照。これはよく憶えておいて下さい。

4　「与えられたものとして」とは「生成・出現の必然性が示されることなく」ということですから、すぐ前で角括弧で補ったような事が言えるのです。

5　ここは原文では das Denken und Erkennen となっています。「一語一想」みたいに見えますが、これまでのヘーゲルの叙述からは「思考による認識」の事だと思います。つまり「規定・被規定関係にある二語を類語一括として表現した」のだと思います。そうだとすると、これが関口の言う「（論理関係を無視して一語を二つに解く）特殊な二語一想」（「文法」三六九頁）の例だと思います。第二六節への訳注6（三三八頁）を参照。

6　人間の悪を自然的仮象の一種とするのは正しいが、悪即仮象とするのは正しくないと思います。別言するならば、対立物の統一は万物の法則ですが、自己内分裂はその対立物の統一の一特殊形態である以上に、その最高の最も純粋な形態なのです。ヘーゲルは、精神の自己内分裂の研究から万物の矛盾を見抜いた、あるいは推論したのだと思います。それによって多くの大発見をしました。自称マルクス主義者は、その自己内分裂を知らず、研究しもしないので、「対立物の統一」という言葉を念仏の如く繰り返しています。ですから何も出てこないのです。「理論と実践の統一」に至っては、それが事実命題であることにすら気付かず、「道徳的な当為命題」だと思い込んでいます。

7　ここはただErkennenとなっていますが、この付録では「真理認識には三つの仕方がある」として、経験、反省、思考を挙げて話を進めています。そして、ここは第三の「思考的認識」、つまり理性的思考を論じています。ですから、ここでErkennenと言うことはdenkendes Erkennenのことにほかなりません。一般に、「二度目には一般化して言う」という点については「文法」の六〇五頁に書きました。注24も参照。

8　この民衆の立場は、ヘーゲルだけでなくエンゲルスがキリスト教の内容をまじめに研究する必要を説いた時もそうでした。しかるに、これが分からないで、キリスト教や宗教一般を軽蔑している自称マルクス主義者や自称科学者が多いようです。そういう人々が人民大衆の立場に立つなどと言っても、何の意味もないと思います。

9　以下のヘーゲルによる原罪の神話の解釈は、マルクスとエンゲルスの人間観、労働観も加えて、前掲「子供は正直」の中で詳しく解明しました。

10　この言葉は、ヘーゲル哲学の全体像と核心を見事に言い表した言葉です。よく憶えておいて、その意味を繰り返し考えると好いでしょう。

11　最初の人間がなぜ人間一般になるのかという問題は大切な問題ですが、これについては付録2の「昭和元禄と哲学」の中で解明しました。

12　ヘーゲルがユダヤ民族だけを別格扱いしなかった冷静な態度は立派なものです。

13　人間は十五歳前後になると誰でも自我の目覚めを経験します。なお、ここでは運動の原因を事物の内に見る弁証法の立場がよく貫かれている点に注意したい。確かに、生まれて直ぐにオオカミに育てられることになった子どもは、人間に出会ったとき、「自分は人間なのだ」という自覚を持っていなかったとかいう話があります。ですから、自我の目覚めには他の人間との接触という「外からの刺激」が必要だという説もあるかもしれません。しかし、ヘーゲルはこのような極端に例外的な事は考えていなかったと思います。

14　この労働観はきわめて深く高いものです。自称マルクス主義者は労働というとすぐにマルクスの労働過程論を振り回わしますが、労働論においては何よりもまずこのヘーゲルの観点こそ堅持されなければなりません。労働が人間と自然との分裂の結果であるとは、人間は自然に与えられるものだけでは生きていけないから労働するということです。それが同時に、また、その分裂の克服であるとは、労働し、その生産物を消費してともかく生きていけるということは、労働によってその分裂を克服したことになる、という事です。

15　この「欲求充足手段」とは道具のことではなく、すぐにも消費されうる生産物自身のことでしょう。

16　マルクスの「フォイエルバッハに関するテーゼ」の「第一」の冒頭の二つの文を想起せざるをえません。曰く、「これまでのすべての唯物論（フォイエルバッハの唯物論も含む）の主要欠点は、対象、現実、感性をただ客体の形式、または直観の形式で捉えることしか知らず、それを感性的で人間的な活動、すなわち実践として捉えることが出来ず、主体的に捉えることを知らない点である。従って、〔対象を〕活動的な側面から捉える仕事は観念論の仕事となった」。拙稿『「フォイエルバッハ・テーゼ」の一研究」(『労働と社会』に所収)を参照。

なお、お産の苦しみが「知恵の木の実を食べた事」とどう関係するのかは言及されていません。思うに、野生動物のお産は人間のお産ほど苦しくはないようです。もしそうだとすると、やはりこれも「知恵の木の実を食べた事」と関係があるのでしょう。なぜなら、人間の体は四つ足で動くように設計されているのに、人間は直立二足歩行を始めてしまったからです。これが根本的な問題のようです。もしこの説が正しいとすると、お産の苦しみも人間の人間化(知恵の木の実を食べた事)と関係があるとする神話に意味があることになります。

17　ここで「成就された」と現在完了になっているのは、アダムとイヴが神の一人と似ていると言われたことを受けているのでしょう。しかし、人間が人間になるのは一つの過程です。その始まりは人間が労働し始めた時点であり、その終りは人間が社会関係において対立を克服し、よってもって自然との対立も基本的に解決する時点です。ヘーゲルはここでも哲学の必要は人間の解放のためと言っているのです。哲学は出世や政権奪取のためには必ずしも必要ではありません。ですから、逆に、自称社会主義権力を打ち立てた人の「哲学」とやらを拝む必要はないのです。それは一つの参考意見にすぎないのです。

18　創世紀第二～三章を読みますと、ヘーゲルが取り上げていない点もあることが分かります。知恵の木の実を食べた人間は「言い訳」を言うようになったことです。アダムは、それを食べたのはイヴに勧められたからだと言い、イヴは蛇が勧めたからだと言って、神に言い訳を言います。この点は、人間だけが言い訳を言う動物であること、言い訳は悟性の能力であることから見て、大切です。

19　この自然観は、直接的には、人間における自然について言ったのでしょうが、人間内の自然についても人間外の自然についても当てはまることで、大切な観点です。拙稿「ダンス哲学」を参照。

20　こう来ると、次にその性善説の解説とそれへの批評が続くと予想するのが自然ですが、それがなく、すぐまた元に戻って話が進んでいます。聴講生のノートが不完全だったか、編者が判断を間違えたかでしょう。それとも、これはついでに触れた注にすぎないのでしょうか。しかし、内容的にはとても重要な指摘です。思うに、マルクスとエンゲルスは、性善説に立つフランス社会主義思想と性悪説を前提とするドイツ観念論（特にヘーゲル）との矛盾に気付かなかったようです。ですから、簡単に両者を「統一」して、自称「科学的社会主義思想」を提唱して平気でいられたのです。なお、前々から不思議に思っている事なのですが、欧米の言葉には性善説と性悪説に相当する決まった語がないようです。ドイツ語では Lehre, dass der Mensch von Natur aus gut (od. böse) sei、英語では view that humans are born good (or evil) と言うしかないようです。

21　行為の素材とは行為の内容であり、何をするかということです。それを自己から取り出すとは、自分の行為を自分で律するということでしょう。

22　「二つの悪」とは、この後最後までに述べた事でしょう。つまり、第一に、自分の傾向性に従って悪い事をしてしまう場合、自然物と違って、この際、自分で意志している事、第二に、利己的な個別性を超えて他者の幸福を願う場合でも、「これが直接的なものである限りは」利己心と偶然性が働いている事、です。こう考えれば、「それらは実際には同一」という事も分かると思います。両者共に、個別の世界に属しているからでしょう。

23　だから「分かっちゃいるけど止められない」という甘ったれは通用しないということです。

24　ここでの「真理認識の三つの方法」についての説明を全体として評価しますと、第二の反省的認識の説明が極めて貧弱だと思います。というより堕罪の神話論では反省的思考も含めて広い意味での思考を考えていると思います。注10を付けました「人間を傷つけるのも思考なら、その傷を癒すのも思考」などは、前半が反省的思考で、後半が理性的思考ではないでしょうか。そうすると、注7を付けました「思考的認識」も経験的認識以外の二つの思考的認識を考えているのかもしれません。

## 第二五節〔思考規定の客観性。以下への「はしがき」として〕

〔第二四節で〕「客観的観念」という言葉〔を出したが、それ〕は真理〔そのもの〕を指している。しかるに、真理は哲学の絶対的な「対象」であって、哲学の単なる「目標」にすぎないようなものではない。[1]しかし、同時に、その〔「客観的観念」という〕言葉には或る対立が付きまとっている〔という事も指摘せざるを得ない〕。しかも、まさにこの対立こそ、その対立をどう規定しその妥当範囲をどう考えるかということをめぐって現今の哲学上の立場が争い、真理とは何か、真理は認識できるかといった問題がゆれ動いているところの対立なのである。もし思考規定が固定した対立を持っているとするなら、つまりもし思考規定が単に有限なものにすぎないなら、真理はそれ自体としても他者に対しても絶対的なものだから、そういう思考規定では真理を捉えることはできない、ということになる。つまり真理は認識しえないことになる。このように、単に有限であるにすぎない規定しか産み出さず、有限な規定の中で動いているにすぎない思考は、〔語の正確[2]な意味で〕悟性[3]と言う。しかし、思考規定の有限性は詳しく見ると二通りある。一つは、〔例えばカントの挙げた一二個のカテゴリー（悟性概念）のように〕単に主観的にすぎず、客観に対立し続けているという場合であり、もう一つは制限された〔有限な〕内容を持っているということ、つまり相互に対立し、あるいはむしろ絶対者に対立し続けているという場合である。[4]〔従って〕思考が客観に対して取る様々な態度を考察しておくことは、論理学に対して私が与えた意味と立場を説明するのに役立つので、〔第二六節以下でそれを論じて〕詳しい序論としようと思う。[5]

1　真理を哲学の「対象」と取るのと「目標」と取るのとでは、どう違うのでしょうか。多分、「目標」と言うと目指しているだけで、今はそれと取り組んでいない、という感じがしますが、「対象」と言うと、今まさに取り組んでいる当の物と考えられていることになるのでしょう。しかも「絶対的な」対象と言うと、何かの条件が整えば取り組むというのではなく、どこでもいつでもガップリ四つに組んで格闘している相手ということになるのではないでしょうか。

2　西洋語では比較級で表現される事態を日本語では原級で表現する、という場合は沢山あります。しかし、多くの翻訳では原「文」に忠実に、そういう時でも比較級を使って訳しています。ここも原語は **im genaueren Sinn** です。九一頁の下から五行目には **nähere Einleitung** もあります。松村は前者は「厳密な意味で」と訳し、後者は「より詳細な序論」としています。私は後者も「詳しい序論」としました。

3　これは悟性の正確な定義です。ただし、では「有限な規定」とはどういう規定かというと、それこそ大問題なので、これだけでは実際に悟性的思考を克服する修業の役には立ちません。

4　サラリーマン教授を含めて普通の人々が使っている思考規定はみなこれです。これを絶対者に対立させることなく、一つ一つの規定の「意義と限界」をはっきりさせて使うのが理性的思考であり、ヘーゲルの論理学の目指したものでした。

5　「論理学への予備知識」は事実上第一九節から第八二節までだと思います。七八節までが「概論」でその後が「詳論」ですが、全体を「予備知識」として考えます。全体はどういう構成になっているのでしょうか。その際の最大の問題は、第二六節から第七八節までの「客観に対する思考の態度」を論じた部分と、第七九節から第八二節までの「論理学の予備知識・詳論」という、二つの表題の付いた特別な部分はこの予備知識全体の中にどう位置づけられているのか、です。

私の結論は、「内容目次」にある通りです。つまり、全体が「第一篇・認識論としての論理学」

（第一九～二三節）と「第二篇・存在論としての論理学」（第二四～七八節）に分けられている、と理解します。ヘーゲルのような観念論者の場合は認識論と存在論とを分けるのは難しいですが、ヘーゲル自身、第二四節で「客観的観念」とか「かつての形而上学」と言っている所から、そう推察できます。

　後者は基本的には第二四節だけなのですが、それの付論ないし補足として「第三篇・客観に対する思考の態度」があるのだと思います。後年のヘーゲルは、何かを論ずる時には、先ずこれまでの考え方を整理して、それぞれの意義と限界を指摘し、よってもって自分の方法が正しい（先行理論をアウフヘーベンしている）と持ってくるのが常ですが、此処では逆に成ったわけです。

「第四篇・論理学の予備知識・詳論（Näherer Begriff der Logik）」（第七九～八二節）は、原文の Begriff を Vorbegriff の事と取れば（「二度目には一般化して言う」という準則）、その位置づけが分かると思います。つまり、認識論としての論理学についても存在論としての論理学にも当てはまる「補足」ないし「詳論」でしょう。だから新たな表題を付けて、そこまでの「存在論としての論理学」と分けたのでしょう。第八三節の「区分」とさえ分けても好かったと思いますが、あまりに煩瑣だと思ったのでしょうか。なんなら、第三篇→第一篇→第二篇→第四篇という順序も考えられたと思います。ヘーゲル自身、迷ったのではないでしょうか。もちろんこの順序にすると、若干の微調整が必要ではありますが。ともかくこういう事まで自由に考えるのが「哲学する」という事なのだと思います。

　最後に、「なぜここでは自説を先に出して、後で先行者の哲学の検討をしたのか」の問題を考えます。

　これを考えるためには、まずこの「後年の常則」を確認しておく必要がありますが、これを理解するためには『大論理学』のいわゆる「始原論」（論理学はどう始めるべきか）の初版（一八一二年）と再版（一八三一年）を比較してみるのが好いでしょう。後者はこのヘーゲルの「後年の方法」に従っていますが、前者はそうではなく「前（ここでは『精神現象学』）の帰結を現在（ここでは論理学）の地盤で捉え直す」という「論理学の内部の展開方法」を適用しています（これは『精神現象学』を「哲学体系の第一部」としたことと関係しています）。

寺沢恒信はその訳書『大論理学1』（以文社、一八七七年）に付した「付論三・A・B両版における端初論のちがい」の中で（A版とは初版のこと、B版とは再版のこと）、両版の初めの三分の一までを比較検討して、つまり全部は比較検討しないで、①初版の始原論の方が明瞭である、②再版のそれは中途半端である、と結論づけています。

しかし、この考えは第一に、全体の三分の一までの比較だけという方法上の誤りに基づいていますし、第二に、そのために、両版の全体の構成が共に「本論と補論」となっている点を見落としていますし、そして第三に、再版の方法が「後年のヘーゲルが小論理学の序文でも歴史哲学でもその他でも踏襲している弁証法的な方法」であることの無知に基づいています（結論についての私見を述べておきますと、「両版とも論旨は同程度に明瞭」です）。

そもそも、この「始原論（Womit muss der Anfang der Wissenschaft gemacht werden?）」が「学問一般の始原」ではなく「論理学の始原」を論じている事を理解していないこと自体ひどい間違いです。ここの Wissenschaft は Wissenschaft der Logik を「二度目には一般化して言った」だけなのですから。

思うに、ヘーゲルが「論理学の始まりには『純粋存在』という概念を持ってくるべきだ」と気づいたのは、それらの「始原論」で「説明」されているような考えから演繹的に引き出したものではなく、いつか或る時、或るきっかけで、「ひらめいた」事だと思います。世の新発見もほとんどがそうだと思います。私の「発見」などは「発見」という言葉を使うのも憚られるようなお粗末なものばかりですが、私が「ヘーゲルの言葉や概念の現実的な意味」に気づいたのもほとんどがそういう「ひらめき」に依るものです。説明や展開はそのひらめきの後から出てくる物で、それを証明するものです。

では、思索は発見にとっては無意味なのでしょうか。否。有意義です。日頃から様々な事柄について問題意識を持ち、つまり「あれはなぜだろう」とか「こういう場合はどうしたら好いのだろう」と考えている人にだけそういう「ひらめき」が訪れるのだからです。「運も実力の内」と言いますが、この言葉の意味もそこにあるのだと思います。

なお、一九節から八二節までの内容上の区分ないし構成の問題については一二頁の「ついでに～」以下の文章に詳しく書きました。

**注釈〔哲学体系への導入をどうすべきか〕**

拙著『精神現象学』は、それ故に〔「現象学」であって「〔精神〕哲学」ではないが故に〕、その出版に当たって「哲学体系の第一部」としておいた。そこでの叙述の進行は、精神の最初の現象形態であり最も単純な形態である直接的意識〔感性的確信〕から出発して、その意識の弁証法〔内在的論理〕を哲学知〔絶対知〕の立場まで展開するというもので、この歩みによってこの哲学知の〔生成の〕必然性を証明しようというものであった。しかし、このためにはそれは単なる意識の形式面に留まることはできなかった。というのは、哲学知の立場は自己内に極めて豊かで具体的な内容を持つものであり、従って、その立場が結論として出てくるようにするためには、道徳、習俗[1]、芸術、宗教などといった意識の具体的形態の分析が欠かせないからである。従って、さしあたっては意識の形式面に限られたように見える展開の中に、本来は哲学の特殊部門の対象であるような内容の展開も、同時に入り込むことになった。内容が自体存在〔隠れた本質〕として意識に関係している以上、言ってみれば[2]意識の背後ではその内容の展開が為されているに違いないからである。〔しかし〕それによって叙述は込み入ったものとなり、本来哲学〔本論〕に属するものの一部がかの序論〔である『精神現象学』〕に入ってしまった。〔そこで、哲学体系への序論として『精神現象学』に代わるものを考えてみたのだが、それがこの『哲学の百科辞典』への序論（第一～一八節）及び「論理学」への予備知識（第一九～八三節）である。とりわけ第二六～七八節がそれである。〕〔もっとも〕ここ〔序論〕でこういう考察を試みると、どうしてもそれは史実的悟性推理的なものとならざるをえないので、その点で一層[3]〔『精神現象学』以上に〕不適切でさえある。しかし、これだけの叙述でも、認識や信仰等々の本性に関して問題とされており、きわめて具体的な問題だと思われている事どもが、実際には単純な思考規定に還元されるのだ[4]ということを知るには役立つだろう。しかし、これらの思考規定の真の解決は論理学〔本論〕を待たなければならない〔のはもちろんである〕。

1　**Sittlichkeit**は訳しにくい語ですが、無自覚的ないし半自覚的に承認されている社会的規範と思っておけばよいでしょう。習俗を意味する**Sitte**から来ています。私は**Sitte**と同じに訳しました。英訳はここを、この前の道徳と合せて、**individual and social Morality**としています。

2　ここの**sozusagen**（英訳は**so to speak**）も第二四節への付録一への訳注7（三一五頁）で述べました「評辞の適否」の程度を表しています。ここでは「意識の背後で」という表現が余り適当でない事の弁明でしょう。

3　**noch mehr**といった比較級は何と比較しているのかを訳出しないと、無責任でしょう。訳者の解釈が正しいか否かの問題以前のことです。『精神現象学』はそれなりに「前の段階から次の段階への移行の内在的必然性」を示していますが、ここの「客観への思考の三つの態度」はそういう事すらしていません。それでこう言ったのでしょう。

4　この「人々が現実の具体的問題だと思っているものが、実際には単純な思考規定に還元される」ということは、大層重要で難しいことですが、これが分からなければ哲学が分かったことにならないでしょう。哲学の本当の効用〔有用性〕の一つもここにあるのだと思います。常に全体を整理して見ようとする態度もその哲学の効用の一つだと思います。と言うより、両者は関係しています。具体的問題を単純な思考規定に還元しなければ、本当の意味での「論理的で体系的な整理」はできないからです。こういう文を読むと、「本当にヘーゲルは分かっていたんだなあ」という感慨を持ちます。いや、実際は、ヘーゲルからこれを教わったのです。

## A　客観に対する思考の第一の態度[1]・〔旧〕形而上学[2]（第二六～三六節）

### 第二六節〔思考内の対立を自覚しない天真爛漫な態度〕

第一の態度は、〔いわゆる〕天真爛漫な態度である。それは、思考〔または、意識〕というものが自己内で自己と対立しているものだということ〔即ち、意識の特性としての自己内分裂〕をいまだに意識せず、追考によって真理が認識されるのだと、つまり客観の真の姿が思考[3]によって意識の前へと持ちきたらされるのだと、〔単純に〕信じ込んでいる態度である。この思考はこう信じ込んでいるので、真っ直ぐに対象〔客観〕に向かって行き、感覚や直観に与えられている内容を自分の力で観念の内容として再生産し[4]、そして、その〔自分で作った〕観念の内容[5]が真なのだと信じ込んで満足しているのである。初期の哲学〔古代ギリシャ哲学など〕はみな、こう信じていたし、〔現在でも〕諸科学はみなそうである。いやそれどころか日常的意識の振る舞い[6]でさえ〔無自覚的にではあるが〕こういう信念に基づいているのである。

1　この「態度」と訳した Stellung は「姿勢」としてもいいと思います。又近頃よく「構え」という語を使う人がいますが、これも同じです。
2　「形而上学」という言葉については、第二四節への訳注2（二九六頁）を参照。
3　ここの原文は Nachdenken です。私は、Denken を繰り返すのを避けて、ただ言い換えただけだと思います。松村は「追思惟」と訳して、よく分からない解説を書いています。宮本は「省察」としています。英訳は reflection です。
4　感覚に与えられている内容を思考が「自分で」「自分の力で」観念（内容）へと変えるということ自体は、ヘーゲルの思考観と同一です。ヘーゲル的、弁証法的思考観は、この「再生産」が感覚の内容の「変革」であることを認め、その変革によってこそかえって真理に達するのであって、単なる再生産はかえって真理から離れる、と考えるのです。つまり、思考の変革的・実践的性格を認めることです。
5　ここは einem Inhalt des Gedankens を受けていますが、dem と受けずに、solchem としています。これは einem Inhalt des Gedankens が「或る特定の内容」ではなく、「思考の内容」という事だからです。「性質」に力点があるので、「そういう性質の物」ということで、solchem で受けるのです。「文法」の四四八頁の②を参照。Den Tabakladen erkennt man gleich als einen solchen an einem roten Schildchen.（タバコ屋は小さな赤い看板で直ぐそれと知れる）のように、受けられる名詞に定冠詞が付いている場合でも、ein solcher の方がベターな場合もあります（関口『ドイツ語論集』四〇頁）。「そのタバコ屋」ではなく、「タバコ屋というもの」を意味しているからです。一般的に言いますと、前に出た名詞を代名詞で受ける場合、必ずしも人称代名詞（定代名詞）で受けるとは限らないということです。不定代名詞で受けることもあります。どちらを使うかは、意味に依ります。
6　この Tun und Treiben こそ典型的な「二語一想」です。第二四節付録三への訳注5（三二六頁）を参照。

## 第二七節〔天真爛漫な態度の低い段階としての「旧形而上学」〕

この思考〔方法〕は、自己の持つ〔客観との〕対立について無自覚である〔認識論的問題意識を持たず、そういう反省をしていない〕が故に、その内容から見ると、〔思考と客観との対立を自覚的に止揚した立場に立つ〕真の思弁哲学〔ヘーゲルの立場〕となることもできるが、同時に〔その無自覚性の故に〕有限な思考規定、即ちいまだに対立関係を解消〔止揚〕していないまま〔の思考規定〕に留まる場合もありうるのである。[1] この序論[2]では思考の取るこういう態度の限界を考察することだけがテーマなので、まず〔この思考方法の〕後者の場合を取り上げることになる。――

〔ところで〕この〔有限な思考規定に留まる思考の〕最もはっきりしたもので我々〔一九世紀前半のドイツ人〕にとって手近な姿は、かの「昔の形而上学」であり、それはカントが現われる以前に我が国〔ドイツ〕で見られたものである。〔今それを「昔の」と言った〕が、この形而上学は哲学史的観点から見た時にだけ「昔の」と言えるのであって、それ自体としては、一般に常に存在するものである。それは、理性的な対象を単に悟性的にしか見ないような態度〔のことで、哲学史的には乗り越えられたが多くの人々の頭の中に残っているの〕である。[3] 従って昔の形而上学の〔思考〕方法やその主要内容を詳しく検討することには、身近な現代的意義もあるのである。

1　ここから分かることは、客観的に正しいだけでは不十分で、それを主観的にも正しく自覚することの大切さということです。

2　こういう所を見ても Vorbegriff が Einleitung の繰り返しを避けるための語で、同義であることが分かります。日本語では同一語句の繰り返しをさほど嫌いませんので、和訳する際は、そこを考慮するべきでしょう。

3　こういう細かい落ち着いた見方がヘーゲルの身上です。これを一般化すると、次のように言えるでしょう。――歴史的時代区分はその最先端なり最高位にあるものによって判断されるのですが、最高位のものが新しい段階に高まっても、すべての人が最高位の人と一緒に高まるとは限らず、下位の人々は古い段階に留まっています。一〇〇メートル走の世界記録が九秒台になって、「人類は九秒台に突入」と騒がれても、皆が九秒台で走れるようになった訳ではありません。ですから最高位の人だけしか見ない見方は一面的なのです。拙著『哲学夜話』の七二頁以降で、自然史の第二期における理論と実践の統一を論じた際にもこれと同じ考え方をしておきました。

## 第二八節〔旧形而上学の大前提における正しい点と間違っている点〕

旧形而上学は、思考の規定は事物の根本規定で〔も〕ある〔存在は思考されることでその本来の姿が認識される〕と考えた。つまり存在するもの〔事物〕は思考されることによってその本来の姿が認識されるのだという大前提を持っていたわけで、その点でそれは後の批判哲学〔カント哲学〕より高い立場に立っていた。

（1）〔旧形而上学の真理観の低さ〕しかし、〔旧形而上学は〕思考の諸規定をその抽象的な姿で取り上げた。即ち、それがそれだけで通用し、それだけで〔絶対的に〕真理の述語〔属詞〕になりうるものと考えた。〔更に〕一般に、かの形而上学は、真理を認識するには真理〔を主語としてそれ〕に述語〔属詞〕を付加するという方法で十分だと前提してしまって、悟性の持つ諸規定の本来の内容と価値〔意義と限界〕を研究しようとせず、まして述語〔属詞〕を付加することで真理を規定〔認識〕しようという〔真理認識の〕形式を反省しようとしなかった。

1　原文ではここに「1」とあります。「2」は第三〇節の冒頭にあります。「3」は第三二節の冒頭にあります。この三点は、第二八節の冒頭の段落で旧形而上学の肯定面を確認した上で、その限界ないし否定面をまとめたものです。それが「節」を越えてまとめられている訳です。それぞれに内容上の題を付けておきました。

注釈〔旧形而上学は概念自体の真偽や判断という形式の真偽は研究しなかった〕

その〔旧形而上学が絶対視した〕述語〔属詞〕とは、例えば、「神は存在する」という文における「存在」であり、「世界は有限か無限か」という疑問文における「有限」とか「無限」であり、「魂は単純体である」〔とか「魂は複合体である」〕という文における「単純」とか「複合」であり、そのほか「物は単一である」とか「物は全体である」等々といった文における「単一」とか「全体」といったものである。[1] ―― 〔その時〕これらの述語〔属詞〕が本来それだけで真であるのかは研究されず、まして判断という形式が真理〔認識〕の形式でありうるのかは全く研究されなかったのである。[3]

1　Satz は「文」でも「命題」でも同じです。文法では文、論理学では命題と訳すことになっていますが、次の Frage を「疑問文」としたかったので、以下、みな、文としました。

2　ここでは、思考規定の価値の吟味と判断という形式の能力の吟味とが並べられていますが、実際には両者を一体のものとして捉えることが大切です。ヘーゲルのこの問題意識を一句で言った言葉が「真理の科学的認識」（七二頁）です。そして、この問題に対する答としてヘーゲルが出したものが「概念的理解、または概念の体系的展開」です。付録1の「『パンテオンの人人』の論理」を参照。

3　いずれにせよ、ヘーゲルの概念の立場を考える時、それが判断の立場（カント哲学）の限界に気づくことから出発しているということは十分留意しなければならないでしょう。これを理解しないから、弁証法を判断の立場で捉えて平気でいる人が出てくるのです。寺沢恒信の『弁証法的論理学試論』（大月書店）を見よ。又拙著『哲学夜話』一〇～一一頁参照。

## 付録〔旧形而上学は悟性的思考だった〕

旧形而上学の大前提は、無邪気に信じる[1]という態度が前提していることと同じなのです。つまり思考は事物の本当の姿（Ansich）を捉えることができる、あるいは思考された姿だけが事物の真の姿である、ということです。〔たしかにこういう考えが生まれるのには根拠があるのでして〕人間の心や自然〔現象〕はたえず変転するプロテウス〔海神の名〕ですから、直接〔感覚に〕現われるがままの事物というのは〔事物の〕本当の姿ではない、という考えが生まれるのはきわめて自然なこと〔だから〕です。——

旧形而上学の上述のような立場は批判哲学の結論とは正反対のものです。実際、批判哲学の結論が正しいとするなら、人間はくずやかす[2]ばかりを食べて生きることになるだろう、と言うことができるだろう〔からです〕。

〔ですから旧形而上学はその大前提において正しいのです〕が、その形而上学の考え方を詳しく考察してみますと、それは単なる悟性的な思考〔方法〕に留まっていたと言わざるを得ません。〔と言いますのは〕それは思考の抽象的な〔一面的な〕規定を無媒介に〔無批判に、吟味なしに〕取り上げ、それが〔そのまま、主語とされた〕真理の述語〔属詞〕となりうるとした〔から〕です。〔しかし、思考とは何ぞやを論ずる場合でも、その他の場合でも、とにかく〕思考という語を使って物を言う場合には[3]、有限な思考と無限な思考の区別、つまり単に悟性的にすぎない思考と〔悟性を止揚した〕理性的な思考との区別を知らなければなりません。直接にあるがままのバラバラに与えられた思考規定というものは、有限な規定なのです。[4]しかし、真理は自己内で無限なもの〔真無限〕[5]であり、従ってそれは有限なものによっては表現されえないし、意識されえないものなのです〔ですから、旧形而上学のように、有限な規定で無限な真理を捉えようとするのは土台、無理だったのです〕。〔ところで〕思考というものは常に〔本来〕制限されたものだという近頃の考え方に囚われている人には、「無限な思考」という表現は奇異の感を与えるかもしれません。しかし、実際、思考は本来自己内で無限なものなのです。形式的に言うならば〔一般的に言うならば〕、有限と呼ばれるものは終りを持つものです。つまり、存在してはいるが、他者と接し、他者によって制限されている所で存在しなくなるものが「有限」と呼ばれているのです。[6]つまり、有限者というのはその他者との関連の中にあるのであり、その時その他者がその有限者の否定であり限界[7]となっているのです。しかし、思考というものは自己自身の許にあり、自己自身と関係し、自己自身を対象とするものです。[8]〔換言すれば〕私が或る観念を対象として持つ時、そのことによって私は私自身の許に居る〔のであって、他者と関係するのではありません〕。ですから自我すなわち思考は無限なのです。なぜなら、[9]自我は思考する時それ自身〔もまた〕自我である対象に関係するのだからです。〔たしかに〕一般に〔は〕対象とは私〔主体〕に対立する他者であり、否定的なものです。〔しかし〕思考が自己自身を思考する時には、思考の対象となるものは対象であって同時に対象ではないもの、即ち、止揚された対象、観念的な対象なのです。[10]従って、思考自体、即ち純粋な思考は自己内に制限を持たないのであって、思考が有限な思考になるのは、思考が制限された思考規定の許に止まり〔有限な思考規定を使い〕〔しかも〕それを究極的なものと思い込む〔一層高い思考規定によって止揚されるべきものと見なさない〕限りでのことにすぎません。無限な思考あるいは思弁的思考も〔有限な思考と〕同様に「規定する」という働きをしますが、それは規定し限界づけながら、同時に、又それによって、〔この規定と限界によって生まれた〕欠陥〔他者、否定〕を再び止揚しもするのです。[11]〔こういうことを正しく理解するためには、無限というものについて正しく理解していなければならず〕無限を、普通そう考えられているように、「どこまでも続く」というような抽象的超出と捉えてはなりません。それは、既に述べたように、単純に〔自己の中で自己内の対立を止揚することと〕理解しなければならないのです。

旧形而上学の思考〔方法〕は有限な思考でした。というのは、それが使った思考規定は固定したものとされ、〔一度定立された後に〕再び否定されるということがなかったからです。[12] 例えば〔昔の形而上学が〕「神は存在するか（Hat Gott Dasein?）」と問うた時、「存在」〔Daseinという規定〕は、純粋に肯定的なものとされ、究極的なもの、〔否定から〕卓越したものと見なされていました。[13] しかし、後に見るように、「存在」という規定は決して単に肯定的なものではなく、〔「他在」によって否定されるし、最高段階である〕理念に比べれば低いもので、神〔を捉える〕には相応しくないものです。――

更に又、〔旧形而上学では〕世界は有限か無限かということを問題にしましたが、この時、無限は有限に固定的に対立させられています。〔従って、ここでも〕やはり、有限と無限とが互いに対立させられると、本来は全体であるべき無限が〔全体ではなく〕一つの側面にすぎず、有限によって限界づけられたものになる、ということが簡単に分かるのです。――

しかし、限界のある無限などというものはそれ自身有限にすぎません。[14] 同じような〔固定した〕意味で、魂は単純か複合的かという問題もありました。つまり、ここでも、単純〔という規定〕が真理を捉える能力を持った究極的な規定と見なされていたのです。しかし、単純〔という規定〕は存在〔という規定〕と同様、きわめて貧しく、抽象的で、一面的な規定であり、後に見るように、これはそれ自身真でなく、〔従って〕真理を捉える能力を持たない規定なのです。もし魂が単に単純にすぎないものと見なされるならば、魂はそういう抽象〔一面だけの取り出し〕によっては一面的で有限なものとされるのです。

つまり、上述のような性質の述語〔属詞〕をそれらの対象に付加できるかどうかを認識するのが昔の形而上学の関心でした。しかし、これらの述語〔属詞〕は制限のある規定、つまり悟性的諸規定であり、従ってそれが表現するものは制限〔一面〕にすぎず、真理ではないのです。——

ところで、この際とくに注意しなければならないことは、〔その旧形而上学の認識〕方法が、認識すべき対象、例えば神に、述語〔属詞〕を「付加する（beilegen）」という方法だったということです。しかし、こういう方法は対象に対する外的反省〔の方法〕です。というのは〔これでは〕諸規定〔諸述語〕は認識主観の表象の中に予め出来上がったものとしてあり、それを対象に外から付加するにすぎないからです。これに反して、対象の真の認識とは、対象が自分自身から自己を規定するのであって、その述語〔属詞〕を外から取って来るようなものではないのです。[15] しかるに、[16] もし〔外的反省の〕述語〔属詞〕を付加するという方法で認識しようとすると、精神〔認識主観〕はそういった述語〔属詞〕では〔対象を〕認識し尽してはいないのではないかという〔当然の〕感じを持つことになります。[17] ですから〔昔の〕東方人たちは、[18] この立場から、全く正当にも、神を「多くの名を持つ者」「無限に多くの名を持つ者」と呼んだのでした。心情はそのような有限な規定では、どれによっても満足しません。そこで〔昔の〕東方人たちの認識はそういう〔付加される〕述語〔属詞〕を次から次へとどこ迄も求めゆくことになるのです。ところで、たしかに、有限な事物については、それは有限な述語〔属詞〕で規定しなければならないというのはその通りでして、悟性はここにその正当な活動分野を持っています。それ自身も有限者である悟性は、また有限者の本性しか認識しません。例えば或る行為を捕らえて、「それは盗みである」と言う場合、それによってこの行為の本質的内容が規定されるわけです。そして裁判官にとってはこういう認識で十分なのです。同様に、有限な事物があるいは「原因」と「結果」として、あるいは「力」と「外化」として捕らえられる時、それによってそれらはそのようなものとして関係しあうことになりますが、その時それらはその有限な面から認識されるので〔あり、日常生活ではそれでよいので〕す。しかし、理性的な対象はそのような有限な述語〔属詞〕〔を外から付加するという方法〕によっては規定しえないものです。〔それなのに〕これをしようとした所が昔の形而上学の欠点なのでした。

1　この **Glauben** を松村は「信仰」と訳していますが、拙いと思います。宮本は「信念」と訳しています。これに賛成です。**Glauben** には「信仰」という意味もありますが「信念」という意味もあります。「信じる」とは「正しいと思う」ことで、その「信」への過程の違いで信仰（＝宗教的信念）と科学的信念とが区別されるのだと思います。拙稿「宗教と信仰」を参照。外国の人たちは、ほとんど、宗教を持っていて、こういう区別を考えないようです。

2　ここの **Spreu und Treber** も二語一想です。

3　ここの **Wenn vom Denken die Rede ist** はこれまで次のように訳されてきました。

松村訳・思惟と言うとき。宮本訳・思惟が問題である場合。鶏鳴版・思考についてとやかく言う時には。英訳・**in using the term thought**。

関口存男は **von etwas reden (sprechen)** には二つの意味があるとして、①「〜について話す」（「〜とは何ぞや」に答えるような言い方。これは **über etwas reden** の方がよい）と、②「〔〜を〕何々呼ばわりする」、「何々がどうのこうのと言う」、とを挙げています（「文法」一五七頁）。ここは①と②の両方の場合を含んでいると思います。結論として、英訳が正確だと思います。詳しい説明は、ブログ「マキペディア」の「文法へのサポート」の該当箇所を参照。

4　「有限な規定」とか「無限な規定」というものを考える時に大切なことは、思考規定はそれ自体として有限な規定と無限な規定に分けられるのか、それとも、同じ規定が理解のされ方や使われ方によって有限にもなれば無限にもなるのかということをまず考えておくことです。ヘーゲルが「概念の真理性」を問題にしたのには、この両面が共にあると思います。真理性の程度を問題にし、それに応じて論理学を組立てたのは第一点ですが、それにもかかわらず、下位のものは上位のものの契機となり、又そのように理解されることによって無限な規定にもなりうる（第二点）、ということでしょう。

5　これの反対の「自己内で無限ではない無限」、自己外での無限とは、ヘーゲルのいう悪無限（どこまでも続くという意味の無限）でしょう。

6　或る所に「限界」があるということは、そこを境にして別の物が始まることだと思います。宇宙は無限か有限かを考える時でもこれを前提して考えるしかないでしょう。唯物論が「宇宙の無限」を主張するのは、もしそれが有限だとしたら、物質でないものがあることになって、唯物論ではなくなるからです。

7　ヘーゲルは「限界」と「制限」とは分けるのですが、ここでは分けていません。ヘーゲルの「限界」論については許萬元の研究しかないと思いますが、それは批評を加えれば次のように纏められるでしょう。

①〔**他者は自己内限界の現れ**〕存在するものはみな有限である。有限ということは自己の外に他者を持ち、それによって「限界」づけられているということである。ヘーゲルは、この「自己の外にある限界」が実際は「自己の内にある限界」（＝内在的限界）が外に定立されたものにすぎ

ない、と見抜いた。これがヘーゲルの功績である。だから、有限者の質、つまり「それをそれとしているもの」は、それが有限者であるが故に、否定性＝他者＝限界を含んだ質であり、そこに矛盾があり、従って運動が起こる。

②〔**自己の質の内部での闘争と制限を打破する闘争**〕その運動にも本質的にみて二段階ある。その質の枠内での運動にとどまっている段階と、その枠を打破して別のものに変っていく段階とである。生物が生きている限りでの運動は前者であり、死んでいく過程での運動は後者である。前者の段階では限界はまだ単なる限界にすぎないが、その質が無制限なもの（＝当為）になると同時に、限界が制限と感じられるようになり、枠を破る運動になっていく。一般にも「欠点は欠点として気づかれない間が欠点であって、それが欠点として気づかれると、それによってすでに半分はその欠点を克服したことになる」というようなことが言われるが、あれをヘーゲルが論理的に捉え直した。それを許萬元が拾い上げた。尚、欠点を直すという対処の他に、欠点が出ないように振る舞うという方法もあります。

③〔**人間の場合**〕人間には欠点を持っていても、それを欠点として、困ったことだと自覚しない段階と、それを自覚して克服しようとする段階とがある。早い話、許萬元自身、講壇サラリーマン哲学の枠内で、その質と限界の中で生きていて、まだそれを超える立場（＝生活の中の哲学）という当為を感じていないので、その限界を制限として感じず、従って講壇哲学の枠を破る運動をしていない（で、終わってしまった）。

④〔**移行の論理と発展の論理**〕もうひとつ。あれは、欠点として感ぜられなかったものが何かの原因で欠点として感じられるようになるということと同時に、欠点ではなかったものが、その主体の歴史的発展の結果、欠点になる場合の論理でもある。但し、骨子は正しいが、許萬元が、あれを歴史主義的弁証法で発展の論理の中に無条件で、というか、但し書きなしで入れたのは問題である。というのは、あの当為と制限の弁証法はヘーゲルでは存在論で扱われていて、発展が問

題になる概念論で扱われているのではないからである。つまり当為と制限の弁証法はそのまま発展の論理なのではなく、発展の一面である移行の論理なのである。そして、許萬元にはこれは大体分かっているようだが、あの書き方では普通の人にはそれが分からない。

⑤〔対案〕あの章（第二篇第二章の第一節〔歴史的生成の論理〕）は内在主義と歴史主義とは同じものの二面だという鋭い指摘で始まっているのだが、その後すぐに発展とは何かを説明し、その二面（移行と反省）の説明に持っていって、矛盾論で締め括ればよかった（許萬元『ヘーゲル弁証法の本質』青木書店、八七頁以下、拙著『哲学夜話』一一九頁以下を参照）。

8　思考のこういう性格を最初に指摘した人がヘーゲル以前にいるのかは一つの問題ですが、それはともかく、ヘーゲルがこの性格を重視し、それの持つ意義を徹底的に考えた最初の人であることは確かです。ヘーゲルはここから、「だから感性界では疎外の克服はできず、思考の世界でのみそれは可能だ」としたのです。自分の感性的にかかわる他者を自己とすることが可能だとして、感性界での疎外克服の可能性を主張したのは、まずはフォイエルバッハですが、彼は社会関係の見方が低かったので、マルクスはそれを根本的に捉え直すとともに、その疎外克服の「可能性」にとどまらないで、その「必然性」を洞察しようとしたのです（内容的には、その証明は間違っていましたが）。

9　ここも「根拠と理由の説明の重複」です。ヘーゲルの癖です。あまり感心しません。ここでもこの「なぜなら」以下は余計でしょう。

10　「止揚された」と「観念的な」とはヘーゲルでは同義です。

11　ヘーゲル哲学の中心テーマの一つがこの「無限な思考と有限な思考とはどう違うか」ということですが、これは、ここにあるような説明を暗記しても少しも分からないと思います。これを考えるには、まず、無限な思考の実例ないし模範を知り、それとそこらにあるほとんどすべての著作に現われている有限な思考とを比較して、どこがどう違うかを考えてみること、その上で、毎日の自分の考え方を反省してみることです。

12　それ自体としては有限な規定を一度定立した後に、今度はより高い規定によって否定するように持って行くのが「それ自体としては有限な規定を理性的に（＝無限な仕方で）扱う方法」だということになるのでしょう。ヘーゲルの論理学は実際こういう扱い方をしています。これをしないで、それ自体としては有限な規定を固定させただけで終わりにすると、絶対的に有限な規定になってしまう、ということなのでしょう。

13　この vortreffliches の意味をこう取った。

14　これはヘーゲルの得意の論法です。

15　ヘーゲルの認識論の核心が出ていますが、ここで問題になることは、①内在的認識と外的反省とはどういう風に違うかを、まずヘーゲルの言葉に即して確認すること、②対象が自己から自己を規定するとか、思考は表象の中から属詞（述語）を取ってこないということは、唯物論的に捉え直すとどういうことになるのか、を納得いくまで考えることです。

16　ここ以下は、内容的には、第二九節への付録になります。

17　ヘーゲルの「実感尊重」が出ています。『関口ドイツ語学の研究』の二九頁以下参照。

18　何を指しているのでしょうか。古代ギリシャ人の多神教を考えているのでしょうか。

## 第二九節〔外的反省の方法の欠陥〕

そのような述語〔属詞〕はそれ自身として〔体系的関連から切り離された場合に〕は制限された内容である。〔この点だけから見ても〕既に、それらの述語〔属詞〕は〔〔その主語とされた〕神、自然、〔世界〕、精神〔魂〕等々といった〕表象の持つ充実〔した内容〕とは一致しないものであり、その豊かな内容を決して汲み尽くすものではないことが分かる。その上、それらの述語〔属詞〕は、「一つの」主語の述語

〔属詞〕とされることによって互いに結びつけられるのだが[1]、内容的には関連を持たされていない。その結果それらの述語〔属詞〕は〔一つの述語〔属詞〕から内在的に次の述語〔属詞〕が導出されるというのではなく〕互いに〔無関係に〕外から取り上げられ〔並列され〕ることになるのである〔これが、この形而上学の悟性的思考と結びついた大欠点である〕[2]。

1 『精神現象学』の「知覚」が「も又（auch）」で多くの属詞を並列的に結合するものでした。

2 これがヘーゲルのいう「外的反省」の第二の特徴です。第一の特徴は「表象の中に出来上っているものを、対象の外から対象に属詞（述語）として付加する」ということです。これは言わば対象（主語）と主観（属詞）との関係の外面性ということができるでしょう。それに対して第二の特徴は、主観内の、または属詞相互間の外面的な関係ということです。この二つの特徴がいずれも判断及び知覚の立場と関係していることは容易に分かるでしょう。

**注釈〔この欠陥の是正方法とそれの不適切性〕**

第一の欠点に対しては、例えば〔昔の〕東方人たちは、神を規定する時に、神について多くの名前を〔属詞として〕付加することによって、その欠点を補なおうとした。しかし、そうすると〔事の性質上〕その〔属詞となる〕名前は無限に多くならなければならなかった〔従って、それは実際には解決にならなかった〕。

**第三〇節〔外的反省における主語の所与性、前提性、固定性〕**

（2）〔旧形而上学の思考は外的反省だった〕たしかに旧形而上学が対象としたものは、魂、世界、神といった統体的なもので、それは理性に、即ち自己内で具体的な普遍者を思考する能力に〔本来的に〕帰属する事柄である。〔その意味で大切な問題を扱っていたのだが〕しかし、それはそういった統体的なものを「表象」[1]から取り上げ、それを出来上がった与えられた主語として前提してそれに悟性的規定を適用し、〔更に〕[2]その述語〔属詞〕〔悟性規定〕が〔その主語に〕合っているか否か、申し分のないものなのかどうかを判別する時、その表象を唯一の尺度としたのである。[3]

1　ヘーゲルでは Totalität と das Ganze とは同義です。

2　ここの legte sie の sie。こういう風に「文が改まると」いちいち「目的語を繰り返す」のがドイツ語です。「文法」一四五〇頁以下を参照。

3　外的反省の第一の特徴と同じことですが、その考察する面が少し違っています。これまでは外的反省を属詞（述語）の面から見てきたのですが、ここは主語の面から見ています。

第三一節〔**主語自体は無内容である**〕

魂、世界、神といった表象は、さしあたっては、思考にしっかりした足場を与えるように見える〔が、実際はそうではない〕。その上、[1]そういった表象には個人の主観というものが入りまじっているので、いろいろな意味になりやすいということもある。だから、それは〔思考の前提とされて好い事ではなく〕むしろ思考によって初めてしっかりした規定を与えられなければならないものなのである。こういう事は〔少し考えてみれば分かる事だが、そもそも〕命題〔という形式自身の中〕に表現されている。なぜなら、命題においては、主語つまり〔思考の〕出発点とされる表象の何であるかは、述語（属詞）（つまり、哲学用語を使えば、思考規定）によって初めて与えられなければならないのだからである。[2]

1　この辺をどう取るべきか、鶏鳴版では問題提起しておきましたが、今回は訳文のように取りました。これで好いと思います。

2　命題（ここでは判断でも同じ）の主語、即ち「である文」の主語は表象（または単なる名前）で、属詞は思考規定（または概念）である、ということを確認して、主語の何たるかは属詞（述語）において初めて言い表されることを見抜き、判断の立場の根本的限界に気づいたのはヘーゲルの歴史的功績です。このことは拙稿「辞書の辞書」で説明しました。

**注釈〔判断という形式は思弁的ではない〕**

「神は永遠である」といった命題では、「神」という表象から〔思考が〕始まっている。しかし、神が何であるかはまだ知られ〔思考され、思考規定を与えられ〕ていない。それは述語〔属詞〕が初めて言い表す。〔しかるに、ここでは「神」という主語に「永遠」という表象から取ってこられた規定が与えられている。これが拙い。なぜなら〕[1]論理的思考では内容は完全に思考規定という形で規定されなければならないものなのに、そういう論理的な思考の中に、神あるいは一層漠然とした絶対者といったものを主語とする命題の述語〔属詞〕に、これらの〔表象から取ってきた〕規定を持ってくることは、余計なことであるだけでなく、有害でもあるだろう。そういう事をすると、思考の本性自身ではない尺度を思い出させる〔からである〕。――

それはともかく、命題という形式、あるいは一層正確に言うなら判断という形式は、具体的で思弁的なものである真理を表現するのに適していない。判断というものはその形式〔自身〕によって〔原理的に〕一面的であり、その限りで偽なるもの[2]〔だから〕である。

1　ここはヘーゲルの自筆の注釈のはずですが、どうも読みにくい。特に deswegen が分からない。我々は訳文のように取ってみました。こう取らないと、次の「これらの規定」も分からないのではないでしょうか。松村訳や英訳のような直訳で意味が分かるでしょうか。

2　「判断という形式は一面的である限りで偽である」というのは、ヘーゲルは次のように考えているからです。①真理は具体的である。②ここで具体的とは対立物の統一ということである。③従って一面的ということは具体的でなく抽象的ということであり、つまり真でなく偽ということになる。ヘーゲルでは、こういう推論が中間過程を飛ばしてなされることが多いです。この中間を自分で補って読めるようにならないと、ヘーゲルは読めるようにならないでしょう。

**付録〔旧形而上学は自由な思考ではなかった〕**

この形而上学は自由で客観的な思考[1]ではありませんでした。それは客観〔対象〕をして自己自身から〔出発して〕自由に自己を規定させようとせず、客観を出来上がったものとして前提したからです。――〔ところで〕自由な思考というものについて一言しますと、〔古代〕ギリシャ哲学は自由に思考しましたが、〔中世の〕スコラ哲学者たちはそうではなかったのです。後者は自己の〔哲学の〕内容を与えられたものとして、しかも教会〔という外的権威〕から与えられたものとして取り上げたからです。――〔古代ギリシャ哲学はなぜ自由に思考できたかを考えてみますと〕我々現代人はいろんな形での教育によってさまざまな観念をたたきこまれています。そして、これらの観念は〔それなりに〕非常に深い内容を持っていますので、それを〔自分の頭で吟味して、批判的に〕乗り越えると[2]いうのは至難の技です。〔それに反して〕古代の哲学者たちを見てみますと、彼らは〔先入見などというものを持たず〕もっぱら感覚的直観の中に住み、〔思考の〕前提としては頭上の大空と周囲の地上しか持たなかったのです。というのは〔彼らにもいろいろな観念が神話という形で与えられていたのですが〕神話による観念は既に取り除けられていたからです。思考はこういう〔恵まれた〕物的環境の中では自由であり、自己の中に帰り、どのような素材にも囚われることなく、純粋に自己の許にいます。こういうように純粋に自己の許にいるということこそ自由な思考の本質であり、それは自由へと出帆することです。その時、思考する主体にとっては頭上にも周囲にも何もなく、彼はただ自分だけで孤独の内に住むのです。[3]

1　この「客観的な思考」とは「自由な思考」と同義で、「対象の概念と一体となった思考」といった意味でしょう。
2　ここは welche zu überschreiten となっていて、「関係代名詞が関係文中の zu 不定句の目的語」となっています。英訳は which it is extremely difficult to overstep です。ここは簡単ですが、文法的な事は「文法」四六九頁参照。
3　こういう考えでいくと、教育によって前代の精神的財産を受け継がされる現代人には自由な思考は不可能なのでしょうか。そんな事はありません。可能です。そのためにはどうしたらよいかの答が拙稿「先生を選べ」です。

第三二節〔有限な思考は対立する主張の一方のみを真とする〕

（3）〔旧形而上学の帰結としての独断論〕この形而上学は〔結局〕独断論〔定説主義、判断主義、一命題主義〕[1]となった。なぜなら、それは有限な規定〔に基づいて思考したため、そ〕の本性によって、二つの対立する主張（先に挙げた命題はみなこういうものだが）の内の一方が真で他方は偽でなければならない、と考えざるをえなかったからである。

1　この Dogmatismus を松村は「ドグマティズム（一面観）」と訳し、かなり長い注解を添えていますが、内容的には「いま一歩」不十分な理解と言わざるをえません。「一面的」と言うと

「多面的」との対立が念頭に浮かびますが、ヘーゲルでは「具体的＝対立物の統一」と対比されている事を理解しなかったようです。宮本は「教条主義」と訳していますが、話になりません。私の考えは「教条主義と独断論」（ブログ「マキペディア」に掲載）にあります。そこで説明したように、このDogmatismusは「判断主義」とか「一命題主義」と名付けてよいものです。その時、それはヘーゲルの「概念主義」ないし「体系的学問主義」を意味する「弁証法」に対置されます。

### 付録〔独断論とは何か〕

独断論〔とは何かというと、それ〕はさしあたっては、懐疑論と対立させ〔て考え〕ることができます。一般に古代の懐疑論者たちは、はっきりと定められた教説を立てる哲学はどれでもその限りで〔そういう説を立てる限りで〕独断論だと決めつけました。こういう広い意味に取ると、本当の思弁哲学〔ヘーゲル哲学〕も、懐疑論にとっては、独断論だということになります。しかし、狭義の独断論とは、悟性の一面的な規定に固執し、それと対立するもう一方の規定を排除するような考え方のことなのです。それは一般に「あれかこれか」を厳しく考えるもので、従って例えば「世界は有限であるか無限であるかで、二者のうちのいずれかである」というのです。〔しかし〕そのような一面的な規定は思弁的なものである真理を身につけておらず、又それを汲み尽くすものでもありません。真理は統体的なもの〔対立物の統一〕であり、独断論が切り離して真理だとし確固たるものだとした諸規定を〔止揚して、契機として〕自己内に含み、統一させるのです。――

〔ところで〕一面性を統体性と並べて置き、「一面性は統体性に拮抗する特殊であり、〔それ自身で〕確固としたものだ」と主張するような哲学がよく見うけられます。しかし、実際には〔そうではなく〕、一面的なものは確固としたものではなく、自立してしっかりと立っているものではなく、統体的なものの中に止揚されたものとして〔その契機となって〕含まれているものなのです。[2]悟性的な〔旧〕形而上学を独断論的だとするのは、孤立させられた一面的思考規定にしがみつくからです。〔我が〕思弁哲学の観念論的[3]性格は、統体性を原理とし、抽象的な悟性規定の一面性を越えて行く所にあるのです。かくして、観念論の立場に立つと、「魂はたんに有限でもたんに無限でもなく、それは本質的に有限でも無限でもある。従ってまた有限でも無限でもない」となります。つまりそのような〔有限とか無限といった〕規定は孤立させられると妥当しないのであって、〔統体の契機とされ〕止揚されたものとしてしか意味を持たないものなのです。[4]——

我々の日常生活での意識にも既にこういう観念論が見られます。[5]〔例えば〕感覚的な事物について、可変的だと言う時、それには存在と非存在とが帰属していると言っていることになるからです。——〔それなのに〕我々は悟性の規定を扱う時になると、〔こういう弁証法的考え方ができないで〕ずっと頑固になるのです。〔そこで〕悟性の規定は思考規定だから、感覚的事物より確固としたものだ、いやそれどころか絶対的に確固としたものだ、と考えるのです。悟性の規定は無限の深淵によって互いに切り離され、その結果対立しあう規定は互いに移行することができなくされるのです。〔ですから〕理性は、そのような悟性と闘い、悟性が固定させたものを克服していかなければならないのです。[6]

1 ここの原文は eine jede Philosophie となっています。『マイスター独和辞典』(大修館書店)を見ますと、「不定冠詞が前にある時は jeder は形容詞の混合変化に準ずる。文体としては文語的である」とあります。英訳は every philosophy whatever としています。意味的には jeder をただ強めただけではないでしょうか。

2 この im Ganzen の das Ganze は四行目の Totalität の言い換えでしょう。ヘーゲルが ganz と total を同義に使っていることが分かります。

3 「観念論」という語の普通の意味は、①外界の実在性を認めず、外界は観念でしかないとする哲学上の立場、②現実的でない考え、の二つでしょう（『新明解国語辞典』三省堂）。ヘーゲル的用法はそのどちらでもありません。

ヘーゲルが Idealismus という語を使う場合、その意味は「個々の事物は究極的なものではなく、何か他のものによって止揚されるものだということを認める立場」ということです（ラッソン版『大論理学』第一巻一四五頁）。ヘーゲル論理学の基軸を成す考え方の一つは、定存在――実在性――有限――必然性――自然という系列と、独立存在――観念性――無限――自由――精神という系列との対比ですが、ここで観念性とは「止揚されてあること」という意味です。そして、ヘーゲルは「犬でさえ観念論者である」と言っています。なぜなら、犬は餌を食べて餌の絶対的自立性を否定し、それを消化して自分の血肉とすることで、それを高め、保存しているからです（『法の哲学』第四四節への付録）。更にヘーゲルは、個々の事実や事物を絶対視する実証主義などは哲学の名に値しないと考えていましたから、「全ての哲学（哲学の名に値する学問）は観念論である」と言いました。要するに、ヘーゲルの観念論概念は個物の絶対性を認めない立場であり、その意味でプラトンのイデア論を正統に受け継いでいるのです。

では、「止揚された在り方」をヘーゲルがなぜ「観念性」と呼んだかと言いますと、人間の認識による対象把握（その結果が観念です）が消化作用と同様、対象の否定と高揚と保存の側面を持っているからです。ですから、対象を追体験的に理解しないで、他人から聞いた言葉を振り回すのは哲学でもなければ認識でもないのです。従って、学習（先人の経験と理論の継承）の論理を「創造的継承」として展開した「生活の中の哲学」は、このヘーゲルの観念論概念を発展させたものなのです。

ヘーゲルにはもう一つの観念論概念があります。それは『精神現象学』の理性論に出てくるもので、可知論とか可認識論という意味です。従って、そこに出てくる「悪しき観念論」とは「半分だけの可知論」という意味であり、「現象は認識できるが物自体は認識できない」とするカントの考え方を指しているのです。

4　エンゲルスが弁証法的な考え方と形而上学的な考え方を対置した時、彼はまさにこの辺を念頭においていたと思われます。エンゲルスの「形而上学」概念の特殊性については第二四節本文への訳注2（二九六頁）で説明しました。

5　ヘーゲルが民衆の日常生活における知恵に着目していることに注意したいものです。

6　ここには広狭二義の独断論の定義がありますが、我々日本人が「独断論」とか「独断的」と言う時の意味はどういうことで、これはこの二義のいずれとどういう関係にあるでしょうか。

思うに、日本語の「独断」とは、「独断専行」などと言われるように、内容よりもむしろ決め方の形式に着目しています。「一人決め」ということで、「独裁」と同義です。しかし、実際には、その決定の内容が人々の共感を呼ぶ場合には、一人で決めても独断的と言われることは少ないことから分かりますように、内容も考慮されています。しかし、いずれにしても、ここの独断論とは結びつきません。

独断の「断」に着目するとすぐ思い浮ぶことは「断定」ということです。独断的とは断定的という意味もあると思います。断定的にものを言う人は独断的と言われます。しかるに、断定とは、根拠を示さないで結論だけを主張することです。この意味では、カントが「ヒュームによって独断の夢を破られた」といった時の意味があります。それは、根拠の研究がないという一般的な意味ではなく、認識能力の吟味（批判）を経ていないという意味で、認識の根拠の吟味を指してはいたのですが。しかし、ここまででもまだ、ここにある広狭二義の独断論とは結びつきません。なぜなら、ヘーゲルの言う「広義の独断論」とは何らかの積極的主張を持っていることでしたが、その際の主張を無根拠に出しているわけではなく、およそ哲学である以上、根拠をあげて結論を導いているだろうからです。又、「狭義の独断論」も対立する悟性規定の一方を取るからといって、無根拠にそれを取るわけではないからです。

　しかし、根拠というものを考えてみますと、それは遠い根拠から近くの根拠までいろいろありますが、ヘーゲルの弁証法は、「或る規定（事物でもよい）の根拠をそれの対立物に求める」という考え方なのです。ですから、対立物の一方を捨てて他方だけ取るやり方は、それ自体としてどんな根拠に基づいていようとも、真の根拠を示さないことであり、従って根拠を示さない主張、つまり独断論と言ってもよいことになるわけです。

## 第三三節〔旧形而上学の第一部・存在論の表象性〕

　この旧形而上学が体系的に叙述される時、その第一部をなすものは存在論、すなわち本質〔的存在〕の持つ抽象的〔一面的〕諸規定[1]についての教説である。〔しかし〕それらの抽象的規定は実にバラバラで有限な妥当領域しか持たないものだから、そこにはそれらを〔統一する〕原理が欠けている。そこでそれらの規定は経験的に、偶然的に拾い上げられる事になる。そして、それらの規定の含む一層深い内容を考える時には〔その規定についての一般的な〕表象に基づくことになり、「この単語ではまさにこういうことが考えられている」という風に断定したり、時には又語源学に基づいて考えたりすることにならざるをえないのである。[2]そこで問題になる事と言えば、自分の分析が当該の語の〔一般的〕用法と一致していることを証拠にしてその正しさを主張したり、経験的な完全枚挙性[3]を確認したりすることにすぎず、それらの諸規定の真理性と必然性をそれ自体としても他の規定との関係においても考えること[4]は問題となりえないのである。[5]

1　思考規定の「真理性」即ち「その規定の生成の内在的必然性」を、それ自体として、又他の規定との関係の中で、考えるのが正しいと考えている訳ですから、そのように扱われていない思考規定を「抽象的諸規定」と言ったのでしょう。4を参照。

2　しかし、ヘーゲルも語源的分析をすることがありますし、一般人の表象を持ち出すこともあります。そうすると、語源を考えたり、その語の一般用法を考えたりすること自体が悪いのではなく、語源や一般的用法を「唯一つの根拠」として考えることが悪いのでしょうか。語源や一般的用法は、全ての他者の意見がそうであるように、「証拠」としてではなく、「参考意見」として扱うのが正しいのだと思います。

3　ここの原語は Vollständigkeit です。これはヘーゲルでは（多分、日常ドイツ語でも）「完全枚挙性」という意味です。松村の「完全さ」は不十分でしょう。宮本の「全部そろっている」は正しいですが、「完全枚挙」という語を知らないのでしょうか。「経験的な完全枚挙性」とは「経験的に拾い上げられ列挙された諸規定が、その語の内容を全部網羅していること」でしょう。

4　この an und für sich は松村は「諸規定」にかけて「諸規定そのもの」としていますが、間違いだと思います。英訳は「真理性と必然性」に掛けて the intrinsic and independent truth and necessity としています（これは次頁の訳注1で触れます）。我々はこれを tun に掛かる副詞句と取り、その意味は訳文のように取りました。これを考えるには、ヘーゲルが人類史上初めて問題にした「概念規定（カテゴリー）の真理性を問う」とはどういうことかを理解しておかなければなりませんが、本論の最後で「真理性と必然性」と言ったのは、事実上の二語一想であることを知っておいてドさい。次の注釈で又考えます。

5　この文の構造は bloss um A .. nicht um B となっています。nicht B .. sondern A を逆にするとこうなります。

## 注釈〔概念の真理性〕

一般には、真偽が問題にされるのは命題についてだけである、つまり、問題になるのは或る概念を「或る主語に付加する」（という言い方がされるのだが）のが真か偽かということにすぎない、つまり、真でないとは表象の内に〔予め与えられて〕或る主語とその主語について述語される〔属詞として挙げられる〕べき概念との間に矛盾のあることだ、と考えられています。そのため、〔命題がではなく〕存在とか、定存在とか、あるいは有限、単純、複合といった概念が、それ自体としても又他の概念との関係においても[1]真なる概念なのかどうかということを問題にすると[2]、奇異の念を持たれます。しかし、概念というものは具体的なもの〔対立物の統一〕であるから〔もちろんのこと、概念とまで言わなくても〕規定でさえも、一般に、どれもみな、本質的に、それ自身[3]、区別された諸規定の統一なのである。従って、もし、真理を矛盾のないこととするならば[4]、何よりもまず個々の概念について、それがそれ自身で〔他との関係以前に〕そのような内的矛盾を含んでいないのかどうかを考察しなければならないはずである〔それなのに、旧形而上学はこういう事に気づいていなかったのである〕[5]。

1　英訳者が先の an und für sich を「真理性と必然性」に掛けたのは、それをここの名詞化と取ったからかもしれません。ここの für sich を「独立した」と取るのは問題ですが、英訳者の読みはあるいは文法的には正しいのかもしれませんし、内容的には我々の理解とそう変わらないと思います。

2　この一〇〇頁五行目の wenn man meint の wenn が「事実を指す wenn」です。

3　この in sich selbst は「自己自身の中で」ですが、そう訳すと、次の「区別された」に掛かってしまって拙いので、意味を考えてこう訳しました。他者との関係で「区別の統一」になるのではなく（これはその後の問題）、それ自体で既にそうだということです。

4　こういう所がヘーゲルの強引な所で、相手の定義を一部すりかえて、相手の考え方もよくよく考えてみれば自分の考えのようになると持ってゆくのです。ヘーゲルがカントの真理概念を自己流に改変していくのもその例です。拙訳『概念論』の訳注181と183を参照。

5　ここでは概念の真偽ということの積極的説明がないので解説します。これを考えることはヘーゲルの現実的意味を考えるための主テーマの一つですが、これを問題にした人は多分一人もいないでしょう。こういう所にヘーゲル研究が本物にならない理由があるのだと思います。

これを考えるには、第一に、判断の真偽という悟性的観点と対比させること。つまり、概念の真偽という考え方は判断の真偽という考え方とどう違うかを考えること。第二に、これは事物の真理性という考え方と対比されている事を考慮することです。事物の真理性ということも分かりにくいでしょうが、これは拙稿「ヘーゲル哲学と生活の知恵」を読めば一応分かるでしょう。そこで私はヘーゲルの客観的真理概念を説明しましたが、それはあくまでも「事物の真理性」という点についてでした。この対比を一層分かりやすくするなら、個々の実在の真理性という観点と一般的概念の真理性という観点との対比と言ってもよいと思います。この両観点は、対比させるだけでなく、統一的に考える必要もあります。第三に、実際に概念の真偽というものを考えて書かれた私の文や考え方を、そういうことが分かっていないのはもちろん、考えたことすらない他のほとんどすべての人の文や考え方と比較して、その違いを考えてみるのも大切です。なお、ヘーゲルの答えは論理学の叙述そのものですが、そこでの一つ一つの概念の真理性の証明法は、①その概念が他のそれ以前でそれより下位の概念の発展的自己運動の結果として必然的に生成してくること、②ひとたび生成した概念は自己の対立物を自己内から生み出し発展して他の概念と関係していくこと、の証明に尽きています。①が「an sich な真理性」で、②が「für sich な真理性」です。

### 第三四節〔第二部は霊魂論〕

〔旧形而上学の体系の〕第二部は合理的心理学あるいは霊魂論であった。それは魂の形而上学的性質、即ち「物としての精神」の形而上学的〔超感性的〕性質を扱うものである。

**注釈〔霊魂を物と見る見方〕**

〔霊魂の〕不死〔の問題〕を研究したのだが、複合、時間、質の変化、量の増減といったものが通用する領域で研究したのである。[1]

1　霊魂を「物」と見たからこうなった、と言いたいのでしょう。

**付録〔経験的心理学と合理的心理学〕**

その〔旧形而上学の〕心理学を合理的〔理論心理学〕と言うのは、霊魂の諸現象の経験〔論〕的考察方法と対比しての命名です。〔つまり〕合理的心理学は霊魂の形而上学的な性質を考察し、抽象的〔悟性的〕思考で規定しました。それは霊魂の内的性質をそれ自体として、即ち、〔抽象的〕思考に与えられる姿を捉えようとしたのです。――

〔ところで〕今日では哲学の世界で霊魂がどうのこうのと言われる[1]ことはほとんどなく、もっぱら精神が話題になっています。霊魂というのは精神とは違います。[2] それはいわば肉体と精神の間の中項、ないし両者を結ぶ絆みたいなものです。霊魂としての精神は肉体の中に沈みこんでおり、肉体の生命の源泉です。[3]

旧形而上学は魂を物（Ding）と見なしました。しかし、物という語はきわめて多義的な言葉です。物という言葉を聞くと我々はまず直接存在しているもの、感覚で表象できるようなものを考えますが、まさにこの意味で霊魂についてあれこれ語っていたのです。ですから「魂の座はどこか」などと問うたのです。しかし座を持つということは、空間内にあるということであり、〔従って〕感覚的に表象されるということです。同様に、霊魂を物と見なしたからこそ、霊魂は単純か複合的かという問いも起きたのです。〔更に〕この問いは特に霊魂の不死と関係があったのです。なぜなら、魂が不死であるためにはそれは単純〔一様〕でなければならないと考えられていたからです。しかし、実際には、抽象的〔一面的に〕理解され〔複合と切り離された〕「単純」概念では、魂の本質は捉ええないのであって、それは複合という概念〔が抽象的に理解された場合〕でも同じです。

合理的心理学と経験的心理学とを比較してみますと、前者は精神を思考で認識し、その〔そこで作られた〕観念〔理論〕を証明しようとしていた限りで、後者より高いものです。それに反して経験的心理学は知覚から出発し、知覚が与えるものを数え上げ、記述するだけです。もっとも精神を思考で捉えようとする時には〔その本質だけを扱って済ませて好いものではなく〕、精神の特殊な諸現象にも目を向けなければなりません。かつてスコラ学者たちは「神は絶対的な能動である」と言いましたが、それと同じ意味で、精神も〔絶対的な〕能動なのです。[4]しかるに、精神が能動であるということは、それは自己を外化する〔特殊化する〕ということです。ですから、旧形而上学のしたように、精神を過程を持たない存在と考えてはなりません。それは、精神の内なる本質には過程がなく、精神の内なる本質はその外への現われとは別のものだとしたのでした〔しかし、それは間違いです〕。精神は、本質的に、その〔自己を〕具体化する働[5]らきの中で、その起動力の中で考察しなければなりません。しかも、それは、その起動力のいろいろな発現が精神の内なる本質によって規定されているものとして認識しなければならないという意味でそうなのです。

1　この von etwas sprechen については第二八節付録への訳注3（三四六頁）を参照。
2　この文は精神が主語になっていますが、文脈から見てこういう風に取りたい。
3　こういう考えは古代ギリシャの霊魂論以来のものではあるまいか。
4　ここは、文字通りに取ると、「精神は能動である」という句の意味が、スコラ学者のいう「神は絶対的な能動である」という句の意味と同じということですが、要するに、「精神は能動である」とは「精神は絶対的な能動である」という意味だ、ということでしょう。ここで「絶対的」とは、「いつでも、どこでも、何物に対しても」という意味でしょう。ここでは次にあるように、「特殊へと自己を展開する必然性を持っている」ということです。なお、Tätigkeit を「活動」と訳すことしか知らない人が多いようですが、「能動」と強く訳した方が好い場合も多いことを知っておいて下さい。Leiden＝受動と対比された時には特にそうです。
5　この Wirklichkeit を松村は「現実性」と訳していますが、Tätigkeit を繰り返すのを避けて、言い換えたのではないでしょうか。

## 第三五節〔第三部は宇宙論〕

第三部の宇宙論で扱われたことは、第一に、世界である。それは、世界の偶然性と必然性、その永遠性と時空間的有限性、その変化の形式的諸法則などであった。第二に、人間の自由及び悪の起源が扱われた。

**注釈〔その宇宙論の方法は悟性的二者択一だった〕**

この議論で〔特徴的な事〕は、特に、偶然性と必然性、外的必然性と内的必然性、作用因と目的因、即ち原因一般と目的、[1] 本質あるいは実体と現象、形相と質料、自由と必然、[2] 至福と苦痛、善と悪〔といった諸概念〕が、絶対的に対立させられたということである。[3]

1　ここは Kausalität を「因果性」と訳すなら、それは「因と果〔の関係〕」という事ですから、次の Zweck は「目的関係」と訳すことになるでしょう。目的と成果を一語で言う日本語はないようですから。

2　「必然」に対立させられるものが、或る時には「偶然」で、又或る時には「自由」であるということは何を意味しているのでしょうか。同じ必然の対概念である以上、偶然と自由には何か深い関係があるのではないでしょうか。そもそも必然にだけなぜ二つの対概念があるのでしょうか、とこういったことを考えることによって思索は深まるのです。こういう問題に気づかない人には哲学はいつまでも分からないでしょう。

3　ここの原文は属詞句（Als absolute Gegensätze）を文頭において、主語は後に置いています。つまり主語を強調しているわけです。松村も宮本もその通りの語順で訳していますが、拙訳のような訳し方でも達意眼目を出すことは出来るでしょう。日本語としてどちらが適当かという問題です。

付録〔宇宙論の対象は精神界も含み、悟性的方法で一般法則を建てた〕

この宇宙論は、自然〔現象〕を対象として扱っただけではなく、精神をもその外界での錯綜した姿で扱いました。つまり現象としての精神も対象としました。[1] 一般化して言うならば、定存在の総体、即ち有限物の総体を対象としたのです。しかし、それは自己の対象を具体的統体としては考察せず、抽象的な規定を使って考察したにすぎませんでした。そこで、例えば、世界を支配しているのは偶然か必然か、世界は永遠かそれとも創造されたものか[2]といったことが問われたのです。この宇宙論が次に主題的に問題とした事は、いわゆる「宇宙論上の一般法則」を立てることでした。[3]「自然に飛躍なし」[4]といった法則がその例です。ここで「飛躍」と呼ばれているのは質的な区別と質的な変化のことでした。なぜならそれは無媒介のものだからです。[5]その時、（量の）漸増と漸減は媒介されたものとされていたのです。[6]

次に、世界内に現われた精神に関して[7]〔精神の現象として〕宇宙論で特に問題とされたのは人間の自由と悪の起源でした。もちろんこれはきわめて重要な問題です。しかし、この問題に満足いくように答えるには、何よりもまず悟性の持つ抽象的な諸規定を究極のものと固定して考えるような態度を止めなければなりません。つまり、対になっている両規定の一方が、どちらも、それだけでしっかりと立っているものだとしたり、それがそのように孤立した形のままで実体を持ち真理を持つかのように考えてはならない、ということです。それなのに、旧形而上学の立場はまさにこういった立場だったのです。旧形而上学は一般的にもそういう立場に立っていますが、[8]又ここ宇宙論上の諸問題を考える際にもそうです。従って世界の諸現象を概念で理解するという目的に合わない立場に立っていたのです。そこで、例えば、自由と必然の区別を考察した時には、自然はその結果において必然に従属しているが精神は自由であるという風に、両規定は自然と精神に適用されたのでした。ところで、たしかにこの区別は本質的に精神自身の最深部に根拠を持つ区別です。けれども、自由と必然が相互に抽象的に〔二者択一的に〕対置させられた時には、〔無限なものである精神の最深部にではなく〕有限な世界に属し、有限界の地盤でしか通用しないものになっているのです。必然性を内に含まない自由とか、自由を持たない単なる必然性などというもの[9]は、抽象的な規定であり、真ならざる規定です。自由というものは本質的に具体的なもの〔対立規定を止揚したもの〕であり、永遠に[10]自己内で規定されているものであり、従って同時に必然的なものです。[11]〔普通〕必然性と言う時には、たいてい、外部から決定されているという意味で使われています。例えば、有限な力学で「或る物体は他の或る物体に押された時に、しかもその押された方向にしか運動しない」と言われるような場合です。しかし、こういうのは単なる外的必然性であって、真に内的な必然性ではありません。というのは、真に内的な必然性とは自由のことだからです。

善と悪の対立は、深く自己内に反省した近代世界に特有の対立ですが、それも全く同じように扱われました。〔たしかに〕もし悪はそれ自身で固定したもので善とは異なると考えたとしても正しい場合がありますし、そういう立場を承認しなければならないこともあります。つまり、善と悪は〔絶対的に〕対立するように見えるだけで〔本当は〕相対的なものだという〔根本的には正しい〕考えを、「善と悪とは絶対者の中では同一のものなのだ」とか、近頃言われているように[12]、「或るものが悪いとされるのは我々の考え次第なのだ」とかいった意味に取り違えてはならないということを意味する限りでは、その対立をはっきりさせるのは必要だし、正しいことです。しかし、〔善悪を対立させ〕悪をそれだけで肯定的なもの〔実在するもの〕[13]と見なすと、それは間違いになるのです。なぜなら、悪というのは独立した存在根拠を持たず、単に独立しようともがくだけの否定的なもの〔虚実在〕であって、それは実際「否定性〔虚実在〕の自己内での絶対的な仮象[14]」にすぎないものだからです。

1　鶏鳴版では in seinen äußerlichen .. を die Natur にも掛けて訳しましたが、誤解だったと思います。なお、本質としての自然は第一部の存在論で、本質としての精神は第二部の合理的心理学で扱われました。

2　「創造された」ということが「永遠」に対置されうるは、創造されたということは始まりを持つということで、そこに限界を持つからです。

3　この文は倒置文で、Aufstellungが主語でHauptinteresseが四格で目的語でしょう。

4　ヘーゲル及びマルクスでは「飛躍」とは「質の変化一般」のことです。もちろんそれは何らかの原因によって媒介されたものと考えられています。なお、「自然に飛躍なし」という「法則」を建てたのはライプニッツではないでしょうか。ライプニッツは沢山の「法則」を建てました。何事でも「法則に定式化する」のが好きだったようです。

5　ここのwelche als unvermittelt erscheinenという関係文はals welcheとはなっていませんが、理由を表していると思います（「文法」四六五頁参照）。「無媒介であるような質的変化」とすると、「媒介された質的変化」も別にあるように聞こえます。

6　ここのerscheintを松村は「みえる」と訳していますが、不用意です。ヘーゲルでは「みえる」は「実際にはそうではない」という意味で使うのが原則ですし、そもそもals etwas erscheinenは「である」のseinの代わりにすぎないからです。「文法」の一五六頁「②属詞文の代用形」を参照。

7　ここの原文はIn Beziehung auf den Geist, wie solcher in der Welt erscheintとなっています。なぜIn Beziehung auf den Geist, wie er in der Welt erscheintと言わないのでしょうか。両者はどう違うのでしょうか。英訳はIn regard to Mind as it makes itself felt in the worldと訳しています。関口文法でも「wie＋不定代名詞」については説明がないようです。見たことがありません。ヘーゲルが使っているのですから、こういう言い方もあることはあるのでしょう。思うに、ここは「自体的精神」と「現象的精神」を分けて、後者だけを指したいので、「世界内に現象しているような」という意味でこのように言ったのでしょう。

8　本節の注釈を参照。

9　Eine Freiheit及びeine bloße Notwendigkeitの不定冠詞eineをこう訳しました。前者に付いている関係文には接続法第二式が使われています。「文法」の一〇九八頁参照。

10 「永遠に」とは、ここでは、「いつでもどこでも」ということです。矛盾の絶対的性格みたいなことです。

11 この文を詳しく展開したものがヘーゲルの論理学体系そのものです。客観的論理学は必然性の国です。そこにはもちろんいろんな段階の必然性＝規定が出てきますが、その運動の結果として主体的論理学（自由の国）が生成します。この事の現実的な意味については拙稿「ヘーゲル哲学と生活の知恵」を参照。

12 ここの wie man denn wohl .. の denn は強調でしょう。

13 ここの Positives は Negatives と対で使われていますから、「肯定的」と訳したくなるのは当然です。松村も宮本も鶏鳴版もそう訳しています。しかし、「肯定的」という語はここでは強すぎると思います。Positiv には「実証的」とか「既成の」という意味もあります。「ともかく存在することは存在している」というくらいの意味でしょう。法律では「実定法」という言葉がありますが、この「実定」も同じです。頭の中にあるだけではないという事です。しかし、ここを「肯定的」と訳さないとしたら、Negatives も「否定的」とは訳しにくくなります。そこで角括弧で補うということにしました。

14 ヘーゲルではこういう表現が分からないのです。「ここの仮象とは何か」とか「絶対的とはここではどういう意味か」などと頭をひねってもムダでしょう。ヘーゲルとしては、「論理学である以上、そこに出てくる非論理的な概念は、すべからく論理的なカテゴリーで捉え直さなければならない」と考えていた（これはほぼ事実でしょう）ので、無理して作った表現も多いと思います。これもその一つでしょう。まあ、「影みたいなもの」と理解したらどうでしょうか。

## 第三六節〔第四部は合理的神学〕

第四部は自然神学、即ち合理的神学で、それは神の概念〔神とは何か〕あるいは神の可能性[1]を考察し、次いで神の存在を証明する様々な方法を検討し、神の諸性質を考察した。

1　このdessenはGottを受けると思います。ヘーゲルにあっては概念はan sich（潜在態）でもあり、「可能性」ですから、こういう言い換えがすぐ出てくるのです。もっとも神の可能性とは、神の存在の可能性のことでしょうから、次の神の存在証明と事実上どれだけ違うのか分かりませんが。

注釈〔合理的神学の内容〕

①〔神の概念〕このような神の悟性的考察の際の中心的問題は何かと言うと、それは、神という言葉で「我々が考えていること」に一致する述語〔属詞〕と一致しない述語〔属詞〕とを区別することであった。そこでは実在と否定〔非実在〕とは絶対的に対立するものとされた。そこで、悟性が〔神の〕概念と称したものに何が残されたかというと、結局、それは、規定なき存在とか純粋な実在あるいは純粋な肯定といった空虚な抽象でしかなかった。これが近代の啓蒙思想〔の理神論〕[1]の死せる産物である。

②〔神の存在証明〕一般に、有限な認識の行なう証明とやらは逆さまである。それによると神の存在の客観的な根拠が示されなければならないと言うのだが、そうだとするなら神の存在は他者によって媒介されたもの[2]だということになる。こういう証明法は悟性的同一性を原理として行なわれるのだが、それには、有限者から無限者へ移行し[3]〔つまり媒介され〕なければならないという困難〔な問題〕が付きまとっている。そこで、神を、事実として存在する有限な世界から切り離すことができず、結局、神は無媒介に有限な世界の実体となっているのだということになるか（汎神論[4] Pantheismus）――あるいは神は一つの客体として主観世界に対立しているのであり、かくして神も一つの有限者なのだということになるか（二元論

Dualismus）〔どちらかの解決策を取ることにならざるをえなかったのである〕。

③〔神の性質〕〔神の〕性質についていうと、性質というものは本来規定されたものであり種々様々な〔区別を持った〕ものだから、純粋な実在とか無規定の存在〔とされた神〕の中には性質を見つけることは原理的に不可能となった。[5] しかし、我々の観念の中にはやはり有限世界が厳としてあるし、その有限世界に対立したものとして神が考えられている。そこで神と有限世界との関係をいろいろと考えることになり、それが神の性質とされる。しかるに、その性質は有限な状態への関係であるが故に〔例えば、義である、慈悲深い、力強い、賢い、等々といった〕それ自身有限な性質でなければならないが、他方では〔それは神の性質だから〕同時に無限なものであるはずである。〔というわけで矛盾に直面するのだが〕この矛盾に対して旧形而上学の立場では量的漸増というあいまいな解決しかできない。つまり、その性質を無規定的なものへ、より優れた意味へと押しやる[6]ことしかできないのである。しかし、こうなってしまうと神の性質は実際には否認されることになり、残るものはただ神の性質という名前だけでしかないのである。

1　英訳から学びました。

2　この「他者によって媒介されたもの」の反対が、スピノザの「自己原因」です。次の「こういう証明法は悟性的同一性を原理として行われる」とはどういう事か。三七五頁の一四行目の「合理的神学は神についての表象を～」以下の文がその説明です。

3　この positiv は「実証的」又は「既成の」という意味が強いと思います。松村はここを「有限であるにもかかわらずあくまで肯定的なものと考えられている現存する世界」としていますが、根拠が推測できません。

4　ここでヘーゲルは汎神論に賛成していないのですが、どの点に不満があるからかと言いますと、神が有限世界の実体であることには賛成だが、それが「無媒介に」そうだとされる点です。神が有限物の実体であるのは媒介過程を経ての事であるとして、その媒介過程の研究をしたのがヘーゲルだ、と言ってよいでしょう。

5　①性質は規定と区別を持つ、②神は純粋な存在である、という二つの前提から、なぜ、神の中に性質を見つけられなくなるのか、と言いますと、純粋とは自己内に規定も区別もないということだからです。

6　「その性質を無規定なものへ、より優れた意味へと押しやる」とは、「神は義である」という言葉を「神は無限に義である」という風に、その性質を「無限に」拡大・強化することでしょう。

## 付録〔旧形而上学の神学及び全体への注釈〕

〔①神の知的認識〕旧形而上学の第四部〔合理的神学〕で問題とされましたことは、理性〔知性〕[1]はそれだけで〔経験に頼らず純理論的には〕神をどこまで認識できるかということでした。〔これについて考えてみますと、まずはっきりと確認しておかなければならないことは〕神を知性によって認識することは学問〔哲学〕の最高の課題〔だということ〕です〔そしてこの課題を追求した点で旧形而上学の根本姿勢はあくまでも正しかったのです。と申しますのは次のような次第です〕。まず、宗教には神についての表象的観念が含まれています。この表象的観念は信仰告白の中にまとめられており[2]、子供の頃から宗教の教えとして我々に伝えられています。これらの教えを信じている人にとってはそれは真理であり、従ってそういう人はキリスト者として必要なものを持っているわけです[3]。しかし、神学というのは、この信仰〔そのものではなく、その信仰〕の学問〔的理解〕のことであります。〔ですから〕もし神学〔と称するもの〕が宗教の教義をたんに外面的に数えあげ寄せ集めるだけなら、それはまだ学問ではな〔く、神学とは言えません」。また、今日流行している方法、つまり宗教的教義をたんに記述するという方法〔例えば、あれこれの教父がどう言ったかということを記録するような方法〕でも、神学はまだ学問としての性格を持つことはできません。[4] 神学が学問になるには、どうしても概念的思考にまで進まなければならず、これこそまさに哲学の仕事であります。かくして真の神学は同時に宗教哲学でもあり、中世においては実際、そうだったのであります。

〔そのようなわけで、宗教的教義の単なる記述から脱して、それを知性により思考によって捉えようとした合理的神学の根本は正しかったのですが、〕昔の形而上学の合理的神学を一層立入って検討してみますと、[5] それは神についての理性的な科学ではなく悟性的な科学でした。つまりその思考は単に抽象的な思考規定の中を動いていたにすぎなかったのです。そこでも神の概念が問題とされたのですが、その時その認識の尺度とされたものは神についての表象だったのです。[6] しかし、思考というものは〔自己の外にある表象などといったものを尺度としてはならないのでありまして、それは〕自己の中で自由に自己運動しなければならないものなのです。といっても、もちろん自由な思考の結論はキリスト教の内容と一致するものだということは押えておかなければなりません。それはキリスト教が理性の啓示だからです。しかるに、かの合理的神学はキリスト教の内容と一致しなかったのです。合理的神学は神についての表象を〔抽象的〕思考によって規定しようとしたため、神の概念として得られたものは否定性を含まない肯定性一般とか実在性一般といった抽象でしかなく、かくして神はもっとも実在的な存在と定義されたのでした。しかし、これを見てすぐにも分かることは、このもっとも実在的な存在というのは、否定性というものを全く含まないのですから、言われていることとは正反対のものであり、悟性がそういう言葉で獲得したつもりのものとは正反対のものだということです。それはもっとも豊かで端的に充実したものではなく、抽象的に〔一面的に〕捉えられたが故に、むしろもっとも貧しく端的に空虚なものなのです。〔こういう神学に対しては〕心情が〔満足せず〕具体的な内容を与えてくれと要求していますが、もっともなことです。しかし、具体的な内容[7]になるには規定つまり否定[8]を含まなければなりません。ですから、神の概念を単に抽象的な存在〔単に存在するというだけで捉えられた存在〕あるいはもっとも実在的な存在と捉えるのでは、神は我々にとってはたんなる彼岸になってしまい、そういう単なる彼岸の認識についてはもはや何も言うことができなくなってしまうわけです。と言いますのは、規定なきところには認識もまたないからです。純粋な光は純粋な闇にほかなりません。[9]

〔②神の存在証明〕合理的神学が問題とした第二の点は神の存在の証明でした。この際の主な問題点は、悟性の行う証明というものは、一つの規定を他の規定に依存させるものだということです。この証明の際には、或る事柄が確固としたものとして前提され、そこから他のものが帰結されるのです。つまり、ここで示されることは、規定が前提に依存しているということです。ところで、もし神の存在がこういう風にして証明されるべきだとしますと、それは、神の存在は他の諸規定に依存し、これらの諸規定が神の存在の根拠を為す、ということを意味することになります。これでは拙いということは直ちに分かります。というのは、神は端的に万物の根拠であり、従って決して他者に依存するものとされてはならないものだからです。この点を考えて、最近では、神の存在は証明するべきものではなく、直接認識するしかないものだ、と言われています。〔しかし、こういう直接知の考えも軽率なものでして、それは「第三の態度」として第六一節以下で詳しく論ずる予定ですが、要点にだけ触れておきますと〕理性の考える証明というのは悟性の考えるそれとは全く異なったものだということです。理性は良識の考えと一致しています。たしかに理性的な証明の場合でもその出発点は神以外のものですが、その証明が進む中で、この〔出発点とされた〕他者の方は直接的なもの、〔端的に〕存在するものではなく、むしろ媒介されたもの、定立されたものであることが示されます。それによって神は、この媒介〔他者から神への認識の運動〕を止揚されたものとして自己内に含みもつ真の直接的存在者、根源的なもの、自己に立脚するものと考えなければならないことも明らかとなるのです。[10] ——

〔良識による神の存在証明について見ると〕「自然を見よ、すると自然は君を神へと導き、君は絶対的な究極目的を見出すだろう」と言われていますが、ここで意味されていることは、神が〔自然によって〕媒介されたものであるということではありません。我々人間だけが神以外のものから神へと歩むのですが、その時、その歩みは、「帰結としての神は同時に前者〔自然〕の絶対的な根拠でもある」ということなのです。かくして、立場は逆転され、帰結であるものが根拠でもあり、初め根拠とされたものが帰結に引き下げられるのです。そして、これが理性的な証明の歩みでもあるのです。[11]

**〔③旧形而上学の方法〕**以上、旧形而上学を解明してみましたが、最後にその方法について一瞥しておきますと、この形而上学の方法は〔要するに〕理性的〔にしか捉えられない〕対象を悟性の抽象的で有限な諸規定によって捉え、抽象的同一性を原理としたということです。しかし、この〔旧形而上学の〕悟性的無限、純粋な存在というものは〔実際には〕それ自身が一種の有限にすぎません。というのは、それは特殊を排除しており、そのために特殊によって限界づけられ、否定されているからです。この形而上学は具体的同一性には達せず、抽象的同一性にしがみついていました。しかし、この形而上学の正しい所は、思考だけが存在の本質なのだと自覚していたことです〔がこの点は最初に申しましたので繰り返しません〕。〔最後に〕この形而上学はどこからその素材を取ってきたかと言いますと、それはそれ以前の哲学者、とりわけスコラ学者たちから借りてきたのです〔スコラ学者たちの方法もやはり旧形而上学と同じでしたから、それが出来たのです〕。思弁哲学においても悟性はたしかに一つの契機となっているのですが、それはあくまでも一つの契機でありまして、そこにいつまでも立脚しつづけてよいものではありません。一般にはプラトンやアリストテレスも形而上学者とされていますが、プラトンは形而上学者ではありませんし、ましてアリストテレスに至っては一層そうではありません〔これらの偉大な哲学者たちは弁証法的思考の形成発展に功績を残した人で、むしろ弁証法論者と言うべきであります[12]〕。

1 Vernunftをどう訳すかは、それをどう使ったかを考えて決めなければなりません。カントやヘーゲルのようなVerstandとの区別があるかないか、です。ない場合は「知性一般」という意味です。「人間は理性的動物である」という定義が有名ですが、この場合の「理性」とは「知性一般」のことで、「思考能力」ということです。

2 原文は diese Vorstellungen, wie solche im Glaubensbekenntnis zusammengestellt sindとなっています。第三五節付録への訳注7（三七〇頁）を参照。

3 Zusatzの九行目の so hat es, was es als Christ braucht では es は両方とも Individuum を受けて一格、Christももちろん一格です。

4 この観点から考えても、講壇哲学教授の研究とやらは、過去の（一部は現存する）哲学者がどう言ったかを受け売りしているだけの「哲学研究」ですから、まだ哲学ではないことになるでしょう。

5 この段落の前の方にある dann näher が付録の四行目の nun allerdings を受けています。

6　この「神についての表象」とは、当然、宗教の教義の与えた表象的観念のことでしょう。

7　ここの原文は einen konkreten Inhalt; ein solcher aber ist nur .. となっています。つまり einen konkreten Inhalt を er（それは）で受けないで、ein solcher（そのようなものは）で受けています。それは「その具体的内容」ではなく、「具体的内容と言えるようなもの」という意味だからです。しかし、次は er で受けています。第二六節訳注5（三三八頁）及び「文法」の四四八頁を参照。

8　「規定は否定である」というスピノザの説を受け継いでいます。

9　「純粋な光は純粋な闇である」といった言葉はヘーゲルの得意の論法ですが、この辺をまとめると次のようになるでしょう。合理的神学（悟性的宗教哲学）はキリスト教の表象を尺度とした（不自由な）思考であったが（故に）、キリスト教と一致できなかった。ヘーゲルの宗教哲学（ないしヘーゲル哲学自身）は思考の自由な運動を許すが（故に）キリスト教と一致する、と。

　この事の現実的な意味を考えてみますと、「真の理論は自己の正しさを理解してもらうのに、相手に徹底的に自由に批判的に考えることを要求する。思想の問題は強制では解決できない。なぜかというと、思考は疑うことと同じであり、疑うことが思考の真のあり方（真理）だからである。真理は真理によってしか実現されえない」という事でしょう。思想団体でも、その構成員に徹底的に疑って考えることを要求している団体だけが真の思想団体と言えるでしょう。学校などでも、教師と生徒の間、また生徒相互の間に異論が出て議論になった場合どうするのが「認識論的に正しいか」が検討されていないようです。相対的真理と絶対的真理の関係及びエンゲルスの権威原理論を踏まえた私見は前掲「議論の認識論」を参照。

10　神を「この媒介を止揚されたものとして自己内に含み持つ真の直接的存在者」と見る見方は、ヘーゲル以前にもスピノザの先例があります。スピノザは、人間による神の認識を、神が人間を通して自己を認識するものと見ました。それを「神の知的愛」と言うのは、その知は又神への愛でもあるからです。

11　これを一般的には、「認識の順序と存在の順序とは逆である」と言います。ここで大切な点は、第一に、この二つの順序の逆関係を絶対視すると、存在と思考はその過程においては一致せず、結果においてのみ一致するにすぎないということになる事です。この点は拙稿「悟性的認識論と理性的認識論」を参照。第二に、悟性的証明も、神以外のものから神へという時、理性的証明と同様、それを認識の歩みと考えているのであって、存在上の歩みと考えているわけではありません。ですから、ここでのヘーゲルによる悟性批判はこれだけでは不十分です。ヘーゲルの真意はどこにあったのでしょうか。

12　第二六節から三六節までの全一一節（第一の態度の批評）について文脈の流れがどういう構造に成っているかを考えます。

　全体はＡＢＣの三つに分けられると思います。Ａは二六～七節で、このテーマはここで論ずる対象の確定。Ｂは二八～三二節で、このテーマは旧形而上学の方法。Ｃは三三～六節で、旧形而上学の各論でしょう。このＡＢＣの流れはきわめて自然であり、論理的です。それぞれの中を見ますと、Ａにはもちろん、Ｃも、全四部を旧形而上学の順序を追って検討したもので、問題はありません。問題はＢです。Ｂの中は、二八～九節が①、三〇～三一節が②、三二節が③となっています。そして、旧形而上学が判断の立場に立つものであったために、①ではその判断の属詞（述語）の面から、②では主語の面から検討し、③はそのまとめとして、「判断の立場に立つ思考は結局独断論になる」と言っています。こう考えてみると分かることは、まず、これで検討は尽きているということですが、それにもかかわらず疑問となることは、主語の検討より属詞（述語）の検討を先にしたことです。思うに、これは二八節を始めるに旧形而上学の根本における正しさの再論をもってしたために、どうしても「しかし」と持ってこなければならなくなってしまった筆の勢いによるようです。やはり、論理的な順序としては、旧形而上学が判断ないし命題の立場に立つものであったことを指摘して、その主語＝対象の検討から始めるべきだったでしょう。ここは、二六、二七、三〇、三一、二八、二九、三二節という順序で読んで十分意味は通るし、ヘーゲルはこう編集すべきだったと思います。

## B　客観に対する思考の第二の態度（その一、経験論）〔第三七～三九節〕

〔旧形而上学は自己の認識の正当性の根拠を吟味しなかった。否、そういう問題意識すらなかった。「人間は真理を認識できるのだ」という事を自明の前提として哲学した。従って、その点を反省した哲学は、外界や人間自身を人間は本当に認識できるのか、人間の認識の真偽を判断する基準は何か、なぜそうなのかとか、又、その認識はどう始まって、どう進み、どこに到達するのか、といった認識論的反省をすることになった。論理的にも歴史的にも蓋《けだ》し当然のことであった。それは歴史的には、経験論と批判哲学という形を採って現れた。〕

### 第三七節〔経験論の生成の根拠〕

経験論の生まれる〔理論上の〕根拠は二つある。一つは、悟性の生み出す抽象的理論にあきたらず具体的な内容を求める気持である。悟性は〔経験の助けを借りずに〕自分だけでは普遍から特殊化へと、つまり規定へと進むことができないので、その悟性の理論は抽象的たらざるをえないからである。もう一つは有限な規定を使って有限な規定の妥当する領域であらゆることを証明するためのしっかりとした支えがほしいという気持である。これらの気持がまず向かうものが経験論である。経験論は思考自体の中に真理を求めはせず、それを経験から、即ち外界の現在と内面世界の現在とから取ってこようとするのである。[1]

1　ここで「経験」を言い換えて「外界の『現在』と内面世界の『現在』」としたという事は、経験論の立場は「現象的現在」の立場だという事です。旧形而上学の立場は「過去ないし本質的現在」であり、ヘーゲルの思弁哲学の立場は「未来ないし概念的現在」です。この「現象的現在、本質的現在、概念的現在」については拙稿「『パンテオンの人人』の論理」を参照。

**付録〔豊かな規定内容を求めて経験的心理学や経験的自然哲学が生まれた〕**

経験論を呼び起こしたものは、本節の本文で述べましたように、具体的な内容としっかりとした支えを求める気持であり、その気持が抽象的な悟性的形而上学では満たされなかったということです。ついでに内容の具体性ということについて一言しておきますと、一般的に言って、そこで考えられていることは、意識の対象が自己内で規定〔特殊化〕され、種々の規定の統一体として認識されているということです。しかるに、既に述べましたように、悟性的形而上学は、悟性の原理に従いますから、こうは考えていないわけです。単なる悟性的思考というものは、抽象的普遍の形式にとどまっていて、この抽象的普遍を特殊化するというところまで進んでいくことができないのです。そこでどういうことになるかといいますと、旧形而上学は、例えば霊魂の本質あるいは根本規定は何かと問い、そして、霊魂は単純であると答えるのです。この時、霊魂に帰せられた単純〔というカテゴリー〕は区別を排除した抽象的な〔一面的な〕単純という意味です。そして、区別という語は合成というカテゴリーに変えられますが、肉体ないし一層広く物質一般の根本規定とされるのです。ところで、抽象的な単純というものはきわめて貧しい規定でして、それをもってしては霊魂や更に広く精神の持つ豊かな内容を汲み尽くすことはできません。かくして抽象的な形而上学の思考では[1]不十分だと分かりましたので、今度は経験的心理学に逃げこまなければならないと考えられたのです。合理的自然学[2]についても事情は全く同じです。ここでは、例えば、空間は無限だとか、自然に飛躍なしと言われましたが、こういう一面的な命題では自然の豊かさや生き生きした姿を捉えるのに全く不十分なわけです〔かくして、経験的自然科学に向かうということになったのです〕。

1　この abstrakt metaphysische は abstrakte Metaphysik 全体を形容詞化したものではなかろうか。そして、二格的形容詞として使われています。

2　合理的自然学とは旧形而上学の体系の第三部（宇宙論）のこと。合理的とは経験抜きに理性（実際は悟性）だけで理屈をこねること。

## 第三八節〔経験論の根本原理、旧形而上学と比較して〕

経験論は、一方では、〔旧〕形而上学自身とも共通の源泉を持っている〔と言える〕。というのは[1]、形而上学もそこで使う定義（形而上学の前提とする事柄の定義及びその前提から出発して一層規定された事柄の定義）の正しさを確認するのに、表象に頼るからである。つまり、経験から先ず第一に由来する内容に頼るからである。他方では、〔経験論は形而上学と異なっている〕たしかに、個々の知覚は経験とは異なったものだし[2]、経験論も〔それくらいのことは弁《わきま》えていて〕知覚や感情や直観に属する内容を一般的観念とか一般的命題とか一般的法則といった形式へと高めはする。しかし、ここでの一般的規定〔一般的観念（例えば力）とは〔形而上学におけるように〕それだけで〔経験から独立して〕知覚から得られた以上の意味も妥当性も持っているわけではなく、現象界に跡づけることのできる関連で証明することは出来ないと言われているのである[3]。しっかりした支え[4]は主観的な面ではどこにあるのかというと、経験論は、意識は知覚の中に自己固有の直接的現在[5]と確信を持つものであるという点に、それを求めるのである。

1　ここの als welche が「理由」を挙げる昔の方法の一つです。「文法」の四六五頁参照。
2　我々の生活の立場から見ても、一つ一つの知覚を「経験」とは言いません。「どこそこでこれこれという経験をした」という時の「経験」とは、無数の知覚、感情、直観の総体でしょう。
3　この文の最後の soll の主語についての鶏鳴版での疑念は間違いでした。
4　①経験論のいう「しっかりしている」とか「いない」とかは主観的な問題だと見ているのでしょう。② den festen .. Seite が一文肢です。「定形の前（文頭）は全部で一文肢」です。
5　ここに「直接的」という形容詞をつけたことに注意。先に「現象的」と我々が評したのと同じです。これは経験論自身がこう自覚しているのではなく、ヘーゲルの評辞です。

**注釈〔経験論の偉大な原理と根本的錯覚〕**

経験論の中にある偉大な原理は、真理は現実の中になければならず、〔従って〕知覚されなければならないという原理である。反省〔の立場に立つ哲学〕は「当為」の立場に立って威張りちらし、主観的知性の中にしかないものだとかいう「彼岸」とやらを振り回して現実と現在〔此岸〕を軽蔑しているが、経験論のこの原理はそういう反省哲学の当為の原理に真向うから対立するものである。そして、哲学〔思弁哲学〕においてもまた、経験論と同じく、存在するものしか認識の対象とはならないのである（第七節参照）。即ち、〔思弁〕哲学〔ヘーゲル哲学〕も又、「そうあるべき」ではあるが「実際にはそうなっていない」ようなものは問題としないのである。[1]——

主体的な面について見ると、経験論の中には自由の原理という重要な原理がある。それは、人間は自分の目で見、その場に居合せた事以外の事については自分で承認しなくてよいという原理である。[2]——

経験論はその内容においては有限なものに限定されたので、それを徹底させると、超感覚的なものの一般を否認することになった。あるいは、少なくとも超感覚的なものは〔あったとしても〕認識できず、規定できないと考え、思考の能力としてはせいぜい抽象〔能力〕〔共通のものを取り出す能力〕と形式的普遍性及び形式的同一性〔共通性〕を認めたにすぎなかった。[3]――

哲学として立てられた経験論[4]の根本的な錯覚はどこにあったかというと、それは、物質とか力とか、更には一、多、普遍、更にまた無限といった形而上学〔理論的思考、または論理的思考〕に属するカテゴリーを使い、更に、そういったカテゴリーを駆使して推論を推し進め、その際には〔形而上学に属する〕推論の諸形式〔三段論法とか判断の換質換位など〕を前提し適用しているのに、それにもかかわらず、経験論の中に形而上学が含まれ、それが使われていることを自覚せず、それらのカテゴリーやその結合を全く無批判、無自覚に使っていることに気づいていないということである。

1　ザインとゾレン（ゾルレン）などという事を議論していたのは旧制高等学校の青臭い生徒たちだったようですが（私の貧弱な読書の中では黒井千次の『羽根と翼』講談社の二二三頁以下あたりがそれを活写しています）、この問題は哲学と倫理学の根本問題であり、避けて通ってはならない大問題です。拙稿「価値判断は主観的か」を参照。それにしてもヘーゲルの確固たる現実感覚は凄いですね。この辺は完全な唯物論と言ってよいでしょう。

2　逆に、知りもしない事について意見を言ったりするハッタリ屋も少なくありません。しかし、「完全に」「直接」自分が経験していなくても、文献や関係者への取材を通して「間接経験」した事を踏まえて発言するならば、許されるでしょう。ではどの程度の「調査」があれば発言して好いのでしょうか。これを論じたのが拙稿「毛沢東の名言」です。

3　経験論の持つ三原理は、①真理は現在し、知覚されなければならない、②自分で経験しないものについては承認しなくてよい（主体的自由の原理）、③超感覚的なものは存在しない、あるいはあったとしても認識できない、です。以上の三原理の形式を読みますと、①が根本で、それを認識主体の側から捉え直したものが②で、認識対象（内容）について捉え直し徹底させたものが③です。

4　逆の「哲学として立てられていない経験論」とは、日頃人々が無意識的に従っている考え方としての経験論の事です。

## 付録〔旧形而上学と経験論との異同〕

「空虚な抽象の中をうろつくのは止めよ」「自分の手元を見よ」「人間と自然の『ここ』を捉えよ」「現在を享受せよ」というのが経験論のスローガンでした。もちろんこういった主張の中に本質的に正当な契機があることは事実です。〔と言うのは〕「此処」とか「現在」とか「此岸」が、抽象的悟性の空虚な彼岸やクモの巣や妄想に取って代わらなければならなかった〔からです〕。これによって、旧形而上学には欠けていた確固とした支点、即ち無限な規定が獲得されもしたのです。

悟性が取り出すものは有限な規定でしかありませんが、有限な規定は支点を自分の身に付けておらず、グラグラしているものですから、そういったものの上に建てられた建物はガラガラと崩れてしまうのです。〔ですから〕知性は本質的に〔こういったものでは満足せず〕無限な規定を探し求めることになったのです。しかし、〔経験論の時代、つまり一八世紀には〕時代はまだ、この無限な規定を思考世界に求める所までは進んでいませんでした。そこでこの知性の本能は現在を、即ち「此処」と「これ」を取り上げることになったのですが、この現在というものは、無限な形式を、その本当のあり方においてではありませんが、ともかく潜在的には含み持っているものです。外界に存するものは「可能性としては」真理でもあるのです。と言うのは、真理は現実に働らいているものであり、実在しなければならないものだからです。そういうわけで、知性の求めている無限な規定は世界の中にあるのです。それは、感覚的に個別的な姿においてであって、その本当の姿をとってではないにせよ、ともかく現実世界の中にあるのです。[2]――

しかし、更に申し上げますと、経験論は〔その現在をほかならぬ〕知覚という形式で捉えようとしたのでして、これが経験論の欠点なのです。〔しかし〕知覚というものはそれとしてはつねに個別的なもので移りゆくものでありますが、認識〔主観〕はその〔知覚の〕段階に留まることなく、知覚した個物の中に普遍的で常住的なものを探そうとします。このようにして単なる知覚から経験[3]へと進むことになるのです。

――

それでは経験論はどのようにしてその経験を得るかといいますと、それには主として分析という形式を使うのであります。知覚の中には多様な規定を持った具体物が与えられていますが、〔分析によって〕ちょうどタマネギの皮をはぐように、それらの規定を一つ一つ分解していくというのです。かくして、〔経験論の主張によると〕この分解においては、人間はからみあっている諸規定を解き、分解するだけであって、人間は分解するという主観の活動以外には何物をも付け加えないということになるのです。しかし、〔よく考えてみますと〕分析するということは、知覚の直接性〔個別性〕から観念〔普遍性〕へと進むことですが、その過程は、分析される対象の中では統一された形で含まれていた諸規定が、分離されて、普遍性という形式を獲得するという事です。〔ですから〕対象を分析する経験論が、「自分は対象のあるがままの姿を捉えているのだ」と思い込むとするならば、それは間違いなのです。なぜなら、実際には〔分析によって〕具体物は抽象物に変えられているのだからです。これによって、また、生きたものは殺されもします。というのは、具体的で「一なるもの」〔統体〕にして初めて生きたものだからです。〔もちろん私もそういう分析が不必要だというのではありません。〕たしかに、概念的理解のためにも分析は必要です。いや、そもそも精神というもの自身が自己内で自己を分割するということ自体です。しかし、それはあくまでも一つの側面にすぎないのでして、大切なことはその分割されたものを統一することです。〔ですから〕分析が分割の立場に留まっている限り、詩人〔ゲーテ〕の次の言葉があてはまることになるのです。

そこで一部分一部分は掌中に握っているが、
お気の毒ながら、精神的脈絡が通じていない。化学でそれを
エンヘイレエジス・ナツレエ、「自然処置」と称している。
自ら欺く詞で、どうして好いか知らぬのだ。（森鴎外訳）

分析は〔まず〕具体的なものから出発します。ですからこの素材という点では、旧形而上学の抽象的思考よりはるかに勝っています。分析は〔次に、その具体物の〕いろいろな区別をはっきりさせます。これは非常に大切なことです。しかし、これらの区別〔諸規定〕はやはり抽象的規定であり、〔概念にまでは高められていない悟性的な〕観念にすぎません。〔そして〕「今やこれらの観念が対象の自体〔存在〕だ」とされる時、ここに現われているのは「思考の中にこそ本物の真理がある」という旧形而上学の前提にほ

かならないのです。[4]

さて、更に、経験論の立場と旧形而上学の立場とを、その内容面から調べてみますと、既に見ましたように、旧形而上学の内容は神とか霊魂とか世界一般〔宇宙〕といった普遍的な性格を持った知性の対象でした。こういった内容は表象から取ってこられたのでありまして、哲学の仕事は、その表象から取ってこられたものを観念という形式に引き戻すことでした。[5] スコラ哲学も同様のやり方をしました。スコラ哲学にとってはキリスト教会の教義がその内容として前提され、スコラ哲学はそれを思考によって一層はっきりと規定し、休系化するという仕事をしたのです。[6] ――

経験論にとって前提となる内容は全く別種のものです。それは感覚的自然[7]と有限な精神〔人間〕[8]とであります。ですから、ここ経験論では有限な素材が扱われているわけですが、旧形而上学では無限な素材が扱われていました。そして、その無限な内容が悟性という有限な形式によって有限化されたのでした。〔しかるに〕経験論においては、形式が有限であるだけでなく、内容までも有限なのです。ついでに、この両者の哲学する態度を見ますと、何か確固としたものを前提してそこから出発するという点では、その方法は同じです。[9] 経験論にとっては、一般に、外界に存在するものが真理でありまして、たとえ超感覚的なものの存在が認められた場合でも、それについて認識することは出来ないとされるのです。人間が頼ってよいものはただ知覚に与えられるものだけだというのです。そして、この原則が徹底されると後に「唯物論」[10]と呼ばれるものが出てくるのです。この唯物論にとっては物質そのものが真に客観的なものとされるのです。しかし、物質というものはそれ自身すでに一つの抽象物でして、それはそれとしては知覚されえないものです。ですから、物質というものは存在しないと言うことができるのです。と言いますのは、存在している物質というのはつねに規定されたもの、具体的なものだからです。[11] それなのに、唯物論は、物質という抽象が全ての感覚的なものの基礎であり、感覚的なもの一般であり、絶対的な自己内個別性であり、従って〔絶対的な〕相互外在性だと主張するのです。[12] ところで経験論にとっては感覚的なものが与えられたものである以上、それは不自由の教義です。といいますのは、自由とは私〔主体〕が自己に対立する絶対的他在を持たず、自己自身でもあるような内容に依存する所にあるからです。更に〔ここでもう一つ述べておきますと〕この経験論の立場では理性と非理性と〔の区別〕は主観的にすぎなくなってしまいます。従って、私たちは、与えられたもの〔事実〕をそのままに受入れなければならないことになり、それが理性的なものかどうか、どの程度理性的かといったことを〔客観的に〕問題にすることが出来ないということになってしまうのです。[13]

1　ベーコンは独断的理論家をクモに比し、実験（経験）のみを事とする者をアリに比し、真の科学者をハチに比しました。

2　ヘーゲルの偉大な現実感覚です。ヘーゲルの考えは、「存在しているものを概念で理解するのが哲学である。なぜなら存在しているものが理性だからである」（『法の哲学』への序言）によく出ています。これと対比して考えますと、経験論が存在を知覚で捉えようとしたのが悪いという指摘はすぐ分かります。しかし、ヘーゲルの真意は、「経験論自身の中でも単なる知覚に留まってはいけないということは気づかれていたが、そこからの進歩は、せいぜい悟性的分析による経験までであった。これが経験論の限界だった」ということだと思います。付録3を参照。

3　ここに「単なる知覚」に対比されて「経験」が出されると、かなり高い内容を持った豊かな認識の意になりますが、こういう「経験」概念は、カントが、一方において「認識は経験を以て始まるが経験から生ずるのではない」と言いながら（低い経験）、他方ではその低い経験に認識能力が加わって出来上る認識をも又経験（高い経験）と呼んだのに始まるのでしょう。しかし、ヘーゲルはこういう「単なる知覚より高い経験」は認めるが、概念的認識を「経験」とは呼んでいません。

4　このパラグラフはもうひとつすっきりしません。素材では上だが、結局は旧形而上学と同じ事になってしまうと持ってきたわけですが、その旧形而上学の前提自身はヘーゲルの肯定するものだからです。ヘーゲルの真意はどこにあるのでしょうか。経験論が、思考によってこそ対象自体を捉えうるという自己の結論を自覚していない、ということなのでしょうか。そして、その自覚がないが故にその思考自身が低いものに止まってしまうことになる、というのでしょうか。

5　表象というものは感覚的なものですから、これだと、旧形而上学も、感覚から出発して、それを分析して観念を作る経験論と同じではないのか、と考えられます。この点でヘーゲルは不明確ですが、彼の二種の表象説から見て、おそらく、本来思考に属する事柄の表象的理解から出発するのが旧形而上学で、その表象は実物に感覚で接して得られる知覚とは異なる、というのでしょう。

6　ヘーゲルが自分の哲学上の努力を「キリスト教の中に宗教的に捉えられ、表現されている真理を哲学的に認識すること」とした事（第二版への序文）を想起させます。

7　この「感覚的自然」は、原文は「自然の感覚的内容」となっています。「感覚的でない自然」とか「自然の感覚的でない内容」とは、多分、宇宙のことでしょう。ですから、感覚的自然とは「直接感覚できる自然」ということであり、弁証法的唯物論の捉える自然より狭いものだ、という事が分かります。

8　有限な精神とありますが、無限な精神とは、神とか霊魂とか人間の理性（悟性と対比された理性）などです。

9　理性的方法とどこがどう違うのかと言いますと、次の二点でしょう。①その出発点からして他から与えられ前提されるか否か。②その出発点ないし前提自身が確固不動のものと考えられるか、そもそもそれ自身が自己展開するものと考えられるか。

10 ヘーゲルが考えていた唯物論とは一八世紀のフランス唯物論のことでしょう。

11 このような唯名論的主張はヘーゲルらしからぬものであり、彼の唯物論ぎらいがこういう屁理屈を言わせたのでしょう。ヘーゲルの観念論的実然論は、普遍がそれとして実在することを主張する立場です。付録2の「昭和元禄と哲学」参照。

12 この文は真意をつかみかねます。本当にヘーゲルがこう言ったのでしょうか。この文は、次に経験論＝不自由の教養ということを言うために、その前提である感覚的なものの世界は個別化の世界であり、それは相互外在性であることを言っておきたかったのでしょう。

13 この最後のパラグラフの後半の達意眼目は次の事でしょう。経験論、つまり今日のいわゆる実証主義の立場では価値判断は主観的なものにすぎないことになってしまう。だから、逆に言えば、ヘーゲルの弁証法の立場こそが価値判断の客観性を主張し、貫徹するものである（こういったヘーゲル自身の言葉からしても、拙稿「価値判断は主観的か」がヘーゲルを正しく理解したものである事が分かるでしょう）。

## 第三九節〔経験論の自己反省〕

経験論の原理については、さしあたって〔第一点として〕、以下のような正当な反省が〔経験論自身の内部から〕行われている。[1]〔第一に〕経験的認識と呼ばれ、個々の事実の単なる個別的な知覚とは区別されているものの中には、〔素材面と形式面とで〕二つの要素がある。即ち、素材面では個別化された無限に多様な素材であり、形式面では普遍性及び必然性という規定とである。〔第二に、それではこれら二つの要素はどこから来るかと考えてみると〕たしかに経験[2]は多くの、いや無限に多くの似たような知覚を示しはする。しかし、普遍性というものは多量ということとは全く別のものである。同様に、経験はたしかに〔時間的に〕前後して起こる変化や〔空間的に〕並んで存在している対象についての知覚を与えはするが、必然的関連[3]は示さない。〔第二に〕しかるに、〔経験論の主張によると〕真理の基礎を成すものは知覚でなければならない〔知覚されえないものは真理ではありえない〕と言うのだから、結局、〔その経験的認識に含まれている〕普遍性と必然性は説明されえないのであり、それは主観的な気まぐれかその内容はどうにでもなりうるような単なる習慣である、ということになる。

1　この「反省」はこのパラグラフ全体を指していると考えます。松村は、我々が「第一に」とした部分だけと取っているようですが。そもそも、三九節の一行目の **zunächst** を松村は「まず」としていますが、どこまで掛けて取ったのでしょうか。私見では、本節全体に掛かっていて、「第二に」という言葉はありませんが、それに当たるものは注釈の冒頭の **Eine wichtige Konsequenz hiervon** だと思います。ここでの問題を一般化しますと、それは「句点を越えて後まで掛かる語句を正しく取る」ということになります。この問題はほとんど意識されていないようです。「文脈を読め」と説教する教授でさえ、これに気付いていないことが多いと思います。「文法」の特に二五三頁以下で詳しく説明しておきましたので、参照して下さい。七一〇頁の注1も参照。

2　ヘーゲルの **Erfahrung** には知覚と同義のもの（これは「経験」と訳す）と、思考・分析を含んだもの（これは「経験的認識」と訳す）とがあります。ここの **Empirie** はもちろん知覚と同じで「経験」です。

3　ここは **nicht einen Zusammenhang der Notwendigkeit** となっています。**keinen Zusammenhang der Notwendigkeit** とするのとどう違うのでしょうか。多分、「文法」の一一八四頁の第二点にある「名詞に質の含みを持たせたから」でしょう。英訳は **no necessary connection** と成っています。ドイツ語でも notwendigen Zusammenhang とすると keinen を冠置することに成るのでしょうか。

〔第二点としては〕ここから引き出される大切な帰結は、こういう経験論的方法では、法や習俗における決まりや掟及び宗教の教義内容などが偶然的で、客観性と内的真理性を持たないものとなってしまうということである。[1]

### 注釈〔ヒュームによる経験論の反省〕

このような反省をしたのは主としてヒュームであるが、因みに、ヒュームの懐疑論は〔古代〕ギリシャのそれとははっきりと区別しなければならない。ヒュームの懐疑論は経験、感情、直観を真理として〔認識の〕根底に据え、それに立脚して、普遍的な決まりとか法則と戦った。その根拠は、普遍的な決まりや法則は感覚的知覚によって証明されないからというのであった。古代の懐疑論はおよそ反対で、感情や直観を真理の原理とするどころか、むしろそれは真先に感覚的なものに矛先を向けたのであった[2]（古代懐疑論と比較して近代懐疑論を考察することについては、シェリンクとヘーゲルの『哲学批判雑誌』一八〇二年第一巻をみよ）[3]。

1　これは要するに、「経験論＝実証主義の立場は価値判断の客観性を否認することになる」ということです。

2　この二種の懐疑論の比較はさすがに鋭い。

3　第三七節から第三九節までの三つの節（本文と注釈）の形式（論理的構成）を確認します。第三七節は経験論を生んだ根拠を述べ、第三八～九節は経験論を他の思想と比較して原理的に解明しています。第三八節は旧形而上学と比較し、第三九節は事実上カント哲学と比較しています。三八、三九節の順序がこうなったのは、次にカント哲学の検討に持っていくためでしょう。

〔客観に対する思考の第二の態度〕その二、批判哲学〔第四〇～六〇節〕

第四〇節〔批判哲学と経験論の異同〕

批判哲学は、経験が認識の「唯一の」地盤であるとする点で、経験論と一致する。しかし、批判哲学はその認識を真理とは見ず、単に現象についての認識としか見ないのである。

批判哲学は経験を分析して、経験的認識の中には感覚的素材〔個別的なもの〕[1]とそれの持つ普遍的な関連との二つの要素があることを確認する。これがこの哲学の出発点である。〔そして、第一に〕知覚それ自身の中に含まれているものは個別的なもの、即ち事実として生起した事柄でしかないと確認する。つまり、前節で触れた〔ヒュームの〕反省を受け継ぐ。〔第二に、しかし〕同時に、経験的認識と呼ばれているものの中には〔その個別的素材と並ぶ第二の〕本質的な要素として、普遍性及び必然性という規定もあるという事実はどうしても否定できない〔と考える〕。しかるに、この〔普遍性と必然性の〕要素は経験的なもの自身からは出てこないから、それは思考の自発性に属するものであり、先天的なものだということになる。[2]――

〔即ち、批判哲学によると〕思考の持つ諸規定、換言すれば悟性の諸概念が経験的認識[3]の「客観性[4]」をなし、そして、思考の持つ諸規定は一般に関連を含んでいるから、従ってそれによって先天的で綜合的な判断〔即ち、対立した規定の根源的な関連〕が形成されるのだ、というのである。

1　こういう風に捉え直すと、次の「普遍的な関連」との対が一目瞭然となり、「第三の要素」のないことがはっきりします。「形式を読む」とはこういう事です。

2　これは扮役的直接法でしょう。つまりヘーゲルの考えではなく、カントの考えでしょう。扮役的直接法については「文法」の一三七〇頁を参照。

3　カントでは「経験」と「経験的認識」とは区別されます。「経験」から出発するが、そこに「思考」ないし「悟性」の働きが加わって「経験的認識」が生まれる、というのです。その時、その「思考」は認識主体に先天的に備わっている「悟性概念」を適用するのだ、とするのです。

4　「客観」ないし「客観的」ないし「客観性」概念については第四一節付録二（四〇一頁以下）を参照。

**注釈〔カントとヒューム〕**

経験的認識の中には普遍性と必然性とがあるという事実は、ヒュームの懐疑論も否定しない。それを事実として前提する点ではカント哲学も変わらない。[1] 科学の世界での通常の言い方をするならば、カントはその事実についてヒュームとは異なった説明をしたにすぎない、と言うことができる。

1　Etwas anderes als .. nicht という持って回った言い方ですが、Nichts anderes als .. と言うのと意味は同じです。意味形態上の違いは「文法」の一一八五頁の「誤想」の説明を参照。

## 第四一節〔批判哲学による概念の価値の吟味の意義と限界〕

ところで批判哲学は、まず、形而上学（や他の諸科学や日常の考え方）の中で使われている悟性的諸概念の価値を吟味する。〔ヒュームが因果の概念と実体の概念しか吟味しなかったのに反対して、概念の価値の吟味を全ゆる概念に及ぼし、よってもって「概念の価値の吟味」ということを意識的に打出した点で、それはきわめて高いのだが〕しかし、〔第一に〕その批判[1]〔吟味〕はこれらの思考諸規定がどういう内容を持ち、相互にどう具体的に関係しているかという点自体には立入らず、それが主観的か客観的かという一般的な観点から考察する〔にすぎない点で根本的欠点を持っている〕[2]。〔第二に〕ここで言っている主観的と客観的の対立〔とはどういうものかと言うと、それ〕は、経験的認識の内部にある二つの要素の区別のことである〔前節を見よ〕。つまり、客観的とはここでは普遍的で必然的ということであり、即ち思考諸規定自身の事、いわゆる先天的なものの事を言っているのである〔そして、主観的とは、当然、知覚に与えられたもののことなのである。これを主観・客観のカント的意味としよう〕。しかし、批判哲学はこの対立をこれだけに止めないで一層拡大して、経験的認識の全体、つまりかの二つの要素が共に主観的なものであって、その意味での主観に対立するものは物自体だけだという風に言う〔こともある。こういう捉え方は日常的用法と一致しているから、主観・客観の日常的意味としよう。カントにはそのように主観・客観概念に二義あるから気をつけなければならないが、カントによる概念の価値の吟味が主観・客観の対立という観点からしかなされなかったという時のその対立の意味は特殊カント的意味である。この意味は一見おかしく見えるかもしれないが、後に述べるように、実際には正しい。それにもかかわらず、やはり、この観点からしか概念の価値の吟味をしなかったのはカントの大きな欠点であって、それはカントが一二個のカテゴリーを取り出して論述する方法に端的に暴露されることになる〕[3]。

先天的なものの形式、つまり客観的であるにもかかわらず〔物自体との対立においては〕主観にすぎない活動とされた思考の更に詳しい形式〔の展開〕[4]はどういう仕方でなされるかというと、それが実証心理学的基礎の上に立つにすぎないような体系化なのである。[5]

1　ここの原文は das bestimmte Verhältnis dieser Denkbestimmungen selbst となっています。A des B's selbst です。ここは易しいですが、一般的な問題点については、「文法」の三二八頁の③（A des B's selbst）を参照。

2　この事を逆に言いますと、「ヘーゲル論理学の特質は、思考諸規定の具体的な内容をひとつひとつ検討し、従って又、思考諸規定が相互にどう関係しているかを具体的に検討し、その結果に基づいて思考諸規定を体系化したことだ」となります。

3　このパラグラフは、①カントによる概念の価値の吟味の限界の指摘から、②カントにおける主観・客観概念の二義に移ってしまったが、次のパラグラフとの関連を考え、それへの移行がスムーズになるように補ったのだが、ここに補う文は次のようでもよいと思う。

（代案）このように、思考規定を一応は客観的としながら、結局は物自体には関わりのない主観的なものだとしてしまったので、カントによる概念の価値の吟味は不十分になり、その不十分さはそのカテゴリーの展開・体系化の方法に出ることになった（こう取ると、「思考の客観性を徹底していれば、概念の価値の吟味を主観客観の対立から始めても、概念の内容と相互関係の吟味にまで進んだであろうに」とヘーゲルが考えていたことになる）。

4　カントが、形式論理学でまとめられている一二種の判断から一二個のカテゴリーを定めたことを指しているのでしょう。

5　直訳するとこうなりますが、その思考が知覚に対しては客観的とされながら、物自体との関係では結局主観的とされたことを、その体系化が実証心理学的なものになってしまったことの原因と取ることも、内容上は可能です。松村はこう取っていますし、こう取ると前注の「代案」に通じます。

付録一〔批判哲学の眼目の検討〕

旧形而上学の使っていた諸規定が吟味されたということは疑いもなくきわめて大きな進歩です。無邪気な思考というものは、無媒介に無意識に作られる諸規定の中で何の懸念も持たずに行われるのです。その時には、これらの規定がそれ自体としてどの程度の価値と妥当性を持っているかということは全く反省されないのです。先に、自由な思考とは前提を持たない思考のことだと言いましたが、そうしてみると、旧形而上学の思考は自由ではなかったのです。なぜなら、それは、自分の使う規定を、前からあったものとして、先天的なものとして、反省によって吟味しもしないで、使っていたからです。これに対して批判哲学は、思考の諸形式がどの程度真理認識に役立ちうるかということを一般的な形で吟味するという課題を立てたわけであります。〔しかし〕更に詳しく見ると〔その吟味の方法には問題があるのでありまして〕、認識する前に認識能力を吟味するべきだと考えたのです。たしかに、ここには、思考形式自身を認識の対象にしなければならないという正しい点もあるのですが、それと同時に認識する前に認識するという誤解が、つまり「水に入る前に泳ぎを習う」[1]という誤解が忍び込んでいるのです。たしかに思考形式を吟味しないで使ってよいとは言えません。しかしこの吟味自身がすでに一種の認識なのです。ですから、思考形式の活動〔認識すること〕とそれの批判〔吟味〕とは認識の中で結合しなければならないのです。[2]思考形式は絶対的に[3]考察しなければなりません。〔なぜなら〕思考形式〔が吟味される時、それ〕は、〔吟味の〕対象であり、かつ対象自身の運動でもある[4]〔からです〕。思考規定は自分で自分を吟味するのです。それは自分自身の表面で〔認識主観が見てとれるように、隠れて潜在的にではなく〕自己の限界をはっきりさせ、自己の欠陥[5]を示さなければならないのです。しかるに、このような思考の働らきは間もなく〔第七八～八一節で〕「弁証法」として特に詳しく考察するはずのことですから〔詳しくはそこに譲るとしまして〕、ここではさしあたって、こういう働らきは思考規定に外から持ち込まれたものと見るべきではなく、むしろ思考規定自身に内在しているものと見なさなければならないということを、注意しておけばよいでしょう。

ですから、カント哲学の眼目は、思考はどの程度の認識能力を持つかを思考が自分で吟味しなければならないということです〔そして、この点はとても大切なことなのです〕。ところで今日、我々はカント哲学は乗り越えており、我々はもっと先にいるのだ[6]と称しています。しかし、先にいるのにも二通りあるのでして、一つは前へ向かって先にいることであり、もう一つは後へ向かって先にいることです。しかし、よく見ますと、現在の哲学論文などには、旧形而上学と全く同じものが多いのです。それは、誰にでも与えられている〔低い〕思考方法であり、漫然と考えるだけ[7]の無批判的な方法なのです。

1　この譬えは一八四頁と二一七頁でも使われています。

2　この辺では sollen と müssen が使い分けられていると思います。カントの「考え」は sollen で表し、事柄から来る必然性は müssen で表しているのだと思います。ともかく、非常に有名な考え方ですが、ヘーゲルらしい鋭い洞察だと思います。「理論（認識能力の吟味）は実践（認識行為そのもの）の中で行われているし、行わなければならない」というヘーゲルの考えは、まさに「理論と実践の統一」の具体例だと思います。と言うよりも、これが「理論と実践の統一」の原初形態なのかもしれません。

3　この an und für sich の内容は以下のことですから、ここでは「絶対的に」と訳しておきます。なお、原文では受動が多用されていますが、これはドイツ語の特徴ですから、日本語としては能動を多用しました。

4　「思考形式が対象自身〔＝思考形式自身〕の運動である」とは、認識主観が勝手に思考形式をひねくりまわして吟味するのではなく、思考形式が運動する〔認識活動が行なわれる〕のに応じて吟味も行われる、ということです。私の言う「存在とともに歩む思考」のことです。拙稿「悟性的認識論と理性的認識論」を参照。

5　「限界と欠陥」と並べると否定面ばかりと取れますが、限界を示すことは同時にその限界内での妥当性＝意義を示すことでもあります。まあ、「意義と限界を示す」と言っておけば誤解のない所でしょう。

6　ここはこれまで誰もが「先に進もうと欲している」と訳していますが、文脈からみても、「先にいると言っている」の方がよいと考えました。

7　ここの **ein Dahindenken** を松村は「思惟」とし、宮本は「漫然たる思惟」としています。鶏鳴版では「ただ考える」としましたが、今回は宮本訳を借りました。これに不定冠詞がついているのは、前の **das Verfahren** の言い換えではなく、それの性質の説明ないし批評だからです。

## 付録二〔カントの客観概念〕

カントは思考規定を絶対的な方法で吟味せず、ただそれが主観的か客観的かという観点だけで考察しました。これがカントによる思考規定の吟味の本質的な欠点です。[1]「客観的」という言葉で我々の日常生活の用語法で普通考えられていることは、我々の外にあって知覚を通って外から我々に与えられるということですが、カントはこのような意味での客観性を（例えば原因とか結果といった）思考規定は持たないと主張したのです。つまり思考規定は知覚の中に与えられているのではなく、我々の思考自身、あるいは思考の自発性に属するものであり、その意味でそれは主観的だと言ったのです（この主張は内容的に見て正しいのですが、今問題にしたいことは主観的と客観的という語の使い方です。それでこの客観概念を「第一の意味」としましょう〕。ところで、カントには、思考されたもの、一層正確に言うなら普遍的で必然的なものを客観的とし、単に感覚されたにすぎないものを主観的とする用語法もあります〔これを「第二の意味」としましょう〕。これによると先に述べた〔第一の〕用語法はひっくり返されるわけです。[2] ですからカントは用語を混乱させているという非難を受けたのです。しかし、この非難は全然当たりません。その理由《わけ》は次の通りです。〔たしかに〕日常の意識は、その意識の向こう側に立っているもの、感覚で捉えうるもの（例えば、この動物、この星、等々）は独立して存在するもの、自立したものと思っていますし、逆に、思考されたものは非自立的で他者〔感覚、または感覚に与えられている自立者〕に依存しているものだ、としています。しかし、実際には、感覚で捉えうるものは、本来は非自立的で二次的なものなのであり、思考されたものこそが真に自立的で根源的なものなのです。カントが思考界に属するもの（普遍的で必然的なもの）を客観的なものと呼んだのはこの意味においてであり、それは全く正しかったのです。他方、感覚で捉えうるものは自己の支えを自己内に持たず、移ろい行く儚《はかな》いものですから、持続性と内的存立という性質を持つ観念と対比して、主観的としたのであり、この点はたしかに[3]全く正しかったのです。客観的と主観的を区別するカント的規定は以上の通りですが、それは実際、今日では高い教養を持った人々の用語法の中にも見られるものです。例えば、或る芸術作品を評価する際に要求されることは、客観的でなければならず、主観的であってはならないということですが、その意味は、評価は一時的、偶然的で個人的な感情や気分に基づいて為されてはならず、芸術の本質[4]に根ざした普遍的な観点を念頭において為されなければならない、ということです。同じ意味で、学問的な仕事にたずさわる際にも客観的な関心と主観的な関心とは区別することができます[5]〔ですから、主観的と客観的の第二の意味はカントがこういう日常用法を純化したものと見ることができるわけです〕。
〔このようにカントの主観・客観概念の第二の意味は大きな意義を持っているのですが〕しかし、[6] もう一歩進んで考察すると、カントによって思考の客観性とされたものもやはり主観的だったのです。というのは、カントによると、観念は普遍的で必然的な規定であるとはいえ、やはりそれは我々人間の〔認識主観に属する〕観念にすぎず、事物の自体存在〔物自体〕からは越ええない溝によって区別されている、とされているからです。しかし、思考の真の客観性というのは、観念は単に我々人間の観念にすぎないのではなく、同時に事物の自体存在〔本来の姿〕、あるいは一般的に言って[7] 対象の自体存在〔本来の姿〕でもあるということなのです。[8] ――

〔実際〕「客観的」と「主観的」という言葉は便利な言葉でよく使われますが、それにもかかわらず混乱の起きやすい言葉でもあります。これまでの説明からも分かるように、客観性には三義あります。第一は、〔人間の〕外に存在するという意味で、これに対比されるものは単に主観的なもの、考えられたにすぎないもの、夢想されたにすぎないものです。第二は、カントの確立した意味で、普遍的で必然的なものという意味です。これに対比されるものは、我々人間の感覚に属する偶然的なもの、個人的なもの、主観的なものです。第三は、先に最後に言及しておいた意味で、存在しているものの思考によって捉えられた自体存在〔本来の姿〕という意味で〔これは私ヘーゲルが確立したもので〕、それに対比されるのは、我々人間によって思考されはしたが事柄自身あるいは事柄自体とは区別されているとされる〔という意味で主観的な〕もので〔これはカントの「超越論的なもの」で〕す。[9]

1　ということは、ヘーゲルの目指したことは「思考規定の絶対的な方法による（an und für sich

な）吟味」だということです。それは「その思考規定の生成の必然性を吟味する」ということです。「生成の必然性」については、拙稿「弁証法の弁証法的理解」を参照。

2　ここの erscheint .. als を松村は「反対の意味を与えるようにみえる」と訳しています。三七〇頁の訳注6でも指摘した通り、ヘーゲルでは「見える」は、原則として scheinen の訳に使うべきであり、「そう見えるが実際はそうではない」という意味ですから、この松村訳は不用意です。次にも erscheint .. als は出てきますし、それは「見える」と訳しても問題はありません。しかし、それは「日常意識にとっては実際そう現れている」ということですから、ここも「である」と訳しても好いのです。

3　原典の一一五頁三一行目の insofern allerdings das Subjektive の allerdings（確かに）を受ける aber は、次の頁（次の段落でもある）の三行目の Ferner ist nun aber の aber です。もちろん譲歩の構文です。

4　ここはまあ通俗的に話しているところですから、「本質」でも好いのですが、正確には「概念」と言うべき所です。本質と概念を一緒にするとなぜ拙いかと言いますと、「『概念』に一致した行動や事物が真理」というのがヘーゲルの「本来の」真理概念ですが、両者を一緒にすると、『本質』と一致した行動や事物が真理だ」という事になりますから、「帝国主義が自己の『本質』に一致して他国を侵略するのも真理だ」と言うことになります。だから拙いのです。この点については付録3「ヘーゲル論理学における概念と本質と存在」を参照。

5　論文を幾つかまとめて教授になれば安定した楽な生活ができるというのが主観的な関心で、学問によって世の中のために働こうというのが客観的な関心、とでも言う所でしょう。

6　この「しかし」が訳注3で指摘したものですが、本の読み方として、「しかし」といった逆接の言葉は、その意味からして、何かを前提して、それに対して「しかし」と言っているのですから、「しかし」とあったら、「これは何に対して『しかし』なのだろう」と考えて探すように習慣づけておくと好いと思います。

7　ここで「事物」を言い換えて「対象」と一般化したのは、「事物」と言うと物質的事物に限られる感じで、観念的な対象を認識する場合（例えば我々がヘーゲル哲学を認識するといった場合）が落ちるからでしょう。

8　弁証法的唯物論とヘーゲルとはこの点でどう違うかと言いますと、思考の真の客観性とは、思考は我々人間の思考であるだけでなく、対象の自体存在の反映でもあるとするのが弁証法的唯物論です。それは観念と対象の自体存在とを「実体的には」同一視しません。もちろんそれは現象的客観を反映しているのではなく、対象の概念を反映していなければなりません。この点ではヘーゲルと同じです。

9　この客観の三義を纏め直します。第一に、「単に主観的なもの、考えられたもの、夢想されたもの等々」との対比で、「外に存在するもの」という意味です。これを解説しますと、これは「人間の意識の外にある」ということです。唯物論では普通この意味に理解しています。「対象的」とも言えますが、「対象的」と言いますと、「物質的」という意味から「意識の対象となったすべてのもの」という意味まで含みますから、後者の意味では他人の意識も「対象的」と言えます。もちろん「客観的」という語の意味にもこの程度の幅はあります。フォイエルバッハは『将来の哲学の根本命題』の第七節で、「思考あるいは表象の外にある客観的な存在者の本質的な徴表は『感覚で捉えうること』である」と述べています。これは「物質」概念と同義で、狭義の「客観」概念です。

第二に、「普遍的で必然的なもの」という意味です。これがカントの客観概念です。「感覚に属する偶然的なもの、特殊なもの、主観的なもの」と対比されています。

第三に、ヘーゲルの客観概念です。「事物の概念（自体存在）が思考によって捉えられたもの」という意味です。つまり第二のカント的な意味を更に押し進めたものです。これをヘーゲルの認識論的客観概念とするならば、その存在論的概念は「統体としての個別・特殊・普遍を契機として持つ自己完結した自立者」という意味（一〇〇一頁以下の第一九三節注釈）です。ヘーゲルの「客観」概念は概念論の第二段階に位置づけられています。という事は、存在論の「存在」や本質論の「現出存在」や「現実」より高い概念だ、ということです。具体的内容としては「機械論（的関係）」と「化学論（的関係）」と目的論（的関係）」を持っています。

さて、この三種の客観概念はヘーゲルによる三つの真理概念に対応し、結びついています。第三のヘーゲル的客観概念及びそれと結びつく「ヘーゲルの真理の絶対的概念」を弁証法的唯物論の立場から改作するためには、付録3に書きましたように、ヘーゲル論理学における概念を存在論的に理解すると同時に、最高の学問的認識方法としての概念的認識（Begreifen）をその概念（Begriff）の認識として捉えなければならないでしょう。。

## a・理論的能力、認識そのもの〔純粋理性〕〔第四二～五二節〕

### 第四二節〔純粋な統覚とカテゴリー〕

この〔カント〕哲学が悟性概念の根拠[1]として持ち出すものが思考における「自我[2]の根源的同一性」（自己意識の超越論的統一）である。感情〔感覚〕と直観によって与えられた表象は、〔感覚に由来するから〕その内容は多様であるが、その形式からも多様である。なぜなら、その形式というのは時間と空間[3]の両形式だが、それは〔主観の側のものである〕直観の形式（普遍的なもの）だから、それ自身[4]先天的なものではあるが、感性の形式だから、相互外在的なもので[5]〔も〕あるからである。この〔内容・形式の両面から見て〕多様な感覚と直観を、自我は自我に関係づけ、「単一の」意識である自我の中で統一すること（純粋な統覚）で、同一性とし〔纏まりのあるものとし〕、根源的な結合のあるものとする。この時、この〔自我が直観を自我自身と〕関係づける様式が純粋な悟性概念であり、〔カントの〕カテゴリーである。

1　付録一の冒頭（四一〇頁）では「思考規定の『源泉』」と言っています。

2　ここはカントの「自我」概念ですが、ヘーゲルの自我概念についての次の説明を引いておきます。「**Ich** は元来中性名詞的に用いられるのが通常であるが、しかしヘーゲルはそれを次の二種類に使い分けて用いている。まず第一に、中性的に用いられる場合は **Ich, als Allgemeines** の場合である。しかし第二に、ヘーゲルは **Ich** を男性的にも用いるのであって、**dieser einzelne Ich** とか **ein anderer Ich** とかの場合のように、個別的な私をさす場合は男性名詞的に用いている」（許萬元『ヘーゲルにおける現実性と概念的把握の論理』（増補版）大月書店、二一三頁の注七四）。典拠としては、『精神現象学』の感性的確信の章（ズーアカンプ版全集第三巻の八六頁、拙訳『精神現象学』（未知谷）の二〇七頁。

なお、**des Ich** となっていて **Ichs** としていない点については、「文法」の三二一頁の第四項（他の品詞の単語が名詞化された場合）を参照。

3　この **Raum und Zeit** は「連語」ですが、その冠詞をどうするかの問題は、「文法」の三六九頁及び三七〇～一頁を参照。

4　ここは **welche als Formen des Anschauens selbst a priori sind** となっています。この **selbst** をどこに掛けるかの問題があります。**Anschauen** に掛けると「〔主観に内在する〕直観自身の形式だから先天的」となります。これでも通ると思います。

5　ヘーゲルは感性の論理的性格を「相互外在性（**Außereinander**）」としています。

**注釈〔フィヒテ哲学の意義と限界〕**

周知のように、カント哲学はそれらのカテゴリーを拾い上げる仕事[1]をきわめて安易にやってのけた。

〔即ち、①自己意識の統一である自我はきわめて抽象的で全く無規定である〔としたカントは〕、それでは、自我の諸規定つまりカテゴリーをそれはどうやって獲得するのか[2]〔と考えた〕。〔それは三段論法のようにまとめると、次のようになる。②〕幸いなことに、通常の論理学を見ると、そこには判断のさまざまな種類がすでに経験的に挙示されている。〔③〕しかるに、判断というのは或る対象について考えることである。〔④〕だから、既に出来上ったものとして数え上げられている判断の諸様式を思考の諸規定に変形すればよい、というのである。[3]――

〔このカントのやり方は既にフィヒテが正しく批判している。即ち、〕フィヒテ哲学は、思考規定はその必然性において示さなければならず[4]、本質的に「導出（ableiten）」しなければならないということを指摘した。これはフィヒテ哲学の〔不滅と評しても好い程〕大きな功績である。[5]――

この哲学が論理学を叙述する方法に少しでも影響を与えていたら、思考規定一般、あるいは諸種の概念や判断や推理といった通常の論理学の素材を観察から取ってきて単に経験的に取り上げるのではなく、思考自身から導出することになっていただろうに、と思われるのだが〔、残念ながらそうはなっていない〕[6]。もし思考とは「何かを証明する能力」だと言うならば、もし論理学が人に証明することを要求し、証明とは何かを教えようと言うならば、論理学は何よりもまず自分自身の内容を証明し、その内容の必然性を洞察することができなければならないはずである。[7]

1　この文の本動詞 machen の目的語は、形式的には es（填詞の es）ですが、実質的には mit（目的語を表す mit）の次の der Auffindung der Kategorien です。

2　この wie ist also .. zu kommen? の文は、主語がないようですが、wie ist es also として、zu不

定句を受ける仮主語の es が省略されていると見るか、zu 不定句をそのまま主語と見るかだと思います。

3　これは、言うまでもなく、カントが一二の判断から一二のカテゴリーを導き出したことを指しているのですが、ここで確認すべき大切な事は、カントの立場は判断の立場であり、ヘーゲルの立場は（ここには書かれていませんが）概念の立場だ、ということです。これがもっともはっきり出るのが真理論です。カントは判断の真偽を問題にしたが、ヘーゲルは概念の真偽を問題にしました。カントの問題意識が「先天総合『判断』はいかにして可能か」であったことにもそれはよく出ています。

4　「思考規定をその必然性において示す」とは、「思考規定にはどれとどれがあり、それだけで必要かつ十分であり、それ以外のものはありえないことを示すこと」です。カントについて言うなら、思考規定は彼の挙げた一二個で尽きており、欠けているものは一つもないことを示すこと、です。

5　カント自身としては、主観的には、思考規定の必然性を示したつもりでしょうから、フィヒテの功績は、その必然性の真の証明は「（内在的）導出」以外にはないことを主張した点に求めるべきでしょう。この導出とは、思考の本性から第一の規定が、その第一の規定から第二の規定が……と導出されることです。

6　フィヒテは先の原理を主張しただけでそれを実行しなかったし、出来ませんでした。ヘーゲルはそれを『論理学』で実行しました。なぜヘーゲルにはそれが出来たのでしょうか。それを考えるには、先のカントの考え（①②③④で④は結論）のどこに間違いがあったのかと振り返ると好いでしょう。①から②へ行くところに問題があったのです。自我は無規定ですが、「潜在的には」規定を持ち、自己内分裂を持っています。これが自我の統一の本当の意味です。カントは、自我は無規定ということから、すぐに、「だから外からその規定を取ってこなければならない」としてしまったのです。これは自我の統一の中に自己内分裂を認めなかったためです。

7　これは名言でしょう。弁証法を説く本が弁証法的に書かれていない現状にとっても頂門の一針でしょう。七七三頁の訳注5及び拙稿「弁証法の弁証法的理解」を参照。

### 付録一〔カント自我論の正しい意味〕

カントの主張は要するに、思考規定の源泉は自我の中にあり、従って普遍性と必然性という規定を与えるものは自我である、ということです。――

我々の経験を考えてみましても、我々にまず与えられているものは一般に多様なものです。それが一様なものであるカテゴリーに関係づけられ〔て、まとまった考えに成〕るのです。〔カテゴリーは一様ですが〕感性的なものは相互外在的であり、自己の外にあるものです。[1] これが感性的なものの本来の根本規定です。ですから、例えば「今」というものは、「今まで」及び「今後」と関係して初めて意味を持つのですし、同様に、赤は、黄や青と対立する限りで赤であるにすぎないのです。[2] しかるにこの他者はこの感性的なもの〔今や赤〕の外にあるのです。つまりこの感性的なものはその他者とは異なったものですが、その他者がある限りで初めて存在しうるのです。――

感性的なものは相互外在であり、自己の外にあるものでしたが、思考ないし自我はこれとは正反対です。自我は根源的に〔自己〕同一であり、自己と一つであり、端的に自己の許《もと》にあるものです。私が「私〔自我〕」と言うとすると、これは抽象的な自己関係でありまして、この一なるものの中へと定立されるものは皆、それによって感染され、一なるものへと転化されます。ですから、自我はいわば、〔相互に〕無関係な多様性を溶かしたり燃やしたりして一なるものへと還元する坩堝《るつぼ》か火のようなものです。これが又カントが「通常の統覚」と区別して「純粋な統覚」と名づけたものです。通常の統覚は多様なものを多様なままで取り入れるのですが、純粋な統覚は〔多様なものを統一し〕自我化する働らきのことです。[3]——

さて、たしかにこのカントの指摘によってすべての意識の本性は正しく言い表されています。〔というのは〕人間の努力というものは、一般に、世界を認識し我が物とし支配することであって、この目的のために〔人間は〕実在する世界を圧しつぶし、観念化しなければならない[4]〔のであって、カントの説はこの事を言っているにほかならないからです〕。しかし、同時に指摘しなければならないことは、〔感覚の〕多様の中に絶対的な統一[5]を持ち込むのは自己意識の主観的な働らきではないということで〔あり、この点でカントは間違っていたということで〕す。この同一〔統一〕はむしろ絶対者自身であり、真理そのもの〔であって、その意味で客観的なものなの〕です。[6]ですから、〔出発点は多様な感覚にあるのではなく絶対者である自我なのでして、従って〕個々の個物〔多様なもの〕に自己を享受させる〔存在させる〕のはいわば絶対者の慈悲であって、〔個物を自立した客観的なもの、絶対的なものと見てはならないのです。この事は〕絶対者自身が個物を〔滅ぼし〕絶対者の統一へと持ちきたらす〔ことによって証明されますが、ここに絶対者の威力が表される〕のです。[7]

1　「自己の外にある」とは、自己を自己たらしめるもの〔自己の本質〕を自己外に持つという事です。後に出てくる例のように、赤は赤である所以を赤の外にある青や黄に負っています。

2　ソシュールを想起させますね。文法的には、**Zusatz 1** の九行目の **ein Vorher** と **ein Nachher** の不定冠詞が先ず注意を引きます。もちろん「次の名詞の意味をしっかり考えるように」という事です。英訳は **a before** と **a hereafter** です。松村の「前後」は拙いと思います。連語でそれぞれに冠詞が付いている場合は、原則として、「一語、一語に念を入れる」表現だからです。**ein Vor-**

und Nachher となっていたら（こういう言い方があるならば、ですが）、「前後」で好かったでしょう。宮本の「以前と以後に対する関係」の方がベターでしょう。もう一つは一〇行目の Gelb und Blau entgegensteht です。定形が単数になっています。これは「文法」の三八〇頁の第三項（連語の数）を参照。

3　カントの二種の統覚は、唯物論的に考えると、次のようになると思います。通常の統覚とは「表象の中に埋没した思考」で、純粋統覚とは論理的思考でしょう。悟性は両者の中間です。日常の出来事などをおしゃべりしている時の思考は前者で、科学的思考は後者の「始まり」です。拙稿「弁証法の弁証法的理解」を参照。

4　このヘーゲルの人間観を唯物論の立場から評すると、次のようになるでしょう。人間の目的を世界（自然と社会）の支配とする点では正しいが、それを世界の認識と等置する点が観念論です。世界の認識は、世界を実践的に支配するための一契機、一必要条件にすぎません。ただし、意識の本性の中に人間の本性が集約的に表れているという理解はきわめて正しいものです。同様に、人間の中に全宇宙は集約的に表れているとも言えます。なお、人間が自然を「支配する」と言うと西欧的な考えだと言われますが、それは「支配」という語の理解に依ると思います。東洋的に「自然と一体化する」と言ってみても、「人間の努力によって人間と自然をそのようなものにして行く」のなら、これも一種の「支配」と言えるでしょう。

5　統一ならなんでもよいというのではない。

6　なぜこう言えるのかと言いますと、人間は世界の精華であり、自己意識が人間の精華だからです。

7　この辺は、第七九～八二節で論理的なものの三つの契機として、悟性的なもの・弁証法的なもの・思弁的なものを挙げ、悟性的なものを「神の慈悲」とし、弁証法的なものを「神の威力」としたことと同じことを言っています。

付録二〔カントの「超越論的」の意味〕

「自己意識の超越論的統一 Tranzendentale Einheit des Selbstbewußtseins」といった言葉は、何かそこには途方もないものが隠れているようで、難しく聞こえます。しかし、実際はそう難しくありません。[1] カントが「超越論的」という言葉で何を考えていたかは、「超越的」という言葉と区別すれば明らかになります。つまり、「超越的なもの das Tranzendentale」とは、一般に、悟性の規定能力を越えるもののことです。この意味で超越的なものの例は、手近なものでは、数学にあります。例えば、幾何学では、円周を無限に多くの無限に小さい直線から成るものと見なしています。ですから、ここでは、悟性から見ると端的に異なった規定（直線と曲線）が明確に同一視されているのです〔これが即ち、カントの「超越的」という事です〕。更に又、自己と同一で且つ自己内で無限な自己意識も、[2]〔悟性でも理解できる〕有限な素材によって規定されている普通の意識[3]とは異なったもので〔、悟性的には区別される二規定を同一視していま〕すから、こういう〔カント的な意味で〕超越的なものとなります。それなのに、カントは自己意識の前者の統一だけは[4]〔超越的でなく〕「超越論的」と呼びました。その意味は、この統一は主観的なものにすぎず、あるがままの対象に属するものではない〔客観的なものではない〕ということでした。[5]

1　ここは die Sache ist einfacher と比較級が使われています。その言葉を聞いて最初に受ける印象より「単純」ということでしょう。

2　「自己内で無限な」とは「無限に多くの要素を持っている」ということでしょう。「無限に大きい」ではないと思います。

3　ここでは二つの形容詞 bestimmten と gemeinen の間にコンマがない事に注意。「文法」の五二七頁の②（コンマのない場合）を参照。

4　このnurを、松村も宮本も英訳も「超越論的とだけ呼んだ」と、こっちに掛けています。文法的には、nur（助詞的副詞）はどこにあっても何にでも掛かれます。「文法」の一一二六頁の①（助詞的副詞の特性）を参照。従って内容で判断するしかないのですが、この辺は角括弧で補ったように取らないと、意味が通じないのではないでしょうか。

5　実際、カントのtranszendentalは訳すのに困るのですが、「先験的」という訳は拙いと思います。それは「経験に先んずる」という事で、「先天的」と同義で、当たらないからです。その真意は「超越的認識を扱う時にだけ問題になる」とか「超越的認識主観に属する」といったことでしょう。そこで私は「超越論的」と訳すことにしています。カント主義者から出発した古在由重もそう訳しています（『著作集』第一巻、勁草書房、四二頁）。なお、カント自身、必ずしも自分の定義した意味を守らず、「超越的」という意味で使っている箇所も多いと思います。

**付録三〔カテゴリーの主観性と客観性〕**

カテゴリーは我々人間に属するもの（主観的なもの）でしか〔なく外界に実在するものでは〕ないと考えなければならないという〔カントの〕説は、自然的意識にははなはだ奇怪なものに見えるでしょうし、又たしかにその説には拙い点があります。しかし、〔まず確認しておかなければならないことは〕カテゴリーは直接的感覚の中には含まれていないという意味では、その説も正しい〔ということ〕です。例えば、一塊の砂糖を見てみますと、それは硬い、白い、甘いといった性質を持っています。ところで、これらの性質はみな「一つの」対象の中に統一されていると言いますが、この「一つに纏まっているということ」は感覚の中に〔見出される事実で〕はありません。二つの出来事があって、それを原因と結果として考察する場合でも同じです。我々が知覚するのは、二つの別々の出来事があって、それが時間的に前後しているということにすぎません。一方が原因で他方が結果であるということ〔両者の因果関係〕は知覚の中にはないのでして、それは我々の思考だけが確認できることです。〔このようにカントの説には正しい面もあるのですが、しかしやはりそこには大きな間違いもあります。というのは〕たとえ、カテゴリー（例えば、統一、原因、結果、等々）は思考自身に属するものだとしても、だからといって、それが単に我々人間にだけ属するもので対象自身の規定ではないということにはなりません。しかし、カントによるとそうなのだそうで、カントの哲学は、自我（認識主観）が認識の形式も素材も与えるとする限りで、やはり「主観的観念論」なのです。認識の形式を与えるのは思考する自我で、その素材を与えるのは感覚する自我だというのだからです。――

〔このようにカントはカテゴリーの主観性という問題でもう一つ不正確なのですが〕この主観的観念論によって捉えられた内容には〔大きな意義があるのでして、それは〕ひっくり返してはなりません。皆さんは、あるいは、対象の統一が認識主観の側に移されてしまうと対象から実在性が奪われてしまう、と心配されるかもしれませんが、〔カントのこの点での間違いを正して〕「存在している」という性質を対象自身に属するとしても、それによっては対象も我々も何も得るものはないからです。〔このような意味での客観性は大した問題ではなく〕問題は〔認識の〕内容であり、その内容が真か偽かと〔客観的か主観的かと〕いう〔二つの〕事なのです。〔実際〕事物が単に「存在している」ということでは事物にとって何の意味もありません。時間が〔遅かれ早かれ〕その「存在しているもの」を越えていきます。すると、それは「存在しなく」なるからです。――

皆さんは、あるいは又、主観的観念論によると人間は自分について幻想を持ち、自惚れることができる、と考えるかもしれません。しかし、その人の持っている世界が感覚的直観の塊にすぎないなら、そういう世界を持っていることを鼻にかけることはできますまい。〔ですから、外界に存在するか否かという意味で、或る物や事柄を〕主観的か客観的かと区別することには意味が無いのでして、大切な点は、〔対象と認識の〕内容〔が主観的か客観的かという区別〕なのです。ですから、「内容的には主観的だが、〔外界に実在するという意味で〕客観的でもある」というものもあるのです〔例えば犯罪がそうです〕。犯罪は単に現に存在しているという意味では客観的ですが、それ自身の内では〔内容的には〕無なる現出存在〔主観的なもの〕であって、この事は罰[2]において明らかにされるのです[3]〔ですから、この問題を一層深く考えるためには、カントの打ち樹てた客観概念を検討してみなければなりません〕。

1　この etwas が「否定詞を強める不定詞」です。「文法」の一二一二頁の第三項〔否定詞を強める不定詞〕を参照。
2　ここは eine in sich nichtige Existenz を als solche と不定代名詞で受けています。第一二六節訳注5（三三八頁）及び「文法」の四四八頁の②（ein solcher）を参照。
3　ヘーゲルの真理概念については第二四節への付録二（三〇六頁）などを参照。

## 第四三節〔カントにおけるカテゴリーの位置づけ〕

〔カントは〕[1]一方において、単なる知覚が客観性[2]〔客観的認識〕つまり経験的認識に高まるのはカテゴリーによってであるとしながら、他方において、これらのカテゴリーは主観的な意識の単位にすぎないから、〔直観によって〕与えられた素材に条件づけられており、それだけでは空虚であり、従って経験的認識〔経験に条件付けられた認識〕の中で適用され使用されるにすぎないとしている。その時、この経験的認識のもう一つの構成要素〔条件ないし前提〕は感情と直観の諸規定で、これがまた単に主観的にすぎないというのである。

1 この節は全体がカントの紹介だと思います。松村はそう訳していますが、宮本はそれを訳には出していません。
2 日本語では、「他方では」という言葉が使われなくなってきていて、こういう時でも、翻訳の場合でもなければ、たいてい「一方では」と言うようになってきているのに、読者の皆さんは気付いていているでしょうか。

## 付録〔カテゴリーは空虚ではない〕

カテゴリーはそれだけでは空虚であるという主張は根拠がありません。なぜなら、カテゴリーは「規定されている」という点で既に何はともあれ内容を持っているからです。たしかにカテゴリーの内容は感覚的に知覚されうるものでもなければ、時空的なものでもありませんが、この事はカテゴリーの欠点ではなく、むしろその長所と見なければなりません。この事は日常意識の中でも既に〔無自覚的、半自覚的に〕承認されていることです。例えば、本や話は、その中に思想や一般的な結論がたくさんあればあるほど「内容豊かである」とされます。[1]あるいは又、逆に、或る本、例えば或る小説を例に取ってみますと、その中にバラバラな出来事や情況などがどんなにたくさん描かれていても、それだけではまだ内容があるとは言われません。このように、「内容」というものには感覚的材料以上のものが必要だということは日常意識によってもはっきりと認められているのです。そして、この「それ以上のもの」というのが〔一般的に言うならば〕思想であり、ここではカテゴリーのことなのです。[2]——

この際もう一つ付け加えておかなければならないことは、カテゴリーはそれだけでは空虚であるという主張は、カテゴリー及びそれを統合したものである論理的理念〔「論理学」で言う所の理念〕はそこに止まっていてはならず、自然と精神の実在的諸領域にまで進み行かなければならない、ということを意味する限りでは正しいということです。もっともこの場合でも、この〔論理学から自然哲学及び精神哲学への〕進展は、論理的理念にそれとは疎遠な内容が外からやってくるのだという風に取ってはならないのであって、それは論理的理念がそれ自身の活動によって自己規定を押し進め、自己展開して自然と精神にまで達するのだ、という風に捉えなければなりません。[3]

1　ここは意味はこの通りでしょうが、ドイツ語として正しいのでしょうか。in dem Maße mehr が普通では使われる um so mehr に代わっています。これは分かりますが、そこで mehr と言ったので、次に als が来てしまったのでしょうが、ここに als を使って好いのでしょうか。普通なら je mehr Gedanken でしょうに。なお mehr Gedanken の mehr は複数形でも無変化です。

2　「哲学は形式的な学問（形式に関する学問）であるが、それは『内容を産み出す形式』である」というのがヘーゲルの考えだ、と主張する根拠の一つです。

3　この付録の論法は、けなしたと思ったら褒め、褒めたと思ったらまた但し書きをつけるといったやり方で、ヘーゲルの老人的落ち着き、と言うか二枚腰をよく示していると思います。たしかにカテゴリーの空虚さというカントの主張をこの後半のように解釈するのはものすごく強引なことです。しかし、こういう強引さを持たず、ただ文字面にあくせくしていて、結局自分の哲学を出せない講壇哲学教授たちの態度と、自分の問題意識があるが故に、強引にそれに引きつけて解釈し、自分の哲学を深めようとするヘーゲルの態度と、どっちが哲学的でしょうか。

## 第四四節〔物自体は認識不可能というカント説〕

〔カントに依ると、第四三節で確認したカテゴリーの知覚条件性に〕[1]従って、カテゴリーは絶対者の規定になることはできない。なぜなら絶対者は知覚されないからである。[2]そして、悟性による認識、あるいはカテゴリーによる認識はそのため物自体を認識する能力を持たない〔とされるのである〕。

1 この節も全文がカントの主張の紹介です。
2 この als welches こそ「理由や原因を付記する als welcher」(「文法」四六五頁③)の典型です。

注釈〔カントの物自体の真実〕

物自体(〔カントは〕精神や神も「物」という言葉に含めている)という言葉が表すのは、意識の対象となる全てのものが捨象され、感覚に与えられる規定もそれについての思考による規定も全て捨象された限りでの対象のことである。容易に分かるように、その時そこに残っているものは、完全な抽象物、全き空虚であるが、そこには辛うじて「彼岸」という規定だけが残されているのである。それは表象も感情も規定を持った思考等々をも〔みな〕否定したものである。同じくほんの少し考えてみれば分かるように、この〔物自体という名の〕残滓《ざんし》自身が思考の産物にすぎない。それはまさに純粋な抽象まで行きついた思考、つまりこの空虚な自己同一性を対象とする空虚な自我の産物である。〔しかも〕この抽象的な同一性が〔思考の〕対象となった時獲得する否定という規定は、カントの〔挙げた一二の〕カテゴリーの中にも〔非存在として〕記載されており、それはかの空虚な同一性〔自我〕と同様、周知のものである〔だから、物自体についてはそれが何か分かっているわけである〕。だから、物自体とは何であるか分からないという言葉を何度となく聞かされると、驚くしかないのである。〔実際〕物自体を知ることより易しいことはない〔のだから〕[1]。

1　この注釈には、カントの物自体の不可認識性に対するヘーゲルの批判がよく出ています。

## 第四五節〔カントにおける理性的認識と経験的認識〕

ところで、この経験的認識の有限な性格を見抜くのは理性である。即ち無限者の能力〔無限者が無限者を対象として持つ能力〕である。ここで無制約者とか無限者と呼ばれており、理性の対象だとされているのは、〔自我の〕自己同等性にほかならない。あるいは、それは先に（第四二節で）触れた「思考における自我の根源的同一性」である。理性と呼ばれているものは、この抽象的自我、即ちこの純粋な同一性を自己の対象ないし目的とするところの思考である（第四四節への注釈を見よ）。〔ところが〕この端的に無規定な同一性は経験的に認識することはできない。なぜなら、経験的認識というのは、一般に、規定された内容を持っているものだからである。〔しかるに、この経験的には認識できないとされた〕無制約者が理性にとっての絶対者であり真理だとされ（理念だとされ）るので、結局〔規定を持ち、内容を持ったものである〕経験的認識が非真理であり現象であると言われる〔ようなおかしな〕事になるのである[1]。

1　この辺の文意を表にまとめると、次のようになるでしょう。

理性的認識――無規定（＝無内容）――真理
経験的認識――規定（＝内容）を持つ――現象（＝非真理）

### 付録〔カント理性論の意義と限界〕

悟性と理性を初めて明確に区別し、悟性は有限で制約のあるものを対象とするのに対して、理性は無限で無制約のものを対象とすると最初に確定したのはカントです。さて〔これを詳しく検討して見ようと思うのですが、まず無限と理念についてのカント説を検討しますと〕単に経験に立脚しているにすぎない悟性的認識の有限性を喝破し、悟性的認識の内容を「現象」と名付けたこと[1]は確かにカント哲学の非常に重要な成果と認めなければなりませんが、だからといってこのような否定的な結論[2]に留まっていたり、理性の無制約性を単に抽象的な自己同一性、即ち区別を排除する自己同一性に還元してよい、ということにはなりません。〔なぜなら、もし〕そのように理性を「有限で制約されたものである悟性を越えてゆくこと」でしかないと取るならば、それによって実際には理性自身が有限で制約されたものに[3]引き下げられてしまう〔からです〕。「真の無限」は有限物の単なる彼岸ではなく、有限物を止揚して自己自身の中に含み持つものなのです。[4]同じことは理念についても言えます。たしかにカントは理念を抽象的な悟性規定と区別し、単に感覚的にすぎない表象とも区別して（日常生活では感覚的な表象でさえ理念と呼ばれていますが）、理念は理性だけのものだと返還要求した（vindiziert hat）限りで、理念の地位を再び高めましたが、[5]その理念についてもカントは〔理念の構成的意義を否定して、その意義を統制的意義に限定する事で〕やはりその否定的な結論にとどまり、「単なる当為」[6]にとどまったのでした。――

　次に、〔先に述べた第二点の〕カントが我々の直接的意識の対象で経験的認識の内容を成す対象を単なる「現象」と規定した点について述べるならば、これは何と言ってもカント哲学のきわめて重要な成果としなければなりません。通俗的な（つまり、感覚的、悟性的）意識にとっては、その意識[7]の知る対象がその個々バラバラな姿のままで自立的であり自己に立脚するものと考えられています。そして、これらの対象が互いに関係し、互いに条件づけあう時には、この相互依存はこれらの対象の外にあるもので、それらの本質には属さないものと考えられています。〔しかし、それはそうではないのです。ですから〕たしかに、我々が直接知るところの対象は単なる現象にすぎないということ、つまりそれらはその存在の根拠を自己自身の中に持たず他者の中に持っているのだということとは〔ぜひとも〕主張しなければならないのです〔ですから、これを主張した点でカントの功績は大きいと言うのです〕。しかし〔もう一歩進んで考えてみますと〕、この時この〔直接的対象がその存在の根拠をその中に持つところの〕他者というものをどう捉えるかということが問題になるのです。カント哲学によると我々が知る物は「我々にとっての現象」にすぎず、その現象の本質はあくまでも我々にとっては手の届かない「彼岸」だというのです。〔ですから〕我々の意識の内容を成すものは我々だけのものであり、我々によって定立されたものにすぎないとするこの主観的観念論を聞くと、無邪気な意識が衝撃を受けるのは当然なのです。実際には本当の事情はこうです。つまり我々が直接知る事物は単に「我々にとって」現象であるばかりでなく、「それ自体として」も単なる現象にすぎないということです。[8] ですから、自己の存在の根拠を自己自身の中に持たず、普遍的な神的理念の中に持つということは、有限な事物の固有の規定だということです。事物をこのように捉える捉え方もやはり観念論と呼ぶべきでしょうが、批判哲学のかの主観的観念論と区別して、絶対的観念論と名付けるべきでしょう。この絶対的観念論はたしかに平凡な実在主義的〔実証主義的〕意識には理解できないかもしれませんが、これは事柄の本性上決して哲学だけの所有物と考えてはなりません。それはむしろあらゆる宗教的意識の基礎を成しているのであります。つまり宗教的意識というものはすべて、存在するすべてのものを、一般に現存する世界を、神によって創造され支配されているものと考えていますが、これがそれに当たるのです〔従って、このような多様な側面を持った〕かの無限者あるいは物自体を規定するとしたら、理性はカテゴリー〔悟性概念〕を使うしかないことになります。しかし、理性がカテゴリーをそのような目的のために使うと理性は矩《のり》を越えることになる（超越的になる）〔とカントは言うのです[9]〕。

1　関口存男は bezeichnen について「呼ぶ」とした上で、こう言っています。「『名称』のことを Bezeichnung（Benennung）というのでも分かる通り、『名称』を主として考えさせる。〜酷評したり、レッテルを貼ったり、極印を捺したりするようになると、評辞はもはやのっぴきならぬ『名称』として呈されることになるから、そういう時には bezeichnen の方が（ansprechen より）鋭くて有効であろう。（不定冠詞三二一〜二頁）

2　この「否定的な結論」とは「悟性的認識の有限性」の言い換えでしょう。関口の言う「換称代名詞」には十分に注意する必要があります。日本語ではそれはあまりありませんから。最近、スポーツ選手などを年齢で言い換えることが多くなった程度でしょう。「文法」の六〇一頁の①（換称代名詞とは何か）を参照。

3　ここは einem Endlichen und Bedingten と不定冠詞が付いています。「性質を強調する」ためでしょう。

4　この辺はヘーゲル得意の論法であり、広く知られていることです。しかし、「知られていることは、知られているからといって認識されているわけではない」「或る事を知っているというだけでは、認識していることにはならない」というヘーゲルの言葉は、ここでも当てはまります。この論法をよく知っている自称ヘーゲル研究家や自称マルクス主義者がそれをいかに認識していないことか。

5　「再び高めた」とか「返還要求した」ということは、「かつては持っていたが、一時的に奪われていた」という事を前提して初めて言える事です。「かつて理性が正当に高く評価されていた」のはいつでしょうか。多分、プラトンのイデアを考えているのでしょう。

6　「単なる当為」（das bloße Sollen）という表現もヘーゲル独特のものです。自分の理念を実現する力を自己内に持っていないことです。

7　ここは von denen er weiß となっていますが、この er は das Bewußtsein を受けているのですから、正しくは es ではなかろうか。

8　この「我々（認識主観）にとっての現象であるだけでなく、それ自体としても現象である」ということはどういうことか。とても分かりにくいでしょう。この事の意味はこれまで誰も追求しませんでした。まして答える事が出来ませんでした。ですから、本当にはカント主義と悟性的な思考方法を乗り越えることができなかったのです。これを乗り越えたのが拙稿「悟性的認識論と理性的認識論」です。一一五二頁の「四、ヘーゲル論理学の『存在』の冒頭部分を参照。

9　ヘーゲルは「神が世界を創造し、支配している」というキリスト教の説をこう解釈するのです。宗教の言葉をそのままに受け取って信じるのも、そのままに受け取って反発するのも、共に、幼稚な態度です。

## 第四六節〔カントの理性的認識論のまとめ〕

それなのに、この〔内容が無く、悟性では捉ええないとされた〕同一性、即ち空虚な物自体を認識したいという欲求が現われてくる。しかるに認識とはそもそも、或る対象をその規定された内容において知ることにほかならない[1]。そして、規定された内容とは自己自身の内に多様な関連を含み持ち、従って又それに基づいて他の多くの対象と関連してもいるものである。そこで、かの無限なものないし物自体を〔敢えて〕規定するとするならば、その規定としてはかの〔悟性の〕カテゴリーしか持ち合わせていない理性は、それらを適用することになる。しかし、それは「矩《のり》を超える事」（超越的）となる〔と、カントは言う[2]〕のである。

1　ここは Erkennen heißt nun nichts anderes, als einen Gegenstand nach seinem bestimmten Inhalte zu wissen と後者の下線部は zu 不定句になっています。しかるに、関口存男は「heißen は特に意義評価の語だから、zu 無し不定句が用いられる。韻の都合で zu 不定句にするのは模範的ではない」（定冠詞一六五～六頁）と言っています。用例が十分でないので、問題だけ出しておきます。

2　この節はカントの主張の紹介ではないでしょうか。第四四節や第四五節では「カントによれば」と補った松村もなぜかここはそういう言葉を入れていません。私も鶏鳴版では「この節の趣旨が分からない」と書きましたが、カントの紹介だと思います。

### 注釈〔カントによるカテゴリーの内容の吟味〕

ここに〔カントによる〕理性批判の第二の面が出てくる。そして、この第二の面はそれ自体としては[1]第一の面より重要である。第一の面というのはつまり先に触れたことで、カテゴリーは自己意識の統一の中にその源泉を持っているということであり、だからカテゴリーによる認識は実際には客観的なものを含まず、〔カントによって〕カテゴリーが持つとされる客観性自身も〔実際には、すべての認識主観に妥当するという〕主観的な性質にすぎないということであった（第四〇、四一節）。だから、この点を見る限り、カントの批判〔哲学〕は単なる主観的観念論（月並みな観念論）にすぎず、それは〔カテゴリーの〕内容にまでは突っ込まず、〔認識〕主観の抽象的な諸形式[2]を扱うにすぎず、しかも一面的に前者すなわち〔認識〕主観を究極の端的に肯定的な規定と見なす段階に留まっているのである。[3]しかし〔そうは言っても[4]〕、理性がその対象〔である無限者〕を認識しようとしてカテゴリーを適用するという、そのいわゆる「適用」[5]を論ずる時には、〔やはり事柄の性質上どうしても〕カテゴリーの内容を〔そのすべての規定に関してではないにしても〕そのいくつかの規定について[6]話題にせざるをえない。あるいは少なくともカテゴリーの内容を話題にしうるきっかけがそこにはある。〔では〕カントはそのカテゴリーの無限者への適用、即ち形而上学をどう評価しているか、これを見ることは特別興味深いことである。ここでその〔カントの〕やり方をしばらく紹介し批評してみよう。

1　「それ自体としては」とは、「後に及ぼした影響とかいった他との関連から見ると第一の面の方が重要かもしれないが」ということでしょう。

2　「主観の抽象的な諸形式」とはカテゴリーのことですが、それを「抽象的」と評したのは、「直観と一緒にならなければ真理たりえないという意味で一面的だから」です。または、「それ自身の内に直観を生みだす内的矛盾を持たないとされているから」です。

3　これは何を念頭において言っているのかと言いますと、直観と悟性概念とが合一されて経験的認識が成立するのですが、そこでは結局、概念にしか能動性（統一力）が認められないという事でしょう。

4　この「しかし、そうは言っても」は前のどれに対立しているのでしょうか。文脈ではカントの主観的観念論が「主観の諸形式」にしかなれなかったことでしょうが、ここの諸形式とはカテゴリーのことですから、実際には、そのカテゴリーの吟味がそのカテゴリーの主観性ないし客観性という形式面に絞られていたことに対立すると考えられます。

5　世の中には「創造的適用」などという形容矛盾をそうと知らずに使って、得意に成っている人もいます。特に、旧左翼の人に多いようです。そこで、此処とは直接の関係はありませんが、ヘーゲルの次の言葉を引いておきます。「適用、それはもはや思弁的思考でもなければ概念の展開でもなく、悟性による包摂である」（『法の哲学』第三節）。

6　「カテゴリーの内容をそのいくつかの規定について」とは、例えば「単一」というカテゴリーの含む全ての規定ではなくその内のいくつかの規定ということか、それとも一二のカテゴリーの全部ではなくその内のいくつかが論ぜられたということか。一応、後者と取ります。

第四七節〔カントの霊魂論〕

第一項。考察対象となる第一の無制約者は霊魂である（第三一節を見よ）。〔これについてのカントの考えの骨子は以下の通りである〕――

〔まず意識内の事実を経験的に確認すると〕私の意識内には、「自我としての私」[1]は、つねに、〔次の四種の私〕を見出す。〔即ち〕①規定する主体としての私、②単独者、又は抽象的で単純な者としての私、③私の意識する多様なもの全ての中で同一であり続ける者、即ち同一者としての私、④私の外にある全ての事物から思考者としての私を区別する者としての私、である。

〔しかるに〕旧形而上学は、これらの経験的に見出された規定を思考規定で置き換えて、つまりそれに対応するカテゴリーで置き換えて、次の四つの命題を獲得する。①霊魂は実体である、②霊魂は単純な実体である、③霊魂はその存在の時間は様々だが、数的には一である〔霊魂はつねに同一の霊魂である〕、④霊魂は空間的なものと関係しあっている、である。このまとめは正確である。

〔その上でカントは〕この〔経験規定から思考規定への旧形而上学の〕移行には欠陥があると指摘する。つまり、これらの二種の規定が混同されている、つまり経験的規定とカテゴリーとが混同されている（誤謬推理だ）、と言うのである。あるいは、経験的規定からカテゴリーへと推論するのはもちろんのこと、一般に経験的規定をカテゴリーで取って代えるのは正しくない、と言うのである。

御覧のように、この〔カントによる旧形而上学の合理的心理学の〕批判とは、第三九節で述べたヒュームの指摘以外の何物でもない。つまり、思考規定（普遍性と必然性）は決して知覚の中には見出されないということであり、経験的なものはその内容も形式も思考規定とは別のものだ、ということである。

1　ここだけはIchと大書していますので、こう訳してみました。

**注釈〔カントの霊魂論の検討〕**

経験的なものが思考の正しさを確証するものではないので、「知覚の中に跡付け得る」ということは思考〔の正しさ〕の必要条件ではない[1]〔と指摘した点でカントは正しい〕。――〔しかるに〕カントは旧形而上学の〔合理的〕心理学を批判して、霊魂は実体であるとか、単純であるとか、自己同一であるとか、物的世界との関わりの中で自己を保持する自立者であると主張しえないことを証明するに、ひたすら、意識内で霊魂について我々が経験によって獲得する規定はそれについて思考が与える規定と完全には同じでないということを以てしたのであった。しかし、上に〔カント哲学の骨子を〕叙述したことからも分かるように[2]、カント〔自身〕も認識一般を、いやそれどころか〔カントのいわゆる〕経験的認識すらも、知覚が思考されることと考えていたのではなかったのか。つまり認識とは、まずは知覚に属する規定が思考規定へと「変革される事」と考えていたのではなかったのか〔だから、カントも経験規定と思考規定は完全には一致しない事を前提した上で、なお経験規定を思考規定に取り入れる事を考えていたのであって、この不一致を理由にして旧形而上学を批判するのは当たらないのである。むしろこの不一致は思考の変革的性格の問題として一層発展させるべきものなのである〕。――

たしかにカントの批判によって、精神哲学〔心理学〕が霊魂を物と見る見方から解放され、霊魂について〔上に述べたような実体とか単純とか自己同一といった〕カテゴリー[3]で考える考え方が改められ、従って又霊魂は単純か複合かとか、はたまた物質的かといった問題を立てるような事が無くなったことは、カントによる批判のもたらした良き結果であると言わなければならない。――

しかし、そのような形式〔カントのカテゴリー〕が使えないのは、それらが観念であって〔対応する直観なしには真理たりえない〕からだ、というような〔カントの〕観点は間違いで、〔正しくは〕それらのカテゴリーが「その本性からして」真理を含みえないからなのである。この事は常識的見解でもある。――〔大体〕観念と現象とが完全には一致しないとするなら、その時にはどちらを間違いと見るか、さしあたっては二通りの場合があるはずである。〔それなのに〕理性を論ずる時には[4]カントの観念論は、〔その二通りの場合を両方検討しないで〕観念は知覚や知覚界の内部で動いている意識に合致せず、観念は知覚の中には見出されないからという理由〔だけ〕で、〔すぐに〕観念の方が間違っているのだと決めつけるのである。〔カントはこのようにカテゴリーが知覚内に見出され、経験によって確証されるかどうかということばかりに気を取られているので〕その観念〔カテゴリー〕の内容〔を吟味するという根本的な問題〕は〔理性がカテゴリーを適用して陥いるアンチノミーを検討する時に付随的に為す場合を除けば〕それだけとして〔独立に〕取り上げるということはしないのである。[5]

1　反実仮想は日本語ではドイツ語で程頻繁には使われないので、分かりやすいようにと、こう訳しました。

2　nicht genau dieselben を松村は「全く同一ではない」と訳し、宮本は「厳密に同じ規定ではない」と訳しています。最近の日本語では「限定の『ハ』」を言わない表現が多くなっているようで、困ったことだと思います。ここはもちろん両氏共入れていますが、特に松村訳では「同一ではない」を「全く」が強調して、全否定になり、「完全に違う」と誤解される「余地」があると思います。

3　この den Kategorien はカテゴリー一般ではなく「それらのカテゴリー」という意味でしょう。

4　「理性を論ずる時には」とありますが、悟性を論ずる時には、「直観なき悟性は空虚だが、悟性なき直観は盲目だ」として二通りの場合を検討し、両者の結合を求めています。

5　この注釈は「けなしては褒め、褒めてはけなす」というヘーゲル固有の方法です。

## 付録〔カントの誤謬推理論について〕

一般的に言うならば、誤謬推理とは、〔三段論法の大小〕両前提において同一の用語を異なった意味で使うという誤りを犯している推理のことです。〔しかるに〕カントは、「霊魂の単に経験的規定にすぎないものを霊魂の自体的〔本来的〕規定だ」とした旧形而上学の合理的心理学のやり方〔推理方法〕が、まさにこの誤謬推理だ、と言うのです。――

もっとも、単一性とか不変性等々といったような述語〔属詞。規定〕は霊魂の述語〔属詞。規定〕とは成しえないものであるということ〔自体〕は全く正しいのですが、その理由は、カントの指摘したような「それを霊魂の自体的規定とすると、理性は自己に定められた限界を超えてしまうからだ」ということではありません。そうではなくて、そのような悟性の抽象的な〔一面的〕規定は霊魂〔のような具体的なもの、対立規定を統一したもの〕にはあまりにも不適当なものだからです。つまり霊魂は「単に単一であるにすぎない」とか、「単に不変であるにすぎない」といったようなものではないのです。ですから、例えば、霊魂はひたすら自己と同一である〔静止している〕という性質を持っていますが、しかし同時に、それは活動するものでもあります。つまり自己自身の中で自己を区別するものでもあります。これに対して、単に単一にすぎない、つまり抽象的に単一にすぎないというような規定は、まさにそれがそのような〔抽象的で一面的な〕ものであるが故に、死んだもの〔であり、霊魂を表すのには不適当なもの〕なのです。

カントがそれ以前の形而上学を批判して、それらの述語〔属詞〕を霊魂とか精神に付けてはならないことを明らかにしたのは偉大な成果としなければなりませんが、その時カントの挙げた理由は完全に間違ったものだったのです。[2]

1 カントは、間違っていると自分では自覚しないでなされる間違った推理を誤謬推理、人を騙すための故意の間違った推理を詭弁的推理としているようである（篠田英雄訳『プロレゴメナ』岩波文庫一七〇頁）。

2 ここでも学ぶべきは、他者に対するヘーゲルの冷静な分析と評価でしょう。

**第四八節〔カントの宇宙論〕**

**第二項。**〔カントによると〕理性は、その第二の無制約的対象（第三五節）である世界〔宇宙〕を認識しようとする時には、〔必ず〕二律背反〔アンチノミー〕に陥る〔というのである〕、つまり〔その時には〕同一の対象について二つの対立した主張が、しかも同等の必然性を持って、主張されなければならないことになる〔というのである〕。そこで〔そんな事はおかしいので、どこが間違っているのかと考えた結果〕それ〔その理由〕を、〔カテゴリーによって〕規定するとその規定が互いに矛盾することになるところのその世界〔宇宙〕の内容とは自体存在のことではありえない。それは現象でしかありえないからだ〔とするのである〕。つまりその解決策とは、その矛盾は対象自体に属する〔客観的なも〕のではなく、ひとえに認識する理性に属する〔主観的なも〕のにすぎない、ということなのである。

注釈〔カントの宇宙論について〕

ここで言われていることは、矛盾を引起こすものは〔認識対象の〕内容自身であり、カテゴリー自体であるということである。悟性の諸規定を理性的対象に適用すると本質的・必然的に矛盾に陥るというこの考えは、最近の哲学界における最も重要で最も深い進歩の一つと言わなければならない。しかし、かくも高い観点に対して[1]〔与えられた〕解決策はあまりにも低劣なものである。その解決策は世界の事物に寛容な態度を取り、甘やかすということに終始している。〔カントによると〕矛盾という汚点を負うべきものは世界の本質ではなく、矛盾はもっぱら思考する理性と精神の本質に属するというの〔だから〕である。たしかに「現象的」世界を観察すると、そこにはいろいろな矛盾が見出される（ここで現象的世界とは主観的精神つまり感性と悟性とに対して現れる世界のことである）。〔そして、その時には人は、その矛盾は現象的世界の側にあるのであって、観察する精神にあるのではないと認めている〕。それなのに、〔本質的世界を本質的精神が観察する時に矛盾が見出されると、その矛盾は〕本質的世界と本質的精神のどちらの側に帰属するのかと比較して考え、いとも簡単に自己矛盾しているのは世界の本質ではなくして思考する本質つまり理性であると結論するのである。[2]実際このような謙虚な主張が出され、[3]繰り返されるのを聞くと、その無邪気さに驚く人もいるだろう。たしかに理性は〔それ自体で矛盾しているのではなく〕カテゴリー〔悟性概念〕を〔理性的対象に〕適用した時に初めて矛盾に陥るにすぎないと言われているが、そのような言い訳は何の役にも立たない。[4]というのは、〔認識する時に〕この適用をしない理性はないのであって、しかも理性はその認識のため〔の道具として〕カテゴリー以外の規定を持ち合わせていないと言われているのだからである。実際、認識するということは〔対象を〕規定し、〔同時にそれによって自分も〕

規定されるという思考行為のことである。だから、理性が空虚な思考であり、つまり規定を用いない思考とするなら、その時それは何も思考していないのである。しかし〔このように、カントの言い逃れは成立たないのだが、カント自身それに気づいたので〕、最後には理性をそのような空虚な〔自己〕同一性に還元してしまう（次節を見よ）。それによってまた理性は結局、幸いにもその矛盾から解放されるのだが、それは〔思考の〕全内容を軽々しく犠牲にして〔客観的思考、即ち同時に存在論でもあるような認識論への道を放棄して〕のことなのである。

更に指摘しておくべきことは、二律背反の考察がもう一つ物足りなかったためにカントはその二律背反には四種しかないとすることになってしまったことである。彼がこの結論に達したのは、いわゆる誤謬推理の〔検討の〕際にもそうであったように、まずカテゴリー表を前提し、その上で、対象を既に別の所で出来上った〔ものとして与えられている〕図式の下に包摂するというやり方によったのであって、対象の諸規定を対象の概念から導き出すという方法ではないのである。このやり方は後にはすっかりカントのお気に入りのやり方となるものである。二律背反の検討には以上の二点[5]以外にも欠点があるが、それは拙著『論理学』の中で折に触れて指摘しておいた〔ので、今は触れない。今は、この二律背反が四つしか挙げられなかった点について更に一言しておく〕。

〔ここで〕はっきりさせておかなければならない主要な点は、あらゆる種類のあらゆる対象、あらゆる表象、概念、理念の中に二律背反は存在するのであって、単に宇宙論から取ってこられた四個の特別な対象の中だけにあるのではない、ということである。[6]これを知り、〔どんな対象についてであれ〕対象を認識する時この性質をしっかりと押さえておくことは、哲学的考察の〔最も〕本質的な事柄の一つである。

後に〔第八一節で〕論理的なものの〔第二の契機として〕弁証法的な契機に触れるが、それはこの性質を一層深く規定したものにほかならない。

1　原文は **tief**（深い）ですが、日本語には「深い観点」という表現はないと思います。

2　ヘーゲルの文というのは、たいていの場合、この角括弧で補ったようなことが落ちている、と言うか、飛ばされているのです。と言うより、しかるべき頭の人が読めばこれくらいのことは行間に読み取れるのです。しかし、多くの人にはその能力がなく、またこれまでの訳者もこの点が分かるように訳出していないので、「ヘーゲルは分かりにくい」ということになるのです。しかも、ここでは、我々が「本質的世界」「本質的精神」と訳したのを、ヘーゲルは「世界の本質」「精神の本質」と書いて、先の「現象する世界」及び「主観的精神」との対比がはっきり出ないように「わざわざ」書いているのです。ヘーゲルは、自分の頭でしっかりとその「形式を読み」ながら読んでいかないと分からないのは、このためです。或る人は「カントを訳すにはダイジェストにした方がよく、ヘーゲルを訳すには敷衍《ふえん》しなければならない」と言いましたが、けだし名言です。

3　なぜこれを「謙虚な」と評したかと言いますと、相手（対象）に罪（矛盾）をなすりつけないで自分（認識主観）が背負いこんだからです。

4　**Es hilft nichts** と言って、**Es hilft nicht** と言わない点については、「文法」の三六六頁の⑤（四格の量詞）を参照。

5　原典の一二七頁の下から五行目の **Das weitere Bedürftige** は、直接的には、同じ段落の二行目の **zunächst** を受けていると思います。松村はこう理解したかは怪しいですが、ともかく、後者を「まず」と訳し、前者を「その他の」と直訳しています。私は、この対比は大して重要だと考えませんでしたので、無視して、「矛盾を客観的なものと見なかった事」と「間違った方法の故に二律背反を四つしか挙げなかった事」とを「二つの欠点」として訳しました。

6　これは「矛盾の普遍性」の一つの面です。矛盾の普遍性にはもう一つの面があります。それは「矛盾の貫通性」です。つまり、矛盾は事物の運動の始めから終りまでつねに存在するのであって、その運動の一時期にのみ現われるというのではない、ということです。さて、この第一の点は、分かりやすいこともあって、自称マルクス主義哲学者に好まれている点です。もちろんこれはあくまでも大切な点ではあります。しかし、この点だけしか知らないと、そこらの自称「弁証法的唯物論」のように、対立物の統一を一面的に説くことしかできなくなります。それはせいぜいこの「矛盾の普遍性」を補うに「矛盾の特殊性」をもってし、個々の事物、個々の過程に応じて矛盾はいろいろだから、一つ一つ調査研究しなければならず、一般論だけで割り切ってはならない、というお説教が付加されるくらいです。もちろんこの点も重要ではあります。この点を忠実に実行するだけでも理論も実践も大いに発展するでしょう。それは、ほぼこの点だけで大きな成功を収めた毛沢東の『矛盾論』と彼の実績を見れば分かるでしょう。しかし、それにもかかわらず、我々は「これだけではまだ不十分である」ということをはっきりさせなければならない。もう一つの決定的な点は「矛盾の個別性」です。それは、全ゆる矛盾は自我における内的二分を頂点として、そこに流れ込みそこから流れ出ているということです。拙稿「問題意識について」（『ヘーゲルの修業』に所収）を参照。

## 付録〔カントの二律背反論について〕

旧形而上学の立場では、認識が矛盾に陥った時には、それは偶然起きた過失にすぎず、認識主観が推論の過程で何かの間違いを犯したのだと考えられていました。これに対してカントは、思考が無限なものを認識しようとする時に矛盾（二律背反）に陥るのは思考自身の本性に根差したこと〔であり、必然的なこと〕なのだと言うのです。たしかに、上の〔本節への〕注釈の中でも言及しておきましたように、カントがこの二律背反を指摘したことは、これによって悟性的形而上学の偏狭な独断論がしりぞけられ[1]、思考の弁証法的運動が示されたという点で、哲学的認識〔の歴史〕における重要な進歩と見なさなければなりません。しかし、その際同時に注意しなければならないことは、カントは、ここでも、事物の自体存在は認識しえないという単なる否定的な結論に留まっていて、二律背反の持つ真の肯定的な意義を認識する所まで突き進んではいない、ということです。その二律背反の真の肯定的意義というのは、一般的に言うならば、現実に存在するものはすべて自己内に対立する〔二つの〕規定を含み持っているということであり、従ってまた、或る対象を認識するということ、あるいはもっと正確に言って、或る対象を概念で理解するということは、取りも直さず、その対象を対立した〔二つの〕規定の具体的統一[2]として知ることだ、ということです。さて、先に指摘しておきましたように、旧形而上学が或る対象を考察し、それを形而上学的に認識しようとする時には、悟性の抽象的な〔一面的な〕諸規定を取り上げて、それに対立する諸規定を排除して、それだけを適用するという〔独断論的な〕やり方をしたのでしたが、カントは、これに対して、そのようなやり方で作られた〔一面的な〕主張には、つねに、それと反対の内容を持った他の主張がそれと同等の権利と必然性を持って対置されうる、ということを証明しようとしたのでした〔これがカントの旧形而上学に対する批判の根本ですが、それが宇宙論の諸問題については、いわゆる純粋理性の二律背反という主張になるのです〕[3]。カントはこの二律背反の指摘を旧形而上学の宇宙論に限ったのです〔が、そして、これは彼の二律背反論の第二の欠点ですが、それはともかく〕[4]その宇宙論への反論の際、例のカテゴリー表を根底にして四つの二律背反を取り出しました。第一のそれは、「世界は時空的に限界があるものと考えるべきか否か」の問題に関係しています。第二のそれは、「物質は無限に分割されうると考えるべきか」、それとも「物質は〔これ以上分割不可能な最小単位としての〕原子から成るものと考えるべきか」というジレンマを扱っています。第三のそれは、自由と必然の対立に関係しています。即ち、「世界の中にあるものは全て因果関係によって条件づけられている」と見るべきか、それとも「世界の中には自由な存在もあり、行為の絶対的出発点もある」と考えるべきかという問題です。最後に第四の二律背反が来るのですが、それは、世界は、一般的に言って、原因を持つか否かという問題です。——

さて、カントはこれらの二律背反を解明する際にどういうやり方をしたかと言いますと、各二律背反の内に含まれている対立する規定を、それぞれ、定立と反定立として〔対立した二つの命題として〕互いに対置させ、〔その上で〕両者共に、その問題についての考察〔反省〕の必然的な結果〔として得られた命題〕であることを示そうとするのです。その際には〔もちろん〕カントは、〔推論のどこかで〕ごまかしをして三百代言的証明をやったと思われないように周到な用心をしています。しかし、実際には、カントがその定立と反定立とに対して行なった証明は、単なる証明らしきものにすぎないのであります。なぜなら、そこでは証明されるべき事がつねに前提の中に既に含まれているのでして、その前提から出発し、回り道をして間接的に結論に到達することによって、媒介〔証明〕をしたかのような外観を与えているにすぎないからです。それにもかかわらず、これらの二律背反を明示したことはあくまでも批判哲学のきわめて大きな結果〔功績〕として承認しなければならないのでして、それは、悟性が分離して固定させている諸規定が実際には一つなのだということを（さしあたっては主観的で直接的なやり方ではありましたけれども）言明した点にあります。例えば上述の宇宙論的二律背反の第一のものについて見ますと、空間と時間は単に連続的であるのみならず、不連続的なものとも考えなければならない〔ことをカントは明らかにした〕のですが、旧形而上学では連続性にのみ留まっていて、従って世界は時空的に見て限界なきものと見なされていたのでした。たしかに、特定の空間〔ここ〕や特定の時間〔今〕はいずれも乗り越えられうるもの〔であり、その限りで時空的に見て世界は無限〕だということは正しいのですが、しかし、空間及び時間はこの特定の点（つまり「ここ」と「今」〔という不連続点〕）があるからこそ現実に存在するのであり、この「特定の点がある」ということは空間と時間の概念〔本性〕の内にあることだ、ということも同様に正しいのです。同じ事は上述の二律背反の残りのものについても当てはまります。例えば、自由と必然の二律背反について言いますと、これを詳しく見てみると分かりますように、この両者の真の関係は、悟性が自由と必然という言葉で理解し〔対立させ〕ているものは、実際には、真の自由及び真の必然[6]の観念的な契機[7]にすぎず、両者を〔悟性的に〕分離した場合にはいずれにも真理は属さない、ということなのです。

1　ここの「独断論」に松村は「一面観」という語を括弧して入れています。かなり正確な理解ではあると思いますが、ヘーゲルの独断論概念を更に深く追究し、「教条主義」という訳語との関係まで考えると、好かったでしょう。そうすれば、ここも「一命題主義」という言い換えにもなったでしょう。前掲「教条主義と独断論」を参照。

2　「対立した二規定の具体的統一として知る」と言う言い方が成り立つのは、「対立した二規定の抽象的統一として知る」というのもあるからです。第八二節の付録にありますように、「絶対的なものは主観的なものと客観的なものとの統一である」という風に、対立物の統一だけしか見ないのが「抽象的統一として知る」ことで、対立物の区別も知り、その関係ないし闘争の中から対立物の統一を結果させるのが「具体的統一として知る」ことである。西田幾多郎の「絶対矛盾の自己同一」とか「一即多」はそういうニセ弁証法の典型です。「理論と実践の統一」の理解でも、両者の「分裂」の意義を理解しないコドモが多い。いやほとんどの人がそうです。拙著『理論と実践の統一』（論創社）を参照。

3　鶏鳴版ではここまでの叙述の順序に異を立てて、自説の順序で訳しました。間違っていたとは思いませんが、今回は「原典の編集を尊重する」という方針ですので、原典通りにしました。鶏鳴版の訳を「対案」として残します。読者は対比して考えてください。

対案・先に指摘しておきましたように、旧形而上学が或る対象を考察し、それを形而上学的に認識しようとする時には、悟性の抽象的な〔一面的な〕諸規定を取り上げて、それに対立する諸規定を排除して、それだけを適用するというやり方をしたのでしたが、カントは、これに対して、そのようなやり方で作られた〔一面的な〕主張には、つねに、それと反対の内容を持った他の主張がそれと同等の権利と必然性を持って対置されうる、ということを証明しようとしたのでした。〔これがカントの旧形而上学に対する批判の根本ですが、それが宇宙論の諸問題については、いわゆる純粋理性の二律背反という主張になるのです。つまり〕旧形而上学の立場では、認識が矛盾に陥った時には、それは偶然起きた過失にすぎず、認識主観が推論の過程で何かの間違いを犯したのだと考えられていました。これに対してカントは、思考が無限なものを認識しようとする時に矛盾（二律背反）に陥るのは思考自身の本性に根差したこと〔であり、必然的なこと〕なのだと言うのです。

4　この辺の論理はこういうことでしょう。

5　「主観的なやり方であった」とは「認識主観内にしかなく物自体に属さない」とした事です。「直接的なやり方であった」とは「その証明法が証明になっていなかった」という事です。

6　「真の自由及び真の必然」と言っていますが、両者は同じものです。念を入れるためにこういう言い方をしただけです。なお、自由意志と必然性の関係の問題は、このようにヘーゲルが解決しているのですが、今でもそれを知らない人がいます。前掲「実体と機能」を参照。

7　ideelle Momente は同属形容みたいなもので、「契機」は「観念的」であり、「止揚されたもの」です。こういう形容詞を「描写的形容詞」と言います。「文法」の五一七頁の第六節第一項（描写的形容詞と限定的形容詞）を参照。

## 第四九節〔カントの理性論、総論〕

第三項。[1]〔カントの第一批判での〕理性の第三の対象は神である[2]（第三六節）が、〔旧形而上学及びカントでは〕この神を認識すること、つまり思考によって規定することが問題なのである。[3] しかるに、悟性にとっては〔悟性的な考え方をしている旧形而上学及びカントの考えでは〕、〔思考〕規定というものはすべて、制限であり、否定そのものであって、[4]〔思考作用自身の〕単純な〔自己〕同一性[5]と対比されるものである。従って、実在するものは〔肯定的なものだから〕無制限なもの、つまり無規定なものとしか考えることはできないということになる。そして、神は全ゆる実在の総括であり、最も実在的な存在者だから、〔それには規定を与えることはできず、従ってそれは〕単純な抽象体ということになる。神の規定として残るものは、〔神自身と〕同様に、端的に抽象的な〔空虚な〕規定である「存在」という規定だけだということになる。そして、ここにある二つの契機を合一させる事、即ち抽象的同一性（それはここでも概念と呼ばれているのだが[6]）と存在とを合一させる事が理性の目標となる。〔旧形而上学はそれを「神の存在証明」として様々なやり方で追求したが、カントによるとその証明はみな間違っており、この合一は理論的には永遠に到達できないものであり、従って〕それは理性の「理想」である〔というわけである〕[7]。

1　ズーアカンプ版ではここがγ（ガンマ）になっていて、第四七節の「I」及び第四八節の「2」と整合的ではありません。珍しい間違いです。第四七節の「I」もローマ数字に見えますが、もしそうだとしたら、三つの箇所で別々の記号を使った事になります。グロックナー版では「αβγ」を使っており、整合的です。これが正しいのでしょう。しかし、このギリシャ文字は日本語ではありませんので、私は「第一項」「第二項」「第三項」としました。松村は「イ、ロ、ハ」を使い、宮本は「1、2、γ」としています。

2　松村も宮本も Der dritte Vernunftgegenstand を「第三の理性的対象」と訳しています。「理性的対象」という訳語から原語を推定すると vernünftiger Gegenstand となるでしょう。「理性の対象」という表現とどう違うでしょうか。考えて下さい。又、「第三の」との語順も「理性の第三の対象」と、どちらの方が日本語らしいでしょうか。複合名詞に形容詞が冠置される場合の事です。「文法」の五一二頁の「感想」を参照。松村や宮本はこの Der dritte Vernunftgegenstand という語句を原文通りの順序で訳そうとしたのでしょう。

3　この辺の訳の三者（松村、宮本、牧野）での違いは本節本文の二行目の soll をどう取るかの違いでしょう。私は「伝聞」と取りました。

4　ここでは「規定は否定である」というスピノザの有名な言葉が念頭に置かれています。

5　この「単純な同一性」をこう解釈した。こう取らないと続かないでしょう。

6　このカッコ内の但し書は原文では関係文になっています。なぜこのような事を言ったのでしょうか。ヘーゲルが理性のものとして純化した「概念」を、カントは抽象的同一性を本質とするものと考えられた悟性ないし悟性的思考に属させているのが不満なのでしょう。

7　この第四九節では、それぞれの文が誰の発言とされているのかを考えることが大切でしょう。我々は、全文をカントの見解を（そのままに紹介したのではなく）ヘーゲルがアレンジして、「それはこういう事になるのだ」と言い換えながらまとめたものと取りました。しかしカントの発言自身に「旧形而上学のカントによるまとめ、ないし紹介」が含まれているのでややこしくなるのです。以下の節でも同じです。

## 第五〇節〔カントの神論、その一。存在から思考への道〕

〔さて、カントによると、又一般的に考えても〕この合一には二つの道または二つの形式がありうる。つまり、存在の方から出発して思考という抽象体に移っていく道と、逆に〔思考という〕抽象体から存在へと移行する道とである。[1]

存在から出発する前者の道について〔カントが〕言う〔ところによる〕と、その〔出発点としての〕存在は直接的なものだから、限りなく多様に規定された存在、ぎっしりとつまった世界である。これを詳しく規定すると、それは限りなく多数の偶然の集まりとなる（宇宙論的証明である）か、あるいは限りなく多数の目的及び合目的的関係の集まりとなる（自然神学的証明である）〔とカントは言う〕。——

〔さて、存在から思考へ移っていくとは「存在を思考する」事だが〕このぎっしりとつまった存在を「思考する」ということは、取りも直さず、その存在から個別性と偶然性とをはぎ取って、それを普遍的な存在とし、絶対的に必然的な存在とし、普遍的な目的に従って自己規定して行く能動的な存在として捉えるということにほかならない。その時この〔ような思考に媒介されて生まれた〕存在はかの最初の存在とは別のものとなっているが、これが神である〔と、カントは旧形而上学の説をまとめて言っている〕。——

このようなやり方に対する〔カントの〕批判の要点は、このやり方は〔要するに〕[2] 推理であり、飛躍[3] であるということである。つまり、思考は知覚や知覚の集合である世界の内容を純化して普遍を取り出す〔と旧形而上学者は言っている〕が、知覚や〔知覚に与えられる〕世界自体にはそういう普遍は示されていないのであり、従ってこの普遍はかの感覚的世界像によっては正当化されない〔とカントは言うのである〕。〔つまり〕感覚的世界像から出発して思考が神〔の観念〕へと高まる〔旧形而上学の〕やり方に対して（これは誤謬推理の場合と同様である、第四七節を見よ）ヒュームの立場を対置するわけである。この立場とは、知覚を「思考する」こと、つまり知覚から普遍的で必然的なものを取り出すことを不当とする立場であった。

1　思考と存在の一致というと、唯物論では、両者の「実体的」一致（観念論）と「機能的」一致（唯物論）の違いを問題にします。ここと直接的な関係はありませんが、一応予備知識として知っておいて下さい。

2　ここに「要するに」という言葉を入れたくなる（角括弧は取ってもよいくらいです）のはなぜかと言いますと、属詞（述語）の不定冠詞が評辞の不定冠詞だからです。評価を下す時には「それは要するに～だ」と言い、考えるのが日本人の考え方だからです。

3　この Übergang は普通は「移行」です、あえて「飛躍」と訳しました。マルクス主義哲学の陣営では戦後の一時期、「飛躍」を「急激な移行」として、移行一般と区別する議論がありました。「過渡期」（資本主義から社会主義への過渡期）をどう考えるかの問題と関係していたようです。

**注釈〔カントの神論、その一について〕**

人間は思考する存在だから〔人間である以上〕良識も哲学も、世界の経験的把握から「出発し」、またそれに「基づいて」[1]、〔思考によって〕神へと高まろうとする努力を放棄することは決してしない。この高まりの基礎〔前提条件〕は、世界を動物のように単に感覚で捕えるのではなく、思考によって考察するということである。〔即ち〕思考が、そしてただ思考だけが、世界の本質と実体[2]、世界を支配する普遍的な威力及び世界を貫く目的規定を意識にもたらすのである。〔従って、感覚から思考によって神に高まるという〕いわゆる神の存在の証明法は、思考を本質とする精神が感性的なものを思考して自己の内へと潜り行く道筋を分析して記述した[3]ものにすぎない、と言うべきである。思考が感覚的なものを越えて高まるとか、思考が有限なものを超出して無限者に辿りつくとか、感覚的なものの連鎖を断ち切って超感覚的なものへ飛躍するといったことは、すべて、思考するということ自身にほかならず、この移り行くこと〔飛躍すること〕は考えることにほかならない。[4] もしこのような移行は〔飛躍だから〕「してはならない」と言うならば、それは「思考してはならない」と言うのと同じである。実際、動物はかかる移行を為さない。動物は〔世界についての〕感覚による受容と直観に留まっている。だから動物は〔神を知らず〕宗教を持たないのである。思考のこの高まり〔をカントやヒュームのように批判する人がいるが、こ〕の批判については次の二点を指摘しておくことは、一般的に見ても又現在の問題について見ても、必要なことである。**第一点**〔はその思考形式である〕。その思考が推理〔三段論法〕という形式を取る〔いわゆる神の存在証明がそれである〕場合には、その思考の出発点とされるものは〔知覚による経験的な〕世界観である。それは偶然の集合であったり、目的ないし合目的的関連の集合であったりする〔が、ともかく世界観である〕。[5] それはその通りである。〔しかるに、カントたちの考えでは〕思考が推理をする時、この出発点は、思考の素材〔先に偶然の集合と言ったもの〕が経験的なものであるように、最初から最後までしっかりとした基盤のように見える。[6] 従って、出発点の到達点に対する関係はひたすら肯定的なものと考えられ、実際に存在している[7]或る物から同様に実際に存在する他の物への推理だというわけである。しかし〔旧形而上学もカントも以上のように考えている点では同一で、その前提に立って議論しているのだが、実際はこの前提がおかしいのである〕、思考の本性をこのような悟性的な形でしか捉えようとしないのは大きな誤りである。経験に与えられた世界を思考するということは〔実際はそうではなく〕むしろ、本質的には、その世界の経験的形式を変革して普遍的〔思考的〕なものへと転換させることなのである。その時、思考はかの基礎〔とされた知覚的世界像〕に対してそれを否定〔変革〕するような働きをするのである。つまり、知覚された素材が普遍〔思考〕によって規定される時、それは元の経験的な姿に留まり続けるのでは「ない」のである。知覚されたものの殻が除去され否定されて、その内にあった内実が取り出されるのである[8]（第一二節及び一三節を見よ）。神の存在の形而上学的証明〔と言われているいくつかの証明法〕は、この高まりの展開及び記述としては欠陥を持っている〔と言わざるをえない〕。その上昇過程の内に含まれている否定の契機を表現していないからである。いや〔「表現し」ていないではなく〕、「取り上げ」ていない、と言うべきである。というのは、世界が偶然的であるということの内に世界は没落しゆくもの、現象的なもの、絶対的には無なるものであるということが含められているのだからである。精神のこの高まりは何を意味しているかというと、それは、たしかに世界は存在してはいるが、その存在とは仮象としての存在にすぎず、真の存在でも絶対的な存在でもないのであって、真の存在はむしろこの現象的世界の彼岸に、つまり神の中にしかなく、神だけが真の存在だ、ということである。この高まりは〔たしかに〕移行であり媒介であるが、それはそれによって同時にこの移行と媒介を止揚するものである。というのは、神は世界によって媒介されているように〔従って、世界が神の根拠に〕見えるかもしれないが、その世界が〔実際は〕むしろ無とされ〔神こそ真実在とされ〕るのだからである。この高まりを〔可能にする〕絆はまさに世界の存在が無であるということにほかならず、従って媒介する者が消滅するのであり、よってもってまさにこの媒介過程の中でその媒介〔自身〕が止揚されるのである。[9]

ヤコービは悟性的な〔神の存在〕証明に反対したが、その時彼が念頭においていたものは、とりわけこの両項の関係を単に肯定的に捉えるにすぎないような考え方であった。彼はその悟性的な証明に対して、もしそうなら条件（世界）が無条件者〔神〕に対して探し求められることになり、かくして無限者〔神〕は〔他者によって〕根拠づけられ〔他者に〕依存したもの〔であり、従って無限者ではなく有限者〕と考えられることになる、と非難したが、これは正当な非難であった。しかし、〔実際には〕このような仮象〔他者から移行してくるとその元のものに制約されると思われること〕は精神の中で起きるかの高まり自身によって正されるのである。むしろこの高まりの全内容は〔正しく理解するならば〕このような仮象を正すことに尽きる〔と言っても好いくらいである〕。しかし、媒介の中でまさにその媒介を止揚するという、この本質的思考〔現象から本質へと高まる思考〕の持っている真の性質をヤコービは認識できなかった。そこで彼は反省的〔悟性的〕思考に対しては正しかったこの非難を、間違って思考一般に妥当するものと考え、従って理性的思考にも妥当するものと思い込んでしまったのであった。

〔思考作用の持つ〕否定的契機が看過されていることを説明するための実例としては、スピノザ哲学に対して為されている「スピノザ哲学は汎神論であり無神論である」という非難を取り上げてみるとよいかもしれない。もちろんスピノザの絶対的実体はいまだ絶対的「精神」ではないから、〔スピノザに対して〕「神は絶対的精神として規定しなければならない」と要求することは正当なことである。しかし〔それはともかくとして〕、スピノザの神についての規定が、〔その非難者の言うように〕スピノザは神を自然つまり有限世界といっしょくたにし、世界を神にしているという風に考えるとするならば、その際には、有限世界は真実在を持ち、肯定的実在性を持っているのだということが〔暗黙の内に〕前提されているのである。たしかに、このことを前提し〔大前提〕、かつ神と世界との同一性を前提するならば〔小前提〕、神は端的に有限化され、現出存在の単なる有限で外面的な多様性の中に引下げられるだろう[10]〔しかしこの推論には誤りがある〕。スピノザは神を〔非難者の言うように〕神と世界との同一性として定義したのではなく、思考と延長〔物質的世界〕との一致として定義したという点には触れないにしても、この思考と延長との一致ということの内に、たとえそれが神と世界との同一性という拙劣な仕方で取られようとも、既にその中には、スピノザの体系においては〔神ではなく〕むしろ世界が真実在を持たない仮象（Phänomen）にすぎないものとして規定されるのだということが含まれているのである〔つまり、先の言葉を使えば、小前提の内に大前提の否定が含まれているのである〕[11]。だから、スピノザの体系は〔無神論ではなく〕むしろ無世界論と見なさなければならないのである。〔大体少し考えただけでも〕「神が存在する」とか「神だけが存在する」と主張するような哲学を少くとも無神論と見なすことはできないだろう〔ということくらい、すぐ分かりそうなものである〕。まして、サルやウシや石像や青銅像などを神として拝んでいる民族でさえ宗教を持つものと認められているというのに、である。〔このように少し冷静に考えてみればすぐ分かることなのだが〕しかし、表象の世界に囚われている人々にとっては、世界と呼ばれているこの有限の塊こそ真実在であるとする自分自身の前提〔先入観〕を捨てることは、やはり難しいのである。「世界は存在しない」とでも表現できるような考えを持つことは不可能なことであり、〔あるいは不可能とまで言わないなら〕「神は存在しない」ということを考えつくよりはるかにありそうにないことだ、と思われがちである。人間というものは、決して名誉なことではないのだが、世界を否定する哲学体系より神を否定する哲学体系の方を容易に信じるものであり、世界が否定されるより神が否定される方がはるかに理解しやすいと考えているのである。

**第二の注意点**は内容面である。かの思考によって〔現実世界から〕高まった時、その思考がまず獲得する内容の批判に関するものである。この内容は、世界の実体とか、世界の必然的本質とか、〔世界を〕合目的的に組織し統制する原因といったような規定で捉える時、[12] 神という言葉で考えられていること、また考えなければならないことと一致しないのはもちろんである。しかし、神の観念を前提してその観念に基づいて結果を評価するという〔外的反省の〕やり方を度外視するならば、そのような規定自体は大きな価値を持つものであり、神の理念の必然的契機ではあるのである。その正しく規定された内容つまり神の真の理念をこういうやり方で考えるためには、その〔考えの〕出発点として下位の内容〔無機界〕を取り上げるべきではないのはもちろんである。〔というのは〕世界の単に偶然的な事物はきわめて抽象的な〔貧しい〕規定〔だから〕である。〔それに比べれば〕有機物とその目的諸規定は、より高い生命という領域に属している〔だけ、出発点としてまだましではある〕。しかし、生命ある自然を観察したり、眼前の事物を目的に関連づけて考えるというやり方は、その目的として挙げられるものが下らないものであったり、子供っぽいものであったりさえするために[13]〔本当は間違っていないのに〕不純なものにされるということがあるし、〔そもそも〕単なる生命的自然自身は、実際の所、まだ神の理念を真に規定するための出発点ではないのである。神は生命以上のものである。精神なのである。〔従って〕もし神を考えるのに何か神以外のものから出発して考えようというなら、そしてもっとも手近な出発点を取り上げたいというなら、絶対者を考えるためのそれに相応しい真の出発点としては、精神的自然〔人間〕しかないのである。

1　ここに「出発し」と「基づいて」としたのは、カントが第一批判の序言で「我々の認識はすべて経験をもって（mit）始まるにしても、だからといって必ずしもすべて経験から（aus）生じるものではない」と言ったのを、ヘーゲルが間違えて記憶していたのではあるまいか。あるいは知っていて言い換えたのか。

2　ここはグロックナー版では die Substanz, die allgemeine Macht と、間にコンマがあります。この方が正しいでしょう。

3　ここは *Beschreibungen* und Analysen des Ganges des Geistes in sich となっていますが、Beschreibungen のみイタリックで強調されていて、Analysen は強調されていないのは、対等な二語ではないからでしょう。ではこの二語はどういう関係にあるでしょうか。

4　拙稿「労働と社会」の中で、ヘーゲルの目的論とパヴロフの第二信号理論（言語論）を検討して、思考の「論理的性格」を「直接性を断ち切る事」としましたが、これがヘーゲルの考えと一致することはここからも分かるでしょう。

5　これは一三一頁の三三行目（下から四行目）の allerdings の訳ですが、問題はこれがどこからどこまで掛かるかです。以下の「～と見える」には掛からないと取りました。対になって譲歩の構文を作る一三二頁七行目の Allein と大分離れる事になりますが。

6　何度も言うように、ヘーゲルでは scheinen は、ほとんどの場合、「そう見えるが実際はそうではない」という意味です。ここは kann scheinen となっていますが、この kann は「事実を確認する können」と取りましたので、訳しませんでした。「文法」の九二二頁を参照。

7　ist und bleibt は ist と言うのを強めた言い方です。「文法」の一三八七頁の②を参照。

8　言うまでもなく、これが思考の実践的・変革的性格であって、これを発見したことはヘーゲルの不滅の功績の一つです。

9　この「媒介を止揚する媒介」という論理の発見もヘーゲルの大きな功績です。ところで、この媒介者が被媒介者を制約する媒介と、被媒介者が媒介を止揚し、従って又媒介者を止揚するような媒介という二種類の媒介（被媒介者が媒介者を制約する媒介を入れると三種類になる）の現実的な意味を、師弟の関係や親子の関係や自然と人間の関係について考えてみましょう。師弟の関係についてこれを考えるとこうなるでしょう。弟子が師匠の功績を徹底的に学び同時にその限界を知って、その限界を師匠に向かって言うのではなく、自分で背負って立ち、師匠を乗り越えていくこと、又そのように指導するのが媒介を止揚する媒介である。いつまでも弟子を人事権で押さえつけようとするのが「被媒介者を制約する媒介」であり、弟子が師匠を軽んじるのが第三のもの（被媒介者が媒介者を制約する媒介）でしょう。

10　スピノザ哲学を汎神論とか無神論と評する非難者の論法は以下の通りです。世界は有限だが真実在である（大前提）、しかし、スピノザは神と世界は同一である（小前提）としている。しかるに、世界は真実在なのだから、この同一性は世界を否定して得られる同一性ではない。むしろ、神を仮象とするか（無神論）、有限な世界に内在させるか（汎神論）しかない。だから、スピノザのように神と世界を同一視すると無神論か汎神論になる。

11　「小前提の内にはこの大前提の否定がある」と言えるのは、思考と延長との一致とは、思考が延長（物的世界）の仮象性（現象性でもよい）を見ぬき、それを否定することによって、その中の概念を引出すということだからでしょう。こう取らないと、このスピノザ批判に対するヘーゲルのスピノザ弁護の話が、思考における否定的契機の看過の問題と結びつかないでしょう。

12　神は世界の実体である、神は世界の必然的原因である、というような命題を立てて捉える捉え方のことも考えているのでしょう。

13　目的論的な考え方を不純にするような「下らない目的」とか「子供っぽい目的」とは、例えば、「コルクの木があるのは人間によって栓にされるためだ」とか、「ネズミはネコに食べられるためにいる」とかいった説明方法です。

## 第五一節〔カントの神論、その二。思考から存在への道〕

存在と思考とを合一させ、それによって〔理性の〕理想を実現させるためのもう一つの道は、「思考という抽象物」から出発して「存在」としか規定しようのないものに達する道である。これがつまり神の存在の存在論的証明である。〔従って〕ここでの対立は思考と存在との対立である。〔それに対して、第五〇節の〕第一の道では「存在」という規定は両者に共通だったので、対立は単に個別と普遍の区別に関係したにすぎなかった。[1]〔それでは問題の回転軸がこのように違っているから答も違うかというと、そうではなく〕悟性〔的思考のカント〕がこの第二の道に対置させるものは、今しがた述べた事と根本的には同じことである。つまり経験的なもの〔個別的なもの〕の中には普遍的なものが見出されないように、逆に、普遍的なもの〔思考〕の中には規定されたものは含まれていない、というのである（そして、ここで規定されたものとは存在のことである）。あるいは、存在は概念からは導出されえず、析出されえない、と〔カントは〕言うのである。

1　この文をなぜ入れたのかが分かりにくい。そもそも第一の道でも世界の存在は前提され出発点とされたとはいえ、神の存在は証明されるべき事項であったのだから、「存在が両者に共通している」とは言えないと思う。しかし、それはともかく、われわれが角括弧で補ったような接続（論理関係）を入れて読まないと、この段落は読めないでしょう。

### 注釈〔カントの神論、その二について〕

〔神の存在の〕存在論的証明に対するカントの批判は無条件に好意的に受入れられたのだが、その理由は、疑いもなく、カントが、思考と存在とはどのように違うのかを明らかにするために百ターレルの例を持ち出したことによるのである。つまり、カントは、単に可能な〔入手できるかもしれないが今は入手していない〕百ターレルと現実に入手した百ターレルとでは、概念としては同じ百ターレルだが、当人の財産にとっては本質的な違いがある、と主張したのである。〔実際〕「私が考えたり思い浮べたりしたことはただそれだけではまだ現実に存在しているということにはならない」という考え、つまり、〔或る物の〕表象や概念だけでは〔その物が〕存在するための十分条件にはならないという考えほど明々白々たる考えはない〔だから、カントのこういう例証が大喝采を受けたのは当然のことであった〕。――

〔しかし、これについて論評すると〕百ターレルといったようなもの〔表象〕を概念と呼ぶようなことは粗野な態度と呼ばれても仕方のないものだが、それはさておくとしても、哲学で扱われる理念に向かって「思考と存在とは別のものなのだ」と繰り返し繰り返し説教してくれる人々は、この際何よりもまず我々哲学者はこれくらいのことは先刻承知しているのだということをしっかり知っておいてほしいと思う。[1]実際これ以上当たり前のどんな知識があるというのか。[2]しかし、第二に、神について論ずる時に考慮しなければならないことは、神というのは百ターレルとかその他の特殊な概念や表象といったようなものとは別種の対象だ、ということである。実際、有限なものであるということはそれの存在がそれの概念と〔完全には〕一致していないということであり、[3]これのみが全有限物の本質である。[4]これに対して、神とはまさに存在するとしか考えられないものであり、その概念の中に存在を含み持つものでなければならない。神の概念を成すものはまさにこの概念と存在との一体性なのである。――

もちろんこのような神規定は形式的なものであり、[5]従ってそれは実際〔神の最内奥部を成すものである〕概念というものの〔一般的〕本質[6]を含むにすぎない。しかし、概念というものは、全く抽象的な意味で取った時でも既に存在を自己内に含み持っているということは、容易に分かることである。というのは、概念は、その他どんな風に規定されようと、ともかく、媒介〔過程〕を止揚して現われ出てくるものであり、従ってまさに直接的な自己関係であるという点は動かないからであり、存在とはこの直接的な自己関係にほかならないからである。——

〔このように考えてくると、カントやそのほかの人々が〕精神の最内奥部を成す概念、あるいは自我、あるいはまさに[7]「具体的統体」である神を、存在といった貧しい規定、いや、単に貧しいどころか最も貧しく最も抽象的な規定さえ自己内に持てないほど貧しいものだとするのは、きわめて奇異なことと言わなければならないだろう。思考にとっては存在〔という規定〕ほど内容的に見てつまらないものはありえない。もっとも、人々が存在という言葉を聞いてすぐにも思い浮べるもの、つまり私の目の前にある神の存在のような外面的で感性的な存在は、それよりもつまらないものかもしれない。しかし、我々は制限された儚い事物の感性的存在など、初めから問題にしていないのである。——

〔要するに、人々が神の存在の存在論的証明に反対するのは、第一に、神の場合と個々の有限物の場合とを混同しているからであり、第二に、存在という規定と個々の事物の存在とを混同しているからである。しかし、人々の心の中にある精神はこんな一見もっともらしい議論では騙されないものである。だから〕[8]思考と存在とは別のものだという批判〔カント〕の下らない指摘は、神の観念から出発して神の存在を確認するに至る人間精神の歩みをせいぜい妨げることが出来るだけで、その歩みを阻止することは出来ないのである。〔即ち〕この〔観念から存在への〕移行、つまり神の観念と神の存在とは絶対に不可分であるという思想は、直接知や信仰の考えの中でしかるべき場所に再興されたのである。[9]これは後述する。

1　ヘーゲル哲学を観念論と決め付けて済ます自称唯物論者も、この点を誤解しているのではなかろうか。ヘーゲルがいくら観念論者だからとはいえ、頭で考えたものがすぐ実在すると考えていたわけではありません。

2　ドイツ語で読む人は、ここの was für eine という句を見落とさないように。was と für eine が離れているので間違いやすい。

3　それの存在がそれの概念と「完全に」分離しているとしたら、その対象はどうなるかと言いますと、「そういうものはそもそも存在しないから、有限なものですらない」ことになります。ですから、ここに「完全には」という句を入れて理解する事が必要なのです。

4　第二四節への付録二（三一〇頁）にも同趣旨の言葉があります。

5　それでは神の内容的規定とはどういうものかと考えてみますと、多分、「神は主体である」と成ると思います。なぜなら、神を概念と存在との一致とのみ規定すると、その一致の実現過程が暗示もされませんが、主体と規定すると、その過程が自己分裂と統一の再興とから成ることが示されるからです。

6　Natur はヘーゲル論理学の「概念」と区別された「本質」に当たるものと取った。

7　ここの vollends は関口の言う「評辞の適否」を強調する第三段階のものではないでしょうか。「神は端的に具体的統体と評するしかない」という考えでしょう。松村は「なおさら」と訳し、宮本は「さらに」と訳したようですが。

8　この角括弧内の文は übrigens を読んだものです。こういうのが関口存男の言う「語の中に文を読む」ということです。

9　ヘーゲルは個々の事物については、人間がその観念を持ったからといってそれだけでその事物が存在するにいたるのではないという「つまらない事実」は認めた上で、神についてはそれとは違い、「神の観念は存在を含むのだ」と主張しています。これと同義の言葉が例の「理性的なものは現実的であり、現実的なものは理性的である」という言葉です。この言葉の意味を存在と本質と概念のそれぞれのレベルで考えたのが付録3です。

**第五二節〔第四七節から第五一節までのまとめ。カントの「理性」とはカノンであってオルガノンではない〕**

かくして〔カントによると〕その極点における思考〔理性〕にとってさえ規定は外的なものに留まる[1]〔ということになる〕。つまり、ここで繰り返し「理性」と呼ばれているものは、端的に言うならば、「抽象的思考」〔つまり悟性〕でしかないのである。従ってその結果として[2]、この理性と言われているものは〔直観から与えられる〕諸経験を〔思考の地盤に属するものへと〕単純化し、その上で体系づけるための形式的単位しか与えない、ということになる。つまり、それは真理のカノン〔形式的基準〕であってオルガノン〔内容的基準〕[3]ではなく、無限者の教義〔自身を実際に〕与えることはできず、〔無限者の〕認識〔が正しいか否かを判定するため〕の批判〔の基準＝吟味の尺度〕を与えうるにすぎない、ということになるのである。そして、この批判〔吟味の尺度〕は結局、思考はそれ自身の内では規定を持たない単位にすぎず、この規定を持たない単位の働らきにすぎないと断言することに尽きるのである。

1　「思考にとって規定が外的」とは、思考が自己の中から規定を産み出さないということです。

2　ここは Diese, ist hiermit das Resultat, liefert nichts als .. となっていますが、これでドイツ語として成り立っているのでしょうか。松村は「したがって理性は――これが批判哲学の結論であるが――諸経験を単純化し～」とし、宮本は「その結果はと言えば、この理性は諸経験の単純化と～」としています。英訳は And the result of all is that reason supplies としています。原文を代えるとしたら、私案は so hiermit das Resultat です。

3　カノンとは形式的基準のことであり、オルガノンとは内容的基準と言えるでしょう。後にこの形式的基準として無矛盾性が挙げられることからも分かるように、形式論理学は真理認識のカノンと言ってよい。それに対して弁証法はオルガノンです。ですから、それは同時に「無限者の教義」つまり世界観でもあるのです。単なる方法と世界観でもある方法と対比させてもよいでしょうが、方法というのはそれなりに世界認識でもありますから、どこに境界線を引くかがむずかしい。

一応の境界線を書いておきます。「この『存在の必然性』つまり『生成の必然性』ということの中には実は一元論的な世界観が隠されているのである。二元論や多元論では或る事柄の生成の必然性は絶対に証明できないからである。従ってヘーゲル弁証法はその本性そのものによって相対主義や多元論とは無縁である。世界の普遍的な相互関連を認めるのが弁証法だと誤解している人がいる。それは弁証法の一契機にすぎない。弁証法とは何よりもまず、それらの多様な関連を貫いている『一つの』発展過程を承認するものでなければならない」（拙稿「弁証法の弁証法的理解」）。即ち、或る事柄を「一つの発展過程」の契機として考察するということは、それを世界史の発展過程の中に位置付けて理解するということです。ヘーゲルの弁証法が「単なる物の見方」や「方法」に留まることなく、一つの「壮大な世界観」にならざるを得なかった理由がここにあるのです。

しかし、ヘーゲルも有限な個人であって、全知全能ではありませんでした。ですから、「知らない事」や「分からない点」はごまかす事になりました。ですから、何を言っているのか分からない所は、たいてい、そういう所です。しかし、それにも拘わらず、「哲学的認識は生成の必然性に基づいた体系でなければならない」と主張し、様々な分野で当時の段階で分かる限りの事を調べ、ともかく実際に「体系的な知」を示したことの意義は不滅だと思います。

参考のために、『哲学事典』（平凡社、第一版）の「規準」と「オルガノン」から必要な箇所だけ引きます。

「カントは規準〔カノン〕を『一定の認識能力の正しい使用一般についてのア・プリオーリな原則全体』と定義し、それにしたがって科学的認識が獲得され拡張されるところのオルガノンから区別した。すなわち規準〔カノン〕は悟性及び理性を使用するに際し、実質的内容の如何に拘わらず守られなければならない形式的制約であり、それにしたがうことにより認識の正しさ（Richtigkeit）は保証されるが、真理性（Wahrheit）は根拠づけられない。換言すれば、規準〔カノン〕は一切の真理の必要条件であっても十分条件ではなく、消極的制約ではあっても積極的制約ではない。カントは論理学をこうした意味で規準〔カノン〕と解した」。

「カントは、論理学が科学的認識の獲得の仕方について何らの指示をも与えない故に、それは『科学のオルガノン』ではなく、単に規準〔カノン〕にすぎないと考えた」。

### 付録〔カントの理性は実際は悟性である〕

たしかにカントは理性をば無制約者の能力[1]としました〔し、この事自体は高く評価しなければなりません〕。しかし、彼は同時に理性を抽象的同一性〔無矛盾性〕に還元しているのでして[2]、これによって理性の無制約性は放棄され、それは事実上「空虚な悟性」[3]となってしまいました。理性が無制約的であるのは、それが自己の与《あずか》り知らぬ内容によって外から規定されることがなく[4]、自分で自分を規定し、かくしてその〔分化された〕[5]内容の中にあっても自分自身の許に留まるからにほかなりません。それなのに、カントは、理性の働らきを、知覚から〔つまり外から〕提供された素材にカテゴリー〔悟性概念〕を適用してそれを体系づける（systematisieren）こと、つまりその素材を外から秩序づけることに限定したのです。[6]しかもその際、〔「矛盾」を原理とする弁証法を理解出来なかったカントは〕理性の〔活動〕原理を「無矛盾性」としたのです。

1　この「無制約者の能力」という時の「の」とは、無制約者についての能力、つまり無制約者を認識する能力という意味と、その認識能力自身が人間主体内の無制約的なものに属する、つまり無制約者が持っている能力という意味とを合せ持っていると思います。

2　これも「事実を指す wenn」です。この wenn は「事実を一般化してそれに注釈を加えようとする時に使う」ものです。「人間は批評する時には一般化して言うのが普通である」。「wenn .. so; wenn .. dann の形が普通だが、so, dann はなくてもよい」。So viel ist gewiss, sie war fest bei sich entschlossen, alles zu tun, um Werthern zu entfernen, und wenn sie zauderte, so war es eine herzliche, freundschaftliche Schonung.（ゲーテ、ヴェールテル）（これだけは確かだが、彼女はあらゆる策を講じてヴェールテルを遠ざける事に固く決心していたらしい。それを躊躇したのは、それは気持ちの上から、友情の上から忍びなかったからである）（関口存男『ドイツ語学講話』一五七頁以下）。ここを松村は「とすれば」、宮本は「られるときには」としています。

3　ここで悟性に「空虚な」という形容詞を冠したのは、自己内に規定を持たず、外から受け取るとされているからです。カントの本来の悟性は一二のカテゴリーを持っていますから、この意味では空虚ではありません（もっともカント自身は「直観なき概念は空虚だ」と言っていますが）。ここはカントが「理性」と呼んだものが実際には「空虚な悟性」だと言っているのです。

4　von außen bestimmt wird と durch einen ihr fremden Inhalt bestimmt wird とは同じ事です。つまりここは内容上「重言」です。

5　自分を規定するという事は、その規定を元の自己から「分化する」という事です。

6　従って、カントのやり方は、素材の側からみても、カテゴリーの側から見ても、共に、それぞれの意味で、「外から規定される」と言えるわけです。

## b・実践理性〔第五三～五四節〕

第五三節〔カントの実践理性について、総論〕

b・実践理性をカントは「自己自身を普遍的な仕方で規定する意志」だとした。つまり「意志という姿を採った思考」だとした。[1] それは、自由の法則を客観的〔普遍妥当的〕であるが故に命令的な〔万人が従うべき〕法則、つまり「為すべき事」を指示するような法則を与えるものとされている。〔従って、それは価値判断に客観性ありとするものであり、この点でカント倫理学は高い意義を持っている。〔しかし〕ここでカントが思考を「客観的な規定」を与える活動〔即ち「理性」の名に相応しいもの〕と捉えた根拠をどこに求めたかというと、この実践的自由は経験によって実証されうる事だ、というのである。[2] つまり、実践的自由は〔理論的に思考と意志の本性から論証されるのではなく〕自己意識の現象の中に〔事実として〕指摘できる事柄だというのである。[3]〔この点がカントの実践理性批判における第一の欠点であった。なぜなら〕このような意識内の経験に対しては、〔第一に〕同じく〔カントとは〕逆の経験〔つまり意志の自由なんてのは仮象にすぎず、全ては必然的に決っている事を証明する経験〕に基づいて決定論が力を増している[4]〔からであり〕、〔第二に〕とりわけ懐疑論（ヒュームの懐疑論も含む）は、人々が権利及び義務としているものが無限に多様であり、客観的に妥当すべき自由の掟が無限に沢山あるという事実から〔価値判断に客観性はないという〕帰結を引出して反論する〔からである〕。[5]

1 「意志」であるという事が「自己自身を規定する」に対応し、「思考」であるという事が「普遍的な仕方で規定する」に対応しているのだと思います。原書の一三九頁の二〇行目から二一行目にかけての所に auf allgemeine Weise, d.h. *denkend* とあります。そしてこの denkend はイタリックで強調されています。そもそも「思考」の論理的性格は「普遍性」ですし。

2　先行詞が solche と不定代名詞になっています。不定冠詞付きの名詞の場合と同じです。

3　eine Vernunft の不定冠詞は「内的形容の不定冠詞」でしょう。

4　ここは Gegen diese Erfahrung im Bewußtsein rekurriert alles, was der Determinismus ebenso aus der Erfahrung dagegen vorbringt となっています。先ず、rekurrieren は英語の recruit（新兵を募集する）から来ているのでしょうか、ここでは自動詞で意味は「（新兵を増やしている、勢力を強めている」でしょう。構文としては、やはり was の関係文で修飾された alles が主語でしょう。dagegen は was に掛かるのではなく、Erfahrung に掛かって、「カントのそれとは反対の経験に基づいて」でしょう。

5　ここでの問題の核心は、先に角括弧して入れておきましたように、価値判断の客観性を認めるか否かだと思います。へーゲルはカントと同様にそれを認める立場ですから、カント支持なのですが、カントの証明の仕方には欠点が多すぎる、と言いたいのだと思います。拙稿「価値判断は主観的か」を参照。なお、へーゲルが「価値判断の客観性」の立場に立っていたこと、従ってまたその「弁証法」を受け継いだマルクスとエンゲルスも同意見だったことをご存じない自称マルクス主義者が少なくないので、エンゲルスの次の言葉を引いておきます。「ユンク氏は、へーゲル哲学の根本は硬直した客観による他律を排して自由な主体を主張したことだ、と証明すべくがんばっている。しかし、へーゲルにそれほど通暁していなくても、へーゲルが主体と客観的な力との和解というもっと高い立場に立っていたことくらいは分かるはずである。へーゲルは実際、客観性を高く評価していた。個人の主観的理性より現存する現実を上に置き、個人はまず客観的現実を理性的なものとして認識しなければならないとしたのである。／要するに、へーゲルはユンク氏の考えているような主観の自律〔価値判断の主観性〕の予言者ではない。最近のドイツで出て来た「主観の自律」は恣意の別名にすぎない。ヘーゲルの原理は主体を普遍的理性に従属させる「他律」である。宗教哲学では普遍的非理性への従属さえ求めている。ヘーゲルの最も軽蔑したものは悟性である。悟性とはヘーゲルの考えでは「主観性の中で個別化され、そのまま固まってしまった理性」にほかならない（ディーツ版マルエン全集第一巻四三六頁）。

## 第五四節〔カントの実践理性の原理の形式的限界とその限界を越えるもの〕

〔それでは〕その実践的思考が自己に与える法則は何か、あるいはその思考が自己自身の内で自己を規定する時の基準は何かというと、これが又々「規定は無矛盾でなければならない」という〔理論理性での〕悟性の抽象的〔形式的〕同一性にほかならないのである。このため、実践理性も理論理性の最後の言葉とされている形式主義を超えていないのである〔これがカントの自由の法則論の第二の欠点である〕。

しかし〔これらの大きな欠点をその根拠と尺度の中に持ちながらも〕この〔カントの〕実践理性は善という普遍的規定[1]を単に自己内に〔主観的に〕立てただけに止まらなかった。それは〔意志だから〕、本来的に実践的なものであり、善は世俗的に存在し、外界に客観化されなければならないと要求した、つまり〔意志という姿を採った〕思考は単に主観的に止まっていてはならず、ともかく客観的にならなければならないと要求した。[2]〔そして、ここにこそカントの実践理性の意義があったのである。しかし〕この実践理性の要請については後述する。

1　die allgemeine Bestimmung, das Gute は「換言的並置」です。「文法」の三一〇頁を参照。

2　先にも注しましたように、ヘーゲルの文の流れは、ほめてはけなし、けなしてはほめるという風に流れることが多いです。ヘーゲルの二枚腰です。この第五三～四節もその例に漏れません。

ヘーゲルを読む時に心得ておくべき一事項です。

付録〔カントの自由意志論の意義と限界〕

カントは理論理性には拒否したもの（自由な自己規定）を実践理性には明確に返還要求したのでした。[1]カント哲学はとりわけこれのお陰で高く評価されてきましたが、それも当然のことです。この点でのカントの功績がどれほど高く評価しなければならないものかを知るためには、当時支配していた実践哲学、[2]殊に道徳哲学がどんなものであったかを知り、それと比較してみなければなりません。それは幸福主義の学派でした。その学派は、人間の使命は何かという問いに答えて、[3]人間は自分の幸福を目標としなければならないと主張したのでした。それでは幸福という言葉で何が理解されていたかと言いますと、それは人間の特殊性に属するような傾向性、願望、欲求等々を満足させることだったのです。即ち、〔この学派では〕偶然的なもの、特殊的なものが意志とその活動との原理とされていたのです。そこでカントは、このような確固たる支点を何一つ自己内に持たず、個々人の勝手な意志やその時の気分に大きく門戸を開くような[4]幸福主義に対して、実践理性〔という旗〕を対置し、それによって万人に妥当する普遍的な意志規定を主[5]張したのでした。つまり、先の諸節[6]〔第四二〜五二節〕で指摘しましたように、カントは理論理性をば無限者の否定的能力としただけで、それに肯定的な内容を与えず、経験的認識の有限性を見抜く能力だけに限ったのですが、実践理性に対しては肯定的無限〔無限者の肯定的能力〕を明確に承認しました。しかもその方法たるや、意志には普遍的な自己規定能力がある、つまり思考によって自己自身を規定する能力があるのだとするものでした〔つまり、カントは理論理性には認めなかった「普遍の自己特殊化」[7]を実践理性には認めたのです。この点は彼の大きな功績でした〕。たしかに意志にはこの能力があるのでして、人間はこの能力を持ち、行為の中でこの能力を使う限りで自由なのだと知ることは、きわめて大切なことです。[8] しかし、この事を認めただけではその意志ないし実践理性の内容は何かという問いにまで答えたことになりません。[9] その時、〔カントは〕人間は「善」を自分の意志の内容にしなければならないと言うのですが、〔そう言われると〕ただちに、それではその〔善の〕内容は何か〔善とは何か〕という疑問が続々と出てくることになります。[10] しかるに〔この問いに対してカントが与えた答は〕意志の自己自身との一致の原理とか、義務を義務のためにしなければならないという要請〔といったものにすぎず、これ〕では何一つ前進しないのです〔この点がカントの実践理性の限界でした〕。

1　「返還要求」というためには、以前その人のものだったのに不当に他人に奪われていたということが前提されます。この場合は次の通りです。①自由な自己規定は理性が本来持っているものである。②古代から近世までは当然のことと認められていたが、経験論や懐疑論がそれを否認した。③カントは理論理性にはそれを返還要求しなかった（認めなかった）が、実践理性にはそれを返還要求した。

2　ここは welche derselbe als herrschen vorfand となっています。derselbe は Kant を受けています。一三九頁の一八行目でもそうしています。その次の一〇行目では普通に er で受けています。人を derselbe で受けるのはどういう場合でしょうか。受ける語が少し離れている時でしょうか。それともただ強調したいだけでしょうか。

3　Bestimmung という語は「使命、本分」（為すべき事）という意味と「規定」（本質的特徴）という意味とを合わせ持っています。昔の人は、事物の「本質」（正確には「概念」）からその事物の「使命（為すべき事）」が出てくるという「価値判断の客観性」の立場に無意識的に立っていたのです。

4 Willkür und Laune とか Tür und Tor と、一語一想のオンパレードです。

5 ここは einer allgemeinen und für alle gleich verbindlichen Bestimmung となっていて不定冠詞が付いています。次の形容詞（句）を紹介導入する不定冠詞でしょう。allgemein と für alle gleich verbindlich とは同義ですから、後者は前者の言い換えだと思います。

6 「§§」は Paragraphen と読むのでしょう。パラグラフの複数形です。

7 この付録の冒頭に出ている「自由な自己規定」とは「普遍の自己特殊化」です。規定することは特殊化であり、「自由な」とは「自分以外の物に基づかずに」ということです。更に換言するならば、それは「自由意志」「意志の自由」ということでしょう。

8 まずカントを肯定します。

9 次にけなします。「カントの実践理性の限界」を指摘します。これがヘーゲルのやり方です。

10 ここでも rekurrieren を使っています。

## c・反省的判断力〔第五五～六〇節〕

### 第五五節〔反省的判断力の原理は直感的悟性〕

c〔カントの第三批判すなわち『判断力批判』では反省的判断力が扱われているが、そこでカントは〕反省的判断力[1]の原理は「直観的悟性」だとしている。〔第一批判及び第二批判では、直観によって与えられる〕特殊は〔悟性のものである〕普遍〔抽象的同一性〕に対して偶然的であり、普遍から[2]〔内在的演繹によっては〕導出されえないものだと言われていたが、その特殊がここ直観する悟性では普遍自身によって規定される〔普遍から内在的に導出される〕というのである。[3] そして、この事は芸術作品や有機的自然物の中に見られることだ、というのである。

1 反省的判断力とは「特殊が与えられている時、この特殊に対する普遍を見出す能力」であり、その反対に、「普遍が与えられている時、その普遍の下に特殊を包摂する能力」である規定的判断力と対置されます。

2 この davon は abgeleitet werden の能動主を表すのではなく、「それ（普遍）から」という意味です。

3 ヘーゲルの論理の根本が「普遍の自己特殊化」であることを知っていれば、ヘーゲルがカントのこれを重視するのは容易に分かるでしょう。

## 注釈〔カントの理念の意義と限界〕

『判断力批判』の特に優れている点は、カントがそこで「理念」の表象、いや理念の観念を提示したということである。そこで直観的悟性とか内的合目的性などと言われている観念は普遍の事であるが、それは同時に「それ自身において具体的なもの〔対立物の統一〕と考えられた普遍」なのである。[1] 従って、これらの考え方を打ち出した点を見る限りでは、カント哲学は思弁的性格を持っていると言えるのである〔しかし、この点について少し広く見回してみると、これと同じ考え方は何もカントだけではないことがすぐ分かる〕。分離を事とする悟性の抽象物〔に不満を感じて、そこ〕からの脱出口を思考と感性的表象との具体的な統一である芸術美の理念に求めた人は多いが、殊にシラーがそうであった。又、自然的生命〔人間以外の生命〕であれ知的生命〔知性を持った生命、人間〕であれ、とにかく生命一般を直観したり意識したりすることにその脱出口を求めた人々もいたのである〔従って、カントが前述の考え方を打ち出したという事だけではカントを特に評価するには不十分なのである〕。――

〔しかも〕芸術作品とか生命を持つ個体とかいったものはその内容の点では限られたものである[2]〔だから、これだけではカント哲学を思弁的と評価するのはまだ早いと思われるかもしれない。たしかにそれはそうなのだが〕しかしカントは、自然の必然性は〔究極においては〕自由の目的と調和していると要請することによって、つまり世界の究極目的は実現されつつあるのだと考えることによって、内容的にも包括的な理念を立てているのである〔従って、この点でカントはシラーなどの先行者を追い越し、思弁的と言ってよい所まで進んでいるのである〕。しかし〔カントのいい所はここまでで〕、カントはこの最高の理念の所にきて、思考の怠惰のため（と言ってもよいと思うのだが）「当為」というきわめて安易な逃げ道を取るのである。つまり、彼は究極目的が実際に実現されつつあると考えないで、概念と実在とはあくまでも別々のものであると主張するのである[3]。〔しかし〕このようなカントの考えとは反対に、有機体の生命や芸術美が現にあるということ自体が理想の実現されつつあることを示しているのであり、少くとも感覚と直観はこれを認めているのである。だから、これらの対象についてカントが行なったいろいろな考察は〔カントの意図とは反対に〕人々を導いて具体的理念を捉え考えるようにし向けるのにきわめて適切なものとなっているのである。[4]

1　an ihm であって an sich でも in ihm でもないこと、「具体的」とは「対立物の統一」のことであることを忘れなければ分かるでしょう。
2　「内容の点でそれが限られている」とは、「一つ一つの芸術作品や生物はテーマの点でもその占める空間的時間的拡がりの点でも限られている」ということでしょう。その場合、「その形式＝論理の点では、悟性と直観との統一という無限者の論理を持っている」ことが前提されていると思います。拙著『労働と社会』の五三頁を参照。

3　この「理想」を松村は「理念と実在との統一」と説明していますが、理念自身が概念と実在との統一ですから、次の「具体的理念」という語と同義で「理念」と同じだと思います。抽象的理念という表現はヘーゲルでは形容矛盾ですから。

4　ここは wären という第二式が分かりませんでした。松村は婉曲と取っているようですし、英訳は過去と取っているようです。反実仮想の帰結と取り、「それが正しく展開されるならば～適切だったのに」と解することは出来ないのでしょうか。それはともかく、カントとヘーゲルの本当の違いは歴史的観点の有無だと思います。ヘーゲルでも何も「今の現実が究極目的の実現になっている」などと主張している訳ではないでしょう。all or nothing という子供っぽい見方ではなく、「歴史は後退もあるが、全体として見れば、やはり前進しているのだ」という「大人の見方」を対置しているのだと思います。「老人」という渾名を付けられる所以です。それに、ここの考察も、カントを褒めてはけなし、けなしては褒めるといった「二枚腰」の手本です。

## 第五六節〔第三批判の原理の持ち出し方の経験的性格〕

悟性の普遍と直観の特殊との関係についてここ〔第三批判〕で打ち立てられた考えは、理論理性論〔第一批判〕及び実践理性論〔第二批判〕の根底にあるそれとは異なったものである。しかし〔残念ながら〕「前者が真の関係である、いやそれどころか真理そのものである」という指摘までは為されていない。それどころか、逆に、この統一は有限世界の諸現象の中に現われる姿で取り上げられているにすぎない。つまり、この統一は〔理論的に証明されるのではなく〕経験の中で示される〔だけな〕のである〔このような経験主義的な態度がどういう結果をもたらすかはともかく、その経験として何が挙げられているかを見てみよう〕。このような経験を与えてくれるものは、まず第一に、主体〔人間〕の中では、〔芸術的〕天才と趣味判断だとされている。天才というのは、審美的理念を産出する能力のことである。ここで審美的理念とは自由な構想力の作り出す表象で、理念について考える材料を提供するもののことであるが、その時この表象の内容は概念の中で表現されてもいなければ表現されうるものでもないという。趣味判断というのは、自由な直観ないし自由な表象が合法則的なものである悟性と一致した時のその一体感のことである。

### 第五七節〔生物は内的目的という性格を持つ〕

第二に、〔客観世界の中では、この経験を与えるのは生きた自然物であるが〕生きた自然物に対しては反省的判断力の原理〔普遍と特殊の統一〕は目的という形を採る。つまり、能動的な概念、「自己内に規定を持ちかつ〔自他を〕規定しゆく普遍」である。〔しかし目的といってもそれはここでは目的一般のことではなく、内的目的のことである。だから〕同時に、外的合目的性や有限な合目的性という考え方はここでは認められていない。有限な合目的性の中では、目的は手段と目的を実現するための材料[1]とに対して外的な形式にすぎない。それに対して、生物の中では、目的は材料の中に内在する規定[2]〔使命〕であり、活動であって、その各分肢は互いに手段でもあり目的でもあるという関係になっている[3]。

1　この worin er sich realisiert は内容から考えて Material だけに掛かるのでしょう。

2　この文は主語が der Zweck で、属詞が Bestimmung und Tätigkeit でしょう。問題はその間にある in der immanente をどう理解するか、です。誤植でないとすると、です。immanente は本来は三格支配ですから der Materie を支配すると取るのが普通ですが、そうするとおかしくなります。そこで、immanenteはここでは前置詞格支配でin der Materieを支配すると取りました。そうでないとすると、in der MaterieをZweckに掛けて「材料の中の目的は内在的な規定と活動である」となるでしょう。

3　ヘーゲルが生命を評価するのはそこにこういう目的関係＝思弁的論理があるからでしょう。第五六節の後半と本節が対をなして、カント目的論の紹介になっているのは言うまでもありません。文法的には、最後の文はWohingegenという従属接続詞に導かれる「従属文」ですが、定形後置のまま独立させられています。「文法」の一三七頁の第三項を参照。

## 第五八節〔カントの内的合目的性の中途半端さ〕

さて〔これを批評すると〕、〔カントは内的合目的性という〕理念をこのように〔第五七節で述べたように〕捉えたので、目的と手段の関係及び主観性と客観性の関係についての悟性的な考え方は止揚した〔そして、その限りでこの考えは高い価値を持っている〕のだが、それにもかかわらず、今度は又これと矛盾する形で、目的というのは〔我々人間の〕表象つまり主観的なものとしてしか存在しないような原因だ[1]という主張がなされるのである。そのため目的規定はやはり我々〔人間〕の悟性に属する評価の原理にすぎないとされることになるのである〔つまり、カントはあくまでも主観性と客観性の対立に固執し、その枠内でしか考えられないのである〕。

1　eine Ursacheと不定冠詞が付いています。

**注釈〔自然の理解でもカントは不徹底〕**

ひとたび批判哲学がその結論として、理性は〔物自体は認識出来ず〕現象しか認識しえないということを認めたとしても、だからといって〔カントのような主観的な考え方に進むことには必ずしもならないのであって〕少くとも生命ある自然〔の理解〕に関しては、二つの同様に主観的な考え方[1]のどちらかを選ぶ余地が残されているだろうに。大体カントの叙述に従っても、必ずしも自然の産物を単に質とか原因と結果とか合成体とか構成部分といった〔無機物の世界の〕カテゴリーで認識しなければならないという事にはならないはずである。〔実際〕内的合目的性の原理を生物学に適用する際[2]に、それをしっかりと保持し展開していたならば、〔カントの見方とは〕全く異った一層高次の自然観[3]が生まれていただろうに〔それがどういうものかは次節で示そう〕。

1　「二つの同様に主観的な考え方」とは、一つはカント的なもので、目的規定は客観に存せず人間の認識主観に属するという考えで、もう一つは第五九節本文にあるような超越的主観に属するという考え。
2　ここの wissenschaftlich とは naturwissenschaftlich の意だと思います。
3　derselben は Naturprodukte を受けていると思います。大分離れていますが。

## 第五九節〔カントを止揚すると思弁哲学に成る〕

〔カントの〕理念をこの〔内的合目的性の〕原理に従って制限なく展開するならば、理性によって規定された普遍、即ち絶対的な究極目的、即ち善が世界〔世界史〕の中で実現されるということ〔世界観〕に成るであろう。しかもそれを成就する者は〔理念でも世界でもなく、両者とは別の〕第三の者であろう[1]。それが神である。神はこの究極目的を自から立て[2]、かつ実現する威力である。この神は、絶対的真理であるから、普遍〔思考〕と個別〔存在〕の対立及び主観性と客観性の対立を解消し、そういう対立は自立的〔絶対的〕なものでも真理でもないことを明らかにするのである〔そして、私・ヘーゲルの選んだ道がこれであった〕。

1　ein Drittes と序数詞に不定冠詞が付いています。関係代名詞で形容されたような性質を表現したかったのでしょう。又、順番を厳密に考えないで、「もう一つ別の」といった感じでもあると思います。「文法」の五七九頁を参照。なお、ここでは「不定冠詞付きの名詞 ein Drittes」を言い換えて、同格で Gott（事実上定冠詞が付いています）を持ってきています。

2　ここの selbst は前の Endzweck に掛けて「究極目的そのもの」と取るのが普通ですが、私はこう取りました。

## 第六〇節〔カントの目的論の主観性〕

しかし〔カントにおいては〕そこに世界の究極目的の実現された状態であるところの善というものは、元々、「我々人間の」善とされ、「我々人間の」実践理性の道徳的法則とされていて〔倭小化されて〕いる。[1] その結果、〔存在と当為との〕統一というものも世界の現状や出来事が我々人間の道徳と一致するということ以上には出ない。[2][3] その上又、それがこのように制限された形で捉えられて〔おり、従ってその限りで規定を持って〕いるにもかかわらず、[4] 究極目的つまり善も義務と同様、規定を持たない抽象物とされることになるのである。更に、この調和〔世界の現状と人間の道徳との一致〕[5] は、対立を〔止揚し、対立を〕真理でないとすることによって打ち立てられたものなのに、この調和に対して、この〔止揚されたはずの〕対立が再び呼び起こされ主張されるのである。その結果、この調和は〔客観的に存するのではなく〕主観的なものにすぎない、とされる。それは「そうあるべきではあるが実際にはそうなっていないもの」にすぎない、とされる。それは「そう思い込まれたもの」であって、そこには主観的な確信があるだけで、真理は無く、理性に対応したかの客観性は無い、とされるのである。――

〔そこでカントは今度は〕この理念の実現を時間の中に移し入れて、それは理念の実現されてもいるような未来での事だとし、それによってこの矛盾を隠したつもりでいるが、時間というような感性的条件は[6]矛盾を解決しはしない。〔カントがそれに対応してここで持ち出した〕無限進行〔人間は理念に無限に近づいていく〕という悟性的な考えは、繰り返し繰り返し矛盾を再生産するということにほかならないのである。[7]

1　ここでunserが強調されているのは、「絶対的精神のレベルのものではない」という事でしょう。因みに、ヘーゲルはその『精神哲学』では道徳は客観的精神（第二段階）の中に位置づけ、第三段階の絶対的精神の中には置きませんでした。

2　ここはdie Einheit weiter nicht geht als ..となっていて、nicht weiterとはなっていません（英訳はno further thanです）。nichtは「否定する語句の直前に置く」のが原則ですが、そうでない場合（強調する時とか）も結構多いです。「文法」の一一七三頁以下等を参照。

3　（原注）カントの『判断力批判』自身の言葉によると以下の通りである。「究極目的とは、我々人間の実践理性の一概念にすぎず、経験に与えられるデータから推論によって自然の理論的評価の尺度にされたものではなく、〔従って〕自然認識に関係させることはできないものである。この概念を使うことのできるのは、道徳的諸法別に従う実践理性だけである。創造の究極目的とは、我々人間が合法則的だと言えるようなものに世界が合致する状態である。つまり、我々人間の実践理性が実践的でなければならない限りで持つ究極目的と世界が一致するような状態になることである」。

4　ここのselbst mit dieser Beschränkungを松村は「このような制限を持つだけでなく」としていますが、何かの勘違いではないでしょうか。

5　「同語の繰り返しを避ける」習慣は、日本語では西洋語ほどではありませんが、西洋語では強いので、「この語句は前のどの語句の言い換えかな」と考える習慣を身につけておくと好いと思います。

6　ここは eine Zukunft, wo die Idee auch sei となっています。sei の接続法第一式はもちろん間接話法（カントの言）です。問題はその「存在する」の意味であり、auch（も）は何に掛かるかであり、Zukunft に冠置された不定冠詞の意味（形態）です。松村は「理念が存在しもするようになることがのぞましいところの未来」と随分うがった解釈をしています。

7　真理への過程をどう見るかでは二説あります。一つは、真理はどこか向こうにあって人間は真理に無限に近づいていくことはできるが、永遠に真理に到達しない、つまり、人間は虚偽に止まるという考えです。これは人間の認識を漸近線みたいに考えるものですから、漸近線説と呼ばれています。もう一つは、真理への運動自体が真理の自己実現過程であり、真理であるという考えです。カントは前者でヘーゲルは後者と言えるでしょう。相対的真理と絶対的真理の関係についての理解でも、このどちらを採るかは大きな問題です。

**注釈〔カント論のまとめ〕**

ここ〔カント論の最後〕において、批判哲学の認識論からの帰結で今では時代の定説[1]となり、〔その他の事を考える際の〕一般的前提にさえなっている一点について、総括的な注意をしておこうと思う。[2]

**〔①カント哲学の致命的欠点〕**二元論的な体系ではどれでもそうだが、特にカントの体系では、ほんの少し前には自立的で統一不可能とされた〔二つの〕もの〔個別と普遍、主観と客観〕を統一しようという不整合があり、ここにその根本欠点が現われることになる。〔また、逆に、対立物の〕統一された姿が真理だとされたかと思うと、すぐにも、今度はむしろ分離された姿での両契機（先に真理とされた統一の中ではその自立したあり方が偽として否認されたその両契機〕が、真理であり本当のものだと言われたりするのである。〔要するに〕このような哲学に欠けているものは、このように二つの考えを行き来することによってまさにこれらの規定のどれもが不十分なものであることが暴露されているのだという事の自覚である。その欠点の核心は、二つの観念[3]（形式から見て〔本質的には〕二つの観念しかない）を結合できない無能力にあるのである。この点での〔カントの〕最大の不整合は、一方において悟性は現象しか認識できないと言って〔悟性の相対性、非真理性を主張して〕おきながら、他方において「認識はそこ〔現象〕より先に進めない[4]」とか「これ〔現象〕が人知の本性からする絶対的な制限である」と言うことで、〔事実上〕この認識〔現象認識・経験的認識〕を絶対的なものと主張しているということである。[5]〔ここで、制限を知るとはどういうことかについて説明しておくと〕自然物は制限されているが、それが自然物であ〔り、制限されてい〕るのは[6]、自然物が自分の一般的な制限について無知な限りでのことであり、自然物であるということが我々人間によって制限として知られているだけで自然物自身には自覚されていない限りでのことである。〔自然物は自己を自然物と自覚しない所にこそその自然物たる所以があるのである。なぜなら〕或るものを制限とか欠点として知ったり感じたりするには、その時その制限なり欠点なりを乗り越えていなければならない〔からである〕[7]。

〔もっとも自然物といっても生物と無生物とに分けられるのであって〕生物は痛みを感ずるという点で無生物より優っている。〔だから人間までいかなくても〕単なる生物に対してさえ個別的な規定は否定的なものとして感じられる。なぜなら、生物は生き物であるが故に個別を越え行く普遍（生命であるということが一種の普遍である）という性格を持っているからである。生物は自己を否定するものを身につけてもなお自己を保ちつづけるし、[8]この矛盾を自己内にあるものとして感じるのである。この矛盾が生物の中にあるということは、生物の生命感情という普遍とこれを否定する個別とが共に一つの主体の内にあるということである。[9]〔このように或るものを制限と感じるということは、それを乗り越えるものを自己内に持っているということだから〕認識の制限とか欠点とかを制限とか欠点として知るには、全体的で完成されたものである普遍の理念を持っていて、[10]それと比較しなければならないのである。従って、或るものを有限だとか制限されているとすること自身が無限なもの無制限なものが実際存在していることを証明しているのだということを見抜けず、限界を知るには限界なきものがこちら側の意識〔知の主体〕の内になければならないということを見抜けないのは、意識〔反省ないし論理的思考能力〕が欠除しているとでも言う以外にないのである。

〔②役に立たない哲学〕認識論の結果についてもう一つ言っておかなければならない事は、カント哲学は諸科学の方法に対して影響を及ぼさなかったということである。[11]つまり、カント哲学は普通に行われている〔科学者たちの〕認識の方法にもそこで扱われているカテゴリーにも何一つ手を触れなかったのである。たしかに当時の科学書を見ると、時にはカント哲学の諸命題を冒頭に掲げているものもあるが、その論述をたどってみると、それらの命題は余計な飾りにすぎず、最初の数ページを取り除けたとしてもその経験的内容〔その科学自身の内容〕には何の変化もないようなものであることが分かるのである。[12]

〔③理性の独立の原理〕〔二点にわたってカント認識論の総括的批判をしたが、最後の最後に、カント哲学の哲学史上の位置を定めるために経験論及び旧形而上学との関係を考察して終りとしたい。〕カント哲学と形而上学的経験論〔形而上学的世界も認める経験論〕[13]とを一層くわしく比較してみると、この「無邪気な経験論」〔とも言い換えうる形而上学的経験論〕はたしかに感覚的知覚に頼るのだが、それは同時に精神的現実、超感覚的世界をも認める。その際、その超感覚的世界の内容がどのようなものなのか、思考から由来するのか空想から由来するのかといったことには無関係に、そういう世界を認める。それはそういう精神的内容が「実際にあるのだから」という理由で、それを認める。経験的知がその内容が外界についての知覚を根拠として信じているのと同じである。しかし、首尾一貫性を尊ぶ反省的経験論はこの最後で最高の内容〔精神的内容〕を認めるかかる二元論を批判し、思考という原理とその中で展開される精神的世界の自立性を否定する。〔そして〕この経験論を首尾一貫して貫ぬいた体系が唯物論であり、自然主義なのである。[14]

〔このように経験論を二種に分けて見るとすぐにも分かるように〕カント哲学は後者の〔反省的〕経験論に対して思考と自由の原理を端的に対置することによって、前者の〔形而上学的〕経験論と結びつくのであり、この形而上学的経験論とはその一般的原理においては何ら異なる所がない。〔従って〕カント哲学〔は二元論なのだが、その〕二元論の一方の側面は知覚の世界及びそれについて反省を加える悟性である。たしかに〔カントにおいては先の無邪気な経験論とは違って〕この知覚の世界は「現象の世界」と称され〔真理の世界ではないとされ〕てはいる。しかし、それは単なる言葉の違いにすぎず、形式的規定にすぎないのであって、その世界の源泉、内容及び考察方法[16]には何の違いもないのである。それに対するもう一つの側面は自己を把握する思考〔自我に目覚めた以後の自覚的思考、正確には半自覚的思考〕の自立性であり、自由の原理である。これはカント哲学がかつての普通の形而上学と共有するものであるが、カントはそこからあらゆる内容を抜き去り、しかもそれに代わる内容を一つも与ええない〔という点で両者は異なっている〕。〔つまり〕この思考はここでは「理性」と呼ばれているのだが、それはあらゆる規定を奪われ、〔自己を規定するための〕拠り所をすべて取り上げられているのである。〔このようにカント哲学は哲学史的には無邪気な経験論と結びつき、従って旧形而上学とも関係を持つことができたのだが、思考の自立性を徹底させるために思考の内容規定を犠牲にすることになった。従って〕カント哲学の残した主なものは、この思考の絶対的な内面性を意識させたことだった。この絶対的な内面性は、その抽象性の故に〔その内面性が外界からの作用を拒否するという一面に極端に単純化されたために〕、自己自身からは何物も展開することができず、いかなる規定も認識も道徳法則も産み出すことができないのだが〔そして、その点で大きな制約を持ったのだが〕、それにもかかわらず、ともかく、それは「外来のもの」という性格を帯びたものを自己内に許し通用させることを頑なに拒むものであった。そして、この時以来、理性の独立の原理、理性の絶対的な自己内自立性の原理は[17]、哲学の普遍的原理となり、時代の定説〔公理〕の一つと見なされなければならないことになっているのである[18]。

1　ヘーゲルの Vorurteil は「偏見」とか「先入見」と訳すのは当らない場合が多いと思います。

2　この注釈は、後にも触れるように、第六〇節本文への注釈ではなく、第四〇節からここまでのカント論全体に対する注釈、と言うか、締めくくりです。第六一節として独立させた方がよいと考えられるくらいです。この書き出しからもそれが分かります。

3　この「観念」と訳した Gedanke は、まず第一に、すぐ前の「規定」の別語と取る案が考えられます。すると、それが本質上二つしかないということは、すべての対規定は個別と普遍の対規定に還元されうるということでしょうか。第二に考えられることは、対概念の統一を真とする考えと分離を真とする考えとの二つの考えのことで、こう取ると、ここでヘーゲルが問題にしていることは、「対立物の統一と分裂」ないし「対立物の統一と分裂との統一」ということ、具体的統一ということになります。我々は第二案を取ります。

4　ここは nicht weiter の語順になっています。

5　現象しか認識できない悟性を一方で相対的とし、他方で絶対的と言うのは不整合である。これは誰でも分かるでしょう。分かりにくいのは、「悟性は現象より先に進めない」と言うことがなぜその認識を絶対視したことになるのかということです。次にあるように、悟性の制限を知ることはそれを乗り越えていることだからです。それとも、ヘーゲルの批判は、現象認識を悟性の制限とすることで、現象認識は絶対的（これ以上のものはありえない）という帰結を実際に引出すことが間違いだというのでしょうか。これならこれで筋は通っていると思います。しかし、そのためには、我々が角括弧で補った「事実上」という語を取らなければならないし、又、カントの不整合は現象認識を一方で相対的、他方で絶対的とした点にあるのではなく、現象認識が本性上の制限だから絶対的だとした推論にあることになります。この辺のヘーゲルの叙述の整合性が分かりにくい。

6　ここは nur natürlichen Dinge sind sie となっていますが、sie は die natürlichen Dinge（定冠詞付き）でしょう。これが主語で、文頭の無冠詞のそれは属詞（述語）です。つまり倒置文です。

7　欠点を越えていればもう欠点ではないとも考えられますが、欠点を越えるのにも潜在的に越えるのと顕在的に越えるのとの二段階があると思います。ですから、一般には自分の欠点を知ることはその欠点を「半分だけ」乗り越えたことだという言い方もあるのです。サラリーマン哲学教授がそういう生き方と思想を越えないのは、そういう生き方と思想を制限と感じるような試錬に身を置かないからでもありますが、それ以上にそう感じる主体がないからです。この場合はどうしようもないわけです。

8　生物は自己を否定するものを身に受けていても自己を保ちつづけるが、無生物はそうではないとは、例えば、生物はトゲがさされば痛いと感じるがそれでも生きつづける。機械は部品がこわれれば動かなくなる。生物のような代償作用（一つの器官に故障が生じた時、他のものがその代わりをする）や自己補修能力がない、という事でしょう。

9　意識は自己吟味の尺度を自己内に持っているとして、精神現象学を可能にしたヘーゲル得意の所です。拙稿「ヘーゲルにおける意識の自己吟味の論理」（『精神現象学』の付録に所収）参照。

10　der vorhandenen Idee des Allgemeinen, eines Ganzen und Vooendeten の冠詞関係（定冠詞—不定冠詞）に注意。

11　この文には können が二回使われています。最初のは「müssen に代わる können」と取りました（「文法」の九二七頁を参照）。二つ目は「事実を確認する können」でしょうが（同九二二頁を参照）、配語法が hat haben können と「変則的定形後置」になっています（同一三三頁を参照）。

12　これは鋭い批判です。哲学を「論理的思考の科学」と捉えるヘーゲルは、それは現実の認識に役立ち、低い考え方を高めるのに実際に役立たなければならない、としているのです。しかし、更に考えてみますと、問題は二つに分かれるのであって、第一は、哲学が他の人々の考え方に影響を与えるということで、第二は、その哲学者自身が弁証法とか論理学とか認識論とかを口にする時だけでなく、他の事を考える時に実際に弁証法的に、論理的に考えているかという問題です。ここで扱われているのは第一の問題ですが、この点についてはその哲学自身の内容及び形式の問題と、それを理解する人の理解力の問題とがあります。ヘーゲル哲学も個別科学にどれだけ影響を及ぼしたかとなるとはなはだ怪しいもので、「ヘーゲル哲学の諸命題を冒頭に掲げていても、それは単なる飾りにすぎない」著作はいくらもあります、いや、ほとんどがそうです。しかし、ヘーゲルの場合には、マルクスの『資本論』に見られるように、読む人にその能力があれば、個別科学に影響を与えることが出来ましたし、実際与えもしたのです。ここでヘーゲルが言っているのは、カント哲学はそれ自体の中にそういう力＝可能性を持たないということでしょう。なお、ここにはこの「カントの命題を冒頭に掲げてはいるけれど内容には何の関係もない」本の実例が原注として書かれていますが、訳出しないことにしました。

13　この「形而上学的経験論〔形而上学的世界も認める経験論〕」と訳した語は der metaphysizierende Empirismus です。松村は「形而上学を許容する経験論」とし、宮本は「形而上学的に考える経験論」としています。英訳は the metaphysics of the empirical school です。

14　ヘーゲルにあっても唯物論は精神世界の「存在」を否定するのではなく、その「自立性」を否定するとされています。念のため。

15　この「自由」ないし「自由の原理」とは、「思考の感性界からの自由を絶対的なものとする原理」でしょう。そう考えますと、この「思考と自由の原理（das Prinzip des Denkens und der Freiheit）」という表現は「思考の自由の原理（das Prinzip der Denkensfreiheit）」という意味になります。すると「特殊な二語一想」の例でしょうか。「文法」の三六九頁を参照。

16　カント及び無邪気な経験論における知覚世界の源泉、内容、考察方法はそれぞれ何かを確認しておきますと、源泉は感覚、内容は感性界、考察方法は感覚に与えられた素材に悟性が反省を加えて認識するという方法、です。

17　この思考の絶対的な自己内自立性の原理を弁証法的唯物論の立場から捉え直すと、思考の本性を「感覚の直接性を断ち切ること」と捉える事、及びそれを可能にした思考の内的構造を単なる対立物の統一とは異なった「思考の内的二分」に求めること、となります。

18　第四〇節からここまでのカント論の形式を読みますと以下のようになるでしょう。、第四〇節と四一節は総論で、それぞれ、カント哲学と経験論の関係、カントにおけるカテゴリーの価値の吟味の問題を扱っています。第四二節から五二節までは第一批判の検討。第五三節と五四節は第二批判の検討、第五五節から六〇節までは第三批判の検討に当てられています。そして、第六〇節への注釈はこのカント論全体のまとめで、その全体的な欠点を二つ挙げた後、経験論との比較対照でまとめています。すると、これは第四〇節によく対応していることが分かります。すると、第四一節を第一批判の検討の中に入れないでその前に出し、総論の一部としたのはなぜかという問題が起きます。そう考えて読み直してみますと、第四一節は、内容上は、カントによる概念の価値の吟味に言及しているのですが、それは旧形而上学とカント哲学との関係を論じているのだということが分かります。そう取って、又第六〇節への注釈を読み直してみますと、このまとめも、言葉としては経験論との比較と言っていますが、内容上は旧形而上学とカントとの比較にも触れていて、第四〇〜四一節にきちんと対応していることが分かるのです。ですから、第四一節の題は「カント哲学と旧形而上学との関係」としても好い（その方が好い）ということが分かります。こういう風に個々の部分の読み方が深まっていくのに役立つ所に「形式を読む」ことの意義があるのです。「役に立つ哲学」の一例です。

## 付録一〔カント哲学の二大欠点〕

批判哲学に帰すべき大きな功績は、悟性規定は有限なものであり、悟性規定の内部で働いている認識〔悟性的認識〕では真理には到達できないという考えを普及させたという否定的な功績であります。[1] しかし、この哲学は、その悟性規定は単に我々の思考する主観に属するものであって、認識主観の絶対的な彼方にあるとされる物自体には届かないという点で有限なものだと考えたのですが、この点にその一面性があります。実際には、しかし、悟性規定が有限であるのはそれが主観に属するからではなく、それはそれ自体有限なものなのです。ですから、その有限性を個々の規定において〔認識主観との関係においてではなく〕示さなければならないのです。それなのにカントは我々の思考するもの〔悟性規定〕はまさに我々がそれを思考するが故に偽〔有限〕なのだと主張したのです。[2]——

この哲学のもう一つの欠点と考えなければならない点は、この哲学は思考を単に記述的に叙述し、意識の諸契機〔一二個のカテゴリー〕を単に数え上げたにすぎないということです。[3]たしかにこの数え上げられたものは〔内容的には〕その大筋において正しい〔ですから、私ヘーゲルも『論理学』の中でそれらのカテゴリーも扱った〕のですが、しかしその際、そのように経験的に取り上げたものの必然性[4]が問題にされていないのです〔つまり、形式[5]に欠点があるのです〕。〔カントはその核心は素通りして〕意識の諸段階〔直観・悟性・理性〕についてそれぞれ検討を加え、そしてその結論として、我々が知る事の内容は現象にすぎないと言明するのです。〔たしかに〕この結論も正しいことは正しいのです。なぜなら、有限な思考は現象しか扱わないからです。しかし〔私の言いたいことはこれが間違っているということではなく〕、この現象〔認識〕という段階で問題が終わるのではなく、更にもう一つ高い地平〔概念的認識〕があるのだ〔ということです〕。そして、カント哲学にとってはこの地平はついに到達しえない彼岸であったのでした。

1　この付録一の第一段落は第四二節への付録三に対応しています。

2　有限な規定か無限な規定かとか、抽象的な規定か具体的な規定かといった事を考える時のヘーゲルの観点については、第一二節注釈への訳注11（一三〇頁）、及び第二四節付録二への訳注16（三一七頁）が参考になるでしょう。ここの説明だけでは、或る規定は悟性規定と決まっていると取られやすい。

3　第二段落は第四二節に対応しています。

4　ここでの「取り上げられたものの必然性」とは次の二つの必然性でしょう。①なぜほかならぬこれらの一二のカテゴリーだけを取り上げなければならなかったかの必然性、②その取り上げる順序もなぜカントのやった順序にしなければならなかったかの必然性。もっともカントとしては判断表がその根拠だというわけですが、ヘーゲルから言うとそんな根拠は一つの根拠〔根拠の立場は偶然性の立場です〕にすぎず、真の意味での必然性ではないと言いたいのでしょう。この点は既に第四二節への注釈に書かれています。

5　この辺に「内容的には」と「形式に」という語を補った理由は、これが私の主張する「形式を読む」という考えと一致していることをはっきりと自覚していただきたいからです。

## 付録二〔フィヒテ哲学総論〕

〔このカントにおいてはカテゴリーが拾い上げられただけで、必然的に導出されていないことに気付いた人はフィヒテですから、この点でのカントとフィヒテを対比しておきましょう〕[1]すると、すぐにも分かることは、[2]カント哲学では思考は自己を自己自身から〔内在的に〕規定しなければならないという大原則が形式的に立てられているにすぎず、この思考の自己規定が「どのように」又「どの程度」為されるのかという〔実質的な〕点は閑却されているのに対し、フィヒテはこの〔カントの〕欠点を認識しただけでなく、カテゴリーを演繹〔的に導出〕しなければならないという要求を打出すことによって、それを実際に与えようと試みてもいるということです。つまり、フィヒテは哲学の出発点として自我を持ってきて、諸カテゴリーはこの自我の活動の結果として〔必然性をもって〕現われ出なければならないと主張したのでした。しかし、このフィヒテの自我も実際には自由で自発的な活動とはなっていません。なぜなら、それは外部から与えられる衝撃によって初めて動き出すことになっているからです。つまり、自我はこの衝撃に反作用し、この反作用によってようやく自己自身についての意識に達するとされているのです。——

その際この衝撃の本性はというと、それはいつまでも知ることのできない物なのであって、従って自我は自己に対立する他者を持つ条件的なものに留まるのです。ですから、結局、フィヒテ哲学の結論もカント哲学のそれと同じで、認識できるのは現象だけであって、無限なものは思考の彼方にあるということになるのです。カントでは「物自体」と呼ばれたものがフィヒテでは「外からの衝撃」と呼ばれていますが、これは自我の他者、つまり否定的なものという規定ないし非我一般という規定以外の規定は持たないもの〔を実体化して作り上げた〕抽象物にすぎません。自我はこの非我との関係で考察されます。自我は非我に刺激されて自己規定運動をするのですが、その運動の仕方はというと、自我はこの衝撃から自己を解放しようと不断に努力するのですが、いつまでたっても本当の解放には達しないというのです。なぜなら、〔自我がこの衝撃から解放されて〕衝撃がなくなれば、〔自我の自己規定運動を引起こす原因がなくなり、従って自我の〕運動つまり自我の存在が無くなり、[3]自我自身が無くなってしまうからです〔このようにフィヒテもカントが矛盾の解決を時間的に少しずつ先に延ばすことで、実際には解決できなかった[4]のと同じことになったのです〕。〔このようにフィヒテはカントの欠点に気づいたとはいえ実際の立場ではカントと変らなかったのですが〕この事はもう一つ別の点でも言えます。つまり〔フィヒテにおいても〕自我の働きが産み出す内容は普通の経験的内容と何ら変らないのであって、ただそれに「この内容は現象にすぎない」という但し書がついている点で違うだけなのです〔つまり、カントもフィヒテもカテゴリーの価値の吟味という点で、それを主観的か客観的かという点だけを見、カテゴリーの価値をそれ自体として吟味するという観点に立てず、実行できなかったことが致命傷となったのです。ですから、逆に言えば、私へーゲルと共に真の理性の立場に立ち、概念の立場に立って思考し、生きようと思う人々は、概念の価値をそれ自体として吟味するということはどういうことなのかという問題を中心に据えて、それが分かるまで考え続けなければならないのです。その際には、僭越ながら、私へーゲルが、人々が何気なく使っている言葉をどう純化したか、それらの語をどう操作して論理展開をしているかといった点を参考にしていただけるとよろしいかと存じます」。

1 以下の文は原文では「付録二」とされているものですが、このように補ってみれば分かる通り、付録一の後半に直接つながっています。思うに、編者ヘンニンクは、付録一の後半が途中から又又カント的認識の有限性に曲っていってしまったので、前後半共に同じテーマを扱っているのだと錯覚して、付録一にまとめたのでしょう。この二つの付録は、本当は、三つに分けるか一つにまとめるかのいずれかだと思います。

2 ここに zunächst という語がありますが、これはおそらく zwar と同じような感じで、次の次の文の aber につながるのだと思います。私は前とつなげたので「すぐにも分かることは」と訳しましたが。

3 zu 不定「句」ではなく、zu 不定形だけの場合は、ここの aufhören würde zu sein のようにコンマを省くのが普通です。「文法」の八二九頁の② (正書法) を参照。

4 第六〇節本文を参照。

## C 客観に対する思考の第三の態度・直接知 (第六一～七八節)

### 第六一節 〔カント哲学に対立する立場〕

批判哲学の思考観によると、思考は主観的なものであり、従って思考は抽象的普遍つまり形式的同一性という規定より先には進めない、という事になる。従って、そのような思考は自己内で具体的な普遍〔内在的に特殊を生み出す普遍〕である真理〔霊魂、宇宙、神〕とは対立することになる〔真理を捉えることは出来ないとされる〕。〔換言するならば〕理性と呼ばれているこの最高段階[1]の思考は理性と名付けられているが、〔それにも拘わらず、その理性とやらは〕カテゴリーは考察しないのである。[2]——〔従って、これに〕対立する立場は思考を特殊の働きとしてしか捉えない立場であり[3]、こういう思考もやはり真理を捉えることはできないとする立場である〔ことは論理的に必然的である〕。

1　この höchst は先の letzt の言い換えだと思います。
2　カントではカテゴリーが悟性概念とされ、悟性の働きの中でしか考察されない。
3　思考を特殊の働きとして捉えるのはどの哲学か。経験論だろうか。

## 第六二節〔思考を特殊の働きとする立場〕

〔カントの悟性的思考とは逆に〕思考を特殊の働きと考えると、その内容及び産物はカテゴリーでしかない。〔しかるに〕悟性が固持しているようなカテゴリーは制限された規定であり、他に条件づけられ、他に依存し、他から媒介されたもののあり方[1]である。〔従って〕このようなカテゴリーしか持たない思考では無限者である真理を捉えることはできない。つまり、この思考は〔有限者から〕無限者への移行を示しえないのである（従って、これは神の存在の証明と対立することになる）。〔また〕これらの思考規定は「概念」とも呼ばれている。従って、或る対象を「概念的に把握する」とは、その対象を条件づけられ媒介されたものとして捉えることにほかならない。〔従って〕その対象が真理、無限者、無制約者である時には、〔その対象をそのような概念で把握するとは〕それを条件づけられ媒介されたものに変えることである。かくして、そのようなやり方では、思考することは真理を捉えることにはならず、真理を非真理に変えてしまうことになるのである。

1　Formを「あり方」と訳しました。「現象形式」では堅すぎると思いましたので。なお、宮本はここを「条件づけられた、依存的な、媒介されたものの限られた諸規定、ないし諸形式」と訳しています。つまり、**Bestimmungen** と **Formen** を一対と取って、その両者に **beschränkte** が冠置され、**des Bedingten, Abhängigen, Vermittelten** の二格名詞が付置されている、と取ったようです。

**注釈〔ヤコービの直接知の出発点〕**

神つまり真理については直接的な知以外は不可能だと主張する立場〔直接知の立場の人々〕が持ち出している論駁は、以上〔第六一～六二節本文〕にまとめた単純なことに尽きる。[1]〔思うに〕かつては神についてのいわゆる擬人論的な[2]概念はどんなものでも有限な観念とされ、従って無限者には相応しくないものとしてしりぞけられた。その結果、神はかなり空虚な実在にされてしまっていた。しかし〔その時でも〕思考の諸規定はまだ、一般に、擬人論的なものとは考えられなかった。むしろ思考は絶対者の諸観念からその有限な性格を除去するのに役立つものと考えられていた。先に〔第五節で〕指摘しておいたように、真理に達するには追考によらなければならないというのはいつの時代でも定説[3]となっていたくらいである。〔しかし〕今やついに、すべての思考規定が擬人論的なもの〔有限なもの〕とされ、従って、思考は有限化の働きにすぎないと宣言されるにいたったのである。——

ヤコービは「スピノザ書簡」への第七付録の中でこのような見解をきわめて明確に述べた。もっとも、この見解はヤコービがスピノザ哲学自身の中から取ってきて、認識一般を〔有限なものだとして〕論駁するために使ったもの〔であって、ヤコービの完全な独創ではない〕。この見解によると、認識とは有限者の認識にすぎず、条件づけられたものからそれの条件へという系列に従って思考が〔遡り〕進んでいくことである。その時、各項は〔他のものの〕条件であると同時にまた〔一層上の条件に対しては〕条件づけられたものだとされるので、結局、認識とは条件づけられた条件の系列にそって進む思考だというのである。この説によると、説明するとか概念で捉えるということは、それが他者によって媒介されたものであることを示すことだということになる。従って、〔認識の〕内容はすべて他者に依存した特殊で有限な内[4]容にすぎないということになり、無限者、真理、神はそのような認識の持つ有限者の関連のメカニズムの中には入らない〔つまり、本来有限なものである認識では神や真理は捉ええない〕ということになるのである。――

〔たしかに、認識を有限な思考としてしか捉えず、有限と無限の弁証法を見落すヤコービの立場はきわめて低いものであり、この点についてはこれから詳しく検討したいと思うのだが、その前に確認しておかなければならない事は〕カント哲学がカテゴリーの有限性をカテゴリーの主観性という形式的な規定に矮小化してしまったのに対して、〔ヤコービの〕この見解がカテゴリーの規定〔内容〕を問題にし、カテゴリー自体が〔それが客観的、対象帰属的なものであっても〕有限なのだと見抜いたことは、大切な点〔だということ〕である。

ヤコービが〔認識を有限だとした時〕特に念頭においていたものは、自然科学の輝かしい成果であり、自然の諸力と諸法則の認識における輝かしい成果であった。実際、無限者をこの〔自然という〕有限者の世界の中に内在的に見出そうとしても無理である。ラランドの言葉を引くと、天空を隅なく探したが神は見つからなかった、というわけである〔第六〇節への注釈参照〕。この〔有限者の〕地盤で最後の成果として現れ出る「普遍」は外的有限物の「無限の」集合、つまり物質である。そして、ヤコービが正当にも見抜いたように、媒介の中を〔条件づけられたものからその条件へと〕何の策もなく進んでいくというこのやり方では、これ以外のものは出て来ないのである。

1　第六一節と六二節にまとめた考えは「直接的には」ヤコービ達の考えだということでしょう。もちろんヘーゲルはこのまとめを支持しているのでしょうが。

2　antropopathisch は anthropos（人間）と pathos（感情）との合成語でしょう。英訳は anthropomorphism としています。これを『ジーニアス英和辞典』で引くと、「神人同形説、擬人論」などの訳語が載っています。

3　ここでも Vorurteil は「偏見」などといった否定的な意味ではないでしょう。

4　ここの außer dem Mechanismus solchen Zusammenhangs を松村は「機械的連関の外に」と訳しています。英訳も outside of the mechanical interconnection としています。この理解も面白いと思います。

## 第六三節〔理性を直接知とする説の根拠〕

〔ヤコービは抽象的普遍の働きとしての思考も特殊の働きとしての思考も真理を捉ええないと言うのであるが、では人間は真理を捉ええないと言うのかというと、そうではなく、彼は以上のような主張をすると〕同時に、真理を捉えるのは精神であると主張してもいる。しかも[1]、人間がよって立つものは理性でしかなく、理性とは神を知ることである、とまで言っている。しかるに[2]〔第六二節への注釈にまとめたように〕、媒介された知は有限な内容に限定されているというのであるから、この理性は無媒介の知〔直接知〕、即ち信仰でしかありえない〔と主張することになるのである〕[3]。

1　この so sehr は、文法的には、wird behauptet の程度を示し、dass es die Vernunft の dass を結果として示すためのものではなかろうか。

2　この aber も「und に代わる aber」ではなかろうか。

3　この節の冒頭の wird behauptet は最後まで掛かっていると思います。第六三節の五行目に soll（伝聞）がありますので、途中で一度は地の文（ヘーゲルの考え）になるのですが、最後の so ist die Vernunft 以下の文には wird behauptet が掛かっていると考えるべきでしょう。扮役的直接法というのもありますから、こういう他者の説の紹介では、一つ一つの文が地の文（筆者の考え）なのか、引用文（他者の考え）なのかを判別しながら読む事が大切です。「文法」の一二七〇頁の第三節（扮役話法）を参照。

**注釈〔ヤコービの直接知の検討〕**

この〔直接知の〕[1]立場で使われるカテゴリーは、知、信仰、思考、直観であるが、そこではこれは「知られたもの」として「前提されている」[2]。それらの区別や関係を論ずる時にはたいてい心理学的観念として〔日常的な使われ方をそのまま受入れて〕恣意的に扱っている。〔逆に言えば〕それらの本性と概念を問う事こそ肝腎な事だろうに、それは為《な》されないのである。〔例えば第一に〕ヤコービはほとんどいつでも知を信仰に対置するが、それと同時に、信仰とは直接的な知のことだと言う。つまり、信仰を一種の知として承認する〔というような矛盾する〕ような事をしている。たしかに、信じられていることは意識の中にある、つまり少なくともそれについて少しは知っているというのは経験的事実であるし、又、信じられていることは確かな事として意識されている、つまりそれは知られているのである[3]〔だから、ヤコービが信仰を知の一種と見たこと自体は間違いではないのである。しかし、一方で知を信と対立させ、他方で両者の一致を主張して平気でいる所は大欠点である〕。

　更に〔第二に、これら四者のうちでは〕ヤコービは殊に思考を直接知及び信仰に、とりわけ直観に対立させている。〔そこでまず、直観と思考の関係について言うと、それは一方で対置されているのだが〕ヤコービは〔他方で〕直観を知的直観と規定している。しかるに、神が対象となっているような所で「知的」という言葉を聞いて空想的表象や心像を考える人はいないだろうから、知的直観とは思考による直観の謂いにほかならない〔つまりヤコービは思考と直観の関係でもこのように混乱しているのである〕。〔次に思考と信仰の関係であるが、これは先に一言したので、少し別の角度から更に述べると〕この直接知の哲学では、「信じる」ということが感覚的現在に属する通俗的事物についても言われるのである。ヤコービは、「我々は我々が身体を持っていることを信じる」とか「我々は感性的事物の存在を信じる」とか言っている。しかし〔他方では〕真理なる永遠者の信仰とか、神は直接知と直接的直観の中で啓示され与えられる[4]といったことが言われる時、この真理なる永遠者とか神は感覚的事物ではなく、自己内で普遍的な[5]内容である。つまり、それは思考する精神しか捉えることのできない対象である〔このように、ヤコービは信仰を或る時は感覚と関連させ、他の時は思考と関連させ、それらをはっきりさせないままで平気でいるのである〕。又〔次に思考と直接知の関係であるが〕[6]経験的自我や特殊な人格ではなく、自我としての個別性〔純粋な自我〕つまり人格そのものが意識の前に〔直接に〕在る時、殊に神の人格が〔直接的に〕意識されている時、ここで問題になっているものは純粋な人格即ち自己内で普遍的な人格である。しかるに、そのようなもの[7]は思考的観念であり、思考にしか属さないものである〔つまり思考と直接知の関係でも、一方では対置、他方では同一視という混乱したことをしているのである〕。

更に〔第三に、ヤコービにおける思考と直観の関係を再論するが、ここで言いたいことは〕純粋な直観とは純粋な思考にほかならない〔ということである〕。〔たしかに〕直観とか信仰とかいう言葉は、さしあたっては、これらの語で普通考えられているような特定の観念を表現している。だから、直観や信仰は思考とは別のものであり、どう違うのかはたいていの人には分かっている。しかし、信仰や直観もその意味が一層高い意味で理解されて、神の信仰とか神の知的直観という意味に受け取らなければならないとなると、それは直観及び信仰と思考とを区別する点は取り除けなければならないということである。〔かくして〕このような高い分野に移された信仰及び直観がまだ思考とどこか違う点を持っているのかとなると、それは誰にも答えられない〔違いはない〕のである。ヤコービはもはや存在しない区別を使って[8]何か大変なことを言い、主張したかのように思い込み、いくつかの規定〔思考規定〕を反駁したつもりになっているが、その反駁された規定は〔実際には〕ヤコービの主張している規定と同じなのである〔要するに、ヤコービはカテゴリーを吟味なしに使っているために、自分のしていることが自分で分からないというような混乱を起こしているのである[9]〕。

〔思考と信仰はヤコービにおいて結局は同義なのだから、思考という語を使っても好いはずである。それなのに思考という語を使わないでわざわざ「信仰」という語を使う理由を考えてみると〕信仰という語にはしかしながら特別な利点がある。つまり、それを使うとキリスト教的信仰を想起させ、それを含んでいるように思われる、あるいは、キリスト教の信仰と同じものとさえ思われやすいということである。その結果、この思考の代わりに信仰という語を使う哲学は本来的に敬虔なものであり、キリスト教的敬虔さを持っているように見え、この敬虔さを根拠として、自分の勝手な断定を一層強い自負と権威をもって断定的な物言いをして好いと思い込むに至っている。しかし、同じ単語を使っているからといって、そのような見せかけに騙されてはならない。我々は両者の違いをしっかり押さえておかなくてはならない。キリスト教の信仰には教会の権威が含まれているが、かの〔直接知の〕哲学的立場の主張する信仰[10]は自分の主観的な啓示を権威とするにすぎない。さらに、キリスト教の信仰は自己内で豊かな[11]客観的な内容を成し、教義と認識の体系となっているが、直接知の信仰の内容は自己内で規定されておらず〔不明確で〕、その結果、そこにはたしかにキリスト教の信仰も含まれはするが、ダライ・ラマや牛やサル等を神とするような信仰も含まれている。要するに、直接知の信仰の内容はそれ自体としては神一般、最高実在〔を認めるということ〕に尽きるのであ〔って、その最高実在は何かということまでは規定していないのであ〕る。つまり、かの哲学的と自称している立場の信仰それ自体は直接知の干涸びた抽象にほかならず、全く形式的な規定であって、それは、信仰心から見ても信仰心の中に宿る聖霊から見ても、また内容の面から見ても、キリスト教の信仰の充実した精神と混同することのできるものではなく、まして、それと取替えることなど到底できるものではないのである。

　ところで〔よく考えてみると〕ここで信仰とか直接知と呼ばれているものは、普通に「霊感」とか「啓示」とか「生まれつき人間に具わった内容」と言われているものと同じであり、更に、とりわけ健全な良識、コモンセンス、誰でもが持っている感覚と呼ばれているものと同じである。これらの〔意識〕形態は、どれもみな同じように、或る内容又は或る事実が意識の中に存在する時のその「〔在る」という〕直接性」を原理としているのである。[12]

1　ヤコービの哲学は通常「直接知」と言われています。正確には「直接知哲学」とか「直接知論」とか「直接知説」と言うべきだと思いますが、誤解の余地がありませんので、通常の言い方を踏襲します。

2　日本人の感覚から言うと、こういう所は「状態受動」になると思います。しかし、ドイツ人は動作受動で表現します、「前提される」と。それはともかく、こういうヤコービの考え方に対立するヘーゲルの考えが、有名な「或る事を知っているというだけでは、認識していることにはならない」です。

3　この文はヤコービの説そのものではなく、ヘーゲルがヤコービの主張を認めて書いたものと取ったので、次の括弧のようなことを補いました。

4　ここでは日本人が「啓示される」と動作受動で考えるような事が「状態受動」で geoffenbart sein（啓示されている）と言われています。今後はあまり注意しませんが、ドイツ語と日本語のこういう違いにも注意してみると好いでしょう。

5　「自己内で普遍的」とはどういうことでしょうか。「自己外で普遍的」とは、共通性のことでしょうし、「自己内で特殊的」とは、何の事か分かりにくいですが、「自己内で普遍的」とは「自己内で自己を特殊に分化し、その特殊を貫いている普遍」ということで、先に第六一節に出てきた「自己内で具体的」と同義だと思います。松村は「本質的に普遍的」と訳していますが、そう間違ってもいないと思います。

6　この auch（一五一頁一二行目）以下次のダッシュまでの文をこう取りました。その第一の理由は、思考と他の三者の関係をここでは問題にしていますが、ここで残っているのはこれだけだからです。第二の理由は、「意識の前に在る」というのは、この注釈の最後の文の中にある「意識の中に在る」と同義で、直接知のことだと考えられるからです。この解釈を正しいとするか否かはともかく、読者も自分でこういう文脈を読み、考えてみて下さい。論理的思考能力の訓練には論理的文脈を読むのが一番よい方法です。
7　ここも die in sich allgemeine Persönlichkeit を sie ではなく eine solche で受けている事に注意して下さい。英訳も the personality of God を she ではなく a personality で受けています。
8　「もはや存在しない区別を使う」とは、ここでは具体的には、「思考という語を使ってもよいのに、それを使わず信仰とか直観という語を使うこと」です。
9　人間は誰でも前提なしには生きられない（『生活のなかの哲学』に所収の拙稿「英雄やーい」参照）。いつでもその前提から展開しなければならないというと何もできないでしょう。しかし、だからといって自己の前提を一度も疑ってみないで、それを分かったものとして前提していて好いわけでもなければ、それを繰り返し疑わなくても好いわけでもありません。自分が絶対に正しいと思っている真理、つまり自分の信念を繰り返し疑う人こそ哲学者であり、真理の立場に立っていると言えるでしょう。では、自分が絶対に正しいと信じていることを疑う方法や如何？
10　ここは der Glaube aber jenes philosophierenden Standpunktes ist .. となっています。つまり aber が A des Bs という一つの名詞句の中に入っています。aber はたしかにどこに入れてもいいのですが、このような所にも入れられるのでしょうか。ist の前とか後とかなら分かりますが。
11　この「自己内で豊かな」はこれまでに出てきた「自己内で具体的」「自己内で普遍的」と同義でしょう。
12　ここにもヘーゲルの日常の生活への深い洞察があると思います。良識と呼ばれているものを「知られたものとして前提し」ないで、人々が良識と呼んでいるものとは実際は何なのかと考えて初めて、それが意識にとっての直接性を原理とするものであることが分かるのです。生活の中で出会う種々の事柄を「知る」だけで満足しないで、「考え」「分析し」そして「認識する」人だけが哲学者なのです。

## 第六四節〔直接知の内容の貧弱さ〕

この直接知の内容は[1]といえば、我々人間の観念の中にある無限者とか永遠者とか神とかは〔単に観念の中にあるだけでなく〕また「実在してもいる」という事〔だけ〕である。換言するならば、意識の中で、これらの観念には無限者とかの実在性についての確信が直接かつ不可分に結びついているという事〔だけ〕である。

1　ここは Das, was dieses unmittelbare Wissen weiß, ist, dass .. となっています。松村も宮本も「この直接知が〔の〕知っていることは、～」と訳しています。関口はこう言っています。「『持つ』ということを或る種の場合に kennen, bekannt sein（反対は fremd sein など）で表現する。『日本語に前置詞はない』を Das Japanische kennt keine Präposition; Präposition ist dem Japanischen fremd」（労働術二一八頁）。実際、本節注釈の五行目には Inhalt という語も見えます。

### 注釈〔哲学は直接知を否定しない〕

直接知の主張するこれらの命題に反対するなどということは哲学には思いも寄らないことである。[1] それどころか、哲学は、哲学全体の一般的な内容を表現してさえいる昔からの哲学的命題[2]が、このように非哲学的な形でではあれ、ともかく認められて、広く知られるように成った事を喜んで好いくらいである。〔だから〕真と思われていることは精神に内在している（第六三節）とか、真理は精神に対面している〔精神で捉えうる〕（同上所）といった命題は哲学には受け入れられない、と思い込んでいることの方をむしろ不思議に思わなければならないのである。[3]〔このように直接知の主張の内容は要するに思考と存在の一致ということであり、それはそれなりに面白いことなのだが〕この、神の観念には神の存在が直接かつ不可分に結びついているとか、観念が最初から持っている主観性には客観性が直接かつ不可分に結びついているという命題が特に面白いのは、その〔表現〕形式なのである。〔直接知は内容的には思考と存在の一致という古くからの真理を受け継いだのだが、その表現形式でユニークさを示しているというのは〕実際、直接知の哲学はその一面性の故に極端に走り、〔思考の中で〕神の観念にその存在が結びついているというだけでなく、直観の中では私の身体の観念や外的事物の観念にもそれらの存在規定が不可分に結びついている、とまで主張している〔からである〕[4]。——

〔このように表現形式上の問題とそこから派生する問題はあるのだが、それはともかく、元に戻って〕哲学は、このような統一、即ち観念ないし主観性は存在ないし客観性と切り離しえないということは観念や主観性の本性そのものであることを証明し、示そうと努めているのであるから、その証明がどのようなものであれ、哲学の〔基本的〕諸命題が意識の事実でもあり、従って経験と一致するということが主張され、示されているということには、ともかく満足しなければならない[5]。——

〔このように内容的には哲学と直接知の立場は一致しているのだから〕直接知の主張と哲学の主張との違いは、帰する所、直接知が〔直接知だけが正しく哲学は間違っているというような〕排他的な姿勢を取っているということ、あるいは直接知が哲学に反抗しているということだけである。——

しかし、全近世哲学がそれを巡って動いていると言っても好いかの命題、つまり「我思う、故に我あり」という命題を、その提唱者〔デカルト〕は初めから直接的な仕方で言ってのけたのである〔だからこのような哲学史上の事実を知っていれば直接知が哲学に反抗することはなかったであろう。しかし、このデカルトの命題は直接知ではなく推理＝媒介知であるという考えも一部にあるようなので、ここでこの点に触れておこう」。かの命題を推理と見なす人は推理の本性について、「推理の中には『故に』という語が出てくる」ということしか知らないにちがいない。しかし、媒名辞はどこにあるのだ。〔媒名辞のような〕媒介するものこそ推理にとっては「故に」という語よりはるかに本質的なものではないのか。〔このように問うと、[6]答えられず、しかしそれが推理であるということも否定したくないので〕推理という言葉を正当化するために、デカルトにおける結びつき〔「我思う」と「我あり」との結びつき〕を無媒介の推理と称するかもしれないが、このような余計な形式〔「無媒介の推理」などという余計な表現〕は「異なった規定を媒介なしに〔いきなり〕結びつけること」〔つまり非推理〕でしかない。しかし、このような言い方をするなら、直接知の命題が表現している我々の観念と存在との結びつきも推理以外の何物でもないことになるであろう。[7]——

一八二六年に出版されたホト氏のデカルト哲学についての論考から、デカルト自身が「我思う、故に我あり」の命題は推理ではないことを明確に表明している個所を引用しようと思う。それは、「第二の反駁に対する回答」〔『省察』〕、『方法序説』第四部及び「書簡集」第一巻一一八である。第一の個所から核心に迫る表現を取ると、デカルトは、まず、我々が思考する存在であることは三段論法からは推論されない根本概念であると言い、更に続けて、「我思う、故に我あり、又は我存在す」と或る人が言う時、その人はその存在を三段論法によって思考から導出しているのではない、と述べている。デカルトは推理と言うには何がなければならないかをよく知っていたから、もしこの命題に推理による導出があると主張するためには、「思考するものはすべて存在する」という大前提が必要になってくる、と付言している。しかし、この大前提こそかの最初の命題から導出されなければならない命題であ〔って、そのようなことは前提されていないのであ」る。[8]

思考者としての我と存在との不可分離性の命題について、デカルトは、「この結び付きは意識の単一の直観の中にある」とか、「この結びつきは端的に最初のものであり、原理〔始原〕であり、もっとも確実でもっとも明白なものなので、どんなにひどい懐疑論でもそれを認めないわけにはいかないほどだ」と言っているが、これらの言葉はきわめて雄弁かつ明確なので、この直接的結合についてヤコービやその他の人々が最近与えている諸命題は余計な繰り返しにすぎないくらいである。

1　ここは der Philosophie .. in Sinn kommen となっていますが、den を省く言い方もあるのでしょうか。辞書には in den Sinn kommen と書いてありますし、文法的にも定冠詞の入るのが本来的だと思います。「文法」の三四八頁（②所有の三格）を参照。

2　ここの diese ihre alten Sätze の指示形容詞 diese と所有形容詞 ihre の語順および語尾変化については「文法」の五四七頁（③指示形容詞と共に）を参照。

3　第八節への注釈の中で、『感覚の中になかったものは知性の中にない』という命題に思弁哲学が反対するかのように思い込まれているが、誤解である」と述べたのと、とても似ています。

4　このパラグラフの達意眼目は分かりにくい。問題の一つは、「形式面で特に興味がある」とは内容面では興味がないというのか、内容面でも「一応は」興味があるというのか（私は後者と取りました）。第二は、ここで内容とか形式は何を指しているのか、第三は、直接知の極端な主張があることがなぜ「形式的」興味になるのか、といったことです。

5　認容文に先行された主文が die Philosophie muss と定形正置になっています。「文法」の一〇九頁を参照。

6　ここも ein solcher で受けています。

7　この辺の説明はなぜ入れたのか好く分かりません。私が思い出すのは西田幾多郎の「一即多」の弁証法（？）です。私の推測では、西田は「ヘーゲルが最高だから、ヘーゲルを受け継がなければならない」ことは認めていたが、難しくて分からなかったので、負け惜しみに座禅などをして、そこでの「無念無想の論理（？）」を書いたのでしょう。『善の研究』を一読すれば、少しでも座禅をしたことのある人ならば、これが座っている時の頭の中の想念を文字化しようとしたものであることはすぐにも分かります。私は座禅を否定しませんが、「無念無想」を文字化する必要はありませんし、それは不可能だと思います。私の乏しい経験では、座禅は要するに姿勢の問題で、姿勢が本当に決まっていれば雑念は生じないのだと思います。

務台理作はこう書いています。「西田のもっとも大きな影響を受けた西洋思想はじつに多面多様であるが、だいたいは二十世紀初頭の思想の理解からはじまり、しだいにさかのぼって古代ギリシア哲学にまで到着した。その長年月の歩みの中で、これを受けとる西田固有のものが禅思想と禅体験を中心とする純粋に日本的なものであり、受け入れられるものにはつねにヘーゲル哲学があったことを注意すべきである。すなわちこの両者の間で両者の格闘が抜きにされて、きわめて結びつき易く融合しやすい型がつくり出されたことである。（略）つまり自分の用意した思想の方法に親近をもつと信ぜられるものだけをとり入れるというやり方である。（略）つまり西洋思想がその歴史的状況や思想構造からきりはなされ、彼の思想にはじめから親近さをもつものとして強引に彼の思想型の方へひき寄せられてしまう。

これと同時に彼の意識体験も本来のままでは前思想的であり、とくに禅体験というごとき非論理的直観的なものが、そのまま論理的なもの（即非の論理）となり、異質的な高度の近代論理の方へ傾斜してくる。この日本的な実感、体験のもつ前近代的、非論理的なものと、その上におかれた高度の近代思想性とが、互いの格闘を経ずにきわめてスムースに融合するというのが西田哲学の特色であり、ひいては日本的な思考様式の特色を示すものである。（略）

この両面の屈折の結果として、思想そのものがそのときどきの実感を超えることが困難となり、思想のピラミッド的構造がアイマイになり、あたかも思想と実感とが二つの面として無媒介に重なり合うようなことになる。したがって思想が実感に即しながら抽象によってこれを超えてピラミッド的に上昇していく形にならずに、〔例えば「一即多」のように〕東洋的な「即」とか「一如」という無媒介的な論理のつなぎで片づいてしまう。これが「絶対矛盾の自己同一」の論理になった。（『哲学十話』講談社学術文庫七七〜七九頁。角括弧は牧野の補充）「西田哲学と三十年も密着してきた」務台は私の直観的認識を良く説明してくれます。

　高山《こうやま》岩男は更に広く西田の「場所的弁証法」と「一即多」などとの関係をきれいに説明してくれます。——場所的弁証法はヘーゲルの弁証法が運動や発展の過程弁証法であるのに対〔立〕する。弁証法が過程的でなく場所的であるということは、矛盾対立を綜合の中に解消することに反対し、矛盾が矛盾のままで「即」の自己同一性を維持することを意味する。即ち一即多、多即一とか、円環的限定即直線的限定、直線的限定即円環的限定とかいう如き「即」の同一性に、弁証法の真義が存することを意味している。これ弁証法の根本原理が絶対矛盾的自己同一と言われる所以である。矛盾的自己同一性はヘーゲル以来言われるところで何ら新しい原理ではないが、ヘーゲルの場合と違って〔西田では〕過程的でなく場所的に、即ち「即」とせられる点に特色が存するのである。そしてこのことは長年「即」の論理を駆使し来った仏教の空の思想が背景にあることを示すもので、場所が有無、動静を成ぜしめる絶対無の場所であるという思想、即ち「場所的論理」の思想が場所的弁証法たらしめるのである（『高山岩男著作集』第二巻玉川大学出版部六八四〜五頁）。

8　コギトー（「我思う、故に我あり」の命題を「コギトー」と略称する）が直接知であって推理ではないという主張の「証明」としてヘーゲルが持ち出した第一点はデカルトがそう言っているということで、これは証明になりません。証明と言えるのは、これが推理なら大前提が必要だ、しかしそれはどこにもない、というこのくだりだけです。たしかに、これは証明と言えるでしょう。しかし、読者はこれで引き下がれるでしょうか。デカルトのコギトーが推理でなく直覚であることはどの哲学史書にもあることで、これを疑って、「あれは推理ではないか」というと笑われそうなので黙っているだけではないのでしょうか。哲学史書を書いている人は本当に分かっているのでしょうか。これらを疑ってみることはぜひ必要です。なるほど三段論法というには大前提が要ります。これはよい。しかし、それでは逆に、なぜデカルトは「我の存在の直覚」をただ「我有り」と直覚らしく表現しないで、「故に」を入れて二つの文をつないだ表現にしたのでしょうか。この場合の「故に」は三段論法ないし推理において帰結部に入る「故に」でないとしたら、それはどういう「故に」なのでしょうか。こういう事を考えてみる必要があると思います。しかるに、こういう疑問に答えた説明を与えている哲学史書は一つもありません（私は知りません）。これでは十分に考えぬいたとは言えないでしょう。

### 第六五節〔直接知の核心と誤解〕

この直接知の立場は、媒介知はそれだけとして〔直接知から切り離されて〕取り出されると真理を捉えるには不十分であることを指摘するだけでは満足しない。この立場の特徴は、直接知だけが、媒介を排して、それだけで、単独に取り上げられる時にのみ、真理を捉える[1]〔と主張する〕点にあるのである。――〔しかし、この主張を検討してみると〕ただちに明らかになることは、このように〔媒介や推論を〕排除する時、上述の〔直接知の〕立場は〔旧〕形而上学の悟性の主張する「あれかこれか」〔という悟性的二者択一の思考方法〕に転落しているということである。それによって、実際、それは、まさに、自分が乗り越えていると間違って思い込んでいるところの、一面的な規定という有限なもの[2]にしがみつく外的媒介関係[3]に転落しているということが分かるのである。しかし、この点に立入るのは止めよう。というのは、排他的な直接知は〔論証されているのではなく〕一つの事実として主張されているにすぎないし、ここ序論の中では外的反省の方法で取り上げることしかできない[4]〔からである〕。もちろん本当の問題は、直接性と媒介性の対立はどういう論理的性質を持っているかということであるが、かの〔直接知の〕立場はこの事柄の本性、即ち概念を考察するのを避けている。というのは、ほかでもない、それを考察すると〔それが否定している〕媒介に到達し、認識を認めることになってしまうからである。この〔直接性と媒介性の〕論理を実際に考察するのは論理学自身の仕事だからである。

1　ドイツ語では「動作を表すに、その動作の結果を以てします」が、日本語は動作をそのまま表現します。**die Wahrheit zum Inhalt haben** という結果としての状態はこういう動作として訳せると思います。
2　カテゴリーの有限性はその主観性にあるのではなく、それを一面的に捉える点にあります（第六〇節への付録一）。
3　媒介に外的媒介と内的媒介とがあるらしい。内的媒介とは論理学で行なわれているような内在的展開のことでしょう。
4　ここから見ても、ヘーゲルが単に外的反省を悪玉として内在的反省に対置しているのではないことが分かるでしょう。外的反省にも意義があるのです。ただ、それは哲学にはなりえず、哲学の序論、解説にしかなりえないものだというのです。なお、ここでも **Vorbegriff** の代わりに **Einleitung** と言っています。

**注釈〔直接性と媒介性の同一性は第二部のテーマ〕**

論理学の第二部全体、つまり本質論は、直接性と媒介性との同一性がその本質にもとづいて定立される過程を扱っている。[1]

1　このように折に触れて論理学について注した言葉をしっかり憶えておくと、論理学の理解に役立つことが多いです。

移ることを意味している。――

## 第六六節〔直接知理論は事実に反する〕

従って、直接知を〔論証的に論ずる事は出来ないと分かった〕我々は〔それを〕事実として取り上げなければならないということになる。しかるに、このことは我々の考察が経験の分野に、心理学上の現象に[1]移ることを意味している。――

この点で先ず気付く事は次のことである。即ち、多くの媒介を経た極めて込み入った考察の結果として得られたと分かっている真理でも、その認識に通じている人にとっては、その人の意識の中に「直接に」現存するということである。何らかの科学の知識を持っている人についてなら誰についても言えることだが、例えば数学者は、極めて込み入った分析の結果として到達した解答でも、直接的に〔直ぐに使える形で〕手許に持ち合わせている。〔いや、科学者とまで言わなくても〕教養ある大人なら誰でも、長い間の生活経験の中で何回も追考を加えて初めて得られた観点や原則をいくつか、自分の知の中に直接現存するものとして持ち合わせている。〔いやいや、これは知に限ったことではない。〕或る種の知や芸術や技能において、身に付けた熟練とは、まさに、それらの知識とか所与の場合の活動様式とかを、自分の意識の中に、いやそれどころか表面に現れる活動の中に、自分の肢体の中に、「直接的な形で」持ち合わせているということにほかならない。[2]――

〔このように事実を見ればすぐ分かるように〕これらの場合のどれにおいても、知の直接性〔現に知っているということ〕は知の媒介性〔身に付ける過程〕を排除しないどころではない。[3] 両者は固く結びついており、直接的な知は媒介された知の産物であり結果でさえあるのである。[4]

1　ここの ein psychologisches Phänomen を松村も宮本も「一つの心理学的現象」と訳していますが、この不定冠詞は次の psychologisches という「形容詞を紹介導入した」だけです。「文法」の一四〇六頁の①を参照。

2　条件反射は何回かの繰り返しによって獲得された行動様式ですが、条件反射として確立されると、それは「反射的に」、つまり直接的に行なわれます。

3　ここは **nicht nur .. nicht .. sondern ..** となっています。これは **nicht nur .. sondern auch** の構文ではなく、**nicht .. sondern** の構文でしょう。つまり、二つ目の **nicht** は **nicht nur** の **nur** を否定して「何々しないだけではない」「何々しないどころではない」という意味なのでしょう。英訳は **so far from excluding mediation, that the two things are linked together**（媒介を排除しないどころか、両者の結びつきを～）としています。これに学びました。

4　説得力ありますねえ。直接知に対する弁証法の優位性が明らかです。

**注釈〔現存するものは全て直接性と媒介性の統一である〕**

或るものが「直接現存する」とした場合でも、その「現存」は〔実際には直接的なものではなくて〕媒介されているということを見抜くのは、同様に容易なことである。[1] 例えば、種子や親はそれから生み出される子との関係から見れば直接的・始原的現存である。しかし、種子や親は、現存しているものであるからたしかに〔表面的には〕直接的であるが、それと同様、〔自分の種や親から〕生み出されたもので「も」ある。子は子で、その現存が〔親によって〕媒介されていることを否定しないでも、今や直接的である〔ことが認められなければならない〕。というのはそれは「存在している」からであ〔り、存在しているということが直接的ということだからであ〕る。[2]〔もう一つの例をあげるなら〕私がベルリンに「居る」ということは私の「直接的な」現在であるが、これは此処に来るまでの旅によって「媒介されている」等々といった具合である。

1　問題を考察する観点が、本文では直接性と媒介性の関係を人間主体に関係した事柄で検討しましたが、この注釈では存在のレベルでのそれを検討しています。なお、『大論理学』の「存在論」の冒頭の「媒介性と同様に直接性を含んでいないものは、天にも、自然にも、精神にも、およそどこにも存在しない」という言葉に対して、レーニンがその『哲学ノート』の中で「天—自然—精神。天を捨てよ、そうしたら唯物論になる」と書いた事はあまりにも有名です。

2　直接性とは存在するということを、それを媒介するものとの関係で捉え直したカテゴリーです。ですから、逆に言いますと、先の第六五節への注釈で、本質論のテーマは直接性と媒介性の統一の問題だといった時の「直接性」とは、「本質論の立場から捉え直された存在」（論理学の第一部存在論と言う時の存在）のことです。もちろん媒介性とは本質のことです。ヘーゲルがそこらの悟性哲学教授と違う所は、この現象と本質の関係をその関係だけとして見ないで、その関係のさまざまなあり方を捉え、それぞれのあり方で現象と本質の関係がどうなるかを研究し、それらのあり方や相互の関係を研究して展開したことです。ですから、本質論を読む時には、ここで対になっているカテゴリーは存在（現象）と本質をどう捉えたものなのかを考えるとよいのです。

## 第六七節〔神や義や倫理についての直接知にも媒介が含まれている〕

いや〔他の事柄で直接性と媒介性の結びつきを実証するまでもない〕、神や義や倫理についての直接知（この直接知の中には本能、生得観念、常識、自然的理性[1]といったその他の規定も入るのであるが、こういった根源的なもの〔直接知〕がどんな形を採ろうと、それは皆、この直接知に含まれる）について言うと、広く経験的に知られているように、〔この直接知においても〕その中に含まれているもの〔神、義、倫理〕が意識にもたらされ〔て、今直接的に意識されてい〕るためには、その本質上、教育、成長といったもの〔媒介過程〕が必要である。プラトン〔は、認識をば「イデア界で知っていたが、現世に生まれる時に一度は忘れた事の想起でしかない」としたが、そ〕の想起のためにもやはり教育は必要であるし、キリスト教の洗礼にしても、それはたしかに秘蹟であ〔り、その限りで人間の努力とは無関係に与えられる直接的なものである〕が、その後にキリスト教的教育を受けなければならないという義務を負うものである。即ち、宗教や人倫は、それがどんなに〔神から与えられる〕信仰[2]であり直接知であるにしても、やはり、成長、教育、教養と呼ばれる媒介過程によって条件づけられているものなのである。

1　自然的理性とは生まれつき備わっている理性のことで、啓示宗教に対立して、理性宗教、理神論の根拠として考えられた理性のことです。

2　ここは ein Glauben と不定冠詞が付いています。「信仰は自分の努力に依るものではなく、神の愛による恩恵として与えられるものだ」というルター的な考えを前提しているのではないでしょうか。信仰というもののそういう「性質」を強調するための「内的形容の不定冠詞」ではないでしょうか。「文法」の六五五頁の④内的形容の不定冠詞を参照。

**注釈〔媒介についての生得観念説と直接知説との異同〕**

〔デカルトの〕生得観念説について、その主張者と反対者の間にもこれと似たように[1]、互いに排他的規定にしがみついて対立しあうということが見られた。というのは、その主張者は、或る種の一般的な規定が心と本質的に直接結びついていると主張し、反対者は、心とその規定との結びつきは〔内在的ではなく〕外的な仕方で、〔つまり〕対象や観念が〔外から〕与えられ〔それを心が受け入れ〕ることによって媒介的に生まれるのだと主張している、と言ってよいからである。〔これについて一言しておくと〕生得観念説に対して経験に基づいて為された異論によると、生得観念説に依るなら、全ての人がそれらの〔一般的〕観念を、例えば矛盾律（矛盾律は同様の他の命題と共に生得観念の一つとされているから矛盾律[2]を例に取ったのだが）を意識の中に持ち、知っていなければならないことになる〔が、実際にはそれを知らない人もいる〕というのである。〔しかし〕この異論は誤解と言ってよい。なぜなら、生得的とされた規定は、生得的だからといって、観念や知的表象[3]といった形を採っていなければならないということにはならないからである。〔このように、生得観念説に対する批判としてはこの異論は間違っているが〕直接知に対してはこの異論は当たっている。というのは、直接知の主張する規定は意識されている限りでの規定であることは明白だからである。——

〔それはともかく〕直接知の立場も、殊に宗教的信仰に対しては、成長やキリスト教的教育ないし宗教的教育の必要性を認めることがあるのである。〔しかし、それなのに〕信仰についてとやかく言う段に戻るとこの点を無視しようとするのは気まぐれと評さざるをえない[4]。教育の必要を認めることはまさに媒介が本質的であると表明することと同じなのだということを理解しないのは、無思想そのものである。

1　これは「似ている」のであって「同じ」なのではないのだと考えます。なぜなら、後にあるように、生得観念説の場合にはこの対立は、反対者の誤解に基づくものですが、直接知の場合には実際に対立するわけだからです。

2　ここは als welcher Satz .. gerechnet wurde となっていますが、この als welcher Satz については「文法」の四六五頁の③理由や原因を付記する als welcher を参照。

3　この von Gewußtem が分かりにくく、松村は Gewußtem や Vorstellungen と並べて読んだと記していますが、原文にコンマを挿入して読む作為もさることながら、数の違いも見落しています。我々の案は①Gewußtemを対象の別名と取って、Ideen及びVorstellungenにかける、②Wissenの別名と取ってVorstellungenにのみ掛け、知に属する表象つまり観念と取り、全体としてIdeenの言い換えと取る、の二つを考えました。訳は後者によりました。

4　個々の場合には事柄そのものの本性に強制されて無自覚的に正しい事をしているのに、その行為について反省する時になると自分のやっていることや従っている論理を正確に理解し定式化できないということです。逆に言えば、自分のしていることを正確に認識すればそれでよいということです。しかし、これが難しいのです。

### 付録[1]〔媒介の意義については想起説と生得観念説は同じ〕

プラトン哲学では、我々人間は〔イデア界で一度見識ったが、現世では忘れている〕イデアを想起する〔のであって、これが認識と呼ばれているも〕のだと言われていますが[2]、その意味はイデア〔観念〕は人間の中に〔本来的に〕潜在しているということであって、ソフィストたちが主張したように、人間に疎遠なものとして外から人間にやってくるのではない、ということです。〔ですから〕認識を「想起」として捉えたからといって人間に潜在しているものの展開〔顕在化〕ということは排除されていないのです。そして、この展開こそ媒介にほかなりません。デカルトやスコットランド学派の哲学者たちの主張する生得観念説についても同じ事が言えるのでして、生得観念は、さしあたっては潜在的なものとして、素質として人間が持っているものと見なさなければならないのです。[3]

1　直接知理論に関しては、付録は此処と第七四節との二つしか付いていません。本文及び注釈自身がテーマに比して丁寧に書かれすぎているせいでしょうか。

2　「理性的な人が観察する。すると、その人の所には諸々の観念が訪れる。それは外からではない。なぜなら、その観念は自己内に持っているものだからである。眼前に横たわる物は、その人の追考の題材であり、動機であるにすぎないのである」（前掲『歴史における理性』一五九頁）。

3　一般的に言いますと、唯物論は、生得観念説をデカルト哲学の観念論的側面として否定する傾向が強いですが、ここにヘーゲルが解釈したように取った上で、こういう生得観念説には現実のどのような面が反映されているか考えてみましょう。誤謬というのは一面的真理を不当に拡大して絶対化したものですから、生得観念説にも正しい要素があるはずですから。すると分かる事は、反映論といえども「あらゆるものがあらゆることを反映できる」と主張するわけではありません。事物の本質やとりわけ概念（本質より深いヘーゲル的概念）は人間の脳、しかも訓練された脳だけが反映できるのであって、動物には無理ですし、そのために必要な修業をしない人にも無理です。人間には「可能性」はありますが動物にはその可能性すらありません。この違い、人間だけがその可能性を持っているという面を人間には生得的である（だから動物にはない）と表現したのではあるまいか。少なくとも、こう取れば一応は分かると思います。

## 第六八節〔直接知も実際は媒介を認めている〕

上に〔第六六節と六七節とで〕述べた経験〔的事実〕の中で引き合いに出したことは、直接知と「結びついている」[1]ものである。〔従って〕この結びつきはさしあたっては、まあ、外的で経験的な〔必然性のない〕関連と考えられているが、その時でも、この関連は「常に在る」と考えられているのだから、そのような経験的考察に対しても、本質的で分離しえない結びつきだと分かるのである。しかし、それだけではない。経験に従って、[2]この直接知を〔それと結びついているものから切り離して〕それだけで取り上げたとしても、それが神及び神的なものについての知である限りは、そのような意識〔直接知〕は、一般に、感覚的なもの、有限なもの、自然的心情の直接的欲望と傾向性などを越えゆく高まりと考えられている。それは、結局、神及び神的なものの信仰へと移行して終わり、それによってこの信仰は直接知であり、直接的確信であるということになるのだが、それだからといって、この信仰が〔有限者から出発してそれを越えて高まるという〕かの媒介の歩みを前提しそれによって条件づけられているということは、少しも変わらないのである。

1　なぜこの「結びついている」を強調したかと言いますと、それは「含まれている」ものではない、ということだからです。

2　この「経験に従って」とはどういうことなのか分かりにくいですが、「ヤコービたちがやっているように」といった意味ではなかろうか。

**注釈〔神の存在証明にも媒介は含まれている〕**

すでに〔第五〇節本文及びそれへの注釈の中で〕述べたように、有限な存在から出発して神の存在を証明するといわれている説は〔まさに〕この「高まり」[1]を表現しているのであるが、それは人為的な反省の捏造したものではなく、〔人間〕精神に固有の必然的な媒介行為なのである。もっとも普通のやり方ではその証明は完全にも正確にも表現されてはいないけれども。

1　本節で「高まり」と訳したのはErhebungですが、松村はここだけ、なぜか「上昇」と別の語を使っています。やはり拙いのではないでしょうか。

**第六九節〔神認識の直接知にも媒介が含まれている〕**

〔いや、それ以上である。神についての直接知の説の中心点にも媒介は含まれている。というのは〕第六四節に述べた「主観内の理念から〔客観的〕存在へ移行する」〔という考え方〕こそ直接知の立場にとっての眼目であるが、直接知の立場は「その移行は本質的に根源的な関連であり、従って無媒介の関連だ」と主張する。しかし、〔第六七節と第六八節に述べたような〕経験的と思われるような結びつき[1]は考慮しないとしても、この直接知の中心点が自己自身の中に媒介を含んでいる。[2]しかも、この媒介は他者を介しての他者との媒介ではなく、自己自身の中で自己を結びつける〔自己から出て自己に到達する〕媒介であり、真の媒介だと規定されているのである[3]〔つまり、直接知の主張自身の中に直接知の立場を否定することが含まれているのであり、直接知はそれを自覚しないからこそ直接知などというものを最高の原理として主張しているのである〕[4]。

1　第六六節からの推移（文脈）を考えると、関係の遠いものから近いものへと話をもってきているので、この「経験的と思われるような結びつき」とは、第六七節と第六八節で挙げたもの、信仰と教養、信仰とそれへの高まり、を指していると考えられます。

2　「自己自身の中に～含んでいる」とありますが、この中心点の中にある「移行」ということ自体が媒介なのです。

3　第六六節から第六九節までは、直接性と媒介性の関係を事実として述べていますが、それぞれのテーマは以下の通りでしょう。第六六節＝直接性と媒介性とは結びついている（一般的に）、第六七節＝直接知にはその形成過程という媒介がある、第六八節＝神についての直接知は有限者を越えて高まるという媒介である、第六九節＝神についての直接知の核心は主観内にある神の理念から神の存在に移行するという媒介を含んでいる。

4　人間にとって自分が実際にしていることを自覚することはむずかしい。というより、人間の認識は結局この自覚を目指していると言ってもよい。

## 第七〇節〔直接知論者は自説を正しく認識していない〕

則ち、この〔直接知の〕立場の主張は〔要するに〕単に主観的にすぎない観念としての理念も、それだけとして〔理念から切り離された〕存在も、どちらも真理ではない、ということである。単に存在しているというだけの存在は理念に属さない存在〔理念に媒介されていない存在〕[1]であり、世界の感覚的で有限な存在だ、ということである。従ってそれによって同時に言われていることは、理念は存在と媒介されて初めて真理であり、逆に存在は理念に媒介されて初めて真理である、ということである。〔実際〕直接知の〔根本〕命題が、無規定で空虚な直接性とか抽象的な存在を求めず、純粋なそれだけとしての統一[2]を求めず、理念と存在との統一を求めているのは正しい。しかし、〔それが同時に自分のしていることを正しく自覚せず〕区別された諸規定〔理念と存在〕の統一とは単に純粋に直接的な統一[3]ではなく、即ち全く無規定で空虚な統一ではなく、両規定の一方が他方に媒介されて初めて真理を持つのだ、あるいは、もしそう言いたいなら、両規定のどちらも他方によって真理と媒介されるということなのだ、ということを見抜けないのは、考えが足りない〔と言わざるを得ない〕[4]。――

媒介という規定がかの〔直接知の人々の主張する〕直接性自身の中に含まれているということは、かくして〔第六六節からこれまでの叙述で〕「事実」[5]であることがはっきりした。〔直接知の人々の〕悟性も、直接知自身の原則に従って、これにはどんな異議もないはずである。直接性と媒介性という規定を、それぞれ、切り離して、絶対的なものと見、それらを異なったものとして固定して考えるのは、ありきたりの抽象的悟性のすることにすぎない。その悟性はそのようにして両規定〔を絶対的に対置することで、そ〕の統一を不可能にしているのである。しかし、その不可能事は〔そのような悟性が作り出したものにすぎず〕、今述べたように、事実の内には存在しないものである。〔従って又、その事実を論理的に表現したものである私へーゲルの〕思弁的概念の中にもそういうものは無いのである。

1　ここの同格は das Sein nur für sich, ein Sein nicht der Idee となっています。これは言い換えではなく、説明でしょう。許萬元はここを「ただそれだけとしての存在、すなわち、理念でないような存在は、世界の感覚的で有限な存在である」（『ヘーゲルにおける現実性と概念的把握の論理』二〇頁）と訳しています。

2　「純粋なそれだけとしての統一」とは他のアトムと関係していないアトムみたいなものでしょうか。「純粋な統一」とは「媒介を経た統一」に対置される語でしょう。

3　「純粋に直接的な統一」を「全く無規定な統一」と言い換えています。直接的とは無媒介的ということですから、「純粋に無媒介的な統一」とは全く何物によっても媒介されていないことです。つまり生成過程がないということであり、そういうものは実在しません。従って規定も持ちません。逆に、規定を持っているということは、それ自体としては直接的（現にそうである）ということですが、それが生成過程の結果としてそうなっているのですから、それは「不純に直接的な統一」です。つまり、媒介された無媒介性です。従って、現存するものを認識するとは、その現にそうあるものの確認から始まり、それの生成過程を知ることに移っていくことになるのです。拙稿「弁証法の弁証法的理解」を参照。

4　ここまでは第六九節と直接結びついています。以下は直接的には第六九～七〇節前半のまとめですが、実際には第六〇節から第七〇節前半までのまとめになっています。

5　この「事実」という語は第六六節の冒頭の「事実」を受けているのでしょう。

## 第七一節〔直接知説における真理の基準は「意識の事実」〕

〔直接知の立場の〕根本を解明し終わったので、続いてそれと結びついている諸規定や帰結の中にその立場の一面性がどのように現れているかを、その主要点だけでも指摘しておかなければならない。第一に、[1]〔この立場では、意識の〕内容の本性がではなく、[2]意識の〔中にあるという〕事実が、真理の基準とされるので、主観がそれを知っているということが真理と表明されるものの基礎となる。つまり、「私は或る内容を私の意識の中に見出す」と断言することが真理の基礎とされることになる。〔つまり〕その場合には、私が私の意識の中に見出すものが〔私個人の意識の中だけでなく〕全ての人の意識の中に見出されるということとされ、そして〔更に〕それは意識自身の本性と見なされるのである。

1　「第二に」（fürs zweite）は第七二節の二行目にあります。

2　逆に、意識の内容の本性が真理の基準とされるということはどういうことなのだろうか。ヘーゲルの真理観からいうと、或る実在がそれの概念に一致することとされるのだから、この「内容の本性」とは「実在の概念」のことだろうか。

注釈〔直接知説の真理観の不十分性〕

〔直接知の立場のこの考えは個人の意識内の事実を万人の意識内の事実とし、更に意識の本性に属する事柄にするわけで、そこには三つの項があるのであるが、後二者の関係について考えてみると〕かつて神の存在の証明といわれたものの中には「万人の一致」ということを持ち出したものがあった。〔例を挙げるなら〕既にキケロがこれを論拠としている。〔そこで、この「全ての人が一致することは普遍的であり、必然的である」という考えについて言うと〕確かに「万人の一致」ということは力強い権威ではあるから、或る内容が全ての人の意識の中にある〔或る事柄を全ての人が認める〕ということから、その内容は意識自身の本性に属し、意識にとって必然的なことであるという結論に移っていくということは、〔人間の心理から見て〕無理からぬ面がある〔と言わなければならない〕。〔しかも〕この全ての人の一致というカテゴリー〔考え方〕の中には、個人の意識は特殊的かつ偶然的であ〔って、普遍的、必然的ではない、だから、個人の意識は頼れないのである〕という、どんなに教育のない人でも認めないわけにはいかない〔正しい〕本質的な意識〔考え〕があったのである。〔だから、この事実を認めることから出発した場合、その事実を認めた上で更に〕この個人の意識の本性を研究して、特殊的・偶然的なものを取り除き、追考という苦しい作業によって絶対的に普遍的なものだけを取り出すことに成功しないと、結局、或る内容が意識自身の本性に属するという大層な考えを根拠づけうるものはその内容についての万人の一致しかないということになってしまうのである。[1]

思考は、普遍的である〔万人の意識の中にある〕ことが分かっていることを必然的としたいというのだが、そのためには「万人の一致」では不十分である。しかも、かの事実の普遍性〔或る事柄が万人の意識の事実であること〕だけで〔その事柄の真理性の〕証明には十分だと仮定したとしても、[2]世の中には神を信じない個人や民族があるので、神の存在の信仰の正しさを証明するものとしては、やはり〔この「万人の一致」は〕採用されなかったのである。[3]〔実際〕「私は或る内容を私の意識の中に見出し、それを絶対に真なるものと確信します。だから、この確信は特殊な主体としての私に属するのではなく、精神自身の本性に属するのです」と、単に断言するだけで好いというのなら、これ程簡単で便利なことはほかにない。[4]

1　ここまでの論理的文脈は読みにくかったが、動詞の時制の使い分けの意味を考えて、筋の通った解釈をすると、これ以外には読めないでしょう。因みに、読者は松村訳を読んでみると、文章は訳せていても、文の意図と重点の傾く方向は少しも訳出されていないことが分かるでしょう。

要するに、①個人の意識は特殊的で偶然的だから頼れない、②しかし、個人の意識の中に特殊的なもののほかに普遍的・必然的なものもあるから、これを分析することによって、後者を析出しなければならない。③万人の一致を真理の条件にする人々は、①から出発する点で正しいが、②を忘れたために、そういう間違った結論に達した、というのです。

2　ここは allerdings .. aber かとも思うのだが、文の内容が、前も後も、共に、「万人の一致」の不十分性を言っているので、そうは取れなかった。譲歩の構文と取るには、aber を含む文はその事を肯定する内容になっていなければならない。

3　（原注）無神論〔無宗教〕及び有神論〔宗教心〕がどの程度見られるかを経験的に〔事実として〕調べる場合、問題になることは、〔宗教心の定義である。即ち〕神一般を認めるだけで好しとするのか、それとも神についての明確な理解を前提するのかということである。キリスト教の立場に立てば、中国人やインド人等々の偶像化された神はもちろんの事、アフリカ人の偶像も、いや、ギリシャ人の神々でさえ神とは認められない。そういった偶像を信ずるのは神の信仰とは言えない、という訳である。しかし、それとは反対の立場に立つならば、そういった偶像信仰でも潜在的には神の信仰一般の中に入るのは、特殊な個体の中に類が宿っているのと同じである。従って偶像崇拝でも一種の神信仰であり、単なる偶像崇拝に留まるものではない、という事になる。キリスト教と逆の考え（3－1）としてはアテネの人々（3－2）の考えがある。即ちアテネの人々は、ゼウス神などは雲でしかないと言って、本当の神は一つしかないと主張した詩人や哲学者達を皆、無神論者に分類した。——

つまり、或る対象の中に「潜在的に」含まれている〔だけで意識されていない〕物事ではなく、〔顕在化して〕意識されている物事が問題なのである。その両者を一緒にしてしまうと、人間の感覚的な考え方の中にはどんなつまらない考え方の中にも宗教がある、ということになる。なぜなら、感覚的なものの中にも精神的なものの中にも発展し純化されれば宗教に成る原理はあるからである。しかし、或る事が可能だという事（先の「潜在性」とはこの能力と可能性の事である）と実際にそれを持っているという事とは別である。――

最近、又旅行記が出て、一切の宗教を認めず、アフリカの魔術師の持っているようなものもヘロドトスのゴエース（3-3）も認めない種族（エスキモー）のことが報告された。かと思えば、カトリックの先年の聖年をローマで数ヶ月間経験した或るイギリス人は、「下層の民衆は信心深いが、教養ある上層の人々はほとんど無神論者だ」と言っている。――

「それは無神論だ」といった非難の言葉を聞くことが最近は少なくなってきているが、それは宗教の内容なり宗教への要求なりが小さくなってきているからである（第七三節を参照）（3-4）。

3-1　ここの「逆に」の解釈は松村に学びました。

3-2　地名から形容詞（その土地の人の意を兼ねる）を作る場合の原則は、「地名に -er 語尾を付ける」です。**Berlin→Berliner, Rom→Römer** など。しかし、この規則には例外が沢山あります。この **Athen→Athenienser** もその例外の一つでしょう。「文法」の五一三頁の②例外を参照。

3-3　**Goeten Herodots** は分かりません。英Gは "**the wonder-workers of Herodotus** と訳しています。仏Bによりますと、ヘロドトスの本にすべての住民が魔術師か占い師であるような村のことが記されているようです。

3-4　宗教と信仰についての議論がなぜ不毛かについては拙稿「宗教と信仰」（『先生を選べ』に所収）で論じておきました。

4　ルソーは同じ問題を国家論の中で一般意志〔普遍的な意志〕と集合意志〔全員の意志〕の関係の問題として論じたのでした。

## 第七二節〔意識の事実を真理の基準とするとどうなるか〕

直接知が真理の基準だとされると、第二に[1]、迷信や偶像崇拝がすべて真理と言明され、意志のきわめて不法かつ不道徳な内容が正当化されることになる。〔なぜそうなるかを説明すると、まず前者であるが、例えば〕インド人はウシやサルやバラモンやラマを神とするが、それはいわゆる媒介された知、つまり理屈づけや推理に基づいて神とするのではなく、ただそう信じているのである〔だから、これは直接知であり、従って、直接知ならみな正しいとすると、インド人の迷信も真理だということになるわけである〕。次に[2]〔後者について説明すると〕、自然的欲望や傾向性はおのずから意識の中に現われてきて自己の利益を〔その欲望を満足させることを〕要求するし、非道徳的な目的が意識の中に現われ出てくるのも全く直接的な仕方でのことである。即ち、善い性格とか悪い性格というのは、〔個人がどういう〕利益や目的〔を追求するかということ〕の内に、文字通り直接的な形で〔意志の事実として〕現われる意志の在り方の中に出ている、というのである[3]。

1　「第一に」は第七一節の三行目にあります。
2　この「次に」は aber を訳したものです。
3　der gute oder böse Charakter 以下最後までの文は drückte aus, gewusst wäre と接続法第二式になっています。松村は「であろう」と推定に取っています。直接知説の主張の紹介、つまり伝聞ではないでしょうか。

## 第七三節〔直接知の神論〕

最後に〔第三に〕、神についての直接知は「神が存在する」ということを主張するだけで、神が何であるかには答えない、と言われている。というのは、神が何であるかを問題にすると、それは認識となり、かくして媒介された知に成るだろうからである。従って〔直接知の立場に立つと〕、宗教の対象としての神は神一般、無規定の超感覚的なものにはっきりと制限されることに成り、宗教はその内容において最少限にまで縮小されてしまうことに成るのである。[1]

1　この辺も状態受動で書かれています。四九四頁の注2と4を参照。

**注釈〔直接知の神論の表す貧しい考え〕**

実際「神は存在する」という信仰を獲得ないし生み出しさえすれば好いのだとすれば、そのように宗教的知識の最少限の事すらをも大した成果と見なし、ずっと昔アテネで「知られざる神」に捧げられた祭壇[1]を、自らの教会の中で再び作り出すに至った〔この現代という〕時代の貧しさにはただ驚く以外にない。

1　「知られざる神」に捧げられた祭壇の話は、聖書の使徒行伝第一七章第二三節に出てきます。自由な雰囲気のあったアテネには諸々の神とそれをまつる祭壇とがあっただけでなく、未知の神々にも物を与えておくために、「知られざる神」に捧げられた祭壇を設けていたのでしょう。パウロは、しかし、それをキリスト教の神（これはギリシャ人にはまだ知られていなかった）のためのものだと解釈したのでしょう。ですから、パウロによって既に内容（キリスト教的内容）を与えられた神を「その何であるのかは分からないが、ただ存在することだけは確かな神」に変えようとする直接知の考えは、キリスト教の内部で行われる限り、「昔アテネで知られざる神に捧げられた祭壇を自らの教会の中で再び作り出す」ことになるわけです。

**第七四節〔直接性という規定の論理的性格〕**

更にもう一つ、〔ここで〕直接性という形式が持っている一般的な性質について簡単に指摘しておかなければならない。即ち、この形式は、それ自身が一面的なものだから、自己の内容自身をも一面的にし、それによって有限にするということである。〔この事を、その内容が普遍である場合と特殊である場合とに分けて説明する。まず前者だが、直接性という形式が普遍的な内容を捉えた場合には〕それは〔その内容を成す〕普遍に抽象性〔特殊から切り離されている〕という一面性を付与する。そのため〔その普遍が神である場合には〕神は無規定の存在となってしまうのである。〔実際には神は精神として捉えなければならないのだが〕神を精神と呼びうるのは、神が自己自身の中で自己を自己と媒介するものとして知られる時だけである。[1] 神が具体的で生命に満ちた精神であるのは、この場合だけである。従って、神を精神として知るということには媒介が含まれているのである〔従って、この媒介を省いて、普遍的内容を直接性の形式でしか捉えないのでは、それを正しく捉えることはできないのである〕。——

〔内容が特殊の場合には〕直接性という形式は〔その内容を成す〕特殊に、「存在している」とか「自己関係している」という規定を付与する。しかし、〔この規定は特殊の本質に矛盾する。なぜなら〕特殊とは、まさに、自己の外にあるものに関係するということだからである。〔従って、特殊に自己関係という規定を付与する〕かの〔直接性という〕形式は有限者を絶対的なものとすることになる。〔更に又〕この直接性という形式は全く抽象的なものなので内容には無関係であり、またそれ故にどんな内容でも受け入れうる。そのため〔この形式が有限な内容を絶対化するということをも合わせて考えると〕この形式は偶像崇拝や非道徳的内容をもその反対の真の内容と同様に〔受け入れ〕聖化する〔ということが分かる〕のである。しかるに、非道徳的な内容は自立的なものではなく、他者によって媒介されているのだと見抜かない限り、この非道徳的内容は有限で非真なるものに引き下げられないが、このような洞察は、その内容に媒介が含まれているが故に、それ自身も媒介を含む知である〔だから媒介知を否定する直接知の立場ではこういう知は無理である〕。或る内容を真理として認識しうるためには、〔直接知の立場が主張しているような、それを絶対確実なものとして自分の意識の中に見出すと断言することでは不十分であり〕その内容が他者によって媒介された有限なものではなく、自己を自己自身と媒介し、よってもって媒介であると同時に直接的な自己関係でもある限りのことであ〔り、それをそのようなものとしてありのままに捉える媒介知がある限りでのことであ〕る。――

かの〔ヤコービたちの〕悟性は[2]、自分は有限な知、つまり〔旧〕形而上学や啓蒙派の悟性的同一性を乗り越えているつもりだが、彼ら自身ただちにこの直接性、つまり抽象的自己関係を真理の原理及び基準にし、かくして〔自分が乗り越えたつもりの悟性の〕抽象的同一性を真理の原理及び基準としている。〔要するに〕（反省的形而上学の形式である）抽象的思考と（直接知の形式である）抽象的直観とは同じものなのである。[3]

1 Geist aber kann Gott nur heißen, insofern .. では Gott が主語で Geist が属詞（述語）でしょう。nur は insofern に掛かります。「文法」の一一六八頁の第一項（接続詞を限定する副詞の位置）を参照。英訳はここを But God can only be called a spirit when he is known .. としていますから、英語でもこれ（when に掛かる only が主文の中に入ること）は同じなのでしょう。

2 ここの Jener Verstand を松村は「悟性は」と一般的に訳していますが、拙いのでは?

3 本節はいつも以上に論理的に整理されていて、内容も分かりやすいのではないでしょうか。追加したい現実的内容としては、『これこれは名著だ』とか『これこれはつまらない』といった「根拠を示さない断定的な評価」は直接知の立場に立つものであり、学問的ではないという事です。

### 付録〔直接性とは抽象的な自己関係のことである〕

直接性という形式が媒介性という形式と対置され、それが固定して捉えられると、その形式は一面的になります。そして、この一面性という形式は自己にもたらされるどんな内容にも付与されます。

〔しかし〕直接性というのは一般的には[1]「抽象的な自己関係」であり、従って同時に、抽象的同一性であり、抽象的普遍性です。従って、絶対的な普遍を直接性という形式でしか捉えないと、この普遍も抽象的普遍でしかなくなります。このような見方では、神も単に無規定の存在という意味しか持たないことになります。この時でもなお精神としての神について云々したとしても、それは空語[2]にすぎません。というのは、精神というのは〔他者〕意識であると同時に自己意識でありまして、どのような場合でも自己を自己自身と他者とから区別するものであり、従ってただちに媒介的なものだからで〔あり、直接的に捉えられたものを媒介を本性とする語で表現しても無意味だからで〕す。[3]

1 媒介性と対置した場合に対して「一般的には」と言ったものと取りました。

2 この「空語」はヘーゲルのよく使う「単なる名前」と同義でしょう。

3 松村はこの後に「訳者注」として、ヘーゲルにおける普遍と特殊の関係について「説明」をしています。付録2「昭和元禄と哲学」と比較してみる事をお勧めします。

### 第七五節〔ここでの直接知批判は実証的だった〕

思考が真理に対して取る第三の態度をこれまで〔分析し〕評価してきたが、〔この態度自身が論証＝媒介を否定する立場であるが故に〕この〔私の行った〕評価自身も、この立場が自分自身の内で証明もしないで正しいとする方法〔つまり、直接的事実として実証する方法〕を使ってするしかなかった。即ち、無媒介の知、つまり他者による媒介をも自己内での自己との媒介をも含まないような知というものが存在するという主張は間違っているということを、「事実として」示したわけである。同様に、思考というものは他者によって媒介された規定（つまり有限で条件づけられた規定）にそって進む以外になく、従ってこの媒介の中で媒介自身が止揚されるなんてことはない[1]という主張が間違いであることも、「事実として」明らかにしたわけである。〔というと、読者はあるいは、自己によって媒介された規定、つまり無限な規定に沿って進む思考とか媒介の中で媒介自身を止揚するような媒介的思考がどこにあるのか、それはどういう思考なのかと質問するかもしれないが〕しかし、一面的な直接性の中を進むのでもなければ一面的な媒介性[2]の中を進むのでもないような思考の実例が、まさに〔私ヘーゲルの〕『論理学』であり、全哲学体系なのである[3]。

1　副文の中では nicht はなるべく前の方に置きます。「文法」の一一七七頁の第三項〔副文での nicht の前置〕を参照。

2　「一面的直接性」とは媒介を一切持たない直接性のことで、「一面的媒介性」とは媒介の中でその媒介自身を止揚しない媒介のことでしょう。

3　こういう風に、自分の本来の主張と違ったやり方をする場合には、それを自覚していることを記し、そうせざるを得なかった理由を述べ、本来のやり方はどこでして見せたかを述べるというのは、ヘーゲルの偉大さだと思います。と言うか、哲学者というのは本来そうあるべきなのだと思います。五三四頁の訳注3を参照。

## 第七六節〔直接知はデカルトへの後戻りである〕

先に「無邪気な」形而上学と名づけておいた〔この批判的検討の〕出発点〔客観に対する思考の第一の

態度〕と比較してこの直接知の原理を考察すると分かることは、直接知の原理は、この形而上学の近世における出発点であるデカルト哲学の原理への後戻りだということである。両者で共に主張されていること〔両者の共通点〕は以下の三点である。

第一に、〔両者共〕思考と思考者の存在とは切り離せないという単なる事実〔を主張している〕。即ち、〔デカルトの〕「cogito ergo sum（我思う、故に我あり）」は、〔直接知の言う〕「私の意識の中には私の存在、実在、現出存在が直接的に開示されている」というのと同一である（デカルトは『哲学原理』第一部第九節で、自分は思考という言葉の下で意識一般を考えている、とはっきり述べている）。〔又、両者共〕この不可分離性は絶対的に最初の（つまり何物にも媒介されず証明もされない）認識であり、もっとも確かな認識だと主張している。

第二に、〔両者共〕神の観念と神の存在との不可分離性を主張している。即ち、神の存在は神の観念自身の中に含まれており、神の観念は神の存在の規定なしには絶対にありえないから、神の存在は必然的かつ永遠の存在である[1]〔と主張している〕[2]。

第三に、外界の事物の存在についての同じく直接的な意識についていうと、この意識こそ感性的意識と呼ばれているものにほかならない。我々人間が〔外界の事物についての〕そういう感性的意識を持っているということは〔当たり前のことであって、そんなことは〕もっとも下らない認識である。ここでただ一つ興味の持てることは次のことを知ることである。即ち、外界の事物の存在についてのこの直接知は錯覚であり誤謬であって、感性的なもの自体の中には真理は存しないということ、つまり外界の事物の存在はむしろ偶然的で儚《はかな》いものであり、仮象であるということ、外界の事物というのは自己の概念ないし本質から分離されうる〔逆にいえば、概念と不可分でない〕ような存在を持つにすぎないことがその本質だということ、こういったことを知ること以外にはここで興味の持てることは一つもないのである。

1 「神の観念は神の存在の規定なしにはないから神の存在は必然的だ」というこの推理で証明されることは、「神の観念があれば神は存在する」ということだけであって、これだけでは神の観念が必ずあるということは証明されない。実際は、神の観念は人間が事実として持っているということが前提されているのです。

2 （原注）デカルトは『哲学原理』の第一部第一五節で次のように言っている。「心が持っている観念の内で『最も完全な存在』という観念以外にはこの必然的な存在ということをそれと同じように含んでいる観念は一つもない、ということに心が注意するならば、心はそれだけ一層最も完全な存在は存在するということを確信するであろう。つまり、心はその事から、『この観念は真でかつ不変の本性を表しているが、この本性は自己の内に必然的な存在を含んでいるから、存在しているに違いない』ということを見抜くであろう」。この言葉に続いて〔この言葉の〕媒介ないし証明と取れるような言い回しがあるが、それはこの基礎的言明〕を少しも傷つけるものではない。――

スピノザにおいても全く同じで、神の本質つまり〔神という〕抽象的な観念の中には存在が含まれている、というのである。スピノザの第一定義は自己原因についての定義だが、それは「存在を自己内に含む本質、あるいは存在するとしか考えられない本性」ということである（『エチカ』第一部定義一）。――

つまり、概念と存在との不可分離性は〔スピノザにおいても〕根本規定であり前提なのであ〔って、媒介された帰結ではないのであ〕る。しかし、この存在と分離しえない概念とはどんな概念か。それは有限な事物の概念ではない。というのは、有限な事物とは偶然的で「何か他者によって」作り出された存在を持つようなものだからである。――

スピノザにおいては、〔『エチカ』の第一部の〕第二定理「神は必然的に存在する」及び〔同〕第二〇定理「神の存在と神の本質とは同一である」に証明が続いているが、このような証明をつけて〔定理の〕形式を整えようとするのは余計なことである〔なぜならそれは直接的に前提されていることなのだからである〕。〔スピノザのその「証明」とやらは、要するに〕神は実体（しかも唯一の実体）である、しかるに実体とは「自己原因」である、「故に」神は必然的に存在する、というものだが〕――これは、神とはその概念と存在とが分離しえないものの事だという〔断定的命題を証明に見せかけた〕ものに外ならない。

## 第七七節〔直接知説はデカルトに遠く及ばない〕

しかし、この二つの立場は次の点で異なっている。

①デカルト哲学は、証明されてもいず又証明することも出来ないとされている諸前提〔思考する我の存在の事実、明晰判明知の確実性〕から出発して、一層展開された認識に進み、近代の諸科学の出発点となった。しかし、これに反して、現代の立場〔直接知〕は、有限な媒介にそって進む認識は有限物しか認識せず、真理を持ちえないというそれ自体としては重要な結論に到達しながら〔第六二節参照〕〔それ以上には進まず〕、神についての意識〔認識〕に対してはかの〔神は存在すると主張するだけで、神の何たるかには触れない〕全く抽象的な信仰に止まるべきだと言っているのである。[12]

②その際、現代の立場は、一方で、通常の科学的認識に関してはデカルトの導入した方法はそのまま認め、経験的で有限なものについてその方法によって作られた科学を〔デカルトと〕全く同じやり方で押し進めたが、他方、内容上無限なものについての認識に対してはこの方法は採用せず、しかもそれに代わ

る方法を提出したわけではないので、〔結局〕どのような方法も認めないということになった。従って、現代の立場は、〔神の認識に関しては〕空想や断定といった粗野な恣意に身を任せたり、道徳の方が認識より高いのだと自惚れたり、感性の方が思考より高いと思い上ったり、あるいは節度というものを持たない勝手な考えや悟性的理屈づけを振り回したりすることになったのだが、こういった態度は哲学及び哲学的理論とは鋭く対立するものである。というのは、哲学というのは単なる断定も空想も許さず、悟性的理屈づけであれこれ勝手に考えることを認めないものだからである。[3]

1　要するに、この二つの立場の違いは次の通りです、デカルトは神を単に存在するというだけでなく、神を実体とし（三実体説）、有限物についてもそのような統一的世界観の下に説明を与えましたが、直接知は神概念の内容規定を与え得ず、従って有限物と神との関係を定立出来ませんでした。

2　（原注）これに対してアンセルムスはこう言っている。「我々が固く信じるようになった後に、その信じていることを理解しようとしないとしたら、それは怠慢だと思われる」。ここでアンセルムスはキリスト教の具体的内容の認識に対して、かの現代の信仰の立場が抱いているのとは異なった高い課題を課しているわけである。

3　第六一節から第七七節までの一七節はどういう風な順序で流れているでしょうか。それは、まず、全体が四つに分けられるでしょう。第一は第六一節から六三節までで、抽象的普遍としての思考と特殊としての思考の不十分性を述べて、従って真理を捉える可能性を認めるなら直接知としての理性を認めることになるということを直接知の主張にそって展開し、直接知の立場の根本を確認しています。次は第六四節から七〇節までで、直接知の唯一つの根本思想を確認し（第六四節）た上で、媒介性と直接性を絶対的に対置するのは正しくないと、事実によって反証しています。その事実は遠い事柄から始めて近くの事に移り、最後は直接知という考えの中にすら媒介が含まれていることを示し（六九節）ています。第七〇節はこの第二部分のまとめで、直接知の言わんとする正しい事とその表現方法の拙劣さを指摘しています。第三は第七一節から七四節で、第二部分の根本につづいて、その他の細かな点で直接知の主張の中にある欠点を三つ示し、七四節で、総注という形で、直接性という形式自身の一面性に言及しています。第四部分は第七五節から七七節までで、これは言うまでもなく結論ですが、第七五節では直接知の間違いとそれを乗り越えた思弁哲学を対置し、第七六節と第七七節ではデカルト哲学と直接知の異同を論じて哲学史的な観点からのまとめとしています。

## 第七八節〔思考の三つの態度のまとめ〕

〔以上、第二六節から第七七節までで客観に対して思考の取る三つの態度の検討を終えたわけであるが、ここから分かる事は、いずれの態度も真理の一面に固執しているのでそれをそのまま真の方法とすることはできないという事である。〕まず、〔今検討したばかりの〕内容と知の自立的〔一面的〕直接性〔を主張する立場〕とそれとは反対のこれとは統一されえない自立的媒介性〔を主張するカントの認識論〕とを対立〔させて二者択一を迫るような考え方〕はしりぞけなければならない。なぜなら、そういう考え方は〔その論者によって〕単に前提され、勝手に断定されただけのものにすぎないからである。同様に、その他の前提や定説となった考え方も、それが表象に由来するものであれ思考に由来するものであれ、哲学の門をくぐるに際しては放棄しなければならない。というのは、まさに哲学の中でこそ、これらの規定すべてが初めて研究され、これらの規定及びそれの対立規定にまつわりつく〔二次的な〕事柄の本質が認識されるのだからである〔だから、研究する前に予断をもってどれかの考えを採用してはならないのである〕。

1　自立的媒介性とは、「直接性に結びつかない媒介性」ということで、ここでは、カントが人間には現象は認識できるが、それがどんなに進んでも物自体の認識には達しえないといったことを指しているのでしょう。

**注釈〔懐疑論を止揚したものが弁証法的な契機である〕**

〔このように言うと、それでは〕懐疑論というのは認識のあらゆる形態に対して否定的な態度を取る哲学だから、懐疑論を〔哲学への〕導入〔序論〕としたらよいと考えられるかもしれない。[1] そうすれば、そこではそのような諸前提には根拠の無い事が暴露されることになってよいだろう、とも思われる。しかし懐疑論〔を哲学への序論とするというの〕は〔否定的な結論で終わってしまって〕面白くないばかりでなく、余計なことにもなるだろう。なぜなら、すぐ後に述べるように、〔否定的哲学である懐疑論とは違って〕肯定的な哲学〔である思弁哲学〕の中では〔懐疑論の止揚されたものである〕[2] 弁証法的なもの自身が一つの本質的契機を成しているからである。また、それ以外にも、懐疑論〔を序論とすると、それ〕は〔それが否定することになる〕有限な諸形式を〔内在的に展開するのではなく〕単に経験的、非科学的に取り上げる、つまりそれを与えられたものとして見出すことになるだろう〔だから、やはり懐疑論を哲学への序論とすることは出来ないし、私は現にそうしなかったのである〕。〔しかし〕この徹底した懐疑論を〔哲学の序論にせよと〕要求する声は、〔そのように結論においては間違っているのだが、その出発点の動機としては正しいものを持っているのであって、それは〕科学〔哲学〕に取りかかる者は「全てを疑う」という態度を持っていなければならず、何事に対しても一切前提というものを持っていてはならないという要求と同じことなのである。[3] しかし、この要求は、実際には、〔いかなる権威にも惑わされることなく〕

純粋に〔思考の論理だけに従って〕考えようと決意することの中で達成されているのである。つまり〔思考以外の〕一切のものを度外視し、〔思考の実体である〕自由という純粋な抽象、思考の論理だけ〔に従う事〕の中にある〔ので、それ以上に懐疑論を序論とする必要はない〕のである〔だから、逆に言うならば、一切のことを疑ってみるという決意のない者、札束の論理とか教会の権威とか党の理論の枠内でしか自主的に考えられない人は、哲学の門をくぐる資格はないのである。以上で長い序論を終えて本論＝存在論以下に入ろうと思うのだが、その前に、以上の思考の三つの態度〔要素〕を自立的一面的に主張するのではなく、思弁的思考の契機として正しく位置づけるとどうなるかを簡単に説明しておこう〕[4]。

1　この辺の第二式は仮定話法のそれだと思います。als eine Einleitung の不定冠詞が「仮構の不定冠詞」でしょう。

2　こういう風に取らないと、なぜここで突然「弁証法的なもの」が出てきたのか分からないでしょう。ヘーゲルの読解では、新しく出てきた語句がこれまでのどの語句と関係しているかと考える事が決定的に大切になる所以です。

3　本当に自主的に考えるためには、単に他人の言によらず自分の頭で考えようと「決意」するだけでは不十分で、思考の修業をしなければならないということが、『精神現象学』の序論で述べられています。

4　第七八節及びそれへの注釈についての解釈の基本は次の通りです。①この節の本文と注釈は内容上連続しており、全体で一つの本文にした方がよかったくらいである。②この第七八節全体は客観に対する思考の第三の態度の内に入るものではなく、三つの態度全体を存在論以下の本論とつなぐ橋渡しである。③では、第七九節から第八二節はなぜ入れたかというと、それは角括弧で補った文の終わりの方に述べた通りである。ここでは、論理的なものの三つの契機を思考の三つの態度の止揚されたものとする解釈を打ち出した点が新しい。第一九節から第八三節までの構成がどう成っているかは、第二五節への訳注5（三三二頁）に書きました。

## 論理学への予備知識・詳論（第七九〜八二節）及び構成（第八三節）[1]

### 第七九節〔総論・論理的思考の三側面〕

論理的なもの[2]〔論理的思考〕は形式の面から見ると三つ[3]の側面をもっている。つまり、①抽象的な側面、即ち悟性の側面、②弁証法的な側面、即ち否定的理性の側面、③思弁的な側面、即ち肯定的理性の側面、である。

1　表題の Begriff は第一九節の前にあります Vorbegriff を受けているのだと思います。「二度目には一般化して言う」という準則に従って Vor- を取って Begriff としたのでしょう。第二五節への訳注5（三三二頁）を参照。なお、「内部構成（Einteilung）」を独立させず、「予備知識・詳論」と一緒にしたのは、それが独立させるにはあまりにも小さかったからでしょうが、内容的には独立させた方がよかったと思います。

2　この「論理的なもの（das Logische）」とは何かを考えるには、その対概念は何かを考えてみると好いでしょう。「論理的なもの」の対概念は一般的には「歴史的なもの」が考えられますが、こういう対比では何も明らかになりません。次に、「論理的なもの」を論理学と取ると、その対概念として自然哲学や精神哲学といった応用論理学が考えられますが、この対比でも何も出てきません。我々は、この「論理的なもの」の対に「経験的なもの」を考えてみましたが、そうすると、この「論理的なもの」は認識主体の中の感覚と対比された思考となります。つまり、この三契機は思考の三契機になると考えられますが、実際には悟性的思考には②③の契機はありません。ですから、この「論理的なもの」は思考一般ではなく、論理的・思弁的思考のことではないかと思います。もっともこの場合の思考とは、ヘーゲルでは、単に人間の主観の働きだけでなく、客観界にある働きも含むと考えられています。

なお、ヘーゲルの汎神論をスピノザのそれの弁証法的改作と捉える許萬元はこの三契機の導入を次のように説明しています。「ヘーゲルは、スピノザの静的実体を、形而上学的存在論の範囲内で、フィヒテ的な「自我」にまで高めることによって、神的実体に自由な主体性を与えようとしたのである。／とはいえ、実体の概念的展開は、厳重に三つの論理的モメントにもとづいておこなわれなければならない」（雑誌『構造』昭和四五年八月号に所収の論文「ヘーゲル哲学研究の問題点」）。

3　では、内容の面から見るとどうなのでしょうか。一つの内容を扱っていても、その内容がどういう形式を取るかで内容も変わってきますから、三つの形式に応じて内容上も三つの面があるとも言えます。

### 注釈〔その三側面の悟性的説明の必要と限界〕

この三側面は論理学の三部分を成すのではない。それは論理的実在全ての契機なのである。つまり、いずれの概念にも含まれている、あるいはいずれの真理にも含まれている契機なのである。〔だから、本当は、それは本論で、各概念の展開の中でしか説明することの出来ないものなのである。たしかに〕この三側面をみな、その第一契機である悟性の下に置き、それによって三つをバラバラにして〔悟性的に〕捉え

〔考察す〕ることはできるのだが、そういう考察は真の考察とは言えない。——

〔しかし、そういっては話にならないし、又、そういう悟性的説明にもそれなりの意義はあるから、ここでは本当の説明ではないと知りつつ、悟性的な説明をしておこうと思う。[2]ただし〕ここ〔第八〇節から第八二節まで〕で論理的なもの〔論理的思考〕の諸規定〔三契機〕について為す指摘も、〔第八三節に書く論理学の〕内部構成も、共に、〔真の証明ぬきに〕先取りしたものであり、事実として記述的に述べるにすぎない〔ということはしっかりと押さえておいてほしいと思う〕[3]。

1　この das logisch Reelle は、次の概念のことを表現したものでしょう。概念も実在しますが、感性的実在とは違うので「論理上の実在」と言ったのでしょう。

2　この辺の文脈はこうなっているのだと思います。

3　ここで大切なことは、①「論理学」ないし『哲学の百科辞典』で弁証法の真の証明〔理性的展開〕をすると同時に、「序言」とか「序論」とか「予備知識」という形で、ニセの証明〔悟性的展開〕、で悪ければ暫定的説明もしているということと、②悟性的説明をする時には「これはニセモノだよ」と断ってからしているということです。理性的展開をする能力がないが故に悟性的説明〔その説明自身も内容的には怪しげなものである事は今は問わないことにします〕しかせず、従って又「これはニセモノだけど」と断ることもしないで、あたかもホンモノかのように装って悟性的説明を売り歩いている「弁証法についての解説書」とは根本的に違うということです。拙稿「弁証法の弁証法的理解」及び第七五節への訳注3〔五二四頁〕を参照。

## 第八〇節〔悟性の契機の特徴〕

A・悟性としての思考は〔他から〕確然と区別された規定を捉え、〔従って〕その規定と他の規定を区別するという仕事をする。悟性としての思考は、そのように制限され〔他から区別され〕た抽象的なもの

〔一面的な規定〕を自立しているものと見なすのである。

**付録〔悟性の意義〕**

一般に思考がどうのこうのとか、あるいは詳しく言うならば[1]、概念的思考がどうのこうのと言う時にいつも念頭におかれているものは、〔実際には、概念的思考ではなく〕悟性の働きにすぎません。たしかに〔思考が感覚から発生して来る順序を考えますと〕思考はまず悟性的思考という形を取ります。しかし、思考はいつまでも悟性の段階に留まっているものでもなければ、概念というのは単なる悟性規定と同じでもありません〔ですから、思考一般を悟性的思考に解消したり、まして概念的思考を悟性的思考と混同して云々するのはとんでもない間違いです〕。——

〔しかし、思考はまず悟性という形を取りますので、その悟性的思考とはどういう性質を持っているのかをはっきりさせておくことは大事なことです〕一般に、悟性の働きの本質は、思考の内容に普遍性といつも形を与えることです〔ですから、思考の論理的性格は普遍性だとして好いのです〕。しかるに、この普遍は悟性によって定立された普遍ですから、抽象的な普遍であって、特殊に対立し、従って又、それ自身も特殊として規定されなければならないような普遍です。[2]〔しかし、それはともかく、なぜ悟性は普遍という形式を与えることになるかと言いますと〕悟性は自己の対象〔である感覚から与えられた素材〕に対して分離的、捨象的に振舞うのですが、と言うことは即ち、悟性は無媒介の直観や経験とは反対の働きをするということです。と言いますのは、直観や経験は、それとしては、徹頭徹尾具体的なものに関わることに終始するものだからです〔ですから、感覚の論理的性格は存在の論理的性格と同じく個別なのです〕。

一般に思考に対して、「思考というものは柔軟性に欠け一面的である」とか、「思考の立場を徹底させると〔その対象を〕破壊するような結果になる」といった主旨の非難がしばしば繰り返されていますが、こういう非難が生れる根拠は、今述べたように、悟性が経験と対立する性質を持っているということにあるのです。このような非難に対してまず〔第一に〕言わなければならないことは、たとえそれが内容上正しい点を含んでいるにしても、そういう非難は悟性的思考に対して当たるだけであって、思考一般に当たるわけではなく、まして理性的思考には全然当たらないということです。しかし、第二に、一層突っ込んで言いますと、〔そのような非難は悟性の意義を認めないで、その欠点だけを指摘しているという根本的な欠陥を持っています。つまり〕単なる悟性的な思考に対しても、何よりもまず、その正当性と意義を認めなければならない、ということです。その意義とは、一般的に言って、理論の分野でも実践の分野でも悟性が無ければ何事も明確にはならないということです[3]〔以下でこの点を詳しく例証しましょう〕。まず〔理論の分野で〕認識について言いますと、認識というものは与えられた諸対象を互いにはっきりと区別して捉えることから始まります。例えば、自然観察の際には、元素や力や類などの区別を立て、これらの点でその対象を他から区別してそれとしてはっきりさせるわけです。この時思考は悟性として振舞っています。そして、悟性の原理は同一性、即ち単純な自己関係です。しかし〔悟性としての思考はそこに止まらず〕更に、〔そこで他から区別され確定された諸規定の関係を考えるわけで〕一つの規定から他の規定へと考え進むのですが、そのような認識でもその原理となるものはこの同一性ということです。つまり、例えば数学では大きさというのがその指導規定で、他の全ての規定を捨象して大きさに沿って思考は進むのです。同様に、幾何学でも、図形を比較して〔合同とか相似とかを〕考える場合でも、同一性ということを探し出してこれに基づいて為されるわけです。認識の他の領域、例えば法学を取ってみると、ここでもまずは同一性に基づいて思考は進行します。或る規定から他の規定へと推理する〔条文と条文との関係を考えたり、条文の中に含まれている概念の関係を考えたりする〕時、この推理は同一性の原理に沿った進行以外の何ものでもありません。[4]——

このように理論の分野〔で悟性は大きな働きをしているのですが、それ〕と同様、実践の分野でも悟性は不可欠です。というのは、行為には本質的に性格というものが必要ですが、性格を持った人というのは悟性的な人間のことだからです。悟性的な人間はまさに悟性的であるが故にはっきりした目的を持ち、確固としてこの目的を追求するのです。ゲーテも言っているように、偉大なことをしようとする人は自己を限定することを知らなければなりません。[5]これに反して、何でもやってみたいという人は何もやりたくないという人と同じであり、結局何事も成し遂げることはできません。世の中には興味を引く事が沢山あります。スペインの詩、化学、政治、音楽、どれもみな興味ある事です。ですから、それらに興味を持ったからといってそれを悪いと言うことはできません。しかし、限られた素質を持った一個人が何かを成し遂げようと思うならば、特定の事をしっかりと掴んでおかなければならず、自分の力を多方面に分散させてはなりません。職業についてもやはり同じ事で、悟性をもって職業を追求しなければなりません。ですから、例えば裁判官は法律に従い、法律に基づいて判決を下さなければならないのであって、あれこれの事情に妨げられ、右を見たり左を見たりしてはならず、〔相手の〕言い訳を認めてはなりません。[6]

更に言うと、一般に、悟性は教養の本質的契機なのです。〔ですから〕教養ある人は曖昧なことやはっきりしないことでは満足せず、対象を截然《せつぜん》と他から区別してはっきりと捉えるものなのです。これに対して、教養のない人は確信を持たずあちこち動揺するので、そういう人と何事かについて了解に達したり、そういう人に当の問題点について明確な理解を持ってもらうためには大変な苦労をすることがよくあるのです。

〔これまでは悟性という語を人間主体に属する能力としてのみ考察してきましたが〕前に〔第七九節の注釈で〕説明したことに従うと、論理的なものは一般に単に〔認識〕主観の働きという意味を持つだけでなく、端的に普遍的なものとしても捉えなければならず、従って〔主観的な働きと〕同時に客観的なもの〔過程〕としても捉えなければならない、ということでしたから、今や更に進んで、論理的なものの第一の形式である悟性にもこれを適用して〔客観的な過程としての悟性というものについて考えて〕みなければなりません。この点から見るならば、悟性というのは神の「慈悲」と呼ばれているものに対応します。[7] なぜなら、神の慈悲という言葉で考えられていることは、有限な事物が存在しているということ、それが現存しているということだからです。[8] そこで例えば自然界を見てみますと、動物にしても植物にしても、さまざまな類や種が自己保存と繁殖のために必要とするものを与えられているという事実の内に神の慈悲が認められます。人間に関しても、個人としての人間についても民族全体としての人間についても事情は同じです。それは自己の生存と発展に必要なものを、直接的な形で与えられたものとして〔例えば気候とかその土地の性状や産物等々として〕見出したり、あるいは個人の素質とか才能とかいう形で[9]持っていたりするのです。このように捉えることによって、今や、一般に、悟性は対象的世界の全領域に現われていることが分かります。そして、或る対象が〔それとして〕完全であるためには、その対象の中で悟性の原理がしかるべき位置を占めていなければならないということです。例えば、或る国家の中でいまだ身分や職業のきっぱりした区分がなく、発展した動物有機体が感覚や運動や消化の機能のためにそれぞれ別々の器官を持っているように、国家がその政治的行政的機能を特殊な諸機関に分担させる所まで至っていないとするならば、そういう国家は不完全な国家となるわけです。[10]——

さて、以上の分析から更に分かってくることは、普通の考えではもっとも悟性と遠く離れていると思われている活動領域や分野でも、やはり悟性は不可欠だということであり、悟性を欠くとその分だけ欠陥が生まれるということです。

この事はとりわけ芸術、宗教、哲学〔という絶対精神の三分野〕に当てはまります。芸術ではどこに悟性が現われてくるかと言いますと、概念に基づく美の諸形式[11]はやはり互いに区別されて保持され表現されているということです。そして、この事はまた個々の芸術作品にも当てはまります。或る劇が美事で完成されている〔と言える〕ためには、その登場人物の性格が始めから終りまで純粋かつ明確な形で描き通されていなければならず、テーマとなっている目的や利害が明晰で他から截然と区別されて描かれていなければなりません。

次いで宗教の領域について言いますと、例えば（その内容や捉え方等の相違点は今は取り上げないにしても）ギリシァ神話が北欧の神話より優れている本質的な点も又、前者では神々の一つ一つの姿が極めて明確で彫像のように造り上げられているのに、後者では神々が互いにはっきりと区別されず曖昧模糊として重なり合っているということにあるのです。——

最後に、哲学もまた悟性なしにはやっていけないということはもう多言を要しないでしょう。哲学するためには何よりもまず一つ一つの観念を完全な正確さで捉えなければならず、（個々の観念を）漠然とした不明確な状態にしたままで我慢してはならないのです。

さて〔以上長々と悟性の意義を例証してきましたが〕しかし、悟性は行き過ぎてはならないということも、よく言われることです。たしかに悟性は究極的なものではなくしてむしろ限りあるものであるという指摘、詳しく言い換えるならば、悟性はその極限にまで押し進めるとその反対物に転化するものであるという指摘には、正しいものがあります。青年〔青二才〕というのは抽象的なもの〔一面的に対置された概念〕に身を任せて動き回るものですが、人生経験の豊かな人間はそのような抽象的な「あれかこれか」を許さず、具体的なもの〔あれもこれも〕をしっかりと掴む[12]ものなのです。[13]

1　原文は näher と比較級ですが、日本語は原級で比較級を表す言語だと思います。

2　思考はなぜまずは悟性という形を採らなければならないのでしょうか。その必然性はどこにあるのでしょうか。これを考えて、この段落の後半を書き直しますと、次のようになるでしょう。

**書き直し案**　思考は感覚（ここで無媒介の直観とか経験と言われているもの）の中から出てくる。感覚は具体物（これを論理的に「個別」と表現する）を扱う。具体物の中にも論理は内在しており、感覚にも或る程度の分化能力はある。この感覚の内にある分化能力が純粋な形で出てきた時、それが「思考」と呼ばれるものである。従って、思考は個別の中の普遍（具体物の中の抽象物、存在の中の論理）を「それとして」（つまり純粋な形で）扱う能力である。従って、思考は、まずは、個別の中の普遍を分離して取り出し、それを固定する機能として現われる。これが悟性と呼ばれるものである（思考と言語の結びつきは、この普遍を「普遍として」扱うためには言語によらなければならないという点にあり、それを可能にするものが、言語の持つ人工性、つまり「直接性を断ち切る」という性質にあるのである）。拙稿「労働と社会」を参照。

3　この言葉はヘーゲルの箴言の一つと言ってよいでしょう。『法の哲学』第一三節への付録では「無性格者は決断しない」と言っています。拙訳『精神現象学』の六四九頁にある訳注にも引きました。Festigkeit und Bestimmtheit は二語一想でしょう。

4　何事にも意義と限界の両面を見る冷静な態度、即ち弁証法的な態度は、ヘーゲルの面目躍如と言わざるを得ません。なお、ヘーゲルの論理学では「同一性」というカテゴリーは本質論の初めの方にあります。これは本質論というのが悟性の論理を理性的に捉えたものだという事を意味します。ヘーゲル論理学を理解する方法の一つは「当のカテゴリーがどの段階に置かれているか、それはなぜか」と考える事だと思います。

5　関口存男氏の引用するシラーの言葉は「大望を遂げんとする者は、徹するに深く、弁ずるに鋭く、猟るに広く、持するに剛なるを要す」でした。ゲーテの言葉とシラーの言葉とどっちが正しいか、それとも両者は一体として捉えうるのでしょうか。なお、この「悟性の実践的意義」については、同じ事が☆630を付けた箴言にも表現されています。。

6　以上でヘーゲルは「理論の領域」と「実践の領域」を「通常の理解」に従って分けて論じています。一般に、「理論と実践の統一」とかが論ぜられる場合でもそうです。しかし、本当はこのような区別は「理論と実践との『絶対的な』区別」とでも言うべきものです。それに対して、その「相対的な区別」も重要です。例えば理論活動の内部でも、「或る方法をそれとして論ずること（一般論、理論）」と「その方法を実際の特定の問題に適応してみる事（具体論、実践）」とは違います。一般化して言いますと、「理論とは実践の反省形態である」と言うことが出来ます。

7　ヘーゲルの根本的な問題意識は「キリスト教の中に啓示されている真理を学問的に理解する事」でした（第二版への序文）。ですから、このように、逆に、学問的な真理をそれに対応する宗教的な事柄で説明するということにもなるのです。

8　有限な事物の存在性（存在しているということ）にその悟性的性格を見るということですが、では有限な事物の非存在性とは何でしょうか。これがその弁証法的性格となるはずです。それは、

「それが発生したものであり、従っていずれは消滅するものであること（時間的非存在性）、及び空間的に見て限定された部分を占めているということ（空間的非存在性）」でしょう、ヘーゲルの考えでは、自分の外との限界は自己内の限界の現われにほかならないのです。

9　気候や風土と素質や才能との対比は、客観的条件と主体的条件、現実的条件と可能的条件として対比されています。

10　この考えは間違っているとは言えないでしょうが、補うとするならば、自然界では、従って又人間でもその身体組織としては、機能毎に対応する器官があるとはいえ、それらの器官は相互に連携して働いているという面もあるという点でしょう。「身体としては」と断ったのは、社会組織ではいわゆる「縦割りの弊害」とかが言われますように、その連携が正常に行われていない場合もあるからです。もちろん、組織についても、仕事毎の部署を決めると同時に、場合によっては組織横断的なプロジェクトチームを作るということもあります。いずれにせよ、ヘーゲルのこの悟性論はこういった面を否定ないし無視するものではなく、それは第三の契機である「思弁的なもの」に入ると考えるものなのでしょう。それはともかく、我々が学ぶべきは、現実の問題を論理的に捉え直そうとするヘーゲルの「哲学する姿勢」でしょう。

11　この「美の諸形式」とは何のことでしょうか。音楽とか絵画とか詩とかいったものでしょうか。それとも、絵画なら絵画の中での印象派とか抽象画とかいった区別でしょうか。

12　この「具体的なものをしっかりと掴む」という態度を論理的な次元まで純化したものがヘーゲルの方法です。それは各事物の意義と限界を明らかにするということであり、そのための方法として各カテゴリーの意義と限界を明らかにし、その意義と限界に応じて各カテゴリー相互の関係を定めるという方法です。そして、それをまとめたのが論理学体系です。従ってそれは単なる方法ではなく同時に世界観という性格も持つことになりました。拙稿「弁証法の弁証法的理解」を参照。

13　この第八〇節への付録は「かなり」まとまっていると思います。文全体がどう構成され、どう流れているかと言いますと、全体が三つ、ないし四つの部分に分けられますが、まずはじめは「序」であって、悟性を思考一般と等置するのは間違いだが、思考の第一段階は悟性だから、それを検討しようと断っています。次いで、悟性の自体的説明があります。それは感覚の否定として出てきたものなので、感覚と対比されます。第三に、この感覚と悟性の対比を「きっかけ」にして、悟性の意義へと持って行きます。これが長々とつづき、第四に悟性の限界を注意して終わっています。

これが全体の構成ですが、第三部分の悟性の意義の項の書き方を見ると、①理論における悟性、②実践における悟性、③教養における悟性、④自然界における悟性、⑤個人と国家における悟性、⑥芸術、宗教、哲学における悟性、と六項目にわたっています。そして、ヘーゲル自身が③までと④以下とを区別して、③までを人間主体の能力としての悟性として捉え、④以下を客観的な意味での悟性としているのです。

これを反省してみますと、③教養における悟性が①の理論及び②の実践とどう関係するのか、③の教養は②の実践の一部分なのか、それとも①の理論の一部なのかという問題意識が浮びます（③は編者がここに入れたのでしょうから批判的に検討すべきでしょう）。我々としては、③の教養は別の文脈で話された言葉で、ここには入れにくいと考えます。①②と並べて、「理論とか実践とか言わないまでも、教養ということで普通に考えられていることを分析してみると」といった感じで捉える方法もあるかもしれません。④以下はすべてを尽しているとは言えませんが、自然から人間内の自然に話をもってきて、個人→民族→国家＝客観的精神ときたので、つづいて絶対的精神の三種に言及していったのは、ヘーゲルとしては自然な流れだったと思います。

## 第八一節〔弁証法の契機の特徴〕

Ｂ〔論理的思考の含む三契機の内の第二の契機である〕弁証法の契機は、〔形式面から見ると〕そのような〔悟性によって確定された〕有限な諸規定が自分で自分を止揚していく働きである。それは〔内容面から言い換えると〕有限な規定が自己の反対規定へと移行していく働き[1]〔を言ったもの〕である。

1　das eigene Sichaufheben ... と ihr übergehen ... とは角括弧で補ったような形で言い換えになっていると思います。松村は直訳していますが、宮本は「弁証法的契機はそのような有限な諸規定自身が自己を揚棄して逆の諸規定に転化してゆくことである」と、一つにまとめています。

注釈〔弁証法の誤解〕

①〔従って〕この弁証法〔という契機〕を悟性的に捉え、〔他の二つの契機、とりわけ思弁的契機から〕切り離してそれだけとして捉えると、そして特にそれを哲学上の考え方として捉えると、それは懐疑論になる。というのは、懐疑論は弁証法的なものの結果としての〔悟性規定の自己〕否定という面しか見ないものだからである。②弁証法は、普通、〔悟性によって〕確定された明確な規定の中に恣意的に混乱を持ち込み、そこに外見上の矛盾を引き起こす外面的な技巧と見なされている。だから空虚なのはこれらの規定ではなくこの外見なのであって、悟性的なもの〔悟性的な規定〕[1]はむしろ真理なのだと考えられている。又、弁証法があれこれ理屈をこねまわす主観的な御都合主義に成り下っていることもよくある。そこには真なる内実[2]が欠けているので、その欠落を頭の好さ〔と口の巧さ〕で覆い隠してあれこれ理屈をこねているのである〔だから、弁証法が概念規定に内在するのではない小手先の技術と見なされるのにも一理はあるのである〕[3]。——

〔しかし〕その本来の意味での弁証法〔による概念規定の自己止揚、即ち他の規定の内在的導出〕とは、むしろ、悟性規定や〔有限な〕事物、一般に有限なものが[4]それ自身の内に持っている真の本性なのである。〔たしかに、悟性による外的〕反省もさしあたっては、孤立した規定を越えて〔他の規定へと移り〕ゆくことであり、それによって或る規定の他の規定への関係が生み出されはするのだが、その他の点〔他の規定と関係するということ以外の点〕では、〔外的反省における悟性規定は〕その孤立した妥当性〔他の規定から切り離されたままで意味を持っているということ〕を失わないのである。これに対して、弁証法は〔悟性規定の〕内在的な〔その本性に基づく内在的な〕超出なのである。そこでは、悟性規定の持っている一面性と制限性とが暴露される、つまり悟性規定[5]が自分の中に持っていた〔自己〕否定が開示されるのである。[6]〔実際〕有限なものであるということは、すべて、自己自身を止揚するということである〔そして、この事を「有限なものの弁証法」と言うのである〕。だから、弁証法〔という契機〕は科学〔哲学〕的思考が進んでいく時、それを動かす魂なのである。科学の内容の中に内在的関連と内在的必然性とを生み出すのはこの原理だけであり、一般にこの原理によってこそ有限なものが外からではなく〔内から〕高まって行く真の高まりが可能となるのである。[7]

1　この das Verstäinige は Bestimmungen の言い換えではないでしょうか。

2　ヘーゲルでは Inhalt（内容）と Gehalt（内実）の区別があります。これは形（形式）と型の区別に対応して考えられるでしょう。どんなものでも存在している以上内容と形式を持っています。しかし、その内容や形式が真理である時にのみ、それは同時に内実であり型と言われるのです。例えば、相撲取りについても「○○は最近では珍しく型を持った力士だ」というようなことが言われます。これは、どの力士も「形」は持っているが、「真の形＝型」は誰でもが持っているものではないことを示しています。「サマ（様）になっている」といわれる時の「サマ」もこれと同じかもしれません。

3　この注釈の最初の段落で①と②の二点しか言及しなかったのは、それなりの理由があるのですが、その順序は逆にした方が論理的であったと思います。それなのにこの順序にしたのは、本文で「有限な規定の自己止揚」と述べたことが頭に残っていたので、その点に結びつけて「従って、この面を一面的に捉えたのが懐疑論だ」と持ってきてしまったのでしょう。正しくは、本文での規定の後、「弁証法を誤解する傾向は大きく分けて二つあり、一つはそれを主観的技巧と取る見方、もう一つはそれを客観的・対象内在的とは見るが、弁証法の持つ自己否定的働きを一面的に捉える見方とである」とするべきだったでしょう。まあ、この考えに賛成するか否かはともかく、論理的思考の鍛錬には、叙述の「順序」を考えることが大切だということは知っておいてほしいものです。

4　ここの原文は die wahrhafte Natur der Verstandesbestimmungen, der Dinge und des Endlichen überhaupt ですが、この三つの二格付置規定の関係をどう取るかです。松村は「あらゆる悟性的規定、事物、および有限なもの自身の本性」としています。überhaupt を三つに掛けて取ったようです。宮本は「知性的諸規定、諸事物および総じて有限なもの自身の真の性質」としています。überhaupt は最後の des Endlichen だけに掛けたようです。これはこれで賛成です。英訳の解釈はよく分かりません。私見は、要するに、「主観世界の有限者と客観世界の有限者、まとめて言うと有限者一般の本性」と取ったものです。

5　この was sie ist の sie は一面性と制限性（二語一想）を受けるのでしょうが、この als ihre Negation の ihre は悟性諸規定を受けると取りました。英訳もそう取っています。松村と宮本は ihre も sie と同様に取っているようです。許萬元はその『ヘーゲル弁証法の本質』（青木書店）の八〇～八一頁でここを引用していますが、sie を「それ」とし、ihre を「それら」としているだけで、どう取ったか分かりません。

6　二つの規定がある場合、両者を外的反省で関係づけるやり方と弁証法で関係づけるやり方とではどう違うでしょうか。ここの「規定」を「学説」としますと、二つの哲学説を外的反省で関係づけるやり方と弁証法で関係づけるやり方とではどう違うでしょうか。

大きくは、哲学史の考え方として、先行学説のこの点と後続学説のこの点とが関係していると いう並列的な見方は前者です。先行学説の核心の「意義と限界」を指摘して、その必然的発展(=自己否定)として後続学説が出てくると捉える見方は後者(弁証法)です。小さくは、我々の回りにいる教授達を見る大学生や一般人の態度で言いますと、「あの人はこの点を見、この人はあの点を見ている」とか、「これも面白い、あれも面白い」という並列的な態度は前者です。根本的な点では誰の方向が正しいか、その他の点ではどっちが上かと立体的に価値秩序をつけていく態度が弁証法です。「先生を選べ」ということはこの後者の態度を要求している点で弁証法に通じています。大学はそれを要求せず、むしろどの「先生」にも大学教授であるが故に先生として接することを要求している点で、外的反省に通じています。

7　この注釈には①と②の二つの内容があります。本節への付録も二つありますが、内容的には付録二は注釈の①に、付録一は注釈の②に対応しています。注釈での叙述の順序もやはり②→①にすべきだったと思います。②の内容は弁証法という言葉の間違った理解、ないし弁証法という言葉をほかの事に使うことを戒めて弁証法の対象や意味を明らかにしています。①では、ヘーゲルが弁証法という言葉で捉えている対象(事柄)を一面的に捉えると懐疑論と呼ばれるものになると言っています。しかし、①を先にしたのは、それが短かかったからでしょう。ドイツ語の文では短かい語句は前に持ってくる傾向がありますが、それと関係があるのかもしれません。

付録一〔弁証法の普遍性〕

弁証法的[1]なものをしかるべく認識[2]することはきわめて重要なことです。〔というのは〕一般的に言って、弁証法は〔無機物の〕あらゆる運動及びあらゆる生命〔有機物の運動〕の原理〔だから〕です。つまりそれは現実界のあらゆる活動[3]の原理〔だから〕です。それはまた、一切の真に科学的な認識の魂〔でもあるから〕です〔そこで以下で弁証法について少し説明をしたいと思いますが、まず、弁証法と似て非なるものを挙げて、それとの異同から弁証法の核心を説明し、続いて弁証法の実例はどこにでもあることをお話ししたいと思います〕。〔弁証法は、本文の第八一節の注釈にもありますように、抽象的悟性規定の一面性を越えて行くことなのですが、そういう〕抽象的な悟性規定に留まっていない考え方は、私たちの日常の意識の中では、「単なる公平さ」という形で現われています。諺に言う「自分も生き、他者も生かす〔共存共栄〕[4]」というのがそれで、一方も他方も共に〔並列的に〕認められることです。しかし、有限なものはそのように単に外から〔他者によって〕制限されているだけではなく、自己自身の本性によって自己を止揚し、自己の対立物へと移っていくのだという見方の方が一層深い見方なのです。ですから[5]、例えば、「人間は死すべきものである」と言われますが、その時には死は何か外的事情に依存した事柄と考えられており、従って人間は生きているという性質と可死的であるという性質との二つの特殊な性質を共に〔並列的に〕持っているということになるのですが、しかし、本当の見方はそうではなく、生それ自身が死の萌芽を内に持っているのであり、一般的に言うならば、有限なものは自己自身の中で自己と矛盾し、それによって自己を止揚するものであるという見方こそが正しい見方なのです。——

さて、次には、弁証法を単なる詭弁論法と混同してはならない〔ということを申し上げます〕。詭弁論法と言うものの本質は、一面的で抽象的な規定を孤立させてそれだけで〔全体から切り離して〕妥当させることであり、しかもその人の特殊な条件の都合[6]が好いようにその時々の事情の必要とする規定を取り出して妥当させることなのです。ですから、行動に関する一例を挙げるならば、「私が生存し、生存するための手段を持っている」ということは〔たしかに〕本質的な契機の一つなのですが、この自分の安寧という側面ないし原理をそれだけとして取り出し、「だから〔生存のためには〕盗みを働いてもよい」とか、「〔生き延びるためには〕祖国を裏切っても良いのだ」という結論を導き出すと、これはやはり詭弁なのです。——

　別の例を挙げますと、私が行うことにおいては自分で洞察し、確信をもって行うという意味の私の「主体としての自由」は、私の行動の本質を成す一契機ではありますが、この原理だけから悟性的に推論するとなると、これはやはり詭弁ということになるのでして、その時には人倫〔人間関係〕の全原則が投げ捨てられることになってしまいます。——

　弁証法はこのようなやり方とは本質的に別のものです。弁証法は事物の絶対的考察にまっすぐに向かうものであり、その時には悟性の一面的な規定の有限性が明らかになるのです。——

　ところで、〔このような意味での〕弁証法は哲学〔の歴史〕においては少しも新しいものではありません。古代ギリシャ人の中ではプラトンが弁証法の創始者とされていますが、プラトン哲学において弁証法が初めて自由な科学的な形を採り、従ってまた客観的な形を採って現われたということを考えますと、この世評も当然であります。〔このように言いますと、プラトンはソクラテスの直弟子だったのだから、プラトン以前にソクラテスが弁証法を始めたのではないかと考えられるかもしれませんので、この点について一言しますと」[7] ソクラテスにあっては彼の哲学全体がそういう性格のものであったのと[8]同様、弁証法はきわめて主観的な形態を取りました。つまりそれは「皮肉」[9]という形を取ったのです。ソクラテスは初めは、普通の人の意識すべてに対してその弁証法をもって立ち向かったのですが、後にはとりわけソフィストたちと戦いました。そこで彼はその相手との問答の際に、問題になっている当の事柄について一層詳しく知りたいのだという態度を取るのが常でした。そして、この点についてあらゆる種類の質問を試みることによって、問答の相手をしてその人が初め正しいと思っていた事と反対の事〔を承認せざるをえないよう〕にと導いてゆくのでした。例えば、ソフィストたちが自分を「教師」と称しているとすると、ソクラテスは一連の質問を浴びせることによってソフィスト・プロタゴラスをして、学ぶというのは単に思い出すことにすぎない[10]ということを認めざるをえないようにするのでした〔これが「ソクラテスの皮肉」といわれているもので、相手の考えを肯定することから出発して、問答によって否定する結論に導くのですが、事柄自体は少しも変らず、ただ認識が対立物に転化するだけなので、やはり主観的な方法といわざるをえないのです〕。——

〔しかし〕プラトンとなりますと、彼はその厳密に科学的な対話の中で弁証法的な操作を駆使して悟性の固定した規定はすべて有限なものであることを一般的に示すのです。例えば、プラトンの『パルメニデス』篇を見ますと、そこでは一から多が導出されると同時に、それにもかかわらず、多はまた一と規定されざるをえないことも示されるのです。プラトンはこのような偉大なやり方で弁証法を扱ったのでした。——

近世において弁証法を再び思い出させ、それに再びしかるべき地位を与えたのは、何と言ってもカントの功績です。カントは、既に〔第四八節で〕述べましたように、それをいわゆる「理性の二律背反」を徹底的に明らかにすることで行なったのですが、そこで問題になっていることは、いろいろな根拠の間をあちこち往き来する[11]〔ような悟性的な〕事でもなければ、単なる〔認識〕主観内の問題でもなく、悟性の抽象的〔一面的〕規定をあるがままに捉えさえするならば、それはどれも、ただちに、自己の対立物に転化することを明らかにするということでした。

更に、悟性がどんなに弁証法〔など客観的にはないのだ、それは仮象にすぎない、と言って、弁証法〕に反抗してみても、弁証法を認めているのは〔上に述べたような〕哲学者の意識だけではありません。ここで問題になっているような弁証法は、哲学者以外のどんな意識の中にも、又〔意識というほどまでいかなくても〕万人の経験の中にも認められるものなのです。〔つまり〕我々を取りまいているものはどれもみな弁証法的なものの実例と見なすことができます[12]。よく知られていますように、有限なものはすべて確固とした究極的なものではなく、むしろ可変的で過ぎ去り行くものですが、これこそまさに有限物の弁証法にほかなりません。この弁証法の故に有限物は潜在的に自己自身の他者であり、自己の現在の姿を越えて行き、自己の反対物に転化するように強制されるのです。前に〔第八〇節で〕は、悟性とは神の「慈悲」と同じものだと言いましたが、それと同様、ここでも弁証法の客観的な意味〔それに対応するキリスト教的表象〕ついて一言しなければなりません。それは神の「威力」という表象に対応します。すべての物は〔つまりすべての有限物は〕裁きを受けるとよく言われますが[13]、ここで考えられているのは、すべての物に及ぶ不可抗の力、どんなに確固としているように見えるものでも抵抗しえない力としての弁証法のことです。たしかにこの規定〔だけ〕で神の深さ、神の概念が尽くされているのではありませんが、これがすべての宗教的意識の本質的な契機を成していることもたしかです。[14]

更にまた、弁証法は自然界及び精神界〔人間界〕の個々の領域や形態のどれの中でも働らいています。例えば天体の運動がそうです。惑星が今ある一点に位置している時、それは同時に、潜在的には他の点にも位置しています。そして、その天体が動く時、その〔潜在的であった〕他在〔他のあり方、他の点に位置していること〕が実現されるのです〔これが場所の移動という最もありふれた運動の弁証法です〕。同様に、物理学上の元素も弁証法的であることを示します。この弁証法の現われが気象の過程です。[15] これ以外の自然過程の基礎にあるのもやはり同じ〔弁証法の〕原理であり、自然をして自己自身を越えて行くように押しやるものもこの原理です。精神界では弁証法はどう現われているか、一層限定して、法や人倫の領域では弁証法はどう現われているかについて言いますと、万人の経験が示しているように、或る状態や或る行為を極端にまで押し進めるとその反対物に転化するのが常であるという弁証法は、諺の中でいろいろな形で承認されているということを思い出せば十分です。例えば「最も厳格な法は最も厳格な不法である」と言われますが、そこで言われていることは、抽象的な法[16]を極端にまで押し進めると不法に転化するということです。同様に、よく知られているように、政治においては極端な無政府状態と極端な専制政治とは互いに相手を誘い出すものです。個人の倫理において弁証法はどう意識されているかと言いますと、それは「驕る者久しからず」とか「過ぎたるは尚及ばざるが如し」という周知の諺がその例です。

また、感覚にも、肉体的感覚にも精神的感覚にも、それぞれの弁証法があります。よく知られているように、過度の痛さと過度の喜びとは互いに移行しあうものです。喜びにあふれた心は涙を流して静まり、心の奥底の悲しみは微笑みによって知られることもあるのです。[17]

1　この辺では das Dialektische と die Dialektik とが出てきますが、前者は論理的思考の一契機と考えられた限りでの弁証法で、後者は、それ自体として、他から切り離されて、あるいは他との関連は度外視して考えられた弁証法のことのようです。換言すれば、die Dialektik は対象を信号するだけの語で、その対象についてのヘーゲル的判断を含めると das Dialektische ということになるのでしょう。大した区別でもありませんから、簡明を期して、ここなどはただ「弁証法」と訳しても好いと思います。

2　ここは aufzufassen und zu erkennen となっていますが、二語一想だと思います。「文法」の一三八七頁では「②同語の」繰り返しの変形（ist und bleibt）」としてその句だけを取り上げましたが、むしろ「②二語一想」として、ist und bleibt をその典型例とした上で、ここの auffassen und erkennen など、その他の例を挙げるべきだったと思います。

3　ここは das Prinzip aller Bewegung, alles Lebens und aller Tätigkeit in der Wirklichkeit となっていますが、問題は in der Wirklichkeit を先行する三つの名詞の全部に掛けて取るか最後の「活動」のみに掛けて取るか、です。松村も宮本も前者としていますが、英訳は後者と取ったようです。私も後者と取りました。その理由は角括弧で補いましたように理解したからです。次に「科学的認識の魂」を加えた所から判断しますと、ここでは「客観世界の全ての活動」の事なのでしょう。

　なお、この文は Es ist dasselbe überhaupt das Prinzip aller Bewegung. となっていますが、この文は「箴言的非人称化文」です。冒頭の Es が仮主語（文を非人称化する es）で、dasselbe（das Dialektische）が本当の主語です。もちろん das Prinzip が属詞（述語）です。「文法」の四二五頁の第二項（文の非人称化）、特に四二七頁の③（箴言的非人称化文）を参照。

4　たしか、ミュンヘンのオクトーバーフェストのスローガンがこの Leben und leben lassen だったと思います。

5　これは文頭の So を訳したものですが、この So は前の文とこの文とを論理的に結ぶのではなく、このすぐ前にある二つの文全体とSo以下の二つの文全体とを結ぶものです。これをはっきり出すために、後の方の二つの文を一つの文にして訳しました。

6　ここはsolchesが四格で、das jedesmalige Interesseが一格です。

7　二つのものAとBを対比的に論ずる場合、中立的立場から比較する場合と、Aを明らかにするためにBを引き合いに出してくるという場合とがあります。ここは後者で、ソクラテスはプラトン弁証法を説明するために引き出されたのです。

8　ソクラテスの哲学の全体としての「主観的性格」とは、彼以前には自然界に眼が向いていたが、ソクラテスは人間の魂に目を向け、もっぱら人間の倫理的あり方を問題にしたことではなかろうか。「第二版への序文」の第八段落への訳注1（一三八頁）も参照。

9　皮肉はなぜ主観的なのかと言いますと、皮肉は言葉の上で相手を肯定しながら、実際には前後関係から否定的な意味を持たせるという論理を持っていますが、皮肉を言っても、客観自体は少しも変わらないからです。

10　「教える」というのは「外から与える」という考えなのに対し、「思い出す」というのは「当人が自分の内から思い出す」のですから、「教える」というのも本当はせいぜい「思い出すのを助けるにすぎない」という考えだから、反対の事としたのでしょう。

11　「いろいろ証拠の間をあちこち往き来する」とは、「この根拠に基づけばこうなるが、別の根拠に基づけば又別のようにもなる」といったように、どの根拠を選ぶかの偶然性に依存した思考のことです。「根拠の立場は偶然性の立場である」ということを記憶しておいて下さい。第一四三節への付録（八五〇頁）を参照。

12　ヘーゲルは「すべてのものが弁証法の実例だ」と言っています。エンゲルスは「自然は弁証法の検証となる」（『反デューリンク論』第一章）と言っています。寺沢恒信など一部の自称マルクス主義哲学者はこのエンゲルスの言葉を根拠にして「唯物論は自然科学と結びつくものだ」とか「自然科学をやらなければ哲学は発展しない」などと言って、自然科学者の本を読んでいます（自分で自然科学をやるのではありません）。その結果がどんなことになっているかは今は述べません。そもそも、エンゲルスのその言葉は「自然だけが弁証法の検証だ」という意味なのでしょうか。それとも「自然も社会と同様弁証法の検証だ」という意味なのでしょうか。それとも「自然も社会も弁証法の検証だが、その度合において自然の方が上だ」という意味なのでしょうか。寺沢達はこういう事を深く考えもしないで、無根拠に第一の意味に取っているようです。多分、政治団体と関係のある哲学教授たちは、その政治団体の「理論」に抵触する意見は言えないし、考えられないのでしょう。ヘーゲルの考えは「自然も社会（精神）も弁証法の実例だが、精神の方が一層高い意味でそうである」というものです。私見では、哲学は政治と取り組まなくては発展しないと思います。しかるに、これまでの社会主義運動は「理論と実践の統一」「民主集中制」「批判と自己批判（「批判と自己批判の統一」と言うのが正しい）」の三原則を最大の原則として動いてきました。それなのに、「民主集中制」については少し、主として政治学者から、問題提起がありましたが、「理論と実践の統一」及び「批判と自己批判」については原理的な研究無しに「分かっている物」とされてきたと思います。理論も運動も発展することのなかった訳です。

13　この wir sagen（よく言われる）は原書の一七四頁下から六行目の wir wissen（よく知られている）と対になっていて、それぞれ、同頁下から七行目の allgemeine Erfahrung（万人の経験）と同頁下から八行目の am sonstigen Bewußtsein（哲学以外のすべての意識）に対応しているのだと思います。

14　ここは allerdings .. noch nicht ... wohl aber ..（確かにまだ尽くしたわけではないが、〜とならいえる）と成っています。「文法」の一三八九頁の「①nicht . sondern など」を参照。

15　これはどういうことを考えているのでしょうか。「物理的元素」という言葉から考えられることは、水素とか酸素とかでしょうが、それが「気象の過程」と結びつくようなこととは思われません。気象の過程とは水蒸気とか雨とか雪といったことでしょうから、そしてそれらは相互に転化しますから、そこから考えると物理的元素とは水（液体）とか空気（気体）とか氷（固体）といったことでしょうか。

16　「具体的な法」とはあるのかを考えると、無い事が分かります。ですから、ここの「抽象的な法」とは「描写的形容詞」の例ではないでしょうか。「本来抽象的なものである法」。

17　この付録一はヘーゲルがこの順序でこの通りに本当に話したのか分かりませんが、ともかく、これを見てみると、全体が大きく三部分に分かれています。まん中のプラトン、ソクラテス、カントについての部分Bを挟んでその前のAとその後のCとです。ちょっと考えると、与えられているA、B、C、の順序ではなく、A、C、Bにすると、A・弁証法と他の似て非なるものとの比較による弁証法の説明、C・弁証法の実例、B・弁証法の歴史、となって、この方がよいように思われます。しかし、やはり、A、B、Cの方が本当は好いと思います。なぜかと言いますと、Bの弁証法の歴史は弁証法の歴史を一般的に述べているのではなくて、Aで捉えた意味での弁証法は哲学史において新しいものではないと言っているにすぎないからです。つまり、Aの弁証法の定義の説明なのです。そして、この意味での弁証法は哲学者の意識以外でも世界中どこにでもあるといって、Cに入っていくのです。だから、ABCの順序でよいと思います。

## 付録二〔懐疑論と弁証法〕

懐疑論というものを単に疑うことを主張する説と解してはなりません。いや、それどころか、懐疑論自身が自分のしている事、つまり有限なものはすべて無であることを確信しているくらいです。〔そもそも疑うとはどういう事かと考えてみますと〕疑う人は誰でもまだ自分の疑いが解消されるだろうという希望を持っています。つまり、自分がどちらにしようかと迷っている二つの規定の内のどちらかが確固とした真なるものと判明するだろうと期待しているのです〔つまり、疑うということは否定するということとは違うのです〕[1]。それに反して、本来の懐疑論とは、悟性が確固としたものだと思い込んでいる全てのものに対して徹底的に絶望することです[2]。そして、その絶望から生まれてくる心の持ち方が〔外界の物事に〕動かされず、自己内に静かに休らうという態度〔エピクロスのアタラクシア〕なのです。これが古代の高貴な懐疑論でして、我々はそれを特にセクストス・エムピリクス[3]に見ることができます。それはローマ時代の後期に、ストア哲学とエピクロス哲学の独断的な体系〔定説を立てる哲学〕に対する補足として完成をみたものです。〔このように懐疑論は単に疑うことを主張する説ではないのですが、同時に確認しておかなければならないことは〕この古代の高貴な懐疑論と先に（第三九節で）述べたかの近代の懐疑論とを混同してはならない〔ということです〕。この近代の懐疑論には批判哲学に先行するものとそれの後から出たものとがありますが、いずれにせよ、その本質は超感覚的なものの真理性を否定し、超感覚的なものについての確実な認識を否定するということであり、逆に、感覚的なもの、直接的感覚[4]に与えられるものこそ頼むに足るものだとすることであります。

　ところで、今日でもなお、懐疑論は全ての積極的に何かを主張する知〔定説を立てる哲学〕の不倶戴天の敵であり、〔理性的なものである〕哲学も積極的に何らかの認識を問題にする限りではやはり懐疑論とは相容れないと言われることがよくあります。しかし、こういう説に対しては、懐疑論を怖れなければならず、懐疑論に対抗できないのは、実際には、有限な思考、つまり抽象的に悟性的な思考〔単に悟性的にすぎず、悟性を契機として含み持つ理性の段階にまで高まっていない思考〕だけであって、哲学は〔本当の意味での理性的なもの、思弁的なものですから〕懐疑論的なものを自己の一契機として、つまり弁証法的なものとして含み持っている〔から懐疑論を怖れる必要がない〕ということを指摘しなければなりません。

しかし、その際、〔真の哲学、思弁的な〕哲学は懐疑論のように弁証法の単に否定的な成果に止まっていることは出来〔ないという但し書をつけておかなければならなり〕ません。懐疑論は懐疑論的思考の結果は単なる否定、抽象的な否定にすぎないと思い込んでいますが、それは誤解というものです。弁証法はその成果として否定的なものを持つのですが、この否定的なものはまさに成果であるが故に、同時に肯定的なものでもあるのです。つまり、それは自分がそこから出てきた所のものを自己内に止揚して含んでいるのであり、その自分を生んだものなしにはありえないのです。しかし、こういったことは論理的なものの第三の形式である思弁的なもの、あるいは肯定的に理性的なものの根本規定となるのです〔ですから、この点は次節で詳しく考えることにしましょう[56]〕。

1 『新明解国語辞典』で「疑う」を引きますと、「事実ではないと思う」とあります。多くの人はこの意味で使いますが、本来の意味は「本当にそうだろうかと考える」ことで、「考える」ことと同義です。ただ、使う場面が、これまで考えてもいなかった事を「本当にそうだろうか」と考える場合に「疑う」を使うという違いはあるでしょう。この異同は「批判」についても言えます。「批判」は普通「非難」の少し弱い表現として使われますが、本来の意味は「或る物事の意義と限界を根拠に基づいて分析し、はっきりさせる」ということで、カントの「純粋理性批判」の「批判」がその例です。「反省」についても同じような二義があります。

2 ここに「絶望（Verzweiflung）」という言葉が出てきます。これは、ヘーゲルがその『精神現象学』で、意識が一つ上の段階に上がるための前提として、所与の段階の意識は自分の現段階に「絶望」しなければならない、としたことを想起させます。このこと自体は有名ですが、その事の意味については、十分に考えられていないどころか、ほとんど検討されていないと思います。私自身もそうでした。ですから、以下のことは自己批判でもあります。

なぜこうなったかと考えますと、第一に確認しなければならない点は、ヘーゲルの書き方自身に不正確さがあったという事です。確かにヘーゲルは「この道は懐疑（Zweifel）の道と言っても好いが、一層正確には絶望（Verzweiflung）の道とでもいうべきものである」と言っています。しかし、「絶望」という語を出すのはここだけで、この後ではもっぱら懐疑論（Skeptizismus）という語を使っています。それには冠飾句を付けて der sich vollbringende Skeptizismus（徹底的に推し進められる懐疑論）と言ってはいますが、これで「絶望」の言い換えとするのは無理でした。なぜこういう言い換えを採用したかと考えてみますと、多分、「懐疑論」が既成の語だったのに対して、絶望を原理とする主義にはそれに該当する語句がなかったからだと思います。さすがのヘーゲルも Verzweifeln-Prinzip（絶望原理）とかいった新語を作る蛮勇は持っていなかったようです。しかし、これは大きな禍根を残すことになりました。

ヘーゲル自身にとっては、絶対知に到達するのは誰でもが出来ることだと安易に前提して考える間違いを誘発しました。一方では、カントやフィヒテやシェリンクのような優れた哲学者でも絶対知に達していないと批判しているのに、他方では、意識ないし思考には絶対知まで進む必然性があるかのような事を書いています。つまり、思考の本性自体にはそういう「傾向性」があるというのはその通りでしょうが、人間は頭だけで出来ているのではありません。感情的な面もあります。無意識もあります。一番やっかいなのは自尊心かもしれません。要するに、思考の純粋な発展を妨げる要素もあるのです。ですから、絶対知に達するのは大変なことなのです。換言すれば、すべての人がそこに到達する必然性はないのです。それなのに、ヘーゲルはこの事実に気付かなかったのか、これに言及していませんし、この点を考慮していません。性悪説のキリスト教の立場に立っていたはずのヘーゲルが、ここでは性善説のフランス啓蒙派のような考えになってしまいました。

ヘーゲルを学ぶ者について言いますと、第一に、懐疑論という語句に引っ張られて、絶望を正しく認識できませんでした。第二に、哲学教育においては教師は生徒に絶望を経験させ、絶望を直視させなければならないということが理解できず、実行できませんでした。そして、第三には、「自分はどのような絶望を乗り越えて、今、ヘーゲルの精神現象学の道程のどの段階にいるのか、自分は絶対知の段階に達しているのか、達していると言うならば、その証拠として世間に示せる論文ないし著書はどれか、といった問題を自問しないで平然としていられる現状を生みました。現に、金子武蔵も寺沢恒信も許萬元もこういう問題を出して答えるという作業をしていません。外国のヘーゲル研究者でも同じです。前述しましたように私自身も同じでした。今ようやく、その間違いを反省して、「本当の哲学教育」はどういうものでなければならないかを考えています。

3　エムピリクスについては、ヘーゲルはその『哲学史』の第一部（ギリシャ哲学史）の第二章（独断論と懐疑論）の第四節（懐疑論者の哲学）の中で触れています。ドイツ語版ウィキペディアにも少し書いてあります。ピュロンの懐疑論を受け継ぎ、その原理をあらゆる事に適用したようです。が、生誕や死没の年とか、どこで活動したかとか、著書などの詳しい事はほとんど分からないようです。

4　「媒介された感覚」というのは「思想によって媒介された感覚」、つまり音楽的感覚とか美術的感覚のことでしょうから、直接的感覚とは人間の持つ動物的自然的感覚のことなのでしょう。もっとも、現在の人間の目や耳は、たとえその物理的機能に限っても、純粋に思想と無関係とは言えないものなのですから、そういうものを確定するのは難しいでしょうが。

5　第八一節全体で弁証法及びそれと似て非なる考え方として懐疑論、外的反省、公平さ、詭弁、皮肉、外的技術、が出てきたが、これらの考え方を単純な図にまとめると、次のようになるでしょう。「→」は「転化する」という意味です。弁証法・A→非A＝B。懐疑論・A→非A＝無。外的反省・Aと非A（＝B）の関係。公平さ・Aも非A（＝B）も。詭弁・自分勝手な根拠によってAを否認して、非A＝Bを正当化。皮肉・言葉の意味は「A→非A＝B」だが、内実はBのまま。「だから「主観的」と評される」。外的技術・言葉の表面上の意味は「A→非A＝B」だが、実際の意味は「AはAのまま、BはBのまま」。

6　許萬元はこの第二の弁証法的モメントについてこう評しています。「ヘーゲルにおける『弁証法』とは、事物にたいする神の外的暴力ではなく、事物自身に即した否定、徹底した『内在的超出』（第八一節）の立場である、ということが注意されなければならない。というのも、まさにこれによって、ヘーゲルは、汎神論体系のなかに、革命の立場を肯定しうる哲学的立場を確立しえたのだからである。もしヘーゲルが、自分の汎神論的体系のなかに、この弁証法の原理を導入しなかったならば、彼はただ、すべての有限な現存事物を、そのまま『神の慈愛』として、または神の表現内容として神聖視するだけにとどまったであろう。あるいは、スピノザのように、実体的統一にのみ自己安住する『無世界論』から一歩も出られなかったであろう。（略）ヘーゲルが自分の汎神論体系のなかに、この革命的弁証法の原理を導入した動機を、人はフランスの革命的行動主義からの影響として説明することができよう。実際、ヨアヒム・リッターがいうように、『ヘーゲル哲学ほど、かくもそのもっとも内面的な動機にいたるまでに革命の哲学であるような哲学は、またとないのである』（Joachim Ritter: Hegel und die französische Revolution, Suhrkamp Verlag, S. 18.）。『青年時代から死の年にいたるまで、はっきりと熱烈に、断固としたフランス革命にたいする固執と肯定とがくりかえし現われているのである』（Ibid. S. 23.）。」（前掲「ヘーゲル哲学研究における問題点」）。

## 第八二節〔思弁的契機の特徴〕

C・思弁的なもの、あるいは肯定的に理性的なものは、対立する両規定の統一[1]を捉える。即ちそれは、対立する両規定が相互に相手の中へと解消し移行して行く運動の中から出てくる肯定的なものを捉える。[2]

1 「統一」と訳されるEinheitは、語としては、「一であること」「事実一つである事」という意味です。「統一すべきである」という当為ではありません。

2 対立物の統一を言い換えて、「対立する両規定が~運動の中から出てくる肯定的なもの」と言っていますが、ここでの問題は、互いの解消と移行とはどういうことで、そこから出てくる肯定的なものとはどういうものか、ということです。これを賃労働者と資本家で考えてみますと、その解消とは、社会主義社会になって両者が解消することではなく、その移行とは賃労働者が金をためて事業を始めて資本家になったり、資本家が事業に失敗して賃労働者になることではないと思います。そうではなくて、賃労働（者）を考えると資本のことを考えなければならず、資本を知ろうとすると賃労働の本質も考えなければならないということです。これをしようとしたのがマルクスの諸著作ですが、そこから知られるように、賃労働と資本の対立と依存関係は多岐にわたる複雑なものであり、歴史的にもいろいろな形を採ります。その一つ一つの関係から結果するもの及びその運動全体から結果するもの（プロレタリア革命と社会主義社会）が、マルクスの考えでは、そこにおける「肯定的なもの」です。ですから、対立物の統一を捉えることは、対立物が対立しあいながら依存しあっていることの「確認」に尽きるのではなく（これは前節で「公平さ」とか「外的反省」とされたものです）、その対立物の運動が生み出すものを捉えることでしょう。

**注釈〔思弁的契機の中には弁証法も悟性も止揚されている〕**

①弁証法は肯定的な結果を持っている。なぜなら、弁証法は特定の内容を持つからであり、あるいは弁証法の結果〔として出てくるもの〕は、実際、〔懐疑論が言うような〕空虚な抽象的な無ではなく、何らかの規定の否定であり、その結果は無媒介の無ではなく、結果〔つまり媒介された無〕[1]であるが故に、その〔否定された〕規定を含み持っているからである〔しかし、これらは前節で確認したことである〕。

②従って、この理性的なものは思考されたものであり、〔その意味で〕抽象的なものでもあるとはいえ、同時に具体的なものでもある。なぜなら、この理性的なものは単純な統一、形式的な統一ではなくして、区別された二規定の統一〔という実質的な統一〕だからである。[2]〔そして〕一般に、哲学というものは単なる抽象や形式的な観念は扱わないものである。それが扱うのは具体的な観念だけでしかない[3]〔だから、哲学はすべて思弁的な哲学でなければならないとも言えるのである〕。

③〔それでは、そこらでなされている悟性的な哲学はどう考えたらいいのかというと〕思弁的論理学の中には単なる悟性的論理学〔形式論理学〕が含まれているのだから、それを作ろうと思えば前者から簡単に作れる。そのためには思弁的論理学から弁証法的なものと理性的なものとを取除きさえすればよい。そうすれば、通常の論理学が得られるだろう。それは多くの思考規定をただ寄せ集めて記録しただけのものにすぎず、そこでは有限な思考規定がそのままで無限なものとして妥当するとされているのである。

1　このように、「無媒介の無」と「結果」が対比的に使われている時には、すぐに「結果」を「媒介された無」と読み替えられるようになることが大切です。

2　ここでは、抽象―具体の対概念の二義性（①思考に属する――感性界に属する、②一面的―

―対立物の統一）を駆使しています。それはともかく、単純な統一とは、「一つの規定しか持たないこと」です。ですから、そこでは初めから統一は問題になりません。ですから又、それは形の上だけで統一と言えるのであって、無意味、無内容です。真に統一が問題になるためには対立がまずなければならないからです。

3　この言い方は誤解されそうです。なぜなら、こう言うと、観念に抽象的なそれと具体的なそれとの二種類があるかのように見えるからです。実際は、もちろん哲学で扱わない単なる観念（イヌとかガラスとかそこらの具体物の「単なる観念」）はありますが、ここで言いたいことは、所与の観念（例えば原因という観念）も扱い方によって抽象的（一面的）観念となったり具体的な観念となったりするということでしょう。

## 付録〔哲学は理性的な内容を理性的な形式で捉える〕

内容の面から見る限りは、理性的なものは決して哲学だけの専売特許[1]ではありません。むしろ教養や精神的発達段階に関係なくすべての人が理性的なものを持っている〔意識している〕と言わなければならないくらいです。昔から「人間は理性的な存在である」とされていますが、[2]その言葉はこういう意味からみて正しいと言わなければなりません。〔ただ、哲学以外の意識はそれを思考以外の方法で捉えるというだけです。そこでその方法ですが〕理性的なものを知る仕方で誰でもがしている経験的な方法としてすぐにも思い浮ぶものを挙げるなら、それは〔理性的なものを疑いえない〕定説ないし大前提として扱うやり方です。この場合には、先に（第四五節で）解明しておきましたように、理性的なものを無制約者、つまり「自己の規定を自己自身の中に持つもの」[3]という性格で捉えるのが普通です。人間がこの意味で理性的なものを知るのは、何よりもまず、人間が神を知り、しかも神を端的に「自己自身によってしか規定されないもの」として知る時です。又別の例を挙げるなら、市民が自分の祖国と祖国の法律とを無制約的なものと見なし、自分の個別的な意志をそれに従属させなければならない普遍者と考える時には、それは理性的なものを知っていると言えます。同じ意味で、子供が親の意思を知り、その通りにやろうとする時には、その子供の意思は理性的なのです。〔このように、内容的には経験的意識も理性的なものを捉えているのです。従って、哲学が他の下位の意識と異なる点はこの同一の内容を捉える「形式」に求めなければなりません。それでは哲学はどういう形式でその内容を捉えるかと言いますと、それは思考で捉えるのです。[4]そして、私の言う〕「思弁的なもの」とは、一般的に言うならば、この思考で捉えた理性的なもの（肯定的に理性的なもの）にほかなりません〔こう言いますと、「その同じ内容を思考という形式で捉えると、それ以前とどう違ってくるのか」という疑問が起こると思いますが、これは私の論理学全体と今述べました理性的意識との違いとして、皆さんに自分で考えていただくしか仕方のないものですが、基本だけ申し上げておきますと、それは対立物の運動から生じる肯定的結果を見、それを全自然史的見地の中に位置づけて考える、ということです〕。〔すると、次に起こる疑問として、こういう見方をなぜほかならぬ spekulativ という語で表現するのかということです。そこで、この Spekulation という語について考えてみましょう〕日常生活では Spekulation という語は極めて曖昧で、従属的な意味で使われるのが普通です。ですから、例えば「政略結婚」とか「商業投機」ということが云々される時、そこで考えられていることは、せいぜい、第一に、直接的に現存する状態が乗り越えられるべきこと、第二に、そのような Spekulation（政略または投機）の内容を成す事物はさしあたっては主観内にあるにすぎないが、主観的なものに止まっていて好いのではなく、実現されて客観化されなければならない[5]ということくらいです。

Spekulationという語のこの用法については、前にIdee〔理念〕について述べたのと同じ事があてはまるのですが、これについてはそのほかに次のようなことも注意されなければなりません。即ち、かなり教養があるとされる人々でもよく「思弁」という語をはっきりと「単に主観的にすぎない事」という意味で使うことがありますが、その「単に主観的にすぎない」というのは、自然や精神の状態や関係についての或る見方が、たんに思弁的に見る限りはきわめて面白く正しいが、経験に合致せず、現実世界ではそのようなことは許されないという意味なのです。このような考え方に対して言わなければならないことは、本当の意味での思弁的なものとは、仮りにも「単に主観的にすぎないもの」ではないということです。それは、悟性がその許に留まっているような諸対立（その内には主観的なものと客観的なものとの対立も入る）を自己内に止揚して含んでいるのであって、まさにそのために、具体的なものであり、統体的なものであることを実証するものなのです。従って、思弁的な性質を持った内容は一面的な命題で表現することはできないのです。例えば、「絶対的なものは主観的なものと客観的なものとの統一である」と言うとしますと、たしかにこの命題は正しいのですが、ここに表現されているのは両者の「統一〔同一性〕」の面だけで、しかもその面に力点が置かれている限りで一面的です。主観的なものと客観的なものとは、実際には、同一であるのみならず区別されてもいるの〔であって、この面が表現されていないの〕です。[6]

思弁的という語の意味についてここで更に言っておかなければならないことは、その語の意味は、かつて特に宗教的意識及び宗教の内容に関連してmystisch（神話的、神秘的）という語で一般に表現されていたことと同じだということです。〔しかし、その後「神秘的」という語の意味も変わってしまい〕今日では「神秘的」という語が使われる時は、普通、「隠されている事」とか「理解しがたい事」と同義に使われています（ので、単純に私の「思弁的」と人々の「神秘的」とが同義だとは言えなくなりました。しかし）それでは、この「隠されている事」[7]とか「理解しがたい事」とかがどう考えられているかと言いますと、それはその語を使う人のその他の点での教養や考え方の違いに応じて、それを本当のもの、真なるものと（肯定的に）見る人々と、迷信とか錯覚みたいなものと（否定的に）見る人々とに分かれています。この今日的用法について言わなければならないことは、まず第一に、たしかに神秘的なものは隠されているのです（から、こういう捉え方は正しい面を含んでいます）が、それは悟性に対して隠されているにすぎず、しかも、その理由は、悟性の原理は抽象的同一性であるのに対して、（思弁的と同義に使われた）神秘的なものは、悟性が分離させ対立させながらその対立したままの姿で真なのだ、と考えている諸規定の具体的統一だからにすぎないということで（これを見落としている点でそれは不十分と言わざるをえません）。次に、（理解しがたいという意味での）神秘的なものを真理と認める人々について言いますと、そういう人々は（神秘的なものを迷信的と決め付ける人々よりは正しい感覚を持っていると言えますが）神秘的なものが端的に隠されたものであり、かつそのままで好いのだと考えているわけで、ということは、その人々は思考というものを抽象的同一性を発見することという意味にしか取っていないということです。ですから、（対立規定の具体的統一である）真理に到達するためには思考を放棄しなければならないとか、よく言われるように、理性（知性）を閉じこめておかなければならないということになるのです。しかし、既に見ましたように、抽象的で悟性的なもの[8]は決して固定した究極的なものではないのです。それはむしろ絶えず自分自身を止揚して、自分の反対物に転化していくものなのです。それに反して理性的なものの本質は、まさに対立するものを観念的契機として自己内に含み持つことです。ですから、理性的なものは神秘的であるとも言えるのですが、その意味は、理性的なものは悟性の能力を超えているということにすぎず、どんな思考能力によっても捉えることはできないという意味で理解しがたいというのではないのです。[9][10]

1　この Eigentum は「所有物」ですが、eigen が生きていて、「哲学だけが排他的に所有している固有のもの」という意味です。「専売特許」と訳してみました。

2　人間を理性的存在とか理性的動物という時の「理性的」とは「思考能力を持つ」という意味であり、「知性的」という意味なのですが、こういう風に言葉の同一性を利用して自説を展開するのがヘーゲル的強引さです。

3　「自己の規定を自己自身の中に持つ」と言うと、「自己の規定を自己内に持たないものはないではないか」と反問されそうですが、ここの意味は、すぐ後に出てくるように、他者によって規定されない、自己で自分を規定するということです。

4　以上は、原文の weiter と nun を意訳したものです。おそらくこの辺は筆記者のノートに落ちている文句がかなりあるのでしょう。

5　第一点の、直接的現実が乗り越えられなければならないということは、第二点に含まれています。しかし、それはともかく、政略結婚では直接の相手が目的ではなくその背後関係が目的だし、商業投機でも後の値上りを見こんで今買うわけで、ヘーゲルの言う通りなのですが、ドイツ語で Spekulation という語がここに使われるのはこの点を見てなのでしょうか。

6　①ヘーゲルが、自分の論理の最高の段階（全体を見る段階）を特徴づけるに、ほかならぬ spekulativ という語を以てしたのはなぜでしょうか。spekulativ はラテン語の specto（意味は「見る」）、英語の spectacle の語源）から来ているのですが、この specto はギリシャ語の theoria（観照）に当たるようです。その意味で「真の観照」ということを考えているのかもしれません。又、ラテン語の specto は「部分を見る」ということではなく、「ひとまとまりの光景を見る」という意味を持っているのではないでしょうか。英語の spectacle という語は「全容」を意味する panorama（全景、概観）と同義で、scene とか view とか sight は部分を見ることに近いのではなかろうか。「〜の一シーン」とはいうが「〜の一スペクタクル」とは言わないのでそう推測するのですが、識者の見解を承りたい。

②平凡社の『哲学事典』は、経験によっては得られない対象に向かうのが思弁だが、その場合、理性＝直観という考えと、思考は直観ではないとするヘーゲルの立場とが分けられるとしています。そこにあるように、「理性はそれ自身直観的であり、この直観的理性によって存在の真相を捉えうると考えるギリシャ哲学以来の伝統」というものがあるとするならば、ヘーゲルはやはりこの思弁的契機によって、「全体を直観する」という側面を取り入れていると考えられます。ヤコービやシェリンクと違う所は、その直観力が初めから与えられているのではなく、それ以前の悟性や否定的理性の段階での修業という媒介をへて獲得される能力だと考えている点でしょう。我々の経験を振り返ってみても、事の真相に気づいたり新しい説を発見するのは、着実な論理的思考の積み上げ「だけ」ではなく、その積み上げの一定時点で結論がひらめき、しかる後、逆に「その結論とこれまでの到達点を結びつける」という考え方をしていると考えられます。このヒラメキのない人間は、残念ながら、凡才なのです。

③ここにもありますように、弁証法を「対立物の統一」と表現すると、「統一（同一性）」の面だけが強調されることになります。ヘーゲルの言うように、「両者の違い」も同等に強調されなければなりません。特に「理論と実践の統一」では、青二才左翼によってこの間違いが利用されました。実際、「理論的」と思われている「自称マルクス主義者」の運動ほど非理論的な運動は少ないでしょう。

④もうひとつ考えておいて好い事は、Spekulation の訳語として「思弁」という訳語は、誰が考え

出したのか知りませんが、正しいのかどうかということです。この場合の「思」は思考であり、「弁」は弁別の弁で「区別してはっきりさせる」ということでしょうから、むしろVerstandの訳語に相応しい。逆に、Verstandの訳語となっている「悟性」は、了解、分かる、つまり「事の核心を掴む」という所から来ているのでしょうし、ich versteheと言う場合はたしかにそうでしょうが、ヘーゲルのVerstandの訳語としては「思弁」の方が相応しく、Spekulationこそ「全体を一度に見る」つまり「悟る」のだから、「悟性」とした方が好いと思われます。定着している訳語を変えるのは大変ですが、実際には変えないまでも、時々反省してみることは必要です。

7 「その他の点では」とは、「神秘的」を「理解しがたい」と取る点では一致しているが「その他の点では」ということです。

8 ここはDenkenを付けないで、verständigeを大書して、das Veständigeとした方が良いと思います。

9 この付録の達意眼目は、表題として提案しましたように、「哲学は理性的な内容を理性的な形式で捉える」という事だと思いますが、実際には、「理性的な内容は、実際、哲学以外の方法（形式）でも捉えられている」ということの証拠を列挙した文になっていると思います。周囲の事は沢山述べるが、肝心の事は少ししか述べない、あるいは一つの文で済ます、というのはヘーゲルの悪癖です。『精神現象学』の序論における「意識の自己吟味」についての説明でも同じです。拙稿「ヘーゲルにおける意識の自己吟味の論理」を参照。

10 第八〇節から八二節までの「論理的なものの三つの契機」について何らかの解釈を述べたのは私の知る範囲では許萬元の『構造』論文（「ヘーゲル哲学研究における問題点」）だけです。この論文はその後、本に収録されて出版される事がありませんでした。そのため入手困難です。我々のネット上の「絶版書誌抄録」に入っているだけです。いずれ「評注・ヘーゲル哲学研究における問題点」という文章を発表するつもりです。

## 第八三節〔構成〕

論理学は次の三部分に分けられる。[1]

一、存在についての理論

二、本質についての理論

三、概念及び理念についての理論

換言するならば、次の三部分に分けられる。

一、その直接的な姿における思考、即ち潜在的な概念についての理論

二、その反省され媒介された姿における思考、即ち顕在化し外に現われた概念についての理論

三、自己自身に還帰した思考、展開されながら〔なお〕自己の許にある思考、即ち絶対的な姿での概念についての理論

1　この『小論理学』での区分論には「客観的論理学」と「主観的論理学」という言葉及び考え方が無くなっています。この点は寺沢訳『大論理学1』（以文社）の付論二から学びました。寺沢は次のように書いています。

――本質論はまだ客観的論理学に属している。本質論における本質は、存在ではなくてすでに本質であるという側面と、やっと存在から出てきたばかりであり、したがって存在の輝き出たもの（存在の映現）であるという側面との、二面性をもっている。この第二の側面はまた、本質からみれば、存在は本質の仮象にすぎないという、逆の関係をも含んでいる。本質論における本質は、まだ存在への関係を完全にたち切れないでおり、存在の影（俗な言い方をすれば、存在のしっぽ）を引きずっている。その限り、この本質はまだ本当の本質になりきっていない。これに対して主

観的論理学が取り扱うのは概念であるが、この概念とは、存在との関係を完全にたち切り、もはや存在の影やしっぽをともなっていない本質・すなわち本当に本質になり切った本質だ、というのがここでヘーゲルがいわんとするところである。それを彼は「存在への関係・または存在の映現を揚棄している」本質と言い表したのである。これに対して本質論は　前述の二面性をもった本質が純化されて本当の本質になってゆく過程の展開であるから、B版では本質論を、存在論から概念論へと移ってゆく「媒介の領域」としてとらえている。なお、付論二を参照。（以上、寺沢1、三八二頁）

付論二の内容は次の二点です。①「論理学の一般的区分」に関して、ヘーゲルが、初版（一八一二年）では二分法（客観的論理学と主観的論理学）を基本とし、その客観的論理学を更に存在論と本質論に分けている。しかし、第二版（一八三一年）では、初めから存在論、本質論、概念論の三つに分けていて、客観的と主観的の二分法は「いやいや」出てくるだけである。一八一七年に出た『小論理学』ではこの二分法の言葉もない。②絶対知の二つの契機としての存在と思考から論理学の区分原理を引き出すということを、ヘーゲル自身は『小論理学』で捨ててしまったのであるが、はたしてそれで好いのか。

さて、感想を書きます。第一に、『小論理学』の区分論（第八三節）には客観的論理学と主観的論理学という言葉すらないという事を教えてくれた点には感謝します。

第二に、Scheinの二つの意味はその通りでしょうが、ヘーゲルでは九割以上が第二の意味で使われていること、つまりscheintは「そう見えるが、実際はそうではない」という意味で使われている事を指摘しなかったのは、不十分でしょう。

第三に、いや、更に根本的には、Scheinが本質論の冒頭に置かれている事の意味（Seinを本質論の立場で捉え直した規定であること）を言わなかった（知らなかった、理解出来なかった？）事、及び「仮象」を「真理に対立する意味をもつ」としか言っていないのも、決定的に不十分です。仮象が本質から媒介されたものとして理解された時、それはそれ自体としては Existenz（現出存在）として捉えられ、更に他の現出存在との複合体は Erscheinung（現象）と捉えられます。更にその媒介が必然的な媒介であると理解された時、それは Wirklichkeit（現実性）として捉えられることになります。これがヘーゲルの本質論を貫く太い線です。こういう根本的な説明が落ちています。又、なぜその「現象」を存在論で扱わなかったのかの究明もありません。

第四に、寺沢は二分法の方が「絶対知の二つの契機としての存在と思考から論理学の区分原理を引き出す」ので、「正しい」と考えているようですが、他方では「主観的論理学が取り扱う概念とは、存在との関係を完全にたち切り、もはや存在の影やしっぽをともなっていない本質・すなわち本当に本質になり切った本質だ」としていますが、両者は両立するのでしょうか。寺沢はヘーゲルの概念論の概念を人間の主観内の概念と理解しているはずです。寺沢自身の『弁証法的論理学試論』（大月書店一九五七年）では、その第二部を名前さえ変えて「主体の論理学」として、もっぱら「思考」の問題を扱っています。私見は付録3に纏めました。ここに初めて述べました「客観界に存在する概念（Begriff）」とそれを捉える概念的理解（Begreifen）という考えは全く新しい物です。

## 付録〔この構成の根拠の説明〕

ここに述べた論理学の区分は、思考についてのこれまでの説明がみなそうであったように、〔証明なしに結論だけを〕先取りしたものでして、その正当化、即ち証明は思考〔の本性〕を全部扱い尽くした時点で初めて明らかになるものです。というのは、哲学で〔或る対象を〕証明するとは、その対象が自分自身に基づき自分自身の力で現在の姿に成り行く過程を示すことにほかならないからです。

今挙げた思考または論理学の理念の三主要部門の相互関係はどうかと言いますと、それは、概念にして初めて真理である、詳しく言い換えるなら、概念が存在と本質の真理であるということです。存在と本質は概念から切り離され〔従って〕それだけとして孤立して固定されると、存在はさしあたっては単に直接的であるにすぎず、本質はさしあたっては単に媒介されているにすぎないが故に、共に、非真理になるということです。

するとすぐにも、それならなぜ非真理から始めるのか、なぜただちに真理から始めないのかという疑問が起こるかもしれません。これに対する答えとしては、真理はまさに自分が真理であることを証明しなければならないということであり、その証明とは、ここ論理学の内部では、概念というものは自分自身の力で自分自身と媒介するものであることが示され、よってもって概念は真に無媒介的〔直接的〕なものであることが明らかにされるということだということです。[3]

論理学の理念の三段階のそのような関係は具体的実在的にはどう表象されているかと言いますと、それは、神によって創造された世界である自然と有限な精神〔人間精神〕が神から切り離された時には真理でないと考える時はじめて、真理である神はその本当の姿で、つまり絶対精神として認識されるというようなものです。[4]

1　この「自分の力で」はアリストテレスの作用因に当たるとするなら、「自分に基づく」は質料因でしょうか。

2　「自分の力で自分と媒介するもの」がなぜ「真に直接的なもの」と言い換えられうるのかと言いますと、自分の力で自分を媒介するもの、つまり自分を生み出すものは必然的に生成します

（必ず発生します）。従って、それは生まれるべくして生まれたのであって、偶然、外的事情によって生まれたものではないからです。これがヘーゲルのいう「現実」であり、真の存在です（直接性とは存在の論理的性格です）。つまり、ここでも大切なことは「生成の必然性」という観点なのです。拙稿「弁証法の弁証法的理解」を参照。

3　この「真理から始めるのではなく真理の潜在態としての非真理から始める」という方法はヘーゲルの大発見です。これによってヘーゲルはそれ以前の「仮象の論理学としての弁証法」と「真理の論理学としての分析論」とを統一し（仮象の論理学こそ真理の論理学でもあるとして）、それに弁証法という名前を付けたのです。

4　ここでもヘーゲルは人々の日常的表象を論理的に純化することによって自分の哲学を作っていることを明言しています。拙稿「ヘーゲル哲学と生活の知恵」を参照。

# 第一部　存在論（Die Lehre vom Sein）（第八四〜一一一節）

## 〔存在論の予備知識〔第八四～八五節〕〕

### 第八四節〔存在論の予備知識、その一・存在の本質及びその諸規定間の関係〕

存在とは[1]単に潜在的であるにすぎない概念のことである[2]〔つまり、本当は概念なのだが、概念である事がまだ顕在化していない概念である〕。〔詳しく言うと〕存在の持つ諸規定は「存在している〔ともかくそこに実際に在る〕」という特徴を持っている。その諸規定の相互の違い〔相互の関係〕は互いに「他者〔である〕」ということである。そして、その相互関係を更に詳しく規定すると、〔つまり〔或る規定が自己を否定して他の規定に成る〕弁証法の形式のことなのだが〕それは「他者への移行」である。〔しかし、他の規定との関係を抜きにして〕それだけとして見てこれを更に立ち入って規定するならば[3]、それは潜在している概念を引き出して自己展開することである、と同時に存在が自己の中に入って行くこと〔自己内行〔この自己内行は存在が自分自身の中へ深まっていくことである〕[4]でもある〔つまり発展でもある〕〕。〔だから〕この〔潜在している〕概念を開示するということは、存在の領域で為される限り、〔存在の諸規定の〕全てを尽すということになるのだが、それによってまた存在の持つ無媒介性という形式、あるいは存在そのものという形式が止揚され〔て、本質の領域が導き出され〕ることにもなるのである[5]。

1　この節と次の節は存在論全体への序論ないし前書きです。「序論」という言葉は「百科辞典」全体に対して使いましたので、ここは「予備知識」としましたが。それはともかく、ヘーゲルが存在論という時の存在とは何か。普通にはそれは「現象のことだ」と説明されているようですが、或るものを「現象」と取るということは、既に「現象と本質」という図式＝見方を前提しているのですから、媒介された見方です。ですから、ヘーゲルの存在は現象と必ずしも一致しません。それは本質かもしれないのです。いや、それが本質とか現象とかいった、他者との媒介された関係（一定の見方によって媒介された関係）を持つ以前のあり方の総称なのです。こう言うと、「質とか量とか程度といった観念も互いに対であることを知らなければ出て来ないではないか」という反論が考えられます。しかし、本質を予想せずして現象を現象として捉えないのと同じ意味で、量を予想せずして質を見られない、質を予想せずして量を見られないと言えるでしょうか。この区別が存在論と本質論の区別だと思います。詳しくは付録三の「ヘーゲル論理学における概念と本質と存在」を参照。

2　こういう説明が初めからなされるというのは論理学の立場が概念の立場であるということでしょう。『精神現象学』の言い方を借りると「我々の立場、哲学者の立場から見ると」ということでしょう。

3　この節の原文の五行目の in einem は鶏鳴版での私を含めて皆、訳していないようですが、二行目の in ihrem Unterschiede と対になっているのではないでしょうか。

4　ここを括弧に入れたのは、不定冠詞がついていて、前の語の言い換えではなく説明だからです。

5　鶏鳴版では「この節の文の流れは分かりにくい」と書きましたが、訳注3を見抜いたので、分かるようになったと思います。

## 第八五節〔その二・論理学と神の形而上学〕

存在〔という規定〕自身も以下に述べる存在の諸規定も、〔いやそれだけでなく〕一般に論理学で扱われる[1]諸規定はどれもみな、絶対者の定義、神の形而上学的[2]定義と見なすことができる。しかし、もう少し詳しく言うと、〔論理学の〕各領域[3]の〔正・反・合の三分法を成す三つの規定の内の〕第一の規定である単純な規定と、分裂〔第二の規定〕から単純な自己関係に還った規定である第三の規定とだけがそうなのである。即ち、[4]〔第一に、論理学の規定が神の定義になるという点について言うと〕神を形而上学的に規定するということは神の本性をともかく観念によって表現することだが、論理学には観念という形を取ったものならどんな観念でも含まれているということである。〔しかし、第二に、第一規定と第三規定だけがそうだという点について言うと〕第二規定は分裂の段階にある規定であり、従ってそれは有限者の定義であ〔り、無限者たる神の定義とはならない〕ということである。それはともかく、〔それではなぜ「神はこれこれである」というような定義の形を取らないで、その「これこれ」に入る規定だけを取り出して、存在とか定存在とかという形で論ずるのかという疑問が出るかもしれないが〕もし定義という形を使うと、〔それは命題という形を取るから、その主語になる神ないし絶対者がその述語〔属詞〕に来る神の本性の〕基体として表象されることになる〔この事は、絶対者が主語になった定義の場合でも変らない〕。というのは、絶対者〔という言葉〕でさえも〔この言葉が観念の世界での神[5]を表現するとされているのだが〕その述語〔属詞〕であるところの規定を持つ概念、従って内容のある[6]概念と比べてみると、ただ考えられただけの観念にすぎず、それ自体としては規定を持たない基体にすぎないからである。[7]〔そして〕今問題になっているのは思考で捉えられた世界であるが、それは述語〔属詞〕の中にしか含まれていないのだから、〔定義や〕命題という形式も、従って又かの〔絶対者という〕主語も全く余計なものなのである（第三一節及び以下に出てくる判断の節を参照）。

1　ここは原文では die logischen Bestimmungen überhaupt となっています。松村は「論理的諸規定」、宮本は「論理的な規定」と訳していますが、この logisch という形容詞は用法から分類すると「二格的形容詞」で「論理学の」「（この）論理学で扱われている」という意味です。一般的に「（表象的な規定ではなく）論理的な規定」という意味ではありません。英訳はほぼ正しく categories of logic in general としています（「ほぼ」と言ったのは、この logic が「私（ヘーゲル）のこの論理学」という事が分かっていたのか判然としないからです）。限定的形容詞の下位分類での「二格的形容詞（所属を限定する形容詞）」と「本来の性質を限定する形容詞」との違いは、例えば der väterliche Rat を「父のその忠告」と訳すのと「父親のような（親身な）その忠告」と訳すのとの違いを考えれば分かるでしょう。「文法」の四九八頁にある「②2格的形容詞と同格付置的形容詞」を参照。

2　この「形而上学的」とは認識論に対比された場合の存在論的という意味でしょう。先に論じた「旧形而上学」の事ではないと思います。

3　この「領域（Sphäre）」とは何のことか。存在、本質、概念の三部門のことではなさそうです。各部分を三つに分ける大きな領域のことか（存在論でいうと、質、量、程度に当たる）。それとも、質の中の純粋存在、定存在、独立存在のことか。後者でしょう。

4　この denn は、「第一規定と第三規定だけがそうだ」と言ったことの理由ではなく、前文全体を受けると取った。

5　この im Sinne und in der Form des Gedanken は分かりにくかったが、des Gedanken は Sinne にも掛かっていると取り、その意味は要するに「観念の世界」ということだと取った。

6　wirklich はここでは「力のある」とか「実際に働いている」といったことでしょう。

7　「この神という語はそれだけでは無意味な音声であり、単なる名前にすぎない。述語〔属詞〕が初めて「それが何であるか」を表す。その述語〔属詞〕が神という語の充実であり、意味である。空虚な始原はこの終わりにおいて現実的な知になる」（拙訳『精神現象学』六五頁）。「主語の持つ規定と内容は述語の中で初めて明確に示される。だから、主語はそれだけでは単なる表象か名前にすぎない」（本書九四三頁）。

## 付録〔その三・存在の分類〕

論理学の〔対象である〕理念のそれぞれの領域は[1]、統体を成すまとまった諸規定から成り立っていますから[2]、それぞれが絶対者を表現しています。存在も又そうですが、そこには質、量、程度という三つの段階〔下位領域〕が含まれています。まず、「質」は存在〔あり方〕と同一な規定でして、それはどういうことかと言いますと、或る物がその質を失うとそれであるところのものであることを止めるということです。それに対して〔第二の〕「量」は存在にとって外的な規定であり、存在〔あり方〕にとってどうでもよい規定です。例えば、家は大きくても小さくても家ですし、赤は明るい赤でも暗い赤でも[3]赤に変わりありません。存在の第三段階は「程度」です。これは前二者の統一、つまり質的な量です[4]。どんな物でもそれ固有の程度を持っています。即ち[5]、〔まず第一に〕事物はみな量的に規定されていますが、その大きさはその事物〔の質〕にはどうでもよいことです。しかし同時に、このどうでもよいということにも限界があるのでして、その限界を越えてより多くなったりより少なくなったりしますと、それはそれであったところのものであることを止めるのです。そして、程度から結果するのが「理念の第二の主領域である本質への移行」なのです。

ここに述べました存在論の三つの形〔質、量、程度〕は、それが最初の三つであるが故に、又最も貧しい形〔規定〕であり、最も抽象的なもの〔規定〕でもあります。直接的な意識である感性的な意識が思考する場合には、それが扱っている規定は〔その意識がどう自覚しているかに関係なく、実際には〕この質や量の〔レベルの〕抽象的な規定だけです。こういう感性的な意識を最も具体的で最も豊かな意識だと考える人が少なくありませんが、それは素材の面からのみ言えることです。それはその思考の内容から見ると、実際には、最も貧しく最も抽象的な意識です。[67]

1　この付録には「論理学の分野」を表す語として Sphäre, Hauptsphäre, Stufe, Form の四語が出てきます。最初の Sphäre は二つ目の Hauptsphäre と同じく、「存在論、本質論、概念論」のレベルだけを表している、と取るのが穏当でしょう。それの下位の分野である「(存在論なら) 質、量、程度」も含んでいる、と取る事も可能ではあると思います。二つ目の Hauptsphäre は明らかに「存在論、本質論、概念論」のレベルだけでしょう。Stufe と Form は下位の分野である「(存在論なら) 質、量、程度」のレベルでしょう。

なお、この文の冒頭は Eine jede Sphäre der logischen Idee となっています。この der logischen Idee を松村も宮本も「論理的理念」としています。この点は既に第八五節の本文への訳注1（五八一頁）で述べました。英訳はここは Each of the three spheres of the logical idea と訳していて、idea of logic とはしていません。しかし、それは、ここまで of を使うと of が三重になって、煩瑣な感じを与えるからだと思います。

2　この二つの als は理由と帰結の関係にある、と取りました。

3　この文は es mag dasselbe heller oder dunkler sein となっています。つまり主語が es と dasselbe の二つあります。es は「非人称化の es」です。

4　ここには「定冠詞——定冠詞」の「言い換え」が二対あります。

5　この「即ち（d.h.）」は、本訳書の「まず、第一に」だけでなく、次の「しかし、同時に」の文まで（原文では次の文の冒頭の Vom Maß の前迄）の全体に掛かっている、と思います。

「文法」の二五〇頁以下の「文脈の理解」を参照。

6　この段落の下から三行目の dies ist es の es が「属詞の es」です。一方では ärmst と abstraktest が一組になり、他方では reichst と konkretest が一つになって、この二組が三度対比的に使われていますが、両語の挙げる順序が毎回、前の時と逆になっています。これは「交叉配語」(「文法」の一四三一頁参照）なのでしょうか。なお、鶏鳴版ではこの段落を訳し落としたようです。

7　存在論と本質論と概念論の「予備知識」の部分がどう構成されているか（文脈)、それぞれの内容目次を比較して考えてみましょう。

**存在論**は次の通りです。

第八四節〔総論一・存在の本質及びその諸規定間の関係〕

第八五節〔総論二・論理学と神の形而上学〕

　同・付録〔総論三・存在の分類〕

**本質論**は次の通りです。

第一一二節〔総論一・本質の本質〕

　同・注釈〔「絶対者は本質である」という定義について〕

第一一三節〔総論二・本質の運動様式〕

第一一四節〔総論三・無媒介と媒介との不完全な結合としての本質〕

　同・注釈〔本質論のカテゴリーは存在論のそれの反省形態〕

**概念論**は次の通りです。

第一六〇節〔総論一・概念の本性〕

第一六一節〔総論二・概念の進展形式〕

第一六二節〔総論三・概念論の分類〕

　このように比較してみますと、概念論が一番整理されていることが分かります。つまり、本質、運動様式、分類の三つがその内容なのです。ですから、概念論を基準にして存在論と本質論をまとめ直すと好いと思います。

存在論の第八五節は論理学全体についての注釈ですから、ここに入れるのは少し無理があったと思います。本質論の第一一二節への注釈はそれに対応するものですが、ここでは「本文」から「注釈」に引き下げられました。そして、概念論では「絶対者は概念である」という命題の説明は更に地位を落とされて、「第一六〇節の付録」の中で触れられることになります。

本質論の第一一四節も一つの節として独立させるのが正しいか、疑問です。第一一三節に入れるべきだったでしょう。いや、そもそも本質の本質を存在との対比で説明しようとする事と本質の運動様式が反省（反照）である事の説明とを一緒にしようとした事自体に無理があったのだと思います。前者は第一一二節に、後者は第一一三節にと分ければ好かったでしょう。第一一四節は「注釈」にまとめた「本質の分類」を昇格させれば好かったでしょう。

## 第一章　質（Qualität）

### 第一項　存在（Sein）

#### 第八六節〔論理学の始原は純粋存在〕

〔論理学の〕始原〔最初の観念〕[1]は「純粋存在」である。[2]なぜなら、純粋存在〔という観念〕は〔第一に〕純粋な観念であり、〔第二に〕無規定で単純な無媒介者[3]であるが、始原[4]というものは媒介されたものや一層規定されたものであってはならないからである。[5]

1　この「純粋存在」はまだ概念ではなく、観念だとされています。「生成」が最初の概念だと、第八八節への付録で言われることになりますが、そこでは「具体的観念」が「概念」と言い換えられている所を見ると、無規定の観念はまだ概念でないということなのでしょう。

2　この文は Der Anfang (Der anfängliche Begriff der Logik) ist das reine Sein という属詞文の代替表現だと思います。Es ist das reine Sein, das den Anfang macht としても好いでしょう。

3　ここは sowohl reiner Gedanke als das unbestimmte, einfache Unmittelbare となっています。即ち、前者は無冠詞で後者は定冠詞付きです。なぜでしょうか。後者も無冠詞にすると unbestimmtes, einfaches Unmittelbares となると思います。形容詞（過去分詞）を名詞化した語は冠詞を付けないと様にならないからではないでしょうか。英訳は後者も無冠詞にしていますが、immediacy という本来の名詞があるからでしょう。

なお、この二つの条件を見ると、第一が必要条件で第二が十分条件のようです。純粋な観念、つまり「表象に付きまとわれていない観念」であることは論理学で取り上げる観念であるための条件で、「無規定で単純な無媒介者」という第二条件はその始原の条件です。それはともかく、「無規定で単純な」という形容詞は「無媒介者」の持つ性質を表に出しただけだと思います。つまり、関口の言う「描写的（説明的）形容詞」でしょう。「文法」の五一七頁の第一項（描写的形容詞と限定的形容詞）を参照。

4　der erste Anfangとはどういう事でしょうか。ersteは「描写的形容詞」ではないでしょうか。訳すなら、「最初のものである始原は」くらいでしょうか。鶏鳴版では「本質論の始元とか各節の始元のような下位の始原ではなく」という解釈を出しましたが、今回は別の解釈を出します。英訳は the first beginning としています。

5　松村も宮本も「ありえない」と訳しています。問題ありませんが、「müssen に代わる können」というのもあります。「論理必然的にこうなる」と考えても同じですから。「文法」の九二八頁の用例2を参照。

## 注釈〔論理学の始原の十分条件と「絶対者は存在である」という定義〕

〔その一、論理学の始原の十分条件〕。論理学[1]を抽象的で空虚な「存在」〔という観念〕から始める〔私の〕やり方に対してはいろいろな疑問や反論が出されるだろうが、それらの疑問や反論は、すべて、始原とは一体何か[2]ということが分かりさえすれば片づくものである。〔即ち、たしかに[3]この始原としての〕存在を〔フィヒテのように〕「自我は自我である」とか〔シェリンクのように〕絶対の無差別とか絶対の同一性と規定することもできるだろう。〔いや、それどころか〕[4]絶対確実なもの、即ち自己確信から出発したいとか、絶対的真理の定義とか絶対的真理の直観から始めたいと思うと、上述の〔フィヒテやシェリンクの〕ような形式こそ第一のものと見なさなければならないとも考えられる。しかし、これらの形式にはどれにも既に媒介が含まれているから、それらは真に第一のものではない。というのは、媒介とは第一のものから出て第二のものへと移っているということであり、[5]〔従ってそれは自分とは〕区別されたもの[6]から現れ出てくるということだからである。〔しかし、一歩を譲って、逆に考えて〕「自我は自我である」とか知的直観とかを「実際に単に最初のもの[7]であってそれ以上のものではない」とするならば、この純粋に無媒介とされた限りでは〔事実上〕それらも〔私が始原とした〕存在と同じものになるのであ〔って、その場合に、その始原を存在と呼ぶか知的直観等々と呼ぶかの違いは言葉の違いにすぎないのであ〕る。同様に、反対の場合を考えると、〔私が始原とした〕純粋存在もこの抽象的存在ではなくなって自己内に媒介を含み持つ存在とされると、それは純粋な思考とか純粋な直観と同じものになってしまうのである。[8]

〔その二、「絶対者は存在である」という定義〕。存在を絶対者の述語〔属詞〕として言い表すと、「絶対者は存在である」という絶対者の第一定義が得られる。この定義は（思考による定義としては）[9]絶対に最初の定義であり、最も抽象的で最も貧しい定義である。[10]この定義はエレア派の定義であるが、同時に「神はすべての実在の総和である」という周知の命題の内にも表現されているものである。というのは、この命題の意味する所は、個々の実在が持つ被制限性を捨象して、神を全実在中の実在そのもの、最も実在的なものと考えるということだからである。〔しかし〕実在〔という語〕の中には既に反省が含まれてい〔てうまくない〕から、[11]これを一層無媒介的な形で表現すると、それは、ヤコービがスピノザの神について言った「〔スピノザの〕神とはすべての定存在の中にある存在という原理にほかならない」という言葉に表現されているものである。

1　この die Wissenschaft は die Logik の言い換えだと思います。前にも注しましたが、「二度目には一般化して言う」という法則です。
2　ここは原文では die Natur des Anfangs となっていますが、英訳は a beginning（始原というものは）と不定冠詞（内的形容の不定冠詞。「文法」の六五五頁を参照）を適切に使っています。
3　ここは次の文の müssen と組になって、次の次の文の頭の Aber で受けられて、譲歩文になっていると思います。
4　前の文の kann（＝可能性）とこの文の müssen（＝必然性）が組になっているのだと思います。
5　この媒介の定義はよく覚えておくと便利です。なお、ここでは aus einem Ersten zu einem Zweiten と不定冠詞が使われています。「或るものから別の或るものへ」と訳しても好いと思います。序数詞の冠詞問題については、「文法」の五七九頁の第五項（序数詞と冠詞）を参照。
6　鶏鳴版ではこの Unterschiedenen という複数形を「二つの区別されたもの」としましたが、違っていたと思います。複数形にしたのは、「純粋存在」以外に提案されている始原案が複数あり、それぞれで別の他者（全部で複数の他者）があるからでしょう。
7　ここは das Erste と定冠詞が付いています。der Anfang の言い換えだからでしょう。
8　言葉の違いにごまかされることなく、その言葉の使われ方（＝その言葉の実際に持っている規定＝その単語の価値）から考えていくヘーゲルの態度こそ学ぶべきでしょう。神という語もただ「神」と言っただけでは単なる名前にすぎないという言い方にそれはよく出ているのですが。この考え方が身につくまでは論理的思考の世界に入ったことにはなりません。
9　「思考による定義としては」と言われると、思考によらない定義なんてあるのかと言いたくなります。表象で捉えた絶対存在みたいなものがそれに先行すると考えているのではあるまいか。

10　この文は Es ist dies die schlechthin anfängliche . . (Definition) と成っています。これは箴言的非人称化文ではなく、只の非人称化文でしょう。「一般的真理」を表していませんから。

11　「実在という語には既に反省が含まれている」とはどういうことでしょうか。実在という語が観念性の対概念として、非観念的感覚的存在に限られていることを指すのでしょうか。

## 付録一〔思考開始時に持っているものは無媒介の無規定〕

考え始める時に我々が持ち合せているものは全く無規定な思考だけでしかありません。というのは、規定するためには既に或るもの〔そのもの〕と他のものとが必要なのに[1]、〔考え〕始める時には〔その当の考えるということはあっても〕まだ他者がないからです。ここで言っている無規定なものとは媒介されていない〔無規定な〕ものです。それは「媒介された無規定」とか「規定をすべて止揚して得られた無規定」[2]ではなく、無媒介の無規定[3]であり、あらゆる規定に先んじた無規定であり、何よりも先にある無規定です。しかるに、これが我々が「存在」と呼んでいるものです。これは感覚することも直観することも表象することもできず、ただ純粋な思考によってしか捉えることのできないものです。そのような純粋な観念としての存在が〔論理学の〕始まりなのです。たしかに本質も無規定なものですが、それはすでに媒介をへてきた無規定であり、従って「規定を止揚して含み持っている無規定」なのです。

1　これはスピノザの「規定は否定である」を言い換えたものではなかろうか。

2　媒介された無規定とは、たとえば「概念そのもの」といった各段階の始まりのカテゴリーの持つ無規定的性格のことでしょうか。規定をすべて止揚して得られた無規定性とは、「すべて」を「それ以前のすべての規定」と取ると、各段階の始まりのカテゴリーと同じになりますが、文字通り「すべて」と取ると絶対理念の自己同一性のことでしょうか。
3　ここは直訳すると、宮本訳のように「無規定性の直接性」となりますが、意味はむしろ松村訳のように「直接的な無規定」のように逆転して理解した方が近いでしょう。

### 付録二〔論理学と哲学史の対応関係〕

論理学の理念の諸段階〔論理学に出てくるいろいろなカテゴリーとそれに立脚する立場〕は哲学史においては前後して現われきたった諸哲学体系という姿を取っています。というのは、それらの哲学体系はそれぞれ独自のやり方で絶対者を定義し、その定義をその哲学の根底に据えています〔が、それらの諸定義が論理学における理念の諸段階に対応する〕からです。ちょうど論理学の理念の展開が抽象的なものから具体的なものへの進展という形を取るように、哲学の歴史においても最初期の哲学体系はきわめて抽象的であり、従ってまたきわめて貧しいもので〔すが、時代を経るにつれて具体的で豊かなものになっていくので〕す。しかも、[1]それらの哲学体系における前のものと後のものとの関係は、一般的に言って、論理学の理念の前の段階と後の段階の関係と同一なのです。即ち[2]〔どちらにおいても〕後のものは前のものを止揚して自己内に〔契機として〕含み持つという関係を持っているのです。哲学史では、或る哲学体系が他の体系によって、とりわけ前の体系が後の体系によって論駁されるということであり、これはよく誤解されていることなのですが、この「論駁」[3]の本当の意味は実に今述べたようなことなのです。或る哲学を論駁するということが話題になる時、たいていは単に抽象的に否定的な意味[4]で理解されています。つまり、論駁された哲学はもはや全く意味を持たず、片づけられ葬むられていると考えられているのです。〔しかし〕もしそうだとするならば、哲学史を勉強することは全く意味のないやりがいのない仕事だということになるでしょう。なぜなら、哲学史を勉強すると、これまで現われきたった哲学体系で論駁されなかったものは一つもないということが分かるからです。しかし、〔この問題を考えるためには、論駁という否定行為はどういう否定なのかを考える前に〕すべての哲学が論駁されたというのが正しいのと同様に、どの哲学も論駁されなかったし論駁されうるものではないということも認められなければなりません。これは二つの意味で本当なのです。第一に、哲学の名に値する哲学は、どれもともかく[5]理念を内容として持っているからであり、第二に、一つ一つの哲学体系はその理念の展開過程における一契機又は一段階の叙述と考えなければならないからです。従って、或る哲学が論駁されたという時のその論駁ということの意味は、その哲学の制限が乗り越えられ、その哲学特有の原理が〔後の高い哲学の〕観念的契機[6]に引下げられるということなのです。従って、哲学の歴史というものは、その本質的内容から見れば、決して過ぎ去ったものを扱っているのではなく、永遠なもの、絶対に現在するものを扱っているのであり、その結果はと言うと、それは人間精神の誤謬の陳列場と見るべきではなく、むしろいろいろな神を祭った万神殿（Pantheon、パンテオン）に譬えなければなりません[7]。しかるに、このいろいろな神とは理念の諸段階が〔時間の中で〕弁証法的に展開しながら前後して現われたものなのです。しかし、哲学の内容の歴史上での展開が純粋な論理学的理念の弁証法的展開とどの程度一致し、どの程度食い違っているかを跡付ける仕事は哲学史に任せておきましょう。ここでさしあたって言っておかなければならないことは、論理学の始原は本来の哲学史の始まりと同じだということです。即ち、本来の哲学史はエレア派の哲学から始まる、詳しく言うならばパルメニデスの哲学から始まるのですが、パルメニデスは「存在だけが存在するのであって、無〔非存在〕は存在しない」と言って、絶対者を「存在」として捉えたのでした。これこそ哲学の本来の始まりと見なさなければなりません。と言いますのは、哲学というのは一般的に言うならば思考による認識ですが、ここに初めて純粋な思考がしっかりと自覚されて、自己〔思考〕の対象となったからです。

〔このように言いますと、人間はそれ以前から思考をしていたし、思考には自己意識が含まれるから、そこには自己対象化があったのではないかと反論するかもしれませんので、この点について注しておきますと〕[8]、たしかに人間は初めから思考してきました。というのは、人間が動物と区別される点は思考以外の何物でもないからです。しかし、〔単に思考するのではなく〕思考を〔思考として〕純粋に捉え、それを完全に客観的なものとして理解するまでには何千年〔何百万年〕もの年月を待たなければならなかったのです〔そして、その思考を思考として純粋に客観的に捉えた最初の人達がエレア派だったのです〕。〔このようなわけで〕エレア派はその考え方の鋭さによって知られていますが〔そしてそれは正当なことですが〕、しかしそれと同時に、しばしば言われる説に、「エレア派は存在だけを真理とし、我々の意識のそれ以外の対象は真理でないとしたが、これはあまりにも極端に走りすぎている」という説があります。さて〔この説について少し考えてみますと〕、たしかに存在に留まっていてはならないというのはこの説の言う通りなのですが、我々の意識の他の内容を存在と「並んで」、存在の「外に」あるものと見たり、存在のほかに「それも又ある」のだという形で捉えたりするのは、あまりにも浅薄と言わなければなりません。本当の関係はそうではなく、存在自身が固定した最後的なものではなく、むしろ弁証法的〔自己否定的〕なものであり、従って自己の対立物へと転化するものであり、〔その結果それ以外の対象を産み出していくものだということです。そして、この存在がそれへと転化する所の〕すぐ次の対立物が「無」なのです。ですから、やはり存在が最初の純粋な観念であって、存在以外の何を始原としてみても〔例えば、「自我は自我である」とか絶対的無差別とか神自身から始めてみても）それはさしあたっては単に表象されているだけで、思考されて〔観念化されて〕はいないのです。従って、それらの命題や言葉も〔表象としては豊かな内容を持っていても、観念としては何の規定も持っていないのですから〕その観念としての内容から見るならば、まさに存在以外の何物でもないのです〔従って、思考の体系化である論理学の始まりは事実上「存在」となるに決っているのであり、私はその事実を正確に表現したにすぎないのです〕。

1　この aber は逆接と取ると、それまでの叙述を単に表面的相似としたことに対して、「しかし」と持ってくることになるのでしょうが、順接に取って「しかも」とした方が素直だと思います。
2　この und zwar はそれこそ「しかも」ですが、そうは訳しにくかったのでこうしました。
3　この辺の Widerlegung をみな、「反駁」ないし「反論」ではなく、「論駁」としました。「反」という字を入れますと「相手からの否定的な意見に対して論駁する」という事になると思います。
4　この「抽象的に〔一面的に〕否定的な意味」での論駁とは、肯定面を見ないで否定だけするという意味と、否定されたものが契機として保存される面を見ないという意味との二つの意味を持ちえますが、すぐ後では後者の意味が説明されることになります。
5　この überhaupt をこう取りました。
6　ここの原文は dass das bestimmte Prinzip derselben zu einem ideellen Moment herabgesetzt wird となっています。「契機」とはヘーゲルでは「止揚されたもの」であり、換言すれば「観念的なもの」と決まっている、と言いますか、「観念的」と「契機」とは同義語なのです。従って、この ideell は描写的形容詞（名詞の中にある性質を表に出しただけのもの）にすぎないと考えられます。それなのになぜ einem と不定冠詞が冠置されているのでしょうか。「一つの」という意味だからでしょうか。たしかに関口の説明でも「描写的形容詞の付いた場合には必ず定冠詞が冠置される」とはどこでも言ってはいないと思います。「zu不定句で規定された定冠詞付きの先行詞に冠置された形容詞は描写的だ」と言っているだけです（「文法」五一八頁）。しかし、不定冠詞の付いた描写的形容詞の例は他の箇所にも出ていないのです。英訳はただ a factor としています。これでいいと思います。

7　このようなヘーゲルの哲学史についての見方は非常に有名ですが、単に知識として知っておくのではなく、ここからはどういう思想的態度が出てくるかという主体的な問題として考えなければならないと思います。それが「ヘーゲルを読んで哲学する」という事だと思います。現在の思想界の様子を見ますと、時々の流行やちょっとした事件に左右される浅薄な議論が大きな顔をしていますが、それらがなぜ浅薄かと言いますと、それはまさにこの哲学史との格闘によって「絶対に現在する理念の道」を歩むことを避けているからです。「マルクス主義哲学」を自称する一派は「科学的な世界観」と称して、自然科学や社会科学と一体になった世界観とやらを売り歩き、哲学史の勉強をおろそかにしてひたすら科学者の本を読んで、科学の知識の切り売りや受け売りをしているありさまです。「認識論、認識論」と騒いでいる教授で、自分のゼミの在り方を認識論的に反省して、「議論の認識論」を発表した人が一人でもいるでしょうか。

8　文脈の主流はエレア派論ですから、この部分は注＝傍流と考えました。

## 第八七節〔純粋存在は無である〕

さて、この純粋な存在とは純粋な抽象[1]〔完全な抽象〕であり、従って絶対的否定である。これを〔「純粋存在」と〕同じくあるがままの姿で取り上げると、それは「無」である。

1　宮本はこれを「捨象」としていますが、一つの見識だと思います。英訳はこの辺の rein を mere とし、a mere Being, mere abstraction と訳しています。これも見識だと思います。

## 注釈

第一点〔「絶対者は無である」という定義について〕。ここから出て来たのが絶対者の第二の定義、即ち「絶対者は無である」という定義である。実際、「物自体は無規定なものである」とか、「物自体はいかなる現象形式もなく、従って無内容なものである」と言う時、そこに含意されているものはこの定義なのである。また、「神は最高存在であってそれ以上の何者でもない」と言う場合もそうである。というのは、神をそのように捉える時には神は〔ここでの純粋存在と〕[1]全く同じ否定性〔無〕とされていることになるからである。仏教徒が万物の原理としまた万物の究極目的としている無も、〔やはり、ここでいう純粋存在と〕同じ抽象物である。——

第二点〔存在と無との同一性について〕[2]。対象がこの直接性において存在と無として表現される時は、その対立は〔対立があると思い込まれているだけであって実際には〕存在しないのだと言うと、あまりに突拍子もない意見と思われ、何とかして存在〔が無とは異なっている規定を探し出して存在〕をつなぎとめ、〔無へと〕移行していかないようにしようという気持が起きてくるようである。この為に、反省的思考なら存在固有のしっかりした規定を探し出し、それによって存在を無から区別しよう[3]とするにちがいない。そこで、例えば、存在とは、どんな変化の中にあっても持続するものだとか、どんな規定をも受け入れうる質料だと言って〔だから、存在は無ではないと主張するであろうし〕、また、反省のない無考えな人なら、何か個別的な現存在〔事物〕とかすぐ手許にある[4]感覚的事物や精神的な事柄を取り上げて、これが存在である〔だから存在と無とは異なる〕、と主張することになる。しかし、そのような一層進んだ一層具体的な規定を付与された存在はもはやここ〔論理学の〕始まりで無媒介に与えられている純粋存在とは別のものになってしまうのである。この純粋存在はまさに純粋に無規定であるが故に、又純粋に無規定である限りで[5]無なのであり、言い表しえないものなのである。従って存在と無との区別は単に思い浮べうるだけ[6]で〔あって、言葉で言い表すことはできないので〕ある。——

従って、問題はただ一つ〔存在と無という論理学の〕始原を正しく意識し、それらはこの空虚な抽象以外の何物でもなく、どちらも同程度に空虚であるということを正しく知ることだけであ〔って、存在と無を一層進んで規定して、両者の違いをはっきりさせようということは問題にならないのであ[7]〕る。〔もっとも[8]〕存在又は存在と無の中にはっきりした意味を見つけたいという気持は〔一概に否定できないのであって、それは〕存在と無〔という規定〕を一層先へと押し進め、存在と無に真の意味つまり具体的な意味を付与する必然性〔が漠然と感じられたものだということができる〕だろう。〔そして〕この〔必然性に基づいて〕先へ進むということが、取りも直さず論理学〔ヘーゲルのこの論理学〕を遂行することであり[9]、それは以下に叙述するようなものとなるのである。〔このように考えてくると〕存在と無の一層深い規定を探し出そうとする反省的思考とは〔正しくは〕論理的思考〔と捉え直さなければならないの〕であって、この論理的思考によってこそ一層進んだ諸規定が偶然的にではなく必然的に現われ出てくることになるのである[10]。——

従って、存在と無が以下で獲得する〔新しい〕意味は、絶対者の一層詳しい規定であり、一層真なる定義と見なさなければならない。即ち、その時にはそのような規定〔定義[11]〕はもはや存在や無のような空虚な抽象ではなく、存在と無とを契機として含む具体的な〔内容規定を持った〕ものとなっている。——

〔このように論理学の以下の進展を存在と無の進んだ規定と考えると、論理学の最高段階の概念論の根本規定である自由とは存在及び無とどう関係するのかという問題が出てくる。逆に言うならば、存在及び無の究極の姿は何なのかという問題が出てくる。そこで、これに答えておくと〕無の最高の形式〔最高のあり方をした無〕は、それだけを他から切り離して考えるならば、それは自由で〔あるということができる〕だろう。しかし、自由がこの無であるのは、[12]自由が自己内で最高の強度にまで深まって、それ自身肯定となり、しかも絶対的な肯定になる限りでのことでしかない〔だから、この自由をたんに無と捉えるのは一面的であり、それは最高の存在でもあるし、同時にここでも存在と無は再び一致することになるのである〕[13]。

1　松村は「物自体と全く同様な」としています。鶏鳴版では「ここで私（ヘーゲル）が述べた無と全く同じ」としましたが、今回は考え直しました。英訳は as above としています。

2　第八六節への注釈の「その一」及び「その二」（これは訳者が振った番号ですが）と第八七節への注釈の第一点及び第二点（これは原書に付いている番号です）とは、内容的に見て、順序が逆になっています。絶対者の定義は第八六節では「その一」、第八七節では第一点、ヘーゲル説への疑問に対する解答は第八六節では「その二」、第八七節では第二点に入っています。

3　この wäre は「否定的意局の第二式」です。

4　この nächstbest という形容詞が論理的にはおかしいことについては、「文法」の二二二頁にある erst best の説明が役立つでしょう。

5　ここは原文では in und um dieser reinen Unbestimmtheit willen となっています。dieser reinen Unbestimmtheit は in の支配を受ける限りでは三格で、um .. willen の支配を受ける限りでは二格です。こういう事はいくらでもあります。

6　ここは ein Unsagbares, eine bloße Meinung と不定冠詞が付いています。第八八節への注釈の

訳注5（六一〇頁）の箇所と一緒に後で考えます。

7　この角括弧は、es ist gerade nur の nur を読んだものです。「〜だけが問題だ」という事は、問題にならないことは何かを念頭においているはずだからです。

8　これはこの der Trieb の前のセミコロンを読んだものです。

9　ここの die logische Ausführung を松村は「論理の展開」とし、宮本は「論理的敷衍」としています。

10　この段落（原文ではダッシュで区切られている部分）の達意眼目は、前の段落で一度否定した考えに対して、一層高い立場から「それもこう考えれば正しい面を持っている」と考え直して、自説の展開に使ったものです。いかにもヘーゲルらしい二枚腰の思考です。内容的には、こういう事を考えるのが「カテゴリーの価値を吟味する」という事だと思います。

11　この eine solche は Definition を受けるから女性形になっているのでしょうから、本当は「そのような規定を属詞（述語）とする定義」とするべきでしょう。が、ヘーゲルでは絶対者の定義とその属詞（述語）とは同じと考えられていますから、後の wie Sein und Nichts が出てくるのだと思います。従って、訳もこうしないと並行しなくなります。

12　この Negativität は Nichts の言い換えと取りました。次の Affirmation との対を考えるならば、「否定」と訳すことになるでしょう。

13　この最後の段落の真意は分かりにくかったです。松村はただ文章を訳しているだけのようですが、一応の私見を提示して読者の思索に資したいと思いました。自由が肯定、しかも絶対の肯定だということは分かるでしょう。それが最高の否定であるということは、自由というのは概念の論理だから、概念の立場から全ての現象界を「それとしては」否定する〔あるがままの現象界を否定する〕ことだからでしょう。第八八節の注釈の第二点（六〇四頁）の中で、「哲学は有限な目的から人間を解放する」（要旨）とあるのも同じ意味でしょう。

## 付録〔存在と無との「区別」〕

存在と無との区別は、最初は区別があるはずだ[1]という区別にすぎません。つまり、その区別は初めは単に潜在的なものにすぎず、まだ定立されて[2]いないのです〔この事を詳しく説明しましょう〕。

〔第一に〕一般に何かの区別がどうのこうのと言う場合には、二つのものがあって、その一方には他方には無い規定があるものです。ところが〔存在と無の場合はどうかと言いますと〕、存在は完全な無規定者でしかなく、この完全な無規定という点では無もまた同じなのです。[3]ですから、ここでの区別というのはただ〔区別があると〕考えられただけの区別であり、全く抽象的な区別[4]にすぎず、区別でない区別にすぎないのです。〔第二に〕この〔存在と無の区別〕以外の区別の場合には、いつでもその区別される両者に共通のものがあり、それがその両者を下位のものとして包みこんでいます。例えば二つの類についてとやかく言う時には、類が両者に共通のものです〔ともかく両方とも類ではあるのです〕。同じように、「自然的存在と精神的存在とがある」と言う時には「存在」が両者に共通のものです。これに反して存在と無の〔区別の〕場合にはその区別〔される二つのもの〕に〔共通する〕基盤がなく、従ってその区別は〔本当の意味での〕区別ではないのです。[5]存在と無の両規定は共に基盤を持たないものだからです。皆さんはあるいは「存在と無はしかし共に観念なのだから、観念であるということが両者に共通のものではないのか」と言うかもしれません。しかし、そういう事を言う人は、存在は特殊な規定を持った観念ではなく、まだ全く無規定な観念であり、だからこそ無と区別されえない観念[6]なのだということを見逃しています〔まあ、二つの説明を上げましたが、存在と無の区別というのはそのような「有って無き区別」なのです〕。

〔存在と無の違いを考える時〕[7]また、存在を絶対的な豊かさとし、無はそれに対して絶対的な貧しさと考える人もいるようです。しかし、全世界を見て「全てのものは存在する」と言うだけでそれ以上何も言わないとすると、全ての規定は取り除けられてしまうのであって、その時そこに与えられているものは絶対の充実ではなく絶対の空虚にすぎません[8]〔ですから、存在という観念の中には実際には何の内容＝規定もないのです〕。〔「神は存在する」という風に〕神を単に存在としか定義しない場合にも同じ事[9]があてはまります。ですから、仏教徒は「神は無である」と定義し、その定義の論理的帰結として、「人間は自己を滅すことによって神になる」と主張していますが、こういう仏教徒の神概念や主張[10]も、神を単に存在としか定義しない考え方と同じように正しい〔というより、内容上同一〕ということになるのです。

1　この sollen を「はずだ」と訳した松村訳はすごいと思います。拝借しました。sollen については「文法」の九七六頁を参照。宮本は「べきである」としていますが、これでは何か分かりません。英訳は ought to としています。

2　an sich に gesetzt を対置しています。これが für sich と同義であることが好く分かります。

3　松村は「有は全く無規定なものにすぎず、無も同じである」と日本語らしい並行配語で訳していますが、宮本は「存在とはまさにまったく無規定なもののことにすぎないし、この同じ無規定性はまた無でもある」と、かなり無理をして原文通りに交叉配語で訳しています。私もここでは交叉配語にしてみました。

4　不定冠詞付きの ein gemeinter Unterschied を der abstrakte Unterschied と定冠詞付きに変えています。後者は「実際に別物である区別ではなく、実際には区別でない方の区別」ということなのでしょうか。英訳は後者も a quite nominal distinction と不定冠詞にしています。この方が好いように思いますが。日本人でも「ハ」と「ガ」を「間違える」で悪ければ、「不適切に使う」ことがあると思います。注6を参照。

5　esはder Unterschiedを受けているのだと思います。keinerは「なんら～ない」という「強い否定」ではなく。ただの否定です。

6　ここもein besonderer, bestimmter Gedankeを否定して、der noch ganz unbestimmte : Gedankeと、冠詞を変えています。先に「こういう物ではなく」と性質を示してそれを否定し、次には「こっちの方だ」と「指示する」言い方なのでしょうが、こういう言い方があるのでしょうか。英訳はここの後者もa thought not to be distinguished from Nothingと不定冠詞にしています。これの方が自然だと思いますが。

7　この文は原文ではダッシュで区切られていますが、ダッシュの前と同じ時に続けて話された言葉ではなく、別の所から取ってきたからだと思います。内容的にも少しズレていて、前に真直にはつながっていません。

8　「純粋な光は純粋な闇にほかならない」（三七六頁）と言い、シェリンクの同一哲学を「全ての牛が黒く見える闇だ」と喝破した（一八四頁）ヘーゲルらしい鋭い批評です。純粋な闇は長野の善光寺の戒壇めぐりで経験できます。「純粋な光では何も見えない」という原理を応用したのでは、人質を取って立てこもっている犯人とか、ハイジャックの犯人たちを奇襲する場合にまず目眩《めくら》ましに物凄い光を出す事ではないでしょうか。

9　この「同じ事」というのは、「絶対の充実と思い込まれた存在も実際には無に等しいということ」です。

10　原文の一八八頁五行目のwelcher Definitionのwelcherについては、「文法」の四六四頁の①を参照。

## 第八八節〔存在と無の統一は生成である〕

〔存在が無であるのと〕全く同様に、〔今度は〕逆に、この無媒介で自己同一の無は存在でもある。かくして存在の真理[1]も無の真理も両者の統一〔一体性〕である。そして、この統一〔一体性〕が生成[2]である。

1　ヘーゲルの「真理」概念は、普通の「対象を正しく表した考え」としか理解していないと、初めは面食らいます。私もそうでした。一般的な説明は付録3の中にも書きました。ここでの意味は「隠れていた本性の顕現した姿」という意味です。

2　Werdenを「生成」と訳すと、無から存在への運動の面しか表現されないことになるので拙いとの説もありますが、「成」としてもその点は変わらないし、仕方ないと思います。

### 注釈

第一点〔存在と無の同一性は理性的なもの〕「存在と無は同一である」という命題は表象〔によってしか考えられない人〕や悟性〔的な考え方をする人〕にとってはあまりに逆説的な命題と思われ、こんな命題がまじめに主張されているのだとは信じられないほどである。実際、この命題は思考に要求される最も難しい事柄でもある。というのは、存在と無と〔いう概念は、普通に〕はあからさまな対立〔概念なのに、それを同一とするの〕だからである。あるいは、〔「同一」と言うならば〕他者への関係を示すような規定が「定立され、明示されている（gesetzt）」べきなのに、それが無いからである。しかし、前節で示したように、〔実際には〕存在と無の中にはこの〔両者の関係を示す〕規定が「〔明示はされていないが潜在的に〕含まれている（enthalten）」。〔しかるに〕その規定はどちらでも〔「無規定の直接性」という〕同一の規定なので[1]ある〔従って、「存在と無は同一である」という命題を理解するには理性が必要であって、表象や悟性に理解できないのは当然ではある〕。〔ここでついでに、この事から帰結されることを述べておくと〕その限りで〔存在と無の中には両者に同一の規定が定立されてはいないが潜在的に含まれている限りで〕存在と無の同一性を演繹するという行為は〔その含まれているものを定立する行為であって、無いものを外から付け加えるのではないから〕完全に分析的な行為である。――

〔翻って考えるに、存在と無から両者の同一性を演繹することだけでなく〕一般に、哲学的思考の歩みは、どれも、それが筋道立ったもの[2]であり、必然的な歩みである以上は、概念の中に〔潜在的に〕含まれているものを〔顕在化させ〕定立するということにほかならないのである。[3]

しかし[4]〔ついでに気づいたことを書いて少しわき道にそれたが、本論に戻ると〕、存在と無は同一であるという命題が正しいのと全く同様に、存在と無は完全に異なっているという命題も正しいのである。すなわち、一方は他方ではないのである。しかし、その区別はここではまだ規定されていないから（というのは、存在と無はまだ無規定のものだからなのだが）存在と無における両者の区別は言い表しえないものであり、たんに〔違っていると〕思い浮かべられただけのもの[5]にすぎないのである〔従って、存在と無の同一としての生成が結果することになるのである〕。

**第二点〔存在と無の同一性への批判について〕**。存在と無は同一であるという命題を笑い草にしたり、この命題が正しいとするとこんな変なことになると言って、例えば、それによると私の家も財産も、呼吸する空気もこの町や太陽も、はた又、法も精神も神でさえ、存在しようとしなかろうと同じ事になる、と批判するには大した才能もいらない。〔しかし、そこに持ち出されている例は二つに大別されるので、この批判に答えるためには、それを分けて考えなければならない。まず〕そこに挙げられている例の一部〔太陽まで〕

では、〔純粋な存在と無とが〕私にとって意味のある特殊な目的や有用物とすり替えられて、その上でその有用な物が有るのと無いのとが私にとって同じ事なのかと問われている。〔だから、ここでは問いの中に既に言葉のすり替えがあるので、これは存在と無の同一という命題に対する批判としては成り立たないのである。しかし、有用な有限物のことが出たのでついでに言っておくと〕実際、哲学というのは、人間が多くの有限な目的や意図に囚われず、そんなものに無関心になり、そしてそういう有限物は有っても無くても同じだと思えるようにする教えではある〔だから、この意味でも思弁哲学はこういう低級な批判など批判とも思わないのである〕[6]。しかし[7]〔そこまで高尚な段階に達しなくても〕、一般に、内容のある物について話す時には、他方において前提されている他の事物や他の目的との関係がすぐにも生じてくるのであって、その時にはその特定の内容が有っても無くても同じかどうかという事は、その〔内容と結びつけられた〕前提に依存しているのである。[8]〔だから、ここでも一概に、有限物の有ると無いとで大違いだとは言えないのであって、有っても無くても同じ場合もあるのである。しかし、いずれにせよ、批判者は〕存在と無との無内容な区別を内容のある区別とすり替えてしまっているのであ〔って、これでは私見に対する批判にはならないのであ〕る。[9] ――

しかし、〔上記の例の〕他の部分では、単なる存在とか非存在という規定の下にそれ自体として本質的な目的〔法〕や絶対的な現存在〔精神〕や絶対的な理念〔神〕が持ち出されている。〔しかるに〕これらの具体的な対象は単なる存在者とか単なる非存在者といったものとは全く別のものである。〔逆に言えば〕存在とか無といった貧しい抽象物〔無内容な観念〕はこれらの〔豊かな具体的な〕対象の本性とは全く合わないのである〔実際、存在と無とは〔論理学の〕始まりの規定にすぎないが故に、あらゆるものの中で最も貧しいものである〕。〔もう一度言い換えるならば〕真なる内容は存在と無といった抽象物やそれらの対立をとっくの昔に乗り越えてしまっているのである。――

一般に、〔抽象的な〕存在と無とを具体的なものですり替えるということについて言っておくと[10]、考えの浅い人はいつでもそこで言われていることとは別のことを思い浮かべ、その別のことについてとやかく言うものである[11]。しかるにここで問題になっているのは抽象的な存在と無でしかないのである。

**第三点〔存在と無の同一性を理解するとはどういうことか〕**[12]存在と無が同一であるとは理解できないということはよく言われることである。しかし、それを理解するというのはこれまでの諸節に書いた事であって、それ以上の事ではない。〔だから〕その同一性を理解するという事はそこに書いた事を理解する事にほかならないのである〔だから、これまでの諸節を読んだ上で、もっと説明してくれと言われても、もうこれ以上説明のしようもないのである〕。しかし〔こう決め付けただけでは不親切すぎるので、人々が存在と無の同一性を理解できないと言うのはなぜかを考えて、それに答えておこう。第一の場合として〕理解するという言葉で本来の理解以上の事を考えている場合がある。言い換えるなら、そういう概念が、日常生活の中で一層親しいものとなっているような具体例として思い浮かべられるように、〔単なる概念〕より多様で豊かな意識や表象を与えてくれと要求している場合である。〔第二の場合として〕理解できないという言葉が抽象的な観念をいかなる感性的混合物をも交えることなく〔純粋に〕取り扱い、思弁的な命題を理解するのに慣れていないということを〔別の言葉で〕言っているにすぎない場合がある。この〔第二の〕場合には、哲学知というものは日常生活で慣れ親しんでいる知とはもちろんのこと、他の諸科学で使われている知とも異質のものだと答えるしかない。しかし、〔第一の場合、つまり〕理解できないということが、存在と無の同一性を表象として思い浮かべることが出来ないということを意味する場合について言うと、それは実際はそうではない。それどころか、誰でもこの同一性についての表象を沢山持っている。だから、こういう表象を思い浮かべることは出来ないという言葉は、それらの表象の中に実際にこの同一性があることを理解せず、その表象をその同一性の概念の一例として認識していないということを意味しうるにすぎないのである。[13] その最も手近にある例が「生成」である。生成の表象なら誰でも思い浮かべられる。そして、次の事を認めるだろう。〔第一に〕それは単一の観念であること、〔第二に〕その観念を分析すると存在という規定が出てくるが、そして同時に存在の端的な他者である無という規定も亦出てくること、〔第三に〕これらの二規定はこの〔生成という〕単一の観念の中で切り離されておらず、従って生成は存在と無との統一であること。――

同様に手近にある例としては「始原」がある。つまり、或る事柄はその始原の中ではまだ存在していない。しかし、始原は単にその事柄の「無」であるだけでなく、始原の中には既にその事柄の「存在」もある。〔その意味で〕始原はそれ自身「生成」でもあるのだが、始原という観念の中には既に一層先へと進むことが示されている〔ので、この点で生成と異なっている〕。〔それはともかく、始原は存在と無との統一だから〕通常の科学のやり方に合わせるならば、論理学を純粋な観念としての始原という観念から始めることもできた〔ら好かった〕であろう。つまり論理学の最初に始原そのものという観念を置き、そしてその観念を分析するのである。そうすれば、存在と無とが一つのもの〔始原〕の中に分離されることなく含まれているということが分析の結果として〔純粋存在から無を演繹するよりスムーズに〕受入れられることになっただろうに。

**第四点〔「存在と無は同一」という表現について〕** しかし、もう一つ注意しておかなければならないことは、「存在と無は同一である」とか「存在と無の一致」とかいう表現は、例えば「主体と客体との一致」等々といった、すべての〔対立物の〕一致というような表現がそうであるように、みな同様に、しっくりしない所を持っているということである。なぜなら、この表現には拙い所、間違った所があるからであって、それは、〔対立する両項の〕同一性が前面に出されていて、〔両者の〕差異もそこにはある（なぜなら、例えば、同一だとされているのは存在と無〔という異なったもの〕だから）なのに、その差異が〔同一性と〕同時に言い表され承認されていないからである。つまり、その差異が不当に無視され、考慮されていないように見えるからである。〔ここでついでに言っておくと〕思弁的な規定というものは実際そのような命題という〔一面的な〕形式の中では表現されえないものである。というのは、〔思弁的な規定としての対立物の〕統一は〔両項の〕差異を同時に表し確認しながら捉えなければならない〔のに、命題という形式ではこれが出来ない〕からである。[14]〔本論に戻って、〕そのように「存在と無は同一である」という命題は不都合な点を含んでいるのだが、それではその事態を正しく表現するものはないのかというと、それは有るのであって〕存在と無との統一としての生成こそ、まさに存在と無の帰結〔統一〕の真の表現である。[15]即ち、生成は存在と無の統一であるのみならず、自己内での動揺〔存在と無の差異〕でもある。それは、自己関係だからといって運動を持たないものではなく、生成の中に含まれている存在と無の差異によって自己内で自己自身に対立している〔自己矛盾し、従って運動している〕統一である。——

〔先走ることになるが、ちょうど好い機会だから、生成との対比で定存在に触れておくと〕定存在というのはそれに反して〔存在と無との単なる〕統一である。あるいはこの「統一というあり方をした生成」

である。従って、定存在は一面的であり有限である。〔そこでは存在と無との〕対立はあたかも消え去ったかのようである。その対立は〔両者の〕統一の中に潜在的に含まれているにすぎず、その統一の中に〔顕在的に〕定立されてはいない。[16]

**第五点〔存在と無の同一に反対する汎神論の見解〕**存在は無に移行するものであり、無は存在に移行するものであるという命題、つまり生成の命題に対立するものは、「無からは無しか出てこない」「有る物は有る物からしか出てこない」という命題である。即ち、物質の永遠性の命題であり、汎神論の命題である。この事は古代ギリシャ人たちがたやすく見抜いていたことであって、[17]彼らは、「有る物からは有る物が生成する」あるいは「無からは無が出てくる」という命題は事実上、生成というものを否定するものである、と言っている。つまり、この命題では、生成の元と成るものと生成してくるものとは同一だからだ、というのである。〔しかし〕これは悟性の抽象的同一性の命題にすぎ〔ず、低い観点である〕。しかし[18]〔それは低いにせよ、ともかく自分の言っていることを理解しているのに〕最近は、「無からは無が出てくる」とか「有る物からは有る物しか出てこない」という無邪気な[19]命題を説きながら、それが汎神論に結びつくものであり、それらの命題については古代ギリシャ人が研究し尽くしているということを知らない人がいる。これにはただただあきれるばかりである。

1　原文で前の文では gesetzt が、ここでは enthalten が強調されているのはこういうことです。松村は「定立」と「含む」とに傍点を打っています。私は傍点は打たずに読み下して分かるよう補って訳しました。翻訳というものをどう考えるかの違いでしょう。

2　methodischer を「方法的」としか訳せないようでは困ります。

3　die Deduktion からここまではヘーゲルが存在と無の同一性を論じている際についでに気づいたことをそこに書いたもので、ここの文脈の本流である存在と無の異同に比すれば、文脈の傍流、覚え書き、補注、ついでの断り書きにすぎません。こういう風に文脈の本流の中に、それと断ることなく傍流がまぎれこんでいるのは、こういう偉い人たちの特徴ですが、読むに当たってはそれを読み分けなければなりません。拙稿「文脈の本流と傍流」（『ヘーゲルの修業』に所収）を参照。

4　この「しかし」は、もちろん、断り書きをはさんでその前につづく。内容的には、存在と無の同一を主張してきたことを受けて、その違いの面に触れていくのはもちろんである。

5　ここは das Unsagbare, die bloße Meinung と、定冠詞が付いています。第八七節への注釈の訳注6（五九八頁）の箇所となぜ違ったのでしょうか。性質を強調するのではなく、「どちらか？」に答えるならば定冠詞を使うそうですから、ここも「規定出来ない方のもの」という事で定冠詞にしたのでしょう。なお、英訳は前者（第八七節）は something inexpressible, a mere intention or meant とし、ここは something unutterable, which we merely mean としています。something はドイツ語では etwas ですから定ではなく不定の系統の語です。つまり、両方とも同じに訳したのです。

6　ヘーゲルの思弁哲学の立場から見てもこれは少し言いすぎではなかろうか。思弁哲学は有限物に「絶対的」価値は認めず、それを一つ一つの概念＝分《ぶん》に合わせてコントロールする立場ですから。しかし、それはともかく、こんな事を言うヘーゲル自身も、これを言っている時はベルリン大学の教授として安定した生活だったかもしれませんが、かつては原稿料のために『精神現象学』の終章を短かく切り上げたこともある人物です。自己反省の無さを責めるべきか、人間らしい所と見るべきか。

7　この aber は前の文の allerdings を受けるのでしょうが、同時に、前の文の文頭の in der Tat も受けていて、こっちの方が強いのではあるまいか。

8　道におちている一円玉を拾う人はいないと言われているが、銀行では帳簿と現金が一円違ったら大変である、といったようなことでしょう。

9　この辺の文脈の流れは捉えにくかったが、角括弧で補ったようなことではあるまいか。我々の読み方が正しいか否かはともかく、松村訳と比較して、文脈を読むことの大切さ、特にヘーゲルではそれが大切なことを認識してほしいと思います。

10　この Wenn も関口の言う「事実をさす wenn」です。

11　読者の皆さんにこういう経験はおありでしょうが、それと気付いているでしょうか。雑談では特に多いものです。

12　この der Begriff derselben はその前の文の従属文を句にして繰り返したものです。ヨーロッパ語では動詞的な名詞、文的な句が多いが、それをそのまま名詞や句として訳すより、文にした方が日本語としてはよくなることが多い。

13　ここまでの文脈の流れは角括弧で補った通りです。理解できないという主張の二つの場合をあげて、第一の場合から答えていけば問題ないのに、第二の場合の方を簡単にすませて第一の場合を長々と論ずるためか、答の順序と問題の順序を逆にしたことが、分かりにくくなった原因です。それならそうで、初めから二つの場合を挙げる順序を逆にしておけばよかったのです。こういう細かい配慮に欠けるのは大家の大家たる所以なのかもしれませんが、ヘーゲルの悪文の一つの原因になっています。なお、内容的には、この二つの場合及びその答えと同趣旨のことは、第三節への注釈で既に述べられています。そこでは不慣れを先にあげてさえいるくらいです。

14　この文は、ついでに思いついた一般的なことを挿入したものでしょう。それはともかく、この辺の内容は大切なことです。理論的にも実践的にも重要な「理論と実践の統一」を例に取りますと、カント主義的・道徳主義的マルクス主義はそれを事実命題としてではなく当為命題として取る誤りを犯しています。その上、理論と実践の分裂の意義を理解していません。後者の点がここの部分のヘーゲルの注意に関係するのです。

15　この文では als die Einheit .. derselben という句が分かりにくい。松村は単純に als を取って、述語として並べて訳していますが、この文の達意眼目が「生成こそその真の表現」ということである以上、そうは取れないと思います。

16　ここでは、鶏鳴学園でのゼミの中で、「生成は存在と無との統一と差異とを持っているのに、定存在は統一の面だけであるとすると、生成より定存在の方が低いのではないか」という疑問が出されました。一応の答としては次の通りです。「生成での存在と無の統一と差異は共に潜在的だが、定存在ではその一面が顕在化されている。その意味で一面化されているとはいえ、可能性より現実性の方が高いから、定存在の方がやはり高い。大人は子供の持つ多くの素質の内の一部しか現実化（能力化）していないが、やはり能力の方が素質よりは高いし、大人の方が子供より高い。これと同じではなかろうか」。なお、ここでも、訳注1を付けた箇所と同様、(an sich) enthalten と gesetzt とが対比的に使われています。

17　この文と前の文とのつながりが分かりにくかった。我々はこのように取り、この文の本流は第一の文と「それは悟性の抽象的同一性の命題にすぎない」という文だと考えた。

18　この aber を英訳は therefore と訳していますが、それは、「とっくに古代ギリシャ人によって言われていることだから、それを知らずに繰り返していることは驚くべきこと」と取ったのでしょう。

19　この ganz unbefangen は、こういう説を主張すること自体が無邪気なのか、ohne 以下の事を知らずに言うことが無邪気なのか。一応前者と取ったが、後者と取ると ohne 以下は unbefangen の言い換えとなります。なお、ohne einiges Bewußtsein の einiges は「否定詞（この場合は ohne）を強調するには不定代名詞を使う」からです。ここを ohne kein Bewußtsein とするのは間違いです。「文法」の一二一二頁の第三項を参照。

## 付録[1]〔生成について〕

〔その一・生成のレベルと存在及び無のレベルとの関係〕生成が最初の具体的観念〔対立物を統一した観念〕であり、従って最初の概念です。それに対して存在と無は空虚な抽象体〔抽象的で一面的な観念であり、まだ概念ではありません〕[2]。〔このように、生成と存在及び無との間には観念としてのレベルの差、質的な差があるのですが、両レベルには繋がりもあるのであって〕存在の概念[3]は何かというと、それは生成であるということの内にしか求められません。即ち、「存在は存在である」と言いますと、それは空虚な無になってしまいますし、「存在は無である」と言いますと、それは存在と同じ事になってしまうので、「存在の中には無があり、無の中には存在がある」と言うことになるのですが、この無の中で自己の許に留まる存在[4]が生成にほかならないのです。〔しかし、両レベルに繋がりがあると言っても、やはり同一のレベルとは言えないのです。つまり〕生成という〔存在と無の〕統一の中では〔両者の〕区別も見落としてはならないのであって、もしこの区別を見落とすと再び抽象的存在〔純粋存在〕に戻ってしまうでしょう。生成は存在の本当の姿〔がまだ潜在的だったの〕を定立したものにすぎないのです〔ですから、両レベルには繋がりもあるが、潜在と顕在との違いもあるのです〕[5]。

〔その二・思考と存在の同一性について〕[6]思考は存在とは対立するものだとはよく聞く言葉です。しかし、こういう事を言う時、存在という言葉でどういう事を考えているのか、まずそれを調べてみなければなりません。反省[7]〔的思考〕が存在という言葉をどう捉えているかと言いますと、それは端的に自己同一で肯定的なものという意味にすぎません。次に思考について見てみますと、思考もまた端的に自己同一なものであることだけはたしかです。従って、存在と思考の両者に同一の規定が属していることが分かります〔ですから、思考と存在とは対立するどころか、両者は同一なのです〕。しかし〔ここで断っておきますが〕、この存在と思考の同一性を実体的同一性[8]の意味に取って、存在者である石は思考者である人間と同一であるなどと言ってはなりません。一個の具体物というのは抽象的な〔思考〕規定そのものとはまた別の物です。存在〔という規定〕を論じている際には〔存在している〕具体物のことを言っているのではないのです。というのは、存在〔という規定〕は全く抽象的なものであるにすぎないからです。ですから、自己内で無限に具体的なものである神についてその存在[9]を問うことは、ほとんど意味のないことです。

**〔その三・生成の哲学及び生成の深化〕**生成は最初の具体的思考規定ですから、又最初の本当の思考規定です。論理学上の理念のこの〔生成の〕段階に対応するものは哲学史上ではヘラクレイトスの体系です。ヘラクレイトスは「万物流転」と言っていますが、それはつまり「生成」を存在する全てのものの根本規定としたことを意味します。これは、先にも述べましたエレア派が「存在」、即ち「過程のない硬直した存在」を唯一の真理としたことに対立するものでした[10]。ヘラクレイトスは更に[11]、エレア派の原理を批評して、「存在は非存在以上に存在しはしない」と言いましたが、これはまさに、抽象的存在の否定性[12]を言ったものです。即ち、抽象的な姿では存在も無も、共に、支え所のないものだという点で同じだという事を言ったものです。そして、これこそが両者の統一（＝真理）である生成の中で示された事です[13]。——

〔ここで一寸注釈を入れますが〕ここには一つの哲学体系Aを他の哲学体系Bが論駁する時の本当の関係の実例があります。或る哲学体系の真の論駁とは、論駁された哲学Aの原理の弁証法が示されるということであり、Aの原理は理念の一層高い具体的形式〔論駁した原理、つまりB〕の観念的な契機に引き下げられるということです[14]。——

〔さて、本論に戻って、生成の意義を確認しましたので〕次いで〔その限界を指摘しますと〕生成は〔真の思考規定だと言っても〕しかし絶対的にはまだきわめて貧しい規定にすぎず、従って自己内へ更に深まりゆき、自己を充実させて行かなければならないものです。生成がそのように自己内に深まったものとしては、例えば「生命」がそうです。生命はたしかに生成の一種です。もっとも生命の概念はそれを生成の一種としただけで尽くされるものではありませんが。もう一つ、もっと高度の形での生成の例をあげるなら、「精神」がそうです。精神も〔生命と同様〕生成の一種です。しかし、精神は論理学上の生成よりは〔ずっと〕中身のある豊かな生成です。つまり、論理学上の生成は存在と無という単なる抽象物が統一されて生まれるのですが、精神を生む統一は理念の体系〔である論理学〕と自然の体系〔である自然哲学〕との統一なのです。

1　この Zusatz はヘンニンクによって三つのパラグラフから成る一つのものと編集されていますので、その形を尊重して訳しましたが、内容的にこの編集に賛成している訳ではありません。

2　「具体的」＝対立物と統一、「抽象的」＝一面的＝対立物の一方しか見ていない。この対比をしっかり頭に入れておいて下さい。

3　この Begriff des Seins の解釈のためには、まず、この二格形を同格と取るか所有格と取るかが問題です。同格と取ると「存在という概念」となり、存在と無はまだ概念ではないと言ったばかりだからうまくありません。所有格と取ると「存在の概念」となりますが、A→Bの発展において、AはBの概念、BはAの真理というヘーゲル的用語法を踏まえると、存在の「概念」が生成であるというのはおかしく、存在の「真理」が生成であると言うべきです。存在の本質（＝本当の姿）と同義で存在の概念と言ったのでしょうか。

4　ここの dieses Sein は「無の中にある存在」でしょう。それを内容的に繰り返したのが welches

以下の関係文だと思います。ですから「無の中で自己の許に留まる」とは「存在→無→存在」と、結局自分に帰ってきてしまう動きを指しているのだと考えられます。

5　この段落は分かりにくかったが、結局、生成即ち「存在及び無との区別」から入って、両者の関連に触れ、又その区別の確認をして終わるということになっているのだと取りました。

6　鶏鳴版ではこの段落を「第八六節への付録二」としましたが、今回は原典の編集に従います。その編集を正しいと認める訳ではありませんが、読者の便宜を図り、混乱を避けるためです。

7　この文は箴言的非人称化文です。本当の主語は dasselbe（＝das Sein）です。

8　思考と存在の同一性にはいろいろあります。大きく分けますと、実体的同一性と機能的同一性になります。前者は、思考と存在とは実体として同一であるということで、観念論の主張です。後者は、思考と存在は実体としては別物だが、脳という存在の機能である思考は存在の運動（機能）を反映するという意味で一致するというもので、唯物論の主張です。ここでヘーゲルはその実体的同一視に反対していますが、唯物論の立場に立っているわけではなく、思考と存在をバークレー流にただちに同一視する浅薄な観念論に反対しているのでしょう。ヘーゲル自身は世界精神の実体性を主張することによってやはり思考と存在の実体的同一視の立場に立っています。

9　「神の存在」はドイツ語では Dasein Gottes と、Dasein を使います。

10　この wohingegen 以下の文をどう訳すかはこの辺の文脈をどう読むかに関係しています。ここを独立させて、「それに対してエレア派は〜」と松村訳のようにすると、文脈の流れがヘラクレイトスからエレア派に移り、又ヘラクレイトスに帰るということになると思います。ここは一貫してヘラクレイトスを中心にしていると思います。

11　この次の句は実際にはデモクリトスの言葉ですが、それをヘーゲルはヘラクレイトスのものと誤解したらしい。しかし、ズーアカンプ版のように、ここをデモクリトスに代えると、この文は前とつながらなくなります。ヘーゲルは誤解していたからこそ、ここにこの文を入れたのです。

こういう場合は誤解のままにしておくべきではなかろうか。

12　無から切り離された存在は無と同じであること。

13　抽象的存在とは無から切り離された存在のこと、その抽象的な姿においては支え所のない無とは「存在から切り離されて理解されると対立物（＝存在）に転化してしまう無」のことです。

14　しかし、逆に考えると、世に行われている論駁がすべてその対象に対してこういう態度を取ってはいません。ここでは、他者を乗り越えてより高まるような関係を言っているのでしょう。なお、ここでも **zum ideellen Moment** という句が使われています。英訳は **a constituent member** と不定冠詞を使っています。第八六節付録二への訳注6（五九四頁）を参照。

## 第二項　定存在（Dasein）

### 第八九節〔生成が止揚されて定存在になる〕

生成の中にある存在は無と一体のものであり、生成の中にある無は存在と一体のものだから、両者共に滅びざるをえない。[1]〔従って〕生成はその自己内矛盾〔自己の弁証法〕[2]によって「存在と無とを契機とする[3]統一体」へと崩れ落ちる。[4]その結果が定存在である。[5]

1　nur können で müssen を表すのと同じで、「～でしかない」は「～せざるを得ない」の代用表現だと思います。

2　弁証法的契機は「否定的理性」であり（第七九節）、「有限な規定の自己止揚」でした（第八一節）。

3　原文は aufgehoben が使われています。松村は「有と無が揚棄されている」とし、宮本は「両者を揚棄している」と、共に、原文通りに訳しています。私は訳注の1でも2でも3でも、「代用表現」という見地を考えて、こっちの方が好いだろうという訳語を使いました。こういう訳も考えられるようになりたいものです。
4　なぜ zusammenfallen と「落ちる」という観念を含む語を使ったのでしょうか。発展は「自己内への深化」でもあるからではないでしょうか。
5　この文には somit があります。しかし、その語を「従って」と取ると、どうしてこの結果が前からの必然的帰結なのか、分かりません。ただ「これを以て」「その時」くらいの軽い意味だと思います。

**注釈〔学問的進展で大切な事〕**

第八二節及びそこへの注釈で指摘しておいたことを思い出し、ぜひともこの最初の実例に即して説明しなければならない。即ち、[1]学問〔的叙述〕の進展とか展開は、或る事柄から生まれ出る結果というものを正しく〔対立物の統一として〕理解することによって初めて可能になるということである。普通は、或る対象なり概念なりの中に矛盾が発見されると〔内部に矛盾即ち対立する規定が発見されえないものはなく、それは必ず発見されるものである。そして、〔矛盾を見ず〕一つの規定だけに強引にしがみつく抽象的〔思考である〕悟性は、いわばそこにあるもう一つの規定を自覚するのを妨げ阻止しようとする[2]努力と言ってよいものである〕――そういう矛盾が認識されると、「〔矛盾があるが〕故にこの対象は無である」という結論を引き出すことが多い。例えば、ゼノンは、運動は自己矛盾しているから存在しないと〔史上〕初めて述べたのであった。又別の例を挙げるなら、古代ギリシャ人たちは、「一者、即ち絶対者は発生も消滅もしない」と言って、生成の二つの在り方である発生と消滅とを真理〔絶対者＝一者〕とは関係のない規定だとしたのである。そのように、この弁証法[3]はもっぱら結果の持つ否定的な側面に留まっていて、それと同時に現存している「規定を持った結果」〔肯定的な側面〕を無視しているのである。その規定を持った結果がここでは純粋な無なのであるが、それは存在を内に含む無であり、又無を内に含む存在である。かくして、第一に[4]、定存在は存在と無との統一であるが、その統一においては〔存在と無の統一としての生成の場合と違って〕存在と無の無媒介性が消え去り、従って両者の関係における矛盾関係が消え去っている。それは、そこに含まれている存在と無がもはや契機[5]にすぎないような、そういう統一である。第二に、結果は止揚された矛盾だから、結果は単純な自己同一という形を取る、つまりそれ自身一つの存在である[6]。しかし、それは否定ないし規定を持った存在である。〔生成の結果としての定存在においては〕その結果は生成の二契機の内の一方である存在〔という契機〕の中に定立された生成である。

1　この in ihrer Wahrheit とはこういう事でしょう。
2　この Anstrengung には不定冠詞が付いています。
3　上の考え、特にゼノンの考えを「弁証法」と呼んだのは、それが運動の概念の中に矛盾を認める考え方だからであり、否定的理性の立場に立っているからでしょう。
4　ここの「1.」は erstens と読みます。「文法」の五七六頁を参照。私の出ていた寺沢ゼミでは生徒も先生もこれを知りませんでした。
5　この「契機」という語は、ここでは先の存在と無の「無媒介性」と対立しているのでしょう。無媒介性は存在＝現存＝顕在の論理的性格であり、契機＝観念的＝潜在的だからです。
6　第九六節の冒頭に「独立存在は自己関係するもの〔存在〕だという面からは無媒介性である」

という句があります。自己関係（自己同一）は存在の性格なのです。

## 付録〔生成は定存在という結果を持つ〕

我々の〔日常的な〕観念を見直してみても、生成〔と言えるもの〕があればそこには何かが出て来るのであり、従って生成は何らかの結果を持つということが了解されていることが分かります。しかし、そうするとここに問題が出て来るのでして、生成は単なる生成にとどまっていないで何らかの結果を持つことになるというが[1]、それはどうしてなのかという問題です。この問題に対しては、先にお話ししました生成の本質から答えることが出来ます。つまり、生成の中には存在と無とが含まれているのですが、この両者はそこで不断に転化し合い、止揚し合っているのです。そのため生成は全く休むことの無いものなのですが、しかしそれはいつまでもこのような単なる無休息状態[2]に留まっていることもできないのです。というのは、存在と無とは生成の中で消滅するものでして、この事がまさに生成の概念なのですから、生成はそれ自身消滅するものでして、いわば燃料を消費し尽して燃え尽きる火のようなものです。しかし[3]、この〔消滅〕過程の結果は空虚な無〔無媒介の無、無規定の無〕ではなく、否定と同一の存在です。それは我々が「定存在」と呼んでいるものでして、その含意はさしあたっては「生成したものである」ということになります。[4]

1　何かが生まれることも何かが無くなることも「生成の結果」と理解しているのでしょう。この辺の原文では定冠詞と不定冠詞の使い分けに注意すると好いでしょう。

2　この dieser abstrakten Rastlosigkeit の abstrakt は、前の頁の下から二行目の bloßes Werden の bloß の言い換え、と言いますか、「同じ言葉を繰り返すのを避けるために語を代えた」のだと思います。
3　この原文は Das Resultat aber des Prozesses ist となっています。このような所に aber を入れるのは、日本人の感覚からすると変ですが、ドイツ語ではこういのも「あり」なのでしょう。英訳は The result of this process however is です。
4　この答は答になっているでしょうか。「生成の契機が消滅するものだから、生成は消滅する」と言いますが、生成の契機が消滅するとは、先に確認された範囲では、「相手に転化すること」でしょうから、ここから「生成の消滅」が出て来るのでしょうか。燃え尽きて消滅する火の譬えはその通りでしょうが、火に譬えて好いという理由の説明がどこにあるのでしょうか。この譬えは只の断定ではないでしょうか。
　ヘーゲルは「真理の学問的な把握」を目指してきて、それが「概念的把握」（Begreifen）だとしたわけです。そして、その「概念的把握」の核心が「内在的に必然的な生成」によって結ばれた「体系」だとしたのです。ですから、ヘーゲルとしては何が何でも「内在的関連」を示さなければなりませんでした。しかし、実際にはそれは無理でした。そこで、意味の分からない理屈を並べて次に移るというところも沢山出て来ることになりました。「存在から本質の必然的生成」もその一つです。我々は、ヘーゲルの「概念的体系」という目標は受け継ぐが、個々の「証明」は分かる範囲で受け継ぐ、という風にした方がよいと思います。しかし、証明はされていなくても、個々のカテゴリーの配置は、直感的に気付いたのでしょうが、私は相当正確だと思います。なぜこのカテゴリーを此処に置いたのかを考えると、納得できることが多いです。例えば、仮象をなぜ本質論の冒頭に置いたのか、なぜ現象を存在論（これは現象論です）に入れないで、本質論の、それも第二段階に置いたのかなどです。私に分かったことはほとんど、『生活のなかの哲学』に収めた随想の中で説明してあります。

## 第九〇節〔定存在とは質と一体の存在〕

イ、定存在とは或る規定を持った存在である。〔しかるに〕この規定は媒介されていない規定であり、〔本質や概念ではなく〕存在に属する規定だから「質」である。この規定を持った定存在が自己内に反省したものが「定存在者（Daseiendes）」であり、「或るもの（Etwas）」である。[1] ——

定存在に直接関係して現われる諸[2]カテゴリーを〔以下の諸節で〕簡単に指摘しておこう。

1　頭の中にある観念とその観念を体現している個物との違いとして「自己内反省」というものを考えているのでしょう。石という観念と目の前にころがっている石とどこが違うか、ヘーゲルはそれを自己内反省の有無に見ているようです。これをどう考えるか。ヘーゲルの「自己内反省」を考えるのにこれを手がかりにするのです。

2　直訳すれば「定存在にまつわりついて展開される」くらいでしょうか。

### 付録〔質について〕

質というのは、一般的にいって、すぐ次に考察する量と対比すると、「存在と一体となっている無媒介の規定」と言えます。量もたしかに存在の規定なのですが、もはや存在とただちに一体となっている規定ではなく、存在に対して無関心な規定、存在に対して外的な規定なのです。[1] ——〔元に戻ってその質ですが〕或るものがそのものであるのはその質によるのです。ですから、それがその質を失うとそれでは無くなるのです。更に〔しかし第二に言っておかなければならない大切な事は〕質はその本質上有限者のカテゴリーにすぎません。ですから、それが本来の姿で現れるのは自然界だけであって、精神的世界はその本来的地盤ではないのです。例えば、自然界では、酸素とか窒素といった単純物質〔元素〕は「〔現出〕存在している質[2]」と見ることができます。それに対して精神界を見ますと、質は従属した形でしか現われません。つまり、質によって精神の或る形態が汲み尽されるというような形では現われないのです。例えば、心理学の対象である主観的精神を考察しますと、「性格」と呼ばれているものの論理学上の意味〔論理的性格〕は「質」であると言えるでしょう。しかし、そのことの意味は、性格というものが魂〔個人〕を貫徹し、魂〔個人〕とただちに一体となった規定であって、先に言及しました〔酸素や窒素のような〕自然界の単純物質の場合と同じだということではないのです[3]。他方、質が精神界でも一層はっきりと質として現われるのは、精神〔人間〕が不自由で病的な状態にある場合です。人が激情、それも特に精神異常的な激情に囚われている場合がそうです。妬みとか恐怖といったもので意識が犯されて正気を失っている人については、「その人の意識は質として規定されている」と言ってよいでしょう[4]。

1　ここにあるダッシュは「傍流から本流に帰るダッシュ」です。量の話が少し長くなったので、入れたのでしょう。

2　existierende Qualität と言って、seiende を使わなかったのには何か理由があるのでしょうか。

3　個人を決めるものはやはり思想でしょう。その思想の現れ方に性格や能力などが色合いを添えるのです。或る人を「短気である」（性格）とか「歌がうまい」（能力）と捉えるのと「社会主義者である」（思想）と言うのとの違いでしょう。

4　こういう風に論理学の用語で現実の現象を捉え直すところが「哲学」なのだと思います。当たっているか否かはその上での問題でしょう。

## 第九一節〔質にまつわる諸概念、実在性、他在、対他存在、自体存在〕

存在〔論の段階で〕の規定である質が、質の内に含まれてはいるが質とは区別されたものである否定と対比される時、それが実在性である。[1]〔他方〕その否定も、今ではもう〔先の純粋存在に対立した〕抽象的な無ではなく、〔それ自身が〕定存在であり、或る物だから、〔否定というあり方は〕定存在に付着している現象形態[2]にすぎない。〔言い換えるなら〕それは〔或る物の〕「他者である〔他在〕」というあり方のことである。この他在というあり方は質の固有の規定なのだが、さしあたっては質とは区別されたものだから、〔この面から見ると〕質は「対他存在」である。それは定存在の幅であり、或る物の拡がりとでも言うべきものである。[3]この他者への関係を除外して、質というあり方そのものを考えると、それが「自体存在」である。[4]

1　この節で前提されている考え方、即ち「或る事物が何であるかは、それが何として機能しているかに依る」という考え方については、前掲「悟性的認識論と理性的認識論」を参照。これが分からないから、宇野経済学もマルクス主義経済学も悟性的思考から抜け出せないのです。別の関連で同じテーマを扱ったものが前掲「実体と機能」です。

2　Formという語は古代ギリシャ哲学の「形相」に由来しますから、本来「現象形態」という意味を持っています。

3　明晰判明知というものがありますが、そこで明晰とは他との区別がはっきりしていることで、判明とはそれ自体の特徴がはっきりしていることです。ヘーゲルのこの辺を読むとこれを思い出します。例えば酸素を知る過程でも、それは燃焼と関係があるとか、水素とは違うとか、他との関係で標的が絞られていった。犯人の割出しの場合などでも誰と決める前に容疑者の中から無関係の者を消していくという方法がある。もっともこの定存在と他者との関係では、両者には実際には関係があるのですが、要するに、「定存在の幅」という表現を考える手がかりです。
4　本節の展開は見事だと思います。



〔その一・規定と否定〕全ての規定の基礎には否定があります（スピノザ）。〔それなのに〕表面的にしか考えられない人は、規定された事物を単に肯定面〔規定された面〕だけでしか捉えず、それを存在という形式の下で固定して扱うのです。しかるに、そうしますと、単なる存在では事は終わりません。というのは、先に見ましたように、単なる存在は単なる空虚であり、捕え所のないものだからです。[1]それはともかく、このように規定された存在である定存在を抽象的な〔無規定の〕存在と混同することには正しい面もあるのです。というのは、定存在の中にはたしかに否定の契機があるのですが、それは最初はいわば隠れているのであって、後になって独立存在の中で初めて自由に〔顕在化して〕現われ、しかるべき地位を占めるにすぎないからです。[2][3]——

〔その二・実在性の二義〕さて、次に、定存在が存在〔論〕に属する規定であるという面を考えてみますと、定存在という言葉で考えられていることは、普通には「実在性」（Realität）という語で了解されている事柄です。ですから、例えば、或る計画の実在性（顕在態）とか或る意図の実在性ということを言いますが、その時理解されていることは、その計画や意図がもはや単に内なるもの、主観的なものではなくして、定存在の中に歩み出ているということです。その意味では、また、肉体は魂の実在であるとか、法は自由の実在であるとか言うこともできますし、一般的に言うなら、世界は神の概念の実在（顕現）と称することもできます。しかし、実在（Realität）という語は又別の意味で使われることもよくあるのでして、その場合は、或るものが自己の本質的規定〔使命〕あるいは自己の概念[4]に合致しているということが考えられています。例えば、これは堅実な（reelle）職業だとか、この人はしっかりした（reelle）人だと言われる場合がそうです。ここで問題になっていることは無媒介で外面的な定存在〔の有無〕ではなくして、定存在する個物が自己の概念に[5]一致しているか否かということです。しかるに、このように捉えると、実在性はもはや観念性[6]と区別されないことになります。この観念性についてはさしあたっては独立存在の項で考えることになるでしょう。

1　表面的な思考が規定された物を単に肯定的に見ることは、それを純粋存在という形の下に固定することでしょうか。単に肯定的に見るとは否定面を見ないことであり、ここでの否定とは他者のことですから、他者との関係を見ず、他者を自己の発現と見ないということになるのではあるまいか。どうも腑に落ちません。

2　否定の契機は独立存在の中で初めてしかるべき地位を占めるという言葉は、独立存在を考えるために注目してよいと思います。後に見ますように、ヘーゲルの独立存在を集合の要素と見ると、或るものを要素とするには或る観点から抽象（＝捨象）をしていなければならず、抽象される或るもの（Etwas）と捨象される他者との区別が前提されていることが分かります。又、独立存在を自我とすると、自我の形成にとって自我と他我の区別と関係、人間と人間以外の自然との区別と関係を考えに入れることは必然的前提です。

3　ここでもヘーゲルの落ち着いた複眼的見方、即ち「間違いを指摘した上で、その間違いの中にも正しい面があるとする」態度を学ぶことが大切です。

4　「自己の本質」と「自己の概念」とは、本当は区別しなければなりません。この点については、付録3を参照。ここではそういう細かい点は度外視して通俗的な考えに合わせて発言しています。次の訳注5を参照。

5　こういう言い方が正しいのです。

6　この Idealität は「理念性」と訳したいくらいですが、後との関係を考えて「観念性」としました。

## 第九二節〔質の否定態としての限界〕

ロ、存在をあくまでも規定されていないものと固定して考えるとするならば、それは自体存在であり、空虚な抽象であった〔最初の〕存在に戻ってしまうだろう。[1]〔しかし、我々は既に〕定存在〔の段階に進んでいるのであって、そこ〕では〔第九〇節に述べたように〕存在は規定が切り離しがたく一体となっている。この規定は〔質であると〕同時に否定性としても定立されており、[2] それが「限界」であり、「制限」である。[3] 従って、他在〔他のあり方〕は定存在に無関心なものとして定存在の外にあるようなもの[4]ではなく、定存在自身の契機なのである。「或るもの」はその質によって、第一に有限であり、第二に可変的である。つまり、有限性と可変性は或る物の存在〔本体〕に属しているのである。

1　この文の接続法第二式は仮定話法で、第九一節末尾の文を受けて、次の文へのつながりは、訳文のようなことでしょう。

2　定存在は「存在」と「無」との統一である「生成」を止揚しています。その契機として「無」をも含んでいる事を「同時に否定性として定立されてもいる」と言ったのです。

3　ここでは限界と制限を並べて同義に使っていますが、ここは厳密には「限界」が正しいと思います。松村は訳の分からない「訳者注」を書いていますが、両者の区別については許萬元『ヘーゲル弁証法の本質』（青木書店）八七頁以下が優れています。この許萬元の理解については、前掲「サラリーマン弁証法の本質」の一一九頁以下で次のように批評しました。

――読者・〔『ヘーゲル弁証法の本質』の〕八七頁から「限界と制限の区別」みたいなことについて書かれていますが、あれは要するにどういうことなのですか。表現が難しくてさっぱり分らないのですが。牧野・あれは要するにこういうことです。存在するものはみな有限です。有限ということは自己の外に他者を持ち、それによって「限界」づけられているということです。ヘーゲルは、この「自己の外にある限界」が実際は「自己の内にある限界」（＝内在的限界）が外に定立されたものにすぎない、と見抜いたのです。これがヘーゲルの功績です。ですから、有限者の質、つまり「或るものをそれとしているもの」はそれが有限者であるが故に「否定性（＝他者＝限界）を含んだ質」であり、そこに矛盾があり、したがって運動が起るのです。しかし、その運動にも本質的にみて二段階あって、その質の枠内での運動にとどまっている段階とその枠を打破して別のものに変わっていく段階とです。生物が生きている限りでの運動は前者であり、死んでいく過程での運動は後者です。前者の段階では限界はまだ単なる限界にすぎませんが、その質が無制限なもの（＝当為）になると同時に、限界が「制限」と感じられるようになり、枠を破る運動になっていくのです。『資本論』からの引用がありますが、マルクスはこの論理を自覚的に使ったということです。大衆は無自覚的にこれを使っているのです。一般にも「欠点は欠点として気づかれない間が欠点であって、それが欠点として気づかれるとそれによってすでに半分はその欠点を克服したことになる」というようなことが言われますが、あれですよ。あれをヘーゲルが論理的に捉え直したものを、許さんが拾い上げたのです。読者・なるほど、こんな身近なことだったのですか。牧野・人間には欠点を持っていても、それを欠点として、困ったことだと自覚しない段階と、それを自覚して克服しようとする段階とがあるでしょう。あのことなのです。早い話、許さん自身講壇サラリーマン哲学の枠内で、その質と限界の中で生きていて、まだそれを超える立場（＝生活の中の哲学という当為）を感じていないので、その限界を制限として感じず、したがって講壇哲学の枠を破る運動をしていないのです〔注・このままで終わってしまいました〕。**読者**・許さんの主張が許さん自身に跳ね返ってくるとは皮肉ですね。**牧野**・もうひとつ言っておくべきことは、欠点として感じられなかったものが何かの原因で欠点として感じられるようになるということと同時に、欠点ではなかったものがその主体の歴史的発展の結果、欠点になる場合の論理でもあるんですね、あれは。**読者**・かなり分ってきたようですが、するとあの叙述自体はあれで正しいわけですね。**牧野**・今述べた骨子は正しいですが、彼があれを歴史主義的弁証法で発展の論理の中に無条件で、というか、但し書きなしで入れたのは問題です。というのは、あの当為と制限の弁証法はヘーゲルでは存在論で扱われていて、発展が問題になる概念論で扱われているのではないということです。つまり当為と制限の弁証法はそのまま発展の論理なのではなく、発展の一面である移行の論理なのです。そして、許さんにはこれは大体分っているようですが、あの書き方では普通の人にはそれが分らないと思うのです。〔引用終わり。なお、この問題はその後、ヘーゲル精神現象学の方法としてのいわゆる「懐疑論」、正確には「絶望原理」と関係していることに気付きました。五五八頁以下の訳注2を参照。〕

4　ein Gleichgültiges と不定冠詞が付いています。

### 付録〔量的限界と質的限界〕

定存在の中では否定はまだ〔その定存在の〕存在と無媒介に同一なのでして、この否定は我々が「限界」と呼んでいるものです。〔その意味で〕或る物はその限界の中でその限界によってしかその物自身ではない〔と言うことが出来ます〕。ですから、限界というものは定存在にとって外面的にすぎないものと考えてはならないのです。そうではなくして、限界はむしろ定存在を隅から隅まで貫き通している〔と考えなければならない〕のです。限界というものを定存在の単に外面的な規定と取る考え方はどうして出てくるかと言いますと、それは質的限界と量的限界とを混同するからです。〔しかし〕ここでの当面のテーマである「限界」は質的限界のことなのです。〔質的限界と量的限界の違いをここで例解しておきますと〕例えば、三ヘクタールの広さの土地を考える場合には、この三ヘクタールということはこの土地の量的限界です。しかし、更に又、この土地が〔例えば〕牧草地であって森でも沼地でもないとしますと、[1] この事はこの土地の質的限界です。

〔さて元に戻って、限界が定存在に本来的に属するものだということを人間の生き方について考えてみますと〕人間は、現実的でありたいと思うなら、定存在しなければなりませんが、そのためには自己を〔或る事柄に〕限界づけなければなりません。有限を毛嫌いする者は現実に働く者にはなれません。そういう人は抽象の中に留まり、自分自身の中で消え去っていくのです。[2]

さて、ここで限界というものの中には何が含まれているかと考えてみますと、そこには矛盾があり、それ故限界は弁証法的なものだということが分かります。即ち、限界は一方では定存在の実在性を形成しながら、他方では定存在の否定面でもあるのです。しかし、更に〔考えてみますと〕或るものの否定としての限界は〔先に出てきました〕抽象的な無一般ではなくして「存在している無」〔規定を持った無〕であり、一般に他者と呼ばれているものであ〔ることも分か〕ります〔そこで次に、或るものと他者との関係として限界論を深めたいと思います〕。〔まずすぐにも思い浮ぶ関係は〕或るものを考えるとただちに他者も目に入る〔という関係です〕。従って或るものだけでなく他者も又「有る」と言われるわけです。しかし〔もう一歩つっこんで考えますと〕、他者は、一般にそう思われているように、「或るものは他者がなくても考えられる」というようなものではないのです。そうではなくて、或るものは自分の本性からして潜在的には自己自身の他者なのであり、〔顕在化した〕他者は或るものの限界の客観化された姿なのです。〔これだけでは分からないというなら〕或るものと他者との間にどれだけの違いがあるかを考えてみましょう。すると、すぐにも分かることは、或るものと他者とには違いはないということです。両者の同一性はラテン語でも両者が共に aliud aliud と呼ばれていることの内に表現されています。つまり、或るものに対立している他者はそれ自身一つの或るものなのです。ですから、我々ドイツ人は「他の或るもの（etwas Anderes）」という言い方をします。同様に、逆から言うと、今同じく〔第二の〕或るものだとされた他者に対立している第一の或るものは、それ自身一つの他者なのです〔しかし、このようにして或るものと他者との同一性を主張するのは観点の変更に依っているわけで、これだけでは不十分です。そこで、次にもっと本質的にこの同一性を証明しましょう〕。我々が「他の或るもの」と言う時、さしあたっては、或るものはそれだけとして取り上げれば単に或るものにすぎず、そのものの他者であるという規定は外から観察する人が〔その或るものとの関連で〕付け加える規定にすぎない、と考えています。ですから、例えば太陽の他者としての月を考える時、月は太陽がなくても存在しうると考えています。しかし、実際には〔或るものとしての〕月は自己の他者〔である太陽〕を自分自身の内に持っているのであり、この事がまさに月の有限性なのです。プラトンは「神は世界を一者の性質と他者の性質とから作った。つまり、神は一者と他者を合体させてそこから第三のもの〔としての世界〕を作った。だから世界は一者の性質と他者の性質とを合わせ持っている」と言っています。——

ここで一般的に言い表されていることは有限物の本性なのでして、有限物は或るものであり、他者に無関心に対立しているのではなくて、それ自身が自己自身の他者であり、従って変化する〔他者になる〕ものだ、ということです。〔ここで変化について更に述べますと〕変化の中に現われ出るのは本来その定存在の内にあった矛盾でして、その矛盾の故にその定存在は自分〔の現在のあり方〕を越えていくことになるのです。〔物事の表面を〕表象で見ると、定存在というのは、まずは単に肯定的なもので、自己の限界内に静かに留まっているだけのように見えます。しかし、つづいて我々は全ての有限物（定存在も有限物です）は変化を被るということも〔表象によって〕知ることができます。しかし、定存在のこの可変性は、表象のレベルで観察している限り、たんに偶然的なものにすぎず、その変化の根拠はその定存在自身の内にはないと考えられるのです。[3] しかし、実際には変化するということは定存在の概念〔本性〕に基づくことでして、変化とは定存在の潜在していた本来の姿が顕現したものにすぎません。生ある者は死にゆくのですが、それも、ただ、生ある者は〔生の他者である〕死の萌芽を自己自身の中に持っているからにすぎないのです。[4]

1　ここは eine Wiese und nicht Wald oder Teich となっています。Wald oder Teich に不定冠詞が付いていません。英訳は a meadow, not a wood or a pond となっています。対比的に「Aであって、Bではない」と、nicht .. sondern とは逆に言う場合、ドイツ語では冠詞関係がどうなっているのか、調べてみる必要があります。

2　この点はすでに第八〇節への付録（五三七頁）でもゲーテの言葉と共に触れられています。

3　ここは Möglichkeit（可能性）ときたので次に Realisierung となったのですが、この可能性は偶然性と同じですし、そう訳した方が分かりやすいのでそうしました。しかし、そうすると Realisierung が訳出しにくくなりました。

4　この付録も好く出来ていると思います。

## 第九三節〔或るものの変化の無限進行〕

〔第九二節で確認したように、或るものは有限であり可変的である。従って〕或るものは他者になるの〔であり、これが変化するということなの〕だが、その他者はそれ自身が或るものである。従って、その他者もまた別の他者になる、……という風にして無限に進んでいくことになるのである。[1]

1　この節には次の節も続けて一つにした方が好かったのではないかと思います。

## 第九四節〔或るものの無限進行の意味〕

〔しかし〕この無限は悪しき無限〔悪無限〕あるいは否定的な無限である。[1] なぜなら、そこでは有限者が否定されはするものの、〔それは「他者」（＝別の或るもの）に成るという形での否定なので、その「他者」は新しい「或るもの」であり、従って〕すぐに又〔別の有限者として〕再生するのであって、有限者が止揚されるということがないからである。換言すれば、この無限は有限者は止揚しなければならないという「当為」（Sollen）を表現しているにすぎない。〔即ち〕この無限進行は有限者の中にある矛盾、つまり「有限者は或るものでありかつ他者である」という矛盾を表出しただけであり、この〔或るものと他者という〕互いに誘発し合う規定の交代がいつまでも続くということの別名にすぎないのである。[2]

1　普通に「無限」と言われているものを「悪無限」として、それに「真無限」を対置したのは、ヘーゲルの大功績の一つだと思います。

2　鶏鳴版ではここに、「賃金と物価の関係も、一方が上がると他方も上がるという形で、互いに誘発しあう規定だが、これも資本主義の中では無限に進行するのだろうが、これはこの矛盾を止揚して社会主義にしなければならないという当為を表現している」と書きましたが、今ではこれには疑問を持っています。拙著『マルクスの空想的社会主義』（論創社）に書きました。しかし、資本主義の矛盾を止揚するとはどういう事か、それが可能なのかすら、今の私には分かりません。「公正な社会」が目標だということは前提ですが、それがどういう社会なのか、どうしたら実現出来るのか、分かりません。最低の生活は全ての国民に無条件に保証すること、その上で「規律ある自由競争」をする社会などを想像していますが。

**付録〔悪無限について〕**

〔①〕定存在の契機である或るものと他者とを〔互いに相手を自己内に持つものと考えないで〕別々のものと考えると、或るものは他者に成るが、この他者はそれ自身或るものだから、次にはこの他者も他者になり、[1]かくして無限に続く、ということになります。〔さて、この無限をどう考えるかですが〕反省[2]〔の立場に立つ思考〕はこの無限に達すると、きわめて高いもの、いやそれどころか最高のものに到達したと思い込んでいます。しかし、この無限進行は真の無限ではありません。真の無限というのは自己の他者の中にあって自分の許にあることであり、過程として表現するなら、自己の他者の中で自分自身に到達しゅくということです。〔実際〕無限進行というニセの無限に止まることなく、真の無限という概念を正しく捉えることは大きな意義を持っています〔そこで、この点を詳しく説明しましょう〕。〔②まず無限進行の例ですが〕空間や時間の無限性が話題になる場合、普通考えられていることは、まずは無限進行ということです。例えば、「この時」「今」を〔起点として〕挙げて、この限界をあるいは過去に向けて、あるいは未来に向けて、どこまでも先へ先へと進んでいくと言われる場合がそうです。空間についても同様でして、道徳的説教の好きな天文学者は空間の無限性について多くの空虚な長広舌をふるっています〔が、その時の無限性もどこまでも進むということです〕。〔③〕さて次には、思考でもってこの無限を捉えようとすると、思考は必ずや挫折すると言われています。たしかにこの無限を考えて先へ先へと進んでいくことは中途で放棄することにならざるをえないのでして、その限りではこの説は正しいのですが、その理由はこの仕事が崇高だからではなくて退屈だからです。この無限進行の考察に関わるのがなぜ退屈かと言いますと、それはここではいつまでも同一のものが繰り返されるからです。つまり、或る限界が立てられてはそれが乗り越えられ、次に又別の或る限界が立てられ、……と終わることなく続くのです。〔④また〕この無限に到達することによって有限者から解放されたと思い込んでいる人もいますが、これは実際には逃亡の〔別名にすぎない〕「解放」にすぎません。と言いますのは、逃亡者はいまだ自由ではないのでして、逃亡している人はそこから逃げているその対象によって条件づけられているからです。[3]〔⑤〕さらに又、無限者には到達できないという説もあります。この説は全く正しいのですが、その理由は抽象的な否定〔肯定的成果を無視して否定面だけで見られたもの〕であるという規定がその無限者の中に〔予め〕入れおかれているからなのです。〔ついでに言っておきますと〕哲学はそのような空虚なものや単なる彼岸に関わり合うものではありません。哲学の扱うべき事柄はつねに具体的で、絶対的に現在しているものです。[4]——

〔⑥〕哲学の課題は、無限者はいかにして自分自身から外へ歩み出そうと決心するかという問題に答えることだという人もいます。この問題は、無限者と有限者とは固定した対立を為しているということを前提していますので、この対立自身が正しくないこと、無限者は実際には永遠に自分から外に出、かつ永遠に自分から外に出ないのだ、と答えておけばよいでしょう。[5]——

〔⑦〕ところで、無限者とは有限ならざるものだ[6]と表現する時には、実際にはそれによって真理が既に言い表されているのです。というのは、有限者〔定存在〕自身が既に第一の否定〔純粋存在の否定〕ですから、有限ならざるものは否定の否定であり、自己と同一になった否定〔元に還るような否定〕であり、従ってそれは同時に真の肯定だからです。

ここで述べた反省の無限は、真の無限を捉えようとする試みにすぎず、不幸な中間物と評して好いでしょう。一般的に言いますと、最近のドイツで流行した哲学はこの立場に立っています。つまり、この哲学では、有限者は止揚されなければならず、無限者は単なる否定的なものであってはならず、肯定的なものでもなければならない、というのです。しかし、この当為（Sollen）の中に打ち消しがたく漂うのは、或る事が正しいと認められていながら自分で自分を貫徹させえない無力感です。[7] 倫理的な事柄についてのカントとフィヒテの哲学はこの当為の立場に止まっていました。この立場で到達できる極限は理性の掟にどこまでも接近する〔が到達はしない「無限接近」〕ということです。そして、カントはこの〔無限接近があるはずだという〕要請に基づいて霊魂の不死を根拠づけたのでした。[8]

1 この veründert は前に ein Anderes wird と言ったのを、同じ言葉を繰り返さないために言い換えただけです。

2 この付録には Reflexion という言葉が、ここと二〇〇頁の二一行目（この付録の最後の段落の一行目）と、二回出てきますが、「悟性」と同義と取って好いと思います。

3 これくらいの事はヘーゲルより先に誰かが言っているのかもしれませんが、私は知りません。とにかくこれもヘーゲルの箴言の一つでしょう。

4 この現実感覚こそヘーゲル哲学の命だったと思います。「絶対的に現在する」とは、日常生活から政治問題までを含みます。私見では、政治から逃げている哲学ではヘーゲルも哲学も分からないでしょう。

5　或る考えの無意識に前提している事自体が間違っていると指摘して、解決するのは哲学者の面目躍如です。拙稿「『かの如く』の哲学」（ブログ「マキペディア」に掲載）を参照。

6　この表現は unendlich の un の意を nicht で表したという意味でしょう。ヘーゲル得意の語源的考案。

7　これを「ゾレンの無力」と言います。逆に言うと、ヘーゲルの立場は「自分で自分を貫徹する力を持っているもの」を追求し、表現する立場です。その力を持っていることを「生成の必然性」と言い、その力を持っているものを現実、概念、理念と呼び、そういうものを認識する能力を理性と呼んだのです。これを認識できないでゾレンにとどまるのが悟性です。拙稿「弁証法の弁証法的理解」を参照。

8　カントは彼の考えた最上の善の実現は、有限な人間にとっては現世では不可能とし、それへの無限の精進がどうしても不可欠とし、そのためには死後の霊魂の不死を考えざるをえないとして、霊魂の不死を証明しました。なお、この「無限接近」をどう考えるかは、弁証法的唯物論でも大問題です。それは「相対的真理の総和が絶対的真理に成る」と言う時、その「成る」とはどういう事かの問題です。私は「歴史的完全性」という考えです。歴史的制約を認めた上で、その中での完全性ということです。なお、この付録には、分かりやすいようにと、内容項目毎に①②③……を入れました。

### 第九五節〔他者への移行は独立存在を生む〕

ハ、ここに実在する事態は〔要するに〕、或るものが他者になるということである。〔即ち〕一般的に言うと、他者が他者になる、ということである。〔というのは〕或るものは他者と関係している時にはそれ自身が既に「その他者に対する他者」なのだから、或るものが移行してそれになる所のもの〔移行先での姿〕は移行しゆくもの〔移行者〕と同じもの〔だから〕である。つまり、両者共に「他者である」という規定以上のものは持っていない。従って、或るものは他者に移行する時、単に自分自身と関係するにすぎない。そして、この他者への移行の中で自分自身に関係することこそが「真の無限」である。あるいは否定的に〔逆に、裏から〕見るならば、変化させられるものは他者だから、それは他者の他者になるとも言える。[2] かくして〔ここに、最初の〕存在が「否定の否定」として再興されているのであるが〔最初の純粋存在に還るのではなく、今や〕、それは「独立存在」(Fürsichsein)である。

1　この überhaupt をこう取りました。以下の結論を先取りしているのでしょう。

2　ここで「変化させられるものは他者である」という時、その他者とは、先に「或るものは他者に対する他者」と言ったのと同じ意味があるのは当然だろうが、もう一つの意味として、「変化させられるものは或るもの(＝定存在＝有限者)であり、それは純粋存在の否定(＝他者)である」という意味もあると考えられる。だからこそ、次の句が出てくるのである。

**注釈〔有限と無限をどう考えるか〕**

〔その一・有限と無限の二元論〕有限者と無限者とは超えがたい対立を為しているとする二元論の見落としていることは、すぐにも分かる事だが、この二元論では無限者が両項の内の一つにすぎないものに成ってしまい、有限と対《つい》になる単なる特殊になってしまう、という単純な事実である。そのように、一つの特殊にすぎず、有限と並んでいて、その有限を自己の制限か限界とするような無限は、[1] 無限という名前に反している。[2] それは無限ではなく、有限にすぎない。——

〔逆に言うと〕有限者はこっちに無限者は向こうに、有限者は此岸に無限者は彼岸にという風に考えると、有限者にも無限者と同じ独立自存という品位が与えられることになる。つまり、有限というあり方が絶対的なあり方にされるのであり、そういう二元論では有限者はしっかりと独立して立っている〔ことになる〕のである。〔たしかに、この二元論では有限者を無常とし、無限者を恒常と考えているのだから〕有限者は無限者に触れられるならばたちどころに滅び去るだろうと言われてはいる。しかし〔その二元論の言葉を文字通りにとって推論すると〕、有限者は無限者に触れられえないことになるのである。つまり有限者と無限者の間には深淵か越え難い溝があって、無限者はその向こう側に有限者はそのこちら側にありつづけるということになっているのである。有限者と無限者とを固定させて対置する考えの人々はどんな形而上学[3]も超えているつもりでいるが、〔実際には〕その人々はもっともありふれた悟性的形而上学の地盤に立っているにすぎない。即ち、ここに現われているものは、〔先に述べた〕無限進行が表しているものと同じものなのである。或る時は、「有限者は絶対的に存在するのではなく、有限者には自立した現実も絶対的な存在も帰属せず、それは無常なものにすぎない」としながら、別の時にはただちにこれを忘れて、有限者を無限者にただ対置し、単に無限者から切り離すだけなので、〔その結果〕[4]有限者は滅亡を免れ、自立し、恒存するものと考えられていることになるのである〔それはちょうど、有限者が否定されても否定されてもいつまでも現われつづける無限進行の場合と同じである〕。——

　こういう考えの人はこのようなやり方で無限者に高まっているつもりなのだが、そこに起きているのは反対の事であって、それは有限者にすぎない無限に到達し、〔逆に〕投げ捨てたつもりの有限者をむしろいつまでも維持し、絶対的なものにしてしまっているのである。

**〔その二・有限と無限を同一視する考え〕**〔このように〕有限者と無限者とを悟性的に対置する考えは空虚であ

ること（この点についてはプラトンの『ピレボス』を参照すると有益である）が洞察されると、今度は無限者と有限者とは一つであるとか、真理又は真の無限は無限と有限の統一として規定され言い表されるという言葉が容易に浮んでくる。たしかにこういう表現には正しいものが含まれているが、そこには同様に正しくない、間違った点も含まれている。それは、先に〔第八八節への注釈の第四点で〕存在と無の統一について指摘したのと同じで〔その表現には両者の区別の面が出ていないということで〕ある。更に〔第二に〕その表現では無限者を有限化してしまう、その表現で表されているものは有限な無限者である、という正当な非難を受けるだろう。というのは、その表現の中では有限者は〔有限者のまま〕手つかずになっていて、それが〔その統一の中では〕止揚されているとははっきりは言われていないからである。――〔こういう非難に対しては〕あるいは、有限者は無限者と一体となった時には、その統一以前の有限者と同じでありつづけることはできず、〔存在を止《や》めはしないが〕少なくともその規定に変化をこうむっている（ちょうど酸と結合したカリの性質が変わるように）のだという反論も考えられるかもしれないが、その時には、有限でないものとして否定的に捉えられている無限者[5]も同じく他者〔有限者〕によって〔その無限性を〕鈍くされることになるのである。実際、悟性の考える〔有限に対置された〕抽象的で一面的な無限にもこういう鈍化は起きているのである。しかし、〔理性の考える〕真の無限は〔カリに対立した〕一面的な酸のようなものではない。それは〔有限者を止揚して〕自己を保持するのである。その否定の否定は中和ではない。〔正しく考えられた有限者と無限者の統一においては〕無限者こそが肯定的なもの〔主体〕であり、有限者だけが止揚されたもの〔その主体の契機〕なのである。[6]

**〔その三・有限を止揚した無限が独立存在〕** 独立存在の中では観念性という規定が入ってきている。〔そこで、この点に若干触れておくと〕定存在がさしあたってその存在の面、つまりその肯定面から捉えられると、それは実在性を持っているのであり（第九一節）、従って有限性もまたさしあたっては実在性という規定の中にあるのである。しかし〔これはあくまでも「さしあたっては」のことであり〕、有限者の真理はむしろその観念性にあるのである。同様に、有限者と並んでいるものとされ、それ自身が二つの有限の内の一つにすぎない悟性的無限もまた真なるもの〔独立したもの〕ではなく、観念的なもの〔もっと大きな主体の契機〕なのである。〔そして実に〕この「有限者は観念的である」という命題こそが哲学の主要命題であり、従って真の哲学はどれも観念論である。[7] 大切なことはただ一つ、[8]〔名前は無限とか普遍とされていても〕その内容を規定してみると特殊であり有限であることが分かってしまうようなものを〔真の〕無限とはみなさないことである。――

この〔真の無限と名前だけの無限との〕区別をかなり詳しく論じたのはそのためである。つまり哲学の根本概念である真無限は〔一に〕この区別に掛かっているのである。〔しかし〕これを区別することはこの注釈で述べた簡単な反省、それは簡単であるが故に地味ではあるが論駁のできないものでもあるが、この反省をしてみれば分かることである。

1 ein solches Unendliches と不定冠詞と不定形容詞が付いています。

2 「あるべき姿になっていない」としてもよいと思いましたが、訳しにくかったです。

3 ここでヘーゲルが考えている「形而上学」とは何だろうか。又、それを「超えている」とはどういうことだろうか。多分、その形而上学とは、超感覚的世界を論ずる存在論という意味で、この有限と無限を二元論的に対置する考えは、その対置によって有限者にはいかなる自存性も認めず、無限者には完全な存在を認めることによって、有限者をも無限者をも純化したつもりでいるので、自分以前の形而上学より、その純粋性の点（無限者を純化している点）で超えているということなのでしょう。

4　この und は schlechthin getrennt von demselben と der Vernichtung entnommen とを並べるのではなく、その前全部とその後全部を順接でつなぐものと取りました。

5　この als negative の意味をこう取りました。

6　ここでの有限者と無限者との関係の現実的意味を、人間以外の自然（例えば動物）と人間、また人間を含めた万物とその万物の運動を貫ぬいている自然史的根本法則との関係として考えてみると面白い。自然と人間の関係では、人間の対処（科学や技術、それに社会体制）の仕方によって、人間は真の無限者として動物を正しく利用することができるが、その対処を間違えると人間も一つの有限になり下がり、公害とか災害とかいった被害を受けるのである。こう考えていくと、エンゲルスが「サルの人間化における労働の役割」で略述したような人間の人間化の過程は、ニセの無限としての人間が真の無限としての人間になっていく過程でもあることが分かる。

7　こういうヘーゲルの観念論概念の現実的意味については前掲「認識論の認識論」を参照。この観念論の対概念は個別的事実を最後のものとする実証主義、経験論です。ですから、実証科学、経験科学は哲学ではない、と言って好いのです。逆に言うと、哲学とは実証的な事柄の意義と限界を明らかにする論理的思考だということになるのです。

8　この es kommt .. ein という所は es kommt .. an の間違いではなかろうか。einkommen には「何が大切だ、問題だ」という意味はないようですが、ここはこう取るしかないと思います。

第三項　独立存在（Fürsichsein）

第九六節〔独立存在の二側面〕

イ、独立存在〔の論理的性格〕は「自己関係するもの〔存在〕」だという面からは無媒介性である。が、又、それは「否定的なもの〔定存在〕[1]の自己関係」であるという面からは独立存在するもの、即ち一者（das Eins）である。ということは、「自己自身の中に区別を持たないもの」であり、「他者を排斥するもの」だということである。[2]

1　この「否定的なもの」を「定存在」と取ります。なぜ定存在は否定的なものと言い換えうるのでしょうか。定存在は規定を持つが、「規定は否定である」ということがあるからでしょう。では、なぜここで言い換えたのでしょうか。それは第九七節を見ると分かります。ヘーゲルの言い換えには底意があるのです。

2　この二つの側面は、次の付録にある「独立存在の二契機としての存在と定存在」に関係していると考えられます。付録の第一段落を読んでから、合わせて考えましょう。

付録

〔その一・独立存在の二側面〕独立存在は質の完成された姿であり、従って存在と定存在とをその観念的契機[1]として含んでいます。「存在である」という面から見ると、独立存在は単純な自己関係ですが、「定存在である」という面から見ると、それは規定を持っています。しかし、ここでの規定され方はもはや〔定存在においてそうであったような〕或るものを他者から区別する有限なものではなく、無限の規定です、つまり〔他者との〕区別を止揚して含んでいる規定です。[2]

〔その二・独立存在の実例〕独立存在の実例としてもっとも手近な例は「自我」です。我々〔人間〕[3]は、まず第一に〔人間として〕定存在しており、他の定存在から区別されかつそれに関係していることを知っています。しかし、第二に、我々は、この定存在の広がりがいわば一点に集約して独立存在という単純な形式になっていることもまた知っています。つまり、我々が「わたくし」と言う時、そこで表現されているものは無限な自己関係であり、また否定的な自己関係なのです。[4]人間は自己を自我として知るということで動物から区別され、又自然物一般から区別されると言われていますが、そこで言われていることは、自然物は自由なあり方、自覚したあり方にまで達することなく、定存在に制限されたものであり、永遠に対他的なあり方しかできないものだということです。――

〔その三・観念性と実在性〕さて、次には、独立存在〔の論理的性格〕は一般的に言うならば「観念性」として捉えなければなりません。これは先に〔第九一節で〕定存在を「実在性」としたのと対に成るものです。実在性と観念性は同じように自立し、対立して立つ一対の規定と考えられることがよくあります。「実在性のほかに観念性というのも又ある」という言い方をされる時がそうです。しかし、観念性というのは「実在性の外に、実在性と並んで存在する或るもの」ではありません。観念性の概念〔本当の意味〕は「実在性の真理」[5]であるということです。実在性の本来の姿が顕在化した時、それが観念性なのです。ですから、実在性と言っただけで終わりにせず、「実在性のほかにまだ観念性も認めなければならないのだ」と言うだけでは、観念性に対して必要な敬意を払ったことにはならないのです。実在性と並んで立ったり、せいぜい実在性の上に位するそのような観念性は実際には空虚な〔内容のない〕名前にすぎません。しかるに、観念性という語が何らかの内容を持つのはそれが或るものの観念性である場合だけです。しかし、この或るものとは単に規定を持たないあれやこれやではなく、実在性として規定された定存在のことであり、それだけとして固定して捉えるといかなる真理も持たない定存在のことです。自然の根本規定を実在性とし、精神〔人間〕のそれを観念性とすることによって、自然と精神の区別を捉える見方がありますが、これは間違っていません。[6] しかし、〔この捉え方の真意は〕自然は精神なしにも存在していけるようなそれだけで固定し完結したものであるということではなく、自然は精神に至って初めてその目標である真理に到達するということであり、逆に精神も精神で自然の抽象的彼岸にすぎないものではなく、自然を止揚して自己内に含み持つ限りで初めて真に存在し、精神としての実《じつ》を示すものなの〔だ、という風に理解しなければならないの〕です。[7]

**〔その四・アウフヘーベンの二義〕**[8] ここでついでに我がドイツ語の aufheben という語の持つ二重の意味を想起しておかなければなりません。aufheben という語の下で私たちドイツ人は、或る場合には、「取り除ける」「否定する」というのと同じ事を理解します。この用法で、例えば、「或る法律がアウフヘーベン〔廃止〕された」とか、「或る制度がアウフヘーベン〔廃止〕された」と言います。しかし又、「保存する」と同じ意味の時もあるのでして、この意味では〔例えば〕「或るものが好くアウフヘーベン〔保存〕されている」と言うのです。同一の語が否定的な意味と肯定的な意味を持つこの言語用法は偶然のことでもなければ、まして「混乱を招く」として非難して好いことでもありません。そうではなくして、我がドイツ語が悟性的思考のあれかこれか〔二律背反〕を乗り越えた思弁的精神を持っていることをこそそこに認識すべきなのです。

1　ここでも ideelle Momente と不必要な ideelle が冠置されています。第八六節付録二への訳注

6（五九四頁）及び第八八節付録への訳注14（六一七頁）を参照。

2　本節の本文とこの付録は対応していると思います。すると、本文の「自己関係――無媒介性」は付録の「存在――単純な自己関係」に当たります。この「単純な」が「無媒介的」ということで、存在論の立場です。媒介された自己関係だと概念論になってしまいますし、他者との相関的媒介だと本質論になります。問題は後半で、「他者との区別を止揚して含むような規定され方」が、「否定的なものの自己関係」や「自己内に区別なきもの」「排他的なもの」とどう繋がるのかということです。普通に考えますと、他者との区別を出す定存在こそ排他的と考えられますが、実際には定存在の規定は他者との関係に繋がり、従って定存在は可変的なものでした。そして、この変化の中にある無限なものが独立存在として定立されたのでした。すると、「自己内に区別なき」とは「定存在の持つような規定を持たない」ということでしょうし、「排他的」とは「可変的でない」ということでしょう。

3　この「人間」は人類よりも個人と考えた方が適当でしょう。

4　「無限な自己関係」とは「他者の中にあって自己に関係する」ということでしょうから、自分を「わたくし」という時、他人も「わたくし」であることを知るということでしょうか。「否定的な自己関係」とは「定存在の規定＝他者との区別と関係を否定して得られる自己関係」ということでしょうか。あるいは「否定者〔定存在〕の自己関係」ということで、定存在としての私〔一個の人間〕の自己関係的側面を表しているのでしょうか。

5　「真理」ないし「或るものの真理」とか「或る事柄の真理」というヘーゲル独特の真理概念に慣れてください。その意味はここにある通り、「或るものの潜在的本性の顕現した姿」という意味です。詳しくは七一九頁の訳注4を参照。

6　**nicht mit Unrecht** のような「二重否定」を使った表現を関口存男は「穏やかな強調」と言っています。「文法」の一二二五頁を参照。

7　やたらに自然物を破壊したり、公害を発生させたりしている内は、人間はまだ人間になっているとは言えないということです。

8　ここを改行にしていないのはどう見てもおかしいので、改行しました。

## 第九七節〔一の自己反発から多が生まれる〕

ロ、否定的なもの〔定存在〕の自己関係は否定的な関係である。[1] 従って、それは「一が〔自己を〕自己自身から区別すること」[2]である。つまり一の「反発」であり、「多くの一」を定立することである。〔しかるに〕独立存在者は無媒介的なものだから、これらの多は「存在するもの」〔存在論に属するもの〕であり、その限りで存在する〔多くの〕一の反発は「相互」反発であり、相互「排斥」である。[3]

1　ここの **Die Beziehung des Negativen auf sich** は、第九六節の二行目の **als Beziehung des Negativen auf sich selbst** を受けています。後者は第九五節本文の最後の文の中の **als Negation der Negation** を受けています。更に、これは第九二節本文の四行目の **als Negation gesetzt** を受けています。つまり、「定存在は純粋存在の否定である」という事から来ているのです。論理的に一貫しています。鶏鳴版では「ヘーゲルの言い換えにはたいてい〔内在的に展開していることを証明しようという〕底意がある」という事を書きましたが、そしてこれ自体は本当ですが、「底意だから間違っている」ということではありません。

2　松村訳を受け入れました。**des Eins** は主語二格でしょう。**von sich selbst** と言う以上、目的は **sich selbst** でしかあり得ないでしょう。

3　ここには **als Vorhandener** という句がありますが、すぐ上の行の **der seienden Eins** の言い換えでしょう。さて、この独立存在論は難解をもって知られていますが、私はヘーゲルの独立存在は集合論でいう「要素」に当たるものだと考えます。その根拠は、まず第一に、ヘーゲルがなぜここに独立存在を入れたかを考えてみますと、「純粋存在→定存在と来て、次には量の世界に移行して行くには、定存在から直接には行けない。その間にもう一段階必要」と論理的に考えたのでしょう。そして、その段階の論理的性格として、「定存在を止揚していることと量の原理である一を根拠づけうるものであること」の二条件を考えたのでしょう。そして、そういう論理的性格を持ったものとして、自我やアトムに手掛かりを求めつつ、Fürsichsein という概念を創り出したのだと思う（それはちょうど、メンデレーエフがその周期律表の作成に当たって、それまで知られていなかった元素を予想したのに似ています）。現代の集合論でも、そのテーマは一の根拠づけだと聞いています。まず、この問題意識において両者は一致します。第二に、カントールの「超限集合論」（一八九五年）の冒頭の言葉は「集合とは一つの総体Mであり、それを形成するものはm（それはMの要素と呼ばれる）は、それぞれ確定し、互いに識別されうる〔ものであり〕、われわれの直観または思考の対象である」となっています。ここで大切な点は、要素は確定されていて互いに識別可能ということです。これは定存在の性格です。しかし、集合の要素にとって確定され識別されうることは前提条件であって、その確定された性質によって要素は相互関係するのではありません。要素はその前提に立って（つまり「定存在を止揚して」）単位として（これがヘーゲルのいう「自己関係」）機能するのです。

以上の理由から、私はヘーゲルの独立存在論は集合論を論理的に予見したものだと考えます（集合論についてはは岩波書店刊『基礎数学講座』の内の弥永昌吉・健一著「集合と位相Ⅰ」及び弥永健一氏の話による）。

**付録〔一と多の関係についての表象的理解と概念的理解〕**

一を話題にすると、すぐにも多を連想します。すると次に、多はどこから来るのかという問題が出てきます。〔しかし〕この問題に対する答は表象から得ることは出来ません。なぜなら表象は多を無媒介に存在するものと見なし、一こそまさに多の中の一つと思っているからです。これに対して概念的考察は、一こそ多の前提であり、一の観念〔概念〕の中には自己自身を多として定立することが含まれている、と考えます。即ち、独立して存在する一は、本来、〔純粋〕存在のように関係を持たないものではなく、それは定存在と同様、関係を持つものなのです。と言っても、それは今では或るものとして他者に関係するのではありません。或るものと他者との統一として、それは自己関係であり、しかも〔自己〕否定的な自己関係なのです。ここから明らかになることは、一は自己自身と端的に両立しえないものであり、自己を自己自身から突き離すものだという事です。そして、その一が自己を定立したものが多なのです。[1] 独立存在の過程の中にあるこの側面を「反発」という視覚的表現で表すことができます。反発という語を口にするのはまずは物質を考察する時ですが、そこで考えられていることは、多である物はその多くの一の一つ一つの中で他の全ての一に対して排他的に振舞っているということです。ところで、反発の過程を考える時、一が反発する者で、多は反発される者という風に考えてはなりません。[2] そうではなくして、先に指摘したように、一とは自己を自己自身から排斥し、自己を多として定立すること自体なのです。しかるに、多を構成するどの一もみなそれ自身一ですから、それぞれがそのような一として振舞うことによって、この全面的な反発はその対立物である「牽引」に転化することになるのです。[3]

1　ここでの反発の性格を理解するために定存在のレベルでの反発の例となる水と油を考えてみましょう。水と油はたしかに反発します。しかし、それは水の性質と油の性質によって反発するのです。ですから、論理的にはそれは水と油の関係になり、定存在の事柄なのです。しかし、水、油、空気、火といったものを考え、それぞれを独立した単位として「四」というものを考える時、水と油はその物理的性格（定存在）によって反発するのではなく、その自己関係（単位とされたこと）の故に区別されるのです。ですから、ここでは油と火のように物理的に引き合うものも「反発関係」にあることになるのです。

2 repellieren という語は独和辞典には載っていないと思います。ラテン語の repello を使ったのでしょう。

3 エンゲルスの『自然弁証法』の中に以下のようなメモがあります。

――引力と重力。重力に関する学説は皆、引力が物質の本質であるという事に帰着する。これは本質的に間違いである。引力のある所には必ず斥力がある。[4]だから、ヘーゲルが「物質の本質は引力『と』斥力である」と言ったのは正しい。実際、物質の分散には限界があり、その限界に達すると引力が斥力に転化する。逆に、反発して濃度の増す物質にも限界があり、そこに達すると斥力が引力に成る。この必然性はますます明らかになってきている。

――引力と斥力の相互転化についてのヘーゲルの説は〔表現の仕方では〕神秘的だ。が、内容的にはそれは後の自然科学の発展を先取りしていた。気体の分子の斥力でさえ大きなものだが、それより希薄な物質、例えば彗星の尾では斥力は極端に大きく成っている。ヘーゲルは斥力を先に出し、そこから引力を〔論理的に〕導き出したが、この点でもヘーゲルは天才的である。太陽系というものは、[5]元々は優勢であった斥力に対して引力が徐々に力を得てくることでしか形成され得ない。――熱による膨張、即ち斥力。運動学的気体論。（以上、ディーツ版『マルエン全集』第二〇巻五一〇頁）

4 運動とは全て牽引と反発の相互作用である。（同書三五六頁）

5 ein Sonnensystem と不定冠詞が付いています。我が太陽系だけでなく、他の太陽系も考慮しているのではないでしょうか。

## 第九八節〔反発から牽引へ。質から量へ〕

ハ、しかし、多〔を構成するもの〕は「一」である。それは他者の規定〔性質〕である。[1]〔多の構成要素は〕どれも「一」ないし「多の中の一」である。従って、〔その点では〕多は〔どういう多でも〕同一物である。あるいは反発をそれ自体として[2]考えてみると、反発とは多くの一が互いに否定的に振舞うことだが、それは同時に、その本質上、多くの一が互いに引き合う関係でもある。[3]そして、一が反発的に関係する相手も一だから、一はその相手の中で自分に関係するわけである。従って、反発は同時に本来、牽引でもあるのである。そして、これによって「排他的な一」ないし独立存在は自己を止揚する。かくして、一においてその絶対的に規定された[4]在り方と成った質的規定性は、止揚された規定性としての規定へと移行している。つまり量としての存在へと移ったのである。[5]

1　ここは Die Vielen sind aber das eine was das andere ist となっています。グロックナー版では eine を大書して Eine としています。問題は「das eine と was の間にコンマが無くて好いのか」です。必要だと思います。次にこの was（不定関係代名詞）の用法は何か、です。まず考えられるのは「定関係代名詞の代わり」です（「文法」の四八八頁を参照）。そう取りますと、ここは「多は一であるが、他者も一である」となります。そうでないとしたら、「文意を受ける was」でしょう（「文法」の四八四頁を参照）。そう取ると、「多は一である。それは他者の規定〔性質〕である」となります（他者の規定については第九三～五節を参照）。結局、同じ意味になります。英訳は But the Many are one the same as another としています。the Many を主語とすると、英語でも定形は複数になるのでしょうか。

2　この an ihr selbst の ihr は Repulsion を受けているのだと思います。die Vielen ではないでしょう。本来なら sich です。つまりこの ihr は「再帰代名詞に代わる人称代名詞」でしょう。「文法」

の八二〇頁の③を参照。英訳は when we study all that Repulsion involves としています。

3　ここは原文では negatives Verhalten と ihre Beziehung という風に Verhalten と Beziehung が区別されているのですが、どういう区別なのでしょう。エンゲルスは「rapports は僕は Beziehungen と訳さないで、たいていは Verhältnis と訳す。前者は不確定にすぎるのと、マルクス自身がドイツ語の Verhältnisse をつねに rapports と訳し、またその逆に訳したからである。更に、rapports de proportionalité においては rapports は量的であり、それはもっぱら Verhältnis と訳すべきである。Beziehung は主として質的な意味を持つからである（エンゲルス「カウツキーへの手紙」一八八四年八月二二日付け）と、つまり「Verhältnisse は量的で、Beziehung は質的だ」と言っています。ヘーゲルもやはり基本的にはそう考えています。第一〇五節を参照。しかし、ここでは beziehen ＝引く、ということを含めたのではあるまいか。そう取って訳しました。

4　独立存在ないし一は、質論の「正・反・合」的展開における合の段階だから「絶対的に規定された」と言ったのです。

5　一から多、反発から牽引、そして量への移行は、何を意味しているのでしょうか。或る定存在がその規定（性質）によって他から区別されているが、その本質によってではなく、その区別されているという点を元にして、それが「単位」とされる時、それが要素であり一となる。この過程には他の定存在についても同じ事が為されることも含まれている。だから、一の中には多が含まれている。この多くの一の「互いに要素として区別されている点」を反発というのでしょう。しかし、それが多として、何らかの観点からまとめられる時（集合とは何らかの集合ということで、何らかの観点を前提し、その観点で要素をまとめることです）、その「まとめられる」という面を「牽引」と表現したのでしょう。ここに数《すう》の概念が成立するのを見るのは容易です。

**注釈〔原子論的な考え方のいろいろ〕**

〔古代の〕原子論哲学は、独立存在、ないし一、ないし「多くの一」を絶対者とするこの立場に立っている。〔そこでは〕一の「概念」から出てくる反発が〔原子と呼ばれた〕その多くの一の持つ根本的な力だとされてもいる。しかし、多くの一を結びつけるものも牽引とされているかというとそうではなく、それは「偶然」だとされている。つまり、考え方は無思想〔で、表象的〕なのである。[1] 一が一として固定されると、その一を他の一と結びつけるものはどうしてもそれらの一の外にある何かと考えられることになるのである。――

〔先に「反発が根本的な力とされている」と言ったが、それは何の事かというと、第一原理である〕原子に対する第二原理とされた「空虚」がまさに反発のことにほかならず、それは原子と原子との間に「存在する」無[2]と考えられたのである。――

近世の原子理論（というのは、物理学は今尚この原理を保持しているからなのだが）は、〔古代原子論の原子より〕小さい部分つまり分子に頼る限りで、原子を放棄している。それによって近世の原子理論は感覚的な表象には一層近くなったが、その代り〔一という〕思考規定を失ったのである。[3]――

次に、〔近世の力学では〕反発力〔斥力〕と並んで牽引力〔引力〕を認めているが、それによってたしかにこの対立は完成されたし、この〔牽引力という〕いわゆる自然力を発見したことを人は大いに自慢してもいる。しかし、〔対になる二つの力を確認しただけではまだ威張るほどのことはないのであって〕その二つの力の相互関係（それこそがその力の具体的な本当の姿なのである）を〔正しく理解する所まで進まなければならないのだが、現状はそこまで行っておらず、その関係を〕混乱から引き離す仕事が残っている。カントの『自然科学の形而上学的原理』でさえなおその混乱に陥っている。[4]——

近世では原子論的な考え方は物理学よりも政治理論〔社会理論〕で一層重要になった。それによると、諸個人の意志自体が国家の原理であり、〔本来バラバラの〕諸個人を結びつけるものは欲求や傾向の特殊性であり、普遍的なものである国家自身は〔諸個人の〕契約という外的な関係だというのである。[5]

1　ここでは der Begriff（引用符を付けておきました）と das Gedankenlose が対に成っています。ヘーゲルは考えの内容の当否ではなく、考え方が概念的か表象的かを問題にしているのです。

2　この「存在する」が原文で強調されているのは、エレア派の無が存在しないものとされていることとの対比を考えたためでしょう。

3　古代原子論は、例えば水を水の原子から成るとしました。しかし、その水の原子は火の原子と同質のもので、形、大きさ、運動において差異があるにすぎないとされただけでした。この同質性こそ、ヘーゲルが古代原子論の原子を論理的に「一」と捉え直した根拠だったと考えられます。しかるに、近世の原子理論は水の単位を二つの水素原子と一つの酸素原子から成る分子としたのですが、その時その分子は他の分子、例えば塩の分子と質においても異なるものだとされているのです。従って、ここには「一」という思考規定を当てることはできなくなったのです。しかし、近世の原子理論が古代原子論より自然の真実に近いことはたしかですから、この点を「感覚的表象に一層近づいた」と言ったのでしょう。

4　先に引きましたエンゲルスの言葉を再考して下さい。

5　原子論的な考え方を狭義の哲学や自然科学の中にだけ見て終わりにするのではなく、社会科学の中にも見て批評するヘーゲルの視野の広さ、社会問題から逃げない態度を学びたいものです。

## 付録一〔古代原子論とカントの物質観〕

〔古代の〕原子論哲学は理念の歴史的展開[1]における本質的な一段階です。そして、この哲学の原理は、一般的に言うならば、「多という姿を採った独立存在」です。〔しかし、今ここでこれを確認したのはその原子論哲学に深入りするためではありません。そうではなく、その形而上学的性格が誤解されて愛好されていることを指摘したいためです。というのは〕今日でもなお一部の形而上学嫌い〔哲学嫌い〕[2]の自然科学者は原子論を愛好しているのですが、〔それが原子論は形而上学ではないという理由からなのです。ですから、ここで〕肝に銘じておくべきことは、原子論に助けを求めても形而上学から逃れることはできないということ、一層正確に言うなら、自然を観念〔概念〕に還元して捉えることから逃れることはできないということです。なぜなら、原子自身実際一つの観念であり、従って、物質を多くの原子から成るものと捉えることはまさに形而上学的な捉え方〔の一種、理論的思考の一種〕だからです。〔ここで思い出されるのはニュートンのことでして〕ニュートンはたしかに「形而上学に気をつけよ」とはっきり警告しました。[3]しかし、彼の名誉のために言っておかなければならないことは、彼自身は〔その実際の行動＝研究の中で〕この自分の警告に全然従わなかったということです。実際〔形而上学なしに生きていける人なんてのはいないのでして〕純粋な自然学者[4]は動物だけです。なぜなら、動物は考えないからです。それに対して、人間は思考を本質とする存在ですから、生まれながらの形而上学者〔哲学者〕です。〔従って〕そこで問題になることは〔形而上学を持つか持たないかではなく〕その人の使っている形而上学が正しいか否かということだけでしかないのです。つまり、具体的で論理的な理念の代わりに、一面的で悟性的な思考規定[5]にしがみついて自分の考えや行動を律していないか、ということです。〔そして、このように考えて初めて分かることは〕原子論哲学に当てはまる批判は〔それが形而上学だとか、逆に形而上学ではないということではなく〕この批判[6]〔それが低い形而上学だという批判〕なのです。つまり、古代原子論は〔これは現在でもまだ多くの場合にそうなのですが〕万物を多と捉え、そして空虚の中に浮かんでいる原子〔つまり多〕を結びつけるものは「偶然」だとするのです。しかし、多の相互関係というのは決して単なる偶然によるのではないのでして、〔先にも指摘しましたように〕この関係は多自身の中に根拠を持つ〔必然的な〕ものなのです。〔そして、これを最初に指摘した人がカントでして〕カントは物質を反発と牽引の統一と捉えたことによって物質観を完成させたという功績を持っています。このカントの物質観の正しい点は、牽引を独立存在の「概念」の中に含まれている〔反発に次ぐ〕もう一つの契機として承認し、それによって牽引も反発と同様に本質的に物質に内在するのだとした点です。しかるに、このいわゆる動力学的物質観には、反発と牽引を与えられたものとして無造作に要請してしまって、それらが演繹される過程を捉えていないという〔大きな〕欠点があります。もしこの演繹をやっていたら、反発と牽引はただ統一されていると断定的に主張されるのではなく、なぜ両者は統一されるのか、どのように統一されているのか[7]ということが明らかになったでしょう。それはともかく、〔このような欠点はあったにせよ、カントの進めた一歩は大きいものでして〕カントは、まず物をそれだけで存在するものとし、その後に〔いわば付随的に〕上述の二つの力を付与するのではなく、物質はもっぱらこの両力の統一として捉えなければならないと力説し、ドイツの物理学者たちも一時はこの純粋な動力学で満足していたのでしたが[8]、最近は又ドイツの物理学者の大部分が原子論的な立場に復帰した方が便利だと考え、彼らの同僚の故ケストナー氏[9]の警告にそむいて、物質は原子と呼ばれる[10]無限に小さい物片からなり、その原子がそれに付随するものとされる牽引力、反発力及びその他の任意の諸力の戯れ〔即ち「偶然」〕によって互いに関係させられるのだと考えるようになっているのです。これもまた〔たしかに〕形而上学ではあります。〔しかし〕このような無思想な形而上学[11]こそまさに十分に注意する必要のある形而上学なのです。[12]

1　「歴史的」ということは「論理的ではなく」ということですが、実際には「論理的にもそうだ」とヘーゲルは思っている訳です。なお、「理念の歴史」と言って「哲学の歴史」と言わなかったのは、「たまには別の用語も使う」というだけの話でしょう。bildenという語を使っているのも「属詞文の代用形」です。「文法」の一五六頁を参照。邦訳は原「文」に忠実すぎる嫌いがあります。

2　ここで形而上学と呼ばれているものは、エンゲルスが経験主義に対置した「理論的思考」のことです。なお、エンゲルスはヘーゲルと同主旨の事を次のように表現しています。「事実、弁証法を軽視すれば罰なしにはすまされない。理論的思考を軽蔑することはいくらでもできるだろうが、それにもかかわらず、理論的思考なしには二つの自然の事実を関連させたり、あるいは両者の間に成り立つ関連を見抜くことはできない。その場合問題となることは、ただ、「正しく思考するか否か」ということだけである。理論を軽蔑すれば必ず自然主義的な思考に成り、したがって間違った思考に行き着く。これは自明である。そして、間違った思考は、それが首尾一貫し、究極まで貫徹された場合には、古くから知られた弁証法の法則にしたがって、その出発点とは正反対のものに到達する。かくして、弁証法を経験主義的に軽蔑する者は、極めて冷静な経験主義者でさえも皆、迷信のうちでも最も未開な迷信、即ち近代心霊術に転落するという罰を受けるのである」（前掲『マルエン全集』第二〇巻三四六頁）

3　この警告についてはエンゲルスも『自然弁証法』の序論で言及しています。

4　このPhysikerは、何らかの形而上学〔哲学、理論的思考〕を持った者の対概念として「経験論者」くらいの意味でしょう。「物理学者」はおかしいと思います。

5　この対比を見ると、具体的↔一面的、論理的↔悟性的（原文は「悟性によって固定された」）理念↔思考規定、となっています。従って、具体的とは、一面的でなく物事の両面を見ることであり、ここで論理的とは理性的ということだ、と分かるのです。

6　Vorwurf は「非難」ですが、現代日本語ではこういう時は「批判」と言うと思います。

7　ここは das Wie und Warum .. würde となっています。連語の冠詞問題は「文法」の三七〇頁を、その定形の数に関しては三八〇頁を参照。英訳は the How and the Why としています。エンゲルスの『反デューリンク論』への「旧序文」の中に der vulgäre Reiseprediger-Materialismus eines Vogt und Büchner という句がありますが、英訳はこれを the vulgar itinerant-preacher materialism of a Vogt and a Büchner としています。英語では連語でも冠詞を繰り返すのが原則なのでしょうか。もっとも、第九六節付録では、ドイツ語が eine negative und eine positive Bedeutung と不定冠詞を繰り返している所を、英訳は a positive and negative meaning としています。

8　ここの haben gefallen lassen の haben の位置が「変則的定形後置」です。「文法」の一三三頁以下を参照。なお、この副文は文頭の Wenn に導かれていますが、この Wenn が「事実を指す Wenn」です。関口『ドイツ語学講話』一五七頁以下を参照。

9　ここの des seligen Kästner における「人名の無語尾」については、「文法」の三一七頁の③を参照。

10　ここの Atome genannt の Atome は Dingerchen（複数三格）と同格になっていませんが、これは「換言的並置」ではないからでしょう。die Atome genannt wurden の略と考えれば当然一格形（挙形）になります。genannt との順序は genannt Atome のように逆になることもあるようです。「文法」の三〇一頁の④、五〇〇頁の geborene についての説明、及び五〇一頁の「感想」を参照。

11　Metaphysik に不定冠詞が付いています。適用する形而上学を「正当なものと不当なもの」とに分けて、「不当な方のそれ」と考えたならば定冠詞を付けたでしょう。「それも形而上学ではあるが、それに対しては十分に用心しなければならない」と考えて不定冠詞を付けたのでしょう。

12　カントを褒め、けなし、又褒める。こういう二枚腰の思考こそヘーゲル独特のものです。

## 付録二〔質から量への移行〕

本節で述べた質から量への移行は私たちの通常の意識の中には見出されないものです。私たちの通常の意識は質と量を自立し並立している一対の規定と見ています。ですから、事物は単に質的に規定されているだけでなく「亦」量的に「も」規定されている、という言い方がなされるのです。そして、その時には、質と量の規定がどこからきたか、両者はどう関係しているかといったことは問題意識に上らないのです。しかし〔実際には、即ち概念的思考によるならば〕、量というのは止揚された質以外の何物でもないのでして、この止揚過程こそ本章で考察した質の弁証法です。[1]〔簡単にそれを繰り返しますと〕まず最初は「〔純粋〕存在」でした。そして、その存在の真理として出現したのが「生成」でした〔ここまでが第一項存在です〕。しかるに、この生成は「定存在」への移行を生みましたが、この定存在の真理とは「変化」である事が分かりました[2]〔ここまでが第二項定存在です〕。しかし、変化はその結果の中で、「他者への関係も他者への移行も免れた独立存在[3]」と成りました。そして、最後にその過程の二側面、即ち反発と牽引の中で[4]、その独立存在が自己自身を止揚し、よってもって質一般、つまり質とその全ての契機を止揚することになったのです。ところで、この止揚された質は抽象的な無でもなければ抽象的で無規定な存在[5]でもありません。それは規定されているということに無関心な存在〔あり方〕にすぎません。そして、こういうあり方こそ、私たちが通常「量」と呼んでいるものなのです。私たちは事物を考察する際、この常識的な考えに従って、まずその質という観点から考察しますが、その質というのはその事物のその物たることと同一の規定性なのです。〔しかし、私たちはそこに留まらないで〕先に進み、量を考察します。すると、ただちに、どうでもよい外的な規定性という観念が得られます。つまり、或る物は、その量が変化して大きくなろうと小さくなろうと、やはりその物であり続けるというわけです〔ですから、こういう日常的意識を純化すると、量はその質的規定性に対して無関心なあり方であり、止揚された質であるという先の言葉が出てくるのであり、私へーゲルの哲学と日常生活とはその底において一致しているのです。しかし、通常の意識には「質から量への移行」という考えはやはり無縁なのです[6]〕。

1　ここは es ist A, wodurch .. で「Aを強調する構文」ですが、語順が A ist es, wodurch. と成っています。同じですが、本来はこの es は属詞ですから、後者の方が元だったのかもしれません。同じ構文は二〇九頁の一行目にも出てきます。

2　「分かりました」と訳しましたが、原文は erkannt ですから、狭義の「認識された」です。「知っているからと言って、認識していることにはならない」というへーゲルの考えが出ています。

3　この entnommene を鶏鳴版では「～から引出された」と訳して、問題提起としましたが、再考して他の訳者と同じに取りました。

4　このコンマで囲われた der Repursion und der Attraktion が「換言的並置」です。den beiden Seiten に合わせて3格になっています。英訳は無冠詞にしています。英独のように兄弟みたいな言語の間でも冠詞の用法はかなり違うようです。

5　ここは weder ein abstraktes Nichts (A) noch das ebenso abstrakte und bestimmungslose Sein (B), sondern nur das gegen die Bestimmtheit gleichgültige Sein (C)と、冠詞がAは不定冠詞、BとCは定冠詞となっています。英訳はAとBは不定冠詞、Cは無冠詞にしています。へーゲルはBとCを

対比させたのかもしれません。
6　今回、この最後の文を追加しましたが、ここまで読まないと、この付録の趣旨が尻切れトンボになると思います。

第二章　量（Quantität）

## 第一項　純粋な量（Die reine Quantität）

### 第九九節〔量とは何か〕

量とは純粋存在ではあるが[1]、そこではその規定性〔質〕が止揚されていて、もはやその存在〔在り方〕自身と一体となっておらず、〔その在り方に対して〕無関心なものとして定立されているところの純粋存在[2]である。

1　ここで das reine Sein と言って「純粋な」と言葉を付けたのはなぜでしょうか。定量と区別して「規定されていない」ということでしょうか。それとも、論理学の冒頭の「純粋存在」のことでしょうか。多分、後者でしょう。あくまでも純粋存在の一側面だと言うのでしょう。なお、この第一項の表題を Die reine Quantität としたのは、第一章第一項をただ Das Sein として、Das reine Sein としなかった事と整合的でないと思います。

2　先行詞に das reine Sein と定冠詞が付いています。

注釈

第一点〔「大きさ」という表現〕「大きさ（Größe）」という語は量〔一般〕を表すには不適当である。なぜならそれは主として「規定された量」を表すものだからである。

第二点〔「大きさ」の数学的定義〕数学では大きさのことを増大も減少もされうるものと定義するのが普通である。しかし、この定義は〔大とか小といった〕定義さるべきもの自身を定義の内に含むが故に正しくない。しかし、それはともかくとしても、大きさという規定は可変的で無関心なものとされている点は正しい。つまり、外延量が増えるとか内包量が大きくなるというように大きさの規定が変わっても、例えば家とか赤といった事物は家や赤であることを止めないということである。[1]

第三点〔量を絶対者の定義とすると〕〔いつもの通りこの規定を絶対者の属詞（述語）にすると〕絶対者は純粋な量である〔という第三の定義が得られる〕。この定義と一致するのは、一般的には、絶対者とは形相を持ちはするが無関心な規定として持つにすぎない質料〔物質〕であると定義する立場である。また、絶対者、絶対的無関心者においてはすべての区別は量的であるとする場合も、量を絶対者の根本規定としていることになる。——

〔絶対者というほどではなくても〕[2]そのほかには、純粋な空間とか純粋な時間など[3]を量の実例と見なすことができる。なぜなら、空間や時間を満たす実在物は空間や時間には無関心なもの〔どんな形でも、どれだけ長く続いてもよい〕と考えられているからである。[4]

1　もちろん外延量の例として家が、内包量の例として赤が出されています。家は大きくても小さくても家であり、赤は濃くても薄くても赤だということです。
2　この角括弧の中は、原文のダッシュを読んだものです。
3　ここに「など（usw.）」という語がありますが、空間及び時間と並ぶものはないのに、ヘーゲルは何を考えていたのでしょうか。
4　文末の soll は伝聞ではなかろうか。

付録〔量についての数学的理解と哲学的理解〕

〔その一・「大きさ」の数学的定義〕数学で通常行われている大きさの定義は、「増大または減少されうるもの」ということですが、この定義は一見した所では本節〔本文〕で与えられている〔量の〕概念規定より分かりやすく、もっともらしく見えます。しかし、少し立入って見てみますと、この定義には論理学の展開過程で量の概念として明らかにされた事柄を〔導出するのではなく〕表象の中に与えられた事実として前提する態度が見られます。つまり、大きさの概念とは増大または減少されうることだと言うとすると、そこで言い表されていることは、大きさ（もしくは一層正確には量）とは（質とは違って）それの変化に対して所与の事柄が無関心に振舞うような規定である〔これが量の概念〕ということです〔このように考えるならば、数学での大きさの定義は正しい内容を表象的ないし悟性的形式で捉えただけだということになります〕[1]。次に量についての通常の定義のどこが拙いかと言いますと、それは一層詳しくは、増大及び減少ということは量を異なって（anders）規定することの謂いにすぎないということです。しかるに、そうだとすると、量とはさし当っては可変的なもの（Veränderliches）一般ということになります。しかし質も可変的なものです。〔ですから可変的ということだけでは質と量との区別はできないのでして、両者の可変性はどう違うかと考え進めますと〕先に述べた量の質との違いというのは、増大または減少によって表現することができます。つまり、大きさの規定は、〔大きい方または小さい方の〕どちらの方向に変えられても、事柄はやはりそのものであり続けます〔が、質が変われば事柄は変わってしまう〕ということです。[2]——

〔その二・哲学は自由な思考の根拠ある認識である〕ここでもう一つ言っておかなければならないことは、哲学は一般に単に正しい定義〔結論が正しければ好いような定義〕を問題にするものでもなければ、ましてもっともらしい定義、つまりその正しさが表象的意識にただちに分かるような定義を求めているのではないということです。そうではなく、哲学が事とする定義はその真なることが「証明された定義」です。つまり、目の前に与えられたものとして見出されるような内容ではなく、自由な思考の中で、従って又自己自身の中で根拠づけられたものとして「認識された内容」を持つ定義です。[3] いま問題になっている〔量の〕例で考えますと、数学で通常行われている量の定義はどんなに正しく無媒介に〔何の説明もしないでも〕分かるように見えても、この定義ではこの〔量という〕観念が一般的な思考〔思考一般、概念体系〕の中でどう根拠づけられ〔どのような位置を占め〕、従ってどの程度必然的なのかを知りたいという要求は、満足されません。[4] これと関係してもう一つ言っておきたいことは、量〔という規定〕を思考によって〔その意義と限界を明らかにするという〕媒介を経ないで、表象の中から無媒介に取り上げる〔数学的定義で考える〕と、量〔という規定〕の妥当範囲を越えてそれを過大評価することがしばしば起こるということです。時にはそれを絶対的なカテゴリーにまで持ち上げてしまうこともあります。数学的計算のできるものを対象とするような科学だけが「精密な科学」とされる場合がありますが、これは実際その例です。ここにあるのは先に（第九八節への付録で）言及しました悪しき形而上学であり、それは一面的で抽象的な悟性的規定で具体的な理念にとって代えるものです。もし〔こういう考えが正しいとして〕自由とか法〔正義〕とか習俗とか、あるいは又神でさえも、それらが計量されず数えられず数学的定式で表現されえないという理由で、それらについての精密な認識は放棄して、一般的な点についてはっきりとした規定を持たない表象だけで満足しなければならず、一層細かな点については、そのはっきりした規定を持たない表象から各人勝手に作り出すままに任せなければならないとしたなら、我々の認識は大層ひどい状態になっていることでしょう。――

〔その三・量の数学的な定義は唯物論と結びつく〕そのような考えからは実際生活の上にどのような有害な帰結が出てくるかは言うまでもなく明らかです。〔そこでこの話は打ち切って〕話を転じて〔注釈の第三点について説明しますが〕一層よく考えますと、論理学上の理念の一段階である量をこの理念自身と同一視〔して最高絶対のものと〕する上述の数学一点張りの立場は唯物論の立場にほかなりません。それは、科学的意識の歴史においては、殊に前世紀〔一八世紀〕の中葉以来のフランスにおいて完成された唯物論です。〔つまりこの考えでは〕物質という抽象とはまさに、たしかに形式を持つが、どうでもよい外面的な規定として持つにすぎないようなものだというのです。

〔その四・量規定の意義〕さて〔これまで量というカテゴリーの限界ないし、それを絶対視する見方への批判を中心に論じてきましたが、ここでそのカテゴリーの意義について確認しておきたいと思います〕、以上のように言ったからといって、それで数学の品位が傷つけられたとか、あるいは量という規定を単に外面的でどうでもよい規定だと言うことによって、怠惰な精神や浅薄な精神を正当化することになり、量の諸規定はそのままにしておいてよい〔はっきりさせなくてもよい〕とか、それは外的な規定だからそんなに厳密に考えなくてもよいと主張するものだと受取られるとすると、それはとんでもない誤解です。とにかく量は理念の一段階であり、従ってそれにはそれ固有の権利〔意義〕が認められなければなりません。即ち、さし当っては論理学のカテゴリーとして、更に進んでは自然界及び精神界という対象的世界の中でも、それ固有の権利が認められなければなりません。しかし、更に、ここにまた新たな区別がすぐにも出てくるのでして、それは、自然界の諸対象における場合と精神界の諸対象における場合とでは大きさの規定の持つ重要性が違うということです。即ち、自然というのは〔理念が〕他在及び自己外存在という形式を取ったものですから、まさにそれ故に自然界では、自由な内面性の世界である精神界においてよりも量が一層大きな重要性を持ってもいる[6]のです。たしかに我々人間は精神的な内容を量的な観点から考察することはありますが、しかしただちに分かることは、例えば我々が神を三位一体と捉える時、その「三」という数の意義は、我々が例えば空間の三次元とか三角形の三辺とかを考察する場合よりははるかに小さい従属的なものでしかないということです。なぜなら、〔後者においては〕三角形の根本規定はまさに三本の線で囲まれた平面ということにあ〔り、そこでは三という数が絶対的中心的な役割を果たしているからです〕。しかし、更に又、自然の内部にもそのような量的規定がより重要かより重要でないかという区別があるのでして、具体的に言いますと、非有機的自然の中では有機的自然の中でよりも量は重要な役割を演じているのです。更に又、この非有機的自然の内部で力学的な領域を狭義の物理的領域及び化学的領域から区別して考えるならば、又又ただちにその同じ区別があることが分かります。即ち、力学は周知のように、数学の助けがほとんど不可欠どころか、数学がなければ一歩も進めない学問分科なのです。ですからまさにそういう理由で力学は数学に次いで優れて精密な科学と見なされるのが普通なのですが、こうなると唯物論の立場と数学一点張りの立場とは一致すると述べた先の指摘を思い出さなければなりません[7]。

**〔その五・量的な見方の過大視の弊害〕**それはともかく、以上のすべてから考えて、よくあることですが、対象のすべての区別、すべての規定をもっぱら量的なものの中に求めるということは、精密で根本的な認識を妨げる最大の偏見の一つと言わなければなりません。例を挙げるならば、たしかに精神は自然以上のものであり、動物は植物以上のものなのですが[8]、もしこれらの対象について単にそのような「以上」とか「以下」〔といった量的区別〕にとどまっていて、一層進んでそれらの対象のその固有の規定（ここでさしあたっては質的な規定）を捉えないとするならば、それらの対象とその区別についてほとんど何も知らないと言ってよいのです。

1　注釈の第二点では、定義されるべきことが定義の内に含まれているということ（形式的拙さ）と、それにもかかわらず正しい点があるということ（内容的正しさ）を指摘していましたが、それをこう説明し直したのでしょう。

2　この辺の達意眼目がピンとこないが、こう取った。わざわざ言うほどもない下らないことです。

3　この表象的定義と概念的定義の違いは実際にはどういうことなのでしょうか。これが大問題です。この問題を解決し、自分も概念的思考能力を身につけるためには、まず第一に、両者の違いを言葉として覚えておくこと、第二に、世の中で為されている表象的思考と概念的思考の実例を見出し、両者はどう違うかを考えること。牧野の哲学ないし考え方ないし文の運び方を概念的思考と認める人は、牧野のそれと他の人のそれとの違いを徹底的に考えぬくこと。第三に、自分が何かを考えたり書いたりする時、自分は実際にはどういう考え方をしているかを反省し、どう考えれば表象的で、どう考えれば概念的かと比較して考えること、以上三つを実行することでしょう。

4　換言するならば、「論理的生成の必然性」ということです。少し下げて言い換えますと、「所与の概念の意義と限界をわきまえて使う」ということです。

5　この「従って」は als solcher を訳したものです。直訳すれば「そのようなものとして」「そのようなものだから」で、もちろん「理念の一段階だから」ということです。

6　この二一一頁下から四行目の auch は、前の文の auch（下から八行目）と同様、文全体にかかり、「こういうこともある」ということでしょう。

7　この文の「こうなると」以下の文の達意眼目は、「だから量の立場は唯物論の立場と一致すると先に言った通りじゃないか」ということでしょう。

8　動物が植物以上のものであるとはどうして分かるのでしょうか。一般に、AとBとはどっちが上かはどうして分かるのでしょうか。それは、止揚・被止揚の関係を考えればよいのです。植物人間というのがありますが、動物は外傷などによりその動物的機能が停止されると、それまで止揚された契機であった植物的機能が前面に出て〔顕在化して〕働き出します。ということは、逆に言うと、「植物は動物の中に止揚されている」ということです。しかるに、植物の中には動物は止揚されていません。なお、食べ物の関係で、動物は植物を食べるということを根拠にして動物の優位を説明するのは、食虫植物というのもあるから無理です。八五二頁の訳注3。

## 第一〇〇節〔量の連続性と不連続性〕

量はまず[1]〔第一に〕「連続量」という面と「不連続量」という面とを持っている。無媒介の自己関係の面、ないし抽象〔作用〕によって自己同等性の面が顕現された場合は「連続量」であり、量の内に含まれているもう一つの規定である「一」という規定が表に出た場合は「不連続量」である。しかし〔第二に〕、その連続量の面は「多」の連続性にすぎないから同時に不連続量でもあり、その不連続量の面は同様に連続量でもある。そして、この「不連続量の連続性」[2]は「多くの一の同一性としての一」だから、それは「単位としての一」（die Einheit）である。

1　この zunächst は次の文の aber と対になっていますが、zunächst を含む文自身の中で二つの事が言われていますので、それが分かるように訳すのが難しいです。今回は鶏鳴版とは違って、新たな試みをしました。

2　この ihre Kontinuität の ihre は何を受けているのでしょうか。すぐ前で「後者〔不連続量〕も連続的だ（kontinuierlich）」と言ったその形容詞で表されている事柄を受けているのだと思います。なお、ヘンニンクはこの文の前に denn という語を括弧して入れましたが、入れるなら und だと思います。前の文の因果の説明ではないと思います。先に進んでいると思います。

**注釈〔量の連続性と不連続性の二律背反〕**

**第一点〔連続性と不連続性の関係〕**従って連続量と不連続量とを二つの「種（Arten）」と取って、両者を排他的な関係にあると考えてはならない。そうではなく、この二者は、同じ全体的なものが或る時は一方の規定の下で、他の時には他方の規定の下で定立される〔顕現する〕という違いがあるにすぎない。

**第二点〔カントの二律背反について〕**空間、時間、物質は無限に分割可能だという説とこれ以上分割できないものから成るという説とが共に成り立つという〔カントの主張する〕二律背反は、或る時には連続量としての量を、他の時には不連続量としての量を主張することにほかならない。つまり、空間や時間等[1]を連続量という規定の面から考えれば無限に分割可能だし、不連続量という面から考えれば「潜在的に」分割されたものと見る事に成り、分割不可能な一から成るということになる。いずれも一面的である。[2]

1　ここも「等」となっています。第三の「物質」があるからか。六六三頁の訳注3を参照。

2　ヘーゲルはどのように哲学したのかなと考えることがあります。その一つは過去の哲学を読みながら、そこで扱われている問題を自分で考え直したのだと思います。ここなどはそれの好く分かる例だと思います。

## 付録〔量の連続性と不連続性の統一の例解〕

量は独立存在のすぐ次に出てくる結果ですから、独立存在の過程の持つ二つの面である反発と牽引とを観念的契機[1]として自己内に含み持っています。従って量は連続的であると同時に不連続的でもあります。[2]これらの両契機の各々は〔互いに〕相手の契機を自己内に含み持っており、従って単に連続的な量があるのでもなければ、単に不連続的な量があるのでもありません。それにもかかわらず、連続量と不連続量を量の互いに対立する二つの特殊な種だとする人がいますが、それはそう語る人の抽象化的反省能力の結果にすぎません。そういう反省能力は、規定された量を考察する際、量の概念の内に不可分の統一を成して含まれている二つの契機の内の、或る時は一方を、他の時は他方を度外視するのです。かくして例えば、この部屋が占めている空間は連続量であり、その部屋の中に集まっている百人の人間は不連続量を成すといったことが言われるのです。しかし、空間は連続的であると同時に不連続的でもあるのでして、だからこそ空間の点〔地点〕ということも言われますし、又空間を分割して、例えば或る長さを何間《なんけん》とか何尺とかに分けることもするのですが、どうしてこういう事が可能かと言いますと、それは空間が潜在的には不連続的でもあるからです。[3]同様に又、他方、百人の人間から成る不連続の大きさも同時に連続的なのでして、それらに共通しているもの、つまりその百人全てを貫ぬき互いに結びつけている類としての人間こそ、この大きさの連続性の根拠を成すものです。

1　ここでも ideelle Momente と不必要な ideelle が使われています。第八六節付録二への訳注6（五九四頁）を参照。

2　この考えはヘーゲルの論理学を理解する上できわめて大切です。甲というカテゴリーから乙が生成する時、甲の側面AとBが乙の側面CとDとなって現われるということです。逆に言うなら、乙の側面としてCとDが語られる時、それは乙の前のカテゴリー甲の側面AとBを乙の立場から捉え直したものだということです。こういう読み方に習熟しないとヘーゲルの論理学は読めないでしょう。

3　この発想法が面白い。事実として空間が分割されているということから、その根拠を考えるのです。

## 第二項　定量（Das Quantum）

### 第一〇一節〔定量の論理的生成〕

量がその本質に基づいて、[1]自己内に含まれる[2]排他的な規定性の面を定立する。それが定量即ち「限界〔規定〕を持った量〔或る量〕」である。

1　この wesentlich が分からない。考えられる解釈は、①初版の『小論理学』ではここが「量は本質的に定量である」とあることから見て、wesentlich と gesetzt 以下の句とを言い換えと見る見方、②wesentlich を gesetzt にかけて取る見方、しかし「本質的に定立されている」とはどういうことなのか、意味が分からないと思う。③量が排他的な規定性と共に定立されていることが本質的なことであると取る見方、つまりこの文の主部が内容上の文になっているので、その文全体に対する評価の副詞と取るもので、訳はこれによった。

2　ここに enthalten という語が使われていますが、これは gesetzt（顕在化された、顕現した）と aufgehoben（止揚された、観念的な、潜在的な）の中間でしょうか。つまり、場合に応じてどちらの意味でも使われうる、という事でしょうか。ここでは前者でしょう。

## 付録〔定量への移行の詳論〕

〔その一・質論と量論の対比〕定量は量の定存在です。それに対して、純粋量は〔量における純粋〕存在であり、〔この後すぐ考察する〕度は〔量の〕独立存在ということができます。——

〔その二・定量への移行〕純粋な量から定量への移行について詳しく述べますと、その根拠は次の違いに基づいています。即ち、純粋な量の中（にも連続性と不連続性の区別という区別があることはあるのですが、そこではその）区別が単にまだ潜在的なものであるにすぎません。それに対して、定量の中では区別[1]が顕在化しているのです。その事によって、今や量は総じて[2]区別されたものと成り、限界〔規定〕を持った量[3]となっているのです。しかし、この時には同時に、定量は無限に多くの定量、つまり無限に多くの規定された大きさに分解されています。その一つ一つは他とは異なったもので、それぞれが一まとまり（eine Einheit）を成していますが、同時に他方一つ一つの定量を単独に考察してみると、それは「多」でもあります。かくして定量は「〔二とか五〇とか四二といった〕数」となるのです。

1　これは区別一般ではなく、「その区別」つまり「連続性と不連続性の区別」という取り方もあるかと思う。が、「連続性と不連続性の区別として」という句を訳文のように取り、ここは区別一般と取った。

2　宮本訳を参考にしました。

3　ここは begrenzt という語を出したいのだが、そのために unterschieden を出そうとして、Unterschied がどうのこうのと話したのです。底意のある言い換えのための準備です。

## 第一〇二節〔数、集合数、単位〕

定量が発展して完全な姿で規定されたものが「数[1]（Zahl）」である。数の要素は一であるが、その質的な[2]契機は、不連続性の契機の面では「集合数（Anzahl）」、連続性の契機の面では「単位」である。

1　定量と数とどう違うのだろうか。定量とは一〇人とか一五メートルとか八段とかいった具体的なもので、数とはそこから個別的な規定を除いた数そのもの、つまり一〇とか一五とか八といったもののことでしょうか。

2　この seine は何を受けるのでしょうか。文法的に可能なのは Eins か Quantum かですが、どうしても Zahl を受けるように考えるしかないのではなかろうか。松村も宮本も「数は、～その質的モメントとして」と訳しています。

注釈〔数学と哲学〕

〔その一・数観念の中間性〕算数では通常いろいろな計算法をば数を扱う偶然的なやり方として取り上げている。[1]〔しかし、哲学はこのような低い態度には満足できないので〕それらの計算法の中に何か或る必然的な関係があり、従ってそこには合理的なものがあるはずだと考えるのだが、その合理的な関係は原理の中になければならず、原理は数の概念自身の中に含[2]まれている諸規定の中にしかありえない。そこでこの原理をここで示しておく。――

〔その二・加法と乗法と冪乗の内在的理解〕数の概念の規定は集合数と単位であり、数自身はこの両者の統一である。[3] しかし、統一とは経験的な数に適用してみると、それらの数の等しさにすぎない。[4] そこで、諸々の計算法の原理は、いろいろな数を単位と集合数の関係で捉え、そしてこの両規定の等しさを見出すことでなければならない。

〔単位と集合数の等しさと言うからには、単位と集合数の性状の違いということが前提されているのであって、その面から計算法の違いを考える原理を捉えておくと〕諸々の一とか数とかはそれ自体としては互いに無関係なものであるから、それらが〔計算によって〕統一される時、その統一とは一般に〔内在的必然性なしに〕外からそれらをまとめて捉えるということになる。従って、計算するということは一般に「数えること」であり、計算法の違いは数え合わされる数の質的な性状の違いによる以外にはなく、その数の質的な性状の原理となるのは単位と集合数の規定である。[5]

〔さて、計算法を内在的に展開する前にもう一つ注釈を加えておくと、数に関係した操作としては〕「数えること（numerieren）」が最初の行為であり、それはとにもかくにも「数を作ること」であり、「任意の複数の『一』を一緒にすること」である。[6] ――

しかし〔これはまだ計算ではなく、従って計算法の一種ではなく〕、計算法と言えるのは、既に数になっていてもはや単なる一ではないようなものを数え合せることである。

いろいろな数は何の媒介もされていない最初は、全く無規定で、ただ「数である」にすぎない。従って原則として互いに「異なった数」である。そのような数を一緒にすること、つまり数えることが「加法〔足し算〕」である。

とにかくいくつかの等しい数があり、従ってそれらの数が一つの単位をなし、そのような数の或る集合があるという場合が第二の規定である。そのような数を数えることが「乗法」である。その際には、集合数〔乗数〕と単位〔被乗数〕の二規定がその二つの数ないし二つの因子にどのように割りあてられるか、どっちが集合数とされ、どっちが単位とされるかはどうでもよいのである。[7]

最後に、〔乗法における〕集合数と単位が等しくなる場合が第三の規定である。そのように規定された数を数え合せることは冪《べき》乗へと高まることであり、さしあたっては二乗〔自乗〕へと高まることである〔三乗以上の冪乗は数を自己とかけ合わせる作業を不定回数繰り返すことを続けるという形式的な継続である〔だから、冪乗の本質は二乗の内に尽きている〕〕。

この第三の規定の中で集合数と単位との区別というここに見られた唯一の区別が〔無くなり、両者が〕完全に等しくなったので、この三種の計算法以外の計算法はありえないのである。[8]——〔なお〕この数え合せる行為には同じ規定に基づいて数を分解する行為が対応している。従って、上述の三つの計算法を肯定的計算法〔ないし正の計算法〕[9]と言うならば、それと並んで否定的計算法〔ないし負の計算法〕と言ってよいもの〔減法、除法、根《こん》〕がある。

1　このヘーゲルの数学批判にも、哲学と個別科学の関係についてヘーゲルがどう考えていたかを読み取ることができます。それを端的に言い表すなら、「個別科学の偶然的形式を必然性の相の下で捉え直すのが哲学の任務である」、となるでしょう。つまり、個別科学はその内容の面に囚われているのですが、その内容の相互の「内在的」関係という形式面は看過されています（もちろん個別科学者がここまで考え進むこともありますが、その時その人は個別科学者としてではなく、哲学者として振舞っているのです）。哲学はその形式面を検討して、個別科学を蘇らせるのです。ここでも例えば、計算法には加法、減法、乗法、除法、冪乗、根などがあると「事実として指摘するにすぎない態度」と、それは加法→乗法→冪乗の三つで尽きているとし、それぞれの反対の計算法として減法、除法、根があるとして捉える方が、内在的、立体的であることは、一見して明らかでしょう。そもそも後者によって初めてそれ以外の計算法はない（ありえない）ということが分かるのです。私がパヴロフの条件反射理論の論理的再構成によって、反射には種属反射、個体反射、個体・種属反射しかないとしたのも同じです。言語を第二信号とするような態度では、第三次信号、第四次信号等々がありえないことは証明できないのです。『ヘーゲルの修業』所収の「マルクス主義哲学を笑う」に紹介した寺沢氏の見解も、このヘーゲルの考えとは根本的に異なるものです。

なお、ヘーゲルが数学を最高のものとせず、数学の方法を哲学に応用することはできないとしたことは、プラトンの考えを受け継いだのかもしれません。両者の数学観は酷似しています。なぜなら、プラトンは「数学者たちは始源まで遡って考究することをせず、仮説から出発して考察するから、対象について真の知識を持たないこと、また彼らは数学的諸学のすべての分科が相互に内的な関係を持ち相通じあうことを理解していないこと」（広川洋一『プラトンの学園アカデメイア』岩波書店、一二五～六頁）の二点をあげているからです。プラトンのアカデメイアの門には「幾何学を解せざる者入るべからず」と書いてあったと言われています。つまり、幾何学を表象的な意識と概念的な理解との中間のものと理解し、「幾何学まで自分で学んで来たならば、哲学を教えてやっても好い」という意味なのでしょう。この段落の表題を「数観念の中間性」としたのはそのためです。

2　この in dem Begriffe der Zahl ということが大切です。ここに注釈を書かないようではヘーゲルを哲学的に読んだとは言えません。

3　例えば、一〇という数は一（単位）が一〇（集合数）集まったものであり、あるいは二（単位）が五（集合数）集まったものです。ここの Einheit（単位）が何を指しているか、必ずしも自信がある訳ではないのですが、一応、こう考えました。他の訳者は誰も具体的な解釈を明示していません。これでは困ります。

4　ここではヘーゲルは「等しさ」という語を出したいのです。なぜなら、加法の各項が等しいと、それは乗法になる（5＋5＋5＝5×3）し、乗法の各項が等しいと、それは冪乗になる（5×5＝5の2乗）という風に、等しさを媒介にして三種の計算法の内的関連を示そうとしているからです。そのために、「統一（Einheit）」という語を手がかりにして、それはここでは「等しさ」として現われると持ってきたのでしょう。目的のためには手段を選ばない（？）ヘーゲルの強引な論理を読むには、なぜこの文が出てきたのかという根拠を考えるより、これを媒介としてヘーゲルは何を持ち出したいのか（底意）と、目的から考えた方が分かる場合が多いということは知っておいて下さい。

5　5＋3と5×3の違いは、ここで数え合わされる二つの数5と3の質的性状の違いによるということになりますが、これでいいのでしょうか。5に加えられる3と5に掛け合わされる3とでは、同じ3でも質的に違うが、それが集合数の規定の違いなのでしょうか。そもそもこの段落はなぜ入れたのでしょうか。

6　子供が数の世界に入る頃のことを考えてみますと、A・一、二、三、四、～と数を順に言える能力。B・目の前にあるものを、例えば五個のリンゴを五個と判断できる能力。C・5＋3＝8等々といった計算をする能力、の三種の能力があることが分かります。ここでヘーゲルが**numerieren**（数えること）と言っているのは、それが「数を作ること」と等置されていることから見て、Bの能力ではあるまいか。なぜなら、この「数を作る」ということは、インド人が初めて0（ゼロ）を発見したように初めて数を作ることではなく、目の前に与えられた事態から他の面を度外視して数の面を取り出し、それを数の世界へと引き入れることだと考えられるからです。ここでヘーゲルが**rechnen**（計算すること）と言っているのは明らかにCの能力であり、それが三種（負のそれを入れれば六種）になると言って、それの内在的関係を証明しています。zählen（数えること）はAの能力でしょうか。もしそうだとすると、先に「計算することは一般に数えることであり」と言っているのは、Cの能力はAの能力に還元されるということになります。例えば、5＋3＝8という計算は、五個のものと三個のものを一列に並べて、それを順に数えることに帰着させうるということでしょうか。zählen を zusammenzählen（数え合わす）とも言い換えている所を見ても、そう考えられます。そう考えると、Bの能力もAの能力に帰着し、数の能力の根本はAの能力だということになります。これはこれで理解できます。

7　これは5×3と3×5とではどっちでもいい、ということでしょう。乗法としてはどちらも同じですが、同じ乗法の式でも、その意味は日本語とドイツ語では違うのではないか、とかねてから考えています。例えば郵便局で八〇円切手を五枚買うとします。ドイツでは Fünfmal achtzig と言いますが、日本では「八〇円を五枚」と言います。数式にしてしまえば「五×八〇＝四〇〇」と「八〇×五＝四〇〇」になります。もちろん結果は同じですが、日独では前の数字と後の数字の意味が逆なのです。

8　このように「数の概念に基づいて」（訳注2を参照）考えて、「全てが尽きている」と判断する。これが「形式を考える」ということです。与えられた文を読む場合では、こういう風に考えて読む事を「形式を読む」というのです。

9　この nach denselben Bestimmtheiten は entspricht に掛かるのではなく、Auflesen に掛かります。松村は「同じ規定にしたがって、」としていますが、「同じ規定にしたがった」として、読点を取るとよいでしょう。

## 付録〔数は不連続量を扱う幾何学でも使われる〕

数というものはその完全に規定された姿における定量ですから、我々は[1]数をいわゆる不連続的な大きさを規定する時に使うだけでなく、いわゆる連続的な大きさを規定する時にも使っています。ですから、幾何学では、空間のいろいろな図形とそれら相互の関係を示すことが問題なのですが、その幾何学でも数を使うのです。

1　この desselben は derselben の誤植でしょう。

## 第三項　度（Der Grad）

### 第一〇三節〔外延量と内包量〕

〔規定＝限界を持った量が定量であったが〕その限界は定量そのものの全体と同一のものである。[1]〔しかし、同一といってもそのあり方には二通りあって〕自己内で多様な限界〔規定〕は外延量であり、自己内で一様な限界は内包量である。[2] 後者が即ち度（Grad）である。[3]

1　分かりにくい表現ですが、例えば四メートルの棒はその全体で四メートルであり、二〇度の水はその全体が二〇度だということでしょう。

2　四メートルの棒は半分にすると二メートルの棒二本になって、四メートルでなくなります。しかし、二〇度の水二リットルは二つにして一リットルずつにしても二〇度の水でありつづけます。前者が外延量で、後者が内包量です。分割しても変わらないということが「自己内で一様」ということであり、分割すると変わるのは「自己内で多様」だからです。

なお、『大論理学』の初版と再版の中での Quantität（量）と Größe（大きさ）の二語の使い分けは必ずしも一貫していないということは、寺沢恒信がその訳書『大論理学1』（以文社）への付論六「『大きさ』と『量』」の中で指摘しています。原則は「大きさとは定量である」のに対して、「量とは純粋量」である、というものです。それなのに、実際には、同義に使っている箇所もある、というものです。この『小論理学』では第九九節注釈の第一点及び同節付録の「その一」で言及されています。本訳書では、原則として、この区別はしません。その場に適当な訳語を使います。

3　ヘーゲルが量から程度（Maß）への移行のために、量論の第三段階を度（Grad）としたことが正しいかどうかは考える余地があると思います。現にヘーゲル自身『大論理学』ではその第三段階を量的関係（比）として、度は第二段階（定量）の一部としているのです。『大論理学』の区分の方が正しいのではあるまいか。その一つの理由として、度を第三段階とすると、内包量と外延量は同格的なものなのに、その一方だけを取り上げるのは不自然だということをあげておきます。

**注釈〔外延量と内包量について〕**

連続量及び不連続量と外延量及び内包量との違いは、前者は量一般に関係し、後者は量そのものの限界または規定に関係しているという点にある。――

〔連続量と不連続量とが量の二種ではなかったのと〕同様に、外延量と内包量も、互いに他方の持っていない規定を持つという意味での二つの種を成すのではない〔種のレベルで異なっているのではない〕。外延量とされるものは〔見方を変えれば〕内包量でもあるし、逆も又そうである。

**付録〔外延量と内包量の異同〕**

内包量または度は概念的に〔本質的に〕外延量または定量とは別のものです。ですから、この区別を無視して大きさ〔量規定〕のこの両形式を無雑作に同一視するようなよく見られる態度は正しくないと言わなければなりません。こういう態度はどこに見られるかと言いますと、例えば、物理学で、比重の違いを説明するのに、二倍の比重を持つ物体では同一空間内に二倍の物質部分（原子）があるというようなことが言われる時です。温度や光についても、[1] 温度の違いや明るさの違いが温度粒子（または分子）や光粒子（または分子）の多少によって説明されるとされる場合がそうです。[2] このような説明をする物理学者は、そういう説明の不当性を突かれると、「そういう説明で現象の（周知のように認識不可能な）自体存在について判断を下そうというのではないのだ。ただそう表現した方が便利だからにすぎない」という言い訳を言うことが多いようです。[3]〔しかし、この言い訳を検討してみますと〕先ずその〔そう表現した方が〕便利だということですが、その意味は計算がしやすいということのようです。しかし、〔これでは、外延量と〕同様に数的にはっきりした表現を持つ内包量がなぜ外延量と同じように便利だとされないのか、その理由が分かりません。〔いやそれどころか、便利ということを言うなら〕そもそも計算したり考えたりすることを止めてしまう方が明らかに便利でしょうに。更にこの言い訳に対して言っておかなければならない〔もっと重要なことは、この言い訳の前半に暗黙の内に前提されている、自体存在の世界＝超感覚的世界については認識不可能だという考えでして、この〕考えについて言えば、この言い訳はこの種の説明をすることによって、結局、知覚と経験の領域を踏み越え、形而上学と思弁（他所で無意味どころか有害だとされた思弁）の領域に入りこんでいる、ということです。[4]〔これを説明しますと〕ターレル銀貨で詰まった二つの財布があって、一方が他方の二倍の重さだとすると、それは一方には二百ターレル入っているのに他方には百ターレルしか入っていないからだというのは、たしかに経験的に分かることです。つまり、この貨幣は目で見、感官で知覚することができるのです。しかし、原子とか分子とかいったものは感性的知覚の領域外にあるものであり、それらの妥当性[5]や意味をはっきりさせるのは思考の仕事だということです〔ですから、このように内包量を外延量に還元する人たちは、自体存在は認識しえないと言いながら、事実上その言に反して自体存在について言明していることになり、自己矛盾を犯しているのです〕。それはともかく、（先に第九八節への付録で言及しましたように）独立存在という概念の中に含まれている多という契機を原子という形で固定して、それを究極的なもの〔実体〕とするのは抽象的〔一面的な〕悟性なのですが、今の場合でも、素朴な直観や真の具体的思考〔理性〕と対立して[6]、外延量を量の唯一のあり方とみなし、内包量が出てきてもそれをその固有の規定で認めずに、あやふやな仮説に基づいて外延量に暴力的に還元しようとするのは同じ抽象的〔一面的〕悟性です。最近の哲学に対して種々の非難がなされていますが、その中で特によく聞かれますのは、「それは全てのものを同一としてしまう」という非難でして、そのためにそれは同一哲学という軽蔑的なあだ名さえ頂戴しています。しかし、この点について今述べた説明から分かることは、哲学というのは正に、概念から見ても経験から見ても異なっているものは異なったものとして理解するものだということであり、逆に頭のてっぺんから足のつま先までこり固まった経験論者こそが、抽象的同一性を認識の最高の原理に高めており、従ってそういう人たちの哲学を同一哲学と称するのは根拠がなくもないということです。[7]ところで〔これまでは外延量と内包量を区別する事の重要性ばかり言ってきましたが、最後に両者の関係について一言しておきますと〕、単なる連続量も単なる不連続量もないように、単なる内包量も単なる外延量もないのであり、従って量の両規定は自立した種として対立しているのではありません。〔即ち〕内包的な量はどれも外延的でもあり、同じく外延的な量はどれも内包的でもあります。ですから、例えば或る温度はたしかに内包量です。ですから、温度に対応する感覚は一様なのです。[8] しかし、その時温度計を見てみますと、この温度には水銀柱の一定の高さ〔つまり外延量〕が対応していることが分かります。そして、この外延量は内包量である温度が変われば変わるのです。[9]

精神の領域でも全く同様でして、内的緊張度の高い人物〔思想〕はそれより低いものより〔外延的に〕一層広い範囲に影響を及ぼすのです。[10]

1　mit der Wärme und mit dem Lichtと、連語で冠詞のみならず前置詞まで繰り返している点については、「文法」の三七〇頁の第一項（連語と冠詞）を参照。

2　ここもそうですが、「科学とは事実を説明することである」という事は、無意識の内に前提されているのです。拙稿「弁証法の弁証法的理解」を参照。

3　この文にはzwarという語が入っていて譲歩文になっていますが、それに対応するaberは表面には出ておらず、次のzunächstとweiterの中に吸収されてしまっています。

4　この第二の反論の達意眼目は、角括弧で補ったように、「自体存在の世界には入りえないと言っているが、事実踏みこんでいるではないか」ということでしょう。

5　このderen Zulaïßigkeitとは、「熱や光の原子や分子が存在すること」の意でしょう。

6　感覚の全面性は一度悟性の一面性によって否定されるが、理性はそれを高い立場で再興する、というのはヘーゲル認識論の根本的観点です。

7　füglicherという絶対比較級は「どちらかといえば正当な方に入る」ということでしょう。

8　ここは、直訳すると、「その内包量には、それが内包量であるが故に、一様な感覚が対応してもいる」となります。Als solcherは理由。「一様な感覚」とは、外延量を感覚する「多様な感覚」と対にして考えてみる必要があります（もちろん、第一〇三節本文の規定を受けています）。四メートルの棒を目で見る時には、それを部分に分けて、ここまでが二メートル、もう一メートル足して三メートル等々と感覚を分割できます。これが「多様な感覚」ということでしょう。一様な感覚である温度は、例えば二〇度の水に手を入れた時、ここまでが一五度の感覚で、それに五度足して今の二〇度の感覚になっているのだと、感覚を分割することができません。これが「一様」「単純」ということでしょう。

9　ここでは内包量が外延量でもあるということの例しか挙げられていません。逆の場合の例を考えましたが、うまい例が浮びません。蛍光灯は長さが増せば光度も増しますが、どの外延量も内包的でもあることの説明としては、任意の外延量、例えば二リットルの水、四メートルの棒の内包量的性格が示されなければなりません。しかし、それが出来ないのです。

10　精神界におけるこの事実の指摘は面白い。ヘーゲルとしては自分のことを念頭においていたのかもしれません。二〇〇年近くも後の遠く離れた日本にこうしてヘーゲルの影響が及んでいるのはまさに内的緊張度が高いからです。思想運動における内部の質的向上と外への勢力拡大運動との関係についてもこれが言えます。多くの思想団体の量的外延的拡大運動はヘーゲル哲学と食い違っています。「真のオルグは自己オルグ（自分の考えを広げ深めること）である」。私自身もこの真理に気付くのが遅すぎました。

## 第一〇四節〔度は定量概念の顕現態である〕

度の中には定量の概念が現れ出ている[1]。度は〔先には、自己内で〕一様な大きさだ〔とされた〕が、〔それは又、他に対して〕無関心で独立した大きさでもある[2]。しかし、そうだとすると、大きさが〔特定の大きさである〕定量になるために必要な規定性は、他の諸々の大きさの中から来ることになる、つまりその大きさの「外から」来ることになる。この独立し〔他に対して〕無関心な限界〔規定〕が完全に外面的なものだ〔他者に依存している〕という矛盾の中に量の無限進行が出ている。——それは、ただちに自己の反対物である媒介されたあり方（今しがた定立された定量を越えてゆくこと）へと転化する無媒介性であり、又逆にその媒介されたあり方から自分に戻る無媒介性である。[3]

1　ということは、「度において定量は完成されている」ということです。

2　この文が分かりにくかった。松村のように、**für sich**を「それ自身としては」と副詞句に取るのは、文法的にすら不可能ではなかろうか。英Wでは **indiferent on its own account** となっていて、**indiferent** にかかる副詞句に取っているようです（「それ自身としては無関心」とでも訳すのでしょうか）。我々は次の文で **fürsichseiende** と **gleichgültig** が並んでいる（本当は **fürsichseiende** は **gleichgültige Grenze** にかかる）のを手懸りとして、同義と取り、間にコンマを入れて読んだ。そして、この節ではその **für sich** に力点があり、**einfach** は前節を受けているだけなので、達意眼目を訳文のように取った。

3　ここには、A・度は独立した量である。B・度を定量たらしめる規定はその度の外から来る、C・この矛盾から量の無限進行が出てくる、という三つのことがある。それぞれの文の現実的意味はどういうことだろうか。例えば、温度（与えられた温度、例えば二〇度の水）は、そこに与えられた熱量と媒体の熱容量とから決まる（これがBのことか?）が、温度は温度として熱量や熱容量とは異なった独立した規定、独立した量である（これがAのことか?）。これなら分かるが、そこから量の無限進行が出てくるとはどういうことか。

二〇度の水が必然的に二一度、二二度等々とか、一九度、一八度等々となるということだろうか（そうだとすると、そういう「必然性」はない）。それとも二〇度という温度の中には原理的に二一度、二二度等々、一九度、一八度等々が含まれている、ということなのだろうか。

なお、ダッシュの直後の eine Unmittelbarkeit の不定冠詞を松村も宮本も「一つの」と訳して、しかもこれを主語と取っていますが、違うでしょう。これはその前の der unendliche quantitative Progress を主語とする属詞〔述語〕で、評辞でしょう。不定冠詞付きの名詞には関係文が付いています。「文法」の一七六頁を参照。

### 注釈〔数という観念の中途半端さ〕

数は観念ではある。しかし、それは自分に対して完全に外的な存在であるような〔とても観念とは言えないようなあり方をした〕観念である。〔換言するならば〕数は観念だから直観に属しはしないが、それは直観の外面的性格を自己の規定〔特質〕とする観念である。[1]――

従って、[2]定量はたんに無限に増大ないし減少され「得る」だけではない。それはその概念〔本性〕によって自己を越え行くものである〔つまり必然的に増大ないし減少されるものである〕。〔無限の増大ないし減少と言うと無限進行になるが〕量の無限進行も〔質のそれと〕同様に同一の矛盾を反復するにすぎない無内容なものである。ここではその同一の矛盾が、一般的に言えば定量だが、一層具体化すると「度」ということになるわけである。この矛盾を無限進行という形で表現することは余計なことだが、それについてはゼノンが〔既に〕「或る事を一度言っても何回も言っても同じ事だ」と述べている（アリストテレスによる）が、その通りである。

1　数学を最高の科学とせず、感性界と知性界の中間とする態度はプラトンとヘーゲルに共通のものです。スピノザの「幾何学の方法を学ぶべし」とする態度と対立しますが、そういうヘーゲルの根拠はここにあるのです。『精神現象学』の序論でも「哲学は数学のような下位の学問から自分の方法を借りてくることは出来ない」旨の発言をしています。

2　この daher は本文を受けていると考えられます。その点から見ても、原文ではここの前に置かれている注釈（ダッシュの前の四行）はここに相応しくないと思います。

## 付録一〔経験＝可能性の立場と論理＝必然性の立場〕

先に（第九九節〔への注釈〕で）注意しておきましたように、数学では通常、大きさとは増減されうるものと定義されているのですが、[1] そして〔その定義は、定義の中に定義されるべきことが入っているという点で正しくないのですが〕その定義の際にその考えの根底に前提されている直観〔表象〕は正しく異議のないものなのですが、[2] すぐにも分かることは、[3] それを認めてもなお、どのような経過からそのような増減可能なものを認めることになるのか〔その増減可能なものの導出＝生成の必然性〕という問題はまだ残っているということです。この問題に対して〔「そういう増減可能なものが事実存在することは、我々が経験的に知っていることだ」と〕単純に経験に訴えることによって答えるのでは不十分です。なぜなら、こういう答えでは大きさについての表象は得られても観念〔概念〕は得られないという点はしばらく措くとしても、このやり方では大きさは単に（増減の）「可能なもの」であることが示されるだけで、増減可能なものを認めるようになることの「必然性の洞察」は与えられないからです。これに対して、論理学の展開[4]の〔中に量を位置づけるという〕私たちの方法では、量は自己自身を規定しゆく思考の一段階として現われただけでなく、必然的に自己を越え行くということも〔量の無限進行とその自己否定の必然性も〕量の概念の中にある〔必然的な〕ことだということ、従って我々はここ〔論理学、あるいは量論〕で単に可能的なものを扱っているのではなく、必然的なものを扱っているのだということも、示されたのです。[5]

1　これまでにもありましたが、ここでも bezeichnen という語が沢山使われています。四二三頁の訳注1を参照。
2　人間は或る対象を考える時、その対象についての直観を前提し、それを思考で変革して、対象の真の姿を定式化する。ここでヘーゲルは、「その定式化は間違っているが、その思考の前提になっている直観は正しい」、と言っていることになります。
3　これは zunächst を訳したものです。
4　ここの unserer logischen Entwicklung を松村も宮本も「論理的展開」と訳しています。第八五節本文への訳注1（五八一頁）を参照。
5　ヘーゲルの概念の立場の高さを示す見解ではあります。

付録二〔量的無限進行の有限性〕

反省を事とする悟性が特に無限というものを考える時、たいてい念頭においているのは、量的無限進行です。しかし、まず第一に、無限進行のこの〔量的〕形式に対しても、先に〔第九四節で〕質的無限進行について指摘したのと同じ事があてはまります。つまり、それは真の無限の表現ではなく、かの「単なる当為[1]（das bloße Sollen）」を越えることなく、従って実際には有限の中に留まっている悪無限〔ニセの無限〕の表現にすぎないということです。[2]次に、更に進んで、この無限進行の量的形式について言いますと、これをスピノザは正しくも「無限と思い込まれているにすぎないもの」[3]と評していますが、詩人たち（とりわけハラーとクロップシュトック）はよくこの〔量的無限進行の〕観念を使って、自然の無限だけでなく、神の無限すらも表象的に表そうとしています。例えば、ハラーには神の無限についての有名な記述がありますが、そこには次のような言葉があります。

私は山を無数に、／何百万も積み重ねる。
時の上に時を、／世界の上に世界を積み重ねる。
そして、その目もくらむような高さから／汝をもう一度見る時、
その時、数を千回繰り返しても／数の力をもってしては／汝の一部にもならない。

まず第一に、ここに与えられているのは、量、一層正確には数が、繰り返し繰り返し自分を越えて行くということです。カントは〔これに感心して〕「戦慄を覚える」と評していますが、実際には、限界が立てられては又止揚されるということがどこまでも繰り返されるだけで〔本当の意味では〕少しも先へ進まない退屈さこそ〔ぞっとさせるという意味で〕戦慄を覚えさせるものです。しかし〔同時に言っておかなければならない事は〕、このハラーはかの悪無限の記述に、その結論として、正しくも次の言葉を付け加えている〔ということです〕。

私はそれらを取り去る／すると汝は私の前にその全てを現わす

つまり、ここでは正に真無限は有限の単なる彼岸と見なすべきではなく、真無限を知るためにはかの無限進行を放棄しなければならない、ということが言われているのです。[4]

1　ヘーゲルは「単なる当為」という評辞を好く使います。次のような言い方から、ヘーゲルの真意を察してください。「哲学は理念だけを扱うものだが、この理念は単なる当為に止まっているような非現実的で無力なものではない」（第六節への注釈）とか、「この当為には、或る事が義なるものと認められているのに、それが妥当させられていないという無力さがあります。カント哲学とフィヒテ哲学の倫理学の立場はこの当為の立場でした」（第九四節への付録）

2　ヘーゲルが、一般に無限とされているものを悪無限とし、それに対して真無限を対置したの

は有名です。しかし、その現実的意味はどういうことなのでしょうか。人間（個人）の一生は有限です。この個人の一生を無限なものにするということを考えると、悪無限の立場に立つと、死をなくして永遠に生きることを目指すことになるでしょう。しかし、これは不可能です。真無限の立場に立つと、個人の一生を無限にするとはどういうことでしょうか。これが問題です。多分それは、人生を永遠なものの手段にすることだと思います。

3　ここは原文は「有限」となっていますが、間違いではなかろうか。この無限進行を今有限だとしたから、「実際には有限な進行」ということで「有限」としたのかもしれませんが、言葉の命名的性格から見て、ここは「無限」で通すべき所でしょう。松村も宮本も「有限」としています。英訳では英Wが infinite としていて、英Gは finite です。

4　ハラーの言葉の解釈としてこれが正しいか否かはともかく、ヘーゲルの落ち着いた考察を学びたい。

## 付録三〔ピタゴラス派の数の哲学について〕

周知のように、ピタゴラスは数で哲学した人で、事物の根本規定は数だとしました。〔哲学の素養のない〕通常の意識の持主が一寸考えた所では、こういう考えは全く理屈に合わないどころか、狂っているとさえ見えるでしょうし、一体この考えのどこが正しいのかという疑問が起こるでしょう。この疑問に答えるには、まず第一に、哲学の課題は事物を観念に持ちきたらすことであり、しかもそれを明確な観念に[1]持ちきたらすことだということを想起しなければなりません。しかるに、数はたしかに一種の観念ですし、しかも感覚的なもののもっとも近くにある観念です。というより、もっとはっきり言うならば、感覚的なものとは一般に相互外在性であり「多」ですから、数は感覚世界自身の観念[2]なのです。従って、宇宙を数と解する試みは形而上学への第一歩だと分かるのです。〔この事は哲学史的に見ても分かることでして〕ピタゴラスは哲学史では、周知のように、イオニアの〔自然〕哲学者たちとエレア派の哲学者たちとの中間に位置しています。しかるに、イオニアの自然哲学者たちは、アリストテレスも書いていますように、事物の本質を物質的なもの〔アリストテレスの言葉でいうと〕ヒュレー〔質料〕として捉える段階に止まっていましたが、エレア派の哲学者たち、特にパルメニデスは「存在」という形で〔真実在を「存在」とすることによって〕純粋思考に突き進んだのでした。ですから、ピタゴラス哲学の原理こそ感覚的なものと超感覚的なものとのいわば架け橋となるものなの〔だと分かるの〕です。ピタゴラスが事物の本質を単なる数としたことは明らかに行き過ぎであったし、たしかに事物は数えることができるし、その事自体には異議はないのですが、事物は単なる数以上のものである、と主張する人々の意見はどの程度正しいかということが、今やここ〔以上の予備的考察〕から分かるのです。ここで「事物は数以上のものだ」という点について言いますと、たしかにそれはそうだということを認めるのにやぶさかではありませんが、しかしこの「数以上のもの」という言葉で何を考えているかが問題です。〔そうすると〕平凡な感覚的意識の持主は、自分の立場に基づいて、躊躇無く、その「数以上のもの」とは感覚で知覚されうることだと答えるでしょう。事物は単に数えうるだけではなく、その上見たり嗅いだり触ったり等々のできるものだというわけです。ですから、ピタゴラス哲学に対して〔この立場から〕為されている非難は、私たちの今の言い方で表現し直しますと、「それは観念論的[3]にすぎる」ということになるのです。しかし、実際には逆なのでして、そのことは先にピタゴラス派の哲学史上の位置について述べたことからも既に推察できることです。つまり、たしかに事物は単なる数以上のものだということはその通りなのですが、その意味は、事物の規定された本質や概念を言い表すには数という観念だけではまだ不十分だということです。従って、ピタゴラスの数の哲学は「行き過ぎだ」と言うべきでなく、むしろ反対に、ピタゴラスはまだ「十分に進んでいない」とこそ言うべきでしょう。そして実際、エレア派が純粋思考への次の一歩を印したのでした。――

もう一つ考えられることは、事物は〔数に還元でき〕ないとしても、事物の状態や、一般的に言って自然現象で、その規定の本質が一定の数や数的関係にあるようなものもあるということです。殊に音と音の違いや音の調和関係などはそうでして、周知のように、ピタゴラスは音のこの現象を知って事物の本質を数だと考えるようになったと言われています。さて〔これについて一言しておきますと〕、たしかにこれらの規定された数に根拠を持つ現象の根拠となっている数は何かを探ることは、大きな科学的意味のあることではありますが、だからといって、思考規定一般を単に数の規定だけに還元してしまうことは、絶対に認めることは出来ません。たしかに、一寸考えただけでは、思考の一般的諸規定を初めの方の数と結びつけて、一は単純で無媒介のもの、二は区別され媒介されたもの、三は両者の統一である、と言いたくなる気持は分からないでもありません。しかし、この結びつきは全く外的な結びつきでして、上述の一や二や三がまさに単純や区別や両者の統一といった規定を表すということは、その数自身の本質には含まれていません。又、このやり方でどんどん先に進んで行きますと、特定の数と特定の観念との結びつきはますます恣意的になってきます。ですから、例えば、四は一と三の統一であり、それと結びついた観念を表すと言うこともできますが、四は又二の二倍でもあります。同様に、九は三の二乗であるだけでなく、八と一の和でもあれば、七と二の和等々でもあります。今日でも一部の秘密結社はいろいろな数や図形に特別の意義を認めていますが、このことは一面では罪のない遊びであり、他面ではそういう人たちの考え方が救いようのないくらい低いことを示しています。この場合〔そういう人たちを弁護して〕、それらの数や図形の背後には深い意味があるのであって、それによって多くのことを考えることができる、と言う人もいます。しかし、哲学というのは何かを考えることが「できる」ということではなく、「実際に」何が考えられるかを問題にするものです。思考の真の地盤は恣意的に選ばれた象徴ではなく、ひたすら思考それ自身の内に求めなければなりません。[4]

1　「明確な観念」とは「不明確なぼんやりした観念」の対概念なのでしょうが、ヘーゲルの立場から言うと、これでは不十分で、「事物を概念に持ちきたらす」と言わなければならない所です。

2　der Gedanke des Sinnlichen selbst をどう取るべきでしょうか。鶏鳴版では「感覚的なものの観念それ自身」としました。つまり selbst を der Gedanke des Sinnlichen 全体に掛けて取ったのです。他の訳者は皆、des Sinnlichen だけに掛けています。ただし、英Gは the thought of the sense-world itself としています。今回はこれを受け入れました。要するに、「感覚世界を、細かい区別は度外視して、全体を観念化した時、最初に得られるものが『数』だ」という事でしょう。

3　ここでの「観念論的」とは「今の言い方で言うと」と言っていますとおり、ヘーゲルの言う「観念論的」とは違いますし、現代唯物論の言う「観念論的」とも違います。単純に、「実在的側面を見落としている」あるいは「軽視している」ということです。

4　哲学（フィロソフィア＝愛知）は単なる愛知（知への愛であって、実際にはまだ現実の知になっていない）に止まっていてはならず、現実的な知にならなければならないとした（拙訳『精神現象学』三五～六頁）ヘーゲルらしい批評です。私の知っている人でも「〇〇先生は自分の哲学を持っているんじゃないかな」などと独り言をつぶやいていましたが、それなら「〇〇の哲学の研究」とでも題する論文なり著書なりを発表しなければ無意味です。私は仮死状態だった波多野精一の『西洋哲学史要』を生き返らせて、どこがどう優れているのかを書きました。牧野英一の「パンテオンの人人」についても、なぜこれがよい文章なのかを分析しました。『関口ドイツ文法』はこの深遠かつ膨大な文法を身近なものにしたはずです。漱石の『三四郎』の登場人物は「偉大なる暗闇」とやらに日の光を当てさせようと努力しましたが、無駄だったようです。ヘーゲルがカントの「物自体」について言ったように、「出てこなかったものは無かった」のです。「暗闇は偉大ではありえない」のです（付録3の第三節（一一四六頁）を参照）。

## 第一〇五節〔度の矛盾から比へ〕

〔度の中で明らかになったように〕定量[1]はその独立したあり方の中で自己自身に対して外的なあり方をしているが、この事がまさに定量の質を成している。即ち、〔度としての〕定量はこの〔他の量に依存する〕外的なあり方の中でまさに定量であり、自己関係するのである。従って、定量の中では、量的なものである外的依存性と質的なものである独立性とが統一されているのである。[2]——

このような性質が定量の表面に顕在化された時、それが量的関係〔比〕である。それは比の指数という「無媒介の」定量であると同時に、二つの定量の関係という「媒介」〔された定量〕でもあるあり方である。比の両項はそのままの値で妥当するのではなく、その比としての関係の中で意味を持つのである。[3]

1　二行目の **des Quantums** は、本来は **des gesetzten Quantums** と、即ち **des Grades** とするべきだと思います。あるいは、「二度目には一般化して言う」という準則に従ったのかもしれません。いずれにせよ、本節の一行目の **fürsichseienden** は第一〇四節の二行目の **für sich** を受けており、本節の二行目の **Äußerlichen** は第一〇四節の四行目の **außer ihr** を受けています。こういう風に、「ここは前の何を受けているのかな」と探してみますと、少なくともヒントは得られることが多いです。ヘーゲルの読み方の一方法として覚えておくとよいでしょう。

2　ここまでは第一〇四節前半の繰り返しです。第一〇四節への付録が長かったので、飛んでいるように見えますが、その付録を除くと、第一〇四節は短く、すぐ第一〇五節に続いています。

3　一リットルの二〇度の水を考えますと、二〇度という値は「無媒介の定量」です。しかし、それは「水の一リットル当たりの熱容量」という定量と「与えられた熱量」という定量の関係から成り立っています、即ち媒介されています。なお、比をドイツ語では Verhältnis と言うことについては六五二頁の訳注3を参照。

## 付録〔量の無限進行から比へ〕

量の無限進行は、まずは数が所与の数を越えてどこまでも先へ進むということでした。しかし、よく考えてみると、量はこの〔無限〕進行の中で量自身に返っているのです。というのは、この量の無限進行の中には何が含まれているかということを反省してみますと、それは要するに数が数によって[1]規定される〔除される〕ということだからです。しかるに、これは量的関係（比）にほかなりません。[2]例えば、二対四というものを取り上げてみますと、ここには二つの大きさがありますが、その二つの数はその直接性においてそれとして〔二や四として〕妥当しているのではありません。そこで与えられているのはその二つの数の相互関係です。しかし、この関係（比の指数）はそれ自身一つの大きさであり、しかもそこで関係させられている二つの数とは異なった大きさです。つまり、その〔比を成す〕二つの数が変わればその比も変わりますが、両項の変化と指数の変化とは無関係で、指数が変わらなければ〔比の両項が変わっても〕比は変わらないこともあるのです。ですから、二対四の代わりに三対六としても、その比率は変わらず、指数はどちらの場合でも二なのです。[3]

1　このdurchは、次の「二対四」をドイツ語でzwei durch vierと読むので、それとの関連で出した語ではなかろうか。

2　第一〇四節本文から第一〇五節への動きとこの付録とを比較してみると、定量から比への移行の仕方が異なっているのが分かります。
前者は、定量（度）の矛盾→量の無限進行及び比
後者は、定量（度）の矛盾→量の無限進行→比
となっています。第一〇五節本文では、量の無限進行から比を導出しなかったので、一度定量（度）の矛盾に戻って説明し直す必要がありました。そこで、第一〇四節前半の内容を繰り返したのでしょう。

3　二対四の「指数」を「二」と言われると、日本人は少し戸惑うのではないでしょうか。四対二の指数が二だと言われるならば分かりますが。先に第一〇二節注釈への訳注7（六七九頁）で、掛け算をどう捉えるかで日独に違いがあるのではないかと、問題提起をしておきました。これと関係があると思います。

## 第一〇六節〔比から程度へ〕

比の両項はいまだ無媒介の定量であり、従って〔比では〕質的規定〔比の指数〕と量的規定〔比の両項〕とがいまだに互いに外的である。しかし、この両規定の本当の関係はと言えば、量的規定はその外的依存性の中にあっても自己関係しているということである、即ちこの量的規定の独立したあり方〔das Fürsich-seiende〕[1]と無関心な〔外的な〕あり方とは[2]一体だ[3]ということである。この事態が程度（Mass）である。[4]

1　das Fürsichsiende は「質的性格」でした。

2　これは勿論「量的性格」です。

3　この vereinigt は第一〇五節の五行目にある同語を受けています。

4　ここにはヘーゲルの論理学における概念から概念への運動の特色がよく出ています。それは一部の人々によって「Aの概念が一人歩きしてBの概念になる」と言われていますが、実際は、ここにあるように、①Aの概念（ここでは比）を分析してみると、その関係する両項が無媒介だという特徴があることが分かる。②すると、論理必然的に、その両項が媒介されているような関係が次に予想される。③それは何かと考えてみると、程度というものがちょうどそれに当たっている。④だから次に程度を論ずる、ということです。比が一人歩きして程度に変身するのではないのです。このヘーゲルの方法こそ論理的思考です。

なお、この論理の歩みには歴史の歩みが対応することもあれば対応しないこともあります。例えば、サルの次に人間を考察する時には歴史に対応しますが、男性の次に女性を論ずる場合には対応しません。しかし、この論理と歴史の対応の問題は別の問題です。ヘーゲルにあっては、この歴史自身が結局概念の自己運動と考えられていましたから、その意味で概念の一人歩きというなら、それも言えるでしょうが、論理学の概念間の移行は以上の通りであり、それは学ぶべき正しいものだと思います。

## 付録〔量論のまとめから程度論へ〕

量は、これまで考察しましたように、その諸契機を通って弁証法的に運動し、質に返ることになりました。〔その運動を簡単にまとめますと〕まず初めには量の概念は「止揚された質」ということでした。つまり、その存在〔在り方〕と同一でなく、その存在に対して無関心で外的にすぎない規定ということです。同時に、この概念は（先にも指摘しましたように）数学で通常行われている大きさの定義、即ち増大も減少もしうるものという定義で前提されている事柄でもあります。しかるに、この定義から見ますと、大きさというのは可変的なもの一般にすぎないとも言えます（というのは、増大も減少も大きさが変わることにほかならないからなのです）が、こうなると、その概念からして同様に可変的なものである定存在（質の第二段階）と違わないということになって〔困って〕しまいますので、かの定義の内容を完全なものにして、量における可変的なものとは、それが変化しても同一であり続けるようなもの〔不変なもの〕である、と言わなければならないことになったのでした。

そのようなわけで、量の概念の中には〔可変的と不変的との〕矛盾が含まれていることになり、この矛盾こそが量の弁証法を成すものなのです。しかし、この弁証法の結果は、質が真理で量は非真理であるという形で質に返ることではありません。そうではなく、それは質と量との統一であり、質的な量つまり程度〔に成るという事〕なのです。──

この際言っておきたいことは、我々が対象的世界を考察して量的規定を取り扱う場合、そこで目的としているものは実際にはつねに決まって程度（Mass）なのだということです。このことは我がドイツ語でも示唆されていることでして、量的な規定や関係を突き止めることを messen（測る）ということに表れています。ですから、例えば弦の振動によって引き起こされる音の質は弦の長さの違いとどう関係しているかを見ることを狙って、振動している弦の長さを測る（messen）と言うのです。同じように、化学では化合している物質の量を突き止めるのは、その化合を条件づけている程度、即ちどういう質にはどういう量〔化合の割合〕が対応しているかを知るためなのです。又、統計で扱う数字も、その数字によって条件づけられている質的な結果との関連で初めて意味を持つのです。逆に言うならば、そのような指導的な観点なしに単に数を数として調べるのは「只の物好き」と言われても仕方がないのでして、それでは理論的興味も実践的興味も満たされないのです。[2]

1　ここはドイツ語原文ではどの版でも Qualität となっていますが、訳書はみな「量」にしていますし、量と取るしかないと思います。誤植でしょう。

2　要するに、子供が加減乗除の練習問題を解いたり、少し上の年齢になって方程式の問題を解いたりするのは、「只の物好き」と評するのは少し酷ですが、そこには「何のためにその数値を求めているのか」という「指導的観点」がないのです。それに比して実生活で我々が何かの数値を求めるのにはきちんとした「指導的観点」があります。体重や身長を測る場合でも、平均寿命を出す場合でも、あるいは物価の変動を調べるのでも、みな、同じです。この「指導的観点をもって測定される数値」のことを「程度」というのでしょう。

　残る問題は「度」と「程度」とはどこが違うかでしょう。私見では、度は一般論で、程度はその「指導的観点」によって特殊化された「度」だと思います。例えば温度は一般論としては内包量ですが、ただそれだけです。しかるに、程度（測定される温度）としての温度は体温であったり風呂の湯加減であったり、気温であったりします。こういった事ではないでしょうか。

第三章　程度[1]（Das Mass）

第一〇七節〔程度の第一段階〕

程度は質的な定量である〔これは前の節で確認した〕。が、まずは[2]〔論理学の展開の現段階では、出てきたばかりの程度だから〕それは「無媒介の程度」〔どのようにしてそうなったかはともかくそこに与えられたもの〕である。それは「或る定存在の定量」、あるいは「或る質の定量」〔あるいは「或る定量の或るもの」〕である。[3]

1　ヘーゲル論理学の das Maß は訳者泣かせの語です。他の翻訳を見ますと、限度（松村、宮本）、度量（寺沢）、質量（速水、山口）といった具合ですが、梯明秀の「尺度」も鋭いと思います。私見では「質量」は拙いのではないかと思います。「度」という語はぜひ入れて欲しいと思うからです。「質的な量」ならまあ認めても好いでしょう。「度量」もあまり感心しません。「度」との違いが出ませんので。

松村は珍しくこれに「訳注」を付していますので、引いておきます。「これは一語ではなかなか訳しにくい言葉である。その最も一般的な意味は、質的な意味を持つ定量という意味である。その中心的な意味は、一定の限界をこえると質的変化が必然となるようなものとして、理解された定量であり、ここではしたがって定量は、或るものを或るものとする本質的な規定と考えられている。なお、ドイツ語の Mass は、尺度、割合、限度の意味を持つ。尺度もすでに単なる量でない点では質的意味を持ち、割合は、一定の割合が質を規定すると考えられるとき、質的意義を持つ。ヘーゲルは、中心的には限度の意に用いるが、尺度、割合という意味にも使っている」（松村訳上巻三二二頁）。私見は七〇〇頁の訳注2に書きました。なお、Massの訳語としては、私は「程度」を主として使いますが、「限度」や「尺度」も使います。

2　この辺だけでなく、ヘーゲルは一般にも zunächst...aber という対を使います。「譲歩の構文」ではなくして、「第一に」と「第二に」と考えた方が適当でしょう。

3　鶏鳴版では「水の氷点としての〇度は、水がそこで氷と質的に転換する定量である、というようなことであろう」と注しましたが、間違っていたと思います。むしろ先に例とした「一〇〇度の水」のような事でしょう。

付録〔生活の中の程度〕

〔その一・存在論の頂点としての程度〕程度は質と量との統一ですから、それは又存在の完成された段階でもあります。私たちが存在がどうのこうのと言う時には、存在はまずは〔第一段階の純粋存在で〕全く抽象的で無規定のものです。しかし、存在は本来自己自身を規定しゆくものでして、その規定が最後まで進んだ時、程度となるのです。

〔その二・神を万物の尺度とする見方〕この程度も又絶対者の定義とみなすことができるのでして、これに依ると「神は万物の尺度である」ということになります。実に、多くの古代ヘブライ民族の歌謡の基調を成しているのがこの考え方なのです。そこでは神を崇めて、神こそが万物に限界を定めるものであり、海も陸も川も山も植物も動物も神によってその限界が定められている、と考える所まで行っています。――

〔古代〕ギリシャ人の宗教的意識の中では、神を尺度とする考え方は〔万物にではなく〕人倫的なものに限定されており、そこではそれは「恨みと復讐の女神ネメシス」と考えられています。ここでは一般にどういうことが考えられているかと言いますと、それは富、名誉、権力〔毀誉褒貶〕、又喜び、苦しみ〔喜怒哀楽〕といった人間的な事柄には、どれにもそれ固有の限度というものがあって、それを越えると〔その反対のものへ、つまり富や権力から〕破滅と没落へと導びかれるということです。[1] ——

〔その三・自然界における程度〕さて、更に進んで、対象的世界〔自然界〕で程度はどう現われているかを考えてみますと、すぐにも分かることは、自然界には程度をその本質的内容としているようなものがあるということです。これはとりわけ太陽系について言えることでして、太陽系は一般に「自由な程度の国」と言わなければなりません。〔しかし〕非有機的自然界を細かく考察してみますと、そこでは所与の質的規定と量的規定が互いに関係なくバラバラであるという意味で、程度はいわば後景に退いています。ですから、例えば或る岩の質〔岩であること〕や川の質〔川であること〕はその特定の大きさと結びついていません〔岩や川は大きくても小さくても岩や川である〕。しかし、これらの対象でも詳しく検討してみますと、完全に程度がないものではないのでして、川の水や岩の構成部分に化学的分析をしてみますと、これらもやはりそこに含まれた物質の量的比率によって条件づけられた質だということが分かるのです。[2]〔しかし、これらのものにおける量と質の関係を知るには化学的分析などといった媒介が必要ですが〕有機的自然界では程度は無媒介の直観にも〔非有機的自然の場合〕よりはっきりと現われています。植物や動物の中には、全体として見ても個々の部分においても、はっきりとした程度を持っている種が沢山あります。しかし、ここでもやはり事情は同じでして、非有機的自然により近い種、つまりより不完全な動植物種では、より高い種でよりもその程度がさほどはっきりしていないという特徴を持っている場合が多いのです。[3] ですから、例えば、化石の中にはアンモン貝の化石がありますが、それなどは顕微鏡で見なければ分からないほど小さいものから車輪のように大きいものまであります。植物の場合でも、やはりその発展段階の低いものでは程度ははっきりと現われ出ていないのでして、例えばシダなどがそうです（小さいシダからとても大きいシダまであります）。

1　「分《ぶん》をわきまえる」というと、封建的な響きがありますが、生まれや身分といった個人に責任のない社会制度的な根拠によるのではなく、その個人の能力と実績によって定められた「分をわきまえる」ことは正しく評価しなければならないでしょう。昨今権利の主張が盛んですが、そしてそれは多くの場合正当なものなのですが、権利の立場は人間の「人格としての平等の立場」です。しかるに、世の中では人間の能力と実績というもう一つの面も考慮しなければならない場合も多いのです。これは「資格の立場」です。箴言集の☆147と☆156を参照。

2　これはどういう事態を念頭に置いているのだろうか。後との関係から考えると、一般的には非有機的自然界では程度ははっきり前面には出ないが、太陽系のようにそれが前面に出ている場合もあるということですが、太陽系のどこが「自由な程度の国」なのでしょうか。それぞれの惑星はその大きさ（質料）にも太陽からの距離にも、一年の長さにも、何の法則もなくバラバラだ、という事を言っているのでしょうか。それとも地球と太陽との距離（量）が変わっていれば地球上に生命は発生しなかった（質の変化）はずだとかでしょうか。

3　ここで言っている事は次の例から分かりますが、この zum Teil は「一部分は～によって区別される」ということでしょうから、「低い種と高い種を区別する基準はいろいろあるが、その一つがこの程度の明確性の度合だ」ということだと考えました。

## 第一〇八節〔程度の第二段階〕

〔現段階では〕程度の中の質と量は単に無媒介に統一されているにすぎないので、質と量の区別も同様に無媒介な形で質と量の表面に現われている。即ち、その種固有の定量は〔質と必ずしも結びつかない〕単なる定量にすぎず、定存在〔質〕は限度を止揚することなしに増減しうるのである[1]。だからこのような限度は単なる「通例」[2]と言うべきである〔ここまでが第一〇七節であった〕。しかし、〔質と量は統一されてもいるから〕定量の変化が質の変化を引き起こすこともあるのである。

1 後にヘーゲルの出す例で言えば、水で言えば温度、国で言えば人口、領土の大きさなど。

2 Regelという概念は『小論理学』では、多分、ここにしか出てこないと思います。しかも、説明がありません。『大論理学』では Regel という題の付いた節もあります（寺沢恒信は「規則」と訳しています）。「通例」と訳せば大体のことは分かるでしょう。「適当」と言う訳語も考えましたが、「通例」を選択しました。ともかく不定冠詞が付いていますから、言い換えではなくて、「そのような Maß は Regel と言うべきだ」という評辞です

### 付録〔質の変化を引き起こす量的変化〕

程度は質と量の統一ではありますが、その統一は〔第一段階では〕まだ潜在的にすぎず定立されていません。ですから、統一されて程度となるところの二つの規定〔質と量〕はそれぞれ独立して妥当しており、定存在の量的規定は質を変化させることなく変化しうるのです。しかし、他方において、この〔質に〕無関心な増減にも限界はあるのでして、その限界を越えて増減されると質が変化するのです〔これが第二段階です〕。ですから、例えば、水の温度は何度だろうとそれは液体状態を呈していますが、その液体状態の水の温度が上ったり下ったりすることも或る点〔一気圧の下では百度ないし〇度〕に達すると、その水

の液体状態の質が変化して水蒸気になったり氷になったりするのです。即ち、量の変化が起きている時、まず最初はこれは〔質にとっては〕どうでもよいことですが、[1]その背後では別の事が起きているのです。この一見どうでもよい変化は質をつかまえるための策略みたいなものです。ここに現われている程度の二律背反は既に〔古代〕ギリシャ人たちがいろいろな形で如実に描き出しています。例えば、一粒の小麦が小麦の山を作れるかとか、馬のしっぽから一本の毛を抜くことでそのしっぽは禿げるか、といった問題がその例です。量は存在〔質〕に対して無関心で外的な規定であるという点を考えますと、まずはこれらの問題に「否」と答えたくなるのですが、次にはやはりこの〔質に〕無関心な増減にも限界があるのであり、ここでもそれが或る点に達すると、毎回たった一粒の麦を付け加えたり、毎回たった一本の毛を抜くということでも、それを続けていくと麦粒の山が出来たり、禿げたしっぽに成ったりするということを認めざるをえなくなるのです。或る農民が、陽気に悠々と歩いている自分のロバの荷を少しずつ増やしていった所、ついにそのロバはその荷に耐えられなくなって倒れてしまったという話がありますが、これも同じ理屈です。このような〔程度についての〕議論は学校で教えられる無駄話だと考えるとしたら、それは大きな間違いでしょう。なぜなら、ここで扱われている諸観念を知っておくことは、実際、実践的に、[2]特に倫理的に大きな意味を持っているからです。[3]ですから、例えば私たちの日頃の支出についても或る幅というのがあって、その範囲ではその支出の大小は大した問題にもなりません。しかし、それにも時々の個人的事情によって決められた限度というものがあるのでして、それを上又は下に超えますと、程度の質的性格が〔前述の水の温度の場合と同じように〕現われてきて、その限度内ではお金の正しい使い方とされているものが、けちに転化したり浪費に変わったりするのです。——

同じ事は政治にも適用できるのでして、或る国の体制はその領土の大きさやその住民数やその他の量的諸規定に依存しないと同様依存してもいます。例えば、千平方マイルの領土と四百万人の住民から成る国を考えてみますと、この国の体制にとっては数平方マイルの土地や数千人の人口の増減は何らの本質的影響も与えない、ということはすぐ分かります。しかし、それに対しては、そのような増減もずっと続けていくと或る点〔限界〕に達するのでして、他の事情が同じとするならば、この量的変化のためにその国家体制の質も変わらざるをえなくなる点があることも、同様に認めなければなりません。スイスの小さい州の体制は大きな国には向きませんし、ローマ共和国の体制をドイツの小さな自由都市に移そうとしても無理だということです。

1　ここは erscheint als etwas という句が使われています。松村も宮本も「みえる」と訳していますが、scheinen との違いを意識してもらうためには別の訳語を使った方が好いと思います。長谷川宏のように、ヘーゲルの scheinen を「思える」と訳した上で、「本当にそうなのだ」という意味に取って、饒舌な愚論を展開している人もいるからです（長谷川宏著『ヘーゲル「精神現象学」入門』講談社の一一頁以下）。

ここの erscheint als etwas は「である」の代用です。つまり、「まずは実際に Unbefangenes〔邪気の無いもの＝質の変化を引き起こさないもの〕である」という意味です。「まず最初から、無邪気に見えるが本当は邪気のあるもの〔変化を引き起こすもの〕である」という意味ではありません。「文法」の一五六頁の「②属詞文の代用形」を参照。英Wは apparently without any further significance とし、英Gは it appears, to start with, to be somethbing quite innocent と訳しています。これらの英訳ではどう取ったかは、私には分かりません。

Erscheint als を使ったので有名なのは『資本論』の冒頭句でしょう。それは Der Reichtum der

Gesellschaften, in welchen kapitalistische Produktionsweise herrscht, erscheint als eine "ungeheure Warensammlung", eine einzelne Ware als seine Elementalform. Unsere Untersuchung beginnt daher mit der Analyse der Ware.（資本主義的な生産様式が支配的となっている社会では、富は商品の巨大な集積という形を取る。個々の商品は富の要素である。従って、我々の研究は商品の分析から始まる）となっています。英訳は The wealth of those societies in which the capitalist mode of production prevails, presents itself as "an immense accumulation of commodities, " its unit being a single commodity. Our investigation must therefore begin with the analysis of a commodity. です。仏訳は La richesse des sociétés dans lesquelles règne le mode de production capitaliste s'annonce comme une "immense accumulation de marchandises". L'analyse de la marchandise, forme élémentaire de cette richesse, sera par conséquent le point de départ de nos recherches. です。これなら「事実そうである」という意味だということは明白でしょう。

さて、『小論理学』のここでは「無邪気なものに見えるが、実際はそうではない」と誤解し易い理由は、その後に allein es steckt noch etwas anderes dahinter と続くからでしょう。では、「Aと見えるが実際はそうではない」のと、「Aとして現象しているが、背後には別のものが隠れている」のと、どう違うでしょうか。前者は錯覚であり誤解で、「実際に在る事柄を見落としている」のです。後者は正確な観察です。「背後にある」という事は、「今は表に出ていない」、つまり「まだ生まれていない」という事です。錯覚でも誤解でもありません。表面だけとはいえ、正しく見、正しく理解しています。

2　ヘーゲルの言う実践とは日常生活、とりわけ経済生活のことではないでしょうか。

3　ここで述べられているような量と質の関係は、ヘーゲルから教えられるまでもなく、みな「知っている」ことです。ですから、これを「知っていることは大切だ」というだけでは不十分でしょう。ヘーゲルの偉さは、この人々が「知っている」にすぎない法則を「程度の論理」として定式化し、論理学の中に位置づけて「認識し」たことです。では、これを単に「知っている」だけでなく「認識する」ことにはどういう意味があるのでしょうか。実際生活においてこの法則を自覚しないが故に間違った事をすることはないでしょうか。

### 第一〇九節〔限度超過〕

限度超過[1]（das Maßlose）は、さしあたっては、所与の程度がその量的性質によって自己の質的規定性を越えていったものである。しかし、その第一の限度超過〔の結果として出てきた〕第二の量的関係は〔第一の程度と〕同様に質的であるから、この限度超過も又一種の程度である。かくして、質から量へ、量から質へというこの二種の移行は無限に続く過程である。それは、限度超過の中で程度を止揚しては再興するという過程〔運動〕となる。

1　das Maßlose もとても訳しにくいものです。松村は「限度のないもの」、宮本は「無限度」としています。Übermaß（過剰）といった既成の語をなぜ使わなかったのでしょうか。多分、それだと、「大」の方向への超過しか表さないからでしょう。鶏鳴版では「程度を越えたもの」と訳しましたが、長ったらしいです。

### 付録〔程度における量質転化〕

既に見たように、〔或る質の〕量は単に〔その質の量として〕変化つまり増減が可能であるだけでなく、それは量であるが故に、更に一般に、自己〔その質〕自身を越えていくものでもあるのでした。しかるに、量のこの性質は程度の中でも保たれています。さて、所与の程度の中にある量がそこでの限界を越えますと、それに対応していた質も否定されます。けれどもこれによって質一般が否定されるというのではなく、そのそれに対応していた質が否定されるにすぎません。その時、それに代わってただちに第二の質が現われます。〔質的変化を伴わない〕単なる量の変化と量から質への転化とがこのように交互に現われる程度の過程〔運動〕は、結び目を持った線に譬えることができるかもしれません。そのような結び目を持った線はすぐ手近な例では自然界に沢山あります。水の状態が〔温度の〕増減に条件づけられて質的にいろいろと変わることについては既に指摘しておきました。金属の酸化の諸段階についても同じ事が言えます。又、音の区別も、程度の過程の中で起こる例の一つでしょう。音でも、まずは単に量的な変化にすぎないものが質的変化に転化するからです。[1]

1　第一〇四節の付録三（六九一頁）のピタゴラス哲学についての説明。

### 第一一〇節〔程度の直接性の止揚〕

この〔限度超過の中で程度が止揚されては再興されるという〕事態の中で実際には何が起きているかというと、それは、程度そのものにすら尚まつわりついていた無媒介性が止揚されるということである。即ち[1]、質と量は、まず第一には、無媒介のものであり、従って〔程度の中で両者の同一性が定立されているといっても〕それは〔相対的独立性を伴った〕相対的同一性にすぎなかった。しかし〔第二には〕、程度というのは限度超過の中へと自己を止揚するものであり、そしてそれにもかかわらず、この自己の否定態である限度超過（それ自身量と質の統一である）の中で結局は自分自身と関係することになるにすぎないものなのである〔しかるに、この自己の否定の中で自己自身と関係するというのは無限[2]にほかならない〕。

1　この Qualität の前にあるセミコロンは「即ち」であろうが、この「即ち」は次の句点を越えて節末（次の文末）まで掛かっていると思います。「句点を越えてその後まで掛かる語句や文は

沢山ある」（「文法」二五四頁下から四行目）。☆393を参照

2　ここに「無限」を読み込んでおかないと、次節の冒頭で Das Unendliche と出てくるのは何故かが分からないでしょう。「文脈を読む」という事にはこういう事も含まれていると思います。八四〇頁の訳注1を参照。

## 第一一一節〔質と量の媒介的統一から本質へ〕

この無限、つまり否定の否定としての肯定の側面〔契機〕を成すものは、存在と無とか、或るものと他者等々といったような〔質や量に比べて〕抽象的な規定ではなく、今や質と量〔という進んだ規定〕である。質と量は、①まずは、質が量に移行（第九八節）し、次いで量が質に移行（第一〇五節）し、それによって両者共〔最高のものではなく〕否定〔限界を持つもの〕であることが示された。②しかし、質と量が一体となって生まれた程度の中ではどうなったかというと、初めは両者は区別されていて単に相手に媒介されている〔だけで、その存在自体において互いに相手と一体となってはいない相対的同一性〕にすぎなかった。③しかし、今や、この〔質と量の〕統一の無媒介性が止揚されるに及んで、この統一の潜在的であった本質が定立〔顕在化〕された。そこに存在そのものと存在の諸形式〔諸規定〕とを契機として含み持つ単純な自己関係が生まれたのである。[1]——

つまり、ここに現れたのは、自己自身の否定によって自己自身と媒介し自己に関係する存在[2]ないし無媒介性であり、それは又、自己関係つまり無媒介性へと自己止揚する媒介である。これが本質にほかならない。[3]

1　ここは、①の zunächst に対して、②③をひとまとめにした aber（ベータの次にある aber）が

対応し、その②の中の zunächst と③の中の nunmehr が対応しています。この立体的な構造を見落さないように。

2　自己関係とは普通は「無媒介性」のことですから、自己媒介の同義語として自己関係という語を使うのは拙いと思います。

3　存在は無媒介の無媒介性、本質は媒介された無媒介性ということでしょうか。本質が存在から媒介されたが故に、自己内でも媒介的（相対的）ということは分かりやすい。本質が同時に無媒介的でもあるとはどういうことか。それは感覚的現象世界に実在してもいるということでしょう。単なる事物の内奥《ないおう》ではなく、「外に現われた内奥」だということでしょう。六二一頁の訳注4を参照。

付録〔程度から本質へ〕

〔その一・程度の運動で顕在化したこと〕程度の過程〔運動〕というのは、単に質が量に転化し、量が質に転化することをいつまでも繰り返す悪無限的進行にすぎないものではありません。それは同時に、自己の他者の中で自己自身と関係していくという真無限でもあります〔その内容は以下のとおりです〕。程度の中での質と量の関係は、まずは、或る物と他者との関係〔のようなもの〕です。しかし、今や、質は本来量であり、逆に量は本来質〔だということが明らかとなった〕のです。それによって程度の過程〔運動〕の中で質と量は互いに移行しあい、質も量もそれぞれ潜在的であった本来の姿になるのです。そして、我々は今や程度の諸規定の中で否定されているもの、つまり止揚された存在という規定を獲得するのですが、それが「本質」です。程度の中には本質は既に潜在していたのです。ですから、程度の運動とは自分の潜在態を顕在化させることにほかならないのです。――

〔その二・存在の論理と本質の論理〕通常の意識〔しか持たない人〕は事物を存在するものとして〔直接的な形で〕取り上げ、それを質とか量とか程度といった観点から考察します。しかし〔もう少しよく見ますと〕、これらの無媒介の諸規定は決して固定したものではなく、他に移行するものであることが分かります。そして、それらの〔無媒介な諸規定の〕弁証法〔運動〕の結果が本質なのです。本質の中ではもはや〔存在でのように〕移行は起きません。そこには関係しかありません。〔たしかに存在論の諸規定も相互に関係することもありますが〕存在〔論〕での関係とは我々が反省した〔主観的な〕ものにすぎ〔ず、諸規定自身の表面に出ているものではあり〕ません。それに反して本質〔論〕では、本質の〔諸規定の〕関係はそれ自身の規定〔本分〕なのです。〔存在論では〕或る物が他者になる時、その或るものは消滅しました。しかし、本質論ではそうはならないのです。即ち、本質論には真の意味での他者〔への移行〕ということはありません。そこには一者とそれ固有の他者との差異と関係があるだけです。ですから、本質〔論で〕の移行は移行ではないのです。つまり、〔本質論で〕或るもの〔カテゴリーA〕が他者〔カテゴリーB〕へ移行する時、前者〔A〕は消滅することなく、両者は関係しあったままなのです。存在と無とを例に取りますと、存在は〔無なしに〕それだけで存在しますし、無も〔存在なしに〕それだけで存在します。しかし、ポジティヴとネガティヴとなると、その関係は全く別です。たしかにポジティヴとネガティヴというカテゴリーは存在とか無という規定を含んでいます〔から、自立して存在するという面もあります〕。しかし、ポジティヴは〔ネガティヴなしに〕それだけでは何の意味もないのです。それは端的にネガティヴと関係しています。ネガティヴについても同じ事が言えます。〔要するに〕存在論では関係しあうということはまだ潜在的だったのです。それに対して本質論ではそれが顕在化しているのです。これが一般に存在の諸形式〔存在論のカテゴリーのあり方〕と本質のそれ〔本質論のカテゴリーのあり方〕との違いです。存在〔論〕では全てが直接的であり、本質〔論〕では全てが相対的なのです。

# 第二部・本質論（Die Lehre vom Wesen）（一一二～一五九節）

## 第一一二節〔本質論の予備知識、その一・本質の本質〕

〔①存在は単に潜在的に概念であるにすぎなかったが〕本質は〔存在の運動によって〕定立され〔顕在化し〕た概念である[1]〔その意味で、本質は存在に比べれば概念であるが、半分だけ概念であるにすぎない〕。本質の諸規定は〔存在の諸規定のように無媒介で自立的ではないが、概念の諸規定のように〕完全に自己内に反省して[2]〔それ自身全体的なものになって〕はおらず、単に相関的であるにすぎない。従って〔本質の段階では〕概念はまだ独立し〔た主体になっ〕ていない[3]。〔②しかし他方で、存在との関係を考えてみると〕本質は、存在が自己に内在する否定性によって自己を自己と媒介したものだから、〔それ自身〕自己関係〔＝存在〕ではある。しかし、この自己関係は他者への関係によって媒介された自己関係であり、しかもこの他者とは存在〔段階〕に属するもののように無媒介のもの〔それだけであるもの〕ではなく、〔他者によって〕定立され媒介された〔相関的な〕ものなのである[4]。――

〔③本質の中では〕存在は消滅していない。つまり第一に、本質は単純な自己関係だから〔それ自身〕存在である。しかし第二に、無媒介のものであるという一面的な規定を持った存在は〔本質の中では〕否定的にすぎないものに引き下げられている〔それ自身で意味を持つのではなく、何かの現われとしてのみ意味を持つものだという事が分かっている〕仮象である〔この面から見るならば、本質とは自己自身の中で仮象であることを示した存在のことである、と言ってよい〕[5]。

1　Begriff als gesetzter Begriff は直訳すれば「定立された概念としての概念」ですが、その意味は、存在も本質も概念もみな概念（広義）なのだが、本質がどういう意味で概念かと言うと、『定立された概念』ということだ」という意味でしょう。ですから、「定立された概念」と訳した方が簡明で正確だと思います。「何によって定立されたのか」については鶏鳴版より明確にしたつもりです。

2　一般的には gesetzt と für sich とは同義と言うか同じ段階と言って好いと思います。ここではヘーゲルはすぐ後で noch nicht als Fürsich と出てきますので面食らいますが、注4を参照して下さい。

3　この第一一二節は存在論の冒頭の第八四節及び概念論の冒頭の第一六〇節と合わせて読むとよいと思います。それはともかく、まずここで概念とは、「概念の自己運動」というような時の概念（概念論の概念も同じ）であって、「ヘーゲル論理学に出てくる諸概念」という時の概念ではないと思います。後者はここの「諸規定」に当たります。これを押えた上でここで確認してよいことは、「概念がだんだん自立し主体になっていくことは、概念の諸規定の自立性が失われていくことと裏腹の関係にある」ということです。譬えてみれば、全体と部分の関係についての機械におけるそれと生体におけるそれとの比較みたいなものです。機械では部分（＝部品）が自立していますから部品交換が可能ですが、人間（＝生体）では心臓移植が不可能（だと、ヘーゲルの立場からは、なる）なのは、部分が自立していないからです。但し、概念論で述べられるように、概念の諸規定は無機的自立性は持たないが真の意味で自立し、全体的なものになっているとされています。ということは、或る人Aの心臓はA氏の全生体と結びついたA氏の心臓で、心臓の立場からA氏の全体を映し出しているということでしょう。

　最後の noch nicht Fürsich ですが、一応「まだ独立し［た主体になっ］ていない」としましたが、Ansich であることは前提されている訳ですから、ここの Fürsich は An-und- Fürsich という意味だと思います。

4　ここで問題にしたい事は①と②の叙述の順序です。本節で本質の本質を説明するのに本質を概念及び存在と比較したのは当然の事です。しかし、本質は存在論から生成したのだという事を考える時、まず存在との比較つまり②を論じて、本質は単なる存在ではないとし、「しかし」と持ってきて概念との比較によってまだ概念ではない、半分だけ概念であるにすぎない、とするのが正しい論理的順序ではあるまいか。しかし、③と④は「本質論の中での存在」を論じていますから、③④への移行を考えるならば、ここの順序の方が適当でしょう。つまり、悟性的説明にも意義がある訳で、そのためにはそれなりの順序になるという事です。

5　この節から第一一四節までは「本質論への序論」だと思います。「存在論への序論」（第八四～八五節）と同様、短いので、表題は付いていませんが。こう理解しますと、当然、第一六〇～一六二節は「概念論への序論」だろうという推測が出てきます。こういう予想を持って本を読むと面白いと思います。これも「文脈を読む」ことの内に入ると思います。

**注釈〔「絶対者は本質である」という定義について〕**

絶対者は本質である。――

この定義は、絶対者は存在であるという定義と同じである。なぜなら、存在も〔本質と同じく〕単なる自己関係だからである。しかし、この定義は又後者の定義より高いものでもある。なぜなら、本質というのは〔他者へ移行したのではなく〕自己内に深化した存在であり、本質の単純な自己関係は〔存在の自己関係のように無媒介のものではなく〕否定的なものの否定〔存在の運動の結果〕として定立された関係であり、否定的なもの〔存在〕が自己内で自己自身と媒介することによって生まれた関係だからである。――

〔ここで注を加えておくと〕[2]絶対者を本質と規定する時、〔その本質が上記のように否定的なものの否定なのだが〕その否定性というものが規定された述語〔属詞〕[3]をすべて「捨象する」という意味にしか理解されない場合がよくあるということである。そう取る時にはこの捨象という否定的な行為は本質には属さないことになり、本質自身はこれらの自己の前提〔諸属詞＝存在論の諸規定〕を持たない結果にすぎず、捨象の頭蓋骨〔ぬけがら〕だということになる。しかし〔実際には〕、この否定性は存在の外にあるものではなく存在自身の弁証法〔内在的運動〕なのだから、存在の真理である本質[4]は自己内に深化した存在、自己内にある存在という面を持っているのである。[5]〔これが存在と本質の連続性の面だが〕本質を無媒介の存在から区別するものはかの「反省」ということであり、存在[6]が自己自身の内で仮象たることを示すということである。そして、この反省こそ本質自身の本来的な規定なのである。

1　insofern .. insofern となっていますが、二つ目のそれは als の代わりでしょう。すぐ前に dieselbe als と als を使ったので、替えたのだと思います。この文は第一一三節本文の最後の句で受け継がれます。

2　以下の文は「ついでに付けた注」と取りましたので、この「注釈」全体の表題を上のようにしました。

3　この述語〔属詞〕とは存在を主語とする述語〔属詞〕のことであり、存在論で扱われた諸規定のことです。

4　ここに「存在の真理である本質」という表現があります。六四六頁の訳注5にも書きましたが、「真理」という言葉をこういう風に使うヘーゲルの用語法に慣れて下さい。Aが自己の内的必然性に基づいてBに発展した時、「BはAの真理である」と言います。付録1の「『パンテオンの人人』の論理」の第三節の冒頭で、「これはすなわち、ヘーゲルの用語を借りるならば、ルソーの真理がユーゴーであり、ユーゴーの真理がゾラであるということである」と書きましたが、この「ヘーゲルの用語」というのがこの真理概念です。

5　A ist als B は A ist B と違って「AはBという面（性質）を持つ」というくらいの意味ではなかろうか。

6　この sein Scheinen in sich selbst の sein は「本質」を受けると取るのが文法的にも正しいのでしょうが、本節本文の最後の句では scheinen in sich selbst の主語は「存在」です。内容的に考えても、何が反省し、何が自己内で scheinen するのかというと、やはりそれは存在ではなかろうか。しかし、無媒介の存在が反省して自己内に入り自己を仮象として示した時、そこに現われている事態を本質の自己内への仮象だとすれば同じ事に成るかもしれない。どちらとも決められません。

## 付録〔Wesen と Reflexion という言葉〕

〔その一、本質の立場から見た存在〕本質について云々する場合、我々は無媒介のものである存在をば本質と区別し、存在は本質との関係では単なる「仮象（Schein）」にすぎないと考えます。〔それはそれで正しいのですが〕しかし〔ここで注意しておきたい事は〕この仮象というのは全然存在しないものとか無の一種ではなく、〔本質の契機へと〕止揚されたものとしての存在〔だということ〕です。[1]——

〔その二、「反省」という語について〕一般に本質の立場は反省（Reflexion）の立場です。[2]〔そこでこの Reflexion について考えてみますと〕この Reflexion（反射）という語は最初は光について使われました。つまり、光が直進して反射面に当たり、そこから投げ返されるということです。従ってここには二つの事があります。つまり一つは無媒介のもの、存在するものとしての光であり、もう一つは媒介されたもの、定立されたものとしての光です。しかるに、我々が或る対象を「反省する」とか（よく言うように）「追考する」

（nachdenken）」という場合にも全く同じ二重性があります。というのは、その時には我々は対象をその直接的な姿〔だけ〕で捉えるのでなく、媒介されたものとして〔も〕捉えようとするのだからです。又、「哲学の課題ないし目的は事物の本質を認識することだ」とよく言われますが、そこで理解されていることは、哲学は事物をその直接的な姿のままで放っておくのではなく、他者に媒介され根拠づけられたものとして示さなければならない、ということにほかなりません。この時、事物の直接的な姿はいわば本質を隠す外皮ないしカーテンと考えられているのです。――

〔その三、全ての事物は本質を持つという考えについて〕更に又、事物は全て本質〔の名に値するもの〕を持っているとも言われますが[3]、そこで言われていることは、事物の直接的な姿はその真の姿ではないということです[4]。又〔そこで理解されていることは、無媒介の存在の世界の内部で〕或る質から他の質へと動き回ったり、質から量へ又量から質へと進むだけで事は済むのではなく、事物の中には不変のもの[5]があり、それはさし当っては本質なのだということです。

〔その四、Wesen の諸義〕〔① sein の過去分詞形の gewesen〕さて本質（Wesen）という概念の使用法ないし通常の意味について考えてみますと、すぐにも想起されます事は[6]、我々〔ドイツ語民族〕は過ぎ去った存在〔sein の過去分詞形〕を gewesen としているということ、つまりドイツ語では助動詞 sein の過去〔過去分詞〕に wesen という語を使っているということです。〔実に〕この不規則変化には存在と本質の関係に対する正しい直観が横たわっているのです。というのは、本質はたしかに過ぎ去った存在と見なすことができるからです。しかし、その時にもう一つ注意しなければならない事は、過ぎ去ったものは過ぎ去ったからといってただ否定されただけではないということであり、それは単に止揚されたにすぎず、従って〔否定されると〕同時に保存されてもいるということです。例えば、「シーザーはガリアにいた（gewesen ist）」と言う場合、ここでシーザーについて言われていること〔ガリアにいるということ〕の直接性が否定されている〔今はガリアにいない〕だけであって、彼がガリアに滞在したこと全体が否定されているのではありません。というのは、シーザーのガリア滞在こそまさにこの立言の内容を成すものであり、この内容がここではただ止揚された〔過去の〕ものとして表現されているにすぎないからです。[7]

〔② 日常生活での Wesen〕日常生活の中で Wesen という語が口にされる場合、たいていは総括とか総和という意味でしかないようです。ですから、例えば、Zeitungswesen（ジャーナリズム）とか Postwesen（郵便制度）とか Steuerwesen（租税制度）等々と言う時理解されていることは、これらの事物をその直接的な姿で一つ一つ取り上げるのではなく、その複合体において、更に又その様々な関係〔の総体〕において取り上げなければならないということにほかなりません。従ってそのような用語法の中には、我々が本質（Wesen）について確認したのとほぼ同じ事が含まれているのです。――

〔③ 有限な Wesen（実在）という表現〕又、有限な実在（Wesen）ということが云々され、人間は一種の有限な実在であると言われます。しかし、実在を云々する時には、本来は有限性を超え〔た領域を問題にし〕ているのでして、その限りで人間を有限な実在とすることは正しくありません。[8] 更に又、「最高の実在がある」[9]と言われ、そのことで神を意味するとされる時、これについては次の二つのことを指摘しておかなければなりません。第一には、[10] geben〔es gibt＝ある、存在する〕という語は有限者を指し示す語だということです。ですから例えば、いくつかの惑星があるとか、こういう植物があるとか、こういう性質の植物があると言われるのです。従って、そのように在る（es gibt する）ものはそれの外にそれと並んでまだ他のものも在る（es gibt する）ようなものなのです。しかるに神というのは絶対に無限な者でして、単に在り（es gibt し）それの外にそれと並んで又他の実在も在る（es gibt する）ようなものではないのです。神の外になお在る（es gibt する）ものとは、神から切り離されている以上、本質的なものを一つも持っていません。それは、神から孤立しているが故に、自己内に支点を持たず本質を持たないもの、単なる仮象と見なさなければならないのです。しかし〔先の句について〕、第二に言わなければならないことは、神を単に「最高の」実在[11]とするのでは不十分だということです。というのは、ここで使われました〔最高という〕量の概念は、実際には有限物の領域にしか妥当しないものだからです。ですから例えば、これは世界で最高の山だとか言う場合、この最高峰のほかにも同様に高い山がまだ幾つかあるということが前提されています。或る人について、彼はその国で最も富裕なのだとか最も学のある人だと言う場合でも、全く同じです。しかるに、神というのは、単に一つの実在でもなければ単に「最高の実在[12]」というのでもなく、むしろ実在（Wesen）そのものなのです。しかし、ここではただちに次の事を注意しておかなければなりません。つまり、神をこのように実在そのものと捉えることは宗教的意識の発展段階における重要な段階であり、必ず通らなければならない段階でもあるのですが、それにもかかわらず、このような捉え方〔だけ〕では、まだ、神についてのキリスト教の与える深い理解は表現し尽されはしないということです。というのは、もし神を単に実在そのものとするだけでそれ以上に進まないとするならば、神はさしあたっては〔全宇宙に〕遍在する何物にも邪魔されない威力として捉えられただけであり、換言するならば、神は〔三位一体の神に中の〕主〔なる神〕として理解されたにすぎないからです。主に対する畏怖の念は知恵の始まりではありますが、それは同時にまた、知恵の始まりでしかないのです〔子なる神から精霊としての神まで進んで初めて本当のキリスト教の神理解になるのです〕。――

〔ここで神理解について注しておきますと〕[13]神を「主《しゅ》」として捉えるどころか、〔その宗教の〕本質において神を単に主としてしか捉えない宗教は、まずはユダヤ教であり、次いでイスラム教です。これらの宗教に欠けている点は、一般的に言うならば、ここでは有限者に然るべき地位が与えられていないということです。つまり、〔自然物であれ有限精神であれ〕有限者が〔神から切り離されて〕それだけとして固定されているということが異教の特色であり、従って又多神教の特色なのです。[14]――

更に考えてみますと、最高の実在である神[15]は認識されえないという主張がよく聞かれます。これは一般的には〔社会思想的には〕近代啓蒙思想の立場ですが、一層くわしく言うなら〔認識論的には〕抽象的悟性の立場でして、この立場の人々は「至高の実在〔とでもいうべきもの〕がある」と言っただけで満足し、それ以上に規定しようとはしないのです。そのように言って神を最高の「彼岸的」実在としか考えないとすると、目の前にある直接的な世界は、確固とした肯定的なものと考えることになり、Wesen（実在）とはまさに全ての直接的なものの止揚であるということが忘れられることになります。抽象的な実在、彼岸にある実在としての神、従って区別も規定も持たない神とは、実際には、単なる名前にすぎず[16]、抽象を事とする悟性の単なる抜け殻にすぎません。〔ですから本当は、近代啓蒙思想の立場の説くところとは逆で〕その直接的な姿における事物の中には真理はないと知ることから初めて神についての本当の認識が始まるのです。

最後に神を実在（Wesen）とする場合だけでなく、他の事柄を考える場合でも、本質（Wesen）というカテゴリーを抽象的に〔一面的に〕用いることがよく見受けられます。つまり、事物を考察する場合、事物の本質はその事物の現象の特定の内容には無関係なもので独立しているものだと固定して考える傾向があるのです。殊に人間を見る時には、その人の本質だけが問題なのであってその人の行為や振る舞いは問題ではないという説はよく聞かれます。たしかにこの説には正しい点もあるのでして、或る人の行為はその直接的な姿で理解するべきではなく、その人の内面によって媒介されたものであり、その人の内面の現われと見るべきです。しかし、その時看過してならない事は、〔事物の〕本質とかあるいは〔人間の〕内面というものは現象することによって初めて本質であり内面なのだということです。〔ですから〕こういう事を弁《わきま》えないで、或る人を判断するのにその人の行為の内容から区別された本質だけを問題にするという考えは、人間の単なる主観世界をそれだけで重要視し、内面と外面との統一的な理解を避けようとするものだ〔と言わなければなりません〕[17]。

1　ヘーゲルの論理学では、「新しいカテゴリーは直前のカテゴリーを新しい段階で捉え直したものである」という事を覚えておくと役立つでしょう。第一一四節の注釈の冒頭の段落（七三二頁）では、これと同じことを更に大きな視野からヘーゲル自身が述べています。また、九四七頁の訳注3の所にも同じことがあります。

2　松村はここに次のような長い訳注を書いています。「Reflexion, reflektierenという言葉は、ヘーゲルでは独自な意味に使われている。もともと、ラテン語の reflexio は『まがりもどる』ことを意味する。ここから、光については、反射の意味となる。自己をかえりみるという場合の反省も、原意と無関係ではない。しかし、ヘーゲルは相関関係のうちにある二つのものを、その一方から出発して考察するとき、Reflexionという言葉を使う。例えば、支配者というものは、支配される者なしには存在せず、考えられず、自分自身のみからは理解できないものである。このような相関は、そこに存在しているのであるが、われわれが今支配者というものを理解しようとすれば、支配されるものへいき、そして再び支配者へ帰ってこなければならない。相関においては、かくして相関する互の側から、このような Reflexion が行われるわけである。これが Reflexion の全体的な意味である。しかし、『他者への Reflexion』というようにこの言葉が使われるとき、それは、とりあえず関係という意味しか表面に持っていない。ヘーゲルにおいては、概念が自覚する形をも持つから、反省と訳すが、十分ではない。エンチクロペディーの初版では、ヘーゲルは、『本質の領域では、相関性が支配的な規定をなしている』と言っている。マルクスは、資本論で、相対的価値形態を述べたところの註のうちで Reflexionsbestimmung に言及し、次のように言っている。『Reflexionsbestimmungen というものは、一般に、独特なものである。例えば、特定の人間が王であるのは、ただ他の人々が臣下としてかれにたいするからである。ところが、この人々は、かれが王であるからこそ、自分たちは臣下なのだと思っている』。なお、主観的思惟に Reflexion という言葉をヘーゲルが使うとき、それは、すでにこれまでの訳者註に述べたように、関係的、相関的思惟である」（句読点を一部で変えました。引用符号もこちらで加えました）。

ここには、①ヘーゲルの Reflexion は独特である（本来のドイツ語の意味とは違う）、②本来の意味は「まがり戻る」ことである、③ヘーゲルの意味は「相関的な関係」という事で、「相関関係のうちにある二つのものを、その一方から出発して考察する」ことである、④マルクスの Reflexion 概念も同じである、という四点が主張されているようです。しかし、なぜこういう訳注を書いたのか解りません。ここでヘーゲルの言っている事は、むしろ、「私ヘーゲルの Reflexion 概念は語の本来の意味と一致していますよ」ということだと思います。そして、この点は正しいと思います。一般に、「ヘーゲルの用語法は普通の意味と違うので分かりにくい」という説が広まっていますが、この点については前掲「ヘーゲル哲学と生活の知恵」で検討し、批判しておきました。

支配者と被支配者の関係についてのマルクスの説は何を言いたいのかはっきりしません。「だから、支配される側が反抗すれば支配・被支配関係は解消出来る」と言いたいのでしょうか。かつてこの説を肯定的に引用した松村は、自分の「毛沢東崇拝」について反省してみる必要があったと思います。松村は自分が毛沢東崇拝になる時、この支配・被支配の関係についてのマルクスの説を自覚していたでしょうか。自分の生活と行動に役立たない「理論」は無意味だと思います。

3　ここの ein Wesen を松村は「一つの本質」と訳していますが、まさか「二つではなく、一つの本質がある」という意味ではないでしょう。宮本はただ「あらゆる事物には本質がある」としています。これで好いと思います。私は角括弧で「この不定冠詞の内的形容の面」を出しただけです。

4　ここは dass sie wahrhaft nicht das sind, als was sie sich unmittelbar erweisen となっています。下線部の語順については「文法」の一九六頁の用例9を参照。

5　ここは ein Bleibendes――das Wesen となっています。不定冠詞―定冠詞の同格関係の典型的なあり方です。「文法」の七〇五頁を参照。

6　ここの können は「指摘することができる」（松村）より「注意されてよい」（宮本）の方がベターでしょうが、「müssen に代わる können」と取ることも出来るでしょう。

7　本質と過去との関係をもっと詳しく展開するべきだったでしょう。付録3の「ヘーゲル論理学における概念と本質と存在」を参照。

8　Wesen を云々する時には有限性を超えているというなら、「有限な Wesen」という表現自体が形容矛盾なのであって、それを人間の属詞（述語）とするか他の何かの属詞（述語）とするかはどうでもよいはずです。ですから、ここは「人間を」有限な実在とすることが間違いなのではなく、人間について「有限な実在」という表現を用いることが間違いだということなのでしょう。あるいは「人間について言われる有限な実在という表現は正しくない」と訳すべきなのでしょうか。

9　ここは最上級形容詞に不定冠詞がついています。höchstes Wesenを紹介導入したのでしょう。

10　この einmal は erst einmal と同じなのでしょう。関口存男は「時の副詞には好くこの余計な einmalを入れる」と言って、zunächst einmal とか erst einmal の例を挙げていますが（「文法」一一一八頁の②を参照）、こういう風に「余計」な方を残して、肝心な「時の副詞」の方を省く事もあるのでしょう。ともかく二三三頁の二五行目の zweitens と対になっています。

11　ここでは最上級形容詞が無冠詞で使われています。als の後では、必ずというのではありませんが、無冠詞が多いです。als という語が関口の言う「掲称」だからでしょう。

12　ここは最上級形容詞に定冠詞がついています。文字通り「その」で、前の句を受けているからでしょう。

13　以下のパラグラフは原書ではダッシュで挟まれたもので、編者（ヘンニンク）がここに入れたものでしょうが、あえてヘーゲルが元々続けていたものとして読みました。

14　この welches Endliche 以下の関係文は、welches が付加語的関係代名詞で前の文の das Endliche を受けていて、Endliche に掛かっています。つまり das Endliche と言うのと同じなのですが、前とのつながりを明示するために「関係代名詞」（の付加語的用法）を使ったのです。Endliche は welches が冠置されたために弱変化しています。welches Endliche が festzuhalten の目的語で、この不定句が ausmacht の主語に成っています。

15　この同格句は「最高の実在だから」と理由になるのだと思います。二三四頁の一二から一三行目で das höchste jenseitige Wesen と言っていますから。「彼岸」なら理解できないわけです。啓蒙家たち（ここで念頭におかれているのは多分理神論の人たち）は、神の認識不可能性の理由をここに求めたのでしょう。

16　ヘーゲルは好くこの「単なる名前に過ぎない」という句を使います。実際、人々は「名前」だけで分かったように、あるいは何かを言ったように思いこんでいる場合が多いと思います。「この神という語はそれだけでは無意味な音声であり、単なる名前にすぎない。述語（属詞）が初めて『それが何であるか』を表す。その述語（属詞）が神という語の充実であり、意味である。空虚な始原はこの終わりにおいて現実的な知になる」（ホフマイスター版『精神現象学』二二頁）。もちろん「名は体を表す」という格言もありますように、「名」にその事物なり事柄なりの「本質」が出ている場合もあります。これは「名」が「概念」に成っている場合です。両者はどう違うのでしょうか。これが概念論のテーマの一つです。前掲「辞書の辞書」の第四節を参照。

17　人間の行動は「主観的善意」から出発するだけでは不十分で、それが「正しい知識」と相まって、「自他に幸福をもたらす」という結果を生むものでなければならない、という事でしょう。

**第一一三節〔その二・本質の運動様式〕**

本質での自己関係は〔自己〕同一性ないし自己内反省という形式である。これは存在〔論〕での無媒介[1]性に取って代わるものである。〔自己〕同一性も無媒介性も自己関係という一面を抽象したものであるという点で同じだが、前者は後者の反省した形である」。

1　第一一二節注釈への訳注1（七一九頁）を参照。

**注釈〔悟性の「自己同一者」とは感覚の「存在者」〕**

思考能力を持たないものである感性は制限されたもの、有限なものは何でも「存在者」として捉えるが、これが頑《かたく》な〔で、柔軟性に欠け、概念的思考能力を持たないものである〕[1]悟性に成ると、有限なものをみな「自己同一のもの」「自己内に矛盾を含まないもの」と捉えることになる。

1　悟性とは感性のしている事を思考のレベルに翻訳しただけのものだ、という事でしょう。

## 第一一四節〔その三・無媒介と媒介との不完全な結合としての本質〕

この〔本質での自己関係である〕同一性は存在から出てきたものだから、さしあたっては存在〔論〕の諸規定しか身につけていない。しかも、その関係は「自分の外にある〔よそよそしい〕もの」との関係である。そのように存在が本質から切り離される時、[1]存在は「非本質的なもの」という〔規定を持つ〕ことになる。[2]しかし、本質は、自己の否定、つまり他者への関係ないし媒介を自己自身の中に持つ限りで本当に本質と言えるのである。だから、この非本質的なものとは〔実際には〕本質自身の自己内への仮象〔反照〕なのである。しかし、この〔存在を〕仮象とする働らきないし媒介作用の中には区別作用が含まれているが、そこで〔本質から〕区別されたものは、自己がそこから出てきた元の同一性、つまりその中には居られないというかその中では仮象にしかなれなかったところの元の同一性から区別されているにもかかわらず、それ自身同一性という形式を獲得するので、その区別されたものは自己関係する無媒介性ないし存在という姿を取ることになる。[3]そのため、本質の領域とは無媒介性と媒介とのいまだ完全ならざる結合になる。本質の領域では全てのものが自己関係すると同時に自己を越えているという風に立てられているのである。それは「反省しもする存在」とでも言うか、他者を映し又他者の中に自分も映すような存在である。――

従って本質の領域とは、存在の領域では単に潜在していたにすぎなかった矛盾が顕在化された領域である。[4]

1　この abgesondert は äußerliches の言い換えです。

2　英Wではこの後に「しかし、これは間違いだと判明する（But that turns out a mistake）」という意の句が入っています。しかし、そう取ると、存在自身が現象的存在を本質にとって外的なものとして示す存在自身の発展における一段階があり、存在を非本質的なものと取る段階が認識の一段階としてあること自体も否定されてしまうのではなかろうか。これはヘーゲルの論理学の理解の根本に触れる問題です。

3　この論理がどうしても分からない。なぜなら、A（本質から区別されたものが、本質から区別されていながら、なおそれ自身同一性の形式を獲得するという事）から、次のB（その本質から区別されたものは存在という姿を取るという事）は出てこないと思うからである。そもそも、Aの「本質から区別されながらなおそれ自身（本質論の自己関係である）同一性を獲得するということ」の理由が述べられていないが、これは「本質によって区別されたものだから」とすれば一応分かる。そうすると、Aの流れは本質から区別されたものの本質的性格の力説に向かっており、Bの流れが本質から区別されたものの存在的性格の主張に向かっていることとの矛盾が明らかになる。Bの結論を出したいなら、どうしても、「本質から区別されたものはその限りで無媒介的自己関係という一面を持つ」という主旨の事を言っておかなければならないと思います。

なお、ヘーゲルの「仮象」については繰り返し述べてきましたが、ここを読めば私見の正しいことが分かるでしょう。認識は所与の「事実」を「仮象」ではないかと疑う（考える）ように成った時から本質の世界に入り始めるのです。

4　これを完全に解決するのが「概念の領域」だと言うのでしょう。それはともかく、概念の予備知識となる第一六〇～一六二節が概念の本質、その進展様式、その分類と見事に構成されているのと比べると、この本質論の予備知識の三つの節の構成は不十分です。「その二」に入れるべき第一一四節を独立させたのが拙かったのです。この節は「本質の分類」に当てるべきでした。

## 注釈〔本質論のカテゴリーは存在論のそれの反省形態〕

「単一の」概念がすべてのものの実体を成しているので、本質の展開中に現われる諸規定は存在の展開中に現われるそれと同じものである。ただそれが反省した姿で現われるだけである。かくして、〔存在論の〕存在と無の代わりに肯定と否定が現われるのだが、肯定はまず第一には同一性で、それは〔存在論冒頭の〕対立なき存在〔純粋存在〕に対応する。否定性の展開したもの（自己内反省したもの）は区別であ〔り、これは純粋無に対応す〕る。そのようにして更に〔存在論の〕生成は〔本質論では〕根拠となり、この根拠に反省した定存在〔根拠から捉え直された定存在〕が現出存在である、云々。――

論理学のこの（一番難しい）部分[1]にはとりわけ形而上学と諸科学一般のカテゴリーが含まれている。〔というのは〕それらのカテゴリーは反省的悟性の産物であり、反省的悟性というものは、区別された諸項を自立的なものとしながら、同時に又それらの区別項の相対性〔関係〕も認めるのだが、その時その諸項の自立性と相対性を並列的ないし前後的共存関係として、「も亦（auch）」というようなことで結びつけて終わりとするだけで、これらの観念をまとめ〔内在的・体系的に関係づけ〕て、それを概念にまで統合することをしない〔から〕である。[2]

1　鶏鳴学園のゼミでは、ここでは、なぜ本質論が一番難しいのかということから、この「難しい」とは絶対的に難しいのか相対的に難しいのかということが問題となりました。絶対的に難しいとは原理的に最高の（認識）能力を要求されるということで、それなら概念論こそ一番難しいということになるでしょう。相対的に難しいとは、原理的にはともかく、へんな先入見が固まっているので、その先入見をのけて、あるいは是正して、正しい理解を持つことが難しいということでしょう。これなら当たるかもしれません。

2　第一一二節から第一一四節までの「予備知識」の部分のまとめ方については第八五節の付録への訳注7（五八四頁）に書きました。

## 第一章　現出存在の根拠としての本質〔現出存在〕[1]（Das Wesen als Grund der Existenz）

### 第一項　純粋な反省諸規定（Die reinen Reflexionsbestimmungen）

#### イ、〔自己〕同一性[2]

第一一五節〔自己同一性〕

本質は自己の内へと仮象する[3]〔照らし返す〕。即ち、本質は純粋な反省[4]である。だから本質は単なる自己関係にすぎない。しかしそれは無媒介の自己関係〔純粋存在ないし質〕ではなく、反省され〔媒介され〕た〔再帰的な〕自己関係であり、これが「自己同一性」にほかならない。

1　存在論の三つの章の題は Qualität, Quantität, Das Maß でした。本質論の章の題はここ第一章だけが Das Wesen als Grund der Existenz となっていて、第二章と第三章は、それぞれ、Die Erscheinung, Die Wirklichkeit となっていて、als etwas という形式は採っていません。ですから、ここも Die Existenz として好かったと思います。全体を見渡すという事はとても大切な事で、標題などはそれを助けるものでなければならないと思います。

2　本質論での「同一性」とは二個のものの同一性ではなく自己同一性だということは、第一一五節本文にある通りですが、しっかり押えておくべきことです。

3　この in sich は三格か四格か。どっちでも同じかもしれませんが、四格に取ってみました。

4　先の「自己内への」を受けたのが「純粋」ということで、「仮象する〔照らし返す〕」を受けたのが「反省」です。言い換えをきちんと取ることは西洋の文章を読む際の第一の基本ですが、ヘーゲルでは特に大切です。

## 注釈

〔第一点・抽象〕この同一性〔の同一性という面だけ〕に固執して、〔この同一性に含まれているもう一つの契機である〕区別という契機を「捨象」する時、この同一性は形式的同一性ないし悟性的同一性になる。あるいは、むしろ、「抽象」というものはこの形式的同一性〔という一面だけ〕を定立することであり、自己内で具体的なもの〔対立物の統一であるもの〕をこの単一性という形に変えてしまう働きなの〔だと言った方が好いかもしれないくらい〕である。その変え方には二種あって、具体的なものに付着している多様なもの〔二面的なもの〕の一面を〔いわゆる「分析」によって〕取り除いて他の一面を取り出すという方法と、多様な規定を持ったものをその諸規定の差を無くして一つの規定にまとめてしまうという方法とである。

〔第二点・「絶対者は自己同一者である」という定義について〕命題の主語として絶対者を立て、それにこの〔自己〕同一性を結びつけると、「絶対者は自己同一者である」という命題が得られる。――

たしかにこの命題は真なのだが、この命題がその本当の意味で言われているかどうかは疑わしい。だから、少くともこの命題の表現は不完全だ〔と言って好い〕。というのは、〔この表現では〕ここで考えられている同一性が、悟性の「抽象的な同一性」なのか、つまり本質の他の諸規定に対立した同一性なのか、それとも自己内で「具体的な同一性」〔本質の他の諸規定との統一としての同一性〕なのかがはっきりしないからである。もし後者ならば、そういう具体的同一性は、これから明らかになるように、まずは「根拠」であり、更に高度な真理としては「概念」[1]となっていくのである。――

又〔この表現が不正確だという理由をもう一つ挙げるならば〕、「絶対的」という語も単に「抽象的」という語と同義に使われることが多い〔ということである〕。だから、例えば、絶対空間とか絶対時間などは抽象的空間や抽象的時間にほかならない[2]〔という具合である〕。

〔**第三点・同一律について**〕本質の持つ諸規定が〔事物の〕「本質的な」規定と考えられる時、それらは、どれもみな、前提された或る主語の述語（属詞）とされることになる。その時、それらの規定は本質的なものとされているので、その主語は「全ての物」ということになる。従って、そのようにして生まれた命題は普遍的な思考法則とされることになる。かくして〔本質の諸規定の一つである同一性を「全ての物」の属詞（述語）とすることによって得られる〕同一律は、「全ての物は自己と同一である」、「AはAである」ということになる。これを否定的な形で表現すると〔矛盾律になり〕「Aは同時にAかつ非Aであることはできない」となる。

〔さて、この同一律について一言しておくと〕この命題は真の思考法則であるどころか、抽象的悟性の〔思考〕法則にすぎない。〔まず第一に〕この命題の形式自身がすでにその命題と矛盾している。なぜなら、命題というものは主語と述語の間の区別を約束するものなのに、この命題はその命題という形式が要求するものを実行していないからである。しかし〔第二に〕とりわけ、この後に出てくるいわゆる思考法則[3]によって否定される。というのは、それはこの同一律と反対の事を法則としているからである。

〔このように論理学の内部で理論的に反論しても、それに対しては〕この命題は証明はされないかもしれないが、何人《なんぴと》の意識もこの同一律に従って振る舞っており、それを聞くと、なるほど経験と一致していると言ってただちに賛成するものだ、と主張されるかもしれない。しかし、こういう学校内の経験とでも言うべきものに対しては、誰の意識もこの法則に従って考えたり表象したり[4]話したりしていない、どんな種類の存在でもこの法則に従って存在してはいないという、万人が経験〔している事実〕を対置しなければならない。〔実際〕この自称「真の思考法則」とやらに[5]従って話すと、例えば「惑星は惑星である」「磁気作用とは磁気作用である」「精神は精神である」といったことになるが、こういう発言は正当にもばかと[6]見なされている。これが万人の経験である。〔従って〕このような〔愚劣な〕同一律などが通用している唯一の場所である学校というものは、それらの法則をまじめくさって講義している〔形式〕論理学のために、健全な知性を持った人や理性的な人々の間ではずっと昔から信用されなくなっているのである。

1　この「概念」を主観内の概念、つまり観念と取ったのでは理解できないでしょう。存在する概念です。付録3「ヘーゲル論理学における概念と本質と存在」を参照。

2　言葉についてのヘーゲルの鋭い感覚を学びたいものです。

3　これはDenkgesetzeと複数形になっていますが、何を考えているのでしょうか。一つは、第一一七節注釈で論ぜられる「或る物はそれ自身で異なっている」という第二の命題のことでしょうか。第一一九節注釈から見ると、矛盾律は同一律に矛盾しているという考えらしいですから、矛盾律も入るのでしょうか。

4　ここは noch Vorstellungen usf. となっています。noch はもちろん「否定」ですが、Vorstellungen hat は vorstellen の迂言的な表現でしょう。noch vorstellt と言うのと同じでしょう。usf で例えば何を考えているかが問題です。anschauen, empfinden などではないでしょうか。

　なお、ここは文法的には「二つの事の否定」ですが、論理的には、主語の kein Bewußtsein が後まで掛かっているので、二つの noch は無くても好い、と言うか、無い方が整合的だと思います。現に英Wでは no mind thinks or forms conceptions or speaks としています。仏訳は二つとも aucune conscience ne pense ni n'a des représentations, conformément à cette loi, etc. ni ne parle d'après elle となっています。ni の後に ne を加えているのは「虚字の ne」でしょうか。するとドイツ語原文の noch も「虚字の noch」と考えるべきなのでしょうか。「文法」の一二〇四頁を参照。

5　ここの原文は nach diesem seinsollenden Gesetze der Wahrheit です。英Wは the fashion of this pretended law、英Gは this supposed law of truth と訳しています。仏Gは cette soi-disant loi de vérité、仏Bは cette prétendue loi de la vérité と訳しています。

6　規則に違反した人がいろいろ言い訳を言うのに対して、「規則は規則だ」というような言い方はよくあるし、その場合この言葉は無意味でもなければばかな事でもありません。この表現の意味は、「規則とされているもの（呼ばれているもの）はやはり規則としての実質を持っている」ということで、主語の規則は命名的定義で使われ、属詞（述語）の規則は概念規定的定義で使われています。ヘーゲルの言っていることはこういうことでは、もちろんありません。それにしても、「精神は精神である」の原文で主語に定冠詞がつき、属詞（述語）に不定冠詞がついているのはどういうことなのでしょうか。「文法」の一六二頁以下の「同語反復文」を参照。

**付録〔真の自己同一性の意義〕**

　〔自己〕同一性はさしあたっては先に「存在」としたものと同じ物です。しかし、それは無媒介の規定〔存在〕を止揚して出てきた存在です。ですから、それは観念性としての存在〔観念化された存在〕なのです。——
同一性の真の意味を正しく理解することは大変重要な事ですが、そのためには、何よりもまず、それを単なる抽象的同一性、つまり区別を排除した同一性として取らないことです。この点こそすべての悪しき〔二七の〕哲学と哲学の名に価する〔真の〕哲学[1]とを区別する点なのです。真の意味での同一性、無媒介の存在者の観念化された姿〔反省した姿〕としての同一性は、宗教的意識にとってもその他のすべての思考と意識一般にとってもきわめて高い意味を持った規定です。〔まず宗教にとっての意味について言うならば〕神についての真の知は神を同一性として知ること、絶対的同一性として知ることから始まると言うことができるのです。その時そこに含まれている意味は、地上のどんな力も栄光も神の前ではみな没落してしまい、神の力と栄光の仮象（Scheinen 照り返し）としてしか存在しえないということです。〔第二に、意識一般にとっての意味について言うと〕人間を自然[2]一般から分け、更に動物から分けるものは自己意識なのですが、その自己意識が同一性なのです。動物は自分を自我として捉える所まで到達しないのですが、その自我というのが自己自身の中での自己の純粋な同一性（Einheit）のことです。——

更に〔第三に〕思考にとっての同一性の意味はというと、ここで何よりも大切なことは、真の同一性、つまり存在とその諸規定を止揚して自己内に含み持つ同一性と、抽象的で単に形式的な同一性とを混同しないことです〔というのは次のような事があるからです〕。特に感覚及び無媒介の直観の立場から思考に対して「思考は一面的で柔軟性に欠け無内容だ」という批判がよくなされますが、これらの批判はすべて、思考の働きを抽象的同一性を見出すことに限定するという間違った前提に基づいているのです。[3] そして、この間違った前提を、上の〔第一一五〕節〔への注釈〕で明らかにしたいわゆる最高の思考法則として立てることによって認可しているのが、形式論理学なのです。[4]もし思考がかの抽象的同一性にすぎなかったならば、考えるなどという事は全く余計で極めて退屈な仕事だと言わなければならないでしょう。たしかに概念は自己同一的なものですし、理念となれば一層そうですが、それは区別を自己内に含んでいる限りで自己同一的なもの〔であり、真の自己同一者〕なのです。

1　ヘーゲルの真理概念を思い出して下さい。
2　welches letztere は welcher letztere の中性形です。「文法」の四六五頁を参照。
3　「感性」などという言葉が流行し、もてはやされる一時期が周期的にやって来るのは、ヘーゲルの時代から続いているようです。
4　この die formelle Logik ist es selbst, welche .. の下線部の語順は、普通は es ist die formelle Logik なのですが、es を selbst で強めたのでこうなったのではないでしょうか。「文法」の四一九頁の用例2への説明を参照。

## ロ、〔自己〕区別

### 第一一六節〔同一性から区別へ〕

本質は純粋な〔自己〕同一性であり、自己自身の内への仮象（照り返し）であるが、それが〔存在ではなく〕本質である所以は、その自己関係するものが否定性だからである。[1]従って〔自己を自己と関係させるためには自己と自己が区別されていなければならないから〕、本質は自己を自己自身から突き離すものである。従って本質の中には本質的に〔自己〕「区別」という規定が含まれていることになる。[2]

1　ここはもちろん nur ..als と関係しているのですが、松村や宮本の直訳と拙訳とでは、どちらが真意を伝えているでしょうか。

2　男と女は別々の存在であるとだけ捉えるのが存在論の立場です。男と女は対をなしている、男は女の他在であり、女は男の他在である、というのが本質論の立場です。この事態は、男と女は〔自己〕同一性とも捉えることができれば、男と女の〔自己〕区別とも捉えることができる、という事でしょう。

**注釈〔区別は本質における他在である〕**

ここ〔本質論〕での他在はもはや〔存在論でのそれのような〕質的な他在、つまり規定性や限界ではない。本質は自己を自己へと関係させるものなので、本質での否定〔他在〕は同時に、関係という性質も持つのであり、それは〔自己〕区別、定立したあり方、媒介されたあり方〔という規定〕となって現われる。

**付録〔同一性と区別の正しい理解〕**

どのようにして同一性から区別へと進むのかという問題を出す人がいますが、この質問には、同一性は単なる同一性であり、つまり抽象的な同一性〔区別を排除した一面的同一性〕であって、それだけで何か或る物であり、区別も又他の或る物であり、同一性と同じくそれだけで独立してその別の或る物である、ということが前提されています。しかるに、こういう前提によってはこの問題に答えることは不可能なのです。というのは、同一性を区別と異なったものと考えますと、そこには〔同一性と区別の区別だけがあるわけですから〕ただ区別だけがあることになり、そのために同一性から区別への進展を示すことはできなくなるからです。なぜそれが示せないかといいますと、〔そこには同一性と区別の区別しかないのですから〕出発点となるはずのもの〔同一性〕が、その進展方法を質問している人にとっては存在しないからです。[1]

従ってこのように詳しく見てみますと、これは全く愚劣な質問だということが分かります。〔もし実際にこういう事を質問する人がいたならば〕この質問を出す人には、まず、その人が「同一性」という語で何を考えているのかと聞いてみなければならないでしょう。そうすれば、その人は同一性という語で何も考えておらず、同一性〔という語〕はその人にとっては単に「空虚な名前」[2]にすぎないのだ、ということがはっきりするでしょう。

さらにもう一つ言っておきますと、既にお話ししましたように、同一性はたしかに否定的なもの[3]なのですが、〔存在論の初めに出てくる〕抽象的で空虚な無ではなくして、存在とその諸規定の否定なのです。ですから、同一性は〔否定的なものであると〕同時に〔否定した他者への〕関係でもあり、しかも自己に対する否定的な関係なのです。つまり、同一性は自己を自己自身から区別することなのです。

1　いかにもヘーゲルらしい論法ではあります。ヘーゲルはどこかで「哲学に関しては、質問するにも或る種の前提か予備知識が要る」と言っていたはずですが、それを思い出します。

2　先に第一一二節付録の訳注16（七一八頁）で注しておきました「単なる名前」と同じです。

3　ここの Negatives には不定冠詞が付いています。しかし、これと同格で肯定される名詞、又は否定される名詞は das abstrakte Nichts, die Negation des Seins と定冠詞が付いています。これに注意して下さい。不定冠詞付きの名詞は「こういう性質のものですよ」と言って、「ではズバリ何なのか」は定冠詞付きの名詞で言うのです。「文法」の七〇五頁の④を参照。英Wは Identity is undoubtedly a negative——not however an abstract empty Nought, but the negation of Being としています。下線部をなぜ不定冠詞にしたのでしょうか。英Gは identity is certainly something negative, though not just abstract, empty nothing ; instead, it is the negation of being としています。something は不定冠詞系列の語でしょう。下線を引いた nothing は無冠詞にしています。

## 第一一七節〔区別の直接態は差異である〕

①区別はまず第一には〔最初は〕「区別の直接態」である。[1] これが「差異」である。差異の中では区別された〔二つの〕物はそれぞれ独立に〔相手と関係なく〕それであり、他者〔相手〕への関係に無関心である。従ってこの他者への関係はその物の外部にあることになる。差異がある〔とされただけの〕二つのものは自分たちの区別に対して無関心だから、その両者の区別はそれら二つのものの外に、第三者に、つまり両者を比較〔して差異あると〕する者に属することになる。この〔当事者は無関心だが〕外からは区別〔として〕関係づけられている両項の同一性の面が「同等性」であり、その非同一性の面が「不等性」である〔つまり、同等性と不等性は第一段階の差異の中にある対立の萌芽である〕。

1 何でも最初は「直接態」です。

### 注釈

〔第一点・悟性による同等・不等論〕〔同等性とか不等性といった〕これらの規定を悟性は完全に別々のものとしてしまう。そもそも比較するという事は、同等性と不等性とに対する同一の基体があり、同等性と不等性[1]とはその同一の基体の異なった側面ないし観点にすぎないはずなのに、悟性は、同等性はそれだけで前者つまり同一性だとし、不等性はそれだけで区別だとしてしまうのである。

〔第二点・不可識別者同一の原理について〕差異〔という規定〕も命題にして、「全てのものは異なっている」とか「完全に相等しい二つの物は存在しない」という命題が作られている〔即ちライプニッツの立てた不可識別者同一の原理である〕。この命題では、第一の命題〔全ての物は自己同一である〕[2]に付与されている「同一性」とは反対の述語（属詞）が「全ての物」〔という主語〕に与えられており、従って第一の命題に矛盾する法則が与えられていることになる。しかし、差異というのは〔両者を〕外から比較する〔第三〕者にしか属さないものであり、或る物はそれだけとしては単に自己同一であるだけだから、この第二命題は第一命題に矛盾しない、と言われている。しかし、そのように言う時には、差異もその〔命題の主語とされた〕或る物や全ての物に属さないのであり、〔従って〕差異はこの主語の本質に属する規定ではないということになり、この第二命題はそもそも主張しえないことになる。――

しかし、この第二の命題の主張する所によれば或る物は「それ自身に対して」異なっているのであり、その時にはそれは「それ自身の規定」によって異なっているのである。[3]つまり、そこで考えられているのはもはや差異そのものではなく、「規定を持った区別」〔特定の区別〕である。――

〔そして、実に〕ライプニッツの命題〔不可識別者同一の原理〕の意味もこういうことなのである。[4]

1　この注釈の四行目の dies はこの段落の冒頭の Diese Bestimmungen selbst を受けているのでしょう。es と同様、性・数に関係なく、何でも受けられるようですから。

2　この「第一の命題」とは、第一一五節の注釈で出てくる Der Satz der Identität の事でしょう。

3　この文の so ist es dies という属詞文では es が「属詞の es」で verschieden を受けていて、dies が主語で das Etwas を受けているのだと思います。「文法」の一九一頁以下の第一三項を参照。このような「下らない問題」を気にしているのは私だけかもしれません。英語では it is so となるのでこういう問題は出てきませんが、That's itという言い方をすると、どちらが主語かの問題が起きます（「文法」の二〇〇頁を参照）。フランス語では「属詞の le」がありますが、il l'est となり、le は主語と取ることは出来ませんから、こういう問題は起きません。

4　ライプニッツ自身が本当にここまで考えていたかは怪しいものだと思います。ヘーゲルの哲学史理解は自分の問題意識によって強引に解釈している点が多いと思います。しかし、この「強引さ」は悪い事ではないと思います。「哲学するための哲学史研究」はむしろかくあるべきでしょう。どこかの国の哲学教授たちのように、自分の哲学的問題意識がないがために、テキストの表面にこだわるだけとか、初版と再版の違いに熱中するだけというのよりははるかに有意義でしょう。

## 付録

**〔その一・悟性的比較の方法〕**悟性が同一性を考察しようとする時には〔悟性自身は気付いていませんが〕、実際には既に同一性を通り越しているのです。〔又、その時〕悟性が扱っているものは単なる差異としての区別なので〔すが、悟性は区別と差異の関係も知らないのです〕。つまり〔前者について言いますと〕、例えばいわゆる同一律に則って「海は海である」「空気は空気である」「月は月である」等々と言うとしますと、その時これらの対象は互いに無関係なものとされています。従って、そこで問題にされていることは同一性ではなく〔差異としての〕区別なのです。第二に、しかし、私たちはその時には事物を単に互いに異なったものとして考察するこの段階に止まることなく、それらを互いに比較するものです。従ってそこに同等性と不等性という二つの規定が出てくることになります。〔そして、このようなのが悟性の態度であり〕有限な諸科学の仕事は大部分これらの規定を適用することとなっています。ですから、科学的な取り扱いということが口にされる時には、主としてこの考察対象を互いに比較するという方法を念頭におくということになっているのです。ここで誤解してはならない事は、このような〔悟性的な〕やり方でも多くの非常に重要な結論が得られているということです。これについては特に比較解剖学や比較言語学における近時の大きな業績が想起されてよいと思います。[1] しかし、そこで忘れてならない事は、第一に、この比較という方法が認識〔科学〕のどの領域でも同じように大きな成果を上げることができると考えたら、それは甚だしい行き過ぎだということであり、第二に、単なる比較によっては学問の欲求を最後まで満たし切ることはできないという事です。このような方法〔比較〕で得られた結論は、真の概念的な認識にとっての（たしかに不可欠のものであるとはいえ、やはり）準備作業でしかない、と言わなければなりません。これは特に強調しておかなければならない事です。[2] ——

**〔その二・数学と比較の方法〕**ところで、比較においては与えられた諸区別〔互いに異なった所与の対象〕を同一性へと引き戻すことが問題となるために、数学こそがその仕事を徹底的に[3]成しとげている科学だということになります。そして、それは〔数学の対象である〕量的区別というものが完全に外的な区別であるにすぎないということから来ています。例えば、幾何学では、質的に異なったものである三角形と四角形とを、両者の質的な違いを度外視することによって、大きさの面から互いに等しいものとすることがあります。[4]〔しかし〕数学のこの特長を経験科学や哲学がうらやましく思う必要はないのでして、この点についてはすでに前に（第九九節への付録で）触れておきましたし、先に〔その一で〕[5] 単なる悟性的同一性について指摘したことからも明らかです。——

**〔その三・ライプニッツの不可識別者同一の原理をめぐるエピソード〕**ライプニッツがかつて宮廷で差異の命題〔不

可識別者同一の原理〕を述べた所、貴族や貴婦人たちは庭の中を歩き回って互いに区別できない二枚の葉を探し出し、それを示してライプニッツの思考法則を反証しようとした、と伝えられています。〔これについて思うことは〕このような態度は疑いもなく形而上学〔哲学＝論理的な科学〕を扱う便利で、又今日なお愛好されている方法〔だということ〕です。しかし〔第一に、哲学は純粋に論理を使って考えるもので、それをこのように実証的に扱うのは間違いであり、第二に〕ライプニッツの命題の真意は、区別というのは単に外面的で無関心な差異としてではなく、区別自体〔区別そのもの〕として捉えなければならないということであり、従って区別されているということ〔自己内分裂を持つということ〕は事物それ自身の本質に属することだということなのです。[6]

1　最近、文法研究に関心を持っているのですが、「文法研究はその本質上比較文法である」という事が自覚されておらず、「英文法なら英文法だけを考えればよい」と無自覚的に思い込まれているようです。もちろん日本人の英文法研究では日本語との比較は少しは出てきますが、日本語文法を研究して英文法と比較して考えるほどではないと思います。まして英語と親戚関係にあるドイツ語文法との比較や、ラテン系の言語であるフランス語文法との比較は極めて少ないようです。こうした現状を見ると、ヘーゲルは、理性的・概念的認識とか言う前に、「まずきちんと悟性的比較をしなければならない」と言うべきだったかもしれません。

2　『大論理学』の第一巻の初版本を初めて読んで、再版本と大きく違う事に気づき、「初版本の方が上だ」と確信し、金子武蔵に手紙を出して確認してもらって欣喜雀躍し、両版の異同を調べて「ヘーゲル論理学の正しい理解」をしたつもりの寺沢恒信も、「準備作業」と「本作業」を混同していることになるでしょう。

3　この am vollständigsten は「すべての所で」という意味かもしれません。三六一頁の訳注3

を参照。

4　四角形以上の形の面積を計る場合、それを三角形に変形した上で、三角形の面積の求め方を適用して計算することを考えているのでしょう。

5　鶏鳴版ではこの「先に」を「第一一五節への注釈」としましたが、本付録の「その一」と考え直しました。

6　ここから矛盾の普遍性という原則が出てきます。この矛盾一般、自己区別一般と自己意識の根本的特徴である自己内分裂とはどこがどう違うのか、これが問題です。

## 第一一八節〔差異から本来の区別へ〕

同等性は、互いに同一でない〔二つの〕ものの同一性にすぎず、不等性は不等な〔二つの〕ものの〔質的〕関係で〔は〕ある。〔しかし〕かくして〔それが第三者によるにせよ関係づけられた事で〕同等性と不等性とは、互いに無関係なものとして異なった側面ないし観点に〔バラバラに〕分かれるものではなく、互いに相手の中へと仮象する〔照り返す〕ような関係のものとなった。[1] 従って、ここに差異は〔第一段階の外的で無関心な差異から〕反省関係にある区別、本来の区別、[2] 特定の区別になった。[3]

1　この現在形は「結果を表している」と思います。なお、ここでは **eine .. die andere** が使われていますが、**Zusatz** の四行目では **die eine .. die andere** が使われています。前者の **eine** は紹介導入で、後者の **die eine** は「その片方は」でしょう。

2　**Unterschied an sich selbst** の **selbst** は強めでしょう。

3　この節は区別論の第一段階から第二段階への移行です。第二段階の「本来の区別」では「第三者による比較」が不要で、当事者同士が対になっているのです。角括弧で補った句を検討してください。

付録〔同等性と不等性をめぐる日常意識と悟性的科学と思弁哲学〕

単に異なっているにすぎない〔二つの〕物は互いに無関係なものですが、それに対して、同等性と不等性とは対を成す規定であり、互いに明確に関係しあい、一方は他方なしには考えられないような関係にある二つの規定です。〔ところで〕この単なる差異から対立への進展は日常的意識の中にも見られるものです。私たちは、比較というのは区別を前提して初めて意味のあるものであり、又逆に、区別する行為は同等性を前提して初めて意味を持つものだということを認めていますが、[1]これがまさにその事にほかなりません。ですから、何か区別を指摘せよという課題が出された時、その区別が一見して明らかな〔例えば羽ペンとラクダといったような〕二つの対象しか区別できないような人に鋭い判別能力があるとは認めませんし、又、他方では、[2]きわめて近い関係にあるもの〔例えばブナの木とカシの木、お寺と教会〕しか似たものと判断できない人は、同等性を探し出す能力[3]に優れているとは言えないのです。こういう風に、私たちは、区別する時には同一性〔が前提されること〕を求め、同一性を見出す時には区別〔が前提されること〕を要求しているのです。それにもかかわらず、経験諸科学の領域では〔この同等性と不等性の〕両規定の一方に目を奪われて他方を忘れるということがしばしば見られるのです。つまり、或る時には異なった物を同一性に引戻すこと〔だけ〕に科学者の関心が偏より、又他の或る時にはやはり一面的に新しい区別を見出すこと〔だけ〕に科学者の関心が集中するということがよくあるのです。こういう事は特に自然科学において見られます。自然科学では、まず最初は、次から次へと新しい物質、新しい力、新しい類、新しい種等々を発見することが目指されます。別の言い方をするなら、これまでは単一のものとされてきた物体が〔実際は〕合成されたものだということを明らかにしようという努力がなされるのです。ですから、近代の物理学者や化学者たちは、古代人は〔地水火風の〕たった四つの、しかも決して単一ではない原素で満足していたといって笑っているのです。しかし、他方において、その次には、単なる同一性だけを眼中に置くことになり、そのため例えば電気と化学作用とが本質的に同一のものだとされるだけでなく、消化とか同化といった有機体の過程でさえも単なる化学的な過程と見なされるということになります。〔このように特に自然科学の分野ではこういう一面的な態度がひどいのですが、これの影響を受けて哲学の分野でも、あらゆる物に同一性を見出すことに熱中している傾向があります。そのため、哲学とは全てそういう考え方をするものだと思い込まれ〕先に（第一〇三節付録で）指摘しましたように、最近の哲学はよく軽蔑の念を込めて同一哲学と言われます。〔しかし、実際には同一哲学は本当の意味での哲学とは言えないのでして〕このような区別を度外視して単に同一性だけ指摘する悟性の無根拠性を主張しているのが〔本来の〕哲学であり、しかも何よりもまず〔私へーゲルの〕思弁的論理学なのです。しかし〔誤解を避けるために付け加えておきますと〕この思弁哲学は〔区別を認めるからといって〕単なる差異〔の指摘〕にとどまることなく、存在する全ての物の内にある一体性[4]を認識することを目指しているのです。

1　比較は区別を前提して初めて意味を持つ、ということを自覚する時、そこに「対立」の自覚が、従って又「差異から対立への進展」が為されている、ということでしょう。

2　「他方」という言葉が死語に成りつつあるということは既に指摘しましたが、ここは翻訳ですから、原語の **andererseits** を直訳して松村は「他方」、宮本は「他面」としています。それに、松村訳は何十年も昔のもので、まだ「一方」が「他方」を征服する前の時代の訳ですし。

3　ここで **vergleichen**（比較）と言われている事は、二つの物を比較してその異同を知ることではなくして、二つの物の同等性を見出すことだと考えられます。ブナとカシといった近い物の違いを知る能力ならむしろ高く評価さるべきだからです。

4　この「内なる統一（die innere Einheit）」をヘーゲルは概念と見ました。そして、その全ての存在者がその「単一の概念」のどういう面をどの程度分有するかに応じてその序列〔立体的な関係〕を決めました。それがこの論理学です。この序列を見ることのできない悟性が「平板な同一性」を主張することになるのです。

### 第一一九節〔本質段階の区別は対立である〕

②〔存在論段階では区別は或るものと他者の区別であったが〕本質論段階の区別は自体的区別である。即ち、〔それを一般的に表すと〕肯定的なものと否定的なもの〔との区別〕である。〔両者の関係について考えると〕前者〔肯定的なもの〕は自己同一的関係であるから、それは〔自己〕否定的なものではない。後者〔否定的なもの〕は〔前者から〕区別されたものだが、それだけで自立しているもので、肯定的なものではない。いずれもそれだけで独立したものだから、他者ではない。しかしその事によって、いずれもが他者の中で仮象して〔照り返して〕おり[1]、他者がある限りでしか存在しない。従って、本質論段階の区別とは対立であり、この対立関係においては区別されたものは他者一般ではない。それは自分〔自身の固有〕の他者を自分の向こう側に対立したものとして持つのである。即ち、〔対立する項の〕各々は他者への関係の中でしか自分固有の規定を持つことはない。各々は他者の中へと反省している限りでしか自分の中へと反省しないし、相手も又そうである。かくして、各々は「その他者の固有の他者」である。[2]

1　この scheinen の意味は、in dem anderen が三格だということを考えると、こうなるのではあるまいか。ゼミの中で、これは「他者の中に現われている」という意味かという質問が出たが、

「現われる」というと自分自身が直接現われる意にもなるが、「仮象する」とか「照り返す」というのは、自分はこっちにいて何かにその姿を映してその映像を現わすことをいうのだと思います。

2　この節では存在論段階の区別と本質論段階の区別の違いを説明しようとしているのだと思います。

**注釈〔矛盾の問題における形式論理学の混乱〕**

〔例によって〕本来の区別を述語〔属詞〕とする命題を作ると、「全ての物は本質的に区別されている」[1]という文が得られる。あるいはそれは又、「〔所与の〕或る物には二つの対立する述語〔属詞〕の内一つしか属さない。〔その二つの述語〔属詞〕のいずれも属さないとか両方の属するような〕第三のものはない」[2]と言っても好い。――

〔さて、これについて論評を加えると〕この「対立の命題」が「同一性の命題」と矛盾するのは明白である。即ち、同一性の命題に依ると、或る物は単に自己関係〔自己同一〕であるにすぎないが、対立の命題に依ると、〔他者と〕対立したものであり、自己固有の他者への関係でなければならない、と言う〔それなのに抽象的悟性はこの矛盾に気づかない〕。このような二つの矛盾する命題を〔思考〕法則として並置するだけで、比較して考えようとさえしない抽象〔的悟性〕とは、実際何と無考えなものだろうか。――

〔次に、第三の定式化である排中律について言うと〕排中律というのは、矛盾を避けたいと思いながら、まさに矛盾を避けようとすることによって矛盾を犯してしまう、正真正銘の悟性[3]の命題である。即ち〔排中律によると〕、AはプラスAかマイナスAかどちらかだという。しかし、そう言うことによって〔実際は〕、第三者であるAが言い表されており、それはプラスAでもなければマイナスAでもなく、又プラスAでもあればマイナスAでもあるものである。〔別の例を出すと〕今プラスWが西への六キロを意味し、マイナスWが東への六キロを意味するとし、プラスとマイナスが相殺されると六キロという道のり又は空間が残るが、それは東への道と西への道という対立があった時にもなかった時にもあったものである。〔更に別の例を挙げるなら〕数や方向の単なるプラスとマイナス自身が〔プラス幾つとかマイナス幾つと数をつけて考えなくても〕、強いて言うなら、ゼロというものをその第三者として持っているのである。[4]〔このように、プラスとマイナスとか、その他の対立を絶対的なものとし、第三のものを排斥する考えには難点があるが〕しかし、〔誤解を避けるために断っておくと〕このプラスとマイナス〔肯定的なものと否定的なもの〕の空虚な対立を〔絶対的なものとする〕悟性のやり方も、数とか方向といった抽象的な分野では有効だということも事実である。[5]

矛盾概念についての〔形式論理学の〕説〔矛盾律〕では、例えば一方の概念を青とすると〔そのような説では色のような感覚的表象を概念と呼んでいる〕〔それと矛盾する〕もう一方の概念は非青とされる。つまり、この他者は肯定的な形で、例えば黄とはされず、抽象的で否定的なものとして定式化されなければならないのである。――

〔これについて一言すると、まず〕否定的なものはそれ自身の内で既に肯定的なものなのだということは次の節を参照してもらうにしても、それは、「或る他者に対立させられたものはこの他者の他者である」ということの内に既に含まれてもいるのである。――

〔第二に〕このいわゆる矛盾概念を対立させることを絶対化させるとどんなに無内容なことになるかということは、「どの事物にも全ての対立する述語〔属詞〕の内の一方が属し他方は属さない」という形で壮大に表現して普遍的法則とする時、もっともはっきり現われる。それによると、精神は白か非白かのいずれかであり、黄色か非黄色かのいずれかであり、等々ということになるのである。

同一性と対立とはそれ自身〔自己内で〕対立しているのだということを忘れると、対立の原理を矛盾律という形を取った同一律のことと取ることになる。そして、二つの互いに矛盾する徴表《メルクマール》の内のどちらも属さない概念（先の例を見よ）[6]やその両方が属する概念、例えば四角い円などは、論理的に偽とされることになる。しかし、多角形の円とか直線的な円というものはたしかにこの命題〔矛盾律〕に矛盾するものではあるが、しかし幾何学者は少しの疑問も持たずに円を直線の辺から成る多角形と見なして扱っている〔その意味で形式論理学の理論より幾何学者の行為の方が先に進んでいる〕。しかし、〔幾何学者が扱っている〕円のようなもの（単なる円という規定）はまだ概念ではない。円の概念というには中心と円周の二つが共に必要不可欠であり、中心と円周は円の本質に属している。しかし、円周と中心とは〔同一のものに属するにもかかわらず〕やはり互いに対立し矛盾する関係[7]にあるのである。

物理学においてかくも広く適用されている両極性という観念の中には対立についての〔形式論理学の理解より〕正しい規定が含まれている。しかし、〔それを自覚しておらず、従って意識的に〕何かを考える時には通常の〔形式〕論理学にしがみついている物理学〔者〕は、その両極性の概念を展開してその中にはどんな〔深い〕考え方が含まれているかを知ったならば、きっとびっくりするであろう。[8]

1　この「本質的に区別されている」という時の区別とは、自己内で区別されているということか、それとも他者と区別されているということか。次の文から見て、後者だと思います。

2　ここは「一方の属詞が属する」ことが、なぜ「第三のものは存在しない」となるのか、説明が必要でしょう。私案で補ってみました。

3　この bestimmten Verstandes を松村は「有限な悟性」と訳しています。この「規定された」とは、「悟性という規定を持った」ということではなかろうか。

4　原文は「マイル」ですが、これは日本人にはなじみが薄いので、「キロ（メートル）」にしました。「六里」はあまりにも古すぎるでしょう。

5　この文は aber es soll nicht in Abrede gestellt werden, dass der leere Verstandesgegensatz von + und − nicht auch seine Stelle habe bei ebensolchen Abstraktionen wie Zahl, Richtung usf. ですが、下線を引いた nicht は「不必要な nicht」だと思います。「文法」の一二八頁以下の「不必要な nicht」を参照。

6　精神には白も非白も属さないといった例。

7　円周と中心とが矛盾するとは、円周上に中心はなく、中心に円周はないということではあるまいか。

8　一般的に言えば、人間は自分が実際にしていることの論理を自覚していないということであり、それを自覚にもたらすのが哲学の仕事の一つだ、ということです。「理論と実践の統一」などもその一つでしょう。これは第一に、唯物弁証法の「対立物の統一」の一特殊事例ですが、その事を自覚している人がほとんどいません。もしそれを自覚しているならば、かの一般法則は正確には「対立物の対立と統一の法則」を簡略化したものなのですから、「理論と実践の対立（矛盾）と統一の法則」と捉えなければならず、従って「理論と実践の対立」の面も考慮しなければならないでしょう。しかし、「統一」の面ばかり論ぜられています。第二に、この「法則」は「統一しなければならない」という当為命題ではなくて、「事実一致している」という事実命題なのに、青二才の自称マルクス主義者はこれを「統一しなければならない」という風に理解しています。そもそもこういう道徳律ならば、ヘーゲルやマルクスを待たずとも大昔からの常識です。拙著『理論と実践の統一』論創社刊を参照。

## 付録一〔対立概念の正しい理解〕

肯定的なものとは〔第一段階の自己〕同一性のことですが、〔肯定的なものという規定に成った今では〕、それはその一層高い真理における同一性〔第二段階での自己同一性〕です。即ち、それは否定的なものではないという規定を持った自己同一関係です。否定的なものはそれだけとしては〔自己〕区別自身にほかなりません。同一的なものそのものはさしあたっては〔第一段階では〕無規定のものです。それに対して肯定的なものとは自己同一のものではありますが、〔第二段階でのそれですから〕他者〔否定的なもの〕に対立するものとして規定されてもいるのです。否定的なものは区別そのものであり、〔自己〕同一性ではないという規定を持っています。それは区別自身の中にある区別の区別のことです。[1] ——

肯定的なものと否定的なものと言いますと、そこには絶対的な区別があるかのように思われがちです。しかし、両者は本質的には同一のものなのです。ですから、肯定的なものを否定的なものと呼び、逆に否定的なものを肯定的なものと呼ぶこともできるのです。そのようなわけで例えば債権[2]と債務とは、二つの互いに別々な特殊な種類の財産ではありません。一方の人〔債務者〕においては否定的なものが、他方の人〔債権者〕においては肯定的なものなのです。道についても同じ事で、東への道は同時に西への道でもあります。そのように、肯定的なものと否定的なものとはその本質からして互いに制約しあっており、相互の関係の中で初めて存在するものなのです。磁石の北極は南極なしにはなく、南極は北極なしにはありえません。もし磁石を切断しても、一方の断片に北極、他方の断片に南極が出来はしません。電気の場合でも同様で、陽電気と陰電気とは独立して存在する二つの異なった流れではありません。対立〔関係〕の中では区別されたものは一般に単に任意の「或る他者」ではありません。自分に対立しているものは「自己固有の他者」です。〔それなのに〕日常の意識は区別された諸項を互いに無関係なものと見なしたりします。例えば、「私は人間であり、私の周囲には空気、水、動物、その他いろいろなものがある」という言い方がされます。このように言うと、すべてのものがバラバラになってしまうのです。それに対して、哲学の目的は無関係性を追放し〔諸事物を無関係な並存に留めておかないで〕、諸事物の必然性〔必然的関係〕を認識し、或る物の他者がその物固有の他者として対立して現われるようにすることです。[3] 例えば、無機的自然は単に有機的なものとは別のものと考えるべきではなく、有機界の必然的な他者と考えなければなりません。両者は本質的な相互関係の内にあるのであって、そのいずれもが、他者を自己から排斥し、しかもまさにその排斥することによってその他者に関係する関係の中でしか存在しえないのです。同じように、自然も又精神〔人間〕なしにはなく、精神〔人間〕も自然なしにはないのです。[4] 一般的に言って、物事を考える時「しかし又別の事も可能だ」というような言い方を止めるようになることは重要な一歩前進なのです。というのは、そういう言い方をしている時はまだ偶然性を拭い去っていないからです。しかし、前にも言いましたように、真の思考とは必然性を思考することなのです。[5] ――

最近の自然科学は、まず磁気作用において両極性として知られたような対立が全自然界を貫徹している普遍的な自然法則だと考えるようになりましたが、これは疑いもなく科学における本質的な前進です。そこでさしあたって重要な事は、そのような対立と単なる差異を無雑作に並置したりしなかったということでしょう。[6] それなのに、例えば、一方では色を互いに両極的に対立するものとして（いわゆる補色として）捉えるという正しい事をしながら、他方では又、赤、黄、緑、等々といった色を、単に量的に区別されただけの相互に無関係なものとして捉えるというようなことをしている人も見受けられるのです〔なぜこういう事が起きるかと言いますと、自分のしている事を反省して論理的な次元まで純化することをしないために、他方ではそれと矛盾することをしても平気でいられることになるのです〕。[7]

1　肯定的なものと同一性との異同は分かるように思いますが、否定的なものと区別との関係が分かりにくい。なぜなら、区別というものは何かからの区別として、既にその何かとの関係を含んでおり、この点で否定的なものと同じだからです。両者の違いは、区別は元のものと区別項との関係が特定のものでないのに、否定的なものは肯定的なもの特有の区別だということではあるまいか。最後の文は直訳すると「これ〔否定的なもの〕は区別自身の中にある区別の区別である」となりますが、このままでは何のことか分からないので、上記の解釈に立って訳してみました。

2　原文は Vermögen となっていて「財産」ですが、負債との対の関係上「債権」としなければ通らないと思います。

3　これはまだ哲学の目的ではなく、科学一般の目的です。拙稿「弁証法の弁証法的理解」を参照。

4　磁石の北極と南極などの例と無機界と有機界の関係や自然と人間との関係は少し違う面があります。というのは、北極と南極はつねに同時に存在するが、無機界は有機界の存在以前にもそれ自体としては存在したし、自然は人間発生以前にも存在したからです。しかし、有機界発生以後、人間発生以後はこのようなことが言えるということだけでなく、無機界は必然的に有機界を生んだのであり、自然は必然的に人間を生んだのだという考えに立つと、やはりこの事は言えるでしょう。更に又、有機界が生まれる前の無機界は無機界ですらなく、有機界が生まれて初めて無機界になったという考え方も成り立ちます。

5　ここで注意しておくべきことは、必然性の思考は、多くの可能な場合を考慮してそのすべてについて考察を加えることを否定するものではなく、むしろそれを必然的な一段階として前提するものだということで、ヘーゲルの言っているのはそういう段階に止まっていてはならないということです。我々の提唱する「先生を選べ」ということが、この必然性の思考の立場と一致することが御理解いただけるでしょうか。

なお、ここの原文では das wahre Denken ist ein Denken der Notwendigkeit となっています。主語に定冠詞が付き、属詞〔述語〕に不定冠詞が付いています。Der Mensch ist ein Tier のような類種関係ならこれが当然ですが、この文では主語と属詞〔述語〕は完全に重なるのです。多分、「Denken der Notwendigkeit という句の意味をよくよく考えてください」という事でしょう。

6　この辺の前後関係をどう理解するかが問題です。liess は直接法過去ですから事実と取りました。wäre の接続法第二式は婉曲と取りました。

7　一方において「対立物の統一」と言いながら、他方において「批判と自己批判」と言って済ませられるような感覚もこの一種でしょう。前掲「批判と自己批判」（『ヘーゲルからレーニンへ』に所収）を参照。

## 付録二〔矛盾・対立の普遍性〕[1]

〔論理学のカテゴリーを属詞〔述語〕とした命題を作るというやり方をここでも踏襲するならば〕排中律（これは抽象的悟性の命題です）[2]に従う代わりに、むしろ、「すべてのものは対立している」と言わなければならないでしょう。実際、天にも地にも、精神界にも自然界にも、悟性が主張するような[3]抽象的な「あれかこれか」はどこにも存在しないのです。ともかく存在しているものは、みな、具体的なもの〔対立物の統一〕でして、自己自身の内に区別を持ち、自己内で対立したものなのです。〔別の面からこれを考えてみますと、事物はすべて有限ですが〕事物の有限性の根拠は、事物の直接的なあり方とその本来的・

潜在的なあり方とが一致していないことなのです〔ですから、そこには必ず矛盾があるわけです〕。非有機的世界から例を取りますと、酸は潜在的には塩基でもあります。つまり、酸であるということは、端的に言って、〔塩基という〕自己の他者に関係しているということなのです。しかし、更に言いますと、酸は〔そのように塩基と〕対立した状態にいつまでも留まっているものではなく、自己の潜在態になろうと努めるものなのです。一般的に言って、世界を動かしているものは矛盾です。ですから、矛盾を考えることはできないなどと言うことは笑うべきことです。[4] もっともこの〔「矛盾は考えられない」という〕発言も、矛盾はいつまでも矛盾のままに留まっているのではなく、自分で自分を止揚するものであるという意味に解するならば、正しい点を含んでいます。[5] ところで、その時、この〔自己〕止揚された矛盾は〔もはや第一段階の〕抽象的な同一性ではありません。と言いますのは、この抽象的な同一性は対立の一側面にすぎないからです。矛盾として定立された対立のすぐ次に出てくる結果は「根拠」であり、それは同一性と区別を共に止揚されたものとして、単なる観念的な契機に引下げて自己内に含み持つものです。

1　この付録に「矛盾・対立の普遍性」という題をつけましたが、矛盾の普遍性には矛盾の遍在性と矛盾の貫通性とがあります（毛沢東『矛盾論』）。ここで述べられているのは前者だけです。四三五頁の訳注6を参照。

2　この文は welches der Satz des abstrakten Verstandes ist となっています。この welches はもちろんすぐ前の dem Satz des ausgeschlossenen Dritten を受けています。それなのになぜ welcher とならないかと言いますと、これは「述語（属詞）の es」と同じものだからです。「文法」の四一八頁の③の用例4の「説明」を参照。

このように言いますと、「これは主語であって属詞ではないのではないか」と再度質問されそうです。思うに、属詞（述語）に定冠詞が付いて der Satz des abstrakten Verstandes となっていますから、付録一への訳注5の第二段落（七五九頁）の場合と反対です。ですから、主語と属詞を逆転させて「抽象を事とする悟性の命題がまさにこれです」とも訳せるでしょう。このような理屈をこねなくても、「es に替えて welches を使って好いのだ」と理解したらどうでしょうか。

3　ここの原文は wie der Verstand solches behauptet となっています。「文法」の四七八頁の①には「～ wie＋人称代名詞を用いる」と書きましたが、この「人称」を入れたのは間違いでした。正しくは「wie＋代名詞を用いる」です。従って、wie .. solches と不定代名詞を使う事もあります。

4　この付録を読みますと、エンゲルスの弁証法の説明を思い出します。エンゲルスには本質論的傾向と概念論的傾向とがありますが、前者の方が強く、それはこの付録二の考えです。

5　少し意訳しましたが、ヘーゲルの真意でしょう。ここで学ぶべきは、相変らず、ヘーゲルの二枚腰です。一度間違いとしながら、こう考えれば正しい面もあると持ってくる。そこには強引な解釈も入りこみますが、その強引さを批判するより、柔軟な考え方の方を学びたい。

## 第一二〇節〔肯定的なものと否定的なものとの対立から根拠へ〕

差異をつけられたものが、独立的であると同時に自己固有の他者への関係に対して無関心ではないとされる時、それが肯定的なものであった。[1]同様に、否定的なものとは自立的で否定的な自己関係であり独立しているとされているが、同時に、それも否定的なものだから、他者があって初めてこの自己関係〔自立性〕つまり肯定的なものであることができるのであった。それ故[2]、両者は〔独立的でかつ他者依存という〕矛盾の定立された姿であり、両者は「潜在的には」同一のものである。又、肯定的なものも否定的なものも他者を止揚し、〔それによって〕自己を止揚するから、両者共、「顕在的にも」同一のものである[3]〔事が分かる〕。これによって両者は没落して根拠に至る。[4]——

媒介過程を抜きにして換言するならば、[5] 本質論段階の区別は絶対的な区別だから、自己を自己から区別することにほかならず、かくしてそこには同一的なものも含まれている。従って、全き区別、絶対的な区別には区別も同一性も共に含まれていることになる。――

〔更に言い換えるならば〕[6] 区別が「自己関係する区別」に達している時には、そこには既に「自己同一性」も言い表されているのである。一般的に言って、対立したものというのは、一者とその他者、自己と自己の対立者を自己自身の内に含み持っているものである。このような形で本質が〔一段階〕中へと入り込んだものが「根拠」である。

1　前の節までの結果の確認ですから、日本語ではこういう言い方になると思います。soll がそれを物語っています。次の文も同じです。

2　ここからがその結果の展開だと思います。

3　この es が「属詞〔述語〕の es」です。「文法」の四一六頁を参照。

4　この zu Grunde gehen は、「没落する」という意味の熟語に「根拠に至る」という意味をヘーゲルが持たせたものです。

5　ここでは unmittelbar が問題です。この「無媒介に」とは、論理展開を抜きにして結論だけ言うことを指すと考えました。西田幾多郎は「一即多」という形で、対立物の統一を無媒介に言うばかりでその統一の媒介過程を提示しなかったので、「一即多」ならぬ「いっしょくた」の弁証法と言われたそうです。岩崎武雄東大教授の講義で聞いた話です。五〇〇頁の訳注7を参照。

6　第一二〇節は三つのダッシュで三つの部分に分けられていますが、ここ以下の第三部分は前の二つの部分とどう関係しているでしょうか。考えられるのは、第二部分を注として括弧に入れ、第三部分を第一部分にくっつける（A案）。第二部分も第三部分も、共に、言い換えによる補注と取る（B案）。第一部分の最後の文だけでは根拠の導出として弱いということから見ると、第三部分を本文と取りたくなりますが、第三部分を第一部分に接続することは不可能でしょう。するとどうしてもB案ということになります。こういうのも「文脈を読む」ことに入ります。

## ハ、根拠

第一二一節〔根拠は同一性と区別との統一〕

根拠は同一性と区別との統一である。即ち、同一性と区別の真理〔本当の姿の顕現〕である。それは、同時に他者内反省でもある自己内反省であり、同時に自己内反省でもある他者内反省である。[1] 根拠は「統体性として定立された本質」〔本質の最初の二規定の総合〕である。[2][3]

1　ここの die ebensosehr Reflexion-in-Anderes .. ist の die は Reflexion-in-Anderes に冠置された定冠詞ではなく、すぐ前の Reflexion-in-sich を先行詞とする関係代名詞です。ですから、ist が後置されています。

2　この文については、この「本質」とは何のことか、「統体性として定立される」とはどういうことか、この二点が問題です。本質については、本質論という時の本質（存在及び概念と組になる本質、A案）と本質論の第一段階としての本質（B案）、その又第一項としての本質（C案）の三つが考えられます。「統体性として定立される」とは、文字通り、「その全内容が定立される」という意味と「正－反－合の合の位置にある」という意味とが考えられます。ここは、本質についてはC案に取り、「統体性として定立された」は後者に取ると、「根拠は正としての同一性と反としての区別との合として定立された第一段階第一項の本質であり、それは本質論での最初の合の位置に立つ概念だから、同時に本質論に属する全ての合の位置に立つ概念の代表である」という意味ではなかろうか。ここで想起されるのは、存在論で、有と無はまだ概念ではなく「生成」にして初めて概念だ、とされたことです。

3　寺沢恒信訳『大論理学2』(以文社)は次のように指摘しています。「根拠論の一部分として『制約』が取り上げられることの必要性については疑問の余地がないが、初版における現存の「C」の叙述はかなりごたごたしていてわかりにくい。その理由はここで『制約』との関連において『無制約的なもの』を取り扱っていることにある」(四六二頁)。「〔『大論理学』と違って〕『小論理学』では根拠についての叙述がきわめて短く、ここでは制約についてまったくふれていない。したがってまた無制約的なものについての言及もない。その結果として『制約』と『事柄』については第一四六〜一四七節(『C　現実性』のところ)ではじめて言及されている。この点に関しては『小論理学』のほうがすっきりしていると思う。これはヘーゲルが意図してやったことなのか、要綱としての性格から根拠論の叙述を簡略にしたことによってたまたまそうなったのかわからないが、『大論理学』の『制約』に関する節の叙述がもっと整理されてしかるべきことを示唆しているであろう」(四六三頁)。

なお、根拠(Grund)の仏訳は、仏Vは raison d'être で、仏Bは fondement です。私にはどちらがベターか分かりませんが、意味的にどちらも「根拠」と「理由」の両義を持っているならば、一語である点をとって、後者を選ぶでしょう。

## 注釈〔充足理由律の論理的な意味〕

充足理由律では「全てのものは自己の十分な根拠を持っている」と言われている。この命題の意味は、或る物〔A〕を自己同一なものとか、〔他者から〕区別されたものとか、〔対立の一方としての〕単に肯定的なものとか単に否定的なものと規定したのでは、その物〔A〕の本当の本質を規定したことにはならないということであり、或る物〔A〕は自己の存在を他者〔B〕の中に持っているのであり、その他者〔B〕は或る物〔A〕の自己同一性〔可能性〕であるという意味でその〔Aの〕本質だということである。〔しかし〕これ〔B〕は〔或る物Aと〕同じく、単に自己内反省であるだけではなく、[1]他者内反省でもある〔つまり他者を根拠づける〕。〔だから〕根拠は自己内にある本質であり、〔逆に〕自己内にある本質は本質的に根拠なのだが、それがそうであるのは、その自己内にある本質が或る物の根拠であり、他者の根拠である限りのことなのである。

1　ここは原文では **nicht abstrakte Reflexion in sich** となっていますが、これは本文の最後の方の **die Reflexion-in-sich, die ebensosehr Reflexion-in-Anderes ist** と同じものなのでしょう。肯定的に言うか否定的に言うかの違いでしかないと思います。何度も言いますように、ヘーゲルでは「抽象的」とは「一面的」という事であり、「対立物の統一になっていない」という事ですから。

## 付録〔根拠と充足理由律の諸問題〕

**〔その一・根拠は同一性と区別の統一と矛盾〕**根拠は同一性と区別との統一であると〔一一九節への付録二で〕言いましたが、この場合の統一を抽象的統一と解してはなりません。[1]なぜなら、もしそれを抽象的統一〔単なる統一＝区別無き統一〕とするならば、それはその思想〔内容〕上、真でないことの判明した悟性的同一性の繰り返しにすぎず、ただそれが〔形式上、根拠という〕別の名前で現われているにすぎないことになるからです。従って、そのような誤解を避けるためには、根拠は同一性と区別との統一であるのみならず、その区別でもあると言うことも必要でしょう。[2] 従って、さしあたっては矛盾の止揚として現われた根拠は、ここに〔それ自身〕新たな矛盾〔同一性と区別との矛盾〕であることになります。ということは、しかし、根拠は自己内に静かに止まっているものではなくして、むしろ自己を自己自身から突き放すものだということです。

**〔その二・根拠の形式主義＝同一性と区別との矛盾としての根拠〕**[3] 根拠は〔何かを〕根拠づける限りで根拠なのです。[4] しかるに、根拠から現われ出てきたもの〔帰結〕は根拠自身にすぎません。これが根拠の形式主義〔同語反復性〕なのです。〔即ち〕根拠づけられたものと根拠とは同一の内容であって、両者の区別は単純な自己関係〔根拠〕か媒介され定立されたあり方をしている〔根拠づけられたもの〕かという形式的な区別にすぎません。〔ですから〕事物の根拠が問われる時、それは、先に（第一一二節への付録で）言及しました反省の立場が前提されているのです。即ち、事物の根拠を問う時には事物をいわば二重に、まずはその直接態において、次にはその根拠から媒介された姿において、見ようとしているのです。そして、これが〔形式論理学で〕いうところの充足理由律の単純な意味なのでして、それは、「事物は本来媒介されたものとして考察しなければならない」と言っているだけなのです。ところで〔ここで一寸注を入れておきますが〕形式論理学は充足理由律を立てるに当たって他の学問に悪い見本を示しています。と言いますのは、形式論理学は、他の学問に対して、「その内容を無媒介に主張してはならない」と要求しておきながら、自分自身はその充足理由律を導出することもせず、媒介を示すこともせずに定立しているからです。[5]〔この批判に対して〕もし形式論理学者が、「我々人間の思考能力はどんな事についてでもその根拠を問うように出来ているのだ」と主張〔し、これが充足理由律の根拠の説明になっていると〕するならば、〔これが答えになっていないことは容易に分かるでしょう。と言いますのは、もしそんな主張が通るなら〕同じ権利を持って、医者は、「水に落ちた人間はなぜ溺死するのか」と問われた時、「人間は水の中では生きていけないように出来ているのだ」と答えることができるでしょうし、犯罪人はなぜ処罰されるのかと問われた法律家は、「市民社会というのは犯罪を罰しないで放っておくようには出来ていないのだ」と答えることができるでしょう〔からです〕。しかし〔ここでもう一つ注を入れておきますと〕、「充足理由律を根拠づけよ」という形式論理学に対する正当な要求はともかくとしても、形式論理学は少くとも根拠という言葉の下で何を考えているかという問いには答えなければなりません。それに対して、普通は、「根拠とは帰結を持つものである」と説明されますが、この説明は、一見した所、先に示した概念規定より明白で分かりやすいようです。しかし更に一歩を進めて、「〔それでは〕帰結とは何か」と問い、「帰結とは根拠を持つもののことだ」と答えるとするならば、ただちに分かることは、先の説明が分かりやすいのは、我々のこの論理学〔ヘーゲルの論理学〕で思考の運動の結果として現われたものを前提しているからにすぎないということです。〔ですから、逆に言うならば、私ヘーゲルの論理学というのは、人々が日常生活の中で無自覚に従っている考え方を純化し、思考の運動に則って系統づけたものにすぎないのです。一般的に言って〕論理学の仕事とは、単に表象されただけであるが故に概念で捉えられておらず証明されてもいない観念を、自己規定しゆく思考の諸段階として示すことでして、それによってそれらの観念が概念で捉えられ証明されるのです。——

〔さて本論に戻って、根拠の形式主義を確認した我々はそれの意義と限界を指摘しておかなければなりません。〕日常生活においても有限な諸科学においても、人はよくこの〔根拠という〕反省規定を使い、それを適用して、問題になっている対象の本当の姿を捉えようとします。たしかにこういう考え方は、すぐ手近にある日常的な事の認識が問題になっている限りでは何ら悪い所はないのですが、こういう考え方は理論においても実践においても究極的な満足を与えうるものではないということは、はっきり申し上げておかなければなりません。そして、その理由は、根拠というものはいまだ絶対的に規定された内容を持っておらず[6]、従って或る物事をその根拠から理解しただけでは、その物事の無媒介の姿と媒介された姿との形式上の区別を知ったにすぎないということです。ですから、例えばある電気現象を見てその根拠を問い、その根拠が電気だと知らされても、それは、目の前に無媒介に与えられた同一の内容が内的なものへと翻訳されたにすぎないのです[7]。——

〔その三・根拠の複数性＝同一性と区別との矛盾としての根拠〕ところで、次に、根拠は単に単純に自己同一なものであるだけではなく、〔自己内で〕区別されたものでもあります。ですから同一の内容について複数の根拠を挙げることができます。そして、この根拠の複数性は、〔差異から対立へ、更に矛盾へと進んでいく〕区別の概念に従って、単なる差異〔単に根拠が幾つもあるということ〕から対立〔した根拠があるということ〕へと進み、同一の内容に対してそれを肯定する根拠と否定する根拠と〔矛盾した二つの根拠〕が挙げられるということになります。——

例として或る行為、例えば盗みという行為を取り上げてみますと、盗みというのはいろいろな側面を持った事柄です。〔第一に〕それによって所有〔権〕が犯されるということ、しかし〔第二に〕困っていた盗人は盗みによって自己の欲求充足手段を手に入れるということ、更に〔第三に〕盗まれた人はその盗まれた物を正しく使っていなかった〔だから、その物にとっても盗人が使った方がよい〕という場合もありうること、などです。〔これに対して〕ここでは所有〔権〕が犯されたということ〔根拠〕が決定的な点であって、他の根拠はこの根拠に劣るということは、確かにそうでしょう。しかし、根拠の思考法則〔自身〕の中にはどの根拠を決定的とするかということは入っていないので〔あって、根拠律の立場ではどの根拠も同等なので〕す。〔こう言うと、それに対して更に〕この〔根拠の〕思考法則は、普通、単なる根拠一般について語っているのではなく、十分な根拠〔充足理由〕について語っているのだと考えられていますので、上例の行為〔盗み〕においては、所有〔権〕の侵害以外の根拠は、たしかに根拠ではあるけれども「十分な」根拠ではないと言うかもしれません。しかし、それについて言っておかなければならないことは、十分な理由について云々される時、この「十分な」という語は無意味なものであるか、〔内容上〕根拠のカテゴリー自身を超えたことが考えられているかのどちらかだ、ということです。〔第一に〕もしその「十分な」という語で一般に〔帰結を〕根拠づける能力が意味されているだけだとするならば、その時にはその語は無意味であり、同語反復です。なぜなら根拠というのはこの〔根拠づける〕能力を持っている限りで初めて根拠だからです。〔例えば〕或る兵士が、自分の命を守るために戦場から脱走したとしますと、その兵士はたしかに義務に反してはいますが、だからといって、その兵士にかような行為を取らせた根拠が十分でなかったとは言えません。なぜなら、もしその根拠が十分でなかったなら、彼は自分の部署にとどまっていたでしょうから。[8] しかし、更に〔第二に〕ここで言わなければならないことは、一方では根拠はみな十分ではあるが、他方ではどの根拠も根拠である限りは十分ではないということです。[9] その理由は、既に述べましたように、根拠はいまだ絶対的に規定された内容を持たず、従ってそれだけで働き、〔帰結を〕産み出すものではないということです。そのような絶対的に規定され、従って自立して働らく内容としては、やがて「概念」というものが出てきます。そして、ライプニッツが「十分な根拠」ということを言い、事物をこの観点から見るように要求した時問題にしていたことは、この概念のことだったのです。[10] ライプニッツが十分な根拠ということを主張した時、彼はまず、当時まだ多くの人に使われていた単なる機械的な物の見方を念頭において、それは不十分なものだと言ったのであって、これは正しいことでした。例えば、血液循環という有機体の過程を心臓の収縮に還元して済ますような考え方は単なる機械的な考え方ですし、刑罰の目的を〔罪によって為された〕損害を取り戻すことか恐怖の念を起こさせ〔て、犯罪を思いとどまらせ〕ることとかその他の外的根拠と見るような刑法理論も、やはり機械的です。〔そして、ライプニッツは、このような機械的な物の見方に対抗して、十分な根拠ということを主張したのでした。ですから〕ライプニッツは形式論理学の根拠律のような内容の貧弱なもので満足していたのだと考えるとしたら、それはライプニッツを侮辱するものです。ライプニッツが主張した考え方は、概念的に認識することが求められている所で単なる根拠を持ち出して事足れりとするような形式主義とは正反対のものです。これについては、ライプニッツは作用因と目的因とを対置し、作用因に留まっていないで目的因にまで突き進めと主張しました。この区別で考えると、例えば、光、暖かさ、湿り気は植物の成長の作用因ではあるが、目的因と見なすべきではなく、この目的因は植物の概念自身[11]にほかならないというようなことです。――

**〔その四・根拠の立場とソフィスト的思考〕**この根拠のことでもう一つ言っておきたいことは、殊に法や習俗の事柄に関して単なる根拠に留まることは、一般的に言って、ソフィストの立場であり原理であるということです。ソフィスト的思考について云々される時、それは、正しいことや真理をねじ曲げること、一般的に言うと、事柄を歪めることを狙った思考法だと理解されることが多いようです。しかし、こういう傾向はそのままの形ではソフィスト的思考の中にはありません。ソフィスト的思考の立場はさしあたっては悟性推理〔理屈づけないし屁理屈〕の立場にすぎません。〔それなのになぜ、そこから、先に述べたような事柄の歪んだ把握と取られるようになったかと言いますと〕ソフィストがギリシャ人たちの間に登場した時代は、ギリシャ人たちが宗教や習俗の分野で単なる権威や伝統にもはや満足しなくなり、自分たちを律するものを思考によって媒介された内容として意識したいという欲求を感じた時代だからなのです。しかるにソフィストはこの要求に対して、事柄を考察する様々な観点を探し出せという指示を与えるという形で答えましたが、その様々な観点とはさしあたっては根拠のことにほかなりませんでした〔その限りでソフィストは時代の要求に応えた進歩的な面もあったのです〕。さて、先にも述べましたように、根拠というのはいまだ絶対的に規定された内容を持っていませんから、習俗に合わないことや正しくないことに対しても、習俗に適った正しいことに対してと同様、いくつかの根拠を見出すことができますから、どの根拠を主張するかということは主観〔一人一人の人間〕に属することになり、どっちに賛成するかということは個人の志向や意図に左右されるということになるのです。従って、絶対的に妥当することや万人に承認されたことの客観的な基礎が掘り崩されることになります。かくして、ソフィスト的思考の中にあるこういう否定的な側面のために、それが先に述べたような悪い評判を受けることになったのは止むをえないことでした[12]。周知のように、ソクラテスはソフィストとあらゆる分野で戦いました。しかし、それはソフィストの屁理屈に対してやみくもに権威と伝統を対置したのではなく、むしろ単なる根拠の立場には〔絶対的な〕支点がないということを弁証法的に〔問答法によって内在的に〕示し、正義と善、一般的に言うと「意志の普遍」ないし「意志の概念」を対置することによって戦ったのでした。今日、世俗的な事柄についての説明の中でも〔超世俗的な〕説教の中でも、もっぱら理屈づけの態度で事を処するのがよく見受けられます。例えば、神に対してなぜ感謝しなければならないかについて、考えうる限りのあらゆる根拠を持出すというようなことがあります。もしソクラテスやプラトンが生きていてこういう論法を聞いたならば〔たとえそれが善意に基づいて正しい事を主張しようとするものだとしても〕、その論法はソフィスト的思考法だとすることに何の抵抗も感じないでしょう。なぜなら、先に述べたように、ソフィスト的思考法では、そこで直接問題になることは内容ではなく根拠という形式であり、内容ならばともかく真実な内容〔絶対的に規定された内容＝概念的内容〕である場合もあるのですが、根拠という形式はどんなことでも守ることもできれば攻撃することもできるものであって、決して真実なものではありえないものだからです。[13]〔実際根拠の立場などというものは低いもので〕現代のように反省的思考が満ちあふれ、悟性推理全盛の時代には、どんな事に対してでも、もっとも醜悪ででたらめな事に対してでもそれなりの根拠を指摘できないような人で出世出来た人は未だにいないと思います。[14]〔例えば〕この世で滅びたどんな事でもそれなりの十分な根拠があって滅ぼされたのです〔から〕。〔このように根拠を挙げて何かを説明するなどということは大したことではありませんので〕根拠を挙げて何かを主張されると、人は最初はその主張を認めなければならないというような気持になるかもしれませんが、その後、根拠というものの本質が分かってしまうと、根拠などには耳を貸さず、もはや威圧されなくなるのです。[15]

1　ここを松村は「根拠は同一と区別との統一であると言う場合、われわれはこの統一を抽象的な同一と考えてはならない」と訳し、宮本は「根拠については、それは同一性と区別との一体性であるといわれる場合、この一体性は抽象的な同一性と解されてはならない」と訳しています。原文は Wenn vom Grunde gesagt wird, er sei die Einheit der Identität und des Unterschiedes, so ist unter dieser Einheit nicht die abstrakte Identität zu verstehen です。gesagt wird の受動形は「私が言った」と主語を出すのを避けたためだと思います。日本語では「主語（主格補語）」なしに「言った」と言えます。ist nicht zu verstehen の未来受動分詞も日本語では能動で言うのが普通でしょう。松村訳の方がはるかにベターですが、「われわれは」は余計でした。なお、文頭の Wenn は「事実を指す wenn」でしょう。die abstrakte Identität の Identität は Einheit の重複を避けたのでしょう。翻訳にあっては、ドイツ語の習慣と日本語の習慣の違いを踏まえて判断するべきでしょう。

2　können には「müssen に代わる können」もあります。「文法」の九二七頁の第六項を参照。

3　「原書の編集を尊重する」という方針に反して、ここは改行しました。「その二」と「その三」が対比的になっているからです。

4　nur ... insofern と接続詞を限定する副詞がコンマの前の句の中に置かれる現象については、「文法」の一一六八頁の第一項を参照。

5　同趣旨の事が第四二節への注釈への訳注7（四一〇頁）の所でも述べられています。

6　この絶対的に規定された内容を持つものが後で概念とされますが、根拠の立場＝偶然性の立場と概念の立場＝必然性の立場の違いは、更に相対的必然性と絶対的必然性の立場との違いでもあり、この点は拙稿「弁証法の弁証法的理解」の中で考えました。

7　「雨が降っているのは低気圧が来ているからだ」という「根拠からの説明」は何をどれだけ解明したことになるのでしょうか。

8　こういう落ち着いた考察がヘーゲルの真骨頂です。今日でも「創造的発展」とか「一致点で協力」といった無意味な同語反復や、逆に「創造的適用」などという形容矛盾を口にして得意になっている政治集団がありますが、「ヘーゲルを読まなければマルクスは分からない」というレーニンの言葉をなぜ実行しないのでしょうか。

9　ヘーゲルの三枚腰です。

10　ここの原文は dieser ist es, um den es sich bei Leibniz handelt となっています。dieser が指示代名詞なので das ist es と同じ語順になったのだと思います。「文法」の一九五頁の③及び四一九頁の第七項を参照。

11　こういう表現から分かる事は、第一に、ヘーゲルの概念が客観的なものである場合もあること、第二に、それは「本質」を「全体的な観点から捉え直したもの」らしいことです。付録3の「ヘーゲル論理学における概念と本質と存在」を参照。

12　ここの原文は diese negative Seite der Sophistik ist es, welche となっています。普通なら es ist diese ... となりますが、diese という指示形容詞があるのでこちらを文頭に置いたのだと思います。訳注10を参照。

13　ここは内容と形式という対概念を手がかりとしてこう読んでみました。

14　ここは、einer が主語で、es は熟語 es weit bringen の「填詞の es」です。muss は「思考の必然性」と取りました。「文法」の九六七頁以下の「感想」を参照。

15　しかし、実際には、「根拠という概念に威圧されている人ないし学者は今でも少なくない」ようです。丸山圭三郎などの言語論を読んでいますと、どこまでがソシュールの理論か知りませんが、「言語による対象世界の区分は主観的なもので、客観的根拠は一切ない」と考えているようです。それは白い砂浜に自分の作った網を投げるようなものだ、というのです。その「根拠」は、「もし対象の区分に『客観的な根拠』があるならば、言語によってその区分が違うはずがない」というのです。丸山にとっては、「客観的根拠」は絶対的に「区分の一義性」と結びついているようです。「文法」の七七頁以下を参照。一〇八七頁の訳注1に詳論。

## 第一一二節〔現出存在の生成〕

本質の最初の姿は〔存在の領域から〕自己の内へと仮象し[1]〔照り返し〕、自己内で媒介することであった。[2]〔しかし、本質の第一段階のそのまた第一歩である「純粋な反省諸規定」の終りの根拠までの過程で〕全ての媒介を経過した本質は、今や、〔自己〕区別と〔自己〕媒介を止揚したものと成り、自己同一性となって顕現している。かくして〔自己同一性は存在の論理的性格だから〕ここに直接性が再興されたという事であり、存在が再興されたということである。しかし、存在と言っても〔存在論の冒頭のそれではなく〕媒介の止揚によって媒介された限りでの存在である、即ち現出存在である。[3]

1　この in sich を三格と取るか四格と取るかが問題となりました。松村は三格と取り「自己内での」としています。確たる理由はありませんが、我々としては括弧で補ったように取ってみました。

2　この文は第一一二節本文の最後の文（七一六頁）の繰り返しです。既に述べた事の確認ですから、こういう風に訳しました。

3　新しい段階に移る前にはこれまでの経過をまとめ直すのがヘーゲルのやり方です。ここで「純粋な反省諸規定」全体を総括してみますと、それは形式論理学の四法則、即ち同一律、矛盾律、排中律、充足理由律を換骨奪胎したものだという事が分かります。私は「ヘーゲルはどのようにして自分の哲学を作ったのだろうか」と考えるのですが、それは、①自分の生活経験を哲学する事と、②哲学史を哲学的に研究する事、の二つだったと思います。そして、ここなどは②の典型的な例だと思います。自分の問題意識がなく哲学する方法も持たない「哲学教授」の文献学的哲学史研究との違いをしっかりと学びたいものです。

注釈〔根拠の無力〕

根拠はいまだに絶対的に規定された内容〔概念〕を持たず、目的でもない。従って根拠は「能動的」でもなければ「産出的」でもなく、〔そこから現出存在が出てきたからといって、その〕現出存在は根拠からただ〔漫然と、必然性なく〕「現われ出てきた」にすぎない。従って〔特定の現出存在を生み出す〕特定の根拠といっても形式的なもの〔自己矛盾を含まない限りで可能であるにすぎないもの〕であり、自己関係する肯定的なもの〔自己矛盾を含まないもの〕という限りで、自己と関係した無媒介の現出存在との関係で何らかの規定を持つにすぎ〔ず、必然的に自己内に特定のものを産み出す規定を持っているのでは〕ない。根拠は正に根拠であるが故に、それは又「十分な」根拠でもある。というのは、「十分な」ということは、抽象的〔一般的〕には肯定的な〔自己矛盾を含まない〕ものということでしかなく、何らかの形で肯定的なものとされうる規定はどれも十分なものだからである。従って、どんな事に対してでも根拠を挙げることは出来るのであり、〔逆から言えば〕十分な根拠〔例えば何らかの行為を引き起こすに十分な根拠〕といえども、何かを引き起こすかもしれないし引き起こさないかもしれないし、何らかの帰結を持つかもしれないし持たないかもしれないのである。根拠が〔現実に〕或る事柄を引き起こす運動の根拠となるのは、例えばその根拠を誰かが意志の中に取り入れるということによってであり、その意志がその根拠を初めて能動的な根拠にし、原因〔結果を持つもの〕にするのである。

## 第二項　現出存在（Die Existenz）

### 第一二三節〔現出存在の最初のあり方〕

現出存在は自己内反省と他者内反省との統一〔根拠〕が直接的な姿となって現われ出た姿である。[1] 従って、[2] 現出存在は〔現象形式としては〕現出存在者の不特定多数の集合と成るのだが、その現出存在者は自己内反省したものであると同時に他者内反省でもある、〔つまり〕「相対的なもの」である。〔従って〕それは、根拠と根拠づけられたものとの相互依存と無限の関連の「世界」と成る。〔即ち〕根拠はそれ自身現出存在者であり、多くの面から見て〔何と関係するかによって〕根拠にもなれば根拠づけられたものにも成るものである。[3]

1　直訳すれば「自己内反省と他者内反省との無媒介の統一」ですが、根拠と現出存在との違いがこの「無媒介の」という語にあると考え、その意味をこう取りました。もっとも、第一二一節本文の最初の文（これは Der Grund を主語としています）とどれだけ違うのか、分からないくらいですが。

2　前文からこの文への移行は存在論における一から多への移行を想起させますが、文頭の「従って」は、「自己内反省と他者内反省との統一」を受けており、それが「直接的な」統一であるが故に、現出存在者が「〜の不特定多数」になるのではなかろうか。なお、「不特定多数」という訳は宮本から借りました。

3　最後の方は主語が「現出存在」ではなく「根拠」になっています。根拠論に逆戻りしたのかと錯覚しそうですが、そうではないでしょう。根拠は止揚されて現出存在の契機に成っているのですから、「現出存在が根拠として機能する場合にはこうだ」と言っているのだと思います。

## 付録〔現出存在の世界〕

Existenzという語は（ラテン語のexistereに由来するものですが）「現われ出てきた存在」を意味しており、現出存在とは「根拠から現われ出てきた存在」であり、「媒介の止揚によって復活された存在」のことです。[1] 本質は存在の止揚された姿ですが、それはまずは自己内へ反省するものであり、この〔自己内〕反省の諸規定は〔自己〕同一性、〔自己〕区別及び根拠〔の三つ〕でした。[2]〔しかるに〕この根拠は〔前二者つまり〕同一性と区別との統一であり、従って又自己を自己自身から区別することでもあります。しかし、自己同一性としての根拠が抽象的同一性ではなかったのと同様、〔ここでの区別つまり〕根拠から区別されたものも今では単なる区別ではありません。即ち、〔自己区別としての〕根拠は自己自身を止揚することであり、その自己止揚の行きつく先は、あるいは根拠の〔自己〕否定の結果は、現出存在なのです。この現出存在は根拠から現われ出てきたものですから、自己内に根拠を含んでいます。逆に言えば、根拠は現出存在の背後に取り残されてしまうのではありません。根拠とは自己を止揚すること自体にすぎず、それは現出存在へと移っていくことなのです。この事は人々の日常の意識の中にも見られることでして、或る事の根拠を考えるという場合、この根拠というのは単に内なるもの〔自己同一〕に留まるのではなく、むしろ〔外に現れ出て行くもの〕それ自身も一個の現出存在するものでもあるのです。ですから、例えば或る火事の原因として稲光りを挙げ、それによって建物に火がついた〔という場合には、その稲光りも現出存在しているものなのです〕。又或る民族の体制の根拠としてその民族の風俗習慣や生活諸関係を挙げる〔場合でも同じ事です〕。一般に、反省的表象が現出存在している世界を無数の現出存在者の集まりという形で捉える時、それはこのような姿で現われるものでして、現出存在者は自己内に反省すると同時に他者内にも反省しているので、互いに根拠でもあれば根拠づけられたものでもあるという相互関係で現われるのです。このような現出存在者の総和である多彩な世界の中には、一見した所ではどこにもしっかりした支点がなく、どれもこれも相対的なもので、他者に条件づけられると同時に他者を条件づけてもいるものに見えます。そこで反省的悟性はこの全面的な〔相互依存〕関係を調べ追求していこうと考えることになるので〔あり、それはそれで思考の一段階として必要なことで〕すが、そのような思考では世界の究極目的は何かという問いには答えられません。[3] そこで、これを求める概念的理性はこの単なる相対性の立場を越えて行くのであり、論理学の理念の歩みも〔根拠と現出存在などという低いカテゴリーに留まることなく〕先へと進むのです。

1　「現存在」という語はハイデッガー哲学の訳語として余りにも定着していますので、ヘーゲルの **Existenz** の訳語として使うのは適当でないと思います。それに、ここの説明にもありますように、ヘーゲルでは「出」という語をぜひ使いたいです。「現出存在」という訳語を作った所以です。

2　**scheinen** を「反省」と訳しました。繰り返し述べていますように、ヘーゲルの論理学では「新しい段階になると、先ずこれまでの段階を、自分の新しい段階の立場から振り返り、新概念の内容（規定）を再確認します。本質論では **Schein** が出てきますから、ここではその語を使ったのでしょう。

3　この辺から見ても、ヘーゲルの概念の立場なり弁証法なりが、世界の普遍的相互関連という観点に留まるものではなく、徹底した一元論的目的論であることが分かるでしょう。なお、ここで **einem Endzweck** と不定冠詞を冠しているのは、「そういうものがあるかもしれない」という未定的な考え方を考慮したからでしょう。「仮構の不定冠詞」です。「文法」の六五七頁以下を参照。

## 第一二四節〔現出存在から物へ〕

しかし、〔第一二三節本文で述べた根拠と根拠づけられたものというような〕現出存在者の他者内反省はその自己内反省と切り離しがたく結びついていた。というのは、根拠がその他者内反省と自己内反省の統一であり、現出存在はその根拠から現われ出てきたものだったからであった。現出存在は相対的なものであり、その中には他の現出存在との多様な関連が含まれているのだが、〔これまでのカテゴリーの場合と違うのは〕現出存在ではそれが現出存在自身の表面に出ている点である。つまり現出存在は根拠〔それらの多様な関連の基礎〕[1]としての自己の中に反省しているのである。かくして現出存在は物である。[2]

1　この Grund という語は次の注釈の終りの方に出てくる Grundlage と同義ではなかろうか。

2　現出存在から物を内在的、必然的に導出しようとの努力は分かりますが、これで成功しているのでしょうか。

### 注釈〔物自体とは何か〕

「物自体」というものはカント哲学の中でかくも高く評価されているが、[1]その発生過程[2]を示せばこういうことである。それは、現出存在の他者内反省〔他者との根拠・被根拠の関係〕や諸規定一般に対して、それらの空虚な「基礎」として残された抽象的な自己内反省にすぎないのである。

1　「カント哲学によってかくも有名になった」ではありません。

2　世の中で「与えられたものとして」云々されている事物や概念の「論理的発生過程」を示そうというヘーゲルの企図が図らずも漏らされています。

付録〔「何々自体」という表現をどう考えるか〕

物自体は認識できないと〔カントは〕主張していますが、それはその通りです。と言いますのは、認識するということは対象をその具体的な規定の中で理解することであるのに、その物自体というのは全く抽象的で無規定な物一般以外の何物でもないとされている〔のですから、そういう物自体を認識することは原理的に不可能だ〕からです。ちなみに、物自体について〔カントは〕あれこれ言っていますが、それならばそれと同等の権利を持って「質自体」について、「量自体」について、更に又他のあらゆるカテゴリーについて言うことができるはずです。そして、それらの「〇〇自体」という語によって、それらのカテゴリーはその抽象的無媒介性において、つまりその〔外への〕展開と内なる規定とを取り除いた姿で理解されることになるでしょう。従って、〔それらの多くのカテゴリーの中から〕ほかならぬ物だけを〔特に選んで〕その自体的なあり方で考察したのは、悟性の恣意と見なさなければならないでしょう。しかし、更に進んで、「〇〇自体」〔という言い方〕は自然界及び精神界の内容にも適用されて、例えば電気自体とか植物自体について、又人間自体とか国家自体について云々されることがあります。そしてその時、これらの対象の自体という言葉でそれらの対象の正しいあり方や本来的なあり方が理解されているのです。〔しかし〕これについても物自体について一般に言えるのと同じ事が言えるのです。即ち、一層詳しく言うならば、もしそれらの対象の単なる自体〔的なあり方〕にとどまっているならば、それらの対象をその真の姿で認識したことにはならず、単なる抽象態という一面的な形式で捉えたことにしかならないということです。ですから、例えば人間自体は子供ですが、子供の課題は、この〔子供という〕抽象的で未展開の「自体的な」あり方に固執していないで、今はまだ「潜在的に」そうであるにすぎない姿（つまり自由で理性的な存在者）に「顕在的に」も成るということなのです。[2] 同様に、国家自体というのは、国家の概念の中にある様々な政治機能がその概念に合致したような形を取るに至っていない未発達な国家、家父長制の国家のことなのです。同じ意味で胚芽というものは植物自体と見ることができます〔つまり、それはいつまでも萌芽に留まっているべきものではないのです〕。

これらの例から推定されることは、諸事物の自体的なあり方ないし一般に物自体というものは〔非常に豊かな内容を持つが故に〕我々人間の認識能力には手の届かないものだという考えは、はなはだしい誤解だということです。事物はすべて初めは自体的なのです。しかし、それはそこで終わるのではなく、植物自体である胚が自己展開するものであるように、一般に事物も自己の単なる自体的なあり方（それは抽象的な自己内反省である）を越えて行き、他者内反省としても自己を示すようになるのです。そして、その時、事物は「性質を持つ」ということになるのです〔物の生成です〕。

1 「抽象的」とは「内に豊かな規定を持たない」ということで、「未展開」即ち「外に展関し、他者と豊かな関係を持っていない」ということです。

2 この「自体的・潜在的にすぎない姿を顕在化させることが人間（子供）の課題である」という考えを研究し、展開したのは許萬元で、彼はその前掲論文「ヘーゲルにおける概念的把握の論理」の中でこれを鮮やかに定式化しました。

## 第三項　物（Das Ding）

### 第一二五節〔「物」は「性質」を「持つ」〕

「物」〔というカテゴリー〕は統体で〔あるが、その意味はここでは〕、根拠と現出存在という二つの[1]〔先行カテゴリーの〕諸規定が展開されて「単一体」の中に定立されたもの〔だという意味〕である。物の〔二つの〕契機の内の一つである「他者内反省」という契機の面は、物は諸区別を身につけて持っているということになり、従って物は「規定された」物〔特定の物〕であり、具体的な物である。A・これらの規定は「互いに」異なっている。しかし、それらの規定の自己内反省は〔その性質を持つ〕物に出ているのであって、それらの規定〔一つずつの規定〕自身の表に出ているのではない。だから、それは〔あくまでも〕物の「性質」であって〔物と並ぶ実体的なものではなく〕[2]、それらの規定〔性質〕と物との関係は「持つ」という関係〔「物が性質を持つ」という関係〕である。

1　この des Grundes und der Existenz を松村も宮本も「同格の二格」と取っているようですが、「所有の二格」と取りました。

2　実体と機能をきちんと分けて考えないと、どういう間違いを引き起こすかについては、前掲「実体と機能」を参照。

### 注釈

〔第一点・「持つ」という関係と「である」という関係〕「持つ」という関係が「である」という関係に代わって現われている〔そこでこの点を少し説明する〕。たしかに「或る物」は「いろいろな質」を身につけて持ってもいる。しかし、存在論の領域〔に属するカテゴリー〕に「持つ」という関係を移植することは正確ではない。なぜなら、質という規定性は或る物と無媒介に一つであり、或る物は自己の質を失う時にはその或る物で「なくなる」からである。しかるに、「物」の自己内反省は〔物と一体ではなく〕、〔同時に〕自己の区別〔他者内反省〕であるその諸性質からも区別されたものとしての自己内反省なので〔物はあれこれの性質を失っても物であることを止めないので〕ある。――

〔第二点・habenと過去時制の関係〕「持つ」という語〔haben＝所有を表す語〕は多くの国語の中で「過去」〔完了時制〕を表示するために使われているが、これはもっともなことである。なぜなら、過去というのは「止揚された存在[1]」であり、精神[2]は過去の自己内反省であり、精神の中でのみ過去はいまだ生き続けているのだが、その精神は自己内で止揚されている存在〔つまり過去〕を自己から区別しもするものだからである。

1　現在とはその時その時の今、存在であり、それが否定されて、その次の現在にとっての過去になると考えると、止揚された存在（現在）が過去であるというのは、まあ、分かるでしょう。ここでは、過去とか現在とかは、あくまでも或る時点を基準にしてのことである点を押えておくことが大切です。

2　この精神（Geist）は存在（Sein）を読み違えたのではないかとも考えました。性も違うのでそんな事はないと思いますが、そこをSein（存在）として訳し直すと、「存在〔現在〕は過去の自己内反省であり、存在〔現在〕の中でのみ過去はいまだに生き続けているのだが、その存在〔現在〕は自己内で止揚されている存在〔つまり過去〕を自己から区別しもする」となって、十分通ると考えられます。現在と現在の関係は無媒介の一致だが、現在と過去の関係は少し距離をおいた関係であり、そこに一致＝関連があるとしてもそれは「持つ」で表されるような、互いの自立性を認め、従って可変的な関係だということではあるまいか。人間は、他人の事や過去の事は割と客観的に考えられるが、自分の事や現在の事はなかなか客観的には考えられないというのは、自分と自分の関係、現在と現在の関係が「直接的に一体」の関係だからでしょう。

## 付録

〔その一・物において再現した純粋な反省規定〕物において〔純粋な〕反省諸規定〔同一性、区別、根拠〕がみな現出存在として〔つまり媒介された形で〕再び現われています。ですから、物は、はじめは〔①〕物自体という形を取りますが、自己同一なものです。しかるに、〔自己〕同一性というのは、既に見ましたように、〔自己〕区別を含んでいますが、〔それと同様に物にも区別が含まれていまして〕物の持っている性質が「現出存在する区別」です。もっともそれは〔区別の中の第一段階である〕差異という形を取っていますが。〔②〕さて、先に〔純粋な反省規定の段階では〕互いに異なったものどもは互いに無関係なもので、それらの相互関係はそれらの外にある主観が比較することによって初めて得られるのでしたが、ここ物においては、物がそれらの様々な性質を互いに結びつける「紐帯」となっています。

〔その二・物と性質〕ところで、〔物の〕性質を〔或る物の〕質と混同してはなりません。たしかに「或る物が質を持っている」という言い方がなされることもあります。しかし、ここで「持つ」という語を使うことは不適当なのです。なぜなら、「持つ」という関係は〔持つ者と持たれるものとの間に〕或る種の自立性を暗示していますが、自己の質と無媒介に一体である「或る物」には未だそのような自立性が含まれていないからです。或る物がその物であるのはひたすらその質によってなのです。それに対して、物もたしかに性質がなければ存在することは出来ないのですが、それにもかかわらずあれこれの特定の性質に結びついておらず、従ってあれこれの特定の性質を失ってもその物でなくなりはしないのです〔これが存在論に属する「或る物」Etwasと本質論に属する「物」Dingとの違いです〕。

第一二六節〔性質の固まりとして考えられた物素〕

B・しかし、他者内反省は根拠においても既にそれ自身において[1]〔顕在的に〕ただちに自己内反省でもあった。[2]従って〔その根拠を止揚したものとしての物における他者内反省である〕性質は〔他者内反省であると〕同様に自己内反省でもあり、〔従って〕自立的であり、物への結びつきから自由である。しかし、この物の「互いに区別された」規定〔性質〕は自己内反省するものであ〔り、自立的であ〕るとは言っても、それ自身が具体的な物であるわけではなく、それ自身は抽象的な規定であり、自己内反省した現出存在にすぎない。即ち、物素（Materie）である。[3]

1　松村は「根拠においてさえ」と訳していますが、何を考えたのでしょうか。
2　ここも前に出た事の確認でしょうから、それらしく訳しました。
3　このMaterieは、語の原義から「物」という字は入れる必要はあるでしょうが、実体的な「物」ではありませんから、「素」を加えました。

注釈〔物素は質系列のものであって物系列のものではない〕

物素、例えば磁気素とか電気素といったものは〔一般にも〕「物」とは呼ばれていない。――〔それは正しいことであって〕物素は本来の質であり、その存在〔担い手〕と一体であり、無媒介性にまで達した規定である。ただし、ここでの存在とは〔存在論の存在のような無媒介のものではなく〕反省〔媒介〕された存在、現出存在ではあるが。[1]

1　第一二六節とこの注釈との達意眼目は、燃素とか酸素とか温素とかいう言葉で表現されているものの発生の根拠を示し、それが一定の意義のあるものであることを証明すると同時に、それはあくまでも実体ではなく、質・性質・機能に属するものであって、それの固まり、権化として考えられたものにすぎないという事を注意することでしょう。ここにヘーゲルの高さと論理的思考能力の威力を見るべきでしょう。こういう風にきちんと考えるならば、後の（レーニンが批判した）エネルギー一元論なんてものは出てこないのです。なお、「ダッシュは改行する」という原則はここでは守りませんでした。

**付録〔物を物素へ分解する考え方について〕**

物の持つ性質を物素（Materie）とか素材（Stoff）として自立させ、物はその物素や素材から成るとする考え方はたしかに物の概念の中に根拠を持つものであり、従って経験的にも行われていることです。しかし、物の或る種の性質、例えば色とか匂いとかを色素や匂いの素《もと》から成るものと考えて好いからといって、そのような事〔そのように素《もと》に還元すること〕によって仕事はみな終ったと考え、物の本来の姿がどんなものかを知るには物をその構成要素としての素材に分解するだけでよいと結論するとしたら、それは道理にも経験にも反することです。このように〔物を〕その自立した素材に分解する方法は本来非有機的な自然でしか通用しないものです。ですから、化学者が例えば食塩とか硫酸カルシウムをその素材に分解して、食塩は塩酸と水酸化ナトリウムから成り、硫酸カルシウムは硫酸と石灰から成ると言うとしたら、それは正当な事なのです。同じように、地学では花崗岩は石英と長石と雲母から合成されると考えられていますが、こういう考え方も正当なのです。こういう場合には、物を構成する素材自身も又物であって、従って更に又、その物である素材が一層抽象度の高い素材に分解されうるということもあります。例えば〔先に硫酸カルシウムの素材とされた〕硫酸が硫黄と酸素とから成るような場合です。[1]

ところで、そのような素材ないし物素は実際自立したものと考えることができるのですが、こういう自立性を持たないような物の性質も〔そのような事を考慮することなく、無造作に、そのような自立性を持つ性質と〕同様に特殊な物素と見なされるということもよくあります。例えば、熱素とか電気素とか磁気素というようなことが云々される場合がそうです。しかし、これらの素材ないし物素は知性の虚構にすぎないと考えるべきでしょう。[2]

一般的に言って、理念の或る発展段階としてしか通用しないカテゴリーを恣意的に理解した上で、説明のためと称して、素朴な直観と経験に逆ってでも、全ての考察対象をそのカテゴリーに引き戻して考えるというやり方は、悟性の抽象的な反省のやり方です。ですから、物が自立した素材から成るという〔或る場合には正しい〕考え方を、その考え方がもはや通用しない〔一層高い〕領域でもいろんな形で適用させるという〔間違った〕事がなされるのです。既に自然界においてさえ、有機的生命の領域ではこのカテゴリーではもはや不十分です。たしかに「この動物は骨と筋肉と神経等々から成る」と言うことがあります。しかし、その場合は花崗岩が上述の諸素材から成ると云われた時とは違うということは一目瞭然です。花崗岩を構成する素材はそのように合一されて花崗岩に成ろうと成るまいとどうでもよいのであり、そのように合一されなくてもそれとして存在することができるのです。しかし、有機的身体の様々な部分や肢体は合一されて身体を成している時にしか〔それとしては〕存在しないのであり、切り離されたら「それとしては」存在しなくなるのです。

1　第一二六節及び注釈では、物素は物ではないとされましたが、ここでは「物でもある物素」もあるとされています。ここに矛盾はないのでしょうか。

2　自立性のある物素とない物素とどこが違うのでしょうか。「熱は熱素だけからなると考えられているし、又、熱素はそれだけで集まって熱になると考えられている。それに反して硫酸は石灰と結びつけば硫酸カルシウムになるが、他の素材と結びつけば他のものになる」ということでしょう。そこに自由がある訳です。逆に、熱素が知性の虚構たる所以もここにあるのでしょう。ちなみに、ラヴォアジェが燃焼現象を酸化として説明し、よってもってフロギストン説を葬ったのは一七七七年ですから、ヘーゲルのこの本より前です。

第一二七節〔物素こそ物の正体〕

そのような次第で、「物素」は「他者」内反省としては「抽象的な」他者内反省、あるいは無規定な他者内反省であるが、同時に「自己」内反省としては「規定された」自己内反省でもある。[1]従って物素は「物そのものが定存在するようになった姿」であり、物の実体〔正体〕である。このようにして物は諸物素の中にその自己内反省を持つことになる（第一二五節と対になる）。つまり、物は〔それ自身において自立するものではない〕「諸物素から成り立つ」のであり、物は諸物素が表面的につながり、外面的に結合したものにすぎないのである。

1　これは何を言っているのでしょうか。第一二六節末の「抽象的」を受けて、「他者内反省としては抽象的」と持ってきたのでしょうが、現実的意味としては、次の節で説かれる「どんな規定でも受け入れうるがそれ自体としては特定の規定を持っている」ということを言っているのではあるまいか。

## 第一二八節〔質料と形相〕

C・物素〔質料〕[1]は現出存在の持つ「無媒介の自己同一」〔の側面〕だから、〔自分がどういう〕規定〔を持つかということに〕対して無関心でもあった。そのため、様々な多くの物素〔質料〕は「単一の質料」に帰着する。この質料とは「〔自己〕同一性」という反省規定の面から見られた現出存在であり、この「同一性」に対しては相互に区別された諸規定とそれらが物の中で互いに関係し合う時のその外面的な「関連」が対立している。これが形〔形相〕である。それは「〔自己〕区別」という反省規定だが、〔形相と成ったこの段階では〕現出存在の性質を持ち、統体性〔対立物の統一＝質料の原理をも含みもつもの〕である。[2]

1　この節のような内容では、「物素」という訳語を続けるのは難しいでしょう。「質料と形相」の対概念をも随時使いました。

2　次の付録の訳注2（七九二頁）の所では「現出存在」の多様性と物の統体性とを対置していると思いますが、ここでは両立させています。

**注釈〔質料と物自体の異同〕**

この規定を持たない単一の質料は物自体というものと同じものである。ただ物自体は自己内で完全に抽象的なもの〔他者との関係が無く、知り得ないもの〕とされているが、質料はそれ自体で既に対他的であり〔従って、知りうるものであり〕、さしあたっては形相に対して〔形相を予定して〕存在しているものだという違いがある。

付録〔質料と形相という考え方について〕

物を構成しているさまざまな物素は「本来的には」どれもみな同一のもの〔と考えられ〕ます。[1] このように考えると、ここに「単一の」質料そのものというものが考えられ、〔それらの物素相互間の〕区別〔となる規定〕はその質料に内在するものでなく、単なる形相と考えられることになります。〔このように〕あらゆる事物は同一の質料をその根底に持ち、単に外面的にその形相の面からのみ互いに異なるものだという捉え方は、反省的意識にはきわめてなじみやすいものです。この考え方では、質料はそれ自体としては完全に無規定だがどんな規定でも受け入れうるものであり、又絶対的に永遠なもので、どんな変化があっても自己同一であり続けるものとされています。たしかに質料は特定の形相に対して無関心だということは有限な事物の中では妥当します。例えば、或る大理石の塊があれこれの彫像にされるか柱にされるかということは、その塊にとってはどうでもよいことです。しかし、ここで見落としてはならないことは、大理石の塊といった質料が形相に対して無関心だということは単に相対的に（彫刻家との関係で）しか言えないことで、絶対的には形相なきものではないということです。ですから、鉱物学者はこの相対的に無形相な大理石をば特定の構造を持った石とみて、砂岩とか斑岩《はんがん》とかいったそれぞれ特定の構造を持った他のものから区別するのです。ですから、質料をそれだけとして孤立させて本来的に無形相なものと固定して考えるのは抽象を事とする悟性だけでして、実際には質料という観念の中には形相の原理もしっかりと含まれているのでして、だからこそ又形相を持たない質料が実際に存在しているのを見た人はどこにもいないのです。ところで、質料は原初から存在し本来無形相のものだという考え方はきわめて古く、既に古代ギリシャ人の神話の中にはカオス（混沌）が登場します。そこではこのカオスというのは現存する世界の形相なき基礎と考えられているのです。そして、このような考え方の当然の帰結として、神を世界の創造者とするのではなく世界の単なる設計者とし、〔プラトンのティマイオス篇に見られるように〕デミウルゴスとする考えが出てくるのです。しかし、神は無から世界を創造したとする〔キリスト教の〕考え方はこれより一層深いものです。この考え方の意味するところは、一に、質料はそれ自体では自立していないということであり、二に、形相は質料の外から質料に付加されるのではなく、形相は〔単なる多様性しか持たない現出存在とは違って〕統体的なもの〔対立物の統一〕だから、[2] 質料の原理を自分自身の中に持っているということです。そして、このような自由で無限な形相が〔一層深く捉え直されると〕やがて概念という形を取ることになるのです。[3]

1　このドイツ語は Die verschiedenen Materien, aus denen das Ding besteht, sind an sich die eine dasselbe, was die andere ist です。この die eine の文法的役割が分かりにくいです。副詞と取って「どの一つも」と理解する事は可能なのでしょうか。文頭を Von den verschieden Materien, aus denen das Ding besteht, ist an sich die eine dasselbe, was die andere ist とする事は出来ないのでしょうか。

2　本文の訳注2（七九〇頁）の所を参照。

3　鶏鳴版ではここに「内容を生み出す形式」についての感想を書きましたが、やや勇み足の嫌いがありました。ここではヘーゲルの落ち着いた考察態度を学び、ヘーゲルの「概念」がアリストテレスの「形相」を深く捉え直したものであり、従って客観的なものだという事を確認しましょう。

## 第一二九節〔質料と形相の関係〕

かくして物は「質料と形相」とに分裂するが、質料も形相も、いずれも、物そのものの「統体性」であり[1]、自立している。しかし、肯定的で無規定な現出存在だとされている質料は現出存在であるから自己内存在〔自己内反省〕と同様〔形相の規定とされている〕他者内反省をも含み持っている。つまり、質料は他者内反省と自己内反省の統一であるから統体性〔対立物の統一〕である形相と同じである。しかるに、形相の方も既に諸規定の総体であるから自内反省を含み持っている。あるいは形相は「自己関係する」〔自己内反省する〕形相であり、従って質料の規定を成すとされているもの〔自己内反省〕を持っていることになる。かくして〔どちらの側から見ても〕両者は本来的潜在的には同一のものである。この両者の同一性が〔顕在化し〕「定立される」と、それが一般に質料と形相の「関係」である。そして、その時質料と形相は関係しあっているのだから、〔関係しあうという以上両者の区別が前提されているから〕区別されてもいるのである。[2]

1　第一二八節とその付録（それぞれ）の訳注2を参照。

2　こういう屁理屈をこねているような所の意味を考えるのは時間の無駄でしょう。ヘーゲルは「内在的導出」を証明しようとしますが、それが出来ている所は考えれば分かります。ヘーゲル自身にも分かっていない所は考えても分かりません。私は、少し考えて分からない所は、記憶するとか、せいぜいメモくらい取るだけで、先に進むようにしています。実際に内容のある場合は、後で何かの拍子にひらめくことがあります。

## 第一三〇節〔物から現象へ〕

物はこの統体性〔質料と形相の統一〕であるから矛盾である。即ち、物はその否定的な統一[1]という面からは、質料に規定を与え、諸物素を「諸性質」へとおとしめる形相である（第一二五節）が、同時に「諸物素から成る」ものでもある。その物素は物の自己内反省の中では〔物の構成要素となった時には、その要素なのだから自立性を失い〕否定されて〔観念的なものになって〕いるが、同時に自立的でもあるのである。かくして、本質論段階の現出存在は〔その矛盾によって〕「自己自身の中で自己を止揚するような現出存在」に成る。その時、物〔というカテゴリー〕は「現象」〔というカテゴリーに席を譲ることに〕な〔る〕のである。[2]

1　ヘーゲルの用語に「否定的統一」というのがあり、よく出てくるのですが、否定的なものとは、先（第一一九節）にあるように、自己区別の捉え直されたものですから、対立物の統一や具体的統一と同義ではあるまいか。

2　ここも要するに、「現象というカテゴリーを内在的に導き出したい」だけなのだと思います。

**注釈〔有孔性＝経験科学が思弁的な事柄を取扱う方法の一例〕**

物の中では物素は自立的であると同様に「否定もされている」のだが、この事態は物理学では「有孔性（Porosität）」という形で捉えられている。即ち、多くの物素（色素、臭素、その他。その中に響素や熱素、電気素などを含める人もいる）[1]はどれも〔自立していると同時に〕「否定されてもいる」のであって、この物素の否定性[2]つまりその孔の中に他のいくつもの自立した物素が入っているのだが、それらの物素も又孔を持っていて、自分の孔の中に他の物素を入らせているという相互関係になっている〔というのである〕。〔さて、これについて論評すると、この物理学で〕孔〔とされているもの〕は経験で確かめうるものではなく、知性が創作したものである。知性は自立した物素の持つ否定性の契機をこのように〔孔という形で〕表象し、その矛盾から更に生まれてくる多くの矛盾を〔論理的な用語で捉えるのではなく〕、「万物は自立していると同様互いの中で否定しあってもいる」といった、霧のように模糊とした表象でごまかしてしまうのである。――

このようなやり方で精神の能力や働きが具象化されるならば、精神の能力や働きが生体の中で持つ一体性はそれらの能力や働きを互いに織り込み合うといった形でごまかされることになるだろう。[3]

孔（ここでいう孔とは木材や皮膚の孔のような有機体の持つ孔のことではなく、色素とか熱素、等々、あるいは金属や水晶などのいわゆる物質の中にある孔のことである）が観察で確認されないように、質料自身も、更に質料から区別された形相も、最も手近なものでは物も物が諸物素から成るという事態も、あるいは物が存在し、物は性質を持つにすぎないということも、反省的悟性の産み出したものである。反省的悟性は観察し、その観察したことを指摘するだけだと称しながら、実際にはむしろ一種の形而上学を作り出しているのである。そしてその形而上学はどの面から見ても矛盾に満ちているのだが、悟性はそれに気づかないのである。[4]

1　この注釈の四行目の nach einigen は正しくは nach einigen Leuten でしょう。

2　ここは in dieser ihrer Negation となっています。指示形容詞と所有形容詞が同時に使われた場合の事は「文法」の五四七頁の③を参照。

3　ここの einwirken は前置詞に in を取っているので「作用する」という自動詞ではなく、「織り込む」という他動詞ではなかろうか。内容としては、例えば音楽的才能と絵の才能とは別々の才能なのに、一人の人間で両方の才能を持っている人がいます。いや、ダヴィンチのように両方共優れた才能を持つのでなければ、我々凡人でも少いながら両方の才能を持っています。どうしてそういうことが可能なのかということでしょう。それを表象的に捉えると、音楽的才能の中に絵の才能が織り込まれていると捉えることになるというのでしょうか。

4　そうすると、ヘーゲルがここまでの本質論で展開したことは反省的悟性の作り出した形而上学をその形而上学の持つ矛盾を自覚しながら純粋な形で捉え直したものだということになるのでしょうか。それはともかく人間は自分のしている事を必ずしも正確に理解しているとは限らないという事です。理論家ないし学者に限定しても、自分の理論を正確に自覚している人の方が少ないのではないでしょうか。私から見ると、その典型が実証主義者です。前掲「実証主義的社会学の意義と限界」は船曳由美の力作『100年前の女の子』（講談社）を取り上げて、実証主義者がその実証主義の故に大きな貢献をしたことを認めつつ、同時にマルクス主義ないし社会主義には関わりたくないという気持ちの故に自分の実証主義を貫けなかった点を限界として指摘したものです。

## 第一三一節〔現象論の総論・本質は現象する〕[1]

本質は必ず現象する〔つまり、現象しない本質など存在しない。そこでこれ迄の過程を振り返って、これを考えてみよう〕。本質の自己内での反省（Schein）〔純粋な反省諸規定〕の結果、本質は止揚されて無媒介性になった。しかしその無媒介性は自己内反省という性格を持っていたので「自立（質料）」であったが、又「形相」でもあり、他者内反省でもあり、「自己を止揚する」自立でもあった。〔つまり、その無媒介性は、根拠から出てきたものとしては、他者内反省と自己内反省としての現出存在であり、形相と質料の統一としては物であったが、その物は自立していると同時にその形相と質料の矛盾によって自己止揚するものでもあり、その結果として現象となったのであった。従って〕反省作用（Scheinen）こそは本質を存在から区別して本質たらしめる規定なのだが、その反省の展開されたものが現象なのである〔あるいは本質の内なる自己内反省が外へ展開されたものが現象だと言ってもよい〕。だから、本質は〔カントの言うように〕現象の背後や彼岸に隠れているということはないのであ〔って、本質はみな現象の中に出てきているのであ〕る。〔換言するならば、根拠から出てきたというだけの〕現出存在するものが本質〔の現出存在〕であることによって、現出存在は現象〔という性格を持つこと〕に成るのである。[2]

1　この節が「第一項・現象の世界」以下と分けて、それらの前に置かれているのは、これを

「総論」としたからだと思います。

2　漱石の『三四郎』には広瀬先生という登場人物が出てきます。その先生は「頭の中に物凄い学問が詰まっている」と推定されますが、「本を出さない」ので、その豊かな内容が世間に知られず、その先生自身正当に評価されず、残念だ、と思った学生が、広瀬先生に何とか本を出してもらおうと奔走することになっています。こういう先生を簡単に表現した言葉が「偉大なる暗闇」です。しかし、「出てきていない中身」をどうして「偉大」と判断できるのでしょうか。スポーツでも「負けたけれど、彼は本当は実力があるのだ」という言い方をする人がいますが、「負けたという事は、実力で劣っていた」という事ではないでしょうか。「運が悪かっただけだ」という考えもあるようです。しかし、「運も実力の内」という意見もあります。ヘーゲルの考えは、「出てこなかった物は無かったのだ」というものです。「暗闇は偉大ではありえない」というものです。高橋英夫の著作に『偉大なる暗闇』（講談社文芸文庫）というのがあります。広田先生のモデルと言われる旧制一高のドイツ語教師岩元禎《いわもとてい》の評伝ですが、岩元氏を中心として様々な人を描き、当時の雰囲気を伝える好著だと思います。しかし、「偉大なる暗闇」という考えに対する批判的検討を欠いている点で不十分だと思います。第一四〇節への付録（八三二頁）を参照。

## 付録〔現象と存在と現実〕

現出存在の中にある矛盾[1]が外に定立される時、その現出存在が現象なのです。〔そこで現象についての基本的な事柄を二、三ご説明しますと、まず申上げたいことは〕現象を単なる仮象と混同してはならない〔ということ〕です。仮象というのは存在ないし直接性の第一の真理[2]です。つまり、直接的なものとは、普通思われているような自己に依存した自立したものではなくて、単に仮象であるにすぎません。直接的なものはそういう性格のものですから、まだ自己内に留まっている〔自己の内なる二重性を外に展開していない〕単一体としての本質の中にまとめられるのです。ですから本質はまずは自己内反省〔自己内二重性〕の全体で[3]〔それが本質論の第一章の第一項の段階で〕した。しかし、本質はこのような内的な〔潜在的な〕状態に留まってはいないので、次いで根拠という姿を取り、現出存在の中へと歩み出てきます〔これが第二項と第三項でした〕。しかるに、この現出存在というのが自己の根拠を自己自身の中に持たず他者の中に持つもの〔だと判明した時、それ〕はまさに現象にほかなりません。[4]〔現象についての正しい見方は日常用語の中にもあるのでして〕私たちが現象について云々する時、私たちが現象という語でどんな観念を〔無自覚的、半自覚的に〕持っているかと考えてみますと、それは、媒介されて初めて存在している物、従って自己自身に立脚するのではなく他者の契機としてしか通用しないような現出存在する多様な物のばらばらな集まりという観念です〔つまり現象は現実ではないということです〕。しかし同時に日常意識の中には、本質は現象の背後ないし彼岸に留まっているものではなく、むしろいわば自己の内なる仮象を直接性の中へと放ち〔外化し〕、その仮象に存在の喜びを与える無限の慈悲であるという観念も含まれています。〔つまり、日常意識の中には現象の過大評価と過小評価とを共に戒める正しい観点があるのです。それはともかく〕このようにして定立された現象は自分の足で立つのではなく、自分の存在を自己自身の中にではなく他者の中に持つことになります。〔ですから、例によって論理学のカテゴリーを絶対者の属詞（述語）としますと、「絶対者（＝神）は本質である」と言えるのですが〕[5]その本質としての神は、本質の自己内反省の諸契機を存在させることによって世界を創造する慈悲であると同様、その世界を支配する力でもあり、その世界が〔思い上って〕自立しようとする時には、それが単なる現象にすぎないことを宣言し〔思い知らせる〕正義でもあるのです。

一般的に言って、現象は論理学の〔対象である〕理念のきわめて重要な一段階でして、哲学と通常の意識との違いは、通常の意識が存在し自立していると見なすものを哲学は単なる現象と見ることだ、と言うこともできます。しかし、ここで現象の意味をしかるべく捉えているかということが問題です。つまり、或る事柄について「それは現象にすぎない」と言う時、「存在しているもの」ないし「直接的なもの」の方がこの現象にすぎないものより高いかのように誤解している場合があるのです。実際の関係は正反対でして、現象は単なる存在より高いのです。現象というのは一般的に言えば存在の真理なのです[6]。現象は存在より豊かな規定なのです[7]。なぜなら、現象は自己内反省と他者内反省との二契機を合一して含み持っているのに対して、存在ないし直接性はまだ一面的で〔自己内反省もなければ従って他者内反省もなく〕関係というものを持たないもので、ただ見かけ上自分の脚で立っているように見えるだけのものだからです。しかし、もう一つ言っておかなければならないことは、この「現象にすぎない」と言う時の「すぎない」という語はたしかに現象の持つ欠陥を示しているのでして、その欠陥とは、現象はいまだ自己内で破れたものであり、自己自身の中に拠りどころを持たないものだということです。この現象にすぎないものより高いものとはさしあたっては「現実」でして〔更には「概念」、究極的には「理念」ですが〕、現実については本質の第三段階として後に論ずることになるでしょう。——

近代哲学の歴史の中で、前述しました通常の意識と哲学的意識との現象観の違いを再び取上げた最初の人はカントです[8]。しかし、カントは中途半端でした。というのは、彼は現象を〔自立的なものとしなかった点は正しかったのですが、それを〕単に主観的な意味でしか捉えず、従って現象のほかに抽象的〔無内容な〕本質を我々人間の認識では捉え得ない「物自体」という形で認めたからです。単に現象にすぎないということは〔我々人間の認識及び実践の〕対象として無媒介に与えられている世界の本質そのものなのです。そして、我々が無媒介の世界をそのようなものとして知ることによって、我々は同時に本質〔の本性〕をも認識するのです。つまり、本質は現象の背後ないし彼岸に留まるものではなく、無媒介の世界を単なる現象へと引き下げることによって自己の本質である所以を示し、明示するのです。[9] ――

しかし、無邪気な〔日常的な〕意識が、我々が扱っているものは単なる現象にすぎないという主観的観念論の主張に満足できなくて〔もっとしっかりしたもの〕、統体的なものを与えてくれと要求するのももっともなことです。ただ、この無邪気な意識は認識の客観性を救おうとして、とかく抽象的な無媒介性に戻り、この抽象的な無媒介性〔直接的感性的存在〕をすぐさま真の現実としてしまいがちなのです。フィヒテは「最近の哲学の本質について公衆に与える明快な報告――読者を理解させずにはおかない試み」〔ベルリン、一八〇一年〕という題の小冊子を著わし、その中で主観的観念論と無媒介の意識との違いを著者と読者の対話という大衆的な形で論じ、主観的観念論の立場の正しさを証明しようとしています。この対話の中で〔無媒介の通常の意識の立場を代表する〕読者は、主観的観念論の立場に立つことはどうしても出来ないと言って〔主観的観念論の立場を代表する〕著者に苦情を訴え、「自分の周りにある事物が本当の物ではなくして単なる現象にすぎない」という説にはどうしても納得がいかないと表明しています。実際この嘆きは正当なものです。なぜなら、彼は、単に主観的にすぎない観念の出口のない世界の中へ閉じ込められていると考える事を求められているのだからです。しかし、他方〔著者の言い分にも一理あるのでして〕、現象の単なる主観的な把握はともかくとしても、我々の周囲にある事物がしっかりとした自立した存在ではなくして単なる現象にすぎないということには十分満足してよい理由があるのです。なぜなら、もしそれがしっかりした自立的な物だったならば〔我々はそれを食べることによって物理的に否定したり、認識によって精神的に否定したりすることはできないということになり〕、我々は肉体的にも精神的にもただちに飢死してしまうだろうからです。[10]

1　第一三〇節本文の冒頭の句を受けているのだと思います。
2　カテゴリーが発展して行くのですから、「第一の結果」くらいの意味です。
3　この Totalität はすぐ前の zusammengefasst を言い換えたものでしょう。
4　仮象と現出存在、物、現象との区別が主で、現出存在と物と現象との違いは問題にされていません。ですから、この辺では媒介された存在＝現出存在という語が現象と同義に使われています。後の第一四二節への注釈では、はっきりと、「現出存在は存在と反省が無媒介に統一されたものであり、従って現象である」と言われています。
5　この Güte にかかる形容詞句が eine Wert zu erschaffen で、その erschaffen が dadurch dass で修飾されています。第八〇節付録（五三八頁）の中にある「神の慈悲」という句を思い出します。
6　七一八頁の訳注4を参照。
7　「現象は存在より豊かな規定」とは次の文にある通りです。一般的に言いますと、ヘーゲルでは、「A概念よりB概念の方が豊かである」とは、「B概念の中にA概念の規定が含まれているのはもちろん、その上更に新たなB概念の規定も含まれている」ということです。「より具体的（konkreter）」も同義です。
8　現象は自立的ではない、実体ではないというのは古代ギリシャ人達の間では公理でした。近世の経験論がそれを実体としました。カントがそれを元に戻した、と考えているのでしょう。
9　ヘーゲルが「現象」というカテゴリーをなぜ本質論の、しかもその第二段階というかなり高い所に置いたのかは、よくよく考えてみなければならない大問題です。しかし、これまで誰もこれを問題にしませんでした。自称弁証法的唯物論は、常識的な考えをそのまま受け入れて、「人間の認識は現象の認識から本質の認識へと深まってゆく」などと主張しています。本質認識以前の認識はいかなる意味で「現象認識」と言えるのか、などという問題は考えた事もないのでしょう。ここはそれを考える手がかりの一つになるでしょう。ヘーゲルは「現象は世界の本質だ」と言っています。或る事柄を「現象」として認識することは、「本質認識の一種」なのです。

10　相変わらず、ヘーゲルの「複眼的思考」ですね。

## 第一項　現象の世界（Die Welt der Erscheinung）

### 第一三二節〔現象の連鎖〕

現象するもののあり方は、それの「自立性（Bestehen）」がただちに止揚されるというあり方、あるいはそれの自立性が形相自身の「一」契機であるというあり方であった。[1]〔同じ事を逆から言い換えるならば〕形相は自立性ないし質料を自己の諸規定の一つとして自己内に含み持っているのである。従って、現象するものの根拠は〔さしあたっては〕その本質であり、その無媒介性に対立した自己内反省でもある質料の中にあるのだが〔その質料が形相の一契機なのだから〕、結局は形相というもう一つの規定の中にあることになる。〔しかるに〕この形相という現象者の[2]根拠も又現象するものである。かくして、現象は、その自立性が形相によって媒介され、従ってその自立性が非自立性[3]によって媒介される無限の連鎖を成すことになる。しかし、この無限の媒介〔による連鎖〕は自己関係という単位（eine Einheit）をも持っているから〔バラバラではなくまとまってもいて〕、現象（反省した有限性）の全体、現象の世界へと展開されるのである。[4]

1　第一三一節本文全体を再確認したのでしょう。そこから次へと展開してゆく訳です。

2　ここの原文は Dieser sein Grund ですが、指示形容詞と所有形容詞とが重なった場合の基本については、第一三〇節注釈への訳注2でも指摘しましたように、「文法」の五四七頁の③を参照してください。しかし、この二例について、英訳と仏訳も見てみますと、次のようになります。

1. .. und in dieser ihrer Negation, ihren Poren,（§130 Anm.）
英W・in this negation of theirs
英G・in this negation of it—— in its pores
仏G・dans cette négation, dans les pores
仏B・dans cette négation d'elle-même, ses pores

2. .. Dieser sein Grund ist ebensosehr ein Erscheinendes（§132）
英W・This ground of its is no less phenomenal than itself
英G・This ground of what appears is just as much something——that-appears
仏G・Cette raison d'être est aussi bien quelque chose de phénoménal
仏B・Ce fondement qui est le sien est tout aussi quelque chose qui appaît

つまり、指示形容詞と所有形容詞とを重ねて使う言い方は、英にも仏にもないようです。文法は本質的に比較文法ですから、一つの言語の文法をそれだけで考えても、その言語の特徴は分からないのです。自分の特徴を知るには、親や兄弟姉妹と比べ、友達と比較し、更に広くは外国人とも比べて考えなければ本当の事は分からないのと同じです。「理性的」という語は rational の訳語でしょうが、ratioというラテン語はギリシャ語のlogosに由来し、「比較」を意味します。比較して考えるのが理性的な態度だということです。

3　ここのNichtbestehenがすぐ前にあるFormの言い換えであることは分かるでしょう。ではなぜこの言い換えが出来るかと言いますと、本節の原典での三行目にdas Bestehen oder die Materieとあるからです。

4　最後のist .. entwickeltという「状態表現」を「動作表現」で訳しました。この点については「文法」の八七九頁の③を参照。それはともかく、この節は何を言おうとしているのでしょうか。論理展開としては、質料—自立性—自己内反省という系列と形相—非自立性（自己止揚するあり方）—他者内反省という系列との対比を頭において、代数の操作のように置き換えていけば出てくるのですが、その現実的内容が分かりません。現象の根拠も現象であり、かくして個々の現象は、全体として内的な繋がりを持った現象の世界を形作っているということでしょうか。これくらいの事なら、こんなに分かりにくく書かなくてもよいと思うのですが。「内在的展開」をしようとすると無理があるので分かりにくくなるというヘーゲルの「難解さ」の典型的な一例でしょう。

## 第二項　〔現象の〕内容と形式（Inhalt und Form）

### 第一三三節〔現象の内容は形式＝規定であり、現象の法則である〕

現象の世界は〔一見〕互いに外的でバラバラだが、〔前節で述べたように〕統体性でもある〔まとまってもいる〕。そして、そのまとまりの単位が「現象の自己関係」ということである。かくして、現象の自己関係は完全に[1]規定されており〔現象の世界という内容を持っており〕、それ自身の中に「形式[2]〔規定〕」を持っている。しかるに、その形式はこの〔自己〕同一性〔現象の自己関係という本質論の規定〕の中にあるから、本質的な自立性である。かくして、形式は内容であり、その形式の一層展開された規定が現象の「法則」である。現象の持つ否定的なもの、非自立的なもの、可変的なものは、「自己内反省していない形式」に属し、そういう形式は〔内容にとって〕どうでもよい「外的な形式」である[3]。

1 この vollständig は、ここでは「隅から隅まで」という意味だろうと思います。三六一頁の訳注3を参照。
2 Materie と対置された Form は「形相」と訳さざるを得ず、Inhalt と対置されると「形式」としなければならないでしょう。邦訳の歴史がそうなっているので、仕方ないと思います。
3 前者が「内容と一体の形式」（「内容を産み出す形式」）で、後者が「内容と無関係な形式」でしょう。

**注釈〔内容と形式の同一性〕**

形式と内容とを対比して語る時には、内容は無形式ではなく、内容は形式を「自己自身の中に」持っているし、形式は内容にとって外的なものでもあるということをしっかりと押えておくことが大切である。〔つまり〕形式には二種類あり、一つは自己内に反省した形式で、これは内容でもある。もう一つは自己内に反省していない形式で、外面的なあり方であり、内容にとってどうでもよいあり方である。ここに「潜在的には」[1]〔既に〕内容と形式との絶対的な関係が現われているのである。つまり、内容と形式は互いに相手へと転化しあうものであり、内容とは「形式が内容に転化すること」にほかならず、形式とは「内容が形式に転化すること」にほかならない。この〔内容と形式の〕相互転化はきわめて重要な規定の一つであるが、[2]〔後の〕「絶対的関係」の所で初めて〔必然性をもって〕定式化されるものである。[3]

1　この An-sich のハイフンは無い方が正しいのではないでしょうか。英Wは implicitely としています。もっとも英Gは in-itself としていますが。

2　この「極めて重要な規定の一つ」は普通は「最も重要な規定の一つ」と相対最上級で訳しますが、それはともかく、この表現は西洋語ではよく使われます。ここはドイツ語では eine der wichtigsten Bestimmungen で、英訳では one of the most important determinations（英G）です。しかし、仏訳は l'une des determinations les plus importantes（仏B）です。つまり「一つ」を表す語に定冠詞が付いているのです。付けない場合もあります。なぜフランス語ではここに定冠詞を付けるのでしょうか。関口存男にでも聞きたい所です。英語はドイツ語から派生しましたから原理的に同じ部分が多く、独文法と英文法だけの比較では気付かない点があります。フランス語はラテン系ですから英独とは相当違います。それでもこの三つは皆「インド・ヨーロッパ語族」の「西方系」に属しますので、近い関係ではありません。東方系のロシア語や印欧系以外の言語まで比較出来ればもっと面白い事が分かるかもしれません。

3　本節には、一見すると、内容と形式の同一性という点と二種の形式という点との二つの事が述べられているように見えます。そして、内容と形式の同一性は、次の付録で具体例を挙げて説明されるのですが、内的な形式と内容との間にのみ言いうることのようでもあります。しかし、内容は自己内に形式（内的形式）を持つと同様、外面的形式も必ず備えてはいます。この外面的形式はさしあたっては内容と無関係だからこそ「外面的」形式なのですが、内容との相互転化はしないのでしょうか。

　それはともかく、「デザイン」は人間の活動のどこにでもついて回る」といった話を聞きました。「なるほど」と思いました。「形式」と言うか「デザイン」と言うかの違いでしかないようです。

商売という観点からだけで考えますと、格好のよいデザインで売上げを伸ばすのが目的でしょうが、美的立場から考えますと、内容に合ったデザインが求められる訳でしょう。門外漢の考えですが、絵画では「額縁が絵を活かす」といった事もあるのではないでしょうか。まさに「内容を産み出す形式」です。

## 付録〔外面的形式と内面的形式〕

〔その一・内容が重要で、形式は外面的という常識について〕形式と内容とは反省的悟性がよく使う一対の規定です。しかも、その時には、内容は本質的で自立したものだが形式は非本質的で自立していないという意味が〔暗黙の内に〕前提されているようです。しかし、こういう考え方に対しては、〔すぐにも〕「実際には両方共、同様に本質的だ」と言わなければなりません。形式なき素材がないのと同様に形式なき内容もないのです。もっとも内容と素材（または物材）とでは違いがあるのでして、それは後者即ち素材はたしかにそれ自体としては無形式ではないにしても、その現実的な姿では形式に対して無関心であるのに、内容の方は明確な形式を含み持っている限りでその内容であるという違いです。しかし、もう少し考え進めてみますと、形式には内容に対して無関心で内容にとって外面的な存在であるという面も又あるのでして、これは、〔内容と形式というカテゴリーが属している〕現象〔という段階〕が一般にまだ外面性に囚われているからなのです。本を例に取りますと、それが手書きされているか〔活字で〕印刷されているか、皮で製本されているか紙で製本されているかということは、その本の内容とは無関係です。しかし、だからといって、そういう外面的でどうでもよい形式は別として、本の内容それ自身が無形式〔形式に対して無関心〕だということにはなりません。たしかに世の中にはその内容に関して無形式と評されても仕方のない本も沢山ありますが、この内容との関係で無形式ということは、非形式〔不格好〕という意味であって、そこには形式が全然ないということではなく、「然るべき形式がない」ということなのです。しかるに、この然るべき形式というのは内容に対して無関係どころの話ではなく、むしろ内容そのものなのです。然るべき形式を欠いた芸術作品は本当の芸術作品、つまり真の芸術作品ではありません。又、芸術家に対して、「彼の作品の内容はいい（あるいは素晴しい）が然るべき形式を欠いている」と評することは、その芸術家を弁護したことにはなりません。真の芸術作品というのは、まさに、その内容と形式とが完全に相互浸透しあっているような作品のことです。イーリアス[2]の内容はトロイヤ戦争である、あるいはアキレスの怒りであると言うことはできますが、たしかに〔内容上は〕それだけなのですが、それにも拘わらずそれだけでは〔芸術作品としてのイーリアスについての説明としては〕きわめて不十分です。というのは、イーリアスをイーリアスたらしめているものは、その内容をあの詩的形式へと仕上げたことだからです。同じように、「ロメオとジュリエット」の内容は両家の反目によってこの二人の恋人が破滅するということなのですが、これだけではまだシェークスピアの不滅の悲劇にはならないのです。——

**〔その二・内容と形式との関係から見た哲学と他の諸科学との違い〕**更に進んで、学問の領域での内容と形式の関係について見てみますと、この点では〔何よりも〕哲学と他の諸科学との違いを想起しなければなりません。即ち、哲学以外の科学はなぜ有限かと言いますと、そこでは思考は単に形式的な働きであって、内容を〔自分から産み出すのではなく〕与えられたものとして外から取り上げるからであり、従って内容がその内容の根底に横たわる観念〔形式〕によって内部から規定されたものとして捉えられておらず、従って形式と内容とが完全には相互浸透しあっていないからです。これに対して哲学にはこういう分裂がなく、[3]従って哲学は無限な認識と評してよいのです。[4] それにもかかわらず哲学的思考は単なる形式的な働きだとよく言われますし、殊に単に観念そのものを取り扱う論理学については、論理学は無内容なものだというのは定評でさえあります。たしかにもし内容という言葉で手で掴みうるもの一般、つまり感覚で知覚しうるものを考えるとするならば、論理学についてはもちろんのこと、哲学一般についても、それは「内容を持たない」、つまりそれは「感官で知覚されうる内容を持たない」ということは、ただちに承認されなければならないでしょう。しかし、日常的な意識についても万人の言語使用法についても、内容という言葉で何が理解されているかと言いますと、決して感覚で知覚されうるものとか、単なる定存在などが考えられてはいないのです。例えば「この本は無内容だ」とか言う場合、そこではもちろん白紙を綴じただけの本のことを言っているのではなく、内容がほとんどない本のことを言っているのです。更に立入って考えてみますと、教養ある人々がさしあたって内容という言葉で表している事は、結局は思想的な内容のことにほかならないということが分かるのです。そして、そのことは同時に、観念〔という形式〕は内容に対して無関係な、それ自体としては空虚な形式と見なしてはならず、芸術の場合と同様、〔学問の〕どんな領域でも、内容の真理性と堅実性はその内容が形式と一体となっていることに存する、ということを意味しているのです。[5]

1　大理石から或る彫刻を作るという例で考えてみます。その大理石（素材）も大理石としての化学的組成（形式）を持っています。しかし、これは大理石と一体です。目の前にある大理石の塊については、その大きさや外形は大理石であることと無関係でしょう。それから作られた石像の中には形式があります。

2　イーリアスはドイツ語では die Ilias の他に die Iliade という言い方もあるようです。英も仏も

Iliad, Illiade として、こちらを取っています。Odyssee（オデュッセイア）と共にホメーロス作と伝えられています。トロイア戦争を扱った長大な叙事詩ですが、トロイアという地名が Ilion（イリオン）の別名（『世界史辞典』数研出版による）だから、そこから来た名前なのでしょう。

3　ズーアカンプ版ではここの Trennung の綴りから r が落ちています。誤植です。

4　ヘーゲルのように観念論の立場に立つならともかく、唯物論の立場に立ち、物質界をまず感覚で捕らえ、その感覚から与えられたデータを言語という手段を使って思考（大脳の働き）すると考える時、思考が内容を自分の中から生み出すとはどういうことなのでしょうか。或る事柄を考え、叙述する時、今その内容を仮にA、B、C、Dという四つの命題に還元し、この順序で捉えるとします。その時、Aについて叙述し、その次に、Aの本性の展開の中から必然的にBを出してくるとしたら、これは「思考（形式）が内容を生んだ」と言えないでしょうか。これに対して、「A、B、C、Dの四つがあります」とまず断って、「まずAですが～」と言ってAを説明し、「次にBですが～」としてBを説明するとしたら、これは「思考（形式）が内容を外から取り上げた」ことになるのではなかろうか。

5　この内容と形式の関係で我々が特に考えたことは、内容と形式が一致したものは皆、善なのかということでした。つまり、ここでは学問とか芸術とかいった肯定的な例しか挙げられていませんが、例えば軍歌などを考えた場合、やはり「好い」軍歌と「悪い」軍歌があるのではないかということです。ここで好い軍歌とは国民を侵略戦争に駆り立てていくという目的によりよく奉仕する軍歌のことで、真理の立場からは「悪いもの」ということになります。そして、その「好い軍歌」とはやはり内容と形式が一致している軍歌でしょうから、内容と形式が一致しているだけでは真理とは言えない、と思います。これは真理の必要条件であって十分条件ではない、と考えられます。従って又、ヘーゲルが内容と形式を概念論の中に位置づけないで本質論で扱ったことの意味も、これがそれだけでは真理の問題ではなく、そういう全体的歴史的見地から一応離れて、一つ一つの物事について考えうる概念だからだ、と考えられるのです。ここで大切な点は、「全体的歴史的見地から一応離れて」という点です。「全体的歴史的見地から」考えるのが概念の立場ですから。付録3の「ヘーゲル論理学における概念と本質と存在」を参照。

第一三四節〔展開された形式が相関関係〕

しかし、〔現出存在は媒介された存在のことであったが、それも現に存在しているという直接性の面から見るならば〕無媒介の現出存在は、形式〔形相〕面から見て規定されているだけでなく、自立性〔質料〕の面からも規定されている。従って、それは〔形式面で規定されていることからの帰結として〕内容の規定に対しては外的であるが、同時に、この内容がその自立性の契機を通して獲得するこの外面的な規定はこの内容の本質にかかわるものでもある。現象がこのような形を取った時、それが「相関関係（Verhältnis）」である。つまり、単一の内容が〔一つの物の中にあるのではなく〕その形式を展開し、それによって、自立した幾つかの現出存在が相互外在的ないし「対立的」になると同時に、その区別された現出存在がその相関関係の中でのみそれ自身であるという〔自己〕同一的な関係に入ることである。[1]

1　例によって、内在的移行ないし導出の「証明」には無理があると思いますが、内容と形式から相関関係に移行すること自体は正しいのではないでしょうか。

## 第三項　相関関係（Das Verhältnis）

### 第一三五節〔全体と部分〕

A 「無媒介の」〔第一の〕[1]関係は「全体と部分」[2]の相関関係である。即ち、〔第一三四節の〕内容が〔ここでの〕全体なのであり、それは自己の対立物である諸部分（これが先の形式）から成る。諸部分は互いに別々のものでそれぞれ自立しているが、互いに単一の内容によって結びつけられ、一緒になって全体を形作る限りでは部分でもある。しかるに「一緒になって」ということは、その部分であることの反対であり、それを否定することである〔全体と部分の関係は矛盾した関係なのである〕。

1　それぞれの段階での「最初の規定」はどれも「無媒介の規定」とされます。たしかにそれは前の段階から媒介されているのですが、当の段階では「最初」ですから、無媒介なのです。これまででも、例えば第一三四、一二八、一二三、一一七節の冒頭で、そういう使い方がされています。

2　原文では der Teile だけがイタリックで強調されていますが、des Ganzen もイタリックにした方がベターではないかと思います。

付録〔全体と部分の関係〕

〔その一・本質論での相関関係の総論〕ここ本質論で扱われる関係は〔存在論でのそれが、一と多とか比率といった量的な関係であったのと違って〕全ての現象に見られる特定のあり方です。現存するもの[1]はすべて相関関係の中にあり、この関係こそ各現出存在の真の姿を現わすものです。相関関係を持つことによって、現出存在している事物〔現象〕は抽象的にそれだけで存在するのではなく、他者の中で初めて存在するものだ、ということになります。しかし、現出存在は〔存在論にではなく本質論段階に属していますので〕この他者の中にあっても自己関係なのです。つまり〔本質論での〕関係は自己関係と他者関係との統一なのです。

〔その二・全体と部分の関係の低さ〕全体と部分の関係は、その概念と実在〔実際の姿〕とが互いに一致していませんので、「非真理」です。と言いますのは、全体の概念は部分を含み持つということですが、全体がその概念通りに定立され、部分に分けられますと、それは全体[2]でなくなるからです。たしかにこの関係に照応する事物はありますが、それはまさにその事物が低級で非真理なる存在だからです。ここで一般にお断りしておかなければならないことは、哲学的な説明の中で「非真理」ということを言いますが、それは「存在しない」[3]という意味ではないということです。悪しき国家や病気の身体〔は真でない国家であり真でない身体ですが、そういうもの〕も、ともかく存在はしています。ただそれはその概念と実在〔実際の姿〕とが一致していないが故に非真理なのです。——

〔さて本論に戻りまして〕全体と部分の相関関係は無媒介の関係〔関係論の中で第一に現われる関係〕[4]ですので、一般に〔外的〕反省を事とする悟性には親しみ深いものであり、[5]それ故に又、実際には〔全体と部分の関係では律しきれない〕一層深い関係が問題になっている所でも全体と部分の関係で満足することが多いようです。例えば、生体の様々な肢体や器官は、それらが統一されてある限りでそれぞれのものなのであり、従ってその統一に対してどうでもよいものではないのですから、単に生体の諸部分と見なしてはならないものです。〔それなのに、一部には生体の肢体や器官を生体の部分と見る人がいます。確かに〕これらの肢体や器官は解剖学者の手にかかる時には「単なる部分」となるのですが、その時には、しかし、そこで扱われているのはもはや生体ではなく死体なのです。ということは、そのような分解が無意味だということではありません。ただ、全体と部分という外的で機械的な関係は有機的なものである生命を本当に認識するには不十分だということなのです。[6]——

　精神や精神的世界の諸形態の考察にこの〔全体と部分という〕関係を適用する時、これは一層はなはだしくなります。なるほど心理学で心や精神の諸部分について云々するといったことはあからさまには行われていませんが、それにもかかわらず、心理学を単に悟性的に扱う場合にはこの有限な関係の観念〔全体と部分という考え方〕が根底にある〔無自覚的に前提されている〕のでして、例えば精神活動の様々な形式をバラバラに〔前者から後者を内在的必然的に導出するということなく、個条書き的に〕並べて、その一つ一つを力とか能力といった語で次々と取り上げて叙述する場合などはその例です。

1　ここの existiert は erscheint の言い換えでしょう。

2　ein Ganzes と不定冠詞が付いています。名詞の意味を味わえということでしょう。

3　ここは existire と接Iになっていますが、これもあるとは思いますが、existierte（接II）の方がベターではないでしょうか。

4　ここでも「無媒介」が「最初のだから無媒介」ということで使われています。なお、「非真理」なのになぜ取り上げるのか、なぜ最初に持ってくるのかについては、七七頁でも少し触れていますが、それは「真理は非真理の中から出てくる」からです。いきなり真理から始まるのではないのです。だからヘーゲルは『精神現象学』を書いて、非真理である「意識の諸段階」の発展を跡づけ（非真理にも高低の違いがあります）、その結果としてのみ真理である「絶対知」は生まれる（そういう段階に到達する）という事を証明したのです。

5　この関係文の先行詞は ein solches です。関係文が先行詞を「特定して」いるのではなく、先行詞の「性質を説明して」いることが好く分かります。

6 nicht .. sondern と nicht .. wohl aber の違いについては「文法」の一三八九頁を参照。

第一三六節〔力とその発現〕

B　この〔全体と部分の〕関係の中にある同一物、つまりこの関係の中にある自己関係とは、従って〔第一三五節の最後に述べたように自己矛盾なので〕そのまま直ちに〔直接表面に現われた姿では〕「否定的な」〔排他的で孤立した〕自己関係〔であり、区別に対して無関心なの〕である。[1] しかし、[2] それは〔全体と部分の関係によって〕媒介されたものであるが故に〔単なる否定的自己関係ではなく〕、自己内反省としての自分自身を区別へと突き放して自己を他者内反省として定立し、逆に又この他者内反省を自己関係及び〔対外的〕無関心性へと引き戻すような「否定的自己関係」であり、区別に対して「無関心」である。それが「力とその発現」である。[3]

1　この節は全体が一つの文に成っていますが、ここで一応切りました。

2　und zwar は「しかも」ですが、ここをそう訳すのは難しいので、ここは「しかし」としました。が、最後まで読めば内容的には「しかも」と同じに成るように訳したつもりです。

3　訳文から分かると思いますが、welche 以下の関係文を内容上 gleichgültig gegen den Unterschied にも掛けて取りました。又、Vermittelung, dass の dass 以下を Vermittelung に掛かるものと取らないで、Vermittelung の結果と取りました。又、unmittelbar と als Vermittelung が対になっていると取りました。

この辺の難解さは、カテゴリーの移行の必然性によって、後続カテゴリーの生成の必然性を証明しようというヘーゲルの正しい意図が、内容的には十分に支えられていないことが原因かと考えられます。もっとも、ヘーゲルとは別の論理で、「全体と部分の関係から力と発現の関係を内在的必然的に導出せよ」と言われても出来ませんが。証明はともかく、この相関関係を全体と部分、力とその発現、内と外の三つに分けて、この順序にした事は正しいのではないかと、愚考します。と言うか、感じます。「全体と部分」と「力とその発現」とを比較してみますと、ヘーゲルも言いますように、後者も前者から大して進んでいる訳ではありませんが、前者は静的で後者は動的だと思います。更に、「力とその発現」と「内と外」とを比較してみますと、後者は前者を一般化して捉えていると言えるのではないでしょうか。原書（本節付録二）の二七一頁下から二行目に **seine innere Einheit, welche wir als Kraft bezeichnen** とあります。これも根拠の一つです。そして、「内と外」と言いますと、これが次の現実性にとても近い事を「感じる」ことくらいは出来ると思います。実際、第一四二節本文の冒頭の句はそうなっています。

　こういう「感想」くらいどしどし出し合って行くのが哲学することだと思います。黙っているのは哲学ではないと思います。皆さんも自分の考えを出して下さい。

## 注釈

**〔第一点・力とその発現の関係の生成〕**「全体と部分の相関関係」は〔この相関関係では最初の関係だから〕無媒介の関係であり、従って無思想な関係〔それ以上の規定を持たない関係〕であり、自己同一性と差異〔自己区別〕とが無媒介に転化しあう関係である。即ち、全体〔自己同一性〕から部分〔差異〕へ移行し、部分から全体に移行するのであるが、一方の中では他方に対立していることが忘れ去られ、各々がそれだけで、ある時は全体として、又ある時は部分として、自立した現出存在と見なされるのである。換言するならば、部分は全体の「中に」あると言われる時には全体が、全体は部分「から」成り立つと言われる時には部分が、「自立的なもの」と見なされ、従ってそれぞれの場合に他方のものは「非本質的なもの」とされるのである。機械的な関係というものをその表面的な形で一般的に見るならば、[1] その本質は「部分がお互いに対しても全体に対しても自立的である」という点にあるのである。

「物質の可分性」に関する「無限進行」の論理は〔それを証明するために〕この〔全体と部分の〕関係を使うことがある。つまり〔全体と部分の〕両面を無思想に交互に使うのである。或る物をまず全体と見なして、次にそれの部分という規定に移る。続いて今度は、それが部分だったことを忘れて、部分であったものを全体と見なし、そして又それの部分へと進んでいくという具合にして、無限に進むのである。しかし、この無限性は〔実際には直線的にどこまでも先へ進む無限ではなく〕否定的なもの〔円環的に自己に帰ってくるもの〕だから、[2] そのことが自覚されると〔顕在的になると〕、この無限性は相関係する二者の「否定的」自己関係だということになる〔のだが、それも否定的自己関係一般ではなく〕[3] 力とその発現である。[4] 力は自己同一の全体が自己内存在〔として内にこもった姿〕である。そして、それは自己内存在であるが故に自己〔その自己内存在というあり方〕を止揚して外化〔発現〕するのであ〔り、それが発現であ〕る。〔すると、今度は〕逆に発現は消え去り、力へと帰っていくのである。

〔第二点・力の有限性〕力はこのように無限なものなのだが、それにも拘わらず有限でもある。というのは、発現の関係の中にある「同一物」がその内容を成すのだが、その内容は初めは単に「潜在的に」この同一性であるにすぎないからである。逆に言うなら、この関係の両側面は未だそれだけで独立してこの関係の具体的同一性ではなく、未だに統体性ではないからである。従ってその両側面は互いに別々のものであり、その関係は有限な関係である。だから、力は〔それが発現するためには〕外から誘発[5]されなければならず、その作用は盲目である。又、こういう形式上の欠点があるために、力は内容上も制限を持ち偶然的なものである。つまり、力の内容はその形式と未だ本当には一体となっておらず、従って概念や目的のように絶対的に規定されたものではないのである。[6]——

〔ところで〕この〔力と概念との〕区別はきわめて本質的な区別であるが、なかなか理解の難しいものであり、目的概念を論ずる所で初めて詳しく規定するべきものである。この区別を知らないと神を力として捉えるような混乱に陥るのであり、これはヘルダーの神概念の主要な欠点である。[7]

〔**第三点・力の可知性と不可知性**〕「力自身の本性は知ることができず、知りうるのは力の発現だけだ」というのはよく聞く話である。〔この点について注しておくと〕まず第一に、力の内容上の規定は完全に発現の内容上の規定と同一である。だから〔胃が消化するのは胃に消化力があるからだと〕或る現象を或る力によって説明するのは無内容な同語反復である。つまり、分からないとされているものは、実際には〔力の内容上の規定のことではなく、力という〕自己内反省の空虚な形式なのである。[8] この形式こそ力をその発現から区別する唯一のものだが、これもまさにそのように好く知られたものである。〔しかるに〕「現象から知りうるのは〔力の〕内容と法則だけだ」と言われているが、この〔力という〕形式を知ったからといって、その内容と法則に何一つ付け加えるものでもない〔だから、結局、力の発現は知りうるが力自身は分からないという説は間違いである〕。又〔逆に〕力という言葉を使うことによっては力に関して何も言うつもりはない、[9] ということもよく主張される。しかし、もしそうだとすると、力という形式〔概念〕がなぜ多くの科学に導入され〔て、それなりに役立っ〕ているのか、その理由が理解できないであろう〔だから、諸現象を力という概念でまとめて捉えることには、内容上新しいことは何一つないにしても、やはり意味があるのである〕。[10]

第二に、たしかに力の本性は知りえない〔と言うこともできる〕。なぜなら、力の内容が〔先に述べたように〕制限されており、従って自己外の他者を介さなければ規定を持ちえないものである限り、力の内容の〔他者との〕関連の必給性はまだ力自身の中にないし[11]、又、力の内容自身の〔生成の〕必然性も未だに欠けているからである。[12]

1　ここで「その表面的な形式で一般的に見るならば」と限定したのはなぜだろうか。多分、概念論でMechanismus（機械的関係、機械論的見方）を扱うからでしょう。すると後者は、機械的関係の内容面からの考察ということになるのか。

2　本節本文の五行目にあります。

3　こういう断り書きを入れないと、本節本文と合わないでしょう。

4　全体と部分の関係から力とその発現の関係を内在的必然的に導出しようとする試みが、本文よりはうまく出来ているのではないでしょうか。

5　Sollizitationという語は独和辞典には載っていないようですが、英和辞典にはsolicitで載っています。フランス語はラテン系の言葉ですから、ラテン語由来の言葉は好く載っています。sollicitерです。意味はどちらも「懇願する」「要請する」となっています。

6　力の立場は原因・結果の相対的必然性の立場であり、概念の立場は生成の必然性＝絶対的必然性の立場です。拙稿「弁証法の弁証法的理解」参照。ここで概念と目的とを二語一想のように使ったことは、ヘーゲルの概念という概念が目的概念と近いものであることを証明するものです。

7　松村はここを「特にヘルダーにみられるように」と訳しています。つまり、このvornehmlichをどう取るかですが、①ヘルダーの神概念にはいくつかの欠点があるが、その主要欠点がこれだという（我々の解釈）のか、②神を力と見る誤解は多くの人に見られるが、殊にヘルダーにおいてそれが顕著だという（松村説）のか。

8　こういう分析こそヘーゲルの真骨頂です。「雨が降っているのは低気圧が来ているからです」という「説明」はいかなる意味で「説明」になっているのでしょうか。

9　ここは松村訳を受け入れました。

10　「老人」ヘーゲル独特の二枚腰です。「老人」のあだ名は無根拠ではありません。

11　in sich selbst を mangelt に掛けて取りました。

12　要するに、力の立場は相対的必然性の立場だということであり、例えば、腕力などというものは、弱い人をいじめるためにも使えれば、悪者をやっつけるためにも使えるもので、力それ自身の中には、どう使われるか（他者との関連）、又そういう力が生れてくる必然性が内在していない、ということでしょう。

### 付録一〔力と発現の関係の無限性と有限性〕

力とその発現の相関関係は、全体と部分の関係という無媒介の関係と比較すると、無限な関係[1]と言うことができます。なぜなら、両側面の同一性[2]は全体と部分の関係ではまだ潜在的であったにすぎませんが、この力とその発現の関係では、それが定立されて顕在化しているからです[3]。つまり、全体は部分から成るといっても、分割されて部分になると全体[4]ではなくなりますが、力は発現〔して対立物に移行〕することによって初めて力としての実《じつ》を示すのであり、その発現〔自己の対立物〕の中で〔かえって〕自己自身に帰るのです。というのは発現はそれ自身もやはり力だからです。しかし、もう一歩進んで考えますと、この力とその発現の関係もやはり有限な関係です[5]。そしてその有限性は、一般的に言うと、この「媒介されている」ということに起因するのでして、それは全体と部分の関係がその「無媒介性」の故に有限なのとちょうど反対です。では、この力とその発現という媒介された関係の有限性はどこに現われているかと言いますと、それはまず第一に、どの力も[6]〔それだけでは存在しえず〕存在するためには自分以外の他者を必要とするという点に現われています。ですから例えば磁気力の担い手は、よく知られていますように、主として鉄です。そしてこの際、鉄のその他の性質（色、比重、酸に対する関係等）は磁気との関係からは独立しているのです。[7]ほかの力のどれをとっても同じ事で、力は例外なく自分以外の他者によって条件づけられ、媒介されているのです〔これが力の有限性の現われの一つです〕。——

力の有限性は、第二に、力が発現するためには誘発されなければならない点に現われています。しかるに、力を誘発するものも又それ自身力の発現であり、従ってその力も[8]又誘発されなければなりません。かくして、誘発されるものから誘発するものへと無限に進んでいくか、誘発するものと誘発されるものとの相互関係〔両者が互いに誘発し合う関係〕か、どちらかということになりますが、どちらの場合をとってもその誘発運動の絶対的な始まりを見出すことができないということになります。〔この事から分かりますように〕力はまだ目的のように自己を自己自身の中で規定する者ではないのです。〔力にあっては、力の〕内容〔＝規定〕は〔外から〕決められて与えられるのです。ですから、よく言われますように、力が発現するとき、その作用〔結果〕は盲目なのです。そして、ここ〔その作用が盲目だという点〕にこそ力の発現という抽象的な働きが合目的的活動〔という具体的な働き、自己内で自己を規定する働き、自分の内容を自分で決めていく働き〕から区別される点があるのです。[9]

1　「直接的な関係」に対して「無限な関係」を対比させていますが、後者は換言するならば、「いっそう規定された関係」とか「いっそう具体的な関係」とか「より高い関係」ということでしょう。

2　この in diesem letzten Verhältnis は in diesem Verhältnis でも、im letzteren Verhältnis もあります。

3　ここでは gesetzt と言っていますが、もちろん für sich でも同じです。いつも同じ対を使うのもつまらないので、言い換えたのでしょう。

4　ein Ganzes と不定冠詞を付けていることに注意。評辞として使ったからでしょう。

5　ヘーゲルの二枚腰の始まりです。

6　「不定冠詞が前にある時は jeder は形容詞の混合変化に準ずる。文体としては文語的である」（『マイスター独和辞典』）。

7　これは何を云おうとしているのでしょうか。①鉄の中には磁気力と無関係のものがあるから、鉄と磁気力は完全に同一ではなく、鉄は磁気力の他在だということでしょうか、それとも②鉄のその他の性質は磁気力から独立だが、磁気力は鉄のその他の性質に影響されることもあるというのか（磁性を帯びた鉄片が錆びてきたら磁性は落ちるのではなかろうか）。

8　この Kraft には不定冠詞が付いていますから、「以下のような性質をもった力」ということですが、訳としてはこうしか訳せないでしょう。

9　ヘーゲルがなぜ目的という事柄を、従って又目的概念を重視するか、ここからも分かります。自己規定的関係ないし自己に戻る円環関係だからです。そして、本節注釈への訳注6の箇所（八二〇頁）にありますように、ヘーゲルの「概念」（客観的な意味での概念、存在論的概念）は「目的」関係を一般化したものだと思います。中世以来の宇宙と人間を「大宇宙と小宇宙」として捉える宇宙観ないし人間観を受け継いでいるのでしょう。なお、鶏鳴版でここに書きました訳注は勇み足の気味があると判断し、削除しました。

付録二

〔その一・力の可知性と不可知性〕力の発現だけは認識できるが力そのものは認識できないとはよく言われる

ことです。しかし、この説には根拠がありません。なぜなら、力とは発現しているもの自身のことにほかならず、従って、発現の全体を法則[1]という形でまとめる時には我々はそこに力そのものを認識しているのだからです。同時に、しかし、以上の事はたしかにその通りなのですが、それにもかかわらずやはり見落してならないことは、この力の実体[2]は認識しえないという説には力と発現の関係の有限性に対する正しい予感が含まれているということです[3]。〔この点を詳しく考えてみましょう。我々が世界を見ますと〕まずは、力の個々の発現が無秩序な多様性の中で現われますので、その一つ一つはみな個々ばらばらで偶然的なものに見えます。しかし、次に我々はこの多様な発現をその中にある単一なものに還元し[4]、それを力と名づけ、そして、一見偶然的に見えたものの中に法則を認識することによって、それを必然的なもの[5]として知ることになります。しかし〔更に広く見てみますと〕、今度は、さまざまな多様な力があることが分かります。そして、それらの力は〔互いに無関係に〕単に並存しているにすぎず[6]、従って偶然的なものに見えるのです。ですから例えば経験的物理学では重力、磁気力、電気力等々について〔互いに内在的に関連させることなく並列的に〕語られますし、経験的心理学でも記憶力、想像力、意志力とかその他のあらゆる種類の精神的能力について〔並列的に〕語られることになります。ここで再びこのさまざまな力を統一ある全体として認識したいという欲求が現われるのですが[7]、ここでは、それらの力をそれらに共通した根源力みたいなものに還元することによってはその欲求は満たされないでしょう。なぜなら、そのような根源力によって与えられるものは実際には物自体と同じように無内容な空虚な抽象物でしかないでしょうから。更に又、力とその発現という関係は本質的に媒介された関係であり、従って根源的な力だとか自己に立脚した力というものを考えること自体が、力の概念に矛盾することでもあるのです[8]。

〔その二・世界を神の力の現われと見る考え方について〕力の本性との関連でもう一つ言っておきます。現存する世界は神の力の現われであるというのは承認できるのですが、神自身を力として捉えて済ますことには賛成できません。なぜなら力というのはまだ下位の規定であり有限な規定だからです。〔それはともかく〕近世において〔中世で途絶えていました〕科学が復興した時、個々の自然現象をその根底に横たわっている力に還元して済ますような態度が見られましたが、それを無神論的なやり方だと教会が非難したのはこの意味〔現存する世界は神の力の現われだという考え〕からのことなのです。なぜなら、もし天体を運動させるものが重力であり、植物を成長させるものが植物の成長力等々だとするならば、神の世界支配に残された仕事は何も無いことになり、神はそのような自然力の働きをただ拱手《きょうしゅ》傍観するだけだということになってしまうからです。たしかに、自然科学者たち、殊にニュートンは自然現象の説明に力という反省形式〔反省概念、本質論の概念〕を用いるに当たって、この事では世界の創造者及び統率者としての神の栄光は何ら損なわれないと明言してはいます。しかし、このように力によって自然現象を説明すると、外的根拠づけを事とする悟性は、どうしても〔論理必然的に〕個々の力をそれだけとして独立して固定させ、その有限な段階での力を究極的なものとしてそれにしがみつくようになります。そして、その時には、そのような自立した力と素材の有限化された世界に対立して神の規定として残るものは、ただ抽象的無限ということだけであり、認識されえない最高の彼岸的存在ということだけになるのです。[9] その時これは唯物論の立場になるか、あるいは「神は何であるか」は問題にしないでただ「神は存在している」ということだけを認める現代の啓蒙主義の立場になるのです。さて、今述べた問題に関しては、そのように有限な悟性形式は自然や精神界の諸形態を本当に認識するには不十分だという限りで教会や宗教的意識の言い分は正しいと思うのですが、[10] やはり経験科学にも形式上の正しさ[11]はあるのでして、それはまず第一に確認しなければなりません。つまり、現存する世界は神によって創造され支配されているのだということをただ信じるだけに留まらないで、〔古代ギリシャ人たちがしたように〕[12]現存する世界をその内容上の規定に立ち入って思考によって認識しようということです。たしかに、その全能の意志によって世界を創造し、天体をその軌道にのせて導き、全ての被造物を有らしめ繁栄させているのは神であるというのは私たち〔キリスト者〕の不動の宗教的信念であり、それは教会の権威によって支持されてもいます。しかし、その時でもやはりなぜそうなのかという問いは残っているのでして、[13] この問いに答えることこそ経験科学と哲学的〔理論的〕科学とを含めた全ての科学の課題なのです。〔ですから先の経験的自然科学とは逆に〕宗教的意識がこの課題及びそこに含まれている正当な要求を認めず、神の思召しは測りがたいということで自己満足すると、今度はこの神の思召しの測りがたさの方が、先に述べた単なる悟性的啓蒙の立場に立つことになるのです。[14] このように万事単に神の思召しに帰して済ませる態度は、神を霊の中で認識せよ、つまり神を真に認識せよというキリスト教の明白な掟に反した勝手な決めつけであり、決してキリスト教的謙虚さではなく、高慢な狂信的謙虚さ[15]と言わなければなりません。

1　この法則観に注意。認識というものを考える時、あるいは物の本質を認識するとはどういうことかと考える時、法則を知ることが本質の認識だと思いこみがちですが、ヘーゲルは論理学の中で法則というものを小さくしか扱っていません（これにはレーニンもびっくりしたようです）。まず第一に、それを概念論ではなく本質論に位置づけて低いものとしていますし、本質論の中でもその全体を法則論とせず、法則は本質論の一段階にすぎないものとしています。それは法則とは「現象を全体としてまとめただけのもの」だからです。

2　ここのAnsichは二格ですがAnsichsとは成っていません。「文法」の三二一頁の第四項を参照。
3　このヘーゲルの二枚腰を学びたい。
4　本節本文への訳注3（八一六頁）を参照。
5　ここはeines Notwendigenと不定冠詞になっています。
6　in ihrem bloßen Nebeneinanderと所有形容詞を付けているのには意味があるのでしょうか。大した意味はないと思いますが、英Wはin their mere juxtapositionと忠実に訳しています。
7　rekurriertは辞書に載っていません。羅和辞典にrecurroがあります。『ジーニアス英和辞典』にもrecurならあります。仏和辞典にはrevenirしかありません。四六〇頁訳注4参照。
8　ヘーゲルの言いたいことは何なのでしょうか。力の関係は媒介された関係だから、有限なものであり、それを絶対的な形で認識することはできない。力の内容はその発現から知ることができるが、例えばなぜほかならぬ電気力というものが存在するのか、その必然性は原理的に認識しえない（そういう内的必然性はない）ということなのでしょうか。エネルギー保存則の発見は一八四二年であり、『哲学の百科辞典』刊行より後ですが、エネルギー保存則も全エネルギーの相補的関係を示しましたが、一つ一つの力がなぜ存在しなければならないかは説明していません。
9　eines nicht erkennbaren, höchsten jenseitigen Wesenはコンマで切られていますから、höchstenはjenseitigen Wesenに掛かり（彼岸性にも程度の違いがあるのでしょう）、nicht erkennbarenはhöchsten jenseitigenと並んでWesenに掛かります。英Wはan unknowable supreme Being in some other world far awayと訳しています。
10　ヘーゲルの二枚腰がここから始まります。
11　悟性規定を究極的なものとしてしまったこと（内容）は正しくないが、世界を思考しようとしたこと自体（形式）は正しかったというのでしょう。
12　直訳すると「～を思考する認識に返還要求する」となります。この「返還要求」の内容をこう取りました。

13　このWarumは何を問うているのでしょうか。「神が世界を創造したのはなぜか」と聞かれたら、まずその目的を考えるのが普通でしょう。しかしそれなら疑問詞はWozuとなると思います。「神はどのようにして世界を創造したか」とそのメカニズムを聞くなら、疑問詞はWieでしょう。個々の現象については、例えば「太陽が東から昇るように見える」という現象については、「神がそのようにした」と信じるだけでなく、「なぜそう見えるのか」は問題にし得ます。これは「事実の説明」であり、たしかに科学の仕事です。

14　有限に対立した無限はそれ自身一種の有限であるというヘーゲルの無限観の適用と見ることもできるでしょう。あるいは、ヘーゲルはキリスト教信者の中にあるこういう態度に不満を持つことから出発して、自分の無限観を作ったのかもしれません。

15　「高慢な謙虚さ」などというのは形容矛盾みたいですが、神に万事を帰するのですから、言葉の上では謙虚であり、内容を考えると神の掟を実行しない高慢な態度ということで、よく分かると思います。私的生活においてではありますが日本語にも「慇懃《いんぎん》無礼」とか「卑下慢」という言葉があります。もっとも「卑下慢」は辞書には載っていないようですが、私は聞いたことがありますし、自分でも使います。

## 第一三七節〔内と外の相関関係の生成〕

〔全体と部分の相関関係における〕全体の否定的自己関係が自分の身の表面に表れたものが力であった。即ち、それは自己を自己から突き放すことであり、自己を「発現する」ことであった。[1]〔つまり、この〕他者の中への反省は[2]〔全体と部分の関係では〕自己を区別して諸部分を生み出すものであったのだが、それは同時に自己内へ反省することでもあるから、この〔力の〕発現を媒介にして、力は自己内に還帰する。

つまり、力に成る〔力としての実《じつ》を示すように成る〕。従って、力はまさに発現することによって、この〔力と外化の〕相関関係の中にある二つの側面〔つまり力と発現〕の区別を止揚し、因って以てこの関係では「潜在的」であった内容、即ち両者の同一性を定立〔し、顕在化〕することになる。かくして力と発現の〔相関関係の〕真理〔として出てくるもの〕は、「内と外」の二側面を持つ関係である。[3]

1 例によって、第一三六節の本文にある経過を再確認している所ですから、「〜であった」と訳した方が日本語の習慣に合うでしょう。

2 この diese Reflexion-in-Anderes は diese とある所からも分かりますが、すぐ前の sich äußern の言い換えです。

3 ここは移行の「内在的導出」ですから、そういうものと思って読めばよいでしょう。無理なく書かれている方だと思います。

## 第一三八節〔内外概念と先行カテゴリーの関係〕

C 「内なるもの」とは、〔本質論の第一章の〕根拠及び〔第二章の〕現象が〔ここの相関〕関係〔の段階で〕採ることになった〔姿であり〕側面である。〔更に言えば、力と発現の〕自己内反省という空虚な形式〔に対応するもの〕である。これに対立するものは「外なるもの」だが、それは〔本質論の第一章の〕現出存在が〔力と発現の〕相関関係でのもう一つの側面であり、他者内反省という空虚な規定〔だったもの〕に対応する。〔これまでの相関関係では、その関係を成す二つの側面の同一性は形式的で空虚なものだったが〕内と外との同一性は内容の充実した同一性であり〔「内容と形式」の〕内容〔の発展した姿〕であり、それは力の運動の中で定立された自己内反省と他者内反省の「統一」のことである〔が、それの発展した姿である〕。内と外とは同じ「一個の」統体であり、この同一性こそがこれらを〔単なる形式ではなく〕内容たらしめているのである。[1]

1　本節全体は「内容的小見出し」に書きましたように、先行するカテゴリーと内外の両概念とを対比している、あるいは新しく出てきたカテゴリーを先行カテゴリーの変身したものとして捉えて説明しているのですが、拙訳のように取らないと内容的に成り立たないでしょう。

**第一三九節〔内と外との同一性〕**

**第一点**　従って[1]、第一に、外は内とは「内容的に同一」である。つまり、内面の姿は又外面にも現われているし、外面に現われているものはそれの内面の姿でもある。現象は本質の中にないものは示さないし、外に現われ出ていない物は本質の中にもないのである。[2]

1　もちろん前の節の最後の句を受けています。

2　物自体は現象の全体の中に出ている、ということです。「偉大なる暗闇」などというものはない、ということです。第一四〇節付録（八三二頁）に引かれています聖書の言葉「その果によって人を知るべし」（マタイ伝7－20）の通りです。実際に残した業績がその人なのです。人生に言い訳なし。第一三一節への訳注2（七九八頁）を参照。

**第一四〇節〔内と外との対立も又相関的に現われる〕**

**第二点**　しかし〔第二に〕、内と外とは〔内容的には同一だが〕その形式面での規定としては、単なる自己同一と単なる多様性ないし実在性という形で「対立して」おり、しかもきっぱりと対立している。しかし、両者は〔内外関係という〕一つの形式の二つの契機であるから本質的に同一であり、従って一方の抽象性の中に「だけ」しかないものはただちに又他方の抽象性の中に「だけ」しかない、ということになる。即ち、内的でしかないものは又それ故に外的でしかなく、外的でしかないものは又内的でしかない。[1]

1　これは分かりにくいようですが、第一四〇節付録の例示（「内的に」理性的でしかない子供は「外的に」理性的、つまり大人の教示を受けざるを得ない等）を読めば分かるでしょう。なお、一三九節と一四〇節は一三八節の後に付けて一つの節にしても好かったと思います。

**注釈〔内と外との本質的同一性〕**

「本質」を単に「内的なもの」と取るのは反省〔段階にある常識的な人々〕のよく犯す間違いである。そのように考えている時には、その考え方も又全く「外面的な」〔表面的な〕考え方であり、[1]そのように捉えられた本質とは空虚な外面的抽象である。[2]或る詩人はこう言っている。「自然の内奥《ないおう》へは被造物たる人間の精神は入り込めない。自然の外皮だけでも知れば幸運と言うべきであろう」と。[3]

ここではむしろ、人間にとって自然の本質が単に「内なるもの」として知られている時には「外皮」しか知られていないのだ、と言うべきだっただろう。――

「存在」一般〔存在論の存在〕の中でも、あるいは又感覚的知覚の中でも、「概念」は〔それらのものの根底を成すとはいえ〕最初は単にその内奥として隠れているものにすぎず、従って存在にとっても感覚的知覚にとっても外にあるものである。存在の中にあるそのような概念は真理を持たない主観的な存在であり、知覚の中にあるそのような概念は真理を持たない主観的な思考である。[4]――

自然に関しても精神に関しても、その概念や目的や法則といったものが、初め単に内なる素質として、単なる可能性という形を採っている間は、それは単に外にある非有機的な自然であり、[5]第三者の持つ学問であり、他者からの強制力といったものである。

人間は、その外に現われた姿（もちろんその人の身体上の外形のことではない）、即ちどういう行動を取るかということがそのままその人の内なる姿である。そして、「単に」内面に留まっている時、即ち意図とか気持の中「だけ」で有徳的（善いことを考えたり）とか道徳的（品行方正）等々であるにすぎず、その外面がそれと同じになっていない場合には、外面も内面も共に虚ろであり無内容である。

1　物事の外面だけを見る考え方であり、かつ自己にとっても外面的、つまり自己の内なる概念を実現していない考え方ということでしょう。

2　外面だけを抽象して作られたものということでしょう。

3　（ヘーゲルの注）ゲーテは自然科学に対して次のような不機嫌な叫び声をあげている。「そんな事は六〇年間にわたって繰り返し聞かされた。私はそれを呪う、もっとも人知れずだが。自然には核もなければ外皮もない。自然は端的に全体なのだ」。

4　「存在の中にある概念」とか「知覚の中にある概念」という言葉は、ヘーゲルの「概念」が存在論的な意味と認識論的な意味との両方を持っていることを示しています。そして、「概念」とはそのどちらの場合でも「表面」ではないということです。「単なる内奥《ないおう》」でもありません。

5　マルクスも「非有機的な自然」という表現を使います。例えば「いわゆる自然」ないし「環境的自然」は人間の「有機的自然」である「身体」とは違いますが、人間にとっての「非有機的な自然」と言えます。

### 付録（内と外との同一性の意義）

（その一・内・外カテゴリーの位置）内なるものと外なるものとの関係は、先行する二つの関係（全体と部分の関係及び力と外化の関係）の統一ですから、それは同時に単なる相対性（相関性）を止揚し、（よってもって本質論の第二段階である）現象一般を止揚（して、第三段階の現実性を導く）ものです。（実際はそうなのですが〕それにもかかわらず〔こういう事を理解しない〕悟性〔的な考え方の人々〕が内なるものと外なるものとを切り離して固定すると、それは一対の空虚な形式になり、どちらも無内容なものとなってしまうのです。――

〔その二・内外カテゴリーから見た自然と人間〕自然を観察する際にも精神世界を観察する場合でも大きな意味を持っていることは、内と外との関係を正しく理解し、内なるものだけが本来問題となっている本質的な事柄であり、外なるものは非本質的でどうでもよい事柄だという誤まった考え方に陥らないようにすることです。このような間違いは、手近な例としては、よくあることですが、自然と精神との区別を外と内との区別という抽象的な区別に還元してしまう場合に見られます。この際、自然というものをどう考えたらよいかと言っておきますと、自然はたしかに精神に対して外なるものであるだけでなく、[1]「それ自体として」も外なるもの一般ではあります。しかし、ここで「外なるもの一般」とは抽象的な外面性という意味ではありません。というのは抽象的な〔一面的な〕外面性などというものは存在しないからです。そうではなく、むしろ自然と精神の共通の内容を成している理念が、[2]自然の中では単に外面的なものであり、しかしまさに単に外面的なものであるが故に同時に単に内面的なものに留まっているという意味なのです。このような自然観に対してその「あれかこれか」の二者択一的思考から抜けられない抽象的な悟性がどんなに反対しようとも、この考え方は我々の宗教的意識の中にはきわめて明確に見られるものであり、宗教的意識以外の意識[3]の中にも見られるものです。我々の宗教的意識によると、自然は精神世界に劣らず神を啓示するものですが、両者の違いは、自然が自己の本質が神であることを自覚しないのに対して、精神（さしあたっては有限精神）は自己の本質が神であることを自覚することが自分の課題であると自覚しているということです。〔ですから自然においても神は啓示されているのですから〕自然の本質は単に内にとどまるものであり、従って我々人間には捉え得ないものだと考える人々は、神は嫉妬深い者だ〔から、自分を自然の中では人間に見せない〕と考える古《いにしえ》の人々の立場に立つことになるのです。こういう考えに対しては当時すでにプラトンとアリストテレスが反論しています。神が何であるかを神は伝え啓示するものでして、しかもそれはまず自然を通して伝え啓示するのです。——

〔その三・単に内的なものは単に外的でしかない〕更に、一般的に言いますと、或る対象〔事物〕に欠陥があるというか、それが不完全であるというのは、それが単に内的なものであり、従って又単に外的なものであるということなのです。あるいは、逆に言っても同じ事でして、欠陥があるという事は、それが外的なものでしかなく、従って内的なものにすぎない、ということなのです。ですから、例えば、子供もともかく人間である限りでは理性的存在者なのですが、しかし子供自身の理性はさしあたっては内に隠れたものとして、つまり素質や使命等々という形で存在しているだけなのです。そして、この内に隠れているにすぎないものは、同時に、子供に対しては、両親の意志とか教師の知識とかという形で、要するに、その子供を取り巻く理性的世界として現われるのです。つまり「単に外にあるもの」という形を採ることになるのです。従って、子供の教育とか子供の形成とは、さしあたっては自覚されずに「潜在している」だけで、他者〔大人〕にしか分かっていないことを「顕在化」させ、当人自身が自覚するようになることです。最初は内なる可能性として子供の中にあるにすぎない理性が教育によって現実化されるのであり、逆に又、子供はさしあたっては外なる権威と思っていた人倫や宗教や学問等を、自分の中にある自分自身のものとして自覚するようになるのです。——

大人がその人間としての使命に反してその粗野な知識と意欲に囚われている時には、上で子供について述べた事が大人にも当てはまります。例えば、犯罪者に罰が課され、犯罪者がそれに服する時、その罰はたしかに〔その人の〕外にある強制力という形を採りますが、実際にはその人自身の犯罪の意志〔という内なるもの〕が〔外に〕現われただけのものにすぎないのです。——

〔**その四・人間の行動と心根は同一である**〕お粗末な実績や非難すべき行為を弁護するために、それらの外に現われたものとは別の内にある素晴らしい意図や考えとかいうものを持ち出す人がいますが、それについてどう考えたらよいかも、以上の説明から分かるでしょう。たしかに個々の場合には外的事情に恵まれなくて良き意図が挫折するとか、計画はしっかりしていたのに実行した時にはうまくいかなかったということはあるでしょう。しかし、全体としては[4]やはりここでも内と外との本質的同一性は妥当するのでして、その意味で、或る人が為すことがその人の本当の姿であると言わなければなりません。又〔悪い結果や行為に対して〕心の中では素晴らしい事を考えているのだと言って見栄を張る人には、「その果においてその人を知るべし」（マタイ伝7－16）という福音書の言葉を対置しなければなりません。この福音書の偉大な言葉は、さし当っては倫理的及び宗教的な点で言っているのですが、学問や芸術の上での業績についても当てはまります。そこで学問や芸術の分野で考えてみますと、例えば自分の生徒の中にはっきりと何かの素質があることに気づいた慧眼な教師が、「この子の中には第二のラファエロがいる」とか「第二のモーツアルトがいる」と言ったとします。すると、この言葉がどの程度正しかったかは、結果〔その子の後の実績〕によって分かるのです。又、逆に[5]下手な画家や不出来な詩人が〔作品はうまく出来なかったが〕心の中は高い理想に満ちているのだといって自分を慰めるとしたら、それは見当外れな慰めですし、そのような画家や詩人が他人に向かって、自分の業績によってではなく意図によって評価してと言うとしたら、そういう主張は当然の事ながら空虚で無根拠な主張としてしりぞけられるでしょう。逆に、正しい事や立派な事を成しとげた人を評価する際に、内と外とを不当に区別して、そういう立派なものはその人の外面にすぎず、その人は心の中では別の事を、つまり虚栄心を満足させるとかその他の恥ずべき情欲の満足を考えていたのだと主張するのもよくある事です。しかし、これは自分では偉大な事をする能力がないので、他人の偉大な功績を自分の所まで引き下げ、小さく〔して自己満足〕しようとする嫉妬心にすぎません。こういう心情に対しては、「他人の偉大な長所に対してはそれを愛するのが自分を救う最良の方法だ」というゲーテの美しい言葉を思い出すとよいでしょう。更に、他人の賞讃さるべき業績に出会って、それをおとしめるために、「あれは偽善である」と言う人がいますが、[6] そういう考えに対しては、人間は個々の点では自分を偽り多くの事を隠すこともできるが、自分の心の内を全部隠すことはできないと言わなければなりません。人の心の内面はその人の全人生行程の中に現われるものです。ですからこの点では、人はその人の行為の総和であると言わなければなりません。[7]

**〔その五・偉大な行為とその動機とを切り離す実用史観の低さ〕**[8] このように内なるものを外なるものから不当にも切り離すことによって、最近、いろいろな形で歴史上の偉大な人物を傷つけ、それらの人物の正しい把握を妨げ歪める歴史観が見られます。この歴史観は、世界的英雄が為しとげた偉大な行為を素直に語り、それら英雄たちの内面はその偉大な行為の内容と一致している〔立派な〕ものだと認めることで満足しません。彼らは、歴史家には、表に現われ出ている〔偉大な〕ことの背後にいわゆる隠れた動機とやらをかぎつける権利もあれば義務もあると称し、これまで祭り上げられ賞讃されてきたものから後光をはぎ取り、その偉大な事の根源と本当の意義を凡人の水準に引き下げれば引き下げるほど深い歴史研究だと考えているのです。このような実用主義的歴史研究の手段として心理学の勉強が奨励されていますが、それは、心理学を知れば人間の行動を一般に規制している本当の動機は何かが分かるからだというのです。しかし、ここで名が挙げられている心理学というのは、人間の本性の中の普遍的で本質的なもの〔必然的なもの〕を考察しないで、その代わりに個々の衝動や情熱等々の特殊的で偶然的なもの〔現象的なもの〕を主として考察するちっぽけな人間知にほかなりません。[9]ですから、翻って考えてみますと、この心理主義的・実用主義的歴史観においては、偉大な行為の根底にある動機に関して、さしあたっては、やはり、祖国、正義、宗教的真理といった実体的なものを一方とし、虚栄心、支配欲、所有欲といった主観的〔個人的〕で形式的な関心[10]を他方とする選択が歴史家に与えられているのでしょうが、この歴史観は後者を本来の起動力と見るのです。それは、そうしなければ内なるもの（行為者の心情）と外なるもの（行為の内容）とは対立するという前提が崩れてしまうからなのです。しかし、実際には内なるものと外なるものとは同一の内容を持っているのでして、このような学校教師風の[11]小利口な考えに対しては、はっきりと次の事を主張しておかなければなりません。即ち、歴史上の英雄たちがそのような主観的〔個人的〕で形式的な関心に従っていたならば、彼らはそのような偉事を成し遂げなかっただろうということです。又、内と外との同一性については、偉大な人々はその人たちが〔現実に〕為したことを〔実際に〕意欲したのであり、〔現実に〕意欲したことを〔実際に〕為したのだと言って[12]おかなければなりません。[13]

1　自然が精神「に対して」外なるものであるとはどういうことだろうか。精神とくらべてみるとか、精神には外なるものと見なされているということか。それとも、精神の外にあるということか。後者でしょう。

2　先に本節注釈への訳注4の箇所（八三二頁）では「概念」と言われていました。

3　この unserem sonstigen は「我々の他の意識」だが、「他の」とは「悟性以外の」と取るか「宗教以外の」と取るか、いずれかでしょうが、後者と取りました。すると、先に宗教的意識を出しておかなければなりませんが、次にその宗教的意識の内容に話を進めるために「他の」を先に言い、「宗教的意識」を後にしたのだと思います。

4　この辺の事は「理論と実践の統一」、いや「一致」がテーマだと思いますが、そしてヘーゲルの主張は「理論と実践は事実一致している」という「事実命題」であって、「一致させるべきだ」という「当為命題」ではないのですが、ここにありますように、「部分的不一致」を認めた上での「全体としての一致」なのです。「老人」というあだ名はだてではないと思います。なお、第一〇三節付録への訳注10の箇所（六八四頁）とその訳注を参照。そこでは内包量と外延量の関係として述べられていますが、ここに引いても好いのではないでしょうか。

5　この dann aber の気持は分かるようにも思いますが、訳しにくい。ここの前の教師の例では、内と外との一致を意識、あるいは意識しないまでもそれに反対しない立場でのことなのに、ここでは下手な画家は内と外との分離の立場に立っているので「しかし」と言ったのだと思います。文全体の主張は前も後も内と外の一致の主張なので、全然逆接ではなく、「同様に」とか「更に又」としたいくらいです。

6　ヘーゲルは「偽善」概念は問題にしていません。それはともかく、素晴らしい洞察だと思います。

7　この考えはヘーゲルによるカントの物自体批判を思い出させます。つまり、カントは現象をみな知っても物自体は現象のかなたに残るとしたのに対して、ヘーゲルは現象を全部知ることは取りも直さず物自体を知ったことだと反論しました。物自体とは現象の総和にほかならないという考えです。

8　この段落はあまりにも長いので、ここは改行しました。

9　この心理学評価は今でも通用するのではあるまいか。唯物史観に対抗する手段として案出された社会学とやらについても同様の事が言えるのではなかろうか。

10　虚栄心等々を「主観的〔個人的〕で形式的な関心」と呼ぶことは、義侠心等々を「客観的〔社会的〕で内容面への関心」とすることになると思います。

11　「大学のサラリーマン教授風の」と言ったらもっとよかった。

12　要するに、個人の一生については、「理論（考え）と実践（行為）は事実一致している」ということです。「言行の一致」を「一致させなければならない」と説教する道徳的解釈は、部分的な見方であり、それにももちろん意義はあるが、「全体として見れば、人間の言と行とは必ず一致している」という事を見逃すな、ということでしょう。「個人の評価は棺桶の蓋が閉まってからにすべきだ」という事でしょう。拙著『理論と実践の統一』（論創社）を参照。

13　しかし、ここで問題にされていないことは、歴史上の英雄が自分の行為の歴史的意義を正確に意識（ないし認識）していたのかということです。これを含めて考えると、歴史上の英雄の行為の動機に関して、A＝個人的、形式的な関心、B＝社会的で内容面での関心、C＝行為の歴史的意義の認識、の三つが問題になります。Cを「動機」と呼ぶのは拙いかもしれませんが、要するに、Cまで分かっていて或る行為を為しているかということです。実用史観は、Bもあるかもしれないが A こそ真因であり主因であると見る訳です。ヘーゲルは、Aもあるだろうが、Bこそ真因であり主因であると見る訳です。Cについては言及されていませんが、ヘーゲルの立場は、英雄はCを知らないし、知らなくてもよいということでしょう。Cを知るのは哲学者の仕事です。そして、この内と外との一致ということは、行為者がCを知っていることを意味するものではなく、Bを主因と見るということです。Cを論ずるのは概念論です。現実の全現象を概念の立場

（＝歴史的意義＝人間解放にとっての意義の立場）から考え直すのが概念論です。内と外との一致が本質論に入っていて概念論に入れられていない所以をここに見ることができるでしょう。

## 第一四一節〔現象から現実への移行〕

内容は同一のものなのに、それを〔二つの対立する項から成る〕関係として現われさせているのが〔力とその発現とか内と外といった〕空虚な抽象物であった。しかし、それらの空虚な抽象物は〔その最高点である〕内外関係の中で互いの中へと無媒介に移行しあうことによって自己を止揚する。そして、その〔同一の〕内容とは〔関係しあう両項の〕同一性のことであり（第一三八節）、空虚な抽象物〔である形式〕は本質の表れ（Schein）がそういう表れとして理解された姿である。力の発現によって内なるものは現出存在へと「定立される」のだが、その時この定立とは空虚な抽象物〔関係しあう両項〕による「媒介」のことである。〔しかるに、今や〕この媒介は自己自身の中で〔その媒介運動自身によって〕消え去り、「無媒介性」[1]が結果している。そして、この無媒介性の中では内と外との同一性が「それ自体としても〔客観的にも〕認識主観に対しても」はっきりと現われ出てきており、内と外の区別は〔空虚な抽象物によって〕定立されただけのものだということが明確になっている〔認識されている〕。この同一性が「現実性」である。

1　次の節を見れば分かりますように、ヘーゲルはUnmittelbarkeitという語を出しておきたかったのです。第一一〇節への訳注2（七一一頁）を参照。

第三章　現実性（Die Wirklichkeit）

第一四二節〔現実性論の予備知識。総論・現実性は本質と現象の統一〕

現実性は〔大きくは、本質論の第一段階の〕本質〔そのもの〕と〔その第二段階の〕現出存在との統一が、〔一層細かく見ると、すぐ前の〕内なるものと外なるものとの統一が生成した姿である。が、それは〔存在論の存在や先の現出存在の場合と違って〕直接的なものと成っている。[1]〔そのため、ここでは内と外とが統一されているから、内なる〕現実が外に現われた姿も又現実そのものであって、現実はその外化〔発現〕の中で現実であり続ける。〔逆に言うと〕現実は直接的外的現出存在の世界の中に出ている限りで現実なのである。[2]

1　ここの原文は die unmittelbar gewordene Einheit です。問題はこの unmittelbar をどう取るかです。文法的には「生成の仕方」を表す副詞と取るか、「生成」の結果としての状態を表す「属詞形容詞」と取るかです。ここは後者です。「文法」の一一〇七頁以下を参照。松村は「直接的な統一となったものである」とし、宮本は「直接的となった一体性」と正しく訳しています。その内容を具体的にどう取るかは注釈のテーマです。

2　本質論の現実性までの歩み（進展過程、前史）を見事にまとめたものが、許萬元の力作『ヘーゲルにおける現実性と概念的把握の論理』（大月書店）の七一～四頁にあります。ただし、こういう「まとめ」を読んでもヘーゲルのそれぞれの概念の「現実的意味」は全然分からないでしょう。ヘーゲルをヘーゲルの言葉を使って「まとめ」てみても、レーニンの提唱した「ヘーゲル『論理学』の唯物論的改作」にはならないのです。

**注釈〔直接性の三態＝存在・現出存在・現実〕**

　これまでに既に出てきた直接的なものとしては、〔存在論の〕存在と〔本質論の第二段階の〕現出存在がある。[1]〔現実を含めてこれら三者を比較してみると〕存在とは一般に反省なき無媒介性であり、従って他者に移行する。現出存在では存在と反省とが統一されている〔つまり反省を持った無媒介性となっている〕が、その統一が無媒介的であるために、まだ現象という姿を取ることになる。[2]だから、それは根拠から出て根拠に没落する運動である。〔その限りで他者へ移行する存在よりは上だが、自己であり続ける点が弱い。しかし〕現実となると、それはかの〔存在と反省の〕統一が〔媒介され〕定立された姿であり、自己と同一となった相関関係である。だから、それは〔存在の運動である〕移行を免れており、〔又現出存在のように、それが外化する時根拠に没落することもなく〕その外化は〔内なる〕現実の顕現態なのである。現実は〔外化の中で他者に反省する現出存在とは違って〕その外化の中で自己に反省する。現実の定存在〔現実の現われ出た姿〕は〔現出存在のそれのような〕他者の顕現ではなく、自己自身の顕現にすぎないのである。

1　ここでも、又第一四二節本文の冒頭でも、又『大論理学』の現実性論の冒頭でも、「現実性は本質〔そのもの〕と現出存在の統一である」と言っています。しかし、少なくとも表面的には、この『小論理学』では現出存在は本質論の第一章に出ています。第二章は現象です。もちろん訳注番号2の所で「現出存在は現象という姿を取る」と言っていますから、内容的には問題はないと思います。しかし、現出存在を第二章（現象）の第一節とした『大論理学』と比較しますと、「本質（そのもの）と現象の統一」と言った方が好いのではないかと、愚考します。

2　訳注1を参照。

## 付録〔「現実」という言葉の真の意味〕

現実と思考（正確には理念ないし理想）とは、普通[1]、対立させて捉えることが多いです。そして、そういう把握に基づいて、或る考えの正しさ[2]には何の異議もないがその考えは現実の中には見出されないとか、現実の中では実行できないと主張するのは、よく言われることです[3]。しかし、そのような事を言う人は、まさにその言葉によって、自分が思考の本性も現実の本性も正しく捉えていないことを暴露しているのです。というのは、そのように言う時には、観念〔思考〕は主観的表象や計画や意図といったものと同義とされており、現実は外的で感性的な現出存在と同義とされているからです。カテゴリーやその意味を正確には使わない日常生活の中ではそういう事でも通るでしょうし[4]、或る計画や租税制度についてのいわゆる理念が、それ自体としては完全でよく出来ているが、それがいわゆる現実の中には見出されず、所与の情勢の下では実行できないということは、たしかにあることでしょう。しかし、抽象的悟性がこれらの規定〔理想と現実〕を我が物とし、しかも両者の違いを極端にまで押し進めて、両者が絶対的に対立するかのように見なし[5]、この現実世界の中では理想などは考えてはならないとまで言うようになると、これは哲学と良識の名において断乎として排斥しなければなりません。つまり、理想なり理念なりというものは単に我々人間の頭の中にだけあるものではないのです。一般に、理念というのは、その実現が人間の気持に左右されるような無力なものではありません。それはむしろ絶対的に働いているもの〔必ず自己を実現するもの〕でもあり、又現実的なもの〔現に機能しているもの〕なのです。他方、現実というものも、無思想で思考嫌いな低級な実践家が思っているほど劣悪で非理性的なものでもありません。現実とは、単なる現象とは違ってさしあたっては内と外との統一ですから、理性の他者として理性に対立するどころか、むしろ徹底的に理性的なものです。ですから、理性的でないものはまさに理性的でないが故に現実的なものではないのです。教養ある人々の言い方もそれに対応していまして、例えば立派な作品を書けない詩人や理性的な事の出来ない政治家は、本当の（wirklich）詩人とか本当の政治家とは認められない、と言うではありませんか。――

アリストテレス哲学のプラトン哲学に対する関係について広くいきわたっている先入見の根拠もまたここにあります。つまり、現実という語を上述のように低俗に取り、それを手で掴めるもの、直接知覚できるものと混同するから、そういう先入見が生まれるのです。この先入見によると、プラトンとアリストテレスの違いは、プラトンが理念を、しかも理念だけを真理と認めたのに対して、アリストテレスは理念を軽蔑して現実に頼った点にあるというのです。ですから、アリストテレスは経験論の創始者であり総師だというのです。これについて言っておかなければならないことは、たしかにアリストテレス哲学の原理は現実ということですが、それは直接目の前にあるものという低俗な現実のことではなく、現実という姿を取った理念のことです。更に、アリストテレスのプラトン批判について言うと、それは、プラトンは理念（イデア）を単にデュナミス（潜在態）として理解していたが、理念（それはプラトンにとってもアリストテレスにとっても同様に唯一の真理とされていた）は本質的に見てエネルゲイア（顕在態）として、つまり端的に外に出ている内なるものとして捉えなければならず、従って内と外との統一として、あるいは本節で述べたような狭義の現実として捉えなければならない、ということだったのです。[6]

1　trivialerweiseを鶏鳴版では「評辞の副詞」と取って、「くだらない事なのですが」と訳しましたが、間違いだったでしょう。「俗に」という宮本訳が当たるのではないでしょうか。

2　Die Richtigkeit und Wahrheitは二語一想ですが、律儀に「二語」に訳さなくてもいいと思います。日本人の翻訳はとかく直訳にすぎる傾向があると思います。内容的には、ヘーゲルは、本来は、Richtigkeit（正しさ。主観的真理）とWahrheit（真理。客観的真理）とを区別しますが、ここではそういう細かいことは抜きにして、両者を含んだ広い意味で使っているようです。

3　ここのkannは「事実を確認するkönnen」でしょう。

4　ここは原文ではIm gemeinen Leben …… mag dergleichen hingehen und mag es immerhin der Fall sein, dass .. となっています。英訳は二つとも、it may of course happenとしています。私がここで注目するのは、下線部でなぜhingehenと言ってgehenと言わないのか、です。gehenでもes geht（何とかなっている）という意味で使うことがあるのに、です。「私は東京で生まれ育ちました」でも、Ich bin in Tokyo geboren und aufgewachsenとaufを付けるのは何故かでも同じだと思います。思うに、こういうのが関口存男のいう「ドイツ語の指向性」なのではないでしょうか。ベクトルを「感ずる」ところでは「方向を指示する接頭語や副詞」を入れないと「気が済まない」のです。日本人が「静けさ」を表すのに「シーン」という「音」を使わないと気が済まないのと同じです。『辞書で読むドイツ語』の二六七頁以下を参照。

5　ここ（二八〇頁二四行目）のbetrachtenは、ズーアカンプ版ではbetratenとなっていますが、誤植です。

6　ヘーゲルの有名な言葉「理性的なものは現実的であり、現実的なものは理性的である」（『法の哲学』第六節への注釈）の説明になっています。

## 第一四三節〔各論の一・可能性〕

現実性は〔第一四二節で述べたように〕このような具体物〔本質と現出存在との、内と外との統一[1]〕だから、かの〔先行カテゴリーの〕諸規定とそれら相互の区別を含み持ち、又〔自己内で〕それらの規定を展開させもする。そこでそれらの規定は現実性の中では仮象として、単に〔対立規定との反省関係の中で〕定立されただけ[2]のものとして現われることになる（第一四一節[3]）。

イ〔可能性は現実性の中の自己同一性の契機〕現実性もまずはその「〔自己〕同一性」一般としての面が出るが、それが可能性である。それは自己内反省であるが、その自己内反省は「具体的な」統一である現実性とは異なって、「抽象的でまだ本質になっていない本質性」として定立されている。可能性は現実性にとってなくてはならない「本質的なもの」ではあるが、それは同時に単に可能性に「すぎない」ものでもある。[4]

1　ヘーゲルの「具体的」とは「対立物の統一」のことだと、私は繰り返し主張していますが、ここなどはその好い証拠です。

2　この辺ではsetzenとgesetztという語が定立一般とは違って特殊化されて使われているように思えます。それは本質論的、相関的媒介・定立のことではあるまいか。

3　ここは本訳の原則に反して改行しました。

4　現実性論は「イ、可能性」「ロ、偶然性」「ハ、必然性」の三段階に分けられますが、それぞれ、「現実性の契機となった本質そのもの」、「現実性の契機となった現出存在」「現実性自身」でしょう。

注釈〔可能性について〕

〔第一点・可能性は様態＝考え方の問題か〕カントは「可能性と現実性と必然性とは客体としての概念を少しも

増大させず、ただ認識能力〔主観〕との関係を示しているにすぎない」[1]として、これらの規定を「様態」[2]（Modalität）と見なしたが、カントをしてそのような考えを起こさせたのは多分この「可能性」の規定であろう。実際、可能性というのは自己内反省という空虚な抽象であり、かつて内なるものと言われたものが、今では止揚され、「ただ定立され〔外的なものへと媒介され〕ただけのもの」、「外に現われ出た内」として規定されたものにすぎない。従って、それは単なる様態であり、不完全な抽象であり、一層具体的に言えば、主観の側の思考に属するにすぎないものとして「定立され」ている。しかし、現実性と必然性とは単に他者〔認識主観〕に対する「あり方」どころではない。[3]むしろその反対である。それは単に〔自己の対立物によって〕定立されたにすぎないものではなく、自己内で完成された具体物である。[4]——

〔第二点・全ては可能かつ不可能である〕まず第一に、可能性は現実という具体的なものと違って、単なる自己同一性というあり方にすぎないから、可能性の基準〔或るものが可能か否かの基準〕は、それが自己内で[5]自己に矛盾していないということにすぎず、〔従って〕「あらゆるものは可能である」。というのは、あらゆる内容は抽象化〔一面化〕することによって自己同一性という形式を持つことができるからである。〔第二に〕しかし、「あらゆるものはまた不可能でもある」。というのは、どんな内容も具体的なもの〔対立物の統一〕だから、その内容の規定はその規定なりの対立であり、従って〔自己〕矛盾として捉えることができるからである。——

〔第三点・可能性についての議論は低い〕従ってそのような〔抽象的〕可能性[6]や不可能性について云々することほど空虚な事はない。特に哲学では、「或る事が可能だ」とか「別の或る事も又可能だ」とか、または「或る事は考えられる」ということを示すに止まっていてはならない。歴史家も又、それだけでは真理[7]でないことが既に説明されたこの可能性というカテゴリーを使わないようにと言われている。それなのに、空虚な悟性だけはたいていの場合いろいろな可能性について無内容な考察をして得意になっているが、これこそ悟性の鋭どい感覚を示すものである。[8]

1　カント『純粋理性批判』B版二六六頁。ただし、カントの原文では「増大させ」の部分が **vermehren** と現在形になっているのに、ヘーゲルの引用文は、ズーアカンプ版でもグロックナー版でも、**vermehrten** と過去形になっており、編者の注もついていない。ヘーゲルが間違えたのか、編者が間違えたのか、誤植なのか、分からないが、もちろん現在形が正しい。

2　**Modalität** とは、ここにあるように、又話法の助動詞をドイツ語で **Modalverb** と言うように、客観そのものではなく、客観に対する主観の態度、関係、判断を表すということなのですが、うまい訳語がありません。伝統的に「様態」と訳されていますが、これは客観的な感じがして、感心しません。ですが、その後次のように考えました。**Modalität** はラテン語の **modus**（在り方）に由来しています。「在り方」というのは何かの「在り方」ですが、その在り方と言っても根本的な在り方から末端的な在り方まであるわけです。思うに、「様態」で表現される「在り方」はそのどちらでもない「中間的な事柄の在り方」に対して使われるようです。哲学史上で「様態」を使った人で有名なのはスピノザです。スピノザの「様態」は「無限者である神の属性〔思考と延長〕の変状」とされています。つまり「属性」レベルの事ではないのです。その次のレベルでの「在り方」なのです。カントの「様相」（**Modalität**）も直観や概念といった認識能力の最高位のレベルの事柄ではなく、概念（カテゴリー）を分類する観点の一つです。又、ドイツ文法の「話法の助動詞（**Modalverb**）」も動詞を分類する直接法や接続法や命令法といった中心的なものとは少し違った観点での「在り方」です。最後に、**Modalverb** を「話法の助動詞」と訳して好い理由を説明します。それは「文法」の六〇五頁に書きました「二度目には一般化して言う」という準則がここでも働いているからです。たしかに一般的に modal- と言ったのでしたら「法」（やり方）という意味でしょう。しかし、文法を論じているのですから、modal- と言えば、断るまでもなく、Sprache（言語表現）の modal-（様相）に決まっている訳です。それが動詞論ですから「話法」となっただけの話です。

3　nichts weniger als は要するに「強い否定」と思えばいいでしょう。説明は「文法」の一三四六頁の②を参照。

4　ここで考えるべきことは、可能性をヘーゲルは本当に様態にすぎないものと考えたのか（それなら、なぜそれを客観的論理学に入れたのか）ということです。或る事Aの中に別の事Bの可能性を「見る」か否かは主観的なことですが、Aの中にBの可能性が実際に「ある」か否かは、客観的なことです。ヘーゲルの真意は、可能性はそれだけでは無意味だが、現実性と必然性はそれ自身すでに現実の中で働いており、意味を持っている、自立している＝具体的である、ということでしょう。拙稿「素質・能力・実績」（『生活のなかの哲学』に所収）の中で、素質及び能力と実績との決定的相違点として、可能性と現実性に言及したことに対応します。

5　鶏鳴学園のゼミでは、ここでは「自己内で」ということが問題になりました。その反対は「他者内で自己と矛盾する」ということでしょうが、例えば、陶芸家が自分の作った陶器が気にくわないといって、つまり陶器（他者）の中に生まれた自己と矛盾するとして、その陶器を壊す場合はどうだろうかと考えてみました。

6　これは「そのような可能性」のことで、所与の条件下における具体的可能性のことではないと考えられます。なお、可能性の段階にとどまる態度をヘーゲルが軽蔑していることは、すでに第一一九節への付録（七五七頁）にも出ていました。

7　この für sich は、松村は「それ自身として」と訳し、英Wは on its own merit（自分の力量によって）と訳しています。この辺は可能性で満足している人々を軽蔑する文ですから、その低さの指摘に力点があるが、可能性にも意味はあるのであり、それだけを独立させ絶対化すると非真理になる（これは可能性だけでなく、どのカテゴリーでも同じ）という、ヘーゲル本来の立場を想起すべきではなかろうか。

8　これはもちろん皮肉でしょう。

**付録〔可能性は現実性より低い〕**

表象にとってはまず最初は可能性の方が現実性より〔内包的には〕豊かで〔外延的には〕包括的な規定に見えます。ですから、「全てのものは可能だが、可能なことの全てが可能だからと言って又現実的と言うわけではない」と言われるのです。しかし、実際には、即ち思考にとっては〔理論的にきちんと考えてみると〕[1]、現実性は具体的な観念であり、従って可能性を抽象的な契機として自己内に含みもっていますから[2]、現実性の方が包括的で〔豊かなので〕す。これは又我々の日常意識の中にも見られるものでして、可能なものを現実的なものと区別して、可能なものを「可能であるにすぎない」と言う時がそうです[3]。――

――可能性については一般によく「可能性というのは考えうることだ」と言われます。しかし、ここで「考える」という言葉の下で理解されていることは、或る内容を抽象的同一性の形式の中で捉えるということなのです。しかるに、どんな内容でもこの〔抽象的同一性という〕形式に持ちきたらすことができますし、そのためにはそれを取りまいている諸関係からその内容を切り離しさえすればよいのですから、きわめてばかげた背理でさえ可能だとすることができるのです。例えば、今晩月が地上に落ちてくることは可能です。というのは、月は地球から切り離された物体であり、従って空に投げ出された石と同様に落下することが可能だからです。又、トルコ皇帝がローマ法王になることも可能です。というのは、トルコ皇帝は人間ですから、人間である以上キリスト教に改宗することは可能であり、又カトリックの法王になることも可能だからだ、等々という具合です。こんな風に可能性について云々する時に、上に述べたように〔周囲の諸関係から切り離して〕使われているのは主として根拠の思考法則であり、従って何らかの根拠が示されうる事は可能だと言われているのです。

教養のない人ほど、又自分の考察対象の特殊な諸関係に無知な人ほど、あらゆる種類の空虚な可能性に浮身をやつすものであり、[4]居酒屋で政治について談論風発する人々などがその例です。更に又、実践的な分野でも空虚な可能性について云々することは稀ではなく、その時には特定の義務から免れようとする悪意や怠惰が、可能性というカテゴリーの背後に隠れています。この場合には、先に根拠の思考法則が周囲の関連から切り離されて使われると述べた事がそっくりそのままなされています。

〔理論の分野では〕理性的で〔行動の面では〕実践的な人は、可能なものは可能であるにすぎないとして、可能な事にごまかされたりしません。彼は現実的なものを頼りにします。しかし、ここで現実的なものとは、単に直接的に目の前にあるもののことではありません。日常生活の中でも抽象的な可能性に対するこの正当な軽蔑の念[5]を表したことわざには事欠きません。「手の中の一羽の雀は屋根の上の十羽の雀よりよい」と言われるのがその例です。[6]——

しかし、又更に、全ての事は可能だと言えるのと同等の権利をもって、全ての事は不可能だとも言えるのです。なぜなら、どの内容も内容である以上つねに何らかの具体者〔対立物の統一〕であり、その中には区別された二規定どころか、対立しあう二規定が見られるからです。ですから、例えば、「我あり」ということは最も不可能な事です。というのは、我とは、単純な自己関係であると同時に端的に〔ただちにそのまま〕他者関係でもあるからです。[7] 自然界及び精神界の他のどの内容についても事情は同じです。ですから、「物質は不可能だ」とも言えます。というのは、物質は反撥と牽引の統一だからです。同じ事は生命についても、法についても、自由についても言えます。いや、何よりもまず、神そのものについて、真の神つまり三位一体の神についてもそれは言えるのです。ですから、抽象的悟性は自己の原理から見て三位一体の神などという観念は思考（もちろん抽象的悟性の言う所の思考）に矛盾するものだと非難しています。

一般に、この空虚な諸形式〔可能性と不可能性〕の中をうろついているのが空虚な悟性です。従って、可能性と不可能性との関連で哲学の任務を定式化するならば、哲学とはそういう空虚な可能性や不可能性を云々することがいかにむなしく無内容かを教えるものだ、と言えるでしょう。あれこれの事が可能か不可能かということは内容に関わることであり、従って現実を構成する契機の総体に関わることなのです。しかるに、この現実を完全に展開すると、それが必然性という姿になるのです。[8]

1　reichとumfassendとを内包的観点と外延的観点と捉えなおすと、第三の形容詞はないことが分かります。こういうのが「形式を読む」ことなのです。

2　ここはzunächstとin der Tatとが対になっているのを押えた上で、in der Tatをdem Gedanken nachと言い換えたことが重要です。この点については拙稿「子供は正直」がその説明になっています。

3　AとBとの高低を考えるのに「どちらがどちらを止揚しているか」を根拠としています。植物と動物ではどちらが上でしょうか。動物は植物を止揚していますから、動物の方が上ということになるでしょう。地球の歴史でも植物が先に発生して、動物は植物を食べるという形で後から出てきたのだと思います。また、障害が起きた場合、「植物人間」になることはありますが、「動物人間」という言葉は聞きません。六六九頁の訳注8を参照。

4　ここの英Wは The less education a man has, .. the less he knows ... the greater is his tendency to launch と後半の文が定形倒置になっています。『ジーニアス英和辞典』を引きますと、「後の節内では倒置が起きることもある」と書いてあります。これは英語がドイツ語から派生したので、それが残っている場合もあるということだと思います。

5　ここは原文では die gerechte Geringschätzung となっていますが、この gerecht という形容詞はここでは「評価の形容詞」だと思います。筆者（ヘーゲル）の主観的評価を表しているのです。「文法」の五一七頁の第一項を参照。

6　哲学的問題意識のない人ほど哲学史的な事柄について談論風発するのが好きなのも同じでしょう。「実践、実践！」と叫んで、他者のオルグばかりしている人も同じです。教養のある人は自分の問題意識を追求します。

7　自我が自己関係であることは、自己が自己を意識することなのだからすぐ分かりますが、自我が他者関係であるとはどういうことでしょうか。自我の自覚のためには同種の他者（他人）との関係が必要不可欠だということでしょうか。

8　この「現実を完全に展開したものが必然性」という言葉が重要です。これはもちろん「生成の必然性」を証明するには「全体」を考慮していなければならない、ということです（拙稿「弁証法の弁証法的理解」参照）。

## 第一四四節〔各論の二・偶然性〕

ロ〔可能であるに過ぎない現実は偶然〕〔そのように可能性というのは価値の小さいものであるが〕しかし〔可

能性にも意義はあるのであって〕自己内反省である可能性から区別された現実は〔可能性＝自体存在＝本質を持たないのだから〕それ自身単なる外にある具体物、「本質なき」直接存在でしかない。あるいは、直接的に〔つまり可能性を持つ持たないという道を通らないで、内・外関係の方から〕言うならば、現実はまずは内と外との単純な統一、まさに無媒介の統一である（第一四二節）限りで、「本質〔＝媒介〕なき」外在物であり、[1]従って〔単に外的なものは単に内的だから〕[2]それは同時に「単なる」内面であり（第一四〇節）、自己内反省という抽象である。即ち現実はここではそれ自身「単なる」可能事として規定されている。この単なる可能性という価値[3]しか持たない現実は「偶然事」〔現実性の契機としての現出存在〕という性格を持ち、逆に[4]可能性は単なる「偶然」そのものである。

1　これは、第一四三節で可能性を「まだ本質になっていない本質性」としたことに対置されるのでしょう。
2　第一四〇節への付録の「その三」（八三四頁）を参照。
3　こういうところに「価値（Wert）」という語を使うのはソシュールを先取りするものではあるまいか。
4　この「逆に」がもうひとつピンとこないのですが、「現実は～」が「個別的な現実」であるのに対して、「可能性は～」を「概念としての可能性」として対置したことを言うのでしょうか。

### 第一四五節〔可能性と偶然性は有限である〕

〔そのように現実性はまず可能性として、従って又偶然性として現われるのだが〕可能性と偶然性は現実性の契機であって、それは〔先の〕内と外とが現実の「外面」を成す単なる形式として立てられた時の姿である。[1]可能性と偶然性の持つ自己内反省〔存立基盤〕は、「それ自身の中で」規定されている現実であり、現実はこの時〔それらの形式に対立する〕「内容」であり、それらの本質的な規定根拠なのである。従って、偶然事と可能事が有限だということは、詳しく言うならば、それらの形式規定が内容〔である現実〕から分離しているということである。換言するならば、「或る事が偶然的か否か、可能性があるか否かは、その内容に依る」という事に成る。

1 ここにヘーゲル読解の鍵の一つが提供されています。つまり、後に出てきたカテゴリーを先行カテゴリーの新しいレベルでの変身した姿と見るということです。

**付録〔偶然性の低さとその客観的性格〕**

可能性は単に内に留まっているにすぎない現実ですから、それはまさにそれ故に単に外に出ただけの現実でもあり、つまり「偶然性」でもあるのです。[1]〔そこで偶然性についてですが〕偶然性というのは、一般的に言うなら、自己の存在の根拠を自己自身の内に持たず他者の中に持っているようなものの事です。[2]現実性が意識に現われ出る時にまず取る姿がこれ〔偶然性という姿〕です。ですから、それはよく現実性自身と混同されるのです。しかし、偶然的なものは、〔自己内反省と他者内反省の統一である〕現実が単に他者内反省という一面的な形で現われ出た姿でして、従って単に可能的なものであるという意味しか持たない現実にすぎません。[3]ですから、偶然的なものは在るかも無いかもしれないものであり、こうでもああでもあり得るものであって、その存在と非存在も、あれこれの在り方も、その根拠はそのもの自身の中になく他者の中にあるようなもの、と人は考えるのです〔そして、このこと自体は正しい事です〕。さて〔問題はこの先にあるのでして〕、この偶然的なものを克服することは、[4]一般に、認識の任務でもありますが、実践的な領域でも意志の偶然性つまり恣意の立場にとどまっていないで先へと進み、もっと高い考え方に達することが大切なのです。それなのに、特に最近は、偶然性を不当に持ち上げて、自然についても精神世界についても、偶然性に実際以上の価値を認めるということがいろいろな形で行なわれています。まず自然について言いますと、自然の姿の豊かさや多様性だけを見て感嘆するということが珍しくありません。しかし、この自然の豊かさというのは、その中に含まれている理念の展開ということを度外視するならば、それ自体では何ら高度な知的関心[5]をよび起こすものではありません。そのきわめて多様な有機的及び非有機的形姿は、何が何だか分からないまでになってしまった偶然性をありありと示してくれるだけです。いずれにせよ、外的な諸条件によって条件づけられて出来た動植物のめくるめくばかりの変わった姿や雲の様々に変化する形や離合集散等々は、恣意の中をうごめいている精神の偶然の思いつき以上のものと見なすべきではありません。そのような現象を見て感嘆しているのはきわめて抽象的な〔皮相な〕[6]態度であって、我々はそこから抜け出て自然の内なる調和と合法則性の洞察へと進まなければなりません。——

第二に[7]、特に重要なのは意志との関連で偶然性というものを正しく評価することです。意志の自由について云々する時、多くの場合、単なる恣意、即ち偶然性という形を取った意志が理解されているようです。たしかに恣意とはあれこれのものへと自己を規定する能力ですから、その概念からして自由なものである意志の一つ[8]の本質的な契機ではあります。しかし、それは決して意志そのものではなく、さしあたっては形式的な自由〔形式面だけでの自由〕にすぎません。恣意を自己内に止揚している真に自由な意志〔内容上でも自由な意志〕は、自己の内容を絶対的な内容として意識しており、その内容は又絶対的に見て自分自身の内容〔自分自身が持つべき内容〕だということを知っているのです。それに対して恣意の段階に留まっている意志は、たとえ内容から見て真かつ正なるものを決意した時でも、気分次第では他の事を決意することも出来たのだという思い上りを持っているのです。更に詳しく見るならば、恣意の中では形式と内容とが未だに対立していますから、その意味でそれは一種の矛盾と言うこともできます。というのは、恣意の内容は与えられたものであって、意志自身の中にではなく外的な事情の中に根拠を持つものだからです。ですから、そのような内容との関連での自由とは、「選ぶ」という形式の中にしかないのです。しかし、この選ぶという形式的な自由も又「単なる自由」と思い込まれているだけのものと言わなければなりません。なぜなら、その根拠を追求していくと、意志がまさにこれを決意してあれを決意しなかったのは〔真に自由な決意ではなく〕その意志の取り上げた内容を取り巻く外的諸事情に依っていたということが分かるからです。[11]

さて、これまでの説明から分かりますように、偶然性というのは現実性の一面を成す契機にすぎず、従って現実性そのものと混同してはならないものではありますが、しかしそれもやはり理念一般の一つの形式〔一つの段階〕ではありますから、対象的世界の中にその正当な位置を持ってもいるものです。[12]

まず自然について見ますと、自然の表面はまさに偶然が自由に振舞っているようなものでして、これはこれとして承認しなければなりません。その時大切な事は、この偶然の中にどうしてもそうでしかありえない事つまり必然性を求めるような事（これがよく間違って哲学に帰せられるのですが）をしてはなりません。

次に、精神世界においても同様に偶然性は役割を果たしているのです。既に先程意志について述べましたように、意志の中には止揚された形で、つまり契機としてですが、恣意という偶然的なものが含まれています。精神とその活動に関しても注意しなければならないことは、[13] たとえそれが物事を理性的に認識したいという善意から出発したことであっても、偶然性という性格を持っている諸現象を必然的なものとして示そうとしたり、あるいはよく言われる表現を使うなら、先天的に構成しようとしたりしないということです。例えば、思考の肉体とでも言うべき言語の中でも偶然性が決定的な役割を果たしていることは疑う余地がありません。[14]法や芸術等々の諸形態についても事情は同じです。[15]たしかに、科学の任務、更に哲学の任務は、一般に、偶然性という仮象の下に隠されている必然性を認識することだというのは正しいです。しかし、この事の意味は、偶然的なものは我々人間の主観的表象に属するものであって、真理に到達するためには断然切り捨てなければならないものだという事ではないのです。もし科学がこの必然性の認識という方向を一面的に〔即ち偶然性を一切排除するという形で〕進むならば、そういう科学は無内容な遊びか融通の利かない衒学趣味という正当な非難[16]を免れないでしょう。[17]

1　ここはもちろん第一四〇節で確認された「単に内的なものは同時に単に外的である」という考え方を踏まえています。

2　先行詞が ein solches となっています。「文法」の四四八頁の③を参照。こういう事が分かっているならば松村訳の「他のもののうちに持つものである」で十分ですが、敢えて過剰に訳しただけです。

3　自己内反省＝自己同一＝内的な存在＝〔抽象的〕可能性という図式と、他者内反省＝他者関係＝外的な存在＝偶然性、という図式を頭に入れておいたらどうでしょうか。

4　この「克服」とは、もちろん全面的に排斥することではなく、その不当に高い評価を克服して正当な位置づけをするということです。

5　「高度な知的関心」は höheres Vernunftinteresse の訳ですが、松村は「高い理性的関心」としています。宮本だけは「より高い理性的関心」と「より」を加えています。日本語は原級で比較級を表すものですから、松村の語感を支持します。

6　この abstrakt は次の Einsicht in die innere Harmonie...と対に成っていると思います。

7　この demnächst に対応する「第一に」はどこにあるのでしょうか。多分、語句としてはないのでしょうが、少し強引に考えますと、原書の二八五頁の二行目の zunächst が頭に残っていてこう言ったのかもしれません。

8　不定冠詞を「一つの」と訳した方が好い場合ももちろんあります。松村は訳していませんが。

9　ここの hätte entscheiden können の hätte の位置が「変則的定形後置」です。「文法」の一三三頁以下を参照。

10　この ein Widerspruch の不定冠詞は「評辞の不定冠詞」でしょう。

11　このような説明でサルトルばりの実存主義、つまり「人間の本質は与えられていないから、各自の選択したものが本質になる」という考えを克服できるでしょうか。サルトルの「投企」ではどのような選択も同じ価値を持つ、つまり恣意と本当の意志との区別はない、ということだと思います。従って、問題は人が或る決断をした時、その決心ないし意志が「恣意」なのか「自由な意志」なのかを判定する基準は何かということになります。ヘーゲルは「外的事情」とか「その時の気分」とかに左右されずに「自分の絶対的にしなければならない事」を決心するのが「自由な意志」だと言うのですが、これでは「判定の基準」として役に立たないでしょう。「代案」を出さないで他者を批判するのは私の主義に反する事ですが、残念ながら好い代案が出てきません。考慮するべき点を箇条書き的に出して考えてみるに止めます。

まず、ヘーゲルが他所で言っている言葉を引いておきます。

①　恣意とは意志として現れた偶然性である。それは矛盾としての意志である。その真理における意志ではなく、形式的には自己規定であるが、内容から見ると外から規定されている。(『法の哲学』第一五節及びその注釈)

② 意志が普遍的なものを意志する時、その時に意志は自由になり始める。普遍的なものを意志するということは、思考の思考（普遍者）への関連を含んでおり、従って思考は自分自身の元にあるのである。（『ヘーゲル全集』第一八巻（哲学史）、一一八頁）

③ 意志は、知性とは違って、外部から与えられた個別的なものをもって始めるのではなくて、自分が自分のものとして知っているような個別的なものをもって始め、次にこの内容（もろもろの衝動及び傾向性）から自己内に反省して、この内容を普遍者に関係させ、そして最後に自分を自己自身において普遍的なもの、自由、自分の概念に対する意欲に高める。（ヘーゲル『哲学の百科事典』第三八七節への付録）

さて、意志（広義）を内容的に分類しますと、社会的に有意義な意志と反社会的な意志とがあると思います。しかし、人間の意志や行為は様々で「善か悪か」で割り切れないものも多い事を考慮すると、そのどちらとも決めがたい「中間の意志」もあると思いますので、差しあたってはその中間を含めて「反社会的でない意志」と「反社会的な意志」とする方が実際的でしょう。これで考えますと、ヘーゲルの「恣意」は「どちらでもない」と言いますか、どちらの可能性もあると思います。

意志決定の「形式」を考えてみますと、「その時の気分」は実際にはかなり有ると思いますが、これも一概に「恣意」とは言えないと思います。日ごろの生活がまともな人ならば、「その時の気分」で決断した事でも正しい判断をする場合は十分にあるのではないでしょうか。「衝動買い」となるとどうでしょうか。恣意に近いと思いますが。

「外的事情」というのは具体例としてどういう事が考えられるでしょうか。経済的利益につながるか否かとか、異性に好まれるか否かとかでしょうか。朝日新聞で次の言葉を見つけました。「実際、日本でも戦国時代に敵対し合っていた『国』同士が、今は仲良く共存している。敵と味方を分ける線引きなど、実に恣意的なのである」（想田和弘）。

学校教師や校長などと話をすると、「やりたくない事」を「出来ない」と言うことが多いと思います。こういうのが「外的事情」の典型かもしれません。テレビで「プロの仕事」といった事をテーマにした番組を見ていますと、「お客さんからの要望に『出来ません』と言うのはプライドが許さない」といった趣旨の事を言う人が結構います。本当に一芸を極めようとしている人なら、こう考えるのだと思います。

サルトルは「人間の本質は決まっていない」と言うようですが、「人によって考えが違う」という事を根拠にして、「決まっていない」と言うのでしたら、違うでしょう。それなら自然科学でも数学でも学者による意見の違いはあります。客観的に一つの結論があるという事と意見の相違があるという事とは矛盾しません。では人間の本質は何か。これについては自称マルクス主義者の間でも混乱があります（自覚されていませんが）。私見は、マルクスには「三種の本質」、つまり「労働する動物」「社会的諸関係の総和」「類的存在」があり、それぞれで観点が違うというものです。『労働と社会』の一七三頁を参照してください。

これ以上の点は、本書の八七五頁にあります訳注10の「個人の幸福と必然性の問題」及び特に九〇二頁から三頁にわたる自由と必然性論が参考になるのではないでしょうか。要するに、「自分はなぜこういう事をするのか」と反省してみて、それを大状況（歴史的必然性）と中状況（自分の生きる目的からの必然性）と小状況（現下の事情）からその根拠と必要性を納得できるか否か、という事なのではないでしょうか。才能も考える必要があるでしょう。自分の才能を最大限生かすような志が「大志」であり、その人にとっての「本当の意志」なのではないでしょうか。

いずれにせよ、自分で「本当の意志」と「恣意」とはどう違うかを考えてみてください。これが「哲学する」ことですから。

12　ヘーゲルの二枚腰の始まりです。

13　hüten の後の dass-Satz の中に nicht を入れることは、『独和大辞典』は「誤り」としていますが、実際にはかなり使われています。日本語の「～しない前に」という言い方と同じです。「不必要な nicht」ですが、使いたくなる「気持ち」は分かるのではないでしょうか。言語の世界では「論理」より「気持ち（意味形態）」の方が優先するのです。

14　なぜ「イヌ」にほかならぬ「イヌ」という語が与えられたのか。なぜ日本語では名詞が変化しないで助詞があるのか、といったことは、根拠なり先行する歴史的事情はあるでしょうが、最後の所は、結局、たまたまそうなったとしか言いようがない、と思います。

15　イギリスではなぜ成文憲法がないのか。ゲーテの『ファウスト』はなぜ散文で書かれなかったのか、といったことでしょうか。

16　ここの dem gerechten Vorwurfeの gerecht も「評価の形容詞」です。

17　偶然を一切認めない決定論を機械的決定論と言います。エンゲルスはこれを「フランス唯物論から自然科学に移し入れられたもの」としていますが、それについてやはりこう言っています。①エンドウ豆のさやの中に豆粒が六個入っていて五個でも七個でもないというような事を、あらゆる事についてその因果的連鎖を逆に〔結果から原因へと〕辿っていこうとする科学がもしあったとしたら、それはもはや科学ではなくて純然たる遊びであろう。②或るエンドウ豆のさやの中に豆粒が六個あって五個でも七個でもないという事実が、太陽系の運動法則やエネルギー転化の法則と同列に置かれるとすると、それは、偶然性が必然性にまで高められたのではなくて、必然性が偶然性にまで引きずり下ろされたのである。③特定の地域の、いな全地球の自然の事物の多様性は、永遠の昔から決定されていたのだと言ってみた所で、我々に新しい知識を何ももたらさないし、それは依然として偶然である。（『自然の弁証法』の弁証法の項）

なお、関口存男はカント主義者のハンス・ファイヒンガー（Hans Vaihinger 1852-1930）の「『かの如く』の哲学」（Die Philosophie des Als ob）に共鳴して、ドイツ語学習のテキストにも採用していますが、その論点は二つあります。一つは「点は存在するものの如くに考えざるを得ないが、実際には存在しない」です。もう一つは「殺人者を死刑に処するのは、意志の自由があるかの如く考え、殺人者が他の行動を取ることが可能だった」と考えるからであるが、実際には意志は自由ではない、原因がある」というものです。これについては、「実体と機能――『かの如く』の哲学の検討」（ブログ『マキペディア』に所収）で検討・批判しておきました。後者の「決定論（世の中のことは完全な因果関係で決まっているという考え）」は、もし正しかったとしても、「すべては自由だ（意志の自由）」という考えと同じで、現実認識を一歩も前へ進めないからです。

### 第一四六節〔偶然性は条件でもある〕

現実性の外面〔的形式を成すかの内なる可能性と外なる偶然性と〕は、更に次の点を含んでいる。即ち、無媒介の現実性としての偶然性はその本質からして自己同一者〔即ち可能性〕なのだが〔もはや内なる可能性一般ではなく〕、同時に止揚されて定存在する外的実在となってもいる「被定立存在」[1]である。従って偶然性は〔他者によって〕「前提されたもの」である。[2]即ちその直接的な定存在が同時に一種の「可能性」であり、止揚されるという規定〔使命〕、つまり他者の可能性であるという規定を持っているのである。それが即ち「条件」である。[3]

1　この Gesetztsein は相変らず難解ですが、一般的には「本質論的反省関係に置かれていること」で、ここでは「可能性として定立されていること」だと思います。

2　ヘーゲルの「前提」（voraussetzen）も独特です。或るものAが他の或るものBを結果として「定立」（setzen）した時、AはBを定立し、BはAによって定立された、とするのは分かりやすいでしょう。この時、BはAによって、あるいはAにとって、「前提」（voraussetzen。予め定立）されていたとも考えることが出来るのではないでしょうか。これがヘーゲルの「前提」概念（第一の解釈〉でしょう。すると、A→B→C→……という流れで、Bは「定立された存在」であると同時に「前提された存在」でもあることになります。従って、それは今では「直接的な形で」目の前にあるのですから、Cを「前提」してもいるわけで、Cの「条件」ともいえる訳です。しかし、本節付録の訳注4の箇所でのAからBが出てきた場合は、BはAを「前提」とする、つまり、AはBの前提である、という考え方だと思います〈第二の解釈〉。また、第一四七節本文の訳注4の箇所でも第二の解釈の方が適当だと思います。八九五頁の訳注2を参照。

なお、**dessen** 以下は、**eine Möglichkeit** を「同時に」として出すために、それの対概念として **unmittelbares Dasein** = **Wirklichkeit** を出したのだと思います。最後の **die Bedingung** は文頭の **Sie ist so ein Vorausgesetztes** と並ぶ属詞〈述語〉でしょう。英Wの解釈を支持します。

3　ここの「条件」の導出はよく出来ているのではないでしょうか。要するに、「条件」というのは、「それ自体で存在価値がある」のではなく、「他者の存在に役立つ限りで価値がある」という事ですから、「偶然的なもの」の意義の一つとして「条件」を出すのは理解できます。

**付録〔条件について〕**

偶然的なものは無媒介の現実性ですが、それは同時に他者の可能性でもあります。といっても、それはもはや先に〔現実性の第一形態として〕現れたかの抽象的可能性ではなく、「存在する」可能性〔実在的可能性〕であり、つまり「条件」です。[1] 我々が、「或る事柄の条件」という句を使う場合、[2] そこには二つの事が含まれています。つまり、まず第一には、或る定存在、或る現出存在、一般に或るものが直接的な形で与えられているということであり、第二には、この直接的存在は止揚されて他者の実現に役立つ使命を持っているということです。――

さて、一般に、この無媒介の現実性はそのままではあるべき姿になっておらず、自己内で壊れている有[3]

限な現実性であり、従って否定されることがそれの規定〔使命〕なのです。しかし、同時に、この無媒介の現実性にもそれが現実性である以上〔自己内に〕本質を持ったものという他の一面があります。しかるに、この現実の本質はさし当っては内に隠れたものであり、単なる可能性にすぎませんので、無媒介の現実性と同様に止揚されるという規定〔使命〕を持っています。かくしてそれが止揚された時、そこには最初の無媒介の現実性を前提[4]として持つ新しい現実が現われ出てくることになるのです。このように交替する運動が条件の概念の中には含まれています。我々が或る事柄の諸条件を考察する時、それは〔一目見ただけでは〕まったく単純な〔底意のない〕ものに見えます。しかし、実際には、そのように見える無媒介の現実の中には他の全く別の物の萌芽が含まれているのです。この他者はさし当っては一つの可能者にすぎませんが、〔やがて〕それはその可能性という在り方を止揚して現実の中に身を移します。〔その時〕このようにして現われ出てきた新しい現実〔媒介された現実〕は〔最初の〕無媒介の現実自身の内面であり、〔いわば〕媒介された現実は無媒介の現実を食い尽して現われ出てくるのです。かくして全く別の姿となったものが現われ出てくるのですが、同時に別の物〔新しい物〕は何も出て来ないとも言えます。というのは、それは最初の〔無媒介の〕現実の本質が定立されたにすぎないからです。犠牲となって滅びゆき食い尽くされる条件は、〔新しく生まれる〕他の現実の中でただ自分自身と一致するだけなのです。——

　現実性の過程とはそのようなものです。現実性は単に無媒介に存在するものではなく、本質的な存在〔本質論段階の存在〕ですから、それは自己自身の無媒介性〔直接的なあり方〕を止揚して、自己を自己自身と媒介するものなのです。

1　本節本文の要旨の確認です。

2　von etwas sprechen については「文法」の一五七頁を参照。

3　in sich gebrochen とは文学的で面白い表現ですね。ヘーゲルにもこういう用語を使う所があるようです。英Wは with a inherent flaw とし、英Gは inwardly fractured としています。

4　AからBが出てきた場合、「AはBの前提である」と言うのですから、この前提概念は普通の使い方でしょう。

## 第一四七節〔各論の三・必然性〕

ハ〔必然性は可能性（事柄）の働きでもあり、偶然性（条件）の働きでもある〕そのように〔直接的現実＝可能性→第二の直接的現実＝可能性→第三の～と〕展開された時、この〔現実性の〕外面性は可能性と無媒介の現実という二つの規定から成る「円環」を成し、それら両規定の「〔相互〕媒介」となっているのであるが、これが一般に「実在する可能性〔の姿〕」である。[1] この展開された外面性はそのような円環だから、更に又統体性であり、従って又「内容」、即ち絶対的に規定された「事柄」〔自己完結した事柄〕である。同時に又、この〔円環という〕統一の中にある〔二つの〕規定の区別に着目するならば、それは「形式の具体的統体性」〔対立する二つの形式が統一されて出来た自己完結的なもの〕の顕在化したものであり、[2] 内なるものと外なるものとがただちに相手の中へと移行しあう関係である。〔従って〕この形式の自己運動は〔一方では〕現実へと自己を止揚しゆく実在的根拠[3]としての事柄の「活動」であり働らき（Betätigung）であるが、〔他方では〕偶然的現実〔偶然という姿をとった現実〕つまり諸条件の働らきでもある。つまり、それは諸条件が自己内へ反省することであり、偶然的現実が他の現実へ自己止揚することだが、その他の現実とは「事柄」としての現実なのである。というのは、「条件がすべて」整った時には事柄が生成

「せざるをえない」〔必然性〕からであるが、事柄自身は諸条件の内の一つなのである。即ち、事柄はさし当っては内的なもの〔可能性〕であり、前提されたもの〔止揚されるべきもの〕[4]にすぎないからである。〔かくして〕「展開された」現実性は、内と外とが一つのものの中へと入りこむ交替的運動であり、対立した運動が交替し合って「一つの」運動に統一されていくことであるが、それが〔論理的性格としては〕「必然性」なのである。

1　この文の読み方（ヘーゲルの書いた原稿自身の読み方）は二通りあるらしい。我々はズーアカンプ版のそれとグロックナー版のそれで比較できます。後者に従いました。

2　ここに **für sich** という句があって、とても分かりにくい。松村は「対自的な形式」と訳しているから **Form** にかかる形容詞と取ったのでしょう。英**W**は **realise** と訳しています。ここは、この外面性が内容的にも形式的にも統体的、自立的、自己完結的であると言っているのですが、内容＝事柄については **an und für sich bestimmt** という句が付いています。これに対応するのがこの **für sich** ではなかろうか。つまり、この「形式の具体的統体性」が自立的、自己完結的なものとして、顕在化した姿ということではあるまいか。

3　この「実在的根拠」は先の「実在する可能性」の言い換えでしょう。根拠の立場は可能性の立場ですから。

4　この **Vorausgesetztes** は角括弧のように、つまり第一四六節付録の訳注4のように普通に取って好いと思います。第一四六節本文の訳注2（八六三頁）を参照。

**注釈〔必然性概念の難しさ〕**

必然性を可能性と現実性との統一として定義するのはたしかに正しい。しかし、ただそう言っただけではこの規定は表面的であり、従って理解できない。必然性概念はきわめて難解なのである。それは、たしかに必然性というのは概念自身なのだが、[1]その契機がまだ現実性の諸規定〔本質論の段階〕にとどまっているため、その諸規定が自己内で分裂し、[2]他者へ移行する形式にすぎないからである。従って次の二つの節で必然性の諸契機を詳しく説明する〔しかし、本当の説明は概念論の目的論や理念論を待たなければならない〕。

1　ヘーゲルが必然性という事をいかに重要視していたか、否、重要どころか、概念即必然性と等値していたと言っていいくらいだったか、ここに一つの証拠があります。次の「付録」の訳注3の箇所及び拙稿「弁証法の弁証法的理解」を参照。なお、この拙稿は一九七一年版を改めた二〇一四年版をその後書き、「マキペディア」に発表しました。

2　ここにも in sich gebrochen が出てきました。英Wは collapsing とし、英Gは inwardly broken としています。

付録〔必然性の諸問題〕

〔その一・必然性は自己媒介である〕或る物事について「それは必然的だ」と聞くと、すぐに「なぜ必然的なのか」と質問します。これは即ち、必然的なものは〔他者によって〕定立され媒介されたものとして示さなければならないということです。しかし、もし単なる媒介で終わるならば、必然性という事を十分に理解したことにはなりません。というのは、単に媒介されただけのものは自分自身によってそうなっているのではなく、他者に媒介されてそうなっているのですから、それは偶然的なもの〔であって必然的なものではない〕からです。それに対して必然的なものであるためには、ぜひともそれが自分自身に媒介されてそうなっていなければならないのです。ですから、それはたしかに媒介されてはいるのですが、同時にその媒介を止揚して自己内に取り込んでいるのです。ですから、必然的なものについては「それは『ある』」

〔「それはそうなっている」〕と〔だけ〕言うのですが、その意味は、「それは他者による条件づけを捨て去った単純な自己関係だ」ということなのです。――

**〔その二・盲目的必然性と目明きの必然性〕**必然性については「必然性は『盲目』だ」とよく言われますが、必然性の過程の中では「目的」[1]がまだ「顕在的な形で」現われ出ていない限りで、その指摘は正しい面を持っています。〔これを詳しく考えるために必然性の過程とはどういうものかを見てみますと〕必然性の過程は互いに何の関係も結びつきも持たないように見えるバラバラの諸事情があるということから始まります。これらの事情が無媒介の〔無関係の〕現実ですが、それが自己内で没落し、この没落から新しい現実が生まれ出てきます。つまり、ここでは、内容上は一つのものが形式上は二つになって現われるのです。つまり、まず第一には事柄としての内容〔これが肝心な事なのですが〕であり、第二にはバラバラの諸事情としての内容です。後者は〔初めは〕肯定的・自立的なものに見え、又肯定的・自立的なものとして自己を主張します。しかし、この内容は中は空っぽなので、自己の否定態に転倒され、事柄としての内容に成ります。つまり無媒介の諸事情は条件としては没落しますが、事柄としての内容という形で保存されます。すると、この時、「それらの事情と条件から全く別のものが現われ出てきた」と言われ、この過程を成している「必然性は盲目だ」と言われるのです。これに対して合目的的〔目的意識的〕[2]な活動について考えてみますと、ここでは目的という形で前以って知られた内容が与えられており、従ってこの活動は盲目ではなく目明きです。〔ですから〕「世界は〔神の〕思し召し（die Vorsehung）によって統制されている」と言う時、その意味は、目的というのは一般に前以って絶対的に規定〔使命〕を持って作用しているものであり、従って現われ出て来る事は全て前以って知られ欲せられたものに合致するということです。ところで〔そのように言うと、すぐ問題になることは〕世界を必然性の過程として解釈することと神の思し召しを信ずること〔世界は神の思し召しによって統制されていると解釈すること〕とは矛盾しないのかということですが、両者は全然矛盾しません。というのは、神の思し召しという観念の根底にあるものがすぐ次に現われてくる「概念」ですが、この概念とは必然性の真理ですから、必然性を止揚して自己内に含み持っており、逆に必然性は「潜在的・本来的には」概念だからです。[3]

　ですから、〔第一に〕必然性が盲目であるのは、それが概念によって理解されない限りでのことにすぎません〔その限りで、必然性は盲目だという説は一面の真実にすぎないのです〕。又〔第二に〕、歴史哲学が生起した出来事の必然性の認識を課題としているという点を捉えて、だから歴史哲学の立場は盲目の宿命論の立場であると非難する人がいますが、これほどデタラメなこともありません。むしろ歴史哲学は〔必然性の追求という形で神の思し召しを明示しようとしているのですから〕弁神論[4]という意味を持っているのです。逆に、神の思し召しの中から必然性を除くことによって神を褒め称えたつもりになっている人々は、この〔必然性の〕捨象によって実際には神の思し召しを理性無き盲目の恣意に引き下げているのです。〔こういう人々とは違って〕無邪気な宗教的意識〔の持主〕が神の永遠の破り難き御心について語る時には、必然性が神の本質に属するものとして明白に承認されています。〔ここに言われていることは、つまり〕人間は神ならぬ身ですから、その特殊な考え方や意欲を持ち、時々の気分や恣意によって行動しており、従って人間の行為においては思い欲した事とは全く違った事が現われ出てくるのですが、神は自分が何を欲しているのかを知っており、その永遠の意志の中では、自分自身の中から出てきた偶然によっても又外部から加わる偶然によっても規定されることなく、自分がやろうと思った事はあらゆる抵抗を排して実現するもの〔だ、ということ〕です。――

〔その三・必然性の実践的意義〕必然性の立場は一般に我々の考え方や行動との関係でもとても重要なものです。〔たしかに〕起きた事を必然的だったと見なすことは、一見した所では、完全に不自由な態度のように見えますし、現に古代人たちは周知のように必然性を「運命」と解していました。これに対して近代人の立場は「慰め」の立場でして、それは、何か代償が得られることを見越して或る目的や利益を放棄するということです。しかるに、運命は慰めなきもの〔であり、何の代償もなくそれを甘受するものです。ですから、世の中を運命で捉えた古代人の考えは、救いのない不自由なものに見えますし、従って我々の考え方や行動にとって必然性の見地が重要だというのはおかしく見えるかもしれません〕[5]。しかし今、古代人の運命観を詳しく考察してみますと、それは決して不自由の世界観ではなく、むしろ自由の世界観だということが分かるのです。というのは、不自由というのは対立に固執していることであり、しかも「存在」し生起することが存在し生起「すべき」事と〔即ち Sein と Sollen とが〕矛盾していると考えることなのですが、古代人は「そう在る『から』そうなのだ」「在るが『ままの姿』こそ在るべき姿なのだ」と考えていたからなのです。ですから、ここには対立はなく、従ってまた不自由も痛みも苦しみもありません[6]。たしかに運命に対するこういう態度は、先にも述べましたように、慰め無きものですが、しかしそういう考え方には慰めは不要であり、しかもここでは主体性がいまだその無限の意義を獲得していないが故に〔近代的な主体が確立していないが故に〕、慰めは不要なのです。この観点はとても重要でして、古代人の考え方と近代のキリスト教的考え方とを比較する際に、両者を分かつ決定的な点がこれなのです[7]〔というのは次のようなわけです〕。主体性という言葉で個人的な傾向や興味の偶然的で恣意的な内容を伴った有限で直接的な主体性しか考えないとするならば、つまり狭義の事柄（それは「事柄」に関わることであって個人に関わることではないとよく言いますが、この時には事柄という語はこの狭義で正しく使われていま す）と区別されて、個人（Person）と呼ばれているものだけが主体性なのだと考えるならば、古代人が運命に静かに身を任せたのは驚嘆すべきことです。又、自己の主観的な目的のみを追求し、それが得られないと分かると、他の形で代償を得られることを見越して初めて自分を慰めるような近代人の考え方に比して、古代人の考え方は高く品位あるものと認めなければならないでしょう。しかし、又、主体性というのは単に事柄に対立した悪しき有限な主体性だけではありません。それどころか、真の主体性は事柄に内在しており、従って無限になった主体性は事柄そのものの真理なのです。従ってこのように解釈すると、慰めの立場は全く新しい一層高い意味を持つことになるのでして、キリスト教が慰めの宗教であり、絶対的慰め〔絶対者による慰め〕の宗教だとされるのはこの意味でなのです。〔詳しく説明しますと、まず第一に〕周知のように、キリスト教には「神は全ての人が救われることを願っている」という教えがありますが、そこに言い表されている意味は、主体であること〔人間であることそれ自体〕に無限の価値があるということです。第二に、キリスト教が慰めの宗教であるのは次の点です。即ち、ここでは神自身が絶対的主体とされていますが、主体であるということの内には特殊性の契機が含まれていますから、従って我々人間の特殊性が一面的に否定し去るべきものとしてだけではなく、同時に保存もされるべきものとして承認されているということです。〔このように言うと、古代人の神々も人格的なものだったと反論されるかもしれません。そして、それはそうなのでして〕たしかに古代人の神々も人格的なものと見なされていました。しかし、ゼウスとかアポロンといった人間的な形象《けいしょう》を持った神々は現実に働らいている神ではなく、単に思い浮べられただけの神なのです。換言すれば、それらの神は人格化されたものにすぎず、従って自分を人格として「知る」ことなく、ただ人格として「知られる」だけなのです。古代人の神々の持っているこういう欠陥ないし無力は、古代人の宗教的意識の中にも見られるものでして、それはどういうことかと言いますと、古代人は人間だけではなく神々自身も運命に従属していると考えていたのです。従って、そういう運命とは不可知の必然性であり、完全に非人格的で、自己を持たず[8]、盲目的なものと考えなければならないのです。〔しかるに〕キリスト教の神はこれとは反対で、ただ知られるだけでなく端的に自己を知る神でもあり、ただ表象されるだけでなく、絶対的に作用している人格的存在なのです。――

〔その四・必然性の見方と幸福との関係〕ところで、ここで述べた諸論点の詳しい展開については宗教哲学を見ていただくことにしまして、ここでもう一つだけ言っておきたいことは、「人間は誰でも自分の幸福の鍛冶屋である[9]」という昔からの格言を理解し、自分の身に起こることをその格言のように理解しなければならない、ということです。この言葉の意味は、人間は一般に自分自身を享受するだけだということです。従って、これと反対の考えというのは、自分の身に降りかかることの責任を他人や事情に恵まれなかったことなどになすりつける考えです。これが又不自由の立場であり、不満の元となるのです。これとは反対に、自分の身に起こることは自分自身の内にあるものが外に現われたものにすぎず、人間は自分自身の責任を担うだけだと認めることによって、人間は自由人として振る舞うことになり、どんな事が起きても、そこには自分にとって不当な事は起きていないという信念を持ち続けることになります。自分と自分の運命とに不満を抱いている人間は、外部から不当な事が為されたと考えているが故に、間違った事を沢山することになります。たしかに人間の身に降りかかることの中には多くの偶然事があり、この偶然事は人間が自然存在であることに依っています〔ですから偶然事は避けられません〕。しかし、人間は〔自然存在であるだけでなく〕そのほかに自分の自由の意識を持っていますから、自分に降りかかる不運によって霊の調和と心の平和を乱されないようにすることができるのです。従って必然性をどう考えるかということは、人間が満足して生きていけるかどうか、従って又人間の運命自身をすら決める大切な問題なのです。[10]

1　欧米の思想界では「目的」と「目的意識性」、「合目的的」と「目的意識的」とは同一視されているようです。

2　訳注1を参照。

3　本節注釈の訳注1の箇所を参照。なお、「概念は必然性の真理」というような「真理」概念のヘーゲル独特の用語法にも慣れてください。七一九頁の訳注4を参照。

4　弁神論というのは、「この世は全知全能の神が作ったものなのに、どうして悪があるのか」という疑問から出発して、「神は全知全能ではないのではないか」と神を疑う考えに対して、神を弁護しようとする議論のことです。ライプニッツのそれが有名です。それが「最善律」で、「神は自分が最善と思う世を作ったのだ」という考えです。だから、悪の存在にもそれなりの意味があるはずだ、というのです。ヘーゲルの歴史哲学も一種の弁神論と言えるでしょう。『西洋哲学史要』増補版一九二頁以下を参照。

5　この辺は、文と文との論理的関係（一つ一つの文がなぜ出てきたのか）が分かりにくいです。考えた末、訳文のように取りました。我々の解釈の当否は別として、ただ与えられた独文を日本文にするだけでは哲学する力はよくならないと思います。

6　ここでは**kein**を繰り返して三つの事を否定していますが、三つ以上の事を否定するその他の表現については、「文法」の一二〇四頁の第二項を参照。

7　「この観点」とは、主体性が無限の意義を獲得しているかどうかということ。

8　「自己を持たず」（selbstlos）とは「主体性なき」ということで、自己を分裂して外化して他者に自己を開示することがない、ということではあるまいか。

9　私の言葉で言うと「人生に言い訳なし」です。

10　ここには二つの問題があると思います。第一は、「人間の幸福の問題は結局は本人次第だ」ということは事実として、その「結局は」ということをどの程度に取るか、無条件に、絶対的にと取るか、それとも一定の範囲内でと取るか。後者とするなら、その範囲をどう決めるか。第二は、この幸福観を必然性観とどう結びつけるか、です。第一の問題は、「外部からの影響は主体自身の内なる本性によって媒介され屈折されて作用する」という弁証法の一般法則からいって、又その媒介において人間（大人）の場合には直接性（与えられたもの）を断ち切る能力があるということから見て、その事実は前提してよいでしょうが、それを絶対的に取るのはどうでしょうか。たとえば、山崩れに遇ったが、その土砂の圧力がそれほど大きくなく、体の強い人なら耐えられた場合なら、生きのびるか否かはその人の体力如何に依存すると言えましょうが、人間の力では絶対に耐えられないような大きな力では、誰もが死んでしまいます。精神的な事では、逆境に耐える能力、逆境を自分の成長の糧にする能力は人によって異なります。そして、それだけでなく、一部の特別な人を除いて「普通の人だったら、誰でも、あんな目に遇ったら～となる」という言い方＝考え方があります。ですから、世の中には、それ自体としては不正や悪である行為に対しても、同情などが起こるのです。もちろんこれは逆境だけでなく、その反対の好運や人気などの人間をスポイルする作用についても言えるでしょう。第二の問題については、必然性は当事者（当事物）の関与ないし反作用ないし媒介なしに貫徹されるのか否か、又必然性はすべて盲目と取るか、それともそれは人間の認識に依存することで、理解すれば盲目の必然性も目明きになると考えるか。前者と取れば、いずれも、人間の幸福の原因を他者か運に帰する不自由の立場になり、後者とすることによって主体性が得られるということでしょう。

## 第一四八節〔必然性の三契機・条件と事柄と活動〕

〔必然性の〕三つの契機を成す「条件、事柄、活動」について言うと、

A、「条件」は、まず第一に、前以って定立されたものである。それは、「定立されている」という面だけから見ると、事柄に〔依存した〕相対的なものだが、〔その定立が〕「前以って」なされているという面から見ると、〔事柄に依存せず〕自立的である。つまり、事柄と無関係にある偶然的で外在的な事情である。しかし、条件はこのように〔事柄に対して〕偶然的なものであるとは言っても〔それが事柄の条件である以上は〕、事柄との関係を保っているのであり、しかるにその事柄が〔自己完結した〕統体的なものであるから、従ってこの前以って定立されたもの〔＝条件〕は「全ての条件の円環」なのである。[1] しかし、第二に、条件は「受動的」であり、事柄のための材料として使われ、事柄の「内容」の中へと入り込む。従って、条件は事柄の内容に相即しており、事柄の内容の「全規定」を自己内に含み持っている。

B、「事柄」も又、まずは前以って定立されたものである。定立されているという面から見れば、まだ内的で可能的なものにすぎないが、〔その定立が〕「前以って」なされているという面から見れば、それだけで自立した内容である。第二に、事柄は条件を費消することによって外界に存在するようになり、条件と互いに相即しあっている自己の内容上の諸規定を実現することになる。[2] その結果、事柄は又条件の中から自己を事柄として示し出し、現われ出るということにもなるのである。

C、「活動」も又、まず第一に、（人間とか登場人物という形で）独立し自立的に存在しているが〔前以

っての面〕、同時に条件と事柄との中でしか可能性を持たない〔という定立されたものの面もある。だから、活動も又前以って定立されたものである〕。第二に、活動は諸条件を事柄に移し、事柄をその事柄の〔外界での〕存在という面を成す諸条件の中へと移す運動である。あるいはむしろ、事柄を潜在的に含み持っている諸条件の中から事柄を取り出して定立し、諸条件という形の存在を止揚することによって、事柄を外界に存在させる運動と言ってもよいかもしれない。[3]

〔さて、以上、条件と事柄と活動のそれぞれについて、まず第一にそれ自体として考察し、〔それはいずれもが前以って定立されたもの＝自立性と依存性の統一であることを明らかにした〕、第二にその三者が関係しあって生まれる運動の中での姿を考察してきたが〕この運動の過程は、これらの三つの契機が互いに「自立した現出存在」という形を取っている限りで、「外的」必然という性格を持つことになる。――〔しかし、ここで注を加えておくと〕この必然性は内容上は[4]「制限されて」いる〔有限なものである〕。即ち、事柄は「単一の」規定性を持った全体であるが、この全体はその形式上は〔三つの契機という形で〕自己に対して外的であり〔分裂しており〕、従って又その全体はそれ自身の中でも内容上も自己に対して外的となっており、この事柄における〔自己〕外面性が事柄の内容上の制限[5]なのである。[6]

1　ヘーゲルでは、円環は真無限の表象として、直線は悪無限の表象として使われます。なお、vollständig は三六一頁の訳注3を参照。

2　この so dass は何と何とを結びつけているのでしょうか。その次の ebenso は何と何とが同じ様だというのでしょうか。so dass は、「その事柄の内容上の諸規定が諸条件と互いに相即しあっているから」と取る案と、「事柄が外界に存在するようになる」ことが so dass 以下のような性格を持つという意味に取る案とが考えられますが、後者に取りました。ebenso は、「事柄が外界に存在するようになる～」の文が、原文では「事柄が外的存在を獲得する」と表現されており、こういう言い方をすると、事柄というものが初めから厳としてあって、それが何かを獲得するような感じを与えるので、それに対して so dass 以下の「現われ出てくる」という新たに生まれてくる感じを与える表現を対比させ、両者を「同様に」としたものでしょう。

3　これらの三契機を取り上げる順序をなぜ「条件・事柄・活動」の順にしたのでしょうか。なぜ「事柄・条件・活動」の順にしなかったのでしょうか。論理的叙述では叙述の「順序」が重要なのです。まず読む際にもこういう問題意識を自分で持てるようになってほしいものです。上の問題に対する答えとしては、「真理から始めるのではなく、現象から始める」という事だと思います。第一五九節への付録（九〇八頁）を参照。ここの場合ですと、B（事柄）の最後にあります「事柄は条件の中から自己を事柄として示し出し」という言葉を考えてください。

4　この文には zu ihrer Sache という句がついていますが、どうも意味が分かりません。

5　ここで Schranke を出すためにすぐ前で einen beschränkten Inhalt という句を出したのです。従って、両方は同一の語で訳した方が好いと思います。松村も宮本も「限られた内容」及び「制限」としていますが。なお、第一二一節本文への訳注3（七六四頁）を参照。

6　本節の最大の問題はここに「活動」を出してきたことだと思います。しかも、それを「人間」とか「登場人物」という例で説明していることです。問題は、こういう「活動」は第三部（概念論）の「目的論」で初めて取り上げるべきではないのか、です。逆に、ここで取り上げたことから考えますと、後者の「目的論」とは「目的意識的活動」論＝労働論のことですから、ここの「活動」は「意識無き合目的的活動」ではないのか、ということです。

手がかりの一つは、この「活動」は第一四七節の原書の九行目で「形式の自己運動」とされていることです。そして、そこでは「全ての条件がそろった時には、事柄は出て来ざるをえない」という事が言われている事です。この第一四八節もそうですが、やはり主として「自然必然性」

が考えられていると思います。従って、例で考えるならば、「種子の発芽」が適当だと思います。この場合は「事柄」は「種子の発芽」でしょう。「種子」自体ではないと思います。条件は、「種子自身が生きた種子であること」は大前提として、外部的条件としては温度、水分、日照などでしょう。何かに押さえつけられておらず発芽の空間的余裕があることも条件かもしれません。この時、種子は発芽するのですが、その「発芽」の運動そのものがここの「活動」だと思います。ですから、ここは「活動」と言うべきではなく、「自己運動」と言うのが適当だったと思います。「働き」と訳すと好いかもしれません。では、ヘーゲルはなぜここで「人間」とか「登場人物」といった言葉を出したのでしょうか。この点については、一〇二九頁の訳注5、一〇三六頁の訳注6、結論的には第二四四節への付録への訳注2（一一一六頁）を参照。

## 第一四九節〔必然性の二面性のまとめ直し〕

従って〔以上の事をまとめ直すと〕必然性はそれ自体としては「自己」同一的ではあるが、〔本質論の第一段階のような抽象的自己同一ではなく〕内容豊かな自己同一的「本質」である。しかし、それは自己の内部では、その内部の諸区別項が「自立した現実」という形を採るという現われ方をするのである。又この自己同一者は同時に絶対的「形式」であり、無媒介のものを媒介されたものへ、媒介されたものを無媒介のものへと止揚する「活動」である。――

必然的なものは「他者」によって存在するのだが、この他者は「媒介する根拠」（事柄と活動）及び偶然的ではあるが条件でもあるところの「無媒介の」現実とに分けられる。〔さて〕必然的なものは他者に依存しているから、絶対的ではなく単に「定立されたもの」にすぎない。しかし、この媒介は又ただちにその媒介自身を止揚することでもある。即ち〔必然性の過程によって〕根拠〔事柄と活動〕と偶然的な条件とが無媒介性の中へと移し置かれ、それによってかの〔必然性の〕定立されたものというあり方が現実性へと止揚され、事柄は「自己自身と連結」する。このように自己内還帰した時には必然的なものは「絶対的」[2]となっており、無条件の現実と「成っている」。――

かくして必然的なものが必然的であるのは、一連の諸事情によって媒介されているからであり、つまり、〔関係する〕事情[3]が必然的だからである。一語で言えば[4]、それは端的に、「そのままで」必然的なのである。[5]つまり、存在しているから必然的なのである。[6]

1　第一四八節で「三つ」の契機とされたものは、大きくはこのように二つに分けられるのです。これに注意しておきましょう。

2　この schlechthin は原典二九四頁の三行目の an und für sich の言い換えでしょう。第一五〇節で absolutes Verhältnis を持ち出す伏線だと思います。

3　ズーアカンプ版ではここが Unstände となっています。誤植です。正しくは Umstände です。

4　この in Einem は、皆さん、zugleich と取っています。私はこう取りました。

5　例えば、「低気圧が来たから、今雨が降っている」ということを考えてみます。普通はこれでおしまいになるのですが、なぜ低気圧が来ると雨になるのかと、もう一歩踏みこんで考えてみます。すると、低気圧は雨をもたらすものだということになります。ですから、結局、先の考えは、「雨をもたらすものが来ているから、雨が降っている」ということになり、同語反復になります。ヘーゲルが言っている「必然的なものは、在るから必然的なのだ」ということは、こういう事ではあるまいか。必然性というのは事実を二重化して捉えただ（だけの）ものだということでしょうか。

6　寺沢恒信はその訳書『大論理学2』に「『本質論』の体系構成について」と題する付論を付

けています。その副題「『大論理学』と『小論理学』との比較」から分かりますように、二つの論理学を文献学的に比較して、「もし『大論理学』の本質論も第二版が書かれていたならば、こうなったであろう」という推測をしたものです。第一部の「存在論」は現実に初版と再版がありますので、『大論理学1』では初版と再版の文献学的・原典批判的比較がたくさん出来たのですが、「本質論」は再版を書かずにヘーゲルが死んでしまいましたので、『小論理学』との比較から推測したのです。寺沢説の要旨は以下の通りです。①『大論理学』の第二部（本質論）ではその第三編（現実性）が第一章（絶対的なもの）と第二章（現実性）と第三章（絶対的相関）に分かれているが、『小論理学』では第三編にあたるC章（現実性）に八つの節から成る前置きがあり、そこで『大論理学』の第二章（現実性）に対応する内容が述べられて、その後に『大論理学』の第三章（絶対的相関）に対応するものがある。だから、『小論理学』に欠けているのは第一章（絶対的なもの）だけである。②問題は二つ。第一の問題は、なぜ『小』では『大』の第一章に当たる部分を省いたのか。第二の問題は、現実性論の中心である事柄を『小』ではなぜ「前置き」にしたのか。③第二の問題への私（寺沢）の推測。『小』では『大』の第一章を省いたので、三分法の体裁を守りにくくなったから。④では、『小』ではなぜ『大』の第一章を省いたのかに対する私（寺沢）の推測的回答。『大』の第一章はスピノザ論である。『小』は授業のための要綱だから、ここでスピノザ論をやって長くなると困るからである。⑤結論・『大論理学』の第二版が出たとしても初版の通りの構成になったであろう。

　牧野の感想は八八二頁の訳注2を参照。寺沢の訳業『大論理学2』全体については「寺沢恒信氏と哲学」という題でブログ「マキペディア」に評論文を発表してあります。

（一一一八頁に続く）

第一項　**実体性関係**（Substanzialitätsverhältnis）

### 第一五〇節〔必然性の第一形態としての実体〕

必然性は自己内で「絶対的な相関関係」[1]である。即ち（これまでの諸節で）展開された〔諸段階から成る）過程であり、そこでは関係〔し合う項〕が絶対的な同一性に高められる過程である。

必然性の無媒介の〔第一の〕形式は実体性と偶有性との関係である。この関係における絶対的自己同一性〔の面を表しているの〕は〔実体と偶有性のうちの〕実体そのもの[2]〔の方〕である。〔しかるに〕実体は必然性だから、この内面性〔偶有性〕という形式を否定するものであり、従ってそれは現実として〔外界に〕定立される。しかし、それは又この外面性の否定でもあるから、この点から見ると〔外界に現われ出た〕無媒介なものとしての現実は偶有的なものでしかなく、その偶有的なものは可能性にすぎないから、他の現実に移行する〔たまたまそうなっているにすぎないから、他の偶有性でもよいということになる〕。

この移行[3]が実体性における自己同一性[4]の形式面での活動としての現われ〔その現象形態〕である（第一四

八、九節を見よ）。

1　「絶対的な相関関係」と「絶対的な同一性」を比較すると、「絶対的」（自己）関係、他者の介入を許さない）は一緒で、「相関関係」を「同一性」と言い換えたことが分かります。つまり、「同一性」という言葉を出したかったのです。

2　実体性関係は（因果性も相互作用も）必然性の下位分類なのです。ですから、『小論理学』のC章（現実性）は節建ては表面に出ていませんが、事実上は、まず予備知識があって、その後に、第一節（可能性）、第二節（偶然性）、第三節（必然性）と来て、その必然性論の下位分類が来るようになっているのです。細かい目次は本書の目次を見てください。現実性の章だけの箇にして明なる目次を作りますと、次のようになります。

予備知識（総論）――第一四二節
一、可能性（各論の一）――第一四三節
二、偶然性（各論の二）――第一四四～六節
三、必然性（各論の三）――第一四七～九節
実体性関係（第一五〇～二節）、
因果関係（第一五三～四節）、
相互作用関係（第一五五～七節）
まとめ、その一、必然性論のまとめ――第一五八節
その二、本質論のまとめ（概念論への移行）――第一五九節

こうまとめれば一目瞭然でしょう。寺沢の誤解の一因は、C（必然性論）の下位項目である実体性関係と因果関係と相互作用関係に、あたかも第二章（現象）の「現象の世界」や第一章（現出存在）の「純粋な反省規定」等と並ぶかのような記号を付けてしまった事でしょう。

ヘーゲルの節と項の番号の使い方が不適切なので、寺沢のような誤解が出てきますが、きれいにまとまっています。スピノザ論は実体性関係の所で（特に付録で、即ち授業で）詳しく触れていますが、内容的にここが「しかるべき場所」でしょう。

3　Aという偶有性からBの偶有性への「移行」のことであって、偶有性と実体との関係は「反省」関係です。

4　偶有性がAからBに代わっても、その実体は変わらない。訳注1を参照。

## 第一五一節〔実体は偶有性の総和である〕

従って実体は偶有性の統体であり、偶有性の中で実体はそれらの偶有性の絶対的否定として現われている。[1][2]即ち、それらを貫く「絶対的な威力」及び「全ての内容の富」として現われている。しかし、この内容とはこの〔偶有性という〕「顕現それ自身にほかならない」。つまり、内容という形で現われている規定自身も形式の一契機にすぎず、ただそれが実体〔内容〕の威力の中へ移行した契機だというにすぎないのである。[3][4]〔従って〕実体性というのは、必然性の絶対的な形式上の活動であり、威力である。[5]従って、全ての内容は〔自立した区別項ではなく〕契機にすぎないのだが、それがこの形式と内容の絶対的な相互転化の過程の中にある〔絶えず相互に転化し合っている〕のである。

1　ここでの実体と偶有性を、或る人の親切さと個々の親切な行為とで考えてみましょう。すると、その親切さが親切な行為の中でその行為の「絶対的な否定性」として現われているとは、親切さは親切な行為そのものではなく、そのエッセンスみたいなものだということであり、親切な行為の相対的否定とは、仕事をしていたり眠っていたりで、親切な行為をしていないことではあるまいか。

2　一人の人間の人間性とその人の性質として考えてみましょう。すると、その人の人間性はその人の性質の総和の中に出ています。しかし、その人間性はその性質そのものではなく、そのエッセンスなり根源でしょう。現象を皆知っても物自体は残るとしたカントに対して、現象を皆知れば物自体を知ったことになる、としたことを思い出させます。

3　第一五〇節の最後に「実体性における自己同一性の形式面での活動」という言葉があります。

4　ズーアカンプ版によると、ラッソンはここに語を足して、「実体の威力の中で他の契機に移行した契機」としたそうです。これを考えてみましょう。この辺の前提は、実体―内容―内なるもの―威力という系列と、偶有性―形式―外なるもの―顕現という系列とが、対を成しているということです。すると、この文は、「この内容（実体系列のもの）は顕現（偶有性系列のもの）である。なぜかというと、この実体へと反省された規定性そのものが、形式上の（偶有性系列の）一契機にすぎない。ただ、その規定が実体の力の中へと移行した（から、それが内容となり、実体系列に属するものになっているにすぎないのであって、根本的には同じものである）」ということで、実体の威力の中で別の契機に移行するということではないと思います。ですから、訂正するなら、in der Macht を in die Macht にするとよいと思います。

5 「絶対的な形式上の活動」とは、「根本的にはひたすら形式面だけに関わる活動」ということでしょう。こう取ると、前の文からつながります。

## 付録〔スピノザ哲学の内容と形式〕

**〔その一・テーマの確認〕**哲学の歴史では、実体はスピノザ哲学の原理として出てきます。有名でもあれば悪名高くもあるこの哲学の意義と価値に[1]関しては、スピノザの登場以来はなはだしい誤解があり、あれこれと盛んに言われています。〔ところで〕スピノザの体系に対して唱えられる非難は、普通、無神論ということであり、それに次いで汎神論ということです。しかもその理由というのが、スピノザは神を実体として捉えたからだというのであり、しかも実体としてしか捉えなかったからだというのです。**〔その二・検討の基本的観点の確認〕**〔さて〕これらの非難についてどう考えたらよいかと言いますと、それは、差し当っては、実体というものが論理学の理念の体系の中でどういう位置を占めているかということから分かります。即ち、実体は理念の発展段階における本質的な一段階ではありますが、理念そのものではなく、まして絶対的理念ではなく、〔本質論の第三段階・現実性の最後の段階である〕必然性というまだ制限を持った形式の中にある理念にすぎません。しかるに、神というのはたしかに必然性ですし、あるいは「絶対的な事物」〔客観的事物の内の最高のもの〕と言ってよいと思いますが、しかしそれは同時に絶対的な「人格」〔主体性の核心〕でもあるのです〔ですから、神を実体で捉えるのは正しいのですが、それだけでは不十分なのです〕。実にこの点こそスピノザに欠けるものでして、ここからして「スピノザ哲学はキリスト教的意識の内容〔核心〕を成す真の神概念に達していない」と言わなければなりません。スピノザはその家系から見るとユダヤ人[2]ですが、一般に東洋人の考え方では、有限なものを全て無常なもの、消滅するものと見るのでして、この考え方がスピノザの哲学の中で〔哲学という形をとって〕概念で表現されたのです。たしかに万物はその実体においては一つ[3]なのだという東洋人の考え方は、そこから先へ進むどんな考えに対しても、それが正しい発展である限り、その基礎となるものではありますが、〔それはあくまでも基礎であって〕そこに留まっていてはならないものなのです。というのは、そこには西洋[4]〔キリスト教〕の原理である個体性の原理がまだ無いからです。この個体性の原理は、哲学としては、スピノザと同時期に、まずはライプニッツの単子論の中に現われ出たのでした。——

**〔その三・第一点、無神論という批判について〕**スピノザに対して為されている無神論という非難についてここ〔以上で確認しました点〕から振り返ってみますと、それは根拠のないものだと分かります。なぜならスピノザ哲学は〔まず第一に、言葉としては〕神を否定していないだけでなく、むしろ神を唯一の真なる「存在」として承認しているからです。又〔第二に、その言葉の内容の面から見まして〕「スピノザはたしかに『神を唯一の真理』だとは言っていますが、スピノザの神は〔キリスト教で示された〕真の神ではなく、従って神とは言えない」と主張することもできません。〔なぜなら、もしそういう主張が可能ならば〕その哲学的思索において理念の低い段階に立ち止まっていた他のすべての哲学者たちも、神をただ「主《しゅ》」としてしか知らないユダヤ人やイスラム教徒たちも、更に又、神を認識できない最高の彼岸的存在と考えている多くのキリスト教徒たちも、みな、同じように無神論の罪を負わなければならないでしょう〔からです〕。〔第三に〕このスピノザ哲学に対して為された無神論という非難の真意を〔私の立場から〕掘り下げて検討してみますと、それは要するに、スピノザ哲学は差異の原理あるいは有限性の原理を正当に評価していないということになる、と思います。〔そして、この意味でならその非難は正しいのでして〕スピノザ哲学によると、本来的には世界は存在しないということになるのですから、この哲学体系は無神論ではなく、むしろ逆に「無世界論」とでも言わなければならなかったでしょう。〔**その四・第二点、汎神論という批判について**〕以上の事から、又、汎神論という非難についてどう考えたらよいかも分かります。よく言われますように、汎神論とは有限な事物自身及びそれらの複合体を神とみなすような説[5]だと考えますと、スピノザ哲学に汎神論という非難を加えるのを止めなければなりません。なぜなら、スピノザ哲学は有限な事物に、あるいは一般的に言って世界にいかなる真理も認めていないからです。〔しかし〕それは逆に、その無世界論の故に〔世界はない→神だけがある→神があまねくある〕やはり汎神論ではあるのです。〔**その五・スピノザ哲学の方法上の欠点**〕以上で確認しました「内容上の」欠点は、同時に又「形式上の」欠点としても現われています。それは、まず第一に〔その出発点において〕スピノザが実体をその体系の出発点におき、それを思考〔精神〕と延長[6]〔物質〕の統一と定義した時、その統一からどうやって思考と延長の区別に進み、又その区別からどうやってその実体としての統一に帰るのかを示さなかったことです。次いで〔第二に、その出発点から後の進展方法においては〕その内容の一層進んだ処理がいわゆる数学的方法によって為されているということです。即ち、まず定義と公理を掲げ、次に定理が続き、そしてその定理をかの証明されていない諸前提〔定義と公理〕に悟性的なやり方で帰着させることによって証明するのです。ところで、スピノザ哲学の内容と結論を認めない人々すらも、その方法の厳密な首尾一貫性に関しては賞讃を惜しまないものですが、しかし、実際にはこの形式〔方法〕を無条件に肯定することはその内容を無条件に否定するのと同様に、間違いです。[7] スピノザの内容概念の欠陥は、形式は内容に内在するものだということが分かっていないことにあるのでして、そのために形式が内容の外にある形式として、認識主観の中にしかない形式として〔外から〕内容の所にやってくるという点にあるのです。スピノザが弁証法的な媒介過程から導出しないでただちに取り上げたような実体とは、一切を否定する威力とならざるをえず、従ってそれは規定を持った内容をことごとく頭から無なるものとして自己内に飲み込んでしまい、肯定的な存在基盤を自己内に持ったものは何一つ産出しない暗黒で無形態の深淵みたいなものでしかないのです。[8]

1　ここは die Bedeutung und den Wert と「一語一想」なのに定冠詞を一々つけています。「文法」の三七〇頁以下（連語と冠詞）を参照。

2　「ユダヤ人」と訳しましたものの原語は ein Jude です。不定冠詞が付いています。「国籍」を「挙げる」なら Jude で十分です。もっともユダヤ人には国は（当時は）ありませんでしたが。ここは「生まれはユダヤ人」ということから「性質」を連想させたいのでしょう。「文法」の六六八頁の③を参照。ですから、次に東洋的な考え方と成ってゆくのです。神の人格性はイエスに顕現すると考えるのがキリスト教でしょうから、イエスを認めないユダヤ教徒では「人格としての神」を無視ないし軽視するのは当然だ、と言いたいのでしょう。

3　この die substanzielle Einheit は die Substanz の言い換えだと思います。原書で一頁先の二九六頁の下から一〇行目にも出てきます。第一五〇節の最後に出ていました die substanzielle Identität も同じでしょう。Substanz の何かの面を強調したい時にこういう言い換えをするのです。こういう事を理解していないと、誤解することになります。松村は「実体的同一」、宮本は「実体的一体性」としています。英訳は二つとも the unity of substance です。八九四頁の訳注2を参照。

4　ということは、「宗教としては既にキリスト教の中で把握され、表現されていたが」ということでしょう。

5　先行詞に不定冠詞が付いています。

6　Ausdehnung を松村は「拡がり」と訳しています。古在・粟田の『岩波小辞典・哲学』も「広がり」の方で説明しています。私は、哲学上の専門用語は、特別な事情がない限り受け継いだ方が好いと思います。なお、「延長」とは、例えば両手で何か物を挟んで、両手を左右から押したとき、絶対に両手はくっつかないのは、「物には延長があるからだ」というような事です。

7　ヘーゲルらしい落ち着いた評価です。幾何学の方法を借りた点については『精神現象学』の序言でも既に批評しています。ヘーゲルの偉いところは、批判しただけでなく、自分の内在的導出という方法を対置したことです。それが次の「内容に内在する形式」です。

8　この付録は、その叙述の形式がとてもよく整っていて模範的なものだと思います。どうなっているかは、角括弧で補っておきましたので、分かるでしょう。私見がすべて正しいとまでは言いませんが、自分でこういう形式が読めるようになってほしいということです。

## 第一五二節〔実体性関係から因果関係へ〕

実体は絶対的な力だから、単に内なる可能性であるにすぎない「自己に関係」〔して、それを外へと展開していく〕力であり、従って自己を偶有性として示す力であるが、それによって定立された外なるものは、この実体＝力とは別のものであるという契機もある。この面からみると、必然性の第一形態としては実体〔・偶有性〕の相関関係として現われた実体が「因果関係」という「相関関係らしい関係」[1]として現われる事に成る。

1　この eigentliches Verhältnis はこういう意味だと思いますが、関係と言いうるためには関係しあう二項の分離が前提されていなければならないのに、実体・偶有性の関係ではその分離が不十分で、因果の関係で初めてその分離が現われるから、こう言ったのでしょう。

## 第二項　因果関係（Kausalitätsverhältnis）

### 第一五三節〔原因と結果〕

実体がその偶有性への移行から翻って自己内へと反省し、かくしてそれが根源的な事柄（ursprüngliche Sache）となった時、それは「原因」（Ursache）である。しかし、それは同時に、この自己内反省ないしその単なる可能性を止揚して、自己を自己の否定態としても定立するもの[1]であり、かくして「結果」（Wirkung）というものを生む。これはかくして〔他者によって〕「定立された」現実ではあるが、その〔原因の〕働らきの過程によって必然的に生み出された[2]現実（Wirklichkeit）でもある。

1　この setzen は wirken（作用する）を含意しているのではあるまいか。従って「Wirkung を生む」と成るのだと思います。

2　この先行詞には不定冠詞が付いており、松村のように「ところの」と訳すのは躊躇しますが、訳しにくい。いずれにせよ、gesetzteと対になっていますので、イタリックにしてもおかしくない所です。

注釈〔因と果の形式上・内容上の同一性〕

原因は「根源的な事柄」だから絶対的に自立しているものであり、結果に対して自己を保持するものである。しかし、原因の根源性を成しているのは必然性の持つ〔自己〕同一性だから、原因は結果の中へと移行する限りで原因であるにすぎない。つまり、ここで再び内容ということを云々できるとするならば、結果の中にある内容はみな原因の中にあった内容である。つまり、かの必然性の持つ〔自己〕同一性が絶対的な内容自身なのである。しかし、原因は又形式的な規定でもある。原因の根源性は〔たしかに〕結果の中で止揚され、原因は「定立されたもの〔派生的なもの〕となる」。しかし、これによって原因が消え失せて結果だけが現実的なものとなるわけではない。というのは、この「定立されたもの」〔結果として現われた原因〕はただちに止揚されて、原因の自己自身への反省つまり原因の根源性が示されるからである。即ち、結果の中で初めて原因は本当のもの（wirklich）であり、原因なのだからである。従って、原因は内容から見ても形式から見ても〔実際には〕causa sui〔自己原因。自己を結果するだけのもの〕なのである。――

〔スピノザは「実体は自己原因である」と断定的に定式化したが、それを内在的に媒介し展開すれば、以上のようになる。それはともかく、このスピノザの実体自己原因説についてヤコービが論じていることを、ここで注として取り上げる。〕ヤコービは（『スピノザに関する書簡』の中で）媒介というものについての一面的な理解にしがみついて、この〔スピノザの〕自己原因（自己結果でも同じ）を、即ち原因の絶対的な真理を単なる形式主義だとしている〔しかし、上の展開から分かるように、因果が本当は自己原因であるということには必然性の自己同一性という内容があるのである〕。ヤコービは又「神は根拠としてではなく、本質的には原因として規定すべきだ」と主張しているが、原因の本性についてもう少し根本的に考察してみたら、神を原因としたのでは彼が意図したことが得られないということが〔彼にも〕分かっただろう。〔さて元に戻って、因果の同一性を続けると、神についてだけではなく〕「有限な」原因及びそれについての人々の観念の中にも因果の内容上の同一性が認められる。例えば、原因としての雨と結果としての湿り気は〔内容上は〕同一の水である。形式の面から見るならば、たしかに結果（湿り気）の中では原因（雨）はなくなっている。しかし、結果は原因がなければ結果ではないから、その時には結果という規定も又なくなって、ただ単なる湿り気があるだけである。

普通に因果関係と言う場合、そこでは「有限な」原因が考えられている。なぜなら、その内容が有限であり（有限な実体でのように）、原因と結果が二つの異なった自立した存在として考えられているからである。しかし、原因と結果が二つの異なった自立したものと考えられるのは両者の因果関係を度外視するからである。かくして、有限な因果において関係しあう原因と結果の形式規定上の「区別」に固執するならば、今度は逆に〔今〕原因〔とされているもの〕「も」〔それ以前の原因によって〕「定立されたもの」であり、「結果」であるということになる。そして、この結果も又「別の」原因を持つことになり、かくしてここに結果から原因へと無限に遡ることになる。〔しかし又〕下り方向にも同様のことが言えるのであって、結果が原因でもあるという面から見るならば、それは次の結果を持つ第二の原因ということになり、かくして無限に続くことになる。

1　この an und für sich はこの文脈から見てこういうことでしょう。

**付録〔因果関係は必然性の一形式にすぎない〕**

実体性〔の関係〕に対しては悟性〔的な考え方をする人〕は〔それを相関関係の一種とすることに〕[1]抵抗を感ずるのが常ですが、逆に因果性つまり原因と結果の関係に対しては親近感を持っています。或る内容を必然的なものとして捉えようとする時には、悟性的な反省[2]〔をする人〕はたいていそれを因果関係に帰着させようとします。たしかに因果関係は必然性に属するものですが、それは必然性の過程の一面にすぎないのです。必然性の過程は〔因果関係だけに尽きるものではなく〕因果性の中に含まれている媒介を止揚し、単純な自己関係として自己を示すものでもあるのです。因果性に留まる限り因果性を本当に理解したことにはなりません。有限な因果性の面を捉えたにすぎません。その時この因果関係の有限性とは原因と結果とを絶対的に区別して捉える点にあります。しかし〔実際には〕原因と結果は区別されているだけではなく、同一でもあります。人々の通常の意識の中でもこの原因と結果の同一性は気づかれているのでして、「原因は結果を持つ限りで原因である」とか、「結果は原因がある限りで結果である」とか言われるのがそうです。ですから、原因と結果との内容は同じ物なのでして、両者を区別するものは、さしあたっては、「定立するもの」か「定立されたもの」かということにすぎません。[3]しかしこの形式上の区別も又止揚されて、原因は単に他者の原因であるだけでなく自己自身の原因でもあり、結果は単に他者の結果であるだけでなく自己自身の結果でもあるということになるのです。[4]この面から事物の有限性〔有限な事物〕を考えますと、事物の有限性〔有限な事物〕の本質は、原因はたしかに結果であり結果はたしかに原因なのだが、原因はそれが原因であるのと同じ関係で結果であるのではなく、結果はそれが結果であるのと同じ関係で原因ではないという形で、その概念上からは同一な原因と結果が分離されているという点にあるのです。[5] 従って、ここでは再び原因〔から原因へ〕の終わりなき系列であると同時に結果〔から結果へ〕の終わりなき系列でもある無限進行が与えられることになるのです。

1　こういう風にでも取らないと分からないでしょう。

2　Verstandesreflexion は Verstand と言うのと同じで、ただその「反省」の面を前面に出したかったので、こういったのだと思います。、第一五一節付録への訳注3（八八九頁）を参照。もちろん「反省的悟性（der reflektierende Verstand）」でも同じでしょう。

3　エンゲルスは『自然の弁証法』の中で次のように書いています。「力。なんらかの運動が一物体から他の物体に伝達されるとき、みずからを伝達するかぎりでの運動、能動的であるというかぎりでの運動を、伝達されるかぎりでの運動、受動的であるかぎりでの運動の原因と考えることができる。またその場合には、この原因、即ち能動的運動は力としてあらわれ、受動的運動は発現としてあらわれる。運動の不滅性の法則によって、ここから自ずから結論されることは、「力はその発現と厳密に同じ大きさだ」ということである。なぜなら、それは、一方においても他方においても実に同一の運動にほかならないからである」（菅原・寺沢訳、国民文庫版）。

4　「原因は自分の原因でもある」とか「結果は自分の結果でもある」という事を例を出して説明することが出来ません。

5　相互作用では一つの関係の中で原因が結果になり、結果が原因になる、と言うのでしょう。そして、次に進むのでしょう。

第一五四節〔因果関係から相互作用関係へ〕

結果は原因とは「別のもの」である。だから結果は結果である限り〔原因によって〕「定立されたもの」である。しかし、この定立されたものは又自己内反省即ち無媒介性でもある〔つまり自立的なものという側面も持っている〕[1]。だから、結果を原因とは別のものと見る限り、原因の起果作用（Wirken）である定立作用（setzen）は同時に〔その他者を〕「前提する行為」[2]（voraussetzen）でもある。従って〔ここには原因とされた第一の実体のほかに、その上に結果が引き起こされるところの〕「第二の実体」があることになる。この結果は〔さしあたっては〕「無媒介のもの」〔ただそこにあるというだけのもの、所与のもの〕と考えられているから、自己に関係する否定性〔他者の中で他者を否定して自己を確認するもの〕つまり「能動的な」ものではなく、「受動的な」ものである。しかし、この結果は実体でもあるから能動性も持っており、〔原因によって〕前提された自己の無媒介的性格を、即ち原因の中へと定立された結果という性格を[3]止揚する、これが「反作用」である。即ち、それは第一の実体の能動性を止揚する。しかし、今度は又この第一の実体も自己の無媒介性と自己の中に定立された結果とを止揚し、第二の実体の能動性を止揚し、反作用する。かくして因果性は「相互作用関係」へと移行することになる。[4]

1　第一一三節を参照。そこには「自己内反省」（本質論の規定）と「直接性」（存在論の規定）との異同の説明があります。

2　ヘーゲルの voraussetzen（前提する）には二義があるのではなかろうか。A→Bにおいて、①Aは必然的にBを生み出すものである時、AはBを前提しているの意。②BがAを自己の前提だったと認めるの意。詳しくは第一四六節への訳注2（八六三頁）を参照。

3　この sie は Ursache と取りました。三行下に同じ句があります。

4　例によって移行の内在的説明には苦労してますね。

## 注釈〔相互作用は因果性のさしあたっての真理である〕

相互作用の中では因果性はたしかにまだその真なる規定に達したわけではないが、原因と結果の無限進行が〔とにもかくにも〕正しい仕方で止揚されてはいる。なぜなら、原因から結果へ、あるいは結果から原因へという直線的な進行が、自己の「内へと曲り、返ってきた」からである。[1] 無限進行〔開かれた関係〕から自己内で閉じた関係へのこの転換は、それが起こるのはいつでもそうであるように、かの無思想な繰り返しの中には同じ事しかないということ、つまり〔この場合では、或る原因があって結果が起き、その結果が今度は二番目の原因になって又次の結果を引き起こすという風に〕「或る」原因と「二番目の」原因及び両者の関係しかないということが反省されただけで、引き起こされたのである。しかし〔ここで断っておくと〕、この関係の発展〔の結果として出てきた〕相互作用というのは、たしかに「区別〔定立〕作用」を相互に交替しあうことなのだが、〔それはもはや因果性でのように、第一の原因→第一の結果＝第二の原因→第二の結果～と〕原因〔と結果〕の区別が〔別の実体の上で〕交替されていくのではなく、〔相互作用しあう〕二つの契機の区別が交替されるのである。しかも、これらの契機は「その各々」が、ここでも、原因は結果の中でのみ原因であり又逆でもあるという「同一性」の故に、つまり因果の不可分離性の故に、「他の」契機を顕在的に身に備えて持っているような契機なのである。[2]

1　ヘーゲルは直線的な関係を低く見、円環的な関係を高く見るのです。八七七頁の訳注1を参照。

2　無限に続く直線的因果関係と相互作用の関係の違いの説明は説得的だと思います。

# 相互作用関係（Die Wechselwirkung）

**第一五五節、イ〔相互作用の両項の潜在的同一性〕**

相互作用の中で別々のものだとされている両規定は「潜在的には」同一である。即ち、そのいずれの側面も共に原因であり、根源的であり、能動的であり、受動的であり等々である。同様に、他者を前提する〔必然的に生み出す〕こととその他者に働きかけることも、[1] 無媒介に根源的であることと交替によって〔他者から〕定立されることも、同一のことである。「第一の」原因とされたものは、それが無媒介のものであるが故に〔根源的＝能動的であると共に、また〕「受動的」でもあり、〔他者によって〕「定立されたもの」であり「結果」である。従って、上の「二つの」原因の間に違いは無く、そこには、〔まずは〕「潜在的に」〔ではあるが〕、結果を引き起こすことによって実体としての自己を止揚すると同時に、この結果を引き起こす働きの中で初めて自立することになる「一個の」原因があるだけである。

1　この das Wirken auf sie は、「その前提した他者に働きかけること」と取り、「前提する」を第一五四節への訳注2（八九五頁）の①の意に取りました。

**第一五六節、ロ〔その顕在的同一性〕**

しかし、また、この両規定の同一性は「顕在的」でもある。なぜなら、この両規定が互いに原因及び結果になりあうことによって、この二つの原因は定立されるのであり、そしてこの「定立し」あうことがそれらの原因の「在り方」自身なのだからである。だから、両区別項に違いは無いということは〔前節で述べたように〕潜在的であるだけではない、つまり我々がそう反省するだけではない。相互作用というものがそもそも〔原因と結果の〕それぞれの規定を定立してはまた止揚して自己と反対のものになり、よってもって両契機の潜在的同一性を定立〔顕在化〕することと自体なのである。即ち、根源性〔原因〕の中に結果とされたものが[1]定立されて根源性が止揚される。即ち原因の作用が反作用になる、等々である。

1　Wirkung に不定冠詞が付いています。

**付録〔相互作用の立場の意義と限界〕**

相互作用というのは因果関係を全面的に展開したものです。ですから、事物を因果性の観点で捉えると、先に述べましたように[1]、無限進行になってしまって不十分だと分かると、反省〔の立場に立つ悟性[2]〕はよくこの相互作用関係に逃げ込みます。例えば、歴史を考案する際、所与の民族の性格と習俗がその民族の体制と法律の原因なのか、それとも逆に前者は後者の結果なのかという問題をまず立てます。するとその時、この両者、つまり一方における性格と習俗、他方[3]における体制と法律を相互作用の観点の下で捉えて、原因はそれが原因であるのと同じ関係の中で同時に結果であり、結果はそれが結果であるのと同じ関係の中で同時に原因であるという風に捉えるのです。自然を考察する場合にも同じようにするのでして、生物の器官と機能も〔上の歴史の問題の場合と〕同様に、互いに相互作用の関係にあるとされます。さて〔これを考えるために、相互作用の本性を考えてみますと〕、相互作用というのはたしかに因果関係のすぐ次の真理であり、概念の入口に立っているものです。しかし、だからこそ、概念的認識が問題になる所ではこれでは満足できないのです。もし与えられた対象をただ相互作用の観点から捉えて終わりとするならば、それは実際には概念〔の立場〕を知らないやり方と言わなければなりません。というのは、その時には、単に事実を取り上げているだけで、最初に因果関係を適用した時に求めていたこと、つまり媒介を示すということは果たされないままだからです。相互作用を適用するだけではどうして不十分なのか、もう少し立ち入って考えてみますと、相互作用関係は概念の等価物になりうるものではなく、むしろその前にまず概念によって捉えられ〔その意義と限界を明らかにされ〕なければならないものだということです。そして、これを概念で捉えるとは、相互作用の両側面を与えられたもののままにしておかないで、前の二つの節で示しましたように、第三の一層高いもの、それがやがて概念なのですが、それの契機として認識することなのです。[4]

ですから、例えばスパルタ人の習俗をその体制の結果と見〔ると同時に〕、逆にこの体制をその習俗の結果と見るならば、この見方はたしかに正しいかも知れませんが、これでは実際にはその体制もその習俗も概念で捉えられてはいないので、最終の解決にはならないのです。しかるにそれを概念で捉えるとは、これらの二つの面だけでなく、その他のスパルタ人の生活と歴史に関する面をも、この概念の中に根拠を持つものとして認識することなのです。[5]

1　この「先に」とは第一五三節注釈の最後と同付録の最後の事でしょうが、これが付録（講義の中での発言）であることを考えますと、後者の事でしょう。
2　第一五三節付録への訳注2（八九四頁）を参照。
3　「他方」という語については一九五頁の訳注1を参照。
4　「事実を確認すること」は学問の「前提」にすぎません。その確認した事実について「なぜそうなのか」と追究し始める所から「科学」と「学問」が始まるのです。その学問的認識の最高の方法が「概念的認識」だとするのがヘーゲルとマルクスの考えです。拙稿「弁証法の弁証法的理解」（二〇一四年版）、付録1「『パンテオンの人人』の論理」を参照。

5　これは若き日のマルクスの思想に対してもあてはまると思われます。マルクスは、環境が人間を決めるとしたフランス唯物論に対して、「その環境は人間が作るものではないのか」と反論しましたが、それは因果関係の立場に対して相互作用の立場から批判したものと、捉え直すことができるでしょう。それはその限りで正しかったのですが、マルクスも相互作用の立場で終わってしまって「人間の変革は運動の中でなされる」という一般論以上には進みませんでした。これは今日でも理論的にも実践的にも解決されていない大問題です。「先生を選べ」という考えは、生活の中の哲学がこの問題に対して出した答です。なお、断っておきますが、フランス唯物論の主張も、全ての問題を個人の心の持ち方に帰着させた当時のキリスト教に対する批判だったのでしょうから、その限りでは正しい面を含んでいました。

### 第一五七節、ハ〔必然性の正体〕

従って〔直線的に原因から結果にどこまでも進んでゆくような交代を止揚して相互作用と成った〕この純粋な自己交替は「必然性の正体をさらけ出し、顕在化したもの」である。〔逆に言うならば〕必然性自体〔出発点における必然性〕の持っていた紐帯は、まだ「内に隠れた」必然性であった。なぜなら、その必然性は「現に作用している現実」の間にある同一性ではあるが、それらの現実の持っている自立性こそまさに必然性なのだということが明らかにされなければならないものだったからである。従って、実体から因果性と相互作用を通って進む〔必然性の〕歩みは、その〔実体の持っている〕自立性が「無限の否定的自己関係」だということを「定立する〔顕在化する〕」ことにすぎないのである。これがなぜ「〔自己〕

否定的」自己関係かというと、そこでは自己を区別して他者を定立する時、その他者が〔実体の属性のように〕従属的ではなく、互いに「自立しあった現実」を産み出すことになるからであり、それがなぜ無限の「自己関係」かというと、それらの現実が互いに自立しているということがまさにそれらの同一性を成すからである。[1]

1　何か屁理屈をこねているだけのようで、何を考えているのかイメージが浮かびません。一つ一つの文の関係を考えれば「論理的思考」の訓練にはなるでしょう。

## 第一五八節〔必然性の真理は自由、実体の真理は概念〕

かくして「必然性の真理は自由」であり、「実体の真理は概念」である。つまり、自己を自己から突き放してさまざまな自立物となり[1]、この突き放しの中で自己と同一であり[2]、ただ「自己自身のもとに」あって「自己と」のみ交替しあう運動[3]である。[4]

1　これが実体・属性関係との違いでしょう。
2　これが因果性との違いでしょう。
3　これが相互作用との違いでしょう。
4　最後のダッシュ以下の文は、**die Selbständigkeit** がダッシュの前の **Begriff** の言い換えです。この **die Selbständigkeit** に **welche** 以下の関係文が掛かっています。この関係文は **welche** が主語で文末の **ist** が定形です。属詞（述語）が三つあります。一つは **das .. Abstoßen** です。二つ目は **identisch mit sich** です。三つ目は **diese .. Wechselbewegung** ですが、最後の **nur mit sich** の句をその前の **Wechselbewegung** の **Wechsel-** に掛けて取ることです。こう取ると文法的にきちんとした文だと分かります。

付録〔直接的必然性と間接的必然性〕

「必然性は厳格である」ということをよく言いますが、たしかに必然性そのもの、即ち直接的必然性の立場に留まっている限り、それは言えます。というのは、必然性を云々する場合には、自立自存した或る状態があって、あるいは一般的に、自立自存した何らかの内容があって、その内容〔全体〕に〔かかわるような形で〕或る他者がやってきて、それを滅ぼすということが考えられているからです。〔どんな内容（対象）もこの必然性の支配を免れないので〕これが直接的必然性ないし抽象的必然性の持つ厳しさ、悲しさなのです。ここでは、必然性によって互いに結びつけられており、又それによって自己の自立性を失うことになる両者の同一性はまだ内に隠れていて、その必然性に支配されている当のものに対しては現われていない〔自覚されていない〕のです。従って、この立場での自由はさし当ってはまだ抽象的自由にすぎず、その自由は、自分の現在の姿ないし今持っているもの〔性質〕を放棄することによってしか守れないのです。――

しかし、これまで見てきましたように、必然性の過程には今ある固い外面が克服されてその内面が開示されるという面もあるのです。そして、それによって、〔必然性によって〕結びつけられているものは実際には無縁なものではなく一つの全体の契機にすぎず、各契機は他者と関係しながら自分自身の許に留まり、ただ自分とだけ関わるにすぎないということが、示されるのです。これが必然性から自由への変貌[1]（Verklärung）でして、この自由は抽象的で否定的な自由ではなく、具体的で肯定的な自由なのです。又ここから分かることは、自由と必然性とを互いに排斥しあうものと見なすことがいかに間違っているかということです。たしかに必然性そのものはまだ自由ではありませんが、自由は必然性を前提として含むものでして、自由の中には必然性が止揚された形で含まれています。〔ですから、例えば〕礼儀を弁《わきま》えた人間というのは、自分の行為が必然的で絶対的に妥当するものだと自覚しているのです。そして、それを自覚していることはその人の自由を少しも損なうものではなく、むしろ自由は、それが必然的だという事を知ることによって、本当の内容のある自由になるのです。それは、この点で、内容のない自由、つまり単なる可能性としての自由にすぎない恣意と区別されるのです。〔又、逆の例を考えてみますと〕犯罪人が罰せられる場合、その人は自分に加えられる罰を自由の制限と考えるかもしれませんが、実際にはその罰は、他者から加えられる暴力、犯罪人を屈服させる暴力ではなくて、その人自身の行為の現われにすぎません。ですから[2]、その人はこの事を認めることによって、自由人として振る舞うことになるのです。一般的に言って、自分が絶対的理念によって完全に規定されているのだと知ることが、人間の最高の自立性でありまして、こういう意識と振る舞いをスピノザは「神への知的愛」と呼んだのです。[3]

1　この Verklärung という語は、聖書ないしキリスト教では、「イエスの姿や顔が変貌した」ことです。イエスの生涯における重要な事件の一つです。マタイ伝17　1－8、マルコ伝9　2－8、ルカ伝9　28－35にその記述があります。ドイツ人ならばこの言葉を聞けば誰でもそれを連想するでしょう。ここは直接的にはイエスの変貌を言っているわけではありませんが、必然性の自由への発展をきわめて重要な事と考えたので、この言葉を使ったのではないでしょうか。

2　これは hiermit の訳です。この hiermit は indem の文と so の文をつなぐのではなく、indem 以下の文がこれ以前の事全てからの帰結であることを示すものでしょう。

3　先に第一五一節付録で、ヘーゲルは、スピノザには主体性の観点がないと言いましたが、鶏鳴学園のゼミでは「ここと矛盾するのではないか」ということが問題になりました。これを整合的に理解するのに次の二つの解釈を考えました。第一の解釈＝「神への知的愛」という言葉でスピノザが言いたかったこと、予感していたことを、はっきり言うとこうなる、というのであって、スピノザ自身が顕在的な形でこう考えていたというのではない、と取る。第二の解釈＝一人の哲学者の中で全てが整合的とは限らない。スピノザの形而上学は実体の立場に立つものだが、情緒的には（部分的には）主体の立場が出ている（カントについても、第一批判より第三批判を高く評価するのと同じ）と取る。

なおスピノザにおける必然性と自由については波多野の次の説明を引いておきます。「実体の存在と同様に、実体の一切の運動はその本性に基づく必然的な結果である。しかし、その必然というのは決して自由と矛盾するものではない。むしろ真の自由とは自分の本性によって必然的に運動することである。もし自由というものを勝手気ままという意味だとするならば、神は自由であるとは言えないだろう。もし必然というものを他者によってそうさせられる、つまり強制的にそうさせられるという意味だとするならば、神は必然的であるとは言えないだろう。しかし、本当の意味では神は必然的であると同時に自由である。神においては自由と必然とは全く同じなのである」（『西洋哲学史要』一七七頁）。

## 第一五九節〔概念は存在と本質の真理、両者の統一〕

「概念」はかくして「存在と本質の真理」である。つまり、[1]自己内反省の〔外への〕現われ[2]〔本質〕が同時に自立した直接性〔存在〕であり、〔逆に〕さまざまな現実のこの〔直接的な〕「在り方」〔存在〕がそのままでただちに「自己自身の内への」反省〔本質〕となった時、その存在と本質の真理が概念である。[3]

1　本節の一行目の hiermit は二行目の indem を先取りしているのではなかろうか。松村も「かくして」と訳しながら、後を「というのは」としていますが、賛成です。

2　ヘーゲルは「反省」（refrektieren, Reflektion）と同じような意味でなぜ scheinen という語を使ったのでしょうか。Reflektionには直進と反射との二重性が含まれていますが、scheinen には「見える」という意味があり、これは外見と実態との違いを含んでいますから、その意味での二重性は含まれるかもしれませんが、行って帰ってくるという意味の二重性はないのではなかろうか。しかし、scheinen には「外に出る」という意味があって、これがないと、一物の中での、あるいは心の中だけでの Reflektion ということになり、ヘーゲルが本質の論理としたものには一致しなくなると思います。これがポイントではあるまいか。

3　第一の文は「概念は存在と本質の真理である」となっていますが、その説明文である「つまり」以下の内容は「概念は存在と本質の統一である」と言っているのと同じです。これを踏まえておくと、第一六一節とその付録で「概念の進展方法は移行（存在論の進展）でも、他者への反省（本質論の進展）でもなく、発展である」という主張が分かります。

**注釈〔概念という概念を正しく理解するために〕**

**〔第一点・概念の成立過程の持つ意味〕**概念が存在と本質の真理[1]として現われ出、存在と本質がその「根拠」である概念に「帰った」のであるが、その時、概念は「逆に」自己の「根拠である存在から発展した」のでもある。この進展過程の前者の側面は、存在の自己自身の中への「深化」（存在の内面がこの過程によって開示される）と捉えることができるし、後者の側面は、「より不完全なものからのより完全なもの」の現出と捉えることができる。そこでこの発展過程の後者の側面だけを見て、〔「哲学はより不完全なものとかより完全なものといった曖昧な表現でごまかしている」といった〕非難が為された。[2]〔しかし、前者の側面も合わせて考えれば〕そこには「より不完全なもの」とか「より完全なもの」といった表面的な観念の持つ一層はっきりした内容〔が分かるのであって、それ〕は、「存在」は自己自身との「無媒介」の一体性だが、「概念」は自己との「自由な媒介」であるという違いである。〔この「自己との自由な媒介」ということを説明し直すと、まず〕存在が概念の一「契機」として示され、それによって概念は存在の真理であることが示されたのであった。〔しかるに、この事はどういう意味を持つかというと〕概念は、〔存在から概念への存在の発展過程を〕概念自身の自己内反省過程とし、概念を媒介する〔産出する〕過程を止揚することによって、「無媒介者〔存在〕を前提する」〔存在が自己の前提であったことを示す〕[3]ものだということである。――しかるに、この前提行為は、その自己内還帰と一体であるという性質を持っており、[4]この一体性が自由及び概念の本質を成すものなのである。従って、〔存在という〕契機を不完全なものと呼ぶ時、完全なものとされる概念は、たしかにこの不完全なものから発展してくるのだが〔概念は本質的に自己の前提の止揚だから、それはそうなのだが〕、しかし、同時に、〔自己の前提を止揚して〕自己を定立しながら〔それによって〕その前提を作る[5]ものは、ひとり概念だけなのである。因果性において一般的に、詳しくは相互作用の中で明らかになったのがこの事である。

〔第二点・概念は存在を含む〕存在及び本質[6]との関係では概念は「単純な直接性としての存在に帰った本質」と言ってよい。従って、その本質の反省的な現われ（Scheinen）は現実〔存在〕を持つし、又その本質の現実〔直接的なあり方〕も同時に自己自身の内への自由な照り返し〔存在〕という性質を持っている。そのように、概念は、概念の単純な自己関係という形で、あるいは概念の一体性という直接性として、存在を「自己内に」含み持っている。存在というのはきわめて貧しい規定であって、概念の中にあるものの中では最も小さいものである。

〔第三点・概念の理解の難しさ〕必然性から自由への移行、あるいは現実性から概念への移行は、最も難しいものである。なぜなら、その時には、自立した現実はその移行の中で初めて、つまり「他の」自立した現実と一つになることによって初めてその実体性〔自立性〕を獲得するのだということを理解しなければならないからである。従って、その〔自立した現実の他の現実との〕同一性である概念自身も最も難しいものである。しかし、現実的な実体〔作用している実体〕である原因は、自己の自立性の故に何物をも入り込ませないが、すでにその事によって、その原因自身が〔自立的存在ではなく〕定立された存在〔結果〕に移行しなければならないという必然性ないし運命にあるのであり、この事こそむしろ最も難しい事かもしれない。それに対して、この必然性を「思考すること」がむしろこの難しさを解く所以である。というのは、必然性の思考は思考が他者の中で「自己自身」と合体することだからである。[7] そして、この合体が本当の「解放」である。それは捨象〔度外視〕による逃避ではなく、その現実が、必然性の力によって結びつけられている他の現実の中で、自己を他者としてではなく、自己固有の在り方及び働きとして持つということである。この解放が「自立者として現われた」時、それが「自我」であり、それが全面的に展開されると「自由な精神」となり、感情としては「愛」と呼ばれ、それを享受した時「至福」となるのである。――

スピノザの偉大な実体観はこの有限な独立存在からの「解放を潜在的に」捉えているにすぎないが、〔私ヘーゲルの〕概念は〔「主体」だから〕必然性の「顕在的化した」力であり、現に「働いている」自由なのである。[8]

1　連語の冠詞の問題ですが、ここは die Wahrheit des Seins und Wesens となっています。Wesens

には冠詞が付いていません。本文の一行目の最後は die Wahrheit des Seins und des Wesensとなっています。付録の一行目から二行目の所も同じです。すぐ後の訳注6の所は無冠詞です。英訳は共に Being and Essence で、無冠詞です（大書か否かは度外視）。仏訳は共に la vérité de l'être et de l'essence 及び à l'être et à l'essence で、前置詞を繰り返し、定冠詞も双方に付けています。「文法」の三七〇頁の第一項（連語と冠詞）を参照。

2　この「非難」とはこういう事ではなかろうか。

3　第一五四節への訳注2（八九五頁）で「ヘーゲルの前提概念」の解釈を二つ出しておきましたが、ここは②ではないでしょうか。

4　ein Voraussetzen と不定冠詞が付いています。ですから、ここの同格関係は「定冠詞—不定冠詞」です。説明は「文法」の七〇四頁の③にあります。

5　この「前提を作る」という言葉は、因果関係の場合のように、結果が既に存在したものの原因を示す（結果があって初めて原因は原因である）という場合と、相互作用関係の場合のように、実際に生み出す場合とがあるので、概念はその両方を含むということではあるまいか。資本は商品の運動の結果（商品の結果）であるが、商品を生み出しもする。

6　ここは auf Sein und Wesen となっていて、無冠詞です。

7　どうしてここに「思考」を持ってきたのでしょうか。

8　移行の内在的必然性の証明はやはり難しいです。

付録〔なぜ論理学を概念から始めないのか〕

ここに示したように、概念が存在と本質の真理だとするならば、当然、「それならなぜ論理学[1]を概念から始めなかったのか」という質問を覚悟しておかなければなりません。それに対する答としては、思考による認識〔概念的認識〕が問題となっている所では、真理から〔思考を〕始めるわけにはいかないということです。なぜなら、始まりに持って来られた真理は〔それが始まりであるが故に〕断定されざるをえませんが、真理を思考するには、それが真理であることを思考に対して証明しなければならないからです。ですから、もし概念を論理学の冒頭に持ってきて、それを存在と本質の統一と定義したとするならば、それは内容上は全く正しいのですが、しかしその時には存在とか本質という言葉で何を理解したらよいのか、両者はどう概念へと統一されるのかといった問題が出てきます。ですから、こういうやり方では言葉の上で概念から始めたにすぎず、実際は概念から始まってはいないのです。[2]その時、実際の始まりは〔概念ではなく〕ここで〔私が〕したのと同じく、存在なのです。しかし、このようなやり方では、存在及び本質の諸規定は表象から無媒介に取って来ることになるのですが、我々は存在と本質をその固有の弁証法的発展の中で考察し、それが概念の中へ統一されていく過程を認識したのでした。[3]

1　ただ Anfang としか書いてありませんが、これは「論理学の始原」のことであって、「学一般の始原」ではないと思います。現にこの付録の九行目には die Spitze der Logik と書いてあります。『大論理学』の冒頭にあるいわゆる「始原論」はドイツ語では Womit muss der Anfang der Wissenschaft gemacht werden? ですが、この der Anfang der Wissenschaft も der Anfang der Logik という意味です。皆さんはこの Wissenschaft を「学」と訳し、論理学だけでなく、学一般と理解しているようですが、間違っていると思います。書名が Wissenschaft der Logik となっていますから、「二度目には一般化して言う」という準則通りに、ただ Wissenschaft と略しただけだと思います。内容的にも学問一般の始原を論じてはいません。

2　これをヘーゲルは ein bloßer Name（単なる名前）と評しています。

3　この付録の「現実的意味」はどういう事でしょうか。自分の直面した具体例で考えられますか。その例で「真理を思考するには、それが真理であることを思考に対して証明しなければならない」を実行してみてください。これをしなくては「ヘーゲルを読んで哲学した」とは言えないでしょう。

訳注の1で「ヘーゲルのWissenschaftを何と訳すか」の問題を想起してもらいました。この実例で考えてみるとしましょう。「学」とか「学問」と訳すべきだとするのが主流ですが、三枝博音は「科学」としています。私も多くの場合「科学」と訳してきました。ただ「訳すだけ」ならば、同じだと思います。なぜなら、「学（科学）という言葉を使っているだけで、その訳語を思考に対して証明し」ていないからです。

では「その訳語を思考に対して証明」するとは、この場合どういう事を意味するのでしょうか。まずしなければならない最低の事は、「自分がなぜそういう訳語を使うのか」をとにもかくにも説明したと言える文章を発表することでしょう（第一の必要条件）。黙っているのは学問でも哲学でもありません。八一七頁を参照。

次に、その論文は「ヘーゲルのWissenschaftの諸義を皆取り上げて論じているべき」でしょう（第二の必要条件）。ここで大切な点は「皆」「全部」ということです。もう少し固い言葉を使うならば「包括的」ということです。これは本訳書の中にも何回も出てきたことです。

これだけでは十分ではありません。更に進んでその内容を考えますと、それらの諸義を高低の違いで分けて、低いものから高いものへという順序に並べ、「前者から後者がどのようにして出て来るか」を論ずることでしょう（第一の十分条件）。

その中には当然含まれていることですが、敢えてその内容を分けて取り出してみますと、次は、ヘーゲルが「最高の学問的認識」としています「概念的理解（Begreifen, begreifenndes Erkennen）」の内容（諸特徴）を論理的に再構成してみせることでしょう（第二の十分条件）。

最後には、自分の個々の論文や行動の中でそれらの諸義を適用してみせることでしょう（第三の十分条件）。哲学する目的はヘーゲルについての知識を売り歩くことではなく、現実の生活の中でそれを応用してよりよく生きて行くことのはずですから。

ではこれらの五条件を誰がどこで実行しているでしょうか。管見によるならば、第一の必要条件を満たしている人さえほとんどいないと思います。惨憺たる有様です。これが日本の、いや多分、世界の哲学界のヘーゲル理解の実態なのです（私に見落としがあるという人はそれを教えてください）。

例外は許萬元です。論文「ヘーゲルにおける概念的把握の論理」は「第二の十分条件」を満たした画期的なものだと思います。短いものだけにかえってその「全体的論理構造」がくっきりと出ています。その後の著書『ヘーゲルにおける現実性と概念的把握の論理』（大月書店）は詳細にはなりましたが、現実性論も加えたので、輪郭が捉えにくくなった嫌いがあります。力作ではありますが。むしろ『ヘーゲル弁証法の本質』（青木書店）の方が輪郭は明確でしょう。ともかく、ヘーゲル論理学の研究における許萬元の功績は不滅のものですが、致命的欠点は「ヘーゲルの内部」に留まっていて、「外部への応用」がないことです。つまり「第三の十分条件」が無いのです。

これを満たそうとしたものが付録1「『パンテオンの人人』の論理」です。これは「パンテオンの人人」というヘーゲルとは無関係な論文の分析ですので、「第二と第三の十分条件」を共に満たしています。ただし、「第三の十分条件」である「他への応用」について一言しておきますと、それは「いつでもどこでも概念的理解をしなければならない」という意味ではありません。ヘーゲルも言っていますように、「悟性的理解」こそが必要だし、それしか不可能な事柄もあるからです。拙著『関口ドイツ文法』（未知谷）の編集にあたってはその「構成」を熟慮しましたが、「内在的生成の必然性に基づいた展開は、原理的に不可能」という結論に達しました。ですから、この本は悟性的にまとめてあります。更にもう一言しますと、悟性の前段階の「表象的全体像（全体的表象）」を持つことが大切な場合もいくらでもあります。マルクスが「経済学の方法」の中で言っている通りだと思います。

元に戻って、第一の十分条件を満たすべきであったにも拘わらずそれを果たせなかったのは金子武蔵のヘーゲル『精神現象学』研究です。外国の関係文献は広く渉猟しましたが、「現実的問題意識」に欠けたために、『精神現象学』の二大根本方法である「意識が変（替）われば（意識の）対象も変わる〔替わる〕」という命題と、「意識は自分の正誤を判定する基準を自己の中に持っている。だから、意識は自分で高まってゆくのであり、哲学者はそれを傍観していればよい」という命題との「現実的な意味」を理解できませんでした。「第一の必要条件」については論文こそ書いていませんが、知ってはいたようです。しかし、ともかくこれでは「ヘーゲルの Wissenschaft を思考に対して証明した」とは到底いえません。

「第一の十分条件」を満たそうとしたものは拙稿「弁証法の弁証的理解」（二〇一四年版）です。同じテーマを扱った「一九七一年版」の、特に最後の二つの節を書き直して、論旨を明確化したものです。

結論として、ヘーゲルの Wissenschaft について何かを言うのならば、最低でも論文を書いてからにするべきだということです。これが出来れば、その出発点を取って、あるいは全体を取って「科学」と訳そうと、最高点を取って「学」ないし「学問」と訳そうと、それは訳者の好みか力点の置き方の問題で、どちらでも好いと思います。

# 第三部　概念論（Die Lehre vom Begriff）（第一六〇～二四三節）

## 第一六〇節〔総論一・概念の本性〕

概念は、「実体が自分の力を自覚して生まれたもの」だから、「自由」なものである。[1] それは又、その「各」契機が〔そのままで〕その概念の「全体」でもあり、概念と不可分に一体となってもいるから、「統体」でもある。かくして概念は〔完全な〕自己同一性となっており、従って「絶対的に規定されたもの」である。

1　この文は完全に第一五九節の注釈の最後の方（ダッシュの前まで。スピノザへの言及の前まで）の言い換えです。「概念は自由なものである」は三〇五頁の下から四行目の Das Denken der Notwendigkeit ist .. die Befreiung の言い換えです。die für sie seiende substanzielle Macht は、その Befreiung を受けた welche .. 以下の関係文を言い換えたものです。この Macht は一五九節では die Macht der Notwendigkeit（必然性の力、必然性という力。なぜなら、必然性とは「しゃにむに自己を貫徹する力」ですから）と言われています。その力を担っている主体はそこでは das Wirkliche と言っていますが、これは die Substanz のことです。この一六〇節冒頭の文では für sie の sie が何を受けているのか、die Macht ならばなぜ sich と言わないのか、が問題です（誤植ではないようです）。ヘーゲルは人称代名詞を再帰代名詞として使うことがよくありますから（「文法」の八二〇頁の③を参照）、ここもその一つの例だというのがまず考えられる答えです。しかし、私は内容的に考えて、「力が自己を自覚する」のではなく、「実体が自己の力を自覚する」と取りたいと思います。Denken der Notwendigkeit とはそういう事だと思います。つまり、この sie は

substanzielle に含まれている die Substanz を受けると取りました。つまり、現実的なものとなった実体が自分の力を働かせて（wirken して）結果（Wirkung）を出し、その中に自分を確認する（これが für sie）時、実体は必然的に働くと同時に自由に成っている。その時そこには主体、つまり概念が誕生している、という事だと思います。

### 付録〔悟性的概念観と理性的概念観〕

そもそも概念の立場とは絶対的観念論の立場だ[1]と言うことができます。ですから、〔そもそも〕哲学〔は観念論でしかありえないという私ヘーゲルの考えで[2]〕も〔この段階まで高まると〕概念による認識だということになります。即ち哲学は、哲学以外の意識にとっては〔確固として〕存在していてそのままで無媒介に自立していると思われている全てのものを単なる観念的契機[3]にすぎないものと〔引き下げて〕捉え直すものだということです。悟性的な論理学では、概念は通常たんなる思考形式ないし、もう少し詳しく言うなら観念一般と見なされています。感覚や心情の立場に立っている人たちはよく、「概念そのものは抽象的で空虚で死んだものである」と主張しますが、それはこういう低い概念観を念頭に置いているのです。実際には関係は逆なのでして、概念はむしろ一切の生命の原理[4]であり、従って全く具体的なものなのです。それがそうだということは[5]、これまでのこの論理学の運動全体から既に明らかになっていることであり、今更ここで証明する必要はありません。しかし、概念が単なる形式にすぎないとされる時、そこでは形式と内容が対置されているのですが、その形式〔概念〕と内容との対立についてだけはここで〔あえて蛇足を加えて〕一言しておきます。その対立は、反省〔悟性〕によって固定された他のすべての対立と同様、弁証法的なもので、自己自身によって克服されているということは〔本質論を終えた〕我々には明らかなことです。つまり、概念こそが思考のこれまでの全規定を止揚して自己内に含み持っているものなのです。[6]確かに概念を形式と見なすことはできますが、それは、〔形式と言っても〕あらゆる内容を自己内に含み、同時に自己から産み出す無限の創造的な形式と言わなければならないようなものなのです。[7] 又、具体的という言葉で感覚的具体物ないし一般に直接知覚できるものを考えるならば、概念は抽象的だと言うこともできます。たしかに概念は手で掴めるものではありませんし、概念が問題となるところでは視覚や聴覚は役立ちません。しかし、それにもかかわらず、先に述べましたように、概念は全く具体的なものです。それは、概念が存在と本質及びこの二つの領域に属するすべての豊かな内容を止揚し統合して自己内に含み持っているからなのです。――これまでにも指摘しましたように、論理学の対象である理念の様々な発展段階はそれぞれ絶対者についての定義と見なすことができるのでした。ここではそれは、「絶対者は概念である」ということになります。しかし、この定義を考える時には、概念という語を、我々人間の主観に属する思考のそれ自体としては無内容な形式にすぎないとする悟性的な論理学の概念観よりは深い意味に取らなければなりません。するとここで直ぐにもう一つの疑問が出てくるかもしれません。つまり、もし思弁的論理学〔ヘーゲルの論理学〕の中では概念という語を、普通その語に結びつけられている意味とは異なった意味で使うと言うなら、なぜそれにもかかわらずこの別の事に概念という言葉を使って誤解と混乱の原因を作るのか、という疑問です。こういう疑問には、形式論理学の概念と思弁的〔論理学の〕概念との意味の違いがどんなに大きいにしても、一層立ち入って考えてみると、概念という語の深い意味〔思弁的な意味〕は一見してそう見えるほどその語の一般的な用法から離れてはいないことが判かる、と答えることができるでしょう。つまり、或る内容、例えば所有と関係した法の諸規定を所有の概念から導き出すとか、逆にそのような内容を概念に帰着させるといったことを言いますが、その時には、概念は単にそれ自体として無内容な形式なのではないということが〔事実上〕承認されています。なぜなら〔もし概念がそのような無内容な形式にすぎないのでしたら〕、そのような形式からは何も導き出すことは出来ないでしょうし、又或る内容をそのような空虚な形式に帰着させてみたところで、その内容の〔内容という〕規定性〔在り方〕が取り去られるだけで、少しも認識されはしないだろうからです〔認識するとは、或る内容の規定を概念という形式の中に取り込むことですから〕。

1　あらゆるものを自己の観念的契機とする立場のことをこう言ったのでしょう。
2　第一〇〇節を参照。
3　この ideelles Moment が重言であることは既述（第九九節）。すぐ後の als aufgehoben と二〇八頁の四行目の in ideeller Einheit はこれを言い換えただけです。
4　三一〇頁の下から六～五行目では der lebendige Geist des Wirklichen と言い換えています。九二三頁の訳注6を参照。
5　「それはそうである」は dem を使って das は使いません。「文法」の三五四頁を参照。英は it is so とか this is so としています。これから「それはこういう事なんだよ」と説明を始める時は Es ist so だと思います。
6　ここで und ist es と定形倒置になっているのは、三行上の so liegt uns derselbe と並んで so に支配されているからです。
7　私（牧野）は、ヘーゲルは「哲学は思考の形式に関する学問だが、その形式とは内容を産み出す形式のことだ」と言っていると、かねがね主張してきましたが、文字通りそのように言っている箇所はないようです。内容的にはこの「付録」や『大論理学』の概念論の冒頭に載せた「概念一般について」という序論がその典拠です。しかし、本当の問題は「内容を産み出す形式」とは具体的にはどういうことか、です。

第一六一節〔総論二・概念の進展形式〕

概念の進展はもはや移行でもなければ他者への反省[1]でもなく、発展である。なぜなら、〔概念から〕区別されたものが、〔区別されていると〕同時にそのままの姿で〔直ちに〕互いに同一であり、又概念全体とも同一であること〔つまり、何ら区別されたものではないこと〕が顕示されており、〔その区別として定立されたものの〕規定は概念全体の自由なあり方となっているからである。

1 Scheinen in Anderes と成っていますが、本質段階での進展が「反省」であることはヘーゲル自身が繰り返し言っていることです（例えば第一一三節）。ですから、こういう言い換えを手がかりにして、ヘーゲルでは Scheinen と Reflexion とは同義に使われることもあると理解するのです。scheinen 自身は、繰り返し述べていますように、「そう見えるが、実際はそうではない」という意味のことがほとんどです。

付録〔量的発展観と質的発展観〕

「存在」の分野での弁証法的過程〔規定の運動の在り方〕は他者への移行であり、「本質」の分野でのそれは他者への反省でした[1]。それに対して「概念」の運動[2]は発展です。それは既に潜在的に存在しているものを顕在化させるにすぎないものです。この概念の段階に対応するものを自然界に求めると、それは有機的生命です。例えば植物はその胚から発展します。胚は植物全体を自己内に含み持っていますが、それは観念的な仕方でです。ですから〔この胚からの植物の〕発展ということを、根とか茎とか葉といった植物の様々の部分が胚の中に非常に小さいとはいえ、ともかく既に「実在的に」存在しているという風に考えてはなりません。この考えは「箱詰めの仮説」と呼ばれているものですが、[3]この説の欠点は、ようやく観念的な仕方で存在しているにすぎないものを既に実在しているものと見なす点にあります。[4]それに対してこの説の正しい点は、概念はその運動の過程の中で自己の許に留まるのであり、概念の運動過程によっては内容面では何ら新しいものは現われず、そこにはただ形式上の変化がもたらされるだけだという考えです。[5]〔デカルトやライプニッツのように〕人間には生得的な観念があるといった事を言う人がいますが、又プラトンは「全ての学習は想起である」と言っていますが、[6]そこで念頭に置かれていることも、概念はその運動の過程の中で自己自身を〔外へと〕展開するにすぎないという概念の本性なのです。ですから、〔学習が想起だからといって〕教育によって形成された意識の内容が、そのように規定され展開された形でその意識の中に〔初めから〕既にあったという風に理解してはならないのです。[7][8]――概念の運動はいわば遊戯のようなものです。というのは、その運動によって定立される他者は実際には他者ではないからです。キリスト教ではこの事は次のように言い表されています。つまり、神は単に自分に対立している他者としての世界を創造したのではなく、永遠の昔から、その中では神が霊として自己の許に留まっているような〔そういう性質を持った〕子を生み出したのだと。

1 この und で並列された二つの文は倒置文だと思います。それぞれの文の属詞（述語）Übergehen in Anderes と Scheinen in Anderes とを無冠詞にした上で更に先置して強調したのだと思います。英Gは私見と同じでしょう。それ以外の訳者はみな、正置文と取ったようです。

2 この Bewegung は dialektischer Prozess を「二度目だから」一般化して言っただけです。

3　こういう考えは、顕微鏡（発明は一五九〇年。小山慶太著『科学史年表』中公新書）の改良で極小の世界が見えるようになった一七世紀末から一八世紀に出てきたようです。典拠を示す事はできませんが、どこかで読んだ記憶があります。

4　この existierend は六行目の realiter の言い換えです。こういう言い換えを手がかりにしてヘーゲルの Existenz を理解するのです。

5　間違いを指摘して終わりにしないで、正しい点もきちんと評価するヘーゲルの二枚腰です。この二種の発展観については拙稿「ダンス哲学」（『生活のなかの哲学』に所収）を参照。

6　ヘーゲルがプラトンの想起説を独自に解釈して受け継いだことに光を当てたのは、許萬元の功績です。「ヘーゲルにおける概念的把握の論理」を参照。

7　この wäre の位置は「変則的定形後置」です。本来のものではありませんが、変則的定形後置というものがあると、自由にそれを応用することも許されるというのは言語現象ではよくあることです。

8　生得観念説も想起説も典型的な観念論として唯物論から目の敵《かたき》にされていますが、このように改変してしまうと観念論ではなくなってしまうのではなかろうか。俗流唯物論のように外からの感覚的刺激が認識の源泉だとするだけだと、犬の頭では認識（思考）は出来ず、又人間にしても個人によって認識能力に差のあることは説明できないでしょう。つまり素質ということですが、ヘーゲルによって改変された生得観念説と想起説は素質の説明になるのではなかろうか。（拙稿「素質・能力・実績」参照）

## 第一六二節〔総論三・概念論の分類[1]〕

概念論は次の三つの部分に分けられる。①主観的概念論または「形式的」概念論、②直接性へと規定された概念の理論または客観性論、③理念論または主観・客観論、あるいは概念と客観性との統一の理論、即ち絶対的真理論、である。

1　「概念の」とすると「分類」と受けることになり、「概念論の」とすると「区分」と受けることになると思います。

## 注釈

〔第一点・これまでの論理学の無原則性〕「通常の論理学」は、本書〔『小論理学』〕全体の「第三部の一部」となっている材料〔概念、判断、推理〕を含んでいるにすぎない。そのほかに、既に〔本質論の第一章第一項で〕扱ったいわゆる思考法則〔同一律、矛盾律、排中律〕を含み、又応用論理学として心理学や形而上学やその他の経験的な材料からまだ完全には純化されていない認識についていくつかの事を述べる。なぜこういう事をするかと言うと、かの思考形式〔概念、判断、推理、同一律、矛盾律、排中律〕だけではやはり結局不十分だからである。しかし、それ〔応用論理学を入れた事〕によってその論理学は確たる方向を見失ったのである。[1]――〔ついでに言っておくと〕[2]少くとも本来論理学に属するものではあるかの思考諸形式も、〔通常の論理学では〕単に意識ある思考の諸規定とされていて〔その存在論的側面は考慮されず〕、しかも理性的思考の諸規定ではなく単に悟性的思考の諸規定とされているにすぎない。

〔第二点・存在論と本質論の諸規定の低さ〕これまでに出てきた論理学の諸規定、つまり存在の諸規定と本質の諸規定は、[3]たしかに単なる思考規定〔個々バラバラな規定〕[4]ではない。即ち、それが〔存在論では反対規定へと〕移行するという弁証法的契機によって、又〔本質論では〕自己内に還帰するという統体性の契機によっても、それらの規定が「概念」だということは示されてはいる。しかし、それらは単に「規定された」概念、概念自体〔潜在的概念〕、あるいは「我々にとっての概念」であるにすぎない〔第八四節及び第一一二節を見よ）。なぜなら、それらの規定がそこへと「移行」したり、その中で「反省」して自己を相対化したりするところの「他者」は「特殊」ではなく、又第三態〔である還帰態〕も「個別」ないし「主体」として規定されてはおらず、各規定が「普遍」でないために、その対立規定の中での自己同一性即ち各規定の自由が「定立されて」いない[5]からである。――そもそも通常「概念」という言葉で理解されているものは、「悟性規定」ないし一般的「観念」にすぎず、従って要するに「有限な」規定にすぎない（第六二節参照）。

〔第三点・論理学の形式の内容的性格〕概念の論理学は普通、単なる「形式的な」学問〔形式に関する学問〕にすぎないと思われている。つまり、そこで問題になることは概念や判断や推理といった「形式」だけであって、或る事柄の「真偽」は問題ではない、真偽はひたすら「内容」に依るのだ、というのである。実際、もし概念の論理的諸形式が観念の〔内容にとっては〕どうでもいい器、働きのない死んだ器だとするならば、それについての知識は真理にとっては余計で、無くてもよい「お話」〔であって、学問ではないの〕だということになるであろう。しかし、実際は逆であって、それは概念の形式であるが故に、「現実の生きた霊」[6]である。真なる現実は「この形式から由来し、この形式を通って、この形式を採ることで初めて真理に成る」[7]のである。しかるに、これらの形式がそれだけで〔内容を抜きにして〕どの程度真であるかということは、これまで一度も考察されず、又それらの形式相互間の〔内在的〕必然的関係も研究されなかった[8]。

1　「見失った」というより、「見失っていることを自ら暴露した」と言いたいのではあるまいか。

2　このダッシュは注を入れるためだと思います。

3　独原文は Die vorhergehenden logischen Bestimmungen, die Bestimmungen des Seins und Wesens となっています。英は The preceding logical determinations, the determinations of being and essence です。仏は Les déterminations logiques qui précèdent, les déterminations de l'être et de l'essence です。下線を引いた部分を比べると、独英仏のこういう場合の冠詞用法の違いが分かります。

4　「単なる思考規定」の意味をこう取った。

5　「我々にとっての概念」と「概念として定立されていない」とは同じ意味です。

6　原文は der lebendige Geist des Wirklichen ですが、これは原典の三〇七頁の中ほどにある das Prinzip alles Lebens の言い換えだと思います。九一七頁の訳注4を参照。

7　ドイツ語では動作を表すにその動作の結果としての状態をもってするので、この ist を動作的に訳しました。

8　このヘーゲルの主張は誰がどこでどう具体的に受け継いでいるのでしょうか、レーニンは「ヘーゲル論理学の唯物論的改作」を提唱しましたが、誰がそれを実行しているのでしょうか。

# 第一章　主観的概念（Der subjektive Begriff）

## 第一項　概念そのもの（Der Begriff als solcher）

### 第一六三節〔概念の三契機〕

概念そのもの[1]は、普遍と特殊と個別の三契機を含み持つ。「普遍」とは、その規定された姿の中での自由な自己同等性であり、「特殊」とは、その中で普遍が曇りなく自己と等しくあるところの規定された姿態であり、「個別」とは普遍と特殊の両規定の自己内反省であり、この個別における否定的自己同一は、「絶対的に」規定された自己同一者である、つまり普遍[2]である。[3]

1　ここで「概念そのもの」という表現を使ったのは、判断及び推理と並ぶ概念であって、概念論全体に通用する「概念」ではないと明確にするためでしょう。

2　この「普遍」は最初の契機の「普遍」とどう違うのでしょうか。鶏鳴版では「抽象的普遍の悟性的理解と理性的理解の区別」を提案し、最初の「普遍」は「悟性的にではなく理性的に理解された抽象的普遍」ではないかと書きました。従って、この最後の「普遍」は「具体的普遍」ということに成ると思います。

3　ヘーゲルの論理学では思考の段階が高まると新しい段階の論理的性格を表すカテゴリーと前の段階を表すカテゴリーが新しい段階で捉え直されます。本質論では前の段階の「存在」が「仮象」とされたように。この概念論の冒頭でもそれをしているのだと思います。「特殊」が本質の捉え直しであるのは当然として、「普遍」と「個別」とをどう解釈するかが問題です。私見では、「普遍」は「存在」の概念論における性格であり、「個別」こそが概念の立場の論理的性格だと思います。今後も丁寧に見てゆきましょう。

### 注釈〔概念の個別とは何か〕

〔概念の〕個別は〔内容から見れば、本質論に現われた〕現実的なものと同じである。ただ、個別は〔本質の段階に属する現実と違って〕概念から出てきたものだから、それが普遍であること、つまりその否定的自己同一が「定立され」て〔顕在化して〕いるという〔形式的な〕違いがあるだけである。「現実的な」ものは本質と現出存在[1]との「統一」である、と言ってもそれはまだ「潜在的」であり〔概念によって〕「媒介されていない」ので、現実的で「あり得る」にすぎない。それに対して概念の個別はそのままで現に「働いている」ものであり、しかももはや「原因」のように他者を結果するかのような仮象にもまつわりつかれておらず、「自己自身」を結果するものとして働いているのである。[2]――第二に、〔概念の〕個別を「直接的個別」〔感覚の個別〕の意味に取ってはならない。個々の事物、個々の人間などについて云々する時の個別が直接的個別なのだが、この個別規定は判断論で初めて出てくる。概念の三契機はいずれもそれ自身が概念全体である（第一六〇節）が、中でも個別つまり主体は、その概念の統体性が外に定立されたものである。[3]

1　第一四二節注釈への訳注1（八四二頁）を参照。
2　つまり、いわゆる「因果関係の理解」ではAとBという「異なった二つのものの必然的関係」

を考えるのです。ですから、ヒュームのように「それは証明できない」という批判が出てくるのです。この批判に対して、ヘーゲルは「そこにある事態は、或るものが自己を結果しているだけであることを示すことが、必然性の本当の証明だ」と考えるのです。

3　二種の個別を分けたのはヘーゲルの偉大な功績でしょう。それぞれの「現実的な意味」は付録2「昭和元禄と哲学」で解明しました。なお、鶏鳴版では、この注釈におけるヘーゲルの「現実と個別との違い」の説明に異を唱えましたが、少し的外れだったかなと思っています。ただし、両者の違いを「共に自然史的必然に棹差した実践でありその成果であるが、行為者がその事を自覚しているか否かに違いがある」としたのは今でも正しかったと思っています。

付録一〔概念の普遍とは何か〕

〔その一・共通者としての普遍と概念の普遍〕概念という言葉を使う時に念頭に置かれているのは大抵の場合抽象的普遍にすぎません。また概念は一般的表象〔観念〕と定義されることも少なくありません。色の概念、植物の概念、動物の概念等々といったことを言う場合がそうでして、こういった概念は、様々な色や植物や動物等々を互いに区別する特殊性を除いて、それらに共通のものを取り出すことによって作られるとされています。概念をこのように捉えるのが悟性のやり方ですが、こういう概念を感情が空虚だとか無内容だとか、あるいは虚妄か影でしかないと評するのももっともなことです。しかし、概念の普遍は、それに対して特殊が独立して立っているような共通者ではありません。それはむしろ自己を特殊化し、その他者〔特殊〕の中で曇りなく自己の許に留まるものです。単なる共通者と真の普遍とを区別することは認識にとっても実践にとってもきわめて重要な事です。思考一般に対して、あるいは一層具体的には哲学的思考に対して、感情の立場から為される非難も、また思考が極端に走ると危険だという主張も、その根拠はみなこの二つを混同することにあります。[1]

〔その二・概念の普遍とキリスト教〕ところでその真の包括的な意味での普遍概念は、人間の意識の中に入り込むまでには何千年もの歳月を要したほどの〔高度な〕観念でして、それはキリスト教によって初めて十全に承認されたのでした。その他の点ではかくも高い立場に立っていたギリシャ人でも、神も人間もその真の普遍態において捉えるところまでは行きませんでした。ギリシャ人の神々は精神の特殊な諸力〔の権化〕にすぎず、アテナイ人たちにとっては普遍的な神、諸民族の神はいまだ隠れた神でした。そのようなわけで、ギリシャ人にとっては彼らと野蛮人〔非ギリシャ人〕との間には越えがたい溝があり、人間はその無限の価値と権利とにおいては未だ承認されていなかったのです。よく近代ヨーロッパではなぜ奴隷がなくなったのかと問うて、あれこれの事情を持ち出してこれを説明するということが行われています。しかし、キリスト教的ヨーロッパに奴隷がいなくなった真の理由は、キリスト教の原理自身の中にあるのです。キリスト教は絶対的自由の宗教であり、キリスト者のみが人間を人間として、その無限性と普遍性において捉えるのです。奴隷に欠けているものはその人格の承認ですが、この人格の原理こそ普遍性にほかなりません。つまり、主人は奴隷を人としては見ず、自己なき物と見るのであり、奴隷は奴隷で、自分を自我とは見ないで、主人を自分の自我と見るのです。——

〔その三・ルソーにおける一般意志と全員意志の区別〕先に述べました共通者と真の普遍との区別は、ルソーがかの有名な「社会契約論」の中で適切に言い表しています。つまり、そこでは国家の法律は「一般」意志に基づかなければならないが万人〔全員〕の意志である必要はない、と言っているのです。ルソーがその国家論でこの区別を忘れなかったならば、もっと深い考えに達しただろうと思います。[2] 一般意志とは意志の概念のことであり、個々の法律はこの概念の中に根拠を持つ意志の特殊規定なのです。

1　ここには原文ではダッシュもありませんが、訳者が改行しました。
2　個人をアトムと見ることから出発しないで、最初から「社会の一員」と見る立場に立つべきだったということでしょう。なお、この段落を独立させたのも訳者の判断です。

**付録二〔概念の根源性と客観性〕**

概念の発生と形成について悟性的論理学で通常行なわれている説明に関して更に一言しておきます。概念というのは我々が作るものでもなければ、更に一般的に言って、発生するものでもないということです。確かに概念は単なる存在とか無媒介のものではなく、そこには媒介が含まれています。[1] しかし、この媒介は概念自身の中にあるのであり、概念というのは自分で自己を媒介する〔自己を創造する〕ものなのです。〔ですから〕我々の観念の内容を成す対象がまず在って、その次に我々の主観の働きが来、それが前述したように〔それらの対象の差異を〕捨象して共通のものを一緒にするという操作によって対象の概念を作ると考えるのは、あべこべなのです。そうではなくて、むしろ概念こそが先にあるのであり、事物はその事物に内在しその中に現われ出る概念の働きによって、現にあるようなものと成っているのです。この事は我々〔キリスト者〕の意識の中では次のように表現されています。つまり、我々は神が世界を無から作ったとか、あるいはまた神の観念が満ちあふれ、神の思し召しがいっぱいになって溢れ出て、世界と有限な事物が現われ出たと言いますが、そこで言われていることは、観念ないし一層正確には概念は、無限の形式ないし自由な創造的活動であって、それは自己を実現するのに自己外の素材を必要としないということです。[2]

1　es gehört zu demselben auch die Vermittlung の es は「非人称化の es」です。ここは箴言的非人称化文と言っても好いと思います。「文法」の四二七頁を参照。

2　概念の客観性をヘーゲルはこう説明しましたが、私（牧野）は唯物論の立場から（おそらく初めて）付録3にあるように捉え直しました。世界を現象と本質に二分するだけの悟性的世界観では真の実践は出てこないのです。本質の上というか、奥と言うか、そこに概念とその全体像である理念を客観的存在として想定しなければならない所以です。

## 第一六四節〔概念は具体的である〕

概念は完全に「具体的なもの〔対立物の統一〕」である。なぜなら、〔概念における〕否定的自己同一[1]は絶対的に規定されており、従って個別であるが、それは直ちに概念の自己関係であり、従って普遍でもあるからである〔従って、対立物が端的に統一されているからである〕。従って概念の諸契機は別々にして考えることはできない。つまり、反省の諸規定は各々それだけでその対立規定から切り離して理解することができるし、又〔それだけで単独に〕働いてもいるが、概念の諸規定の同一性は〔外に〕定立されており、その各々の契機はただちに他の契機から出発し他の契機と合せて捉えなければ理解できないものである。[2]

1　第一六三節注釈の三行目に出てきた die negative Identität mit sich の言い換えです。

2　本質論の規定を存在論の規定から区別する時にはその相互依存性を言いながら、概念の契機の相互的不可分離性を言う時にはかくも低く言うというのは感心しません。本質の対概念の相互依存と概念の契機の不可分離性の違いを突っ込んで考えるべきだと思います。

注釈〔概念の具体性〕

〔第一点・概念の三契機の不可分離性〕普遍と特殊と個別を抽象的に〔それだけとして〕取るならば、それは、それぞれ、〔本質論の〕〔自己〕同一性と区別と根拠に当たる。しかし、普遍は〔確かに〕自己同一者であるが、〔ここ概念論の段階では〕自己内に特殊と個別を含み持つという「意味を顕在化させてもいる」自己同一者である。又、特殊〔について見ても、それ〕[1]は区別されたものないし規定された姿であるが、同時に自己内で普遍的でも個別的でもあるという意味を持った区別態である。同様に、個別は、類を自己内に含み持ちそれ自身で実体〔普遍〕でもある「主体〔個別〕」ないし根底であるという意味を持っている。〔概念の〕諸契機が区別されながらも分離されえない事が「定立されている」ということはこういうことである。これが概念の「明晰性」[2]ということである。つまり、概念の中では区別はどれも分断やにごりを成すことなく、透明なのである。[3]

〔第二点・概念の抽象性と具体性〕概念は「抽象的な」ものであるという言葉ほどありふれた言葉はない。この言葉には正しい面もあるのであり、それは、まず第一に、概念の基盤は思考一般であって感覚的に具体的な感性物ではないという意味でであり、第二に、概念はまだ「理念」ではないという意味でである。その〔まだ理念でないという〕限りで主観的概念はまだ「形式的」ではあるが、しかしその事は、概念がその内容を自分自身以外のどこか他所から取ってきたり貰ったりしなければならないということではない。――概念は絶対的形式〔内容を産み出す形式、絶対者の形式〕だから、あらゆる規定〔内容〕であるが、概念の中ではすべての規定がその真の姿になっている。かくして概念は確かに〔上の二つの意味で〕抽象的ではあるが、〔本当には〕それは具体者であり、しかも全く具体的なものであり、主体そのものである。

絶対的に具体的なものとは〔本当は〕精神であるが（第一五九節への注釈を見よ）、〔もう一段正確に言うと、絶対的に具体的なものとは〕概念〔としての精神〕である。なぜならば、自己を自己の客観性から区別しつつ、その区別された客観性が区別されているにもかかわらず「概念のもの」であり続けるというのが概念の性格であり、そういう概念として「現存在する」限りで精神は絶対的に具体的なものなのだからである。[4] 他のすべての具体物はどんなに内容豊かであっても、概念ほどには内面的に自己同一ではなく、従ってそれ自身において概念ほど具体的ではなく、せいぜい通常具体的と言われているもの、つまり外面的に〔自己〕の本性に依らずにたまたま〕一緒にされた多様性にすぎない。――人間とか家とか動物といった普通に概念と言われ、しかも規定された概念と言われているものは、単なる規定に過ぎず、抽象的な表象にすぎない。それは、概念から普遍の契機だけを取り出して特殊と個別の契機を捨てることで得られた抽象であり、従ってそれ自身に即して展開されておらず、それ故まさに概念の欠けたものなのである。

1　この dass 文の中で主語は das Besondere und Einzelne ですが、定形が sei と単数形になっています。ここをこのまま訳しているのは仏Bだけですが、それも en lui est contenu en meme temps le particulier et singulier と独と同構で訳しています。「文法」の三八〇頁の第一原則を参照。

2　有名な「明晰判明知」の意味はデカルトとライプニッツで異なるようですが、Klarheit は語としては「明晰（他との区別がはっきりしている事）」に当たります。ここは「内包の明瞭性」を言っていますので、意味としては「判明」即ち Distinktheit と言うべきだったでしょう。ヘーゲルが錯覚したのかもしれません。しかし、日本語も「明断」と聞けば「内包の明瞭性」を考え、「判明」と聞けば「他との区別がはっきりしている事」と理解する人は少なくないでしょう。これと無関係と取って、松村のように「透明性」と訳しても好いと思います。

3　この注釈の第一点は第一六三節への注釈だと思います。

4　ここは拙訳を独原文と比較して見れば分かりますが、文頭の Das Absolute Konkretes は属詞と取りました。主語は der Geist です。その主語を言い換えたのが der Begriff です。Insofern 以下はもちろんその言い換えの根拠の説明です。

### 第一六五節〔概念そのものの結語・概念から判断へ〕

「個別」の契機になってようやく概念の三契機が区別として「顕在化する」ことになる。それは、個別は概念の否定的自己内反省[1]だからである。従って、個別は概念の自由な〔自己の本性に基づく〕区別であるが、「まずは」それは「第一の否定」であり、それによって〔概念そのものではなく〕概念の「規定されたあり方」を定立するのだが、それは「特殊」としてである。即ちそこで区別されたものは第一に概念の契機の規定を互いに対して持つだけであり、第二に「一方は他方である」というそれらの「同一性」もそこには定立されているのである。この概念の特殊の「定立された」ものが「判断」である。[2]

1　この「否定的自己内反省」は第一六三節の五行目の der Reflexion-in-sich der Bestimmtheiten der Allgemeinheit und Besonderheit を受けています。ですから、ここの「否定的」とは「自己区別的」ということでしょう。従って、それは、概念の契機を外へと押し出すことが内容的には自己内反省になっている、ということでしょう。

2　この節の目的は概念から判断を「内在的に」導出することです。ですから、途中で「特殊」を出し、その性質として「区別されたものの関係」（主語と述語の関係）と両者の同一性（「である」で結びつく）を引き出したのです。ヘーゲルの言い換えには底意があるのです。

### 注釈〔形式論理学における種々の概念分類について〕[1]

「明晰な」概念、「判明な」概念[2]、「十全な」概念といった通常の概念分類は、概念〔論理学〕[3]に属するものではなく心理学に属するものである。なぜなら、明晰な概念ということで考えられているのは単一に規定された抽象的な「観念」であり、判明な観念とはその上になお一つの「徴表」[4]が、つまり「主観」の認識活動に対して徴《しるし》として役立つ何らかの規定が明示されているような観念のことだからである。しかし〔ここでついでに言っておくと〕、「徴表」という言葉ほど論理学の外面性と堕落の徴表となるものはない。[5]「十全な概念」とは前二者以上に概念を暗示するものではあるし、理念を暗示するとさえ言えるが、それでもまだ概念ないし観念とその客体との一致の、つまり観念と外なる物との一致の形式的な側面しか表していない。――いわゆる「下位」概念とか「同位」概念といった考えの根底にあるものは、普遍と特殊を没概念的に区別しかつ両者を外的反省の中で関係づけるような考え方である。また、「対立」概念とか「矛盾」概念、「肯定」概念と「否定」概念とかを数え上げることも、存在と本質の領域に属するものであり、既にそこで考察した。それは概念の規定には無関係な思考規定を手当り次第に拾い上げることにほかならない。――概念の真の区別は普遍概念と特殊概念と個別概念とであるが、それらが概念の「種類」と言って好いのは、それらが外的反省によって切り離された場合だけである。――概念を内在的に区別し規定することは「判断論」に属する。[6]というのは、判断するとは概念を規定することだからである。[7]

1　この注釈の「小見出し」を「形式論理学における種々の概念分類について」としましたが、「概念の種類分けは無意味で、普遍・特殊・個別の三契機だけ論ずれば好い」ということだと思います。『大論理学』では普遍的概念と特殊的概念と個別的概念とを立てています。

2　原文は deutlich です。松村は「明白に区別されている」と、宮本は「はっきりした」と訳しています。本来の「判明」は distinkt だと思いますが、私はそう取りました。

3　「心理学」と対に成っていますので「論理学」を「概念」と言ったのだと思います。

4　「メルクマール」という言葉は日本語に成っていると思いますが、一応「徴表」としました。
5　これだけではなぜMerkmal（メルクマール）という語が悪いのか分かりません。多分感覚的視覚的手懸りと考えられるからでしょう。しかし、我々は必ずしもその言葉をそういう風には使っていないと思います。
6　ここのin etwas vorhandenは三一六頁の一行目のangehörenを繰り返すのを避けただけでしょう。
7　ヘーゲルの「概念から判断の内在的導出」が成功しているか否かはともかく（私には何とも言えませんが、「概念の内容を展開したものが判断である」というのは当たっているのではないかと思います）、そういう問題を立てて一応自分の案を提示したのは偉いと思います。寺沢恒信は『弁証法的論理学試論』（大月書店）の中で「配列の順序」は「低次の形式から高次の形式へ」という原則に従って「主体の論理学」は「判断から概念へという順序」でなければならないと述べ、実行しています。この考えの間違いは、第一に、「客体の論理学」の結論が「主体の論理学」の出発点に成っていないこと（ヘーゲルでは本質論の最後が「概念」の生成で終わっています）、第二に、「判断」から「概念」が導出されていないことです。「内在的導出」が分からないようでは「弁証法」を語る資格はないと言わざるを得ません。

## 第二項　判断（Das Urteil）

### 第一六六節〔総論一・概念の特殊化としての判断〕[1]

「判断」は特殊性における概念である。[2]というのは、判断は、自立していて互いにではなく自己と同一な物として定立されている概念の諸規定を区別しつつ「関係させること」[3]だからである。[4]

1　この節から第一七一節までは「判断論の総論」です。
2　「特殊性における概念」とは「特殊という契機」ではなく、「特殊という契機を定立した概念」ということでしょう。鶏鳴版では「概念の特殊態」としましたが、不正確だったと思います。
3　「区別する」の方は強調せずに「関係させる」の方だけをイタリックにして強調した理由は、次の注釈を読めば分かります。関係させるとは主語と述語（属詞ないし叙述部。以下同じなので繰り返さない）という区別項の同一性を定立するという事です。
4　松村はこの節の第二の文「というのは、～定立されている」の後に句点を打っていますが、拙いのではないでしょうか。

**注釈〔判断の本性はコプラに表れている〕**

**〔第一点・判断の客観性〕**判断と言うと人は普通まず、独立した両端項である主語と述語があり、主語は独立した物または規定で、述語は主語の外、例えば我々の頭の中にある一般的な規定だと考える。そして、次にその一般的規定が私〔認識主観〕によって主語たる規定又は物と一緒にされ、判断がなされる、と考える。しかし、コプラ（繋辞）の「である」が主語について述語を言い表す時〔判断の実際の姿を好く好く見ると〕、こうした〔判断を〕外面的で主観的な「包摂〔と考える考え方〕」は否定され、[1]判断は「対象」自身の規定と考えられていることが判る。――我が国語〔ドイツ語〕の「判断（Urteil）」という語の「語源上の」意味は〔そういう理解より〕深いもので、それは、概念の一体性を第一のものとし、その概念の区別を「原初的」分割（ursprüngliche Teilung）としているが、これこそ判断の真相である。[2]

**〔第二点・判断の抽象的形式〕**判断を抽象的・一般的な命題で表すならば、「『個別』は『普遍』である」となる。〔ここではまだ〕概念の諸契機はその無媒介の規定態ないし最初の抽象態の中にあるので、「主語」と「述語」がさし当って互いに対して取る規定は個別とか普遍といったものになるのである（「『特殊』は『普遍』である」及び「『個別』は『特殊』である」という命題は、判断がもっと規定された時に現われるものである）。どの論理学書を見ても、判断の中にはどれにも「個別は普遍である」、あるいは一層規定して言えば「主語は述語である」（例えば「神は絶対精神である」）という命題〔両者の同一性の命題〕が言い表されているという事実が書かれていないのは、驚くべき欠陥と言わなければならない。たしかに個別と普遍、主語と述語とは区別されてもいるが、だからといって、どの判断もそれらの同一性を言い表しているという一般的「事実」はいささかも変らないのである。[3]

〔第三点・コプラの意味〕コプラの「である」は、その外化の中で自己と「同一」であるという概念の本性から来る。つまり、個別と普遍は「概念」の契機だから別々には成りえない規定なのである。前に出てきた反省諸規定の相関関係の中にはそれらの相互関係「も」含まれてはいるが、その関係は「持つ（Haben）」という〔外面的な〕ことにすぎず、「である（Sein）」という〔完全な同一の〕ことではない。つまり、「それとしてはっきり定立された同一性」、即ち「〔概念の〕普遍性」ではないのである。判断にして初めて概念の真の「特殊性」である。[4]というのは、判断は概念の〔自己〕規定ないし〔自己〕区別であるが、それは「普遍」であり続ける〔自己〕規定ないし〔自己〕区別だからである。[5]

1　ここに wieder という語があります。松村は「再び否定され」と訳していますが、先に第一回目の否定がどこかにあったわけではありません。wieder には「元に戻る」ことを表す意があり、間違った説が否定されて元の正しい考えに返ることを言っているのだと思います。訳出しませんでしたが。

2　概念より判断を先に持ってくる寺沢の考え（『弁証法的論理学試論』）とは逆です。いや、そもそも、「概念の論理的展開」を目指しているか否かという根本で違います。

3　原文は aber darum bleibt nicht weniger .. となっていますが、因由の副詞の後に否定詞が来ると「それにもかかわらず云々しない」という意味になる点は、「文法」の一一二四頁を参照。なお、英語にはそれの表現として none the less があり、仏には pour autant があります。

4　ということは、反省段階の規定の特殊性は「普遍ではない特殊性」で、「ニセの特殊性」だということなのでしょう。

5　反省の規定と概念の規定の違いを言っていて、言葉としては明快ですから、一応は分かるのですが、具体例がないので、本当には理解できません。

### 付録〔主観的で外面的な判断論を評す〕

普通人々は判断を概念の結合と考えています、しかも互いに異なった概念の結合と考えています。この考え方の正しい点は、概念は判断の前提だという点と、概念は判断の中で区別の形式〔特殊態〕を採るという点です。他方、互いに異なった概念について云々しているのは間違いです。というのは、概念そのものはたしかに具体的〔対立物の統一〕であるとはいえ、やはり本質的に「一つ」であり、概念の中に含まれている諸契機は互いに異なった種類と見るべきではないからです。又、判断の両側面の「結合（Verbindung）」などと言っているのも間違いです。なぜなら、結合ということを言う時には、結合されているものはその結合なしにもそれとして存在するものと考えられているからです。更に、こういう外面的な見方が一層はっきりするのは、判断は主語に述語〔述部。以下同じ〕を「付加する（beilegen）」ことで作られると言われる時です。こういう考え方では、主語は自立しているものと考えられており、述語は我々人間の頭の中にあるものと考えられています。しかし、こういう考え方はコプラの「である」によって既に否定されています。つまり、「このバラは赤い」とか「この絵は美しい」という判断で表現されていることは、「我々〔人間〕」が外からバラに「赤い」を付け加えるのでもなければ、絵に「美しい」を付け加えるのでもなく、それはその対象自身の〔客観的な〕規定だということです。更に、形式論理学で普通なされている判断論の欠点は、判断を何か偶然的なものと考えていることであり、概念から判断への進展が跡づけられていないということです〔つまり判断の生成の必然性が証明されていないことです〕。しかし概念は本来、悟性が思っているような無過程で自己内に留まるものではなく、[2] それはむしろ無限の形式〔内容に対立していない形式＝内容を産み出す形式〕ですから、全く能動的なものであり、[3] いわばあらゆる生動性の原点（punctum saliens）[4] とでも言うべきものであり、従って自己を自己から区別するものなのです。そのように概念が自己固有の活動によって分裂（Diremtion）し、その諸契機を区別として定立した時、それが「判断」なのです。ですから、判断は概念の「特殊化」という意味を持っています。確かに概念は「潜在的には」既に特殊なのですが、概念そのものの中ではその特殊はまだ「定立され」ておらず、普遍と曇りなく一体なのです。ですから、先に（第一六一節で）[5] 述べましたように、植物の胚は既に根や枝や葉といった特殊を含んでいるのですが、この特殊は初めはまだ「潜在的」[6] にすぎず、種子が自己を展開する時はじめて定立されるのです。そして、その時、これは植物〔胚〕の判断と言うことができます。更に、この例によって分かることは、概念も判断も我々人間の頭の中だけにあるのでもなければ、我々によって作られるものでもないということです。概念は事物の中に内在しているのであり、事物は概念によって現にある姿になっているのです。ですから、或る対象を概念で理解するということは、その対象の概念を意識することなのです。[7]そこから更に事物の評価へ進むとするならば、その評価とは、対象にあれこれの述語を付加する主観の行為なのではなく、その対象をその概念によって規定された姿の中で見ることなのです。[8]

1　ここは eine Verbindung と不定冠詞が付いています。「次の名詞の語としての意味をよく考えてください」という時にはこのように不定冠詞を付けます。

2　ここの nicht, wie の順序については「文法」の一一九九頁を参照。

3　tätig が passiv に対置されていない場合でも、内容によっては「能動的」と訳せるようになってください。

4　英語にも salient point という言葉があるようです。二行先の Diremtion は辞書に載っていないと思いますが、ラテン語の dirimo（分ける、別にする、離す）という動詞から作った名詞でしょう。

5　ここは原典では、おそらく誤植ではなく、一六〇節となっていますが、この事は一六一節にしか書かれていません。ノート等の筆記者の間違いか、編者の原稿の見間違いかでしょう。それにしても、どの訳者も原文どおり「一六〇節」と訳しているのはいただけません。内容を確認しないで訳している証拠です。

6　この welches は「前の文の文意を受ける不定関係代名詞 was」と同じです。「文法」の四八五頁を参照。

7　ヘーゲルは「概念」を客観的なものと考えていました。これを「観念論」と言って済ますのではなく、唯物論的に理解し直すべきでしょう。付録3を参照。

8　価値判断の問題にまで言及したのは少し先走り過ぎました。いずれ「概念の判断」のところで考えましょう。しかし、ヘーゲルが「価値判断の客観性」の立場に立っていたことはここからも分かるでしょう。

## 第一六七節〔総論二・判断は客観的でも主観的でもある〕

判断は普通、「主観的な」〔ものという〕意味に理解されている。つまり、単に自己意識を持つ思考〔人間の思考〕の中でしかなされない[1]「操作」ないし形式[2]と考えられている。しかし、こういう〔認識過程と存在過程とを〕区別〔して考える考え方〕は論理学の中ではまだ出てこないのであって、ここでは判断を一般的に〔存在にも認識にもまたがるものとして〕捉えなければならない。つまり、「すべての事物は判断である」と。即ち、事物はすべて自己内で「普遍」あるいは内的本性[3]でもある「個別」であり、「個別化された普遍」である。普遍性と個別性とはそれらの事物の中では区別されていると同時に同一でもある。[4]

1　ここの接続法第一式 vorkomme は、その主観的な考えを紹介した間接話法です。
2　この Operation unn Form は二語一想でしょう。
3　こういう言い換えを覚えておくと、あるいは自分で「ヘーゲル辞典」を作って記録しておくと、役立つでしょう。
4　この万物の性質一般と自我における「内的分裂」とどこがどう違うのか。これが根本問題です。これまでの自称弁証法的唯物論はこの万物の内的分裂を「対立物の統一」として捉えるだけで終わっているので前進がないのです。

### 注釈

〔第一点・判断の客観性〕私〔つまり認識主観〕が主語に述語を「付加する」のだと考えるか[1]の一面的な主観的判断論は、「バラは赤い色をしている」とか「金は金属である」といった判断の客観的表現によって否定されている。つまり、〔この判断の意味しているのは〕「私」〔認識主観〕がそれらに初めて何かを付加するのではない〔という事な〕のである。——

〔第二点・判断と命題〕判断は「命題」とは別のものである。命題には、主語に対して普遍の関係に立っていない規定、つまり或る状態や或る行為などを表したものが含まれている。「シーザーはこれこれの年にローマに生まれ、ガリアで十年戦い、ルビコンを渡った」といったものは命題であって判断ではない。また、「私は昨晩よく眠れた」とか「捧げ銃！」といった命題を判断の形にもたらすことが出来ると言っても、それは空虚な事である。「家の前を車が通っている」といった命題は、家の前を動いているのは車かどうかとか、動いているのは対象なのか観察者の観点なのかがはっきりしていない時に、つまり一般的に言うならば、未だ正しく規定されていない表象に規定を与えるということが問題となっている時にようやく、ともかく判断に、しかも主観的な判断になるだけである。[2]

1　Jenem bloß subjektiv sein sollenden Sinne des Urteils の sollen は「伝聞ないし引用の sollen」です。相手の主張の紹介であって、自分の考えではないということです。「文法」の一三六九頁の用例13を参照。英Gは The supposedly merely subjective sense of the judgment、仏Gは A cette signification considérée comme devant être purement subjective としています。

2　この判断と命題の区別も分かったようで分からない問題の一つですが、Die Rose ist rot の文は「この目の前の一つのバラは赤い」という意味ではなくて、「一般にバラは赤いものだ（バラ色をしている）」という意味なのでしょう。Gold ist Metall は明らかにそうです。そう取ると、「一般的な」事を述べていますから、個別的な描写である「命題」とは違うのも分かります。九四五頁の訳注1を参照。

## 第一六八節〔総論三・判断の立場は有限性の立場である〕

判断の立場は「有限性」の立場である。つまり、判断の立場に立つ時、事物の「有限性」とはそれが判断であることにあると表現できる。即ち、事物の定存在とその一般的本質（事物の肉体と魂）とは確かに一つになってはいる（そうでなかったら事物は存在しないだろう）のだが、その両契機は既に異なったものでもあれば分離しうるものでもあるということである。[1]

1　生物が「死ぬ」という事はそれの「有限性」に由来する、というのがヘーゲルの考えです。事物が存在しているのは定存在と一般的本質が一つであるからだ、と言っていますが、同時に両者は分離しうるものだという事は、両者が分離した時には「存在しなくなる」、生物で言えば「死ぬ」ということです。

## 第一六九節〔総論四・判断の出発点〕

「個別は普遍である」という抽象的判断では、[1]主語は否定的に自己関係するものだから無媒介に〔このままで〕「具体的」なものであり、[2]述語は逆に〔このままでは〕「抽象的」なもの、無規定のもの、「普遍的」なものである。しかし、両者は「である」によって結びついているから、述語は普遍でありながら〔同時に〕主語の規定〔個別〕をも含み持っていなければならない。述語の規定は[3]「特殊」であり、これが主語と述語の「同一性の定立された姿〔実体〕」である。従ってこの特殊は〔主語と述語の〕形式上の区別に無関心なものであり、この点からは、それは〔判断の〕「内容」である。[4]

1　第一六六節の付録の第二点を受けています。

2　付録の四～五行目ではこの違いに言及していませんが、ここでは主語と述語に差を付けています。多分、主語については「それの何であるか」が述語の中で言われていることを指しているのでしょう。第一七〇節の五～六行目で又出てきます。そこでは「多くの規定を持っている」こととされています。

3　この sie はすぐ前の die Bestimmung des Subjekts と取りたいが、内容上その前の seiner Allgemeinheit を受けると取るべきでしょう。最後の ist sie der Inhalt の sie も同じ。

4　形式と内容の対を利用して推論しているだけです。

**注釈〔述語が主語の内容である〕**

主語の持つ規定と内容[1]は述語の中で初めて明確に示される。だから、主語はそれだけでは単なる表象か名前にすぎない。「神は最も実在的なものである」とか「絶対者は自己同一である」といった判断における「神」とか「絶対者」とかは、単なる名前にすぎない。主語が何であるかは述語の中で初めて言い表される。具体的なものとしての主語がそのほかに〔その述語に表されたもの以外に〕どんな性質を持っているかということは、「この」判断には関係ないことである（第三一節を参照）。

1　seine ausdrückliche Bestimmtheit und Inhalt における「連語の冠置詞の性」については、「文法」の三七〇頁の①を参照。

**付録〔判断の発展と主語述語の変化〕**

「主語とはそれについて言い表されるものであり、述語とは言い表されたことである」と言うとすると、これは極めて下らないことで、両者の違いはそれによっては少しもはっきりしません。主語の思考規定はさし当っては個別であり、述語のそれは普遍です。しかし、判断が発展して行くにつれて、主語は単に無媒介の個別に留まらず、述語は単に抽象的普遍に留まらなくなります。その時、主語は特殊及び普遍という意味を持ち、述語は特殊及び個別という意味を持つことになります。主語と述語という名前〔は同じでも、そ〕の下で判断の両側面の意味はこのように変わっていくのです。

### 第一七〇節〔総論五・主語と述語の関係の詳論〕

主語と述語とを一層くわしく規定するなら、「主語」は、否定的な自己関係だから（第一六三節、第一六六節への注釈[1]）、静止している根底であり、述語はその中に〔契機として〕観念的なものとしてある〔つまり、述語は主語に内在している〕ものである。また、主語は一般的に言っても〔主体だから〕具体的なものだが、〔判断の中では〕「無媒介に」〔そのままで〕具体的なものであり[2]、従って述語によって表された特定の内容は主語の持つ「多くの」規定の内の一つでしかない。だから、主語は述語より豊かで広い。しかし逆に「述語」の方から見ると、述語は普遍的なものだから、自立して存在するものであり、その主語があるかないかには無関心である。述語は主語を超えていき、主語を自己の下に「包摂」しているから、述語もやはりそれなりに主語より広いと言える。そして、述語の中に「表された特定の内容」だけで主語と述語は同一なのである。

1　第一六六節の注釈とは、その第二点のことでしょう。第一六三節とは、その六行目以下の negative Einheit mit sich を指しているのでしょう。

2　第一六九節への訳注2（九四二頁）を参照。

## 第一七一節〔総論六・判断内の進展と判断から推理への進展〕

主語と述語及び両者の同一性を成す特定の内容〔の三者〕[1]は、まず第一に[2]、判断の段階では相互に関係し合っているにもかかわらず互いに「異なって」おり、別々のものとして現れている。しかし、「本来的[3]潜在的には」、つまりその概念から見ると、それら三者は「同一」である。なぜなら、主語の持つ具体的な統体性というのは無造作に色んな物をまとめたものではなく、「個別」つまり特殊と普遍の一体化したものであり、まさにこの特殊と普遍の同一性が述語にほかならないからである（第一七〇節参照）〔従って、この判断そのものの持つ矛盾、判断という形式に現れた姿と判断の本来含んでいる姿との矛盾が、判断を推理へと運動させる〕。——第二に〔判断の内部での進展運動を考えて見ると〕、確かにコプラは主語と述語の「同一性」を「表し」ているが、それは差し当っては抽象的な「である」にすぎない。従って、この「同一性」がある以上、主語はまた述語の規定の中にも「定立され」なければならず、よってもって述語も主語の規定を獲得し、コプラが「充実され」〔具体化され〕なければならない。このコプラが充実する時、判断は推理へと「進展」することになる。しかし差し当っては、コプラの充実は判断の内部での判断の規定の進展であり、それは最初の抽象的で「感性的な普遍性」から「全称性及び類種概念」へ、そしてそこから更に「概念の普遍」へと規定を進めることになるのである。

1　ここは角括弧で補いましたように、der bestimmte Inhalt と die Identität とが言い換えで（第一七〇節の最後の文）、これが Subjekt 及び Prädikat と並んでいるのだと思います。

2　この zunächst は数行後のダッシュの後の ferner と対応するものと考えます。内容上は、判断から推理への進展の問題と判断内部での進展の問題として対立しています。

3　Beziehung はこれまで、特に自称マルクス主義の邦訳文献では「連関」と訳されてきました。しかし、そういう日本語は一般にはありませんし、「関連」とか「関係」と訳して何ら悪い所はないと考えられますので、「連関」という訳語は私は使わないようにするつもりです。

**注釈〔判断の諸種類の導出〕**

〔これまでの論理学つまり形式論理学では〕いろいろな「種類」の判断がただ列挙されるのが普通であったが、それらの判断の「関係」と、従って「意味」[1]とは、判断が〔低いものから高いものへと〕前進的に〔自己〕規定してゆく過程を認識することによって明らかになるのである。又、これまでの判断を数えあげたやり方は〔その形式から見て〕必然性に欠けていただけではなく、挙示された判断は〔内容から見ても〕[2]表面的で粗雑である。肯定判断と定言判断と実然判断などとの区別はたいていデッチ上げであり、時にはあいまいである。さまざまな判断は必然的に結果し合うものとして、つまり「概念の進展的〔自己〕規定」として考察しなければならない。というのは、判断自身がその前身である概念の「規定された姿」にほかならないからである。

〔論理学では新しい段階はいつもまず先行する段階をその新しい段階の立場から捉え直すことによって自己を確立するように〕諸判断は概念の規定された姿だから、それはまず「存在」及び「本質」[3]という二つの先行領域を再生産するのだが、それを概念の単純な関係の中に定立して再生産するのである。

1　原文では、表面的語学的には「関係及び意味」となっていて二つの事柄としているが、「関係」が即「意味」なのだと思います（拙稿「辞書の辞書」参照）。

2　ここは、形式面からの考察と内容面からの考察と取ると対比は明確になります。ただし、こう取るのは無理だという意見もあるでしょう。

3　七二五頁の訳注1を参照。

## 付録〔判断の分類について〕

判断のさまざまな種類というのは単に経験的多様性〔バラバラのもの〕と見るべきではなく、思考によって規定されたまとまりのあるものと考えなければなりません。ですから、この事を初めて主張したカントの功績は大きいのです。確かにカントは、そのカテゴリー表に従って、判断を質の判断と量の判断と関係の判断と様態の判断とに分けましたが、これはカテゴリーの図式を単に形式的に適用したという面から見ても、又その内容から見ても、充分なものとは認められませんが、その分類の根底にある考え方は正しいものでして、それは、判断の諸種類を規定するものは論理学の理念の普遍的形式自身にほかならないということです。[1]従って〔超越的に言えば〕[2]、判断にはまず大きな種類が三つあり、それはそれぞれ存在と本質と概念との段階に対応するものです。次に、この第二の種類は分裂の段階である本質の性格によって更に二分されます。この判断の体系化の内在的根拠は〔これを内在的に見るならば〕次のようになります。つまり、概念は存在と本質の観念的統一ですから、概念が判断の段階で展開された時にも、まずこの両段階を概念の立場から改変して再生産しなければなりません。そして、しかる後、概念自身も真の判断を規定するものとして示されることになるのです。――判断の諸種類は同じ価値を持って並び立っているものではなく、高低の区別を持つものと考えなければなりません。そして、その高低の区別をつけるものは述語の論理学上の意味なのです。この事は通常の意識の中にも既に見られるものでして、「この壁は緑色だ」とか「このかまどは熱い」といった判断しか出来ない人は判断能力が高いとは言わず、芸術作品の良否、行為の善悪といったことが問題になる時に正しい判断を下せる人にして初めて、判断力があると言われるのです。というのは、前者の種類の判断の内容を成すものは抽象的〔感覚的〕な質にすぎず、そのような質があるかないかを判断するには直接的知覚で十分ですが、芸術作品の良否や行為の善悪を云々する時には、所与の対象とそのあるべき姿、つまりその概念[3]とが比較されるのだからです。

1　いつもの事ながら、一面的な評価を避けて「意義と限界」を明らかにするヘーゲルの落ち着いた態度は、「老人」の異名に相応しいです。
2　以下の二つの説明法は超越的と内在的として対比できるのではあるまいか。
3　「あるべき姿」と「その事柄の概念（客観的なもの）」とを等置しています。価値判断の客観性の立場です。ここでヘーゲルが、良否や善悪の判断は所与の事柄と「概念」との比較だと言っていて、「本質」との比較だとは言っていないことに注意してください。なぜかについては付録3を参照。

## A　質の判断

### 第一七二節〔定存在の判断、肯定判断と否定判断〕

直接的な判断〔判断の第一の形〕は「定存在の判断」[1]である。即ち、〔この判断では〕主語を表現する述語は直接的〔に与えられる〕質〔従って感覚的な質〕であるような、そういう普遍である。これが①「肯定判断」であり、〔一般的な形で定式化するならば〕「個別は特殊である」となる。しかし、個別は特殊では「ない」〔という面も同時にある〕。詳しく言うと、そのような〔感性的に〕個別的な質は具体的な性質を持っている〔多くの性質を持っている〕主語と〔完全には〕一致しない。〔それを表す判断が〕②「否定判断」である。

1　判断の段階で存在論を再生産すると、それがなぜ存在一般ではなく定存在になるのか。それが「概念の単純な関係の中で」存在を再生産するということなのでしょう。要するに、判断で扱われるのは「実在する個別」であり、存在論では定存在、本質論では現出存在ということになるのでしょう。しかし、「実在する個別」と言っても「目の前にある一つのバラ」の場合と「バラという一つの植物」の場合とがありますから、三七八頁の訳注2や本節注釈への訳注1のような事も考える必要が出てくるのです。

**注釈〔質の判断の当否と真偽〕**

「このバラは赤い」[1]とか「このバラは赤くない」といった質の判断が真理であり得ると考えられているが、これは論理学に関する誤解の中でも最も根本的な誤解である。それらの判断は「正しい（richtig）」ものではありうるだろう。つまり、[2]そういう判断は知覚とか有限な表象的思考[3]のような限られた範囲ではありうることである。そういう判断が正しいかどうかは、それ自体としては有限で、真ならざる内容に一致するか否かに依るのである。それに対して真理というものはもっぱら形式に関わるものであり、そこで問題とされる概念とその概念に一致する実在に関わるものである。しかるにこのような真理は質の判断には出てこないのである。[4]

1　ヘーゲルは「バラは赤い」を言うのに A: die Rose ist rot（一六七節注釈）及び B: diese Rose ist rot（一六六節付録）という二つの文を使っています。ここはAですが、その意味はBと同じだと思います。一六七節では die Rose は「バラというもの」だったと思います。

2　この das ist が何と何とを「即ち」で言い換えるのか、迷った。我々は richtig の言い換えと取ったが、松村訳は「知覚～の中でそうである」としている。

3　ここの Vorstellens und Denkens は二語一想でしょう。

4　「正しさ」は形式的なもの、即ち形式論理学の問題で、真理は内容的なもの、即ち弁証法的論理学の問題という考えから見ますと、正しさが内容に依存し、真理は形式に関わるということの発言は、用語が逆のように見えます。どう考えたらよいのでしょう。AとBの一致の場合、AがBに合わせる、BがAに合わせる、AとBが中間に寄り合うの三つの場合が考えられますが、「正しさ」では内容が基準になり、真理では概念（形式＝形相）が基準になるからこう言ったのではないでしょうか。いずれにせよ、ここの Form は「内容を産み出す形式」で、次の付録の四行目に出てくる formelle Übereinstimmung は「表面的な一致」ということでしょう。

## 付録〔正しさと真理〕

日常生活では「正しさ」と真理とを同義とすることがとても多く、或る事柄が正しいかどうかが問題になっている場合でも、その事柄の真理がどうのこうのという言い方をすることがよくあります。一般的に言うと、人間の持つ観念の内容がどんなものであれ、その観念がその内容に一致しているという形式的条件が満たされれば、それが正しさ（正しいということ）なのです。それに対して、真理とは、対象が自己自身と、即ちその対象自身の概念と一致していることなのです。例えば或る人が病気だとか、盗みを働いたということは、ともかく正しいこと〔事実〕かもしれません。しかし、そのような内容は真理ではありません。というのは、病める肉体は生命の概念に一致しておらず、盗みも人間の行為の概念に一致していないからです。これらの例から分かることは、或る直接的な個別について抽象的な質があるかないかを言い表すものである直接的な判断〔質の判断、定存在の判断〕は、それがどんなに正しいものであっても真理ではありえないということです。なぜなら、そこでは主語と述語が実在と概念の関係になっていないからです。[2]――無媒介の判断が真理ではありえないということは、この判断では形式と内容が対応しないということにも表れています。例えば「このバラは赤い」[3]と言うとすると、そのコプラ「である」の内には、主語と述語が互いに一致するということが表現されています。しかし、この時、このバラは具体的なもの〔多くの性質を持ったもの〕ですから、単に赤いだけでなく、香りが好いとかこれこれの形をしているとか、その他のとにかく「赤い」という述語では表現されていない規定を沢山持っています。述語の方から見ても、述語は抽象的に普遍的なものですから、この主語〔このバラ〕に属するだけではありません。赤いバラはほかにもあるし、その他の対象でも赤いものはあります。ですから、直接的な判断では主語と述語はいわば「一つの」点で触れ合っているにすぎず、重なり合ってはいないのです。[4]概念の判断となるとそうではありません。「この行為は良い」と言う時、これは概念の判断です。その時ただちに分かることは、ここでは主語と述語との間には直接的な判断でのような緩い外面的な関係があるのではないということです。直接的な判断の場合には述語は何らかの抽象的な質で、それは主語に属することも属さないことも可能ですが、概念の判断では述語はいわば主語の魂です。この魂の肉体である主語はこの魂によって徹頭徹尾貫ぬかれているのです。[5]

1　ここで Begriff を sich selbst の言い換えとして使っていることに注意してください。付録3を参照。

2　この「正しさ」と「真理」の区別を受け継いだのは許萬元の「ヘーゲルにおける概念的把握

の論理」であり、それを大衆の生活の立場から捉え直したのが拙稿「ヘーゲル哲学と生活の知恵」です。

3　ここでは主語は diese Rose となっています。本節注釈への訳注1で述べたBの表現が使われています。五行後では「赤いバラはほかにもあるし」と言っています。

4　鋭く、そして面白い指摘だと思いませんか。

5　このコプラの内容を問題にするヘーゲルの判断論は拙稿「人を見る眼」（前掲『生活のなかの哲学』に所収）で捉え直しておきました。しかし、「質の判断」を中間の「反省の判断」や「必然性の判断」を飛ばして直ぐに「概念の判断」と比較するのはあまりにも乱暴な進め方だと思います。この「質の判断」で問題になることは、これは第一六七節注釈で問題にした判断と命題との違いで言うと、命題の方に属するのではないか、あるいは少なくとも言うところの「主観的判断」ではないのか、ということです。次の節で考えましょう。

## 第一七三節〔同一判断と無限判断〕

「第一の」否定であるこの否定判断〔前節で②とした「否定判断」〕では、主語の述語に対する「関係」はまだなくなっていない。だから述語は〔主語に対しては〕相対的な普遍である〔が、ともかく普遍である事を止めていない〕。つまり否定されたのは「その普遍〔特定のあり方〕」にすぎない（「このバラは赤く『ない』[1]」ということは、このバラが色を持っていることを否定してはいない。それは差し当っては他の何らかの色を持っており、それを判断にすると肯定判断が得られるはずである）。しかし、個別には又普遍的なもの[2]では「ない」という面もある〔これが第二の否定である〕。その場合、この〔第三の〕判断は、③のイ・同一判断と、③のロ・無限判断に分かれる。前者は「個別は個別である」という空虚な「同一性」の関係であり、後者は主語と述語の完全な不一致である。

1　ここは主語が die Rose となっています。
2　不定冠詞が付いています。

**注釈〔否定的無限判断の低さと客観的意味〕**

無限判断の例としては「精神は象ではない」とか、「ライオンは机ではない」などがある。これらの命題[1]は、「ライオンはライオンである」とか「精神は精神である」といった同一性の命題と同様、正しいが馬鹿げている。これらの命題はたしかに先に「質の判断」と名付けた直接的な判断の真理〔その発展形態〕ではあるが、そもそも判断ではなく、空虚な抽象でさえ定式化できる主観的思考だけが口にすることのできるものである。――客観的に〔存在論的に〕見るならば、これらの命題は「〔単なる〕存在者」ないし「感性的」事物の本性を表している。つまり、感性的事物というのはそれ自身が「空虚な」同一性[2]と「充実した」関係とへの分解なのである。その際、この充実した関係では「関係し合う両項の質は別々」であり、両者は全く一致していないのであるが。

1　ここでは「命題」という語を使っています。直ぐ後で「これらは判断ではない」と言っています。
2　ヘーゲルは「AはAである」とか「AがAである」といった「同語反復文」が深い意味を持つ場合がある事に気づかなかったのでしょうか。残念な事です。関口存男の説を含めて、私見は「文法」の一六二頁以下にまとめました。

付録〔否定的無限判断の現実的意味〕

主語と述語とがもはや全く関係を持たなくなるところの否定的無限判断[1]は、形式論理学では風変りで無意味なものとして紹介されるのが普通です。しかし、実際にはこの無限判断は主観的思考の偶然的な一形式と見るべきものではなく、それは、それに先行する直接的な判断(①肯定判断及び②否定判断)の弁証法〔内在的発展〕の直ぐ次の結果なのです。つまり、直接的な判断の有限性と非真理性が無限判断の中で露わに成るのです。[2]否定的無限判断の客観的な〔現実的な〕例を挙げるならば、犯罪がそうです。民法上の係争の場合には、他人の特定の物に対する特定の権利を侵害するにすぎませんが、犯罪、例えば盗みを為す者は、それ〔特定の権利の侵害〕だけにとどまらず、他人の権利そのものをも犯すのです。[3]従って、盗んだ物を返さなければならないだけでなく、その上罰せられることになります。なぜなら、その人は法そのもの、つまり法一般を犯したのだからです。それに対して民法上の係争は単なる否定判断〔つまり②〕の例と見ることができます。なぜなら、そこではただ特定の権利が否定されたにすぎず、権利そのものは承認されているからです。その場合は「この花は赤くない」[4]という場合と同じなのです。この時にはこの花には特定の色が否定されているだけで、色一般は否定されておらず、この花は青や黄などであるかもしれないのです。同様に、死は否定的無限判断の例であり、病気は単なる否定判断の例です。病気ではあれこれの特定の生命機能が制止され否定されるにすぎませんが、死は、よく言われるように、肉体と霊魂の分離であり、即ち主語と述語との完全な分解だからです。[5]

1 これとの対比をはっきり出すと、同一判断は肯定的無限判断と言えるでしょう。

2 同じ事は「同一判断」についても言えると思います。無意味な「同語反復」と「有意味な同語反復」がありますから。

3 ここでは nicht .. wie の順序である事に注意してください。「文法」の一一九九頁を参照。

4 この文の主語は diese Blume です。

5 このように現実の事象を「その論理的性格は何か」と考えるのは面白いと思いませんか。ヘーゲルの説明は「この論理を表現した現実世界での実例は何か」と成っていますが、考えの順序としては生活の中でふと気になったことについて「これは論理的に捉え直すとどうなるだろうか」と考えたはずです。こういう発想が身についていたのでしょう。

## B　反省の判断

### 第一七四節〔反省の判断での主語・述語の関係〕

〔反省の判断でも主語たる〕個別は述語を持つのだが、それは〔自己内に反省した〕個別「として」現れているので、ここでの主語と述語の関係は、自己関係する〔自立した〕ものであると同時に〔述語にとっては〕「他者」であるようなそういう主語と述語の関係である。[1]――〔つまり、ここではその個別が〕現出存在なので、[2]主語〔としての個別〕はもはや直接的な〔他者との関係を離れた〕質を持つのではなく、「他者」即ち外なる世界との「関係」を表す質を持つことになる。従って〔述語である〕普遍はその相対性〔関係〕を表すことになる（例えば、役立つ、危険だ、重さ、酸、更に衝動など）。

1 ここは ein Prädikat に関係文が付いていますが、先行詞に不定冠詞が付いていますので、そのまま訳すのは難しいです。

2　第一六三節注釈の訳注1（九二五頁）を付けた「現出存在」を受けているのでしょう。

### 付録〔反省の判断の述語は反省規定〕

反省の判断と質の判断とはどこが違うかと言いますと、反省の判断の述語はもはや直接的で抽象的な質ではなく、主語の他者への関係を示すようなものだということです。例えば「このバラは赤い」と言う時には、その主語は他者との関係を離れてその直接的な個別性の中で〔ただそれだけで〕考えられていますが、「この植物は薬になる」という判断を下す時には、この主語たる植物はその述語である薬用性によって他者（つまりその植物で治せる病気）と関係づけて考えられています。「この物体は変形し得る」とか「この道具は役立つ」とか「この罰は威嚇的だ」といった判断でも同じです。これらの判断の述語は一般に反省規定というものでして、それは主語の直接的個別性を超えたものではありますが、まだ主語の概念にまでは達していません。――通常世で為されている議論はたいていこの種の判断です。〔しかるに〕議論されている対象が具体的であればあるほど、それについて反省する観点はますます多くなりますが、それらの観点はどれもその対象[1]の本来の性質つまり概念を表しはしないのです〔ですから、そういう議論では口が巧くて押しの強い人が勝つか、権力と結びついた者が勝つことになるか、せいぜい言い放しになるかなのです。もちろん判断者の置かれている状況から必要な観点が立てられるのですから、それを判断者が他人に言うのでなく自分で実行するなら、それはそれなりに有用な事ではあります〕[2]。

1　ここは原文では derselben となっていますが、受けるものが見当たりません。Desselben = der Gegenstand と読みました。ノートの筆者の間違いか、編者の間違いではあるまいか。

2　こういう事を考えてみるのも「ヘーゲルを読んで哲学する」ことだと思います。

## 第一七五節〔単称判断、特称判断、全称判断〕

①単称判断。個別「として」の個別[1]（主語）は普遍である。②この点〔普遍であるとされた事〕で主語はその単称性を超えている。この拡大は〔その対象自身によるのではなく〕その対象の外からなされる拡大であり、認識主観のなす反省である。〔従って、「この」という単称性に代わって出てくるものは〕差し当っては無規定の「特殊性」である（これが「特称判断」であり、それはただちに肯定的でもあれば否定的でもある。つまり、個別が自己内で分割され、その一部は自己関係し、残りは他者に関係する）。③〔しかし、この〕若干のものとされていたものが一般的なものだということになると、[2] その特殊は普遍に拡張されている。あるいはこの普遍性が主語の単一性によってまとめられると、それが「全称性」である（共通性。通常の「反省的」普遍性）。

1　この「個別としての個別」という句は、第一七四節冒頭にもあり、その句を含む文が反省の判断について言っているのではないかと考えさせもするが、質の判断の主語も単称的反省判断の主語も同じく「この～」であることを想起すれば問題はないと思います。

2　この文は特称判断を表現したものでしょう。形式論理学では、普通、単称判断「或る人は死すべきである」、特称判断「幾人かの人は死すべきである」、全称判断「全ての人は死すべきである」という例を出します。

### 付録〔単称判断から特称判断と全称判断への進展〕

〔単なる個別である〕主語は「単称」判断の中で普遍として規定されることによって、この単なる個別としての自己を越えて行くことになります。つまり「この植物は薬用である」と言われる時、それはこの一つの植物だけが薬用だということではなく、〔同種の〕複数の植物ないし幾つかの植物が薬用であるということが意味されています。そこでここに「特称」判断が得られることになるのです（「幾つかの植物は薬用である」、「何人かの人は創造的である」等々）。この特称性によって直接的な個別はその自立性を失い、他の個別と関係を持つことになります。一人の人である「この」人は、もはや単にこの個別的な人ではなく、他の人々と並んで立つことになり、多くの人の中の一人となるのです。しかし、それによってその人は自己の普遍に属していることになります、つまり〔個別から普遍へと〕高められることになるのです。〔しかるに〕[1]特称判断は肯定的でも否定的でもあります。例えば、いくつかの物体だけが変形しうるものである時には、残りの物体は変形できないものなのです。[2]――ここ[3]〔単称判断から特称判断へ移る根拠〕に、また、そこから更に反省の判断の第三形式つまり全称判断へと進展していくことの根拠があります（「全ての人間は死すべきである」、「全ての金属は電導体である」等々）。〔普遍ということを言う時〕反省〔的悟性〕がすぐ思いつくのがこの全称性です。ここでは諸個別が根底に前提され、人間の主観の行為がそれらをまとめて「全て」と規定するのです。ここでは普遍〔とされた全称性〕は、自己の普遍を内に持たない自立的な諸個別を外からしばる紐帯のようなものになっています。しかし、実際には、普遍というのは諸個別の根底を成す地盤であり根であり実体なのです。[4]例えば、或る町または或る国の[5]ガイウス、ティトス、センプロニウス及び他の住民というのを考えてみましょう。その時、これらの人々がみな人間であるということは、単にこれらの人々に共通しているというだけではありません。それは、これらの人々の「普遍」であり「類」であって、この類が無かったらこれらの人々は存在さえしていないと言えるほどです。それに対して、全ての個別に帰属しており、全ての個別に共通しているというだけのかの表面的ないわゆる普遍はそうではないのです。例えば、人間は動物と違ってみな耳たぶを持っているということが言われています。しかし、すぐにも分かるように、耳たぶを持たない人がいたとしても、その事で他の身体上の性質や性格や能力に影響が出るわけではありません。[6] しかし、ガイウスが人間ではないのに勇敢であったり学があったりしうると考えるのは、無意味な事です。個々の人間の特別な姿というのはその人が何よりもまず人間自体である限りでのことであり、この人間という普遍性の中での事〔特殊性〕にすぎないのです。そして、この普遍はその他の抽象的な質や単なる反省規定の外にあってそれと並んでいるようなものではなく、これら全ての特殊を貫き、自己内に含むものなのです。[7]

1　ここは文脈の流れが変わっていると思います。

2　「幾つかの～だけが」という言い方をすれば、残りの物はそうではないということになりますが、単なる特称判断「幾つかの～」が皆こうなのではありません。残りの物のことは今は分からないが、ともかくこれまでに知られた限りで「幾つかの～」ということが言えることも多いと思います。

3　この hierin の hier は前の前の文の damit を受けると取りました。

4　ここは In der Tat ist das Allgemeine der Grund und Boden, die Wurzel und die Substanz des Einzelnen となっています。二組の二語一想ですが、冠詞の使い方を変えています。英Wは the ground and foundation (soil), the root and substance で、冠詞用法では同じです。

5　ここの einer Stadt oder eines Landes はすぐ前の die übrigen Bewohner だけに掛かるのではなく、その前の den Gajus 以下にも掛かっていると思います。二格付置規定がどこまで掛かるかの問題については「文法」の三二七頁の②を参照。

6　ここの文末の würden berührt werden の würden の位置も変則的定形後置です。

7　事物の本質（普遍）をどこに求めるかということは認識論の中心テーマの一つです。これについては拙稿「ダンス哲学」を参照。

## 第一七六節〔全称判断から必然性の判断へ〕

〔全称判断では〕主語が〔述語と〕同様普遍者となったが、それによって主語と述語は〔共に普遍という点で〕同一となり、またそれによって判断という規定自身のどうでもよいことが[1]「顕在化」した。〔判断の〕「内容」〔は元々主語と述語を貫くものであったが、それ〕が〔ここでは例えば「そもそも人間は」という形を取ることによって〕主語の否定的自己内反省と同一の普遍となったために、この内容の同一性によって判断〔の主語と述語〕の関係は「必然性の」関係になったのである。

1　判断の発展はコプラの充実過程です。質の判断では主語と述語は一点で接しているにすぎなかったのですが、概念の判断では全面的に重なり合います。全称判断や必然性の判断では、いわば半分くらい重なり合っているのでしょう。現段階はまだその程度なのになぜ「判断という規定がどうでもよい」と言ったのでしょうか。次の節の仮言判断や選言判断を考えますと、「もしAが在るならば、Bがある」とか「或る物はAかBかCかである」という形を取りますから、出発点の形式たる「AはBである」が崩れることを考えているのではないでしょうか。

### 付録〔全称判断から必然性の判断への進展と日常意識〕

全称反省判断から必然性の判断への進展は既に私たちの日常意識の中にも見られます。つまり、全てのものに属するものは類に属すのであり、必然的であると言う時がそうです。「全ての人間が」とか「全ての植物が」と言う時、それは「そも植物というもの」とか「そも人間なるもの」と言うのと同じ事なのです。

## C　必然性の判断[1]

第一七七節〔定言判断、仮言判断、選言判断〕

必然性の判断というのはその区別において同一な〔区別されて現われているが実際は同一な〕内容の判断だが、①その述語は「主語の実体または本性」であり、「具体的」[2]普遍であり「類」である。〔しかし〕この普遍は自己の規定性〔特殊〕を否定的な規定性として自己内に含み持っているから、〔その規定性が主語の中に〕[3]「排他的な」本質的規定性として、つまり「種」として立てられることになる。これが「定言」判断である。

②この両側面はそれぞれ実体でもあるから自立した現実という姿を取ることになる。しかし、この時両者の同一性はまだ「内に隠れて」いるので、一方の現実性が「自己」の現実〔存在〕とはならず、「他者」の存在となる。これが「仮言」判断である。

③このように概念が疎外されたままでその隠れている同一性が「顕在化」されると、その時の普遍は自己の排他的個別性の中で自己同一な類となる。この普遍を主語と述語に持つ判断は、一方には類そのものを持ち、他方にはその普遍の排他的特殊化の全体（その特殊化された項の「どちらか」が普遍であることもあれば、「どれも」が普遍であることもあるが）を持つことになる。これが「選言判断」[4]である。ここでは普遍はまずは類として、次には全ての種としても現われるが、それによって普遍は統体性として規定され定立されることになるのである。

1　この標題は原文では Urteil der Notwendigkeit と無冠詞になっています。ここで判断論の標題がどうなっているかを『小論理学』と『大論理学』で比較してみます。『小論理学』は、Qualitatives Urteil, Das Reflexionsurteil, Urteil der Notwendigkeit, Das Urteil des Begriffs です。『大論理学』は、Das Urteil des Daseins, Das Urteil der Reflexion, Das Urteil der Notwendigkeit, Das Urteil des Begriffs です。Reflexion を二格付置規定にするか複合名詞の規定語にするかで違いは無いと思いますが、冠詞を付けるのと付けないとの違いには何か意味があるのでしょうか。同じ事は次の推理論でも起きます。

2　ヘーゲルの「具体的」とは「対立物の統一」のことですから、「区別しながら同一」ということが「具体的」であるのは、ヘーゲルにとっては同語反復か言い換えでしかないのです。

3　この文は「述語の中に一部は類を持ち、一部は種を持つ」というように書いてあるので、松村はそのように訳していますが、それでは意味が分からないと思います。内容から考えますと、次の付録の冒頭にありますように、定言判断とは「金は金属である」とか「バラは植物である」といった判断です。これは一般化しますと、「或る種は或る類である」となります。従って im Prädikat と teils の順序を逆転させて、「述語には類」と読めば、「主語には」の省略を前提することになります。いずれにせよ、ヘーゲルの原文自身が悪いのだと思います。

4　定言判断と仮言判断では「定言」の部分と「仮言」の部分だけイタリックにし、ここ選言判断では判断という部分を含めて全体をイタリックにしています。こういう所から見ても筆者の強調している部分をあまり厳格に取って考える必要の無い事が分かります。

## 付録〔必然性の判断の三種と三種の相関関係〕

「金は金属である」とか「バラは植物である」といった定言判断は必然性の判断の「直接的な」形〔第一の形〕であり、本質論における実体性の関係に対応するものです。〔従って〕事物はすべて一種の定言判断〔的構造を持ったもの〕と言うことができます。つまり、事物にはその実体としての本性があり、それがその事物の確固とした不変の基礎となっているのです。〔さて、判断能力の高低ということを考えてみますと〕判断が本当の意味で判断となるのは、事物を類の観点から見るようになり、事物は類によって必然的に規定されたものだと考えるようになる時なのです。ですから、「金は高価だ」という〔反省の〕判断と「金は金属である」という〔必然性の〕判断とを同じ段階にあるものと見なすような人は、論理学の素養に欠けていると言わなければなりません。金が高価であるということは、金と我々人間の傾向性や欲求との関係とか、金を〔鉱石から〕採り出すのに必要なコストとの関係といった〔金の〕外にあるものとの関係に関わることであり、[1] 金はこういう外的関係が変わったり無くなったりしても、金であることに変わりないのです。それに対して、金属であるということは金の実体的本性でして、それなくしては、金がその他のどのような性質を持っていようと、金としてあり続けることができないのです。「ガイウスは人間である」という判断でも事情は同じです。そこで言い表されていることは、ガイウスのその他の性質は、この人間であるという実体的本性に矛盾しない限りで価値と意味を持つということです。——

　しかし第二に、定言判断もまだ欠陥を免れないのでして、それは、そこでは特殊性の契機がまだ然るべき役割を果たしていないという点に出ています。ですから、例えば金はたしかに金属ですが、銀や銅や鉄などもまた金属なのでして、金属であるということ自体はその種の特殊なあり方とは関係がないのです。かくして定言判断は「仮言」判断に進むことになります。[2] 仮言判断の定式は「もしAがあれば、Bがある」というものです。この進展はかつての実体性の関係から因果性の関係への進展と同じものです。つまり、仮言判断では内容の規定は媒介されたもの、他者に依存するものとして現われますが、これはまさに原因と結果の関係にほかなりません。[3]仮言判断の意味を〔更に広く〕一般的に捉えるならば、それは、仮言判断によって普遍がその特殊の中で定立されるということです。かくしてここに必然性の判断の第三形式である「選言」判断が得られます。〔それは或る物は〕AかBかCかDかである〔という定式で表されます〕。例えば、詩は叙事詩か抒情詩か劇詩かであるとか、色は黄か青か赤等々かであるといったものです。選言判断の両項は同一です。つまり、類は種の全体であり、種の全体は類です。しかるに、この普遍と特殊の一体性は概念です。かくして今や概念が判断の内容となったのです。

1　ここは nur .. insofern という関係です。この「接続詞を限定する副詞の位置」については「文法」の一一六八頁を参照。

2　この文の「かくして」も本節本文の②の「導出」も説得的ではないと思いますが、次の「仮言判断によって普遍がその特殊の中で定立される」という文ならば、「バラ（種）」を定立する（言う）ことで同時に「類（植物）」を定立することになりますから、一応、分かります。しかし、以下の「選言判断」から「概念の判断」の導出を見ても、これが正しい導出なのか疑問です。私案を対置することが出来ないので不十分な「疑問」でしかありませんが。

3　仮言判断と因果性を結びつけるのは理解しやすいでしょう。

## D　概念の判断

### 第一七八節〔確言判断〕

「概念の判断」の内容を成す概念は単純な形式をとって現われた統体であり、必要十分な規定を完備した普遍である。①まずはそれは「確言」判断である。[1]その主語は一個の個別者である。その述語は〔主語たる〕特殊な定存在[2]の普遍への「反省〔関係〕」〔を表すもの〕である。つまりその特殊〔主語〕と普遍〔述語〕との一致不一致が、善い〔か悪いか〕とか真だ〔あるいは偽だ〕とか正しい〔あるいは間違っている〕とかが〔根拠を提示することなしに述部に〕示される。

1　assertorisches Urteilをどう訳すかが問題です。これまでは大抵「実然判断」と訳されました。「実際に然ると言う判断」という意味でしょう。しかし、古すぎる以上に、哲学文献以外では使われない言葉だと思います。「どうしても」という場合以外は新語を造るべきではないと思います。「断言的」では余計なニュアンスが付きまといます。結局「確言判断」とすることにしました。Assertorischという言葉はラテン語のasseveroという動詞に由来するようです。

2　この das besondere Dasein はすぐ前の ein Einzelnes を受ける換称代名詞でしょう。「文法」の六〇一頁を参照。

## 注釈

〔第一点・概念の判断こそ真の判断〕我々の日常生活においても、或る対象なり行為なりが良いとか悪いとか、真であるとか美しいといった判断にして初めて、「判断」[1]と言われている。〔逆に言うならば〕「このバラは赤い」とか「この絵は赤い、黄色い、緑だ、ほこりをかぶっている」といった肯定判断や否定判断しか出来ない人には、判断能力があるとは言わない。

〔第二点・確言判断の断定性〕確言判断をそれだけで〔根拠なしに〕主張するのは、世間一般でも正しくない態度とされているが、それなのに、直接知や信仰[2]を原理とする人々はほかでもなく哲学の中で確言判断を自説を主張するための唯一の本質的な形式としてしまっている。この原理を主張する人々の哲学上の著作とやらを読むならば、そこには理性や知や思考等についての何百もの断定が出てくる。それらは〔哲学の〕外にある権威〔教会〕がもはや大して力を持たなくなったので、同じ事を何回も繰り返して言うことで自説の正しさを人に信じさせようとしているのである。[3]

1　ここは原文ではセミコロンに成っていますが、その意味はこういう事だと思います。
2　ここは des unmittelbaren Wissens und Glaubens と成っていますが、unmittelbar という形容詞は Wissen だけに掛かっているのだと思います。二語一想でしょう。信仰とは何かについては拙稿「宗教と信仰」(『先生を選べ』に所収)を参照。
3　「嘘も百万遍言うと真実に成る」とか言って大宣伝で権力を獲得したのはナチスではなかったでしょうか。「『一致点で協力』が統一戦線の原則だ」とかいう「党の理論」とやらも同じです。一体全体、「一致点で」協力しないでどの点で協力するのでしょうか。この「理論」とやらは無意味な同語反復でしかありません。本当の問題は「どういう一致点」で協力するのか、です。この問題には「一般的原則」は存在しない、とレーニンは言っています。もう一つ注しておきますと、「大きな声で」自説を押し通そうとする人も少なくありません。それを学生に対して使って自説を押しつけようとする哲学教授もいます。教師と生徒の意見の違いはどう処理するのが正しいかについては、前掲ブログ論文「議論の認識論」に書いておきました。

### 第一七九節〔蓋然判断と確証判断〕

確言判断の主語は差し当っては[1]〔まだ〕媒介されていないので、その中では特殊と普遍の関係は示されておらず、これは述語の中で表現される。従って、この判断は「主観的」特称性（Partikularität）にすぎず[2]、この種の判断に対してはそれと正反対の断定が同等の権利を持って、あるいは〔正確に言うならば〕同等の不当性を持って対立することになる。[3]従って、②確言判断はそのままで「蓋然」判断でしかない。③

しかし、その客観的特称性が「主語の中に定立され」、主語の特殊性が〔主語たる〕定存在の〔客観的な〕在り方として明示されると、主語の中に、主語の客観的特称性のその定存在の特殊性への関係が表され、従ってまたその類への関係が表され、よってもって述語の内容を成すものが表されることになる（第一七八節参照）。この（無媒介の個別性である）家（類）は、これこれの性状（特殊）であり、良い、または悪いといったような判断である。これが「確証」判断である。[4]――「事物はすべて」或る「特殊な」性状をもった「個別的」現実の中に或る類（事物の使命と目的）である。換言するならば、[5]全ての事物が有限性だという事は、その特殊が普遍に合致することもしないことも可能だということである。[6]

1　すぐ後に②と③がありますが①に当たる番号（数字）が原典にはありません。ここの zunächst が①のつもりなのでしょう。

2　「この家は好い」という確言判断では、この家と同じような性状の家はみな好いということが含意されており、そういう家は「いくつも」あるだろうから、この判断は特称的と言える。しかし、この段階ではそれはまだ判断する主観の中にしかなく、言い表されていないから、それは主観的である。こういう意味で「主観的特称性」と言ったのではなかろうか。従って、これが主語の中に言い表されれば、正しいと認められるか否かはともかく「客観的特称性」となるのだと思います。

3　ヘーゲル得意の推論であり、「学問的であるとはどういう事か」を考え抜いた人に相応しい偉大な発見だと思います。

4　apodiktisches Urteil は「確証された判断」か「確証しうる判断」ということだと思います。Apodiktisch はラテン語の apodicticus に由来します。

5　ここのセミコロンも言い換えみたいなものだと思います。

6　エンゲルスは『自然弁証法』の中で〔通常「弁証法」という題の付けられている覚え書の中で〕ヘーゲルの判断論に言及しています。そこでは、まずヘーゲルの論述をまとめた後に、これには現実的根拠があると評価して、エネルギー転化の法則の発見の歴史を引き合いに出します。このエンゲルスのヘーゲル理解は、その現実的意味を探るという姿勢は正しいと思いますが、内容はあまり評価できません。個々の指摘について言いますと、「摩擦は熱の一源泉である」というのは定存在の判断ではなく、反省の判断の中の特称判断でしょう。また一切の運動形態の相互転化は概念の判断ではなく必然性の判断の中の仮言判断か選言判断でしょう。全体として、エンゲルスはヘーゲルの判断論を量的な意味での個別・特殊・普遍で捉えようという姿勢が強すぎると思います。私見は拙稿「人を見る眼」にまとめてあります。価値判断の客観性についての私見は拙稿「価値判断は主観的か」及び「サルトルの『実存主義とは何か』を読み返して」（『囲炉裏端』に所収）にまとめてあります。

## 第一八〇節〔判断論の結語・コプラの充実による推理の生成〕

かくして主語と述語はどちらも判断全体〔判断そのもの〕となった。主語の直接的な性状〔特殊〕は、差し当っては個別的現実とその現実の普遍とを「媒介する根拠」なので、判断の根拠とされてはいるが、実際にそこに現われ出てきているものは、主語と述語の統一〔同一性〕がほかならぬ概念にまで高まった姿である。即ち概念はコプラの充実、つまり空虚な「である」の充実したものであるが、概念の契機は主語と述語として分かれているので、概念は〔ここでは〕両者の統一として、両者を媒介する関係として現われることになる。これが推理である。[1]

1　ここも「推理概念」を内在的に導出しようとしているのですが、成功しているでしょうか。

第三項　推理（Der Schluß）

## 第一八一節〔総論一・概念と判断の統一としての推理〕

推理は概念と判断の統一である。[1]――即ち、推理は判断の中にある形式上の区別〔主語と述語〕が単一の同一性の中へと帰ってきたものだから、概念である。それはまた、その際その概念が実在の中で定立され、概念の三契機〔普遍・特殊・個別〕の区別の中で定立されている限りで、判断でもある。〔従って〕推理〔こそ〕が「理性的なもの」であり、「すべての」理性的なものである。[2]

1　前節の最後で「主語も述語も判断そのもの」と言った上で、「そこに定立されているものは概念自身」と言ったので、この句が出てくるのです。ですから、「即ち」以下は「既に証明した事を形を代えて再度説明する」ものです。

2　ヘーゲルはよく思考過程の論理をそのまま実在過程のものとしますが、それを「観念論」と決めつけるのもそのまま受け入れるのも、共に間違いでしょう。ここは「理性的なものはすべて推論的論理構造を持っている」と理解すればよいと思います。それはともかく、松村はこの文を、倒置文と取ったかどうかはともかく、「理性的なものは推理であり、しかもあらゆる理性的なものは推理である」と訳しています。一つの見識だと思います。

### 注釈

〔第一点・推理と理性の結びつき〕確かに推理は通常「理性的なものの〔現象〕形式」とされているが〔そし

て、それは間違っている訳ではないのだが〕、その際それは主観的形式〔認識主観にのみ固有の形式〕と考えられており、その形式と理性的内容（例えば理性的原則、理性的行為、理性的思想、等々）との間には何の関係もない[1]とされている〔点では間違っている〕。更に一般的に言うと、「理性」が云々され、理性に訴えはするものの、その時「理性とは何か」が示されず、まして理性と推理を結びつけて考えることなどはほとんどないということがとても多い。〔まあ、こういう初めから問題にならない低い理解は別として、先の通説について一言しておくと〕確かに「形式的な推理」というのは非理性的なあり方をした理性的なものだから、理性的内容とは何の関係もないものである。しかし、理性的な内容を理性的たらしめるものは理性的「思考」にほかならないから、[2]理性的内容は形式によって初めて理性的になるのであり、[3]その形式が推理なのである。——

**〔第二点・現実的なものはすべて推理である〕**しかるに、本節本文にあるように、推理というのは「〔その三契機が〕顕在化した概念」であり、（まずは形式的にではあるが）「実在的となった概念」である。[4]だから、推理は「すべての真なるものの本質的根拠」であり、〔従って〕「絶対者の定義」は今や「絶対者は推理である」となる。あるいはそれを命題の形にすると、「すべてのものは推理である」[5]となる。つまり、すべてのものは「概念」であり、それが[6]定在するということはそこに概念の諸契機が区別〔定立〕されているということである。つまり、すべての真なるものの[7]「普遍的」本性は「特殊」を通じて外的実在性を獲得するのであり、その上にそれが否定的自己内反省であるということが加わって、その普遍的本性は「個別」となる。——あるいは逆に言うならば、現実的なものは「特殊」を通じて「普遍」へと高まり、自己と同一となる「個別」である。——現実的なものは一者〔Eines。ひとまとまりのもの〕であるが、そこには概念の諸契機が分離して現われ出てもいる。そして、現実的なものはその概念の諸契機を媒介する円環運動をへて一者〔ひとまとまりのもの〕になるのだが、その円環運動こそが推理である。[8]

1　ここの irgendein は ohne と結びついていて、「否定詞を強めるための不定代名詞」です。「文法」の一二一二頁を参照。この文の最後の würde は「否定的意局の接2」です。

2　ここは nur sein kann durch .. となっていて、定形の kann が「完全には」文末に来ていません。「文法」の一一九頁の用例5への「感想」及び一三九七頁の①を参照。また、この nur は durch 以下の句に掛かります。副詞は原則として「どこにあっても何にでも掛かる」事が出来ます。この点は「文法」に書き落としたかもしれませんが、関口の小冊子『副詞』の第五講に書いてあります。

3　この文は so kann er es allein となっていますが、この es が「属詞（述語）の es」です。vernünftig を受けています。「文法」の四一六頁を参照。なお、er は ein solcher つまり Gehalt を受けています。

4　これは本節本文の「その概念が実在の中で定立され～」を句にまとめたものです。

5　本節本文の最後の文を松村が「理性的なものは推理であり、しかもあらゆる理性的なものは推理である」と訳したのは根拠があるのです。大切な事は属詞（述語）が ein Schluß と不定冠詞付きだということです。「推理みたいなもの」で悪ければ「推理という性格を持っている」といった感じです。

6　この sein Dasein の sein は alles を受けるものと取った。これまではみな Begriff を受けるものと取っているが。内容上の理解に依るものだが、Begriff を desselben で受けていることも形の上での参考にはなると思う。

7　この seine allgemeine Natur の seine も alles を受けるものと取った。

8　この付録に付けました訳者の小見出しは「推理と理性の結びつき」及び「現実的なものはすべて推理である」となっています。直ぐにも分かる事は、「理性的なものは現実的であり、現実的なものは理性的である」としたヘーゲルの立場を確認したものになっているということです。

**付録〔推理の発展は客観性へ導く〕**

概念や判断と同じように、推理も通常人間の主観内の思考の一形式にすぎないと考えられています。ですから、「推理は判断を根拠づけるものだ」と言われるのです。〔この考えについて論評しますと〕確かに判断は推理と関係のあるものなのですが、判断から推理へと進展するのは単に人間の主観的行為によるのではありません。そうではなくて、判断自身が自己を推理として現わし、推理の中で概念との統一に帰るのです。[1] 一層具体的に言うなら、推理へと進展するのは確言判断ですが、そこでは個別がその特性（特殊）を介して自己の普遍即ち自己の概念に関係しています。この時特殊は個別と普遍を媒介する中項となっていますが、この形が推理の基本形です。推理の発展というのは、形式的に捉えるならば、個別及び普遍もこの中項の位置に来るようになることであり、それによって〔概念論の第一段階の〕主観性から〔その第二段階の〕客観性へと移行することになるのです。[2]

1　こういう言い方には「進展即反省」、即ち「進展は同時に初めには潜在的にあった自己の本来の姿に帰ることだ」という考えが前提されています。

2　ヘーゲルの推理論の難解さは何よりもまず、推理を「個・特・普」の三つの項で表現するだけで、いわゆる三段論法のように「三つの判断」の関係として表さないことです。この点の説明の必要性に気づかなかったのでしょうか。困った事です。

**第一八二節〔総論二・推理の発展は悟性推理から理性推理へと進む〕**

「直接的な」推理[1]では概念の諸規定が「抽象的な」規定〔他を含まない規定〕として外的に「関係」し

合っているにすぎない。その「両端項たる個別と普遍」も、両者をつなぐ「中項」たる概念も、ここでは、抽象的な「特殊」〔個別と普遍を含まない特殊〕であるにすぎない。だからここでは両端項は、互いに対しても中項に対しても「無関心で〔内在的関係を持たず〕、独立したもの」として現われている。従って、この推理は〔推理なのだから前節で確認した通り理性的なものなのだが〕概念なき理性者であり、形式的「悟性推理（Verstandesschluß）」でしかない。[2]——そこでは主語は「他の」規定と推論的に結びつけられる。あるいは〔個—特—普の第三項たる〕普遍はこの媒介〔中項たる特殊〕を介して「自己の外にある主語」〔たる個別〕を包摂する。それに対して理性推理というのは、主語がその媒介〔中項〕を介して「自己を自己自身と」結びつける推理である。このようにして初めて主語は〔本当の意味での〕主語[3]〔主体〕なのであり、主語はその身において[4]〔実際に〕理性推理となるのである。[5]

1　この「直接的な推理」とは形式論理学で言うところの直接推理のことではなく、判断から推理になったばかりの推理、推理の第一形態のことでしょう。

2　何か屁理屈を言っているみたいに感じますが、言わんとする真意を考え続ける事にしましょう。

3　このSubjektは無冠詞になっています。多分、「高踏的掲称の無冠詞」（「文法」の六七一頁）でしょう。

4　ここはan sich selbstではなくan ihm selbstとなっています。「人称代名詞を再帰代名詞として使う」現象については「文法」の八二〇頁の③を参照。但し、関口の言う使い方の他に、anを「表面に出ている」「表面にくっついている」という意味で使う使い方があると思います。ここはそれでしょう。

5　こんな説明ではこの二つの推理の具体的な違いは分かりません。

**注釈〔悟性推理の客観的意味〕**

以下の考察では悟性推理という語を通常のよく知られた意味に従い、主観的に理解する。つまり、「我々〔人間〕」が推理をするという理解である。実際、悟性推理は「主観的な」推理行為で「しか」ない。[1] しかし、そこには同時に客観的な意味もあるのであり、悟性推理は事物の「有限性」だけを表している。但し、それはこの〔悟性推理という〕形式がここで到達した仕方で表しているのであるが。即ち、〔第一に〕有限な事物では主語〔ないし主体〕として立てられた事物〔個別〕は、それの特殊である諸性質から切り離されうるものであり、又〔第二に〕その普遍からも、その事物の単なる性質やそこから帰結する他の事物との外的関係という意味での普遍からも、その事物の類や概念としての普遍からも、切り離されうるものである〔そして、これをそのまま表現するのが主観的推理たる悟性推理である〕[2]。

1 「しかない」と言うと、次に「客観的意味もある」と切り返すのが矛盾しているように見えます。ヘーゲルに好意的に読むと、「主観的行為ではあるが、客観的『意味』『根拠』もある」ということでしょう。

2 これでも悟性推理と理性推理の違いは分からないと思います。推理を単なる主観的なものと見るか、客観的なものと「も」見るかの違いが第一であるらしいことは分かります。そこから、推論的結合を外的で偶然的なものと見るか、内在的で必然的なものと見るかの違いが出てくることも分かります。やはり、推理を判断と同じような「個―特―普」という形で理解するのはなぜかの説明が欠けている所に根本的な原因があるのではないでしょうか。

**付録〔悟性を概念の能力とし、理性を推理の能力とする考え方について〕**

推理は理性的なものの現象形式であるとする先に述べた解釈に従って、理性は推理する能力であり、悟性は概念を作る能力だと定義されています。こういう定義には、精神を〔互いに依存し合うことなく〕並立している諸能力の単なる総和と捉える浅薄な考えが前提されているのですが、それはともかくとして、このように悟性を概念と結びつけ、理性を推理と結びつける考え方については、概念は単に悟性に属する規定でもなければ、推理も又無雑作に理性的と言ってよいものでもない、と言わなければなりません。つまり、まず推理について言いますと、形式論理学の推理論で通常扱われていますのは、実際には単なる悟性推理にすぎず、それを理性的なものの現象形式だとか、まして理性的なものそのものだなどと言うことは、到底できません。また本来の概念は単なる悟性の形式どころではありません。むしろ抽象を事とする悟性こそが概念を悟性の形式に貶《おとし》めたのです。ですから、概念を悟性概念と理性概念とに区別することもあるようですが、それは二つの別種の概念が「ある」という意味に解すべきではなく、「我々〔人間〕」が概念をどう扱うかによって、概念の否定的で抽象的な形式に留まれば悟性概念になるし、概念の真の本性に従って肯定的で具体的な[1]面も見れば理性概念になる、ということなのです。例えば自由の概念について言いますと、それを必然性に抽象的に対立させれば単なる悟性概念になりますし、必然性を止揚して自己内に含み持つものと解すれば、自由の真の理性的な概念になります。同じように、いわゆる理神論による神の定義は単なる悟性的な神概念ですが、神を三位一体と取るキリスト教は理性的な神概念を持っていることになるのです。[2]

1　この zugleich は Positive と Konkrete を「共に」という意味に理解するのが自然でしょう。しかし、それくらいならわざわざここに zugleich を入れる必要もないでしょう。英Wは as at once positive and concrete と訳していますが、英Gは as what is also positive and concrete と訳しています。

「否定的で抽象的な理解に留まらないで『同時に』肯定的で具体的に『も』理解する」と取れないでしょうか。

2　ここも悟性「概念」と理性「概念」の違いの説明であって、悟性「推理」と理性「推理」の説明ではありません。

## A　質の推理

### 第一八三節〔質の推理とは何か〕

推理の最初のものは「定存在の推理」、または「質の推理」である。それは、前節に述べたように、個別―特殊―普遍であり、個別である主語が〔特殊である〕「質」を介して「普遍的な規定と推論的に結びつけられる」というものである。[1]

1　ヘーゲルの推理論の現実的意味を解明した人はこれまでに誰もいないと思います。そういう「研究」らしき「書名」の本はありますが。ヘーゲルの推理論の分かりにくい点の第一は、普通は、推理は大前提と小前提と結論の三命題から成るとするのに、ヘーゲルは推理を個別と特殊と普遍の三概念で表すということです。逆に言うと、ヘーゲルの推理論を考えるには、まず、その三概念で表されている推理を三命題から成る普通の推理に「翻訳」しなければなりません。本節の付録にある例では、それは、第一命題（小前提）このバラは赤い。第二命題（大前提）赤は色である。結論・このバラは色を持つ、となります。これで解釈できるか、やってみましょう。

## 注釈〔質の推理の形式的性格〕

主語（terminus minor、小名辞）はその個別のその規定以外の規定も持っているし、もう一つの端項（結論の述語〔属詞〕。terminus maior[1]、大名辞）も単に普遍という以上の規定を持っているが、その事はここでは問題にならない。ここで考察されるのは主語と述語〔属詞〕を推論（的関係）にする諸形式である。

1　ヘーゲルはここでラテン語の terminus maior, terminus minor を使っています。これを松村は「大概念」と「小概念」と訳し、宮本は「大名辞」と「小名辞」としています。英Gは the major term, the minor term と訳しています。「大前提、小前提」は、ラテン語では本来は propositio, adsumptio と言うようです。独は Obersatz, Untersatz で、英は major premise, minor premise で、仏は prémise majeure, prémise mineure です。鶏鳴版では大前提、小前提と訳しましたが、考え直して、宮本の訳語を借りることにしました。

## 付録〔悟性推理の形と意義、及びその研究史〕

定存在の推理は単なる悟性推理です。それは、そこでは個別と特殊と普遍とが互いに〔内在的に結びつけられる事無く〕抽象的に対立しているからです。ですから、この推理では概念が完全な疎外態（Außer-sichkommen）にあるのです。ここでの主語は直接的な個別ですが、この主語に関して何らかの特殊な側面ないし特性が取り出されます。そして、それを介してその個別が或る種の普遍だとされるのです。例えば、「このバラは赤い。赤は色である。従ってこのバラは色を持つ」という場合がそうです。普通の論理学で取り上げられるのは大抵この形の推理です。かつては推理はあらゆる認識を支配する絶対的な規則と考えられていまして、科学的な主張は推理によって媒介されなければ真とは認められませんでした。今日では推理のさまざまな形式は辛じて論理学の手引書に見られるだけになってしまい、推理についての知識は学校で教えられるだけの無内容な知識で、実社会でも科学研究でも役に立たないものと考えられています。しかし、この点について差し当たり指摘しておかなければならない事は、推理の形式をどんな場合でも完全に踏んで考えたり言ったりするのは余計でありペダンチックでしょうが、それにもかかわらず、やはり我々の認識はさまざまな形の推理を使ってなされている、ということです。例えば、冬の朝目覚めた時、家の前を馬車のきしんで通る音がすると、「今朝はかなり凍《い》てついているな」と思い到ることになりますが、この時には推理の操作がなされているのであり、この操作を我々は毎日毎日いろいろな形で行っています。[1] ですから、思考する人間[2]の毎日の行為をはっきりと自覚するということは、消化の働きや血液供給の働きや呼吸の働きといった人間有機体としての働きについての知識とか、我々を取り巻く自然の動きや形態についての知識といったその意義が広く認められたことと比べても、少くともそれより小さくない意義はあると思います。しかし、その際、同時にただちにはっきりさせておかなければならないことは、正しく消化したり呼吸したりするために予め解剖学や生理学を勉強しておく必要がないのと同様、正しい結論を引き出すために前以て論理学を勉強しておかなければならないということはないということです。[3] 推理の諸形式といわゆる推理の格を、単なる思考形式としてではありますが、最初に研究し記述したのはアリストテレスです。しかもそのやり方たるやきわめて確実かつ明確なもので、本質的な点ではもう何も付け加えるものがないくらいでした。ところで、この業績は確かにアリストテレスの[4]大きな名誉となるものですが、彼がその純粋に哲学的な研究で実際に使ったのは〔アリストテレスがその論理学にまとめたところの〕悟性推理の諸形式でもなければ、一般的に言って有限な思考の諸形式でもありませんでした[5]（第一八七節への注釈を見よ）[6]。

1　こういう所まできちんと指摘する落ち着いた態度がヘーゲルの偉さの一つだと思います。

2　ここは als eines denkenden Menschen となっていますが、als で同格に言い換えられているのはその前の dieses seines Tuns の Tuns ではなくて、seines だと思います。意訳するならば「人間は思考するものだから、そういう人間の行為を」でしょう。Eines と不定冠詞が付いているのは denkendes を紹介導入するためでしょう。「文法」の一四〇六頁の①を参照。なお dieses seines についてはこれまでも注しましたが、「文法」の五四七頁の③を参照。

3　これだけで終わると、それならなぜ理論が必要なのだという問題が出てきます。ではなぜそういう「当たり前の事の科学」が必要かと言いますと、その一つの理由は、異常な事、例えば病気とかけがが起きた場合にそれを治すためだと思います。母語の文法知識などは知らなくても支障ないようなものですが、外国語を母語に翻訳する場合には、結構その外国語と母語両方の文法知識が必要です。拙著『辞書で読むドイツ語』の二六九頁に具体例を挙げて説明しておきました。

4　この Aristoteles には dem という定冠詞が付いています。示格定冠詞だと思います。

5　理論が実践より低いという事です。人間は自分自身について必ずしもいつでも正確に理解しているとは限らない、ということです。これはその通りでしょうが、ここで終わると、それでは正しい自覚、正しい理論はなくてもいいのかということになります。

6　「第一八九節への注釈を見よ」とありますが、第一八九節には注釈が付いていません。グロックナー版でも同じです。ドイツ語版の編集者は気付かなかったのでしょうか。松村も宮本も鶏鳴版での私も、確かめなかったのでしょう、この間違いに気づいていませんが、英Wは早くから「第一八七節への注釈」としています。英Gもそれを受けています。原編集者がヘーゲルの手書き原稿の「7」を「9」と読み違えたのでしょう。もちろんヘーゲルの書き方が拙かったのでしょう。ドイツ人が「7」を手で書く時にどう書くかを知っている人ならそう推測すると思います。

## 第一八四節〔質の推理の内容面から見た偶然的性格〕

①この推理は、その諸規定〔個別、特殊、普遍の内容面〕から見て、完全に「偶然的」である。なぜなら、その中項は抽象的特殊だから、主語の何らかの「規定でありさえすれば何でも好い」。しかるに、主語は「直接的な」主語であり、従って経験的に具体的な主語だから、そういう規定を複数持っており、従って〔他の規定を取ってくれば〕「その他の多くの」普遍と推論的に結びつけうる。また、それは「〔感性的に〕個別的な」特殊だから、ほかにもいろいろな規定を持っており、この点から見ても、主語は「同じ媒名辞（medius terminus）」を介して〔さえ〕「様々な」普遍と結びつけうることになるからである。[2]

1　この empirisch-konkretes は文法的には empirisch と konkret という二つの形容詞を並べたものですが（「文法」の五二五頁の④対立的形容詞を参照）、ヘーゲルでは「具体的」にも「感覚で捉えうる」という意味と「対立規定を統一した」という思考的な意味があり、ここは前者なので、こう訳しました。

2　先の「このバラは赤い」の例で考えてみましょう。ここで中項となる「赤」は「色の一種」と考えられるだけではありません。「虹の色の中にもある」と言うことも出来ます。すると、結論としては「このバラは虹と共通点を持つ」とも言えます。又、中項の「色」から出発しても、「色には三原色がある」とか「色とは可視光線のことである」とかで捉えることも出来るでしょう。すると、結論として、「このバラは三原色とどう関係しているのか」とか「このバラは可視光線を出している」とか言えるのではないでしょうか。

**注釈〔質の推理の偶然性〕**

この〔質の推理という〕形式的な推理は使われなくなったが、それはただそうなったのであって、この不当性が洞察されて、使うのは間違いだとされたのではない。この推理が真理には役立たないことを本節〔では内容面から〕と次節〔では形式面から〕とで示す。

本節で述べた所により、この推理を使って実に様々な事についていわゆる「証明」をすることができる。目的とする規定を引き出すためには、それに都合のよい「媒名辞」を取ってきさえすれば好いのである。所与の媒名辞とは別のものを持ってくれば、所与の事とは別どころか正反対の事すら証明できる。——対象が〔感性的に〕具体的であればあるほど、それは「媒名辞」として使える側面をそれだけ多く持っていることになる。〔しかるに〕これらの側面の内のどれが一番重要かを証明する推理が、また、普遍性のない孤立した規定に頼る推理であり[2]、その規定が「重要であり必然的だ」ということを証明するための側面や観点は容易に見出せるのである。[3]

1 solchen Schließens と solcher が弱変化しているのは辞書にもある通りですが、指示詞としてではなく、形容詞として「感ぜられる」からではないでしょうか。

2 ここの das sich an die einzelne Bestimmtheit hält をこう解釈しました。

3 本文への訳注2でも、赤の持つ多くの側面から多くの結論へと導く例を考えるのは容易でしたが、色の多くの側面を考えるのは難しかったです。概念がその抽象性を増すにつれて多様性が少なくなる、と言えるのではないでしょうか。第一七二節付録でヘーゲルが述べたように、「このバラは赤い」という「定存在の判断」では「このバラ」も「赤い」も無限に多くの側面を持つので、ここで言う「媒名辞」とは「このバラ」の持つ側面のことなのかとも考えましたが、それでは判断論へ戻ってしまいますので、やはり違うでしょう。「赤」が多くの側面を持つということでしょう。

付録〔日常生活の中の悟性推理〕

日常生活の中で悟性推理[1]を意識することはほとんどないでしょうが、しかしこれはやはり生活の中でそれなりの役割[2]を果たしているのです。例えば民事訴訟での弁護士の仕事は、依頼人に都合の好い条項を主張することですが、そういう条項とは、論理学で捉え直せば[3]、媒名辞にほかなりません。同じ事は外交交渉でも、例えば同一の土地についていくつかの強国が自分の権利を主張する時にも見られます。この場合には、相続の権利、その土地の地理的位置、そこの住民の由来や言語、その他の根拠が媒名辞として持ち出されるのです[4]。

1　こうした推理を悟性推理と呼んでいる所からみると、その本質的特徴は「偶然的だ」ということなのでしょう。

2　この seine Rolle の seine が「再帰的所有形容詞」です。「文法」の五五〇頁の②（その独特の意味）を参照。

3　ここの in logischer Hinsicht を松村も宮本も「論理的にみれば」と訳しています。多くの日本の学者がこういう形容詞 logisch を「論理学の」と、二格名詞の代わり（二格的形容詞）と読めないのはどうしてなのでしょうか。

4　これくらいの現実的な例を持ち出すにはそれ程大した常識が要るわけではありませんが、論理学に対応するこうした例をきちんと持ち出している点はやはり評価すべきでしょう。

第一八五節〔質の推理の形式面から見た偶然的性格〕

②この推理はまた、そこに含まれる〔諸規定の〕関係の形式[1]から見ても偶然的である。推理の概念によると、区別された二項が両者の統一である中項を介して関係することが真理だということだが[2]、その両端

項の中項との関係（大前提と小前提）は〔媒介されておらず〕むしろ無媒介な関係である〔だから、真理が非真理によって媒介されているということになり、この媒介には必然性がない〕。

1　ここの die Form der Beziehung という句がありますので第一八四節冒頭の文の訳に角括弧を加えて「〔個別、特殊、普遍の内容面〕から見て」としたのです。こういう風に、不親切な書き方をするのがヘーゲル流ですが、「形式を読む」態度が身についていれば見落とすことはないでしょう。それはともかく、鶏鳴版でここの Form を「あり方」と訳したのは（内容的には正しいのですが）、この対を分かりにくくした点で不適当でした。

2　この文はこれまでのどこで確認されているのでしょうか。多分、第一八二節本文の最後から四行目の **Der vernünftige Schluss dagegen** 以下の文か、第一八一節本文の終わりの方で **Alles ist ein Schluss** とした後の **Alles is Begriff** 以下の文でしょう。

注釈〔質の推理の前提の証明の悪無限性〕

推理の含むこの矛盾[1]も悪無限の過程に表現される。なぜなら、その両前提のいずれも更に推理によって証明しなければならないということになるが、そうするとその推理がまた無媒介の前提を持つことになるから、またまたそれを証明しなければならなくなり、しかも〔二つの前提の各々について証明しなければならないから、その仕事は〕次々と倍化されて無限に続くことになるからである。

1　ここで wieder（再び）と言ったのは、以前に存在論の量論などで矛盾が悪無限として表現されるのを踏まえてのことでしょう。

第一八六節〔第一格から第二格へ〕

推理のこの形式〔第一格〕は絶対に正しいと考えられているが、そこにはこういう欠陥がある。これをここで指摘した〔のは、この推理が経験世界で重要な役割を果たしているからなのだ〕が、この欠陥はこの推理の規定が先へと進む中で自ずから〔即ち内在的に〕克服されなければならない。つまり、ここ概念論の中では、判断論でもそうだったように、対立する規定が単に潜在しているのではなく、定立され〔顕在化され〕ているから、推理の規定を先へと進めるには、推理自身によってその時々に定立されるものを〔そのまま〕取り上げさえすればよいのである。[1]

〔それを実際に行うと〕個別―特殊―普遍という直接的な推理によって、個別は普遍と媒介され、その結論の中では普遍になっている。主語としての個別はそのようにそれ自身普遍という性質を持ったので、今やそれが両端項の統一となり媒介者となった。これが推理の第二格（普遍―個別―特殊）である。媒介が個別の中で為されており、[2]従ってその媒介は偶然的であるということ、[3]つまり〔先に確認した〕第一格の真理〔本当の姿〕がここに表現されている。

1 この「ここ概念論の中では」以下の文の内容は第一六三節の注釈で確認されています。
2 geschehen には getan werden の意あり。
3 これは第一八四節の一行目を受けているのだと思います。

### 第一八七節〔第二格から第三格へ〕

この第二格は普遍を特殊と推論で結びつける（この普遍は先の第一格では個別によって規定されて結論部で現われるので、この第二格では無媒介の主語の位置を占めることになる）。従って、「普遍」は〔普遍―個別―特殊の推理によって〕第二格の結論部で特殊として定立される。従って、この普遍が両端項を媒介するものとなり、個別と特殊が残りの項を占めると推理〔三段論法〕の「第三格」が得られる、即ち、特殊―普遍―個別[1]である[2]。

1　この「即ち、特殊―普遍―個別」の「特殊」の頭に原典では「3」と番号が振ってあります。これに対応する「1」と「2」を探しますと、「2」は第一八六節の終わりの方に「2, A―E―B」とありますが、「1」は見つかりません（もし見つけた人がいましたら、教えてください）。これらの番号は不必要ですから、省きました。

2　「生成の内在的必然性」が全然証明されていないと思います。

**注釈〔三段論法の三つの格の扱い方とアリストテレス〕**

いわゆる推理の格（アリストテレスは正しくもそれを「三つ」だけとした[1]。「第四格」は近世の人〔哲学者〕たちが付け加えた余計なもの、いや愚劣なものでさえある）は、通常並列して叙述されるだけで、それらの〔現われ出てくる〕必然性や、ましてそれらの意味と価値[2]を示すことなどは、全然考えられていない。だから、これらの格がその後空虚な形式主義〔形式〕として扱われるようになったのは当然である。しかし、これらの格には根本的な意味があるのであって、その意味は、「各契機」は概念の規定だから、それぞれ、それ自身で「全体」であり、「媒介する根拠」になるという必然性に由来するものである。――しかし、〔三段論法の各〕命題が〔大前提と小前提と結論のどこに来、個別と特殊と普遍のいずれの規定を取るかということの〕ほかにどういう規定を持つかとか、全称命題か否定命題かといったことをそれぞれの格で「正しい」推理をする条件として考察するのは、「機械的な」研究である。それは概念とは無関係な機械的なものであり、それ自身の内に意味を持たないものだから、忘れ去られたのも当然の事であった。――そういう事の研究や〔更に一般的に言って〕悟性推理の研究が重要だということを言うために

「アリストテレス」を引合いに出す人がいるが、とんでもない間違いである。確かにアリストテレスはそれらを研究したし、精神及び自然のその他の多くの形態についても書き残し、その規定を調べ上げ、指摘した。〔しかし、〕[3] 彼はその形而上学の「諸概念」でも自然学や精神学の「諸概念」でも、悟性推理の形式を基礎や基準にして考えようとはしなかった。それは、もし彼が悟性の諸法則に従っていたら、それらの概念の内のただ一つの概念も出て来なかっただろうし、あのようなものには成らなかっただろうと言ってよい位である。アリストテレスは彼なりの本質的なやり方で多くの記述的なもの〔実証的事実〕と悟性的なものを提出したが、その時でも〔全体を〕支配していたものは常に「思弁的」概念であって、悟性的推理（これを最初に指摘したのは彼である）をこの分野〔論理学〕に持ち込みはしなかった。[4]

1 deren nur dreiという言い方（二格形を数詞や量詞と共に使う用法）については「文法」の四一三頁の②と③を参照。

2 この「意味と価値」についてのヘーゲルの叙述は、その偶然的性格（真理には不適）の指摘及び本節付録の内容でしょう。しかし、「概念ないし句」と「語」との違いはありますが、ソシュールの「語の価値」という言葉を思い出しますね。根本的に言葉や概念を理解する姿勢が二人では一致しているのではないでしょうか。

3 原文には逆接の語句はありませんが、freilichを受けて譲歩の構文になっていますので、訳では入れました。松村も入れています。宮本は入れていません。

4 ヘーゲルらしい二枚腰で譲歩の構文が幾重にも使われていますので、丁寧に読んでください。

### 付録〔推理の三つの格の客観的意義〕

推理の三つの格の客観的意義というのは、一般的に言いますと、理性的なものはすべて三重の推理として示されるものだということであり、詳しく言うならば、理性的なものの各項は端項にもなれば媒介する中項にもなるということです。この事は特に哲学の三つの部分、つまり論理的理念の学と自然の学と精神の学〔論理学と自然哲学と精神哲学〕とについて言える事です。ここではまず自然が中間に来、推論的に連結する項となります。つまり、無媒介の統体性である自然が論理的理念と精神との両端項に展開されます。精神は自然によって媒介される限りで精神なのです。[1] 次に、個体的なものであり能動的なものである精神が中項になり、自然と論理的理念とが端項になります。つまり、精神が自然の中に論理的理念を認識して、自然をその本質へと高めるのです。[2] 同様にして、三番目には論理学の理念〔論理学で扱われる理念〕が中項になります。つまり、理念は精神及び自然の絶対的な実体であり、普遍であり、すべてを貫徹するもの〔だということ〕です。このように、これら三者は絶対的推理の三つの項なのです。[3]

1　これは、理念を潜在させた自然がまずあり、その発展の結果として人間が生まれたということでしょう。第二三九節への付録参照。

2　人間は自然の発展を完成させるために生まれてきた。この時自然は「無媒介の全体」ではなく「媒介された全体」になる、ということでしょう。

3　最後に「絶対的」という言葉が二回使われています。まず、ヘーゲルの体系は論理学と自然哲学と精神哲学の三部から成るのですから、自然や精神と同列に置くのは「理念」ではなく「論理」ではないかという疑問が出てきます。これはその通りで、「論理」と言っても好いのですが、その最高段階のカテゴリーである「理念」は「論理の精華」ですから、強調してそう言っただけです。さて、「論理学の理念が精神と自然の絶対的実体である」とは、「観念論！」と決めつけて済ますにはあまりにも重要な事だと思います。精神（人間）や自然そのものではなく、その中に宿っている本性こそ問題にすべきものだという事でしょう。ですから、ここの「実体」とは「主体」に対比されるそれではなく、「事物の魂」みたいなものの事だと思います。最後の「絶対的推理」とは「個々の推理」に対比して「全てを包括する最高の、あるいは最大の推理」という意味ではないでしょうか。「絶対者の推理」と訳しても好い。

第一八八節〔数学的推理〕

〔概念の〕各契機がどれも中項及び端項の地位をへ巡ったので、それらの契機相互間の規定された「区別〔内容上の区別〕」は「止揚された」。このように推理の契機の区別が無くなった今、推理の関係として手元にあるものは外面的な悟性的同一性、つまり「等しさ（Gleichheit）」である。これによる推理は「量」の推理あるいは「数学的」推理である。即ち、第三のものに「等しい」二つのものは互いに等しい〔という推理である〕。

付録〔公理とその証明について〕

ここに述べた量の推理は、周知のように、数学では公理とされていて[1]、それについては、他の公理と同様、その内容は証明されえないし、又その正しさはただちに明らかだから、証明の必要もない、と言われています。しかし実際には、これらの公理は論理学の命題にほかなりません[2]。そして、そこには特定の内容上の規定を持った観念が言い表されていますので、それは自己自身を規定しゆく思考から導出しうるものであり、その時その導出こそそれらの公理の証明と言ってよいのです。この事は、数学では公理として立てられる量の推理についても言える事でして、それは質の推理ないし直接的推理のすぐ次の成果であることが示され〔かくして証明され〕たのでした。――それはともかく、量の推理は全く無形式の推理です。

そこでは各分肢の概念によって規定された区別が止揚されているからです。この推理ではどの命題を前提とすべきかは〔内在的に決められず〕外的事情に依存しています。ですからこの推理を適用する時には、よそで証明された確かなものを前提とすることになるのです。

1 ここは als ein Axiom と不定冠詞が付いています。松村はただ「公理」と訳していますが、宮本は例によって「一つの公理」としています。確かに公理は複数ありますし、この公理はその中の一つなのですが、この不定冠詞はそういう意味ではないと思います。次の名詞を引き立たせるための不定冠詞だと思います。als は掲称的語局を作りだしますから、その後に来る名詞は普通は無冠詞になります。

2 現代数学ではこのように考えているのではないでしょうか。

## 第一八九節〔質の推理から反省の推理へ〕

これ〔質の推理の展開〕によって、「形式」面では次の事が現われ出てきている。[1] 第一に、各契機が「中項」という規定ないし地位を占め、従って又全体一般という規定ないし地位を占めた事によって、各契機が抽象性という一面性を潜在的には持たなくなったという事（第一八二及び四節参照）。第二に、「媒介」が完成されたという事（第一八五節参照）。もっともそれも「潜在的に」ではあるが、つまり互いに前提し合う媒介の「円環」として完成されたにすぎないが。即ち、〔三段論法の〕第一格の「個別―特殊―普遍」では「個別―特殊」と「特殊―普遍」の両前提はまだ無媒介であった。しかし、前者は第三格で媒介され、後者は第二格で媒介された。〔この媒介は後で出てくると言うかもしれない〕が、しかし、第二格と第三格も、それぞれ、自己の二つの前提を媒介するためには他の二つの格を予め前提としていた〔という事である〕。

これによって、概念の一体性の持つ媒介的機能〔を表すもの〕はもはや単なる抽象的特殊ではなくなり、個別と普遍の「展開された」統一として、しかも、それはさし当っては個別と普遍の「反省した」統一として定立されなければならないことになる。即ち、「個別が同時に」普遍として規定されているということである。〔しかるに中項が〕こういう中項〔になった時に〕は「反省の推理」である。[2]

1　この an der Form は第一八八節の冒頭の句の中の bestimmter Unterschied と対になっているのではないでしょうか。つまり、第一八八節と九節とは、それまでの展開の帰結を内容と形式とから見たまとめで、並んでいるのですが、次への橋渡しの関係で第一八九節を後に持ってきたのでしょう。又、この an der Form は第一八八節の付録の下から六行目で formlos という言葉を使ったことと関係があるのではなかろうか。後者は付録の中なので、明確ではありませんが、そういうことを講義の中で言うという事は、それがヘーゲルの意識の中にあったという事だと思います。

2　例によって「何としてでも内在的に導出しなければならない」と思っていますので、こういう強引な「導出」になるのだと思います。ここまでの推理論で「現実的意味」が何とか分かるのは第一八七節付録くらいです。これは「論理学」を「宇宙の創造以前の神の国」と取るとキリスト教のヘーゲル的理解に成るのでしょう。しかし、そう取らないで人間の思考の世界と取っても、「宇宙の三つの部分」の円環的関係と取れると思います。

## B　反省の推理

### 第一九〇節〔全称推理と帰納推理と類比推理〕

①かくして中項は、第一には、単に主語の抽象的で「特殊な」規定性にとどまらず、同時に、「個々の

具体的な主語の全て」である。かの〔特殊という〕規定性はそれらの一つとして、他の規定性と並んでその中に含まれているにすぎない。従って、中項の中には「全称」推理があるのである。つまり、結論〔「銅は伝導体である」〕は大前提〔「金は金属である、銀は金属である、銅は金属である、等々」[1]〕から導き出されるものと「前提」[2]されているが、〔実際には〕むしろ大前提こそが特殊規定即ち媒名辞を全称化して主語としているのだから、その「結論」を前提しているのである。②従って全称推理は「帰納法」に立脚している。帰納法の中項は「完全に枚挙された」個別そのもの、つまり第一例、第二例、第三例、第四例、等々である。しかし、直接的で経験的な個別は普遍と同じではないから、完全枚挙ということはありえず、従って帰納法は、③「類推」に立脚することになる。類推の中項は個別ではあるが、その本質的普遍性とか類とか、あるいは本質規定という意味を持った個別である。——第一の推理〔全称推理〕を媒介しようとすると、そこから第二の推理〔帰納法〕に導かれることになり、又第二の推理からは第三の推理〔類推〕に導かれることになる。しかるに、第三の推理では既に反省の推理の諸格がすべて経験されているので、個別と普遍が互いに外にありながら関係し合う形式〔場合〕が〔すべて〕既に尽されたことになり、自己内で規定された普遍〔個別と一体となった普遍〕ないし類〔普遍〕としての個別が求められることになる。[3]

1　付録を見るとこうなるのですが、本当はここでヘーゲルの考えている Obersatz とは「全ての金属は伝導体である」ではないでしょうか。

2　テキストでは voraus だけが隔字体で強調されていますが、本当は setzt も強調すべきではないでしょうか。

3　この全称推理→帰納法→類推という展開はきわめて説得的で明快であり、ヘーゲルの論理展開の成功している例の一つではあるまいか。

**注釈〔全称推理の持つ欠陥と形式主義〕**

第一八四節で述べた悟性推理の根本形式の持つ欠陥は全称推理によって是正される。ただその時には新たな欠陥が出てくる。つまり、大前提が結論とされるべきものを前提し、しかもそれをそれ故に〔前提していて証明していないが故に〕「無媒介の」命題として前提しているということである。――つまり〔全称推理の例を挙げるならば〕、「全ての人間は死すべきものである〔しかるにガイウスは人間である〕。かくしてガイウスは死すべきものである」とか、「全ての金属は伝導体である〔しかるに銅は金属である〕。だから銅は伝導体である」といったものであるが、これらの大前提を言い表し得るためには、そこには「全て」という形で無媒介の個別が表現されており、その本質上それは経験的な命題だとされているので、この個別的ガイウスやこの個別としての銅について先の命題の正しさが既に前以て確認されていなければならないことになるのである。――「全ての人間は死すべきものである。しかるにガイウスは～」といった推理は、そのペダンチックだという事よりむしろあまりに無内容な形式主義だという事が誰にでも直ぐにも判るが、当然である。

**付録〔帰納法は必然的に類推になる〕**

全称推理からは帰納推理へと導びかれますが、帰納推理では諸々の個別が推論的連結の中項となっています。「全ての金属は伝導体である」と言う場合、これは経験的な命題であって、一つ一つの金属全てについて試験して初めて分かることです。かくして帰納推理が得られるのですが、それは次のような形になります。

特殊——個別——普遍
個別
、、、

「金は金属である。銀は金属である。同様に銅も鉛等々も金属である」というのが大前提です。続いて「これらの物体はすべて伝導体である」という小前提が来ます。そして、そこから「全ての金属は伝導体である」という結論が導びかれます。従って、ここでは全称としての個別が結合者なのです。しかし、この推理もここで終わることなく、次の推理へと進んで行きます。この推理の中項は完全に枚挙された個別です。〔従って〕ここでは、或る分野での観察と経験が余す所なく為されたという事が前提されています。しかし、個別が問題となっている以上、それはどうしても無限進行（個別、個別、個別、～）ということになります。つまり、帰納を行う時には個別がすべて尽されるということはあり得ないのです。ですから、「全ての金属が」とか「全ての植物が」と言われる時、その「全て」とは「これまでに知られた全て」という意味なのです。従って帰納法はどれも不完全です。あれこれの経験は為されたでしょうし、多くの経験さえ為されたかも知れませんが、全ての事例、全ての個体が観察されたということはないのです。帰納法の持つこの欠陥の故に、我々は類推へと進むことになります。類推では、或る類に属するいくつかの事物が或る性質を持つということから、その類に属するほかの事物もその性質を持つと推理するのです。例えば、これまでの所は全ての惑星でこの法則が発見されているから、新たに発見されるであろう惑星も多分その法則に従って運動しているであろうと言うとすれば、これは類推です。類推は経験科学で当然の事ながら高い評価を得ており、この方法で多くのきわめて重要な結論が得られました。〔なぜこういう事が起こり得るのかと言いますと、それは〕理性の本能〔とでも言うべきものがあるからで、それ〕によって、経験的に見出されたあれこれの規定がその対象の内なる本性ないし類に根拠を持つものだと直観したり、更にそれ以上の事を推理したりできるからなのです。[2] しかし、類推にも表面的なものもあれば深いものもあります。例えば、ガイウスという人は学問がある、ティトスも人間である、だからティトスも学問があるだろうと言うとするならば、それはやはり愚劣な類推でして、その訳は、学問があるということは人間であるということだけに根拠を持つものではないからです。このような表面的な類推[3]はそれでもよくあるものです。例えば、地球は天体であり人が住んでいる、月も天体である、だから月にも人が住んでいるだろうというような事は、よく言われますが、この類推も先の類推と同様愚劣なものです。地球に人が住んでいるということは、単にそれが天体だということだけに基いているのではなく、それには他の規定も必要です。つまり、大気が回りにあること、それと関連して水があることなどで、これらの条件こそ、これまで知られた限りでは、月に欠けるものなのです。近世において自然哲学と呼ばれたものの大部分はこういう無内容な外面的な類推を弄んだものですが、それにもかかわらずそれが深遠な結論とされています。ですから、自然を哲学的に考察するということ〔自体〕が[4]、そのお陰で、当然のことながら、信用されなくなってしまったのです。

1　ヘーゲルがここで言っているのは「帰納的」三段論法とでも言うべきものでしょう。三段論法には次のような物もあります。大前提・すべて人間は死すべき存在である。小前提・ところで私は人間である。結論・従って私は死すべき存在である。こういうのは「演繹的」三段論法でしょう。

2　ここは原文では und welcher darauf weiter fußt となっています。松村も宮本も分からないままにただ訳しています。私にも具体的な内容は浮かびませんでした。英Gはここに注して「factum とTatsacheとは違う。後者はいわゆる事実〔確かな事、確認された事〕で、前者はまだ説明の必要な事」と書いています。ですからここでヘーゲルの言う weiter とは「factum の今後の説明の際にも」という事だと取ったのでしょう。一理あると思います。

3　ここは Dergleichen oberflächliche Analogien となっています。形容詞の格語尾変化では複数名詞に掛かる場合、冠置詞のない場合だけでなく無変化の冠置詞が前にある場合も形容詞は強変化します。無変化の冠置詞では格を示す働きがなく、無冠詞と同じだからでしょう。

4　この die philosophische Naturbetrachtung は三行上の Naturphilosooshie の換称代名詞です。

## C　必然性の推理

### 第一九一節〔必然性の推理の三種〕

必然性の推理は、単に抽象的な規定の面から見るならば、「普遍」を中項としていると言える。それは、反省の推理が個別を中項とすると言えるのと同じである。だから、反省の推理は〔三段論法の〕第二格〔普遍—個別—特殊〕に則り、必然性の推理は第三格〔特殊—普遍—個別〕に則ると言える（第一八七節参照）。もっとも、必然性の推理の中項となる普遍は、自己内で本質と規定されていることが顕在化している[1]

普遍である。さしあたっては[2]〔この抽象的な観点でこの推理の下位分類を考えて見ると〕①「確言」推理。これでは規定された「類」または「種」という意味を持った「特殊」が媒介規定となっている。②「仮言」推理。これでは直接的存在としての「個別」が媒介規定となっているが、その個別は媒介されたものであると同時に媒介するものともなる。③選言推理。これでは媒介する「普遍」が「特殊化規定」の全体及び「個々の」特殊、排他的な個別となっている。つまり、これらの三種の推理[3]では同一の普遍が形式上区別されているにすぎないのである。

1　推理論では全てが「顕在化している」（もはや潜在的にそうだというのではない）という事が大切なのだと思います。

2　この文の冒頭の Zunächst をどう取るかが問題です。皆さんは次の数字にある「1.」と重複しているだけと取って、「まず」と訳しているようです。それも無下には否定できませんが、内容的に考えますと、第一九一節では「抽象的規定」として表面的に取った場合の理解を述べていて、第一九二節では「一歩立ち入って見た」場合を述べているのではないでしょうか。ですからそれを受けて第一九三節で客観性への移行を引き出せるのではないでしょうか。そう考えますと、第一九二節の冒頭に Aber を補って読むことも出来るのではないでしょうか。

3　この in diesen Bestimmungen を松村は「選言推理の諸規定のうちには」と訳しており、英Wもこの文は選言推理について述べているものと取っているようです。しかし、我々は、第一九二節にある類似の文をも合わせてこう取った。

## 第一九二節〔推理論の結語〕

推理の中に含まれている区別の面から推理を考察した。その区別を経めぐった結果として出てきたことを一般的にまとめると、これらの区別が止揚され、概念の自己外在[1]〔疎外された在り方〕が止揚されたということである。しかも、その時、①各々の契機〔個別と特殊と普遍〕はそれぞれがそれらの三契機の「統体」でもあり、従って推理の全体でもあるということになった。つまり、それらの契機は「潜在的には」同一なのである。②又、それらの形式の区別が無くなり相互の媒介が無くなったことで、「自立した存在」[2]が現われてきた。つまり、これらの形式の中にあるものは一個の普遍であり、それらの形式の同一性として定立されたものもその一個の普遍なのである。このように三つの契機が観念化されたことによって、推理は次のような規定を持つことになる。つまり、推理は推理の経巡ってきた規定の「否定」を本来含んでいること、従って媒介の止揚による媒介であり、推理では主語が「他者」と連結するのではなく、「止揚された」他者と連結する、つまり「自己自身」と連結する、ということである。[3]

1　この語を見るのは初めてです。少なくとも記憶にありません。
2　すぐ前の「潜在的」と対になっていて、「顕在的」と訳すべきかもしれません。
3　鶏鳴版ではここに「この節はほとんど分からなかったのでただ訳しただけになった」と注しましたが、今では「客観性の内在的生成を強引に証明しようとしているので無理があるのだ」と思っています。

## 付録〔主観性から客観性への移行〕

世の論理学書では推理論を以てその第一部であるいわゆる原理論を終えることになっています。そして、第二部である方法論[1]がそれに続き、そこでは、原理論で論ぜられた思考の諸形式を所与の客体〔対象〕に適用してまとまった科学的認識[2]を得る方法が示されるということになっています。しかし、そこでは、これらの客体がどこから来るのかとか、そもそも客観性という観念とはどういうものなのかといったことについては、悟性的論理学[3]はそれ以上の説明をしてくれないのです。〔つまり〕ここでは思考は認識主観の単なる形式的な働きとされており、その思考に対置された客観は〔思考に依存せず〕独立して存在する固定したものと考えられているのです。しかし、このような二元論は正しくありません。主観性と客観性という規定をそのままで安易に受け取りその由来[4]を尋ねようとしないのは、浅薄なやり方です。〔私見を簡単に対置しておきますと〕主観性も客観性も、共に、ともかく観念です。しかも、規定された観念です。ですから、それは、自己自身を規定して行く普遍的思考〔思考一般〕の中に根拠づけられていることを証明しなければなりません。これまでの叙述はこの問題をまずは主観性について行った訳です。つまり、主観性ないし主観性としての概念〔概念論の第一章の概念〕、そこには概念そのものと判断と推理とが含まれるのですが、それを論理的理念の最初の二つの段階、即ち存在と本質の弁証法的〔運動の〕成果として認識したのです。〔そして、次に今、その主観性の展開として客観性を根拠づけようとしているのです。つまり〕概念について、概念は主観的なものだし主観的なものにすぎないと言うのは正当です。なぜなら、概念は確かに主観性〔主体性〕そのものだからです。また、概念そのものと同様、判断も推理も主観的なものです。ですから、これらの規定は世の論理学書[5]では、いわゆる原理論の中で、同一律とか矛盾律とか充足理由律といった思考法則の次に論ぜられています。しかし、そこから進んで、概念と判断と推理との上記の規定から成るこの主観性は空虚な枠組みであって、その内容は外部から、つまり〔その主観性から〕独立して存在する客観から取ってこなければならないようなものだ、と考えるとなると、それは違います。そうではなく、主観性は弁証法的なものであって、自己の制限を打ち破り、推理を通って客観性へと〔自己〕発展していくものなのです〔以上が、内在的関連なしに主観性（原理論）の次に客観性（方法論）を持ってくる形式論理学と、主観性の中から客観性を展開していく弁証法的論理学の違いです[6]。

1　ヘーゲルは「方法（Methode）」と「方法論（Methodenlehre）」をきちんと区別しています。
2　ここの原文は ein Ganzes wissenschaftlicher Erkenntnis です。この Ganzes にして初めて「学問」だとヘーゲルは考えていたのでしょう。知識をバラバラな状態に放置しておくことなく、「包括的で体系的な全体」にまとめようとする態度だけが学問なのです。
3　この die Verstandeslogik はこの付録の冒頭の die gewöhnliche Logik の言い換えでしょう。
4　この Herkunft は三四四頁の下から二行目の Wo diese Objekte herkommen を受けています。
5　又元の die gewöhnliche Logik に戻りました。要するに、西洋語では同一の語句を近いところで繰り返すのを嫌うのです。一応、文字通りに訳しておきましたが、全部「世の論理学（書）」あるいは「悟性的論理学（書）」としても構わない訳です。こういうことが分かっていれば良いだけです。
6　こういう「内在的展開」という観点を打ち出したのはヘーゲルの偉大な功績でしょうが、実際にそれをどこまで実行出来たかは一つ一つの場合について検証しなければならないでしょう。

第一九三節〔主観的概念の結語・客観の成立〕

この概念の実在化されたもの[1]が「客観〔性〕」である。そこでは、普遍は自己内に還帰した「一個の」統体性となっている。つまり、普遍はそれ自身も統体性であるような区別項を持ち、媒介の止揚によって「直接的な」単一体[2]となっているのである[3]。

1　この Diese Realisierung des Begriffs は、言葉としてはすぐ前の付録の最後の言葉、つまり zur Objektivität erschließen に繋がっていますが、付録と本文とは一応別ですから、本文のどこを受けているかと考えて見ますと、第一九二節を、特にその②の Fürsichsein を受けていると思います。

2　このEinheitも直接的には注1で指摘しましたFürsichseinを受けていると思います。

3　本節の訳を日英仏の訳書のそれぞれ二冊から引きます。力点の強調記号は省きます。

松村――このように概念が実現された場合、前節に述べたように、普遍者は自己のうちへ還帰した一つの統体をなし（この統体の諸区別も同じくこうした統体をなしている）、そしてこの統体は媒介の揚棄によって自己を直接的な統一として規定している。概念のこうした実現がすなわち客観である。

宮本――こうして概念は実在化するのであって、この実在化のなかでは普遍的なものはそうした一つの、自己の内へ戻り込んだ統体性であるし、この統体性の諸区別もまたこの統体性であるし、あの一つの統体性は媒介の揚棄を通じて直接的な一体性として自己を規定しているのである。概念のこの実現化が客観である。

英W――This 'realisation' of the notion—a realisation in which the universal is this one totality withdrawn back into itself (of which the different members are no less the whole, and which has given itself a character of 'immediate' unity by merging the mediation)—this realisation of the notion is the Object.

英G――This realisation of the Concept, in which the universal is this One totality returned into itself, whose distinctions are equally this totality, and which through the sublation of the mediation has etermined itself as immediate unity, is the object.

仏G――Cette réalisation de la notion où l'universel est cette totalité une, retirée en soi, dont les différences sont aussi cette totalité et qui par la mise de cette côté de la médiation, s'est déterminée comme unité immédiate est l'objet.

仏B――Cette réalisation du concept, dans laquelle l'universel est cette totalité une revenue en elle-même, dont les différences sont aussi bien cette totalité, et qui par la suppression de la médiation s'est déterminée comme unité immédiate, —est l'objet.

これらを比較して分かる事、及び疑問点を箇条書きにします。第一、原文には無い括弧を使って文の構成を明確化しようとしたのは松村と英Wですが、どこまでを括弧に入れるかで違っています。もちろん英Wの方が適当です。第二、フランス語はドイツ語に比してコンマを使うことの少ない言葉だという印象を持っていますが、この二つの訳文を比べてみますと、同じフランス人でも入れ方に違いのある事が分かります。この文に関する限りは、ドイツ語原文はコンマが三個ですが、英Wはダッシュをコンマとすれば三個、英Gは四個、仏Gは三個、仏Bは五個です。

注釈〔概念から客観への移行〕

〔第一点・客観の二つの性格〕主観から客観へ、あるいは一般的に言って概念から客観へ、あるいは直接的には推理から客観へと移るのは、一見した所では極めて奇異に感ぜられるかもしれない。殊に悟性的推理しか知らず、推理を意識の行為と考えている人にはそうであろう。しかし、私はここでこの移行を普通の考え〔表象しか持っていない人々〕に分かりやすく説明しようとは思わない。ただ、いわゆる「客観」についての一般人の観念が、ここで客観の規定とされているものとそれ程違わないことに注意を喚起したいと思う。つまり、客観という言葉で普通考えられていることは抽象的な存在者やそこに現出してきている物や現実的なもの一般ではなくて〔存在論の存在や本質論の前半の存在でもその後半の存在でもなく〕、自己「完結した」具体的な自立者である。しかるにこの自己完結性こそが〔ここで論理的規定とされた〕「概念の統体性〔統体的な概念〕」なのである。〔二つほど注を入れておくと、第一に〕「客観」が「対象〔Gegenstand＝主観の向こう側に立っている物〕」であり、他者にとっての「外なる者」であるという規定は、後になってそれが「主観的なもの」と「対立する」ようになった時に与えられるものである。ここではそれは、差し当って、概念が媒介を通じて〔自己展開をして〕そこへと移行したものだから、単に「無媒介」で無邪気な〔それ以上の規定を持たない〕客観にすぎない。ということは同時に、概念も後で〔客観と〕対置された時に初めて「主観的なもの」とされる、ということでもある。[2]

更に〔第二の注として〕、「客観」というのは、一般的に言うと、未だに客観であるという以上の規定を持たない全体であり、[3]客観的世界一般であり、神であり、絶対的客観である。しかし、それは区別も身に付けており、規定なき多様性の中へと分かれており〔客観的「世界」〕、そしてこの「区別項」の一つ一つがまた一つの客観であり、自己内で具体的で完結しており自立した定存在なのである。

〔第二点・概念から客観への移行の意味〕客観を存在や現出存在や現実性と比較したので、今度は〔概念論の内部での主観性から〕客観への移行を〔本質論の内部での根拠から〕現出存在への移行及び〔相関関係から〕現実性への移行と比較しなければならない〔存在は全く抽象的な最初の無媒介者〔だから、存在への移行ということはない〕〕。現出存在へと移行した「根拠」も現実性へと止揚された反省の「相関関係」[4]も未だ不完全にしか「定立されていない概念」であり、概念の諸側面でしかないものである。[5]——〔他方〕根拠は本質論段階での概念の「一体性」にすぎず、相関関係は「単に自己内に反省しただけとでも言うべき実在的諸側面」の関係にすぎない[6]〔という違いがある〕。——それに対して、〔第一章の主観的〕概念は両者〔根拠と相関関係〕の統一であり、〔概念から更に展開の進んだ第二章の〕客観は単に本質論段階の統一であるだけではなく自己内で普遍的な統一であり、単に実在する区別であるだけでなく、それぞれが統体性となった区別を含み持つものである。[7]

ところで明らかな事は、これらの移行ではただ一般的に概念ないし思考と存在との不可分離性を示すだけでは済まないということである。〔それぐらいの事なら〕「存在」というのは単純な自己関係にほかならないから、こういう貧しい規定は元々概念ないし思考の内に含まれているということは、これまでにも何度か指摘したことである。だから、これらの移行を示すということは、存在という規定は実在性の一種であるという命題によって神の存在の存在論的証明をする時にそうするように、「含まれている」規定をそのまま取り上げるということを意味するのではなく、概念をまずはそれだけで取り上げて「しかるべく」規定し、つまり概念とは一応別の規定である存在とか客観性とかと無関係に取り上げて規定し、次いで、「概念的」規定性だけに基いて概念に属し「概念の中で」現われる規定からそれとは異なった形に概念が移行するさまを観察することを意味しているのである。

この移行の結果として出てきた客観が、その客観の中では本来の姿を失っている概念と関係づけられる時、その成果を、「概念と客観性とは『潜在的に同一』である」、あるいは御希望なら「主観性と客観性とは『潜在的に同一』である」と表現するとするならば、それは「正しい」。しかし、その両者は「異なっている」と言うのも同じく正しい。一方が他方と同様に正しいということは、両方が同じように正しくないということでもある。つまり、そういう言い方では真の関係を表現することはできないということである。換言するならば、その表現で使われている「潜在」(an sich)というのは抽象体(死んだ物)であって、自己の一面性を止揚して、対立するもう一つの一面性である客観になりゆく概念自身よりもなお一面的なものである。だから、かの「潜在態」も自己を「否定」して「顕在態」にならなければならない。どんな場合でもそうだが、思弁的な同一性というものは概念と客観とは潜在的に同一であるというような些末な同一ではない。――これは既に繰り返し指摘したことだが、この同一性についての悪意に満ちた下らない誤解を除こうと思うならば、何度繰り返しても多すぎることはない。もっとも、こういう誤解を無くすなどという事はもちろん望むべくもないが。[8]

〔第三点・概念と客観の同一性から見た神と有限者〕ところで、「潜在的一致」というような一面的な捉え方はともかくとして、主観と客観の一致一般について言うなら、周知のように、神の存在の「存在論的証明」の際に「前提」されているものがまさにこれであり、しかも「絶対に間違いない事」として前提されている。この存在論的証明という極めてすばらしい考えを初めて打ち出したのはアンセルムスだが、そのアンセルムスが差し当って問題にしたことは、或る内容が「思考の中に」しかない〔思考の中にあるのに現実の中にはない〕ということは可能なのか、ということにすぎなかった。彼の言葉は簡単なものであった。「それ以上偉大なものが考えられないものが知性の中にしかないなどということは考えられない。というのは、もしそれが知性の中にしかないとするならば、同時に現実の中にもあるものが想定されうるし、そしてその時にはこれの方が偉大だからである。従って、それ以上偉大なものが考えられないものが知性の中にしかないとするならば、そのそれ以上偉大なものが考えられないものは、〔実際には〕それ以上偉大なものが考えられるものである。しかし、こういう事は絶対にありえない。」――〔このように無限者では両者は一致しているのだが〕「有限者」というのは、今問題にしている規定から見るならば、その客観性がそれの観念と、即ちそれの普遍的規定（使命）、それの類、それの目的と一致していない物のことである。〔さて、アンセルムスから始まった神における〕この一致を、デカルトとスピノザはアンセルムスより客観的な仕方で言い表した。[9] しかし、直接知と信仰の原理はそれをむしろアンセルムス流に主観的に捉えている。つまり、神についての観念は「人間の意識の中で」神の存在の規定と結びついている、と。〔次にこの一致を有限物にまで広げて考える点に移ると〕この信仰の原理は〔意識の〕外にある有限物の観念についてまで適用され、有限物は「直観の中では」それの存在と結びついて意識されているから、有限物の意識はそれの存在と切り離しえないとされているが、確にこれは正しい。しかし、もしその意味が、人間の意識の中での有限物の存在と観念の結びつき方が神の場合と同じだという意味に解されるとするならば、それはとんでもなく浅薄な考えである。その時には、有限物は可変的で無常な物であり、その存在は一時的なものであり、その存在と観念との結びつきは永遠のものではなくて分離しうるものだ、ということが忘れられていることになる。だからアンセルムスは正当にも、有限物におけるその結びつきは度外視して、単に主観的にだけではなく客観的にも存在と観念とが結びついているもの〔神〕だけを完全なものとしたのである。このいわゆる存在論的証明やアンセルムスの完全者規定を見下すことはむだな事である。[10]なぜなら、こういう考えは人間の囚れない心にはどこにでも見られるものだし、意識されていなくても、どの哲学の中にも、直接的信仰の原理の中にも、繰り返し現われ出てくるものだからである。

　しかし、アンセルムスの議論には、デカルトやスピノザや直接知の原理にも共通することだが、この〔客観的には〕完全なものとされ、主観的には真なる知と言われている〔思考と存在との〕「一致が前提されている」、つまり「元々そういうものだ」として認められているという欠点がある。〔そこで〕こういう抽象的な同一性にはただちに両規定の「不一致」が対置されることになる。かつてアンセルムスに対してもそうだった。つまり、実際問題としては、「有限者」の観念と存在が無限者に対置されることになる。それは、先にも述べたように、有限者というのは、自己の目的と本質と概念に合致せず、それと齟齬をきたしている客観であり、――あるいは存在を内包していない観念や主観のことだからである。こういう反論や抗議を克服するには、有限者というのは非真理であり、主観と客観の二規定は「それだけでは」一面的で無であり、従ってその同一性とは両規定がそこへと移行しその中で和解するような同一性[11]であると捉えなければならないのである。[12]

1　ヘーゲルでは vollständig（完全枚挙した）という語は大抵の場合あまり高くは評価されないものですが、ここではすぐ後の言い換えで判るように「統体的（total）」という意味で、高い意味で使われています。三六一頁の訳注3を参照。

2　一般的に言いますと、「或る事物が何であるかはその事物が何として機能しているかに依る」ということです。詳しくは前掲「悟性的認識論と理性的認識論」及び「実体と機能」を参照。

3　これは少し前の「無邪気な客観」を言い換えたものでしょう。「無邪気な」を「それ以上の規定を持たない」と注したのはそのためです。もっとも、「全体」という言葉は先の「統体性」を受けている訳で、統体ということは「完全な規定を持っている」ということですから、矛盾するのではないかという疑問が出てきます。ヘーゲルとしては、多分、この段階ではその統体性は an sich なのだ、と答えるのでしょう。

4　「反省の」とは「本質論の」ということですから、これは本質論の第二章（現象）の第三項の相関関係のことだと思います。

5　この文は、Der Grund, ..., und das Reflexionsverhältnis, .. と und を補って読むと分かります。英Wは and を入れています。

6　ダッシュの前の文では「der Grund も das Reflexionsverhältnis も〜」と、即ち両者は同じだと言ったのですが、後では両者の違いを言っています。ですから定形が前は sind、後は ist と成っています。後の Verhältnis は Reflexionsverhältnis を受けているのですが、「二度目には一般化して言う」という準則に従ってこうなったことが好く分かります。

7　これではまだ両者の移行の違いを比較・説明したことになっていません。

8　この文にある wieder はどういう意味でしょうか。『クラウン独和』に「ebenfalls と同義」という意味が載っていますので、それだと思います。まあ強めみたいなものでしょう。

9　デカルトは我（精神）と神と外界の事物（物体）を実体とする三実体説を立てました。スピノザは神だけを実体として精神（思考）と物質（延長）は神の属性としました。主観と客観の関係をこのように宇宙の実体のレベルで考えることを「客観的な仕方で言い表した」と言ったのです。

10　helfen の否定は nicht を使わないで nichts を使います。「文法」の三六六頁の⑤を参照。

11　eine（Identität）と先行詞に不定冠詞が付いている事に注意。

12　結局、概念から客観への移行とそれ以前の移行との違いは説明されたのでしょうか。ヘーゲルも結局は神という好都合な観念に頼っているのではないでしょうか。私見では、概念論の第二章の客観（性）とは自然界の「包括的な」見方を扱っており、それが大きくは機械論と化学論と目的論に分けられる、と主張しているのだと思います。問題は従って、推理論からどのようにして「包括的な」自然観に移行するかという事だと思います。拙稿「弁証法の弁証法的理解」で述べましたように、「生成の必然性の認識」には「包括的な観点」が求められるということではないでしょうか。

## 第二章　客観（Das Objekt）

### 第一九四節〔総論・区別項の自立性と非自立性の統一としての客観[1]〕

客観は〔第一に〕区別に対する無関心性を通ることによって生まれた直接的な存在である。それは〔概念そのものにおける個別と特殊と普遍という〕区別が客観の中では止揚されているからである。[2]〔第二に〕それは自己内で統体的なものである。そして、同時に〔第三に〕それは、この同一性〔統体性〕が諸契機の「潜在的な」同一性にすぎないので、かの直接的統一〔直接的な存在〕に対しても無関心である。つまり、それは一つ一つがそれ自身統体性であるような区別項に分解している。それ故、客観とは、多様な契機の完全な自立性と区別項のこれまた完全な非自立性との絶対的な「矛盾」である。[3]

1　この第二章の題は原文では Das Objekt です。英は The Object であり、仏は L'objet です。大論理学では原文は Die Objektivität で、英は Objectivity です。仏訳は持っていません。ヘーゲルは両語の違いをどう考えたのでしょうか。独では定冠詞が付くのに英では無冠詞に成る場合については、「文法」の六一〇頁の用例5の説明、六一六頁の説明2、六一七頁の説明3を参照。

2　als welcher については「文法」の四六五頁の③を参照。

3　これだけでは何の事か分かりませんが、注釈を読むと少し分かります。

#### 注釈〔ライプニッツの単子論と客観〕

「絶対者は客観である」という定義を最もはっきりと表現したのは「ライプニッツの単子論」である。単子は客観であるが、「本来的に」表象機能を持ち、しかも世界全体を表象するものと考えられている。それは〔世界の〕あらゆる区別を観念的で非自立的な区別に変えてしまう単純な統一〔単位〕である。[1] 外から単子の中に入り込むものは何も無く、[2] 単子は自己内で完結した概念であり、ただ〔表象能力の〕発展の度合いに違いがあるだけである。しかし、こういう単純な統体性は無限に多様な区別〔さまざまな単子〕に分解しており、それらはみな自立した統体性である。[3]〔しかし、更に〕諸単子の単子の中では、あるいはそれらの単子の内部発展が全体としては調和を保つものと予定されているので、[4] その観点から見れば、これらの実体〔自立した統体性〕は非自立的なものとなり、観念性〔契機〕に戻されてもいるのである。[5]
このようにライプニッツの哲学は完璧に展開された「矛盾」である。[6]

1　これは属詞文ですから、そのままに訳しますと、宮本訳に典型的なように、「それの単純な一体性のなかではあらゆる区別は或る観念的な、非自立的なものとしてのみ存在する」となります。しかし、「西欧語では動作を表すにその結果としての状態をもってする」という特徴（「文法」の八七九頁の③）を考慮すると拙訳もありと言えるでしょう。

2　「単子は窓を持たない」。なおこの Es kommt nichts von außen in die Monade は非人称化文です。

3　要するに、ライプニッツは世界を無限に多くの単子から成るものと考えたのですが、諸単子相互間には表象能力に高低の違いによる「微差」があると考えたのです。しかし、その「微差」は「飛躍」と言えるものではなく（「自然に飛躍なし」）、従ってそれらの単子を表象能力の低いものから高いものへと並べたとすると、それらは「連続」しているものだとしたのです（連続律）。これはやはり「矛盾」ではあると思います。

直感的な印象ですが、こういうライプニッツの考えは、彼が微分や積分の考案者であったことと無関係ではないと思います。あえて言うならば、こういう単子観は単子の世界を微積分的に見たものだと言えないでしょうか。
4　有名な「予定調和」説。波多野精一『西洋哲学史要』一九二頁を参照。
5　ヘーゲルは単子の自立性と予定調和との間に「矛盾」を見たようです。訳注3と実質的な違いはほとんど無いと思います。
6　ここでは「統体性」と「統体」（ドイツ語で言えば das Totale か）の区別をしていないと思います。この「統体」を意味する das Totale は使いにくいからでしょうか。Objekt と Objektivität では区別はできます。しかし、ヘーゲルはほとんど分けていないと思います。ともかく概念論段階の「客観（性）」では個々の存在や個々の現出存在を考えているのではなく、常に「全存在」を「包括的に」考えていると思います。これが概念論の立場だからです。なお、波多野精一は『西洋哲学史要』（未知谷）の一九四頁でこう言っています。
――ライプニッツによると、自然における個々の出来事はすべて機械的〔広義。化学的を含む。本書第二〇〇節付録を参照〕に説明できるものだが、その出来事の全体、つまり自然界そのものの存在の理由は神の選択に求めざるをえない。従って、いかなる事物も、直接的には機械的に説明できるとしても、結局はみな、世界の完全性という目的のために存在しているのである、というのです。つまり充足理由律は優者存在律なのです。ライプニッツはこのようにして機械的な見方と目的論的な見方とを調和させたのでした。

## 付録一〔客観の主観化と主観の客観化〕

絶対者〔神〕をただ客体とだけ捉えるに留まる立場は、最近では特にフィヒテが正当にも示したことですが、迷信の立場であり盲目的畏怖の立場です。確かに神は客観ですし、しかもそれに比すれば人間の特殊な〔主観的な〕考えや意志は何の意味も持たないような正真正銘の客観です。しかし、神はまさにそのような絶対的客観であるが故に、主体〔人間〕に敵対した暗黒な威力ではなく、むしろ主体性をその本質的契機として自己自身の中に含み持っているものなのです。これをはっきりと言い表したのがキリスト教でして、そこでは、すべての人が救われて幸福になることが神の意志だと言われています。そして、それは、すべての人間が救われて幸福になるには、人間が神と一つであることを自覚し、神を単なる客体と捉えることを止め、よってもって、ローマ人の宗教的意識にとってはそうであったような、神を畏怖と恐れの対象と見ることを止めなければならないというのです。[1]更にまた、キリスト教では神を愛と考えますが、そして、それは、神が自分と一体である息子の中で一人の人間として人々に自己を啓示し、人間を救済したからなのですが、そこで同時に言い表されていることは、客観と主観との対立は「潜在的には」克服されているということであり、従って人間の仕事は、自分の直接的な主観性を捨て去り（古い自分から更生し）[2]、神を人間の真の本質的な自己として意識することによって、この救済に与《あずか》〔り、その救済を顕在的なものにす〕ることだ、ということです。[3]――

さて、宗教と宗教的儀式の本質は客観と主観の対立の克服ということですが、それと同じく、学問の任務、あるいは一層限定して哲学の任務も、この対立を思考によって克服することにほかなりません。[4]この〔哲学的〕認識の仕事は、一般的に言うなら、人間に対立している客観世界からそのよそよそしさを剥ぎ取ること、通常の言い方に従うなら、人間をその客観世界の中へと見出すことです。[5]それは取りも直さず、[6]客観を人間の最内奥の自己である概念へと連れ戻すことです。主観と客観を固定した抽象的な対立と見ることがどんなに間違っているかということもこれによって明らかになります。主観と客観はまったく弁証法的な関係にあるのです。つまり、概念は差し当っては単に主観的なものですが、外部からの材料や素材を用いることなしに、自分自身の働きによって自己を客観化するようになります〔これが主観の客観化。概念論の主観性から客観性への移行〕し、客観は客観で固定した無過程なものではありません。客観の過程とは自己を同時に主観的なものとして示していく過程であり、これが「理念」への移行となるのです。[7]主観性と客観性という規定に通じておらず、それをその抽象的な姿で固定しようとする人は、たちまちその抽象的な規定を取り逃がし、自分が言い表そうとしたこと[8]〔主観性と客観性とは固定した物で、絶対的に対立しているという考え〕と正反対の事〔両者は互いに転化し合う〕を言うことになります。

1　ここまでが「客観の主観化」でしょう。なお、この dass Gott aufhört, .., wie dies .. は意味形態的には nicht .. wie と同じだと思います。「文法」の一一九九頁参照。

2　「古い自分」と訳したのは den alten Adam です。アダムについては『聖書辞典』（新教出版社編、一九六八年）にこう書いてあります。第一に、この語はヘブル語で人を意味する普通名詞である（「アイヌ」がアイヌ語で人を意味するのを思い出します）。第二に、神が最初に土のちりから人を作った時、土は「アダーマー」だから、「アダーマー」から「アーダーム」を作ったという言葉の綾がある。第三に、この最初の人がアダムという固有名詞で呼ばれるように成る。第四に、このアダムが神の禁を破った。つまり堕罪である。これが「最初のアダム」で、キリスト（イエス）を指す「最後のアダム」と対比される（第一コリント書15－45以下）。

3　ここまでが「主観の客観化」でしょう。

4　本書の「第二版への序文」（一一〇頁）でヘーゲルは、自分の哲学的努力は「キリスト教の中に啓示されている真理を学問的に認識することだ」と言っています。

5　この in dieselbe が四格支配の in であるのは、これが「客観の主観化」だからでしょう。

6　この welches は「文意を受ける was」と同じです。「文法」の四八五頁の②を参照。

7　この文の主語の welches も同じです。
8　最後から三つ目の語の hat の位置も変則的定形後置です。

## 付録二〔客観性の区分〕

客観性の中には「機械論」と「化学論」と「目的関係〔目的論〕」の三つの形が含まれています。[1]「機械論的な」規定を持った客観は媒介と差異を持たない客観です。そこには確かに区別がありますが、そこで区別されたものは互いに無関心であり、その結びつき方はその区別項にとって本質的なものではありません。それに対して「化学論的関係」では客観は本質的に差異を含むものであり、客体はその相互関係によってそのものであり、その差異がそれらの客体の質を成しています。[2] 客観性の第三の形態である「目的論的関係」は機械論と化学論の統一です。[3] 即ち、目的では自己内に閉じこもった統体性に戻りますから、この点では機械論的客観と同じですが、化学論の中で現われた差異の原理によって豊かになっており、従って目的は自己に対立している客観に関係することになります。[4] そして、目的が実現される時、概念は「理念」〔段階〕に成るのです。

1　ヘーゲルの客観性論の理解でまず問題になることは、Mechanismus（Chemismus）を客観世界の機械的関係（化学的関係）そのものと取るか、それとも機械論的な見方（化学論的な見方）と取るかということです。ヘーゲル自身においていずれかに割り切られ一貫されているか否か自体疑わしいと思います。
2　言語の本質を差異性に見たソシュールを思い出します。
3　ヘーゲルは化学論を含む広義の機械論の対として目的論を持ってきました。しかるに、普通は機械論的関係は有機的関係（生命）と対にされるし、目的関係は未来（目的）によって現在を規定するものですから、因果関係（過去→現在）及び相互関係（現在同士の関係）と組になります。しかるにヘーゲルは、因果関係と相互作用を本質論の最後で扱い、その結果として概念論を導き出しました。ということは、概念論は広義の目的論だということであり、実際にもそれは人間論、個人論となっています。機械論の成果は直接的には目的論（労働論）となっていますが、それの次に理念論に移り、まず生命論（有機的関係）が出てきます。大筋は普通の考えと一致していると言えますが、なぜここに労働論を入れたのかという疑問が残ります。思うに、狭義の労働論は既に第一四八節で論じていますから、概念論の中の目的論は世界ないし歴史の発展全体を目的論的に捉える見方のことではないでしょうか。一一一六頁の訳注2を参照。

4　「自己に対立している客観」と言って「反省関係にある客観」と言わなかったのは、そのように言うと本質論段階に戻ってしまうからでしょう。と言うより、そもそもdifferentは「異なっているけれど、関係もある」という意味で、その「異なり方」も「関係」も「反省的」なものに限られていないような「関係」なのだと思います。この付録ではDifferenzを使ってUnterschiedを使わなかったのも同じ理由からでしょう。第一九六節ではreflexierter Mechanismusではなくdifferenter Mechanismusと言っています。これを松村は「親和的な機械的関係」と訳しています。英WはMechanism with Affinityと訳しています。仏Bは同趣旨の注解を付けています。いずれも学ぶべき所があると思います。

## 機械論（Der Mechanismus）

### 第一九五節〔その一、形式的機械論〕

①その直接態にある客観は単に「潜在的に[1]」概念であるにすぎず、従ってそれは主観的概念〔主体性の原理である概念〕を差し当っては「自己の外に」持ち[2]、その客観の〔個々の〕規定は客観の外面に定立された規定である。区別項〔個々の客観〕の統一としての客観〔全体としての客観〕は、従って、「一つにまとめられたもの」であり、〔ただの〕総和であり、それらの相互の働きかけは外的な関係である。これが〔第一の機械論であり〕「形式的な機械論」である。——諸々の客観は〔一つにまとめられている限りで関係しあっているし、その限りで非自立的なのだが〕この関係と非自立性の中でも同時に自立的であり、互いに抵抗し合い、互いに「外面的[3]」である。

1　ヘーゲルでは最初の規定は常に「直接的」です。

2　潜在的（内部にあるだけ）＝外部にある、という点については箴言集☆831を参照。なお、この als subjektiven Begriff を皆さんは否定的な意味に取っているようですが、鶏鳴版では私もそうでしたが、今回は訳文を見れば分かりますように、肯定的な意味に取りました。

3　鶏鳴版では「外部のものによって定立され」としましたが、今回考え直しました。

**注釈〔精神的領域における機械的関係〕**

押したり突いたりは機械的な関係だが、機械的な知り方というものもあるのであって、「暗記」がそれである。暗記では言葉が意味を持っておらず、感覚や表象や思考に対して外的である。その時にはそれらの言葉自身も互いに外的でもある。人間の行為や敬虔な態度等が「機械的」であることもある。それらが儀式の決まりや僧の命令やによって決められ、行為者の気持と意志とがその行為の中になく、従って行為者にとって外的なものである場合である。[1]

1　パヴロフの条件反射理論を知っている我々は「機械的」と言わないで、「条件反射的」と言うかもしれません。それはともかく、こういう事実自体は誰でも気づいていますが、論理学の中でこれに言及するところにヘーゲルの面目があるのだと思います。

**付録〔機械論的見方の意義と誤用〕**

客観性の第一形態である機械論は、反省が対象的世界を観察する際まず現われるものであり、反省〔的悟性〕はこのカテゴリーに留まることが多いものです。しかし、これは表面的で浅薄な見方でありまして、自然を考察する場合も、まして精神的世界の考察の際にはなお更、それだけでは間に合いません。自然界でも機械論が支配しているのは未発達物質の抽象的な関係の中だけであって、狭義の物理的領域に属する現象や過程（光、熱、磁性、電気等の現象）はもう単なる機械論的な仕方（圧、衝突、部分の交替等）では説明がつきません。まして、有機的自然に固有の植物の成長や栄養、動物の感覚を理解しようという時にこの〔機械論的〕カテゴリーを適用するのは一層不適切です。いずれにせよ、単なる機械論以上のカテゴリーが問題になっている時に、囚れのない直観が感じ取っている真理との矛盾を犯してまでも機械論にしがみつき、それによって十全な認識への道を自から塞いでいるのは、近世自然科学の本質的な欠点、いや主要な欠点と言わなければなりません。[1]――次に精神界の諸形態について言うならば、それらを観察する際にも機械論的な見方がさまざまな形で限度を超えて使われています。例えば、人間は肉体と霊魂から

「成る」と言われる場合がそうです。その時には、それぞれで自立自存している肉体と霊魂とが外面的に結びつけられていると考えられているからです。魂とは「同等の資格で自立自存する諸能力の複合体」でしかないとされる時も同様です。――さて、しかし、この機械的な見方で概念的認識に取って代えようかとか、これは絶対的なカテゴリーだなどとされる時には、確かにそれは断固として否定しなければなりませんが、他方、機械論が論理学の一般的なカテゴリーの一つとして、その権利と意義を持つものであることもはっきり認めなければなりません。[2] 従って〔それは一般的なカテゴリーですから〕このカテゴリーをその名称の由って来たった領域、つまり力学だけに限ってはなりません。ですから、本来の力学以外の所でも、殊に物理学や生理学では機械的な働き（重力や梃子の働き等）に注意が向けられる場合、それはまったく正当な事です。ただその場合忘れてならない事は、これらの分野では〔力学でと違って〕機械論的諸法則がもはや全体を決定するようなものではなく、いわば従属的なものとして現われるということです。これに関連してただちに言っておかなければならないことは、自然界では、高度な機能つまり有機的な機能の正常な働きが何らかの形で妨げられたり制止されたりする時、日頃は従属的である機械的な働きが支配的なものとして現われ出るということです。そのように、例えば胃弱に苦しんでいる人は或る種の食べ物を少し食べただけでもその後に胃に「圧」を感ずるが、健康な消化器官を持った人は同じ物を食べてもそのような事がない、というようなことです。体が病気気味の時に手足に何となく「重い」感じがするというのも同じ事です。[3] ――精神界でも機械的関係は働いています。もっともここでも従属的な仕方ではありますが。ですから、機械的な記憶という事を言いますし、読んだり書いたり演奏したりといったさまざまな機械的な働きについて云々するのは、正当な事なのです。ここで記憶を取り上げて詳しく論じますならば、機械的なやり方というのは記憶の本質に属する事柄です。しかるに、近代の教育学は知性の自由というものを尊重するあまり、この記憶の本質を誤解し〔機械的な記憶は知性の自由を犯して有害であると言って〕、かえって青少年に大きな損害を与えていることも稀ではありません。しかし、いくら記憶の本質が機械的なものだからといって、心理学者が記憶の本性を明らかにするために力学の知識を借りて、力学の諸法則をそのまま心〔の諸現象〕に適用しようと考えるとするならば、それは間違いでしょう。記憶における機械的な関係というのは、或る記号なり音なりが単にその外面的な結びつきで捉えられ再生産されるだけで、その意味と内なる結びつきが理解されなくてもよいというだけのことです。ですから、この機械的な記憶の性質を認識するのに力学まで勉強する必要はありませんし、それを勉強したところで心理学自体には何も益するところはないのです。[4]

1　エンゲルスが『反デューリング論』の中で「ヘーゲルの自然哲学の方が経験的自然科学より高い点もある」と言った事が思い出されます。

2　原典の三五三頁の一番下の行にある vindizieren という動詞はヘーゲルのよく使う語です。「返還要求する」という意味で、『独和大辞典』に載っています。

3　こういう説明を読んでもまだ、「ヘーゲルの用語法は日常の用語法と違うから分かりにくい」という「定説」に賛成するでしょうか。「ヘーゲルは日常用語を純化して使っている」というのが私の意見です。拙稿「ヘーゲル哲学と生活の知恵」を参照。

4　「老人」という異名に相応しい落ち着いた態度を学びたい物です。

## 第一九六節〔その二、内容的機械論[1]〕

〔前の節で述べたように〕客観は非自立的であるために〔外から〕「力」を受けることになるのだが、それが非自立的であるのはそれが自立的だからであった。しかし、この〔矛盾する〕規定は、客観が概念そのものの定立された姿であるが故に、互いに相手の中で否定されるということがない。そうではなく、客観は自己の否定たる非自立性を介して自己自身と連結するのであり、よってもって初めて自立的となるのである。その為に又、客観は外界から自己を区別し自己の自立性の中で外界を否定する限りで「否定的自己統一」であり、[2]「自己中心性」であり、主体性であるのだが、――その主体性の中で外界に向かい外界と関係しているのである。その時、この外界もやはり自己中心的〔な主体性〕であり、従ってそれもまた他の自己中心的な他者に関係しており、その他者の中に自己の中心を持っている。これが②「〔内容的〕区別をもった機械論」（落下、欲求、社交本能など）である。[3]

1　これは本節の最後に出てきます Differenter Mechanismus を訳したものです。その本当の意味は第一九四節付録二への訳注4（一〇一四頁）に書きました。適当な日本語が見つかりませんでしたので、「その二」の「形式的機械論」との対を明確にしてこう名付けました。

2　第一九七節への訳注1（一〇二〇頁）を参照。

3　機械的な関係を物理的な「落下」の中だけでなく、「欲求」のような生物的な事や「社交本能」のような人間的、動物的な事柄の中にも見ている所にヘーゲルの視野の広さと鋭さが出ていると思います。

### 第一九七節〔その三、絶対的機械論〕

この関係を展開すると次の推論〔的関係〕となる。即ち、客観の〔自己〕「中心的」個別性〔抽象的中心〕は〔その客観に〕内在する否定性[1]だから、中項を介して他の端項である非自立的諸客体に関係する。この時その中項はその自己中心性と諸客体の非自立性とを自己内で統一する相対的中心である。――③

これが絶対的機械論である。

1　だから一〇一九頁の中ごろに「否定的自己統一」という言葉があるのです。

第一九八節〔機械論は三つの推理の体系である〕

上記の推理（個別―特殊―普遍）は〔実際は〕三つの推理である。形式的推理[1]に支配される「非自立的」諸客体の個別性は「悪しき」個別性であり非自立性だから、同様に外的「普遍性」でもある。従って、これらの客体は「絶対的〔抽象的〕」中心と「相対的」中心との間の「中項」でもある（推理形式としては、普遍―個別―特殊である）。即ち、この非自立性を介してかの二つの中心が分離させられて端項となり[2]、かつ互いに関係し合うのである。同様に、実体的普遍（自己同一であり続ける重力）である「絶対的自己中心性」は純粋な否定性だから、個別性をも自己内に含んでおり、「相対的中心」と「非自立的」客体とを媒介するものである。推理形式としては、特殊―普遍―個別である。しかも、それはそれに内在する個別性の故に分割的であると同時に、その普遍性の故に結合的でもあり、純粋な自己内存在でもある。

1　ここは der formale Mechanismus としていますが第一九五節の formeller Mechanismus の言い換えです。こういう事までしてでもなるべく「同じ語は近いところでは繰り返さない」という意識が西洋人にはあるようです。

2　dirimieren という動詞はラテン語の dirimo（分ける）から由来します。九三九頁の訳注4を参照。

注釈〔国家を例として三つの推理の体系を説明する〕

〔自然界では〕太陽系がそうであるが[1]、実際世界では例えば国家が三つの推理の体系である。①個別（人間）はその特殊性（身体的精神的欲求、これがそれとして一層展開したものが市民社会である）を介して普遍性（社会、法、法律、政府）と連結する〔即ち、個別─特殊─普遍である〕[2]。②個人の意志、活動が媒介者となって、社会と法に則って欲求を満足させ、社会や法を充実させ現実化する〔即ち、普遍─個別─特殊である〕。③普遍（国家、政府、法）が実体的中項となり、個人の欲求を満足させ、現実化し、媒介し、内容あるものたらしめる〔即ち、特殊─普遍─個別である〕。各規定は〔それぞれの場合の〕中項を介して他の端項と結びつくことによって、自己自身と連結し、自己を生産し、自己を保存する。推論的連結のこのような性質によって初めて、即ち〔個別・特殊・普遍という〕同一の哲学用語[3]の三個の推理[4]によって初めて、「全きもの（ein Ganzes）」はその〔有機的〕組織の中で真に理解されるのである。

1　太陽系の例では個別と特殊と普遍は、それぞれ、何に当たるのでしょうか。第二〇〇節の付録にも太陽系への言及は出てきますが、この問題へのヒントにはならないと思います。

2　ヘーゲルとマルクスは主として経済学ないし社会科学の研究の中から自分の哲学を作りました。彼ら以前の哲学者が主として自然科学の研究と結びついて哲学したのと著しい対照を成しています。ルカーチの『若きヘーゲル』はそれを描いたものです。拙稿「価値判断は主観的か」を参照。

3　terminorum というのはラテン語 terminus の複数の属格（二格）形をそのまま使ったものです。意味は「専門用語」「術語」くらいでしょう。

4　ここの Dreiheit は第一九八節冒頭の Dreifaches の言い換えです。

## 第一九九節〔結語・化学論への移行〕

客観の「直接的な」あり方は絶対的機械論の中では「潜在的には」否定されている。というのは、それらの客観の自立性は相互の関係によって、従ってその非自立性によって媒介されているからである。そこで客観はその「外に現われた姿」の中でも「自己の」他者〔特定の他者〕と対立〔区別や反省の〕「関係にあるもの」[1]として定立されなければならない〔これが化学論的関係である〕。

1　ここの different を松村は「吸引的なもの」と訳しています。苦心が忍ばれます。

## 第二項　化学論（Der Chemismus）

### 第二〇〇節〔化学的な客観に含まれる矛盾〕

〔化学的な〕区別を持った客観[1]は自己の本性である内在的な規定を持っており、その規定として現象している。しかし、それは〔客観である以上〕「概念」の統体性の定立された姿であり、従って化学的客観の統体性〔というその概念〕とその規定されているという現象との間には矛盾がある。従って化学的客観はこの矛盾を止揚してその現実のあり方をその概念に一致させようとする運動である。

1　松村は「親和的な客観」と訳し、英Wは non-indifferent (biased) object と訳しています。要するに「化学論段階の客観」ということですから、「化学論的客観」と訳しても好いと思います。付録に属する部分ですが、三五七頁の下から三行目には die chemisch-differenten Objekte という語が出ています。本文でもこういう言い方をするのが親切というものでしょうに。

## 付録〔化学的関係と機械的関係との異同〕

化学的関係は客観性の一カテゴリーであるが、普通はそれとして取り出して論ぜられることはなく、機械的関係と一まとめにして、機械的関係という共通の名の下に、「合目的的関係」に対置されます。こういう事が為されるのは、「機械的関係」と「化学的関係」とは、共に、現出存在する概念だと言ってもまだ「潜在的に」そうであるにすぎず、それに対して「目的〔関係〕」は顕在的にそうなっているという違いがあるからです。確かにそれはそうなのですが、機械的関係と化学的関係とにははっきりした区別もありまして、機械的関係の中にある客観は互いに無関心に関係し合うのですが、化学的関係の中にある客観は本質的に〔自己の特定の〕[1]他者に関係するものとして現われます。確かに機械的関係においてもその進んだ段階では、〔特定の〕他者に関係するということが出てきます。しかし、機械的な相互関係とは外面的な関係であり、相互に関係し合う客観には相変らず自立性の外観がつきまとうのです。自然界に例を取れば、太陽系を構成する諸天体は〔力学的〕運動の関係を成しており、それによって互いに関係し合っています。しかるに〔力学的〕運動というのは時間と空間の統一ですから、外面的で抽象的な関係です。従って、そのように〔力学的〕運動によって関係し合った天体は、このような相互関係なしにもそのような天体であり続けるかのように見えます。[2]――それに反して化学的関係では別の関係の仕方をします。化学的な区別を持った客観はこの対立によって初めてそのもの自身になっており、かつその事が外に現われ出ているのです。[3]ですから、それはお互いに相手を介して相手の中で相手と統合しようという衝動を無条件に持っているのです。

1　ここではヘーゲルは「機械論段階の客観にも関係はあるのだ」ということを言い、しかしその機械論段階の関係と化学論段階の関係との違いを言うことに主眼を置いていると思います。が、「特定の他者」と補って訳しましたので、反省関係での「特定の他者との関係」との違いを考えてみます。それは、後者では例えば「肯定」は「否定」とのみ関係する（対比的な関係のみ）のですが、化学論の立場では、例えば酸素は水素と関係すれば水に成りますが、炭素と関係すれば炭酸ガスに成るというように、多様な関係があるという事だと思います。

2　ここに sein und bleiben という言い方が出ていますが、この点は「文法」の一三八七頁の② ist und bleibt を参照してください。

3　機械的関係でもそれ自体としてはその関係なしにそのものは自己ではないのだが、それが外にはっきり現われ出ておらず、自立的外観を持っている、ということなのでしょう。

## 第二〇一節〔化学的過程における三つの推理〕

従って、化学的過程の結果として出て来るものは、〔区別を持ち〕緊張関係にあった両端項の潜在的本質を成していた中和態である〔即ちここには次のような推理がある〕。具体的普遍である概念が、区別を持った客観という特殊を介して個別である成果と推論的に連結するのだが〔普遍―特殊―個別〕、〔この成果は自分自身だから〕結局はただ自分自身だけと連結する〔という推理である〕。同様にこの過程の中には他の推理も含まれている。つまり、個別も活動であるから媒介者になるし〔普遍―個別―特殊〕、緊張関係にある両端項が自己の本質である具体的普遍を介して成果の中で現実界に現われ出るという面もある〔特殊―普遍―個別〕。

1　das Neutrale をこう訳しましたが、その意味は第二〇〇節付録への訳注1（一〇二三頁）に書いた事だと思います。なお、松村はここの das Neutrale seiner gespannten Extreme を「互いに相手を待ちかまえている二つの端項の中和したもの」と訳しています。苦心の訳だと思います。

## 第二〇二節〔中和を生む過程と中和態が分裂する過程〕

化学的関係は〔概念論の第二段階である〕客観性の〔中の第二の関係である〕反省関係だから、多様な結合をするという性質を持っているだけでなく「直接的な」自立性も持っている。[1]〔従って〕化学的過程は、未だに内的結びつきを持たない二つの在り方の間を往ったり来たりする運動である。――その過程の成果である中和態の中では、両端項が相手との関係の中で〔独自に〕持っていた性質は止揚されている。それは確かに概念に一致した事態ではあるのだが、その中和態は直接態の中に沈み落ちているので、その中では区別化という活性化の原理が消えている。[2]つまり、中和態は分裂しうるにすぎず、その中和態を生む過程の中には、中和態をば区別を持った端項に分けることによって区別無き客観一般を活性化して、特定の区別を持った客観にする分割的原理、[3]即ち区別無き客観を緊張関係へと分裂させる過程は、無いのである。[4]

1　反省関係と違った different な関係を述べてきたのに、「直接的な自立性」を言うためとはいえ、今更用済みの反省関係を持ち出す必要があるのでしょうか。

2　begeisten などという動詞は辞書に載っていません。Geist を動詞にしたものとしては begeistern がありますが、これでは「感動させる」という意味で、「生動性の原理」を表すことは出来ないと判断したのでしょう。英は inspire と訳し、仏Bは spiritualiser、仏Gは das begeistende Prinzip を le principe animateur としています。

3　この das urteilende Prinzip は訳注2の das begeistende Prinzip の言い換えでしょう。

4　最後の jener erste Prozess は本文の四行目の Der Prozess を受けているのでしょう。

付録〔化学的過程の有限性〕

化学的過程はまだ有限で条件を持った過程です。概念そのものはまだようやくこの過程の内的本質を成すにすぎず、顕在して現われ出てはいません。その〔過程の〕成果である中和態の中ではその過程は消滅しており、〔しかしその過程を〕引き起こすもの〔活性化の原理〕はその中和態自身の中にはないのです。[1]

1 本節とその付録は何のためにあるのでしょうか。目的論的関係を出したいのは分かりますが、そもそも第二〇一節で化学的過程における三つの推理を出したこと自体、理解できません。化学論から目的論への内在的・必然的移行をどうするか、ヘーゲルには結論が出せなかったのではないでしょうか。

第二〇三節〔結語・化学論的関係から目的論的関係へ〕

しかし、これらの二つの過程（区別されたものを中和態に還元する過程及び中和態を区別する過程）が「互いに外在的」に関係し合っていることは、それらの過程の自立性に現れているのだが、同時に結果の中へと移行する運動の中で両過程の有限性を示しもする。[1] 即ちその成果の中でそれらの過程が止揚されるのである。〔成果ではなく〕逆に〔過程の方から〕言うならば、これらの過程の中でそれらの区別された客体が無媒介のものと前提されていたことが実は間違っていたこと、その無媒介性は実体を持たない無媒介性だということが示される。――概念は客観の段階では外面性と無媒介性の中に沈み込んでいるが、その外面性と無媒介性がこのように「否定された」ことによって、概念は外面性と無媒介性に対して[2]「自由で自立したもの」として現れることになる。これが「目的」である。

1 この原文はとても分かりにくいです。全体の構文は、文頭の Die Außerlichkeit が主語で、三五九頁二行目の zeigt が定形で、ihre Endlichkeit がその目的です。三五九頁一行目の welche は文頭の Die Außerlichkeit を受けていて läßt の主語です。次の sie は文頭の diese zwei Prozesse を受けています。三五九頁二行目の ihre も sie と同じでしょう。問題は im Uebergehen in Produkte です。これを第一の過程だけと取ると Produkte の複数形が分からなくなります。こう考えて、三五九頁二行目の aber を強く取って訳しました。

2　この Unmittelbarkeit を三五九頁一行目の selbständig の言い換えと取ると分かるでしょう。

**付録〔目的の生成〕**

化学論的関係の二つの在り方〔過程〕が互いに否定し合うことによって、化学論的関係は目的論的関係へと移行します。その時、化学論的関係と機械論的関係の中ではまだ「潜在的」であったにすぎない概念が解放されます。そして、それによって独立して立ち現れることになった概念が「目的」なのです。

## 第三項　目的論（Teleologie）

**第二〇四節〔総論一・目的関係の出発点と終着点〕**[1]

目的は直接的な客観性〔機械論と化学論〕を否定することによって自由な現出存在の中へと入り込んだ概念であり、「自覚を持った」概念である。目的は「主観的なもの」という規定を持っている。というのは、この〔客観性の〕否定は差し当っては「抽象的」であり〔頭の中だけの事であり〕、従って先ずは客観性〔目的を持っている人間の肉体と労働手段と労働対象〕もただ目的に対立して立っているだけ〔単に客観的〕だからである。主観的であるということこの規定はしかし、概念の〔本性である〕統体性〔主観性と客観性との統一〕に比較してみると「一面的」[2]であり、しかも〔その事が〕目的〔を持っている人間〕自身に「自覚されて」いる。なぜなら、目的の中ではすべての規定は止揚された規定として定立されている〔自覚されている〕からである。[3]そのような訳で、〔目的に対して〕前提された客体はただ観念的で「本来は無である」実在にすぎないことも又自覚されている。[4]目的の自己同一性〔という本来の姿〕は、目的の中に定立された否定者と対立物〔否定されるべく意識された客体〕とに対してこのような矛盾を成しているが、目的はこの矛盾〔自身〕であるから、それ自身〔その矛盾を〕止揚する働きであり、この対立物〔主として労働対象〕を否定して、この対立物を自己と同一のものにしようとする「活動」である。これが「目的の実現」ということである。この実現の中で目的は自己を自己の主観性の他者にする、即ち自己を客観化する。それによって自己と他者の区別を止揚する。結局、目的の活動は「自己を自己とのみ」推論的に結びつけ、自己を保持した、ということになるのである。[5]

1　ヘーゲルは『哲学の百科辞典』の第二四五節（第二部の自然哲学に入る）の中で、自然に対する人間の実践的な態度については「目的論」の項で述べたと言っています。
2　先に abstrakt という語を使ったので今回は einseitig と言ったのでしょう。
3　これが「直接的客観性を否定して、自覚を持った概念」ということの意味です。なぜなら、相互に外的であることが機械的関係の本質だったからです。止揚された規定とは、観念的な契機となっている規定という意味です。
4　目的意識は目の前の対象を変革され否定されるべきものと見ているということ。しかし、この最初の段階ではその「否定」は頭の中でだけです。

5　第一四八節でもこういう過程を論じてあるので、ここと そこ とでどう違うのかという問題意識を持って読み進んで行きたいと思います。第二〇五節への訳注6（一〇三六頁）を参照。

## 注釈〔目的概念についての概論〕

〔第一点・目的の理性性〕目的という概念〔について反省してみると、まず第一に確認すべき点は、それ〕は一方では余計なものと〔誤解〕されているが、他方では[1]正当にも「理性概念」とされて、悟性のものである抽象的な普遍に対置されている〔という事である〕。抽象的な普遍は特殊に対して単に「包摂的に（subsumierend）」関係するにすぎず、特殊を自己自身の身につけて持っていないからである。[2]——更に〔第二に確認すべき点は〕、目的は「究極原因」だから、単なる「作用原因」、つまり通常原因と呼ばれているものとは違う〔という事である〕。この区別ははなはだ重要である。原因というのは未だに自覚されていない必然性、[3]盲目の必然性に属している。従ってそれは他者〔結果〕の中へと移りゆくものであり、その原因によって定立されたもの〔結果、先の他者〕の中で[4]自己の根源性〔原因であること〕を失うものである。原因が結果の中で初めて原因であり、自己内へと還帰するのだということは、ただ潜在的にそうであるにすぎない。あるいは我々〔哲学者〕にそう分かっているにすぎない。[5]それに対して目的は「自己自身の中に」規定性を含むものとして、[6]あるいは先には〔因果関係では〕まだ他者として現われていたにすぎないもの即ち結果を含むものとして定立されているので、[7]目的は、それが働く時にも〔他者へ〕移行するということはなく、自己を「保持する」のである。即ち目的はただ自己自身をしか結果せず、「始め」にあった姿、原初的な姿がその〔活動の〕「終わり」にもあるのである。[8]こういう自己保存にして初めて真に根源的なものと言えるのである。――目的は思弁的に捉えなければ理解できない。[9] なぜならそれは概念であり、概念というものは自己の諸規定〔個別と特殊と普遍〕を自分で「統一し観念的な契機にする」一方、[10] その中に「判断」あるいは否定を、つまり主観的なものと客観的なものとの対立を含み、かつその対立を止揚する働きでもあるところのものだからである。

〔第二点・目的概念の哲学史〕目的〔という言葉〕でただちに、あるいは単に、意識の中で目的が取る形式、つまり観念の中にある規定としての目的〔目的意識性〕を考えてはならない。[11] カントは〔その「判断力批判」の中で〕「内的」合目的性という概念を持ち出すことによって理念一般と特に生命の理念を再び呼び起した。〔ここで「再び」と言うのはなぜかと言うと〕生命についてのアリストテレスの規定が既に内的合目的性を含んでいた〔からである〕。従ってそれ〔アリストテレスの生命規定〕は、「有限な」合目的性つまり「外的」合目的性しか知らない現代の人々の目的論という概念よりははるかに高いのである。[12]

〔第三点・目的の実例〕欲求とか衝動といったものが目的の最も手近な実例である。それは生きている主体自身の「内部に」起こっている矛盾の「感じられた」ものであり、[13] そして〔従って〕それは、この未だ単に主観内の否定にすぎない否定を否定しようという活動へと進み行くのである。[15]〔欲求を〕「満足させること」[16] によって主体と客体との間に平和が打ち建てられる。それは、客体〔食べ物〕も未だに矛盾〔欲求〕があった間は〔主体の〕「向こう側に」あったのだが、それも今や〔主体が単に主観的でなく、食べ物を食べて満足し、主観的かつ客観的になったのと〕同様に、[17] 主体と合一することによってその一面性〔単に客体としてそこにあるだけで、主体に食べられていないという状態〕を克服することによってである。[18] ――有限なものは、〔即ちここの例で言えば〕〔単に〕主観的なものも〔単に〕客観的なものも、固定したものであって、その有限性を越えていくことの出来ないものであると、かくも多く語られているが、どんな衝動でもいい、衝動というものを見てみると、それは〔その主張と〕反対の事を示している。〔というのは〕衝動とは言わば、客観的なものと同様主観的なものも一面的にすぎず従って真理を持たないという事を「確信している」ということ〔だから〕である。衝動とは〔それを確信しているだけでなく〕更にこの自分の確信を「実行する」ことであり、それはこの対立の止揚、即ちあくまでも単に主観的であるにすぎない主観的なものと、同様にあくまでも単に客観的であるにすぎない客観的なもの、及び両者の有限性〔一面性〕の止揚を、成し遂げるのである。[19]

〔第四点・目的の推論的論理構造〕目的の活動でもう一つ注意されてよいことは、目的は推理なのだが〔目的活動は推理と同じ論理構造を持っているのだが〕、実現の手段を介して目的と目的自身を連結させるその推理の中では、〔その推理の各項を成す〕諸名辞が否定〔止揚〕されるということが本質的だということである。その否定とは、今しがた述べたように、目的そのもの〔主観的目的〕の段階で現われてくる直接的な主観性及び直接的な客観性〔手段及び前提された客体[20]〕の否定のことである。この否定は、精神〔人間〕を神へ高める時に世界の偶然的な事物や個人個人の主体性が否定されると言う時のあの否定と同じものである。[21] この契機については序論〔第一二節への注釈〕と第一九二節で触れたが、[22] いわゆる神の存在の証明ではこの〔個別を普遍に高める〕ことは悟性推理の形式で理解されており、そこではこの契機が見逃され放置されている。

1　ここは einerseits と sonst が対になっているようです。「一方では」と「普通は」でしょうが、後者を生かすと、「時には余計だという意見もありますが、普通は」となるのではないでしょうか。ヘーゲルの真意もその辺だと思います。

2　特殊に包摂的に関係するとは、「人間は動物である」という時の人間（特殊）に対する動物（普遍）の関係で、こういう普遍を実体と言います。こういう普遍―特殊関係が悟性的だとすると、次の「特殊を自分の身に付けて持つ関係」が理性的だということなのでしょう。

3　**enthüllten** は「ヴェールを剥がされた」ということですが、これはここでは「自覚された」ということだと思う。訳しにくかったのでこうしました。

4　**darin** の **da** は何を受けているのでしょうか。「他者」と取ると後の **im Gesetztsein** と重複しますが、多分そうなので、あえて省きました。

5　『精神現象学』における「我々」の立場と「意識」の立場の対立がここでも踏まえられているのでしょう。

6　ここは **in ihm selbst die Bestimmung : zu enthalten** となっていますが、この **in ihm selbst** は五行目の **an ihm selbst** と同じでしょう。**die Bestimmung** は四行目の **das Besondere** の言い換えでしょう。**enthalten** は言うまでも無く五行目の **hat** の代わりでしょう。

7　この「定立されている」という言葉は、先の「自覚されていない必然性」「盲目の必然性」に対立しています。なお、**erscheint als etwas** という言い方については七〇七頁の訳注1を参照。

8　目的活動では、初め頭の中に描かれていたものがその活動の結果として実在化されるだけで、その姿は初めから頭の中にあったということです。第二〇四節中ごろの「目的の自己同一」とはこの事。

9　この「思弁的」とは第八二節で説明されているものの事です。

10　**Idealität** をこう噛み砕きました。なお、すぐ後の **Urteil** はその前の **Einheit**（統一）に対立して「本源的分割」という意味も含んでおり、松村はそう訳していますが、概念に対する判断という対比もあり、両方の意味を合わせ持っているので訳しにくいです。

11　ヘーゲルも言うように、合目的性というとただちに目的意識性と等置するのが近世ヨーロッパの伝統のようです。現にドイツ語では目的意識に当たる言葉（zweckbewusst）が確立されていないようです。

12　modern というのは松村は「近世」と取っているが、近世の目的論とは誰の目的論のことなのだろうか。ヘーゲルと同時代の「現代の」ということではなかろうか。

13　ここは文法的には関係代名詞 der の先行詞は der gefühlte Widerspruch 全体かもしれませんが、内容的には先行詞は Widerspruch だけで、その関係文によって修飾された Widerspruch に gefühlte という形容詞が掛かっているのでしょう。あるいは文法的にもこうなのかもしれません。「欲求」が起こるためには客観的に矛盾が主体内に存在するだけでは不十分で、その矛盾が感じられ意識されなければならないということです。何かに夢中になっている人は空腹に気づかない。その夢中な状態から解かれた時初めて空腹を「感じ」食べたいという欲求が起こるのです。

14　原文は単に「主観性」となっていますが、意味を取って訳しました。

15　食欲を持っているだけでまだ実際には食べていない時には、目の前にある食物を「自分によって食べられるべきだ」と思っている（これが主観的な否定）だけですが、食欲の満足のためには実際に食べなければなりません。即ち、そういう風に単に主観的に否定しているにすぎない状態を否定しなければならないのです。

16　Befriedigung は満足している状態ではなく満足させる行為のことです。

17　この文はこの ebenso の内容を角括弧で補ったように正確に読み取ることが大切です。

18　このパラグラフの頭からここまでにはヘーゲルの特徴がよく出ています。ヘーゲルはここでもちろん、我々が解釈したように、空腹と食欲と食べ物といったことを考えながら書いたのです。それなのに、そういう分かりやすいことはオクビにも出さず、こういう風に論理的な用語を使ってわざと（？）難しく書くのです。因みにこの部分を直訳してみます。読者は次の直訳を読んで、我々が訳文や注で説明したような内容を読み取ることができるでしょうか。読み取れる人はヘーゲルの読み方が相当出来ている人です（といっても、ここはヘーゲルとしては最も分かりやすい所ですから、これ位でうぬぼれないように）。

**直訳**「欲求や衝動は目的の最も手近な例である。それらは生きた主体自身の内部で起きている矛盾が感じられたものであり、まだ主観的であるにすぎないこの否定性を否定しようとする活動へと歩み入る。満足させる行為は主観と客観との間に平和を作り出すが、これは、矛盾がなお存在している限り向こう側に立っている客体の一面性をも同様に、主体と合一させることで、止揚することによってである。」

19　この辺には sei und bleibe という句が二度出ていますが、第二〇〇節付録への訳注2（一〇二四頁）を参照。

20　ヘーゲルの目的論は労働論と考えてよい面があるので、マルクスの労働過程論と比較して考えるのは大切だし、必要な事なのですが、単語の語義には注意するように。この「手段」と「客体」は、我々の言う過程内的考察での「労働手段」と「労働対象」に当たりますが、ヘーゲルの「手段」は、結果的考察でいうところの「生産手段」（労働手段と労働対象とを合わせたもの）に当たることも多い。なぜなら、ヘーゲルは主として目的との対比で「手段」と言うからです。

21　この文は Es ist dies dieselbe Negation と始まっていますが、これが箴言的非人称化文でしょう。「文法」の四二七頁参照。

22　ドイツ語としては、「序論と第一九二節で述べたように」は「いわゆる神の存在の証明で～放置されている」こと全体に掛かるようでもありますが（この部分を直訳した松村はそう訳しています）、序論と第一九二節で述べられていることはそういうことではなく、媒介＝直接性の止揚の契機のことですから、内容上は訳文のように取らざるをえないでしょう。なお、ここの「序論」とは具体的に第何節を指すのかを注している訳書がないのは残念です。

第二〇五節〔総論二・目的論の第一形態は外的合目的性〕

目的論的関係も先ずは直接的な目的論である。[1] それは「外的」合目的性であり、〔そこでは〕概念〔目的を持った人間〕と「前提された」ものである客体〔対象及び手段〕とが対置されている。従って目的は「有限」である。それはまず「内容」の面から有限であり、[2] また、目的は見出された客体を実現のための「材料」として使わなければならないという外的制約を負っている点でも有限である。[3] 要するに、その限りで目的の自己規定〔自由の関係、自己関係、無限性〕は〔ここではまだ〕「形式面」だけのものにすぎない。第二に、[4] 目的が未だ無媒介であるというこの段階では、〔目的の中の〕「特殊性」の契機が、「形式面」では目的がまだ「主観的な」もの〔で実現されていない〕ということとして現われ、「内容面」では自己内反省した特殊〔特定の目的〕として現われるため、その内容は〔目的という自己から出て自己に帰着する〕形式や本来の主観性や概念の持っている「統体的性格」と「一致しない」ということである。この不一致が[5]「目的自身の内部における」目的の「有限性」を成している。従って〔目的の個々の〕内容はそのように制限されたもの偶然的なもの与えられたものであり、[6] 客体〔対象と手段〕も特殊な見出されたものである。

1　ここは als unmittelbar となっていますが、Die teleologiche Beziehung ist zunächst unmittelbar とか erscheint zunächst als unmittelbar と言うのと同じでしょう。
2　例えば一軒の木造の家を建てるという限られた目的。
3　木造の家を建てるのでも、その時の事情（費用とか供給とか）で使える材料は一定の範囲内から選ばなければならない。
4　この näher は本節一行目の zunächst を受けています。他の訳のように、また鶏鳴版のように、

「一層詳しく言うならば」としても悪くはないのですが、それは in der Unmittelbarkeit（その直接性の中には以下の事も含まれている）ですから益々そう訳したくなるのは分かるのですが、内容から見ると、主客の対立の「詳論」と言うよりも、外的目的関係の「有限性」に力点がありますから、今回は訳文のようにしました。

5　この Diese Verschiedenheit はすぐ上の行の unterschieden の言い換えです。ヘーゲルではいつでも Verschiedenheit と Unterschied とは区別して使っていると思い込まないようにしてください。

6　個々の目的の内容は各人が自分の判断で立てたのだから一見自主的であって偶然的ではなく、それなりの必然性があるのだが、外的合目的性ではそれが宇宙的必然性（これをヘーゲルは概念と呼んでいる）と一致していない限りで、その宇宙的必然性の見地から見れば結局は偶然的なものにすぎない、ということになるのでしょう。こういう宇宙論的観点が第一四八節の「現実性」との違いなのではないでしょうか。第二〇四節への訳注5（一〇二九頁）を参照。更に詳しくは一一一六頁の訳注2を参照。

## 付録〔外的合目的性の日常用法の検討〕

目的という語を使う時はたいてい外的合目的性しか念頭に置いていないのですが、この考えでは、事物は自分自身の中にその規定〔使命〕を持っておらず、自己の外にある目的を実現するために用いられ消費される「手段」と見なされています。一般的に言いますと、これが「効用」の見地であり、かつては諸科学でもそれは大きな役割を果たしましたが、間もなく然るべき結果（信用失墜）となり、それは事物の本性の洞察には役立たないものだと悟られたのでした。確かに有限な事物自身は最後のものではなく自己を越えて行くものであるとしなければなりませんし、それは正しい事でもあるのですが、しかし有限な事物のこういう否定性はそれら自身の弁証法であって、これを認識するためにはまず有限な事物の肯定的な内容に入り込まなければならないのです。[2] 更に、目的論的考察法には自然の中に与えられている神の英知を示そうという善意の意図があるのですが、それについて注意しなければならない事は、このように手段としての事物がそのために役立つ目的をあれこれと探し出すというやり方では、有限者を越え行くことはできず、容易に貧弱な反省に陥ることになるということです。例えばブドウの木をそれが人間に与える周知の効用〔実が食用になり酒も作れること〕の見地から見るとか、コルクの木はその樹皮から切り取られた栓で酒瓶の蓋をするためにあるという点から見る、[3] といったような時がそうです。かつてはどの本もみなこういう考えで書かれていましたが、こういうやり方では宗教にも科学にもプラスにならないということは、簡単に分かることです。外的合目的性は理念のすぐ前に立っているのですが、すぐ入口に立っているものこそしばしばまさに〔その当の物に〕最も不適格なものなのです。[4][5]

1 ここでの弁証法とは、論理的なものの三つの契機の第二として挙げたあの弁証法的契機のことです（第八一節参照）。

2 ここを読んでマルクスの次の言葉を想起すればしめたものです。曰く、「合理的な姿における弁証法とは、現存するものの肯定的な理解の内に同時に又その否定ないし必然的没落の理解を含み、生成した形態はすべてこれをその運動の流れの中で、従ってその過ぎ去る面から捉え、何物にも動かされることなく、その本質上批判的であり革命的である」（『資本論』第二版へのあとがき）。なお、ヘーゲル自身は「外的合目的性の肯定面」としては第二〇六節以下を考えていたのでしょう。

3 このコルクの例は『自然哲学』に属する第二四九節の付録にも出てきます。

4 講壇哲学は「生活の中の哲学」のすぐ前に立っているが、それは「生活の中の哲学」には最も不適格なものである、ということもこれと同じでしょう。

5　ヘーゲルは自説を展開する前にまず既存の考えなり方法なりを検討して、その意義と限界を明らかにします。そして、その意義を発展させて自説を述べるのです。これがヘーゲルのやり方です。第二〇五節では外的目的論的な考えの間違いを指摘した後に、こう考えれば正しい面もあると言っています。ですから、ここまでを「目的論の総論」と考えました。

## 第二〇六節〔総論三・目的関係の過程〕

目的論的関係とは、その中では主観的な目的〔目的を持った人間〕が中項を介して自分の外にある客観性〔対象〕と連結するようになるところの推理である。そして、その中項とは合目的的活動としては両者〔主観的目的とその外にある客観性と〕の統一であり、直接目的の下に定立された客観性としては手段である。[1]

1　①「ヘーゲルは『大論理学』の目的論の項ではその三項を「主観的目的」と「〔目的実現のための〕手段」と「実現された目的」としています。しかし、ここに見るように、『小論理学』では「主観的目的」と「中項（活動と手段）」と「客観性」としています。もっともこれは目的論の叙述の三項ではなく、目的論的推理の三項なのですが。②なお、語学的なことですが、ここはMitteに掛かる関係文はwelche als die Einheit beider die zweckmäßige Tätigkeit undという具合にした方がundと以下の文と整合的になっていいと思います。訳すと、「その中項は両者の統一としては合目的的活動であり、目的の下に直接定立された客観性としては手段である」となります。③また、本文の四行目のTätigkeitとundの間のコンマはズーアカンプ版では落ちています。④「目的の下に直接定立された客観性は手段である」という言葉で、我々はマルクスの労働過程論の一節を思い出します。「労働者が直接支配する対象は～労働対象ではなく労働手段である」。⑤この節からが目的論の本文でしょう。それは大きく分けると「目的論の過程」と「実現された目的」

から成っていて、前者の三つの内容が第二〇七～九節のAとBとCなのだと思います。

**付録〔目的運動の三段階〕**

目的から理念への進展は、主観的目的と自己を実行する目的と実行された目的との三つの段階を経ます。[1][2]——先ずは主観的目的ですが、それは自覚した概念ですから、それ自身概念の諸規定〔普遍・特殊・個別〕の統体です。第一の契機は自己同一な普遍性です。言わば全てを無区別な形で含んでいる最初の中性的な水みたいなものです。第二の契機がこの普遍の特殊化で、[3]それによって普遍は規定された内容を獲得します。その後、この規定を持った内容が普遍の活動によって定立されます。[4]それは普遍が自分を媒介として自分自身に還り、自分自身と「推論」的に結びついたということです。ですから我々（ドイツ人）は或る目的を立てる時 **etwas beschließen** と「推論する」という意味の **schließen** の入っている語を使うのです。その時には気持ちはまだ開かれていて、どの目的でも受け入れられる状態です。しかし、次に **sich zu etwas entschlossen haben**（或る事をすると決断した）と言うと、人は自分だけの内面から外に出て、自分に対面している外界と関係します。これが単に主観的に過ぎない目的から外に目を向けた合目的的活動への進展なのです。[5]

1　鶏鳴版ではこの付録を第二〇七節への付録としましたが、原書の形を尊重します。ダッシュの前と後を分けて考えたのが間違っていたとは思いませんが、今回の翻訳の原則通りにします。

2　これは先に本文への訳注1で述べたように、『大論理学』の「目的論」で確認したことです。それをここでも述べたのですが、第二〇七節、第二〇八節、第二〇九節にA、B、Cとあるのはこの三段階ではなく、第二〇六節で述べた目的論的推理の三項に当たっています。「実現された目的」は第二一〇節で、そこから理念への移行は第二一一節で述べられています。混乱しないように。

3　この Besonderung は同じ行の geschieden の言い換えを名詞化しただけです。

4　この「定立」とは目的を客観界に定立することだろうか、それとも頭の中でその実現を考えていることだろうか。多分後者でしょう。

5　ここで松村は beschließen には「ヘーゲルはここで、決心するのほかに、限定によって連結するという意味を持たせている」と注釈し、entschließen には「或る事を決心するの意、ヘーゲルはこれに自己の外へ出て或るものと連結するの意を持たせるのである」と注釈しています。私見によれば、主観的目的の普遍の面と特殊の面に当たると思われます。「内容はともかく決心する」というのが beschließen で、「特定の内容を決断する」というのが entschließen で、それが特定の内容を持つが故に客観に関係せざるを得ないということなのでしょう。ドイツ語では本当にそう使われるのかどうか知りませんが、日本語の「決心」と「決断」にはこういう違いはないと思います。

### 第二〇七節〔主観的目的〕

A・「主観的」目的とは、その中では「普遍的な」概念〔概念の契機としての普遍、以下同じ〕が特殊を介して個別と連結するところの推理である。〔それはどのようにして為されるかというと、まず第一段階として〕個別は自己規定だから〔個体としての人間は主体であり、自分で目的を立てるものだから〕「判断する」〔自己を原始分割する〕ということである。即ち、個別はかの未だ規定なき普遍を特殊化して、それを特定の「内容」にし、同時に主観性と客観性の「対立」〔目的はまだ意識されただけで客観化されていないこと〕を定立する〔自覚する〕ということである。――そして〔第二段階として〕個別は同時に自己内還帰という性格を身に付けているということである。即ち、個別は自己内で自己連結している統体性と比較することによって、客観性に対立して前提された概念の主観性は欠陥を含むものであることを明確にし、それによって同時に「外へ」と向かっていくということである。[2]

1　松村はこのダッシュの意味が分からなかったようですが、ここは二つの段階の区切りを示しているのだと思います。

2　補ったので分かると思いますが、ヘーゲルは目的関係全体が推理だとした上で、更にその中の一つの項である主観的目的自身も推理だとするのです。これは、ヘーゲルの概念論の根本が概念そのものの契機として普遍と特殊と個別を挙げることから来るのです。ですから概念論はどこもみな推理になるのです。概念の普遍と特殊と個別については付録2の「昭和元禄と哲学」を見ていただくことにして、ここでの主観的目的の普遍と特殊と個別について前節への付録と比較してみましょう。

この比較で分かることは、第一に、ここ第二〇七節では個別の活動に力点があり、それを中心にして述べているのに、付録では普遍を中心にして述べていて個別は霞んでいるということ、第二に、特殊の説明として、特定の内容を持つことと主観と客観との対立があることとの二面があるのに、付録の主説明（つまりドイツ人の用語法の例を出す前）では前者しか述べられていないことです。第二点はともかく、第一点について言うと、この主観的目的の中にあるとされる三つの契機の中で最も分かりにくいのが個別の契機でしょう。目的意識は目的意識一般（普遍）であると同時に特定の内容を持つ（特殊）ということなら誰でも分かりますが、さて個別はどうなるのか。ヘーゲル自身にももう一つ分かっていなかったようですが、多分、目的意識の担い手としての個人を論理的に捉え直したものでしょう。

## 第二〇八節〔中項＝活動〕

B・この外へと向かった活動は「個別〔個人〕」だから（この個別〔個人〕は主観的な目的の中では〔特

定の〕内容であり又「外界の客観性でもある」特殊と同一のものなのだが）[1]、第一に、「ただちに」客体に関係してそれを我が物とし、自己の「手段」とする。[2] 概念というのはこのようにただちに「威力」であるものなのである。[3] なぜなら、概念は、その中では客体の存在〔あるがままの姿〕が単なる「観念的なもの〔そのままで絶対的なものではなく止揚されるべきもの〕」として規定され尽くされるところの否定性と一体のものだからである。――さて、〔目的論の推理における〕「中項はすべて」概念のこうした威力であり、それが〔目的の〕「活動」であり、「手段としての客体〔技能を身につけた身体〕」はその活動と直接的に一体となり、その活動に従属するのである。

1　ヘーゲル自身、主観的目的での普遍と特殊と個別の説明の中では個別の説明が弱いと感じていたらしいことが、ここから推測できます。前節本文への訳注2にあるような我々の解釈がヘーゲルの立場をはっきりさせるものだということも分かるでしょう。

2　ここで言われている「客体」とは人間の身体のことでしょう。まさに技能を「身に付ける」のです。つまり、人間の身体をして目的に適った技能を得させることです。ですから、ここの「手段」もいわゆる労働手段ではなく、技能を身につけた身体のことでしょう。

3　松村のように直訳して「概念はこうした威力である」として意味が分かるだろうか。ここの意味は、概念というものはすぐにも働らき出して自分が他者を貫徹する威力であることを実証するようなそういうものだ、ということです。

**注釈〔活動と手段〕**

有限な合目的性では、中項は互いに外的な関係にある二つの契機、つまり〔目的の〕活動と手段[1]として役立つ客体とに「分裂している」。「威力」としての目的のこの客体への関係と、この客観を目的が自己の

郵 便 は が き

料金受取人払郵便

神田局
承認

**4803**

差出有効期限
平成32年 6 月
7 日まで

101-8791

504

東京都千代田区
猿楽町2-5-9
青野ビル

㈱**未知谷** 行

| ふりがな | 年齢 |
| --- | --- |
| ご芳名 | |
| E-mail | 男 女 |

ご住所 〒 Tel. - -

| ご職業 | ご購読新聞・雑誌 |
| --- | --- |
| | |

# 愛読者カード

ご購読ありがとうございます。誠にお手数とは存じますが、アンケートにご協力下さい。貴方様の貴重なご意見ご感想を賜わり、今後の出版活動の資料として活用させて頂きます。

●本書の書名

●お買い上げ書店名

●本書の刊行をどのようにしてお知りになりましたか？

書店で見て　広告を見て　書評を見て　知人の紹介　その他

●本書についてのご感想をお聞かせ下さい。

●ご希望の方には新刊書のご案内をさせて頂きます。　要　不要

---

通信欄（ご注文も承ります）

下に従属させることとは、「直接的な仕方」でなされる――これが〔目的論的〕推理の「第一前提」である――なぜなら、概念は自覚した〔自己〕同一性だから、客体は「本来」〔自分によって規定されるべき〕無なるものであることを自覚しているからである。[2] この関係ないしこの第一前提は、「それ自身」同時に「自己内推理」でもあるところの「中項になる」。[3] なぜなら、客体へのこの関係は目的自身の活動であって、そこでは目的〔人間〕が支配者であり続け、目的は客観性と推論的に連結するからである。[4]

1　この「手段」には身体以外のいわゆる労働手段も入りうるが、ヘーゲルは労働手段は身体の延長ないし発展したものと考えています（マルクスもそう考えています）ので、原初的にはやはり身体のことでしょう。

2　人間が技能を身に付けるには修業と呼ばれる媒介が必要ではないかと反論できる人はかなり理解力のある人ですが、ヘーゲルの真意を取りそこねていると思います。ここでヘーゲルが言っているのは技能の形成過程ではなく、既に形成された技能を主体が行使することです。技能の形成のことはこの注釈の終わりや次の付録にあります。この技能形成の媒介的性格を勉強の諸問題に適用して学問の主体的性格と客観的性格として展開したのが拙稿「先生を選べ」です。

3　手段はそのまますぐ（無媒介に）使えてこそ手段です。作ったり直したりしなければならない手段は、手段である以前に労働対象（目的）です。以上は手段の概念から出てきます。それなのに、手段の無媒介的使用を概念の自覚性・統体性によって根拠づけるというのが分かりません。

4　これは随分下手な説明ですが、身体を技能へと形成する過程も推論的論理を持っており、目的意識が支配する活動によるのだ、かくしてそれは無限に遡る、ということを暗示したいのでしょう。これは事実です。或る技能を形成する時、その人にとってその時までに形成されている技能を前提して、その上にそれに基いて新しい技能を身に付ける（作る）のです。それでは、その時前提される技能は過去にどのようにして形成されたのかと考えていけば、無限に過去に遡ることになるからです。

付録〔魂の客観化としての身体〕

目的を実現するというのは目的を実現するための媒介された仕方のことです。しかし、また、〔目的を〕直接実現することも同様に必要なのです。目的は客体を直接掴みます。なぜなら、目的は客体に対する威力であり、目的の中には特殊性〔の契機〕が含まれ、そしてこの特殊性の内には客観性もまた含まれているからです。――生物は肉体を持っており、魂は身体を支配しています、つまり肉体の中には魂が直接的な形で客観化されているのです。人間の魂は自分の身体を自分の手段にするためには多くの事をしなければなりません。人間は、身体を魂の道具にするためにはいわばそれを占有取得しなければならないのです。[1][2]

1 「私の有機体としての身体を技能へと作り上げたり〔技能を身につけたり〕、私の精神を形成したりする〔学問や教養を身につける〕ことも、〔物的財産を占有取得するのと〕同様に、身体や精神を多かれ少なかれ完全に占有取得し、〔私=自我がそれを〕貫徹することである」。しかし、こういう占有取得が現実的なものとなる〔実際に技能や学問が身に付く〕ことは、単なる自由意志で完成される〔物的〕財産の占有取得とは異なっている〔つまり、親から財産を相続するには相続したいという意志さえあれば十分で、特別の努力は要らないが、親や先人の技能や学問を相続するのはそう簡単ではない。そのためには苦しい修業をしなければならない〕」（『法の哲学』第五二節への注釈）。

2 この第二〇八節の本文と注釈と付録はとても大切だと思います。ここのテーマは目的論における技能の取得ですが、この事は『大論理学』の目的論では触れられていなかったことで、ここで初めて出てきたというのが第一の理由ですが、それ以上に、マルクスがその労働過程論でこの点を無視と言っていい位軽視しているからです。目的活動=労働における客観的なものとしては、身体と労働手段と労働対象との三つが考えられます。ヘーゲルの目的論にはこの三つがみな入っているのに、マルクスの労働過程論には身体の問題が落ちていて二つしか入っていません。マルクスの全学説の中のどこにもこの点がないとまでは極論しませんが、この点はぜひとも労働過程論に入れなければならない点でしょう。なぜマルクスはこの点を落としたのか。多分、労働過程の三要素の一つとして労働主体を挙げず、労働そのものという形でそれを捉えたからです。しかも、マルクスは労働過程論を書く時にヘーゲルのこの部分を読み返しているのです。それは第二〇九節への付録の一部を引用していることから明らかです。こう考えると、マルクスの態度はマルクスらしからぬものと言わざるを得ません。いずれにせよ、この点を含んでいる限りではヘーゲルの方がマルクスより唯物論的であり、高いと思います。

### 第二〇九節〔目的活動の機械性と理性性〕

C・手段を以てする合目的的活動はまだ外へと向かっている。なぜなら、目的は〔目的関係における客観の内の二つ、つまり身体と労働手段はものにしたが、まだ〕客体〔労働対象〕は〔目的と〕同一になっていない」からである。従って目的はまさにその客体と同一になるように媒介されなければならないからである。手段〔労働手段〕は客体だから、[1]この「第二の前提」の中では推理の「他の」端項である前提された客観性つまり材料〔労働対象〕と「直接的に」関係する。この関係は、今や目的に「奉仕している」機械的関係と化学的関係の領域であって、[2]目的はこれらの関係の真理であり、自由な概念なのであった。この〔目的活動が為されている〕過程では「客観的なもの〔身体と労働手段と労働対象〕」は互いに摩滅させ合い止揚し合っているのだが、[3]主観的な目的〔自身〕はこの過程を支配する威力だから、この「過程の外に」あってこの過程の中でも「自己を保つ者」なのである。これが理性の「狡智」である。[4]

1　ヘーゲルにあっては、マルクスとは逆に、労働手段の形成つまり道具を作るということの検討が決定的に弱いのです。これがヘーゲルの大欠点でした（と言っても、ヘーゲルも道具の意義はかなり分かっていました）。それはともかく、この「手段は客体だから」という理由は、「直接的に」に掛かっているのです。なぜか考えてみて下さい。

2　「この三つの項〔事柄と条件と活動〕が関係し合い作用し合って或る結果が生じてくるのだが、この過程は必然性の過程と呼ばれている。なぜなら、或る労働対象に対して或る道具をもった人間が働らきかけて或る生産物を作る場合でも、政治活動の場合でも、その作用過程は、そこに関係し合っている事物や人間の性質や能力に応じて法則的に必然的に運動し、必然的な結果を生むからである」（拙稿「素質・能力・実績」）。

3　働らけば身体は疲れ、道具はすり減り、材料は製品に変わるという事です。

4　労働過程での「理性の狡智」を世界史的レベルに拡大したものがヘーゲルの歴史観なのでしょう。逆ではないと思います。次の付録への訳注3の②で考えます。

**付録〔理性の狡智〕**

理性というのは「〔自己実現の〕力を持つ」ものであると同時に「狡賢い」ものでもありますが、その狡賢さとは一般に次のような媒介活動にあるのです。つまり、理性は、様々な客体がそれぞれの本性に則って互いに作用し合い働きかけ合い疲れさせ合うのを放任し、自分は直接その過程に入り込もうとしないにも拘わらず、〔結局は〕「理性の目的」だけを実現させるようにする、という媒介活動です。[1]この意味で、神の摂理は世界と世界の運行過程の対岸にありますが、それは絶対的な狡賢さとして[2]振舞っているのだ、と言うことができます。即ち、神は人間達にそれぞれの情熱と利害関心とを授与された。〔そこで人間達はそれぞれ自分の利害に基づいて情熱を持って行動するのですが〕その結果としては、神が利用した人達自身が意識していた意図とは異なった神の意図が実現されるということになるのです。[3]

1　マルクスの引用したのはこの部分です。

2　ここに「絶対的」という言葉をつけた理由が分かるでしょうか。それは部分的＝相対的な狡賢さではなく、全宇宙を包括する規模でのそれだからです。「絶対者の狡賢さ」と訳すこともできるでしょう。

3　①この部分を読んで、エンゲルスが『フォイエルバッハ論』の第四章で、歴史は意図＝自由意志をもって行動している人間たちが作るものだが、それにも拘わらず大きな根本的な内的法則に支配されている、と言った言葉を思い出せればまず及第でしょう。②こういうヘーゲルの宇宙観と労働観との関係は、労働観が先で、労働観で確立された「理性の狡賢さ」という論理を宇宙大の規模に拡大して神の摂理といった観念を拵えた、あるいは捉え直したのでしょう。つまり、ヘーゲルも中世以来の大宇宙と小宇宙という考えの影響を大きく受けているのです。③個々の労働より大きい規模でのこういう考え方は『自然哲学』に属する第二四五節への付録にあります。「自然が人間に対してどんな力を繰り出し差し向けようと（寒さ、猛獣、大水、火災）、人間はそれらに対する手段を知っています。しかも人間はその手段を自然〔自身〕から取ってくるのです。〔つまり人間は〕自然をもって自然に対抗するのです。そして、人間理性のこの狡賢さはその真なることを確証し〔人間はその目的を達成し〕自分はその背後に身を守っているのです」。東日本大震災の後、津波の強大な力に対抗する方法が問題になっています。公の立場に立つ人々は「巨大な堤防を作って津波を力で防ごう」とか「減災しよう」と考えているようです。それに対して、その土地本来の樹木から成る防潮森を作ろうと提案し実行しつつある人々が増えています。ヘーゲル哲学と一致しているのは後者でしょう。

## 第二一〇節〔実現された目的〕

かくして、実現された目的というのは主観的なものと客観的なものとの「一体性の定立された姿」である。しかし、この一体性というのは本質的に次のようなものである。つまり、主観的なものと客観的なものとはそれぞれの「一面性」という点では〔同じように〕中和され止揚されるが[1]、〔その止揚の内容では〕対等ではない。つまり〕客観的なものは自由な概念である目的に従属し、従って又その客観を支配する威力に従属し、それらに合致した形に作り変えられるのに、それに反して〔主観的な〕目的は客観的なものの中で自己を「保持する」。なぜなら、目的は「一面的に」主観的なもの〔客観に対立した主観〕であり特殊であるという〔契機〕だけでなく具体的な普遍でもあり、それは両者〔主観と客観〕の潜在的な同一性だからである[2]。この普遍の自己反省してまとまった姿が「内容」であり、その内容は推理の三つの名辞すべてとそれらの運動を通じて「同一」であり続けるのである。

1　主観的にすぎなかった目的は客観化され、単なる客観にすぎなかった材料は目的に適った物になる。

2　目的と対象との関係でなぜ目的は自己を保持し対象は変革されるのか。この問いに対するヘーゲルの答がこれです。別に間違ってはいませんが、今迄一度も出さなかった「具体的普遍」を急に持ち出したり、目的（人間）が機械的関係や化学的関係（自然）の真理であるといったことに慣れないので、分かりにくくなるのです。ヘーゲルの悪い所というか下手な所です。

## 第二一一節〔注釈・有限な合目的性での実現された目的〕

しかるに〔ここで注解を入れておくと〕[1]有限な合目的性においては実現された目的も自己内で分裂したものである。それはちょうど中項や最初の目的がそうであったのと同じである[2]。というのは、目の前に見出された材料の身に実現されたもの〔実現された目的〕は、〔その材料の〕「外から」〔それの自然史的な使命とは無関係に、人間によって〕定立された形式にすぎず、その新しい形式規定は、その目的の内容が制限された個々の内容であるが故に、〔その材料の元の規定と〕同様に〔その材料にとって〕偶然的な規定だからである。従って、達成された目的はそれ自身また〔他の目的の〕手段や材料となるような客体にすぎず、かくして〔目的の連鎖が〕「どこまでも」続くことになるのである。[3]

1　この節は明らかに「注解」だと思います。第二一〇節への Anm. としても好かったと思います。

2　主観的目的には、その前に、前提された客体が素材として対立しており、中項は目的を実現する活動そのものとそのための手段（道具）とに分けられ、実現された目的はそれ自身また一つの客体であるから、他の目的のための手段ないし素材としても使用されうる、ということです。なお、本節の二行目の als es die Mitte の es は「属詞の es」です。「文法」の四一六頁以下を参照。三行目の文頭の Es は非人称化の es です。これは「文法」の四二五頁を参照。

3　この辺の事は、マルクスが労働過程論の結果論的考察でしきりとやっていることです。ヘーゲルとマルクスの違いは、ヘーゲルがこういう事の起こる根本的な根拠を有限な目的そのものの本性に見ているのに、マルクスはそういう点は無視して、生産物が次の労働の手段や原料となるいろいろの場合を細かく分析している、ということです。

## 第二一二節〔結語・目的論から理念へ〕

しかし、目的が実現された時に「潜在的に」生じていることは、「一面的な主観性」とその主観性に対立している客体の自立性という仮象とが止揚されるということである。手段を掴む時、「概念」は自己を客観の「潜在的な（本来の）」本質として定立する。既に機械的関係〔機械論〕と化学的関係〔化学論〕との中で客体の自立性は「潜在的には〔無自覚的には〕」消え失せていた。そして、その自立性が目的の支配下を進行する時〔合目的的労働過程の中で〕、かの自立性という「仮象」、「概念に反対する」否定的なものは止揚された。更に、実現された目的が「ただ」手段及び素材として規定される時〔道具が「作られた道具」になる時〕[1]、この客体〔実現された目的〕はただちに本来は無であり、ただ観念的にすぎない客体として定立されることになる。これと共にまた「内容と形式」の対立も消え去っている。目的はその形式諸規定〔目的推論の三項と各項の二側面〕を止揚することによって自己を自己に結びつけ[2]、それによって同時に、自己「同一な」ものとしての形式は内容として定立され、その結果、「形式の活動としての概念」はただ「自己のみを内容」として持つことになる[3]。かくして、一般的に言えば、この過程を通じて、目的としての「概念」がそれであったところのもの[4]、即ち主観的なものと客観的なものとの「潜在的な〔無自覚的な〕統一」が、今や「顕在的な〔自覚的な〕ものとして定立され」た。――これが「理念」である。

1　道具の意義についてのヘーゲル説及びそれへのレーニンの注目については、拙著『ヘーゲルの目的論』六六頁七行目以下で次のように書きました。

――ヘーゲルは『大論理学』の目的論の中で次のように言っている。「さらに目的は〔この段階ではまだ〕有限であるから、それは有限な内容を持っている。〔従って〕この面からは目的は絶対的なものではなく、端的に絶対的に理性的なものにはなっていない。しかし、手段はこの〔目的論という〕推理の外界に存在する中項であり、この推理は目的の実現である。従って、目的の中にある理性的性格は手段に付着して現われ出るのであり、それは外界の他者の中でまさにこの外在物を介して自己を獲得する〔目的が達成されるのは手段による〕という性格として現われ出るのである。その限りで、手段は外的合目的性の持っている有限な諸目的より高いものである。

〔例えば〕鋤（すき）は、その鋤によって産み出されるものでありその手段の目的である享受物〔農作物〕よりも誉れ多いものである。直接的な享受物は消え去り忘れ去られるが道具は保存される。人間は、その目的の面から見ると外界の自然にむしろ従属しているが、その道具において外界の自然を乗り越える威力を持っているのである」（ラッソン版『論理学』第二巻三九八頁）。レーニンはこのパラグラフを非常に重視し、全文抜き書きした上で、横に「ヘーゲルにおける史的唯物論の萌芽」とか「ヘーゲルと史的唯物論」と書いている。我々も賛成である。しかし、こう漠然と肯定するだけに止めないで内容を詳しく分析してみよう。

まずヘーゲルの言っていることを押さえておくと、その大前提は内的目的と外的目的の対立で（これについては拙著『労働と社会』の五〇～五四頁を参照）、後者つまり外的目的＝有限な目的＝有限な内容を持つ目的＝目的と手段の対立する段階に立ってものを言っている、ということである。しかし、その中にも、いやその中だからこそ、この目的関係の理性的性格は道具の中に出るのだと言っているのである。それでは道具のどこがその理性的性格になるのかというと、①目的達成（自然支配）における道具の不可欠性と、②道具の永続性とである。①と②の関係を見ると、①つまり自然支配が最後の目的だが、そのためには②道具の永続性が絶対の条件である。一回使ってダメになるような道具ではまた道具から作り直さなければならず、道具の改良の積み重ねによる自然支配の拡大どころではないからである。サルの人間化を促した「作られた道具」の特長は何かで、伊藤嘉昭は「威力の素晴らしさ」と答えましたが、私は「材質の耐久性」を挙げました。『ヘーゲルの目的論』の九一～二頁を参照。

2　こうした形式規定を持つのはその合目的性が外的で有限だったからでした。

3　こういう所が分かりにくい。ヘーゲルも人間ですから、いつでも内在的移行が分かっているとは限りません。そこでその移行の説明に無理が出ることがあるのです。

4　この Es ist also から始まる文も箴言的非人称化文です。「文法」の四二七頁参照。

付録〔真理即ち無限な目的の自己実現〕

目的の有限性とは、目的を実現する際にそこで手段として使う材料が単に外的に〔自己の自然史的本性とは無関係に〕目的の下に包摂され、目的に合致するように作られるという点にあるのでした。しかし、実際には、客体〔客観世界〕は「本来〔潜在的には〕」概念なのであり、概念が目的という形で客観の中に実現されることで、客観は自己自身の内に隠れているもの〔概念〕を顕現させるにすぎないのです。つまり、客観世界とはいわばその下に概念を隠している外皮のようなものです。〔ですから確かに〕有限なものの中では目的〔概念〕が真に達成されていることを体験できないし、それを見ることもできないのですが〔しかし、その外皮の下では現に理念が実現されつつあるのですから〕、無限な目的〔理念〕の成就とは、それがまだ成就されていないかのような錯覚を止揚するだけのことだとも言えるのです。善つまり絶対善〔理念〕は世界の中で永遠に実現されつつあるのであり、従ってそれは既に絶対的に実現されており、それの実現のために我々を待つ必要はないのです。〔しかるに〕我々は〔それが実現されていないという〕錯覚の中に生きており、そういう錯覚を持っているが故に世の利害関心に基いて活動しています。[2]〔なぜこういう事になるかと言いますと〕理念は〔自己を実現する〕過程で自己自身をそのような錯覚という形で表し、自己に他者を対立させる〔から〕であり、理念の行為とはこの錯覚を止揚すること〔つまり、否定の否定だから〕なのです。真理はこういう誤謬を経ずしては生まれ出ないのであり、ここにこそ真理と誤謬との和解、真理と有限者との和解があるのです。他者とか誤謬とかは、それが止揚されるならば、それ自身真理の必然的な契機なのです。真理というのは、自己自身を自己の結果として生み出すことによってしか存在しないものなのです。[3]

1　労働手段だけではなく労働対象をも含み、目的にとっての手段ということでしょう。

2　ここを松村は「同時にそれ〔錯覚〕はまた世界における関心がそれにもとづいている活動力でもある」と直訳していますが、意味は訳文のようなことでしょう。

3　①これはヘーゲルの一貫した真理観です。この事を我々の生活の立場から捉え直すのは極めて大切です。「艱難《かんなん》汝を玉にす」とも言います。世の中がよくなって不正が無くなると、貧苦が無くなる。すると、苦労が無くなり、人間を鍛えるものが無くなる。そして人間は堕落する。立派な芸術も多くは社会的不正との戦いの中から生まれてきました。すると、芸術のためには社会悪は必要ということにもなりかねません。社会改革運動はこの皮肉な現実をどう考えるべきか。しっかりと考え抜かなければならない大問題だと思います。

②ここにはそういう正しい真理観、世界の有限性と無限性の弁証法があると同時に、現存するものの見方を変えただけで理念が現われてくるのだという、現実肯定の実証主義もあると思います。この両面がヘーゲル弁証法であることはマルクスが『経済学・哲学草稿』で述べたことですが、ここがそのよい例です。

③目的論的な考え方を排し機械的な考え方を採ったスピノザも神を唯一の実体とし、それを「神即自然」という汎神論で理解した点ではヘーゲルと同じでした。そして、二人とも弁神論者でした。「人の心を乱す情念、例えば嫉妬、嫌悪、恐怖、落胆などもすべて、個人を中心として事物を見るからで、すべての出来事は必然的な法則に従って起きているのだということを知らないためである。従って、人の心がこのような煩悩に乱されている時は、自分の実在を減殺され、自分の活動が十分に伸びていない状態にある。つまり、人の心が不自由な奴隷状態にあるのである。人間の真の自由は人の心の本性に従ってそれが十全に活動するようになることであり、つまり徳ということであった。従って、煩悩の状態から脱するためには真の認識しかない。事物の必然的な理を究めて、一切を永遠の相の下に見るようになれば煩悩は消滅するであろう。『煩悩は

それを認識することによって打ち勝つことができる』というのがスピノザの考えでした」（『西洋哲学史要』一八二頁）。スピノザもこのように「否定」の意義が分かっていました。ただ発展の「論理」というものの理解の深さに違いがあったようです。

④この付録はとても大切だと思います。全体として、概念（ヘーゲルの考える概念）は客観的なもので、客観世界に実在しているということが大前提で、それが最初に確認されています。これを唯物論の立場でどう理解するかを考えたのが付録3の「ヘーゲル論理学における概念と本質と存在」ですが、ここを校正している時に初めてひらめいたことがあります。それは「ヘーゲルの概念はヨハネ伝冒頭の『初めにロゴス（言葉）があった』という有名な句の『ロゴス（言葉）』を論理学の言葉で表現したのではなかろうか」ということです。「キリスト教に表現されている真理を学問的に説明する」のがヘーゲル終生の目的でしたし、内容的に両者は一致しますから、この推定には十分な根拠があると思います。

第三章　理念（Die Idee）

## 第二一三節〔総論一・理念の真理性とその内容〕

理念は「絶対的な」真理である。それは〔概念そのものが概念と客観性との主観内での統一であり、客観性がその客観的世界観の中での統一であったことと対比させるならば〕、「概念と客観性との絶対的な統一」である。理念の観念的な内容は概念そのものとその諸規定にほかならず、その実在的内容は外的定存在という〔現象〕形態を与えられた概念〔つまり客観性〕である。そこでは概念はこの現象形態を概念の観念性の中へと閉じ込め〔概念の契機とし〕、自己の力の中に保持し、かくして概念はその現象形態の中で自己を保持しているのである。[1]

1　訳文中に補ったので、特に注する事も残っていませんが、原文でヘンニンクが本文の後から二行目に補った「der,」を考えます。これは①und以下をその前の die er sich in der Form äußerlichen Daseins gibt の関係文の中の er を受ける関係文にするつもりか、②und以下を主文にするためでしょう。が、いずれも文法的におかしいと思います。この補充をしないとするのも文法的におかしいです。本来はどう書くべきだったかと考えて見ますと、最後の in ihr の ihr を関係代名詞 der に替えて und の後を in der er sich so erhält, diese Gestalt in seine Idealität eingeschlossen, in seiner Macht.とすれば好かったのではないでしょうか。

注釈

〔第一点・絶対者は理念であるという定義〕〔論理学の各段階は絶対者の定義になるので、それをここで試みると〕「絶対者は理念である」という定義〔になるが、この定義〕は、〔これまでの絶対者の定義と違って、今やその定義自身が〕絶対的である。〔つまり、それはこれまでの定義と並んで立つものではなく〕これまでの全定義がそこに帰着するものである。――

〔第二点・理念と真理と現実〕理念は「真理」である。というのは、真理とは客観性が概念に一致することであって、外界の事物が私の観念と一致することではないからである。後者は、「私というこのもの〔一個のもの〕」が持っている「正しい」観念にすぎない。[1] 理念では「このもの」とか観念とか外界の事物とかは問題にならない。――しかし〔外界の事物には「現実的なもの」という性格もあり〕、現実的なものはそれが真理である限りで理念でもある。[2] 即ち現実的なものはただ理念を介し、理念の力によって初めて真理なのである。〔しかし〕個々の存在は理念の一面であって〔理念そのものではなく〕、従ってそれが理念になるには、同様にそれなりの特殊性を持って自立して現われているその他の現実〔存在〕が必要である。[3] 概念はこれらの現実全体の中に、これらの現実の関連の中に初めて実現されるのである。個物はそれだけでは自己の概念に一致しない。個物の定存在のこの制限が個物の「有限性」なのであり、そのために個物はみな〔いずれは〕没落するのである。

〔第三点・理念の体系性〕理念自身を「何か或る物の」理念と解するのは正しくない。それは、概念を規定された概念〔何かの概念〕と解するのが正しくないのと同様である。絶対者は普遍的で「単一の」理念である。そして、その単一の理念が「判断〔原始分割〕作用」によって、規定された理念の「体系」へと特殊化される。しかし、その時、〔体系であるということは〕これらの規定された理念は自己の真理であるその単一の理念へと帰着すること自体なのである。[4] この判断〔原始分割〕から分かることは、理念は「まず最初には」単一の普遍的な「実体」であり、後にそれが展開されて真の現実と成った時、それは「主体」と成り、かくして精神と成るということである。[5]

**〔第四点・理念は具体的である〕** 理念は〔外界の〕「現出存在」から出発しておらず、それを支えにもしていないので、単なる論理形式にすぎないと見られることがよくある。しかし、こういう考えは、現存する事物やまだ理念に達していない規定をいわゆる「実在」と見なして真の「現実」とする立場の考えである。——同じく、理念は「抽象的なもの」にすぎないという考えも間違いである。確かに理念の中では全ての「非真理」が滅んでいるから、理念は抽象的である。しかし、理念はその本質からしてそのままで「具体的な」ものである。なぜなら、理念は自由な概念だからである、つまり自己自身を規定し、よってもって自己を実在へと規定する概念だからである。理念の原理である概念を抽象的統一として捉えて、そのあるがままの姿で捉えず、即ち「概念の否定的自己内還帰」として捉えず、即ち「主体性」として捉えない場合だけ、理念は形式的で抽象的なものとなるのである。

1　ここは Vorstellungen, die Ich Dieser habe となっていますが、これを英語や仏語はどう訳すのかなと見てみました。英Gは representations held by me as this (individual) です。仏Bは des représentations exactes, que j'ai, moi, un celui-ci です。

2　ここは ein Wahres と不定冠詞が付いています。不定冠詞付き名詞の第一義は「形容詞」ということですから、ここも wahr と理解すると好いでしょう。

3　この besonders を今回は「それなりの特殊性を持って」と強めに訳しました。なお、ここの

erscheintを松村も宮本も「見える」と訳していますが、scheintとの混同を引き起こしますから拙いと思います。

4　ここの解釈を鶏鳴版とは少し変えました。比較して考えて見てください。

5　静止した実体（スピノザ）から活動する主体（ライプニッツ）、更にそれを徹底して精神（ヘーゲル）に成る、という事ではないでしょうか。

付録〔真理と理念〕

〔その一・真理とは何か〕真理という言葉を聞いてすぐ思い浮ぶことは「事物をあるがままに知っている（dass ich wisse, wie etwas ist）」という事態です。しかし、これは意識との関係での真理あるいは形式的な真理にすぎず、正しさ（Richtigkeit）ということにすぎません。これに対してもっと深い意味での真理とは、客観がその概念と一致することです。「真の」国家とか「真の」芸術とかが話題になる時に問われているのがこの深い意味での真理です。これらの対象〔客観的なもの〕は、それがその在る「べき」姿になっている時、つまりその実際の姿がそれの概念に一致している時、「真理」なのです[1]。このように捉えるならば、非真理とは普通には悪しきもの〔das Schlechte〕[2]と言われているもののことです。悪い人とは真ならざる人であり、その振る舞いが人間の概念即ち人間の使命に合致していない人のことです。〔と言っても〕概念と実際の姿とが全然一致しないようなものは一つもありません[3]。〔ですから〕悪しきものや真ならざるものでさえ、ただその実際の形が何らかの形でその概念に一致している限りで「存在している」のです。ですから、完全に悪いものとか全く概念と矛盾したものというのは自己崩壊してゆくものなのです[4]。この世の事物が存在するのはひとえに概念に依るのであり、キリスト教の言葉で言うならば、事物はその中に宿る神の観念ないし創造主の観念によって初めてそれと成っているのです。――

〔その二・理念の現在性〕理念という語を口にする時には、何か遠くにあるものとか彼岸にあるものを考えてはいけません。理念というのはむしろ徹底的に現在的なものでして、それはすべての人の意識の中に、濁り歪められた形にせよ、見出されるものです。――〔これをキリスト教の言葉で表現するならば〕世界は神によって創造された一大統体であり、しかもその中では神が我々に啓示されているもの、ということです。また、神の思し召しが世界を司《つかさど》っているとキリスト教では考えていますが、その意味は、この世の〔統一無き〕バラバラな姿は元の統一へと還り、一つに成るということです。――哲学は昔からただ理念を思考で認識することだけを目指してきました。[5] そして、およそ哲学の名に価するものは、どれでも、悟性にとっては別々のものとしか思えないものも絶対者の中では一つなのだということを秘かに意識しているものです。[6] ――

〔その三・理念の真理性〕理念が真理であるということの証明はここに来て初めてなされるというものではありません。その証明は思考のこれまでの全展開の中にあるのです。つまり、理念はこれまでの過程の結論なのですが、だからと言って、その意味を、理念は一つの媒介されただけのものにすぎず、理念以外のものによって媒介されただけのものにすぎないと取ってはなりません。むしろ理念は自己自身の結果であり、従って媒介されたものであると同様無媒介〔自己媒介〕のものでもあるのです。[7]〔逆に〕これまで考察された存在と本質の諸段階、更に概念〔そのもの〕と客観性の諸段階は、理念から区別された姿のままではしっかりしたものや自立したものではないのです。むしろそれらは弁証法的なもの〔自己内矛盾によって自己否定するもの〕であることが明らかにされたのでした。それらの真なる在り方は理念の契機であるということなのです。[8]

1　ヘーゲルのこの定義が我々の日常用語法と一致している事は、拙稿「ヘーゲル哲学と生活の知恵」を参照。

2　schlechtの真意について。関口存男は『ファオスト』の Ein guter Mensch in seinem dunklen Drange, / Ist sich des rechten Weges wohl bewußt (328-29) を「好漢は如何に躓き迷うとも／往く可き所に往かで止むべき」と訳した上で、この gut について次のように説明しています。

——素朴全称概念を表すには名詞に定冠詞を付する、不定冠詞を付する、無冠詞形を使う、全称性を明示して aller, alle, jeder などを付する等、全部で八つの方法が考えられるが、形容詞を付して性質を強調する場合はここのように不定冠詞でなければならない。複数形は当然 gute Menschen である。この場合の guter Mensch は、普通に考えそうな「善人」(悪人の反対としての)ではない。即ち、この gut は böse (邪悪) の反対としての gut ではなく、schlecht, untauglich (駄目な) の反対の gut (しっかりした) である。普通の善人であったら、これは通り言葉と言ってよいほどの既に認められた結合であるから、あるいは der gute Mensch と言ってよかったところであろうが、この guter Mensch は、いわば作者がこの場に特に創出した結合であって、従って gut という性質がこの際には特に強調されているのであるから、それで Ein を用いたのである。またそれがファオスト全篇の思想であって、ゲーテは人の善悪を問題にせず、ただその良否のみを問うていると解すべきである(定冠詞篇四二〇頁)。

3　こういう細かい所まできちんと見ているのがヘーゲルの偉い所だと思います。

4　これがヘーゲルの楽天的見方の客観的根拠なのでしょうか。

5　本書の「第二版への序文」第三段落への訳注1(一一三頁)を参照。ヘーゲルは、自分は哲学史の大道《だいどう》の真ん真ん中を歩いている、と思っていたのです。

6　第二一四節の標題はこれを言ったものだと思います。

7　この das ebenso Unmittelbare als Vermittelte、つまり「自己媒介によって潜在的であった概念（本性）を顕在化させて生まれた自己（直接性）」というのが媒介と直接性との第二の、そして真の定義なのだと思います。第一の定義は第八六節注釈（五八七頁以下）にあります。

8　この付録の最後から三行目の es haben sich の es も「非人称化の es」です。

### 第二一四節〔総論二・理念は悟性的対立の止揚態である〕

理念は「理性」であると言うことが出来る（そして、これ〔理性を理念として取る事〕が「理性」の本来の哲学的意味である）。更に詳しく言うならば、理念は「主観・客観」〔主客一体者[1]〕であり、「観念と実在との統一」、「有限と無限との統一」、「霊魂と肉体との統一」、「現実性を身につけて持っている可能性」、「その〔内なる〕本性が現出しているとしか考えられないもの」等々である、と言うことができる。なぜなら、理念の中にはこれらの悟性の関係がみな含まれているからである。ただそれらの対立関係者は理性の中では〔悟性の中でと違って〕「無限に〔完全に〕」自己内に還帰し〔本来の姿に還り〕、完全に同一[2]となっているのだからである。

1　エルンスト・ブロッホに Subjekt-Objekt（一九六二年）という作品があり、ドイツではヘーゲル研究の古典（？）とされているようですが、この書名はここから取ったのでしょう。

2　この Identität は Einheit と同じでしょう。

### 注釈

〔第一点・理念と理性と悟性〕悟性は、理性について叙述される事どもは自己「矛盾している」のを容易に指摘することができる。しかし、自己矛盾を含むのは悟性も同じである。いや、むしろ、悟性の自己矛盾は理念の中では既に明らかとなっている。――これは理性の仕事であって、もちろん悟性の仕事程やさしいものではないが。[1]――〔つまり〕悟性は、主観的なものは単に主観的であるにすぎないから客観的なものは主観的なものとはむしろ対立関係にある、存在は概念とは全然異なったものだから概念の中から存在を取り出してくることはできない、同様に有限はただ有限なだけであって無限の正反対であり無限と同一ではない等々と、すべての規定について矛盾を指摘して、だから理念は自己矛盾していると言うけれども、論理学〔理性〕はむしろその正反対の事を示す。即ち、単に主観的、単に有限、単に無限等々と言われている主観、有限、無限等々は何ら真理ではなく、自己矛盾しており、自己の反対物に移行するものであることを示す。それによって、この移行、あるいは両端項を止揚して仮象[2]ないし契機としている統一態こそが、それらの端項の真理である事を示すのである。

　悟性が理念を扱う時には二つの誤解をする。第一に、それは、理念の中に含まれている端項を、「それが統一的に」理解されている限りそれを端項と言おうと何と言おうとどうでもよいのだが、それをその具体的統一の中ででは「なく」その外で、まだ「抽象的なもの〔一面的なもの〕」として捉える。それはまた、その両端項の関係をそれが明白に示されている時でさえ見落とすのだが、これもひどい間違いである。例えばそれは判断における「コプラ〔繋辞、である〕」の本性を見落としている、即ちコプラは主語たる個別について、個別は個別ではなくむしろ普遍であると言い表していることを見落としている。――第二に、悟性は、自己同一な理念は自己自身の否定たる矛盾を含んでいるという「悟性自身の」洞察〔反省〕を理念自身には属さない「外的」反省だと考えるのである。――しかし、実際にはこれは悟性だけに属する知恵ではない。理念はそれ自身が弁証法〔そのもの〕であって、それは自己同一者を〔自己〕区別者から、主観を客観から、有限を無限から、霊魂を肉体から永遠に区別して切り離すものであり、ただその限りでそれは永遠の創造であり、永遠の生動性であり、永遠の精神なのである。理念は、「抽象を事とする悟性」へと自力で移行し転化するものだから、それはまた永遠に「理性」でもあるのである。つまり理念は、この悟性によって自立化され区別されたものに、今度は自己の有限な本性とその悟性の産物の偽りで見せかけだけの自立性とを思い知らせて、それを統一へと連れ戻す弁証法なのである。この二重の運動は時間的に前後して起きるものでもなければ、その他の何らかの形で別々に起きるものでもなく（もしそうだとしたら、理念もまた抽象を事とする悟性にすぎないだろう）、理念は他者の中に常に自己自身を見るものである。それは、客観性の中で「自己自身を貫徹した」概念であり、自己の「内なる目的」や自己の本質を成す主観性と一体となった客観である。

〔第二点・理念の全体的性格〕観念的なもの〔独立存在〕と実在的なもの〔定存在〕との統一とか、「有限なものと無限なもの」との統一とか、「同一性と区別」等々との統一とかいった理念の「様々な把え方」は、多かれ少なかれ「形式的」である〔それは対立物の統一として把えている限りで形式的には正しいのだが、その素材なり内容の面からは正しくない〕。なぜなら、それらの項は「規定された概念」の一段階にすぎず、全体的なものでは〕ないからである。〔それに反して〕概念だけは自由で真に「普遍的なもの」だから〔理念を概念と客観との統一と捉える時〕、その理念の中では概念の「規定態〔たる客観〕」は概念自身〔と完全に蔽い合っているの〕である。——それは、概念が普遍者であるが故にその中へと連続し、全てが概念自身の全体的な規定態となっているような客観性である。[3]〔換言すれば〕理念は「無限判断」であり、その両項が共に自立した統体性であり、統体性となっているが故にまた他者に移行してもいる無限判断である。[4] しかるに、規定された概念の中にはその両項のそれぞれが統体性となっているようなものは一つもなく、「概念」そのものと「客観性」とだけがそういうものである。

1 このダッシュで挟まれた文は明らかに注釈です。
2 こういう所に ein Scheinen（仮象作用）を出す所からもヘーゲルの仮象観を考えることができます。
3 eine Objektivität と不定冠詞が付いている事に注意。
4 無限判断については第一七三節、特にその付録（九五四頁）を参照。民法上の不法行為は「犯罪」ではないが、盗みなどの刑法上の違法行為は「犯罪」であり、罰せられる。それは法そのものを否定する行為だから、とヘーゲルは言っています。つまり「部分」の否定か「全体」の否定かの問題で、後者が「否定的無限判断」なのです。ここは「肯定的無限判断」でしょうが、両項が共に「統体性」だからです。

**第二一五節〔総論三・理念の過程性とその内容〕**

理念は本質的に「過程」である〔つまり「結果としての産物」ではない〕。なぜなら、理念の〔自己〕同一性[1]が概念の〔自己〕同一性、つまり絶対的で〔無条件的で〕自由な同一性なのだが、それは理念が絶対的な〔自己〕否定性であり、弁証法的なものであるからこその規定だからである。〔しかし〕その理念の過程は〔内容的には〕、概念が、それは個別でもある普遍だから、自己の対立物たる客観性へと自己規定〔区別〕し[2]、また、この外面性〔客観性〕[3]が、それは〔客観性とはいえ〕概念を実体とするものだから、自己の内在的な弁証法によって「主体性〔概念〕[4]」へと引き戻される過程である。

1 この「同一性」は「統一」と同義で、内容的には「悟性が対立させる全ての対立を止揚して生まれた統一」ということでしょう。
2 客観ないし実在の論理的性格が個別だからこう言えるのです。
3 こういう言い換えを言い換えとしてしっかり捉えることが大切です。
4 訳注3と同じです。

## 注釈〔理念の過程性と主体性〕

A・理念は「過程」である。だから、絶対者は有限と無限の「統一」であるとか、思考と存在との「統一」であるといった言い方は、何度も指摘したように、間違いである。というのは、統一という語は抽象的な〔自己〕同一性か「静止した」ままの〔自己〕同一性しか表現しないからである。B・理念は「主体性」であるという面から見ても、その言い方は間違いである。というのは、その統一という語は真の統一の「本性的側面」、つまり「実体」を表現している〔だけだ〕からである。そのように言うと、無限は有限と「中和」され、主観は客観と「中和」され、思考は存在と「中和」されることになるからである。しかし、理念の統一は〔反定立を止揚する定立の立場に立つ〕「否定的」統一だから、そこでは無限は有限を包み、思考は存在を包み込み、主観は客観を包み込んでいるのである。理念の統一は主観であり、思考であり、無限であるから、「実体」としての理念とは根本的に違う。それはちょうど、〔客観や存在や有限を〕「包み込んだ」主観や思考や無限が〔反定立を包み込んでいない〕「一面的な」主観や一面的な思考や一面的な無限〔理念が判断して自己を分割し、よってもって自己を規定するとこういう一面的なものになる〕とは別物であるのと同じである。[1]

1　本節の本文と注釈の対応は明らかですが、それは理念の形式（運動、過程）とその内容の面を扱っています。特に後者（内容の面）が重要であり、これを言い換えるなら、弁証法を対立物の統一と捉えるに留まらないで、否定の否定として捉えることの方が深いということでしょう。

## 付録〔理念の三段階〕

理念は過程ですから段階を通って発展するのですが、その段階は三つです。理念の第一の形式は「生命」、つまり直接性の形式〔段階〕にある理念です。[1] 次に、第二の形式は媒介ないし区別の形式〔段階〕であり、これは「認識」としての理念です。そしてこれは〔区別の段階ですから〕「理論的」理念と「実践的」理念とに二分されます。[2] 認識の過程から結果するものは統一の再興であり、その時その統一は区別を介したことで豊かになっています。これが第三の形式、「絶対的理念」です。[3] これは論理学で扱われる理念の最終段階ですが[4]同時に真の始原であり、従って論理学的理念〔論理学の対象たる理念〕はただ自己自身のみを経巡って存在し続けるものだということが分かるのです。[5]

1　これは「第一の形式は当然直接性にある理念であり、それが理念論では生命である」ということです。

2　鶏鳴版には次のように注しました。「レーニンは生命から認識が生まれるという風に取っていますが、そしてそれ自体は正しいと思いますが、人間の認識を考えてみると、それはすべて人間の生命と生活を内容なり対象としていることが分かります。人文科学と社会科学はみな人間生活と人間心理の反省であり、自然科学は生命活動とその対象物の反省です。天文学者でも、究極的には、人間生命と天体との関係を考えることによって間接的に人間の生命を対象としています」。今回は、少し言葉を替えてみます。

生命〔生きているということ〕の具体化した在り方が「活動」であり「人生」ですが、この段階になると、その活動の中に「自己反省」が含まれます。この側面を取り出すと「理論」となる訳です。と同時に、その「理論」と相対的に対立した「活動」が「実践」と呼ばれる訳です。

3 絶対理念は認識の反省ですから方法ということになります。しかし、これをいかなる意味で統一の再興というのか。方法が全科学をまとめ貫いているということか。――鶏鳴版ではこう書きましたが、今では次のように考えています。これは即ちヘーゲルが自分の哲学こそ本当の認識であり、最高の認識であり、究極的な認識だと言っているのだと。そして、そのヘーゲル哲学の神髄は「方法」にあるのだということでしょう。

4 ここの welche letzte Stufe については「文法」の四六五頁を参照。英Wは前の文をコロンで切った上で which last stage と独と同じに訳しています。英語でもこういう言い方は可能なのでしょうか。英Gは前の文を句点で切って新たに This last stage としています。

5 始原も自己、終局も自己だから、こういう事が言えるのです。

## 第一項 生命（Das Leben）

### 第二一六節〔総論・生命における概念の普遍と特殊と個別〕

「直接的」理念〔理念の直接態、第一形態〕は「生命」である。〔理念は概念と客観性の統一だが、その〕概念は〔生命では〕肉体の中にある「霊魂」という形で現実化されている。〔概念の三契機は普遍・特殊・個別だから、その観点で捉えるならば〕肉体という外面性〔客観性〕の自己関係的「普遍」が〔ここでは〕

霊魂であり、しかも直接的な在り方をしたそういう普遍であるのが霊魂である。[1] 第二に、その肉体の「特殊」はというと、それは即ち肉体上の区別の事なのだが、その区別がここではすべて概念の規定〔概念上の区別〕に成っているという事である。最後に〔第三に〕「個別」はというと、それが無限の否定性であ る。――〔無限の否定性とは〕肉体の相互外在的客観性〔四肢や内臓などの肉体的区別〕の弁証法のことである。だから、肉体の個々の部分はその時、その自立自存的外観を失って〔単一の〕主体に引き戻され、その結果、肉体の個々の部分はどれも互いに或る時は「手段」となり或る時は「目的」[2]となり合い、「最初は」特殊化されて〔統一のない〕生命が、後には〔その特殊を止揚した〕「否定的な自立的」統一として現われ出ることになる。つまり、生命は弁証法的〔自己否定的〕なものである肉体の中でただ自分自身と推論的に連結するだけなのである。――従って、生命は本質的に「生命体」であり、その直接的現象としては「この一個の生命体」である。この段階での有限性〔生命が直接態における理念であるということから来る有限性〕は、この分野では霊魂と肉体は「分離しうる」という事実に現れている。この事が生命体の可死性の実態なのだが、生命体が死ぬという事は、理念のかの二側面が別々の「構成部分」になるという事である。

1　ここは unmittelbare と sich auf sich beziehende との間にコンマがないので、この二つの形容句は並んで Allgemeinheit に掛かるのではなく、unmittelbare がその後の名詞句全体に掛かります。つまり「自己関係する普遍性の媒介された姿」は今後に出てくるということです。この意味を訳出するのが難しかったです。

2　「手段 Mittel」だけイタリックになっていて、「目的 Zwecke」はイタリックになっていないのはおかしいので、訳者が括弧を付けました。

〔その一・有機体の部分と全体〕肉体の個々の分肢は、それらが統一された時、その統一との関係でのみ、その当のものなのです。ですから、例えば手は肉体から切り離された時には手とは名ばかりで、実際には手ではないのでして、これは既にアリストテレスが言っている通りです。[1]——

〔その二・生命の概念的性格〕悟性の立場に立つ人々は、通常、生命は秘事であり、「概念では捉えられない」ものだと考えています。しかし、こういう考えはただ悟性の有限性と無意味さとを白状しているにすぎません。実際には、生命は概念で捉えられないどころか、そこにはまさに概念が現われているのであり、一層詳しく言うならば、生命は、「直接的」理念が概念という形を採って現われ出たものなのです。しかし、そこには生命の欠陥もまた出ています。その欠陥とは、ここではまだ概念と実在〔客観性〕とが本当には一致していないということです。いわば霊魂は肉体の中に注ぎ込まれているのであって、ですから肉体は初めは単に「感覚する」だけで、まだ自由な独立存在になっていないのです。従って生命の〔論理的運動の〕過程は、その最初の姿である直接性を克服することであり、このそれ自身三段階を経る過程からは、その結果として、判断という姿を採った理念つまり「認識」の理念が出て来るのです。[2]

1 ラテン語人名のアクセントの原則については、「文法」の一五〇九頁の②を参照。

2 主体的論理学の第三章の理念論をその第一章の主観的概念の「概念そのもの」「判断」「推理」に合わせて理解しようとしているのです。

### 第二一七節〔生命体は三過程から成る一過程〕

生命体は推理であるが、生命体の各契機自身も〔三つの〕体系ないし推理[1]から成るところの推理である

〔第一九八、二〇一、二〇七節を参照〕[2]。しかし、その各契機の内なる推理は活動的な推理、即ち過程であり、生命体という統一ある主体の中ではただ「一つの」過程を成す。だから生命体は自己自身と推論的に連結する過程であり、それは「三つの過程」を経巡ることになる。[3]

1 ここでヘーゲルは Systeme を Schlüsse で言い換えています。「文法」の八一九頁を参照。原文の中にある in sich の sich は副文の主語の Momente を受けています。

2 これらの三つの節では、それぞれ、機械論、化学論、目的論が三重の推理から成る体系だということが述べられています。

3 この「活動的」という形容は、「理念は過程である」〔第二一五節〕から出てきます。もちろん「静止している推論ではない」という事です。その「活動」の内容は以下で説明されます。

## 第二一八節〔生命体内部の過程〕

① 第一の過程は生命体「内部」の過程である。そこでは生命体は自分の身において分化し、自分の身体を自分にとっての客観とし、「非有機的」自然とする。[1] この相対的に外とされたものはそれ自身の中で区別され対立し合う諸契機に分裂する〔生命体の身体は諸分肢、諸内臓から成る〕。そして、それらの契機は互いに踏みにじり合い、同化し合い、自己を再生産して自己保存する。しかし、これらの身体部分の働きは〔結局は〕主体〔生命体〕の単一の働きにすぎず、身体部分の生産物はそこへと帰っていく。だから、身体部分の働きの中では主体が生産、つまり再生産されるにすぎないのである。[2]

1 初期マルクスでもよく出てくる表現です。「自然は人間の非有機的自然である」とは人体を有機的自然と前提して言っているのです。ここでは「生命体内部の諸肢体の関係で、或る肢体を主として見れば他の肢体は非有機的自然になる」ということらしいです。

2　ここでの再生産とは親が子を産むことで種が再生産されることではなく、個体の内部での再生産ですから、新陳代謝（同化と異化）のことだと思います。

**付録〔感受性、刺激反応性、再生産〕**

生命体内部での過程は〔論理的には本節で述べた通りですが〕自然界では感受性と刺激反応性と再生産という三つの形を採ります。感受性の面から見ると、生命体は無媒介の単純な自己関係です[1]〔普遍の契機〕。それは身体のすみずみに迄遍在する霊魂であり、その時身体上の区別は霊魂にとっては無なのです。刺激反応性の面から見ると、生命体は自己内で分裂しており〔特殊の契機〕、再生産の面から見ると、生命体は身体の諸分肢や諸内臓器官の区別から繰り返し復活してくるものです〔個別の契機〕。生命体というのはただこういう恒常的な自己内更新過程としてのみ「存在している」のです。

1　このunmittelbarはunmittelbareと取りました。unmittelbarのままですと「そのままで」くらいの意味でしょう。

**第二一九節〔非有機的自然の同化〕**

②〔生命体は〕概念の「判断」〔的性格も持っており、それ〕は自由なものだから〔生命体内部に留まることなく〕「客観的なもの」を外部に自立した統体として解き放つ所まで突き進む[1]。その時、生命体の否定的自己関係は〔まだ〕「直接的な」個別だから、生命体に対立する非有機的自然を「前提」として持つ[2]。〔しかし、この時〕この生命体の否定者も[3]〔実際には〕生命体の概念の契機〔特殊〕だから、〔個別であると〕同時に具体的普遍でもある生命体の中では「欠陥[4]」と感じられることになる。「本来」は無〔非真理〕であるこの客観が止揚される弁証法〔運動〕は、自己[5]〔の真理〕を確信した生命体の活動であり、生命体

はこの「非有機的自然を否定する過程」の中で「自己を保存し展開し客観化する」のである。

1　生物は食べ物を目の前に見出すのであって、自己の体内から外へ出すのではないが、目の前のものを自分にとっての食べ物として認知することによって、それを初めて食べ物とし、自分の非有機的自然にするのだから、こういう言い方も出来ると思います。

2　ここはこう取るしかないでしょう。

3　ここの dies Negative seiner の seiner は das Lebendige を受ける es の二格形でしょう。Dieses seine Negative とは言えないのでしょうか。英Gは this negative of itself としています。

4　非有機的自然自身がまだ食べられていないということで欠陥なのか、それを食べていない生命体に欠陥、つまり空腹が感じられるのか。

5　個体は食物を摂取することで生命を保ち、成長する。客観化するとは客観的存在としての存在感を増すことでしょうから、成長することと同じではなかろうか。

**付録〔同化における生命体の主体性〕**

生命体が非有機的自然に対立している時、それは非有機的自然を支配する威力として関係し、それを同化します。この過程の結果は化学的過程の場合のような中立的なもの〔中和されたもの〕ではありません。化学的過程では対立している両側面が共にその自立性を失うのですが、ここでは生命体が他者を包み込むのであり、この他者は生命体の力に抵抗できないのです。生命体に屈服させられる非有機的自然は、自己の「潜在的本質」が生命体の中で「顕在化している」という関係にあるが故に、この従属を受け入れざるをえないのです。ですから生命体は他者の中でただ自分と一緒になるにすぎないのです。霊魂が肉体から出て行った時には客観性の持つ要素的な諸力〔地水火風といった自然力〕が働き始めます。これらの力はいわば有機体の中で活動し始めようと四六時中手ぐすね引いて待ち構えているのであって、生きているというのはこの力に対する不断の闘争なのです。[2]

1　この Macht についている dessen は正しくは deren とすべきではなかろうか。

2　この最後の二つの文は、鶏鳴版では第二一八節への付録としましたが、今回は原編集のままとします。

第二二〇節〔類の関係の二面〕

③ その第一の過程〔諸肢体から成り立っている事〕の中では自己内部の主体ないし概念として振舞った生命個体は、その第二の過程〔同化と異化〕で自己の外にある客観を同化し、かくして「自己内に」実在的な規定を「定立する」ことによって、今や「潜在的には類」に成っている。それは実体としての普遍と言ってもよい。この普遍の特殊化が同じ類に属する「他の主体」との関係である。つまり、ここでの〔概念の〕判断は類の関係であり、それは互いに反対の規定を持った〔二つの〕個体との関係である[1]——「性の区別」〔の発生〕である。[2]

1　文字通りには、松村のように、「対立した諸個体への類の関係」ですが、これでは分かりにくいので、解釈して訳しました。文字通りの表現の意味を考えて見ますと、それは、諸個体間の関係の仕方をその類の特殊化と捉えている、つまり現実的なあり方と捉えている、と解釈できないでしょうか。動物においてはその関係の仕方（一般的には社会の構造ですが、その始まりは家族構造）がその種によって定まっていますが（人間に最も近いチンパンジーは例外）、人間ではそれが可変的で、歴史的に変わっていきます。それ故に、人間の「現実的本質」（一般的本質、ではありません）をその社会関係の中に見る考え方（マルクス）が出てくるのです。

2　性の区別を論理的・内在的に導出したいというヘーゲルの意図は分かりますが、成功しているでしょうか。反対する理由も自信もありませんし、「面白い」とは思いますが。

## 第二二二節〔類の過程の二面〕

類は「類」の過程を経ることによって「独立した姿」を取ることになる。しかしその成果〔としての独立した類〕は、生命がまだ無媒介の理念〔理念の第一段階〕であるために、二つの面に分裂する。つまり、「一面」では、最初は無媒介のものと前提されていた生命個体が今や「媒介され産出されたもの」として立ち現われると同時に、「他面」では、「無媒介のもの」であるが故に普遍に「反抗する（negativ）」生命「個体」が〔個別だから、結局は〕普遍に抗し切れずに「没落して行く」ということである。

### 付録〔生命体の死の意味〕

生ける者が死ぬのは、それが、「潜在的に」は普遍であり類であるのに現実には個別であるにすぎないという矛盾だからなのです。死によって示されるのは、類こそが直接的個別を支配する力だということです。――〔この生命としての理念の段階に対応するものを自然界に探してみると、それは動物ですが〕動物にとっては類の過程がその生命性の〔到達しうる〕最高点なのです[1]。しかし、その時、動物はその類の中で自立する所までは至らず、類の力に屈するのです〔ですから動物は認識によって類をそれ自体として対象化することなく、ただ死んで行くだけなのです〕。

無媒介の生命体は類の過程の中で自己を自己自身と媒介し、かくして自己の無媒介性を越え行くことになります。しかし、その結果はただ同じ直接性に帰着するだけです[2]。つまり生命はこれによって無限進行という悪無限に迷い込むにすぎないのです。しかし、その時、生命の過程によって何が生まれているかを概念の面から見るならば、生命としての理念にまつわりついていた直接性が止揚され克服されていることが分かります。

1　動物は「類」といっても完全な意味での類を視野に入れて行動することはないでしょう。せいぜい自分の家族（群れ）でしょう。

2　親→子（親）→子（親）→子（親）→～

第二二二節〔結語・生命から認識へ〕

しかし生命の理念は類の過程を経ることによって、「何か或る〔特殊的な〕無媒介の」この物〔個物〕から解放されただけでなく、〔生命段階の特徴である〕最初の無媒介性一般からも解放されている。即ち生命の理念は「自己」に、自己の「真理」に到達する。この時理念は「自由な類として自立して現われ出る」ことになる。無媒介に〔与えられた〕だけの個別的な生命が死ぬ時[1]〔そういう低い観点が止揚される時〕、「精神が現われ出る」[2]のである。

1　ここでの「個別的生命の死」とは差し当っては前節で考えられていた「個体の自然死」でしょうが、そのほかに、自我の目覚めにおいて体験される「無反省の無自覚な生き方の終わり」及び「死を考えること」、「人間は必ず死ぬものだということを考えること」、「死を直視すること」をも含んでいると考えられます。精神の現出、類をそれ自体として対象にすること、人間とは何かと考えることは、これらの事と結びついているからです。

2　突然「精神」という語が出てきましたが、対象としての類を捉える主体、つまり真の思考の主体として「精神」が出てきたのでしょう。

## 第二項　認識（Das Erkennen）

### 第二二三節〔総論一・認識の第一形態としての直観〕

〔今や〕理念は自由で「自立的なもの」として現われ出ている。というのは、理念は〔特殊と個別を止揚して〕普遍だけを地盤として「外へ出てきている」からである。あるいは客観性自身が概念としての性格を持つに至っており、理念が自己自身を対象とするに至っているからである。普遍性へと規定された理念の〔一契機としての〕主体性〔働きの面〕は、「自己の内部での〔特殊と個別を混じえない〕純粋な区別作用」である。――つまり直観であり、この〔自己〕同一[1]の普遍性の内部に留まっている直観[2]である。しかし、それは〔普遍へと〕規定された区別だから、〔生命としての理念より〕一層進んだ「判断」であり、自己を統体として自己から突き放す判断であるが、差し当っては自己を「外部にある宇宙として前提する〔目の前に見出す〕」判断である。[3] ここには「本来は〔潜在的には〕」同じものなのだが、まだ同じものとして「定立されて」はいない二つの判断がある。[4]

1　この identisch は sich identisch という意味ではなかろうか。

2　この Anschauen を松村は「観想」と訳しています。次の die Vernunft との対比も考える必要がありますが、拙訳がベストでもないでしょう。難しい所です。

3　これは「区別」を受けて「判断」と言い、それが「普遍性へと規定された」区別だから、判断の内容が「統体」だったり、「宇宙」だったりするのでしょう。
4　二つの判断とは本節四行目の reines Unterscheiden と七行目の das fernere Urteil のことです。内容的には「理論的活動」と「実践的活動」でしょう。次節で詳しく説明されます。なおこの文頭の Es は非人称化の Es です。

### 第二三四節〔総論二・直観的認識から理性的認識へ〕

〔前節で判断と言った〕これらの二つの理念は「潜在的には」あるいは生命としては同じ物なので、両者の関係は「相対的な」関係でしかない〔関係とも言えないような関係である〕。これが現段階の「有限性」である。その関係は「反省関係」であり、理念の自己内区別は「第一の」判断にすぎず、「前提作用」であって「定立作用」になっていない。従って、主観的理念にとっては客観的理念は「眼前に見出される」直接的な世界にすぎない。あるいは〔理念とは名ばかりで、実際には〕「個別的現出存在」として現象してい[1]る生命の段階にある理念である。しかし、同時に、この判断は理念自身の「内部で」の純粋な区別〔前節〕だから、理念は自己も「他者」も自分自身であることを「自覚して」いる。[2]つまり、理念はこの客観世界と自己との「潜在的な」同一性を「確信して」いる。――〔そこで〕理[3]性は〔認識の際には〕この同一性を明示し、主観的確信を「客観的真理」に高めることが出来るということを完全に確信して〔客観〕世界に立ち向かうのであり、[4]〔実践の際には〕「本来」否定さるべきものだと「分かっている」対立物を〔実際に〕否定しようという衝動をもって〔客観〕世界に立ち向かうのである。

1　どうしていつまでも生命を持ち出すのか分かりませんが、ここでの問題は理念の第二段階として「理論的活動と実践的活動」を出すことでしょう。ですから、第一の「判断」は前提作用

（Voraussetzen）であって、定立作用（Setzen）ではない、と言うのです。認識とは対象（客観世界）を「前提」して、それを正しく知ることです。実践とは逆に「現在あるがままの客観」は「仮象」であって、「そのままで好いものではない」という認識に基づいて、あるべき客観世界を打ち立てる（定立する）ことです。

2　こういう風に「反定立」を直ぐに出してくる二枚腰がヘーゲルなのです。

3　この Vernunft は Anschauen に対置されていますから「知性」でも好いでしょう。

4　理性がこういう確信を持っているという事実及びその根拠については、拙著『ヘーゲルと共に』二三六頁に次のように書きました。

――理性は歴史の中に理念が支配していることを確信していますし、それは必然的にそう確信しているものです。なぜなら、理性とは、その確信を前提して、その理念（現存する理念）を追求する能力ですが、その理性も初めから人間に与えられているものではなく、「本当に理念があるのだろうか」という問いを事ある毎に発し、その問いに肯定的な答を見出すことによって生み出され、強化されてくるものだからです。ですから、逆に言うと、これまでの人生の中で理念を追求したが理念の支配を確認できなかった人は、それを確信できず、理性を形成しえていないのです。ですから、理性が形成されていることとその理性が理念の支配を確信していることとは同じ事なのです。

世の中にいるペシミストはたしかにこの確信を持っていませんが、同時に理性的能力も持っていません。ペシミズムは悟性的能力の一変種にすぎません。断っておきますが、全てのオプチミズムが理性的でもありません。理性はそれを確信しているとはいえますが、逆は必ずしも真ではありません。

## 第二二五節〔総論三・認識は理論的活動と実践的活動に分かれる〕

この〔同一性を定立する〕過程が一般に「〔広義の〕認識〔と呼ばれている活動〕」である。「本来は」、それは、主観性と客観性の対立が止揚され、両者の一面性が止揚される「一つの」動きなのだが、差し当ってはこの止揚は「潜在的に」為されるにすぎない。従って、この過程自身は直接的表面的にはこの分野特有の有限性を帯びており、「二つ」の運動とか異なった運動に分かれる〔ことになる〕。――第一は、〔厳として〕「存在する」世界を自己の内へ、主観としての表象と思考の内へ取り入れることによって理念の「主観性」の持つ一面性を止揚し、理念の抽象的確信[1]に真理とされている客観性という「内実」を与えて充実させようという動きであり、第二は逆に、ここでは「仮象」にすぎず、偶然性の集まりにすぎず、本来否定さるべきあり方の集まりにすぎない客観世界の一面性を止揚し、ここでは真の存在であり客観的〔本当の〕存在と見なされている主観の与える「内実」によって〔仮象としての〕客観に規定を与え、それに合せて客観界を作り変えよう[2]とする動きである。前者が真理を求める知の衝動であり、「認識そのもの」〔狭義の認識〕であり、理念の「理論的」働きである。後者が「善」の成就を目指す善の衝動であり、「意志」であり、理念の「実践的」働きである[3]。

1　第二二四節ではただ Gewissheit となっていましたが、訳では「主観的確信」としました。これも同じです。

2　ここの einbilden はヘーゲルがここだけで作った語ではなかろうか。「ein する（中に入れ込む）ように bilden する」ということでしょう。英は inform とか in-form、仏も informer とか in-former と訳しています。

3　左翼運動では「理論と実践の統一」とやらがその意味も研究されずに「葵のご紋」としてま

かり通っていますが、ヘーゲルは「実践」を「広義の認識」の一契機として「狭義の認識」と並べました。しかも、後者を先に持ってきて、実践はその後にしました。これは何を意味するでしょうか。

考えるべき出発点は「ここで問題になっているのはErkennenとWollenである」という事でしょう。論理学の最後の方で出てきたErkennenですから、直ぐにも連想するのは「或る事を知っているというだけでは、認識していることにはならない」という言葉です。つまり「単に知っている」程度の表象的理解や経験的知識の事ではなく、狭義の認識、最高度の真理認識の事です。同時に、「実践」ではなくWollenと言ったのはWillkürと区別するためではないでしょうか。この区別については本書の第一四五節付録、第一五七節付録で必然性の洞察の有無と関連して説明されています。実際、私の経験した学生運動などはとても「実践」でもなければ「認識」と言える代物ではなかったと思います。拙著『理論と実践の統一』（論創社）を参照。

## その一・認識行為

### 第二二六節〔反省的認識の有限性〕

（第二二四節で述べたように）〔ここで扱っている反省的〕認識の有限性は、一般的には、自己に対立した物つまり客観を「前提する」〔だけでまだ定立していない〕一面的〔第一の〕判断に根拠があるのである。従ってその場合には行動〔認識〕自体が客観に異物を差し挟むことになるのであった。その有限性はその認識自身の理念の中で一層詳しく規定するならば次のようになる。即ち、認識の諸契機〔二つの理念〕が互いに区別されるが、その各契機は十全なものなので〔孤立したままに留まらず〕相互に関係し合うようにはなる。[2]〔しかし、〕それは概念的相互関係ではなく反省的相互関係である。従って、与えられた素材を〔認識主観が〕同化することは、[3]その素材をそれの「外にある」概念諸規定の中へと「取り上げる」ということになる。その時、その概念諸規定も二つの理念の関係と同様互いに別々のものである。これは「悟性」として働いている理性である。[4]従って、この認識が到達する真理も「有限な真理」でしかない。ここでは概念的な無限の真理は反省的認識にとっては「潜在している」目標にすぎず、言わば「彼岸」でしかない。しかし、[5]その反省的認識が外なる対象と関わる時には概念の導きを受けているのであり、認識の進展を導く糸は概念の諸契機である。

1　この節はほとんど全体が第二二四節の繰り返しだと思います。三行目の Tun は「二度目には一般化して言う」という準則に基づいて Erkennen を言い換えたのだと思います。なお、この最初の文を許萬元はその『ヘーゲルにおける現実性と概念的把握の論理』の四五頁で次のように相当踏み込んで訳しています。「（広い意味での）認識作用の一般的な有限性は、それが自己分裂して対立を前提し、認識作用そのものがこの前提された対立への抗議を蔵しているということにある」。

2　この文では本節四行目の zwar を受ける（であろう）aber がどこにあるのかが問題です。譲歩の構文でないとするとこの zwar は何でしょうか。私は本文の下から三行目の aber がそれだと取りました。そしてこの文の中にある vollständig（十全な）を「悟性的完全枚挙性」と取りましたので、「～関係し合うようにはなる」と訳しました。

3　認識作用を消化作用（ここでは同化作用）と比較して考えるのはヘーゲルの常です。

4　この Vernunft は広い意味で使っていますから「悟性として働いている知性」でも好いと思い

ます。

5　この aber が訳注2で注意した zwar に対応する語で、訳注番号2の直ぐ後の「しかし」は訳の都合で訳者が入れた語で原文にはありません。

## 付録〔反省的認識と概念〕

〔反省的〕認識の有限性は、目の前に見出された世界を〔定立するのではなく〕前提することにあります。ですからここでは認識主観は「タブラ・ラーサ（白紙）」と考えられることになるのです。こういう考え方はアリストテレスに由来すると考えられていますが〔それは間違いで〕、アリストテレスほどこういう外面的な認識観から遠い人はいません。この〔反省的〕認識は認識活動を概念の働きとして捉えるところまで進んではいません。それは「潜在的に」概念の働きであるだけで、[1]まだ「顕在的に」そうなってはいません。ですから〔反省的〕認識は、認識は〔与えられたものを取り上げるだけの〕受動的な働きだと思っているのです。実際にはそれは〔対象を変革する〕能動的な働きなのですが。[2]

1　ここは welche es nur an sich ist となっています。問題はまず welche と es とがそれぞれ何を受けるかです。welche は性の関係からして die Tätigkeit des Begriffs を受けるしかないでしょう。すると es は主文の主語の dies Erkennen を受けることになります。そうした場合、どちらが主語でどちらが属詞（述語）なのかが第二の問題です。内容から考えて、es が主語で welche が属詞と取るしかないでしょう。確かに「属詞としての関係代名詞」というのはあるのですが、その場合は「welches として、性数を先行詞に一致させない」という但し書きがあるのです。「文法」の四六六頁を参照。英Gは Finite cognition does not yet know itself as the activity of the Concept, which it is only in-itself .. で、英Wは the activity of the notion——an activity which it is implicitly です。ヘーゲルが文法的間違いを犯したのではないでしょうか。

2　認識が実践の観念内での延長であり、従って変革的性質を持っているとは、例えば将棋とか囲碁で「次の一手」を考えている時の事を考えれば簡単に分かるでしょう。もちろん労働過程、つまり仕事で「ここをどうしようかな」と考えている場合でも同じことです。これを見抜いたのはヘーゲルの功績の一つでしょう。拙稿「認識論の認識論」を参照。

## 第二二七節〔分析的方法〕

有限な認識は「区別されたもの」〔自己の対象〕を〔自分の〕向こう側に立っている所与の存在〔外的自然と意識の多様な事実〕として前提する〔だけで、定立しない〕ので、①まず第一に、その活動形式は普遍性という「形式的同一性」ないし「抽象」である。従って、その働きは、所与の具体物を解体しその区別項を個別化〔バラバラに〕してその一つ一つに「抽象的普遍」の形式を付与するか、あるいはその具体物を「根底」に据え、本質的でないと思われる特殊性を捨象して具体的普遍、つまり「類」とか力と法則とかを取り出すか、いずれかである。これが「分析的方法」である。

1　なぜこれを具体的普遍と言ったのだろうか。前者と対比したといっても、これも「特殊を捨象して」いるのだし、所与の具体物の全体を捉えるかその個々の部分を捉えるかの違いでしかないと思われます。

### 付録〔分析的方法の意義と限界〕

「分析的」方法と「総合的」方法を云々する場合、どちらの方法を適用するかは認識主観の自由であるかのような論調が見受けられます。しかし、これは正しくありません。この二つの方法は有限な認識の概念から出てくるのですから、どちらを適用するべきかは、認識対象自身の在り方で決まる事なのです。[1]認識はまず最初は分析的になります。つまり、客観は認識に対して個別化された姿で現われるのであり、その目の前に現われた個別を普遍に持ち来たらすのが分析的認識の役目なのです。ここでは思考は抽象作用ないし形式的同一化作用として働らくことになります。[2]ロック及びすべての経験論者の立っている立場がこれです。認識には与えられた具体的対象を抽象的要素に解体してその後にそれらをバラバラに〔一つ一つ〕考察することしか出来ない、とよく言われます。しかし、その時ただちに分かることは、そういう操作は事物をねじ曲げるものであり、事物を「あるがままに」捉えると自称している認識は、それによって自己矛盾に陥るということです。例えば、化学者が一片の肉塊をレトルトに取ってあれこれといじくり回し、その結果、これは炭素と窒素と水素とから成ることが分かったと言うようなものです。しかし、その時にはこれらの抽象的な物質はもはや肉ではないのです。経験論の立場に立つ心理学者が或る行為を取り上げて観察出来る限りのいろいろな側面[3]に分解し、その一つ一つの側面を他と無関係に考察する場合も同じです。こういう風に分析的に扱う時、対象をばいわばタマネギみたいに考えているのでして、考察者はその皮を一枚ずつ剥いで行くような事をしているのです。

1　第二三一節注釈への訳注4（一〇九三頁）を参照。
2　この「抽象」と「形式的同一性」の等置は原文の三七九頁の下から三行目に既に出ています。
3　ここの関係文は die がすぐ前の Seiten を受けて複数四格形、dieselbe が Handlung を受けて単数一格形で主語、der Betrachtung は三格形。直訳すれば「その行為が考察（者）に示すところの様々な側面」。

## 第二二八節〔総合的方法〕

②この「普遍」は〔抽象的普遍であると同時に〕「規定された普遍」でもある。[1]つまり、ここでは〔認識の〕活動は概念の諸契機に沿って進むのである。もっとも概念はこの有限な「認識」の中では〔その本来の〕無限な姿を取っておらず、「悟性的な被規定概念」[2]でしかないのだが。そして、対象をこの概念の諸形式の中へ取り入れるのが「総合的方法」である。

1　こういう風に持ってくる所がヘーゲルの二枚腰であり、悪く言えばずるい所、で言い過ぎなら「巧みな所」なのだと思います。角括弧で補った事の根拠は第二二七節の五行目にあります。

2　ここは der verständige と bestimmte の間にコンマがないので、verständige は bestimmter Begriff という句に掛かります。訳しにくかったです。

### 付録〔総合的方法の手順〕

総合的方法の動きは分析的方法のそれの正反対です。分析的方法は個別から出発して普遍へと進むのですが、総合的方法では反対に普遍（定義）が出発点で、そこから特殊化（分類）を経て個別（定理）へと進むのです。従って総合的方法というのは概念の契機を対象に則して展開することだと分かるのです。[1]

1　概念論と言う時の「概念」の契機が普遍と特殊と個別だとは第一六四節の注釈の中で確認されてあります。そこからここまでの展開の中でもこれは何度も使われています。ヘーゲルの普遍・特殊・個別論は付録2の拙稿「昭和元禄と哲学」にまとめてあります。中世以来の実然論（実在論）と唯名論（名目論）との対立を見事に解決したもので、ヘーゲルの偉大な功績だと思います。特に個別を「感性の個別」と「概念の個別」に分けた点が出色です。中世のこの普遍論争については『西洋哲学史要』の一三七頁以下を参照。

## 第二二九節〔定義〕

Ａ・対象がまず〔第一に、どんな概念でもよいが〕ともかく概念規定の形式の中へ持ち来らされ〔意識の中へ取り込まれ〕、それと同時に[1]〔第二に〕その「類」及び普遍的「規定性」が定立される時、その対象は「定義された」ということになる。定義の材料とその根拠づけは分析的方法（第二二七節）で為される。しかし、そうして得られた規定は単なる徴標《メルクマール》にすぎず、単に主観的で、対象外在的な認識に役立つにすぎない。

1　この hiermit はすぐ前の zunächst を受けて「それと共に」ということではあるまいか。概念規定されることは必ずしも類と種差が与えられることではないから、「それによって」ではないと思います。

### 付録

〔その一・定義の三要素〕定義はそれ自身の内に概念の三契機である普遍と特殊と個別とを含んでいます。ここでの普遍とは最近類であり、特殊とは種差であり、個別は定義された対象自身です。――

〔その二・定義の内容上の偶然性と形式上の偶然性〕定義で問題になることはまず第一にその定義の由来です。この問題には、定義は分析的方法で得られると答えることが出来ます。しかし、そう答えますとただちに、そこで立てられた定義が正しいかどうかが問題になります。というのは、分析的方法では、どういう知覚から出発して、それをどういう観点から把えたかということで全ては決まるからです。〔ですから〕定義すべき対象が豊かであればあるだけ、即ち与えられている側面が多ければ多いだけ、その対象についての定義は多様になる傾向があるのです。例えば生命や国家については定義が沢山ありますが、それはそのためです。逆に、幾何学では、その対象である空間が抽象的〔一面的〕であるために、定義を作るのはやさしいのです。[1]――更に〔第二に〕、定義される対象の内容〔の存在〕の必然性が〔定義の中には〕示されていないということが一般的に言えます。ですから、例えば幾何学や植物学では、空間があるとか、いろいろな植物があるといったことを受け入れなければならないのでして、それらの対象が〔存在する〕必然性を示すということは、それぞれの学問の仕事ではないのです。ですから、既にこの点からだけでも、分析的方法と同様に総合的方法も哲学には向かないと言えます。というのは、哲学は何よりもまず哲学の対象の〔存在の〕必然性に関して、〔自分はそれを十分に示したということを〕弁明しなければならないからです。[2]それなのに、〔実際には〕哲学でもこの総合的方法を使おうとする様々な試みがなされてきました。殊にスピノザは〔その論理展開を〕定義から始め、例えば「実体は自己原因である」などと〔頭から断定的に〕持ってきています。〔確かに〕スピノザの定義の中にはきわめて思弁的な要素が定式化されてもいるのですが、しかしそれが[3]断定という形を取っているのです。同じ事はシェリンクについても言えます。[4]

1　丸山圭三郎などは、ソシュールを受け継いだと称して、「例えば川を大小で区分する英語と海に注ぐか川に注ぐかで区分するフランス語では対象の区分が違う」という事実から、「対象世界は何の区別もない砂浜のようなものだ」とし、「各言語はそこに勝手に投げた網のようなもので、その網の目がどういう物に成るかに客観的根拠はない」としています。なぜこのような考えが出てくるかと言いますと、それは「客観的根拠があれば、言語による対象分割は一義的に決まるはずだ」という先入観を持っているからです。ここでも分かるように、対象は多面的ですから、どの面を根拠とするかで異なった理解が出てくるのです。論理学的に言いますと、「根拠の立場は偶然性の立場である」ということです。七七四頁の訳注15を参照。

2　この辺の「対象の必然性」という句を、みな、「対象の存在の必然性」と訳解しましたが、「対象の必然性」だけでは対象のどういう必然性か分からないから、それが何の必然性か考えてみれば、こうしか取りようがないでしょう。この「対象の必然性に関して自己を弁明する」というのだけは「自分（哲学）がほかならぬこれを対象とするという必然性」とも取れますが、対象があればそれについての学問はあっていいから、こういう事は内容上問題になりえず、従って訳文のように解するほかないでしょう。拙稿「弁証法の弁証法的理解（二〇一四年版）」を参照。

3　この aber は譲歩の構文の後半を導く aber だと思います。前半の譲歩部分の zwar などの言葉は無くても分かるから省略されることが多いです。

4　「その二」とした部分は、我々の付けた題のように、内容上の偶然性と形式上の偶然性として対に出来ると思います。こう把えれば「これらと並ぶ第三の観点」がないことが判ります。「形式を読む」事の意義です。

## 第二三〇節〔分類〕

B・概念の第二の契機〔特殊〕とはここでは、〔抽象的〕普遍が規定されて「特殊化された姿」となることなのだが、それが「分類」である。それは何らかの外面的な〔つまり客観的な根拠に基づいてはいるが、内在的必然性のない〕見地から為される。

### 付録

〔その一・分類の完全枚挙性と客観性〕分類というものは全てを尽していなければなりませんが、[1] そのためには分類原理ないし根拠は、当の領域を、それは定義によって一般的に規定されているのですが、その領域の外延を完全にカバーするような分類を可能にするようなものでなければなりません。更に〔第二に〕分類の際に問題になることは、分類原理は分類対象の〔客観的な〕性質から取って来なければならない、ということです。つまり分類は自然なものでなければならず、人工的ないし恣意的にやってはならないということです。ですから、例えば動物学で哺乳類を分類する時には、その分類根拠としては主として歯とか爪とかが取り上げられるのですが、哺乳類自身がこれらの身体部分によって互いに区別され、哺乳類の様々な科の一般的なタイプがこれらの身体部分に拠っている以上、この分類根拠は正しいのです。――

〔その二・類の概念的性格と三分法〕一般的に言って、真の分類は概念によって規定されていると言うことが出来ます。ですから分類はまず〔第一に〕は三分法になるのです。しかし、第二に、特殊は二重のもの〔区別を本質とするもの〕ですから、分類は四分法になることもあります。〔しかし、概念の支配が最も純粋な形で現われる〕精神の分野では〔やはり〕三分法が主になるのでして、この点を明らかにしたことはカントの功績の一つです。[2]

1　vollständigとは「完全枚挙」のことだと度々言ってきましたが、それの正しさをここほど好く証明する箇所は他にないでしょう。

2　これはカントがそのカテゴリー（純粋悟性概念）を四つの種類に分けた上で、更にそれぞれを三種にし、合計一二個挙げたことを指しているのでしょう。

第二三一節〔定理〕

C・定義は〔第二二八節の付録で指摘したように普遍なのでそこ〕では単純な規定が与えられているのだが、それが「〔二つ以上の項の〕関係」として捉えられるようになると、定義も「具体的個別」と成る。

その時、〔認識〕対象は「区別された」諸規定の総合的な関係と成っている。[1] ──これが「定理」である。これらの規定は相互に異なったものだから、それらの同一性〔関係〕は「媒介された同一性〔関係〕」である。〔この媒介過程の〕中間項となる材料を持ち出すのが「構成〔作図〕」であり、この関係の必然性を認識に対して明らかにする媒介が「証明」である。

1　本節のここまでの部分はとても分かりにくかったです。一応の私見で敷衍して訳しました。問題は「普遍」とした「定義」を「具体的個別」と捉え直す点です。これは例えば、「直角三角形とは直角を含む三角形である」という関係を含まない（単純な）規定を、「直角三角形とは、その一辺の二乗が他の二辺の二乗の和に等しいような三角形である」という形に捉え直すことでしょうか。ここでついでに、私見ですが、ヘーゲル読解上の注意を与えておきますと、或る個所（例えば定義論）で使った例（人間は理性的な動物である）を次の個所（分類論や定理論）にまで持ち続けないことです。もしこういうことが出来るなら、論理学冒頭の「有、無、成」の例解が理念論までずっと使えるということになるでしょう。

## 注釈〔分析的方法と総合的方法について〕

**〔第一点・両方法の適用の任意性と概念上の順序〕**分析的方法と総合的方法の区別[1]についての通常の考えによれば、そのどちらを使おうと〔場合によってはどちらかでなければならないこともあるにせよ〕全体としては人の勝手だということになる。〔だから〕総合的方法では「結果」として示されることになる具体物〔定理〕を「前提」として使って、その定理の証明のための「前提及び材料」として使われる抽象的規定を逆にその定理の「帰結」として分析し出すことも出来る。〔例えば〕曲線の代数での「定義」〔分析的方法の結果〕も幾何学の〔体系的〕展開の中では「定理」〔総合的方法の結果〕となるし、〔逆に〕ピタゴラスの定理

〔総合的方法の結果〕も、それを直角三角形の定義とすることによって、そこから幾何学〔体系〕の中ではそれ以前に証明されており従ってその定理の証明のために使われたいろいろな定理を分析し出すことができる。なぜこのようにどちらの方法でも任意に使えるかというと、それはどちらも他者から「与えられた前提」から始まる思考だからである。しかし、概念の本性から言えば分析が先であり、与えられた経験的具体的素材を分析が先ず普遍的抽象的形式〔思考規定〕へともたらし、然る後に初めてそれが定義として立て直されて総合的方法の出発点になるのである。

〔第二点・両方法の非哲学的性格〕この二つの方法は〔それらを用いるべき〕本来の分野では確かに本質的なものだし大きな成果を挙げもしたが、哲学的認識には向かないという事は自明である。なぜなら〔今述べたように〕それらは〔外的〕前提を持つものであり、そこでの思考は〔内容的には〕悟性的認識であり、形式的同一性〔矛盾律〕に則って為されるからである。〔実例で言えば〕主として幾何学的方法を使い、しかもそれを「思弁的」概念に関して使ったスピノザでは、その方法の形式主義〔それが形式的同一性に則して進むこと〕が顕著である。ヴォルフの哲学は幾何学的方法を極めてペダンチックなところまで押し進めたものだが、それも内容から見れば悟性的形而上学である。――〔ついでに言っておくと〕哲学やその他の科学で〔かつては〕この両方法が形式主義的に誤用されたが、最近ではそれに代わっていわゆる「構成法」が誤用されるに至った。この構成という考えはカントが広めたもので、それは「数学はその概念を〔分析的に演繹するのではなく、直観から〕構成するのだ」ということであり、その意味は、数学は「概念を扱うのではなく」、「感覚的直観〔そのものではなく、そ〕の抽象的規定」を扱うものだということにほかならない。そこで〔これの誤用が始まり〕概念を避けて「感覚的」規定、つまり「知覚」から取ってきた規定を指摘するのが「概念の構成」と呼ばれ、更に進んでは、哲学や他の科学の対象に前以て作られた図式を当てはめて、思い付きやせいぜいもっともらしさを基準にして表にまとめるような形式主義が「概念の構成」とされることになった。確かにその際には「理念」は「概念〔主観性〕と客観性」の統一であり、理念は具体的なものであるという事はぼんやりと感じられてはいるのだが、いわゆる構成遊びはこの「統一」を示すこと（この統一は「概念自体」〔だから、それを示すのは思考の仕事〕でしかないのだが）には程遠く、この直観に与えられる感性的具体物も理性と理念の具体物とは違う。

〔第三点・両方法の妥当領域〕ところで「幾何学」は空間という「感性的ではあるが抽象的な直観」を扱うので、そこでは空間の持つ単純な悟性規定を純粋な形で定式化できるし、従って有限な認識の総合的方法を完全に実行できる。しかし、きわめて注目すべき事だが、幾何学でもそれが進んで行くと、ついには「通約不可能で不合理なもの」にぶつかるのであり、もしそこを越えて規定を続けようとするならば、悟性的原理を「越える」ことになる。ほかの所ではしばしば起こることだが、ここでもその時には用語の転倒が生ずる。つまり、「合理的〔rational 理性的〕」とされてきたものが「悟性的」となり、「非合理的〔irrational〕」とされてきたものがかえって「理性性」の始まりであり徴候であるということになる。[2] その他の科学では空間や数のような単純なものを扱ってはいないので、その悟性的なやり方の限界に必ずぶつかるし、しばしばぶつかりもする。その時、それらの科学は簡単に切り抜ける。つまりそれはこれまでの悟性的なやり方の首尾一貫性を投げ捨てて、必要なものどころかしばしばそれまでの事とは反対のものを、他所からつまり表象や思いつきや知覚やその他のどこからでも取ってくるのである。有限な認識は自己の方法の性質及びその内容への関係を自覚していないので、定義とか分類等々を駆使するそのやり方が〔根本的には〕「概念の諸規定〔普遍と特殊と個別〕」の必然性によって導かれていることを認識できないし、[3]またその限界を知らず、その限界を越えるとそこでは悟性規定はもはや通用しないということが分からない。そこで、それはそこでも粗雑にも悟性規定を使い続けるのである。[4]

1　ここの原文は von dem Unterschiede der synthetischen und analytischen Methode となっています。何が問題かと言いますと、Methode が単数形になっている事です。英Wは the distinction between the synthetic and the analytical methods と複数形です。後ろの the を省く言い方もあるようですが、methods はあくまでも複数形です。仏Gは la différence des méthodes synthetique et analytique です。これは「一括的」に扱うか「分解的」に扱うかの違いだと思います。第二三五節への訳注2（一一〇一頁）に追加があります。「文法」の三七二頁以下及び五六一頁を参照。なお、仏Bは les différences de la méthode synthétique et de la méthode analytique として、de la méthode を繰り返しています。「同類項の省略」をしていません。私の少ない経験では、フランス語では「同類項の省略」がドイツ語に比べて徹底していない、と言いますか、少ないと思います。

2　ヘーゲルは非ユークリッド幾何学を知らなかったから、微積分のことを考えているのではあるまいか。曲線で囲まれた部分の面積の測定で、それを長方形の和と考え、その長方形の幅を無限にゼロに近づけていくという考えです。幅ゼロの長方形は非合理だが、理性的なものの始まりだということになる。なお、ここで rational を「合理的」と訳した上で角括弧して「理性的」と補いましたが、こう取らないと整合的にならないと思います。

3　原文の三八五頁の八行目は wird, noch wo es となっていますが、コンマを入れて wird, noch, wo es とするのが正しいのではないでしょうか。次の行では ist, noch, wenn es となっています。

4　本節の注釈の中では、A・「概念の本性上は」分析的方法が先だということと、B・所与の対象にどちらの方法でも適用できるということ、とが述べられています。しかるに第二二七節の付録では、C・それは任意ではなく、認識すべき対象によって使うべき方法は客観的に決まっている、と言われています。Aの意味は訳文に敷衍した通りで、問題はないでしょう。問題はBとCが矛盾しないかということです。私は次のように考えました。例えばピタゴラスの定理から、その他の定理や公理を合わせて考えて、更に先へと総合的に進むこともできれば、その定理を分析して、その定理の前提であったものを引き出してくることもできる。どちらも可能だが、「認識すべき対象」が決まっていれば、与えられた出発点からはどちらかの方法しか使えない、ということではなかろうか。本節注釈にあるピタゴラスの定理の例では、その定理は出発点であって「認識すべき対象」ではないのだと思います。

最後に一言。ヘーゲルの他者批判は相当辛辣だと思います。過去の哲学者は実名を出していますが、生きている人については出さない方が多いとは思います。しかし、当時の人には誰のことだかはもちろん分かっていたのです。ではヘーゲルの批判は言い過ぎでしょうか。私はそうは思いません。学問ですからこれくらいの事は言っても好いと思います。反論があれば反論すれば良いのです。反論しない人は「負け」ということに成るだけです。もちろん、後世の人が再検討して、「一旦は負けた人」を生き返らせる事はあっても好いでしょう。私自身、正当な評価をされていない業績を世に知らしめる事もしているつもりです。

ここで問題になるのは、為すべき反論ないし返事をしない人をメディアが使い続けることです。実名を挙げるならば、立花隆や長谷川宏はかなり多くの人からきちんとした学問的な批判を受けているのに頬被りしたままです。それなのに朝日新聞やNHKはこの両人を無批判に使い続けています。我々は真面目な批判に答えない人とそういう人を無批判に使い続けるメディアに対して批判を強めるべきだと思います。

## 第二三二節〔認識の理念から意志の理念への移行〕

有限な認識が「証明」ということによって明らかにした「必然性」は差し当たっては外的必然性であり、主観の洞察にとっての必然性でしかない。しかし、それも〔必然性である以上〕必然性一般〔の性格を持ってはいるのであって、従って〕有限な認識の前提及び出発点を止揚している。つまり自己の内容を「目の前に見出されたもの」、「与えられたもの」として持つ段階を卒業している。[1]というのは、必然性というものは本来的潜在的には自己関係する概念にほかならないからである。かくして主観的理念は潜在的には絶対的に規定されたものに達している。その内容は「外から与えられたものではなく」、従って〔肯定的に言い換えるならば〕「主観に内在するもの」となっている。これが「意志の理念」[2]への移行である。

1　ここの verlassen を敢えて「卒業」と訳しましたが、私見によれば、ヘーゲルの aufheben に一番近い日本語の日常用語はこの「卒業」だと思います。卒業には、その過程を終えた事（否定）とその成果を保っている事（保存）と今ではこれまでの段階より「高まっている事」の三つが入っていると思うからです。

2　第三章・理念の生命―認識―絶対的理念の認識（第二項・認識）を「広義の認識」とすると、第二三二節の「認識」は「意志の理念」と対になっていますから、「狭義の認識」ということにしましょう。

### 付録〔有限な認識の運動の中での変化〕

〔有限な〕認識が証明〔という行為〕によって到達した必然性はその出発点とは反対のものです。つまり〔内容から見れば〕最初は認識の内容は与えられた偶然的なものでしたが、その運動の終わりにはそれは必然的なものとなっており、しかもこの必然性は主観の働きによって作り出されたものなのです。〔認識主観の方から見ても〕同様に、最初は主観は全く抽象的であり、いわば単なる「タブラ・ラーサ〔白紙〕」でしたが、今では他者を規定する〔能動的で具体的な〕ものになっています。そして[1]この逆転の中に認識の理念から意志の理念への移行があるのです。更に詳しく見るならば、この移行の本質は、〔理念論の第二段階の認識の地盤である〕普遍は、[2]その本当の姿では主体性として、つまり自己運動する能動的な概念として、従って規定を生み出す概念として捉えなければならないということなのです。

1　この aberを「そして」と訳しました。「しかし」でも日本語にもそういう「しかし」がありますから悪くはないと思います。ともかく、「つまり」からここまでは第一命題を敷衍したもので、ここから第二の事を言う訳です。

2　第二三三節の一行目に書いてあります。

## その二・意志行為[1]

### 第二三三節〔意志の根本構造〕

主観としての理念〔認識〕が〔定理の必然性の証明の中で〕絶対的に規定されたものとなり、[2]その「内容」が〔必然性とは自己関係だから〕自己同一となり単純なものとなった今、それは「善」に成っている。[3]〔そして、善はそれを実現しようとすることになるが〕その自己を実現しようとする主観的理念の衝動は、「真理」[4]の理念〔認識の理念〕とは反対の関係にあり、眼前の世界を自己の「目的」に合わせようとするものである。――この意志は一方では眼前の客体の「無なること」を確信しているが、他方では、自分がまだ有限なものであるが故に、善なる目的は「主観の中にある」理念にすぎず、客体は〔主観から〕「独立したもの」であることを知ってもいるものである。[5]

1　「その二」の標題 das Wollen は der Willeとどれだけ違うか分かりませんが、形から見て前者は「行為」に重点があり、後者は静止的な感じがします。
2　この部分は第二三三節の最後の四行を受けています。
3　日本語では動作相で言う事態を西欧語では状態相で言うことが多いので、こう訳してみました。「文法」の八七九頁の③を参照。
4　この辺ではヘーゲルは das Wahreと die Wahrheitを区別して使っているようです。前者は「認識上の真理」で、後者は「その事柄の概念の実現された姿」の意でしょう。これは「真実態」と訳す人もいます。後者は第二三五節の冒頭に直ぐ出てきます。
5　ヘーゲルらしい落ち着いた考察だと思います。さて、この意志の論理を考える時の第一の問題は、これが目的論（一〇二二頁以下）で扱われた「実践」とどう違うのかということでしょう。ここの節で述べられた主客関係だけでは外的合目的性と何ら違わないでしょう。我々としては、外的合目的性は自然にかかわる生産労働のことと解し、この善の意志は倫理的ないし一層広く社会的実践と解したいと思います。主観が客観を律するという根本は同じですが、前者では手段が大きな役割を果たします。

第二三四節〔意志の有限性とその克服〕

従ってこの〔意志の〕活動の有限性は、客観世界の矛盾し合う諸規定の中では「善の目的」は実現されかつ実現されず、本質的でもあれば非本質的なものでもあり、現実的でもあれば可能的でもあるという「矛盾」となる。この矛盾の故に善の実現は「無限に続く過程」と成る。つまり、そこでは善は単なる「当為」に過ぎないことになる。〔では〕この矛盾はどう解消されるかというと、それは、「形式的には」、〔善を実現する〕活動がその目的の主観性を止揚し、従ってまた客観性を止揚し、よってもって主観と客観を有限なものにしている両者の対立を止揚する時、（事実上）「この一個の」主観性の持つ一面性を止揚するだけでなく主観性一般を止揚しているということである。即ち、他の同種の主観性、あるいは「新たに」生まれ来る対立も、それの前例とされた主観性と異ならないのである[1]〔だから、この一個の主観性の止揚が主観性一般の止揚になるのである〕。このように主観が自己内に還って〔自己を同種のものの代表と考える〕ことは、そこで「善」とされており、本来主客の同一性でもある「内容」の自己「内化（想起）」である。――それは、客観はそれ自体において実体的なものであり真理（das Wahre）であるという理論的振る舞いの前提（第二三四節）に帰ることである[2]〔これが先の矛盾の内容上の解消である〕[3]。

1　例えば、公害反対運動の中で、沼津・三島へのコンビナート進出を阻止した時、それ迄負け放しだったのが、「公害反対運動も勝つことがある」ということを教えて、多くの人を勇気づけたようなことではあるまいか。

2　或る事を個人的主観的に善と思い希望している。これが第一段階です。しかし、それが反省されて、それは万人に対して善たりうるかということが問題になると、その根拠として、「それは対象＝内容自身にそうなる本性があるのか」という反省となる。こういう考え方の進展を言っているのではあるまいか。例えば、社会主義を善とし、そうなってほしい、世の中を社会主義にしたいということから出発して、社会主義が歴史の必然かどうかを問題にするようになる事ではあるまいか。実存主義にしても最近のエコロジー運動にしても、初めは現存するものへの不満から出発し、現存するものに対するアンチテーゼとして出てきたが、或る程度成熟すると、自分の思想なり運動なりを歴史の中に位置づけてみようとする反省が生まれてきます。

3　善意志の行為の有限性を指摘し、その根拠としていくつかの矛盾を挙げ、その解決として形式的な面と内容的な面とを言うというのは、筋としては見事ですが、要するに、意志行為から理論行為に帰ってきて「両者の統一が論理的に実現する」と言って「絶対理念」を導き出したいのではなかろうか。

## 付録〔存在と当為の一致と不一致〕

知性〔認識〕にとっては世界をあるがままに捉えることが問題なのですが、意志〔実践〕は世界をその「あるべき姿」にしようとします。つまり、意志にとっては眼前に見出される直接的なものは確固としたものではなく、仮象か無内容なものでしかありません。しかるにここに矛盾が現われ出るのでして、道徳の立場に立つ人がその中をうろついている矛盾がこの矛盾です。実践的にはこれはカント哲学とフィヒテ哲学の立場です。[1] 即ち、善は実現されなければならず、人は善の実現のために努力しなければならず、意志とはただ自己を実現し行く善のことにほかならない、というのです。しかし、そうだとすると、もし世界があるべき姿になったら意志の活動はなくなるということになります。ですから、意志にとっては、その目的が実現されても困るということになります。ここに意志の〔立場の〕有限性が正しく表現されています。[2] しかし、この有限性の段階に留まっていてはなりません。しかるに、この有限性とその中に含まれている矛盾を止揚するのもこの意志の過程〔運動〕自身なのです。その矛盾の解決とは、意志がその運動の結果として、認識の前提に帰ることであり、従って理論的理念と実践的理念とを統一することなのです。〔その時〕意志は自分の目的を〔自分一個のものではなくて〕人類的自己のものと捉え直し、[3] 知性は世界が生きた概念（den wirklichen Begriff）だと知るのです。[4] これが理性的認識の真の態度です。つまり、内実なく消え去り行くものは世界の表面にすぎず、その真の本質を成すものではないのです。世界の真実在は絶対的に存在する概念であり、従って世界はそれ自身で理念〔その無なる表面と真なる本質との統一〕なのです。そして、この事、つまり世界の究極目的は実現されておりかつ実現されつつあるという事を認識する時、努力が報われない〔と言って失望したり神を恨んだりする〕態度は無くなるのです。一般的に言って、これが〔円熟した〕大人の態度でして、青年の「世界は全く間違っており、完全に変えなければならない」という考えとの違いです。〔これは又キリスト教の態度でもあり〕宗教〔キリスト者〕は、世界は神の思召しによって治められており、従って「あるべき姿」になっていると考えます〔従って、キリスト教の立場と大人の立場は一致しており、それを自覚的に論理化したものが私へーゲルの理念ないし概念の立場なのです〕。しかしその時、この存在と当為の一致は硬直したものでも運動を含まないものでもありません。つまり、善ないし世界の究極目的は絶えず実現されゆく限りで「存在する」のであり、精神界と自然界とは、後者はつねに自分自身の中へと帰って行き〔同じ運動を繰り返す〕が、前者には進歩があるという区別があり、〔進歩があるということは当為に存在が一致してゆく運動があるということ〕だからです。[6]

1　この Es ist dies . . の文も箴言的非人称化文でしょう。「文法」の四二七頁を参照。

2　例えば優れた芸術作品などは酷い現実に対する抗議として生まれることが多いと思います。もし現実が公正な状態に成ったら、もはやそういう芸術作品は不必要と言うか、生まれないだろう、ということに成ります。では現実は酷い状態のままであった方が良いのでしょうか。個人については、自分が苦しい状態であった時には現実批判の意見を言い、行動を取るけれど、例えば大学教員に成って生活が一応安定すると批判精神を忘れて戦わなくなる人はかなり多いと思います。毛沢東は「人は若くて無名で貧乏でなければ好い仕事は出来ない」と言ったそうです。人生の難しさだと思います。

3　この das Seinige はいわゆる大主観の意味に取らなければ意味を成さないのではあるまいか。

4　A in B sehen は時に「属詞文の代用」として使われます。「文法」の一五六頁を参照。

5　ここは原文は zwischen der geistigen und natürlichen Welt ですが、英訳は between the spiritual and the natural worlds と複数形になっています。一〇九三頁の訳注1を参照。

6　ここは、自然界と精神界に区別があること、あるいはその区別がそこに述べられたようなものであることが、その存在と当為の一致過程の運動性の理由だというのではなく、精神界に進歩発展があるということだけが重要なのではあるまいか。なお、ここでヘーゲルは「理論（認識）と実践（意志）の統一」を「事実一致している」という事実認識として論じているのですが、その「事実としての一致」は「過程的一致」です。前掲『理論と実践の統一』（論創社）を参照。

## 第二三五節〔第二項認識の結語・絶対理念の生成〕

かくして善の真理〔本当の姿〕が「定立された」[1]。それは理論的理念と実践的理念との統一である。[2] 善が絶対的に達成された。——即ち客観世界が潜在的にも又顕在的にも理念となり、理念が常に「目的」として立てられかつ人間の活動によって実現され続けている〔ことが明らかになった〕のである。——〔もう一つ広い視野から見るならば、これは、理念の第一段階である〕生命が〔第二段階の広義の〕認識の〔主客〕分裂と有限性から自己に還帰し、概念の働き[3]によってその認識と一体となったものであり、これが取りも直さず「思弁的理念ないし絶対理念」である。

1　冒頭の Die Wahrheit については既に第二三三節への訳注4（一〇九七頁）で考えました。

2　ここの原文は die Einheit der theoretischen und praktischen Idee です。英訳は the unity of the theoretical and the practical Idea です。英もここでは複数形にせず一括的に扱っていません。原文の三八七頁の一六行目に in der Einheit der theoretischen und prakitischen Idee という文がありますが、ここでも英訳は in the unity of the theoretical and practical Idea となっていて Ideas とはしていません。これは多分 Idea という概念の性質に依る例外なのでしょう。仏訳は l'unité de l'Idée théorique et de l'Idée pratique として「同類項」を繰り返していますから、もちろん単数形です。第二三一節注釈への訳注1（一〇九三頁）を参照。

3　この「概念」とは何でしょうか。概念論の概念でしょうが、なぜこんな事をここで持ち出したのでしょうか。言う必要も無い程当然のことです。

## 第三項　絶対理念（Die absolute Idee）

### 第二三六節〔総論一・理念の概念〕

主観的理念と客観的理念の統一としての理念とは理念の概念[1]にほかならない。その時、理念の概念にとっての対象は理念そのものであり、それにとっての客観は理念である。[2]その客観とは、全ての規定をまとめあげた客観である。従ってこの客観は「絶対的真理であり、あらゆる真理」である。それは自己自身を思考する理念である。しかもそれはここ〔論理学〕では「思考する」理念であり、論理学の理念である。[3]

1　これは die Wahrheit der Idee とするべきだったのではあるまいか。

2　ここには二つの関係文があり、関係代名詞はいずれも dem です。

3　この節の達意眼目は何か。鶏鳴版では一つの解釈を出しましたが、今回も決定的な解釈は出せません。ヘーゲルでは「内在的移行」の部分が分かりません。

## 付録〔理念論の結論としての絶対理念〕

絶対理念は差し当たっては理論的理念と実践的理念の統一ですが、そうであるが故にそれは同時に生命と認識の統一でもあります。〔理念論の第二段階である〕認識では理念は〔分析的方法と総合的方法とか、認識行為と意志行為とかという具合に〕分裂した形を採っており、認識の過程とはこの分裂を克服し、かつて生命の理念という直接的な形で現われていた統一を再興することにほかならないことが分かったのでした。〔振り返って見れば〕生命の欠点は「潜在的に」この理念を体現しているにすぎないということでした。それに対して認識はその理念を「自覚している」だけであるという意味で、やはり一面的なものでした。両者の統一という本当の在り方は「潜在的」本質が「顕在化」された理念であり、つまり「絶対」理念です。――これまでは理念がその様々な段階を経て発展し行く姿を対象として〔観察して〕きたのは「我々」〔哲学者〕でした。しかし今では理念は自分自身を対象とするようになりました。[1]これが「思考の思考」であり、既にアリストテレスが理念の最高の在り方と呼んでいるものです。

1　意識（相対知）の立場と絶対知の立場を区別しつつ考えて行く『精神現象学』の方法はここでも維持されている訳です。内容的には、「絶対理念の段階に達した人だけが、他者認識でも自己認識でも完全な認識ができる」ということではないでしょうか。

私は、かつて土井正興のユニークな著書として知られる『イエス・キリスト』（三一新書）を検討して、氏の「キリスト教徒が史的イエスを研究するのが一番だ」という言葉を取りあげ、これを一般化して、「或る思想なりその教祖なりを科学的に研究するにはその思想の信奉者でなければならないか」という認識論上の問題を提起しました。そして、それに対する自分の答えとして、次のように書きました。――「一般には、事物を認識するには客観的に考える方が、冷静で正しい認識が得られるという低い客観主義が、無意識かつ無根拠に信奉されていますが、思想については、逆に、その思想を信じている人こそが正しく認識できるという先の客観主義を裏返した〔低い〕主観主義が、これ又無意識かつ無根拠に信奉されています。思想については、その思想を研究しようという気が起きるためには、その思想に魅力ないし関心を持っていなければならず、外部の人はあまり研究しませんから、結果としてそうなるのかもしれません。（略）この問題は、一般化しますと、自己認識と他者認識の関係の問題で、かつて拙稿「批判と自己批判」の中にその要点は書いておきました。何事についても、自己認識の方が他者認識より高く正確だとか、その反対だとかいうことは、原理的には言えません。要は認識者の立っている立場と能力の問題です。したがって、マルクス主義の立場に真に立つ人、つまりマルクス主義こそ最高とする人は、キリスト教についても、マルクス主義の立場に立ってこそ真の理解が可能だと主張しなければなりません。ですから、土井氏がそう考えず、キリスト者こそキリスト教を正しく認識できると考えているということは、氏にはマルクス主義の認識論が分っておらず、氏はマルクス主義の立場に実際には立っていないということです」（拙著『ヘーゲルと共に』一三七頁以下）。

実際には、ヘーゲルでさえ間違いを犯していますし、不正確な考えを持っていたのですから、文字通りの「完全な認識」などありえないと思いますが、「基本的に」絶対理念の立場に立っているかが問題なのだと思います。更に、これを認めたとすると、議論においては相対的真理同士の議論が為される訳ですから、相対的真理と絶対的真理の関係についても考慮しなければならないと思います。それなのに、大学での哲学演習ではこういう問題は議論されず、従って「議論の認識論」とか「哲学演習の在り方」を発表した人は私以外には見当たりません。私の指導教官のように大きな声を出して自説を押し通そうとする人さえいます。講壇哲学ほど哲学から遠い存在はないと思います。

## 第二三七節〔総論二・絶対理念の内容と形式〕

顕在的には、「絶対理念」とは概念の「純粋な形式〔在り方〕」である。なぜなら、絶対理念の中では〔他者へ〕移行するということもなければ〔他者を〕前提する〔つまり他者と仮象し合う〕ということもなく、およそ〔絶対理念に〕同化されず見透されないような規定は一つもないからである。そして、その純粋な形式〔在り方〕とは〔内容と形式の関係では〕「自己の内容」を自己自身と見る形式〔在り方〕のことである。絶対理念は〔単なる形式ではなく〕自己の「内容」でもあるということは、それは自己を自己から観念内で区別するが、その区別で出来た二項の一つが自己同一性であり、しかも形式の持つ統体性を内容規定の体系として含み持つ自己同一性だからである。この内容が「論理学の体系」である〔つまり、これまで取り上げられた全規定の体系である〕。従って理念の「形式」としてここに残っているものはこの内容の「方法」だけであり、理念の諸契機〔これまでの全規定〕の価値を明確に知ることである。[1]

1 「概念規定の価値」という言葉を読むとソシュールの「語の価値」を連想します。しかし、後者は言語論ですから語の上下や高低の評価は含まないのではないでしょうか。ヘーゲルの論じているのは哲学ですから、「価値」とは規定の「高低」の評価です。既に判断論でも判断の高低を問題にしていました。

### 付録〔絶対理念とは何か〕

**〔その一・結論はそれまでの全体系〕** 絶対理念を話題にすると、今ようやく求めていた物がやって来たとか、ここから全てのものが始まると考える人がいるようです。確かに絶対理念について無内容な言葉をいくらでも並べることは出来ますが、その本当の内容は我々がこれまでに考察してきた発展の全体系以外にないのです。ですから又絶対理念とは普遍のことだとも言えるのです。しかし、この普遍とは特殊たる内容を他者として持つ抽象的形式ではなく、自己の生み出した〔内容〕規定を全て含み持つ絶対的〔具体的〕形式のことです。[2] この点では絶対理念は老人に譬えることができます。老人と子供とが同じ宗教的命題を口にする時、老人にとってはその人の全人生がその中に籠められていますが、子供はたとえその宗教上の内容を正しく理解していたとしても、それは所詮生活経験の欠落した言葉でしかないのです。[3] ――同じ事は人生全体についてもその個々の出来事についても当てはまります。仕事はみな目的を持って為されます。その目的が達成された時、そこに現われたものは最初の目的だけでしかないのに気づいてびっくりします。〔いや、何となく物足りなく、呆気ない気すらします。しかし、それはそれを目的としてきたのですから考えて見れば当然の事ではありません。そして、もう一歩反省してみれば〕重要な事は〔その目的に至る〕全過程な〔のだということが分かり、しかも、その過程が達成された目的の中に含まれていることが分かり、充実した気持になる〕のです。〔人生全体について言えば〕人は自分の生活を振り返ってみる時、その到達点が狭いもの〔全人生の一部〕でしかないように思います。しかし、その中にはこれまでの全生活行程がまとめられているのです。[4] ――ですから絶対理念の内容は我々が見てきた全展開にほかなりません。〔従って〕最後に残されたものは、この全展開がその内容であり重要な事なのだということを洞察することだけです。――

〔その二・哲学とは何か〕更に〔別の言い方をしますと〕一つ一つの物はどれもそれだけ取ってみればちっぽけな物ですが、全体の一部として理念のどの段階の契機であるかということがそれの真の価値なのだということを洞察するのは哲学〔絶対理念の立場〕のものです。要するに、我々は内容に関しては既に持っているのであり、ここで新たに獲得すべきものは、その内容とは理念が内在的に自己を展開したもの[5]だということを知ることです。しかるにこの単純な回顧〔反省〕は形式の中に含まれています〔その内容の形式に属することであって、新たな内容を成すものではありません〕。〔確かに〕これまで考察したそれぞれの段階は絶対者の一つ一つの像ではありましたが、そこには差し当っては〔それぞれの段階なり仕方での〕限界がありました。ですから、それはその限界を越えて全体へと突き進んで来たのですが、この全体を展開すると、それが方法と呼ばれたものに当たるのです。[6]

1　この das Rechte を「求めていたもの」としたのは松村から借りました。

2　これこそ「内容を産み出す形式」と纏めることが出来るのではないでしょうか。

3　ここはレーニンもその『哲学ノート』の中で注目している有名な譬えです。ヘーゲルが「老人」と綽名される所以でもあります。

4　エベレストなどに登った人の談話を聞くと、頂上に立った時は、何か呆気なく、ただ「もう登らなくていいんだな」と思う程度だが、しばらくして初めて登頂の喜びが湧いてくる、といった言葉があります。それから更に、これまでを振り返る余裕が出てくるのだと思います。その時、何を振り返るかと言いますと、当然、自分（達）の準備から始まって成功までの全過程でしょう。それを圧縮した形で、そして利口な人ならば「自分たちの採ったやり方、即ち方法」を振り返り確認するのです。死の直前には自分の全人生が走馬灯のように思い出されるという話を聞いたことがあります。ここのヘーゲル説から考えますと、十分にあり得ることだと思います。

5　原文は die lebendige Entwicklung der Idee ですが、lebendige を「内在的」と訳しました。生命＝有機体の特長は内発性にあるのでして、外からの作用でしか動かない無機物とはこの点が違うのだと思います。

6　哲学は形式を考えるものであり、「内容を産み出す形式」を考えるものであり、それは方法論である、ということでしょう。私が都立大学の哲学科の修士課程に在籍していた時、最初に行った発表の題は「方法論の方法」というものでした。教授たちの顰蹙を買いました。元に戻って、ここで力点のあるのは「全体」という言葉だと思います。実際、全体を見ないで考え、行動する人や事が多すぎると思います。これには自己反省も含まれています。

### 第二三八節〔A・方法の第一契機は始原〕

思弁的方法の契機はまず、A・始原である。始原は「存在」であり、「無媒介者」である〔従って論理的には個別である〕。それが始原だというただそれだけの理由によって、それは〔他者との関係を前提せず〕独立して考えうるものである。しかし、それは思弁的理念の始原だから、概念の絶対的否定作用ないし運動であり、従って「判断」〔原始分割〕して自己を自己自身の否定者として立てる「自己規定作用」である。かくして、始原自身に対しては抽象的な〔一面的な、否定を含まない〕肯定として現われるところの「存在」〔個別〕は、一般的に言えばむしろ「否定され」、「定立され」、媒介されたものであり、〔自己の否定を定立するために〕「前以て」定立された前提だということになる。しかし、この否定は〔単に否定一般ではなく〕「概念」の否定であり、概念というものは自己の他在の中でも端的に自己同一であり、自己自身を確信しているものだから、これはまだ概念として定立されていない概念ないし「潜在的」概念である。――従って、この〔始原としての〕「存在」はまだ規定を持たない概念であり、潜在的にあるいは無媒介に〔特殊との関係なしに〕規定されただけの概念だから、〔個別であると〕同時に「普遍」〔という論理的性格も持っているの〕である。[2]

1　このヘーゲルの論理はよく出て来ますし、第二三九節への付録でもすぐ出て来ますが、次の通りです。「A→Bは何を意味するか」が問題です。それはまず、「BはAから媒介されたものである。又、BはAの潜在態の顕在化した姿である」ということです。「従って、Aの本質たるBは媒介された存在だ」ということです。「しかるに、AはBより先にある」。「従って、AはB（Aの本質）を媒介するために、Bによって前以て定立された前提である」という事になるのです。

2　「始原の個別は普遍でもある」という点については、付録2の拙稿「昭和元禄と哲学」を参照。

**注釈〔思弁的思考は始原の性格をどう理解するか〕**

始原〔の論理的性格〕を無媒介の存在〔個別〕と取るのは直観や知覚の立場である。――これは〔悟性の〕有限な認識の「分析的」方法の始原である。有限な認識の総合的方法の始原としてはそれ〔の論理的性格〕は普遍という意味を持つ。しかし、論理的なもの〔思弁的思考〕は始原をそのままで普遍かつ個別であると取り、概念によって前提され〔媒介され〕たものであると同時に無媒介なものと取るので、思弁的方法の始原は総合的方法の始原でもあれば、又分析的方法の始原でもある〔事になる〕。[1]

1　「同じ物を個別かつ普遍」と取るにしても、悟性の取り方と理性の取り方とでは違う、という事を言っているのでしょう。意味深長です。「理論と実践の統一」についての悟性的理解と理性的理解の違いについても言えます。拙著『理論と実践の統一』（論創社）を参照。

**付録〔思弁的思考は分析的かつ総合的、受動的かつ能動的である〕**

哲学の方法が分析的かつ総合的だからといって、分析的方法と総合的方法とを有限な認識方法の意味に〔取って〕単に並べたものでもなければ交互に使うというのでもありません。そうではなくて、哲学の方法の中にはこの両方法が止揚されて含まれており、哲学的思考はどういう場合でも同時に分析的かつ総合的だということです。それが分析的だというのは、哲学的思考はその対象たる理念を単に〔あるがままに〕取り上げ、対象をそれ自身の成り行きに任せ、理念の運動ないし展開を言わば静観するということです。その限りでそれは受動的なのです。しかし、哲学的思考は同様に総合的でもありますから、それは概念の能動的な働き〔認識主観の能動的分析と総合によって、対象の概念の働きを純粋な形で顕現させること〕でもあるのです。しかしそのためには〔認識主観には〕繰り返し出しゃばってくる自分の恣意的な思いつきや自分の特殊な〔普遍性を持たない〕考え方を排除する〔内的〕緊張が要求されるのです。[1]

1　この「対象をあるがままに捉えるためにこそ、認識主観は対象の外から方法（＝或る種の先入見）を持ち込まなければならない」ということ、及びその時主観に要求される内的緊張については、「先入観をもって読む」（拙著『ヘーゲルの修業』に所収）を参照。

## 第二三九節〔B・第二契機は進展〕

B・〔思弁的方法の第二契機の〕「進展」は理念の「判断」[1]の定立されたものである。無媒介の普遍〔始原的普遍〕は潜在的ではあったがともかく概念だったので、[2]自己の〔二契機である〕直接性〔個別〕と普遍を契機に引き下げ、それを明示する弁証法〔的、内在的運動〕である。それによって、始原の「否定態」が定立され、最初の〔無規定であった〕ものが「規定されて」現われ〔普遍が特殊化されて現われ〕ることになる。従って、それは〔本質的に、それだけで在るのではなく〕同種の他者に相対《あいたい》し[3]、区別されたものの〔同種の諸特殊〕の「関係」としてのみ考えられるものである。――〔抽象的普遍と特殊との〕「反省〔関係〕」の契機」である。

1　この Urteil は第二三八節の五行目の最後の urteilt を受けています。
2　この der Begriff an sich は an sich にではなく der Begriff に力点があると考えました。
3　この für eines は第二三八節の初めの方の für sich と対になっていて、こういう意味だと考えました。内容的には、例えば、緑色は赤とか黄とかの他の色との関係の中で初めて緑色だというような事でしょう。

注釈〔進展の分析的かつ総合的性格〕

この進展も分析的であると同時に総合的である。分析的というのは、その進展の中では無媒介の概念〔始原〕の中に含まれているものがそれに内在する弁証法によって外に定立されるだけだからであり、総合的というのは、この無媒介の概念の中ではこの定立されたものはまだそれとしては存在していなかったから〔新しい物が加わったという面もあるから〕である。

付録〔進展の意味。自然と精神〕

〔AからBへの〕理念の進展の中で示されるものは、始原の潜在的本質です。つまり始原は定立され媒介されたものであって、存在するものや無媒介者ではないということです。〔これを自然からの人間の誕生について考えてみますと〕自然を最初のもの、無媒介のものと考え、精神〔人間〕は自然によって媒介されたものだと考えるのは、それ自身が無媒介の〔未熟な〕意識〔考え〕のすることです。しかし、実際には自然こそが精神〔人間〕によって定立されたものであり、精神が〔自分を生み出すために〕自然を自分の前提として〔先に〕立てただけなのです。[1]

1　人間の誕生は自然史的必然であるという考えでしょう。

### 第二四〇節〔存在論、本質論、概念論の内部での進展〕

進展の抽象的形式は〔進展の形式を一般的に述べるとするならば、それは〕存在〔論段階〕では「他者」ないし他者への「移行」であり、本質〔論段階〕では「対立物の中での映し合い（Scheinen）」であり、概念〔論段階〕では、「普遍」が「個別」を自己から分離しながらなおその分離したもの〔個別〕の中で「連続し」、それとの「同一性」であり続けるということ〔発展〕である。[1]

1　弁証法とか理性的方法とかを「適用する」と言っても、対象の性質に応じて適用しなければならない、という事でしょう。弁証法も理性的方法も理解していない人に限って、どこでも、口先だけで、「弁証法的方法の適用」を言いたがるものであり、それが出来ないのに適用したつもりになるものです。私の自己評価では、付録1の「『パンテオンの人人』の論理」は「概念的把握」の適用例ですが、『関口ドイツ文法』は全体としては包括的な体系とはいえ悟性的なそれでしかない（それ以上のものを作れなかった）と思っています。

### 第二四一節〔存在論から本質論への進展と本質論から概念論への進展〕

第一の領域〔存在論〕ではまだ潜伏していた概念が第二の領域[1]〔本質論〕では表に「現われ出る」ことになる。従ってここでは概念は既に「実際には」「理念」と成っている。――即ち、第一領域〔から〕の第二領域への進展は第二領域への移行であったが、第二領域の発展〔第二領域から第三領域即概念論[2]〕への発展〔進展〕は第一領域への還帰である。そして、この二重の運動によって初めて区別〔第二領域で仮象し合う二契機[3]〕はその本来の姿を獲得することになる。なぜなら、区別された項の双方がそれだけとして見るならば統体的なものとして完成されているし、従って〔相手との関係で見るならば〕他者と一体となっているからである。[4] このように「両項が自己自身に即して」自分の一面性を自己止揚する時初めて、その両項の統一は一面性を免れることになる。[5]

1　この節ではこの「第二領域」の下で、従って又「第一領域」の下で何が考えられているかがまず問題です。第二四〇節の続きと見れば、そして領域という語から考えても、存在論と本質論と取るのが第一感でしょう。しかし、第二四二節まで読んでみますと、始原と進展と取る案も浮かんできます。妥協案としては、存在論では始原的性格が、本質論では進展的性格が前面に出るから、両者を共に含意しているという考えもあるでしょう。一応、第二領域＝本質論と考えて訳しました。

2　ここの Die Entwicklung dieser Sphäre とは何か。大分考えましたが、訳のように理解しました。「第二から第一への発展」とは考えにくかったので。

3　この区別は、このほかに第一領域と第二領域の区別と取る考えもあるし、有力な説ではあると思います。

4　両者が共に統体的なものだから、両者はその点で同一という考えでしょう。

5　この「一面性」とは「その統一が認識主観にとってだけ統一として知られているにすぎない」ということでしょう。しかし、この節は次の節、つまり終局論を導くために入れたのでしょうが、その目的に役立っているでしょうか。それとも関係しますが、このヘーゲルの方法論では始原論と終局論とがそれぞれ一つの節で済まされているのに、進展論だけは三つの節を当てています。これも一つの節にまとめて好かったのではないでしょうか。方法を大事にするヘーゲルですが、その実際のやり方では、体系全体の構築では鋭い洞察を見せていると思います。逆に、個々の部分の構成では「もう少し上手いやり方があるのでは」と思うことも結構あります。

## 第二四二節〔C・第三契機は終局〕

第二領域は区別されたもの〔両項〕の関係を展開してその本来の姿である自己矛盾〔自己に基づき自己の表面に現われ出た矛盾〕にする。――この矛盾は〔それ自体としては〕[1]「終りなき前進」であるが――〔概念に導びかれて〕解消して「C・終局」となり、区別項がその概念における姿〔本来の姿〕を取ることになる。この終局は最初のもの〔始原〕の否定ではあるが、最初のものと同一でもあり、その限りで自己自身〔最初のものの否定〕の否定である。従ってそれは、先行する二契機〔始原と進展〕を観念的契機として否定すると同時に保存してもいる統一である。概念がこのように自己の「潜在態」から出発して自己の分裂状態とその止揚を経て自己自身と連結するようになる時、それは「実現された」概念である。つまり自己の「独立性〔主体性〕」を失うことなく自己の諸規定を「定立させ」つつ含みもつ概念である。[2]――それは又「理念」のことにほかならないが、理念は（方法の中では）絶対的見地から見た始原だから、こういう終局を迎えても理念にとっては〔初めから分かっていたことが出てきたというだけのことであり、つまり〕始原〔とされたもの〕が無媒介者で理念は〔その始原から進展を経て〕結果したものであるという仮象〔外観〕がなくなっ〔て、本当の姿がそのまま現われ〕たというだけのことである。それは〔内容的には〕理念こそが唯一の統体であるという認識である。

1　この「無限の前進」はこうでも取らないと分からないのではあるまいか。

2　個人で言えば、色々な仕事をしながらそれを一つの目標の下にまとめていく計画と自覚と力量を持っているようなことに当たると考えられます。

## 第二四三節〔理念論の結語・理念は体系的統体である〕

かくして方法は内容にとって外から与えられる形式ではなく、内容の魂であり概念である。方法が内容から区別されるのは〔方法の中では〕「概念」の諸契機が「規定され〔定立され〕た姿」のままで概念の統体性を反映していることが、その一つ一つの契機の「表面に現われ出る」ようになるという点だけである。[1] この規定つまり〔概念の契機の〕内容が〔方法の中で〕形式〔全体との関連〕を得て理念に戻る時、この理念は「体系を成す」統体となる。その時、理念の諸特殊契機は「本来的〔潜在的〕に」理念であるだけでなく、概念の弁証法〔内在的運動〕を通じて理念の単純な「顕在態」〔絶対理念〕を生み出しもするので、その体系的統体とは、そこにはただ理念だけがある〔理念しかない〕という意味で「唯一の理念」である。――かくしてこの学問〔論理学〕は自己自身の概念を捉えて終る。即ち論理学とは理念を対象とする純粋な理念の事である、ということである。

1　例えば、A氏が他の町に住むB氏を訪ね、B氏がA氏にその町を案内して歩くとする。この時、B氏はもちろんどういう順序で町を歩いたら主要なものをうまく見せられるかを考え、そのプランが頭の中に入っている。A氏はたとえそれを説明されたとしてもB氏のようには分かりえない。その案内の途上、A氏はB氏と同じ道を通り同じものを見る（つまり内容は同じ）が、一つ一つの道や建物などが、その日の全見学行程の中でどういう位置を占めているか（形式）は、B氏にのみ分かり、A氏には分からない。一日が終わって振り返える時初めて少し分かる。B氏には方法が有り、A氏には無いということである。

## 第二四四節〔論理学の結語・論理学から自然哲学へ〕

「自己と向き合った」理念は、この自己との「一体性」という面から見るならば「直観」である。そして、この直観する理念とは「自然」にほかならない。しかし、理念が直観という姿を取る時、それは無媒介性〔生命〕ないし外的反省による〔生命の〕否定〔有限な認識による生命の認識〕という一面的な規定の中に定立されている。しかるに、理念の絶対的「自由」とは、それが単に「生命」の中に移行する〔後退する〕ことでもなければ、有限な認識という姿を取って生命をその有限な認識の中で「現われ」させる〔つまり生命を認識する〕ことでもない。[1] それは自己自身の絶対に真なることを確信しつつ、その特殊性の契機、あるいは第一の規定作用と他在の契機を、つまり「無媒介の理念」を理念の反映として「解き放ち」、自己を「自然」として「自己から解き放って」自由にすることである。[2]

1　だから、理念から生命や有限な認識に戻ることはできない、というのでしょう。

2　ここは entschließt ですから「～自由にしようと決意する」と訳すべきかもしれませんが、これで十分だと思ったし、entschließt は「結び目を解く」ということで、次の entlassen を強めるためとも考えたので「解き放つ」で十分だとも考えました。それはともかく、ヘーゲルでは「内在的導出」が命なのですが、それは難しい事なので、ずいぶん苦労していますね。

**付録〔存在する理念が自然である〕**

我々は理念から出発して今や理念の概念へと戻ってきた。この始まりへの還帰は同時に前進でもあるのです。つまり、我々の出発点は存在、つまり抽象的存在でしたが、今や我々は存在としての理念を持つに至ったのです。しかるにこの存在している理念が自然なのです。[1][2]

1　こういう説明なら一応分かるのではないでしょうか。

2　これまでは、本質論の第三章（現実性）の中の第三項（必然性）での「活動」や「登場人物」

と、概念論の第二章（客観）の中の第三項（目的論＝労働過程論）との関係だけを問題として意識してきましたが、その後、更に概念論の第三章（理念）は生命を論じ、認識と実践を考えて、最後に絶対理念に成るのですから、これも堂々たる目的論であり、第三章の理念論はその全体が目的論でもあることに気付きました。更に広く見渡して見ますと、論理学全体が目的論であり、ヘーゲルの世界観は弁神論ですから、彼の哲学体系全体も神が「理性の狡知」を駆使して自分の目的を達する目的論だとも言えるわけです。

さて、目的関係で問題になる主体は有機物ですが、有機体は大きく無意識の物と意識を持った有機体とに二分できます。後者は更に言語の有無で狭義の動物と人間とに分けることが出来ます。目的論ではいずれの場合でも有機体全体の活動を見てはいると思いますが、どこでどのような脈絡で（「論理学」のどの段階で）論ずるかで、視点が違ってくるのだと思います。

本質論の第三項の必然性では人間の活動を論ずるとしても、それはあくまでも「有機体の活動」の一種として、客観世界の一部として活動する面を見ているのだと思います。許萬元はこの現実性論の解釈（『ヘーゲルにおける現実性と概念的把握の論理』の六三頁以下）の中で「人間が生存するかぎり、歴史の真の現実的な部分は、自然史の人間史への現在的媒介という点にある」と述べていますが、同じ事は他の動物についても植物についてさえ言える事です。生体は自己の環境との関わりの中で環境の歴史を自分史にしているのです。しかるに、その「環境」とは「海を含む大地」のことですし、生体自身も大地から生まれたものですから、結局は「大地（地球）」こそが「主体」だという事に成るのです。それが概念論（主体の論理学）になるのですが、それを導き出すにはその前に「必然性の三契機（条件と事柄と活動）」を「偶有性」とし、それの担い手として「実体（として機能する大地）」を考えておかなければなりません。そこで、「必然性」の次にその下位段階として「実体性関係」が必要になり、それが「因果関係」と「相互作用関係」を経てようやく「主体（概念）」が生成し、「主体の論理学」となるのです。そして、概念論の第二章（客観）の第三項（目的論）は目的「意識」性に特化して目的論を論じていると思います。更に、第三章（理念）の第一項（生命）では個体の自己維持能力と種の保存（類の過程、つまり生殖）を論じていますが、ここでも「非有機的自然（つまり環境）の同化」も論じられています。個体の立場より種としての生体の立場で論理が進んでいるのです。繰り返し「目的論的関係」が出てくるのはこういう事だと思います。

**（八八一頁から続く）**ヘーゲル関係の文献学者・加藤尚武は自ら編集した『ヘーゲル哲学への新視角』（一九九九年、創文社）に寄せた論文「ヘーゲル論理学の形成と変容」の第七節（大小の『論理学』）の中で、寺沢恒信の間違いを指摘しています。適切な批評だと思いますので、それを借りつつ、私見を纏めておきます。

――ヘーゲルの論理学にはイエーナ時代の論理学に始まっていくつかのものがありますが、主たるものは『大論理学』と通称されるもの（以下「大」とする）と「小論理学」と通称されるもの（以下「小」とする）とです。両者の内容上の関係については、ギムナジウムの校長時代の「大」こそがヘーゲルの論理学体系の完成した姿で、後にハイデルベルクとベルリンで大学の教師として論理学を講ずることになった時、そのための教材として作った「小」は『哲学の百科事典（普通の学者は「エンツィクロペディー」とか「哲学集成」などと訳します）』の第一部で、あくまでも「大」の要約版でしかない、とするのが通説です。しかし、この通説は完全に間違っています。そもそも「大」はヘーゲル論理学の完成態ではありません。両者の関係についてこれを言い換えますと、「小」は「大」の要約とは言えません。

寺沢恒信はその訳業『大論理学1と2』（以文社、一九七七年と一九八三年）の中で「大論理学と小論理学の構成の違いはなぜ生じたか」という問題を考えていますが、この問題自身が上の「通説」に従ったものです。

ヘーゲル程の哲学者に成りますと、常に自分の哲学をしていますから、同じテーマを論じても、時間的に後のものは前のものの「単なる縮刷版」にはなりません。実際にそう成っていません。常に時々の「真意」を書いていると考えるべきだと思います。

「大」の3つの部分（存在論の初版と再版、本質論、概念論）と「小」の3つの「版」を出来た時間順に並べてみますと、こうなります。

一八一二年（『精神現象学』の五年後）に「大」の存在論初版、一八一三年にその本質論、一八一六年にその概念論、一八一七年に「小」の初版、一八二七年にその再版、一八三〇年に「小」の第三版（再版とほとんど変わらない）、一八三一年（つまり死の翌年）に「大」の存在論の再版。

これを見ても分かりますように、「大」は常に三つの巻が別々に出ているのに、「小」は常に全一巻として出ています。これは何を意味するか。

ヘーゲルのように「学問の体系性」を重視し、個々の部分を体系内に位置づけて考える哲学者の真意はやはり「小」の中に出ていると考えるべきでしょう。つまり、「小」の再版（一八二七年版）を基準にして考えるべきだと思います。「ヘーゲル研究は『小論理学』に始まり、『小論理学』に終わる」という訳です。

## 付録1　「パンテオンの人人」の論理

牧野英一は法学者であった。刑法学者であった。彼は歌も詠んだ。その達筆もまた有名であった。自作の歌を書いた短冊や色紙を人々は欲しがったものである。しかし、これらの点について述べるのはしかるべき人々に任せよう。私は、思考の諸問題を研究する者として、彼の文章を認識論的に分析してみたい。

英一の名文もまた広く知られていた。その著書が売れ、版を重ねたのは、内容の学術的水準に依ったものであろうが、それが平易な言葉で書かれた快い文章で包まれていたこともまた一因であった。しかし、数ある著書、文章の中で、どれが最高の出来かと問われるならば、やはり、「パンテオンの人人」をもって答える以外にない。英一の一周忌に当って、この「ベルトロー生誕百年記念集会での講演」を読み返して故人をしのぶ所以《ゆえん》である。

### 一、思考の出発点と叙述の方法

「昨年（一九二七年）の十月二十五日に、パリーのパンテオンで、ベルトローの誕生百年の記念式があった。内閣議長のポアンカレーが演説をした。わたくしは、近く、ポアンカレーが獅子吼しているその光景の写真を手にして、その高い石の壁と円い天井とをおもひ出し、その壁と天井とにひびきわたつたであらうところのその雄弁のほがらかさをおもひめぐらしたことであつた」、という言葉でこの文は始まっている。ということは、著者が読者と共に立っている「現在」がこれであるということである。

現実的な思考は思考する人間から切り離しえない。したがって、思考はすべて、その人の立っている時点、つまり現在から出発する。それ以外ではありえない。その現在は冒頭に示される。ということは、その現在は「直接的な現在」だということである。その思考にとってはその現在は「与えられた現在」だということである。ベルトロー誕生百年の記念式も、ポアンカレーの演説も、英一が作り出したものではない。彼にとっては、それは与えられた事実にすぎないのである。

思考は直接的現在から出発する。そして、この現在について反省するのだが、その前に、与えられている現在のいろいろな側面を直接的な事実として考察する。したがって英一は、ベルトローが化学者であり、政治家であり、文人であったこと、ベルトローの息子が来日したことを述べ、さらに、記念式の行われたパリのパンテオンへと思いを馳せるのである。その時読者は、いつの間にか自分がパンテオンの中に入り、英一と共にその案内人の「やや鼻にかかつたフランス語」を聴いているかのような錯覚を覚えるのである。そして、このことに気づいた時、「案内人」はすでにルソーの話を始めているのである。それはちょうど、上手な噺家が、その日の天気や出来事のことから話し始めたのに、聴き手がそれと気づいた時には、演題もすでにずっと先に進んでいたという、あの経験に似ているのである。それでは、このような自然なもって行き方は、どこにその秘密があるのだろうか。

英一がここでベルトローについて述べる方法として選んだのは、パンテオンの墓めぐりという方法である。ルソー、ユーゴー、ゾラ、ジョレスの順に、あたかもその案内人の説明を聴きながら歩いているかのような方法で、この文は進められている。したがって、この方法が自然な形で持って来られるためには、パンテオンが読者にあらかじめ知られてさえいればよいのである。しかるにそれは、まさに直接的現在の中に、ベルトロー誕生百年記念式がパンテオンで行われたという形で、英一にも読者にも与えられていたのである。

逆に言えば、思考の出発点である直接的現在の一側面をその文全体の叙述の方法とすることによって、その文章はきわめて自然な感じを与えることができるということである。出発点となる現在のいろいろな側面を並べる時に、その文全体の方法となることを最後にもってくるならば、それをきっかけにしてその現在についての反省へと自然にもっていけるのである。英一が、ベルトローについて述べ、その息子の来日について触れてから、最後にパンテオンについての思い出を語った時、彼はただこの名文の条件を忠実に守っていたにすぎなかったのである。

それでは、かくして自然に始められた「案内人」の話の内容はどうであろうか。

## 二、過去への主体的反省

「ルーソーの石の柩の一面には扉が両つ彫りつけてある。その扉の一つが半ば開かれて、なかからたくましい腕がさし出されてゐる。その腕が松火〔松明〕を持つてゐる。その松火には火があかあかと燃えてゐる。まことや、ルーソーは、十八世紀の当時において、暗黒な思想の混沌のなかに、あかい松火をうち照らした人であつたのである」と、案内人は静かに話し始める。

しかし、なぜ過去を論ずるのだろうか。われわれの出発点はベルトローではなかったのか。しかもなぜほかならぬルソーから始めるのか。デカルトからではなぜいけないのか。案内人はこれらの疑問に少しも答えてくれない。彼は澄まして話し続けるのである。なぜなら、この文全体がこれらの疑問への答になっているからである。したがってわれわれは、この文がベルトローを記念する優れた評論になっているという事実から、逆に、現実を考察するとはどういうことなのかと、自分の頭で考えてみなければならないのである。

思考は直接的現在から出発した。その現在の持ついろいろな側面を見た。したがって、その事実と関係した現在はすべて知られてしまっている。知られていないものは何か。言うまでもなく、過去と未来である。過去はすでに史実のうちに与えられている。未来は、その直接的現在が自己の論理に従って生み出すものである。しかし、その論理はまだ知られていない。思考が知っているのはまだ直接的現在だけであり、現在の諸現象にすぎない。したがって、未来についてはまだ考察できない。したがって、直接的現在を知った思考が次に考察するのは過去でしかありえない。すなわち、この現在と関係した過去へと反省し、過去から現在を捉え直すことによって、現在の意義を考えるのである。これが「現実についての反省」と呼ばれているものの正体である。この反省が歴史的反省、つまり過去への反省にならざるをえない理由がここにある。

それでは、ベルトローを考察するのに、なぜほかならぬルソーから始めて、ユーゴー、ゾラ、ジョレスと辿らなければならなかったのだろうか。それは英一が、ベルトローを「全人類のための科学者」（第一〇節）として捉えたからである。社会から孤立した科学ではなく、社会の進歩と大衆の幸福に奉仕する科学の模範として、それを一つの社会思想とみなしたからである。この「生きた社会思想」という観点から、それと関連した過去を反省したので、このような社会思想の近世における祖として、ルソーを見出したのである。たしかにデカルトは、近世において、自我を純粋な形で徹底的に主張した最初の人であった。しかしそれは、「生きた社会思想」と称するには、あまりにも純粋思考の事柄でありすぎた。英一は、「自然」を原理としたルソーの社会契約論に、近世社会思想の真の出発点を見たのである。

それでは、英一はなぜ、文人としてのベルトロー、政治家としてのベルトローといった面を捨てて、ほかならぬ社会思想家としてのベルトローを取り上げたのだろうか。それはまさに、英一自身が、文人や政治家であるよりもむしろ社会思想家であったからである。彼は、かのストア派以来の自然法思想の伝統を受け継いで、法の諸問題を広い社会的な視野から捉えようとした人であった。すなわち、われわれはここに、現実から過去への反省が現実のどの側面に関してなされるかは、反省する人の主体的条件によって決まるということを知るのである。人は誰でもその人の立場に立っている。したがって、現在についての反省も自分の立場から反省する。それ以外ではありえない。これが「反省の主体的性格」である。

英一にとっての直接的現在は社会思想家としてのベルトロー、または社会に奉仕する科学者としてのベルトローであった。そのベルトローについての反省は、ルソー、ユーゴー、ゾラ、ジョレスを想起することであった。それでは、これらの先行する諸思想についての反省はどのような内容を持ち、それがベルトローの考察とどう結びつくのだろうか。

## 三、歴史の論理的考察

英一は言う。「若し、十九世紀における思想の発展を論ずるならば、かれ〔ゾラ〕は、ユーゴーの理想主義に一歩を進めたものであるのである。惟ふに、ユーゴーはルーソーに一歩を進めたものである。ルーソーに依つて示唆された原則に対し、ユーゴーは手きびしい批判を加へたのである。批判としてはそれは適当であつた。しかし、その批判には実証性が欠けてゐる。そこには、やたらに人を嗟嘆せしめるものがあるばかりで、何等のたしかな基礎がないのである。ゾラは実に、その基礎を実証的に作り上げようとしたのである。しかし、改造の仕事そのものは十九世紀に属しなかった。それで、かれは、十九世紀後半期だけの努力を全うして、一九〇二年に没くなつた」（第七節）。

これはすなわち、ヘーゲルの用語を借りるならば、ルソーの真理がユーゴーであり、ユーゴーの真理がゾラであるということである。そして、ゾラが十九世紀の人で、改造の仕事そのものは彼に属さなかったと言われる時、そこには、まさにこの社会改造の仕事をしようとした社会主義者のジョレスがゾラの真理であるということが、暗示されているのである。

このような論理こそ、まさにヘーゲルとマルクスが言葉の真の意味で「歴史」と呼んだものではなかったのか。年代順に事実を並べるのが歴史なのではない。それは年代記にすぎない。お話にすぎない。それらの事実の中に発展的な関係を見抜くことこそ真の歴史である。英一がして見せたように、前代の仕事の意義を認めることによって同時にその限界を明らかにし、よってもって後代の仕事を必然的結果として導き出すという手法こそ、真の歴史叙述である。

それでは、英一はどのようにしてこのような叙述を可能にしたのだろうか。それは、ほかでもない、各思想の核心を的確につかむという当たり前のことを実行することによってである。ルソーの思想は『民約論』を取り上げて数行で言い切っている。ユーゴーの思想は、『ミゼラブル』によって、ロマン主義の生んだ三人物、ジャン・ヴァルジャン、ファンティーヌ、ジャヴェールの描写の内にまとめられている。ゾラの思想は『居酒屋』を例にとって、実証主義の必要な理由とともに捉えられる。ジョレスの思想は、彼の思想を象徴するかのような死に方とともに、マルクスとの対比において喝破されている。

それだけではない。各思想の叙述に当たって、英一は、つねに、まずその核心を挙げ、次いでそれを展開し、最後にその歴史的意義を述べるという、すぐれて論理的な順序を踏みながらも、その表現にはさまざまな工夫をして多様性を与え、読者を飽きさせない努力をしているのである。ルソーの墓のかの松明をモチーフにし、『ミゼラブル』の三人物を鮮かにまとめあげ、ゾラの主張を紹介し、ジョレスの死を新聞報道のように伝える、といった具合である。

さらに、この深い内容と多彩な表現とに、平易な言葉を使った単文を重ねるという手法が加わる時、読者は、これが四十年以上も前に歴史的かな使いで書かれた文章だということを忘れてしまうのである。そして、実例を挙げる時に、「例えば」という言葉を使わないで、「かのミラボーをはじめとして、かのヴォルテールをはじめとして」とか、「そこに盗人のジャン・ヴァルジャンがあらはれて来た。売春婦のファンティーヌがあらはれて来た。警察官のジャヴェールがあらはれて来た」といったような、同じ言葉を繰り返す表現に接する時、読者は韻文を読むフィーリングさえ感ずるのである。それはまた、パンテオンの中を歩く歩調とも快く一致しているのである。

このように案内人の説明を聴きながら人類の過去の思想的な歩みを振り返ってきたわれわれも、ジョレスの話を聴き終った今、そこに新たな墓をつけ加えようとしていた現在に帰ってきた。すなわち、歴史（過去）を論理的に再構成した結果、われわれは再び現在に帰ってきたのである。しかし、この「帰ってきた現在」は、もはやかの「出発点としての現在」ではない。それは、過去（歴史）がその論理に従って生み出した現在である。「過去によって媒介された現在」である。それでは、この「媒介された現在」は、直接的（無媒介的）現在とどう違うのだろうか。

## 四、未来を指し示す現在

この文章は全十節から成っている。第一節でベルトロー誕生百年記念式について述べ、第二節から第九節までは、二節ずつ、それぞれ、ルソー、ユーゴー、ゾラ、ジョレスに当てられている。これらを聴き終ったいま、われわれは最終節に来た。

案内人は話す。「ベルトローの物語に立ちかへらう。ベルトローは、要するに、自然科学者であつた。政治家としてはフランスの愛国者であつたし、文人としてはフランスの芸術家であつた。さうして、かれは、その化学に関する発明においてはまさに全人類のための科学者であつたのである。」

ここに、われわれが先回りして確認しておいた英一の立場が語られる。彼は、生きた社会思想としてのベルトローの意義を考えるために、近世社会思想の歴史を回顧したのであった。そして、いま、この近世社会思想の帰結としてベルトローが捉えられる。それを英一はベルトローの『夢』の中に見ている。その『夢』は、自然科学と技術の発達によって、人々に物質的な豊かさと幸せをもたらすと同時に、精神的化学の発達によって社会主義者の夢が成就されることを夢想したものであった。すなわち英一は、ベルトローをジョレスの真理と見たのである。同時に、内容的には、その『夢』は未来を語っていた。実に、「帰ってきた現在」は「未来を指し示す現在」でもあったのである。それはなぜだろうか。

思考は直接的現在から出発した。その現在の意義を考えるために、主体的観点から過去へと反省した。その過去の論理的考察が現在に帰ってきた時、それは直接的現在を媒介された現在へと変えた。現在はもはや単なる現象的現在ではない。それは過去の論理に媒介されたが故に、それ自身一定の論理を持つ現在、本質的現在(より正確に言うならば、概念的現在)に成ったのである。現在はその論理に従って運動し、未来を生む。過去の論理に媒介されたことによって、現在は、いま、その論理を持ったのである。過去によって媒介された現在は「未来を媒介する現在」でもあったのである。

英一は第一〇節で、ベルトローの『夢』と合わせて、ポアンカレーのかの演説に触れている。ポアンカレーは言う。「学者も亦祖国の市民であり、また全人類の一員である。かれは社会から離れてゐてはならぬ。苦しめる者求める者から離れてゐてはならぬ。化学館は、その窓から街頭の人人をながめるべきである。困厄と悲哀とに対してその門をしめ切ってはならぬ。化学館は瞑想の場所ではない。それは、生活と行動と進歩とのアトリエである。」

英一は言う。「まことや、科学も、思想も、共に、みな、『生活と行動と進歩と』に対してのみ意味を持つのである。パンテオン〔萬神殿〕は、ベルトローをそこに祀ることに因つて、それを『生活と行動と進歩と』の神としたのである。わたくし〔に〕は、ポアンカレーが、ベルトローの業績を叙し、それに向つて多大の礼讃をしたことが、また、十八世紀のルーソーに対するそれであり、十九世紀前半のユーゴーに対するそれであり、十九世紀後半のゾラに対するそれであり、二十世紀初頭のジョーレスに対するそれであるやうに考へられるのである。」

「パンテオンの人人」は、以上のような論理に従って述べられ、書かれている。そこには、ヘーゲルとマルクスが「最高の学問的認識方法」だとした「概念的理解」を地で行くような趣きがある。それは、また、朗読に耐える詩のような響きを持っている。詩と論理の統一と言ってよい。読者は、これを読み終った時初めて、案内人と共にパンテオンの墓を巡り歩き、ポアンカレーの声を聴き、フランス思想の歴史に浸っていた自分を発見するのである。その時、そこには、五十年の星霜と三十年の思索を踏まえて、円熟した牧野英一が立っているのである。

（有斐閣発行の『書斎の窓』誌昭和四六年（一九七一年）五月号に初出。今回、語句を少し変えました）

付録2　昭和元禄と哲学

天下泰平である。世界大戦が終って二十有余年、局地的には激しい戦争があるとはいえ、日本は戦争に巻き込まれることもなく、世界一の高度成長を誇ってきた。昨年（昭和四五年）来の公害反対の盛り上りはGNP第一主義に反省を求めたとはいえ、全体として見れば、老若男女、泰平の世を謳歌している感がある。昭和元禄という言葉が誰からともなく言い出され、受け入れられている所以《ゆえん》である。

このような世に哲学が深刻な顔をして現われるのは一見奇異の感を免れない。しかし昨今、哲学書はよく売れているのである。昭和元禄の華やかさの陰にある心の喝きによって説明されるのかもしれない。哲学の方もまた一時期の深刻さを必ずしも持たなくなった。哲学を深刻な顔をしたものと固定して考える必要もないのである。

哲学は思考の科学である。論理的に思考する科学である。だから、思考のある所必ずや哲学があるのである。現に昭和元禄という表現それ自身にも、実は深い哲学的な意味が隠されているのである。およそ哲学とは縁遠い華やかさの中に哲学を求めるという、一風変った試みである。

## 一　昭和元禄

昭和元禄とはどういう意味か。それは、言うまでもなく、昭和の現在が、天下泰平で生活を楽しむ風潮の強かった元禄時代に似ているという意味である。したがって、これを判断の形に直すと、「昭和は元禄時代である」となる。この判断では、主語の昭和は固有名詞であり、述語の元禄時代は普通名詞である。つまり、これは「ポチは犬である」という判断と同じであり、「個別は普遍である」という判断である。

昭和というのは一つの年号であり、固有名詞だから、それが個別であるのは当然である。問題は、ここで「元禄時代」が普通名詞として、普遍として働いているという事実である。これは、「日本のエジソン」などという表現と同じであり、広く知られている「固有名詞の普通名詞化」という現象である。

それでは、固有名詞が普通名詞になるとはどういうことなのだろうか。どうしてそのようなことが起こるのだろうか。それは言葉だけの問題なのか。それとも、言葉によって表現されている対象的世界自身にもそういった事態があるのだろうか。これを考えるには、我々はまず、固有名詞とは何か、普通名詞とは何かということから問うてみなければならない。

固有名詞とは、この世に一つしかないものを指し示す単語であり、そのものに固有の名詞であり、いわゆる「名前」のことである。したがって、固有名詞の指示対象は一つしかないもので、これを哲学用語で「個物」とか「個別」という。これに対して、普通名詞は複数の個物に同じように当てはまることを原則としている。ポチという名はこの犬にしか当てはまらないかもしれないが、犬という普通名詞はどの犬にも当てはまる。その意味で、普通名詞の指示対象は一般的なものであり、これを哲学用語で「普遍」という。これらが、単語とその指示対象との関係からの考察である。

単語とそれを理解する仕方との関係から見ると、両者はどう違うだろうか。固有名詞は一つしかないものを指し示していた。ということは、一つ一つのものについて当事者が勝手に名をつけるということである。したがって、他の人は名前から対象を推測することはできても、知ることはできない。ということは、名前自体に始めから一定の意味内容が込められている必然性はないということである。ポチという名前を聞いて、犬だろうと推測するのが普通であるが、あるいはバーの名前かもしれないのである。しかし、普通名詞は一般的なものを指し示していた。したがって、その名詞が始めに作られた時はやはり勝手に作られたにしても、それが普通名詞になっているということは、その対象は確定され、一般に知られているということである。従って、その時には他の普通名詞との必然的な関係が生ずるのである。例えば、犬という単語については、つねに、「犬は動物である」とか、「犬は狼の変化したものである」という判断が、必然性をもって言われうる。ということは、名詞自体にすでに一定の意味内容が、その対象についての知識が込められているということである。固有名詞と普通名詞とは、その理解の仕方から見ると、こういう違いがあるのである。ヘーゲルが「単なる名前」と「概念」の違いとして捉えていたのは、このようなことであった。

それでは、「単なる名前」にすぎない固有名詞がどのようにして「概念」である普通名詞になるのだろうか。

## 二　子供は人間自体である

たしかに元禄という語は初めは一個の時代の名前にすぎなかった。その時代は、ただその時代の特色によって、泰平の世として知られていた。しかし、昭和の現在が対外的な平和と対内的な物質文明の繁栄を表面化するに及んで、元禄時代がその先例として想起された。そして、「昭和は元禄時代に似ている」、「昭和は今様元禄時代だ」と言われるようになった。ここに、元禄時代は固有名詞から普通名詞に変ったのである。この時、元禄時代はその繁栄の特殊なあり方が度外視されて、泰平の世一般として、普遍として捉えられたのである。

これと同様の実例が橙色《だいだい》である。橙色という語は、橙と呼ばれている木の実の色を指す固有の単語であった。つまり、これは一つの個別的な事柄を示していた。しかし、それに似た色もなかったので、いくつかある橙色の中の一つの橙色とは捉えられなかった。つまりこの段階では、橙の実の色を指示するだけで、それ以上の意味はなかったのである。しかし、その後、他の色でその色に似た色、つまり橙色を持つものが次々と知られるに及んで、「これはあの橙の実の色に似ている」という意味で、「橙色」と呼ばれるようになった。ここに、橙色は、赤や青と並ぶ種《しゅ》（普遍）としての色になったのである。同時に、橙の実の色はその種の中の一つの色となり、他の橙色と並ぶ同じ地位を持ったのである。

これらの事から次の事が知られる。すなわち、後には或る種（＝普遍）に属する一つのもの（＝個別）にすぎないと判るものでも、その種がそれとして知られていない段階で初めて現われる時には、個別としては捉えられないということである。なぜなら、それと比較して、それの個別的な性質つまり特殊性を知るための同種の他のものがまだ知られていないからである。ということは、始めに現われる個別は普遍として、その種そのものとして捉えられるということである。というより、そこではまだ個別と普遍は未分化なのである。同種の他のものが知られるに及んで初めて、普遍と個別とが分離されるのである。そして、その時、始めに知られた個別の名前がその種を代表するものとして、普遍を表す普通名詞になるのである。色の名前はほとんどそうだが、橙色という表現にはこのような事態がよく出ている。昭和元禄という言葉は、まだここまでは固まっていないが、やはりこれと同じ論理に従っている。

我々は今、一つの種を知る過程では、その種に属するものの中で最初に知られた個物がその種そのものとして理解されることを知った。すなわち、発展過程の始まりを成すものは普遍、または「普遍として機能している個別」である。しかし、これは認識の発展過程での話であった。存在そのものの発展過程では、始まりはどう現われるのだろうか。次にこれを、個人の成長過程について見てみようと思うのである。

人間は誰でも始めは子供である。つまり、個人の始元形態は子供である。子供とは何か。ヘーゲルは言う。子供は人間自体である、と。なぜだろうか。子供にも個性があるではないか。身長も体重もみな違うではないか。それなのに、なぜ、子供は人間一般(=普遍)だと言うのか。

たしかに子供にも個性はある。しかし、それは、まず第一に、子供が自覚的に作ったものではない。素質やしつけや環境によつて作られたものが主である。第二に、個性による違いよりも、子供同士の類似性の方が優勢である。そのよい証拠が、子供同士の間では互いの好き嫌いはほとんどなく、子供は誰とでもよく遊ぶという事実である。まさに「類は友を呼ぶ」のである。子供は人間そのものだからこそ、みなが同類であり、みなが友なのである。したがって、子供にどんな個性があっても、子供は個別とは言えないのである。それは普遍なのである。人間そのものなのである。しかし、その普遍は、先にも述べた通り、個別と未分化のものであった。したがって、この普遍からの発展は、普遍と個別が分かれ、対立するようになることでなければならない。これが大人になるということの論理的な内容のはずである。

## 三　四十歳の人は顔に責任がある

子供から大人への決定的な分岐点は自我の目覚めである。これを経験することによって子供は大人になる。その大人とは、さしあたっては、類そのものであった子供と対比される限りでは、個別そのものである。ここに人類と個人の対立が始まる。その対立は人間とは何かを考えることに根源を持っている。それは、他人に対して好き嫌いの感情を持つことに現われる。そして、その頂点は自殺において示される。この世に自殺の可能性を持つものは人間だけであり、それも法的にではなく精神的に成人した人間だけである。それは人間のみが自意識をもち、類を対象化することによって、同時に個を自覚する能力をもっていることの何よりの証拠である。

かくして個人となった人間は、それぞれの考えに基づいて個性を形成し、発展させる。したがって、自分の個性に対して責任を負わなければならない。このことを言い表したのが本節の標題に掲げたリンカーンの有名な言葉である。しかし、このように自分の個性を発揮するのは一人の人だけではない。誰でもが、つまりすべての人が個性をもった人間になるのである。そして、それぞれの個性はどれでなければいけないということはなく、どれも同じような意味をもった個性である。つまり平等である。したがって、たしかに個人は個別なのだが、その個別には他の個別が平等の価値をもって並んでいる。つまり、その意義において平等な「いくつもの」個別があるということが、この段階の特質である。したがって、この「いくつもある」という点を捕えて、この段階は、子供の段階の「普遍」との対比を含めて、「特殊」の段階と呼ばれるのである。

それでは、この段階では普遍はどうなるのだろうか。たしかにそれはもはやそのものとして前面に出はしない。誰もかれも個性の主張に努めている。しかし、その個性とは、各人が自分の考えに基づいて創り出した個性であった。しかるにこの考えとは、人間の本質についての考えであった。だから、この段階では、個別の中に普遍が内在しているのである。多くの人々が、また多くの哲学研究者が、存在しているのは個別であり、人間一般は個々の人間の中に内在しているにすぎないと考えているのは、この段階を見て言っているのであり、この段階だけを拡大し絶対化しているのである。

発展の第二段階は特殊と呼ばれ、そこでは普遍と個別が対立しているのであった。その限りで、ヘーゲルは、この普遍を「抽象的普遍」と呼び、この個別を「感覚的個別」と呼んだ。ということは、抽象的でない普遍があるということであり、感覚的でない個別があるということである。その通り。ヘーゲルの独創は「具体的普遍」を打ち出したことであり、「概念的個別」を発見した点にあったのである。それでは、その独創にはどのような意味があり、我々の生活がどう反映しているのだろうか。

## 四　掛け替えのない人

有名人とか無名の庶民といった表現がある。この世に名前を持たない人がいるのだろうか。いや、いない。それなのに、なぜ、無名の庶民、つまり名前を持たない庶民などと言うのだろうか。なぜ一部の人々にだけ、有名な人、つまり名前を持った人という言葉を使うのだろうか。名前を持つとはそもそもどういうことなのだろうか。

人間はどんな個物にも名前をつけるわけではない。自分にとって意味のある個物にしか名前をつけない。

ということは、個物が個物としての意味を持たないものもたくさんあるということである。鉛筆の一本一本に名前をつけないのは、鉛筆でありさえすればどれでもよいからである。逆に言えば、人間があるものに名前をつける時、そのことによって初めてその個物をそれでなければ困るものと認めるのである。

この意味で、人間の名前は三種に分けられる。第一は親が子につける名前である。その子が親にとって意味があり、その子でなければならないから、その子を個物として承認し、名前をつけるのである。第二は、自分で自分につける名前である。ペンネーム、雅号、などがそれである。それは、つける人もつけない人もいるが、つける人はそれなりの理由で、自分の考えに基づいて、自分の個性を表すためにつけるのである。そして第三は、社会がつける名前である。あだ名などもその一種かもしれないが、有名な名前というのがまさにそれである。有名な名前とは、社会にとって意味があるが故に、社会が社会に通用させる名前である。たしかにその名前自身は社会がつけたものではなく、親や本人や名付親がつけたものである。しかし、その名前を承認し、それを社会的に通用させるのは社会である。「有名な」という表現には、実に社会がその名を与えたという意味があるのである。

この三種の名前には個人の三つの発展段階が対応している。子供は自分の名前を生れつきのものとして受け取るだけである。名前自身にこれといった意味を感じないのは子供が人間一般だからである。成人するに及んで初めて自分で自分に名前をつける可能性をもち、何人かの人はつける。特に名をつけないまでも、自分の名前について考え、それを大切にしようとする。名誉（名の誉れ）を重んずる心はここから生れるのである。それは、自分が自分にとって世の中に一つしかない大切なものだと思うからである。名前に関心のなかった子供との違いがここにある。

ここまでなら誰でも来る。しかし、第三段階となると、これは誰でもが達するというわけではない。それは社会的に意味のある人物であった。斯界《しかい》を代表するような人物にして初めて有名な人なのである。代表するとはどういうことか。それは、個別が普遍に代って、普遍を表すという意味である。それはまさに、その人が自分の代表している世界そのものとして機能しているということである。長島選手は「ミスター・ジャイアンツ」と呼ばれたが、その意味は「長島選手は巨人軍の一選手だ」という意味ではない。長島選手という一選手に巨人軍そのものが体現されているということである。つまり、代表者とは「普遍として機能している個別」のことである。

実例というのも一般的なことを説明するためにもってこられた個別のことである。典型というのもまたそうである。典型とは「型をおしえる」という意味である。型とは普遍のことにほかならない。だから、或る個人が典型とか典型的と評される時、その個人は普遍を体現しているという意味である。エジソンは発明家の代表であり実例であり典型であった。だから、エジソンという一人の発明家（個物）がそのままで発明家一般だったのである。だからこそ、「日本のエジソン」という表現で日本の大発明家が言い表されうるのである。すなわち、固有名詞が普通名詞になるには、その背後に、個別が普遍になるという事態がなければならないのである。

ヘーゲルが「具体的普遍」とか「概念的個別」という言葉で言いたかったことはこういうことであった。ヘーゲルは発展の第三段階、つまり最終段階を「個別」と呼んでいる。それはもちろん第一段階の普遍、第二段階の特殊と来た時からすでに予定されていたことであった。しかし、普遍や特殊がそれなりの根拠をもって使われたのと同様、ここにも実は深い意味があったのである。

社会的に有名になった人、その名前が普通名詞として通用するような人、例えばエジソンは、「掛け替えのない人」と呼ばれる。掛け替えのない人とはどういうことか。それは、言うまでもなく、その人が死んだら、他の人がとって代ってその人と同じ働きをすることができないということであり、それほど優れているという意味である。したがって、同じようなものがこの世に二つとないということであり、まさに一つしかないという意味である。つまり「個別」ということである。

たしかに個々の人間は誰でも他の人と異なっていて、この世に一人しかいない。しかし、社会的に見れば、凡人や大衆の中の一人は、他の人でも同じ働きができるのである。この人でなければならないということがないのである。つまり「掛け替えのある人」なのである。その意味で、普通の人々はたしかに個別なのだが、感覚的に見て個別だという意味で、それは「感覚的個別」と呼ばれ、社会的には似たようなものが「いくつもある」という意味で、概念の立場からは「特殊」と呼ばれてよいのである。したがって、掛け替えのない人にして初めて真の個別と呼ばれうるのである。ヘーゲルがそれを「概念的個別」と呼び、「真の個別」と呼んだことには、十分な根拠があったのである。

ヘーゲルの描く発展過程を図示すると、次のようになる。

| 普遍 | 特殊 | 個別 |
|---|---|---|
| 個別即普遍 | 感性的個別 | 概念的個別 |
| 普遍即個別 | 抽象的普遍 | 具体的普遍 |

人間は誰でも大筋においてこの線にそって成長する。どこまで進んで死ぬか、それは人によって異なるだろう。しかし、ともかく、ヘーゲルは、我々が無意識の内に従っている論理をこのように明快に（？）示してくれたのである。「昭和元禄」という言葉を聞くたびに、私にはこの図が頭に浮ぶのである。

（有斐閣発行の『書斎の窓』誌昭和四六年〔一九七一年〕一一月号に初出）

付記・許萬元の言う「形態論的思考」

この論文「昭和元禄と哲学」では、「普遍として機能している個別」といったように、「Aとして機能しているB」という考え方が前提されています。実体としてはBである物がAとして機能している時、それは「BではなくAである」ということです。その後、この考え方に許萬元が「形態論的思考」として言及していることに気付きました。それを紹介します。彼は小論文「弁証法」（初出は芝田進午編集『講座・マルクス主義研究入門』1（哲学）青木書店一九七五年、再掲は許萬元著『増補版・ヘーゲルにおける現実性と概念的把握の論理』大月書店一九八七年）の終わり近くで次のように書いています。

――ヘーゲルにおいてもマルクスにおいても概念的把握（＝体系的認識）の対象は「形態規定」なのである。では、「形態規定」とは一体何か？　それは一言でいえば、有機的全体の体系的連関からのみうけとる関係規定のことである。したがって「形態規定」は全体の体系的連関からきりはなされてはまったく存立することはできない。あたかも身体から切断された手がもはや手として存立しえないのと同様である。これにたいして、素材または質料規定は全体的連関からきりはなされてもそれ自身として存立することのできる規定なのである。これをマルクスはしばしば「実体規定」とも呼んでいる。かくしてマルクスは次のようにいう。

「黒人は黒人である。彼はただ一定の諸関係のなかではじめて奴隷となる。紡績機械は糸を紡ぐ機械である。それはただ、一定の諸関係のなかではじめて資本となる。これらの関係からきりはなされたならば……それは決して資本ではない」。

黒人は黒人である。機械は機械である、という規定は質料規定にすぎないが、奴隷、資本という規定は特定の体系的連関からのみうけとる形態規定（＝関係規定）なのである。マルクスが「資本は物ではなく関係である」というのも、このためである。この両規定を正しく区別せずに混同するならば、ひとはけっして物神性の秘密を理解しえないばかりでなく、体系的弁証法（＝総体性の弁証法）の認識にも達しえないであろう。（引用終わり）

ここで説明されていることは宇野派経済学者の降旗節雄のマルクス批判への反批判である私の論文「悟性的認識論と理性的認識論」（『ヘーゲルの修業』に所収）で説明した事と完全に同じです。同じ考え方はブログ論文「実体と機能」でも説明しました。これはファイヒンガーの「かの如くの哲学」及びそれを無批判に受け売りしている関口存男の考えを批判したものです。「質料規定」と言われているのは私が「実体」と言っているのに当たります。「形態規定」は「機能」に当たります。しかし牧野の説明とこの許萬元の解説とを比較して読むならば、両者の違いにもびっくりするでしょう。びっくりしたならば、びっくり（感嘆）に止まらないで、「両者はどこがどう違うのだろうか」と考え進んでください。あなたの思索を深めるのに役立つはずです。哲学は「感嘆」（タウマゼイン）から始まるという説（「タウマ説」とかいうらしい）もあるそうですから。

（二〇一八年三月一七日）

付録3　ヘーゲル論理学における概念と本質と存在

一　通常の「概念」観

「概念」で『国語大辞典』（学研、一九七八年）を引きますと、「対象となるいくつかの事象から共通の要素を抜き出し、それらを総合して得た〔第一条件〕一般性のある表象〔第二条件〕。語で表され〔第三条件〕、内包と外延を持つ〔第四条件〕」と説明しています。ここには私が角括弧で明示したように四つの条件がありますが、最低の要素は第二条件と第三条件でしょう。第一条件はそれの獲得ないし形成の手続きの説明です。第四条件は第三条件の内部の分析です。

粟田賢三・古在由重編『岩波小辞典・哲学』（一九五八年）の説明もほぼ同じです（多分、学研の方が岩波を参考にしたのでしょう）。要点を抜き書きしますと、「概念は事物の本質的な特徴（徴表）を捉える思考形式である。（略）こうした〔複数の徴表の総括を概念の内包と言う。（略）概念の適用される事物の範囲を概念の外延と言う。従って、概念では多くの事物に共通な特徴が取り出され（抽象）、それ以外の性質は度外視（捨象）されている」。ここまでは学研と同じでしょう。唯一異なるのは次の説明です。

「概念の構成については、類似の事物を比較して共通の特徴を取りだすこととして説明するのが普通であるが、科学的概念はかような簡単な手続きで出来るものではない。事物の性質の分析、諸性質の相互の連関、作用、他の物との相互の関係、作用の研究によって事物の本質が捉えられるのである」。

「共通点を取りだす」という方法に対するこの対案は、対案になっていません。なぜなら、共通点を取りだすまでの「研究」（手続き）を詳しく述べたにすぎないからです。いずれも「本質認識における外面的・悟性的方法」です。では、その理性的方法とはどういうものか。それは「三、本質」の項で述べます。

更に根本的には、ヘーゲルがその「論理学」を存在論・本質論・概念論と三つに分けて構成した時、その「概念」とは、上に見たように「頭の中に作られた観念」と認識論的にのみ理解するだけで好いのか、という問題があります。

## 二　ヘーゲル論理学の「概念」

ヘーゲルが自分の立場をなぜほかならぬ Begriff（概念）という言葉で表現したのか。無根拠のはずはないが、ヘーゲル自身はほとんど（全然？）説明していません。

これはまず Inbegriff（総和）という語を想起させます。これは帰納法で言う完全枚挙に当たる単語のようですが、ともかく概念の立場の「全面性」という面に繋がります。もっとも Inbegriff の持つ実証主義的な色彩は拙いですが。

次に想起されるのは begreifen（理解する、概念で捉える）という動詞です。これは「手で掴む」「握る」ということであり（関口存男『不定冠詞』三二九頁）、頭での理解が根本的には手（労働器官）の活動から派生したものと見る見方であり、優れて唯物弁証法的な考え方と言えるでしょう。

第三に考えられるのは im Begriff sein とか in etwas begriffen sein（共に、「まさに～しようとしている」）という表現です。これは行動つまり実践への指向に連なります。関口も『ドイツ語学講話』の中でこの表現に触れていますが、残念ながら、この表現と Begriff の本義との関係については触れていません。

第四に、この単語には「通念」という意味もあります。「通念というのは、その名詞の意味するところのものが未だ概念としての形を取るに至らない一歩手前に存する意味形態である。それに反して概念とは、通念の上に多少の論理操作、思考上の処理の加わったものである」（関口『定冠詞』三九四頁）。ここから考えますと、これは概念の立場の社会的性格を表しているのかもしれません。

私の知識で確認できる事は以上です。他の国語を見てみると、英語で「概念」を表すのは concept ないし conception ですが、後者は「妊娠」という意味も持っています。概念とは「頭の中に孕まれた物」という考え方でしょう。その時に、もし胎児がいずれ出生してくるように、概念も行動へと移っていくものと考えられているとすれば出来すぎです。

日本語について見ますと、概念という言葉は普段はあまり使われないと思います。哲学で使われる場合は、「観念」とほぼ同じでしょうが、観念には感覚的表象が残っているのに対して、概念になると純粋思考的要素だけが語として定着しているような印象を受けます。上に引きました『国語大辞典』や『岩波小辞典』の説明もそれを前提して説明していると推測できます。

日常用語としての「概念」を考えますと、私などは、登山の案内書などに昔よく載っていた「概念図」というものを思い出します。それは、細かい点はともかくとしてその辺一帯の「全体像」を頭に入れるための図のことです。或る事柄について「それの概念を得る」というのも同じでしょう。この全体像は先の

Inbegriff（総和）のように実証主義的でなく、すぐれて思考的であり、ヘーゲルの立場と一致すると思います。これは今では概括、概観、概況、概算などにも出ていると思います。「一概に～とは言えない」という場合の「一概」とか「概して」などの「概」も、その「細かな点はともかくとして、全体を見れば」という事だと思います。以上、概念の立場の全体性、実践性（労働との結びつき及び行為への指向）、観念性（主観性から主体性まで含む）を主として確認しましたが、どうしても出てこないのが一番重要な自我性です。ヘーゲルの **Begriff**（概念）とは **Ich**（自我）を論理的に捉え直した単語なのです。これだけはどうしても **Begriff** の中に見当たらない、と思われるのです。

最後になりますが、ヘーゲルの概念を理解するに当たって最も重要な事は、概念を単に人間の頭の中にある観念の一種としてその枠内で考えるか、それともそれは客観世界にもあるものと見るかです。換言するならば、ヘーゲルの論理学は存在論、本質論、概念論の三部から成り、前二者は客観的論理学とされ、最後の概念論だけは主観的論理学とされていますが、前二者を存在論（ヘーゲルの論理学の第一部の存在論とは少し違う。あえて換言するならば「形而上学」）とし、概念論を認識論と見るかです。

更に換言するならば、存在の構造は普通は現象と本質の二段階として理解されていますが、ヘーゲルの言う概念はその本質を更に二分して、いわゆる本質の奥に概念というものを理解したものなのか、ということです。こう理解すると、それは「概念の存在論的理解」になります。もしそうだとするならば、その「本質より奥の段階としての概念」とは何かです。私は、それは「全体的な立場から見た本質」だと思っています。そして、そういう「概念」を体系的にまとめてその全体を見たものが「理念」だと思っています（一〇五三頁の訳注3の④も参照）。

## 三　ヘーゲル論理学の「本質」

本質という用語は、多分、英語の essence の訳語として中国の古典の中から採用されたのでしょう。既に『言海』に出ています。誰が最初に使ったのかは知りません。その意味は「本来の性質」「根本の性質」という意味でした。つまり、「本当でない性質」「表面的な性質」と考えられた「現象」に対して、その奥にある「本当の性質」ということでしょう。もっとも「現象」は『言海』には載っていないようです。当時は何と言われたのでしょうか。

さて、この事物なり事柄なりを二重に見る見方は決して間違ってはいません。が、ここから更にいろいろな問題が出てきます。第一に、本質はどうやって認識するのかという問題です。つまり、本質と現象との関係はどうかという問題です。第二に、本質が解れば認識はそこでお仕舞いなのかという問題です。

前者の問題について、多くの哲学者は「本質は現象の中に現れる」と考えたのですが、カントは両者を切り離しました。「現象を理解しても本質は分からない」と主張し、「物自体は認識し得ない」としたのでした。これに対して、ヘーゲルは「現象を全て知れば、その中に物自体がある」と批判したのです。漱石の『三四郎』では「実力はあるのに本を出さないので、その実力が世間に知られず、残念だ」と思った学生が、その先生を「偉大なる暗闇」と呼ぶようですが、ヘーゲルの考えでは「暗闇は偉大ではありえない」のです。一般にも、「彼は実力は有るのだが、それが発揮されなかった」とか「運が悪かったのだ」とかった弁護論などがありますが、そういう意見に対しては「結果が全てだ」「運も実力の内」という厳しい意見もあります。ヘーゲルの考えは後者を理論化したものです。

では、現象の中に本質を認識するとして、それはどういう風に行われるのでしょうか。これが難問でした。たいていの学者は「多くの個別的な物や事柄を比較してそれらの中に共通する性質を本質とする」と答えています。この考えで行くと、共通する性質が二つ以上あった場合どうするのか、本質が二つも三つもあっていいのか、という問題が出てきます。又、本質は必ずしも表面に出ているとは限りませんから、本質が隠れていたり歪んで出ている場合はどうするのかという問題も出てきます。

この本質認識の方法の問題について、基本的にですが、正しい答えを出したのがヘーゲルであり許萬元です。長い引用になりますが、省略せずに引きます。

——悟性は対象の外面から内的な本質、普遍者へ向かって悪無限をつづける性格をもっていた。だが、これはどこまで行っても感性的な有から内的な本質への進行であることにかわりがない。ところでヘーゲルは、注目すべきことには、この「有」から「本質」への反省行為を「想起」だというのである。「かくて知識がこの直接的な有から自己を想起するとき、はじめて、知識はこの媒介を通じて本質を見出すのである。けだし、本質はすぎ去った有であって、しかも無時間的にすぎ去った有だからである」（ラッソン版『大論理学』第二巻3頁）。

この本質を求める認識作用を、一般に「想起」としてとらえることのうちには、きわめて深い洞察が横たわっているのである。普通、プラトンゆずりのこの想起説はあまり注目されていないようだが、私見によれば、これを具体化し、その現実的な意味を理解することこそ、もっとも重要なことのように思われる。では何故、本質をもとめる反省行為が「想起」であるのだろうか？

ヘーゲルは答える。「本質はすぎ去った有、しかも無時間的にすぎ去った有だからである」。事実、われわれが「人間」から始めて、その類を一歩一歩と深く求めてゆくならば、「人間―動物―生物―物体―分子―原子―素粒子」への道をたどるであろう。だが、これは一体何を意味するか？ ほかでもない。それは、現存する対象のうちへのわれわれの反省的認識がまさにそれ故に、現存のものから過去の存在への歴史的反省という意義をもつものだ、ということである。そのかぎり、まさしくヘーゲルの言うように、反省はつねに「想起」という意味をもつのである。

一般に「それ自体（an sich）」という言葉は、ものの本来の姿または本質という悟性的抽象を意味する言葉である。ところが、この悟性的な抽象的一般性をさすはずの"an sich"をヘーゲルは次のように例証しているのである。

「例えば人間自体は子供である」。「同じ意味で、胚もまた植物自体と見ることができる」（『小論理学』第一二四節への付録）。

子供が何故に人間自体にあたり、胚が何故に植物自体にあたるかという問題は、本質が過去の存在（「すぎ去った有」）としての意義をもち、したがって本質への反省がつねに歴史的反省（「想起」）としての意義をもつということを考慮することなしには、全く不可解なこととなるであろう。

見田（甘粕）石介氏もその著書『資本論の方法』の中で次のように述べている。「最初の生物、最初の労働、最初の道具、最初の法律や国家など、これらは、それがその一般に、生命、労働、道具、法律、国家等々であるために必要なものは具えているが、それ以上副次的なものはもたない単純なものであるから、そこにはそのものの一般的本性がむき出しに見られることになる」（『資本論の方法』弘文堂、一九一頁）。

もしそうだとすると、悟性的普遍者なるものはつねに、歴史的に真の始元存在という意味をもたなければならぬであろう。とはいえ、われわれがここに「歴史的に真の始元存在」と言っている場合、それは実在的な歴史を経験的にたどって行ったことを意味するのではなく、あくまでわれわれの認識の論理的な次元での話であるにすぎない。それ故にこそヘーゲルも"zeitlos"〔無時間的〕と言ったのである。したがって、たとえ実在の歴史が偶然的諸条件によって論理の教えと厳重に一致しなかったとしても、何ら事柄の本質をかえるものではないであろう。（以上、前掲「ヘーゲルにおける概念的把握の論理」）

要するに、或る物なり事柄なりの本質とは、その物なり事柄なりが「それとして生まれた時の姿」の中にあるのです。なぜなら、それがそれとして生まれた時はそのものの本質だけが純粋な形で出ているからです。

これを確認した上で、許萬元の間違いを指摘しておきます。欠陥の第一は、過去への反省の悪無限的性格を証明しようとして「人間―動物―生物―物体―分子―原子―素粒子」という考えを出したことです。人間から物体まではより広い類へと遡っていますが（類種関係）、「物体―分子―原子―素粒子」は類への遡行ではありません。自然の階層性の問題です。現に、氏は私の指摘を受けて『ヘーゲルにおける現実性と概念的把握の論理』の一二一頁では、後半を削って、前半のみ、しかも「動物」までで終えています。

ではその悪無限を終わらせて、論理的思考の始原を決めるのはどのようにして行われているのでしょうか。許萬元の説明を更に引きます。

――悟性はあくまで実体を求めて、無限進行の分析の旅をつづける性質のものであった。そして対象の内へ内へと進む分析は、まさに歴史的反省という性格をもつのであった。だが、もし悟性的思考がただ単に、悪無限的進行にとどまるものであるとしたら、われわれは概念的思考を断念せざるをえないであろう。けだし、概念的思考はまさに悟性の帰結たる実体を端初としてのみ展開されうるものだからである。事実、ヘーゲルが、スピノチストであることが哲学する本質的端初である、と語ったのもこのためであろう。そうすると、われわれはこの悟性の悪無限的進行のうちにありながらも、なおこの悟性の悪無限を止揚して概念的把握の端初を設定しなければならぬのである。だが、それは如何にしてなしうるであろうか？

ところで、対象分析を行うものは言うまでもなく、われわれ人間である。そうすると、われわれ人間のそれぞれの立場と目的とによって対象分析の限界が設定される、としなければならぬであろう。なぜ、マルクスが「商品」までしか下向的分析をせず、それ以上に、例えば単なる生産物や物体等々にまで進まなかったのであるか、という問題は、ひたすら、マルクスの主体的立場、目的に依存した事柄であろう。即ち、マルクスが資本主義社会の経済的運動を、プロレタリアートの立場から、概念的に把握せんとする目的をもっているゆえにこそ、その経済関係の最も単純なエレメントたる商品関係を端初として設定したものにほかならないのである。だが、そう言っても、それは何もかも単なる主体的な勝手な設定だ、などと解されてはならない。一応、主体的立場と目的とが、はっきりしているものにとっては、分析の限界は対象的必然性をもつのであって、こういう目的のためにはこれを端初にしなければ対象の概念的把握は不可能だという対象的必然性をもつはずであろう。

かくして私は、このような事態をさして、「対象分析の主体的限界」と名づけ、対象把握におけるわれわれの主体性原理を強調したいのである。生物学者が「人間」を考察する場合、彼は自己の対象分析の主体性原理にもとづいて生物という次元にまで抽象して考察するであろう。また、物理学者が「人間」を考察する場合にも、彼は自己と同等なもの、即ち物理現象の次元にまで抽象して考察するのである。このようにしてこそ、悟性の悪無限性は自からを止揚し、理性的または概念的思考へと転じてゆくことができるのである。（引用終わり）

ここに見られる「対象分析の主体的限界」説が許萬元の第二の間違いでした。こういう考えでは「始原決定の客観的根拠」は無い事になります（「対象的必然性を持つ」と言っていますが、内容がありません）。反省における「主体的制約」は「対象のどの側面に着目して反省を行うか」です。

フォイエルバッハはこう言っています。「或る存在が何であるかはただその対象からのみ認識される。或る存在が必然的に関係する対象はそれの啓示された本質にほかならない。例えば、草食動物の対象は植物である。そして、この対象によってこの動物はそれとは別な動物である肉食動物から本質的に区別される。たとえば、目の対象は光であって、音でもなく、臭いでもない。ところで目の対象において我々にその本質が明示されている。だから、或る人が見ないということと目がないということとは同じことである。だから実生活においても、多くの事物や存在をただそれらの対象によって呼んでいる。目は『光の器官』である。土地を耕す者は耕作者（Bauer）であり、猟を自分の活動の対象とする者は猟師（Jäger）であり、魚（Fisch）を捕える者は漁師（Fischer）である、等々。だからもし神が必然的および本質的に人間の対象であるならば、この対象の本質の中には人間自身の本質だけが言い表わされているのである」（フォイエルバッハ著松村一人・和田楽訳『将来の哲学の根本命題』岩波文庫第七節)。

一般にも「友を見ればその人が分かる」と言われています。もっとも、このような「本質認識」とヘーゲル的本質認識とを統一的に把握する作業はまだ行われていないと思います。ヘーゲルが動的でフォイエルバッハは静的な感じがします。ヘーゲルの考えが根本で、フォイエルバッハの説は下位の種の分類の問題と理解することも出来るかもしれません。私にとってもこの問題は未解決です。

それはともかく、その反省がどこで終わって概念的把握が始まるかは客観的な根拠によります。これらの二点についての私見は「『パンテオンの人人』の論理」に書いておきました。『哲学夜話』の一一三頁にも少し書いてあります。

第一点が長くなりましたが、第二の問題は「本質以上の側面はないのか」という問題でした。これはヘーゲルだけが出しかつ自分で答えた問題です。その後誰も理解していない問題でもあります。

事物を現象と本質として見る見方は、事物なり事柄なりをそれだけとして孤立して考察する立場です。これに気づいたヘーゲルは、それを全体の中に位置づけた場合の本質を考えて、それを「概念」あるいは「理念」としました。これによってヘーゲルは事物を、現象・本質・概念の三つのレベルで考察する方法を築いたのです。ヘーゲルの概念については、それを単に主観的な観念の一種としか理解しない浅薄な唯物論がほとんどですが、これではヘーゲルの真理観は理解できない事を後で証明します。

## 四　ヘーゲル論理学の「存在」

ヘーゲルの論理学の「存在論」の根本問題は、普通には「現象」と呼ばれるものをなぜ「存在」としたのか、そして「現象」という概念を存在論ではなく、本質論の中で扱ったのか、という事です。

これを考える時には、ヘーゲルの論理学が存在論（認識論と対比されたときの存在論）であるのみならず認識論でもある、という事を理解しなければなりません。つまり、人間は或る事を「現象」として認識するのはどのようにしてかをはっきりと知っておかなければなりません。それは、その事柄（A）が「或る他の事柄（B）の現象だ」と、必ず他者との関係で為されます。或る事柄（A）を知っただけで、それを「現象」と認識する事はできない、ということです。換言するならば、或る事柄（A）をただそれだけとして知った段階では、それは「一つの事実」でしかありません。ですからこれをヘーゲルは「存在」（Sein、在る）と呼んだのです。それ以外に呼びようもないでしょう。

ですから、存在論の段階のカテゴリーはどれも「直接性」という論理的性格を持っているのです。いや、「直接性」という論理的性格を持っているカテゴリーを存在論に分類したのです。（四二四頁の訳注8を参照）

そして、本質的に他者との関係が問題になるカテゴリー、即ち映し合うカテゴリーを本質論に分類しました。その冒頭には「仮象」（Schein）が置かれました。という事は、仮象とは「本質論の段階で捉え直された存在（ヘーゲル論理学で存在論と言う時の存在）」だということです。即ち、直接的事実でしかなかった事柄（カテゴリー）を「これは何か別の事柄（カテゴリー）の現れではなかろうか」と考え始めた時、その人は認識論的に「本質論」の段階に足を踏み入れたのです。この「何か別の事柄の現れ」という事を表した単語が「現出存在」（Existenz）です。ですから、本質論の第一章をヘーゲルは「現出存在の根拠としての本質」としたのです。あまり上手い表題ではありませんが、それは要するに、「与えられたままで理解していた事柄（A）を、とにもかくにも「他者（B）の現れ」とか「他者（B）から現出したもの」と捉えるようになった段階だということです。ここでヘーゲルはこの段階を詳しく考察したのです。その結果として、両者の関係が「現象と本質の関係」だと分かった時、その人は本質論の第二段階に進んでいるのです。ですから、本質論の第二章で初めて「現象」が論ぜられることになっているのです。

この第二章（第二段階）では「二者の関係」でした。それが「関係する全ての項の関係」を視野に入れるようになると、第三段階（第三章）の「現実性」に入ります。これがヘーゲルの本質論の大まかな枠組みです

では、この「現実性」の段階は「概念」の段階とどう違うのでしょうか。後者は先に「全体的な立場から見た本質」と性格付けておきましたが、この性格付けでは「現実性」との違いが分かりません。ヘーゲルが「本質」より高い段階、あるいは深い段階として「概念」というものを発見したのはかれの真理概念を完成させるためだったのです。

### 五　ヘーゲルの真理観

『生活のなかの哲学』の八頁以下でヘーゲルの真理観の現実的意味について次のように書いておきました。

――ヘーゲルは主観的真理・客観的真理・絶対的真理という三つの真理概念を立てているが、いまは前

二者のみを取り上げる。主観的真理と客観的真理とは「正しいこと」と「真理（真であること）」とも言い換えられ、対比されて、彼の真理観の中心だからである。

「正しいこと」とは「意識が事実をその通りに捉えること」であり、これが先に述べたいわゆる真理である。例えば、或る人Aが盗みを働いた時、「Bが盗んだ」と言う意識は間違いだが、「Aが盗んだ」と捉える意識は正しいし、その説は真理である、と言われる場合である。ヘーゲルはこのような真理概念に満足しない。なぜなら、このような真理観では意識の捉える事実そのものが真であるか否かは等閑に付されていて、現実批判の観点がないからである。盗みを働らくことが真なる行為であるか否かを問題にしないで、それを正しく意識するか否かだけを問題にしているからである。従って、ヘーゲルはこのような事態を「正しいこと」と呼び、「主観的にすぎない真理」としてその意義を低め、さらに先に進むのである。

ヘーゲルによると、「真理とは実在がその〔実在の〕概念に一致すること」と定義される。このような定義によると、真偽の問われるのは認識だけでなく、実在自体でもあることがただちに分かる。実際、ヘーゲルは実在する真理の例として、真の芸術とか真の友とかを挙げている。逆に、盗みは人間の行為の概念に一致しないから偽であると言っている。ヘーゲルの定義を分析するよりも、それに対応する日本人の考え方を分析した方が分かりやすい。

或る芸術作品が優れたものである時、我々は「あのような作品こそ芸術の名にふさわしい」と言う。逆に醜悪な作品については「あれは芸術の名に値しない」とか「芸術の名を恥かしめる」と言う。「名にふさわしい」とはどういうことか。名に値しない、名を恥かしめるとはどういうことか。名とは何か、ふさわしいとはどういうことか。

芸術の名とは芸術という名、芸術という名前であり、哲学用語を使えば、芸術という概念のことである。ふさわしいとは言うまでもなく、一致しているということである。値しない、恥かしめるとは、一致していないということである。従って、真の芸術作品を評して「芸術の名にふさわしい」と言う時、日本人は、或る実在（ここではその芸術作品）がその概念（芸術の概念）に一致している限りで、それを真理（芸術上の真理、真の芸術）と呼んでいるのである。これこそそっくりそのまま先に述べたヘーゲルの真理概念であり、真理についての定義であった。――（引用終わり。かなと漢字の使い方を少し変更した）

これをお読みいただけば、よほどレベルの低い人でなければ、「なるほど」と「分かる」でしょう。しかし、その分かり方が怪しいもので、読者の頭を冷やすために一問。

ヘーゲルによると本質に一致した実在が真理であり善であるという。それでは帝国主義が帝国主義の「本質に一致して」他国を侵略するのは「本質に一致した実在」なのだから真理であり善である、ということになりますが、これで好いのですか？

この問題はヘーゲルを本当に理解するための第一歩です。どうです？　難しいでしょう。ヘーゲル哲学は深いのです。『生活のなかの哲学』を読んで分かったつもりの人は反省して下さい。

解答

設問では「ヘーゲルによると本質に一致した実在が真理であり」となっていますが、ここにワナがあるのです。ヘーゲルの客観的真理概念は、「『概念』に一致した実在が真理である」であって、「本質」に一致した実在を真理とは定義していないのです。従って、設問の中に用語上の意図的スリカエがあって、設問自身が成り立たっていないのです。

先の実例について説明しますと、帝国主義の「本質」は対外侵略性を持っていますから、帝国主義が他国を侵略するのはその「本質」に一致した行動ですが、帝国主義の「概念」は、資本主義の最高段階として発生し、被抑圧人民大衆によって打倒されることですから、帝国主義は人民によって打倒されることがその「真理」（＝真のあり方）です。

このように考えてみて分かることは次の通りです。
① 俗流唯物論的真理観（真理とは対象を正しく意識したものという考え方）を乗り越えて、客観的真理観を確立するためには、存在の構造自体を現象と本質に二分する見方では不十分で、そのいわゆる「本質」（これを「悟性的本質」と呼ぼう）の一段奥に概念を見、現象と本質と概念に三分する見方が同時に確立されなければならない。『小論理学』の第一一二節の次の言葉は、客観界を現象世界と本質世界とに二分する考え方に対して、その本質を更に二分して、あるいは本質より上のレベルに「概念の世界」を認めることによって、世界を三層に分ける考え方を提示したものではなかろうか。
曰く、「〔存在は単に潜在的に概念であるにすぎなかったが〕本質は〔存在の運動によって〕定立され〔顕在化し〕た概念である〔その意味で、本質は存在に比べれば概念であるが、半分だけ概念であるにすぎない〕。本質の諸規定は〔存在の諸規定のように無媒介で自立的ではないが、概念の諸規定のように〕完全に自己内に反省して〔それ自身全体的なものになって〕はおらず、単に相関的であるにすぎない。従って〔本質の段階では〕概念はまだ独立し〔た主体になっ〕ていない。」

従って、この観点を見落とした許萬元の真理論は不十分なものにならざるをえませんでした。

もう一つ断っておきますと、これは「存在を三分しさえすれば好い」ということではありません。有名な武谷三男の三段階論（現象論・実体論・本質論の三分法）は、悟性的本質の中に実体と本質の二段階を区別したにすぎません。この理論は有効でしたが、ヘーゲルの論理学の存在・本質・概念とは違います。

②従って、ヘーゲル論理学の「概念」は単に認識論的に（思考形式の一つとしての概念として、又は概念的認識として）捉えるだけではなく、それと同時に、あるいはそれ以上に、まず存在論的に捉えなければならない。

それではヘーゲルの概念の存在論的意味は何か。それは「○○の現象とか本質」という形で個々の事物について考えられてきた現象や本質と違って、全体性と発展性ないし歴史性を根本的特徴としています。しかも、その全体性ないし全体的観点には人間という中心があり、人間にとっての意味が考えられていきます。又、その歴史性にも万物が人間の誕生と発展と完成を目指しているという歴史的発展性が前提されています。たしかに「万物の霊長（die Krone der Schöpfung）」と言われる人間は互いに殺し合ったりすることを止めていませんし、「民主的な話し合いで互いの違いを認めて協力する」よりも「独裁者の下でまとまる」方がうまく行くような情けない「霊長」ではありますが、そうは言っても自己反省の能力を持ち、従って自己変革の可能性を持っているのは人間だけです。ヘーゲルも現時点での人間がそれほど立派なものではない事くらい分かっていたでしょう。しかし、同時に、キリスト者でもあった人ですから、人類の発展・成長を信じて、その「存在論的概念」の完成形として「思弁哲学の理念」を考えていたのだと思います。その時、そういう概念を捕える認識能力として考えていたのが理性であり、その方法が「概念的理解（Begreifen）」だったのです。これは現象を捕える感覚ないし表象及び本質を理解する悟性と区別して出てきたものでした。これまでにもヘーゲルの概念的理解とは何かを問題にした人は何人かいますが、その「概念的認識」の「対象」は何かと考えた人はほとんどいなかったと思います。

たしかにその「客観的に存在する概念」はヘーゲルにとってはヨハネ伝冒頭の「ロゴス」であり、神の言葉だったかもしれません。その意味でそれはやはり客観的観念論と呼ばれなければならなかったでしょう。しかし、それはとにもかくにも「人間の頭の外にある概念」の存在を認めていた限りで、概念の客観性を主張した最初の哲学ではあったと言えるのです。しかもヘーゲルはその概念に弁証法的な運動を認め、内在的に発展してゆく体系を実際に作って見せたのです。なるほどその「内在的発展」には、「内在的発展の証明のためには欠けている環があってはならない」という要請から来る多くの誤魔化しが含まれていると思います。しかし、そこには同時に多くの鋭い洞察もある事を認めるのが公正な態度でしょう。それを総合的に評価するならば、ヘーゲルの客観的観念論は Begriff（概念）の客観的存在を認め、Begreifen（概念的理解）を最高の学問的認識方法とすることで、真の弁証法的で唯物論的な哲学への道を切り開き、80パーセントくらいは作り上げたと言えるでしょう。これを真正面から受け止めて、欠けている事柄を補って先に進める事こそ現代哲学の仕事だと思います。

**お断り**

本論文（付録3）は表題のテーマについて「悟性的に」説明したものです。理性的説明、即ち概念的展開になっていますす付録1及び2とはその点で異なります。

ヘーゲルは概念的展開を「最高の学問的方法」としましたが、これは「いつでも、どこでも、どんなテーマでも、概念的に展開しなければならない」という意味ではありません。悟性的にしか説明できないし、それでよいテーマもいくらでもあります。日常生活ではほとんど悟性で十分です。また悟性的に説明した方が好い場合もあります。

読者の皆さんが、これらの二つの説明方法はどう違うのか、どういう場合にはどちらを使ったらよいのか、といったことを考えながら、概念的展開を身に着けるように努力してくださるように希望します。

（二〇一八年七月五日）

# 訳者のあとがき

本書の校正には時間が掛かりました。特に再校では半年以上の時間を費やすことになりました。読者に親切で、私の勉強にも役立つような「索引」を作ろうとしたからでもあります。当然、その間に研究書をいくつか読むことになりました。しかし、ヘーゲル哲学の全体を捕えようとしたものでは甘粕石介著『ヘーゲル哲学への道』（こぶし文庫。初版は一九三四年、著者二八歳の時）と高山《こうやま》岩男著『ヘーゲル』（西哲叢書、一九三六年、著者三一歳の時）の二冊が優れていると思いました。いずれも再読ですが、昔のことは忘れていました。強いて優劣を付けるならば後者の方が、二年後に出たという条件もあってか、有益だと思いました。そこで、後者を主として取り上げます。

まず考えた事は、「自分にはこのような概説書を書くことは出来ない。その能力がない。自分の二八歳や三一歳の頃を反省してみて、当時の自分には絶対に無理だった。今でも出来ません。ご両人の理解力の素晴らしかったのはもちろんですが、それにしても旧制高校のドイツ語学は物凄かったな」ということでした。ウィキペディアを見ますと、高山岩男については、「三一歳の時の著書『ヘーゲル』は、高坂正顕《こうさかまさあき》の『カント』とともに、後に廣松渉によって、同時代の研究書として世界最高水準と評価され、両書が外国語で書かれなかったことを惜しまれた」と、書かれていました。

私も同感ですが、手放しに称讃するのには躊躇せざるをえません。まず、私にとって特にありがたかった自然法思想の歴史の説明を、引用すると長くなりますので、まとめてみます。

――自然法思想はストア哲学から始まる。それは古代中世を通じて法秩序にとっての公理のような大前提であった。内容的には、コスモポリス（世界国家）を前提した考えであった。歴史的にはローマ法がこれを基本原理としたのだが、それは都市的個人主義の社会意識という基礎があったからである。近世のヨーロッパ社会がルネサンスの文芸復興の後にこれを受け入れたのも同じである。

しかし、実際には自然法も万古不変ではなく、その後ヨーロッパではホッブズの経験論（性悪説）とルソーの合理論（性善説）とに分かれて発達した。前者は「万人の万人に対する戦い」を「自然状態」と見、平和は「君主による独裁制」でしか保てない、とした。後者は「社会契約の一般意志」が実在するとの信念から出発して、個人の自律に任せるとした。

カントとフィヒテの実践哲学はこの後者を受け継いだのだが、ヘーゲルは、これらの二つの考えを共に否定する。ホッブズの考えは虚構の上に立っているとするならば、カントとフィヒテのそれは形式主義であり、「単なる当為」に過ぎず、実際の社会組織を生み出せない。ヘーゲルはその代わりに「人倫の哲学」を提案した。

その出発点は個人ではなく民族である。国家より「社会」を中心に考えた近世の自然法理論とは違って、ヘーゲルの考えの根底に流れていたのは「国家」意識であった。ヘーゲルはその意味で自然法理論を否定したとも言えるが、人倫における「自然」とは「精神」なのだとして、団体主義の人倫哲学を求めたとも言える。

しかるに、個人の前に国家を考える団体主義の古典的代表者はプラトンとアリストテレスだから、ヘーゲルはこの二人の国家論や政治学を研究し、その中にいかに近世の個人意識を取り入れるかに苦心した。そこから出てきたのが「絶対的人倫」という思想である。後にはこれは「客観的精神」と「絶対的精神」とに分けて考えられるのだが、『法の哲学』に至るまでのヘーゲルは芸術と宗教と国家とを結び付けて考えていた（『高山岩男著作集』第二巻玉川大学出版部四三八〜四四二頁から）。——

原文にはもちろん更に多くの内容があります。私は自然法思想についてこれ以上に参考になるものを知りません。しかし、これはあくまでも「哲学史」研究であり、学説史の叙述です。断じて「哲学」研究でも「自分の哲学」の叙述でもありません。

そこで高山がヘーゲルを読んで「哲学しなかった」と判断する根拠を更に二つ挙げます。第一は、その『精神現象学』の理解の中で「書かれてあることの理解」では感心するのですが、哲学の核心である「方法」（本書の第二三七節を参照）については原文の要約だけで、その言葉の「現実的意味」は考えておらず、高山にとっての意味を全然反省していないのです。この「方法」に全然触れていない甘粕の『ヘーゲル哲学への道』よりはましですが、高山にも内容がありません。

この方法は数え方にもよりますが、私は四つとします。かの有名な「意識は自己吟味の尺度を自分の中に持っているから、哲学者はその自己吟味を傍観していれば好い」（第一の方法）、「そのようにして意識が自分で行う自己吟味は『意識の経験』と呼んで好い」（第二の方法）、「その経験の結果はこれまでの意識にとっては『自己への懐疑』どころか『絶望』である」（第三の方法）、「その経験の結果、意識は一つ上の形態に変わる（替わる）のだが、その時には意識の対象も変わる（替わる）」（第四の方法）、の四つです。「第二の方法」とした事は厳密には「方法」ではありませんが、意識の行う行為を理解する上での大切な用語ですので、敢えてここに挙げておきました。なお、この四点については、後年（一九四六年）発表されたイポリットの『ヘーゲル精神現象学の生成と構造』でも同じですから、これに大いに依拠した金子武蔵も自分の解釈を出せませんでした。

第一の方法については四五五～六頁に「説明」があります。しかしそれは要するに、「吟味する者も吟味される者も共に意識の経験の内部にある」と原書を繰り返しているだけです。私の「これは間違いの自覚の論理だ」という例解を挙げての説明こそが本当の「説明」であり「解釈」だと思います。拙訳『精神現象学』への付録2「ヘーゲルにおける意識の自己吟味の論理」に詳しく書きました。

第二の方法については、意味は分かり切った事として「意識の経験」という句を繰り返していますが、本当の問題は何かが分かっていないようです。問題はこのような「意識の行為」をなぜほかならぬ「経験」と名付けたのか、その理由です。私見は本書の二二四頁の訳注2にも書いておきました。高山は「経験ではその出会いの『必然性』が意識に知られていない」ことをしっかり押さえないので、『意識の経験』はヘーゲルによれば何ら外面的技巧を加えぬ意識の発展の必然的経路であって」（同上書四六〇頁）などとおかしなところに「必然的」という語を使うのだと思います。

さて、第三の方法については高山は四五九頁で「意識にとって最初の自体（An sich）は変化する。……即ち意識の新たな対象である」とこれ又原書の要約をするだけです。私見は拙訳『精神現象学』への付録4「金子武蔵氏と哲学」に書きました。そこで挙げた実例だけ繰り返しておきますと、要するに「例えば、最初は家族の写真などを撮っていたカメラ少年が、年頃に成って意識が変わると、今度はヌードなどを撮るように成る」という事です。

最後に第四の方法です。ヘーゲルが意識の行程を『『懐疑』の道どころか『絶望』の道」だとした点です。これは私自身つい最近まで不十分にしか理解していなかった点ですので、私も同罪ですが、私見は本書の五五八頁以下の訳注2に書きました。私の最も言いたいことはその訳注の最後にある点です。哲学するというならば、自分は絶対知に達しているのか、その前にどういう絶望を経験してきたか、哲学教師としては生徒にどのようにして「絶望」を経験させてきたかを反省するべきだという事です。高山は「もちろんこの絶望は空しき絶望に終るのではなく、いわば棄身の決断であって、却ってそこに輝ける未来の真理が啓《ひら》かれるのである。懐疑は現象知の非真実性の自覚的洞察に外ならぬ。かくて精神現象学の進むべき道は凡ゆる外的権威を懐疑否定し行く懐疑主義の道である」（四六一〜四頁）と、あたかも悟ったかのような口を利いていますが、本当に絶望を乗り越えてきた人らしい真実味がありません。それどころか、高山は自分は絶対知の段階に達していると自惚れていたのではないかとさえ思われるのです。なぜなら、「精神現象学は思弁的哲学即ち形而上学成立の『必然性』を長き経路を辿りつつ証明保証するものに外ならない」（『務台理作著作集』第二巻こぶし書房の二五二頁に引かれた高山の言葉から孫引き）と言っているからです。「必然性」に二重の引用符号をつけたのは牧野ですが、これが間違っているからです。ヘーゲルは「絶対知に達する必然性がある」とは言っていません。カントやシェリンクでも絶対知に達していないのです。そんな事を言うはずがありません。絶対知に向かって進む「傾向」はありますが、誰でも絶対知に達する訳ではありません。ヘーゲルとしては「自分だけだ」と思っていたはずです。こういう哲学にとって重要な点で不正確なのは高山が哲学者ではない証拠です。

高山の研究は哲学研究ではないと言う第二の強い証拠は、ヘーゲルの論理学についての説明の中にあります。これには「概念の普遍・特殊・個別論」を挙げておきましょう。高山はこう言っています。「概念は普遍、特殊、個別の三契機を持つ。普遍は自己の規定性において自己自身と同一なるもの、この規定性が特殊であり、この特殊において普遍は純粋に自己自身に同等である。概念の普遍性は前に述べた如く具体的普遍であった。具体的普遍は具体的なる故、特殊に対立せず特殊に即する媒介的否定性である。かくして普遍と特殊とが否定的統一において自己内に反省せる自己同一者は個別である。普遍、特殊、個別はすべて相互否定の媒介を経たもので、それぞれ一個の概念である。……概念は自己自身において自由に自己を媒介するものである。概念において即自的に含まれたこの否定的媒介の顕現したものが判断である。判断はそれ故概念の根源的分割にほかならない」（五一四頁）。

これはヘーゲルの抽象的な言葉をそのまま要約したものでしかありません。「ヘーゲル論理学の現実的意味」を追求したものではありません。本訳書の付録2「昭和元禄と哲学」と読み比べてみれば分かるでしょうから、説明はしません。

余談ですが、この拙稿は『書斎の窓』誌の一九七一年一一月号に発表したものでした。翌年の正月に、当時東洋大学でお世話になっていた飯島宗享《むねたか》教授のお宅に伺った際、持参しましたら、「ちょっと読ませてくれ」と言って一気にお読みになりました。そして、「説得力がありますねえ」と褒めて下さいました。そのご子息の経営する出版社から本書が出るとは感慨無量です。

元に戻って、要するに、私が又々考えた事は、高山のように哲学史研究ではかくも優秀な人が、現実を哲学することになると、「弁証法的発展の結果は絶対の始原」（五六一頁）と言いながら、なぜそれが実行できないのか、という事です。第一章以下では時間の順序に従ってまとめたので全体の順序はきちんと書かれていますが、自分の立場をまとめた「序章」は「支離滅裂」と言う程ではありませんが、論理的に繋がらない所が多すぎます。この序章には題が付いていませんので、仮に私が付けますと「ヘーゲルにおける学問の特長」くらいでしょう。

最初の「西洋の思想史に始めて真実に『学』を創成したものを求めるに、何人も之をギリシャ哲学の中に見出すことであろう」と読めば、「学の創成」と言う以上、それまでの「学」のなかった時代の「思想界」のことが来るだろうと思います。波多野精一の『西洋哲学史要』は実際、それ以前の神話的世界観と対比させてギリシャ「哲学」の「学問」たる意義を説明しています。しかし、高山はそうはしないで、「宗教の信仰が精神生活の一切を統括する中世キリスト教の思潮に支配的なものは学ではなく寧ろ『教』であった」とくるのです。とても理解できません。なぜこういうおかしな事をしたかは、後の五七二頁（第六章の「法の哲学」に属します）でヘーゲルの「歴史哲学」の新しさについて高山の意見を聞くと分かりますが、だからと言って「序章」の冒頭でこういう対比を持ってきて好いことにはなりません。

要するに、「応用されない知識は哲学ではない」ということです。「知識としての弁証法」ではなく、「能力としての弁証法」こそが哲学者の求める物ではないのか、ということです。

あれだけ広く深くヘーゲルを「学説史的に」研究した許萬元も、その『弁証法の理論』下巻（創風社、一九八八年）の「下巻へのまえがき」の最後の方（まえがきの五頁目）でこう書いています。「学問の発展にとって有害なことは師にたいする盲信であります。個人崇拝の有害性は政治の場面だけにあるのではありません。真の教師は批判的な弟子をむしろ愛するものであります。私もある恩師にたいへんお世話になったものの一人でしたが、学生の頃から師の説にたいして盲信したことは一度もありませんでした。むしろ終始批判的でした。また幸いなことに、それによって叱られたり仲がわるくなるなどということもありませんでした。だからこそ、今日の私があったと思っています。師の説に賛同する場合でも、それに賛同しうる自分の立場なり主体を確立する必要があります。ところが、私を批判した論者のなかには、自分自身の積極的な主張は何もなしに、ただ相手にけちをつけ、あとは師の説をみてくれ、という調子のものが多かったのであります。これでは何の議論も前進も期待できるものではありません。こうした没主体的な論文にたいしては答えようにも答えようがないのであります」。

残念ながら、これは「悟性的理屈付け」の見本です。概念的展開でないのはもちろん、「悟性的全面性」もありません。具体性さえも全然ありません。「学問にとって有害な事柄」を考えるならば、まず「考えられる限りの事項」をすべて列挙するべきです。「哲学」について言うならば、当然、その「知を愛する」という語源的な意味を確認し、自分の経験の反省や他の人の意見を考慮して、それらの間にどういう「論理的な関係」があるかを考えるべきです。そして、悟性的な順序でもいいですから、根本的な事柄から筆を起こすのです。許萬元のやり方にはこういう準備があったとは思えません。文字通り aus der Pistole（ピストルから弾を打ち出す）ようにいきなり、即ち無媒介に「自分の先生に対する態度」が具体例無しに出てきます。このような青二才学生のような「論理」で好いというなら、何のために「ヘーゲル弁証法」を研究したのでしょうか。これは「自分の結論に都合の良い根拠」を挙げて論を進める「外的反省」の見本です。そもそも「学問にとって有害な事柄」を論ずるならば、マルクス主義の立場からは絶対に外してはならないことがあります。曰く、「世の中をよくするために戦っている事」これです。

言っている事と自分が実際にしている事との違いもあります。大きな点だけを挙げておきますと、彼は『ヘーゲルにおける現実性と概念的把握の論理』を大月書店から出した時（一九六八年）、そこに寺沢恒信（彼の先生）の「著者とこの本の紹介」という駄文を入れられたことを苦々しく思ったようで、「次回、増刷でもする時はこれを取るのだ」と言っていました。しかし、これの「増補版」の時（一九八七年）、その言は実行できませんでした。当たり前です。一九八三年、寺沢の奔走のお陰で立命館大学での職を得たのだからです。

この許萬元の例は、生活の中で「よりよい世の中を目指して戦う」という人間としての大前提が失われるとこのようなお粗末な事に成るという不動の真理の例証として役立つだけです。もういいでしょう。高山と許萬元への批判はこれくらいにしましょう。

ヘーゲルはどのように哲学したのだろうかと考えることがあります。これは本書の中でも既に指摘しました。私見では、主たる方法は二つで、「人々の生活を特に言語表現を手掛かりにして哲学したこと」と「過去の哲学者の考えを自分の問題意識から考え直したこと」でしょう。

前者は、人々の生活の中に神の御心（ロゴス）が現れているというキリスト者の考えに依るものでしょう。無神論者の私には「神の御心」は無関係ですが、「生活の中にこそ真理がある」とする点では同じです。即ち、「生活の中の哲学」は「暮らしの中にこそ真の芸術がある」と考えた民芸運動の哲学版なのです。

後者は「哲学史の解釈」というより「改釈」と言ってよいほどのものですが、歴史を科学する事を初めて実践してみせた人ならではの慧眼が随所に見られると思います。これはとても真似できませんが、私にとってはヘーゲル哲学を読んで哲学するという方法が与えられました。本書は『小論理学』を読んで哲学したことを正直に記録したものです。

かつて若い頃、ヘーゲルを読んでいた時には、行間にヘーゲルの声が聞こえてくるかのような錯覚を覚えたものです。『精神現象学』の「序言」のその又冒頭の一番不可解な箇所で、多くの角括弧をして語句を補ったのはその例です。他の訳者の方々にはヘーゲルの声が聞こえなかったようで、おかしな訳文になっています。ヘーゲルとしては「これくらいは推測できるだろう」と思って省いたのでしょう。

本書の第一節の冒頭の長い補足もその典型例です。この節を直訳した松村の訳文はこうなっています。

――哲学は、他の諸科学のように、その対象を直接に表象によって承認されたものとして前提したり、また認識をはじめ認識を進めていく方法をすでに許容されたものとして前提したりするという便宜をもっていない。なるほど哲学はまず宗教と共通の対象をもってはいる。両者ともに真理を対象としており、しかも、神が真理であり、神のみが真理であるという最高の意味における真理を対象としている。また両者ともに、有限なものの領域、すなわち自然および人間の精神、それらの相互関係、およびそれらの真理としての神とそれらとの関係を取扱っている。したがって哲学は、われわれがその対象を識っていることを前提しうるのみならず、それを識りそれに関心をもっていることを前提しなければならない、とさえ言える。このことは、意識は、時間からすれば、対象の概念よりも表象の方を先に作るものであり、しかも思惟する精神は、表象作用を通じまた表象作用に頼ってのみ、思惟的な認識および把握へ進むものであることを考えただけでも明かである。／しかし、思惟的な考察をしてみればすぐわかるように、思惟的な考察というものは、その内容の必然性を示し、その対象の諸規定のみならずその対象の存在をも証明しようとする要求をそのうちに含んでいるものである。したがって単に対象を識っているだけでは不十分であり、また前提や断言を作ったり承認したりすることは許されないことである。しかしそれとともにはじめを作ることの困難が生じてくる。なぜなら、はじめは直接的なものであるから、それは前提を作るものであり、あるいはむしろそれ自身前提であるからである。（引用終わり）

　これを読むと、「どうしてこういう書き出しにしたのだろうか」という疑念を持ちませんか。そもそも否定文で書き出しています。これが違和感の原因でしょう。「何か省略があるのでは?」と考えていると、「当たり前のことだから省いたのだ」と言うヘーゲルの声が聞こえてきます。実際、ここの穴埋めはそう難しくないと思います。私は凡人の代表として、一つの案を出しただけです。訳注は正気に返って考えたものです。関口文法を学んだお陰で文法上の注釈が多くなりました。

　要するに、訳文の中に挿入したものも訳注として書いたものも、原典を読みながら考えた事を正直に書いただけです。こういう事をするのが本当の哲学者のやり方だと思うからです。逆に言いますと、皆さんがこういう詳しい注釈付き訳書を出さないのは哲学ではないと思ったからです。私の考えや感想がみな正しいなどと思っている訳ではありません。分からない所はそう書きました。自信のない箇所はそうと推察できるような表現にしたつもりです。

　ですから皆さんも牧野の考えが分かったとしても、それを鵜呑みにしないで欲しいと思います。出来れば、原書と照らし合わせて読んでほしいです。それが出来ないなら、松村訳と一文ずつ比べて読んで考えてください。それも出来ないというならば、最低でも、私の付けた「内容上の小見出し」が適当か否かを考えてみてください。これだけでもかなりの「頭の体操」になると思います。

最近は、「今、ヘーゲルが墓から出てきたら、何と言うだろうか」などと時々夢想しています。「死んでから二〇〇年近く経ってようやく本当の哲学らしい読み方が出てきたようだな。他の人も自分の案を出して、活発な議論が生まれると嬉しいな。その時にはワシも参戦するからな」と言ってくれるでしょうか。読者の皆さんの積極的な関与を期待しています。

二〇一八年七月二〇日

牧野紀之

# 総索引

　見出し語にはできる限り独・英・仏語を添えました。

頁番号の後に丸かっこしてその頁に書かれている事の要旨を記すのが親切だとは思いますが、全ての点についてそうすると余りにも大きくなりますので、内容の重要性を判断して、要旨を省いて頁の数字だけにした所もあります。

　井上ひさしは「広辞苑に付箋を付けて自分のための辞書にした」と言われていました。本当に哲学する者なら「自分で索引を作りつつ読む」のも１つの技術だという事を知っておいても好いと思います。ＰＣという便利な道具もあることですし。私自身ようやくこの事に気付いたばかりですが。

　しかし、特に重要な項目については、その内容で小区分をしました。例えば、言い換え——225（底意のある～。278、810、874）、288（定冠詞付き名詞による～。579）、293（～の根拠。883）、617（同語の繰り返しを避けるための～。632、800、818、824、896）、……といったようにです。内容を示す言葉の後にある数字は「その内容の具体例」などのある頁番号です。下線を引いたものは特に重要なものです。

　対になる語句の両方を比較して考察している句はそれとしてまとめて１つの項目としました。例えば「理論と実践の統一」とか「分析的方法と総合的方法」とかです。

　綴りが項目の語句と同じ場合は「－」としました。綴りが同じでも言語によって発音が違う場合があるのは当然の事ですが、発音まではここには書きませんでした。

　更に又、今回は「総索引」の他に「箴言の索引」と「例解の索引」と「ヘーゲル受容史の年表」を作ってみました。

## ——— ア ———


愛（Liebe, love, amour）——907、1011（キリスト教では神を～と考える）
アイヌ——1012
悪（das Böse, evil, mal）——320（自然は～を為さない）、325（人間は～になる）、325（～は不自由）、327（～と仮象）、330（２つの～）、366（～の起源。368）、369（善と～の対立）、369（～は否定性の自己内での絶対的な仮象）
悪無限（schlechte Unendlichkeit, spurious infinity, mauvaise infinité）cf. 無限——347（～。633、634・総論、689、983、1075）、1149（過去への反省の～的性格）
朝日新聞——1094（批判に答えない長谷川宏を使い続ける～）
アダム——321、329、1012
アタラクシア（ギ ataraxia, Ataraxie, ataraxia, ataraxie）——556
アトム（Atom, —, atome）——928
アナクサゴラス（Anaxagoras, —, Anaxagore）——210（ヌース。300）
アナクシメネス（Anaximenes, —, Anaximène）——202
アポロン（Apoll, Apollo, Apollon）——872
甘粕石介——1148（『資本論の方法』）、1161（『ヘーゲル哲学への道』）
アリストテレス（Aristoteles, Aristotle, Aristote）——89（哲学の目的は真理認識。170 観想は至上のもの、294 思考の品位、1082 ～は認識を反省的とは考えていない、1103 ～は思考を思考するのが最高の段階としていた）、136（目的規定の仕上げ。1030 ～の生命は内的合目的性、1069 有機体の部分は全体の中でのみ部分である）、155（～の理念像。844 プラトンと～の理念観の違い）、202（古代ギリシャ哲学の頂点。209 経験論の始祖、199 形相、574 作

用因と質料因)、282(形式論理学の開祖。978 三段論法の定式化、985 三段論法の 3 つの格)、296(「形而上学」という語の由来。378 ～は形而上学者ではない)、206(「ニコマコス倫理学」)、687(～に由来する箴言)、688(イオニアの自然哲学の評価)、834(神はまず自然の中で自己を表す)
アルケー(ギ arche 。始原)――201
「或る事を一度言っても複数回言っても同じ事だ」(ゼノン)――687
「或る事物が何であるかは、それが何として機能しているかに依る」cf.「実体と機能」――7、624、1006、1134(形態論的思考)
或るもの(Etwas, something, Quelque-chose)――622(定存在者＝～)、627(～にはその質によって有限性と可変性が属す)、785(～と物との違い)
「あれかこれか」(Entweder-Oder, Either-Or, ou bien-ou bien)――356(～を厳しく考える)、502(悟性的二者択一)、540
暗記(auswendig wissen, learn by rote, savoir par koeur)cf. 記憶――1015
アンセルムス(羅 Anselmus, Anselm, ―, Anselme)――148、528(信仰だけでなく理解を)、1004-5(神の存在の存在論的証明とその欠陥)
アンチノミー(二律背反。Antinomie, antinomy, antinomie)――429(カントの～。431 ～の必然性、433 ～は 4 種しかないとするカント説、435 カントの～論の検討、670 カントの量の連続性と不連続性の～)、706(程度の～)

言い換え――270(～は西洋語の習慣。735 ～をきちんと取る事の重要性、805 ～を見抜く 1 つの方法)、74(同語の繰り返しを避けるための～。83、92、95、106、164、177、203、240、261、357、366、423、486、544、545、583 二対の～、620、636、730、735、802、805、815、823、829、867、889、901、914、917、920、923、929、945、951、999、1020、1021、1025、1027、1036、1040、1070、1081)、225(底意のある～。225、278、643 底意即ち間違いではない、674 底意のある～のための準備、880、932、951、1070)、293(～の根拠。889)、288(定冠詞付き名詞による～。583)
イーリアス(Ilias, Iliad, Illiade)――809、810
言い訳(Ausrede, excuse, ―)――329
『イエス・キリスト』――1103
イオニアの自然哲学者――692
イギリス――204(～人)、205、206
移行(Übergehen, passing-over or transition into, passage)――103(～方法)、349(～の論理)、578(他者への～)、659-660(質から量への～)、705(量の変化が質の変化を引き起こす)、1112(存在論段階の進展の形式)
意志(Wille, will, volonté)――219(～としての精神)、462(～には普遍的な自己規定能力がある)、776(～が根拠を能動的にする)、856(～の自由、自由な～)、859(真の～と恣意とを区別する基準)、927(一般～と全員～の区別)、1095(～の理念の生成)、1097(～の活動の有限性。1099 ～の立場の有限性)
意識(Bewußtsein, consciousness, conscience)cf. 日常意識――185(～の内容と形式と対象)、185(～の 3 グループ)、185(～の対象とは～の内容＋形式)、189(～の分類)、294(～の品位)
「以上か以下か」(Mehr oder Weniger, more or less, plus ou moins)――667
イスラム教(Islam od. mohammedanische Religion)――724(神を主と捉えるだけで、有限物を神から切り離している)

「偉大なる暗闇」――798（『偉大なる暗闇』）、830（～なんてものはない。1146 同）
痛み（Schmerz, pain, douleur）――474（生物は無生物と違って～を感じる）
一（一者。das Eins, the One, l'Un）――619（「1.」の読み方）、643、647、651、970（現実的なものは～である）
一円玉――611
一元論（Monismus, monism, monisme）――473（～的体系）、779（～的目的論）
一神教（Monotheismus, monotheism, monothéisme）――131
一面性（一面的。Einseitigkeit, one-sided, unilatérale）――356（統体性の反対）、524（一面的直接性と一面的媒介性）
一括的――71（一括的）、1093（～）
「一致点で協力」――773、966
伊藤嘉昭――118（～の著書を使ってみて）、1051
移動――552（場所の～ Ortsänderung）
イポリット――1164（『精神現象学の生成と構造』）
意味形態――862
威力――411（絶対者としての～）、519（神の～ Macht Gottes, God's might, force de Dieu）
『囲炉裏端』――968
岩崎武雄――762
『岩波小辞典・哲学』――889、1142
因果関係（因果性。Kausalität, causality, causalité）――862（因果的連鎖）、890（～の生成）、890（～総論。891 因と果の内容的・形式的同一性）、893（有限な因果性）、906（概念の運動の中にある～）、963（類の定言判断から仮言判断への進展は実体性から～への進展と同じ）、1029（作用原因が通常、原因と言われている。それは盲目の必然性）
慇懃無礼――828
インド人――519（～の神）
因由の副詞――209（～と nicht。937 ～の後に否定詞が来る場合）
引用文――490（～と地の文を判別せよ）
引力（Anziehungskraft, attraction, ―）――650（物質の本質は～と斥力。～と斥力の弁証法）

ヴォルフ――297（～の形而上学）、1091（～の幾何学的方法も内容的には悟性的形而上学）
疑う（zweifeln, doubt, douter）――463（自分の信念を～）、558（～とは否定することではない）
内と外（Inneres und Äußeres, what is inner and what is outer, intérieur et extérieur）――828（～の相関関係の生成）、829（～と先行カテゴリーの関係）、830（～は同じ）、830（～の対立も相関的）、831-2（単に内なる素質や可能性は単に外なるもの）、832（～の同一性の意義）、855（内なる現実たる可能性＝外なる現実たる偶然性）、866
宇宙（Universum, Kosmos）――77（～は円環的）、347（～は有限か）、366（旧形而上学の～論）、431-2（カントの～論とそれの検討）、1036（～論的観点）、1047（大～と小～）
「美しい論理的な日本語のために」――79、157
映し合い――1112（scheinen の訳。本質論段階での進展の形式）
自惚れ（Dünkel, vanity, vanité）――263
宇野経済学――624
運動（Bewegung, movement, mouvement）――650（～は牽引と反発の相互作用）
運命（Schicksal, destiny, destin）――871（古代人は必然性を～と解した）

英語（Englisch, english, anglais）——330（性善説の英語表現）、658（連語の冠詞問題）、853（～へのドイツ語の影響）
英訳（英Wか英Gか、あるいは両者共かは区別せず）——105、111、117、120、126（不定を定で訳す）、134、135、143、207、222、224、225、230、244、251、269、272、289（好い訳）、326、336（Sittlichkeit の訳）、338、346、347、354、361、373、393（nicht ein を no で訳す）、411、414（nur の掛かり方）、455、467、480、489、495、505、518、546、553、581、583、586、589（不定冠詞の適切な使い方）、595、595（rein を mere と訳す見識）、598、601（sollen の訳）、602（不定冠詞―定冠詞を不定冠詞―不定冠詞で訳す）、602、610、612（aber を therefore と訳す）、617、621、632、651、652、660、686、691、694、705、730（英Wの誤解では）、738、742、743、804、807、827、845、849、853（英の定形倒置）、864（英Wを支持します）、866（in sich gebrochen の訳。867）、889、908（連語の冠詞）、919（英Gは牧野と同じ）、943、959、975、979（英Wだけが早くから原典の間違いに気づく）、994、996、1000（第193節の英訳）、1006、1014、1022、1025、1057、1067、1072、1082、1093
英雄（Held, hero, héros）——839（～の自己認識）
「英雄や一い」——495
NHK——1094（批判に答えない立花隆を使い続ける～）
エネルギー保存則（Energieprinzip, the law of conservation of energy, principe de la conservation de l'énergie）——827
エネルゲイア（ギ energeia）——844
エピクロス（Epikur, Epicurus, Épicure）——557（アタラクシア）
エベレスト——1107（～登頂者の談話）
エムピリクス（ギ Empiricus）——556（セクストス・～）、558
エレア派（eleatische Schule, Eleatic school, l'école d'Elée）——227、588、593、614、654（～の無）、692
円（Zirkel, circle, cercle）——754（～の概念）
演繹（Deduktion, —, déduction）cf. 導出——498、604、656
円環（Kreis, cirkle, cercle）——77（哲学は～的）、239（哲学体系の～性）、247（哲学は自己に還帰する～）、866、877（真無限の表象）、896（ヘーゲルは直線的な関係を低く見、円環的な関係を高く見る）、971（～運動＝推理）
エンゲルス（Engels）——67、127（～の定義観）、136（～の自然弁証法。554 自然は弁証法の検証、650『自然弁証法』でヘーゲルを称讃、657 理論的思考の重要性、1018 ヘーゲルの自然哲学を経験的自然科学より高く評価）、220（形而上学的思考の無力。297 ～の「形而上学」概念、359 弁証法と形而上学とを対置）、311（自由の定義。862 機械的決定論について）、327（～のキリスト教研究の大衆性）、330（性善説と性悪説の統一）、379（「権威原理について」）、460（価値判断の客観性とヘーゲル）、642（「サルの人間化における労働の役割」）、650（『自然弁証法』の引力と斥力論でヘーゲル理論を天才的と評す）、652（Beziehung と Verhältnis）、657、658、761（～の弁証法は本質論的傾向の方が概念論的傾向より強い）、894（力と発現の同一性）、968（ヘーゲルの判断論の解釈）、1047（『フォイエルバッハ論』第４章）
延長（Ausdehnung, extension, —）——447（思考と～との一致）、889（「広がり」と訳して好いか）

応用論理学（angewandte Logik）——10、306
大きさ（Größe, magnitude, grandeur）——662（量を表すのに不適当）

掟（Gesetz, law, loi）――325（～とは普遍的規定の事）
オクトーバーフェスト（Oktoverfest）――553
臆病（Furchtsamkeit, timidity, timidité）――264
「驕る者久しからず」――552
お産の苦しみ（Schmerzen bei der Geburt）――329
男と女――741
大人（Mann, man, adulte）cf. 老人――1100、1134（～に成ることの論理的内容）
大人と青年 → 箴言☆1096（世界は善に向かっていると確信）
「同じ語句を近い所では繰り返さない」という準則――1023
オプティミズム（Optimismus, optimism, optimisme）――1078
思し召し（Vorsehung、摂理）――869、870
思い上がり（Anmaßung, presumtion, présompsion）――162、169、198（悟性の～ Altklugheit）
オルガノン（ギ Organon）、cf. カノン――455（内容的基準。457 同）
オルグ（Organisieren, organisation, ―）――685（真の～）
温度の違い――682

―――― カ ――――

外延（Umfang, extension, ―）――1089
外延量と内包量（die extensive und die intensive Größe）――663、680（～の総論）、681、683
絵画――808（～と額縁）
懐疑論（Skeptizismus, scepticism, scepticisme）――326（古代の～と近代の～の区別。394 同、557 ～とは何か。古代の～と近代の～）、356（古代の～は独断論の対概念）、459（～は価値判断の主観性を主張）、530（～は哲学への序論にはできない、論理的なものの契機として入っている、544 ～は弁証法的なものの否定面しか見ない）、556（～の総論。556 ～と弁証法）
蓋然判断（problematisches Urteil, problematic judgment, jugement problématique）――966
外的反省（äußere Reflexion）→ 反省

概念（Begriff, concept, ―）cf. 通念、観念――
概念の価値の吟味（概念の真偽）――10、118、121、231、309、362、363、396（～でのカントとヒューム）、127（～の必然性）、156（～は哲学の基礎）、212（思弁的思考にとっての～。214 思弁的意味での～。356 ～主義）、234（～の立場とヘーゲル流の歴史観）、245（～と根拠との区別）
概念の客観性――298（～・判断・推理という形式の客観性）、300（思考規定の客観性。347 概念の真理性、922 概念の形式の真理性の度合い）、774、823（存在論的～と目的との関係）、832（ヘーゲルの概念は存在論的でも認識論的でもある）、914（～の総論。914 ～の本質と自由、統体、自己同一、絶対的に規定されている）、928（～の発生と形成）、1143-5（ヘーゲルの概念の認識論的理解と存在論的理解））
概念と本質と存在――308（～の絶対的規定）、317（～と本質とは違う）、372（～は潜在態であり可能性）、586（具体的な観念が～）、751（die innere Einheit のこと）、754（円の～。770 同＝本質より一段上の～）、792（自由で無限な形相が～）、870（～は必然性の真理、必然性は～自身）、901（実体の真理は～）、904（～は存在と本質の真理）、906（～と存在との違い。～は存在に帰った本質）、907（ヘーゲルの～は主体）、914（～の本性）、915（～は生命の原理で、具体的）、916（～は存在と本質の全内容を含有）、918（～の進

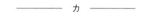

展形式は発展)、920(~の分類)、924(~の三契機)、924(~そのもの。判断及び推理と組みになる~)、925(~の統体性)、929(~は具体的)、956(~即ち本来の性質と反省規定)、964(~の判断)、1011(人間の最内奥の自己である~)、1042(~は否定性と一体)、1043(~は自覚した自己同一性)、1054(ヘーゲルの~はヨハネ伝冒頭のロゴス)、1056(概念は現実の全体の中に実現される)、1091(~の本性による順序)、1091(カントにおける「~の構成」)、1114(実現された~)、1132(単なる名前と~との違い)、1144(~と通念の違い)、1144(~図)、1145(~の自我性)
概念の立場——310(~に立った理解)、689(ヘーゲルの~の高さ)、812(全体的歴史的見地の事)、915(~は絶対的観念論)、1100
概念的個別(Einzelheit des Begriffes)——7(普遍として機能する個別)
概念的理解(概念的把握。Begreifen, comprehension, comprendre)——6(総論。87 ~では自我性が核心、154 ~という精神の高み、436 ~とは対象を対立する2規定の具体的統一として知る事)、648(1と多の表象的理解と~)、668(表象的思考と~)、908(~では真理から始めることは出来ない)、939(☆939を見よ)、1129(最高の学問的認識方法)
概念と存在の一致(die Einheit des Begriffs und des Seins)——310(厳密にとれば神のみが~)、453(~が神の概念)、466(カントはこの一致を認めず)
概念論——310(概念の立場に立った理解)、646(存在論と本質論と~のそれぞれの立場)、839(英雄の自己認識での~の立場と本質論の立場の違い)、1014(~は広義の目的論)
『概念論』——212(牧野訳)、363
解放(Befreiung, liberation, libération)——635(逃亡の別名にすぎない~)
カオス(混沌。Chaos, —, —)——791
科学(学問。Wissenschaft, science, science)——101(~の本質は証明)、277(~とは事実の説明。684 同)、741(有限な諸科学の仕事は悟性的比較)
『科学史年表』——920
化学論(Chemismus, chemism, chimisme)——1022(総論。1022 そこに含まれる矛盾、1023 ~と機械論との異同)、1024(反省関係一般と~的反省関係との違い)、1024(~の中にある3種の推論)、1026(~の有限性)、1072(~的過程と生命体の活動との違い)
確言判断(assertorisches Urteil, assertoric judgment, jugement assertorique)——965、972
学習(Lernen, learning, étude)——358(~とは創造的継承)
確証判断(apodiktisches Urteil, apodeictic judgment, jugement apodictique)——967
確信(Gewissheit, certainty, certitude)——166(主観的なもの)、238(主観的~)、291(確信自体が善という考え)
学問(Wissenschaft, science, —)———295(~の主体的性格と客観的性格)、402(~的な仕事での客観的な関心)、618(~の進展)、835(~の評価における学者の内面と成果の関係)
掛け替えのない人——1136
仮言判断(hypothetisches Urteil, hypothetical judgment, jugement hypotétique)——963(定言判断から~への進展は実体性関係から因果性への進展と同じ)
過去(Vergangenheit, past, passé)——207(事実を確認する~形)、784(現在と~の関係)、1122(~への主体的反省)
下降(思考の)——223(~における経験科学の役割)
仮象(Schein, semblance, apparence。仮象作用、映し合い= scheinen)——369(分かりにくい例)、445(世界の存在は~)、525(外界の事物の存在は~)、575(~の論理学と真理の論理学)、716(本質の中での存在=否定的なもの。720 同)、731、798(~と現象)、1049、1112(映し合いは本質論段階での進展の形式)、1114(~=外観)、1152

数（かず）→ 数（すう）
仮説（Hypothese, hypothesis, hypothèse）――242
型と形――545
価値（Wert, value, valeur）――854（「意味」でも好い所に「～」）、986（意味と～）、1105（理念の諸契機の～）、1106（物の真の～は理念の契機としての～）
価値判断（Werturteil, valuejudgment, jugement de valeur）――392（～は主観的か）、388（経験論＝実証主義は～の客観性を否定）、459（カントにおける～の客観性）、459（懐疑論は～の客観性を否定）、460（価値判断の客観性とヘーゲル。939 同、948 同）、464（～の客観性。968 同）
「価値判断は主観的か」――311、385、392、460、968、1021
可知論――359（可認識論）
活動（Tätigkeit, activity, activité）――866（事柄の～）、876（人間ないし登場人物として事柄を顕在化する）、1028（目的の～。1042 同）
桂寿一――4
過程（Prozess, process, processus）――1065（理念の「～」は「統一」ではない）
カテゴリー（Kategorie, category, catégorie）――117（悟性概念）、118（～の価値の吟味。137 同、429 カントは～の内容の吟味をしない、484 カントでもフィヒテでも～の価値の吟味は為されない、599）、215（～の変形）、188（～と概念。カントは同一、ヘーゲルでは区別）、331（カントの12個の～。406 カントの～）、414（～の主観性と客観性）、416（カントにおける～の位置付け）、417（～は空虚ではない。～の内容とは何か）、488（～の有限性でのカントとヤコービ）、503（～の有限性）、621（個々の～の配置は相当正確）
加藤尚武――1118
過渡期――443
金子武蔵――12、69、271（訳書『精神現象学』）、560（『精神現象学』の絶望を熟考せず）、912（～の研究の二大欠点）、1164（イポリットに依拠）
「金子武蔵氏と哲学」――186、1164
可能性（Möglichkeit, possibility, possibilité）――846（現実性の中の自己同一の契機）、846（～は考え方の問題か）、850（～は現実性より低い）、854（～は有限）、864（実在的～）
「『かの如く』の哲学」――637、862
カノン（Kanon, canon, ―）cf. オルガノン――455（形式的基準。457 同）
加法（Addieren, addition, ―）――675
神（Gott, God, Dieu）――81（der Gott）、133（～の中には悪はない。152 創造者としての～、310 ～のみが完全な真理、448 ～は精神）、454（～の内容的規定）、470（究極目的を成就する主体）、538（～の慈悲＝悟性の客観的意味）、551（～の威力＝弁証法の客観的意味）、563（神を無制約者と知る）、580（～の形而上学的定義）、588（～は全実在の総和）、792（世界の創造主ではなく設計者としての～）、825（世界を～の力の現れとみるのは正当だが、～を力に還元するのは間違い）、869（～の思し召し＝必然性の真理たる概念）、928（～が世界を無から創造したとは）、1046（～の摂理）
　神の認識――262（～の認識）、265（～を認識しようとする事こそ謙虚）、374（～の知性的認識は哲学、表象的観念は宗教）、379（「～の知的愛」）、440（カント及び旧形而上学での～認識）、519（直接知の～認識）、520（知られざる～）、724（～認識の始まり。739 ～についての知の始まり）、871-2（古代人の～とキリスト教の～）、886（～を実体＝必然性とするスピノザ哲学の欠陥。903 スピノザの「～への知的愛」）、975（神についての悟性概念と理性概念）

神の存在（の証明）（Beweis vom Dasein Gottes, proof of the existence of God, preuve de l'existence de Dieu）――81（～の形而上学的証明を知ることが～を信ずる唯一の条件と言われた）、184（～の形而上学的証明の具体例。445 ～の形而上学的証明）、453（～の概念は概念と存在の一致）、372（～の証明のいろいろ。374 意識による～の証明）、442（カントの～の証明論、宇宙論的証明、自然神学的証明）、444（～の証明とは何か）、451（～の存在論的証明とは。1003 ～の存在論的証明、1004 同）、526（～の観念は～を前提する）、614（～を問うことは無意味）、723（神については es gibt とは言えない）、1031（悟性的理解では個別を普遍に高める点が見逃されている）

感覚（Sinnliches od. Empfindung; the sencible or sense-experience; sencible）cf. 感官（Sinn, sensory organ, sens）――68（～的印象を絶対視するな）、78（～は受動的）、266（～的なものは精神に属する）、274（～の論理的性格は個別性・相互外在性・並存性・継起性。301 ～は個別的、410 感性的なものは相互外在的、535 ～の論理的性格は個別性、691 ～的なものは相互外在性即ち多）、560（媒介された～）、582（感性的な思考は質的規定と量的規定を扱う）、687（～の全面性は悟性で一度否定された後に理性で再興される、739 ～の立場からの思考能力批判）、925（～の個別。1136、1139）

「感覚器官の中に無かったものは知性の中には無い」――209、499

環境（Umstände, circumstances, circonstances）――900（～と人間の相互作用関係）

関係させる（Beziehung）――935（主語と述語の同一性の定立）

関係代名詞（Relativpronomen, relative pronoun, pronom relatif）――355（～が関係文の中の不定形の目的語となる場合）、763（～の先行詞）

換言的並置――461、660

冠詞（Artikel, article, ―）――208（～用法における英独仏の異同。923 同）、660（weder A noch B, sondern C における冠詞問題）

感受性（Sensibilität, sensibility, sensibilité）――1071

換称代名詞――66（～の例。151、240）、423、965、995

感情（Gefühl, feeling, sentiment）――86（宗教の形式は～）、109（～という方法）、187、267（～は感性界に属する）

感性 → 感覚

感性的（sinnlich, sensible, ―）――69（～的確信。404 同、582 同）、268（抽象的に～）、303（～＝自分の中に直接見出す、与えられたもの、外から来た物）、453（～存在とは最も貧しいもの）、584（～意識）

間接伏在属詞文――193

完全性（Perfektion, perfection, ―）――637（歴史的～）

完全枚挙（Vollständigkeit, completeness, complétude）――360（経験的な～）、991、1089（Vollständigkeit を「完全枚挙」と理解する根拠）

カント――120（有限な概念では真理は掴めない）、184（～の認識論は「水に入る前に泳ぎを習おうとするもの」）、188（～のカテゴリー）、230（合理論と宗教の対立の止揚）、276（～の自我論の拙い所）、359（ヒュームによって独断の夢を破られた。396 経験と経験的認識を区別、396 ～とヒュームの異同）、409（～の立場は判断の立場。636 ～の立場は当為の立場。～の霊魂不死説、1099 ～哲学は道徳の立場）、409（～の間違い）、415（～の哲学は主観的観念論）、420（～における理性的認識と経験的認識。420 ～理性論の意義と限界、421 理性と悟性を分けた、425 ～の理性批判）、429（～の霊魂論）、430（～の誤謬推理論。431 ～における誤謬推理と詭弁的推理）、431（～の宇宙論）、440（～の理性論・総論。451 百ターレルの例、455 ～の理論理性はカノンであってオルガノンではない、457 ～の理性は実際は

悟性である)、459(~の実践理性。461 同、~の自由意志論)、464(『判断力批判』)、465(~の理念論の意義と限界)、467(~とヘーゲルの本当の違い)、471(~目的論の主観性)、473(~論のまとめ。481 ~哲学の二大欠点)、514(神の存在の証明で「万人の一致」を論拠とする)、550(アンチノミーで弁証法を再興。670 ~の二律背反)、654(『自然科学の形而上学的原理』)、656(物質を反発と牽引の統一と捉えた)、690(ハラーの無限に感心)、780(~哲学。物自体の発生の過程)、797(本質は現象の彼岸にあるとする~説は間違い。800 同、現象観を変革、802 ~が現象観を元に戻した、1146 ~は本質と現象を分けた)、848(~の様相)、901(第1批判と第3批判の不整合)、947(判断の分類を主張した功績)、1030(内的合目的性)、1089(カテゴリーの分類を三分法にした~の功績)、1091-2(概念の構成を提唱したが、それは概念を表にまとめる形式主義)、1162(~とフィヒテの実践哲学)
カントール(Cantor)——648
「艱難汝を玉にす」——1053
観念(Gedanke, thought, pensée)——181(~を持つとは何か)、189(~は「最広義の表象」とも言える)、267(~は絶対者を捉える唯一の形式)、271(~は思考の産物であり、その規定は普遍性。275 同)、296(客観的~。299「客観的~」という表現は拙い点もある、300 意識なき~、331 客観的~とは真理のこと)、306(純粋な~とは)、429(~の内容の吟味)
観念性(Idealität, ideality, idéalité)cf. 実在性——644(独立存在の論理的性格)
観念的な(ideel, ideal, idéal)cf. 契機——349(~は「止揚された」と同義)、918(~な仕方で)
観念論(Idealismus, idealism, idéalisme)——292(思考と存在との実体的同一性)、357(ヘーゲル的な意味での~。646 ヘーゲルの~概念、359 ヘーゲルにおける第2の~概念)、358(~の普通の意味)、422(カントの主観的~。ヘーゲルの絶対的~。425 カントの主観的~、801 フィヒテの主観的~、915 絶対的~)、454(ヘーゲルの~の本当の姿)、641(真の哲学はみな~)、694(ここでの「~的」とは)
偽(falsch, false, faux)——353(真理を判断で表すのは~である)
記憶(Gedächtnis, memory, mémoire)cf. 暗記——1017(~の本質と意義)
機械的(mechanisch, mechanical, mécanique)——818(~な関係)、862(~決定論)、1015(~的な知り方=暗記)
機械論(Mechanismus, mechanism, méchanisme)——820、1013(化学論を含む広義の~)、1015(~総論。1016 ~の意義と限界、1015 形式的~、1018 内容的~即ち落下・欲求・社交本能等、1019 絶対的~)、1020(~は推理の体系)
幾何学(Geometrie, geometry, géométrie)——258(抽象的な感覚的表象を扱う)、536(~における悟性)、679(~でも数を使う)、754(多角形の円などを扱う~者)、1087(~では定義を作りやすい)、1092(~では総合的方法を完全に実行できる)
「幾何学を解せざる者入るべからず」——677
起果作用(wirken)——895
帰結(Folge od. Folgerung, conclusion, —)——137(~の二種)
キケロ(Cicero, —, Cicéron)——160、515
擬人論的(anthrolopopathisch, anthrolopomorphic, anthrolopo-morphique)——487(~な概念)
偽善(Heuchelei, hypocrisy, hypocrisie)——836
規則(Regel, rule, règle)——286(~は一種の普遍)、738(「~は~だ」)
基体(Substrat, substrate, substrat)——580
規定(Bestimmung, determination, détermination)——185(意識の内容が観念の~を成す)、308(疑念を絶対的に~する)、347(有限な~と無限な~)、350(有限な~の理性的な扱い)、376(~のない所には認識もない)、399(思考からは自分で自分を~する)、590(媒介さ

れた無～）
「規定は否定である」——379、441、590、625
疑念（原典への疑念）——418（ドイツ語として正しいか）、424（er ではなく es では？）、445、662（第1章第1項の Das Sein と第2章第1項の Die reine Quantität とは rein の有無で不整合では？）、681（量論の第3段階を「度」としたのは正しかったか）、688（注釈を置く場所が不適切では？）、691（原典の「有限」は「無限」の方がベターでは？）、712（「自己関係」は「無媒介性」の同義語だから、「自己媒介」の同義語として使うのはどうか？）、731（「本質論の予備知識」の構成は不正確では？）、780（現出存在から物への移行は成功しているか？）、784（この Geist は Sein を読み違えたのでは？）、788（物素と物は違うのか同じか）、792（原典のドイツ語が分からない）、842-3（本質論の章建てについて）、929（本質論の対概念の相互依存と概念の三契機の不可分離性との違いの説明が不十分では？）、956（ノートの筆者の間違いか、又は編者の間違いでは？）、962（ヘーゲルの原文自体が悪いのでは？）、964（選言判断から概念の判断を導出するのは正しく出来ているだろうか？）、968（推理の内在的導出は成功しているか？）、973 と 974（悟性推理と理性推理の違いの説明が分からない）、976（悟性「概念」と理性「概念」の説明はあるが悟性「推理」と理性「推理」の違いの説明はない）、985（生成の内在的必然性が証明されていないのでは？）、990（質の推理から反省の推理の導出も分からない）、991（setzt も隔字体にして強調するべきでは？）、997（客観性を強引に導出しようとしているのでは？）、1007（概念から客観への移行は成功しているだろうか？）、1025（different な関係の所に「反省関係」をなぜ持ち出すのか）、1026（第202節及びその付録をなぜ出したのか。目的関係を内在的に導出したかったのでしょうが、成功しているか）、1043（手段はすぐに使えてこそ手段なのに、なぜそれを「概念の統体性」で根拠づけるのか？）、1055（この頁は原典も編集者が補ったものも文法的におかしいのでは？）、1067（「手段」だけイタリックで「目的」はイタリックでないのはおかしいのでは？）、1073（dessen ではなく deren とすべきでは？）、1082-3（文法的に間違っているのでは？）、1093（コンマが落ちているのでは？）、1098（der Begriff der Idee ではなく die Wahrheit der Idee とするべきでは？）、1113（進展論も1つの節にまとめた方がベターでは？）
技能（Geschicklichkeit, skill, métier）——1043（～の習得と使用）
帰納法（Induktion, —, —）——127、991（全称推理は～に立脚している）、992（～は類推に成る）、993（～はどれも不完全）
詭弁（Sophistik, sophistry, sophistique）——431（カントにおける誤謬推理と～的推理）、548（～論法の本質）
義務（Pflicht, duty, devoir）——286（～は一種の普遍）
客観（Objekt, object, objet）——401-3（～概念の三義。405 同、まとめ直し）、416（意味のない～性概念）、1001（一般の～概念はヘーゲルのそれと違わない）、1008（～総論）、1052（～世界は本来的には概念）
教育（Erziehung, education, éducation）——507（～の必要性）
「教条主義と独断論」——356、438
共存共栄（Leben und leben lassen, coexistence and co-prosperity, coexistence prospère）——548
共通性（Gemeinschaftlichkeit）——276（抽象的普遍性の現れ）
教養（Bildung, culture, —）——93（～のある人。853 同、851 ～のない人）、537（～の本質は悟性）
虚栄心（Eitelkeit, vanity, vanité）——264
許萬元（キョ・マンゲン又はホ・マンウォン）cf. 著書と論文は別項目——6、7（処女論文「ヘ

ーゲルにおける概念的把握の論理」とそれの四大意義)、12(寺沢の考え方は悟性的と批判)、115(進展即背進)、124(追考論を取り上げた功績)、249(～のヘーゲル解釈の特徴)、347(ヘーゲルの限界論。627 ヘーゲルの限界と制限)、512(説明を言い換えと取る)、841(本質論の前半のまとめ。1081 踏み込んだ訳、911 ヘーゲル研究における～の功績と限界、920 ヘーゲルはプラトンの想起説を継承)、951-2(ヘーゲルの真理概念)、1140(本質認識の方法)、560(『精神現象学』の「絶望」を熟考せず、1149 類種関係と自然の階層性を混同、1151 対象分析の主体的限界説は間違い、1157 概念と本質との区別が出来なかった)
ギリシャ(Griechenland, Greece, Grèce; griechisch, Greek, grec)——201(古代～哲学の始原の抽象性)、270(古代～の哲学者は宗教に反対した)、278、337(古代～哲学は意識の自己内二分を知らなかった)、354(古代～哲学は自由な思考だった)、366(霊魂を生命の源泉とみる)、394(ヒュームの懐疑論と古代～のそれとは違う)、539(～神話が北欧の神話より優れている点)、609(古代～人の思考の悟性的性格。618-9、703 古代～人は尺度としての神を人倫に適用)、706(量的変化が質的変化を引き起こすことに気付いていた古代～人)、802(古代～人の間では現象は自立的ではないというのは公理であった)、873(古代人の神々とキリスト教の神との異同)、927(古代～人は優れていたが、人間を普遍態で捉えず)
キリスト教(Christentum, Christianity, christianisme)——115(～と大衆の生活)、168(真の信仰)、196(現実と理性の和解)、320(～とモーゼの神話)、374(～者)、375(～は理性の啓示)、493(～の信仰)、507(～の洗礼)、516(～は偶像信仰ではない)、792(神を世界の設計者ではなく、創造者と見る)、826(真の～とは)、872(～は慰めの宗教)、873(古代人の神々と～の神との異同)、919(神の世界創造は「概念の発展」)、927(～は絶対自由の宗教)、1011(～の救済論)、1058、1059、1100
「議論の認識論」——136、294、379、595、966、1104
緊張(Anstrengung, effort)——1110

句——611(文的な～)
空間(Raum, space, espace)——278(相互外在性の～的把握)、280(表象の無既定の～)、438(時間と～のアンチノミー)、1092(～という「感性的ではあるが抽象的な直観」)
空語(leeres Wort, empty word)——523
偶然(偶然性。Zufall, chance, contingence)——197(～的なもの)、238(内容的に～的な思考)、245(根拠の立場は～性の立場)、245(理性は～性を許す)、261(～性という概念は表象できない)、326(子供の善意の～)、656(古代の原子論は原子同士の関係を～とした)、853(～の生成)、854(～とは単なる可能事としての現実)、854(～は有限)、855(～は自己の根拠を他者の中に持つ)、863(～は条件でもある)
偶像崇拝(Götzendienst, idolatry, service des idoles)——517
空想力(Phantasie, fantasy, fantaisie)——86
偶有性 → 実体
具体的(konkret, concrete, concrète)——234(ヘーゲルにおける「～」とは「対立物の統一」。759、846・そう理解する根拠の1つ、962)、269(精神的と同義)、236(真なる観念は～)、382(内容の～性)、802(konkreter「より～的」の意味)、980(ヘーゲルの「～」には二義ある)
「句点を越えてその後まで掛かる語句や文は沢山ある」——393、710
グノーシス派(die Gnosis, the gonostic, la gnose)——149、153、155
区分(Einteilung, division, —)——571(『小論理学』の～論。573)
区別(Unterschied, distinction, —)——382(旧形而上学では「合成」で、物質の根本規定)、

600（～とは）、673（特定の～か～一般か）、740（～は本質の本質）、741（～は本質における他在）、743（単なる差異としての～）、748（本来の～の生成）、751（本質論段階の～と存在論段階の～。762 それは絶対的な～）
「暗闇は偉大ではありえない」――691
繰り返し――270（近い所では同一語句の繰り返しをなるべく避ける）
グロチウス（Hugo Grotius）――204
グロックナー版――4、58、77、105、128、153、177、182、183、185、192、231、299（ist は wie ではないか）、441、449、651、867（ズーアカンプ版よりベター）

契機（Moment, moment, ―）――594（～は「止揚された規定」であり、「観念的な要素」となっている規定の事）、614（「観念的～」は重言だが、使われている。617、671、760、915、1028、1030、1114）、619（～は無媒介性と対立的に使われている）
継起性（Nacheinander, succession, être-l'un-à-la-suite-de-l'autre）cf. 相互外在性、並存性――274（並存性と共に個別の形式。278 同）
敬虔（敬虔な fromm, pious, pieux）――162、492（キリスト教的～）
経験（Erfahrung, experience, expérience）――194（意識の使う手近な形式）、203（～原理の中にある重要規定）、208（～的認識の不十分性。211 同）、223（必然性に高まる衝動）、224（『精神現象学』での～、1163 意識の～）、226（～科学の哲学にとっての二重の重要性、228）、318（真理認識の第1の形式）、390（ヘーゲルとカントにおける高低2種の～概念）、395（～的認識の中にある2要素、420 ～的認識は規定された内容を持つ）、535（～は具体物に関わる）、688（～＝可能性と論理＝必然性）、826（～科学の正しい所）
敬虔派（キリスト教）――162（～の非キリスト教的性格。167）
経験論（Empirismus, empiricism, empirisme）――381（～の根拠）、383（～の根本原理）、384（～の偉大な点は現実主義と自由の原理）、385（～の限界と錯覚は自己反省の欠如）、386（～の三大原理、～のスローガン）、387（～は現在を知覚で捉えて分解して経験を得ようとした）、389（～の内容）、395（～と批判哲学との異同）、476（無邪気な～、反省的～、形而上学的～。480 無邪気な～の源泉・内容・方法）、683（こりかたまった～者）、802（現象の実体視）、1084（～者の方法は分析的）
傾向性（Neigung, inclination, penchant）――326（～の主観性。300 同）、462、511、559（絶対知へと向かう～）
経済学――206（かつては「政治経済学」）
「経済学の方法」――79、912（～での「全体的表象」）
計算（rechnen, calculate, calculer）――675（～法とは）
啓示（Offenbarung, revelation, révélation）――154（～されたが理解されなかった秘事）、204（外界での～及び内界での～）
繋辞 → コプラ
形式（Form, form, forme）→ 内容と形式。内容を産み出す形式
形式を読む（考える）cf. 文脈を読む――67（～習慣。100、395 ～と分かる事、434 ～必要性、983 ～習慣の重要性、1088 ～事の意義）、225（経験概念の～、278 個別論の～、332 論理学の予備知識の～、386 経験論の3原理の～、394 第37-9節の～、483 ～の1例、528 直接知論の～、543 第80節への付録の～、679 ～の1例、852同）、480-1（第40-60節のカント論の～と～事の意義が分かる）、889（第151節付録のまとめ方は模範的）
形式主義（Formalismus, formarism, formarisme）――227（～という非難）、992（全称推理の～）
形式論理学（formelle Logik, formal logic, logique formelle）――121（～の批判者）、195（～の同

一律)、268(論理学としての～は大して役立たない)、282(～の規則)、398(カントは～の12個の判断から12個のカテゴリーを定めた)、456(～はカノン)、740(～は抽象的同一性を絶対視する)、752(排中律は悟性のもの)、764(充足理由律)、775(～の四法則)、932(～の概念分類)、946(～の判断論)、957(～での単称・特称・全称判断)
形而上学(Metaphysik, metaphysics, métaphysique)——296(ヘーゲルの～概念。～とは観念で把握された事物についての学問、298)、296(～という語の由来と諸義)、337(旧～についての総論。342 旧～は悟性的思考、旧～の方法、436 悟性的～の独断論)、581(認識論に対置された～)、641(「超感覚的世界を論ずる存在論」という意味での～)
芸術(Kunst, art, —)——305(～の地盤は感性的だが「意識」の一種)、402(～作品の客観的評価)、465(～作品では普遍から特殊が出てくる。465 ～美の理念)、468(～的天才)、809(真の～作品には然るべき形式がある)、835(～の評価における内面と成果の関係)、1100(優れた～作品。1155、1169)
掲称的付置——265(～とコンマ。295)
形相 → 質料と形相
形態——1134(～規定、～論、～論的思考)
鶏鳴版——4(用語)、62、68、74、101、176、186、188、189、201、211、215、220、222、244、265、269、304、346、352、369(誤解)、371、384(間違い)、401、425、439(対案として残す)、579、584(訳し落とし)、587、589、598、616、633、647、660、669、694、702(間違い)、709、717、748、792、822、845(間違い)、924(理性的に理解された抽象的普遍)、926、935、979、983(間違ってはいないが、対を分かりにくくする)、997、1015、1035、1039、1058、1066(～の書き換え。1067)、1073、1103
啓蒙思想(Aufklärung, Enlightenment, philosophie des lumières)——72(～は浅薄な学派。324 性善説は浅薄)、116(19世紀初頭のドイツでの～)、146、150(～の無内容。167 ～派の悟性的思考)、168(啓蒙神学は形式主義)、200(フランスの～家)、324(近代の性善説)、372(近代～の理神論。724 近代～の神概念、825 同)
形容詞(Adjektiv, adjektive, adjectif)——70(～の使い方)、111(修辞的～、枕詞)、440(描写的～。556、587、594)、239(二格的～。383、581、982)、499(指示～と所有～。499 その順序、795 ～が重なる場合、804 ～を重ねて使う言い方は英と仏にはないらしい)、518(地名の～)、728(最上級～と不定冠詞。728 最上級～と定冠詞)、827(所有～の用法。982 再帰的所有～)、841(属詞～)、853(評価の～。862)、995(～の格語尾変化)
ゲーテ(Goethe)——120(『ファオスト』、388)、318(偉大な感覚と経験)、537(偉人は自己を限定する)、832(自然科学への不満)、836(「他人の長所は素直に愛すべし」)、1060
結果(Resultat, result, résultat) cf. 因果関係——619(～は止揚された矛盾)
結合(Verbindung, combination, combinaison)——937
決定論(Determinismus, determinism, déterminisme)——132、459(意志に自由なし)、862(機械的～)
欠点(欠陥。Mangel, want, manque)——233(～の自覚とその克服、348 同、628 同)、344(規定から生まれた～)、1067
ケプラー(Kepler)——213
牽引(Attraktion, attraction, —)——649
原因(Ursache) → 因果関係
限界(Grenze, limit, limite)——343(～とは)、347(許萬元によるヘーゲル～論の研究)、401、436、475(～を知ること)、542(外との～は内なる～の現れ)、582(量の～)、627(～とは定存在の中にある否定性)、629(質的～と量的～)、680(定量の～は定量と同一)

『言海』――1146
謙虚（Demut, humility, humilité）――262（謙譲の美徳）、265、294
言語（言葉。Sprache, language, langage）――104（～の違いに騙されるな。114 同、589 同）、276（～は思考の産物。普遍的なものしか表せない）、307（～の中には思考規定が定着している）、677（～＝第二信号説の非論理性）、862（～の世界では論理よりも気持ちが優先される）、858（思考の肉体とでも言うべき～）
原罪（Erbsünde, original sin, péché originel）――320（～の神話の意味）、324（人間は性来悪）
現在（Gegenwart, presence, présence）――382（現象的～、本質的～、概念的～。1128）、383（直接的～。1121、1128 媒介された～）、386（～の中には無限な形式が、真理が含まれている）、784（～と過去の関係）、1121（出発点としての～、1127 帰ってきた～、1127 未来を指し示す～）
現在形（Präsens, present form, présent）――748（結果を表す～）
原子（Atom, atom, atome）――274（個別と同じ）
原子論（Atomismus, atomism, atomisme）――653（古代の～。656）、653（近世の～）、654（古代の～と近世の～との比較）、655（古代の～の原理は多としての独立存在）、656
現実（現実性。Wirklichkeit, actuality, effectivité）――194（哲学の内容は～）、195（ヘーゲルの～観を知るために）、575（～とは自分の力で自分と媒介するもの）、636（～感覚こそヘーゲル哲学の命）、840（～性の生成。841 ～性の総論）、842（～は自己と同一になった相関関係、外化の中で自己に反省、～の定存在は自己の顕現、843 ～と理想、865 ～の過程、866 展開された～）
現実的――970（～なものは特殊を通じて普遍へと高まり、自己同一となる個別、即ち推理である）
現出存在（Existenz, existence, ―）――197（～と現実）、775（～の生成）、777（～の総論。778-9 ～の世界は根拠と被根拠の全面的相互依存の世界）、1153（別の事の現れ）
現象（Erscheinung, appearance, aparition）――194（～と現実の違い）、197（～は存在の中の一部）、421（カントの～は悟性的認識の内容）、422（単なる～、我々にとっての～、自体的～）、476（カントでの～の世界）、794（～の生成）、797（～の総論。797 本質は～する、798 ～は定立された現出存在、798 ～と仮象、800 ～は存在より高い）、802（～観の変遷）、803（～の連鎖）、805（～の内容と形式）、806（～の法則）、808（～は外面性に囚われている）、1146（～という語は『言海』にはない）、1153（ヘーゲルが～を「存在」というカテゴリーで捕らえ、本質論で扱ったのはなぜか）
現象学（Phänomenologie, phenomenology, phénoménologie）cf. 『精神現象学』は別項目――285（いわゆる～）
謙譲 → 謙虚
限度（Maß）→ 程度
限度超過（Maßloses, measureless, être-sans-mesure）――709
権利（Recht, right, droit）――704（～の立場は人格の平等の立場）
原理論（Elementarlehre, doctrin of elements or elementary theory）――997

語――454（～の中に文を読む）
「恋人の会話」――8、101、126、177、221、234、311
行為の自己評価――200
公害反対運動――1098
交叉配語（Chiasmus）――584、601

構成（Konstruktion, construction, —）cf. 作図——1091-2（概念の～）
公正（Gerechtigkeit, justice, équité）——134（最小限の～）
講壇哲学（者）——9（～の通弊）、66、72、199（語の日常用法と～）、215（～者）、222（許萬元の弁証法研究）、293（～とヘーゲル哲学との違い。418 同）、1037（～ほど生活の中の哲学から遠いものはない。1104 ～ほど哲学から遠いものはない）
後置定形の省略——58、66
高低を考える——669（動物と植物の～。852 どちらがどちらを止揚するか）
肯定的なものと否定的なもの（Positives u. Negatives）——375（否定性を含まない肯定性）、751（本質論段階の区別は～との対立）、753、756、761（～の対立から根拠へ）
幸福主義（Eudämonismus, Eudaemonism）——462
公平さ（Billigkeit, fairness）——548
高慢（Hochmut, arrogance, orgueil）——294
合目的性（Zweckmässigkeit, purposiveness, finalité）cf. 目的——102（外面的～）、468（内的目的、外的～、有限な～）、1030（内的～、有限な～、外的～）、1036（外的～）、1042（有限な～）、1048（有限な～の偶然性）
効用（Nützlichkeit, utility, utilité）——1036
公理（Axiom, —, axiome）——988（～の証明）
合理主義（合理論、理性論。Rationalismus, rationalism, rationalisme）——210（その真義）
コギトー（cogito）——501
『国語大辞典』——1142
国際法（Völkerrecht, International Law, edroit international public）——204
「黒板の歴史」——7
国籍（Staatsangehörigkeit, nationality, nationalité）——888（～と不定冠詞）
語源——127（～を根拠にして定義を演繹する方法。360 語源学）
「ここ」と「今」——438
語順 cf. 配語法——740
誤植（原典の間違い）——95（-n が余計）、105（-t- を取る）、161（Wieder- ではなく Wider-）、424（er は es ではないか？）、441（1, 2, γ は不整合）、642（einkommen ではなく ankommen では？）、662（不整合）、680（desselben → derselben）、700（Qualität → Quantität）、795（nach einigen の後の Leuten は無くても好いのか）、811（r が脱落）、845（正しくは betrachten）、848（vermehrten の t は取って現在形にすべきでは？）、880、914（～ではない。939 同）、979（正しくは「第187節」）、985（2と3に対応する1が見当たらない）
個人——623（～を決めるものは思想）、928（～をアトムと見るか社会の一員と見るか）
悟性（Verstand, understanding, entendement）——
　訳語の問題——538（～という訳語は適当か）、141（分離を事とする悪しき～）、77（哲学の基礎づけと本論とを分ける～）、102（～的な篇別）、
　悟性の抽象性・一面性・有限性・無批判性——118（～は否定的結論に達した）、123（無批判的な～）、144（一面的な～）、198（～の抽象性）、331（～は有限な思考規定の中で動いている）、346（～の本来的活動分野は有限者）、482（～規定の有限性）、683（抽象的～の実例。811 理想と現実を対立させる抽象的～、833 内と外を切り離す～と統一的に捉える理性）、843、718（悟性的説明の意義）、1037（生命を理解できない～の有限性）、1060（抽象を事とする悟性）
　悟性と感性——275（～と表象の異同。430 ～と直観の関係。～の抽象的な規定）、457（空虚な～。843 同、847 同）、464（反省的判断力の原理は直観的～）、728（～と感性）、474

（カントの悟性論の矛盾）、
悟性としての思考——246（悟性的推理）、436（～的形而上学の独断論）、534（～としての思考総論。536 ～の原理は同一性、538 ～の客観的意味は神の慈悲、538 ～は対象的世界全体に現れている）、567（～は神秘を理解できない）、609（「有るものからは有るものが生成する」は～の抽象的同一性の命題。735 ～的同一性）、618（～は1つの規定にしがみつく～）、
反省的悟性——80（～の立場は反省の立場）、732（反省的～。795、808、814 反省的～・全体と部分、892 反省的～、1012 反省的～は機械論に留まる）、741（～的比較の方法）、788（～の抽象的な反省）、820（外的根拠付けの～）、911（～的な概念観）、1058（～の理性評における2つの誤解）
悟性と理性の対比——640（有限と無限の関係での～）、915（概念観での～。975 悟性概念と理性概念の区別は考え方次第）、974-5（理性は推理の能力で、悟性は概念を作る力という考え）、1061（理念と理性と悟性）、1081（悟性として働いている理性）
「悟性的認識論と理性的認識論」——8、293、380、401、424、624、1006、1141
悟性推理（Verstandesschluß, syllogism of understanding, syllogisme d'entendement）——181、246、973、974、977、982（日常生活での～）、985（～の研究とアリストテレス）
誤想——396
古代人 → ギリシャ
個体性（Individualität, individuality）——886（～の原理は西洋キリスト教のもの）
国家（Staat, state, État）——538（～における悟性）、654（～を契約という外的関係と考える近世の政治理論）、1020（推論的連結を～で例解）
事柄（Sache, matter, Chose）——866（内容は絶対的に規定された～の活動）、876（必然性の3契機の1つ。877）
子供（Kind, child, enfant）——322（～の無邪気さ）、565（親の意思に従う～の意思は理性的）、834（～の中にあるにすぎない理性）、1148（～は人間自体）
「子供は正直」——8、87、327、852
「語の中に文を読む」——454
誤謬（Irrtum, error, erreur）——510（～は一面的真理の不当な拡大）、1052（真理は～を経ずしては生まれない）
誤謬推理（Paralogismus, paralogism, paralogisme）——427（カントは旧形而上学の霊魂論を～とみなす。430 カントの～論の検討）、431（カントの言う～と詭弁的推理）、443
コプラ（繋辞。Kopula, copula, copule）——280（である文の補語）、935（判断の本性は～に現れている）、936（～の意味は概念の本性から来る）、942（さしあたっては主語と述語の抽象的同一性を表す）、945（判断の進展と～）、951、960、968（～の充実で推理が生成）、1062（～の本性）
個別（個別性。Einzelheit, individuality or singularity, singularité）——7（概念的個別。289「普遍として機能している個別」、1134 同）、201（経験的～）、209（経験的～の中にある無限なもの）、274（抽象的には原子。論理的には相互外在性、1065 実在の論理的性格は～）、491（自我としての～性）、925（概念の～と感覚の～）、948（感性的に～的な質）、970（現実的なものは特殊を通じて普遍へと高まり、自己同一となる～）、1057（Ich, Dieser ＝この～としての私）、1068（生命における～は肉体の各部分の否定的な自立的統一）
固有名詞の普通名詞化——1131
コルクの栓（Pfropfen, cork or stopper）——1037
根拠（Grund, ground, fondement）——239（～の立場は可能性と偶然性の立場。245 同、554 同、85 1同、1187 同）、242（概念ではなく～）、245（概念と～とを区別）、360（弁証法は真の

～を対立物に求める）、760（～は同一性と区別の運動から生成する。761 ～の生成）、763（～総論）、764（～論についての寺沢の問題提起）、764（～の仏訳）、765以下（～と充足理由律の総論）、776（～の無力。～と意志）、1002（～は概念の一体性）
根拠と理由の説明の重複――92、177、199、349
根源的なもの（Ursprüngliches, what is original, ce qui est originaire）――1029-30
コンマ（Komma, comma, virgule）――66、128（冠置形容詞が複数ある場合の～の有無。189、260、413）、183（～が必要）、185、265（掲称的付置と～。295）、449（～があった方がよい。651）、485（zu 不定形と～）、686（～を入れて読んだ）、827、1001（第193節の英仏訳での～の数）、1038（～の脱落）、1068（2つの形容詞句が～なしに名詞に掛かる場合。1085同）、1093（～の脱落？）

―――― サ ――――

差異（Verschiedenheit, diversity, diversité）――608（対立物の～）、743（区別の直接態。745 単なる～としての区別）、887（～の原理は有限性の原理）、1013（化学論的関係には～＝相互関係が含まれる）
再帰的所有形容詞――982
債権と債務――756
再生産（Reproduktion, reproduction, ―）――1070、1071（個体内での～）
最善律――874
再版――158（初版と～）
ザインとゾルレン――385（～の関係）、1099（理論的理念と実践的理念の一致）、1101（存在と当為の一致は過程的一致））
三枝博音――910
『斎藤和英大辞典』――111
作図（構成。Konstruktion, construction, ―）――1090
錯覚（Täuschung, illusion, ―）cf. 誤謬――311（～は悟性の思い違い）、1052（真理にとっての～の意義）
「サマ（様）に成っている」――546
作用因（causas efficientes）――574、770
作用原因（wirkende Ursache）――1029
「サラリーマン弁証法の本質」――120、157、222、314、628
サルトル――859（～の投企）
「サルトルの『実存主義とは何か』を読み返して」――968
参考意見（Meinung, opinion, ―）――361
『三四郎』――695（「偉大なる暗闇」。798、1146）
山上の垂訓――165
算数（Arithmetik, arithmetic, arthmétique）――674（～の考え方の偶然性）
三段論法（Syllogismus, syllogism, syllogisme）――408（カントのカテゴリーの導出は～である）、444（神の存在証明での推理は～である）、985
三位一体（Dreieinigkeit, Trinity, Trinité）――144、149、167（～説の意味）、723（～の神）

死（Tod, death, mort）――942（～とは有限性に由来し、定存在が一般的本質から分離すると～ぬ。954 ～は否定的無限判断）、1074（～ぬのはなぜか）、1075（個別的生命の～とは何か）

恣意（Willkür, caprice）――461（「主観の自律」は～の別名）、855（意志の偶然性）、856（～段階に留まっている意志）、859（～と真の意志とを区別する基準）、903（単なる可能性としての自由）
『ジーニアス英和辞典』――489、853（英語における定形倒置）
シェリンク（Schelling）――184（～の同一哲学は「全ての牛が黒く見える闇」。305 同、602 同）、193、194、228、300（自然は化石化した知性）、394（～とヘーゲルの『哲学批判雑誌』）、569、587（～の始原）、602（「純粋な光は純粋な闇と同じ」。376）、1087（思弁的内容を断定的に扱う）
しかし――404
自我（Ich, I, Moi）cf. 私――83（～の中の矛盾）、271（主体としての思考者。277 純粋な自己関係、抽象的普遍、抽象的自由、主体としての思考、420 抽象的～）、293（普遍性としての私、343 ～即ち思考は無限、409 ～の統一の意味、410 ～は多様な感覚的データを「一」にまとめる、907 必然性を思考する主体、1145 概念の～性）、302（自己二重化の始まり。～の目覚め。304 第 1 反抗期と第 2 反抗期、322 ～の目覚めの内発性、328 同、940 ～の内的分裂の特性を考えよ、1075 ～の目覚めと認識の始まり）、407（カントの～とヘーゲルの～、410 カントの～論の意味、427 四種の私、483 フィヒテ哲学での～、491 ヤコービにおける～は「個別性」）、644（～は独立存在の例。848 ～の他者関係性とは）
資格（Qualifikation od. Beruf, qualification or calling, qualification ou disposition）――160（批評者の～）、704（～の立場は能力と実績の立場）
時間（Zeit, time, temps）――278（相互外在性の～的把握）、438（～と空間のアンチノミー）
直弟子――61（～必ずしも真の弟子ならず。266 同）
刺激反応性（Irritabilität, irritability, irritabilité）――1071
始原（始元。Anfang, beginning, commencement）――175、212（経験的認識の～）、246（哲学の～と終局）、328（最初の人間＝人間一般）、333（『大論理学』の「～論」）、586（論理学の～）、594（論理学の～は存在でしかありえない）、607（～は存在と無の同一性の例）、909（いわゆる「～論」）、1066（真の～）、1108（思弁的方法の第 1 契機）
思考（Denken, thinking, pensée）――78（～の能動性。289 ～の変革的性格。289、428）、154（自由は～の絶対的権利。270 ～の権利の検討、354 自由な～、399 自由な～）、175（～による考察とは。268 個人的関心を捨てて完全に超感性的な世界を扱う。306 特殊性を放棄する、410 ～は根源的に自己同一、444 ～とは感性界から超感性界へと飛躍する事、445 ～の本性は世界の経験的性格を普遍的なものに変革すること）、180（～の意義。266 ～についての高低二様の評価）、271（主観の働きとしての～）、285（客観的なものとしての～。300 ～規定を客観的に使う考え方、433 客観的思考＝存在論でもある認識論）、293（～の論理的性格は普遍。449 ～の性格は直接性を断ち切る事、普遍性。454、460 特殊の働きとされた～、535 ～の論理的性格は普遍性だが、抽象的普遍）、301（人間の精神活動は～が貫いている）、309（～規定の真理性を問う。409 ～規定の必然性を示すとは）、318（真理認識の第 3 の形式、理性的～）、331（～規定の有限性の 2 種。343 無限な～と有限な～、347 ～規定の無限性と有限性）、375（～は自己外の表象を尺度としてはならない）、401（「存在と共に歩む～」）、455（抽象的～）、458（ヤコービでの～）、757（真の～は必然性の～。907 必然性の～とは）、843（～と現実）、1120（～の出発点）
　思考と存在の一致（Identität des Seins und des Denkens）cf. 二元論――614（～、616 ～の総論。380 認識の順序と存在の順序は逆、405 ～の問題でのヘーゲルと弁証法的唯物論との異同、443 ～の唯物論的理解と観念論的理解、614 ～は実体的同一性ではない、969 ～についてのヘーゲルの考えをどう理解するか、1002 ヘーゲル的～）、413（思考と延長との一致。496）

自己意識（Selbstbewußtsein, self-consciousness, conscience de soi）——85（神的な～）、135（人間の～。412 ～は人間の精華、739-40 ～は自己同一性の具現）、413（～の超越論的統一）
自己外在（Außersichsein, outwardness to its own self or self-externality, extériorisation ou être-hors-de-soi）——996
自己関係（自己同一性。Beziehung-auf-sich, relation to self, relation à soi）cf.「否定的自己関係」——421（区別を排除する抽象的自己同一性）、453（直接的～）、620（～は存在の性格）、644（無限な～＝否定的な～）、648（集合論の「要素」との類似）、669（量の無媒介の～）、711（先行規定を契機として持つ単純な～）、716（本質の～性の意味）、729（存在の～と本質の～）、734（本質論での～は自己同一性）、739（～＝同一性の意義）、740（本質での～性は区別。742 同）、846（現実性の契機となった～が可能性）、869（必然性は単純な～）、900（無限の否定的自己関係）、914（概念は自己同一性）、1043（概念は自己同一性）
自己完結性（in sich vollständiges Selbstständiges; something independent, concrete, and self-complete；une chose indépendante, concrète en soi compléte）——1001
自己規定（Selbstbestimmen）——462（自由な～）、1108（始原の～）
自己吟味——1163（意識の～）
自己原因（羅 causa sui）——373、526、891
自己疎外——219（思考の～）
自己展開（Heraussetzen und damit Entfalten des an sich seienden Begriffs, setting-forth, and thus an unfolding, of the Concept that is in-itself, ex-position au dehors et par là un deploiement du concept qui est en soi）——578（～は自己内行）
自己同一（Identität mit sich, identity with itself, identité avec soi）→ 自己関係
自己同等性（Gleichheit mit sich selbst）→ 自己関係
自己内化（Erinnerung in sich, recollection of the content into itself, rappel à l'intérieur de soi du contenu）——1098
自己内還帰（Rückkehr in sich, return into itself, retour en soi）——1040（個別は～でもある）、1057（理念は概念の否定的～）
自己内行（Insichgehen, going-into-itself, entrée-dans-soi）——578（存在の自己展開は～）
自己内反省（Reflexion-in-sich, reflection-into-itself, réfléxion en soi）——622（或るものの観念と実在する個物との違い）、960（否定的～、970 同）
自己反省（訳者自身の自己反省・自己評価）——12（鶏鳴版当時には「序論」の「形式」を読まなかった）、186（「内容を産み出す形式とは何か」が自分の中心的テーマだった）、231（自分の哲学随想の特異性）、261（ヘーゲルの「絶望」の実践的な意味を理解してこなかった。559-60 同）、316（論理的思考の低い考えと論理的思考による研究との違いは、パヴロフ研究や人間起源論や関口文法の研究における牧野の態度と他の人々のやり方との違いが参考になるでしょう）、334（ヘーゲルの言葉や概念の現実的意味に気付いたのはほとんど「ひらめき」に依る）、363（「概念の真偽」を考えている牧野の論文と他の人の論文とを比較してほしい）、633-4（「資本主義の矛盾を止揚した社会はどのような社会か？」について、かつては社会主義社会と考えていたが、考え直した。『マルクスの空想的社会主義』に書いた。代案はまだない）、677（パヴロフの条件反射理論の論理的再構成によって、反射には種属反射、個体反射、個体・種属反射しかないとしたのも同じ。言語を第二信号とするような態度では、第三次信号、第四次信号、等々がありえないことは証明できない）、685（多くの思想団体の量的外延的拡大運動はヘーゲル哲学と食い違っている。「真のオルグは自己オルグである」、自分自身もこの真理に気付くのが遅すぎた）、845（trivialerweise を鶏鳴版では誤解）、1108（全体を見ないで考え行動したことが何度もある）、1112（付録1は概念

的理解の適用例だが、『関口ドイツ文法』は悟性的だったと思っている）
自己批判（Selbstkritik, self-criticism, autocritique）――10
自己満足――227、228、230
事実（Tatsache od. Faktum, fact or factum, Fait）――122（～の解釈、思考による変形）、128（～の諸義）、134（～を正しく捉えるのが最低の公正さ）、138（哲学的～の正確な把握の第一条件は概念の関係についての教育を受けている事）、164（～を表す西洋語は行為と関係）、899（～の確認は学問の前提）
史実的（historisch, historical or destrictive, historique）――336（～悟性推理的）
磁石（Magnet, ―, aimant）――307、756
辞書（Wörterbuch, dictionary, dictionnaire）――206（国語辞書は用法の解説にも注意せよ）
『辞書で読むドイツ語』――179、284、840、975（文法知識の必要性）
「辞書の辞書」――128、215、353、729、946
自称マルクス主義者――117、118、221、237（～の体系嫌い）、269（～は対立物の統一を単純化している）、290（～は思考の変革的性格まで達していない）、327（～は理論と実践の統一を誤解。民衆の立場に立っていない）、328（～はヘーゲルの労働観を知らない）、460（～はマルクス主義が価値判断の客観性の立場に立つ事を知らない）、569（～の運動の非理論的性格）、595（～の認識論）、755、861
自乗（二乗。Quadrat, square, carré）――676
指数（Exponent, exponent, exposant）――695、697
自然（Natur, nature, ―）cf. 非有機的な自然。自然と精神 ――75（～は理念を～必然性をもって成就する）、229（～と人間）、300（～は意識なき観念の体系）、307（～の無力）、320（～は悪を為さない）、325（～の原理は個別化）、369（本質としての～は存在論で）、383（合理的～学）、391（感覚的～）、469（～の理解でもカントは不徹底）、622（～界では質が純粋に現れる）、856（～界での偶然）、878（～必然性）、1116（直観する理念・存在する理念＝自然）、1149（～の階層性）
自然と精神（人間）――229（～）、645（～の関係）、667（自然界では精神界でよりも量の規定の重要性が大きい）、758（自然は人間なしには存在しないか？）、833（～を内外カテゴリーで捉える）、1111（自然から精神への進展とは）
自然科学（Naturwissenschaft, natural science, sciences naturelles）――307（～と自然哲学の異同）、749（差異の発見から同一性の発見へ）、1016（近世～の主要欠点）
自然科学者（Naturforscher, natural scientist, naturaliste）――121（哲学を軽蔑する～）、655（哲学嫌いの～）
自然哲学（Naturphilosophie, philosophy of nature, philosophie de la nature）――257、307（～と自然科学の異同）
『自然哲学』――297、1028（第245節。1047 同）、1037（コルクの例）
「自然に飛躍なし」――368、370、383、1009
自然法（Naturrecht, natural law, droit naturel）――116（19世初頭の～）、1124（ストア派の～思想）、1162（～思想の歴史）
思想――165（～の継承）
自尊心（Selbstachtung）――559（絶対知への努力の妨げ）
四大（die vier Elemente, the four elements, les quatre éléments）――202（地水火風。750 同）
自体（an sich, in-itself, en-soi）――781（○○～という言い方。781 人間～は子供、782 国家～は未発達な国家、782 植物～は胚、1141）
自体存在（Ansichsein, being-in-itself, être-en-soi）――291（事物の～は人間の作る観念とは別だ

という説）、388（対象の～。403 事物の～）、624（～の定義）
質（Qualität, quality, qualité）——582（存在と同一な規定）、622（定存在の存在論レベルの規定。～の総論。有限者の規定、自然界のみに妥当）、659（～の弁証法）、785（性質と～とは違う）、948（抽象的・感覚的な～。948 同）、948（～の判断）、976（～の推理）
実感尊重——350（ヘーゲルの～）
実際 → つもり
実在性（Realität, reality, réalité）——624（質の中の否定と対比された質の規定）、625（定存在とは一般に「～」という語で理解されている事柄、644 定存在の論理的性格）、626（reell の意での～は観念性と同義）
実証主義（Positivismus, positivism, positivisme）——107（～の自己矛盾。796）、212、297（～のいう「形而上学」）、358（個別的なものの絶対視）、392（～は価値判断の客観性を否定する）、1053（ヘーゲルにおける現実肯定の～）
「実証主義的社会学の意義と限界」——107、796
実証的（positiv, positive, positif）——71（～なものしか認識し得ないという考え方）、242（～な科学）
実践（Praxis, practice, pratique）——230、425（カントの～理性。461 その意義、463 その限界）、537（～の分野での悟性）、708（ここの～は日常生活のこと）、844（無思想で思考嫌いな低級な～家）、1028（～的な態度）、1078（～とは在るべき客観世界を定立すること）
実存主義——1098
実体（Substanz, substance, —）——91（スピノザの～。132 ～か主体か）、882（～性関係、～と偶有性の関係。882 ～性関係は必然性の下位分類、883 ～と偶有性の関係は反省関係。884 ～は偶有性の統体）、885（～はスピノザ哲学の原理）、897（～の自己止揚）、901（～の真理は概念）、965（類の定言判断から仮言判断への進展は～性から因果性への進展と同じ）、987（事物の魂）、1058（スピノザの～→ライプニッツの主体 → ヘーゲルの精神）
「実体と機能」cf.「悟性的認識論と理性的認識論」——8、132、260、440（自由意志と必然性の関係）、624、783（～を分けて考えることの重要性）、863（「かの如くの哲学」の批判）、1006、1141（形態論的思考）
「知っている」と「認識している」→☆165
嫉妬心（Gesinnung des Neides, spirit of envy or envious disposition）——836（小人の～）
実然論（実在論。Realismus, reakism, réalisme）cf. 名目論——392、1085
実用主義的歴史研究（pragmatische Geschichtsschreibung, pragmatic historical inquiry）→ 歴史
質料と形相（Materie u. Form, matter and form, matière et forme）——663（質料の立場と量の立場の同一性）、790（～。791 ～という考え方、792 ～の関係）、790（質料と物自体との異同）
質料因——574
師弟の関係——450（～とヘーゲルの媒介論）
篠田英雄——431（～訳『プロレゴメナ』）
司馬遼太郎——312（自由と権利という訳語）
慈悲（Güte, goodness, bonté）——411（絶対者の～）、539（悟性は神の～に譬えうる）、794
至福（Seligkeit, beatitude, félicité）——907
「自分の頭で考える」（Selbstdenken, thinking for oneself, penser par soi-même）——294（無意味な重複語）
「自分を褒めてやりたい」——200
思弁的（spekulativ, speculative, spéculatif）——221（「～＝観念論的」という先入観）、562（「～契機」の特徴）、565（～なものとは思考で捉えた理性的なもの）、569（「思弁」という訳語

は適当か)、608（〜規定は命題では表現できない)、1030（目的概念は〜にしか理解できない)、1109（〜思考は分析的かつ総合的、受動的かつ能動的）
思弁的論理学（die spekulative Logik, speculative logic）——59（ヘーゲル論理学。214、750、916)、221（上昇法としての〜）
思弁哲学（die spekulative Philosophie, speculative philosophy, philosophie spéculative）——122（その理念)、135（〜の諸義)、209（経験論と合理論の統一)、213（〜の他の諸科学への関係)、378（悟性は〜の1契機)、384（〜は存在するものを対象とする)、387（〜の立場)、470（〜はカントを止揚する)、530（〜は懐疑論を止揚している)、750（悟性哲学の無根拠性を指摘）
資本——908（〜と商品の関係）
『資本論』——8（降旗の誤解)、162、628、707（〜の冒頭句)、1037（〜第2版へのあとがき）
『資本論の方法』——1148
市民（Bürger, citizen, citoyen）——565（〜の理性的自覚とは）
市民社会（bürgerliche Gesellschaft, civil society, société civile）——1021
社会学——839
社会主義——555（〜運動の三大原則)、1098
社会の構造——1073（動物の〜は種によって決まっている）
尺度 cf. 程度——702（神は万物の〜）
弱語尾（schwache Deklination）——284（形容詞の〜）
捨象（Abstraktion, abstraction, —）——719
自由（Freiheit, freedom, liberté）——154（〜は思考の絶対的権利)、168（真理の第2条件)、306（〜とは)、311（〜論。〜の肯定的概念、〜の否定的概念、〜の概念的定義、〜という日本語)、354（〜な思考とは)、368（〜と必然。〜とは)、384（経験論の中にある〜の原理)、399（無邪気な思考と〜な思考)、438（〜と必然のアンチノミー)、459（カントの実践的〜)、598（〜は無の最高の姿)、599（〜は絶対的肯定かつ最高の否定)、871（古代人の世界観は不〜の世界観ではなく〜のそれである)、871（不〜とは。873 不〜の立場)、901（必然性の真理は〜)、902（抽象的〜、具体的で肯定的な〜)、975（〜についての悟性概念と理性概念)、1116（理念の絶対的〜とは)）
集合数（Anzahl, annumeration, valeur numérique）——670
宗教（Religion, —, —）——71（不可知論の〜観)、83（人生の謎の第一の答え)、86（同時に主体性でもある客観性だけが〜。〜の主たる形式は感情か表象で行為は信仰)、88（〜と哲学。140 〜は真理を知る万人向きの形式で、哲学は真理認識の特別な形式、190 哲学は〜の対象を自力で認識できる、320 哲学と〜、1007 〜も哲学も客観と主観の対立の克服がテーマ)、227（〜の自己満足性)、270（〜と国家の結びつき)、305（〜の地盤は感性的だが社会的「意識」)、374（〜は神についての表象を与える)、422（〜的意識とは現存する世界を神の創造と見る)、516（〜心の定義）
「宗教と信仰」——140（宗教の正しい定義)、150（〜とを分けて考える)、346、517、962
周期律表（Periodensystem）——644
終局（Schluss od. Ende, end, fin）——206（哲学体系の〜)、1110（思弁的方法の第3契機は〜）
重言——458（〜の1例）
集合数（Anzahl, annumeration, valeur numérique）——640（〜とは）
集合論——643
従属文（Nebensatz）——469（〜の独立）

充足理由律（Satz des zureichenden Grundes。Satz des Grundes, principle of ground は理由律か根拠律だが、これで「充足理由律」を代弁すること多し）cf. 形式論理学――764、765（～の素晴らしい説明）、769（「十分な」根拠。776）、765（～の諸問題）
重力（Gravitation, gravitation, ―）――646
主観と客観――397（～のカント的意味と日常的意味）、1101（大主観）
熟練（Geläufigkeit, facility, aisance）――504（多くの経験という媒介の結果として今では直接的な形で備わっている技能）
主語（Subjekt, subject, sujet）――352（～は無内容）、580（定義の～は余計）、943（～はそれだけでは単なる名前。述語が～の内容を表す）、944（～は否定的自己関係）
主語二格（Genitivus subjectivus）――219
種子→胚
主体性（Subjektivität, subjectivity, subjectivité）――871（古代人における～）、872（悪しき有限な～と無限に成った～）、876（個人の幸福における～）、1076（～）
手段（Mittel, means, moyen）――1034、1042（技能を身に着けた身体）、1043（労働～）、1046（労働～の形成）、1050（～は目的より高い）
出現（Hervorgehen, emergence, naissance）――152（～という語はカテゴリーではない）
述語（Prädikat, predicate, prédicat）――238、580、943（～が主語の内容）
受動文――182（動作受動と状態受動の使い方での日独の違い。494 同、520 同）
主文（Hauptsatz, main clause, proposition principale）――499（～の定形の位置）
『趣味のドイツ語』――229
趣味判断（Geschmacksurteil, judgment of taste, jugement de gout）――468
順序（Ordnung, order, ordre）――242、878（叙述の～が重要）
純粋な（rein, pure, ―）――373、376（「～光は～闇と同じ」。602）
止揚する（aufheben, sublate or do away with, supprimer）――349（「～された」と「観念的な」とは同義）、358（「～された」と「観念的な」とはなぜ同義か）、852（AとBの～関係＝高低の関係）
消化（verdauen, digestion, ―）――229（～と思考との比較）、978（～のメカニズムを知らなくてもできる）、1081（認識を～と比較）
衝撃（Anstoss, shock, choc）――483（フィヒテ哲学における～）
条件（Bedingung, condition, condition）――152（bedingen というカテゴリー）、863（～の生成）、864（～論。～は実在する可能性）、876（事柄の～）
条件反射（bedingter Reflex, conditioned reflex, réflexe conditionné）――305、505（～は練習という媒介で獲得された直接性）、677（～理論の論理的再構成）、1016
常識（gemeiner verstand, common sense, sens commun）――95（～と言われているもの）
上昇（思考の上昇法。Aufsteigen-Metode）――221、223
状態表現（状態動詞）→日本語
象徴（Symbol, symbol, symbole）――694（～は哲学の地盤ではない）
衝動（Trieb, drive, impulsion）――306（～では行為は他者から始まる）、1030（目的の実例）
乗法（Multiplizieren, multiplication, ―）――676
証明（Beweis, beweisen; proof, proven; preuve, prouver）――101（～の諸種）、119（断定の反対）、376-7（悟性の行う～と理性の行う～）、437（カントのアンチノミー論での～は間違い）、573（哲学での～）、910（思考に対して～する）、981（質の推理による～の偶然性）、988（公理の～）、1090（定理を構成する諸規定の媒介関係の必然性を示す）
『将来の哲学の根本命題』――278

省略収約法——124
「昭和元禄と哲学」——7、236、284、328、392、523、926、1041、1085、1109、1130、1166
贖罪論（Versöhnungslehre, doctrine of atonement, doctrine rédempteurice?）——145
食事（の比喩）cf. 消化——227
植物人間（wie eine Pflanze dahinvegetierende Person, person in vegetable state）——853
序数詞（Ordnungszahl, ordinal number, numéraux ordinaux）——589（～の冠詞問題）
初版（erste Aufgabe, first edition, premiere édition）——157-8（～と再版）
所有語——298
ジョレス（Jaurès'）——1125（社会主義者～）
序論（Einleitung od. Vorbegriff, introduction, —）——718（存在論への～、本質論への～、概念論への～）
シラー（Schiller）——465（芸術美に悟性を越えるものを求めた）、541（～の箴言）
「知られざる神」（der unbekannte Gott, the unknown God, le Dieu inconnu）——520
自立性（Selbständigkeit, independence, subsistence-par-soi ou autonomie）——227（媒介されたものの～）
神学（Theologie, theology, théologie）——371（合理的～＝自然～）、374（～は信仰を学問すること）、375（真の～は宗教哲学）
箴言的非人称化文——248、553、616、929、1034、1051、1100
信仰（Glauben, faith or believing, croyance）——86（宗教的認識形式）、166（真理の道の始まり）、204（経験原理との同一性）、374（～告白）、492-3（ヤコービの～とキリスト教の～の違い）、492（～という語を使う利点）、966（～とは何か）、1004（神の存在の証明と～）
人生（Leben, life, vie）——1106（～を振り返る）、830（「人生に言い訳なし」。875）
身体（Körper, body, corps）——1042（技能を身に着けた～）、1044（魂の客観化としての～）
新陳代謝（Stoffwechsel, metabolism, métabolisme）——1071
進展（Fortgang, progression, —）——115（～即背進）、618（学問的叙述での～）、972（～即反省）、1110（～は思弁的方法の第2契機。判断の顕現態、反省関係の契機。1111 ～は分析的かつ総合的）、1112（存在論での～は移行、本質論での～は映し合い、概念での～は発展）、1112（上の段階への～の意味）
人名（Personenname, person's name, nom de personne）——658（～の無語尾）
神秘的（mystisch, mysterious, mystérieux）——566（その語義の変化）、567（理性的なものは～）
神秘的直覚（グノーシス。Gnosis, Gnosticism, gnosticisme?）——149、153
『新明解国語辞典』——358、558
真理（Wahrheit, truth, vrai）——
71（～認識は不可能か。262 ～＝神は認識できるか）、72（ピラトの口にした～。264）、318（～認識の諸形式。経験・反省的思考・理性的思考、473 ～への過程をどう見るかでの二説、1052 ～は誤謬を経ずしては生まれない）、156（～の指標）、251（～は全体である、356 ～は統体）、
10（概念の～性の程度。309 思考規定の～性、922 概念のそれぞれの形式がどの程度～であるか）、810（「学問の内容の～性」という言い方）、814（「非～＝非存在」ではない）、
309（～の主観的定義と客観的定義、950 正しさと異なる～とは、1058 ～とは何か、406 ヘーゲルにおける三種の～概念）、1154（ヘーゲルの～観・総論。76 ヘーゲルの絶対的～観、～の勇気、921、1102 絶対的～とは自己自身を思考する理念。1104 相対的～と絶対的～、76 絶対的～の牧野説）、283（～と実利。387 ～は現実に働かなければならない、455 ～の自己貫徹性、574 ～は自己を証明しなければならない）、

603（ヘーゲル独特の～概念。646、719、874「概念は必然性の～」という表現）
心理学（Psychologie, psychology, psychologie）――365（合理的～と経験的～）、837、933、1084（経験論的～者）
人倫の哲学――1162（ヘーゲルの社会観）
人類の解放――140（少数者の仕事か）

推理（Schluss, reasoning or syllogism, raisonnement）――307（普遍が特殊を介して個別と連結する）、315（ヘーゲルの～論の現実的意味を解明した人はいない、972 ヘーゲルの～論の難解さ）、498（～と「故に」の関係）、968（～の生成）、969（～論総論。969 ～こそ理性的、972 ～の基本形、972 直接的な～、973 悟性～と理性～、976-7 質の～＝定存在の～は悟性～、980 この～は偶然的、982 悟性～の本質は偶然性、987 絶対的～。988 数学的～、990 反省の～、995 必然性の～）、986（～の３つの格の客観的意義）、1020（機械論は３つの～の体系）、1031（目的は～。1038、1040）
数（Zahl, number, nombre）――120（民族により～の理解は異なる）、674（～とは）、674（～は集合数と単位の統一）、687（～観念の中途半端さ）、691（～は感覚世界自身の観念）
ズーアカンプ版――77、226、231、441、884、1038
数学（Mathematik, mathematics, mathématique）――268（数や空間といった抽象的感性物を扱う）、269（～的思考は最高か）、536（～における悟性）、663（量の～的定義）、674（～と哲学。674 ～の概念規定、687 ～は最高の学問ではない、746 ～と比較の方法）、887（スピノザ哲学における～的方法）
「過ぎたるは尚及ばざるが如し」――552
スコラ哲学（者）――217（～の賢い企て）、283（論理学への～の貢献）、354（～は不自由な思考）、365（～の神論）、378（旧形而上学に材料を提供）、389（教会の教義を体系化した）
数詞（Numerale, ―, neméral）――982（～や量詞と二格形を同時に使う）
スターリン――201
ストア派（die Stoiker, the Stoics, les stoïciens）――557、1124（自然法思想）
スパルタ人――899（～の習俗と体制）
「全ての牛が黒く見える闇夜」――602
「全てを疑う」（das Zweifeln an allem, universal doubt, doute universel ou le doute à l'égard de tout）――530
スピノザ（Spinoza）――32（概論。133、135、157（～の言？）、1087（哲学を総合的な方法で展開。1091 内容的には悟性的認識）、373（～の自己原因）、379（「規定は否定である」。441、590、625）、379（「神の知的愛」。903「神への知的愛」とは）、446（～批判の当と不当。450 ～哲学への批判の解説）、526（～における神の存在証明。1004 神の存在の存在論的証明）、588（～の神）、687（幾何学の方法を借りた）、689（悪無限を正しく批判）、848（Modus〔様態〕を初めて使う）、885（～哲学の内容と形式）、907（～の実体概念とヘーゲルの主体。1007 一実体説、1053-4 汎神論、弁神論、「煩悩はそれを認識することで克服できる」）、1091（幾何学的方法を使ったが、これは形式主義）
「スピノザ書簡」――487
スミス（Smith）――206（『国富論』）

性（Geschlecht, sex, sexe）――1073（～の区別＝Geschlechtsdifferenz）
性悪説 cf. 性善説――324、330（性善説と性悪説に当たる独と英）、559
性格（Charakter, ―, caractêre）――537（～を持った人）、623（～は論理学の「質」に当たる）

生活の中の哲学――196、199、293（民芸運動の哲学版。1169）、1037
『生活のなかの哲学』――97、215、246、298、495、621、847
静観する（zusehen, watch, observer）――1110
制限（Schranke, restriction, borne）――440（～とそれの自覚）、474（～を知る）、627（～とは定存在の中にある否定性）
性質（Eigenschaft, property, propriété）――373（規定されたもの）、783（物は～を持つ）、785（～と質とは違う）、786（～は物素である）
聖書（Bibel, Bible, ―）――163（マタイ伝。164 ペテロの鍵、165 山上の垂訓、273、284まず神の国を求めよ、322 汝ら子供の如くあらずんば、830 と 835 行果において人を判断せよ）、166（ヨハネ伝。167 真の信仰、1054 ～冒頭のロゴス、1158）、167（ルカ伝。イエスの変貌）、323（創世記。アダムは我々の一人と同じになった、329）、520（使徒行伝）
『聖書辞典』――1012
精神（Geist, spirit, esprit）cf. 人間。自然と精神 ――75（～の国は自由の国）、142（感情・意識・思考としての～）、143（～の再生）、210（ヌースを一層深く規定したもの）、219（総論の１つ・～の４つの側面とその対象）、232（～の本性）、269（～の対立物の統一こそ根本）、369（本質としての～は合理的心理学で）、370（自体的～と現象的～）、388（～は自己内で自己を分割する）、391（無限な～）、523（～は他者意識であると同時に自己意識、自己媒介性）、615（生成の一種）、784（ここの Geist は Sein が正しいのでは）、857（～世界での偶然性）、1016（～世界への機械論の適用）、1058（スピノザの実体 → ライプニッツの主体 → ヘーゲルの～）
精神異常者（Verrückter, deranged person, aliené mental）――623（～では質的規定が出てくる）
『精神現象学』――6、167（三位一体説）、186、193（哲学の修業）、223（絶望。261）、224（敬虔）、251（真理は全体）、280（知覚。351）、281（感性的確信）、305（～の方法）、334（～は哲学体系の第１部、335 同）、531（哲学修業の必要性）、558（～における懐疑と絶望）、579（～の言い方をすると）、610（～の終章を短くした）、687（哲学は数学の方法を借りない）、694（哲学は「愛知」に留まっていてはならない）、729、815、（なぜ～を書いたか）、1032（意識の立場と我々の立場）、1103（～の方法の維持）、1165
生成（Werden, becoming, devenir）――603（存在と無の統一が～。607 同）、608（～は存在と無の差異でもある）、613（～が最初の概念＝無の中で自己に留まる存在）、619（～の２つの在り方は発生と消滅）、620（～の結果が定存在）
性善説 cf. 性悪説――324、330（西洋語にはこの２語に対応する特有の語がない）、560
生得観念説（Behauptung angeborener Ideen, doctrin of Innate Ideas, affirmation d'idées innées）cf. デカルト――507、509、510（～の唯物論的理解）、919
青年（Jugend, youth, jeunesse）cf. 大人――75（～への挨拶）、263（～をおだてる傾向）、540（～は抽象的なものに身を任せる）、1100（～は「世界は完全に作り変える必要がある」と考える）
正反合――580（～の三分法）
生物（lebendige Dinge）cf. 痛み――474（～は痛みを持つ）
生命（Leben, life, vie）――474（～は一種の普遍）、548（生の中に死がある）、615（生成の一種）、1012（～＝有機的関係）、1067（～論。～における普・特・個。1069 ～の概念的性格、1069-72 ～における概念は感覚するだけの肉体、その判断は認識、その推理は生命体の活動＝食べ物を同化して生きてゆくこと）
『西洋哲学史要』――135、138、203（仏教への言及がない）、874、904（スピノザにおける必然性と自由）、1010（ライプニッツにおける機械論と目的論の調和）、1053-4（スピノザ

の徳論)、1085(中世の普遍論争)
聖霊(Heiliger Geist, the Holy Spirit, le Saint-Esprit)――166(信仰を完成させるもの、認識の体系的展開)
ゼウス(Zeus, ―, ―)――872
世界(Welt, world, monde)――825(~を神の力の現れと見る見方)、928(神が~を無から創った)、1099(~は生きた概念 der wirkende Begriff)
関口存男――5(関口文法)、5(翻訳とは)、112(~の凄さ)、147(『独逸語大講座』)、208(通念の無冠詞とフランス語)、250(ドイツ人は müssen を好む)、266(弟子の養成で失敗)、312-3(属詞文の代用形)、541(シラーの言葉)、862(「かの如く」の哲学。1141)、953(同語反復)、971(『副詞』)、1060(gut と schlecht について)
『関口ドイツ語学の研究』――172、350
『関口独逸語大講座』――271
『関口ドイツ語論集』――126、256、338
『関口ドイツ文法』――911、1108
接続法第一式――67(要求話法の一種)、220(要求話法)、815、940
接続法第二式――99(否定的意局。252、971)、191(婉曲、759)、519(伝聞)、531(仮定話法、627)
絶対者(der Absolute, the Absolute, l'absolu)――411(~の慈悲と威力)、588(~の定義。第1の定義・存在、596 ~の第2の定義・無、663 ~の第3の定義・純粋量、702 ~の第4の定義・尺度、718 ~の第5の定義・本質、735 ~の第6の定義・自己同一性、799 ~の第7の定義・本質、916 ~の第8の定義・概念、970 ~の第9の定義・推理、1008 ~の第10の定義・客観、1056 ~の第11の定義・理念)
絶対知(absolutes Wissen, absolute knowledge or knowing, savoir absolu)――6、335(~の必然性。559)
絶対的(absolut, absolute, absolu)――152(世界の創造を概念的に把握するという~課題)、736(「抽象的」と同義での使用)、1102(~真理)
絶対理念(absolute Idee, absolute idea, Idée absolue)――132、237、1101(~の生成)、1105(~の内容と形式、~とは何か)、1106(~は老人)
絶望(Verzweiflung, despair, désespoir)――118(~している人)、221(悟性的思考の~)、291(主観的なものが最後のものだとする~の理論)、557(懐疑論の懐疑とは~である)、558-60(~原理。629 同)、1163(自己への~)
説明(Erklärung, explanation, explication)――179(~の仕直し)、288、295
摂理(Vorsehung, Providence, ―)→神
ゼノン(Zenon, Zeno, Zénon)――618、687(箴言)
セミコロン(Semikolon, semicolon, point-virgule)――112、599、710、966、967
善(das Gute, Good, Bien)――369(~と悪の対立)、463(カントでの~。470 カント説では~が世界で神によって実現される、471 カントの~不正確性)、1052(絶対~=理念は永遠に実現されつつある)、1079(~の成就を目指す理論の実践的働き)、1096(~の生成)、1100(~=究極目的の実現は過程的)
禅――500
漸近線説――473
選言判断(disjunktives Urteil, disjunctive judgment, disjonctif)――964
全称性(Allheit, allness, totalité)――957、958(~と普遍)
全称判断(Urteil der Allheit, judgment of allness, jugement de totalité)――957、958

全称推理（Schluss der Allheit, Syllogism of Allness, syllogisme de la somme totale）——991（～は帰納法に立脚している。992 ～の形式主義）
「先生を選べ」（同名の拙著及び論文も含む）——140（「先生を選べ」、355 同、900 同、1043 同）、215（『先生を選べ』、295 同）、547、759、1043
漸増（漸減。quantatives Allmähliches od. quantative Steigerung, quantatively gradual or quantative enhancement, gradation quantitative）——368（媒介されたもの）、373
全体と部分（das Ganze u. die Teile, the whole and the parts, le tout et des parties）——77（部分は全体からしか理解できない）、813（～と部分。第 1 の相関関係）
全体像（das Ganze）——77（～から始める理由）
先置（属詞の先置）——919（属詞の強調）
前提（前提作用。Voraussetzen, presupposing, présupposer）——8、29（ヘーゲルの～概念を考える）、863（ヘーゲルの～の二義。895 同）、906 と 908（～を作る）、1077（理論的活動は～作用である）、1109（～に関するヘーゲルの論理）
先入観（Vorurteil, preconception, prévention）——114（方法は一種の～、314 同）、1110（「先入観をもって読む」）
『善の研究』——500

相関関係（Verhältnis, relationship, Rapport）——812（～の生成）、813（全体と部分の～）、816（力と発現の～）、828（内と外の～）、882（絶対的～）
想起（Erinnerung, reminiscence, réminiscence）——507（～説。509 同、919 同）、1098（主観の自己内化）、1147（本質への反省は～）
総合（Synthesis, —, synthèse）——1085（～的方法＝ synthetische Methode。1085 ～的方法の手順、定義 → 分類 → 定理。1087 ～的方法も哲学には向かない）
相互外在性（Außereinander, mutual externality, être-l'un-hors-de-l'autre）cf. 並存性、継起性——274（個別の関係）、275（～＝無関係）、278、407（感性の論理的性格）
相互作用（Wechselwirkung, reciprocal action, action réciproque）——895（～の生成）、897（～の総論。898その意義と限界）、906（概念の運動の中の～）
創造的——426（～適用。773 同）、773（～発展）
想像力（Phantasie, fantasy, fantaisie créatrice）——219（～としての精神）
総和（Aggregat, aggregate, agrégat）——1015
属詞（attribut 仏）——280（～か述語か）、350（～を主語に外から付ける方法）
属詞文（「である文」。Prädikativsatz）——91（～文の代用形。312 同、370 同、657 同、707 同、1101 同）、193（間接伏在～）、353（～の意味）
ソクラテス（Sokrates, Socrates, Socrate）——136（目的規定を発見）、550（主観的弁証法、皮肉）、554（～哲学の主観的性格）、772（意志の概念の立場でソフィストと戦う）
素質（Anlage, talent, étoffe）——920
「素質・能力・実績」——849、920、1046
ソシュール（Saussure）——10、411、854、986、1013、1105
卒業（Schulabschluss, graduation, finir ses études）——1095（ヘーゲルの aufheben には～という訳語が当たる）
ソフィスト（Sophist, —, sophiste）——509（イデアは人間の外から来る）、550（ソクラテスの敵）、771（～の思考法は悟性推理）
ゾラ（Zola）——1125（～の実証主義）
ゾレン（Sollen）cf. 当為——637（～の無力）

ソロモン（Salomo od. Salomon, Solomon, Salomon）――264
ソロン（Solon, ―）――290
尊敬――147（～と愛）
存在（Sein, Being, être）――400（「～と共に歩む思考」）、415（単なる～は事物にとって無意味。416 内容的には主観的な～もある）、453（～とは直接的自己関係）、454（～と概念の完全な分離とは）、541（有限な事物の～性と非～性）、578（～とは潜在的に概念であるにすぎない）、578-9（ヘーゲル論理学での～とは何か）、590（純粋～とは無媒介の無規定）、596（～と無の同一性）、608（この同一性という定式化の欠点＝両者の差異が消えている事）、614（純粋～の否定性）、713（～の論理と本質の論理）、800（現象は単なる～より高い）、906（概念の中にある～）
存在と当為――1099（～の一致と不一致）、1101（～の一致は過程的一致）
存在論（Onthologie, Seinslehre, The Doctrine of Being, La Theorie de l'être）――296（～としての論理学）、360（旧形而上学の～）、578（～の予備知識）、646（～と本質論と概念論とのそれぞれの立場）、741（～の立場と本質論の立場）、1145（ヘーゲルの「概念」の～的理解）、1153（ヘーゲル論理学の～の根本問題）

## タ

多（Vieles, Many, Plusieur）――647（～は「1」が自己を定立したもの。649 同）、655（～という姿の独立存在）、683（独立存在の概念の中に含まれている契機）、691（感覚的なものは～である）
題――734（章や節の～の重要性）
体系（System, ―, système）――77（～的展開こそ哲学。100 哲学は～的導出、118 ヘーゲルらしい～的思考、133 スピノザの～、196 内在的～性、236 哲学は～的、238 狭義の哲学的～、356 ～的学問主義＝弁証法、360 旧形而上学の～、493）、237（ヘーゲルでは～性＝統体性＝具体性＝絶対性）、947（判断の～化）、999（包括的で～的な全体を目指すのが学問）、1056（規定された理念の～）、1106（全体系、das ganze System）、1115（～的統体、systematische Totalität）
大衆性（Popularität, popularity, popularité）――161（哲学の～と真理性）
大主観――1101
代償作用――479
対他存在（Sein-für-Anderes, being-for-another, être-pour-un-autre）――624
代動詞――104（～としての tun）
対比（Kontrast, contrast, contraste）――554（～的論述の二種）、840（～で文脈を読む。946、948）
ダイヤモンドの網――298
太陽系（Sonnensystem, solar system, système solaire）――703（自由な程度の国）、1021（推論的連結の例）、1023（機械的関係の例としての～）
代用表現――618
対立（Gegensatz od. Entgegensetzung, antithesis or oposition, oposition）cf. 区別――751（～とは本質論での区別）、752（～の命題）、759（～・矛盾の普遍性）
対立物の統一（Einheit der Gegensätze, unity of the opositions, unité des opositions）――269、562（～を捉えるとは何か）、759
『大論理学』（Wissenschaft der Logik, The Sience of Logic, Science de la Logique）――197（現実概念を扱った）、333（初版と第2版の始原論の比較）、680（量と大きさ。～と『小論理学』

との違い)、909(～の始原論)、932(～の概念分類)、1038(～の目的論。1050)
ダヴィンチ(Leonardo da Vinci)――795
高まり(Erhebung, elevtion, élévation)――445、511
武谷三男――1158(三段階論)
他在(Anderssein, otherness, être-autre)――624(～の定義)、741(本質論での～は自己区別)
他者(Anderes, other, autre)――578(存在の相互関係は～であるという事、及び「～への移行」)、630(定存在の～性)
正しさ(正しい事。Richtigkeit, correctness, exactitude)――283(対象との一致。308 日常意識との一致、310 悪しき対象についての正しい表象)、949(有限な内容に表象が一致すること。950、1058)、1154
立場(Standpunkt, standpoint, point de vue)――147(～の高低と理解力)
立花隆――1094
ダッシュ(罫線。Gedankenstrich, dash, tiret)――623(傍流から本流に戻る～)、787(改行せず)、1041(～の意味)、1064
タブラ・ラーサ(白紙。羅 tabula rasa)――1082、1095
他方(他方では)――105、195(～が死語に成ってきている。195、417、750、898)
魂(Seele)→霊魂
ダライ・ラマ(Dalai-Lama, Dalaï-Lama, le Dalaï-Lama)――493
タレス(羅独英 Thales, 仏 Thalès)――201
単位(Einheit, unit, unité)――670(～とは)、652、669
「単子は窓を持たない」――1009
単子論(Monadologie, monadology, monadologie)→ライプニッツ
単純(Einfachheit, symplicity, simplicité) cf. 区別――278(自我を～と言い換えている)、280(個別化と等値)、345(存在という規定と同様に貧しい規定)、382
単称判断(singuläres Urteil, singular judgment, jugement singulier)――957
「ダンス哲学」――138、330、920、960
ダンテ(Dante)――162
断定(断言。Versicherung, assurance, ―)――84(～よ、さらば)、119(証明の反対。165 展開の反対、359 根拠を示さない)、120(「～は科学の敵」)、166(確信の表現)、175(～的主張。522 ～的な評価は学問ではない、656 カントの物質観は～的主張)、966(確言判断の～性)、966(正反対の～)、1087(スピノザやシェリンクには思弁的内容もあるが表現が～的)

知覚(Wahrnehmung, perception, ―)――239(『精神現象学』の～。351 同、383 個々の～は経験ではない)、387(経験論は～で捉える)、395(～の中身は個別的)、414(～の正体)、442-3(～からは普遍や必然性は出てこない)、476(カントでは～の世界は現象の世界)、1109(直感と～の立場)
力とその発現(Kraft und ihre Aeusserung, force and its utterance, force et son extériorisation)――816(～の生成。それは否定的自己関係である)、818(力の有限性)、819(力の可知性と不可知性。823)、820(～の立場と概念の立場の違い)、821(～の関係の無限性と有限性)、822(力は目的に劣る)、894(～の大きさは同じ)
地水火風→四大
抽象(Abstraktion, abstraction, ―)――192(ヘーゲルの「～的」=一面的。272、281、765)、202(古代ギリシャ哲学の～性)、257(～の通常の意味)、268(～的に感性的)、283(～するとは)、377(～的同一性と具体的同一性)、522(～的思考と～的直観とは同じ)、735(～の

実際）
中和態（Neutrales, Neutral object, le neutre）――1024、1025
超越的（transzendent, transcendent, transcendant）――413（～の意味）、423（理性が～に成る）
超越論的（transzendental, transcendental, transcendantal）――413（～の意味）
超越的と超越論的――414（カントでの意味）
超感性的世界（Übersinnliche Welt, the supersencible, le supra-sensible）――268（論理学の内容は～）、385（経験論は～を否定）、389、444
彫刻（Bildhauerei, sculpture, ―）――810
徴表（Merkmal, mark or characteristic, marque）――934（この語は論理学の堕落のしるし）、1086（～は主観的なもの）
直接性（無媒介性、直接態。Unmittelbarkeit, immediacy, immédiateté）、cf. 媒介性――226（～と媒介性。228 意識および存在における～と媒介性）、314（直接性を断ち切る。449 思考の論理的性格は～を断ち切る事）、493（「在る」という～）、520（～という形式の論理的性格。523 ～とは抽象的な自己関係）、524（一面的～）、588（媒介と～の第1の説明。1061 媒介と～の第2の説明）、742（何でも最初は～）、842（～の三態・存在、現出存在、現実）
直接知（unmittelbares Wissen, immediate knowing, savoir immédiat）――108（～という方法）、193、204（経験原理との同一性）、221（～が真理認識の唯一の形式という考え）、486（～の総論）、489（～＝信仰。965）、490（～のカテゴリーは知・信仰・思考・直観の4つ）、506（直接的な知は媒介された知の産物）、514（～の真理の基準）、524（～とデカルト。527 同）、1004（～と神の存在の存在論的証明）
直接的個別（unmittelbare Einzelheit, immediate singularity, singularité immediate）――925（感覚の個別）
直線（gerade Linie, straight line, ligne droite）――877、896（ヘーゲルは～的な関係を低く見、円環的な関係を高く見る）
直覚――500
直観（Anschauung, intuition, ―）――193（知的～）、491（～と思考）、1016（囚われの無い～）、1076（～は認識の第1形態）、1109（～の立場）、1116（～する理念・存在する理念＝自然）

「対概念で考える」――532-3（「論理的なもの」の意味を～）
追考（Nachdenken, thinking-over, pensée subséquente）――122（～の働き）、180（反省的思考。183、720 反省と同義の～）、189、191（～の意義）、201（～と哲学、212 ～一般と哲学的～）、202（自立した～）、285（対象についての～。真の性質を知る～、286 ～の具体例、289 ～の限界。289 ～はまだ概念的認識ではない、487 真理認識の手段としての～）
通常の意識 → 日常意識
通念 cf. 概念――1144
通例（Regel, rule, règle）――705
通約不可能なもの（Inkommensurabilität, incommensurability, incommensurabilité）――1092
図式（Schema, pattern, schéma）――104（～と方法）
つもり（Meinen, Meaning, ma visée）――305（～と実際の矛盾）

「である」→ コプラ
「である文」→ 属詞（文）
定と不定の区別――126（～の原則への但し書き）
定冠詞（bestimmter Artikel, definite article, article défini）――111（～の諸義）、113（～と不定冠

詞）、172（既成の事実）、662（先行詞に〜）、979（示格〜）
定義（Definition, —, définition）——123（〜の意味と証明）、126（認識は〜では終わらない）、127（命名的〜と概念規定的〜。語源から演繹した〜。帰納法での〜）、128（〜の必然的証明）、174（或る学問の〜）、217（暫定的仮定を〜とする）、580（〜という形式の拙い所）、663（数学的〜の不適切さ）、664（哲学は正しいだけの〜を求めるものではない。665 哲学が求める〜）、1086（〜の総論。〜の3要素、〜の偶然性）
定形倒置（Apannsatz）——62、853（英語における〜）、917（1例）
定言判断（kategorisches Urteil, categorical judgment, jugement catégorique）——961（〜は必然性の判断の第1形）、963（〜から仮言判断への進展は実体性関係から因果性への進展と同じ）
定存在（Dasein, being-there, être-là）——608（〜は存在と無の統一というあり方をした生成だが一面的である）、612（〜の方が生成より高いとされているのはなぜか）、617（〜総論）、620（〜のさしあたっての規定は「生成したもの」）、622（〜者）、624（〜の幅）、948（〜の判断）、976（〜の推理。977）
定存在者（Daseiendes, that which is there, étant-là）→ 定存在
程度（Mass, measure, mesure）——582（質と量の統一）、681（量から〜への移行）、697（〜の生成）、701（質的な量＝〜）、705（〜の第2段階）
定理（Theorem, —, théorème）——1085
定量（Quantum, —, —）——672（〜の生成、〜は限界を持った量＝或る量。673 量の定存在）
デカルト（Descartes, —, —）——202（近世における追考の祖は〜ではなくルッター）、497（〜のコギトーは直接知）、507（〜の生得観念説と直接知説との異同）、524（直接知説の元）、528（〜の神概念）、919（生得観念説）、1004（神の存在の存在論的証明）、1007（三実体説）、1124（自我の主張者）
適用（Anwendung, application, —）——139（〜は発展とは無関係）、425（カントによるカテゴリーの〜。426 カテゴリーを無限者に〜すること）、426（「創造的〜」。〜の真意）、1112（〜は対象に応じて）
デザイン（意匠。Design, —, dessin）——807（〜は人間の活動のどこにでも付いて回る）
哲学（Philosophie, philosophy, philosophie）cf.「内容を産み出す形式」の項目も参照——
66（〜と現実生活。67 哲人政治、68 〜の地盤は真面目な態度、〜を妨げるのは物質的利害と感覚的印象、91 〜の効用。93 形式面での効用、169 〜は空疎な騒ぎとは無縁、195 〜の究極目的、261 〜は人類解放に必要、329 同前、337 〜の本当の効用、475 カント〜は役に立たない〜、481「形式を読む〜」は役に立つ〜、605 〜は有限物に囚われなくなる教え）、
555（〜は政治と取り組むべし、636 政治から逃げている〜は論外、817 黙っているのは〜ではない）、
67（〜は全学問の中心。77 〜は円環的、88 〜と宗教（190、320）116 〜と他の理性的現象との関係、228 〜は経験科学に必然性を保証する、236 〜と哲学史、236 〜の具体性と体系性、475 役に立たない〜、479 〜は他の諸科学に役立たなければならない、557-8 理性的〜と懐疑論、606 〜知とは日常生活での知とは別物、641 真の〜はみな観念論、642 〜は実証的な事柄の意義と限界を明らかにする、655 〜嫌いの自然科学者、676 〜と個別科学の関係、687-8 哲学は数学の方法を借りない、800 〜と日常意識との違い、809 〜と他の諸科学との違い）、
70（〜は人間の本質の自覚。70 外国での〜の扱い、75 理念の普遍的把握、78 〜は存在者の認識、88-9 真理の絶対的認識、119 〜は真理の探究、174 〜の定義とその特異性、178 第一定義、179 第二定義、198 〜は理念だけを扱う、262 〜の対象は真理）、
79（〜的思考の始まり。83 〜の目標、100 科学の中の科学である〜には体系的導出が不可欠、152 〜の絶対的課題、187 〜とは「表象を概念で置き換えること」、200 〜への道、201 〜の

原理、215 ～的認識方法の暫定的説明、219 ～とは思考の思考、246 ～の始原と終局、247 ～の目的は思考の概念的理解、292 ～の仕事とは、623 ～の出発点は現実を論理的な用語で捉え直すこと、635 ～の扱うべき事柄は具体的で常在している、664-5 ～の求める定義、694 ～は愛知〔philo-sophia〕に留まっていてはならない、755 自分の実際行動の論理を自覚するのが～の仕事の１つ、757 ～の目的は並存や偶然的つながりを排して必然性を認識すること、810 ～は無限な認識、858 ～研究では偶然性をどう扱うべきか、915 観念論でしかありえない～は概念的認識、1011 ～の任務は客観と主観の対立の克服、1059 ～は理念を求め、世界の統一的理解を追求してきた、1088 ～は対象の存在の必然性を追求する、1110 ～的思考は常に分析的かつ総合的）
93（～の難しさ。121 ～を評価する、121 資格のない人が～を評価すると、140 ～のできる人は少数、156 ～の真の評価とは、187 ～の難しさ、193 ～するには修業が必要、247 ～の目的は自己の概念に返ること、305 ～は自己反省、528 ～は断定も空想も悟性的理屈付けも許さない、560 本当の～教育、595 ヘーゲルを読んで～する（956）1106-7 ～は物の真の価値を洞察する）、
250（～の区分）
哲学演習――139（～の構成要素）、1104（～の在り方）
哲学史（Geschichte der Philosophie）――136（絶対者についての観念の発見の歴史）、151（二種の～研究）、156（哲学のための～研究）、232（本当の～）、591（論理学と～の関係）、591（～を勉強する意味）
哲学者（Philosoph, philosopher, philosophe）――67（哲人政治）、495（自分の信念を疑い、「知る」に満足せず「認識する」人）、524（本来の主張と異なった認識方法を使う場合はそれを自覚してそれと断る）
『哲学事典』――456、569
「哲学主義の政治」――294
『哲学ノート』――135、506
『哲学の演習』――12
『哲学批判雑誌』――394
『哲学夜話』――215、340、342、349、1152
哲人政治――67
デミウルゴス（造物主。羅 demiurgus, Demiurg, demiurge, ―）――792
デモクリトス（ギ Demoklitos, Demoklit, Democritus, Démocrite）――616
デュナミス（ギ Dynamis）――844
寺沢恒信――12（～の考え方は悟性的。342 弁証法を判断の立場で考えている）、334（『大論理学』の端緒論が初版と再版で違う事について）、554（唯物論は自然科学と結びつく）、560（『精神現象学』の絶望を熟考せず）、571（『大論理学１』）、619（寺沢ゼミ）、677、681（大きさと量）、705（Regel を規則と訳す）、747（準備作業と本作業の混同）、764（『大論理学』と『小論理学』の根拠論の比較）、880（訳書『大論理学２』について）、883（～の一因）、934（『弁証法的論理学試論』、937 同）
「寺沢恒信氏と哲学」――881
点（幾何学上の点。Punkt, point, ―）――260
展開（発展。Entwicklung, development, développement）――165（精霊による～）、170（概念の～）、618（学問的叙述での～）
天才（Genie, genius, génie）――468（芸術的～）
天体（Himmelskörper, heavenly bodies, corps céleste）――288（～の運動法則）、552

転倒（Verkehrung, reversal, inversion）――1092（用語の～）

度（Grad, degree, degré）――673（～は量における独立存在）、680（～とは内包量）、685（～は定量概念の顕在態）
土井正興――1103（『イエス・キリスト』）
ドイツ（Deutschland, Germany, Allemagne）――65、67（精神的優越性）、70（哲学研究での～人の優越性）、106（～の真面目さ）、116（19世紀初頭の～の精神的・文化的状況）、149（～の伝統）、205（イギリス人との違い）
ドイツ語――330（性善説を～でどう言うか）、645（～の思弁的精神）
当為（Sollen, ought, devoir-être）cf. ゾレン――198（悟性の持ち出す～）、198（～と実際との乖離の評価）、250（単なる～。421 同、423 同、689 同）、348（～と制限の弁証法）、384（反省哲学の立場は～の立場）、466（カントは～に逃げる）、628（ヘーゲルの限界論の中で）、636（～の中に漂う無力感）、1097（善の実現は単なる～でしかない）
統一（Einheit, unity, unité）――438（抽象的～と具体的～。1057 抽象的～）、514（純粋なそれだけとしての～）、562（Einheit の訳語）、564（～の前提は対立）、1065（～という語は過程を表さないから拙い）
同一性（Identität, identity, identité）――132（悟性哲学者の～）、219（観念の非～）、372（悟性的～。536 ～は悟性の原理。単純な自己関係、735）、385（形式的～）、421（抽象的自己～）、541（～は本質論にある。742 本質の自己～）、596（存在と無の～）、735（「絶対者は～である」という命題）、736（具体的な～。1003 思弁的な～）、739（～の真の意味）
統一戦線（vereinte Front, united front, front uni）――966
同一哲学（Identitätsphilosophie, Philosophy of Identity, philosophie de l'identité）――123、683、750（～は本当の哲学ではない）
同一律（Satz der Identität, principle of identity, proposition de l'identité）cf. 矛盾律、形式論理学――195、736
同化（Assimilation, ―, ―）――1071、1072、1073、1081
統覚（Apperzeption, apperception）――406（～とカテゴリー）、411（純粋な～と通常な～）、412（カントの２種の～の唯物論的理解）
同格（Apposition, ―, ―）――284（不定冠詞―定冠詞）、288（説明と言い換え、295 説明、514 言い換えではなく説明）、908（定冠詞―不定冠詞）
道具→手段
凍結形――193
同語反復（Tautologie, tautology, tautologie）――209（二種の～。738 二種の～文、954 ～の二種）、230、880（必然性と～）、953（～文の深い意味）
動作動詞（動作表現）→ 日本語とドイツ語
導出（derive, deriver, dériver）――100（体系的～）、408（～。664、688、697、888、916-7、988）、409（内在的～。545、934、990、1116）
統体（統体性。Totalität, totality, totalité）――236（真理は～）、237（体系性＝～＝具体性＝絶対性）、239（個々の円環は～）、582、763（根拠は～として定立された本質）、783（物は～）、790（形相は～である）、792（質量も形相も物そのものの～である）、818（力と発現とはまだ具体的同一性ではなく、～ではない）、829（内と外は～）、914（概念は～。925 概念の～）、921（自己内に還帰するという～）、945（主語の具体的～）、1008（客観は自己内で～的なもの）、1115（体系的～、systematische Totalität）
同等性と不等性（Gleichheit u. Ungleichheit, equality and inequality, égalité et inégalité）――743

道徳（Moral, —, morale）——472（～は『精神哲学』の第二段階にある）、1099（～の立場）
動物（Tier, animal, —）——301、302、313（～には内的自立性がない）、444（～は感性界から超感性界への移行をしない）、655（～は純粋な自然学者）、669（～と植物の上下）
逃亡（Flucht, flight, fuite）——635（～の別名としての解放。逃げている人はその対象に条件づけられている）
同類項の省略——125（～の例。160 同）、1093（～についての独英仏の比較）
特殊（特殊性。Besonderheit, particularity, particularité）——85（自分の～の捨象）、211（経験的認識の～）、521（～とは自己外にあるものと関係すること）、922、937（ニセの～）
特称判断（partikuläres Urteil, particular judgment, jugement particulier）——957
独断論（Dogmatismus, dogmatism, dogmatisme）——355（～とは。438 ～とは一命題主義）、359（～の二義）、436（悟性的形而上学の～）
独立存在（Fürsichsein, being-for-itself, être-pour-soi）——302（自我は～・自覚存在）、625（定存在の中に潜在する否定の契機は～の中で顕在化する）、626（実在性と観念性を考える始まり。否定の契機は～論で）、638（～とは。再興された純粋存在、640 ～とは有限を止揚した無限＝観念性、643 ～の２側面）、647（ヘーゲルの～とは集合論の要素）、652（～はなぜ「絶対的に規定されている」と言えるのか）、651（多という姿の～）
『独和辞典』（岩波書店）——184
友（Freund, friend, ami）——237、1152（「友を見ればその人が分かる」）
トルック氏——129、144、146、148

——— ナ ———

内在主義——295
内実（Gehalt）——545
「内的でしかない物事は外的でしかない」——830、831-2、1015
内包量 → 外延量と内包量
内面と外面（Inneres u. Äußeres, inwardness and outwardness, l'intérieur et l'extérieur）——725（～の統一的理解）、808（内面的形式と外面的形式）
内容と形式（Inhalt u. Form, content and form, contenu et forme）——382（内容という言葉）、806（～の同一性）、809（学問における～の関係）、888（形式は内容に内在する）
内容を産み出す形式——418、806（内容と無関係な形式）、811（～の唯物論的理解）、916（概念は内容を自己から産み出す創造的な形式）、917（牧野の問題意識としての～）、1107（この普遍とは特殊たる内容を他者として持つ抽象的形式ではなく、自己の生み出した〔内容〕規定を全て含み持つ絶対的〔具体的〕形式のこと）
慰め（Trost, consolation, —）——871（近代人は必然性を～と考える）
ナチス（Nazis）——966
など（usw.）——663、670
名前（Name, —, nom）——373（「神の」性質という～だけ）、523（単なる～。578、589、728、742、909、943）、582（空虚な～。640、644、742）、1132（単なる～と概念の違い）、1136（～を持つとは）、1137（～の三種）

二格（Genitiv, genitive, génitif）——219（主語～）、222（所有の～。783）、545（～付置規定の解釈。615 同、959 同）、827（～名詞に -s が付かない場合）、986（名詞の～形を数詞や量詞と共に使う）

二元論（Dualismus, dualism, dualisme）——372、473、998（思考と存在の〜）
二語一想——30、70、203、241、327（特殊な〜。480）、338、346、464、541、545、553（「文法」の改正案）、845（1語で訳しても好い）、888（〜と冠詞）、940、950、959（2組の〜と冠詞用法）、966
西田幾多郎——439（絶対矛盾の自己同一）、500（『善の研究』）、500（一即多の弁証法。501、762）
『ニコマコス倫理学』——206
二者択一（Entweder-Oder, Either/Or, ou bien - ou bien）——130（必然性と自由の〜）、366、368
二重否定——646（穏やかな強調）
日常意識（通常の意識、平凡な意識。gewöhnliches Bewußtsein, ordinary consciousness, notre conscience commune）——188（平凡な〜は表象を求める）、190（通俗的な〜と哲学）、417、659（質から量への移行は〜には上らない）、749（同等性と不等性についての〜。757 同）、798（現象についての〜）、800（哲学的意識と〜との違い）、810（〜と「万人の言語使用法」を等置）、850（〜は可能性を現実性より低く見る）、893（原因と結果の同一性に気付く〜）、947（〜も判断の高低を認めている。965 同）、950（真理と正しさを混同する〜）、960（全称判断から必然性の判断へ）、965（〜も概念の判断にして初めて真の判断と認めている）、1001（客観概念が一般人の考えとヘーゲルの考えとでは違わない）、1018（ヘーゲルの用語は日常用語を純化したもの）
日曜日（Sonntag, Sunday, dimanche）——90（哲学と〜）
新渡戸稲造——91（『武士道』）
「二度目には一般化して言う」——128、327、333、334、532、589、848、909、919、1006、1081
日本語とドイツ語（西欧語）の違い——
① 1020（日本語は同一語句の繰り返しを嫌わないが、西欧語は近い所で同語を繰り返すことを嫌う気持が強い。そこで言い換え、換称代名詞、二度目での一般化などが発達している。それぞれの項目を参照。339、473。
② 503（日本語では動作で表現する事態を独では「結果としての状態」で表現する傾向がある。94、805、923、1009、1097。更に一般的には、西洋語は受動的表現を好むと言える。179、520、☆165の原文と牧野訳を比較せよ）、
③ 494（日本語なら状態受動で言う所をドイツ語は動作受動で言う、逆もある）、
④ 611（日本語では「文」で表現するような事を西欧語は名詞や名詞句で言う事多し）、
⑤ 細則と結論
105（日本語は原級で比較を表わす。858-9）、
126（日本語は定を不定で言うことが多い）、
496（日本語の「持つ」を独語は kennen 等で表現する事あり）、
679（日独での掛け算での数字の意味の違い。697 指数の考え方）、
773（主語の有無について）、
845（日本語の響きとドイツ語の指向性。詳しくは（『辞書で読むドイツ語』263頁以下を参照）、
773（翻訳上の注意。日独の習慣の違いを考えて訳すべし）
ニュートン——204、213、655（「形而上学に気を付けよ」）、825
二律背反→アンチノミー
人間（Mensch, man, homme）cf. 自然と精神 ——229（〜と自然・動物の関係。301 〜と動物との異同、〜の自立性の根拠、593 〜と動物の違い）、320（〜の驕り）、324（〜の使命＝神

の似姿)、447(〜は神を否定する哲学を信じやすい)、548(「〜は死すべきものである」)、655(〜は生来の形而上学者)、781(〜自体)、861(〜の本質についてのマルクス説)、1073(〜の現実的本質)、1112(〜の誕生は自然史的必然)
「人間には正しい理解がなくても正しく行動する場合がある。しかし、これだけで終わると、では学問は必要ないのかが問題になる。」——978-9
「人間は死すべきものである」——548
「人間は誰でも自分の幸福の鍛冶屋である」——873
「人間は理性的動物(存在)である」——378、564
認識(Erkennen, cognition, connaissance)——243(〜根拠の有限性)、262(真理=神は〜できるか)、345(対象の真の〜とは対象の自己規定)、424(〜とは対象の規定を知ること。432-3 〜とは対象を規定して自分も規定されること)、428(カントの〜観、488 ヤコービの〜観)、709(「知っている」と「〜している」)、731(本質〜の始まり)、917(〜するとは)、935(〜主観)、978(我々の〜は推理を使ってなされる)、1069(〜とは判断という姿をとった理念)、1076(〜総論。1078 〜とは客観世界を前提して、それを正しく知ること、1079〜とは真理を求める知の衝動)、1080(反省的〜の有限性。1082)、1083(〜とは実践を観念内で延長する事)、1092(有限な〜が悟性の限界にぶつかった時)
認識論(Erkenntnistheorie, epistemology, épistemologie)——128(実践的〜)、256(〜としての論理学)、350(ヘーゲルの〜の核心)、1120(〜的分析の試み)、1143(概念を〜的にのみ理解するので好いのか)
「認識論の認識論」——124、229、293(唯物論的認識論の4根本論点)、642(ヘーゲルの観念論概念)、1083
人称代名詞——338(名詞を受けるのは〜とは限らない)、651(再帰代名詞に代わる〜。914、973)
認容文(Konzessivsatz, concessive clause, proposition concessive)——499

ヌース(ヘーゲルは一貫してギリシャ文字で表しています。νουσ)——210、300、301
盗み(Diebstahl, theft, vol)——346、549、768(〜の根拠は様々)、950、954

ネメシス(Nemesis, —, Némesis)——703(恨みと復讐の女神)

## ハ

ハ(助詞)——429(限定の「ハ」の省略)、602(「ハ」と「ガ」)
バークレー(Berkeley)——616
バーダー氏——146、148、151、153
胚(Keim, germ, germe)——782、918(〜の発展)、938、1148(〜は植物自体)
媒介(Vermittelung, mediation, —)cf. 直接性——226(直接性と〜性とは)、446(〜の中で〜を止揚するという思考の性質、449)、450(〜の三種類)、502(直接知の理解する〜知)、503(外的〜と内的〜)、509(顕在化も〜)、530(自立的〜性)、588(〜と直接性の説明。588 第1の説明、)、906(自己との自由な〜)、1061(〜と直接性の第2の説明)
配語法(語順。Wortstellung, word order, ordre des mots)——199、740(語順)
排中律(Satz des ausgeschlossenen Dritten, principle of the excluded third, proposition du tiers exclu)cf. 形式論理学——752、759
ハイデガー(Heidegger)——318(カント主義のために失敗)、779(「現存在」)

ハイフン（Bindestrich, hyphen, trait d'union）——807（不必要では？）
媒名辞（羅 medius terminus又は terminus medius, 英 middle term, 仏は羅と同じ）——980、991
パウロ（Paulus, Paul, —）——520
パヴロフ（Pavlov）——305、449、677、1016
測る（messen, measure, mesurer）——699
博識（Gelehrsamkeit, erudition, érudition）——163
博物学（Naturkunde, natural history, histoire naturelle）——213、252
恥（Scham, shame, honte）——323（～を知る）
場所の移動——551
長谷川宏——65（「～のお粗末哲学」。707）、1094（批判に答えない～）
波多野精一——904（スピノザ論）、1010（ライプニッツ論）
罰（Strafe, punishment, punition）——903
発生と消滅（Entstehen u. Vergehen, coming to be and passing away, le naître et disparaître）——619（生成の２つの在り方）
発展（Entwicklung, development, développement ou evolution）——918（～とは何か。量的～観と質的～観）、918（概念論段階での進展の形。1112）
速水敬二——73、111、259
バラ——303（感覚的表象の１例）、938（Diese Rose ist rot。951、956、977）、940（Die Rose ist rot。949）、949（「バラは赤い」の２つの表現）
ハラー——689（神の無限を悪無限で表象する）
パルメニデス（Parmenides, —, Parménide）——592、692
ハレ論争——164
反抗期（Trotzalter, rebelious stage, période de révolte）——304
犯罪（Verbrechen, crime, —）——416、835（～人の受ける罰。903）、954（否定的無限判断の例）
反作用（reagieren od. Reaktion, react, réagir）——895（～とは）
汎神論（Pantheismus, pantheism, panthéisme）——131（トルック氏の～）、372（理神論の～）、373（ヘーゲルの～の特徴）、609（～は存在と無の同一性に反対する。悟性的思考は～に結びつく）、887（スピノザ哲学は～か）
反省（Reflexion, reflection, réflexion）——81（～は悟性と結びつく。180 ～による思考、183 ～と追考、318 真理認識の第２の形式、384、448、898 悟性は～の立場に立つ）、317（外的～の方法と内在的方法の異同。345 外的～の方法、351 外的～の第２の特徴、～の主語の所与性、448、545 ～は孤立した規定から他への移行を示す、547 外的～と弁証法の違いの例証、1168 外的～の見本）、558（～の二義）、596（～的思考の存在観。613）、634（～的思考の無限観）、719（～こそが本質の本来的規定）、955（～の判断）、956（反省の判断の述語は反省規定であって概念ではない。990 ～の推理）、960（否定的自己内～）、1024（～関係一般と化学的～関係との違い）、1025（化学的関係は客観性の～関係）、1110-1（進展は～関係の契機）、1122（過去への主体的～。1148 ～は常に想起）、1150（～的対象分析における主体的限界）
判断（Urteil, judgment, jugement）——341（～の立場。351、353 ～では真理は表せない）、395（先天綜合～）、464（カントの反省的～力。464 その原理は直観的悟性、465 反省的～力と規定的～力）、852（高低の～）、932（～の生成）、934（～の総論。935 ～の客観性、936 ～は主語と述語の「同一性」を表す、940 すべての事物は～である、941 ～と命題、942 ～の立場は有限性の立場）、943（～の発展と主語・述語の内容の変化。947 ～の分類・体系化・高低）、948（質の～＝定存在の～、951 直接的な～は真理ではありえない）、951（概念の

〜。952 同一〜・否定〜・無限〜、953 否定的無限〜）、955（反省の〜の述語は関係を表す）、957（単称〜・特称〜・全称〜。957 同）、961（必然性の〜総論。定言〜、仮言〜、選言〜）、961（〜論の標題）、962（定言〜は必然性の判断の第 1 形）、963（判断力の高低。本当の意味での〜）、1040（個別＝人間は〜する）、1076（生命より進んだ〜、2 つの判断）
パンテオン（万神殿。Pantheon, —, Panthéon）——592、900
「『パンテオンの人人』の論理」——6、157、249、341、900、911、1120
「万人の一致」（羅consensus gentium, allgemeine Uebereinstimmung, universal agreement）——515
反発（Repulsion, repulsion, répulsion）——649（独立存在レベルでの〜。649 定存在レベルでの〜）、651（反発はそれ自体として牽引）
「万物流転」——614
判明 → 明断判明知
反論 cf. 論駁——1094（批判に対して為すべき返事ないし〜をしない人は「負け」。そういう人をメディアが使うのは不当）

比（Verhältnis, proportion, rapport）——695（量の関係）、696
美（Schönheit, beauty, beauté）——468（審美的理念 Aesthetische Ideen ）
比較（Vergleichung, comparison, comparaison）——287（〜によって普遍を認識する）、743（〜とは。749）、745（悟性的〜の方法の意義と限界）、746（数学と〜の方法）、805（raio とは〜の意）
比較級——88（訳す必要のない〜。105、112）、151（絶対〜）、172（絶対〜）、332（〜の訳し方、540）
比較文法——71（〜の必要性）
東日本大震災——1047
光——376（純粋な〜は純粋な闇である。602）
彼岸（Jenseits, beyond or another world）——384、422（カントでは現象の本質は〜）
卑下慢——105、265、828
非真理（Unwahres, what is untrue）——574（なぜ〜から始めるのか）、814（〜は存在しないものではない）
微積分——1093
ピタゴラス（Pythagoras, —, Pythagore）——691（数の哲学）、693（音の現象〜出発）、1090（〜の定理、der pythagoreische Lehrsatz, the Pythagorean theorem, le théorème de Pythagore）
必然性（Notwendigkeit, necessity, nécessité）——
868（〜の難しさ、〜は概念自身、868 〜は自己関係、自己媒介、1095 〜とは自己関係する概念）、367（〜の対概念には偶然と自由の 2 つがある）、852（現実の契機の総体が〜）、866（〜とは偶然＝条件の全体。事柄の活動＝諸条件の働き、「展開された現実性」）、
127（概念の〜）、155（内容も形式も自由にする〜という形式）、175（思考の内容の〜）、409（思考規定の〜を示す）、482（カントの12のカテゴリーの〜）、
197（存在の〜＝生成の〜＝絶対的〜。213 概念的〜、238 発生の〜、403 生成の〜、1087 存在の〜）、211（〜一般、理性の求める形式）、223（〜へと高める衝動）、247（思考の本性に基づく行為＝〜的な行為？）、668（論理的生成の〜）、
369（外的〜。877、1095）、466（カントは自然〜と自由との調和を考えた）、869（盲目的〜と目開きの〜。1029 盲目の〜）、871（古代人は〜を運命と解し、近代人は慰めと解す）、903（〜観と幸福の関係）、876（〜の 3 契機・条件と事柄と活動）、877（活動は外的〜であり内容的に制限されている）、878（自然〜）、880（〜と同語反復）、

901（～の真理は自由）、902（直接的～と間接的～）、907（～の思考）、926（～の本当の証明）、961（～の判断）、1036（宇宙的～＝概念）
否定（Negation, —, négation）、cf. 否定性（Negativität）——369（虚実在）、375（～性を含まない肯定性）、419（～という規定）、614（抽象的存在の～性）、625（「全ての規定の基礎には～がある」、その契機は独立存在論で顕在化）、716（～的なもの＝本質段階での存在の論理的性格）、740（本質で自己関係するものは～性）、874（3個以上の事を同時に～する表現）、1042（概念は～と一体）、1068（無限の～性）
否定詞（Negationswort）——612（～を強調する不定詞）、937（因由の副詞と～の順序）
否定的意局——99（～と反実仮想）、182（話者の不賛成の気持ち）、208（～の第二式。252）
否定的自己関係（否定的自己同一、否定的自己統一、否定的自己同等性）——644、649、900（無限の～）、924（個別における否定的自己同一は普遍。929 概念での～）、944（判断の主語は～）、960（否定的自己内反省）、970（真なるものの普遍的本性は～）、1019（否定的自己統一）、1071（生命体の～）
否定的統一（negative Einheit; cf. negative Einheit mit sich とか negative Identität mit sich と mit sich の付く場合は「自己同一」と訳した。freie Gleichheit mit sich という言い方もある）——793（物は～という面から見ると）、924（否定的自己同一。個別は～だから普遍、925 同、929 同、1019 客観は否定的自己統一＝自己中心性＝主体性）、1065（理念の統一は～）、1068（生命における個別とは肉体の各部分の否定的な自立的統一）
否定的自己内反省——960（～、970）
否定的なもの（Negatives）——716（本質の中での存在の契機）、718、719、756
否定の否定（Negation der Negation, negation of the negation, négation de la négation）——636（有限ならざるものは～）、638（純粋存在が～として再興される）、1066（弁証法を～として捉える）
否定判断（negatives Urteil）——948
等しさ（Gleichheit, equality, égalité）——988
「人を見る眼」——952、968
皮肉（Ironie, irony, ironie）——218（典型的な～）、550（ソクラテスの～）、554（～の主観性）、850（～）
非人称化文——94、590、1009（～の1例）
批判（Kritik, criticism, critique）——555、558（～の二義）、1094（ヘーゲルの他者～）
批判哲学（kritische Philosophie）——73（～と不可避論）、216（～の主要論点）、291（事物と観念との分離）、340（旧形而上学より低い。342 旧形而上学の正反対）、395（～と経験論の異同）、398（～の眼目）
「批判と自己批判」——12、759、1104
飛躍（Sprung, leap）——368（～とは質的変化。370）、443（Übergang の訳）
百科辞典（Enzyklopädie, encyclopedia, encyclopédie）——240（哲学を～という形で出すことの限界）、241（他の～との違い）
百ターレルの例——452、682
『100年前の女の子』——796
非有機的自然（unorganische Natur, inorganic nature, nature inorganique）——832（マルクスも～という語句を使う。1070）、1071（～の同化）
非ユークリッド幾何学——1093
ヒューム（Hume）——393、396、427、443、459、926
ピュロン（Pyrrhon）——560

病気（Krankheit, illness, maladie）――950、954（単なる否定判断）
評価（Beurteilung, evluation, estimation）――157（真の～）、182（～の仕直し）
表象（Vorstellung, representaion, représentaion）――86（宗教の意識形式としての～。その力は空想力）、87（～と概念的理解）、94（～的観念）、176（経験的～）、183（～的思考）、187（広義の～、あるいは～は概念の比喩）、260（具体的な感覚的～と抽象的な感覚的～と概念の異同）、274（内容は感覚的だが形式は自我の中で普遍的）、275（～と悟性の異同）、279（ヘーゲルの２種の～説。303 例解、391 これを適用してみる）、280（～論の図示）、280（ここでの～は『精神現象学』の知覚）、421（～は感覚的なもの）、912（「経済学の方法」での「全体的表象」）、1009（ライプニッツの単子の～機能）
表象的理解と概念的理解――648（一と多の～の違い）、668（量の～の違い）
評辞の適否――315（総論）、336
ピラト（Pilatus, Pilate, ―）――72、264
ヒラメキ（Blitz, flash）――334、569（直観的理性）
広川洋一――677
品位（Würdigkeit, worthiness, dignité）――294（思考する意識にとっての～）

ファイヒンガー（Vaihinger）――862
フィヒテ（Fichte）――194（～とシェリンクの評価）、407（～哲学の意義と限界。408 思考規定の必然的導出を主張。409「導出」に力点がある、483 ～哲学総論）、587（～の始原）、636（～の倫理学は当為の立場。1099 ～哲学の立場は道徳の立場）、801（～の主観的観念論）、1010（神を客観とする哲学の批判）、1162（～の実践哲学）
フォイエルバッハ（Feuerbach）――164（結果からその物を知る。277『将来の哲学の根本命題』。277-8「或る物の必然的対象こそがその物の啓示された本質」、1151 同）、405（客観的存在の徴表）、349（感性界での疎外の克服）
「フォイエルバッハに関するテーゼ」（マルクス）――328
「『フォイエルバッハ・テーゼ』の一研究」――13、329
不可識別者同一の原理（独英仏での表現不明）――315、744、746
付加する（beilegen, attach, ajouter）――345（主語に述語を～）、937
不可知論（Agnostizismus, agnosticism, agnosticisme）――71（近年のドイツでの～）、73（批判哲学の～）、297（～のいう「形而上学」）
複合名詞――441（～に形容詞が冠置された場合）
福沢諭吉――312（自由と権利）
副詞（Adverb, ―, adverbe）――773（接続詞を限定する～がコンマの前に来る。964 同）、971（～はどこにあっても何にでも掛かれる）
『副詞』――971
藤野渉――58
不自由 → 自由
普通名詞（Gattungsname, common noun, nom commun）――1131（固有名詞の～化）
仏教（Buddhismus, buddhism, bouddhisme）――202（～の四大）、501（～の空の思想）、596（仏教徒の目的たる無）、601（仏教徒の神概念）
『仏教語大辞典』（小学館）――203、312
物質（Materie, matter, matière）――152（～の概念）、305（～の命名的定義）、389（ヘーゲルの理解した唯物論での～）、609（～の永遠性という考えは存在と無の同一性の反対）、650（～の本質は引力と斥力。656 これはカントの物質観）、818（～の可分性）

フッサール（Husserl）――285
物素（Materien, matters, matières）――786（性質は～である）、784（物を～へと分解する考え方）、794（～と有孔性）
仏訳（原則として仏Gと仏Bの区別せず）――70、71、111、117、126（不定を定で訳す）、134、135、518、738、804、807、908（連語の冠詞）、931（仏Bは独原文と同構）、941、977、1000、1014、1025、1057、1093
物理学（Physik, physics, physique）――754（両極性）
不定冠詞（unbestimmter Artikel）――96（物凄い何々）、60（内的形容の～。101、460、507、629、650、727、759、815、896、939、971、989）、117（紹介導入の～。464、979）、503 と 505（形容詞を紹介導入する～）、139（性質の説明。401、579、423 性質の強調、823 同前）、182（注意喚起。231、443、658、687、705、823、859）、216（仮構の～。238、531、779）、239（任意性の～）、370（「などというものは」の～）、471（序数詞に掛かる～）、728（最上級形容詞と～）、742（～と定冠詞）、859（「１つの」と訳して好い場合）、888（国籍名と～）、955（先行詞に～。1007）、1057（～付きの名詞の第１義は形容詞）、1064（～に注意）
不定代名詞――126（関口の～論）、338（～で受ける）、370（wie＋～）、460（～が先行詞に付いている場合）、612（否定詞を強調するための～。971）
不等性 → 同等性
船曳由美――796
普遍（Allgemeinheit, Universality, universalité）――211（経験的認識の～）、227（～の二種）、1083（抽象的～と具体的～）、228（抽象的～。272、382、485 抽象的～つまり形式的同一性、523 直接性＝抽象的自己関係＝抽象的同一性＝抽象的普遍性、535 抽象的～、特殊に対立した～、1029 特殊を包括する～）、
276（観念と同義の～＝自分でもあり自分の他者でもある）、237（具体的～、305 潜在的な具体的～、486 自己内で具体的～である真理、1016、1044、1048 目的は具体的～である、1067 ～である生命体）、
385（形式的～）、393（～は多量とは違う）、462（～の自己特殊化）、467（悟性の～と直観の特殊の統一）、494（自己内で～的）、924（～とは自由な自己同等性）、926（真の～と単なる共通者との区別）、958（～と全称性）
普遍・特殊・個別――7（現実的意味）、170（経験的普遍と特殊）、234（普遍と特殊の真の関係）、467（悟性の普遍と直観の特殊）、917（潜在的概念と～）、920、921（概念の三契機としての～は何の捉え直しか）、926（概念の三契機としての～の不可分離性）
「普遍として機能している個別」cf. 個別――7、1134、1138
普遍論争――7、1085
プラトン（Platon, Plato, ―）――136（目的観念の仕上げ）、155（～の理念像）、221（理性嫌いとの闘い）、358（ヘーゲルは～のイデア論を受け継ぐ。423 イデア論）、378（～は形而上学者ではない）、507（～の想起説。509 想起説でも生得観念説でも媒介を認めている、919）、549（弁証法の創始者）、550（『パルメニデス篇』）、631（「神は世界を一者と他者から作った」）、640（『ピレボス』）、677（～の数学観）、772（ソフィスト的思考と戦う）、792（『ティマイオス篇』）、834（神は自然の中でも自己を表す）、844（～とアリストテレスの違い）
『プラトンの学園アカデメイア』――677
フランクリン（Franklin）――179
フランス語（Französisch, French, français）――36（属詞の le ）、208（冠詞用法が独英とかなり違う）、807（「最も何々の１つ」の表現で仏は l'un 又は l'une と定冠詞を付ける言い方がある）、

1093（「同類項の省略」が少ない）
フランス唯物論――666、900
フリース――73
降旗節雄――8、1141
プリンピキア（羅 principia = principium の複数形）――201
フルキエ――285
ブルッカー氏――136
プレフォルスト村――163
ブロッホ――1061（"Subjekt-Objekt"）
プロテウス（Proteus, ―, Protée）――342
分（ぶん）――704（分をわきまえる）
分析（Analysis, ―, analyse）――387-8（経験論の～過程・具体物を区別 → 抽象的規定が自体とされる）、604（～的な行為）、735（いわゆる「～」）、1083（～的方法。～的方法の意義と限界、1109 ～的方法の始原）
分析的方法と総合的方法――1090（～の適用の任意性及び両者の概念上の順序）、1091（～の非哲学的性格）
文法（Grammatik, grammar, grammaire）――71（～は本質的に比較文法。747、804 同）、307（～教育は思考の諸相に注目させる）
文脈（Kontext, context, contexte）――252（文脈。252 第1節から18節までの～の流れ、332 第19節から82節までの構成、380 第26節から36節までの～を読む、512 第66節から69節の～、529 第61から71節、531 第77節と注釈の～的理解、543 第80節への付録の～）、495（論理的～を読む。この事で論理的思考は伸びる。516 論理的～が読みにくい、556 所与の～の適否を再検討）、584（存在論と本質論と概念論それぞれの予備知識の組み立て）、611（第88節注釈の～）、711（～を読むことに含まれる事。718、763）、840（Unmittelbarkeit という語を出しておきたかった）
「文脈の本流と傍流」――610
扮役的直接法――396、490
分類（Einteilung, division, ―）――1088

並行配語→交叉配語
並存（並置。Nebeneinander, juxtaposition, être-l'un-à-côté-de-l'autre）cf. 相互外在性、継起性――223（多様な内容の～）、235（普遍と特殊の～）、252（移行を示さない～）、274（継起性と共に個別の形式。278）
ヘーゲル――
113（～の問題意識。124 ～の思考論の骨子、135 善悪の矛盾と矛盾一般、138 ～の哲学史研究の特徴、157 真の評価についての～説、193 ～自身の哲学修業、206 日常用語に注目する～、216 ～の根本的な考え方、293 ～の哲学観は民芸派、327 精神の自己内分裂の研究から万物の矛盾へ、349 ～哲学の中心テーマの１つは無限な思考と有限な思考の違い、542 現実の問題を論理的に捉え直そうとする姿勢、589 語の使われ方から語の意味を探る態度、684 ～認識論の根本的観点、780 ～の企図、1012 ～の目的、1046 ～の歴史観と労働論の関係、1049 ～の労働過程論とマルクスのそれとの違い）、1162（～の自然法思想）、
101（～の偉大さは科学の本性の解明。118 ～らしい体系的観点、218 ～の偉さはカント認識論を「水に入る前に泳ぎを習おうとするもの」と喝破したこと、226 百科全書家～、229 と 449「媒介を止揚する媒介」の発見、236 哲学と哲学史の関係の発見、354 判断の立場の限

『ヘーゲルの論理学』――235
「ヘーゲルのWissenschaftをどう訳すか」――114、154、176
『ヘーゲル弁証法の本質』――120、222、349、546、627、911
「ヘーゲル論理学における概念と本質と存在」――215、245、299、317、404、737、774、812、1054
「ヘーゲル論理学の唯物論的改作」――842、923
ベーコン（Bacon）――390
ベーメ（Böhme）――142（qualiert）、149
ペシミズム（悲観主義。Pessimismus, pessimism, pessimisme）――1078
ペテロ（Petrus, Peter, Pierre）――162（～の鍵、164）
ヘラクレイトス（Heraklit, Heraclitus, Héraclite）――227（生成の原理）、614（～の体系は生成に対応）
ヘルダー（Herder）――819（～は神を力とするだけで、それを概念とする所まで行っていない）
ヘロドトス（Herodot, Herodotus, Hérodote）――518
変化（Aenderung, alteration, changement）――632（定存在の～の中で出てくるものはそれの矛盾）
返還要求（vindizieren, vindicate, revendiquer）――421、462（カントが～したものとしなかったもの）
勉強（Studium od. Lernen, study or learning, étude ou apprentissage）――193（哲学を知るには～が必要）
弁証法（Dialektik, dialectic, dialectique）――135（真の～）、195（矛盾の主張）、212（～と他との違い。212実証主義との違い、284ヘーゲルの～は単なる方法ではない、456形式論理学はカノンだが～はオルガノン、545外的反省との違い、548詭弁論法との違い）、220（思考の本性が～。399思考の働きそのものが～、544論理的思考における～的なもの・総論、544～を悟性的に理解すると懐疑論に成る、556～と懐疑論）、356（体系的学問主義が～。549～は事物の絶対的考察）、548（～は運動と生命の原理）、549（～の歴史。プラトン、ソクラテス、550カント）、551（～の客観的意味は「神の威力」）、563（～は思弁的契機の中に止揚されている）、659（止揚過程こそ～）、875（～の1法則・外からの影響は主体の本性に媒介されて作用する）、1059（自己内矛盾によって滅びる）、1112（～の適用）
弁証法的唯物論――142（～の宗教論）、290、391、405（～とヘーゲルの異同）、480（思考の自己内での絶対的自立性と～）、547（外的反省と～との違いの例証）、637（～の真理論と無限接近）、803（自称～の浅はかさ）
「弁証法の弁証法的理解（1971年版、2014年版）」――8、101、176、183、213、234、277、403、410、456（一元論的世界観）、514、534、542、575、637、684、758、773、820、853、868、900、912、1007、1088
弁神論（Theodizee, theodicy, théodicée）――870、874、1063（～者）
変則的定形後置――61、479、658、859、920、959、1013
ヘンニンク――5、57、485、615、670、728、1055（～の補充への疑問と対案）
篇別構成――102（～はたいてい悟性的）
変貌（Verklärung, transfiguration, ―）――166（イエスの～、196）、903（必然性から自由への～）

ポアンカレー（Poincaré）――1120、1128
忘恩的（undankbar, ungrateful, ingrat）――227
法学（Jurisprudenz, jurisprudence, droit）――537（～における悟性）
包摂（包摂する。Subsumieren, subsumption, subsomption）――935（判断を主観的～と見る考え方）、

944（述語は主語を～）、1032（～的に関係する）
法則（Gesetz, law, loi）——287（追考によって～を知る）、806（現象の～）、824（～とは発現の全体をまとめただけ。826）
『法の哲学』——57、58、66、121（形式論理学が役立たないからといって、思考法則を研究しないで感情や表象で語っても好い事は何もない）、127、139、196、245（根拠の立場の偶然性）、358（イヌでさえ観念論者である）、426（適用とは悟性的包摂）、540、1044（技能や学問の相続）
方法（Methode, method, méthode）cf. 方法論——102（内容と同一な～）、103（概念に基づく移行～）、104（～と図式）、113（～のみが真理探究の成功を保証する）、114（～の総論）、215（哲学的認識～）、314（先入観と～とは違うのか）、391（理性的～。401 絶対的～）、1063（ヘーゲル哲学の神髄）、1107（～とは全体の展開。1108 ～の第1契機は始原、1110 ～の第2契機は進展＝反省の契機、1114 ～の第3契機は終局）、1115（～とは内容の概念）
方法論（Methodenlehre, doctrin of Methode, Méthodologie）cf. 方法——115（～と方法とは違う。999 方法と～との区別）、997（～では原理論で論じられた思考形式の適用方法を示す）
「方法論の方法」——1108
補色（Ergänzungsfarben, complementary colours, couleur complémentaire）——757
北極星（Polarstern, Polestar, Étoile Polaire）——96（哲学するときの～）
ホッブズ（Hobbes）——1162
ホト氏——498
ホメロス（Homer, —, Homère）——140
本質（Wesen, essence, —）——959（～をどこに求めるか）、121（～認識の方法＝その果によって知るべし。162、231、236、273）、236（或るものの～はそのものの固有の対象から分かる、277 或る物の明示された～）、1146（～認識の方法。285 追考によって対象の～を知る、731 ～認識の始まり、1143 ～認識の悟性的方法）、590（～は媒介を経た無規定）、707（～の生成）、713（～の論理と存在の論理）、721（事物は～を持つ）、734（～は再帰的自己関係）、797（～は現象する）
本質論（Wesenslehre, Lehre vom Wesen; Doctrin of essence, Téorie de l'essence）——201（～の核心の説明）、289（～の立場。506 ～は直接性と媒介性の統一を扱う、541 ～は悟性の論理を理性的に捉えたもの）、573（～を貫く線）、646（存在論と～と概念論とのそれぞれの立場）、716（本質の本質）、731（～の予備知識の3つの節の組み立ては不適当では）、732（～のカテゴリーは存在論のそれの反省形態）、732（～の難しさとは）、741（～の立場と存在論の立場）、839-40（英雄の自己認識での～の立場と概念論の立場との違い）、1154（～の大きな枠組み）
「本質論と戦術論」——311
翻訳（Übersetzung, translation, traduction）——241（真の～）、248（対立を出して～する）、609（～をどう考えるか）
本来的（eigentlich, authentic, propre）——133（～とは何か）

マ

『マイスター独和辞典』——357、823
枕詞——150
松下幸之助——98
松村一人と宮本十蔵（両者）——68、73、74、100、101、103、106、111、120、126、139、

宮本十蔵のみ――142、161、312、356（拙い訳）、487、595、674、777、845、1009
民衆――164（～の知恵）、327（～の立場）
民芸運動――1169
民主集中制（demokratischer Zentralismus, democratic centralism）――555

無（Nichts, nothing, néant）――563（無媒介の～と媒介された～）、593（存在がまず生み出すもの）、598（～の最高の姿は自由）、742（存在論の～は抽象的で空虚な～）
無冠詞（Nullartikel）――182（熟語）、183（合言葉の～）、208（通念の～）、230（言としての語）、279（先行詞が～の場合）、973（高踏的掲称の～）
無規定者（Bestimmungsloses, that, which lacks determination, indeterminé）――590（本質は媒介された～）
無限（Unendlichkeit, infinity, infinité）cf. 悪無限、有限――
有限と無限（344 限界のある無限、638 ～の二元論についての深い洞察、642 ～の関係の現実的意味）、822（有限な関係と無限な関係）
真の無限（343、420 カントにおける無制約者、427 カントにおける無制約者としての霊魂、638 ～とは他者への移行の中で自分自身と関係すること、641 ～は哲学の根本概念、690 ～は悪無限の放棄、691 ～の現実的意味、712 程度の運動は～、822 ～な関係とは一層規定された関係）、462（肯定的無限）
無限進行（unendlicher Progreß, infinite progression, progrès à l'infini）――472（理念に無限に近づくというカントの～説）、639（有限者の～）、686（量の～。689 量的～の有限性）、894（因果の～。896 因果の～の止揚）、993（全称推理から～へ）、1074（生命における～）
無限接近（perennierende Annäherung, perpetual approximation）――636（カントにおける～）、637（～という考え方をどう考えるか）
無限判断（unendliches Urteil, infinite judgment, jugement infini）――952（否定的～）、1063（理念は～）
無邪気（Unschuld, innocence, ―）――319（経験的認識と～）、321（精神生活の始まり）、322（～な状態。子供の～）、399（～な思考と自由な思考）、422（～な意識）、432
矛盾（Widerspruch, contradiction, ―）――135（善悪の～と～一般）、432（理性的対象に悟性規定を適用すると～に陥る）、434（～の普遍性、貫通性、特殊性、個別性。748 ～の普遍性、760 ～の普遍性とは遍在性と貫通性）、457（カントの原理は無～性）
矛盾律（Satz des Widerspruches, principle of contradiction, proposition de la contradiction）cf. 同一律、排中律、形式論理学――508（形式論理学の～）、736（形式論理学の同一律と～）、753（～のおかしさ）
無神論（Atheismus, atheism, athéisme）――886（スピノザ哲学は～か）
「無性格者は決断しない」――541
無制約者（Unbedingtes, the unconditioned, l'inconditioné）――420（～=自我の自己同等性）、427（～としての霊魂）、431（第２の～＝宇宙）、564（～＝自己の規定を自己自身の中に持つもの）
無世界論（Akosmismus, acosmism, acosmisme）――447、887
無力（Ohnmacht, impotence, impuissance）――307（自然の～）

名詞（Substantiv, noun, nom）――200（文の～化）、611（動詞的な～）
名称（Bezeichnung, name, nom ou appelation）――423
迷信（Aberglaube, superstition, ―）――519

明晰判明知（klar und deutlich, clear and distinct, claire et distincte）――527（～の確実性）、624、931（ヘーゲルの錯覚？）、933（「判明」は deutlich か distinkt か）
命題（Satz, proposition, ―）――352（～という形式の意味）、608（～では思弁的規定は表せない）、608（～という形式の限界）、609（悟性の抽象的同一性の～）、941（～と判断）、953、970（それを～の形にすると）
名文（Meisterprosa, fine piece of prose, belle prose）――1122（～の条件）
滅私奉公――237（～とヘーゲルの統体）
メディア――1094（批判に対して為すべき返事をしない人を～が使うのは間違い）
メルクマール（徴標。Merkmal, characteristic, marque）――934、1086
メンデレーエフ（Mendeleev）――648

モーゼ――320（～の神話）
毛沢東――171（「調査なくして発言権なし」）、435（『矛盾論』。760）、1100（「人は若くて無名で貧乏でなければ好い仕事はできない」）
「毛沢東の名言」――171、385
目的（Zweck, purpose, but）cf. 合目的性――
136（～観念の発見史、1030 ～概念の哲学史）、284（特殊な～と論理学）、448（有機物の～規定。468 普遍と特殊の統一は生物では～＝内的～）、
468（外的合目的性。468 ～は有限、1035 ～は目的の第 1 形態）、1036（「目的」概念と「効用」）、286（～を追考する日常生活）、1097（～は生産労働、善の意志は社会的実践）
469（カントの内的～の不徹底性、471 カントの～論の主観性、472 カントの究極～とは、1030 カントとアリストテレスの内的合～性）、
770（～因＝ causas finales は事物の概念自身）、779（世界の究極～＝ Endzweck）、822（～はその自己規定性の故に力より上）、1026（～の生成）、1028（～の実現）、
1028（～の総論。1029-30 ～は理性概念であって悟性概念ではないし、究極原因であって作用因ではないから思弁的に理解しなければならない）、1031（～は推理）、1038（～運動の 3 段階）、1040（主観的～は推理）、1042（有限な～。1042 中項が分裂している、1048 実現されても自己内で分裂）、1100（世界の究極～は実現されつつある）
目的意識性――874（欧米では「目的」と区別されていないらしい）、1026（～と～意識性とは違う）
目的関係（Zweckbeziehung）――1013、1023（機械的関係に対置された～＝ Zweckmässigkeit）
目的語（Objekt）――352（～を繰り返す）
目的論（Teleologie, teleology, teleologie）――449（ヘーゲルの～とパヴロフの第二信号理論）、451（下らない目的論的説明法の例）、779（一元論的～）、1014（概念論は広義の～）、1027（～の総論）、1117（論理学の全体が目的論）
持つ（Haben, having, avoir）――496（日本語の「持っている」をドイツ語では wissen, kennen で言うことがある）、783（～という関係。785）、784（～という関係と「である」という関係）
物（Ding, thing, chose）――364（～としての霊魂）、780（～の生成。782）、783（～は性質を持つ）、785（～と或る物との違い）
物自体（Ding an sich, thing-in-itself, chose-en-soi）――419（～とは何か）、596（「～は無規定」という考え）、1146（～は認識しえないという説）、780（～の発生過程）、790（単一の質料と同じ）、838（ヘーゲルによるカントの～説への批判）
も亦（auch, and, aussi）――275、280（das blosse Auch）、351、732
森鴎外――120

「問題意識について」――435

―――― ヤ ――――

ヤコービ――120、148（ただ神を信じよ）、193（直接知で十分。哲学するには学習は不必要）、446（神の存在の悟性的証明に反対）、487（～の出発点）、522（～の悟性）、569、588（スピノザの神について）、891（スピノザの自己原因について）
弥永健一――648
山崎正一――4
闇――184（「すべての牛が黒く見える～」）、602（純粋な～）

唯物史観（materialistische Geschichtsauffassung, historical materialism, conception matérialiste de l'histoire）――211（～での意識と存在）、230（講壇哲学教授の生き方の説明）、233（欠点の自覚と克服）、312（自由概念の本当の定義）
「唯物弁証法問答」――369
唯物論（Materialismus, materialism, matérialisme）――100（弁証法的～）、221（～と思弁的論理）、273（実践的～）、292（～と観念論）、347（宇宙の無限性）、350（内在的認識の～的性格）、389（ヘーゲルの言う～＝経験論の徹底。476）、412（カントの２種の統覚の～的理解）、412（ヘーゲルの人間観の～的理解）、480（弁証法的～と思考の自立性）、510（生得観念説の～的理解）、666（18世紀のフランス～。900）、810（「内容を生み出す形式」の～的理解）、825、920（俗流～）、1143（唯物弁証法的な考え方）、1152（浅薄な～）
唯名論（名目論。Nominalismus, ―, nominalisme）cf. 実然論――392、1085
有機体（Organismus, organism, organisme）cf. 非有機的自然――240（部分が全体を反映）、448（神を考えるに～とその目的諸規定は無機物より上）、465（有機的自然では普遍から特殊が導出される）、1069（～の部分と全体）
有限（Endlichkeit, finite, fini）cf. 無限――331（～の２種）、343（～とは他者に接していること）、452（～物とはそれの存在が概念と不一致）、545（～物とは自己止揚するという事。548、551 ～物の弁証法、631 ～物の本性、1004 ～物とは何か）、638（～と無限の二元論）、642（～者と無限者の関係の現実的意味）、887（～性の原理は差異の原理）、942（判断の立場は～性の立場）、1005（～は可変的で無常なもの。1006 ～は非真理）、1097（意志の活動の～性）
有孔性（Porosität, porosity, porosité）――794
ユーゴー（Hugo）――1125（～の理想主義）
ユダヤ教（Judentum od. jüdische Religion, judaism, judaisme）――724（神を主と捉えるだけで、有限物を神から切り離している）
ユニテリアン（Unitarier, unitarian, unitariste）――146

要素（Element, ―, élément）――647（集合論の～）
様態（Modus od. Modalität, modality, modalité）――133（スピノザでは人間は～）、847（カントは可能性と現実性と必然性を～とした）
欲求（Bedürfnis, need, besoin）――1030（目的の実例）
予定調和（präetablierte Harmonie, preestablished harmony, harmonie préétablie）――1010
ヨハネ（Johannes, John, Jean）→ 聖書
呼びかけ――112
「四十歳の人は顔に責任がある」――1135

## ラ


ライプニッツ（Leibniz）――210（経験論の根本命題への補足）、315（不可識別者同一の原理。744、746）、370（法則に定式化するのが好き）、770（～の充足理由律は目的因と概念の立場）、874（～の弁神論）、886（～の単子論は個体性の原理の始まり）、919（生得観念説）、1008（単子論とヘーゲルの客観）、1010（機械論と目的論との調和をはかる）、1058（～の位置付け）
ラインホルト（Reinhold）――217（カント哲学の欠陥の救済策）
ラヴォアジェ（Lavoisier）――789
ラッソン（Lasson）――127（ラッソン版『大論理学』。209）、884（～による補足）
ラテン語（Lateinisch）――1069（～の人名のアクセント）
ラランド（Lalande）――488

理解する（verstehen, understand, comprendre）――97（～とは何か）
力学（Mechanik, mechanics, mécanique）――653（近世の～）
理神論（Deismus, deism, déisme）――372（啓蒙思想の～。728）
理性（Vernunft, reason, raison）――79（～の確信。1077、1078）、221（～嫌い）、245（～は偶然を許す）、325（理論～と実践～の有限性）、440（カントの～論。477 カントの～）、507（自然的～）、564（「人間は～的存在」という言葉）、569（直観的～）、640（悟性と～の考え方の違い・有限と無限の統一）、779（概念的～は世界の究極目的を追求する）、994（～の本能）
理性推理（Vernunftschluß, syllogism of reason, syllogisme de la raison）――976
理性的（vernünftig, rational, rationel）――74（～認識の放棄）、117（～概念）、318（～的思考）、350（有限な規定を～に扱う）、567（～なものは神秘的）、969（推理こそ～）、1099（～認識の真の態度）
「理性的なものは現実的であり、現実的なものは理性的である」――196、455、845、971
「理性の狡智」（List der Vernunft, cunning of reason, ruse de la raison）――1046
理性論 → 合理主義
理想（Ideal, ideal, idéal）――197（～は妄想でも無力でもない）、200（～論という批判）、441（カントでの理性の～）、451、467、843（～と現実）
理智――203（仏教での～）
理念（Idee, Idea, Idée）――75（～こそ核心）、79（～は実在している）、117（思弁的～。131）、122（思弁哲学の～）、132（絶対的～の立場）、197（～は妄想でも無力でもない。198）、237（観念と～と絶対的～）、240（～論が生命から始まる理由）、250（～は自己同一な思考）、257（統体的思考）、421（～の構成的意義）、446（包括的な～、最高の～、具体的な～）、592（～の諸段階）、833（～は自然と精神の共通の内容。987 ～は自然と精神の絶対的実在）、843（～は現実的）、844（～はプラトンにとってもアリストテレスにとっても唯一の真理。それをデュナミスと取るかエネルゲイアと取るかの違い）、1050（～の生成）、1055（理念論総論。1056 個々の存在は～の一面、絶対者は普遍的で単一の～、それが判断に依って～の体系と成る）、1057（～は具体的で内容豊か、1059～の現在性、真理性）、1063（～の全体的性格）、1063（～は無限判断）、1064-6（～の過程性。～は否定的統一＝否定の否定と捉えること、1066 ～の3段階・生命・認識・絶対～）、1067（絶対～は認識の反省＝方法）、1101（思弁的～＝絶対～。1102 絶対～の総論、1105 絶対～の内容と形式）、1115（～論の

まとめ。～は体系的統体)、1116（直観する～・存在する～＝自然)、1117（論理学全体が～)
量（Quantität, quantity, quantité）——582（存在にとっての外的規定。622)、651（～の生成、652～に移行)、659（～の正体＝質的規定への無関心)、662（量論、純粋な量)、663（～の実例。外延～と内包～)、669（連続量と不連続量)、670（～論のまとめ)、686（～の無限進行)、988（～の推理は無形式)
領域（Sphäre, sphere, sphère）——580、1113（「領域」と訳したSphäreで何が考えられているか)
両極性（Polarität, polarity, polarité）——754、757
良識——377（～による神の存在証明)
量質転換 → 移行
理論——325（～理性と実践理性の有限性)、292（「頭の中から考え出した～」)、541（～とは実践の反省形態)、979（～はなぜ必要か)
「理論と実践の統一」（Einheit der Theorie und der Praxis, unity of theory and practice, unité de la théorie et de la pratique）——76（その唯物論的な意味)、91（その真意)、327（自称マルクス主義者の誤解)、400（認識行為の中で認識能力は吟味される)、541（理論と実践の絶対的な区別と相対的な区別)、569（～という表現の一面性。611 統一の面だけでなく、差異の面も見よ)、755（～の無理解)、838（ヘーゲルの考えは「事実一致している」という事実命題、1101 それは過程的一致)、979（理論が実践より低い場合の実例)、1080（ヘーゲルは認識を先にする)、1099（理論的理念と実践的理念の統一)、1109（～の悟性的理解と理性的理解)
『理論と実践の統一』（同名の論文を含む）——76、406、439、756、839、1080、1101
リンカーン（Lincoln）——1135

類（Gattung, kind or species or genus, genre）——287、1023（～の関係)、1074（～の過程)、1149（～と種の関係)
類型単数——111
類推（Analogie, analogy, analogie）——991、994（表面的な～と深い～)
「類は友を呼ぶ」——1134
ルカーチ（Lukacs）——1021（『若きヘーゲル』)
ルッター（Luther）——201、507
ルソー（Rousseau）——518（一般意志と全員意志の区別。927)、1124（社会契約論)

礼儀——903（～を弁えた人＝der sittliche Mensch, the ethical person)
霊魂（Seele, soul, âme）——364（旧形而上学の～論＝合理的心理学。今日では～ではなく「精神」がテーマ、382 ～の本質規定を問う)、427（カントの～論。428 それの検討、636 ～の不死とカント)、1017（～と機械論)、1067（肉体内の概念ないし普遍)
レーニン（Lenin, —, Lenine）——3、135（『哲学ノート』、506)、773（「ヘーゲルを読まなければマルクスは分からない」)、826（ヘーゲルが法則を大きくは取りあげていない事に驚く)、842（ヘーゲル論理学の唯物論的改作を提案。923)、966（統一戦線の原則)、1051（～の注目した所。1107)
歴史（Geschichte, history, histoire）——289（～の科学的認識)、698（～と論理)、837（実用主義的～)、870（～哲学は弁神論)、1046（ヘーゲルの～観と労働論)、1125（真の～叙述)
『歴史における理性』——79（理性の確信)、313（自由論)、508（理性は眼前の物を動機として自己内の観念に気付く)

列挙（Aufzählung, enumeration, énumération）——281（「もまた」と同じ）
レッシンク（Lessing）——134
連語——106（～の冠詞問題。139、313、407、411、654、680、902、939）、121（～と allen）、288（～を分けて訳す）
連続律——1005
連続量と不連続量（kontinuierliche und diskrete Größe, continuous and discrete magnitude, grandeur continue et discrète）——677

老人（Greis, old man）cf. 大人——1102（絶対理念は～の立場）
労働（Arbeit, work, travail）——323（自然と人間の分裂とその克服）、328（ヘーゲルの～論の重要性）、1010（～論）、1030（マルクスの～過程論）
労働手段 → 手段
「労働術」——496
「労働と社会」（同名の拙著を含む）——179、229、312（自由論）、449（思考の論理的性格は直接性を断ち切ること）、467、539、856（人間の本質についての３種のマルクス説）、1047
ロック（Locke）——1080
「ロメオとジュリエット（Romeo und Julia, Romeo and Juliet, Roméo et Juliette）」——804
論駁（Widerlegung, refutation, réfutation）cf. 反論——587（或る哲学体系の～とは何か）、610（その実例）
論理（Logik, logic, logique）——532（～的実在＝論理上の実在）、544（～的思考の鍛錬）、593（～的思考は反省的思考を捉え直したもの）、619（或るものの～的性格とは）、684（経験＝可能性と～＝必然性）、694（～的思考の１例）、782（～的思考能力の威力）、951（現実を～的に捉え直す）
論理学（Logik od. Wissenschaft der Logik, the science of logic, science de la logique）——3（本書での用語）、59（思弁的～。214、916）、197（『大論理学』。61、506、842、1038、1044、1050、1147）、214（思弁的～。218（ヘーゲルの～は認識能力の吟味にも成っている。認識論でありかつ存在論でもある）、237（ヘーゲルの～の真理性・自立性・完全性）、256（認識論としての～。257 ～とは思考に関する科学、282 3つの注釈、763 ～の仕事は表象的把握の概念的把握への転換）、258（～の難しさと易しさ。～の効用、283 道具としての～）、259（内容的～）、267（～についての高低二様の評価）、296（存在論としての～、308 ～で扱う形式こそ万物の根拠）、306（～は純粋な観念の真理性を問う）、306（自然哲学と精神哲学は応用～。418 ～から自然哲学及び精神哲学への進展）、316（ヘーゲル～における概念の配置。880 ～の理念の体系の中でどういう位置を占めているか）、319（ヘーゲルの～は思考こそ真理の形式であることを示す。332 ヘーゲル～の目指したもの）、358（ヘーゲル～の基軸）、398（ヘーゲル～の特質）、522（ヘーゲル～は媒介知の実例）、539（ヘーゲル～を理解する方法）、541（ヘーゲルの～体系は単なる方法ではなく世界観でもある）、561（通常の～。917 従来の～の非論理性）、575（～と神の形而上学）、579（～の分野を表す語）、587（～と哲学史）、590（～の始まりは存在以外にない）、617（個々のカテゴリーの配置は天才的だが、その内在的導出の証明には成功していない所も多い）、667（ヘーゲル～の読み方）、721（～での或るカテゴリーとその直前のカテゴリーとの関係）、767（～の仕事は概念で捉える事）、915（悟性的～）、842（『小論理学』、58、1038）、1105（～の体系、1170）、1115（～は理念の科学）、1117（～全体が目的論）、1148
論理的性格——623（～＝論理学上の意味）、955（現実の事象の～を追求する）、1065（実在の～は個別）

論理的なもの（das Logische, the logical, le logique）――500（その対概念で考えてみると、この場合は論理的思考）、536（～の客観的な意味）

ワ

和解（Versöhnung, reconciliation, réconciliation）――131（英知の根本規定）
私（自我。Ich, I, Moi）――276（誰でもが～である）、427（4種の～）、931（～即ち認識主観。936同）
「我思う、故に我あり」――497、523
我々（wir, we, nous）――224（『精神現象学』における～＝哲学者、1025～哲学者に分かっているだけ、1099～＝哲学者）、709（～の反省＝主観的、892同）、911（本質論を終えた～）、917（～にとっての概念）、924（～キリスト者）、931（認識主観）、978（～の認識）、1039（～ドイツ人）

A, B, C...

aber（しかし）――191、199、229（逆接でない～。268、594、1096）、233（～の位置は自由。495同、617同）、404（allerdingsを受ける～）、490（undに代わる～）、610（どの語を受けているか）、621（～の位置）、684（譲歩の構文の～が消えている）、1088（zwarなどに先行されていないが譲歩文での～）
abgesondert（切り離された）――730
ableiten（導出）――408
Abschnitt――59（どう訳すか）、60, 61, 62
absprechen――107
abstrakt（抽象的）――295、859（何と対になっているか）
addieren――675
äffen――106
Aggregat（総和。aggregate, agrégat）――1011
aliud aliud（ラテン語）――631
allein――248
allen――121
allgemeines――70（訳し方）
als――249（「として」の～。728～の後の無冠詞名詞、989～の後の不定冠詞付き名詞）、583（2つの～）、720（A ist als B）、741（nur .. als）、979（何と何を同格にしているか）
als solcher――668（理由の～）
als welcher――69（理由を付記する。249、370、419、509、1008）
an――973（「表面に出ている」の～）
anders――234（冗語の～）
Anderssein（Otherness, être autre。他在）――624
anderwärts――207（「一方では」はどこにあるか）
an einem, cf. an sich――466（an ihm）
Anfang（始原）――241、587（der erste Anfang）、909
anschauen（直観）――1076
Ansich, an sich、cf. an einem――342、372（概念は～）、827（二格形なのに～のまま）、1003、

1148
Ansichsein（Being by self, être en soi。自体存在）——624
ansprechen ——423
Anstrengung（緊張）——1110
antropopathisch ——489
an und für sich ——361、400（「絶対的に」）、893
apodiktisches Urteil（確証判断）——967
assertorisches Urteil（確言判断）——965（どう訳すか）
auch（もまた）——222、280（das blosse Auch）、355、494、668（文全体に掛かる～）、728
aufheben（止揚する）——645（その二義）、1095（「卒業」という訳語が当たる）
Ausdehnung（延長）——889（どう訳すか）
Außereinander（相互外在性）——407
Außersichkommen（疎外態）——977
Außersichsein（自己外在）——996

bedingen ——152
Befriedigung（満足させること）——1033
begeisten（活性化する）——1025
begleiten（付きまとっている）——276
begreifen（概念的に理解する）——6（総論）、1143
begrenzt（限界を持った）——674
Begriff（概念、通念）——256（～は理屈）、532（Vorbegriff に代わる～）、951（sich selbst に代わる～）、1143（～。1143 Inbegriff, 1144 im Begriff sein, 1144 通念）
beilegen（付加する）——345、937
beliebt（好かれる）——147
besonders（特に）——1057
beschließen（決心する）——1040（～と entschliessen）
Bestehen ——803（自立性と訳す）
bestimmt ——755（bestimmten Verstandes の訳）
Bestimmung ——463（～の二義）
Bewußtsein（意識）——91
bezeichnen（呼ぶ、名付ける）——423、689
Beziehung ——652（質的関係）、946（「連関」ではなく「関連」と訳す）
bezwecken（目指している）——205
bilden ——657
Bildung（教養）——93

causa sui（ラテン語。自己原因）——891
concept, conception（英）——1144

dahindenken（漫然と考える）——401
Dasein（定存在）——344、616（Dasein Gottes）
Daseiendes（定存在者）——622
das heißt （d.h. 即ち） ——583（どこまで掛かるか）

das ist es ——774（語順）
deed（英）——164
dem ——184（Dem ist so。91 同）
demnächst（それに続いて）——859
denn ——89（denn auch）、371（強調）、581
der（関係代名詞）——1033
deren ——213（関係代名詞）、986（deren nur drei）、1073
derselbe ——463（人を～で受ける場合）
deutlich（判明な）——933
die（関係代名詞）——763（定冠詞ではなく関係代名詞）
dies ——744
Dieu（仏、神）——208
different, Differenz ——1014、1022（松村「吸引的なもの」）、1022（die chemisch-differenten Objekte）、1025
direkt（ぴったりだ）——315
Diremtion, dirimieren（分裂）——938、1020
distinkt（判明な）——933
doch ——199
Dogmatismus（独断論、判断主義、一命題主義）——355
drei ——986（deren nur drei）
Dreiheit（三重性）——1021
Dreifaches（三者）——1021
Dualismus（二元論）——372
durch ——697

ebenso ——877、1033
edel ——150（枕詞）
Eigentum（所有物、専売特許）——568
ein（不定冠詞）→ 不定冠詞
einbilden ——1078（英は in-form、仏も in-former と訳す）
die eine ——748（eine .. die andere と die eine .. die andere）
Eines ——970
Einheit（統一、一つであること）——562、669（単位）、673（一まとまり）
einkommen ——642（ankommen の誤植か）
Einleitung ——150
einmal ——728（erst einmal）
das Eins ——643
ein solcher → solcher
einwirken（織り込む）——795
Eitelkeit（空虚な事）——74
Empiri ——393（二義ある）
entgegen- ——231
enthalten（含まれている）——603、673
enthüllten（自覚された）——1032（～と beschliessen）

entnommen ――660（鶏鳴版を再考して、他の訳に合わせた）
entschließen（決断する）――1040
Enzyklopädie（百科辞典）――240
er ――424（esではないか）
erfahren, Erfahrung（経験）――224、393（～の二義）
erhalten（保存する）――192
Erhebung（高まり）――511
Erkenntnis（知）――81（sinnliche ～）
erscheinen (als etwas) ――248、370（「見える」ではない。404、707 最も詳しい説明）、1032、1058（「見える」と訳すのは拙い）
Erscheinung――573、734
erstens（第一に）――617
es ――76（属詞の～。584、660・語順の問題、744、762、971、1049）、134（填詞の～。216、774）、159（個別事象の描写文の～）、164（zu なし不定句を受ける～）、248（箴言的非人称化文の～。1034 es ist dies、1100 同）、583（非人称化の～。1061、1077）
essence（英、本質）――1146
Etwas（或るもの）――622
etwas ――416（否定詞を強める不定代名詞）
Existenz ――199（「現出存在」と訳す）、573、778（語源）、779（どう訳すか）、920、1153

fait（仏、事実）――164
finden ――91（A in B finden は属詞文の代用形）
Form ――199（「形相」に由来。120）、487（「あり方」と訳す）、624（「現象形態」）、806（～の訳語）
füglicher（どちらかと言えば正当）――684
Fürsich, für sich（対自、独立的）――697、717（An-und-für-sich）、849、867
Fürwahrhalten（真と思う事）――184

ganz ――101（eines Ganzen）、352（das Ganze は Totalität と同じ。358）
Ganzes（全体）――352、358、999、1021（全きもの）
geben ――722（es gibt は有限な物の存在を示す）
gebrochen ――866（in sich gebrochen 自己内で壊れている）
Gedanke（観念）――179、477
Gefühl（感情、感覚）――95
Gegenstand（対象）――956、1001
Gehalt（内実）――545
Geist ――784（この～は Sein の読み違いでは？）
geliebt（愛された）cf. beliebt ――147
Gemüter（人心、人気）――271
genannt（いわゆる）――658
geneigt（枕詞）――111
geradezu（まさに～だ） cf. gleichsam ――72、315
gerecht ――853（ここでは評価の形容詞。862）
geschehen（為される）――184、243、984

Geschichte（物語り）——233
gesetzt——601（für sich と同義。717）、603（明示されている）、863（Gesetztsein）
gewesen——721
Gewissheit——1079（「主観的確信」と訳す）
Glauben（信念）——346
Gleichheit（等しさ、相等性）——988
gleichsam（いわば）cf. geradezu——72（評辞の適否。96、315）
Gnosis（神秘的直覚）——149、153
Gott（God, Dieu）——616（「～の存在」は Dasein Gottes, existence of God, existence de Dieu）
Größe（大きさ）——662
Grund（根拠）——762（zu Grund gehen）、780（Grundlage）
Goeten Herodots——518
gut（しっかりした）——1060
Güte（慈悲）——802

haben——784（～が完了時制に使われる理由）、936（「持つ」は sein と違って外面的な関係）
Hat Got Dasein?——344
hätte——222（用法は？）、859（変則的定形後置）
heißen（～を意味する）——425
helfen（役立つ）——1007（否定には nichts）
hier——279、903（hiermit、「ですから」。904「かくして、つまり」、1086「それとともに」）、
959（hierin）
hingehen——845
historisch——72（「実証的」の意）

ich——371（カントの～とヘーゲルの～）、1057（Ich, Dieser＝この個別としての私）
Idealismus（観念論）——358
Idealität（観念性）——627（「理念性」と訳したいくらいの～）、1032
Idee, Ideen（理念、概念、観念）——100（Begriff の代わり）、230（Gedanken の代わり）、566
Ideell（観念的な）——594（不必要な～。617、645、671、760 観念的契機）
Identität——1061（Einheit と同義のこともある）
ihr——304
in——1012（4 格支配の～）
Inbegriff（総和）——1143
in Einem——880
Inhalt（内容）——545
insofern——719
irgendein——971
ist——449（ist und bleibt）、923（動作的に訳す）

jeder——357（ein jeder）、823（格変化）

Kausalität——367
kein——251、393（～か nicht ein か）、602（～は強い否定ではない）、874（3 個の事の否定）

kennen ——496（「持つ」の意の～）
King James ——125
Klarheit（明晰）——931
klug ——105（sich selbst klug、独りよがり）
konkret ——802（konkreter）、234（konkretest）
können ——161（訳さないでも好い～。事実を確認する～、169、449、845）、479（müssen に代わる～と事実確認の～。587 müssen に代わる～、727、773）

lassen ——134（許容的使役）
le（仏）——76（「属詞の es」に当たる）
lebendig ——1107（「内在的」と訳す）
Leser ——111（Der geneigte Leser）
logos（ギ）——805（原義は「比較」）
loslegen ——161（sich loslegen）

machen ——408
many（英）——651（the Many を主語とすると定形は複数なのか）
Maß——701（どう訳すか）
Maßloses（限度超過）——709
Materie（物素）——786（物素と訳す理由）、787
Mechanismus（機械論）——820、1014（differenter Mechanismus ＝親和的な機械的関係。1019～）
medius terminus（羅。媒名辞）——980
mehr ——418
Meinen（私念、つもり）——69
Merkmal（徴表）——932、1086
messen（測る）——699
metaphysics（英、形而上学）——296
method（英、方法）——114
methodisch ——609（筋道だった）
Misologie ——222
misskennen ——108
mit ——408（目的語の～）
Modalität（様態、様相）——847、848
Modalverb（話法の助動詞）——848
modern（現代の）——1033
Möglichkeit（可能性）——87（訳さず）、632（偶然性と訳す）
Multiplizieren（自乗、二乗）——676
müssen ——234（事実を確認する～＝訳さなくてよい。244、250）、400（sollen と～）
mystisch（神秘的、神話的）——566

nachdenken（追考）——338、721
nächstbest ——598（～の文法的不整合性の例）
Nacht ——305
näher ——1035

Natur（本性）――454
Negativität――599（Nichts の言い換え）
neuer――271（近世）
Neutrales（中和態）――1024
nicht――472（何を否定するか、477）、505（nicht nur .. nicht .. sondern）、524（～の位置）、632（nicht A, sondern B を逆に「B, nicht A」）と言う場合）、755（不必要な～。862）
Nichtbestehen――805（Form の言い換え）
nichts――434（nicht ではなく～を使う場合）
nichts weniger als――849
noch――103、738（虚字の～）
none the less（英）――937
numerieren（od. nummerieren, numerate, énumérer。数えること）――675、678
nur――211（鶏鳴版では誤解）、414（どこに掛かるか）、522（接続詞を規定する～の位置。773同）、599、741（nur .. als）

Objekt――1022（die chemisch-differenten Objekte）
only（英）――522（接続詞を規定する～の位置）

Pantheismus（汎神論）――372
Paragraph（§）――58（§§は～ en の略号）、193（§3 の読み方）
Partikularität――966（特称性）
Person――872（個人）
Phänomen（仮象）――447
eine wissenschaftliche Philosophie――101
philosophy（英）――203（～の訳語として「理学」は適当か）
Physiker（経験論者）――657
Pilatus――72
Porosität――794
positiv――245、371（「肯定的」では強すぎる。373）
pour autant（仏）――937
Produktion（生産）――183
punctum saliens（羅、生動性の原点）――938

Quadrat（自乗、二乗）――676
qualiert――42
Qualität（quality, qualité。質）――622
Quantität（quantity, quantité。量）――662

räsonieren（悟性推理）――224
Räsonnnement（理屈付け）――120
rational（合理的）――805（ratio は logos に由来する）、1092（rational と irrational の転倒）
Realität（reality, réalité。実在性、実在）――624
rechnen（計算する）――678
recht――1107（das Rechte を「求めていたもの」と訳す）

reden ——346（～の二義）
reell（堅実な）——626
Reflexion（反省）——636（Verstand と同義）、720（～の総論）、725（松村の訳注）
Regel ——705（通例）
rein ——595（～を英訳は mere と訳す）
Reiz ——225（自己への刺激）
rekurrieren（勢力を広げている）——460、464、827
repellieren ——650
richtig（Rictigkeit）——844（本来は「正しさ」）、949、1058

Sache ——877（zu ihrer Sache）
Satz（文、命題）——341
Schein, scheinen（仮象、～と見える）——65、186（ヘーゲルの～について）、235、248、265、449、572、707、720（scheinen in sich selbst の意味上の主語）、751（照り返す）、779（「反省」と訳す。797、905「反省」と同義の～、906、918）、1064、1112（「映し合い」と訳す）、1153
schlecht ——1058（悪しきもの）、1060（～の真意、関口説）
schlechthin ——880
sehen ——1101（A in B sehen）
sein（動詞）——936（～即ち「である」は haben と違って同一性を表す）、1024（sein und bleiben。1034）
sein（所有形容詞）——674（seine は何を受けるか）
seiner ——1072（es の二格形）
Sein-für-Anderes（Being-for-another, être pour autre chose。対他存在）——624
das Seinige ——1101
selbst ——165（～の掛かり方。221、397、407、437、471、694）、748（強めの～）、875（selbstlos）
setzen（定立する）——846（相関関係的定立）、863、890（～は wirken を含意）
sich ——735（in sich の格。775）、1076
Sinn ——499（in den Sinn kommen）
Sittlichkeit（社会的規範）——336
so ——186（Dem ist so。917）、490（so sehr）、553（文頭の～）、853、917（Es ist so）、877（so dass）
solcher（不定形容詞）——69（ein solcher。499）、177（eine solche。495）、641（ein solches、815、858）
solcher（不定代名詞）——117、200、338、460（～が先行詞の場合。815）、668（als solcher）、761（wie...solches）、981（格変化）
sollen ——244（挑みの認容）、400（～と müssen）、423（das blosse Sollen）、441、601、663（伝聞の～。941）
Sollen（当為）——250（ein blosses Sollen）、871（古代人では Sein と Sollen が一致）
Sollizitation（懇願、要請）——820（英は solicit、仏は solliciter）
sollte ——101（要望の～）
somit ——618
sonst ——217

sozusagen（言ってみれば）——315（評辞の適否。336）
Spekulation, spekulativ（思弁、思弁的）——565、568
Sphäre（領域）——581、583（～, Hauptsphäre, Stufe, Form）、1113
sprechen——313（von etwas ～。346、366、866）
Sr.——65
Stand——66（どう訳すか）
Stoff（素材）——787
Stellung（態度、姿勢）——337
subsumierend（包摂的に）——1029
Syllepsis（省略収約法）——125
System——1070（～を Schluss で言い換える）

Tat——164
tätig, Tätigkeit（能動的、活動）——366、939
Teil——59（部と訳す）
terminorum（羅・専門用語）——1021
terminus maior（羅・大名辞。Obersatz, major premise, prémise majeure）——977
terminus minor（羅・小名辞。Untersatz, minor premise, prémise mineure）——977
That's it（英）——745
Totalität（統体）——259、352
transzendental（超越論的）——414
trivialerweise——845（鶏鳴版は間違い）
tun——104（代動詞の～）

übrigens——103、454（語の中に文を読む）
Übergang（移行）——443（飛躍と訳す）
überhaupt——326、546、594、638
und——62（～の後の定形後置）、225、233（並列でない～）、642（何と何をつなぐか）、1006（～を補って読む）
und zwar——594（「しかも」とは訳しにくい～。816）
unmittelbar（直接的、無媒介）——762、841、1071（unmittelbare と取る）
Unterschied（区別）——179
Ursache（原因）——890
Urteil（判断）——935（～の語源的な意味）
usw. (usf.)——663、737

Verbindung（結合）——937
vereinigt——698
vergebens——218
vergleichen（比較する）——750
Verhältnis——652（～は量的関係）、812（相関関係）
Verklärung（変貌）——902
verlassen——1095（「卒業」と訳した）
vermehren——848（カントの原文は～だが、引用は過去形）

Wirklichkeit ——366（言い換えとして使われている）
Wirkung（結果）——890
wissen（知っている）——135、496
Wissenschaft, wissenschaftlich ——113、153（ヘーゲルの～には気を付けろ）、240、244（～の二義・学問と知識）、910（ヘーゲルの～を何と訳すか）
wohl aber ——555、816
wollen ——104（主張の～）、1096（das Wollen ＝意志行為）

zählen（数える）——679
zeitlos（無時間的）——1149
Zeugma（省略収約法）——125
zugleich（同時に）——975
zunächst ——191、201、485、669、689、702（zunächst...aber）、945（zunächst...ferner）、967、996
Zusatz ——58（訳し方）
zusammenfallen ——618、1081
zusehen（静観する）——1110
Zweck（目的）——367
zweckbewußt（目的を意識した）——1033
zweifeln（疑う）——261

## 箴言の索引

短いものは全文載せましたが、それ以外は冒頭の句だけにした場合もあります。頁順にしてありますが、事項で検索するためには、これをスキャンしてご自分のパソコンに取り込んでおかれると好いでしょう。

☆4 —— ヘーゲルで哲学するのは『小論理学』に始まって『小論理学』に終わる。
☆5 —— 原文と対照させた意訳は、必ずしも原文には忠実ではない。原『文』には忠実ではないが、それだけに原『意』と原『色』と原『勢』には忠実だったつもりである。～私のは、ホンヤクではなくて通訳だと思っていただきたい。（関口存男）
☆7（624、1006）—— 或る事物が何であるかは、それが何として機能しているかに依る。
☆12 —— 流し読みでは学問はできぬ。学問に王道なし。
☆60 —— 七転び八起き。
☆61（266）—— 直弟子必ずしも真の弟子ならず。
☆68 —— 哲学を妨げるものは一に日々の物質的利害への埋没であり、二に感覚的印象の絶対視であります。
☆69 —— 修身斉家治国平天下（四書の１つ『大学』）。cf. ☆685
☆78 —— 世界は人間が見るように見返すだけである。
☆79（196、455、845、971）—— 理性的なものは現実的であり、現実的なものは理性的である。
☆93 —— 形式面での哲学の効用は思考能力を身に着ける事。

☆104 —— 言葉の違いに騙されるな。cf. ☆314
☆120 —— 断定は科学の敵。
☆121 —— 哲学を最も罵る人が最も悪い残り物の奴隷となっている。（エンゲルス）
☆121 —— 読者に告ぐ。君がもしヘーゲル哲学という大山脈を征服したいと欲するなら、この「概念の価値の吟味」とは一体どういうことなのかを徹底的に考えぬけ。この問いに答を出さなければ自分は一生真理の門外漢に留まると覚悟せよ。
☆136 —— 哲学の歴史というものは、哲学の対象である絶対者に関する観念の発見の歴史である。
☆147 —— 正しい評価には、相手以上の実力が必要。
☆147 —— 人間は尊敬されていると確認し、尊敬に値すると疑いなく認識しているものしか、心から愛することは出来ない。
☆156 —— 真理は真理自身の指標であると同時に誤謬の指標でもある（スピノザ『エチカ』）。感想・☆147と同じ意味でしょう。
☆160 —— 哲学の不人気の理由（キケロの言葉）
☆162（273、825）—— 人はその果によって知るべし（聖書）。
☆163（326）—— 博識はまだ学問ではない。
☆165（189、423、494、660、708、1080）—— 或る事を知っているというだけでは、認識していることにはならない。感想・☆163と☆165以下とは同じ意味です。
☆166 —— 確信はそれ自身が主観的なものにすぎませんから、それが生むものは主観的な成果にすぎず、その成果の現象形式は断言であり、内容は高慢、中傷、永遠の追放です。聖霊とは認識を体系的に展開することであり、それにして初

めて真理なのです。
☆168 —— 両極端は相通ずる。
☆171 —— 自惚れと浅薄はすぐにも仕事を済ませて～。感想・この箴言は「第六段落」の最後にありますが、この段落全部を箴言としたいくらいです。
☆171 —— 調査なくして発言権なし（毛沢東）。
☆193 ——〔哲学での勉強の必要性〕cf. ☆171

☆209（499）—— 感覚の中に無かったものは知性の中に無い。
☆217（184、399）—— カントの認識論は「水に入る前に泳ぎを習う」のと同じ。
☆232 —— 哲学とは経験を消化する事である。
☆232 —— 哲学史の示すところは、第一に、さまざまな形で現われている諸哲学は「唯一の」哲学の形成の諸段階にすぎず、第二に、各哲学はそれぞれその全一体の一特殊部分を自己の根拠としているのであり、従ってそれらの特殊な「原理」は「哲学史」の示すその全一体のいろいろな「分肢」にすぎないということである。
☆233（348、478、628）—— 欠点とはそれを自覚しない限りで欠点～。cf. ☆474
☆238 —— 体系なき哲学などというものは学問とは言えない。
☆266 —— 学問は一代、思想も一代。
☆278 —— 同類のものは同類のものと関係する。
☆278（1152）——友を見れば人が分かる。
☆278（1134）——類は友を呼ぶ。
感想・この３つは同義です。
☆284 —— まず神の国を求めよ。～（聖書）
☆291 ——〔理性の信念〕我々は、思考と事柄との一致を確信している。～
☆292 —— 哲学の仕事とは、人間の思考に関する言い伝えを明確に自覚させること。
☆294 —— 意識が保つ品位とは、特殊な考えや思い込みを捨てて事柄に身を任せること

☆307 —— 言語の中には思考規定が定着しているので、文法教育には意義がある。
☆314 ——〔言葉に騙されるな〕方法は一種の先入観ですから～
☆318 —— 扱い方で同一の規定が悟性的にも理性的にもなる～悟性には悟性の場がある～
☆318 ——経験で問題になることはどういう感覚を以て現実に立ち向かうかである。
☆321 —— 人間を傷つけるのも思考なら、その傷を癒すのも思考なのです。
☆326 —— 山、高きが故に尊からず。
☆335 —— 運も実力の内。
☆339 —— 客観的に正しいだけでは不十分で、それを主観的にも正しく理解することが大切。
☆368 —— 自然に飛躍なし（ライプニッツ）。
☆376 —— 規定の無いところには認識もない。純粋な光は純粋な闇と同じ。
☆379 ——〔真理の自己貫徹力〕真の理論は自己の正しさを理解してもらうのに、相手に徹底的に考え抜くことを要求する。
☆390 —— 存在しているものを概念で理解するのが哲学である。なぜなら、存在しているものが理性だからである。
☆393（710）—— 句点を越えて後まで掛かる語句を正しく取る。

☆399 —— 思考規定は自分で自分を吟味する。

☆408 —— もし論理学が人に証明することを要求し、証明とは何かを教えようと言うならば、論理学は何よりもまず自分自身の内容を証明し、その内容の必然性を洞察することができなければならないはずである。
☆426 —— 適用、それはもはや思弁的思考でもなければ概念の展開でもなく、悟性による包摂である(『法の哲学』第三節)。
☆434 —— カントを訳すにはダイジェストにした方が好く、ヘーゲルを訳すには敷衍しなければならない。
☆441 —— それぞれの文が誰の発言とされているのかを考えること。
☆448 —— 人間というものは、世界を否定する哲学体系より、神を否定する哲学の方を容易に信じる。
☆454 —— 語の中に文を読め(関口存男)。
☆457 —— 哲学的認識は生成の必然性に基づいた体系。
☆474 —— 或るものを制限とか欠点として知ったり感じたりするには~。cf. ☆233
☆495 —— 論理的思考能力の訓練には論理的文脈を読むのが一番良い方法。
☆495 —— 自分の信念を繰り返し疑う人こそ哲学者。
☆499 ——「感覚の中になかったものは知性の中にない」(アリストテレス)

☆509 —— 事柄の本性に強制されて無自覚的に正しい事をしているのに、それを正しく反省できない事がある。逆に言えば、自分のしていることを正確に認識すればそれでよい。
☆512 —— 人間にとって自分が実際にしていることを自覚することは難しい。というより、人間の認識は結局この自覚を目指していると言ってもよい。
☆524 —— 概念的理解と違ったやり方をする場合には、それと断るのが哲学者。(第25節への注釈及び第79節への注釈でもヘーゲルはそれを実行しています)
☆530 —— 科学〔哲学〕に取りかかる者は「全てを疑う」という態度を持っていなければならない。
☆536 —— 理論の分野でも実践の分野でも悟性がなければ何事も明確に成らない。これが悟性の意義である。
☆537 —— 偉大な事をしようとする人は自己を限定するべし(ゲーテ)。cf. ☆630
☆538 —— 哲学するためには何よりもまず一つ一つの観念を完全な正確さで捉えなければならない。
☆540 —— 悟性は行き過ぎてはならない。
☆541 —— 無性格者は決断しない。
☆541 —— 大望を遂げんとする者は、徹するに深く、弁ずるに鋭く、猟るに広く、持するに剛なるを要す(シラー。関口存男訳)。
☆552 —— 驕る者久しからず。過ぎたるは尚及ばざるが如し。
☆555 —— 哲学は政治と取り組まなくては発展しない。
☆574 —— 真理は自分が真理であることを証明しなければならない。
☆581 ——〔主語の無内容性〕主語は述語の中で初めてその規定性と内容を獲得する。

☆601 —— 存在を絶対的な豊かさとし、無は絶対的な貧しさと考える~
☆630 —— 人間は、現実的でありたいと思うなら、定存在しなければなりませんが~

cf. ☆537

☆635 —— 逃げる人はいまだ自由ではありません。～

☆635 —— 哲学の扱うべき事柄はつねに具体的で、絶対的に現在しているものです。

☆641 —— この「有限者は観念的〔もっと大きな主体の契機〕である」という命題こそが哲学の主要命題であり、従って真の哲学はどれも観念論である。大切な事はただ一つ、名前は無限とか普遍とされていても、その概念規定を吟味すると特殊とか有限と判るものを真の無限とか真の普遍と見なさないこと。

☆655 —— 実際、純粋な自然学者は動物だけです。なぜなら、動物は考えないからです。それに対して、人間は思考を本質とする存在ですから、生まれながらの形而上学者〔哲学者〕です。～

☆676 —— 個別科学の偶然的形式を必然性の相の下で捉え直すのが哲学の任務である。

☆677 —— 幾何学を解せざる者入るべからず（プラトンがアカデメイアの入口に掲げた言葉）

☆684 —— 精神的に内的緊張度の高い人物〔思想〕は低いものより広い影響力を持つ。

☆685 —— 真のオルグは自己オルグである。cf. ☆69

☆687 —— 或る事を一度言っても複数回言っても同じ（ゼノン）。

☆687 —— 哲学は数学のような下位の学問から自分の方法を借りてくることはできない。

☆694 —— 哲学（フィロソフィア＝愛知）は単なる愛知に止まっていてはならず～

☆695（798、1146）——出てこなかったものは無かったのです。暗闇は偉大ではありえないのです。

☆725 —— 或る人の行為はその直接的な姿で理解するべきではなく、その人の内面によって媒介されたものであり、その人の内面の現われと見るべきです。しかし、その時看過してならない事は、〔事物の〕本質とかあるいは〔人間の〕内面というものは現象することによって初めて本質であり内面なのだということです。～

☆734 —— 全体を見渡すという事はとても大切な事で、標題などはそれを助けるものでなければならない。

☆735 —— 言い換えをきちんと取ることは西洋の文章を読む時の第1の基本だが、ヘーゲルでは特に大切。

☆747 —— 文法研究はその本質上比較文法である。

☆757 —— 一般的に言って、物事を考える時「しかし又別の事も可能だ」～

☆766 —— 事物の根拠を問う時には事物をいわば二重に、まずはその直接態において、次にはその根拠から媒介された姿において、見ようとしているのです。これが充足理由律の単純な意味なのでして、それは、「事物は本来媒介されたものとして考察しなければならない」と言っているだけなのです。（以下は略しますが、765頁からの付録〔根拠と充足理由律〕はこれだけで独立した論文と言える程充実していますのでぜひ全文を読んでください）

☆796 —— 人間は自分のしている事を必ずしも正確に理解しているとは限らない。

☆810 —— 観念〔という形式〕は内容に対して無関係なものではない。真の学問では内容と形式が一体でなければならない。

☆817（910）—— 黙っているのは哲学ではない。

☆825 —— その果によって人を知るべし（聖書）。cf. ☆162（273）

☆830（875）—— 人生に言い訳なし。
☆831 —— 内的でしかないものは又それ故に外的でしかなく～。
☆832 —— 人間は、その外に現われた姿、即ちどういう行動を～
☆836 —— 他人の偉大な長所に対してはそれを愛するのが自分を救う最良の方法である（ゲーテ）。
☆851 —— 手の中の一羽の雀は屋根の上の十羽の雀よりよい（諺）。教養のない人ほど、空虚な可能性に～。
☆856 —— 自然の姿の豊かさや多様性だけを見て感嘆するだけでなく、そこに「理念の展開」を見よ。
☆858 —— 哲学の任務は、一般に、偶然性という仮象の下に隠れている必然性を認識することだが、～
☆866 —— 全ての条件が整った時には事柄は生成せざるを得ない。
☆868～876 —— 第176節への付録１（必然性の諸問題）は全文が箴言と言って好いくらいです。
☆870 —— 人間は神ならぬ身ですから、その特殊な考え方や意欲を持ち～
☆873 —— 人間は誰でも自分の幸福の鍛冶屋である（格言）。
☆875 —— 外部からの影響は主体自身の内なる本性に媒介されて作用する。

☆908 —— 思考による認識では真理から〔思考を〕始めるわけにはいかない。～
☆922 —— 概念の論理学は普通、単なる「形式的な」学問〔形式に関する学問〕にすぎないと思われている。～
☆939 —— 或る対象を概念的に理解するとは、その対象の概念を意識することなのです。
☆943 ——「神は最も実在的なものである」といったような判断における「神」などは単なる名前にすぎない。主語の何であるかは述語の中で初めて示される。
☆946 —— 論理学では新しい段階はいつも先ず先行する段階をその新しい段階の立場から捉え直すことで、自己を確立する。
☆951 ——「このバラは赤い」という判断では「主語と述語はただ一点で接触している」だけだ。
☆974 —— 正しく消化したり呼吸したりするために予め解剖学や生理学を勉強しておく必要がないのと同様～
☆978-9 —— 人間には正しい理解がなくても正しく行動する場合がある。しかし、これだけで終わると、では学問は必要ないのかが問題になる。

☆1037 ——すぐ入口に立っているものこそしばしばまさに〔その当の物に〕最も不適格なものなのです。
☆1044 ——〔技能を身につけたり〕、〔学問や教養を身につける〕ことも、身体や精神を完全に占有取得し、〔私＝自我がそれを〕貫徹することである～（『法の哲学』第五二節への注釈）。
☆1052 ——客観世界とはいわばその下に概念を隠している外皮で、目には見えないが、理念はその下で実現されつつある。我々はそうではないと錯覚しているが、真理はこういう錯覚とそれの克服を経ずしては生まれない。
☆1053 —— 艱難汝を玉にす（格言）。
☆1059 —— 哲学は昔から理念の認識だけを目指してきた。悟性にとっては別々のものと思えるものも絶対者の中では１つだという確信を持って。

☆1096 —— 世界の究極目的は実現されておりかつ実現されつつあるという事を認識する時～
☆1100 —— 人は若くて無名で貧乏でなければ、好い仕事はできない（毛沢東）。
☆1100 —— 何事についても、自己認識の方が他者認識より高く正確だとか～

☆1102 —— 絶対理念は老人に譬えることができます。～
☆1129 —— 「四十歳の人は顔に責任がある」（リンカーン）
☆1167 —— 応用されない知識は学問ではない。

## 例解の索引

注・ヘーゲル自身による例解のほかに訳者による例解もあります。後者は間違っている可能性もありますが、問題提起として出してみるのが哲学的だと思います。

★193——哲学にも勉強が必要であることの例解（靴づくりの比喩）。

★234——普遍論。普遍と特殊の関係の例解（果物とサクランボ）。
★242——概念ではなく根拠を原理としている科学の例（税制）。
★274、303——表象論。二種の表象の例解。
★286——追考を要求される例。形容詞を名詞に正しく結びつける課題。
★300——「それは動物である」という表現の中にある事柄。

★307——自然の無力を磁石で例解。
★309——真理とは何か。真の友、真の芸術で説明。
★346——悟性の本来的な活動分野の例解。「それは盗みである」とか原因と結果の判断。
★357——（ヘーゲル独特の）観念論概念の例（その１）。日常生活での例。
★358——（ヘーゲル独特の）観念論概念の例（その２）。イヌでさえ観念論者である。
★369——外的必然性の例。物体は押された方向にしか動かないとか。
★400——理論と実践の統一。認識能力の吟味は認識の中で。

★402——カントの主観・客観概念の例。芸術作品の評価や学問的関心の客観性。
★410——感性的なものの相互外在性の例。「今」や「赤」の例。
★413——超越的なものの例
★414——カテゴリーの主観性の例
★416——形式的には客観的だが、内容的には主観的な存在の例（犯罪）
★417——内容の豊かさの例解。本や話の「内容」の例。
★451——目的論的説明法の下らなさの例解。

★502-3、504の注釈全体、505の第67節全体——直接性と媒介性の統一の例解。
★535-40——悟性の意義の例解。
★547——２つの哲学説を外的反省で関係付けるのと弁証法で関係付けるのとの違い。
★548——悟性の一面性に留まらない事の例は「共存共栄」。
★548——詭弁論法の例解。

★552――弁証法の例解。場所の移動。
★565――理性的なものを知っているとはどういう事か。
★574――理念の三段階はキリスト教の神理解と一致。
★589――カテゴリーの価値の吟味の例解。

★607――存在と無との同一性の例。生成と始原。
★614――哲学体系Aを哲学体系Bが論駁する際の本当の関係の例解。
★620――生成の結果が定存在であることの例解。
★623――質は自然界にのみ妥当するとはどういう事か。
★625-6――実在性のヘーゲル的意味は日常的用法と一致している事の例解。
★630――質的限界と量的限界の違いの例解。
★631――限界の弁証法。或るものと他者（他の或るもの）。
★644――独立存在の例解。
★645――ドイツ語の思弁的性格の例。aufheben。
★649――定存在のレベルでの反発の例解。
★671――量の連続性と不連続性の統一の例解。
★680――外延量と内包量の例解
★682-4――内包量と外延量との同一視は間違い。関係はある。

★702（第107節への付録）――程度の例解。
★705（第108節への付録）――量の変化が質の変化を引き起こす事の例解。
★717――部分の自立性。機械の部分と生体の一部分の違い。
★718――悟性的説明にも意義のある場合の一例。
★721――「本質は『過ぎ去った存在』である」を gewesen ist で例解。
★722――日常生活での「本質（Wesen）」の使い方と哲学との一致。
★741――存在論の立場と本質論の立場との違いの例解。男と女の例。
★749（第118節への付録）――同等性をめぐる日常意識と悟性的科学と思弁哲学の比較。
★752――排中律の例解による検討。
★754――矛盾律のおかしさの例解。円の概念、両極性の理解。
★756――肯定的なものと否定的なものとは同じものである事の例解。
★766――形式論理学の弁明の無内容性の例解。
★768――根拠の複数性の例解。盗みの例。
★781（第124節への付録）――「〇〇自体」とは何かの例解。
★787――物を素材に分解して考える考え方の意義と限界の例解。
★799――日常意識と哲学との一致の例解。現象の理解。

★808-10――内容と形式の関係の例解（本の場合、学問の場合）。
★811――思考形式が内容を産み出すとはの例解。
★814――非真理が実在する事の例解。
★822――力の有限性の例解。磁気力。
★832-7（第140節への付録）――内と外の同一性の例解。
★844――理性的と現実的との同義性を証明する人々の用語法の例。wirklich。
★879――自然必然性の例解（種子の発芽）、918（胚の発展）。
★880――必然性とは何かを「低気圧と雨」で例解。

★884――実体と偶有性の例解。
★892――因と果の同一性の例解。
★898――相互作用関係に逃げ込む悟性の低さの例解。歴史の考察。

★903――真の自由の例解。礼儀を弁えた人。
★910-12――ヘーゲルのWissenschaftをどう訳すかの実例で考える。
★916――概念という語のヘーゲル的用語法と日常的用語法の一致の例解。
★918-9――発展（自己展開）の例解。
★927――キリスト教こそ概念の普遍の実例。人格の承認。
★927-8――真の普遍＝ルソーの一般意志、普遍性＝万人の意志。
★931――単なる規定、抽象的な表象の例解。人間、家、動物。
★937-9（第166節への付録）――客観的に存在する概念や判断の例解。
★947、965――判断の高低の例解。芸術作品の良否、行為の善悪や物の美醜の判断。
★950（第172節への付録）――正しさと真理との違いの例証。
★954――否定的無限判断と単なる否定判断の違いを「犯罪」や「死」で例解。
★956――反省規定の例解。「この植物は薬になる」。
★958――普遍と単なる共通性（全称性）との違いを例解。
★960――全称判断から必然性の判断が出てくることの例解。
★963――判断能力の高低の例解。
★964――選言判断の例解。
★975――悟性概念と理性概念の区別は考え方次第であることの例解。自由や神の概念。
★978――人は推論の諸形式を無意識に使っている事の例解。
★982――日常生活で悟性推理が使われている事の例解。裁判や外交交渉で持ち出される条項や根拠。
★986（第187節への付録）――三段論法の三つの格の客観的意義の例解。
★992――論理的展開の成功例
★994――表面的な類推の例解。

★1016――精神現象を機械論的に理解する間違いの例解。人間や魂の機械論的理解。
★1017――有機的機能が正常でなくなると機械的機能が表に出ることの例解。胃弱の人。
★1020（第198節への注釈）――３個の推論から成る体系（全きもの）を国家で例解。
★1023――機械的関係と化学的関係の違いの例解。
★1030――目的活動が主観性と客観性を克服することを、食べたい（空腹を癒したい）という欲求や衝動で例解。
★1037――目的論的考察法の恣意性の例解。ブドウの木、コルクの木。
★1062――悟性が理念を扱う時に犯す２つの間違いの例解。コプラ（繋辞）の本性の見落とし、理性の自己矛盾を悟性は「自己」矛盾ではなく「外的」反省と取る。
★1069――悟性と理性との違いを生命の把握で例解。
★1083――認識が実践の観念内での延長であるという事を囲碁や将棋で例解。
★1084――分析的認識の例解。肉の塊をレトルト上で分析するとか。
★1086――定義の偶然性の例解。
★1089――分類の根拠は客観的でなければならないことの例解。
★1090――分析的方法と総合的方法の適用の任意性の例解。
★1098――１つの主観性の止揚が主観性一般の止揚に成る事の例解

★1098——個人的主観的願望が反省され歴史的に位置づけられて社会的客観的な運動に成る場合の例解

★1111——進展とはどういう事かを自然から精神への進展で例解。

★1115——理念の意識性の有無を、ガイドする人とガイドされる人で例解。

★1151——或る物事の本質はそれの対象から分かる。漁師（Fischer）は魚（Fisch）を対象としている。

## ヘーゲル受容史の年表

1831年11月　ヘーゲルの死（享年61）
1866年　ランゲ『唯物論史』（新カント派興る）
1867年　マルクス『資本論』（1883年、死去）
1886年　エンゲルス『フォイエルバッハ論』（1895年、死去）
1897年　フィッシャー『ヘーゲルの生涯と著作と教説』
1906年　ディルタイ『ヘーゲルの青年時代』
1907年　ノール編集『初期ヘーゲル神学論文集』
1909年　レーニン『唯物論と経験批判論』
1910年　ヴィンデルバンドの演説「ヘーゲル哲学の復興」
——新ヘーゲル主義の動きが活発化。
「論理学」より「精神現象学」や「歴史哲学講義」が重視される
1911年　ラッソン版『ヘーゲル全集』の刊行開始
——1914～18年　第1次世界大戦
——1917年　ロシア革命
1920～24年　クローナー『カントからヘーゲルへ』
1927年　グロックナー版『ヘーゲル全集』（ベルリン版）の改訂復刻版の刊行開始。
1927年　ハイデッガー『存在と時間』
——1928年　スターリン独裁体制確立
1929年　レーニンの『哲学ノート』刊行開始
——1930年　国際ヘーゲル連盟、結成
——1931年　ヘーゲル没後百年で、研究発表や出版が盛んになる
——1933年　ヒットラー独裁体制確立
1968年　フェリックス・マイナー版『ヘーゲル全集』出版開始
1970年　ズーアカンプ版『ヘーゲル全集』出版

## 日本におけるヘーゲル研究（関連洋書も）

1901年　波多野精一『西洋哲学史要』（著者24歳）〔ヘーゲルの項は無内容〕
1911年　西田幾多郎『善の研究』（著者41歳）
1916年　『哲学研究』（京都大学哲学科の紀要）創刊
1929年　速水敬二訳『小論理学』（訳者28歳）
——1930年　国際ヘーゲル連盟日本支部結成（代表は三木清）

1931年　ヘーゲル没後100年。ヘーゲル研究が盛んになる。
2月、三枝博音『ヘーゲル・論理の科学』（著者39歳）
同年　岩波書店、論文集『ヘーゲルとヘーゲル主義』を出版
同年　雑誌『理想』、「ヘーゲル復興」及び「ヘーゲル復興第2版」を5月と6月に特集する。ヘーゲル弁証法と唯物弁証法の対決というテーマが鮮明。又、ヘーゲルの哲学体系全体の構造的関連には至らず、個々の部分の究明に終始。
同年　国際ヘーゲル連盟日本支部『ヘーゲル哲学解説』を出版。
——1931年9月　満州事変
——1932年　唯物論研究会結成
1932年　田辺元『ヘーゲル哲学と弁証法』（著者47歳）
1934年　甘粕石介『ヘーゲル哲学への道』（著者28歳）
1935年　務台理作『ヘーゲル研究』（著者45歳）
1936年　高山岩男『ヘーゲル』（著者31歳）
——1937年、日中戦争始まる。
1937年　古在由重『現代哲学』（著者36歳）
1938年　三枝博音『ヘーゲル・大論理学』（著者46歳）
1944年　金子武蔵『ヘーゲルの国家観』（著者39歳）
1943年　松村一人訳『小論理学』（北隆館）（訳者38歳）
1944年　松村一人『ヘーゲル論理学研究』
——1945年、日本、敗戦
1946年　イポリット『ヘーゲル精神現象学の生成と構造』
1947年　コジェーヴ『ヘーゲル読解入門』
1948年　ルカーチ『若きヘーゲル』
1951年　松村一人訳『小論理学』（岩波文庫）
1956年　レーニン記・松村一人訳『哲学ノート』（岩波文庫）
——1956年　スターリン批判
——1960年　60年安保闘争、三井三池炭鉱大争議（石炭から石油へ）、
——1961年　ベルリンの壁構築（東より西が優勢に）
1962年　金子武蔵『ヘーゲルの精神現象学』
——1966年　中国プロレタリア文化大革命始まる（～1977年）
1968年　許萬元『ヘーゲルにおける現実性と概念的把握の論理』（著者35歳）
1971年　金子武蔵訳『精神現象学』（第3版）上巻（訳者70歳）
1972年　牧野紀之『生活のなかの哲学』（著者33歳）
許萬元『ヘーゲル弁証法の本質』
1977年　寺沢恒信訳『初版・大論理学』（第1巻）（訳者58歳）
1979年　金子武蔵訳『精神現象学』（第3版）下巻
——1989年、ベルリンの壁崩壊
1992年　加藤尚武他編集『ヘーゲル事典』（加藤は55歳）
——1995年、阪神大震災、地下鉄サリン事件、インターネット元年
2001年　牧野紀之訳『精神現象学』
2012年　山口祐弘訳『ヘーゲル論理の学』（第1巻）（訳者68歳）
2013年　牧野紀之『関口ドイツ文法』
2018年　牧野紀之訳『小論理学』（訳者78歳）

## ヘーゲルの略歴

1770年8月27日　シュツットガルトに生まれる。
1788年～　テュービンゲン期。神学校に入学。
1793年～　ベルン期。家庭教師になる。
1797年～　フランクフルト期、家庭教師転職。
1801年～　イェーナ期、イェーナ大学に就職。
　1807年　『精神現象学』を出版。ヘーゲル哲学の誕生。
1808年～　ニュルンベルク期、ギムナジウムの校長に就任。
　1812年　『大論理学』（存在論）を出版。
　1813年　『大論理学』（本質論）を出版。
1816年～　ハイデルベルク期、ハイデルベルク大学に就職。
　1816年　『大論理学』（概念論）を出版。
　1817年　『哲学の百科辞典』初版を出版。
1818年～　ベルリン期、ベルリン大学に就職。
　1820年　『法の哲学』を出版。
　1827年　『哲学の百科辞典』第２版を出版。
1831年11月14日　死去、享年61。

## 牧野紀之（まきの・のりゆき）

1939年、東京に生まれる。1963年、東京大学文学部哲学科を卒業。1970年、東京都立大学大学院を卒業。1960年安保闘争の中で直面した問題と取り組み、ヘーゲル哲学を介して考える中で、生活を哲学する方法を確立した。明快な論理と平易な文章で知られる。ドイツ語教師としての活動の中で、関口存《つぎ》男《お》氏のドイツ語学を受け継ぐ。言葉を科学するということを主張している。後年は教科通信を武器とした授業で教育活動にも新しい境地を拓く。

**主たる著書**

『生活のなかの哲学』『哲学夜話』『先生を選べ』『ヘーゲルからレーニンへ』『囲炉裏端』（以上、鶏鳴出版）、『哲学の授業』『哲学の演習』『関口ドイツ文法』（以上、未知谷）、『マルクスの＜空想的＞社会主義』『理論と実践の統一』（以上、論創社）

**主たる訳書**

『対訳初版資本論第一章及び付録』（マルクス著、信山社）、『精神現象学　第二版』（ヘーゲル著、未知谷）、再話『西洋哲学史要』（波多野精一著、未知谷）

**ＷＥＢ上の仕事**

マキペディア

## 牧野紀之の仕事

G. W. F. ヘーゲル

**精神現象学**

第二版

牧野紀之 訳

湧き出ずる論理の展開に先走るヘーゲルの原文を精緻に読み込み、先達学兄の業績を踏まえた上で、本文のみでその思想が理解できるよう分かり易く言葉を補った新訳。勿論原書との格闘の跡も生々しい補注も豊富で後覚の者必携の一書。

四六判1072頁函入12000円

牧野紀之 編著

**関口ドイツ文法**

意味形態文法を提唱した不世出の語学者・関口存男のドイツ語学を、ヘーゲル学徒の著者が包括的体系に纏めた一書。表現文法という視点を産み出し、三上文法との親近性も指摘する。関口文法とヘーゲル哲学の融合がここに。

A5判1552頁函入15000円


Die Enzyklopädie Logik

**小論理学《しょうろんりがく》**

二〇一八年九月一〇日初版印刷
二〇一八年九月二五日初版発行

著者 G・W・F・ヘーゲル
訳者 牧野紀之
発行者 飯島徹
発行所 未知谷
千代田区神田猿楽町二-五-九 〒101-0064
Tel.03-5281-3751 / Fax.03-5281-3752
〔振替〕00130-4-653627

組版 柏木薫
印刷所 ディグ
製本所 牧製本
製函所 光陽紙器

Publisher Michitani Co. Ltd., Tokyo



ISBN978-4-89642-560-4 C1010